PERSECUCIÓN POLÍTICA Y VIOLACIONES AL DEBIDO PROCESO
Tomo II

COLECCIÓN OPINIONES Y ALEGATOS JURÍDICOS

Títulos publicados

1. *Inconstitucionalidad de la decisión del Congreso en el caso "Sierra Nevada", por extralimitación de atribuciones en relación con el Dr. Luis Cova Arria*, Caracas 1980, 60 pp.

2. *El caso de las Cartas de Crédito. Efectos retroactivos y confiscatorios de la unificación cambiaria y el régimen de las subvenciones administrativas*, por Allan R. Brewer-Carías, Caracas, 1991, 141 pp.

3. *El caso del Monstruo de Los Palos Grandes*, Estudio Jurídico Urbanístico, por Allan R. Brewer-Carías y Carlos M. Ayala Corao, Caracas 1993, 580 pp.

4. *El caso del Banco de Venezuela. El Juicio de Amparo contra la Comisión Nacional de Valores*, Tomo I, por Allan R. Brewer-Carías; Carlos M. Ayala Corao; Armida Quintana Matos; León Henrique Cottin y Gabriel Ruan Santos, Caracas 1993, 443 pp.

5. *Los Derechos del Niño vs. Los abusos de parlamentarios de la libertad de expresión*, por José Guillermo Andueza; Allan R. Brewer-Carías y Gerardo Fernández, Caracas 1994, 167 pp.

6. *El caso del Banco de Venezuela. La incompetencia de la Comisión Nacional de Valores para declarar acciones de sociedades anónimas, como acciones en tesorería. Dictámenes Jurídicos*, Tomo II, por Eduardo García de Enterría; Massimo Severo Gianinni; Roland Drago; Antonio Jiménez Blanco y José Guillermo Andueza, Caracas 1995, 150 pp.

7. *El derecho a la intimidad y a la vida privada y su protección frente a las injerencias abusivas o arbitrarias del estado (el caso de las declaraciones juradas de patrimonio exigidas a los administradores de bancos)*, por Allan Brewer-Carías y Carlos Ayala Corao, Caracas 1995, 347 pp.

8. *El caso del Banco de Venezuela. El Takeover del Banco de Venezuela*, Tomo III, por Alfredo Morles Hernández, Caracas 1996, 318 pp.

9. *El caso del Banco de Venezuela. La adquisición de acciones propias y supuestos similares*, Tomo IV, por Prieto Abbadessa; María Auxiliadora Pisani Ricci; Juan Sánchez-Calero Guilante; Alberto Javier Tapia Hermida y Alfredo Morles Hernández, Caracas 1996, 173 pp.

10. *La Fusión Pinco-Corimon. El procedimiento administrativo en Pro-competencia*, Tomo I, por Alberto Baumeister Toledo y Gustavo José Linares Benzo, Caracas 1997, 380 pp.

11. *El caso "Las Cristinas". Sobre el intento de despojo de las Minas de Oro más ricas de Guayana*, por Allan R. Brewer-Carías, Francisco Zubillaga Silva y Gerardo Fernández, Caracas 1998, 309 pp.

12. *La Guerra de las Colas en Venezuela*, por Gustavo J. Linares Benzo, Caracas 2000, 962 pp.

13. *En mi propia defensa*, por Allan R. Brewer-Carías, Caracas, 2006, 598 pp.

14. *El caso Allan R. Brewer-Carías vs. Venezuela ante la Corte Interamericana de Derechos Humanos (Estudio del caso y análisis crítico de la errada sentencia de la Corte Interamericana de Derechos Humanos N° 277 de 26 de mayo de 2014)*, por Allan R. Brewer-Carías, Caracas 2014, 499 páginas.

PERSECUCIÓN POLÍTICA Y VIOLACIONES AL DEBIDO PROCESO

Caso CIDH
ALLAN R. BREWER-CARÍAS
vs.
VENEZUELA

ante la Comisión Interamericana de Derechos Humanos y ante la Corte Interamericana de Derechos Humanos

Tomo II
DICTÁMENES, ESTUDIOS JURÍDICOS Y *AMICUS CURIAE*

ALLAN R. BREWER-CARÍAS
(Compilador)

Colección Opiniones y Alegatos Jurídicos
N° 16

Editorial Jurídica Venezolana
Caracas 2015

©   by Allan R. Brewer-Carías
abrewer@bblegal.com
www.allanbrewercarias.com

Hecho el Depósito de Ley
Depósito Legal: lf54020143402336
ISBN: 978-980-365-261-6

Editado por: Editorial Jurídica Venezolana
Avda. Francisco Solano López, Torre Oasis, P.B., Local 4, Sabana Grande,
Apartado 17.598 – Caracas, 1015, Venezuela
Teléfono 762.25.53, 762.38.42. Fax. 763.5239
http://www.editorialjuridicavenezolana.com.ve
Email fejv@cantv.net

Impreso por: Lightning Source, an INGRAM Content company
para Editorial Jurídica Venezolana International Inc.
Panamá, República de Panamá.
Email: editorialjuridicainternational@gmail.com

Diagramación, composición y montaje
por: Mirna Pinto en letra Times New Roman, 10,5
Interlineado 11, Mancha 18 x 11.5 cm., libro: 22.9 x 15.2 cm

SUMARIO

LIBRO SEGUNDO
DICTÁMENES JURÍDICOS EN APOYO A LOS ARGUMENTOS PRESENTADOS ANTE LA CORTE INTERAMERICANA DE DERECHOS HUMANOS

LIBRO TERCERO
AMICUS CURIAE PRESENTADOS ANTE LA CORTE INTERAMERICANA DE DERECHOS HUMANOS

Con argumentación en la misma orientación y contexto se presentaron posteriormente *amicus curias* por los siguientes profesores de derecho administrativo iberoamericanos, miembros de la *Asociación Internacional De Derecho Público y Administrativo Jesús González Pérez*: profesor Enrique Rojas Franco; y de la *Asociación Internacional De Derecho Administrativo* y del *Foro Iberoamericano De Derecho Administrativo*: profesores: Libardo Rodríguez, Jaime Rodríguez Arana, José Luis Meilán Gil, José Luis Benavides Russi, Jaime Orlando Santofimio, Jorge Silvero Salgueiro, Gladys Camacho Céspedes, Juan Francisco Pérez Galvez, Giuseppe F. Ferrari, Miriam Mabel Ivanega, Javier Barnes, Jorge Luis Suárez Mejía, Diana Arteaga Mejías, Marta Franchi i Seguer.

Texto firmado o al cual se adhirieron los profesores Rafael J. Chavero Gazdik, Juan Domingo Alfonzo, José Vicente Haro, Jesús María Alvarado, José Ignacio Hernández, Ricardo Antela Garrido, Luis Herrera Orellana, Tomás A. Arias castillo, Jorge Kiriakidis Longhi, Carlos Ayala Corao, Gustavo Linares Benzo, Alberto Blanco Uribe, Laura Louza, Juan Miguel Matheus, Román J. Duque Corredor, Hernique Meier, Gerardo Fernández V., José A. Muci Borjas, Oscar Ghersi Rassi, Humberto Najim, Andrea Isabel Rondón G., Freddy Orlando, Antonio Silva Aranguren, Rogelio Pérez Perdomo, Gustavo Tarre Briceño, Gustavo Urdaneta T., Carlos Weffe H., Daniela Urosa Maggi, Enrique Sánchez Falcón, Juan Manuel Raffalli, Ana Elvira Araujo, Armando Rodríguez G., Marco Antonio Osorio V., Ninoska Rodríguez L., Manuel Rojas Pérez, Miguel Mónaco, Gustavo Grau, Flavia Pesci Feltri, Serviliano Abache Carvajal, Andrea Santacruz.

11

NOTA EXPLICATIVA

Estos dos tomos del libro ***Persecución Política y violaciones al debido proceso,*** contienen los documentos contentivos de todas las argumentaciones y alegatos formulados en el caso *Allan R. Brewer-Carías vs Venezuela*, que durante siete años se desarrolló ante la Comisión Interamericana de Derechos Humanos (2007-2011) y ante la Corte Interamericana de Derechos Humanos (2011-2013), con motivo de la denuncia formulada en enero de 2007 por mis representantes, los profesores **Pedro Nikken, Claudio Grossman, Juan E. Méndez, Douglas Cassel, Helio Bicudo y Héctor Faúndez Ledezma,** por la violación masiva de mis derechos y garantías constitucionales y convencionales por parte de los agentes del Estado venezolano, y que concluyó con la sentencia de dicha Corte internacional Nº 277 de 26 de mayo de 2014, emitida con la firma de los Jueces **Humberto Antonio Sierra Porto,** Presidente y Ponente; **Roberto F. Caldas, Diego García-Sayán** y **Alberto Pérez Pérez,** y el *Voto Conjunto Negativo* de los Jueces **Manuel E. Ventura Robles** y **Eduardo Ferrer Mac-Gregor Poisot.** [1]

En la denuncia que originó el caso se alegó la violación masiva por parte de los agentes del Estado venezolano de mis derechos y garantías judiciales (a la defensa, a ser oído, a la presunción de inocencia, a ser juzgado por un juez imparcial e independiente, al debido proceso judicial, a seguir un juicio en libertad, a la protección judicial) y otros (a la honra, a la libertad de expresión, incluso al ejercer mi profesión de abogado, a la seguridad personal y a la circulación y a la igualdad y no discriminación), consagrados en los artículos 44. 49, 50, 57 y 60 de la Constitución de Venezuela y de los artículos 1.1, 2,

---

[1] Véase la sentencia en: http://www.corteidh.or.cr/docs/casos/articulos/seriec_278_esp.pdf. El Juez **Eduardo Vio Grossi,** el 11 de julio de 2012, apenas el caso se presentó ante la Corte, muy honorablemente se excusó de participar en el mismo conforme a los artículos 19.2 del Estatuto y 21 del Reglamento, ambos de la Corte Interamericana, recordando que en la década de los ochenta se había desempeñado como investigador en el Instituto de Derecho Público de la Universidad Central de Venezuela, cuando yo era Director del mismo, precisando que aunque ello había acontecido hacía ya bastante tiempo, "no desearía que ese hecho pudiese provocar, si participase en este caso en cuestión, alguna duda, por mínima que fuese, acerca de la imparcialidad," tanto suya "como muy especialmente de la Corte." La excusa le fue aceptada por el Presidente de la Corte el 7 de septiembre de 2012, después de consultar con los demás Jueces, estimando razonable acceder a lo solicitado.

7, 8.1, 8.2, 8.2.c, 8.2.f, 11, 13, 22, 24 y 25 de la Convención Americana sobre Derechos Humanos, en el proceso penal que fue iniciado en mi contra en octubre de 2005, sin fundamento alguno, por el delito de "conspiración para cambiar violentamente la Constitución," y sólo con motivo de mi actuación como abogado en ejercicio en el momento de la crisis política originada por la anunciada renuncia del Presidente de la República en abril de 2002, en el cual se solicitó mi opinión jurídica sobre un proyecto de "decreto de gobierno de transición democrática" que se sometió a mí consideración, y respecto del cual, incluso, di una opinión adversa. La denuncia y acusación en mi contra, sin duda, fue la excusa para materializar la persecución política en mi contra por mi posición crítica respecto del régimen autoritario que se había instalado en el país desde 1999.

La sentencia de la Corte Interamericana de Derechos Humanos, resolvió archivar el expediente, denegándome en definitiva el acceso a la justicia, y protegiendo en cambio a un Estado que se había burlado sistemáticamente de sus propias decisiones, renunciando así la Corte a cumplir con sus obligaciones convencionales de conocer y juzgar las violaciones de los derechos humanos, en este caso de mis derechos y garantías, para lo cual tuvo que abandonar la que quizás era su más tradicional jurisprudencia sentada desde 1987 en el caso *Velásquez Rodríguez Vs. Honduras,*[2] que le imponía la obligación de entrar a conocer del fondo de la causa cuando como sucedió en mi caso, las denuncias formuladas contra un Estado eran por violaciones a las garantías judiciales, como la violación a los derechos al debido proceso, a un juez independiente e imparcial, a la defensa, a la presunción de inocencia, y a la protección judicial. En esos supuestos, la Corte Interamericana siempre sostuvo que no se podía decidir la excepción de falta de agotamiento de recursos internos que pudiera alegar el Estado demandado, sin primero entrar a conocer y decidir si en el Estado cuestionado había o no esencialmente garantías judiciales, es decir, si el Poder Judicial efectivamente era confiable, idóneo y efectivo para la protección judicial.

Sin embargo, en este caso, apartándose de su propia jurisprudencia, para no decidir sobre las violaciones alegadas y evitar juzgar al Estado denunciado, el cual venía presionándola en toda forma sistemática, la Corte se excusó, sin razón jurídica alguna y en desconocimiento absoluto e inconcebible de las características peculiares del proceso de amparo en Venezuela, en el argumento de que para que yo pudiese haber pretendido acudir ante la jurisdicción internacional para buscar la protección que nunca pude obtener en mi país, yo debía haber "agotado" los recursos internos en Venezuela, ignorando deliberadamente que yo había intentado y agotado efectivamente, en noviembre de 2005, a través de mis abogados defensores **León Henrique Cottin** y **Rafael Odreman**, *el único recurso disponible y oportuno que tenía al comenzar la etapa intermedia del proceso penal*, que fue la solicitud de "nulidad absoluta"

---

[2] Caso *Velásquez Rodríguez vs. Honduras*. Excepciones Preliminares. Sentencia de 26 de junio de 1987. Serie C N° 1.

de lo actuado por violación masiva de mis derechos y garantías constitucionales, llamado como "amparo penal;" recurso que jamás fue decidido por el juez de la causa, violando a la vez mi derecho a la protección judicial.

Lo que la inicua decisión de la Corte de ordenar archivar el expediente significó fue, en definitiva, resolver que para que yo pudiera pretender acceder a la justicia internacional buscando protección a mis derechos, debía previamente someterme el paródico proceso penal iniciado en mi contra por razones que eran puramente políticas, y allí gestionar que el mismo pasara de una supuesta "etapa temprana," (párrafos 95, 96, 97, 98 de la sentencia) en la cual se encontraba, y en la cual por lo visto, en criterio de la Corte, se pueden violar impunemente las garantías judiciales; para que llegara a una imprecisa y subsiguiente "etapa tardía," que nadie sabe cuál podría ser, y ver si se corregían los vicios denunciados; pero eso sí, privado de libertad y sin garantía alguna del debido proceso, en un país donde simplemente no existe independencia y autonomía del Poder Judicial.

Es decir, para la Corte Interamericana, la única forma para que yo pudiera pretender obtener justicia internacional en un caso de ostensible persecución política, era que me entregara a mis perseguidores políticos, para que una vez privado de libertad y sin garantías judiciales algunas, tratase de seguir, desde la cárcel, un proceso judicial que estaba viciado desde el inicio; de manera que si después de varios años lograba que el mismo avanzara, y las violaciones a mis derechos se agravaran, entonces, si aún contaba con vida, o desde la ultratumba, podía regresar ante la Corte Interamericana a denunciar los mismos vicios que con su sentencia la Corte se negó a conocer.

Y todo ello, que es lo más absurdo aún, en relación con un "proceso" que en la práctica ya se había extinguido en Venezuela, pues el que se había iniciado en 2005 había desaparecido legalmente en virtud de una Ley de Amnistía dictada en diciembre de 2007, mediante la cual se despenalizaron los hechos por los que se me había acusado, habiéndose extinguido en consecuencia el proceso penal para todos los imputados. Sin embargo, como yo tuve la osadía de reclamar justicia ante la justicia internacional, no sólo la Corte Interamericana me la denegó, sino que en Venezuela, por ello, se me "castigó" de manera tal que la extinción del proceso penal operó para todos, excepto para mí persona por haber reclamado mis derechos.

La decisión de la Corte Interamericana, por lo demás, se adoptó en un momento de intensa presión política que el Estado venezolano ejerció sobre la misma y algunos de sus Jueces, que es lo único que en definitiva puede justificar el inexplicable cambió en la jurisprudencia de la Corte, para terminar protegiendo a un Estado que despreció sus sentencias, y cercenarle el acceso a la justicia a un ciudadano que acudió a la ella clamando por la que no la podía obtener en su país. ¿Habrá sido esa la consecuencia de la presión ejercida por el Estado venezolano contra la Corte al denunciar la Convención Americana? Solo la historia lo dirá.

En todo caso, lo cierto es que la sentencia fue la secuela de previas decisiones dictadas por el Tribunal Supremo de Justicia de Venezuela de declarar inejecutables sendas sentencias de la Corte en dos casos previos de importancia política (2008, 2011), y del anuncio oficial del Estado de denunciar la Convención Americana sobre Derechos Humanos de septiembre de 2012, basado precisamente en dichos casos, y además, en el hecho de que la Corte Interamericana en ese momento se encontraba precisamente, conociendo de mi caso, lo que el Estado consideró como parte de una campaña internacional en su contra. La denuncia de la Convención, por lo demás, materializó los expresos e insólitos requerimiento hechos al Ejecutivo Nacional por la Sala Constitucional del Tribunal Supremo de Justicia, al declarar inejecutables en Venezuela las sentencias de la Corte Interamericana.

Además, la emisión de la sentencia coincidió con un momento en el funcionamiento de la Corte en la cual, en particular, los intereses políticos personales de algunos jueces comenzaron a darse a conocer, como fue el de la anunciada candidatura del juez **Diego García Sayán** para la Secretaría General de la Organización de Estados Americanos, a la cual aspiraba desde 2013, desde antes de ser dictada la sentencia; lo que sin duda le requería cortejar a los electores, que son precisamente los Estados, para buscar sus votos, a pesar de que ellos son a los que los jueces están llamados a juzgar.

Para lograr su cometido de ser juez-candidato o candidato-juez a ese alto cargo político internacional, sin separase de su cargo de Juez, el juez **García Sayán** logró que el Juez **Humberto Antonio Sierra Porto,** Presidente de la Corte, lo autorizase a proceder entonces a realizar todas las actividades políticas necesarias para promover su candidatura, totalmente incompatibles con el cargo de Juez. Y así fue entonces que el Juez **García Sayán** el 16 de agosto de 2014 hizo pública su aspiración, que era un secreto a voces desde meses antes, continuando con su afán de buscar los votos de los Estados para que lo apoyasen y eligieran.

Esta decisión del Presidente Juez **Sierra Porto,** adoptada de espaldas a la Corte, motivó que los Jueces **Eduardo Vio Grossi** y **Manuel Ventura** consignaran y publicaran el 21 de agosto de 2014, una "Constancia de Disentimiento" cuestionando la decisión del Presidente Juez **Sierra Porto,** y solicitando que por "la trascendencia del asunto para el desarrollo de la propia Corte," quedase registrada en sus archivos "su disconformidad," tanto con la solicitud formulada por el Juez **García Sayán**, para que *mientras fuese candidato* a la Secretaría General de la OEA se le excusase *"de participar en la deliberación e las sentencias u otras decisiones relativas a casos contenciosos, supervisión de cumplimiento de sentencias o medidas provisionales sobre las que la Corte tenga que pronunciarse;"* como con lo resuelto unilateralmente por el Presidente de la Corte, Juez **Sierra Porto** aceptando la mencionada excusa.

Era evidente que el Juez **García Sayán** no podía pretender seguir ejerciendo su cargo como Juez de la Corte Interamericana y además, simultáneamente, seguir de Juez con una "excusa" para realizar la gestión política de compromisos internacionales buscando apoyos y votos de los Estados, que son los sujetos a ser juzgados por la propia Corte. Al contrario, lo que debió haber hecho el Juez **García Sayán** era haber renunciado a su cargo desde antes, para dedicarse de lleno a la actividad política que demandaba su postulación como candidato a la Secretaría General de la OEA, como bien lo indicaron los Jueces **Vio Grossi** y **Ventura Robles**, en su "Constancia de Disentimiento," y conforme a lo que está previsto en el artículo 21.1 del Estatuto del Corte, lo cual sin embargo no hizo. Por ello, la propia conclusión de los jueces **Ventura Robles** y **Vio Grossi,** fue que:

> *"es a todas luces evidente que la "actividad' consistente en la candidatura a la Secretaría General de la OEA, no solo puede en la práctica impedir el ejercicio del cargo de juez de la Corte, sino que también puede afectar la "independencia, "imparcialidad", "dignidad" o "prestigio" con que necesariamente debe ser percibido dicho ejercicio por quienes comparecen ante la Corte demandando Justicia en materia de derechos humanos."*

Por esa situación, que atentaba contra la credibilidad de la Corte, y además por la presión que Venezuela había estado ejerciendo ante la propia Corte, era evidente que era difícil poder esperar justicia, lo que quedó evidenciado con la sentencia de la misma, dictada unos meses antes de esos eventos, y durante el tiempo en el cual la aspiración a la candidatura de parte del Juez **García Sayán** a la Secretaria General de la OEA era ya bien conocida.

Con dicha sentencia, como se dijo, la Corte Interamericana no sólo demostró una incomprensión extrema del sistema venezolano de protección constitucional mediante el amparo o tutela constitucional, desconociendo la solicitud de amparo penal que mis abogados había ejercido a los pocos días de formularse acusación en mi contra en octubre de 2005, sino que llegó a afirmar que si el escrito de una petición de amparo o tutela constitucional, como fue la nulidad absoluta intentada de todo lo actuado en el proceso, tiene 532 páginas, entonces según el criterio de la Corte Interamericana, la acción de amparo deja de serlo, porque en su miope criterio, por su "extensión" la misma no se podría resolver perentoriamente.

Pero además, la Corte Interamericana incurrió en el gravísimo error de afirmar que en un proceso penal supuestamente existiría la referida "etapa temprana" (párrafos 95, 96, 97, 98) que como lo advirtieron los Jueces **Eduardo Ferrer Mac Gregor** y **Manuel Ventura Robles**, en su *Voto Conjunto Negativo* a la sentencia, es un *"nuevo concepto* acuñado en la Sentencia y en la jurisprudencia"* (párrafo 46), que implica la absurda consecuencia de que si en la misma (como sería la etapa de investigación de un proceso penal) se han cometido violaciones a los derechos y garantías constitucionales, las violaciones nunca podrían ser apreciadas ni juzgadas por el juez internacional, porque eventualmente podrían ser corregidas en el curso del proceso interno (en el entendido, por supuesto, de que se tratase de un sistema donde funcione el Estado de derecho), así el proceso íntegro estuviese viciado.

Ello equivale a dejar sentada la doctrina de que en esa "etapa temprana" del proceso penal se pueden violar impunemente las garantías judiciales, y las víctimas lo que tienen que hacer es esperar *sine die*, incluso privadas de libertad y en condiciones inhumanas, para que un sistema judicial sometido al Poder político, instrumento para la persecución y deliberadamente lento, termine de demoler todos los derechos y garantías, para entonces, después de varios años de prisión sin juicio, las víctimas quizás puedan pretender tener oportunidad de acudir al ámbito internacional buscando justicia.

Como lo advirtieron los Jueces **Ferrer Mac Gregor** y **Ventura Robles** en su *Voto Conjunto Negativo*, en "la Sentencia se consideró que en este caso en el cual todavía se encuentra pendiente la audiencia preliminar y una decisión al menos de primera instancia, *no era posible entrar a pronunciarse sobre la presunta vulneración de las garantías judiciales*, debido *a que todavía no habría certeza sobre cómo continuaría el proceso* y si muchos de los alegatos presentados *podrían ser subsanados a nivel interno*" (párrafo 25, e igualmente párrafos 35, 46, 50), considerando el *Voto Conjunto Negativo* que con ello, la Corte Interamericana:

> *"contradice la línea jurisprudencial del propio Tribunal Interamericano en sus más de veintiséis años de jurisdicción contenciosa, desde su primera resolución en la temática de agotamiento de los recursos internos como es el caso Velásquez Rodríguez Vs. Honduras,[3] creando así un preocupante precedente contrario a su misma jurisprudencia y al derecho de acceso a la justicia en el sistema interamericano"* (párrafo 47).

Por ello, los Jueces **Ferrer Mac Gregor** y **Ventura Robles** en su *Voto Conjunto Negativo* insistieron en este grave error de la sentencia de la Corte de establecer esta "nueva teoría" de la "etapa temprana" de un proceso, que:

> *"representa un retroceso que afecta al sistema interamericano en su integralidad, en cuanto a los asuntos ante la Comisión Interamericana y casos pendientes por resolver por la Corte, toda vez que tiene consecuencias negativas para las presuntas víctimas en el ejercicio del derecho de acceso a la justicia. Aceptar que en las "etapas tempranas" del procedimiento no puede determinarse alguna violación (porque eventualmente puedan ser remediadas en etapas posteriores) crea un precedente que implicaría graduar la gravedad de las violaciones atendiendo a la etapa del procedimiento en la que se encuentre; más aún, cuando es el propio Estado el que ha causado que no se hayan agotado los recursos internos en el presente caso, dado que ni siquiera dio trámite a los recursos de nulidad de actuaciones –de 4 y 8 de noviembre de 2005– por violación a derechos fundamentales"* (párrafo 56).

Todo ello llevó a los Jueces disidentes en su *Voto Conjunto Negativo* a concluir que la utilización por la sentencia, como uno de sus argumentos centrales, de *"la artificiosa teoría"*, –así la califican–:

---

[3]   Caso *Velásquez Rodríguez vs. Honduras*. Excepciones Preliminares. Sentencia de 26 de junio de 1987. Serie C N° 1.

*"de la "etapa temprana" del proceso, para no entrar al análisis de las presuntas violaciones a los derechos humanos protegidos por el Pacto de San José, constituye un **claro retroceso en la jurisprudencia histórica de esta Corte, pudiendo producir el precedente que se está creando consecuencias negativas para las presuntas víctimas en el ejercicio del derecho de acceso a la justicia**; derecho fundamental de gran trascendencia para el sistema interamericano en su integralidad, al constituir en si mismo una garantía de los demás derechos de la Convención Americana en detrimento del efecto útil de dicho instrumento"* (párrafo 119).

Con esta sentencia, en realidad, la mayoría sentenciadora de la Corte Interamericana, y entre ellos, un Juez que paralelamente aspiraba a ser candidato a la Secretaria General de la OEA, para lo cual tenía que contar con los votos de los Estados que estaba juzgando, al pensar que el viciado proceso penal seguido en mi contra como instrumento de persecución política podía avanzar y salir de la "etapa temprana" en la que en criterio de la Corte se encontraba, y considerar que el Estado, con el Poder Judicial como está, podía sin embargo corregir los vicios denunciados; lo que resolvió en definitiva fue darle un aval a la situación y el funcionamiento del Poder Judicial en Venezuela, considerándolo apropiado para impartir justicia, que era precisamente todo lo contrario de lo que fue denunciado, y de la realidad política del país.

Lástima, en todo caso, que los señores jueces que tomaron la decisión no solo ignoraron los excelentes alegatos y argumentos formulados en el caso, así como los dictámenes y *amicus curiae* que se presentaron en juicio, y que se pueden leer en estos dos volúmenes, sino que ni siquiera tuvieron el tiempo de haber leído sus propias sentencias anteriores en las cuales la Corte ya había analizado y considerado la situación del Poder Judicial en Venezuela. A ello se suma la deliberada ceguera frente a las toneladas de informes y documentos que mostraban la situación catastrófica del Poder Judicial en el país, que no leyeron o no quisieron leer. Entre ellos se incluye uno de los más recientes informes sobre la problemática estructural del Poder Judicial en Venezuela como fue el elaborado por la *Comisión Internacional de Juristas*, titulado *Fortalecimiento del Estado de Derecho en Venezuela*, publicado en Ginebra en marzo de 2014, es decir, sólo dos meses antes de dictarse la sentencia, en cuya Presentación, su Secretario General, Wilder Tayler, explicó que:

"Este informe da cuenta de la falta de independencia de la justicia en Venezuela, comenzando con el Ministerio Público cuya función constitucional además de proteger los derechos es dirigir la investigación penal y ejercer la acción penal. El incumplimiento con la propia normativa interna ha configurado un Ministerio Público sin garantías de independencia e imparcialidad de los demás poderes públicos y de los actores políticos, con el agravante de que los fiscales en casi su totalidad son de libre nombramiento y remoción, y por tanto vulnerables a presiones externas y sujetos órdenes superiores.

En el mismo sentido, el Poder Judicial ha sido integrado desde el Tribunal Supremo de Justicia (TSJ) con criterios predominantemente políticos en su designación. La mayoría de los jueces son "provisionales" y vulnerables a presiones políticas externas, ya que son de libre nombramiento y de remoción discrecional por una Comisión Judicial del propio TSJ, la cual, a su vez, tiene una marcada tendencia partidista. [...]".

Luego de referirse a que "el informe da cuenta además de las restricciones del Estado a la profesión legal," el Sr. Tayler concluyó su Presentación del Informe afirmando tajantemente que:

"Un sistema de justicia que carece de independencia, como lo es el venezolano, es comprobadamente ineficiente para cumplir con sus funciones propias. En este sentido en Venezuela, un país con una de las más altas tasas de homicidio en Latinoamérica y en familiares sin justicia, esta cifra es cercana al 98% en los casos de violaciones a los derechos humanos. Al mismo tiempo, el poder judicial, precisamente por estar sujeto a presiones externas, no cumple su función de proteger a las personas frente a los abusos del poder sino que por el contrario, en no pocos casos es utilizado como mecanismo de persecución contra opositores y disidentes o simples críticos del proceso político, incluidos dirigentes de partidos, defensores de derechos humanos, dirigentes campesinos y sindicales, y estudiantes."[4]

Ese Poder Judicial, es el que la Corte Interamericana no se atrevió a juzgar, avalándolo sin embargo, pero sin motivación, al pensar que en el mismo se podían realmente corregir las violaciones masivas cometidas en un proceso penal cuyo objeto además era la persecución política.

Si el Estado venezolano despreció la justicia internacional el negarse a ejecutar las sentencias de la Corte Interamericana, minando su majestad decisora; con sentencias como estas dictada en el caso *Allan R. Brewer-Carías vs. Venezuela*, protegiendo a un Estado despreciador de sus sentencias, ha sido la misma Corte la que está contribuyendo a minar la confianza que pudieran tener en ella los ciudadanos cuando buscan la justicia que no encuentran en sus países. Y si no hay justicia, como lo escribió Quevedo hace siglos: **"***Si no hay justicia, Qué difícil es tener razón***!!"**

Y no puede haber justicia internacional confiable cuando un juez de la Corte Interamericana, como el Juez **Diego García Sayán**, quien presidió la Corte cuando se realizó la audiencia del caso en septiembre de 2013, y cuando se adoptó la sentencia, ya aspiraba a ser candidato a la Secretaría General de la Organización de Estados Americanos, candidatura que se concretó en agosto de 2014, oportunidad en la cual obtuvo un insólito permiso menciona-

---

[4] Véase en: http://icj.wpengine.netdna-cdn.com/wp-content/uploads/2014/06/VENEZUE LA-Informe-A4-elec.pdf

do del Presidente de la Corte, Juez **Serra Porto** para sin dejar de ser Juez, dedicarse de lleno a buscar y completar los votos de los Estados que necesitaba en apoyo de dicha candidatura; Estados que estaban siendo juzgados por él mismo como miembro de la propia Corte.

En un libro recientemente publicado he tenido ocasión de analizar detalladamente la errada sentencia (Allan R. Brewer-Carías, *El caso Allan R. Brewer-Carías, vs. Venezuela ante la Corte Interamericana de Derechos Humanos. Estudio del caso y análisis crítico de la errada sentencia de la Corte Interamericana de Derechos Humanos de 26 de mayo de 2014*, Colección Opiniones y Alegatos Jurídicos N° 14, Editorial Jurídica Venezolana, Caracas 2014, 500 pp.) la cual, incluso pesar de los temores que teníamos sobre sus circunstancias, nunca pensamos que podía ser tan decepcionante, sobre todo para todos aquellos amigos y juristas que dieron importantísimas opiniones jurídicas sobre el caso, cuyos extraordinarios aportes son los que se recopilan en estos dos Tomos, y que he querido editar y publicar, precisamente, en homenaje y hasta cierta forma en desagravio a ellos, como muestra además de mi renovado agradecimiento por su desinteresado apoyo. La solidez de las mismas, además, para cualquier lector, le confirmará lo errado que fue la sentencia.

El primer Tomo de esta obra recoge la muy importante denuncia y los alegatos formulados en mi defensa por los distinguidos abogados que me representaron ante la Comisión Interamericana de Derechos Humanos (2007-2011) y ante la Corte Interamericana de Derechos Humanos (2011-2014), quienes en mi nombre denunciaron al Estado venezolano por las violaciones masivas cometidas contra mis derechos y garantías judiciales. Ese equipo de mis representantes, realmente creo que no pudo ser mejor, integrado por el profesor **Pedro Nikken**, ex Decano de la Facultad de Derecho de la Universidad Central de Venezuela; ex Presidente de la Corte Interamericana de Derechos Humanos; ex Presidente de la Comisión Internacional de Juristas y ex Presidente del Instituto Interamericano de Derechos Humanos; el profesor, **Claudio Grossman**, Decano de la *American University School of Law*, Washington, antiguo miembro de la Comisión Interamericana de Derechos Humanos, y presidente del Comité contra la Tortura de las naciones Unidas; el profesor **Juan E. Méndez,** antiguo miembro de la Comisión Interamericana de Derechos Humanos, ex Director del Instituto Interamericano de Derechos Humanos, y Relator Especial contra la Tortura, Naciones Unidas; el profesor **Douglas Cassel**, de la Facultad de la *Notre Dame Law School, Notre Dame Presidential Fellow*, y miembro del *Kellogg Institute for International Studies* y del *Kroc Institute for International Peace Studies*; el profesor **Héctor Faúndez Ledesma**, de la Facultad de Derecho de la Universidad Central de Venezuela, director del centro de Derechos Humanos de la misma Universidad; y el jurista **Helio Bicudo,** distinguido académico del Brasil. Todos conformaron lo que sin duda puede calificarse como un excepcional e inmejorable equipo, por lo que a todos les quiero aquí agradecer de nuevo su ayuda, apoyo y amistad. Todos contamos, además, con la guía experta del profesor **Pedro Nikken**, quien además, y más importante aún, ha sido mi socio y amigo durante varias décadas, a quien de nuevo quiero agradecer su invalorable asistencia. No descarto que quizás porque era un equipo demasiado bueno, más de algún Juez pudo haber resentido la excelencia. Nada es descartable en la conducta humana.

Junto con los escritos y alegatos de esos extraordinarios juristas, se publican además en el Tomo I de esta obra, los diversos Informes producidos por la Comisión Interamericana de Derechos Humanos en el curso el procedimiento, y el texto de la sentencia de la Corte Interamericana de Derechos Humanos N° 277 de 26 de mayo de 2014 junto con el *Voto Conjunto Negativo* de los Jueces **Manuel E. Ventura Robles** y **Eduardo Ferrer Mac-Gregor Poisot.**

Por otra parte, en el Tomo II de esta obra se recogen, en primer lugar, el testimonio escrito rendido ante la Corte Interamericana por **Rafael Odremán** en su carácter de testigo presentado por mis representantes, y las declaraciones escritas de los profesores **Antonio Canova** y **Carlos Tiffer**, formuladas ante la misma Corte, en carácter de peritos también presentados por mis representantes. En segundo lugar, se incluyen en el Tomo II, los excelentes dictámenes jurídicos sobre diversos aspectos del caso elaborados por los profesores **Enrique Gimbernat, Alberto Arteaga Sánchez** y **Rafael Chavero.** Y en tercer lugar, también se recogen en el Tomo II, los diversos y muy importantes *Amicus curiae* presentados en el proceso ante la Corte Interamericana de Derechos Humanos, y que fueron olímpicamente ignorados por la misma, en apoyo de consideraciones jurídicas que formulamos en el caso, elaborados por las siguientes personas e instituciones: **José Alberto Álvarez, Renaldy Gutiérrez, Francisco Saenger** y **Dante Figueroa**, por la *Inter-American Bar Association*; **Baroness Helena Kennedy QC** y **Stenford Noyo**, por el *International Bar Association's Human Rights Institute*; **Werner F. Ahlers, Andrew L. Frey, Allison Levine Stillman, Tiasha Palikovoic, Gretta L. Walters, Werner F.Ahlers** por la *Association of the Bar of the City of New York*; **Leo Zwaak, Diana Contreras-Gudiño, Lubomina Kostova, Tomas Königs, Amick Pijnengurg** por *The Netherlands Institute of Human Rights*; **Humberto Prado**, por las *Comisiones de Derechos Humanos de la federación de Colegios de Abogados de Venezuela*; por los profesores **Rafael Chavero, Juan Domingo Alfonso, José Vicente Haro, Jesús María Andrade, Ricardo Antella Garrido, Jorge Kariakiris Longhi, Luis Herrera Orellana, Carlos Ayala Corao, Gustavo Linares, Laura Louza, Román J. Duque Corredor, Gerardo Fernández, José A. Muci Borjas, Oscar Ghersi Rossi, Freddy J. Orlando, Andrea Isabel Rondón, Carlos Weffe H., Enrique Sánchez Falcón, Henrique Meier, Humberto Najim, Alberto Blanco Uribe, Carlos E. Herrera, Armando Rodríguez, Flavia Pesci Feltri, Gustavo Tarre Briceño, Ana Elvira Araujo, Rogelio Pérez Perdomo, Serviliano Abache, José Ignacio Hernández, Tomás Arias Castillo, José Miguel Matheus, Antonio Silva Aranguren, Gustavo Urdaneta T., Daniela Urosa Maggi, Juan Manuel Raffalli, Marco Antonio Osorio, Ninoska Rodríguez, Manuel Rojas Pérez** del *Grupo de Profesores de De-*

recho Público de Venezuela; por el profesor **Enrique Rojas Franco** por la *Asociación e Instituto Iberoamericano de Derecho Público y Administrativo, Profesor. Jesús González Pérez*; por los profesores **Jaime Rodríguez Arana, José Luis Meilán Gil, José Luis Benavides, Javier Barnes, José Coviello** del *Foro Iberoamericano de Derecho Administrativo*; por los profesores **Libardo Rodríguez, Luciano Parejo Alfonso, Marta Franch, Miriam Ivanega, Diana Arteaga, Jorge Silvero Salgueiro, Gladys Camacho Cepeda, Giussseppe Franco Ferrari, Juan Francisco Pérez Galves** de la *Asociación Internacional de Derecho Administrativo*; por el profesor **José René Olivos Campos**, por la *Asociación Mexicana de Derecho Administrativo*; por el profesor **Olivo Rodríguez**, por la *Asociación Dominicana de derecho Administrativo*; por la profesora **Ana Giacometto**, por el *Centro Colombiano de Derecho procesal Constitucional*; por el profesor **Rubén Hernández**, por la *Asociación Costarricense de Derecho Constitucional*; por el profesor **Asdrúbal Aguiar** por el *Observatorio Iberoamericano por la Democracia*; y por los profesores **Amira Esquivel, Víctor Hernández Mendible; Jorge Luis Suárez; Luis Enrique Chase Plate, Eduardo Jorge Pratts, Pablo González Colautoro y Henry R. Henríquez Machado**.

Todos esos trabajos constituyen unos extraordinarios aportes jurídicos a la problemática discutida en el proceso ante la Corte Interamericana, que la misma, sin embargo, se inhibió de considerar, pero cuya lectura y estudio, sin duda, será obligatoria para todos los interesados en los temas discutidos en el juicio, y en el futuro del sistema interamericano de protección de los derechos humanos.

Por mi parte, en todo caso, y aparte de lo adverso que fue la sentencia al negarme el acceso a la justicia internacional, como se lo expresé a mis representantes antes de que se dictara la sentencia, precisamente al terminar la audiencia ante la Corte el 5 de septiembre de 2013, personalmente yo me di por satisfecho en justicia, por el hecho de haber tenido la oportunidad de exponer por primera vez en ocho años mi caso ante un tribunal como la Corte Interamericana, y en una audiencia pública como aquélla. Sentí que para mí, con ese acto público, ya había habido justicia, no sólo por el privilegio que tuve de haber tenido como abogados y representantes al formidable equipo de juristas que actuó ante la Corte y ante los tribunales venezolanos, que creyeron en el caso, sino con el resultado mismo de la audiencia, en la cual además de haber participado excelentes expertos y testigos presentados por mis representantes, y se presentaron dictámenes, informes y *amicus curiae* por representantes del mundo académico latinoamericano; pudimos ser testigos de cómo los agentes del Estado, incluyendo el denunciante y el acusador, confirmaron públicamente todos las sistemáticas y masivas violaciones cometidas en mi contra, que quedaron reconocidas, e incluso confesadas ante la Corte por sus propios autores.

En todo caso, la justicia de mi caso, después de haber experimentado en carne propia lo que es la búsqueda de justicia ante un tribunal internacional, porque en el propio país de uno no la encuentra, y más bien el aparato judicial se utiliza para perseguir políticamente, y a pesar de que creyendo encontrarla ante la Corte Interamericana de Derechos Humanos, esta se negó a jugar al Estado, y más bien lo protegió, creo que en definitiva está en los extraordinarios y sabios argumentos y alegatos de mis abogados representantes ante la Corte, y de todos los juristas que expresaron su opinión sobre los diversos asuntos ventilados en el proceso, que son los que se recogen como testimonio en estos dos tomos, a quienes una vez más quiero agradecer su invalorable ayuda y apoyo en esta búsqueda infructuosa de justicia. A pesar de que la Corte Interamericana no quiso siquiera entrar a considerarlos, sin duda se bastan por sí mismos, como el lector lo podrá apreciar, reafirmándose el error en el cual incurrió el tribunal internacional.

Nueva York, mayo de 2015

Allan R. Brewer-Carías

LIBRO PRIMERO

TESTIMONIOS Y PERITAJES ANTE LA CORTE INTERAMERICANA DE DERECHOS HUMANOS

PRIMERA PARTE:

DECLARACIÓN TESTIMONIAL DEL DR. RAFAEL ODREMAN, TESTIGO OFRECIDO POR LA REPRESENTACIÓN DE LA VÍCTIMA, SOBRE LAS VIOLACIONES AL DEBIDO PROCESO QUE SUFRIÓ EL PROFESOR BREWER CARÍAS DURANTE EL MISMO, DE FECHA DE 27 DE AGOSTO DE 2013

El suscrito, **JOSÉ RAFAEL ODREMAN LEZAMA**, venezolano, abogado en ejercicio y titular de la cédula de identidad venezolana N° 5.149.054 y de pasaporte venezolano N° 030985441, debidamente inscrito en el Instituto de Previsión Social del Abogado de Venezuela bajo el N° 18.101, en mi condición de testigo de parte ofrecido por la representación de la víctima, ante la honorable Corte Interamericana de Derechos Humanos con todo respeto manifiesto:

Vista la Resolución del Presidente de la Corte Interamericana de Derechos Humanos del 31 de julio del 2013, en la que se acordó que la declaración testimonial del suscrito sería rendida en forma escrita y ante fedatario público, me refiero a las preguntas formuladas por el representante de la víctima y por el representante del Estado, siendo el objeto de mi testimonio, según dicha Resolución *"las* [alegadas] *violaciones al debido proceso que* [supuestamente" *sufrió el profesor Brewer Carías durante el mismo"*. **Juro que respondo a dichas preguntas de buena fe y que digo la verdad, toda la verdad y nada más que la verdad con respecto a los hechos que conozco.**

Mis respuestas se dividen en dos partes. La primera de ellas está referida a las preguntas que me ha formulado la representación de la víctima y la segunda, a las que me ha hecho la representación del Estado.

PRIMERA PARTE:

PREGUNTAS FORMULADAS POR LA REPRESENTACIÓN DE LA VÍCTIMA

1. Explique usted su relación con el profesor Brewer Carías ¿Es usted abogado del profesor Brewer Carías? ¿A partir de cuándo? ¿Había tenido relación personal o profesional con el profesor Brewer Carías con anterioridad al proceso penal al que se refiere el presente caso ante la Corte Interamericana de Derechos Humanos?

RESPUESTA: Soy abogado defensor designado por el profesor Brewer Carías en el proceso penal que se le sigue por ante el Juzgado 25 de Primera Instancia en Funciones de Control de la Circunscripción Judicial del Área Metropolitana de Caracas en la causa signada con el Nº 1183. Mi nombramiento y juramentación fueron el día 14 de febrero de 2005. No tuve relación personal ni profesional con el profesor Brewer Carías con anterioridad al proceso penal mencionado.

2. Explique su apreciación inicial del caso. ¿Cuál fue su apreciación profesional y personal del caso cuando le fue presentado por el profesor Brewer Carías.

RESPUESTA: El profesor Brewer Carías me comentó que durante el primer trimestre del año 2002 había estado laborando intensamente en unos trabajos de carácter académico, algunos de los cuales me mostró junto con las reseñas periodísticas de los mismos. Que luego de ello viajó a Nueva York y luego de vacaciones a Vail en el Estado de Colorado en Estados Unidos, junto con el Ingeniero Leopoldo Baptista y su esposa, regresando a Venezuela el 8 de abril en horas de la noche. Que el ciudadano Jorge Olavarría, quien junto con él había sido miembro de la Asamblea Nacional Constituyente de 1999, le había invitado a una reunión en su oficina el 10 de abril de 2002 a las 6 de la tarde, para conversar sobre la situación del país en esos días. Que una vez reunidos allí, Olavarría le pidió que lo acompañara a recibir a dos jóvenes abogados que con anterioridad le habían pedido una entrevista y estaban llegando de visita. Que estos abogados, a quienes ninguno de los dos conocían, les leyeron un documento que traían contentivo de un proyecto de decreto de constitución de un gobierno de transición. Que tanto Olavarría como él se extrañaron por la ligereza con la que trataban el tema y les dijeron que ello significaría una ruptura del orden constitucional y que además se violaría la Carta Democrática Interamericana. Que no le dieron mayor importancia al documento por considerarlo consecuencia de la ola de rumores que circulaban en el país en aquellos momentos. El profesor Brewer me mostró la comunicación que había enviado el Sr. Olavarría al Fiscal del Ministerio Público, en la cual pude ver que se confirmaba exactamente lo que me estaba relatando el profesor Brewer sobre la mencionada reunión. De igual manera me mostró varias entrevistas de prensa al Sr. Olavarría y todas coincidían con la misma versión. Luego continuó diciéndome que en la madrugada del día 12 de abril recibió una llamada del entonces Presidente de Fedecámaras, ciudadano Pedro Carmona Estanga comentándole lo grave de los hechos que se estaban suscitando y pidiéndole se trasladara al Fuerte Tiuna a fin de consultarle su opinión jurídica sobre un tema que se le estaba planteando. Que él ni siquiera sabía cómo llegar al sitio donde Carmona se encontraba y se excusó de asistir, pero éste le insistió y lo mandó a buscar en un vehículo que lo trasladó hasta allí. Que una vez en el sitio, Carmona le solicitó que analizara un documento que le habían entregado al llegar a Fuerte Tiuna y para ello lo pusieron en contacto, para su sorpresa, con los mismos dos jóvenes abogados que habían estado en la oficina de Jorge Olavarría, quienes le mostraron un documento similar al que habían llevado a dicha oficina, al cual habían agregado unos considerandos narrando los trágicos hechos que habían ocurrido en la marcha ciudadana del día 11 de abril. Que se dio cuenta de que dichos abogados habían hecho caso omiso de las críticas formuladas por Olavarría y él y que por eso se concentró en intentar hablar con Carmona para alertarlo del grave error en que podían incurrir, pero sus intentos resultaron infructuosos habida cuenta de que éste se encontraba todo el tiempo reunido con militares. Que todos pudieron observar por la televisión cuando el máximo jefe del Alto Mando Militar, General Lucas Rincón anunció la renuncia del Presidente y que a partir de allí se hizo mucho más difícil reunirse a solas con Carmona. Que pidió que lo llevaran a su casa y una vez allí, reflexionando sobre la gravedad de la suspensión del funcionamiento del Parlamento y la destitución de los Magistrados del Tribunal Supremo de Justicia, decidió que debía insistir en su empeño de reunirse con Carmona y por ello se fue cerca del mediodía al Palacio de Miraflores, donde encontró una situación peor, pues había mucha más gente. Que ante tal situación optó por retirarse a un almuerzo que tenía en la casa de habitación del ciudadano Nelson Mezerhane, a quien comentó lo sucedido y su opinión contraria al proyecto de decreto. Que en la tarde, después del almuerzo, se retiró a su casa de habitación, donde permaneció toda la noche.

Una vez oída la versión de los hechos del Profesor Brewer y los documentos y entrevistas periodísticas que me mostró, quedé absolutamente convencido de su inocencia en los hechos que se le pretendían imputar como redactor del famoso decreto de Carmona y acepté asumir su defensa en el proceso penal.

3. Explique su estrategia como abogado defensor. ¿Qué estrategia delineó usted para la defensa del profesor Brewer Carías?

RESPUESTA: Basado en el anterior relato de los hechos, le propuse al profesor Brewer Carías que, no obstante el principio de presunción de inocencia, de rango constitucional, que obligaba al Ministerio Público a demostrar en juicio con los medios probatorios adecuados la culpabilidad de la persona señalada como autor del delito, no debíamos adoptar una actitud pasiva, sino que debíamos, a través de las herramientas procesales que nos otorga el

Código Orgánico Procesal Penal (COPP), convencer de su absoluta inocencia tanto al Fiscal que adelantaba la investigación, como a los jueces que llegaran a conocer de la causa. Estaba y estoy convencido de que, al probar los hechos que el profesor Brewer Carías me había referido, cualquier juez o fiscal que actuara con la imparcialidad y objetividad que sus funciones les imponen, fácilmente llegaría a la conclusión de que el profesor Brewer Carías no había estado conspirando para derrocar al gobierno y quebrar el orden constitucional y mucho menos había redactado un decreto cuyo borrador estaba ya escrito para el momento en que lo vio por primera vez en compañía del señor Olavarría.

4. Explique la puesta en práctica de su estrategia para la defensa. ¿Qué diligencias de investigación solicitó usted ante el Ministerio Público o, si fuera el caso, el Juez de Control de conformidad con esa estrategia?

RESPUESTA: Fueron muchas diligencias y variaron conforme íbamos enterándonos de las actuaciones que cursaban en el expediente. Entre ellas puedo mencionar:

A) Partiendo de la base de que la Fiscal consideró que el profesor Brewer participó en la discusión, elaboración y redacción del decreto, y habida cuenta de que él había estado de viaje de vacaciones las semanas anteriores a la crisis política, lo que evidencia que no pudo haber participado en ninguna reunión en la que se hubieren tratado los temas propios de la crisis de aquellos días (paros, marchas, renuncia presidencial, redacción de decretos, constitución de gobierno de transición, etc.), los integrantes de la defensa, esto es, el doctor León Henrique Cottin y yo consideramos necesario demostrar dónde, con quién y qué había estado haciendo el profesor Brewer en esos días inmediatamente anteriores a la crisis y para ello solicitamos de la Fiscal Sexta del Ministerio Público con Competencia Nacional que llevaba el caso, que conforme al numeral 1° del artículo 49 de la Constitución de la República Bolivariana de Venezuela y a los artículos 125.5 y 305 del Código Orgánico Procesal Penal, fuera citado el ciudadano LEOPOLDO BAPTISTA, quien junto con su esposa había estado con el profesor Brewer de vacaciones en la ciudad de Vail, Colorado, incluso compartiendo el mismo apartamento, a fin de que declarara sobre un cuestionario que consignamos al efecto, en el cual se le preguntaba sobre dicho viaje de vacaciones, las actividades que realizaron, su duración, fecha en que regresaron a Venezuela; y si había conversado con el profesor Brewer la noche del 12 de abril de 2002 sobre los hechos acontecidos y cuál era la opinión que sobre el decreto del gobierno de transición le había dado.

Para nuestra sorpresa, una diligencia tan útil y pertinente como ésta, nos fue negada por la Fiscal.

B) También solicitamos la citación del ciudadano NELSON MEZERHANE, con quien había almorzado el profesor Brewer el 12 de abril de 2002. Consideramos importante su testimonio porque dicho ciudadano fue testigo presencial del sitio donde se encontraba el profesor Brewer el mediodía y la tarde del 12 de abril de 2002, oportunidad en que se estaba materializando la constitución del llamado gobierno de transición y se leyó el decreto en cuestión; de que el profesor Brewer le manifestó al Sr. Mezerhane su opinión contraria al proyecto de decreto que se le había mostrado; y de que no había podido reunirse con el Sr Pedro Carmona para expresarle su opinión contraria al mismo.

Esta solicitud también nos fue inexplicablemente negada por la Fiscalía.

C) También solicitamos la declaración del ciudadano NELSON SOCORRO. Este testimonio nos pareció importante porque cursa en el expediente un acta de fecha 27-09-04 en la que supuestamente el ciudadano Rafael Octavio Arreaza Padilla declaró que el 12 de abril de 2002 presenció cuando varios ciudadanos, entre ellos Nelson Socorro, le decían al Sr. Pedro Carmona que tenían serios cuestionamientos contra el decreto; que Carmona les dijo que "Allan" le había dicho que si no se disolvía inmediatamente esa Asamblea mas temprano que tarde esa Asamblea lo disolvería a él; que entonces Carmona llamó por teléfono a Allan y éste le insistió en el mismo tema diciéndole incluso que no debía dar "ni un paso atrás" y que fue así como Carmona se convenció que tenía que hacer lo que supuestamente le recomendaba Allan Brewer-Carías. Como quiera que lo supuestamente declarado por el ciudadano Arreaza es falso, solicitamos la citación y declaración de una de las personas que el Sr. Arreaza decía que había estado presente cuando ocurrió lo relatado por él, esto es, el Dr. NELSON SOCORRO. El objetivo era demostrar la falsedad de la versión del Sr. Arreaza que inculpaba al Dr. Brewer y además evidenciar que el Dr. Brewer le había manifestado también al Dr. Socorro su opinión contraria al mencionado decreto, con quien se reunió en su casa de habitación el día 13 de abril de 2002 en la mañana, cuando Socorro fue a visitarlo.

Esta declaración también fue negada por la Fiscalía y lo mas grave es que en la posterior acusación formal que hizo la Fiscal contra el profesor Brewer, utilizó la declaración del Sr. Arreaza como elemento de convicción en su contra.

D) Solicitamos también el testimonio de la ciudadana YAJAIRA ANDUEZA con el cual se pretendía desvirtuar la opinión que tiene la Fiscalía sobre la presunta autoría del profesor Brewer en la redacción del decreto tantas veces mencionado, ya que dicha ciudadana fue testigo presencial de la conversación telefónica que el Dr. Brewer tuvo con la Sra. Patricia Poleo la noche del 13 de abril, reclamándole las afirmaciones falsas que ésta ya había comenzado a hacer en los medios de comunicación sobre la autoría del Dr. Brewer del mencionado decreto.

Esta solicitud corrió con la misma suerte: negada.

E) Solicitamos también la declaración del ciudadano GUAICAIPURO LAMEDA para demostrar la falsedad del testimonio del ciudadano Jorge Javier Parra Vegas quien pretendió decir que vio a Lameda y nuestro defendido redactando "un documento".

Diligencia que también fue negada aduciendo que dicho ciudadano también era imputado.

F) A los fines de verificar la veracidad o falsedad del contenido de los artículos de opinión supuestamente contenidos en unos videos que mencionó la Fiscal en la imputación, el profesor Brewer solicitó en diversas oportunidades la exhibición de los videos correspondientes, y sólo le fue mostrado el contenido de algunos de ellos.

En fechas posteriores y con el mismo objeto, los defensores solicitamos la exhibición del contenido de tales videos obteniendo en diversas ocasiones respuestas negativas, bien sea porque las cintas no habían sido encontradas, bien porque ante la gran cantidad de imputados existente en la investigación, se hacía difícil encontrar una oportunidad adecuada, o bien porque en ese momento el Despacho tenía otras ocupaciones.

En una oportunidad se nos dijo que "el Dr. Brewer ya ha visto algunos de los videos", lo cual, alegamos, no era una respuesta admisible pues no bastaba con que el imputado revisara –él sólo– los elementos probatorios, sino que tenía derecho a revisarlos con los abogados que conforman su defensa, pues son éstos quienes en definitiva podrían evaluar la pertinencia y eficacia de tales pruebas en el proceso que se lleva adelante.

Nuestra insistencia obedecía, además, a que habíamos encontrado inexactitudes entre el contenido que de ellos citó la Fiscal y lo que en realidad tales videos contenían. En innumerables oportunidades solicitamos ver los videos, con resultados negativos. Así ocurrió los días 8, 18 y 31 de marzo y 20 de abril de 2005.

El acceso a esos videos era de primordial importancia para la defensa, en virtud de que: 1) Aún cuando el imputado había visto algunos de los videos que pretendían ser usados en su contra, no había podido presenciar la totalidad de ellos; 2) Los abogados que conformamos la defensa y quienes somos los encargados de preparar y dirigir la defensa en el proceso, como derecho del procesado, tampoco habíamos podido observar dichos videos en su totalidad y ni siquiera habíamos podido revisar la mayoría de los que fueron mostrados al imputado; 3) No se encontraron en el expediente algunos de los videos cuyo supuesto texto se cita en la imputación; 4) El texto citado por la Fiscal en el acto de imputación no se corresponde con el verdadero contenido de algunos de los videos; y, 5) El despacho fiscal refirió en el acta que los elementos de convicción que allí cita son los "iniciales", lo que significaba que parecía tener la intención de utilizar otros que hasta ese momento no había mencionado, por lo que procedimos, el 18 de marzo de 2005, a solicitar mediante escrito cursante a los folios 123 y siguientes de la pieza XVII, la práctica de una diligencia consistente en ordenar efectuar por técnicos especializados en ello, la transcripción íntegra de todos los videos que cursaran en el expediente con entrevistas a periodistas que pretendieran ser considerados como supuestos elementos probatorios de la imputación fiscal. Esta solicitud también fue negada arbitrariamente casi un mes después de nuestro pedimento, aduciendo que ello no agregaría nada para la investigación.

De la escueta revisión que pudo hacer de los videos el profesor Brewer, encontró que los textos que transcribió la Fiscal en el acta de imputación, de supuestas entrevistas hechas a periodistas, no se corresponden con lo que en las cintas se puede ver y oír; es decir, los textos transcritos en el acta de imputación fiscal no son ciertos, son totalmente falsos.

De esa rápida revisión, nuestro defendido encontró, entre otros, los que a título de ejemplo señalo de seguidas:

En el elemento de convicción N° 16 tomado en cuenta por la Fiscal al momento de hacer la imputación, textualmente afirmó:

"16. Programa 30 Minutos, transmitido por Televen el 12 de Mayo de 2002, en el que el periodista Cesar Miguel Rondón entrevistó a Teodoro Petkoff quien afirmó:

"Estamos ante un golpe de estado sui generis, Pedro Carmona, tiene plenos poderes para nombrar alcaldes, gobernadores, se juramentó ante si mismo, destituyó a los Magistrados del Tribunal Supremo de Justicia, al Defensor del Pueblo, Contralor, Fiscal, Asamblea Nacional, tiene poderes dictatoriales. Estamos en presencia de un gobierno de facto, porque no cubre las formas democráticas. Brewer debe explicar ese decreto ante la OEA" **(folio 248, Pieza XIII)**.

Tal transcripción no es correcta, o mejor dicho, es falsa, ya que no se corresponde con lo dicho por Teodoro Petkoff en dicha entrevista televisiva.

En realidad lo que dijo Teodoro Petkoff en dicha entrevista televisiva es otra cosa; esta falsedad fue advertida por el propio Teodoro Petkoff a quien se atribuye haber dicho algo que no dijo en la entrevista efectuada ante la Fiscal 6ª, realizada el día 02-02-2005, cuando en respuesta a una pregunta de la representación fiscal indicó:

"SÉPTIMA: ¿Diga Usted por que señaló en esa entrevista que Brewer debe explicar ese decreto ante la OEA? CONTESTÓ: **Yo no dije que Brewer debía explicar ese decreto ante la OEA,** *dije,* **ahora que acabo de oír el programa de nuevo,** *'No se cómo vamos a explicar esta situación ante la OEA', me refería obviamente al golpe de Estado* **y no Brewer.** *OCTAVA: ¿Diga Usted si tiene conocimiento de quienes elaboraron el decreto que fue leído el día 12 de abril de 2002, en el palacio de Miraflores? CONTESTÓ: No. No estuve allí".* **(Folio 33, Pieza XIV) (Destacados nuestros)**.

La representación fiscal, en esta forma, lesionó el derecho a la defensa de nuestro representado, al indicar como un "elemento probatorio" de su imputación, un supuesto "texto" de una entrevista, cuyo contenido es falso, porque no se corresponde con lo que se ve y se escucha en el video respectivo, que está archivado en el expediente como **Cinta H-30.**

En el N° 15 del acta de imputación fiscal, se indica como supuesto "elemento probatorio", lo supuestamente expresado por la periodista Patricia Poleo, así:

"Redactando los decretos estaban el joven Pérez Recao, Daniel Ro-mero y 2 ó 3 más. <u>Brewer</u> llegó <u>para redactar el decreto</u>, llegaron Da-niel Romero y Pérez Recao y se lo arrancaron de las manos…" **(folio 248, Pieza XIII)**

De nuevo, este texto que se atribuye a la periodista Patricia Poleo en el ac-ta de imputación fiscal, en realidad, *es falso*. Realmente lo que dijo Patricia Poleo en dicha entrevista televisiva, que fue realizada por el periodista Eduardo Rodríguez, fue lo siguiente:

Patricia Poleo: "…y no lo que vimos después, lo que vieron muchos. En la Comandancia General del Ejército que fue este joven (en el diálo-go se refiere a Isaac Pérez Recao) y junto con otros más, 2 o 3 personas, diciendo lo que había que hacer, redactándole decreto, etc., mientras Carmona permanecía sentado impasible".

Pregunta Eduardo Rodríguez: "Las grandes decisiones que contem-plaron ese decreto provinieron de quien o de quienes?

*Respuesta PP: Mira, ahí como se dice, este, vulgarmente, se están ti-rando la pelota unos a otros, no. Allan Brewer Carías llegó para hacer el decreto y simplemente le quitaron el papel de las manos, por decirlo en alguna manera pues fue en computadora que se redactó, y comenza-ron a redactarlo entre Daniel Romero e Isaac Pérez Recao, después Allan Brewer Carías hizo algunas acotaciones y **dijo que esto no podía ser, que eso era antidemocrático…"** (Cinta N-39).*

Estas opiniones referenciales de Patricia Poleo, quien en declaración ante la Representación fiscal el día 28-03-2005 dijo que no estuvo en Fuerte Tiuna en la madrugada del día 12 de abril de 2002 (**folio 228, Pieza XVII**), son completamente falsas, pues nuestro defendido no se reunió ese día, ni ningún otro con esas personas para propósito alguno.

Sin embargo, dada la importancia que la Representación fiscal le ha atri-buido a las opiniones de la periodista Patricia Poleo, es de destacar que esta ciudadana, en esta entrevista, expresó algo distinto a los supuestos hechos que sugirió en sus reportajes escritos que se copian en el acta de imputación fiscal (No. 7 de la imputación), contradiciéndose, pues en esta entrevista dijo que nuestro defendido se había opuesto al texto del documento por su contenido antidemocrático; lo que en definitiva así fue. Esa expresión de Patricia Poleo, que se puede percibir en el video, fue omitida en la supuesta transcripción, que falsea maliciosamente lo que la periodista refirió como actuación del profesor Brewer Carías esa madrugada en la sede de la Comandancia del Ejército.

En el N° 17 del acta de imputación fiscal, se indica como supuesto "ele-mento probatorio", una entrevista a la periodista Patricia Poleo, así:

17.   Programa Primera Página, transmitido por Globovisión el día 15 de abril de 2002, en el que el periodista Domingo Blanco entrevista a la periodista Patricia Poleo, quien declaró:

"Lo lamento por <u>Allan Brewer Carías</u>, pero él aparece en la Comandancia General del Ejército abrazando a Isaac Pérez Recao y se sentó a redactar los decretos, no estuvo de acuerdo en disolver la Asamblea ni con el cambio de nombre, pero él dejó hacer, todo el tiempo estuvo en la Comandancia General del Ejército" *(folio 249, Pieza XIII).*

En este caso, de nuevo, este texto que se atribuye a la periodista Patricia Poleo en el acta de imputación fiscal, también es *falso.* Lo que en realidad dijo Patricia Poleo en dicha entrevista televisiva, que fue realizada por el periodista Domingo Blanco, fue lo siguiente, luego de que en el programa se comentaran los reportajes de Patricia Poleo en *El Nuevo País* sobre los eventos de abril de 2002:

> *Pregunta Domingo Blanco: El escenario en donde tu relatas la presencia de Allan Brewer Carías, el rol de Cecilia Sosa, el rol de Daniel Romero y el, eso queda como está?*

> *Respuesta de Patricia Poleo: Mira, eso fue entre la Comandancia del Ejército y Miraflores; allí; ellos en la Comandancia del Ejército es que arman ese...; Brewer Carías llegó allí...; mira, este, yo lo lamento mucho por Brewer Carías pero es que además hay testimonios grabados, y seguramente el gobierno de Chávez los utilizará, donde aparece Brewer abrazando a Isaac, aparece Brewer abrazando a todas las personas que estaban en la Comandancia General, y cuando se sientan a redactar los decretos, **por supuesto que Brewer no estuvo de acuerdo en disolver la Asamblea Nacional y se los dijo; por supuesto que no estuvo de acuerdo en cambiar inmediatamente el nombre a Venezuela, ni en eliminar los poderes públicos,** pero el dejó hacer, o sea cuando estos jóvenes dicen vamos a ponerlo así, e incluso..." (Cinta H-30).*

De nuevo, en este caso, también se trata de una apreciación u opinión de la periodista, quién además ha declarado en la entrevista que sostuvo ante la Fiscalía el 28-03-2005 (**folio 228, Pieza XVII**) que no estuvo en Fuerte Tiuna esa madrugada del 12 de abril de 2002, siendo falso que nuestro defendido se hubiera sentado con alguna persona a redactar decreto alguno.

Obsérvese que lo que en realidad dice la periodista es que nuestro defendido tenía una *opinión jurídica contraria a lo que se pretendía con el mencionado decreto del gobierno de transición*, cuando señaló con razón, que **"por supuesto que Brewer no estuvo de acuerdo en disolver la Asamblea Nacional y se los dijo; por supuesto que no estuvo de acuerdo en cambiar inmediatamente el nombre a Venezuela, ni en eliminar los poderes públicos...".**

Por otra parte, al leer la trascripción verídica de lo que la periodista Poleo dijo en esta entrevista con Domingo Blanco, queda en evidencia que se contradice con otras informaciones referenciales dadas por ella misma, sobre el mismo asunto, lo que demuestra la inconsistencia de sus opiniones, las cuales no pueden servir de elemento de prueba de nada. Así, por ejemplo, en la trascripción de parte de sus reportajes que se copia en el **Nº 7** del acta de imputación fiscal, al contrario de lo afirmado en la entrevista de televisión, dijo que supuestamente nuestro defendido sí habría estado de acuerdo en "eliminar" la Asamblea, lo cual es completamente falso. Al contrario, como en cambio lo dijo en el programa con Domingo Blanco, nunca estuvo de acuerdo en tales decisiones contrarias a la Constitución.

Y así como estas inexactitudes hubo muchas otras que se mencionaron en los respectivos escritos.

Lo importante de todo esto es que la Fiscal en la imputación realizó intencionalmente una transcripción maliciosa de los videos que pretende presentar como prueba en contra de nuestro defendido, y que **ante nuestra solicitud de transcripción de los mismos por expertos en la materia, se negó a acordarlo de manera arbitraria**.

G) Otra diligencia de gran importancia que solicitamos fue la declaración del General Lucas Rincón. Como quiera que era imprescindible para la defensa del Dr. Brewer Carías investigar todo lo concerniente al anuncio que hizo el General en Jefe Lucas Rincón la madrugada del día 12 de abril de 2002 a través de los medios de comunicación en el cual dijo: **"PUEBLO VENEZOLANO, MUY BUENOS DÍAS, LOS MIEMBROS DEL ALTO MANDO MILITAR DEPLORAN LOS LAMENTABLES ACONTECIMIENTOS SUCEDIDOS EN LA CIUDAD CAPITAL EL DÍA DE AYER. ANTE TALES HECHOS SE LE SOLICITÓ AL SEÑOR PRESIDENTE DE LA REPÚBLICA LA RENUNCIA A SU CARGO, LA CUAL ACEPTÓ. LOS MIEMBROS DEL ALTO MANDO MILITAR PONEMOS, A PARTIR DE ESTE MOMENTO, NUESTROS CARGOS A LA ORDEN, LOS CUALES ENTREGAREMOS A LOS OFICIALES QUE SEAN DESIGNADOS POR LAS NUEVAS AUTORIDADES."** A raíz de dicho anuncio fue cuando se desarrolló una serie de acontecimientos que guardan íntima relación con la investigación que correspondía realizar al Ministerio Público en el proceso que comprendía al Dr. Brewer, por lo cual solicitamos ante la Fiscal Sexta la citación del general Rincón para que declarara sobre una serie preguntas que suministramos, solicitando a la vez estar presentes en el acto para evitar respuestas evasivas y buscar así la verdad de lo acontecido, que es lo que debió interesar a todos, incluido el Ministerio Público.

En las actas procesales se indica que el día miércoles 05 de octubre de 2005 se llevó a cabo dicho acto.

La declaración del general en jefe Lucas Rincón Romero tuvo varias particularidades.

En ella se expresa que el motivo de su comparecencia fue la solicitud hecha por una parte por los ciudadanos abogados JOSÉ RAFAEL ODREMAN L., FRANK E. VECCHIONACCE y VÍCTOR HUGO ME-JÍAS defensores del ciudadano IGNACIO SALVATIERRA en fecha 06 de Mayo de 2005 mediante la cual requiere sea citado el ciudadano Lucas Rincón a fin de que rinda entrevista y responda las preguntas por ellos formuladas, y por otra parte la solicitud hecha por los defensores de la ciudadana ALBIS TERESA MUÑOZ MALDONADO, abogados JUAN MARTIN ECHEVERRÍA PRICES, ARTURO LÓPEZ MASSO y FRANCISCO PAOLO CAPPIELLO SCICUTELLA en fecha 01 de agosto de 2005.

Es el caso que se omitió mencionar que la defensa del Dr. Allan Brewer Carías también había formulado un interrogatorio mediante escrito consignado ante esa Fiscalía Sexta en fecha 28-09-05, el cual, si bien es cierto consta de unas preguntas muy parecidas a las que se formularon al General Rincón, no lo es menos que se habían cambiado algunos formatos en la preguntas e intercalado otras que buscaban averiguar cual era el paradero del Vicepresidente Ejecutivo de la República la madrugada del día 12 de abril de 2002, preguntas éstas que no le fueron formuladas al General Rincón, a pesar de haber sido consignadas por la defensa del profesor Brewer Carías.

Sobre nuestra solicitud de estar presentes en la declaración nada resolvió la Fiscalía, sino que mas bien recibió el testimonio sin haber fijado previamente esa fecha para realizar dicho acto, lo cual no es lo acostumbrado por ese Despacho, en el que se llevan los actos cumpliendo una rígida agenda; en otras palabras, se hizo completamente a espaldas de los promoventes, por no decir que a escondidas o clandestinamente, como si se tratara de alguna prueba cuyo conocimiento por las partes pusiera en peligro su efectividad dentro del proceso.

La declaración del General Rincón consta en la pieza 26 del expediente. Allí también constan las declaraciones de ADOLFREDO ANTONIO TORRES (Folio 28, rendida el 12-09-05), MARIO IGNACIO SALDIVIA GONZÁLEZ (Folio 56, declara el 14-09-05), MARÍA ÁNGELA MILEO DE OLAVARRÍA (Folio 82, declara el 16-09-05), CARLA MARÍA ANGOLA RODRÍGUEZ (Folio 120, declara el 23-09-05), EMILIO MANUEL FIGUEREDO PLANCHART (Folio 123, declara el 26-09-05), LAURA CAROLINA WEFFER CIFUENTES (Folio 149, declara el 29-09-05), HENRIQUE MACHADO ZULOAGA (Folio 170, declara el 3-10-05), RAIZA COROMOTO ZAMBRANO VEGAS (Folio 177, declara el 03-10-05), EDUARDO ANTONIO ARNAL MYERSTON (Folio 223, declara el 05-10-05) y la del propio susodicho general en jefe Lucas Enrique Rincón Romero (Folio 225, rendida el 05-10-05).

En todas las declaraciones que constan en esa pieza el Ministerio Público, una vez que el declarante está allí, usa la siguiente fórmula: *"En el día de hoy, xxxxxx, siendo las xxxxx comparece previa citación por ante esta Representación Fiscal Sexta a Nivel Nacional con Competencia Plena, comisionada en la presente investigación, **constituida en la sede del Ministerio Público**, el ciudadano…" (Resaltado nuestro).*

No sabemos si por obra de la causalidad esta fórmula no fue utilizada en la oportunidad que se dice declaró el general en jefe, pues en ella se omitió precisamente la frase *"constituida en la sede del Ministerio Público"*.

Nuestro asombro llegó a superiores límites cuando vimos que esa casualidad va acompañada de otra sorpresa: la imposibilidad material de que el General Rincón haya rendido esa declaración, en la sede del Ministerio Público, dentro del horario de trabajo de la Fiscalía.

En efecto, en el acta correspondiente a esa declaración aparece que el General en Jefe compareció a las tres y media de la tarde. Es un hecho conocido por todos los abogados que gestionaban asuntos ante esa Fiscalía para aquella época que a las cuatro de la tarde cesaba en sus actividades. Cuando los defensores habíamos estado revisando el expediente en diversas oportunidades, se nos avisó exactamente a las cuatro de la tarde, ni un minuto mas, que la hora de trabajo había cesado y se nos invitó cordialmente a retirarnos. Por lo tanto, el compareciente disponía sólo de media hora útil para rendir su declaración, en la que debía responder más de cincuenta preguntas.

Sin embargo en esa oportunidad, el general en jefe Lucas Rincón, quien por su enorme tamaño, los cargos ocupados y sus apariciones en televisión, no pasaba desapercibido, escuchó, meditó las respuestas y contestó más de sesenta preguntas en treinta minutos. Y, por supuesto, se mecanografiaron las respuestas, lo que implica, necesariamente, pausas en la exposición.

Ello quiere decir que se emplearon en promedio **28 segundos** en la formulación, meditación, respuesta y mecanografiado **de cada pregunta**. Es verdaderamente asombrosa la rapidez.

A menos que, no lo sabemos, la Fiscalía haya hecho una excepción con el General Rincón y haya trabajado horas extras, o que la declaración se haya tomado fuera de la sede del Ministerio Público.

¿Por qué en esa única declaración se omitió en el acta precisamente la frase **"constituida en la sede del Ministerio Público"**? ¿Será que se quiso justificar con ello su no comparecencia a la sede del Ministerio Público, si es que así fue? Y si ocurrió así entonces ¿la Fiscalía le reconoció algún fuero especial al General retirado Lucas Rincón? ¿a qué se debe tal privilegio?.

En todas las declaraciones rendidas ante la Fiscalía se usó la siguiente fórmula"... *"EN CONSECUENCIA LA FISCAL PASA A INTERROGARLO DE LA SIGUIENTE MANERA"* o en otros casos se dice. *"EN CONSECUENCIA EL MINISTERIO PUBLICO PASA A INTERROGARLO DE LA SIGUIENTE MANERA"*. Como cosa extraña, en el caso "ad hoc" del General Rincón el Ministerio Público, excepcionalmente, utilizó la fórmula *"DE INMEDIATO EL MINISTERIO PUBLICO PASA A FORMULARLE LAS PREGUNTAS SOLICITADAS"*:

Pareciera que ello quiere decir que la Fiscal no tenía ningún interés en interrogarlo, sino que se formularan solo las preguntas propuestas por la defensa, para dar cumplimiento formal a un trámite, pero sin prestar mayor atención a la respuesta, por más inverosímil que ésta fuera, como en efecto ocurrió.

Otra hipótesis pudiera ser que la persona que mecanografió o dirigió el acto no es la misma que comúnmente lo hace en ese despacho, pues fue cambiado el estilo de redacción.

Llama la atención también que en las 64 preguntas no hay ni un error de mecanografía, lo mismo en las respuestas. En el 98% de las actas en las cuales constan declaraciones de otras personas hay errores de mecanografía.

Pero lo que mas nos llamó poderosamente la atención fue la docilidad de la doctora Luisa Ortega Díaz, titular de la Fiscalía Sexta del Ministerio Público, ante las respuestas dadas por el general Lucas Rincón. Contrasta la actitud sumisa de la Fiscal con el general Lucas Rincón si se compara con su actitud frente a otras personas que depusieron en el expediente. No era usual que la Fiscal Sexta del Ministerio Público admitiera complacientemente, respuestas evasivas, impertinentes, ofensivas a la inteligencia y retadoras, *tales como "pregúntaselo a ellos", "ya le dije dos veces que es imposible que recuerde exactamente lo que dije", "pregúntaselo a él" "usted lo creyó?", "como mi respuesta no es negativa ni positiva no la contesto". "Yo no soy un ciudadano común, yo soy un militar, tengo formación y educación militar, en consecuencia no puedo pensar de otra forma."*

Es difícil creer que la doctora Luisa Ortega Díaz se hubiera achicopalado frente a la presencia del alto militar, o por su particular forma de expresarse o, en fin, relajar su severa conducta por un militar.

Previendo eso fue que habíamos solicitado estar presentes en la declaración, pedimento sobre el cual la Representación Fiscal, lamentablemente, hizo *mutis*.

No podemos entender cómo la ciudadana Fiscal se quedó de brazos cruzados ante el acontecimiento de la siguiente pregunta-respuesta:

"7ª) ¿Diga Usted, puede decir los nombres y apellidos de esos miembros del Alto Mando Militar que le acompañaron el día 12 de abril de 2002 cuando anunció al país que el Presidente CHÁVEZ había renunciado?.

CONTESTÓ: "Yo anuncié fue la solicitud de renuncia hecha por los golpistas y quedó reseñado y grabado en los diferentes medios de comunicación."

¿Cómo es posible que la Fiscal no se haya dado cuenta que el declarante no contestó la pregunta; que no dio los nombres de las personas que lo acompañaban; que se burló de ella y de la institución que representa? ¿Cómo se puede concebir que no lo haya repreguntado para obtener los nombres de esas personas que acompañaban al General Rincón ese día? ¿Es que el General Rincón no quería, ni la Fiscalía tampoco, que se interrogara a esas otras personas para investigar qué fue lo realmente ocurrido? ¿No le interesaba conocer la verdad?

Observemos ahora la siguiente respuesta del General Rincón a la pregunta 22:

"No puedo precisar si el texto que me lee corresponde exactamente a lo que dije ante la Asamblea Nacional con ocasión de la interpelación de que fui objeto, si tuviera el contenido en la mano estaría en capacidad de responder."

¿Como puede concebirse que ante esa respuesta el Despacho Fiscal no le haya mostrado al General Rincón el texto de su interpelación ante la Asamblea Nacional?

Ello denota una manifiesta falta de interés en investigar la verdad. ¿Era el Ministerio Público un simple espectador de las peripecias del General Rincón, o era el órgano director de la investigación?

Veamos estas otras:

14ª) Cuando usted dice en su interpelación ante la Asamblea Nacional que *"Es mas, al Presidente se lo llevan al Comando del Ejército después de las cuatro de la madrugada, entre cuatro y cuatro y media tengo entendido"*, ¿da a entender que al Presidente lo sacan en contra de su voluntad de Miraflores?

Contestó: Yo nunca doy a entender otra cosa que no sea lo que expresamente señalan mis palabras.

15ª) Cuando Usted en la interpelación ante la Asamblea Nacional dijo que al Presidente Chávez "se lo llevan al Comando del Ejército, ¿quiso decir que lo llevaron contra su voluntad?

Contestó: A las palabras no se le puede dar otro sentido sino el que tienen.

16ª) En caso de que usted diga que fue forzado o contra su voluntad, ¿puede esto ser así, habida cuenta de que él se encontraba protegido y seguro en el Palacio de Miraflores donde nadie lo podía sacar por la fuerza?.

Contestó: Explíqueme eso de que habida cuenta de que él se encontraba protegido y seguro, protegido de quién? Seguro de quién?.

Ante semejantes respuestas esquivas, ¿cómo es posible que el Despacho Fiscal no haya hecho nada para obtener una respuesta precisa a esas preguntas?

¿Por qué no se quiere saber el nombre de los demás testigos presenciales que acompañaban al General Rincón en la famosa alocución y que aparecían asociados a la solicitud de renuncia al Presidente Chávez y se evita así su citación para que digan lo que sepan sobre los hechos investigados?

¿Ese no es el tema medular de toda la investigación? ¿Es que la Fiscalía no quiso conocer la verdad? ¿O le tuvo algún temor a esa verdad?

En fin, esa conducta displicente, desinteresada en obtener la verdad no era propia de la función del Ministerio Público. Esa misma conducta indicaba con creciente claridad que el objeto de la investigación era obtener elementos que pudieran ser utilizados para construir la incriminación contra las personas que la Fiscal (y el Ministerio Público que representaba) se había propuesto como objetivo imputar y acusar, y que no se recabarían los elementos de convicción que sirvieran para exculparlas.

De esa manera violó los artículos 280 y 281 del COPP que disponen:

> **Artículo 280. Objeto.** Esta fase tendrá por objeto la preparación del juicio oral y público, **mediante la investigación de la verdad y la recolección de todos los elementos de convicción que permitan fundar** la acusación del fiscal **y la defensa del imputado**.

> **Artículo 281. Alcance. El Ministerio Público en el curso de la investigación hará constar no sólo los hechos y circunstancias útiles para fundar la inculpación del imputado, sino también aquellos que sirvan para exculparle.** En este último caso, está obligado a facilitar al imputado los datos que lo favorezcan".

Lo ocurrido con la declaración del General Lucas Rincón es representativo del patrón de conducta exhibida por la Fiscal Sexta a lo largo de la investigación contra el profesor Brewer Carías. Se trataba de armar un expediente de supuestas pruebas de cargo, a través de la interpretación falaz y muchas veces falseada de declaraciones que atribuían falsamente al declarante lo que no había dicho o silenciaban u omitían lo que sí había dicho en descargo del profesor Brewer Carías. Se rechazaba, al mismo tiempo, las pruebas que descargaban al imputado de haber cometido el delito por el que se lo incriminaba, e incluso se manipularon hechos para convertir pruebas de descargo en pruebas de cargo.

Infringió igualmente la Fiscal Sexta Nacional el artículo 4 de la Ley Orgánica que la rige pues no desarrolló sus funciones con estrictos criterios de objetividad al negarse a investigar los hechos y las circunstancias que atenúan, eximen o extinguen la responsabilidad penal.

Lamentablemente el acto de declaración del General Lucas Rincón fue una manipulación de la investigación pues se acordó recabar el testimonio sólo pro forma, para aparentar el cumplimiento de obligaciones que impone la Ley y simular que se respetó el derecho a la defensa. Con su conducta omisiva, el Ministerio Público perdió la oportunidad de conocer de primera mano lo realmente sucedido aquella madrugada del 12 de abril de 2002, lo cual, por demás, habría confirmado plenamente que Allan Brewer Carías no había participado en conspiración alguna contra la Constitución ni había redactado ningún documento que hubiera sido utilizado por quienes trataron de constituir un nuevo gobierno en el país. Lamentablemente, lo que demostró el Ministerio Público no fue interés por establecer la verdad, sino para construir un expediente contra quienes se consideraba conveniente responsabilizar por aquellos sucesos, quienes estaban condenados de antemano.

El Ministerio Público no apreció nunca actuar en este caso ceñido a las obligaciones que le impone ser miembro del Consejo Moral Republicano, pues realmente se desempeñó como una especie de brazo del gobierno para perseguir e incriminar a la disidencia.

H) Ante la negativa del Ministerio Público de practicar la transcripción de los videos solicitada, así como la declaración de los ciudadanos Mezerhane, Socorro, Andueza y Baptista, ocurrimos ante el Juez de control pidiendo su intervención para detener la acción arbitraria de la Fiscal, alegando el contenido del artículo 12 del Código Orgánico Procesal Penal que dispone que la defensa es un derecho inviolable en todo estado y grado del proceso.

Dijimos que no habría igualdad entre las partes si no se le permitía a la defensa acceder libremente a las pruebas; que la Fiscalía no estaba permitiendo tal acceso a la defensa; que se violentaba el derecho de acceder a las pruebas y de disponer del tiempo y de los medios adecuados para ejercer la defensa, garantizado en el artículo 49.1 de la Constitución; que si no se permitía a los defensores, quienes son las personas calificadas para ejercer la defensa en el proceso, el acceso en condiciones adecuadas a la totalidad de las pruebas, se estaría violentando el derecho a la defensa y por ende al debido proceso; que no podía pretender el Despacho Fiscal como adujo, que la defensa pueda desvirtuar el contenido de los videos con la sola presentación de los mismos, pues ésta no había podido acceder debidamente a ellos; que la representación fiscal negó otorgar copia de actas del expediente (violando con ello el derecho a la defensa) y lo mismo ocurriría si se pedía copia de los videos; que la defensa no había podido tomar nota del contenido de tales videos.

Lamentablemente el Tribunal de Control se lavó las manos diciendo que no era la oportunidad adecuada para hacer esos planteamientos, razón por la que apelamos.

La Alzada consideró que la defensa sí podía acudir ante el Juez de Control para reclamar sus derechos y en su decisión, que fue de anulación del fallo de primera instancia por falta de notificación a la Fiscalía, ordenó que se decidiera nuevamente sobre nuestras solicitudes.

Bajado el expediente, introdujimos de nuevo un escrito en fecha 10 de agosto de 2005 ante el Tribunal 25 de Control refrescando cuáles eran nuestras solicitudes que ordenó decidir la Alzada.

En fecha 20 de octubre de 2005, es decir 2 meses y 10 días mas tarde, lo que significa violación de la garantía prevista en los artículos 6 y 177 del Código Orgánico Procesal Penal, la primera instancia volvió a decidir que no puede inmiscuirse en la labor de investigación del Fiscal, desconociendo lo resuelto por la instancia superior, por lo cual nuevamente apelamos. Conoció de la apelación la Sala 6 de la Corte de Apelaciones, la cual argumentó que sí teníamos derecho a ocurrir ante el tribunal de control cuando el Ministerio Público nos negara arbitrariamente una diligencia de investigación, pero que como ya la Fiscalía había acusado al Profesor Brewer y que los defensores habíamos consignado un escrito promoviendo las declaraciones de los mismos ciudadanos, la Sala estimaba que no se nos estaba causando un gravamen irreparable porque dichas pruebas promovidas podían ser admitidas por el juez de control en la audiencia preliminar y que si eran negadas, podíamos apelar de nuevo. Se olvidó la Sala de que sin la transcripción de los videos no habíamos podido ejercer cabalmente la defensa del Dr. Brewer y le cercenó además el derecho a que se le sobreseyera la causa en la etapa intermedia si hubieran constado en autos para ese momento las declaraciones de todas las personas que habíamos promovido. Nos dio la razón teóricamente, pero en la práctica esa Sala de Apelaciones nada hizo para remediar la indefensión en la que se había colocado al profesor Brewer Carías, por el reiterado y sistemático irrespeto al debido proceso por parte de la Fiscalía. Constatamos así de nuevo que el Poder Judicial parecía congelado e incapacitado para decidir autónoma e imparcialmente.

Lo ocurrido da cuenta de que los vicios denunciados no fueron oportunamente corregidos y el daño se hizo realidad, pues el profesor Brewer fue acusado con base a los resultados de una investigación mediatizada, practicada en forma clandestina, a sus espaldas y con violación de las mas elementales garantías constitucionales, en un marco en el que los jueces habían abdicado de su competencia para controlar las arbitrariedades de la Fiscal Sexta y para hacer respetar sus propias decisiones.

I) En fecha 06 de octubre de 2005 introdujimos escrito ante el Juzgado 25 de Control en el que solicitamos la nulidad de la investigación adelantada por el Ministerio Público en el presente proceso por violaciones graves de los derechos constitucionales de nuestro representado por parte del Fiscal General de la República de entonces con la publicación de su libro denominado "Abril comienza en Octubre".

Resumidamente nuestro planteamiento fue así:

El día 27 de enero de 2005 la Fiscalía General de la República, quien integra el Consejo Moral Republicano, imputó a nuestro defendido, Allan Brewer Carías así:

"Los elementos de convicción iniciales en que se funda la representación fiscal de su participación en la comisión del delito identificado anteriormente emergen de los siguientes elementos probatorios: ...15. Programa Dominio Público transmitido por Venevisión, el día 12 de abril de 2002 en el cual entrevistaron al periodista Rafael Poleo, quien afirmó:

"Carmona estaba encerrado con Brewer Carías, el general Velasco y Pérez Recao, redactando los decretos".

Ese elemento de convicción identificado con el número 15 por la Fiscalía General de la República, programa Dominio Público, no contiene la afirmación que le atribuye la Fiscalía al periodista Rafael Poleo, ya que fue copiado textualmente, y dado por cierto, de la denuncia presentada por el Coronel Ángel Bellorín que encabeza las actuaciones del expediente. Lo que realmente afirmó Rafael Poleo y que si consta del expediente, en la cinta identificada N-39, es lo siguiente:

41

"Entonces me entró una llamada de un militar que desde Fuerte Tiuna anunció que nos informaba que Carmona había llegado y que estaba encerrado con el general Vásquez Velasco y con Brewer-Carías bajo la dirección de Isaac Pérez Alfonzo haciendo los decretos de gobierno y nombrando gabinete".

Es obvio y se desprende del texto exacto de lo que dijo Rafael Poleo en la entrevista, que se trataba de una información referencial; en la que afirma que supuestamente fue informado telefónicamente por un militar desde Fuerte Tiuna. Poleo, por tanto, no fue testigo de nada de lo que dijo y, por otra parte su afirmación referencial es complemente falsa. El supuesto militar que supuestamente le informó, por lo visto, le informó mal o él entendió mal lo que supuestamente le dijo el militar confidente.

Es de destacarse, además, que en la entrevista que le hizo la representación fiscal al ciudadano Rafael Poleo el día 6 de junio de 2005 en relación con un artículo titulado "Un abril en crisis", que aparece en el libro *Venezuela: crisis de abril*, editado por IESA y que cursa al folio 30 pieza 20 del expediente que llevaba la Fiscalía, al preguntársele si en el mismo afirma que "poco después recibí una llamada de un amigo en Fuerte Tiuna en la cual me dijo que Carmona estaba encerrado con el general Vásquez Velasco, Isaac Pérez Alfonzo, Allan Brewer Carías, Daniel Romero y algunas otra personas, redactando los documentos constitutivos de un nuevo gobierno" simplemente contestó en la siguiente, forma por demás imprecisa:

"Es muy posible que yo haya escrito eso, porque efectivamente recibí esa llamada y se me dijo aproximadamente lo que usted está citando" (folio 24 y ss., pieza 20).

Es decir, el señor Poleo recuerda que supuestamente se le dijo al "comienzo de las primeras horas del día 12", "aproximadamente" lo que escribió"; y cuando el Ministerio Público le preguntó sobre "el nombre de la persona que lo llamó" se limitó a indicar, como periodista que utiliza correctamente sus fuentes, que "eso no puede decirlo porque es un secreto de la fuente" (folios 24 y ss., pieza XX).

Puede ser razonable que el ciudadano Poleo, fundamentándose en el secreto profesional, se abstenga de revelar una fuente, pero es absolutamente repugnante que, entonces, se tenga en derecho como cierto lo que dice (como una suerte de dogma de infalibilidad) y se violente la garantía de presunción de inocencia de un ciudadano y con base en eso de que "me lo dijeron pero no puedo decir quien", se haya imputado a un ciudadano. Eso es tanto como imputar a alguien por un chisme, o porque lo soñó el Fiscal, o porque se lo comunicó alguien docto en ciencias ocultas, o porque lo dijo un periodista.

Son evidentes las imprecisiones en que incurre Rafael Poleo sobre lo que alguien, que no dice quién, supuestamente le dijo por teléfono. Nuestro defendido Allan Brewer-Carías nunca se reunió ni se ha reunido con el general Efraín Vásquez Velasco, y nunca se reunió con él en Fuerte Tiuna la madrugada del 12 de abril y menos "se encerró" con él, con Carmona o, a quien llaman Pérez Alfonzo. A dicho general Vásquez Velasco, nuestro defendido ni lo conocía ni lo conoce, nunca ha hablado con él ni, por tanto, nunca se ha reunido en forma alguna con él. Con Pérez Recao a quien suponemos llaman Pérez Alfonzo, jamás se ha reunido ni antes del 12 de abril, ni durante el 12 de abril, ni después del 12 de abril de 2002. Es falso, por tanto, la referencia que hace Rafael Poleo de que nuestro defendido se hubiera "reunido" o estuviese "encerrado" con esas personas para propósito alguno, y menos para redactar nada, ni para nombrar Gabinete de nadie. El señor Rafael Poleo es referencial de una referencia y, además, se ha amparado en el secreto de lo que supuestamente alguien le refirió.

En todo caso la mencionada opinión del periodista Rafael Poleo, es sólo eso, su opinión o apreciación, producto, según dijo, de referencias que pudo haber recibido, de las que se recuerda "aproximadamente": o de su imaginación, completamente falsas, por lo demás, lo cual no puede constituir "elemento probatorio" alguno que pueda involucrar a nuestro defendido de los hechos que se le imputan, en supuestamente, haber participado "en la elaboración, redacción, discusión y presentación" del decreto de un Gobierno de Transición, lo cual es falso.

La carga de la prueba de los hechos imputados corresponde íntegramente a quien formula la imputación.

Pues bien, el Fiscal General de la República de entonces Isaías Rodríguez, incluyó en su libro editado en septiembre de 2005, como si fuera un hecho cierto, la opinión del periodista Rafael Poleo. Lo grave es que dicho funcionario, quien era miembro del Consejo Moral Republicano, garante del cumplimiento de las garantías constitucionales del proceso, diera por cierto los dichos falsos de Rafael Poleo, al punto de que convirtiera tales dichos en palabras suyas propias. Es decir, al describir eso el Fiscal General dio por cierta –desde el momento en que lo incluyó en su libro como "recientes acontecimientos históricos del país"– la falsedad dicha o escrita por Rafael Poleo. Eso es una conducta impropia de un Fiscal General de la República, Jefe del Ministerio Público, quien, quizás por la vanidad de convertirse en paladín de la revolución, violó repugnantemente los deberes de su cargo, convirtiéndose en paladín del irrespeto a la Constitución, a la Ley y los ciudadanos.

Nuestro defendido, desde el mismo día de los acontecimientos, se ha dedicado a responder la infamia que pusieron a correr Rafael Poleo y su hija Patricia Poleo, sobre unos hechos que nunca fueron como ellos y los medios dirigidos por ellos o a los que ellos acudieron contaron; y, en cambio, el ciudadano Fiscal General de la República que debería ser imparcial, "lo que implica –como él mismo lo afirmó en su propio libro– "que no debo sacrificar la justicia frente a mis convicciones personales y debo ser objetivo y equitativo ante los asuntos que me competen por las atribuciones que la Constitución y la ley me confieren" (página 131); pues, en vez de ser imparcial se parcializó con la infamia que se puso a correr y que nuestro representado ha desmentido una y otra vez en declaraciones de prensa y en libros; e hizo suya la infamia.

¿Por qué el ciudadano Fiscal General de la República, historiador, no consultó las otras fuentes de información y el desmentido de nuestro defendido, y se parcializó por la infamia?

Es decir el Fiscal General de la República de entonces, el jefe del Ministerio Público en Venezuela, en su libro da por sentado, admitió, afirmó –al hacer suyos los dichos de Rafael Poleo–, que nuestro representado supuestamente habría estado en una reunión donde no estuvo, y habría estado redactando junto con otras personas, con quienes nunca se ha reunido, un documento que no redactó.

La publicación y referencia a Allan Brewer-Carías –a un caso en el cual la Fiscalía lo ha imputado–, que hizo el ciudadano Fiscal General de la República en su libro "*Abril comienza en Octubre*" constituye una clara y flagrante violación del derecho a la presunción de inocencia de nuestro defendido, así como de todos los principios del proceso penal acusatorio que el propio ex Fiscal General de la República, ciudadano Isaías Rodríguez, reconoció en su libro, al afirmar:

> "El sistema inquisitivo había sido sustituido por el acusatorio y la presunción de inocencia, la afirmación de la libertad y del respeto a la dignidad humana entre otros principios, pasaban a ser las bases fundamentales de un nuevo sistema judicial". (Página 122).

Y los violentó al publicar:

> "Cuenta Rafael Poleo que, entre los asistentes a la convocatoria de Luis Miquilena estaban, entre otros, el Presidente de Fedecámaras, el Presidente de la CTV, varios dueños de medios privados de comunicación; el Presidente de la Conferencia Episcopal, Baltasar Porras, Gustavo Cisneros y unos cuantos dirigentes de algunas organizaciones civiles y de otros muchos factores de la oposición.
>
> Estaban en una gran sala con televisores que mostraban todos los canales audiovisuales del país para seguir el curso de los acontecimientos.
>
> La casa sirvió bebidas y pasapalos.
>
> Pedro Carmona pidió suspender la reunión por exceso de fatiga y, cuenta Poleo, que le preguntó: "¿Si dormiría en su casa?"
>
> Me voy al Four Seasons (hotel de lujo ubicado en el este de la ciudad de Caracas) a ducharme y a cambiarme, le respondió el Presidente de Fedecámaras.
>
> Y, con esa agudeza que caracteriza a Poleo, repreguntó de nuevo: ¿Y vas a dormir vestido?
>
> El ascensor se abrió y no hubo respuesta.
>
> Poco después de la llamada de un amigo Rafael Poleo supo que Carmona estaba encerrado en Fuerte Tiuna con el general Efraín Vásquez Velasco, Isaac Pérez Recao, Allan Brewer Carías y Daniel Romero, redactando los documentos constitutivos del nuevo gobierno". (p. 194 y 195).

La publicación y la reserva de los derechos de autoría del libro *"Abril comienza en Octubre"* por parte del ciudadano Fiscal General de la República, con el contenido que se ha analizado en éste escrito, trae como consecuencia la nulidad de lo actuado por ese órgano del Poder Ciudadano.

Lo escrito por dicho Fiscal General de la República en su libro, en efecto, violentó el derecho y garantía a la presunción de inocencia de nuestro defendido. El ciudadano Fiscal, simplemente se olvidó de sus obligaciones constitucionales y legales, violando abierta y groseramente el derecho constitucional a la presunción de inocencia que garantiza a todas las personas el artículo 49.2 de la Constitución y el artículo 8 del Código Orgánico Procesal Penal, y ello es imperdonable, pues la violación a la Constitución que implican las actuaciones de la representación fiscal, hace que todas las actuaciones que se han realizado en relación con nuestro defendido en el Expediente C-43 estén viciadas de nulidad absoluta conforme a lo que dispone el artículo 25 de la propia Constitución, no pudiendo ser convalidadas.

Por su parte, el artículo 8 del mismo Código Orgánico Procesal Penal dispone que: "Cualquiera a quien se le impute la comisión de un hecho punible *tiene derecho a que se le presuma inocente y a que se le trate como tal, mientras no se establezca su culpabilidad mediante sentencia firme"*. Esta norma que consagra la presunción de inocencia, responde a la garantía constitucional establecida en el artículo 49,2 de la Constitución de la República Bolivariana de Venezuela, que también señala que *"Toda persona se presume inocente mientras no se pruebe lo contrario"* y al contenido de tratados y convenios ratificados por Venezuela.

Ello responde a uno de los principios fundamentales del proceso penal, siendo la consecuencia más elemental del mismo que si la fase preparatoria del proceso penal se inicia con una denuncia, la función del Ministerio Público, por tanto, es comprobar lo denunciado, a los efectos de determinar la existencia de un supuesto delito y de establecer las personas supuestamente participantes en el mismo. La función del Ministerio Público no es creer lo que dicen los periodistas en opiniones o apreciaciones personales; y menos aún hacer suyas las opiniones (no noticias) de periodistas contenidas en artículos de opinión (recortes de prensa), que contienen historias falsas, y que el Ministerio Público ha considerado que son "elementos de convicción" del delito de conspiración.

El Ministerio Público, conforme lo ordena el Código Orgánico Procesal Penal, tiene a su cargo la realización de *"la investigación de la verdad y la recolección de todos los elementos de convicción* que permitieran fundar la acusación del fiscal y la defensa del imputado" (art. 280 Código Orgánico Procesal Penal); a cuyo efecto, en el curso de la investigación debía haber hecho *"constar no sólo los hechos y circunstancias útiles para fundar la inculpación del imputado, sino también aquellos que sirvan para exculparle"*. Incluso, "en este último caso, está obligado a facilitar al imputado los datos que lo favorezcan" (art. 281 Código Orgánico Procesal Penal).

Lamentablemente, el ciudadano Fiscal General en su libro, no sólo omitió esta obligación legal y se cuidó de ignorar las fuentes que indican lo contrario a lo que ha afirmado, sino que optó por hacer suyas las afirmaciones infames de periodistas que por lo demás fueron desmentidas, en libro y declaraciones, por nuestro defendido.

Como se ha dicho, además, el artículo 8 del mismo Código Orgánico Procesal Penal, conforme a la garantía constitucional establecida en el artículo 49,2 de la Constitución, dispone que cualquiera a quien se le impute la comisión de un hecho punible *tiene derecho a que se lo presuma inocente y a que se le trate como tal,* mientras no se establezca su culpabilidad mediante sentencia firme.

Por ello es que corresponde al Ministerio Público probar la culpabilidad del imputado, de manera que incluso éste no esta obligado legalmente a probar su inocencia. Ésta se presume, por lo que la carga de la prueba en el proceso penal corresponde íntegramente al Ministerio Público, quien debe probar sus imputaciones y para ello tiene necesariamente que aportar las pruebas pertinentes.

El Fiscal General de la República, en cambio, dio por sentado en su libro que nuestro representado estuvo en alguna forma "redactando" el decreto de Gobierno de Transición, lo cual es completamente falso. Pero fue el Fiscal General de la República quien lo afirmó, lo que implica que declaró culpable a nuestro defendido, violando abiertamente su derecho a que se le considere inocente.

Disponen los artículos 190 y 191 del Código Orgánico Procesal Penal

"Artículo 190. Principio. No podrán ser apreciados para fundar una decisión judicial, ni utilizados como presupuestos de ella, los actos cumplidos en contravención o con inobservancia de las formas y condiciones previstas en este Código, la Constitución de la República, las leyes, tratados, convenios y acuerdos internacionales suscritos por la República, salvo que el defecto haya sido subsanado o convalidado".

"Artículo 191. Nulidades Absolutas. Serán consideradas nulidades absolutas aquellas concernientes a la intervención, asistencia y representación del imputado, en los casos y formas que este Código establezca, o las que impliquen inobservancia o violación de derechos y garantías fundamentales previstos en este Código, la Constitución de la República, las leyes y los tratados, convenios o acuerdos internacionales suscritos por la República".

Al escribir el Fiscal General de la República de entonces en su libro, que nuestro defendido estaba supuestamente encerrado redactando con otros el decreto de constitución de un Gobierno de Transición, lo cual es completamente falso, fue el propio Jefe del Ministerio Público venezolano el que pretendió *trasladar a nuestro defendido y a su defensa, la carga de probar que es inocente y que no estuvo en forma alguna reunido con las personas que dice el Fiscal General ni estuvo redactando documento alguno de Gobierno de*

Transición; cuando es al Estado, a través del Ministerio Público, al que le corresponde probar que nuestro defendido es culpable de acuerdo con el principio del debido proceso.

En consecuencia, en vista de la confesión del ciudadano Fiscal General de la República de la época en el sentido de que no había respetado ni respetaría el derecho a la presunción de inocencia de nuestro defendido imputado, lo cual implicó la violación flagrante del artículo 49,2 constitucional, procedimos a solicitar del Juez de Control la nulidad de todas las actuaciones de investigación adelantadas por el Ministerio Público en el proceso, por estar viciadas de nulidad absoluta ya que, conforme al citado artículo 190 del Código Orgánico Procesal Penal no podrán ser apreciadas para fundar una decisión judicial en contra de ningún imputado, ni utilizadas como presupuestos de ella, por haber sido cumplidas en contravención o con inobservancia de los principios previstos en dicho Código, la Constitución de la República y los tratados suscritos por la República, defectos éstos que son inconvalidables.

La manera contradictoria e incongruente en que fue dirigida la investigación conlleva una imposibilidad absoluta para el imputado de defenderse pues, por una parte, el Ministerio Público dio por culpable a nuestro defendido al haber afirmado que realizó determinadas actuaciones, y por otra parte, invirtió la carga de la prueba, imponiéndole demostrar su inocencia, obligándole a probar hechos negativos, cuando no está obligado a ello. Estamos, sencillamente, ante una situación absurda e incomprensible, que conllevará, indefectiblemente, a la nulidad de todo lo actuado.

Pues bien hasta el presente no hemos sido notificados de que el Tribunal de Control haya decidido nuestra solicitud.

J) Solicitamos ante el Juzgado 25 de Control, que por medio del procedimiento de prueba anticipada se le tomara declaración al ciudadano Pedro Francisco Carmona Estanga, quien estaba domiciliado en la ciudad de Bogotá, capital de la República de Colombia.

La razón de la solicitud era que en el acto de imputación hecha al profesor Brewer por la Fiscal 6ª Nacional utilizó como elemento de convicción en su contra el contenido del libro *Mi Testimonio ante la Historia*, páginas 79, 81, 107, 108, 111, 119, 123, 124 y 125 cuyo autor es el ciudadano Pedro Carmona Estanga.

El artículo 307 del COPP establece que cuando sea necesario recibir una declaración que, *"por algún obstáculo difícil de superar, se presuma que no podrá hacerse durante el juicio, el Ministerio Público o cualquiera de las partes podrá requerir al juez de control que lo realice"*, como prueba anticipada. En el caso, era un hecho notorio que el ciudadano Pedro Carmona Estanga solicitó asilo político ante la República de Colombia, el cual le fue concedido, razón por la cual vivía en Bogotá, capital de Colombia, y que en consecuencia había "un obstáculo difícil de superar" pues debíamos forzosamente presumir que no podría contarse con su declaración durante el juicio, situación que hacía procedente la evacuación de la prueba anticipadamente. Invocamos la aplicación de los convenios internacionales en que Venezuela y Colombia son Partes y solicitamos la declaración del ciudadano Pedro Carmona Estanga, señalando que el trámite y cumplimiento de la solicitud de asistencia y su costo, en caso de haberlo, correría por cuenta nuestra. Cumplimos cabalmente con todos los requisitos de forma para la solicitud y solicitamos que el mencionado ciudadano rindiera declaración sobre el interrogatorio siguiente, de conformidad con el artículo 23 de esa Convención:

1) ¿Diga si es autor del Libro "Mi testimonio ante la Historia" publicado por el Editorial Actum, impreso durante el mes de junio del año 2004 en los talleres tipográficos de Miguel Ángel García e hijo en la ciudad de Caracas?

2) ¿Diga si en la madrugada del 12 de abril de 2002 usted hizo llamar al doctor Allan Brewer Carías a su casa de habitación pidiéndole que fuese a Fuerte Tiuna a los fines de formularle una consulta profesional en materia legal de su especialidad?

3) Diga usted si mandó a llamar al doctor Allan Brewer Carías para pedirle opinión sobre un documento que le habían presentado a usted como decreto de constitución de un Gobierno de Transición Democrática?

4) Diga usted si para cuando usted mandó a llamar al doctor Allan Brewer Carías, el proyecto de documento de constitución de un Gobierno de Transición que usted quería que él analizara, ya estaba redactado?

5) ¿Diga si usted tuvo oportunidad de reunirse con el doctor Allan Brewer Carías en la madrugada 12 de abril en Fuerte Tiuna para oír su opinión sobre el Proyecto de Decreto que se había sometido a su consideración?

6) ¿Diga si usted recuerda haberse reunido en privado con el doctor Allan Brewer Carías en Fuerte Tiuna en la madrugada del 12 de abril de 2002?

7) ¿Diga si usted en alguna oportunidad del año 2002 se reunió personalmente o habló por teléfono con doctor Allan Brewer Carías sobre la constitución de algún gobierno de transición?

8) ¿Diga si usted le pidió al doctor Allan Brewer-Carías que redactara el decreto de constitución e instalación del Gobierno de Transición y Unidad Democrática?

9) ¿Diga si tuvo oportunidad en la madrugada del 12 de abril de 2002 de oír la opinión del doctor Allan Brewer Carías sobre el proyecto de decreto que se había sometido a la opinión del Brewer Carías en razón de la consulta profesional por usted requerida?

10) ¿Diga si a alguna hora del día 12 de abril de 2002 usted habló con el doctor Allan Brewer Carías, personalmente, en el Palacio de Miraflores para escuchar su opinión sobre el decreto mediante el cual se instalaría el Gobierno de Transición y Unidad Democrática?

11) ¿Diga si en la tarde del 12 de abril de 2002, antes de su alocución al país, oportunidad en la cual se leyó el contenido del decreto, usted hizo llamar telefónicamente al doctor Allan Brewer Carías para oír su opinión sobre el proyecto de decreto que se le había consultado en la madrugada de ese día?

12) ¿Diga usted cuál fue la opinión del doctor Allan Brewer Carías sobre el referido decreto?

13) ¿Diga usted si el doctor Allan Brewer Carías le expresó sus diferencias en relación con el camino que se había elegido en el decreto de Gobierno de Transición?

14) ¿Diga usted si el doctor Allan Brewer Carías le expresó su opinión discrepante sobre la disolución de la Asamblea Nacional como camino que se había elegido en el proyecto de decreto de Gobierno de Transición el cual consideraba contrario a la Carta Democrática interamericana?

15) ¿Diga si usted dice en alguna parte de su libro "Mi Testimonio ante la Historia" que el doctor Allan Brewer Carías es el autor y responsable de la elaboración, discusión y presentación del decreto del Gobierno de Transición y Unidad Democrática leído por el ciudadano Daniel Romero, el día 12 de Abril de 2002 dentro de las instalaciones del Palacio de Miraflores?

16) ¿Diga si fue entrevistado en Santa Fe de Bogotá, República de Colombia por la periodista Sebastiana Barraez, entrevista que apareció publicada en el Diario Quinto Día correspondiente del 11 al 18 de marzo del 2005 y, entrevista en la cual usted confirma que en cuanto al decreto se escuchó a juristas civiles y militares entre ellos al doctor Allan Brewer Carías, Carlos Ayala Corao, Cecilia Sosa, Daniel Romero, Juan Raffalli, Gustavo Linares Benzo, José, Gregorio Vásquez, Coronel Julio Rodríguez Salas y a numerosos actores políticos, pero no puede decirse que sus opiniones fueron plasmadas plenamente o que se les pueda imputar su redacción"?

17) ¿Diga si en las páginas 107 y 108 de su libro "Mi Testimonio ante la Historia usted afirma:

Cuando ya se dejaba como un hecho el anuncio de la renuncia presidencial, se comenzó analizar en fuerte Tiuna la orientación que podría asumir un nuevo gobierno, con base en un borrador elaborado por un grupo de abogados, entre ellos Daniel Romero. Hablé telefónicamente con doctor Allan Brewer Carías, con quien me unía una respetuosa relación profesional. A él le pedí que se trasladara a Fuerte Tiuna, pues deseaba conocer su criterio. Envié a mi conductor a buscarlo a su residencia y al llegar al lugar, le solicité analizar el papel de trabajo en el cual se encontraban plasmadas varias ideas al respecto. Pero es justo puntualizar, como lo hice ante la Asamblea Nacional, que nunca he atribuido al doctor Allan Brewer Carías la autoría del decreto, pues sería irresponsable, como lo hicieron luego representantes del oficialismo para inculparlo. Respeto incluso la diferencia que el doctor Allan Brewer-Carías expresara con relación con el camino elegido y la constancia que dejó en el acta de entrevista que le hiciera la Fiscalía General de la República, aún cuando discrepo de algunas de sus interpretaciones pero él mismo dijo que se alegró con la rectificación posterior del decreto pues atendía a la esencia de su preocupaciones, principalmente respecto a la carta Democrática Interamericana".

Se trataba de una prueba determinante para el esclarecimiento de la verdad sobre la participación del profesor Brewer Carías en los hechos que condujeron al breve derrocamiento del Presidente Chávez y en la redacción del llamado "Decreto Carmona", pues emanaba de la persona que encabezó el no menos breve "Gobierno de Transición" y que suscribió como presidente de facto dicho Decreto. Ello no obstante, el Juez 25 de Control la negó aduciendo que nuestra solicitud violentaba el principio de licitud de la prueba; que es ilegal la prueba derivada de otra ilegal; y, que los imputados no pueden ser al mismo tiempo testigos con relación a los hechos que pueden afectar a otros.

No hay necesidad de analizar el valor jurídico de semejante razonamiento para verificar la contradicción flagrante en la que incurrió el mismo Juez, pues la orden de aprehensión que dictó contra el profesor Brewer, utilizó como elementos de convicción la declaración de otros imputados, tales como el propio Daniel Romero (lector oficial del decreto el 12 de abril de 2002). En ese caso, cuando se trataba de un acto que perjudicaría al profesor Brewer, las declaraciones de otros imputados no resultaron en su criterio inadmisibles por ser "ilícitas".

Adicionalmente, cuando la Fiscal Sexta presentó su escrito de acusación contra el profesor Brewer, constatamos que utilizó de nuevo como elemento de convicción, al igual que en la imputación, concretamente en el N° 27, el contenido del libro "Mi Testimonio Ante La Historia" cuyo autor era Pedro Carmona. Es decir, según el criterio de la Fiscal, el testimonio de otros imputados sí es una prueba válida en el proceso penal.

Era un contrasentido y una contradicción del Estado en evidente perjuicio de la persona *sub judice* que la Fiscal Sexta pudiera utilizar selectivamente en contra del profesor Brewer el libro de Pedro Carmona Estanga y el testimonio de otros investigados, y a la vez se le negara a él la posibilidad de solicitar y utilizar en su defensa el testimonio de cualquiera de los investigados como lo era el del mismo Pedro Carmona Estanga. Esto denota la violación de un principio universal según el cual nadie puede contradecirse en juicio en perjuicio de otro, también reconocido en el Derecho Internacional bajo la figura del estoppel *(nemo potest mutare consilium suum in alterius ainjuriam)* y configura además una violación flagrante del principio de igualdad de las partes y del derecho a la defensa. Por consiguiente, promovimos de nuevo la prueba testimonial del señor Carmona Estanga en nuestro escrito de contestación a la acusación y promoción de pruebas, pero como ya conocíamos el criterio del Juez de Control, pues ya nos lo había negado en la decisión arriba mencionada, procedimos a utilizar el recurso previsto en el ordinal 7° del artículo 86 del COPP, esto es, la **recusación** contra el Juez Vigésimo Quinto de Control, ya que no podía continuar conociendo de la causa por encontrarse incurso en esa causal de inhibición y recusación, por haber emitido opinión en la causa con conocimiento de ella.

Para nuestra sorpresa, el Juez 25 de Control no se inhibió aduciendo que se trataba de dos etapas diferentes, la primera, la de investigación, en la cual habíamos promovido la prueba anticipada; y, la segunda, la intermedia cuando estábamos promoviendo dicha prueba, y que por ello nuestra solicitud era improcedente, incongruente e inaplicable puesto que él no contaba con poderes extrasensoriales para adivinar en la fase preparatoria si el Ministerio Público presentaría una acusación y si en ella ofrecería pruebas. Es decir, al Juez 25 de Control se le olvidó que había negado la prueba por considerarla ilícita e ilegal porque los imputados no podían declarar en contra de otras personas en la misma causa. Pero lo más insólito fue la decisión de la Sala de la Corte de Apelaciones, luego de un rosario de inhibiciones por parte de numerosos magistrados: la recusación fue declarada sin lugar porque en su criterio, haber emitido opinión sobre la procedencia o no de una prueba no significa prejuzgar sobre la culpabilidad o inocencia de una persona.

Como se puede apreciar, era obvio que se le dejó la puerta abierta al Juez de Control para que nos negara de nuevo la prueba si era consistente con el criterio expresado en su decisión de días anteriores.

No obstante todo ello, obtuvimos una declaración jurada ante Notario Público en la ciudad de Bogotá, Colombia y debidamente apostillada en la que el ciudadano Pedro Carmona manifestó textualmente:

> *"Puedo afirmar por tanto, que el Dr. Allan R. Brewer Carías no estaba presente en Fuerte Tiuna en el momento en que yo llegué a ese sitio en la madrugada del 12 de abril de 2002, ni cuando se decidió iniciar el análisis de un borrador de documento para la formación un gobierno de transición, ante el inminente anuncio de la renuncia del Presidente de la República, comunicado por fuentes gubernamentales. De lo manifestado en mi libro, ratifico que decidí llamar al Dr. Brewer Carías en la madrugada del día 12 de abril de 2002 a su casa de habitación, y le pedí que se trasladara a Fuerte Tiuna, a cuyo efecto lo mandé a buscar con mi automóvil y chofer, desde donde luego fue retornado a su domicilio (p. 111).*

> *La llamada telefónica que le hice al Dr. Brewer Carías tuvo como propósito solicitar su criterio, en su condición de abogado en ejercicio, sobre el mencionado borrador de documento, el cual a su llegada a Fuerte Tiuna estaba redactado como tal, es decir, como un papel de trabajo. No había visto ni hablado con el Dr. Brewer Carías en las semanas anteriores al día 12 de abril de 2002. Por tanto, de mi libro no puede resultar elemento de prueba alguna de que el Dr. Brewer Carías hubiera conspirado ni participado en la redacción del mencionado borrador del decreto de gobierno de transición, más cuando, por el contrario, sobre el mismo me expresó luego una opinión discrepante. (p. 107 y 108)".*

Esta declaración la consignamos oportunamente en el expediente de la causa y sin embargo fue absolutamente omitida por el Juez 25 de Control cuando le dictó la orden de aprehensión al profesor Brewer.

K) Una vez que se produjo la acusación contra el profesor Brewer preparamos y consignamos ante el tribunal un escrito en el que solicitamos la nulidad de todas las actuaciones de la investigación en virtud de la violación masiva de todos sus derechos y garantías constitucionales. Allí recopilamos todas las infracciones de las cuales había sido objeto y agregamos una, la violación de la garantía constitucional del Juez Natural. Allí manifestamos que:

"Tanto en nuestra Constitución como en los Tratados Internacionales suscritos por la República se incluye la garantía del Juez Natural. Su objetivo es precisamente garantizar que el procesado no será juzgado por funcionarios diferentes a los integrantes de la jurisdicción, establecidos con anterioridad al hecho por el cual se investiga o juzga.

Con ello se proscribe la posibilidad de juzgamiento por tribunales ad hoc, o de excepción, que, a no dudar, actuarían contra el justiciable con criterios discriminatorios expresamente prohibidos en la constitución, violentando el principio de igualdad ante la Ley.

Nuestra Constitución lo prevé en su artículo 49.4 al disponer que toda persona tiene derecho a ser juzgada por sus jueces naturales en las jurisdicciones ordinarias o especiales, con las garantías establecidas en la Constitución y en la ley. Ninguna persona podrá ser sometida a juicio sin conocer la identidad de quien la juzga, ni podrá ser procesada por tribunales de excepción o por comisiones creadas para tal efecto.

El Pacto Internacional de Derechos Civiles y Políticos entrado en vigor el 23 de marzo de 1976 y ratificado por Venezuela el 28 de enero de 1978, según Gaceta Oficial N° 2146, establece en su artículo 14 que todas las personas son iguales ante los tribunales y cortes de justicia y que tienen derecho a ser oídas con las debidas garantías por un tribunal competente, independiente e imparcial establecido por la ley, en la substanciación de cualquier acusación de carácter penal formulada contra ella.

La Declaración Americana de los Derechos y Deberes del Hombre, aprobada en la Novena Conferencia Internacional Americana, Bogotá, Colombia, en 1948, dispone en su artículo 2 que todas las personas son iguales ante la ley y tienen los deberes y derechos consagrados en dicha declaración sin distinción de raza, sexo, idioma, credo ni otra alguna.

La Convención Americana Sobre Derechos Humanos, suscrita en San José de Costa Rica y ratificada por Venezuela el 14 de julio de 1977, según Gaceta Oficial N° 31.256, dispone en su artículo 8, ordinal 1° que toda persona tiene derecho a ser oída con las debidas garantías y dentro de un plazo razonable, por un juez o tribunal competente, independiente e imparcial, establecido con anterioridad por la Ley, en la substanciación de cualquier acusación penal formulada contra ella.

Finalmente, los Principios Básicos Relativos a la Independencia de la Judicatura adoptados por el Séptimo Congreso de las Naciones Unidas sobre Prevención del Delito y Tratamiento del Delincuente, celebrado en Milán del 26 de agosto al 6 de septiembre de 1985, y confirmados por la Asamblea General en sus Resoluciones 40/32 del 29 de noviembre de 1985 y 40/146 de 13 de diciembre de 1985 y 40/146 de 13 de diciembre de 1985, establece en su Punto N° 1 que la independencia de la judicatura será garantizada por el Estado y proclamada por la Constitución o la legislación del país y que todas las instituciones gubernamentales y de otra índole respetarán y acatarán la independencia de la judicatura.

*En su Punto N° 2 dispone también claramente que los jueces resolverán los asuntos que conozcan con imparcialidad, basándose en los hechos y en consonancia con el derecho, **sin restricción alguna y sin influencias**, alicientes, **presiones, amenazas o intromisiones indebidas**, sean **directas o indirectas, de cualesquiera sectores o por cualquier motivo**.*

Como vemos, es un principio universal el que los procesados tienen derecho a ser juzgados y a que se decidan sus planteamientos de defensa por sus jueces naturales, establecidos con anterioridad al hecho de que se trate, debiendo garantizarse su imparcialidad y la ausencia de influencias, presiones, amenazas o intromisiones indebidas, directas o indirectas de cualesquiera sectores y por cualquier motivo.

Como dijimos, lo que se busca principalmente es respetar al justiciable su igualdad ante la Ley, para que no sea juzgado de acuerdo con criterios discriminatorios expresamente prohibidos tales como la edad, el sexo, la raza, el credo religioso o político.

La investigación que adelantó la Fiscalía Sexta y que concluyó con la acusación contra nuestro representado es por la supuesta comisión del delito de Rebelión previsto en el artículo 144, ordinal 2° del Código Penal vigente en el año 2002, es decir, por un presunto delito de los considerados políticos.

El proceso al que está siendo sometiendo nuestro defendido ha estado caracterizado por las múltiples presiones indebidas que hemos venido observando por parte del organismo investigador, pues como denunciamos arriba, hasta el propio Fiscal General de la República publicó un libro en el que atribuye ilegalmente a nuestro representado la redacción del documento que han llamado acta constitutiva del gobierno de transición.

Tal actuación del Fiscal violenta los elementales principios de imparcialidad y objetividad a que está obligado de acuerdo a la Constitución y a la Ley Orgánica del Ministerio Público.

Adicionalmente a eso, el Fiscal General ha debido inhibirse de conocer y participar en esta investigación, habida cuenta de que fue él una de las personas que pretendió ser destituida de su cargo por la mencionada acta constitutiva del gobierno de transición, y por ello, de acuerdo a la naturaleza humana, es obvio deducir que el Fiscal General tiene interés directo en las resultas de esta investigación.

Ahora bien, lo que se quiere plantear en este capítulo es algo mas grave todavía. Se trata de las influencias, presiones e intromisiones indebidas de que han sido objeto los jueces que han conocido del presente proceso.

Comenzó a conocer de él la Dra. Josefina Gómez Sosa, en razón de haberle sido presentado detenido el ciudadano Pedro Carmona Estanga.

En el curso del proceso la Fiscalía solicitó y la Dra. Gómez Sosa decretó la prohibición de salida del país de varios ciudadanos investigados por su presunta participación en los hechos investigados. Estos ciudadanos apelaron de esa medida y subieron las actuaciones a la Sala 10 de la Corte de Apelaciones, la cual revocó la medida cautelar considerando que la misma adolecía de falta de motivación. Es importante resaltar que uno de los tres integrantes de dicha Sala salvó su voto considerando que la decisión apelada sí estaba suficientemente motivada.

Pues bien, de inmediato, en fecha 3 de febrero de 2005, la Comisión Judicial del Tribunal Supremo de Justicia emitió una sorprendente resolución, la cual anexamos en copia, en la que suspendió de sus cargos a los dos jueces de la Corte de Apelaciones que votaron por la nulidad de la decisión apelada, así como a la Juez de Primera Instancia autora de la decisión presuntamente inmotivada.

Sin que signifique que nosotros estemos juzgando la procedencia o legalidad de la resolución de la Comisión Judicial, no podemos menos que decir que la misma nos sorprende por las tres razones siguientes:

La primera de ellas es que se dice en la resolución que la Sala 10 de la Corte de Apelaciones fundó su decisión de anular la decisión apelada, en su presunta falta de motivación. Estableció la comisión judicial que si la Sala consideró inmotivada dicha decisión, debió devolverla al Tribunal de Primera Instancia para que se corrigiera el error, es decir, para que la motivara, en vez de proceder a anularla, lo que constituyó, en su criterio, un aprovechamiento de la falta, agravándola al producir dicha nulidad.

Decimos que nos sorprende dicha resolución, porque es el propio Tribunal Supremo de Justicia (el mismo al que pertenece la Comisión Judicial), quien ha dicho en sus sentencias, en innumerables oportunidades, que la falta de motivación acarrea la nulidad del fallo que adolece de ella.

Podemos citar a título de ejemplo, las siguientes:

*"Lo anterior, lleva al firme convencimiento de esta Sala, de que la señalada sentencia carece de motivación, lo cual acarrearía la **nulidad** de la misma, en virtud de haberse violentado el debido proceso, previsto en el artículo 49 de la Constitución de la República de Venezuela y el artículo 364.4° del Código Orgánico Procesal Penal, razón por la cual lo procedente y ajustado a derecho es declarar, conforme a lo dispuesto en los artículos 190 y 191 del Código Orgánico Procesal Penal, la **NULIDAD** de la sentencia dictada."*[1]

---

[1] Sala de Casación Penal, Sentencia del 19-05-04. Exp. N° 03-0489.

"...la Sala observa, que previo al pronunciamiento de la admisión de la acusación presentada por el Ministerio Público contra la hoy accionante, el órgano jurisdiccional señalado como agraviante –Juzgado Séptimo de Control del Estado Carabobo–, decidió las excepciones opuestas por la defensa –incompetencia del tribunal por el territorio y acción no promovida conforme a la ley– y la solicitud de nulidad de las actuaciones, declarándolas sin lugar. Sin embargo, dicha declaración carece de motivación alguna.*

En efecto, el Juzgado Séptimo de Control del Circuito Judicial Penal del Estado Carabobo, estimó improcedentes los medios de defensa opuestos para controlar el correcto ejercicio de la acción penal propuesta y la adecuada formación de la relación jurídico-procesal; pero, obvió el análisis de los fundamentos de derecho en que fundó dicha improcedencia, limitándose a una mera exposición, incluso de las normas jurídicas, sin entrar en más consideraciones ni pronunciarse sobre el cumplimiento o no de los requisitos del derecho ejercitado por la parte defensora. Por las razones expuestas, esta Sala Constitucional del Tribunal Supremo de Justicia, administrando justicia en nombre de la República y por autoridad de la Ley, dicta los siguientes pronunciamientos:

1.- Declara CON LUGAR la apelación ejercida por los abogados AJMJ, JROL y WB, contra la decisión dictada el 4 de marzo de 2004, por la Sala N° 1 de la Corte de Apelaciones del Circuito Judicial Penal de la Circunscripción Judicial del Estado Carabobo.

2.- Declara CON LUGAR la acción de amparo interpuesta por los abogados AJMJ, JROL y WB, en su carácter de apoderados judiciales de la ciudadana YLFdZ, contra la decisión dictada el 16 de junio de 2003, por el Juzgado Séptimo de Control del Circuito Judicial Penal de la Circunscripción Judicial del Estado Carabobo. En consecuencia, ANULA la referida decisión y ordena la celebración de una nueva audiencia preliminar en el proceso penal seguido a la accionante."[2]

Como podemos observar de estas dos sentencias, provenientes de dos Salas distintas del Tribunal Supremo de Justicia (Casación Penal y Constitucional), la sanción contra una decisión inmotivada es su nulidad. Por ello nos sorprende que la Comisión Judicial, que forma parte de ese mismo Tribunal Supremo, adopte precisamente en este caso un cambio de criterio al considerar que la inmotivación no acarrea la nulidad, sino que se deben devolver las actuaciones al Tribunal A-quo para que corrija el presunto vicio.

En segundo lugar nos sorprende la decisión de la Comisión Judicial por la siguiente situación:

---

[2] Sala Constitucional del Tribunal Supremo de Justicia, Sentencia de fecha 29-11-04. Exp: 04-0746.

Se suspendió de su cargo también a la Juez de Primera Instancia considerando que la falta de motivación de su decisión era un error inexcusable, e incluso llegó a decir que no pocas veces se han dictado decisiones sin motivación con el deliberado propósito de que sean revocadas en la Alzada. Así mismo dijo que resulta inexplicable que la Juez de Primera Instancia hubiese tomado tal determinación sin suministrar las razones, cuando ello es una obligación elemental de todo Juez.

Pues bien, como una simple reflexión de esta defensa, nosotros consideramos inexplicable que si la presunta inmotivación de la decisión apelada era tan evidente, al punto que la declara error inexcusable para suspender de su cargo a la Juez de Primera Instancia, ¿Cómo es que no se suspendió de su cargo también al tercer Juez integrante de la Sala 10 de la Corte de Apelaciones, que salvó su voto diciendo que la decisión apelada sí estaba suficientemente motivada?

No encontramos explicación alguna para esta diferenciación.

En tercer lugar nos sorprende dicha decisión porque la Comisión Judicial procedió a designar a dos nuevos jueces en la Sala 10 de la Corte de Apelaciones y entonces esta nueva Sala desobedeció la instrucción de la Comisión Judicial, pues en vez de devolver el expediente al Tribunal de Primera Instancia para que corrigiera el error, procedió, motu propio, a anular la decisión que habían dictado los Jueces Superiores suspendidos y a dictar una propia como si fuesen jueces de primera instancia. En esta ocasión la Comisión Judicial no dijo nada.

Por esas tres razones nos sorprende la decisión de la Comisión Judicial y la única lectura que podemos darle es que el Poder Judicial está recibiendo un claro mensaje en el sentido de cómo debe decidirse esta causa.

Pareciera que el tema importante no es si la decisión estuvo o no motivada, ni como debe atacarse o corregirse, sino que lo importante es que se decida en el sentido de hacer prevalecer la medida de prohibición de salida del país, esto es, que debe decidirse siempre en contra de los investigados, lo cual constituye evidentemente una presión, una influencia indebida sobre los jueces que han de sentenciar las incidencias de esta causa, quienes por una razón natural deben sentirse coaccionados o amenazados de perder su cargo si deciden a favor de los imputados o acusados en este proceso.

Luego observamos lo siguiente: en la misma resolución en la que se suspende de su cargo a la Juez de Primera Instancia, se designa en su lugar al Dr. Manuel Bognanno, quien se encargó de continuar el conocimiento de la presente causa. Este Juez, en conocimiento de algunas incidencias planteadas en el proceso, osó llevar la contraria a la Fiscal Sexta del Ministerio Público.

En una oportunidad, siguiendo la jurisprudencia de la Sala Constitucional, ordenó a la Fiscal Sexta que nos expidiera copia de las actuaciones del expediente que solicitáramos, entre ellas los videos, a fin de garantizarnos el cabal ejercicio del derecho a la defensa. Esta orden causó la indignación de la Representante Fiscal quien solicitó la nulidad de esa actuación.

Paralelamente surgió un incidente con motivo de la solicitud que hicieron los defensores del ciudadano Guaicaipuro Lameda en el sentido de que se fijara plazo al Ministerio Público para que culminara la investigación conforme al artículo 313 del COPP.

Para dar curso a esa solicitud y, estimamos que para conocer lo complejo de la investigación, así como el número e identidad de personas imputadas a fin de notificarlas, el Juez Bognanno solicitó a la Fiscal que le remitiera el expediente.

Sorprendentemente, la Fiscal Sexta, en vez de dar curso a la orden judicial, optó por increparle mediante oficio, solicitándole una explicación del porqué le pedía el expediente, lo que a todas luces constituyó un acto de rebeldía y desacato contra la orden judicial.

Ante esa situación, el Juez Bognanno ofició al Fiscal Superior para ponerlo en conocimiento de la irregularidad en la que estaba incurriendo la Fiscal Sexta.

Pues bien, a los pocos días el Juez Bognanno fue suspendido de su cargo.

Realmente desconocemos la razón oficial de su suspensión, quizá fue por otro motivo, pero nos llama a reflexión que ocurrió justo después de los dos inconvenientes relatados, con la Fiscal Sexta.

Realmente es demasiada casualidad.

Repetimos que no tenemos autoridad para dictaminar si las suspensiones de cargo de jueces fueron justificadas o no, pero no podemos dejar de acotar que lo cierto es que estas decisiones de la Comisión Judicial tomadas contra los jueces que han conocido del proceso que nos ocupa, producen en el ánimo de los juzgadores que lo están conociendo actualmente y de los que lo conocerán en el futuro, un temor fundado de perder sus cargos si deciden en contra de lo solicitado por la Fiscal Sexta Nacional.

Hay una decisión muy interesante sobre la garantía del Juez Natural que dice lo siguiente:

"En este orden de ideas, la Sala estima necesaria algunas consideraciones sobre el alcance de la garantía constitucional al juez natural.

Preceptúan, respectivamente, el artículo 8, cardinal 1, de la Convención Americana Sobre Derechos Humanos y el artículo 49, cardinal 4, de la Constitución de la República Bolivariana de Venezuela lo siguiente:

"Artículo 8. Toda persona tiene derecho a ser oída, con las debidas garantías y dentro de un plazo razonable, por un juez o tribunal competente, independiente e imparcial, establecido con anterioridad por la ley...".

"Artículo 49. El debido proceso se aplicará a todas las actuaciones judiciales y administrativas; en consecuencia:

(...)

4. Toda persona tiene derecho a ser juzgada por sus jueces naturales en las jurisdicciones ordinarias, o especiales, con las garantías establecidas en esta Constitución y en la ley. Ninguna persona podrá ser sometida a juicio sin conocer la identidad de quien la juzga, ni podrá ser procesada por tribunales de excepción o por comisiones creadas para tal efecto."

El juez natural, como derecho y garantía constitucional, abarca una serie de elementos que deben ser concurrentes a la hora del análisis de su posible vulneración. Así, el juez natural comprende: que dicho juez sea competente, que esté predeterminado por la ley, que sea imparcial, idóneo, autónomo e independiente.

Al respecto, esta Sala Constitucional ha definido los límites y alcances de los requisitos de la garantía del juez natural en los siguientes términos:

"La comentada garantía judicial, es reconocida como un derecho humano por el artículo 8 de la Ley Aprobatoria de la Convención Americana de Derechos Humanos, Pacto San José de Costa Rica y por el artículo 14 de la Ley Aprobatoria del Pacto Internacional de Derechos Civiles y Políticos. Esta garantía judicial es una de las claves de la convivencia social y por ello confluyen en ella la condición de derecho humano de jerarquía constitucional y de disposición de orden público, entendido el orden público como un valor destinado a mantener la armonía necesaria y básica para el desarrollo e integración de la sociedad. Dada su importancia, no es concebible que sobre ella existan pactos válidos de las partes, ni que los Tribunales al resolver conflictos atribuyan a jueces diversos al natural, el conocimiento de una causa. El convenio expreso o tácito de las partes en ese sentido, al igual que la decisión judicial que trastoque al juez natural, constituyen infracciones constitucionales de orden público. Por lo anterior, si un juez civil decidiere un problema agrario, porque en un conflicto entre jueces, el superior se lo asignó al juez civil, tal determinación transgrediría la garantía del debido proceso a las partes, así la decisión provenga de una de las Salas de nuestro máximo Tribunal, y así las partes no reclamaran. (...)

En la persona del juez natural, además de ser un juez predeterminado por la ley, como lo señala el autor Vicente Gimeno Sendra (Constitución y Proceso. Editorial Tecnos, Madrid 1988) y de la exigencia de su
constitución legítima, deben confluir varios requisitos para que pueda
considerarse tal. Dichos requisitos, básicamente, surgen de la garantía
judicial que ofrecen los artículos 26 y 49 de la Constitución de la República Bolivariana de Venezuela, y son los siguientes: 1) **Ser independiente, en el sentido de no recibir órdenes o instrucciones de persona
alguna en el ejercicio de su magistratura; 2) ser imparcial, lo cual se
refiere a una imparcialidad consciente y objetiva, separable como tal
de las influencias psicológicas y sociales que puedan gravitar sobre el
juez y que le crean inclinaciones inconscientes. La transparencia en la
administración de justicia, que garantiza el artículo 26 de la vigente
Constitución se encuentra ligada a la imparcialidad del juez. La parcialidad objetiva de éste, no sólo se emana de los tipos que conforman
las causales de recusación e inhibición, sino de otras conductas a favor
de una de las partes; y así una recusación hubiese sido declarada sin
lugar, ello no significa que la parte fue juzgada por un juez imparcial
si los motivos de parcialidad existieron, y en consecuencia la parte así
lesionada careció de juez natural; 3)** tratarse de una persona identificada e identificable; 4) **preexistir como juez, para ejercer la jurisdicción
sobre el caso, con anterioridad al acaecimiento de los hechos que se
van a juzgar, es decir, no ser un Tribunal de excepción;** 5) ser un juez
idóneo, como lo garantiza el artículo 26 de la Constitución de la República Bolivariana de Venezuela, de manera que en la especialidad a
que se refiere su competencia, el juez sea apto para juzgar; en otras palabras, sea un especialista en el área jurisdiccional donde vaya a obrar.
(...); y 6) que el juez sea competente por la materia. (...)" (Sentencia N°
144 del 24 de marzo de 2000, caso: Universidad Pedagógica Experi-
mental Libertador).

La infracción de la garantía del Juez Natural, plantea el problema de
las consecuencias que tiene en la sentencia dictada, la violación del orden público constitucional. Es decir, qué efectos produce en el fallo proferido, constatar que no intervinieron en su formación los jueces prede-
terminados en la Ley o dictado en un procedimiento en el cual no se si-
guieron las reglas previstas en la ley, para efectuar la sustitución de los
jueces por sus ausencias absolutas, accidentales o temporales.

La respuesta se encuentra en el artículo 246 del Código de Procedimiento Civil, en el que se declara que no se considerará como sentencia
ni se ejecutará, la decisión a cuyo pronunciamiento aparezca que no han
concurrido todos los jueces llamados por la ley. Esta declaración, de
igual pertinencia en la consideración del juez natural que tenía la Constitución derogada y en las consideraciones de la Constitución vigente,
pone de relieve que el incumplimiento de la garantía del juez predeter-

minado en la Ley –lo que incluye su legítima constitución–, hace inexistente la actividad jurisdiccional, pues sólo puede dictar la sentencia quien tiene en la normativa vigente y de acuerdo a las reglas establecidas en ella, la responsabilidad de administrar justicia".[3]

No sabemos si las decisiones contrarias a nuestras pretensiones, así como la negativa o retardo en decidir algunas otras que hemos mencionado arriba son producto de ese temor fundado que, estamos seguros, deben estar experimentando los jueces que conocen de este proceso, pero lo cierto es que no se ha garantizado su autonomía, independencia e imparcialidad y con ello se ha violentado a nuestro representado la garantía constitucional de ser juzgado por su Juez Natural, lo que conlleva necesariamente la nulidad de las decisiones que han sido tomadas en su contra y la nulidad del proceso en sí, lo cual pedimos sea declarado conforme a lo establecido en los artículos 190 y 191 del COPP." (Fin de la transcripción)

Esta solicitud de nulidad todavía no ha sido decidida por el juez de la causa.

L) Otras diligencias solicitadas fueron la citación y declaración de los periodistas autores de artículos que referían los hechos ocurridos los días 11, 12 y 13 de abril de 2002 y que fueron utilizados por la Fiscal como elementos de convicción en la imputación contra el profesor Brewer Carías. Consignamos el interrogatorio que solicitamos se les formulara y pedimos estar presentes en el acto de la declaración. Todos los declarantes fueron contestes en afirmar que no estuvieron presentes en el lugar de los hechos y que por tanto sus artículos contenían versiones referenciales provenientes de personas cuya identidad omitieron por protección a la fuente. En ningún caso la Fiscalía nos permitió estar presentes en el acto de la declaración.

5. Explique el resultado de sus gestiones en aplicación de la estrategia para la defensa del profesor Brewer Carías¿Qué resultado tuvieron sus solicitudes al Ministerio Público o, si fuera el caso, el Juez de Control?

RESPUESTA: Como mencioné en mi respuesta anterior, a excepción de la solicitud de nulidad que no ha sido decidida y las declaraciones de los periodistas, todas las demás solicitudes, apelaciones y recusación descritas en mi respuesta a la pregunta número 4 fueron negadas.

6. ¿Propuso Usted algún interrogatorio a altos funcionarios públicos que parecieron participar o dar su aquiescencia en el golpe de estado del 11 de abril de 2002 y que no han sido imputadas ni acusadas por ese hecho? De ser afirmativa su respuesta, ¿cuál fue el interrogatorio?

RESPUESTA: Sí lo propuse. Recuérdese que el militar de mas alto rango para ese momento en el país transmitió por televisión un mensaje que fue di-

---

[3]   Sentencia de la Sala Constitucional del Tribunal Supremo de Justicia, de fecha 15-12-04. Magistrado Ponente: PEDRO RAFAEL RONDÓN HAAZ, con voto salvado del Magistrado Iván Rincón Urdaneta. Exp. N° 00-1138.

fundido mundialmente, a través de los medios de comunicación audiovisuales, en el que expresó lo siguiente: **"PUEBLO VENEZOLANO, MUY BUENOS DÍAS, LOS MIEMBROS DEL ALTO MANDO MILITAR DEPLORAN LOS LAMENTABLES ACONTECIMIENTOS SUCEDIDOS EN LA CIUDAD CAPITAL EL DÍA DE AYER. ANTE TALES HECHOS SE LE SOLICITÓ AL SEÑOR PRESIDENTE DE LA REPÚBLICA LA RENUNCIA A SU CARGO, LA CUAL ACEPTÓ. LOS MIEMBROS DEL ALTO MANDO MILITAR PONEMOS, A PARTIR DE ESTE MOMENTO, NUESTROS CARGOS A LA ORDEN, LOS CUALES ENTREGAREMOS A LOS OFICIALES QUE SEAN DESIGNADOS POR LAS NUEVAS AUTORIDADES."**

Nosotros como defensores estábamos muy interesados en que se investigara la verdad de lo ocurrido y por ello propusimos se interrogara al General Rincón, autor de esa alocución, entre otras cosas, sobre los siguientes particulares:

1ª) ¿Quién habló por primera vez de renuncia del Presidente CHÁVEZ, usted mismo o el propio Presidente?

2ª) ¿Desde un principio el Presidente le habló de las garantías que él iba a exigir?

3ª) ¿Dónde estaba el Presidente cuando usted anunció su renuncia?

4ª) ¿Dónde estaba usted cuando el Presidente le dijo que anunciara su propia renuncia?

5ª) ¿Le pidió al Presidente que se trasladara a Fuerte Tiuna (Comando del Ejército), donde estaba usted?

6ª) ¿Cuando anunció la renuncia del Presidente estaba usted acompañado del Alto Mando Militar, es decir, aparte de usted como Inspector General de la Fuerza Armada Nacional, se encontraban el Ministro de la Defensa, el Jefe del Estado Mayor Conjunto, el Jefe del CUFAN, el Comandante General del Ejército, el Comandante General de la Armada, el Comandante General de la Aviación y el Comandante General de la Guardia Nacional?

7ª) ¿Puede decir los nombres y apellidos de esos miembros del Alto Mando Militar que le acompañaron el día 12 de abril de 2002 cuando anunció al país que el Presidente CHÁVEZ había renunciado?

8ª) ¿Qué significa lo que el Presidente le dijo en el sentido de que la renuncia debía estar apegada a la Constitución?

9ª) ¿Los oficiales que le acompañaron en el momento en que hizo el anuncio público de que el Alto Mando Militar le había solicitado la renuncia al Presidente CHÁVEZ y que ésta la había aceptado, estaban de acuerdo previamente con todo lo que usted anunció?

10ª) ¿Quiénes acompañaban al Presidente cuando llegó a Fuerte Tiuna en la madrugada del día 12 de abril de 2002?

11ª) ¿Llegó el Presidente a Fuerte Tiuna desde Miraflores?

12ª) ¿Por qué el Presidente se trasladó hasta el Fuerte Tiuna?

13ª) ¿El Presidente se trasladó al Comando del Ejército (Fuerte Tiuna) por su propia voluntad o llegó allí detenido, o forzado por los que lo llevaron?

14ª) ¿Cuándo usted dice en su interpelación ante la Asamblea Nacional que "Es más, al Presidente se lo llevan al Comando del Ejército después de las cuatro de la madrugada, entre cuatro y cuatro y media tengo entendido", da a entender que al Presidente lo sacan en contra de su voluntad de Miraflores?

15ª) Cuando usted en la interpelación ante la Asamblea Nacional dijo que al Presidente CHÁVEZ "se lo llevan al Comando del Ejército", ¿quiso decir que lo llevaron contra su voluntad?

16ª) En caso de que usted diga que fue forzado o contra su voluntad, ¿puede esto ser así, habida cuenta de que él se encontraba protegido y seguro en el Palacio de Miraflores donde nadie lo podía sacar por la fuerza?

17ª) ¿Si el Presidente no había renunciado, por qué abandonó Miraflores para trasladarse a Fuerte Tiuna?

18ª) ¿El Presidente llegó a Fuerte Tiuna por su propia y libre decisión o llegó allí detenido? Si se trata del segundo supuesto, es decir, que llegó detenido, ¿Quién o quiénes lo condujeron detenido hasta Fuerte Tiuna?

19ª) ¿Cuándo usted dice que anunció la renuncia y que al negársele al Presidente las garantías que pidió, el Presidente dijo que entonces él era un "Presidente Preso", quiere decir que la renuncia era renuncia solo si se aceptaban las condiciones que el Presidente había exigido?

20ª) Si el Presidente no había renunciado y él mismo dijo posteriormente que no lo había hecho, por qué se trasladó desde Miraflores a Fuerte Tiuna?

21ª) ¿De quién fue la idea de hacer saber al país que el Presidente CHÁVEZ había renunciado, siendo incierta la renuncia, según usted dijo en la interpelación en la Asamblea Nacional, a la "COMISIÓN ESPECIAL POLÍTICA QUE INVESTIGA LOS HECHOS OCURRIDOS LOS DÍAS 11,12,13 Y 14 DE ABRIL DE 2002", el día 04 de mayo de 2002?

22ª) Si usted dijo en la interpelación ante la Asamblea Nacional con motivo de una pregunta de la diputado VESTALIA ARAUJO, que el Presidente Chávez no había renunciado ¿qué significa la frase que leemos en su exposición, cuando dijo "Cuando el Presidente informó y yo también tenía conocimiento allí, por los comentarios que venían del edificio de al lado, de que el Presidente había aceptado que estos señores le estaban solicitando la renuncia y que habían aceptado unas garantías y consideraciones que el Presidente exigía, bueno, entonces, y una de las primeras garantías, repito y vuelvo a repetir, es que se cumpliera lo que aparece aquí en la Constitución; por supuesto cuando el Presidente me dice eso, yo le dije, bueno entonces nosotros también ponemos el cargo a la orden, ¿a quien?, bueno, de las nuevas autoridades que iban a existir, no se quienes iban a existir, pero al final aquí como que no hubo, no se pusieron de acuerdo"? ¿Puede explicar lo que allí dijo?

23ª) ¿Le dijo el Presidente en algún momento que él estaba dispuesto a renunciar?

62

24ª) ¿Qué significa la frase suya en la mencionada interpelación en la Asamblea Nacional: "Mire, la renuncia al Presidente no se la planteó el General Lucas Rincón, ni se la planteó al Alto Mando que estaba allí conmigo, se la plantearon estos señores que estaban reunidos en el edificio del Comando del Ejército y mandaron una comisión que estaba haciendo el puente, el enlace con el Presidente para su renuncia, en un primer momento ellos aceptaron algunas condiciones que le puso el señor Presidente, pero que después, no se cuántos minutos u horas pasaron, fueron rechazadas, e incluso le mandaron hasta por fax un documento que yo no lo vi, porque yo no estaba allí, diciéndole que no iban a considerar tales y tales y tales exigencias, entonces el Presidente dijo, bueno si no es así entonces yo no renuncio, seré un Presidente preso".

25ª) ¿Significa lo anterior que el Presidente CHÁVEZ estaba dispuesto a renunciar?

26ª) Si el anuncio de la renuncia del Presidente CHÁVEZ era una mentira, cree usted que eso iba a llevar tranquilidad al país y habría de evitar los conflictos –derramamiento de sangre, muertes, guerra civil, etc.–?

27°) Siendo incierta la renuncia, según usted, ¿anunciarla ante el país constituía la solución a la crisis militar que se había generado porque habían oficiales generales y almirantes "golpistas" que le pedían la renuncia al Presidente CHÁVEZ, según dijo usted en la interpelación parlamentaria?

28ª) ¿Cómo habrían reaccionado los cuadros militares ante una renuncia que el país creyó como cierta pero que después no era verdad, según dijo usted en la interpelación parlamentaria?

29°) ¿Los oficiales "golpistas" que usted cita en la interpelación ante la Asamblea Nacional estaban consciente, es decir, sabían que su anuncio de la renuncia era mentira, que el Presidente CHÁVEZ no había renunciado?

30ª) ¿Cuándo el Presidente CHÁVEZ se hizo presente en Fuerte Tiuna (Comando del Ejército), lo hizo para hacer creer al país y a las Fuerzas Armadas Nacionales que él había renunciado?

31ª) ¿Si los oficiales generales y almirantes "golpistas" no se enteraron de que era mentira la renuncia del Presidente CHÁVEZ, debían en sana lógica haber dado como cierto que el Presidente sí había renunciado, puesto que según usted era eso lo que le exigían al Presidente CHÁVEZ?

32ª) ¿El país, toda Venezuela, tenía que creer que era verdad lo que usted había anunciado en cuanto a la renuncia del Presidente CHÁVEZ?

33ª) Si su respuesta a la pregunta anterior es negativa, ¿el pueblo de Venezuela tenía que averiguar la verdad e interrogar a cada uno de los protagonistas de los sucesos para saber si era verdad o era mentira que el Presidente había renunciado?

34ª) ¿De acuerdo con lo anterior, usted como miembro de las Fuerzas Armadas Nacionales, habría pensado que la renuncia del Presidente era mentira si hubiera visto en televisión, en cadena nacional, a su General en Jefe, al oficial de más alta jerarquía, anunciando esa renuncia del Presidente como cierta y, además, que se la había pedido el Alto Mando Militar?

35ª) ¿Qué habría pensado usted como ciudadano común y corriente colocado ante un televisor como espectador, viendo al Alto Mando Militar, al frente del cual estaba el Oficial de más Alta Graduación –General en Jefe– anunciar que el Presidente había renunciado?

36ª) Como precisión de la pregunta anterior ¿Habría pensado que era mentira lo de la renuncia del Presidente, o habría pensado que era verdad?

37ª) ¿Sabía usted la gravedad del anuncio y de las consecuencias que en el país habrían de sobrevenir, de que el Alto Mando Militar le había solicitado al Presidente CHÁVEZ su renuncia y que esta había aceptado, siendo, según usted, incierto lo de la renuncia?

38ª) ¿Pensó usted que no habrían efectos y que las instituciones no habrían de recibir las consecuencias de tal anuncio de la renuncia del Presidente CHÁVEZ?

39ª) ¿Siendo el oficial de más alta jerarquía en ese momento (12 de abril de 2002) y persona entendida en asuntos de Estado, como es obvio, qué significado tenía el anuncio de que el Presidente CHÁVEZ había renunciado?

40ª) Además, ¿Siendo el oficial de más alta jerarquía en ese momento (12 de abril de 2002) y persona entendida en asuntos de Estado, como es obvio debido al grado y a los cargos públicos desempeñados, qué significado y cuáles consecuencias tenía el anuncio para los demás, Fuerza Armada y ciudadanía en general, de que el Presidente CHÁVEZ sí había, ciertamente, renunciado?

41ª) ¿Una vez producido su anuncio nacional de la renuncia del Presidente CHÁVEZ, había razones para que todo el país pensara que esa renuncia era mentira?

42ª) ¿Qué diferencia hay entre anunciar el país que el Presidente CHÁVEZ había renunciado y que esto no haya sido verdad, según usted dijo en la interpelación parlamentaria?

43ª) Si el Presidente CHÁVEZ, cuando llegó al Comando del Ejército, según la interpelación arriba mencionada, dijo: "yo no he renunciado ni voy a renunciar, soy un Presidente preso", ¿por qué, entonces, se trasladó desde un lugar seguro, como era el palacio de Miraflores, hasta ese Comando del Ejército, donde estaban los "golpistas" a los que usted se ha referido en la interpelación?.

44ª) Cuando usted dice en el Asamblea Nacional que "estoy dispuesto a repetir nuevamente cómo es el caso de la renuncia que fue por vía telefónica, y no fue Lucas Rincón ni el Alto Mando que me acompañaba", ¿significa que el Presidente CHÁVEZ le dijo telefónicamente que él renunciaba?

45ª) ¿Le propuso al Presidente CHÁVEZ que la solución frente a la crisis en ese momento era su renuncia, o le propuso simplemente que usted informaría al país por todos los medios de comunicación que renunciaba cuando en verdad no renunciaba?

46ª) ¿Ante la Asamblea Nacional con ocasión de su interpelación manifestó usted lo siguiente?:

"El planteamiento cuál era? Consistía en hablar de la renuncia que le estaban solicitando los oficiales alzados, que se encontraban en el comando del Ejército.

El señor Presidente me manifestó que estudiara esa situación, siempre y cuando estuviese apegada a la Constitución de la República Bolivariana de Venezuela y se cumplieran ciertas garantías.

Posteriormente lo volví a llamar y le dije, mire, la situación aquí sigue igual, esta gente ¿qué gente? Los oficiales que se encontraban allí, ajenos a mi comando, a mi oficina, a mi despacho, continúan muy alteradas. Yo me voy a permitir hacer el anuncio acerca de la solicitud del personal oficial, generales, almirantes y su gente para evitar un enfrentamiento entre nosotros, entre la sociedad y por ende evitar un derramamiento de sangre.

El señor Presidente me volvió a repetir, siempre y cuando se cumpla la Constitución de la República Bolivariana de Venezuela y ciertas garantías. En ese momento los oficiales golpistas habían aceptado las condiciones del señor Presidente.

Después de este último contacto, repito, por vía telefónica, no tuve más contacto con el Presidente. Se cortó la comunicación, por lo menos el celular que yo tenía.

Anuncié con toda responsabilidad el texto que redacté, siempre orientado a evitar un enfrentamiento entre el sector militar, entre nosotros mismos y un enfrentamiento entre la población civil.

El señor Presidente nos ha ordenado y ha manifestado que se debe evitar un enfrentamiento para que no haya ni ocurra derramamiento de sangre.

Pensé, yo pensé que era la mejor opción, y así lo hice, para evitar enfrentamientos con consecuencias impredecibles. Fue un planteamiento, como yo mismo lo califico, un planteamiento moral".

47ª) ¿Dónde se encuentra la hoja en la que usted redactó lo relativo a la renuncia del Presidente y que luego leyó al país en cadena nacional?

48ª) Si en la interpelación en la Asamblea Nacional dijo que no fue el Alto Mando Militar quien le había pedido la renuncia al Presidente sino un grupo de oficiales generales y almirantes "golpistas", ¿Por qué usted comprometió al Alto Mando Militar anunciando que este le había pedido al Presidente la renuncia, si esto no era verdad? ¿Sabía las consecuencias?

49ª) ¿Es cierto que usted en la citada interpelación dijo que había tratado comunicarse con el Vicepresidente Ejecutivo y no lo había localizado durante las horas de la madrugada del día 12 de abril de 2002?

50ª) ¿Cuáles eran esas condiciones que exigía el Presidente Chávez para que se hiciera efectiva su renuncia?

51ª) ¿Si se hubieran cumplido esas supuestas condiciones, entonces la renuncia sí hubiera sido válida?

52ª) ¿La supuesta causa de que no se hiciera efectiva la renuncia del Presidente Chávez fue el incumplimiento de las mencionadas garantías?

Lamentablemente como dije en respuesta anterior, la Fiscal 6ª Nacional no quiso profundizar en la investigación y permitió que el General Rincón se burlara de ella, de la Institución que representa y de todas las partes afectadas en este proceso, recibiéndole una serie de respuestas evasivas, impertinentes y ofensivas a la inteligencia.

Es extraño que el militar de más alto rango de la Fuerza Armada de Venezuela haya aparecido en cadena nacional de radio y televisión, anunciando que se le había pedido la renuncia al Presidente, con la aceptación de éste, y que ponían sus cargos a disposición de la nuevas autoridades (es decir, las de facto), y que el Ministerio Público no hubiera querido investigar a fondo ese hecho. En cambio, de una manera claramente desigual y desproporcionada, el profesor Brewer Carías fue acusado criminalmente de conspiración sobre la base de rumores publicados como opiniones de unos pocos periodistas, quienes no habían sido ni siquiera testigos presenciales de los hechos y alegaron el secreto profesional para no identificar a sus supuestas fuentes.

7. ¿Observó usted anomalías en la admisión o en la apreciación de las pruebas por parte del Ministerio Público?

RESPUESTA: Por supuesto, nos negó arbitrariamente todas las diligencias de investigación que mencioné en la respuesta a la pregunta 4. De igual manera tergiversó el contenido de algunos de los videos, por lo menos de los que pudo revisar el profesor Brewer, porque los miembros de la defensa no pudimos revisar ninguno, razón por la que pedimos su transcripción y ello también nos fue negado. Igualmente tergiversó la declaración del ciudadano Jorge Olavarría entresacando a su conveniencia partes del testimonio para imputar y acusar al profesor Brewer como co-redactor del decreto de constitución del gobierno de transición, omitiendo intencionalmente las partes en las que el declarante afirma categóricamente que el profesor Brewer expresó su opinión contraria al mismo, a los jóvenes que se presentaron con el borrador de éste en la oficina del Sr. Olavarría.

Lo mismo ocurrió con el libro *Mi Testimonio Ante la Historia* del Sr. Pedro Carmona Estanga. No obstante que el autor fue claro al expresar en su obra que *"nunca he atribuido al Dr. Brewer-Carías la autoría del Decreto, pues sería irresponsable, como lo hicieron luego representantes del oficialismo para inculparlo. Respeto incluso las diferencias que el Dr. Brewer expresara en relación con el camino elegido y las constancias que dejó en las actas de la entrevista que le hiciese la Fiscalía General de la República, aun cuando discrepo de algunas de sus interpretaciones...*" la Fiscal, contradictoriamente, utilizó dicho libro como elemento de convicción en contra del profesor Brewer.

8. ¿Tuvo usted, como abogado defensor del profesor Brewer Carías, acceso al expediente y al acervo probatorio recaudado por el Ministerio Público? De no haber sido así, explique a la Corte las circunstancias en que tal situación se haya presentado.

RESPUESTA: Cuando se nos prestaba alguna pieza del expediente, debíamos revisarlo necesariamente en compañía de un funcionario de la Fiscalía, quien no se separaba de nosotros, lo que nos impedía intercambiar opiniones confidenciales con nuestro defendido.

Nunca nos facilitaron copias del expediente bajo el pretexto de que a la Fiscalía no le era permitido otorgarlas. Como ya mencioné en anterior oportunidad, reclamamos tal situación ante el Juez de Control Bognanno (que sustituyó a la Juez destituida Josefina Gómez) quien siguiendo la jurisprudencia de la Sala Constitucional, ordenó a la Fiscal Sexta que nos expidiera copia de las actuaciones del expediente que solicitáramos, entre ellas los videos, a fin de garantizarnos el cabal ejercicio del derecho a la defensa. Esta orden causó la indignación de la Fiscal Sexta quien solicitó la nulidad de esa actuación y la obtuvo ante la Corte de Apelaciones. Posteriormente dicho Juez le solicitó a la Fiscal la remisión del expediente y ésta en vez de dar curso a la orden judicial, optó por increpar al Juez, mediante oficio, solicitándole una explicación del porqué le pedía el expediente, lo que a todas luces constituyó un acto de rebeldía y desacato contra la orden judicial. Ante esa situación, el Juez Bognanno ofició al Fiscal Superior para ponerlo en conocimiento de la irregularidad en la que estaba incurriendo la Fiscal Sexta y a los pocos días, coincidencial y oportunamente, el Juez Bognanno fue removido de su cargo.

Tampoco tuvimos acceso a los videos que se usaron para la imputación. Sólo pudo ver algunos el profesor Brewer, pero con nosotros siempre hubo una excusa para negárnoslo. Tampoco tuvimos acceso a un expediente que sustanciaba la Fiscalía Sexta con la nomenclatura C-55, en el que supuestamente se investigaba a los militares que habían formado parte del alzamiento. La Fiscal siempre se negó a darnos acceso a él. Los defensores de otra imputada, la Dra. Cecilia Sosa Gómez plantearon ante el Juez 25 de Control una solicitud de acumulación de ambos expedientes alegando el principio de unidad del proceso previsto en el artículo 73 del COPP, a lo cual la Fiscal se opuso rotundamente argumentando que ambas investigaciones no guardaban relación entre sí, fundamento éste que no tenía fundamento alguno pues ambas se referían a los mismos hechos, sin importar que en ellos estuvieran investigados civiles y militares. El Juez 25 de Control no acordó la acumulación. Ello nos impidió conocer elementos que hubieran podido ser utilizados en defensa de los imputados, entre ellos el Dr. Brewer.

9. Explique su participación en el control de las pruebas. ¿Tuvo usted, como abogado defensor del profesor Brewer Carías, posibilidad de controlar las pruebas recolectadas por el Ministerio Público? ¿Pudo observar los interrogatorios a los testigos y repreguntarlos?

RESPUESTA: No, la Fiscal 6ª Nacional nunca nos permitió estar presentes en los interrogatorios y menos aún repreguntar a los testigos.

10. *¿Tiene conocimiento de la destitución de jueces con competencia para conocer, como jueces de control, de juicio o de apelación, en la causa en la cual está incluido el caso del profesor Brewer Carías? De ser afirmativa la respuesta, ¿Podría identificarlos y explicar a la Corte en qué circunstancias y por qué motivos fueron destituidos?*

RESPUESTA: Sí tengo conocimiento. Fueron destituidos los Jueces Josefina Gómez Sosa, Pedro Troconis Da Silva, Hertzen Vilela Sibada y Manuel Bognanno.

La Dra. Gómez Sosa fue la que, a solicitud de la Fiscalía, decretó la prohibición de salida del país contra varios ciudadanos. Éstos ejercieron el recurso de apelación y el expediente correspondió en Alzada a la Sala 10 de la Corte de Apelaciones, la cual dictó decisión revocando la medida por falta de motivación de la recurrida. Los Magistrados que conocieron de la apelación fueron Pedro Troconis Da Silva (ponente), Hertzen Vilela Sibada y Nelson Urribarri Prieto. Éste último salvó su voto manifestando que la recurrida sí estaba motivada.

Tres días después la Comisión Judicial del Tribunal Supremo de Justicia emitió una resolución en la que suspendió de sus cargos a los Magistrados Pedro Troconis Da Silva, Hertzen Vilela Sibada y a la Juez Josefina Gómez Sosa, es decir, a los dos jueces de la Corte de Apelaciones que votaron por la nulidad de la decisión apelada, así como a la Juez de Primera Instancia autora de la decisión presuntamente inmotivada.

El argumento para la destitución de los Magistrados de la Corte de Apelaciones fue que si éstos consideraron que la recurrida estaba inmotivada, debieron devolvérsela a la juez de primera instancia para que la corrigiera, lo cual en mi concepto, es improcedente y contraría la jurisprudencia existente sobre el tema, la cual es pacífica y reiterada al considerar que las decisiones inmotivadas deben ser anuladas.

Luego, el motivo para destituir a la Juez de Primera Instancia Dra. Josefina Gómez Sosa fue que la inmotivación de la decisión es un error inexcusable. Como cosa curiosa debo observar que si la Comisión Judicial destituyó a la Dra. Gómez Sosa por esa razón, debió destituir también entonces al Magistrado Nelson Urribarri, quien salvó su voto diciendo precisamente que la decisión apelada sí estaba suficientemente motivada.

Tal diferenciación me parece contraria a toda lógica y no hace sino demostrar que la intención de la Comisión Judicial era enviar un claro mensaje a todos los jueces que conocieran de esa causa, en el sentido de que no debían decidir en contra de los pedimentos fiscales, ni a favor de las solicitudes o recursos de la defensa.

En sustitución de la Dra. Gómez Sosa fue designado como Juez 25 de Control el Dr. Manuel Bognanno. Este Juez, siguiendo una jurisprudencia de la Sala Constitucional, ordenó a la Fiscal Sexta que nos expidiera copia de las actuaciones del expediente que solicitáramos, entre ellas los videos, a fin de garantizarnos el cabal ejercicio del derecho a la defensa. Esta decisión molestó a la Fiscal, quien solicitó su nulidad.

En otra incidencia con motivo de la solicitud que hicieron los defensores del ciudadano Guaicaipuro Lameda en el sentido de que se fijara plazo al Ministerio Público para que culminara la investigación conforme al artículo 313 del COPP, el Juez Bognanno solicitó a la Fiscal que le remitiera el expediente.

La Fiscal Sexta, en vez de dar curso a la orden judicial, le increpó mediante oficio solicitándole una explicación del porqué le pedía el expediente, lo que a todas luces constituyó un acto de rebeldía y desacato contra la orden judicial.

Con vista de ello, el Juez Bognanno ofició al Fiscal Superior para ponerlo en conocimiento de la irregularidad en la que estaba incurriendo la Fiscal Sexta.

A los pocos días el Juez Bognanno fue removido de su cargo.

11. ¿Qué diligencias practicó usted para garantizar que el profesor Brewer Carías fuera juzgado en libertad? ¿Sobre qué fundamento? ¿Cuáles fueron sus resultas?

RESPUESTA: Por supuesto que sí consideré que el profesor Brewer tenía derecho a ser juzgado en libertad, conforme lo proclaman la Constitución y el Código Orgánico Procesal Penal.

El artículo 243 del COPP dispone:

"Art. 243. Estado de libertad. Toda persona a quien se le impute participación en un hecho punible permanecerá en libertad durante el proceso, salvo las excepciones establecidas en este Código.

La privación de libertad es una medida cautelar, que sólo procederá cuando las demás medidas cautelares sean insuficientes para asegurar las finalidades del proceso."

Y el artículo 247 del Código Adjetivo Penal contempla:

"Artículo 247. Interpretación restrictiva. Todas las disposiciones que restrinjan la libertad del imputado, limiten sus facultades y las que definen la flagrancia, serán interpretadas restrictivamente. "

Este Principio de Afirmación de la Libertad se encuentra consagrado en la Constitución de la República Bolivariana de Venezuela, en su artículo 2 como un valor superior del Estado de Derecho y de Justicia. Su garantía se encuentra en el artículo 44 que reza:

"La libertad personal es inviolable; en consecuencia: 1. Ninguna persona puede ser arrestada o detenida sino en virtud de una orden judicial, a menos que sea sorprendida infraganti. En este caso, será llevada ante una autoridad judicial en un tiempo no mayor de cuarenta y ocho horas a partir del momento de la detención. Será juzgada en libertad, excepto por las razones determinadas por la ley y apreciadas por el juez o jueza en cada caso."

Y como norma procesal, está plasmado en el artículo 9 del Código Orgánico Procesal Penal, que dice:

"Artículo 9. Afirmación de la libertad. Las disposiciones de este Código que autorizan preventivamente la privación o restricción de la libertad o de otros derechos del imputado, o su ejercicio, tiene carácter excepcional, sólo podrán ser interpretadas restrictivamente, y su aplicación debe ser proporcional a la pena o medida de seguridad que puede ser impuesta. Las únicas medidas preventivas en contra del imputado son las que este Código autoriza."

La libertad humana es la regla frente a un proceso penal y las restricciones están establecidas de modo riguroso, a los fines de preservar este valor fundamental del Estado, tal y como lo consagra el artículo 2 la Constitución Bolivariana de la República de Venezuela, considerado como inviolable. Allí se lee:

"Venezuela se constituye en un Estado democrático y social de Derecho y de Justicia, que propugna como valores superiores de su ordenamiento jurídico y de su actuación, la vida, la libertad... *(Omissis)*

Conforme establece la Carta Fundamental, la libertad es inviolable, por ello sólo se permite su privación de manera excepcional.

Este Principio de libertad, está igualmente consagrado en la Declaración Universal de Derechos Humanos, en su artículo 3°, al establecer: "Todo individuo tiene derecho a la vida, a la libertad y a la seguridad de su persona".

En el mismo tenor, el artículo 1° de la Declaración Americana de los Derechos y Deberes del Hombre, reza: "Todo ser humano tiene derecho a la vida, a la libertad y a la integridad de su persona."

Y el artículo 9° Ordinal 1° del Pacto Internacional de Derechos Civiles y Políticos, sobre este respecto señala: "Todo individuo tiene derecho a la libertad y a la seguridad personal". En su Ordinal 3°, el mismo artículo agrega que "la prisión preventiva de las personas que hayan de ser juzgadas no debe ser la regla general"

La Convención Americana sobre Derechos Humanos, en su artículo 7° Ordinal 1° sobre este particular repite que: "Toda persona tiene derecho a la libertad y a la seguridad personales".

Estos instrumentos de Derechos Humanos, tienen prevalencia en el orden interno, son de obligatorio acatamiento y de aplicación inmediata y directa por los Tribunales y demás Órganos del Poder Público, por mandato del contenido del artículo 23 Constitucional.

La Sala Constitucional del Tribunal Supremo de Justicia, en Sentencia N° 1670 de fecha 14-09-01 estableció que el Derecho a la libertad personal es un Derecho Irrenunciable; que las disposiciones que restrinjan la libertad del imputado son de interpretación restringida conforme al artículo 247 del Código Orgánico Procesal Penal; y que las normas atinentes a la libertad son de eminente orden público.

Este criterio fue mantenido en la Sentencia N° 205 del 14-06-04, emanada de la Sala de Casación Penal, donde se señaló:

"...La Constitución de la República Bolivariana de Venezuela y el Código Orgánico Procesal Penal, citado, prestan gran atención a los derechos humanos, entre ellos, el de la libertad, regla, por excelencia, de la vida ciudadana. De aquí que, la privación de la misma, sólo se concibe por vía de excepción y previo al cumplimiento impretermitible de determinados requisitos. Siendo la regla la libertad, se impone una interpretación extensiva de estos preceptos, como restrictivas las exigencias referidas a la excepción (artículo 247 del Código Orgánico Procesal Penal).

Nuestra Constitución reconoce la libertad como uno de los derechos irrenunciables del Estado de Derecho (artículo 1); la propugna como uno de los valores superiores del ordenamiento jurídico y de actuación del Estado (artículo 2) y, a su vez, garantiza su inviolabilidad (libertad personal), excepto cuando las medidas cautelares resulten insuficientes para asegurar las finalidades del proceso, bien por tratarse de una persona sorprendida in fraganti o por la existencia de una orden o resolución judicial fundada (artículo 7.3 de la Convención Americana de Derechos Humanos, 246 y 254 del Código Orgánico Procesal Penal), por motivos previamente definidos en la ley (artículo 7.2 de la misma Convención y 250 del Código Orgánico Procesal) y, que además, la medida resulte proporcional a la gravedad del delito y a las circunstancias de su comisión (artículos 44, numeral 1, Constitucional y 243 del Código Orgánico Procesal Penal). Las normas contenidas en la exposición de motivos de la Constitución de la República Bolivariana de Venezuela, que forman parte del Texto Fundamental, reflejan la esmerada atención que presta a este derecho. Se incorporan, como valores superiores del ordenamiento jurídico del Estado y de su actuación, entre otros, la vida, la justicia y la libertad (Título I, Principios Fundamentales). Se reconocen, como fuentes de protección de los derechos humanos a la par de la Constitución, los Tratados, Pactos y Convenciones Internacionales ratificados por la República, en la medida en que contengan normas sobre el goce y ejercicio de tales derechos. Se consagra, igualmente, la garantía judicial efectiva de los derechos humanos y de la administración de justicia sin dilaciones indebidas (Título III, De los Derechos Humanos y Garantías y de los Deberes, Capítulo I, Disposiciones Generales y Capítulo III, De los Derechos Civiles).

Esta ligera reseña nos obliga a concluir que, la privación o restricción de la libertad, en nuestra legislación, es una medida excepcional (artículo 9 del Código Orgánico Procesal Penal) y, como tal, debe ser examinada y revisada por el Tribunal la necesidad del mantenimiento de la misma, cada vez que el imputado lo considere pertinente o, bien, de oficio, cada tres (03) meses, en base a criterios de razonabilidad, proporcionalidad y de necesidad... (*Omissis*)

Por consiguiente, la medida privativa de libertad (detención provisional), será constitucionalmente admisible, únicamente si es indispensable para llevar a cabo el procedimiento..."

La inscrita sentencia insiste en que la Constitución reconoce la libertad como uno de los derechos irrenunciables del Estado de Derecho, la propugna como uno de los valores superiores del ordenamiento jurídico y de actuación del Estado y, a su vez, garantiza su inviolabilidad, excepto cuando las medidas cautelares resulten insuficientes para asegurar las finalidades del proceso, agregando que la situación normal de los ciudadanos es de libertad e insistiendo en que la privación o restricción de la libertad, en nuestra legislación, es una medida excepcional constitucionalmente admisible, únicamente si es indispensable para llevar a cabo el procedimiento.

A estas argumentaciones se agregan los principios de juicio previo y de presunción de inocencia, que tienen como consecuencia que sólo mediante una sentencia se puede declarar la culpabilidad de alguna persona; el imputado no tiene que demostrar su inocencia, ésta se presume, por ello no puede ser tratado como un culpable antes de la sentencia, restringiendo el status básico de libertad, que no es un beneficio a favor del reo, o una prebenda legislada para favorecerlo, sino que es una limitación impuesta por la Constitución a la actividad sancionadora del Estado.

Hemos mantenido sobre la Presunción de Inocencia que la Declaración Americana de los Derechos y Deberes del Hombre, (1948 artículo XXVI) la Convención Americana sobre Derechos Humanos "Pacto de San José de Costa Rica" artículo 8.2 y la Constitución de la República Bolivariana de Venezuela, ordenan que los ciudadanos se consideren inocentes y deben tenerse como tal hasta que se establezca su culpabilidad mediante sentencia firme y dictada en un proceso que haya sido debido, y es así que el artículo 23 constitucional establece:

"Artículo 23. Los tratados, pactos y convenciones relativos a derechos humanos, suscritos y ratificados por Venezuela, tienen jerarquía constitucional y prevalecen en el orden interno, en la medida en que contengan normas sobre su goce y ejercicio más favorable a las establecidas en esta Constitución y en las leyes de la República, y son de aplicación inmediata y directa por los tribunales y demás órganos del Poder Público".

Debe demostrar el Ministerio Público, una sospecha fundada que la persona a quien se solicita su detención preventiva, ha participado en la comisión de un delito, y además, que se dan otros requisitos procesales, en los que se funda la necesidad del encarcelamiento, para asegurar la realización del juicio o para asegurar la imposición de la pena, como son una sospecha fundada de que el imputado evadirá la acción de la justicia, tergiversará los hechos, o impedirá que los elementos de prueba lleguen al juicio, vale decir, que exista peligro de fuga o de obstaculización de la justicia.

La medida de coerción personal debe responder a la más estricta necesidad, atendiendo a los requerimientos del proceso y sus resultas, de modo que será impuesta sólo si lo requiere el proceso, y deberá ser sustituida por una menos gravosa cuando las circunstancias lo permitan.

Por ello el Código Orgánico Procesal Penal en su artículo 243 expresa que sólo procederá la medida de privación de libertad, cuando las demás medidas cautelares sean insuficientes para asegurar las finalidades del proceso, y agrega el parágrafo primero del artículo 251 *ejusdem*, que puede el juez rechazar la petición fiscal de privativa e imponer al imputado una medida cautelar sustitutiva, así claramente dice:

"Se presume el peligro de fuga en caso de hechos punibles con penas privativas de libertad, cuyo término máximo sea igual o superior a diez años.

En este supuesto, el Fiscal del Ministerio Público, y siempre que concurran las circunstancias del artículo 250, deberá solicitar la Medida de Privación Judicial Preventiva de Libertad. A todo evento, el Juez podrá, de acuerdo a las circunstancias, que deberá explicar razonadamente, rechazar la petición fiscal e imponer al imputado una medida cautelar sustitutiva..."

El Tribunal Supremo de Justicia en Sala de Casación Penal, ha señalado que debe considerarse la voluntad de los imputados de someterse a la persecución penal, antes de decidir sobre este extremo, es así que en sentencia de fecha 16-11-2004, con ponencia del Magistrado Alejandro Angulo Fontiveros, se dijo:

"Desde otra perspectiva, la Sala ordena que los ciudadanos imputados sean juzgados en libertad. Es verdad que, según el artículo 251 del Código Orgánico Procesal Penal, para decidir acerca del peligro de fuga tendrá en cuenta la pena que podría llegar a imponerse y en este caso es bien alta; pero es paladina la voluntad de los imputados de someterse a la persecución penal e incluso la ciudadana MACHADO, no se fue del país sino que, estando en el extranjero, regresó a Venezuela para atender los requerimientos de las autoridades." (Sentencia de la Sala de Casación Penal del Tribunal Supremo de Justicia. Caso *SUMATE*. Fecha 16-11-2004. Ponencia del Magistrado Alejandro Angulo Fontiveros. Exp. N° 04-00504.)

En iguales términos decidió la misma Sala de Casación Penal del Tribunal Supremo de Justicia, cuando en el expediente N° 04-575 dictó en fecha 12-05-05 la decisión N° 188 en la que asentó:

"Desde otra perspectiva, la Sala ordena que el ciudadano abogado acusado HENRIQUE CAPRILES RADONSKI sea juzgado en libertad. Es verdad que, según el artículo 251 del Código Orgánico Procesal Penal, para decidir acerca del peligro de fuga se tendrá en cuenta la pena que podría llegar a imponerse y en este caso es alta; pero en la actualidad (no fue así con antelación en este mismo caso) es palmaria la voluntad del ciudadano abogado acusado de someterse a la persecución penal e incluso el ciudadano abogado CAPRILES RADONSKI está cumpliendo sus funciones como Alcalde del Municipio Baruta, en el Distrito Metropolitano".

Ya en fecha 27-09-2005, la misma Sala en el expediente N° 05-000423, con ponencia del Magistrado Eladio Aponte Aponte, acordó, en el llamado caso de los presos del Estado Táchira, juzgados por hechos ocurridos también en los días 11, 12 y 13 de abril de 2002, que los ciudadanos Orlando Antero Pantaleón Balaguera, Saúl Lozano Contreras, José Neira Celis, Miguel Jacobo Supelano Cárdenas y otros, fueran juzgados en libertad.

La voluntad del Dr. Allan R. Brewer Carías fue siempre de someterse a la persecución penal y atender los requerimientos de las autoridades, y así incluso fue reconocido por la Fiscal Sexta del Ministerio Público, cuando en escrito de fecha 30-05-05, presentado ante la Sala 9 de la Corte de Apelaciones de este Circuito Judicial Penal, hace una relación pormenorizada de todas las oportunidades en las que el profesor Brewer acudió a la mencionada Fiscalía del Ministerio Público, y es así que textualmente dijo:

"Desde el día de la imputación del ciudadano ALLAN BREWER CARÍAS, lo cual ocurrió el 27 de Enero de 2005, hasta el 09 de mayo de 2005, han transcurrido 67 días laborables en el Ministerio Público y tanto el imputado como sus defensores han revisado durante los siguientes días jueves 27, viernes 28 de enero; lunes 31, martes 1, miércoles 2, jueves 3, viernes 4, miércoles 9, jueves 10, viernes 11, lunes 14, martes 15, miércoles 16, jueves 17, viernes 18, lunes 21, martes 22, miércoles 23, jueves 24, viernes 25 y lunes 28 de febrero; martes 1, miércoles 2, jueves 3, viernes 4, lunes 7, martes 8, miércoles 9, jueves 10, viernes 11, lunes 14, martes 15, miércoles 16, jueves 17, viernes 18, lunes 21, martes 22, miércoles 23, lunes 28, martes 29, miércoles 30 y jueves 31 de marzo; viernes 1, lunes 4, martes 5, miércoles 6, jueves 7, viernes 8, lunes 11, martes 12, miércoles 13, jueves 14, viernes 15, lunes 18, martes 19, miércoles 20, jueves 21, viernes 22, lunes 25, martes 26, miércoles 27, jueves 28 y viernes 29 de abril, lunes 2, martes 3, miércoles 4, jueves 5, viernes 6 y lunes 9 de mayo. Instalándose en la sede de la Fiscalía Sexta a Nivel Nacional con Competencia Plena durante todo el día. Es de destacar que los ciudadanos ALLAN BREWER CARÍAS, LEÓN COTTIN y RAFAEL ODREMAN han revisado todas las piezas, durante 47 días laborables, de los 67 transcurridos. ..."

Con posterioridad a dicha fecha tanto el Dr. Allan R. Brewer Carías como nosotros, visitamos periódicamente el despacho fiscal para leer el expediente, introducir escritos contentivos de alegatos y solicitando diligencias de investigación, casi todas las cuales nos fueron negadas. No obstante dicha circunstancia, nuestro defendido siguió en pie de lucha desvirtuando uno a uno los supuestos elementos de convicción en que se había basado la Fiscalía para imputarlo, lo cual demostraba precisamente su disposición a hacer frente a ese proceso con los medios legales que estaban a su alcance.

La voluntad del Dr. Allan R. Brewer Carías, de someterse a la persecución penal y atender los requerimientos de las autoridades también se vio reflejada en las múltiples oportunidades en que regresó a nuestro país después de haber salido a cumplir compromisos académicos en diferentes partes del mundo.

La primera de ellas ocurrió cuando, antes de la imputación, estuvo los días 16 al 19 de enero de 2005 asistiendo a las audiencias de la Corte Internacional de Arbitraje, Nueva York, que se celebraron en Miami, USA, en el juicio de la empresa SOCIEDAD WILLIAMS, ENBRIDGE & CO. vs. PDVSA PETRO-LEO S.A. PDVSA-PG, ARBITRAJE N° 12711/KGA, con el carácter de Testigo Experto en materia de contratos administrativos. De allí regresó para atender el llamado de la Fiscalía Sexta del Ministerio Público a fin de imputarlo.

Luego de ello, el Dr. Allan R. Brewer Carías participó en las siguientes conferencias, exposiciones y reuniones:

1. Conferencia sobre "El modelo jurídico de la ciudad colonial latinoamericana", en la Segunda Promoción de la Especialización de Derecho Urbano, Departamento de Derecho Administrativo, Universidad Externado de Colombia, Bogotá, 23 febrero 2005.

2. Conferencia sobre "Lecciones de la crisis de la democracia venezolana", Exposición en la Mesa Redonda: Lecciones de la crisis política de Venezuela. Instituto de Investigaciones Jurídicas, Universidad Nacional Autónoma de México, Ciudad de México 20 de abril 2005.

3. Conferencia sobre "La técnica de los conceptos jurídicos indeterminados como mecanismo de control judicial de la actividad administrativa", II Congreso Iberoamericano de Derecho Administrativo, Instituto de Investigaciones Jurídicas, Universidad Nacional Autónoma de México. Facultad de Derecho y Criminología de la Universidad Autónoma de Nuevo León, Monterrey, México 28, 29, 30 Abril 2005.

4. Conferencia sobre "La Federación centralizada en Venezuela: Una contradicción constitucional" en Seminario Internacional sobre Autonomías y Descentralización, Centro de Estudios de Gobierno y Derecho (Goberna & Derecho) y Centro de Estudios Estratégicos (Syntagma), con los auspicios del Foro Iberoamericano de Derecho Administrativo, Guayaquil, Ecuador 18 mayo 2005.

5. Conferencia sobre "Democracia, descentralización, Municipalismo" en Asociación Iberoamericana de Derecho Administrativo, Seccional Ecuador, Guayaquil, 19 de mayo de 2005.

6. Conferencia sobre "De cómo no debe sancionarse una Ley: El caso de la Ley Orgánica del Tribunal Supremo de Justicia de Venezuela", en Seminario Internacional sobre Técnica Normativa. Elaboración de normas jurídicas, Centro de Estudios de Gobierno y Derecho (Goberna & Derecho) y Centro de Estudios Estratégicos (Syntagma), con los auspicios del Foro Iberoamericano de Derecho Administrativo, Guayaquil, Ecuador 19 mayo 2005.

7. Conferencia sobre "Las reformas constitucionales y el control de constitucionalidad en Latinoamérica" en el Congreso Internacional sobre Refor-

mas Constitucionales y Control de Constitucionalidad, Pontifica Universidad Javeriana, Bogotá, 14 de junio de 2005.

8. Conferencia sobre "Los retos de la reforma constitucional" en el Seminario Internacional sobre reforma Constitucional. Visión y análisis comparativo de reformas constitucionales en Hispanoamérica, Senado de la República Dominicana, Santo Domingo, 16 de junio de 2005.

9. Conferencia sobre "El constitucionalismo y la emergencia en Venezuela: entre la emergencia formal excepcional y la emergencia permanente anormal" en la Mesa Redonda Internacional "Constitucionalismo en tiempos de Emergencia", Asociación Internacional de Derecho Constitucional, Asociación Argentina de Derecho Constitucional, Córdoba, Argentina 24 de junio 2005.

10. Conferencia "Los principios del derecho público y su desarrollo o distorsión por la jurisdicción constitucional en Venezuela", dictada en los Cursos de Maestría de Derecho Administrativo. Universidad Austral, Buenos Aires, 27 de junio 2005.

11. Conferencia sobre "Los problemas en ejercicio de la abogacía en Venezuela y la violación de la presunción de inocencia por el Ministerio Público" ante el Consejo General de la Federación Interamericana de Abogados, XLI Conferencia de la Federación Interamericana de Abogados, Buenos Aires, 28 de junio de 2005.

12. Conferencia sobre "La demolición de la autonomía e independencia del Poder Judicial en Venezuela 1999-2005" en el Instituto de Derecho Administrativo, Academia Nacional de Derecho y Ciencias Sociales de Buenos Aires, 28 de junio 2005.

13. Conferencia sobre "Mecanismos internos de protección de los derechos humanos en el ámbito interamericano", dictada en el *XXIII Curso Interdisciplinario en Derechos Humanos Democracia, derechos políticos y participación ciudadana*, Instituto Interamericano de Derechos Humanos, San José, Costa Rica 22 de julio 2005.

14. Participación como invitado en el acto de presentación del libro del profesor Juan Carlos Miranda sobre *Derecho de la Competencia, Pontificia Universidad Javeriana*, Bogotá, 9 de septiembre de 2005.

15. Exposición sobre "El régimen del amparo en la Convención Americana de Derechos Humanos y las restricciones nacionales, en la Cátedra de Derecho Procesal Constitucional (Prof. Huerta), Facultad de Derecho, Pontificia Universidad Católica del Perú. Lima 15 Septiembre 2005.

16. Conferencia sobre "La jurisdicción constitucional en Venezuela y el activismo de la Sala Constitucional ampliando su propia competencia y restringiendo la competencia judicial en materia de control difuso de la constitucionalidad de las leyes", Sede del Tribunal Constitucional de la República del Perú. Lima 16 Septiembre 2005.

17. Conferencia sobre "Descentralización: la experiencia de los Estados federales en materias competenciales, comparación con el proceso peruano: El caso de Venezuela", en el Seminario Internacional: hacia la reforma del

Estado peruano: la descentralización de la Administración pública, Instituto Desarrollo y Descentralización, Círculo de Derecho Administrativo, Pontificia Universidad Católica del Perú, Lima 16/17 septiembre 2005.

18. Conferencia sobre *"Quis custodiet ipsos custodes*: de la interpretación constitucional a la inconstitucionalidad de la interpretación", en el VIII Congreso Nacional de Derecho Constitucional, Asociación Peruana de Derecho Constitucional, Colegio de Abogados de Arequipa, Facultad de Ciencias Jurídicas y Políticas de la Universidad Santa María, Arequipa, Perú 24 septiembre 2005.

19. Palabras de despedida en nombre de los profesores extranjeros sobre Arequipa en la historia del Perú, en el VIII Congreso Nacional de Derecho Constitucional. Arequipa 24 Septiembre 2005.

20. Exposición sobre "Principios del sistema de justicia en Venezuela", en la Cátedra de Teoría General del Proceso (Prof. Aníbal Quiroga), Facultad de Ciencias Jurídicas y Políticas, Pontificia Universidad Católica del Perú 26 Septiembre 2005.

21. Reunión con la Dirección del Instituto Interamericano de Derechos Humanos, para la programación de las actividades académicas 2006, San José, Costa Rica, 7 de octubre de 2005.

Su regreso después de todas esas actividades académicas internacionales y luego de cada una de ellas su comparecencia ante el Despacho Fiscal demostraron tanto su arraigo a nuestro país como su voluntad de hacer frente a la justicia venezolana para desvirtuar, como dijimos, los precarios e infundados "elementos de convicción" que ha pretendido utilizar la Fiscalía para inculparlo en un hecho que no ha cometido.

A finales de octubre del 2005 terminó una reunión con los Profesores George Bermann, Peter Strauss y Alejandro Garro, sobre el programa de derecho constitucional comparado, Facultad de Derecho, Universidad de Columbia, Nueva York, entre las fechas 17 al 20 de octubre de 2005.

Como quiera que la Fiscal Sexta del Ministerio Público con Competencia Nacional solicitó en su escrito de acusación contra el profesor Brewer que se le dictara la medida de privación judicial preventiva de libertad redactamos y consignamos ante el Juzgado 25 de Control un escrito en el que alegamos todos los argumentos antes mencionados, e invocando la norma contenida en el artículo 125, numeral 8 del COPP, que refiere: *"El imputado tendrá los siguientes derechos: (...) 8. Pedir que se declare anticipadamente la improcedencia de la privación preventiva judicial de libertad"* solicitamos se dictara pronunciamiento oportuno negando la solicitud de privación de libertad que había formulado la Fiscal.

Tal solicitud era conforme a Derecho y proporcional al requerimiento de la Fiscal Sexta.

Con vista de la normativa y los precedentes jurisprudenciales citados, era evidente que procedía la garantía del juicio en libertad.

Esa solicitud nunca fue resuelta. Por el contrario, se le dictó orden de aprehensión.

12. ¿Es el profesor Brewer Carías un prófugo o un fugitivo de la justicia venezolana? ¿Le aconsejó usted permanecer fuera del país?

RESPUESTA: Jamás podré considerar que es un prófugo o fugitivo de la justicia venezolana pues el profesor Brewer no se escapó, ni salió huyendo, ni burló ninguna orden judicial que le impidiera salir del país. En su último viaje fuera de Venezuela el Dr. Brewer salió por el aeropuerto de Maiquetía como lo hizo muchas veces, sin que hubiera ninguna restricción y estando fuera decidió aceptar la oferta de trabajo que le hicieran en la Universidad de Columbia como profesor, lo cual era un viejo anhelo suyo. Fue una decisión propia que nunca me consultó, pero que me merece respeto.

13. ¿Explique la situación del profesor Brewer Carías frente a la Amnistía decretada en 2007. ¿Solicitó usted que se aplicara al profesor Brewer Carías el Decreto Ley de Amnistía de 31 de diciembre de 2007? De ser así, ¿cuál fue la respuesta de las autoridades? En caso de haber sido negativa, ¿por qué no se le aplicó al profesor Brewer Carías? ¿Tiene usted conocimiento de personas en condiciones análogas a las del profesor Brewer Carías a quienes sí se les haya aplicado dicho Decreto Ley?

RESPUESTA: Sí lo solicité, basado en que la Ley de Amnistía constituye la remisión, el olvido o la abolición de ciertos delitos y de sus penas en relación con ciertos hechos enumerados en la misma, respecto de los cuales el Estado renunció a la persecución penal y al castigo que pudiera haberse originado en los mismos, de manera que el delito quedó borrado con todas sus huellas. En consecuencia, conforme al artículo 104 del Código Penal, a raíz de la amnistía se "extingue la acción penal y hace cesar la ejecución de la condena y todas las consecuencias penales de la misma".

Por ello, la Ley Especial de Amnistía estableció directamente en sus normas los efectos jurídicos de la misma conforme a los principios que rigen dicha institución, disponiendo en su artículo 2 que respecto de las personas y de los hechos a los cuales se aplica, que: "se extinguen de pleno derecho las acciones penales, judiciales, militares y policiales instruidas por cualquiera de los órganos del Estado, tribunales penales ordinarios o penales militares, que se correspondan exclusivamente con los hechos a que se refiere el artículo anterior".

En consecuencia, a partir de la publicación de la Ley (31 de diciembre de 2007), quedaron extinguidas de pleno derecho todas las acciones penales, judiciales, militares y policiales instruidas por cualquier órgano del Estado, tribunales penales ordinarios o penales militares siempre que se correspondan exclusivamente con los hechos enumerados en el artículo 1 de la Ley. La consecuencia de todo ello es que la Ley de Amnistía creó derechos en cabeza de los beneficiados de la misma, la cual al publicarse produjo inmediatamente sus efectos, de manera que a partir de esa fecha (31 de diciembre de 2007), el procesado dejó de ser procesado y tiene derecho a dejar de serlo al desaparecer el delito, y el condenado dejó de estar condenado, y tiene derecho a ser excarcelado ya que fue la Ley de Amnistía la que eliminó el delito y la condena, de manera que incluso las personas que hubieran sido objeto de medidas preventivas o preliminares (prohibición de salida del país o detención por peligro de fuga) tienen derecho a salir del país, a ser liberados y a que no se los persiga más, pues es la Ley de Amnistía, directamente, la que eliminó el delito, el proceso y los efectos de los actos judiciales que decretaron las medidas preventivas.

La Ley Especial de Amnistía del 31 de diciembre de 2007, al despenalizar determinados hechos, precisó que el beneficio de la amnistía sin embargo se otorgaba en relación con los dichos hechos, sólo "a favor de todas aquellas personas que enfrentadas al orden general establecido, y que a la presente fecha se encuentren a derecho y se hayan sometido a los procesos penales, que hayan sido procesadas o condenadas" por la comisión de delitos por dichos hechos.

En consecuencia, la Ley precisó en su artículo 1° que las personas beneficiadas, a la fecha de publicación del Decreto Ley, debían estar procesadas o condenadas por la comisión de delitos respecto de dichos hechos, y debían encontrarse "a derecho"; condición que se reiteró en el artículo 5° de la Ley, al hacer mención a "las personas que a la presente fecha se encuentren a derecho y se hayan sometido a los procesos penales, en las causas que versen sobre los hechos en los cuales el presente Decreto Ley concede la Amnistía".

En relación con este último condicionante de carácter procesal, el mismo implica que de acuerdo con la Ley sólo se beneficiaron de la amnistía, quienes antes de su entrada en vigencia fueron procesados o condenados por la comisión de delitos en los hechos enumerados en el artículo 1°, y que además, a la fecha de entrada en vigencia de la Ley (31 de diciembre de 2007) se hubieran encontrado a derecho y se hubieran sometido a los procesos penales.

En particular, sobre este requisito de "encontrarse a derecho", conforme a la jurisprudencia de la Sala de Casación Penal del Tribunal Supremo de Justicia que ha quedado resumida en la sentencia de 18 de diciembre de 2007 (Exp. 2007-521, Caso: *Rubén Darío Rosales Sánchez*), el mismo está condicionado, exclusivamente, por los diversos actos del proceso penal que exigen la presencia personal del acusado; de manera que un procesado se encuentra a derecho cuando ha estado presente y ha acudido a todos los actos procesales en los cuales necesariamente se requería su presencia.

Esa fue, precisamente, la situación del profesor Brewer Carías, quien asistió a todos los actos en que se requería su presencia, y a los que fue requerido por el Ministerio Público en la etapa de investigación, habiendo incluso designado ante el Juez de Control a sus abogados defensores. Luego de ello, el 21 de octubre de 2005 el Ministerio Público dictó acto conclusivo de acusación en su contra por la supuesta comisión del delito de conspirar para cambiar violentamente la Constitución previsto y sancionado en el artículo 143, numeral 2 del Código Penal, por supuestamente haber participado en la redacción del mencionado decreto del gobierno de transición del 12 de abril de 2002, con lo que se cerró la etapa preliminar o de investigación del proceso, y se abrió la siguiente, es decir, la fase intermedia, prevista en el Libro Segundo, Título II del COPP. En esta última fase, la única ocasión en la cual el acusado tenía la carga procesal de comparecer personalmente a un acto judicial era la audiencia preliminar prevista en el artículo 329, *ejusdem*, la cual, de haberse iniciado sin su presencia, hubiera quizás provocado que hubiera dejado de estar a derecho. Sin embargo, en el proceso ahora extinguido de pleno derecho, dicha audiencia preliminar jamás se realizo y ya, después del 31 de diciembre de 2007, no podrá realizarse en forma alguna pues no hay proceso penal, el cual ha quedado extinguido de pleno derecho.

Por otra parte, en la fase intermedia del proceso penal, ni siquiera puede dársele tratamiento de "carga" procesal a la facultad que se le da a las partes de realizar por escrito los actos previstos en el artículo 328 del mismo Código. En efecto, éste dispone:

"Artículo 328. Facultades y cargas de las partes. Hasta cinco días antes del vencimiento del plazo fijado para la celebración de la audiencia preliminar, el fiscal, la víctima, siempre que se haya querellado o haya presentado una acusación particular propia, y el imputado, podrán realizar por escrito los actos siguientes:

1. Oponer las excepciones previstas en este Código, cuando no hayan sido planteadas con anterioridad o se funden en hechos nuevos;

2. Pedir la imposición o revocación de una medida cautelar;

3. Solicitar la aplicación del procedimiento por admisión de los hechos;

4. Proponer acuerdos reparatorios;

5. Solicitar la suspensión condicional del proceso;

6. Proponer las pruebas que podrían ser objeto de estipulación entre las partes;

7. Promover las pruebas que producirán en el juicio oral, con indicación de su pertinencia y necesidad;

8. Ofrecer nuevas pruebas de las cuales hayan tenido conocimiento con posterioridad a la presentación de la acusación fiscal".

Como puede observarse de la trascripción anterior, cuando la norma enumera a las partes y dispone que éstas "PODRÁN" realizar por escrito los actos que después describe, no está imponiendo una obligación sino otorgando una facultad, pues de lo contrario hubiera utilizado el imperativo "DEBERÁN". De tal manera, la presentación del escrito al que se refiere el artículo trascrito no es un acto obligatorio, y sólo en el caso que las partes decidan hacer uso de esa facultad, tendrán la limitación o condicionamiento relativo al tiempo, pues deben hacerlo hasta cinco días antes del vencimiento del plazo fijado para la celebración de la audiencia preliminar.

No obstante, en el caso que nos ocupa, una vez formulada la acusación contra el Dr. Allan Brewer Carías el día 21 de octubre de 2005, sus abogados defensores consignamos en fecha 8 de noviembre de 2005, es decir, dentro de la oportunidad legal, el escrito al que se ha hecho referencia en el cual se contestó la acusación, y en el cual se incluyó, además, una solicitud de nulidad de todas las actuaciones que se habían realizado en virtud de las reiteradas violaciones a sus derechos y garantías constitucionales a lo largo del proceso seguido en su contra.

En consecuencia, en el proceso penal al cual hasta el 31 de diciembre de 2007 estuvo sometido el Dr. Brewer Carías, en la fase intermedia del mismo, tal como hemos afirmado arriba, el único acto en dicha fase intermedia del proceso penal al cual se encontraba sometido, en el cual se hubiera requerido su presencia personal como acusado, era la audiencia preliminar prevista en el artículo 329 del COPP, la cual, como se dijo, jamás se realizó, por razones que nunca tuvieron que ver con la no comparecencia del profesor Brewer Carías.

En el proceso penal que se siguió contra el Dr. Brewer-Carías y otros acusados por delitos vinculados con los hechos de supuesta redacción del decreto del gobierno de facto del 12 de abril de 2002, nunca se celebró la audiencia preliminar que establece el artículo 327 del COPP, aún cuando en diversas oportunidades hubieran sido fijadas fechas tentativas para celebrarla, con el común denominador de que en todas y cada una de ellas, siempre hubo lugar a un diferimiento por razones totalmente ajenas al Dr. Allan Brewer Carías, tal como lo asentó el propio Tribunal de la causa en decisión dictada el día 20 de julio de 2007, mediante la cual se resolvió una solicitud de otro acusado, en los términos siguientes:

"En este sentido, en el caso de marras, el acto de la Audiencia Preliminar no ha sido diferido por incomparecencia del ciudadano Alan (*sic*) R. Brewer (*sic*) Carías, al contrario los diversos diferimientos que cursan en las actas del presente expediente han sido en virtud de las numerosas solicitudes interpuestas por los distintos defensores de los imputados....De lo antes narrado se observa que en el caso de marras el Juez de Control Decretó Medida Privativa de Libertad en contra del imputado ALAN (*sic*) R. BREWER CARÍAS, como se ha dicho anteriormente y en consecuencia procedió a convocar a la audiencia preliminar de conformidad con lo dispuesto en el artículo 327 del Código Orgánico Procesal Penal. Los diversos diferimientos de la señalada audiencia no han sido por la ausencia contumaz del imputado antes mencionado, por el contrario, han sido producto de las innumerables solicitudes de diferimientos por (*sic*) la propia defensa. En ese orden de ideas, el auto impugnado no niega el requerimiento solicitado por los recurrentes, solo indica el momento procesal en el cual el tribunal resolverá el mismo, por cuanto el presente proceso se encuentra en fase intermedia o preliminar sin causar ningún gravamen irreparable al imputado. Siendo diferida en las últimas cinco oportunidades en las siguientes fechas 07/11/06 vista la incomparecencia de los abogados defensores del imputado Guaicaipuro Lameda y visto asimismo la solicitud de diferimiento por los ciudadanos defensores privados de la ciudadana Cecilia Sosa Gómez hasta tanto la Sala 10 de la Corte de Apelaciones dicte decisión en cuanto al recurso de apelación interpuesto en fecha 08/08/2006, 13/12/06 solicitud de diferimiento de los Defensores Privados de la Ciudadana Cecilia Sosa Gómez hasta tanto no (sic) se pronuncie la Sala 10 de la Corte de Apelaciones, 23/01/07 Solicitud de Diferimiento de los Defensores Privados de la Ciudadana Cecilia Sosa Gómez hasta tanto no (*sic*) se pronuncie la Sala 10 de la Corte de Apelaciones, 23/02/07 diferimiento en virtud a la solicitud de fecha 22/02/07 interpuesta por los ciudadanos Defensores Privados de la Ciudadana Cecilia Sosa Gómez hasta tanto se resuelva la acumulación de los expedientes signados con los números 2J-369-05 y 1183-02, 26/03/07 solicitud realizada por los Defensores Privados de la Ciudadana Cecilia Sosa Gómez hasta tanto haya pronunciamiento en cuanto al Conflicto de No Conocer, y en relación al recurso de apelación interpuesto el día 21 de marzo de 2007, causales no imputables a este Despacho ni del ciudadano JOSÉ GREGORIO VÁSQUEZ L."

Con posterioridad a las oportunidades citadas en esa decisión, la mencionada audiencia preliminar se siguió difiriendo por razones similares, nunca imputables al Dr. Allan Brewer-Carías. Así las cosas, la única carga procesal que tenía personalmente el Dr. Allan Brewer-Carías después de haber sido acusado el 21 de octubre de 2005, para seguir encontrándose a derecho, habría sido estar presente en la audiencia preliminar, la cual como se dijo, nunca se realizó hasta el momento de entrada en vigencia de la Ley de Amnistía, por lo que forzosamente debe concluirse que en el proceso penal que se siguió en su contra, al momento de entrada en vigencia de la Ley de Amnistía, se encontraba y siempre se encontró a derecho, pues no hubo acto procesal alguno en que se hubiera requerido legalmente su presencia personal y él hubiera faltado. Ello se traduce en que al momento de la entrada en vigencia de la Ley de Amnistía, Brewer-Carías se encontraba a derecho en la causa que se le siguió, habiéndose sometido al proceso penal, el cual, en consecuencia, quedó extinguido de pleno derecho, cumpliéndose así la condición prevista en la Ley de Amnistía del 31 de diciembre de 2007, lo que lo hace beneficiario de los efectos de la misma. Ello implica, en todo caso, que respecto de nuestro defendido, a partir del 31 de diciembre de 2007, salvo decretar el sobreseimiento de su causa, ninguna actuación procesal podía realizarse en un proceso penal que ya se extinguió.

Con todos estos argumentos consignamos un escrito ante el Juzgado 25 de Control solicitando el sobreseimiento de la causa al profesor Brewer, en el cual indicamos, además, que en fecha diez de mayo de 2006, transmitimos al Tribunal sus reflexiones que formuló en ejercicio de su derecho constitucional a la libre expresión del pensamiento que le garantiza el artículo 57 de la Constitución, sobre la circunstancia de considerar que en su caso se habían violando sistemática y masivamente sus garantías judiciales, todo lo cual en varias oportunidades fue denunciado ante ese Tribunal, al considerarse sometido a una clara persecución política oficial por el hecho de haber dado una opinión jurídica sobre un proyecto de decreto de un gobierno de transición de abril de 2002, frente al cual, incluso, manifestó una opinión contraria a lo que contenía. En dicha comunicación, nuestro defendido hizo del conocimiento de este Tribunal extensas críticas a la actuación del anterior Fiscal General de la República, quien consideró había violado su derecho a la presunción de inocencia; así como a la actuación de la entonces Fiscal Sexta, ahora Fiscal General de la República, quien consideró que durante la fase inicial del proceso había violado su derecho al debido proceso, habiendo fundado tanto la imputación como la acusación en "recortes de prensa" de opiniones y comentarios de periodistas, sin fundamento y totalmente referenciales; que había invertido la carga de la prueba violando también su garantía constitucional de la presunción de inocencia, y además, sus derechos y garantías constitucionales de la defensa, de acceso a las pruebas, de igualdad de las partes, del juez natural, de la tutela judicial efectiva, del juicio en libertad, en fin, del debido proceso; y que en su caso no había habido una justicia accesible, imparcial, idónea, transparente, autónoma, independiente, responsable, equitativa y expedita de la que habla nuestra Constitución, considerando que lo que en su caso se acusaba y perseguía, en realidad, era a la disidencia, considerando que la acusación formulada en su contra ya era una condena, cuyo objeto era castigar su crítica política.

Por ello, informamos al juez que en virtud de haber él sido designado como profesor en una prestigiosa Universidad del exterior, en ejercicio de su derecho constitucional al trabajo, a educar y a la libre circulación (artículos 50, 87, 106 de la Constitución), pues no tenía ningún tipo de impedimento ni prohibición de salida del país, había "tomado la decisión de esperar a que se presenten las condiciones idóneas para obtener un juicio imparcial y con respeto de sus garantías" y así nos pidió lo participáramos al Tribunal, lo que efectivamente hicimos. En ningún caso dijimos ante el Tribunal que nuestro defendido no participaría en la audiencia preliminar o en cualquier otro acto procesal en el que hubiera tenido la obligación de estar presente, y en todo caso, sus abogados defensores estuvimos presentes para la realización de la audiencia preliminar, que nunca se efectuó en el proceso.

Por ello, el escrito presentado por nosotros en mayo de 2006, en forma alguna afectó o cambió su situación procesal de haber estado siempre a derecho en la causa penal que se le siguió, pues ni antes de dicha comunicación ni con posterioridad a la misma hasta la entrada en vigencia de la ley de Amnistía, en los más de dos años transcurridos desde que fue acusado (octubre de 2005), se llegó a efectuar sin su presencia algún acto procesal en el cual la Ley así lo exigiera, ni tampoco incumplió llamado alguno de la autoridad. En consecuencia, el Dr. Brewer-Carías, durante todo el proceso penal, al momento de entrar en vigencia la Ley de Amnistía, se encontraba a derecho y se había sometido cabalmente al proceso penal seguido en su contra, es decir, había acudido a todos y cada uno de los llamados realizados tanto por el Ministerio Público como por el Órgano Jurisdiccional.

Nuestra solicitud de sobreseimiento fue declarada sin lugar tanto por el Juez de Control como por la Corte de Apelaciones aduciendo que el profesor Brewer no se encontraba a Derecho. Solamente la Magistrado Clotilde Condado Rodríguez salvó el voto basada en que el Ministerio Público no mantuvo el mismo criterio sobre la aplicación de la Ley de Amnistía que tuvo en un caso similar, específicamente en el caso de los ciudadanos Enrique José Mendoza D'Ascoli y Milagros del Carmen Durán López, quienes no se encontraban a derecho y sin embargo el Fiscal de la causa les solicitó el sobreseimiento, lo cual consideró la magistrado disidente constituía una evidente discriminación con respecto al profesor Brewer. Igualmente consideró dicha Magistrado que la frase contenida en el artículo 1 de la Ley de Amnistía "...y que a la presente fecha se encuentren a derecho y se hayan sometido a los procesos penales..." es inconstitucional porque es discriminatoria en la aplicación de este tipo de Ley. De igual manera asentó que no puede de modo alguno hacerse distinción entre personas que estén a derecho o no, porque la Ley Especial de Amnistía es de aplicación inmediata para todas las personas y que la Sala debió desaplicar la frase aludida por ser inconstitucional y decretar el sobreseimiento de la causa dejando sin efecto la orden de aprehensión.

12. ¿Esperaba usted que la solicitud de nulidad de las actuaciones fiscales por violación de garantías constitucionales del profesor Brewer Carías fuera resuelta sin demora? ¿Existe en la legislación procesal penal venezolana alguna norma que obligue al juez a decidir de manera sencilla y rápida una solicitud de nulidad por violación de garantías constitucionales del afectado?

RESPUESTA: Claro que abrigaba esa expectativa, porque sí existe una disposición como la aludida. El capítulo del COPP que contiene las normas atinentes a las nulidades no prevé expresamente un lapso para decidir las solicitudes que se hagan en ese sentido, por lo que debe recurrirse a las normas generales sobre lapsos para decidir que contiene dicho Código, a saber:

"**Artículo 177. Plazos para Decidir.** El juez dictará las decisiones de mero trámite en el acto.

Los autos y las sentencias definitivas que sucedan a una audiencia oral serán pronunciados inmediatamente después de concluida la audiencia. **En las actuaciones escritas las decisiones se dictarán dentro de los tres días siguientes**."(Resaltado nuestro).

Por su parte el artículo 6 del mismo Código, dispone:

"**Artículo 6. Obligación de Decidir.** Los jueces no podrán abstenerse de decidir so pretexto de silencio, contradicción, deficiencia, oscuridad o ambigüedad en los términos de las leyes, **ni retardar indebidamente alguna decisión**. Si lo hicieren, incurrirán en denegación de justicia." (Resaltado nuestro.)

Y la Constitución establece:

Artículo 26. Toda persona tiene derecho de acceso a los órganos de administración de justicia para hacer valer sus derechos e intereses, incluso los colectivos o difusos, **a la tutela efectiva de los mismos y a ob-**

tener con prontitud la decisión correspondiente. El Estado garantizará una justicia gratuita, accesible, imparcial, idónea, transparente, autónoma, independiente, responsable, equitativa y **expedita, sin dilaciones indebidas**, sin formalismos o reposiciones inútiles. (Resaltado nuestro).

Artículo 49. El debido proceso se aplicará a todas las actuaciones judiciales y administrativas y, en consecuencia:

(…)

8. Toda persona podrá solicitar del Estado el restablecimiento o reparación de la situación jurídica lesionada por error judicial, retardo u omisión injustificados.

Por lo tanto, una solicitud de nulidad por inconstitucionalidad debe ser resuelta dentro de los tres días siguientes a la misma.

13. ¿Fue la ausencia del país del profesor Brewer Carías la causa de los sucesivos diferimientos de la audiencia preliminar en el proceso en su contra?

RESPUESTA: No lo fue, tal como lo decidió el propio Juez 25 de Control en su fallo del día 20 de julio de 2007, mediante el cual se resolvió una solicitud de otro acusado, en los términos siguientes:

"En este sentido, en el caso de marras, el acto de la Audiencia Preliminar no ha sido diferido por incomparecencia del ciudadano Alan (*sic*) R. Brewer (*sic*) Carías, al contrario los diversos diferimientos que cursan en las actas del presente expediente han sido en virtud de las numerosas solicitudes interpuestas por los distintos defensores de los imputados….De lo antes narrado se observa que en el caso de marras el Juez de Control Decretó Medida Privativa de Libertad en contra del imputado ALAN (*sic*) R. BREWER CARÍAS, como se ha dicho anteriormente y en consecuencia procedió a convocar a la audiencia preliminar de conformidad con lo dispuesto en el artículo 327 del Código Orgánico Procesal Penal. Los diversos diferimientos de la señalada audiencia no han sido por la ausencia contumaz del imputado antes mencionado, por el contrario, han sido producto de las innumerables solicitudes de diferimientos por (sic) la propia defensa. En ese orden de ideas, el auto impugnado no niega el requerimiento solicitado por los recurrentes, solo indica el momento procesal en el cual el tribunal resolverá el mismo, por cuanto el presente proceso se encuentra en fase intermedia o preliminar sin causar ningún gravamen irreparable al imputado. Siendo diferida en las últimas cinco oportunidades en las siguientes fechas 07/11/06 vista la incomparecencia de los abogados defensores del imputado Guaicaipuro Lameda y visto asimismo la solicitud de diferimiento por los ciudadanos defensores privados de la ciudadana Cecilia Sosa Gómez hasta tanto la Sala 10 de la Corte de Apelaciones dicte decisión en cuanto al recurso de apelación interpuesto en fecha 08/08/2006, 13/12/06 solicitud de diferimiento de los Defensores Privados de la Ciudadana Cecilia Sosa Gómez hasta tanto no (*sic*) se pronuncie la Sala 10 de la Corte de Apelaciones, 23/01/07 Solicitud de Diferimiento de los Defensores Privados de la Ciudadana Cecilia Sosa Gómez hasta tanto no (*sic*) se pronuncie la Sala 10 de la Corte de Apelaciones, 23/02/07 diferimiento en virtud a la solicitud de fecha 22/02/07 interpuesta por los ciudadanos Defensores Privados de la Ciudadana Cecilia Sosa Gómez hasta tanto se resuelva la acumulación de los expedientes signados con los números 2J-369-05 y 1183-02, 26/03/07 solicitud realizada por los Defensores Privados de la Ciudadana Cecilia Sosa Gómez hasta tanto haya pronunciamiento en cuanto al Conflicto de No Conocer, y en relación al recurso de apelación interpuesto el día 21 de marzo de 2007, causales no imputables a este Despacho ni del ciudadano JOSÉ GREGORIO VÁSQUEZ L."

SEGUNDA PARTE

PREGUNTAS FORMULADAS POR LA REPRESENTACIÓN DEL ESTADO

1. ¿Diga Usted, ¿Si sabe cuál es el delito presuntamente cometido por su defendido, por el cual la fiscalía venezolana lo investiga?

RESPUESTA: Mi defendido no cometió ningún delito. La fiscalía venezolana lo imputó y acusó atribuyéndole arbitrariamente la presunta comisión del delito de CONSPIRACIÓN PARA CAMBIAR VIOLENTAMENTE LA CONSTITUCIÓN, basándose principalmente en artículos periodísticos, chismes y declaraciones referenciales de personas que no estuvieron presentes en los lugares donde se suscitaron los hechos investigados. Posteriormente, ya en fase intermedia, después que el Juzgado 25 de Control le dictó medida privativa de libertad, éste pretendió incluso cambiar la calificación del delito por la de INTENTO DE MAGNICIDIO, para tratar de justificar, sin éxito, la persecución por Interpol.

2. ¿Diga Usted, ¿Si sabe que el presunto delito investigado es el de "conspiración para cambiar violentamente la Constitución, contemplado en el artículo 144, numeral 2, del Código Penal promulgado el 20 de octubre de 2000, Gaceta Oficial Extraordinaria N° 5.494"?

RESPUESTA: Los hechos investigados fueron calificados por la Fiscalía como CONSPIRACIÓN PARA CAMBIAR VIOLENTAMENTE LA CONSTITUCIÓN, delito previsto en el artículo 144, numeral 2, del Código Penal promulgado el 20 de octubre de 2000, *Gaceta Oficial Extraordinaria* N° 5.494.

3. ¿Diga Usted, ¿Si está enterado de que el Dr. Allan Brewer Carías participó en la Asamblea Constituyente del año 1999, que redactó la Constitución de la República Bolivariana de Venezuela y fue aprobada en referéndum constituyente por el pueblo venezolano el 15 de diciembre de 1999?

RESPUESTA: Sí estoy enterado.

4. ¿Diga Usted, ¿Si conoce el artículo 333, de nuestra Constitución de la República Bolivariana de Venezuela la cual establece: "Esta Constitución no perderá su vigencia si dejase de observarse por acto de fuerza o porque fuese derogada por cualquier otro medio distinto al previsto en ella. En tal eventualidad, todo ciudadano investido o ciudadana investida o no de autoridad, tendrá el deber de colaborar en el restablecimiento de su efectiva vigencia?

RESPUESTA: Sí lo conozco.

5. ¿Diga Usted, ¿Si le consta como abogado del Dr. Brewer Carías, que él y usted tuvieron libre acceso al expediente que seguía la Fiscalía durante el proceso de investigación?

RESPUESTA: No tuvimos libre acceso al expediente que seguía la Fiscalía Sexta durante el proceso de investigación. Cuando se nos prestaba alguna pieza del expediente, debíamos revisarlo necesariamente en compañía de un funcionario de la Fiscalía, quien no se separaba de nosotros, lo que nos impedía intercambiar opiniones confidenciales con nuestro defendido. Nunca nos facilitaron copias del expediente bajo el pretexto de que a la Fiscalía no le era permitido otorgarlas. Todas las notas de aquel voluminoso expediente tuvimos que tomarlas a mano. Reclamamos tal situación ante el Juez de Control, quien siguiendo la jurisprudencia de la Sala Constitucional, ordenó a la Fiscal Sexta que nos expidiera copia de las actuaciones del expediente que solicitáramos, entre ellas los videos utilizados por la Fiscal como elementos de convicción en la imputación contra mi defendido, a fin de garantizarnos el cabal ejercicio del derecho a la defensa. Esta orden causó la indignación de la Fiscal Sexta quien solicitó la nulidad de esa actuación y la obtuvo ante la Corte de Apelaciones. Posteriormente dicho Juez le solicitó a la Fiscal la remisión del expediente y ésta en vez de dar curso a la orden judicial, optó por increpar al Juez mediante oficio, solicitándole una explicación del porqué le pedía el expediente, lo que a todas luces constituyó un acto de rebeldía y desacato contra la orden judicial. Ante esa situación, el Juez ofició al Fiscal Superior para ponerlo en conocimiento de la irregularidad en la que estaba incurriendo la Fiscal Sexta y a los pocos días, coincidencial y oportunamente, el Juez fue removido de su cargo.

Tampoco tuve acceso a los videos que se usaron para la imputación. Sólo pudo ver algunos el profesor Brewer con el co-defensor Dr. Cottin, pero conmigo siempre hubo una excusa para negármelo. Y en los pocos que ellos pudieron cotejar, encontraron discrepancias entre lo que dijeron realmente los entrevistados y lo que la Fiscalía copió erradamente en el expediente, poniendo en boca de los entrevistados afirmaciones que no dijeron

6. ¿Diga Usted, ¿cuántas veces tuvieron acceso al expediente que se le seguía en la Fiscalía?

RESPUESTA: No tomé nota de las veces que tuve acceso al expediente, pero le puedo comentar que en muchas oportunidades nos fueron negadas las piezas del expediente o los videos que solicitábamos, bajo el argumento de que las estaba examinando otro colega u otro imputado, o simplemente que no lo encontraban, teniendo que conformarnos con revisar alguna de las piezas que supuestamente estaban a la mano. De esa manera, se nos impidió examinar cronológicamente las actuaciones, con el perjuicio que ello significaba, pues no podíamos llevar la ilación de la investigación. Era como tener que leerse un libro desordenadamente, comenzando por el capítulo 15, para luego continuar con el 6, luego el 4, luego 10 y así sucesivamente. Comprendíamos que no éramos los únicos interesados y con derecho a revisar las actuaciones y por eso insistimos tanto en que nos fueran otorgadas copias del expediente, con la previa transcripción de los videos, a lo cual siempre se opuso rotundamente la Fiscal, incluso en sede jurisdiccional cuando apeló y solicitó la nulidad de la decisión del Juez Manuel Bognanno que ordenó se nos expidieran las copias tanto del expediente como de los videos. Éste fue el Juez que coincidencialmente fue removido de su cargo al poco tiempo.

7. ¿Diga Usted, ¿Si presentó escritos y solicitudes a la Fiscal y al Juez, durante el proceso de investigación?

RESPUESTA: Sí presenté.

8. ¿Diga Usted, ¿Si durante el proceso de investigación, promovió algunos testigos y fueron interrogados por la Fiscalía?

RESPUESTA: Sí promoví varios testigos, consignando el interrogatorio que pedimos se le formulara y solicitamos estar presentes en el acto de la declaración. Algunos fueron interrogados por la Fiscalía y otro gran número de ellos fueron negados. Por cierto, entre los que fueron interrogados por la Fiscalía estuvieron los periodistas autores de artículos que referían los hechos ocurridos los días 11, 12 y 13 de abril de 2002 y que fueron utilizados por la Fiscal como elementos de convicción en la imputación contra el profesor Brewer Carías. Todos ellos fueron contestes en afirmar que no estuvieron presentes en el lugar de los hechos y que por tanto sus artículos contenían versiones referenciales provenientes de personas cuya identidad omitieron por protección a la fuente. En ningún caso la Fiscalía nos permitió estar presentes en el acto de la declaración.

9. ¿Diga Usted, ¿Si es necesario o imprescindible para que un Fiscal que investiga un caso, deba considerar la pertinencia de la evacuación de la misma?

RESPUESTA: Fui dispensado por la Corte de contestar esa pregunta.

10. ¿Diga Usted, ¿Si puede presentarse el caso que la Fiscalía, niegue la promoción de una diligencia o solicitud si ésta, considera que no es pertinente para la investigación?

RESPUESTA: Fui dispensado por la Corte de contestar esa pregunta.

11. ¿Diga Usted, ¿Si conoce, las razones por las cuales su representado se excusó para no presentarse a la audiencia preliminar ante el Juez de la Causa?

RESPUESTA: La audiencia preliminar nunca se llegó a celebrar y el propio Juez 25 de Control, en decisión de fecha 20 de julio de 2007 expresó textualmente que el acto de la audiencia preliminar nunca había sido diferido por incomparecencia del Dr. Allan Brewer Carías, sino por otros motivos totalmente ajenos que describió en su fallo.

12. ¿Diga Usted, como abogado del Dr. Brewer Carías, ¿Si estas razones las expuso usted, en un escrito presentado en el tribunal?

RESPUESTA: En mi respuesta anterior no expresé ningunas "razones". Lo que dije fue que el propio Juez 25 de Control, expresó textualmente en un fallo que el acto de la audiencia preliminar no había sido diferido por incomparecencia del Dr. Allan Brewer Carías.

13. ¿Diga Usted, ¿Cuáles fueron las razones alegadas por el Dr. Allan Brewer Carías para irse del país, y no presentarse en la audiencia pública?

RESPUESTA: El Dr. Brewer salió en múltiples oportunidades del país en virtud de sus actividades profesionales y académicas, y siempre regresó y afrontó el proceso que se le seguía. Prueba de ello fueron las múltiples diligencias de investigación que se solicitaron, aún cuando muchas de ellas le fueron negadas arbitrariamente. Entiendo que también por motivos profesionales viajó la última vez, sin intención alguna de permanecer fuera. Sin embargo, estando de viaje fue notificado de que la ilustre Universidad de Columbia le había brindado la oportunidad de lograr un viejo anhelo profesional, como lo era el pertenecer a su plantilla de profesores. Ante tal situación optó por aceptar su propuesta y decidió esperar a que se presentaran las condiciones idóneas para obtener un juicio imparcial y con respeto de sus garantías. Eso fue lo que nos dijo. Ahora bien, con respecto a la parte final de la pregunta, no estoy en capacidad de afirmar si la intención del Dr. Brewer era no presentarse a la audiencia preliminar, y nunca lo sabremos porque tal audiencia nunca llegó a celebrarse. Analizando en su justo contexto sus palabras, si se le garantizaba un juicio imparcial y con respeto de sus garantías, él hubiera gustosamente comparecido a la audiencia preliminar y hubiera podido regresar luego a cumplir sus obligaciones en la Universidad de Columbia. Una razón mas para dejar claro que la audiencia preliminar no dejó de celebrarse por inasistencia del Dr. Brewer, lo constituye el hecho de que el Juez de Control no aplicó la sentencia **vinculante** de la Sala Constitucional del Tribunal Supremo de Justicia de fecha 22-12-2003, expediente N° 02-1809, en la que se establece que cuando el co-imputado se fuga o se esconde y no puede ser hallado, el Juez debe realizar la audiencia preliminar con los imputados comparecientes, separando de la causa a quien no compareció. En el caso del Dr. Brewer no sólo no se le separó de la causa, sino que contrariamente a eso, el propio Juez expresó en una decisión que los motivos del diferimiento de la audiencia eran otros.

14. Diga Usted, como abogado penalista, ¿Si, es posible realizar la audiencia preliminar sin la presencia del imputado de conformidad con el Código Orgánico Procesal vigente para la fecha de los hechos?

RESPUESTA: Fui dispensado por la Corte de contestar esta pregunta.

15. Diga Usted, ¿Si, ha leído la Convención Americana Sobre Derechos Humanos?

RESPUESTA: Fui dispensado por la Corte de contestar esta pregunta.

16.   Diga Usted, ¿Si ha leído el artículo 46.1ª de la Convención Americana Sobre Derechos Humanos, relativo a la necesidad del agotamiento de los recursos internos antes de presentar una petición ante la Comisión Interamericana de Derechos Humanos?

RESPUESTA: Fui dispensado por la Corte de contestar esta pregunta.

17.   Diga Usted, ¿Si, su defendido el Dr. Brewer Carías gozó de libertad plena desde el 11 de abril de 1002, hasta la fecha en que se ausentó voluntariamente del país el 2 de junio de 2006?

RESPUESTA: El profesor Brewer gozó de libertad plena hasta que el Juzgado 25 de Control le dictó medida de privación de libertad el 15 de junio de 2006.

18.   Diga Usted ¿Si tiene conocimiento que el Presidente de la República Bolivariana de Venezuela, Hugo Rafael Chávez Frías, el 31 de diciembre de 2007, dictó una Ley de Amnistía General para todas las personas que estuvieron involucradas en el golpe del 11 de abril de 2002, poniendo como requisito estar a derecho ante los tribunales?

RESPUESTA: Si tengo conocimiento.

19.   Diga Usted ¿Si el Dr. Brewer Carías cumplía con los requisitos para ser beneficiario de la Ley de Amnistía General dictada por el presidente Hugo Chávez Frías?

RESPUESTA: Sí cumplía con los requisitos. El Dr. Brewer Carías para el día de entrada en vigencia de la Ley de Amnistía el 31 de diciembre de 2007, se encontraba a derecho y se había sometido al proceso penal que se siguió en su contra y al cual se sometió voluntariamente, desde el inicio del mismo, no habiendo dejado de asistir a ningún requerimiento que le hiciera el Ministerio Público o el tribunal, al cual debiera acudir personalmente. Después de la acusación, el único acto en el cual debía estar personalmente presente, que era la audiencia preliminar, y que debió realizarse entre 10 y 20 días después de formulada aquella, nunca se realizó en ese proceso, por lo que nunca dejó de estar a derecho.

20.   Diga Usted, ¿Si conoce a los abogados Carlos Ayala Corao y Cecilia Sosa?

RESPUESTA: Fui dispensado por la Corte de contestar esta pregunta.

21.   Diga Usted, ¿Si los delitos imputados a los abogados Carlos Ayala Corao y Cecilia Sosa eran los mismos imputados a su representado Allan Brewer Carías?

RESPUESTA: Fui dispensado por la Corte de contestar esta pregunta.

Se otorga la presente declaración en la Ciudad de Caracas, ante la autoridad del ciudadano Cónsul General de Costa Rica en Venezuela, a los 27 días del mes de agosto de 2013.

SEGUNDA PARTE:

DICTAMEN PERICIAL DEL PROFESOR CARLOS TIFFER SOTOMAYOR, PERITO OFRECIDO POR LA REPRESENTACIÓN DE LA VÍCTIMA, SOBRE LAS GARANTÍAS DEL DEBIDO PROCESO, LOS ESTÁNDARES UNIVERSALES DEL JUEZ INDEPENDIENTE E IMPARCIAL, LA NATURALEZA DE LA AMNISTÍA, LA PROTECCIÓN DE ABOGADO Y SU LIBERTAD DE EXPRESIÓN Y LAS DENUNCIAS DE VIOLACIONES A LA LIBERTAD DE EXPRESIÓN DEL PROFESOR BREWER CARÍAS, DE 29 DE AGOSTO DE 2013

El suscrito, *Dr. Carlos Tiffer*, de calidades conocidas en el presente expediente, en mi condición de Perito de parte ofrecido por la representación de la víctima, ante la honorable Corte Interamericana de Derechos Humanos (Corte IDH) con todo respeto manifiesto:

Visto la resolución de su Autoridad del 31 de julio del 2013, en la que se acordó que el informe pericial del suscrito sería rendido en forma escrita, me refiero a las preguntas formuladas por el representante de la víctima, con relación a los aspectos señalados a folio 259 del escrito autónomo de solicitudes, argumentos y pruebas de la representación de la víctima.

1. *Con relación a las garantías debidas al procesado durante las diversas fases del proceso penal en el sistema acusatorio, particularmente en la fase de investigación de ese proceso.*

   A. *¿Las garantías del debido proceso en materia penal deben respetarse en todo estado y grado del proceso?*

Para que un proceso penal se considere justo y válido, de acuerdo a los estándares internacionales y al acervo de Naciones Unidas, debe de cumplir con lo que se conoce en nuestro medio jurídico como el debido proceso. El poder punitivo del Estado, para que resulte conforme al Estado de Derecho, debe de ajustarse a principios y reglas establecidas previamente, que se convierten en una garantía de los ciudadanos por un lado, y en una limitación del poder punitivo del Estado por otro lado. Dichas reglas deben ser acatadas y respetadas por el Estado en toda manifestación de su poder punitivo.

El proceso penal constituye la manifestación más clara y evidente del poder punitivo estatal. A través del proceso penal se investiga la supuesta comisión de ilícitos penales, con el fin de establecer la responsabilidad penal de las personas. Sin embargo, este poder punitivo del Estado no es absoluto, lo ejerce por delegación de los ciudadanos para que los protejan cuando ciertas conductas, que afectan bienes jurídicos relevantes, ponen en peligro la convivencia pacífica y armónica de la comunidad. Este poder punitivo en una sociedad democrática está limitado, y está justificado en la medida que le confiere protección, seguridad jurídica y sobre todo respeto a la dignidad humana. Es por esto que cuando el Estado ejerce el poder punitivo, debe respetar las garantías procesales y principios constitucionales de cada persona. De lo contrario, la injerencia del Estado resulta arbitraria, abusiva e injustificada. Por esto se dice que el proceso penal debe ser una manifestación del sistema democrático.

El proceso penal es único y usualmente está dividido por etapas o fases, con el fin de establecer las competencias y facultades de las partes procesales y de proveer las oportunidades para presentar sus argumentaciones y las pruebas respectivas. Además, la división del proceso en distintas etapas tiene como finalidad también la generación de distintos actos procesales (como una acusación privada, una demanda civil, una acusación pública, una desestimación, una solicitud de sobreseimiento). La división del proceso penal, conlleva una finalidad práctica, que consiste en que no todos los casos deben ser resueltos en la última etapa o fase de juicio. Sino que un sin número de casos pueden resolverse y son efectivamente concluidos en fases previas al debate.

La división del proceso penal en etapas no significa de forma alguna, que la vigencia de las garantías de la persona investigada o acusada, dependa de la etapa en que se encuentre el proceso penal. Por el contrario, cada una de las garantías que existen a favor de la persona objeto de investigación en un proceso penal, debe ser respetada por parte del ente acusador estatal y de la autoridad jurisdiccional, desde el momento que se le identifica como sospechoso o presunto responsable del hecho.

Las garantías o derechos que posee el acusado o investigado le permiten satisfacer sus necesidades durante el proceso penal y a la vez responder y controlar, las actuaciones que realiza el ente investigador y acusador estatal, como manifestación del poder punitivo y que van dirigidas a establecer la responsabilidad del acusado, para lograr la imposición de una pena que afecte sus derechos fundamentales.

Consecuentemente, las garantías procesales tales como el derecho a la defensa, la presunción de inocencia, el derecho a la imputación y a la intimación, el derecho a ofrecer prueba de descargo y controlar la prueba de cargo, el derecho a la audiencia, el derecho a no declarar contra sí mismo, entre otros, tienen plena vigencia durante todo el proceso penal y desde que una persona es identificada como sospechoso o presunto responsable o autor de un hecho delictivo. Ya que es una manifestación del poder punitivo del Estado y en una verdadera sociedad democrática, este poder se encuentra limitado por el cumplimiento de las garantías judiciales. Para que estas garantías se cumplan, particularmente en la fase de investigación o fase previa, el investigado o sospechoso debe gozar de amplias facultades y recursos, para hacer denuncias y presentar reclamos cuando considere que se han afectado sus garantías judiciales. Lo mismo que exista de parte de la autoridad jurisdiccional una respuesta pronta y efectiva sobre el reclamo del sospechoso.

B. ¿También deben respetarse íntegramente durante la fase de investigación?

Las garantías del debido proceso deben respetarse en la etapa de investigación de todo proceso penal. Durante la investigación realizada por el ente estatal acusador, para determinar de manera objetiva e imparcial la posible existencia de un ilícito penal, se le debe garantizar al sujeto investigado la posibilidad de declarar a su favor, debe respetársele la presunción de su inocencia, debe otorgársele la oportunidad de presentar o requerir la obtención de elementos probatorios que demuestren su inocencia o evidencien la no comisión del ilícito penal objeto de investigación. Tan evidente es la importancia de respeto a las garantías en la fase de investigación, que el ente acusador debe de investigar, no solamente los hechos que incriminan y obtener la prueba que los demuestra, sino todos aquellos hechos y circunstancias que sirvan para eximir de responsabilidad al imputado. Por lo anterior, se conoce que la función del ente acusador debe realizarse con objetividad e imparcialidad. No podría cumplirse con estas circunstancias sin el respeto desde un inicio de las garantías judiciales a favor de la persona investigada. En esa línea, las directrices de Naciones Unidas sobre el papel de los Fiscales de 1990 indican que los fiscales deben proteger el interés colectivo, actuar objetivamente, ponerle atención de modo razonable a la situación del imputado y de la víctima y tomar en cuenta todas las circunstancias importantes, sean en beneficio o en perjuicio del imputado. Razón por la cual el ente estatal encargado de la investigación y la acusación penal, así como la autoridad jurisdiccional respectiva, deben respetar las garantías de las personas, en la etapa de investigación del proceso penal.

C. ¿Sólo deben respetarse a partir de la fase intermedia?

No. Las garantías del debido proceso deben de respetarse durante todas las fases o etapas procesales, incluyendo la fase intermedia. Ya que en esta fase también se podrían tomar decisiones que afecten derechos fundamentales en un presunto responsable penalmente.

Conforme a lo anterior, las garantías a favor de las personas investigadas o acusadas en un proceso penal, no surgen a partir de la fase intermedia o a partir de la fase de juicio. Por el contrario, las garantías judiciales que conforman el debido proceso, son inherentes a la persona en el Estado de Derecho y surgen desde el momento en que le es atribuido a una persona la comisión y/o participación de un delito, incluso en grado de sospecha. En un sistema democrático todas las decisiones deben girar en torno al ciudadano, en respeto sobre todo del principio de la dignidad humana. El fin no justifica los medios. El derecho penal es solo un medio, no un fin en sí mismo.

Consecuentemente, las garantías judiciales que conforman el debido proceso deben respetarse durante todas las fases o etapas del proceso penal, incluyendo la fase intermedia.

D. *¿Cuál es el rol del juez de control durante la fase de investigación?*

El juez debe ser el garante de la ley y de los derechos constitucionales de los ciudadanos. En los sistemas penales acusatorios, en donde se establece una función preponderante del Ministerio Público o del ente estatal acusador, resulta indispensable también la existencia de un juez penal que controle y supervise las labores, gestiones y actuaciones del Ministerio Público durante esta fase. El juez de control se convierte, en el proceso penal acusatorio, en el garante del respeto de los derechos y garantías de los sujetos investigados. El juez, debido a la posición preponderante del Ministerio Público durante esta fase de investigación, debe velar porque se respeten durante la misma, las garantías constitucionales, así como las garantías judiciales reconocidas tanto en los convenios firmados por el Estado, como en la legislación interna de cada país, a favor de la persona objeto de la investigación penal. El juez debe responder en forma pronta, oportuna y fundamentada cualquier denuncia, reclamo y/o petición de un sospechoso sujeto a una investigación penal.

E. *¿Está obligado a controlar las actuaciones del Ministerio Público y exigir que éste respete en esa fase las garantías del debido proceso?*

Desde luego. Durante la fase de investigación, el juez penal actúa como un ente supervisor e imparcial del proceso penal. La obligación del juez incluso en algunos casos, deviene en una actuación oficiosa, precisamente con el fin de respetar las garantías constitucionales de la persona acusada o investigada. De ahí que los jueces penales de la etapa intermedia, están obligados por la ley y la Constitución a velar por el respeto del debido proceso.

El control por parte del juez, de las actuaciones del Ministerio Público durante el proceso penal, se ejerce no solo a instancia de parte, sino que el mismo juez podría declarar de manera oficiosa una violación al debido proceso cuando se afecten derechos constitucionales de la persona acusada o investigada. Lo cual a su vez, puede conllevar a la anulación de las actuaciones del ente acusador estatal, la anulación de la prueba obtenida, entre otros aspectos.

2. **Con relación a los estándares universales del juez independiente e imparcial y su aplicación concreta en el proceso incoado contra el profesor Allan R. Brewer Carías.**

A. *¿En qué consiste la garantía de imparcialidad e independencia de los jueces?*

La imparcialidad y la independencia de los jueces resulta un requisito fundamental para la vigencia de las garantías del debido proceso. Esta garantía tiene tal relevancia como un Derecho Humano, que ha sido reconocido en el artículo 10 de la Declaración Universal de los Derechos Humanos, en el artículo 14.1 del Pacto Internacional de los Derechos Civiles y Políticos, en los artículos 8.1 y 27.2 de la Convención Americana de Derechos Humanos, lo mismo que tiene pleno reconocimiento en el Convenio Europeo de Derechos Humanos, en la Carta Africana de Derechos Humanos y de los Pueblos y en los principios básicos de Naciones Unidas relativos a la independencia de la judicatura.

Se ha considerado que el derecho de cualquier ciudadano a ser juzgado por un tribunal imparcial e independiente constituye el núcleo del debido proceso en el tanto, resulta necesario que un juez objetivo, independiente e imparcial garantice el respeto y cumplimiento de los derechos y garantías que conforman el debido proceso a favor de la persona acusada e investigada. Por lo que si no se cuenta con un juez imparcial y objetivo, no es posible proteger y garantizar los derechos y garantías de una persona acusada en un proceso penal.

La imparcialidad y la objetividad del juez consisten en la existencia de condiciones objetivas que permitan al juez ejercer su labor sin presiones, amenazas o interferencias de cualquier tipo, tanto del ámbito interno como del ámbito externo a la judicatura. Es decir, garantizar que el juzgamiento sea una decisión libre, sin ningún tipo de intromisiones, sin favorecer a ninguna de las partes y únicamente limitarse a su competencia que ha sido definida previamente por ley. Lo anterior conlleva a que los nombramientos de los jueces se hagan por medio de un adecuado proceso de selección, así como que se garantice la inamovilidad del cargo, lo mismo de que existan controles efectivos que garanticen a los jueces la ausencia de presiones externas o internas en la toma de sus decisiones.

B. *¿Cuáles son los sistemas que se han dispuesto universalmente para garantizar la imparcialidad e independencia de los jueces?*

LA PREGUNTA NO ESTÁ CLARA.

El principio de imparcialidad e independencia de los jueces está estrechamente vinculado con la estructura y organización procesal

C. *¿Cuales son los sistemas de nombramiento de los jueces dispuestos universalmente para asegurar la imparcialidad e independencia de los jueces?*

Los sistemas de nombramiento dispuestos universalmente para asegurar la imparcialidad y la independencia de los jueces son los sistemas de oposición, los sistemas de concurso y los sistemas mixtos, también llamados sistemas de concurso-oposición. El sistema de elección por oposición consiste en efectuar distintas evaluaciones o pruebas a los aspirantes, con el fin de medir no solamente sus conocimientos técnicos sino además sus destrezas, aptitudes y habilidades orales, de supervisión, entre otros aspectos. De esta forma, los aspirantes que obtengan la mayor puntuación resultan elegidos. Por otro lado, los sistemas de concurso tienen como principal finalidad la valoración de los atestados, los logros y los méritos de los aspirantes, según una escala de medición previamente establecida. Este sistema valora el grado académico del aspirante, sus publicaciones, experiencia en la academia, entre otros méritos, para posteriormente obtener una nota final según la escala definida por el ente evaluador. Finalmente el sistema de elección mixto o por concurso-oposición, combina las evaluaciones antes explicadas. De esta manera el aspirante será objeto no solo de una serie de evaluaciones que permitan medir su conocimiento técnico y sus capacidades y habilidades para desempeñarse en el puesto, sino que además se tomarán en consideración los méritos y logros de orden académico, profesional y universitario alcanzados por el aspirante, para concluir con una nota final. De esta forma el aspirante que logre la nota más alta, obtendrá el puesto.

Estos tres sistemas tienen como finalidad la elección de los aspirantes más calificados para los puestos de la judicatura, basándose en criterios de evaluación objetivos y previamente determinados. Con el fin de realizar un examen imparcial de los aspirantes que permita establecer el mejor candidato para el puesto del juez, debido a la relevancia de la figura del juez, la cual resulta esencial para el cumplimiento del debido proceso.

D. *¿Puede garantizarse la independencia e imparcialidad de los jueces cuando éstos son de libre nombramiento?*

No. La independencia e imparcialidad de los jueces debe ser resguardada y garantizada mediante un sistema de elección que permita la escogencia del aspirante mejor calificado, después de evaluarlo de forma objetiva y con fundamento en criterios técnicos previamente determinados. El libre nombramiento de los jueces por otro lado, afecta su imparcialidad y su independencia al existir presiones internas y externas que afectan su labor. Los sistemas de libre nombramiento conllevan necesariamente una rendición de cuentas completamente subjetiva y antojadiza por parte del funcionario. Lo cual constituye una intromisión en la labor del juez, quien basará sus decisiones y sus actuaciones en satisfacer los intereses externos e internos que pueden o no perjudicar su permanencia en el puesto. Además, la elección de jueces de manera subjetiva significa que solo serán nombrados miembros de la judicatura, aquellos aspirantes que cumplan los antojadizos gustos o preferencias de las personas que los eligen, sin poseer las cualidades o destrezas necesarias para cumplir con las tareas que conlleva el cargo de juez.

E. *¿Puede existir efectiva imparcialidad e independencia de los jueces si éstos no gozan de estabilidad, y son de libre remoción?*

Los jueces no pueden ser imparciales e independientes si estos no gozan de estabilidad y son de libre remoción. Lo anterior en el tanto, los jueces ejecutarán sus labores con la única finalidad de cumplir con las expectativas y los intereses de aquellas personas u órganos que tienen la facultad de removerlos o mantenerlos en su puesto. Por el contrario, con el fin de garantizar la imparcialidad y la independencia de los jueces, debe existir un sistema objetivo de remoción, por medio del cual el juez pueda ser removido de su cargo cuando se cumpla con una causal para proceder con ello. La cual a su vez debe estar previamente establecida y debe ser comprobada a través de un procedimiento particular. Procedimiento que debe cumplir con las garantías del debido proceso. Además, para garantizar la imparcialidad e independencia de los jueces estos deben contar con estabilidad en su cargo, lo que significa una protección para el juez, contra el cambio o variación de su lugar de trabajo, o de su jerarquía o de cualquier otra característica de su nombramiento.

Solamente si se cuenta con un sistema objetivo de nombramiento y remoción de los jueces y si se les puede otorgar cierto grado de estabilidad en su cargo, se podrá asegurar que el juez efectuará su labor sin intromisiones o presiones externas o internas, que puedan afectar su desempeño y su proceso de toma de decisiones. Garantizándose la imparcialidad, objetividad e independencia de las decisiones del juez.

F. *¿Pueden los jueces temporales o provisorios, de libre nombramiento y remoción, gozar efectivamente de imparcialidad e independencia?*

No se puede garantizar la imparcialidad e independencia de los jueces temporales de libre remoción y nombramiento. Lo anterior por cuanto, el aspirante se encuentra sujeto a presiones externas e intromisiones en su nombramiento y en su desempeño como juez, al no existir un sistema objetivo que valore su idoneidad para aspirar al cargo, o que lo remueva del puesto en caso de ser necesario. El juez temporal sujeto a libre remoción, efectuará sus labores y tomará sus decisiones, basándose en interés externos de los sujetos o entidades que lo nombran libremente, más aún si tomamos en consideración que su nombramiento es temporal y no posee estabilidad alguna en su cargo. Lo anterior significa que el juez nombrado libremente y de manera provisoria será objeto de presiones externas e internas durante su desempeño como juez.

Conforme a lo anterior, al existir presiones e intromisiones que afectan la labor del juez, no es posible garantizar la imparcialidad y la independencia del juez libremente nombrado o removido.

3. **Con relación a la naturaleza jurídica de la amnistía, con particular referencia al principio de legalidad penal y al principio de igualdad ante la ley**

A. *¿En qué consiste la institución de la amnistía, y cuál es su diferencia con la institución del indulto?*

La amnistía es una medida jurídica tomada por el poder legislativo, mediante la cual se elimina el carácter delictivo de determinados hechos. Lo que conlleva a la extinción de la responsabilidad penal a favor de las personas que hayan participado de cualquier manera en la comisión de dichos hechos.

Se trata de una forma de extinción de la responsabilidad penal, mediante la cual se evita la declaratoria de la responsabilidad penal de una persona o en su defecto, la imposición de una pena.

La amnistía es decretada mediante una ley formal por el legislador quien, tomando en consideración necesidades de carácter jurídico o de política criminal, establece que la comisión de determinados actos no constituirá un delito y que no existirá responsabilidad penal alguna para las personas autoras o partícipes en la comisión de los hechos amnistiados. Se trata de la renuncia de la pretensión punitiva por parte del Estado, lo cual conlleva a que los hechos previstos no constituirán una conducta delictiva.

La declaratoria de amnistía conlleva a la derogación, por consideraciones prácticas de índole político criminal, de la ley que establecía que la comisión de determinados hechos, constituirían un delito. Recae sobre la acción, por eso es una forma de extinción de la acción penal.

La amnistía tiene un carácter general, lo que significa necesariamente que todas las personas que se encuentren en la misma situación, al ser posibles autores o partícipes de los hechos amnistiados serán beneficiados por la declaratoria. Es decir, el alcance de la amnistía permite beneficiar indistintamente a todos los individuos implicados en los hechos amnistiados. Lo anterior en el tanto, la amnistía recae sobre hechos, es impersonal y su dictado no procede para beneficiar únicamente a determinadas personas, excluyendo a otras personas de su aplicación, o permitiendo a determinadas personas rechazar los beneficios que conlleva su promulgación. Por ello incluso la ley de amnistía puede pronunciarse sin que exista sentencia o pronunciamiento judicial alguno en que se tengan por cometidos los hechos amnistiados.

La amnistía no solo es de carácter general, sino también objetiva. Razón por la cual la eliminación de cualquier eventual responsabilidad penal abarca no solo a los posibles autores de los hechos amnistiados, sino además a sus partícipes. Además la amnistía puede hacer referencia únicamente a hechos o situaciones pasadas y no puede extender sus efectos hacia el futuro.

La amnistía es empleada como un instrumento de pacificación social, con fundamento político, la cual tiene como objetivo conseguir la paz social en la sociedad, a través de la renuncia por parte del legislador de la persecución de determinados delitos. Por ello, la amnistía debe ser de carácter general y completamente impersonal. De lo contrario, en caso de aplicársele únicamente a determinadas personas o evitar su aplicación a otras, no se cumple con el objetivo de lograr y alcanzar la tranquilidad y paz social necesaria en cualquier sociedad.

La declaratoria de amnistía conlleva a que los hechos no serán considerados delito en forma general.

El indulto, a diferencia de la amnistía, se trata de un perdón o clemencia que efectúa el Poder Ejecutivo. El cual no recae sobre los hechos previamente tipificados, como la amnistía. A diferencia de esta, el indulto es aplicado únicamente a una persona en particular, resultando en un acto individual de carácter subjetivo. Por ejemplo, el Poder Ejecutivo decide indultar a ciertas mujeres con determinadas condiciones y por ciertos delitos, el día de las madres.

El indulto no se fundamenta en consideraciones de política criminal como la amnistía. Por el contrario, el indulto se fundamenta en las características personales del sujeto beneficiado y de la circunstancias del proceso penal en su contra. Se aplica una vez que ha existido una declaratoria de responsabilidad penal de la persona beneficiada. Esto lo diferencia de la amnistía, la cual beneficia a los individuos de manera general, sin importar su situación procesal.

B. *¿Qué significa despenalizar un hecho o conducta mediante una ley de amnistía?*

La despenalización de un hecho a través de una declaratoria de amnistía promovida por el poder legislativo significa que dicha conducta no será considerada como delito.

La amnistía recae sobre la acción penal, al constituir una forma de extinción de esta. Lo que significa que la persona que realiza los hechos amnistiados no puede ser responsable penalmente, al no existir acción penal alguna. Por lo que no es posible iniciar una investigación penal por hechos amnistiados, en el tanto no existe acción penal que justifique la aplicación del poder punitivo por parte del Estado.

C. *Puede dictarse la despenalización de un hecho o conducta, sólo si ha sido cometido por algunas personas.*

La despenalización de un hecho o una conducta a través de una amnistía no puede tener solo efectos particulares o beneficiar únicamente a determinadas personas. Lo anterior por cuanto, al recaer la amnistía sobre hechos que jurídicamente no serán considerados delitos, por cuestiones de política criminal, sus efectos son de carácter general. De la misma forma que una ley penal aplica a todas las personas y posee efectos generales, la ley de amnistía que despenaliza la conducta también posee efectos generales y no particulares, abarcando sus efectos a todas las personas.

D. *¿Puede excluirse de la aplicación de una ley de amnistía a determinadas personas?*

No es posible excluir de la aplicación de una ley de amnistía a determinadas personas. Lo anterior por cuanto, la amnistía despenaliza una conducta o hechos determinados. Por lo que sus efectos son generales y objetivos. Se trata de un instrumento mediante el cual se elimina la posible responsabilidad penal de todo sujeto que haya cometido los hechos amnistiados. Sin importan las características subjetivas de las personas autoras de los hechos amnistiados.

Conforme a lo anterior, al ser la amnistía de carácter general y objetivo y al recaer sobre hechos, no puede beneficiarse o excluirse a determinadas personas. Lo anterior en tanto, la despenalización de la conducta que realiza el legislador tiene efectos generales y no se puede mantener vigente la penalidad de una conducta, únicamente para ser aplicada a una persona en concreto cuando ya ha sido despenalizada para los demás individuos. Lo anterior evidentemente resulta discriminatorio, en el tanto se violenta el principio de igualdad ante la ley. Por ello, no puede excluirse de la aplicación de una ley de amnistía a determinadas personas.

E. *¿La despenalización de un hecho o conducta tiene que ser de carácter objetivo o general, o puede ser de orden subjetivo?*

La despenalización de hechos o conductas es de naturaleza objetiva, ya que esto elimina la consideración legislativa de que determinada conducta constituye un delito. Dicha despenalización no puede fundamentarse únicamente en cuestiones de carácter subjetivo para beneficiar o excluir a determinadas personas.

La amnistía al tratarse de un acto emanado del poder legislativo tiene una aplicación general a las personas. El legislador al despenalizar determinada conducta, significa que la misma no puede ser ya considerada como un delito. Por tal razón, la despenalización no puede tener un carácter subjetivo. De lo contrario existiría un empleo arbitrario del poder.

Si se trata de eliminar la responsabilidad penal por la comisión de determinado delito a ciertos sujetos, debe emplearse el indulto. El cual, conforme a lo mencionado anteriormente, no conlleva la despenalización de una conducta sino significa un perdón, una gracia a favor de una persona. Al tratarse de un acto emitido por el Poder Ejecutivo si puede tener efectos individuales o subjetivos únicamente. Sin embargo, esta circunstancia no se produce con los actos emitidos por el poder legislativo, ya que la creación y eficacia de las leyes es de orden general, y aplicables a toda la población.

F. *¿Despenalizado en una ley de amnistía un hecho o conducta, se puede enjuiciar a alguien por dicho hecho o conducta ya despenalizados?*

No es posible enjuiciar a alguien por un hecho o conducta despenalizada a través de una ley de amnistía. Lo anterior por cuanto, la conducta no resulta punible, ya que se extinguió la responsabilidad penal que genera la comisión del hecho amnistiado. Por tal razón, no existe acción penal alguna que permita enjuiciar a una persona por la comisión de un hecho amnistiado. Jurídicamente y por decisión del legislador, ese hecho dejó de ser penalmente relevante.

G. *¿Puede despenalizarse un hecho o conducta en una ley de amnistía, y a la vez continuarse posteriormente un proceso penal contra una persona por el mismo hecho o conducta ya despenalizados?*

No es posible continuar el proceso penal en contra de una persona, por un hecho objeto de una ley de amnistía. Lo anterior por cuanto, a través de la declaratoria de amnistía se despenaliza el hecho, por lo que la acción penal que fundamentaba el proceso penal se extinguió, así como cualquier responsabilidad penal de la persona autora o partícipe del hecho amnistiado. Por esta razón, no es posible continuar con el proceso penal. En el momento en que se decrete la ley de amnistía, el juez deberá declarar extinta la acción penal. Lo que conlleva a la terminación del proceso penal a favor del investigado, a través de una absolutoria en grado de certeza o con el dictado de una resolución judicial, con efectos equivalentes.

H. *¿Es posible dictar una Ley de amnistía, sujetando su aplicación al cumplimiento de un determinado requisito procesal, de manera de excluir de la aplicación de la ley y de la despenalización que implica, a algunas personas?*

No es posible dictar una ley de amnistía que permita la exclusión de una persona, por no cumplir con determinado requisito procesal. Lo anterior por cuanto, la declaratoria de amnistía despenaliza determinados hechos o conductas, de manera general y sin límites algunos. Además, la amnistía recae en la acción penal, por lo que el requisito procesal resulta irrelevante. La declaratoria de amnistía al realizarse mediante la emisión de una ley por parte del poder legislativo, no se limita a personas en particular y no toma en consideración sujetos con determinadas características para que esta surta efecto, o bien en determinada condición procesal. No puede supeditarse los efectos de la declaratoria de amnistía al cumplimiento de determinadas condiciones subjetivas de los individuos o requisitos procesales alguno. La declaratoria de amnistía surte efectos generales y objetivos, despenalizando la conducta o hecho objeto de la declaratoria.

En caso de que los efectos de la amnistía se supediten al cumplimiento de requisitos procesales de un determinado proceso penal resulta en un completo contrasentido. Lo anterior por cuanto, ello conllevaría a que se mantenga un proceso penal en el que se investigan hechos que han sido despenalizados por el legislador y se ha extinguido cualquier tipo de responsabilidad penal por la comisión de dichas conductas. Razón por la cual no existiría acción penal alguna que justifique la tramitación del proceso penal existente, al existir una renuncia expresa por parte del Estado para perseguir y sancionar los hechos amnistiados.

I. *¿Si esto ocurriese, se estaría violando la naturaleza misma de la institución de la amnistía, que es su carácter general, y se estaría violando el derecho a la igualdad?*

Efectivamente, la Amnistía tiene como se mencionó anteriormente, efectos generales. Por lo que si se realiza alguna diferenciación por condiciones personales, subjetivas o procesales, se afecta el principio de igualdad ante la ley.

El principio de igualdad ante la ley en un Estado democrático de derecho constituye un derecho a favor de toda persona. Se refiere a la prohibición de tratos diferenciados, sin motivos justificados, a personas que se encuentren en una misma situación fáctica o jurídica. Es decir, no puede existir una diferenciación en el beneficio de determinado acto jurídico a favor de ciertas personas, sin que exista un motivo debidamente justificado y fundamentado que lo permita. Motivo que a su vez, debe necesario e idóneo para lograr la finalidad del trato diferenciado de las personas.

Conforme a lo anterior, supeditar la aplicación de la amnistía a un determinado requisito procesal, no constituye un motivo justificado ni fundamentado para excluir a determinadas personas del beneficio de la declaratoria de amnistía. Por el contrario, al extinguirse todas las acciones penales como parte de la declaratoria de amnistía, la existencia de un proceso penal no encuentra fundamentado alguno. Razón por la cual, exigir el cumplimiento de un requisito procesal para aplicar la amnistía resulta un completo contrasentido, al no existir fundamento alguno para la existencia del proceso. Requisito además que carece de fundamento y de justificación, para otorgar un trato desigual a las personas beneficiadas de la declaratoria de amnistía.

Consecuentemente, la supeditación de la aplicación de la declaratoria de amnistía al cumplimiento de requisitos procesales, resulta completamente violatorio al principio de igualdad.

4. **Con relación a la protección del abogado en la relación con su cliente, en especial por las opiniones que emita en el marco de una relación profesional.**

A. *¿Tiene derecho el abogado a expresar su opinión libremente a su cliente sobre los asuntos que se le consulten?*

Desde luego. Dar una opinión en el ejercicio de la profesión de los Abogados, debe enmarcarse dentro del contenido del artículo 13 de la Convención Americana de Derechos Humanos. Que garantiza a cualquier persona la libertad de buscar, recibir y difundir informaciones e ideas de toda índole. Consecuentemente, la opinión de un Abogado sin lugar a dudas es una forma de ejercicio de la libertad de expresión. Amparada por el artículo 13 de la Convención Americana.

Incluso las opiniones de los Abogados sobre las consultas, normalmente tienen protección adicional. Ya que se considera que no son punibles sus manifestaciones u opiniones cuando se refieran al objeto del litigio.

También tienen una protección especial en los códigos u ordenanzas éticas de la profesión, que establecen el secreto profesional. Lo cual a su vez se encuentra fundamentado en las Principios Básicos sobre la Función de los Abogados de Naciones Unidas, que establecen que los *"gobiernos reconocerán y respetarán la confidencialidad de todas las comunicaciones y consultas entre los abogados y sus clientes, en el marco de su relación profesional."* Es decir, para un correcto ejercicio de la profesión de los Abogados, estos deben de gozar de una inmunidad no solo civil, sino que también penal, referente a sus declaraciones u opiniones que emitan en ocasión a una consulta referida por el cliente. Criminalizar o penalizar de cualquier forma la opinión de un Abogado, resulta contrario a todos los principios del Estado Democrático de Derecho y se convertiría en un verdadero obstáculo o limitación al acceso a la justicia de los ciudadanos.

B. *¿El abogado a quien se ha consultado un asunto está en la obligación de mantener secreto profesional, y darle su opinión jurídica sólo a quien le ha consultado?*

Por supuesto. Para que realmente el Abogado pueda cumplir con su función en un Estado Democrático, no solamente se debe garantizar el ejercicio de la libertad de expresión y de opinión, sino también se deben de proteger la emisión de sus opiniones, través de la inmunidad civil y penal, antes mencionada. Por lo que debe garantizarse el secreto de las consultas, las comunicaciones y las opiniones que el Abogado exprese a su cliente.

El reguardar el secreto profesional de los Abogados es una garantía en un Estado Democrático y permite que los ciudadanos consulten a los Abogados en forma libre, sin temor de represalias posteriores. Por lo que cuando un

Abogado invoca el secreto profesional, lo que está utilizando es lo que se conoce en el derecho penal como una causa de justificación, dentro del ejercicio de un derecho. Lo cual eliminaría cualquier responsabilidad, tanto de índole civil, administrativa, ética y desde luego de naturaleza penal.

El carácter de secreto profesional se convierte no en un privilegio del Abogado, sino más bien en un derecho del ciudadano que consulta. Puesto que con solo realizar la consulta al Abogado, a éste le surge más bien una obligación de guardar confidencialidad sobre lo expresado por su cliente. Precisamente el faltar a esta obligación sin justa causa y en tesis de principio, conlleva a responsabilidades disciplinarias del Abogado que falte al secreto profesional.

Por último, es importante manifestar que dentro del secreto profesional se incluye no solamente las consultas verbales, comunicaciones u opiniones de los Abogados. Sino también están bajo el secreto profesional los documentos privados, que reciba el Abogado y desde luego su contenido, el Abogado no estaría obligado ni a entregar un documentos privado ni a revelar su contenido.

C. *¿Está el abogado obligado en relación con su cliente a guardar secreto profesional?*

Desde luego. La relación profesional en primer lugar es de carácter personal. Si un ciudadano le consulta a un Abogado sobre determinada situación y el Abogado está dispuesto a dar su opinión, se establece una relación profesional, Abogado-Cliente. Esta relación profesional está regida por principios éticos como confianza, transparencia, honestidad, eficiencia, responsabilidad, etc. Al haberse entablado o establecida esta relación profesional, le surgen al profesional deberes y obligaciones para el ejercicio de la profesión. Tales como el guardar la confidencialidad de las comunicaciones y opiniones. Lo mismo de los documentos que reciba o que conozca en relación precisamente en el ejercicio de la relación profesional con el cliente.

D. *¿Está el abogado obligado a denunciar a su cliente si por la consulta que se le hace, toma conocimiento de la existencia de un hecho punible?*

Los Abogados no están obligados a denunciar al cliente cuando se enteran, por sus propias manifestaciones, de que van a cometer un delito o han cometido un delito. Esto se fundamenta en la idea de que los Abogados no deben ser identificados con sus clientes ni con las causas de sus clientes, como consecuencia del desempeño de sus funciones. Además la interposición de una denuncia penal es en términos generales facultativa y cuando se establecen obligaciones para denunciar, se refieren particularmente a determinados sujetos, tales como el caso de los funcionarios o empleados públicos que conozcan de la comisión de un delito en el ejercicio de sus funciones, los médicos, farmacéuticos y demás personas que ejerzan cualquier ramo de las Ciencias de la Salud, que conozcan de la posible comisión de un delito al prestar los auxilios de su profesión. Aunque esta obligación de denunciar deja de tener vigencia cuando el conocimiento de los hechos está amparado al secreto profesional.

Incluso en algunas legislaciones se establece que, pese a la obligación de denunciar que siempre es la excepción, esta cede ante por ejemplo si se arriesga razonablemente la persecución penal propia, del cónyuge, o de parientes por consanguinidad o afinidad e incluso de una persona que conviva con el denunciante ligada a él por lazos especiales de afecto.

Conforme a lo anterior, el Abogado no está obligado a denunciar a su cliente.

5. **Con relación a la emisión de una opinión jurídica por un abogado como ejercicio de la libertad de expresión, así como las denunciadas violaciones a la libertad de expresión del profesor Brewer-Carías, así como sobre otras materias del ámbito de su experticia.**

A. *¿Tienen los abogados derecho y libertad para expresar libremente su pensamiento y emitir opiniones jurídicas por cualquier medio sobre temas jurídicos o de su especialidad?*

Desde luego que los Abogados, como cualquier ciudadano en un Estado Democrático de Derecho, pueden expresar su pensamiento y opinión. Este derecho está amparado en el artículo 13 de la Convención Americana de Derechos Humanos. Más aún si la expresión del pensamiento y opinión versa sobre cuestiones jurídicas, propias de la especialidad académica del Abogado. Una sociedad verdaderamente democrática debe de cumplir con los principios de transparencia y amplio debate de las cuestiones públicas. De ahí que los Abogados y más aún los especialistas, pueden participar a través de la crítica, las propuestas, cuestionamientos, y en general expresar su opinión como un criterio calificado por razón de sus estudios y conocimientos.

Bajo esta línea se encuentra en los Principios Básicos sobre la Función de los Abogados de Naciones Unidas, el principio número 22 que señala expresamente que *"Los abogados, como los demás ciudadanos, tienen derecho a la libertad de expresión, creencias, asociación y reunión. En particular, tendrán derecho a participar en el debate público de asuntos relativos a la legislación, la administración de justicia y la promoción y la protección de los derechos humanos (...)"*

En estos principios de Naciones Unidas se señala claramente la función de los Abogados y su rol en una sociedad democrática. En donde se les permite una amplia participación precisamente para promover el debate de temas de interés de la colectividad.

B. *¿Puede un abogado ser enjuiciado por sus opiniones jurídicas?*

Desde luego que no. Criminalizar las opiniones es un atentado serio a las garantías y derechos en un Estado Democrático. Cuando estas opiniones tienen el carácter de jurídicas, su criminalización no solo afecta las garantías y derechos de cualquier ciudadano sino que, obstaculiza el ejercicio de la profesión de los Abogados y limita el derecho al acceso a la justicia. Criminalizar una opinión, resulta una injerencia de parte del Estado, arbitraria, injustificada, inhumana y antidemocrática.

C. *¿Puede un abogado ser enjuiciado por las opiniones jurídicas que exprese sobre interpretación de normas constitucionales o sobre la interpretación que le merecen determinados sucesos o hechos políticos que puedan producirse?*

Ningún ciudadano en una sociedad verdaderamente democrática, debería ser enjuiciado por emitir su opinión. Si la opinión es dada por un Abogado, referente a su especialidad, como puede ser la interpretación de normas constitucionales o de hechos políticos, su criminalización se convierte en un exceso ilegítimo de parte del Estado, un verdadero acto arbitrario. La penalización y persecución del Estado en el derecho penal moderno encuentra límites, tales como: el principio de legalidad, su derivado la tipicidad, el principio de lesividad y el principio de la proporcionalidad, entre otros. El Estado Democrático se caracteriza precisamente por respetar estos límites establecidos en principios y normas, tanto de rango constitucional como internacional. Criminalizar una opinión atenta contra estos límites y aleja al Estado de una verdadera estructura democrática, y por el contrario se acerca a los modelos de Estados totalitarios o autoritarios.

La manifestación de una opinión es también el ejercicio de un Derecho Humano y por ninguna razón ésta podría criminalizarse.

D. *¿Está el abogado obligado a interpretar hechos jurídicos conforme a una única interpretación oficial?*

El ejercicio de la abogacía en una sociedad democrática es también una garantía para el pluralismo. De ahí que obligar a un Abogado a interpretar hechos según una interpretación oficial, resulta contrario a los principios del Estado democrático. Además, sería una manifestación arbitraria de parte del Estado, injustificada y antidemocrática. Semejante obligación restringe el debate público que precisamente es una característica de una sociedad democrática, ya que habría que interpretar los hechos jurídicos según la versión oficial. El Abogado no puede estar compelido a interpretar los hechos en sus opiniones, según los intereses oficiales del Estado. Precisamente el ejercicio de la Abogacía de una manera libre, sin interferencias y coacciones, es lo que garantiza que las opiniones sean realmente manifestaciones en defensa de los derechos de los ciudadanos por un lado, y permiten el cuestionamiento y la crítica de las posiciones oficiales por otro lado. Pretender que la interpretación del Abogado se de acuerdo a una determinada orientación es un atentado en contra del Estado Democrático de Derecho. Además, como se ha indicado anteriormente, imposibilitaría un verdadero acceso a la justicia de los ciudadanos, ya que los Abogados estarían al servicio del poder y no de la ley.

20 de Agosto del año 2013

TERCERA PARTE:

INFORME PERICIAL DEL PROFESOR ANTONIO CANOVA DE FECHA EL RÉGIMEN JURÍDICO DE LA CARRERA JUDICIAL EN VENEZUELA, EN PARTICULAR SOBRE EL RÉGIMEN CONSTITUCIONAL, EL RÉGIMEN LEGAL, EL RÉGIMEN RESULTANTE DE LA EMERGENCIA JUDICIAL Y EL RÉGIMEN ACTUAL; SU ADECUACIÓN A LA CONSTITUCIÓN Y A LOS REQUISITOS DE SUFICIENCIA PROFESIONAL, INDE-PENDENCIA E IMPARCIALIDAD CONFORME A LOS ESTÁNDARES DE UNA SOCIEDAD DEMOCRÁTICA Y SU RELEVANCIA EN EL PROCESO PENAL CONTRA EL PROFESOR BREWER CARÍAS DE 29 DE AGOSTO DE 2013

Quien suscribe, Antonio Canova González, venezolano, mayor de edad, domiciliado en Caracas, titular de la cédula de identidad N° 9.880.302, de profesión abogado, graduado en la UCAB, Doctor en Derecho en la UC3M, Especialista en Derecho Administrativo en la UCV y en Derecho Constitu-cional en la UC3M, profesor de Derecho Procesal Constitucional y Adminis-trativo en la UCAB y de postgrado en las UCAB y en la UMA, en mi condi-ción de experto y conocedor de la organización y el funcionamiento del Poder Judicial en Venezuela, bajo fe de juramento, conforme lo previsto en el artí-culo 48 (2) del Reglamento de la Corte IDH, remito la opinión que me fue requerida para su consignación ante esta Honorable Corte IDH en el caso Brewer Carías vs. Venezuela (CDH-12.724) sobre los puntos específicos que se indican a continuación:

DECLARACIÓN:

Se me ha pedido que emita una opinión en mi condición de experto en el sistema jurídico y judicial venezolano sobre el siguiente tema: *"El régimen jurídico de la carrera judicial en Venezuela, en particular sobre el régimen constitucional, el régimen legal, el régimen resultante de la emergencia judi-cial y el régimen jurídico actual; su adecuación a la Constitución y a los re-quisitos de suficiencia profesional, independencia e imparcialidad conforme a los estándares de una sociedad democrática y su relevancia en el proceso penal contra el profesor Brewer Carías"*.

También el Estado venezolano ha pedido que dé respuesta a una serie de preguntas relacionadas con el Poder Judicial venezolano, en gran medida con su situación antes de la ANC de 1999.

A los efectos de expresar del mejor modo posible mi opinión sobre estos puntos, y fundamentar mi afirmación de que el Poder Judicial venezolano no es independiente ni autónomo y que responde a intereses del Gobierno, por lo que no es una garantía de juicio justo e imparcial contra el profesor Brewer

Carías, quien ha tenido una postura pública de denuncia y crítica fundamentada contra el gobierno venezolano desde la llegada a la Presidencia de la República en 1998 de Hugo Chávez, he dividido este documento en tres partes, más una conclusión:

a) Primero, hago alusión al régimen constitucional venezolano sobre el Poder Judicial desde 1999 y su implementación a través de las leyes, sentencias y otros actos dictados por los poderes públicos desde entonces. Hago especial énfasis en la injerencia política para el nombramiento de los magistrados del TSJ, pues son éstos los que ejercen la dirección y administración del resto del Poder Judicial. En cuanto a la Judicatura, me detengo básicamente en tres aspectos que han guiado al manejo del Poder Judicial desde 1999 y que son centrales a los efectos de verificar el cumplimiento de las garantías de independencia e imparcialidad: la ausencia de condiciones objetivas y predefinidas en el nombramiento de los jueces; las limitaciones al acceso a la carrera judicial de los jueces; y el alcance del régimen de las destituciones disciplinarias y la discrecionalidad absoluta o arbitrariedad para la remoción, sin motivos, explicaciones ni procedimiento previo, de la mayoría de los jueces en Venezuela. Esto demuestra que, contrariamente a las previsiones constitucionales, en Venezuela han sido desconocidos todos los principios de una sociedad democrática que aseguran la independencia e imparcialidad del Poder Judicial.

b) Segundo, hago un recuento de diversas declaraciones de funcionarios del alto gobierno en los últimos 14 años acerca de la intención y necesidad de someter al Poder Judicial venezolano y convertirlo en un aliado para alcanzar sus fines políticos concretos; así como de discursos, comunicados e intervenciones públicas de varios magistrados del TSJ, quienes han demostrado abiertamente su identificación con el gobierno nacional.

c) Tercero, tomando en cuenta lo anterior, hago mención a un grupo de casos en los que claramente ha habido una relación directa entre los intereses políticos del gobierno o del partido oficialista, manifestados públicamente por diversos voceros, y la subsiguiente actuación del sistema de justicia venezolano. Dicha identificación de intereses permite supone mucho más que una mera coincidencia, y viene a corroborar la conclusión de que el Poder Judicial venezolano no es independiente ni imparcial.

Seguidamente, como conclusión, expreso mi opinión acerca de la falta de aptitud de los tribunales venezolanos y del Ministerio Público para darle un trato justo e imparcial en el proceso penal iniciado contra el profesor Brewer Carías.

Finalmente, doy respuesta a las preguntas que el Estado venezolano formuló por comunicación de 9 de agosto de 2013, tal como fue requerido por esta Corte por Nota N° 12.724/138 de 20 de agosto de 2013.

1. RÉGIMEN JURÍDICO DEL PODER JUDICIAL VENEZOLANO Y SU IMPLEMENTACIÓN DESDE 1999

1.1. Constitución y sistema de justicia

La CRBV de 1999 declara expresamente que Venezuela se constituye como un Estado de Derecho (artículo 2), por lo que desarrolla en su articulado un conjunto de garantías judiciales que permitirían hacer valer la separación de poderes, el principio de legalidad y, en general, los derechos de las personas.

La tutela judicial, entonces, está prevista en diversos artículos y se le atribuyen las características de independencia y autonomía, por un lado, y efectividad y debido proceso, por el otro. A los efectos de este dictamen interesan especialmente las dos primeras, que aseguran juicios objetivos, imparciales, justos.

En este sentido, en cuanto a la independencia del Poder Judicial, la CRBV prevé claramente el principio de separación de poderes en su artículo 136, al señalar que el Poder Judicial es uno de los poderes públicos nacionales y por tanto, a pesar de la colaboración que pueda existir entre éstos, tiene funciones propias, específicas y exclusivas. De acuerdo con los artículos 137 y 138, la CRBV y la ley garantizan tal separación y en cualquier caso, toda autoridad usurpada es ineficaz y sus actos son nulos.

El artículo 253 de la CRBV establece claramente el ámbito de actuación del Poder Judicial y precisa que la *"potestad de administrar justicia emana de los ciudadanos o ciudadanas y se imparte en nombre de la República por autoridad de la ley"*. Asimismo, dispone expresamente que al Poder Judicial corresponde *"conocer de las causas y asuntos de su competencia mediante los procedimientos que determinen las leyes, y ejecutar o hacer ejecutar sus sentencias"*.

El artículo 254 también garantiza la autonomía "funcional, financiera y administrativa" del Poder Judicial y establece expresamente que *"[d]entro del presupuesto general del Estado se le asignará al sistema de justicia una partida anual variable, no menor del dos por ciento del presupuesto ordinario nacional, para su efectivo funcionamiento, el cual no podrá ser reducido o modificado sin autorización previa de la Asamblea Nacional"*.

La CRBV también diseña la organización del Poder Judicial, el cual está encabezado por el TSJ, máxima autoridad jurisdiccional y a la vez, órgano de administración y dirección. El TSJ ejerce *"el gobierno y la administración del Poder Judicial"*, así como *"la inspección y vigilancia de los tribunales de la República"* (artículo 267). En ejercicio de esa competencia, al TSJ corresponde el *"[e]l nombramiento y juramento de los jueces"* (artículo 255).

Luego de esas declaraciones generales, la CRBV señala los aspectos fundamentales para alcanzar la independencia e imparcialidad del Poder Judicial: un sistema de elección de magistrados y jueces transparente, objetivo y basado en méritos; un régimen de estabilidad para magistrados y jueces, que estimule la carrera judicial; procedimientos disciplinarios compatibles con los principios de imparcialidad y del debido proceso, y que constituyen la vía adecuada para la terminación forzada de la carrera judicial.

En tal sentido, en cuanto al nombramiento de magistrados del TSJ venezolano, la normativa constitucional hace énfasis en la idoneidad, objetividad, transparencia y consenso a los efectos de su nombramiento, fijando requisitos estrictos e incorporando en tal decisión no solamente a la AN sino, a la vez, a otros poderes públicos y a la sociedad civil organizada.

Así se desprende del artículo 263 constitucional, que contempla los requisitos para ser magistrado del TSJ, entre los que se incluyen, en el aparte 2, los siguientes: *"Ser jurista de reconocida competencia, gozar de buena reputación, haber ejercido la abogacía durante un mínimo de quince años y tener título universitario de postgrado en materia jurídica; o haber sido profesor universitario o profesora universitaria en ciencia jurídica durante un mínimo de quince años y tener la categoría de profesor o profesora titular; o ser o haber sido juez o jueza superior en la especialidad correspondiente a la Sala para la cual se postula, con un mínimo de quince años en el ejercicio de la carrera judicial, y reconocido prestigio en el desempeño de sus funciones"*. El artículo siguiente, el 264, si bien deja claro que será la ley la que determinará el procedimiento de elección, precisa que *"[e]n todo caso, podrán postularse candidatos . . . . ante el Comité de Postulaciones Judiciales, por iniciativa propia o por organizaciones vinculadas con la actividad jurídica. El Comité, oída la opinión de la comunidad, efectuará una preselección para su presentación al Poder Ciudadano, el cual efectuará una segunda preselección que será presentada a la Asamblea Nacional, la cual efectuará una tercera preselección para la decisión definitiva./ Los ciudadanos . . . . podrán ejercer fundadamente objeciones a cualquiera de los postulados ante el Comité de Postulaciones Judiciales, o ante la Asamblea Nacional"*.

El resto de jueces del Poder Judicial tiene, según la CRBV, una normativa de nombramiento diferente, pues priva en tal ámbito la concepción de que la función judicial es una carrera profesional en la que prevalecen la idoneidad, superación, estabilidad y autonomía de quienes la asumen. En otras palabras, este esquema permite que, en principio, ingresen al Poder Judicial los mejores candidatos y que, en la medida que tengan un desempeño destacado, asciendan hasta los niveles superiores de la organización, en condiciones de estabilidad y permanencia en el cargo.

El artículo 255 de la CRBV alude a las condiciones aplicables a este esquema, a saber: *"El ingreso a la carrera judicial y el ascenso de los jueces. . . se hará por concursos de oposición públicos que aseguren la idoneidad y excelencia de los . . . . participantes y serán seleccionados por los jurados de los circuitos judiciales, en la forma y condiciones que establezca la ley"*. En respaldo de la estabilidad de los jueces en la carrera judicial precisa que *"[l]os jueces . . . . sólo podrán ser removidos o suspendidos de sus cargos mediante los procedimientos expresamente previstos en la ley"*.

En cuanto a la remoción de los magistrados del TSJ, el artículo 265 de la CRBV prevé unas condiciones especiales, que incluyen la aprobación de tal medida, previa audiencia al interesado, por una mayoría calificada de la AN de dos terceras partes, así como la previa calificación de la falta que motivaría la medida por el Poder Ciudadano.

Sobre la remoción de los jueces venezolanos, y en armonía con el principio de estabilidad, solo está prevista en la CRBV la destitución por faltas cometidas y ello mediante sentencia de unos tribunales especiales disciplinarios. De acuerdo con la CRBV, habrá de dictarse un Código de Ética que regule los supuestos y los procesos disciplinarios. El artículo 267 constitucional, en tal sentido, establece que *"[l]a jurisdicción disciplinaria judicial estará a cargo de los tribunales disciplinarios que determine la ley./ El régimen disciplinario de los magistrados . . . . y jueces . . . . estará fundamentado en el Código de Ética del Juez Venezolano o Jueza Venezolana, que dictará la Asamblea Nacional. El procedimiento disciplinario será público, oral y breve, conforme al debido proceso, en los términos y condiciones que establezca la ley"*.

Estas son las normas constitucionales que configuran al Poder Judicial venezolano y garantizan su indispensable autonomía, independencia, transparencia e imparcialidad, como se ha visto. Empero, luego de más de una década de vigencia de la CRBV tales normas y principios han sido desconocidos sistemáticamente. El funcionamiento del Poder Judicial venezolano no se ha normalizado ni se ha alcanzado el objetivo de una administración de justicia independiente e imparcial. La disparidad entre lo previsto en la CRBV y la normativa efectivamente aplicada hasta los momentos, es manifiesta.

1.2. El control político sobre el TSJ

De acuerdo con la CRBV, el TSJ es el que ejerce el gobierno y la administración del Poder Judicial (artículo 267). Por tal motivo, puede encontrarse una relación directa entre la independencia e imparcialidad de los magistrados designados ese alto tribunal y esas mismas notas de independencia e imparcialidad en el resto de los tribunales. Ello, en especial, como se verá, cuando son los magistrados los que arbitrariamente tienen el poder para nombrar y remover, sin limitaciones, a los jueces venezolanos.

En este sentido, debo empezar afirmando que todos los procesos de designación de magistrados del TSJ, desde 1999, han estado signados por la discrecionalidad, falta de transparencia, y una marcada injerencia política, al extremo de que muchos de los que ocupan y han ocupado cargos en el TSJ habían sido funcionarios del gobierno o miembros del partido político oficial.

Apenas se instaló la ANC, ésta, escudada en un supuesto *"carácter originario"* y en presuntas *"potestades jurídicas plenas"*, acordó la intervención total del Poder Judicial mediante distintos actos, como el Decreto de Reorganización de 19 de agosto de 1999[1]. Esto motivó la remoción inmediata de casi todos los miembros de la antigua Corte Suprema de Justicia por la Comisión de Emergencia Judicial y el nombramiento, sin procedimiento alguno y sin explicación, por la misma ANC de todos y cada uno de los magistrados del TSJ.

---

[1]   *GO* N° 36.772, de 25 de agosto de 1999.

Esos nuevos magistrados del TSJ, designados discrecionalmente por la ANC, la cual, vale recordar, respondía absoluta y mayoritariamente a los intereses del Presidente de la República, fueron luego ratificados por la AN, sin atenerse a los parámetros previstos en la CRBV, gracias a la inconstitucional Ley para la Ratificación de Magistrados[2].

Los nuevos magistrados del TSJ, nombrados sin procedimiento ni explicación alguna por la Comisión de Emergencia Judicial de la ANC, no cumplían con los requisitos previstos en la CRBV luego promulgada para ocupar ese cargo, en concreto, el referido a las exigencias de experiencia profesional y académica. Sin embargo, eso no fue obstáculo para su ratificación en el cargo, pues con base en una muy acomodaticia sentencia dictada por esos mismos magistrados, en SC[3], se "aclaró" la interpretación debida a varias condiciones constitucionales para ocupar el puesto de magistrado. De este modo, la exigencia de ser profesor titular, que es el máximo puesto en el escalafón de la carrera universitaria, fue relajada y entendida como que se trate de un profesor fijo, no un suplente. Algo similar ocurrió con la exigencia constitucional de haber culminado estudios de postgrado en el área jurídica para el que será designado.

De este modo, los primeros magistrados del TSJ fueron designados, discrecionalmente, por la ANC, a través de la Comisión de Emergencia Judicial, y poco tiempo después ratificados por la AN[4], notándose una clara injerencia política en tales nombramientos.

La siguiente designación de magistrados del TSJ ocurrió luego de la promulgación, en fecha 20 de mayo de 2004, de la Ley del TSJ. Vale recordar que esta ley fue la reacción del gobierno de Hugo Chávez, a través de la mayoría que tenía en la AN, para retomar el control del TSJ perdido a raíz de la deserción de muchos de sus antiguos aliados tras la rebelión cívico-militar de abril de 2002[5].

Esta Ley del TSJ de 2004[6] introdujo, en este aspecto de la composición del TSJ, tres modificaciones fundamentales. Por un lado, aumentó el número de magistrados en las diferentes salas del TSJ, elevando su composición de 20 a 32 miembros. Por otro, en cuanto a la inminente elección de los nuevos magistrados, se incluyó un artículo que permitió al grupo político o partido

---

[2]   *GO* N° 37.077, de 14 de noviembre de 2000.

[3]   TSJ, SC, 12 de diciembre de 2000, "Defensoría del Pueblo", Sentencia N° 1562, disponible en http://goo.gl/hGQbMX.

[4]   En sesión de fecha 20 de diciembre de 2000. Acuerdo que fue publicado en la *GO* N° 37.105 del día 22 de diciembre de 2000.

[5]   Véase la sentencia TSJ, SP (Accidental), 14 de agosto de 2002, "Julián Isaías Rodríguez Díaz, Fiscal General de la República Bolivariana de Venezuela c. General de División (Ej.) Efraín Vásquez Velazco, General de Brigada (Av.) Pedro Pereira Olivares, Vicealmirante Héctor Ramírez Pérez y Contralmirante Daniel Lino José Comisso Urdaneta", Sentencia N° 38, disponible en http://goo.gl/D0r9M.

[6]   *GO* N° 37.942, de 20 de mayo de 2004.

que tuviera la mayoría simple en la AN que pudiera nombrar a los nuevos magistrados del TSJ, siendo que la CRBV requiere de una mayoría calificada de dos terceras partes. Finalmente, modificó el procedimiento para su remoción e incluyó nuevos mecanismos para tal fin, también por mayoría simple de la AN, del acto mediante el cual se designa a un magistrado, con base en criterios absolutamente subjetivos, a saber: cuando hubiere suministrado "*datos falsos*" en el momento de su postulación a la fecha de la misma, que "*impidan conocer o tergiversen el cumplimiento de los requisitos exigidos*" en la Ley y en la CRBV; cuando "*[su] actitud pública atente contra la majestad o prestigio*" del TSJ o del Poder Judicial; o cuando "*atente contra el funcionamiento del Tribunal Supremo de Justicia o del Poder Judicial*" (artículo 23.4 de la Ley del TSJ).

Justamente, en 2004, para la designación de los nuevos doce magistrados, la AN dispuso la creación de un Comité de Postulaciones Judiciales que, en lugar de estar integrado "*por representantes de los diversos sectores de la sociedad*" como lo exige la CRBV, se conformó por diputados y por un grupo de personas nombradas por la AN sin procedimiento establecido en leyes ni motivación alguna.

No sorprendió que entre los magistrados elegidos en ese entonces, en 2004, figurara un destacado diputado miembro del partido oficialista, justamente quien se presentó como redactor del proyecto de dicha Ley del TSJ, Luis Velázquez Alvaray.

Además del diputado Luis Velázquez Alvaray, entre esos nuevos magistrados designados pueden mencionarse otros que han sido muy cercanos al gobierno nacional: Luisa Estella Morales, quien fuera Presidenta del TSJ desde 2007 a 2013; Evelyn Marrero Ortiz, quien, al igual que aquélla, era antes magistrada de la C1CA; Francisco Carrasquero, quien había sido designado por la SC rector del CNE, cuya actuación fue decisiva para que Hugo Chávez ganara el referéndum revocatorio de 2004; Marcos Dugarte Padrón, hermano de un militante del Gobierno Nacional para entonces diputado radical de la bancada oficialista; Arcadio Delgado Rosales, hijo de uno de los magistrados del TSJ salientes, y figura capital en la construcción del ordenamiento jurídico favorable al Presidente Hugo Chávez antes y luego de la ANC; Emiro Antonio García Rosas, quien era abogado defensor de organizaciones civiles fines al gobierno y radicales; Eladio Aponte Aponte, el ex fiscal militar, quien ocuparía la Presidencia de la Sala de Casación Penal y a los pocos años abandonaría el país y haría declaraciones que pusieron al descubierto la parcialidad, dependencia y corrupción del Poder Judicial venezolano, como se mencionará más adelante.

También, la modificación introducida en esa Ley del TSJ de 2004 relativa a la remoción de magistrados de modo diferente al previsto constitucionalmente fue aplicada por la AN de inmediato, pues echó mano (a menos de un mes de promulgada) del expediente de la "revocación" del acto de nombramiento de uno de los magistrados que había actuado sin seguir la línea del partido de gobierno. Se trata del entonces magistrado del TSJ Franklin Arrieche, removido de su cargo por un Acuerdo de la AN de 15 de junio de 2004, con base en el artículo 23 de dicha Ley Orgánica. Este magistrado había sido el ponente en el fallo de la SP Accidental de 14 de agosto de 2002, que con ocasión del antejuicio de mérito a oficiales de la Fuerza Armada Nacional, consideró que lo que había ocurrido en el país en abril de 2002 había sido una crisis gubernamental debido al vacío de poder provocado por la renuncia del Presidente de la República y no un golpe de estado y que originó que este mismo funcionario, en cadena nacional de radio y televisión, calificara esa sentencia de modo escatológico, anunciara que "el pueblo" no la obedecería e instruyera a los miembros de la AN que investigara a los magistrados[7].

En fin, con el aumento del número de magistrados, el nombramiento discrecional de los nuevos, y la "revocación" del nombramiento, la jubilación o faltas absolutas de otros que eran contrarios al gobierno, la nueva composición de cada cala del TSJ, así como de la SP, quedó asegurada a favor del entonces Presidente de la República y su proyecto político[8].

El siguiente grupo de nombramientos de magistrados ocurrió el 6 de diciembre de 2010. Lo hizo la AN elegida en 2005, cuando la casi totalidad de sus miembros pertenecía al partido de gobierno (los partidos de oposición no participaron en las elecciones parlamentarias de 2005 porque no existían las garantías electorales adecuadas). Tal designación fue ejecutada por esa AN a pesar de que para ese momento ya se habían realizado las elecciones parlamentarias (el 26 de septiembre de 2010) y en menos de un mes se instalarían los nuevos diputados recién proclamados, que darían una composición política distinta al cuerpo. La designación se llevó a cabo apresuradamente, tanto que en fecha 1° de octubre de 2010[9] apareció, sorpresivamente, una corrección por error material de la reciente Ley del TSJ, que había sido publicada inicialmente el 29 de julio de 2010[10], y reimpresa el 9 de agosto de 2010[11].

---

[7] La prensa venezolana e internacional recogió las declaraciones de Hugo Chávez los días siguientes cuando fue publicada esa sentencia. Textualmente dijo: "*Esos once magistrados no tienen moral para tomar ningún otro tipo de decisión, son unos inmorales y deberían publicar un libro con sus rostros para que el pueblo los conozca. Pusieron la plasta*". Ver: *Chávez anuncia una marcha contra el fallo del Supremo que exculpó a los militares golpistas,* Diario ABC de España, 18 de agosto de 2002, disponible en http://goo.gl/dHmOE. *Ver también:* TUYEROUNO, *Ud. lo vio la plasta*, YouTube (15 de abril de 2009), http://goo.gl/F9Fa

[8] Justamente, a los pocos meses de incorporados los nuevos magistrados del TSJ que aseguró la mayoría afín al gobierno, la SC dictó una sentencia (TSJ, SC, 11 de marzo de 2005, "Fiscal General de la República", N° 233), conociendo de un recurso de revisión extraordinaria, por la cual anuló la mencionada sentencia de 14 de agosto de 2004 que declaró el vacío institucional y negó la tesis del golpe de estado del 11 de abril de 2002. Disponible en http://goo.gl/ysdC1Q

[9] *GO* N° 39.522 de 1° de octubre de 2010.

[10] *GO* N° 5.991 de 29 de julio de 2010.

[11] *GO* N° 39.483 de 9 de agosto de 2010.

Tal "corrección", justamente, permitió que la elección de los magistrados ocurriera en ese breve período que restaba de sesiones legislativas, pues, a pesar de lo sutil, supuso un recorte de plazos importante. En efecto, el artículo 70 de la Ley Orgánica original contemplaba el carácter público del proceso de selección de magistrados y, para ello, ordenaba al Comité de Postulaciones Judiciales convocar a los interesados mediante un aviso, que se publicaría en no menos de tres diarios de circulación nacional, que contuviera los requisitos que debían reunir los candidatos para que presentaran su postulación en un lugar y plazo determinado. El artículo agregaba, en su parte final, refiriéndose al plazo aludido, que: *"Este último no será menor de treinta días continuos"*. En otras palabras, la Ley del TSJ obligaba que la convocatoria para las personas interesadas a ser magistrado tuviera, al menos, un lapso de 30 días para la recepción de las postulaciones.

La corrección material, pequeña pero descarada, cambió las palabras "menor" por "mayor" de esa frase final del artículo. De ese modo, el plazo para recibir las postulaciones ahora, en lugar de ser "mayor" de 30 días, sería "menor" a ese lapso, en el tiempo fijado por la AN en el cartel, que en el caso concreto fue solamente de 10 días.

No sorprende, pues, que varios de los nuevos magistrados al TSJ designados por la AN en esa oportunidad pertenecieran hasta hacía poco a las filas del partido de gobierno, fueran funcionarios de confianza del Poder Ejecutivo o diputados o familiares de diputados de esa misma AN saliente, cuyos nombramientos fueron respaldados por efusivos aplausos de sus, hasta entonces, compañeros[12]. La nueva y actual composición del TSJ fue, aún más que antes, totalmente leal e incondicional al entonces Presidente de la República, Hugo Chávez, y su proceso político revolucionario. Entre éstos pueden nombrarse los magistrados Carmen Zuleta de Merchán, Arcadio Delgado Rosales, Juan José Mendoza, Trina Omaira Zurita y, especialmente, Gladys María Gutiérrez Alvarado, quien venía de ser Procuradora General de la República, Embajadora de Venezuela ante el Reino de España, Cónsul General de Venezuela en España, Ministro Consejero en la Embajada de Venezuela en España, Director-Jefe de la oficina de secretaría del Consejo de Ministros, incluso fue candidata a la Gobernación del Estado Nueva Esparta por el partido oficialista. La Sra. Gutiérrez Alvarado ejerce actualmente la Presidencia del TSJ.

Como puede verse, las normas constitucionales sobre nombramiento y remoción de los magistrados del TSJ han sido, desde el inicio, manipuladas y malinterpretadas por la mayoría oficialista en la ANC y en la AN, de modo de asegurar un control político del TSJ y por consiguiente, de todo el Poder Judicial venezolano.

1.3. Nombramiento de jueces

Tomando en cuenta que es el propio TSJ el que ejerce la dirección y administración del Poder Judicial, puede explicarse el régimen de nombramien-

---

[12] *AN designó 9 magistrados titulares y 32 suplentes del Tribunal Supremo de Justicia,* El Carabobeño, 7 de diciembre de 2010, disponible en http://goo.gl/iqzz0.

to y remoción de los demás jueces aplicado en la práctica, bastante distante al previsto constitucionalmente.

Mucho antes de la sanción de la CRBV, la ANC había atribuido a la Comisión de Emergencia Judicial plenos poderes para evaluar y, seguidamente, destituir y designar jueces. Fue así que, con base en el Decreto de Medidas Cautelares Urgentes de Protección del Sistema Judicial, de 9 de noviembre de 2000[13], empezó un proceso de suspensión y destitución generalizado de cientos de jueces venezolanos, tanto titulares como interinos, por el solo hecho de tener procedimientos disciplinarios en curso o varias denuncias en su contra, así como el nombramiento por esa Comisión de Emergencia Judicial de cientos de jueces provisorios, sin la convocatoria previa de los concursos de oposición a los que alude la CRBV.

La Disposición Transitoria Cuarta de la CRBV otorgó una competencia específica a la Comisión de Reestructuración. Se le encargó, mientras no se dictara la Ley Orgánica sobre la Defensa Pública, del *desarrollo y operatividad efectiva del Sistema Autónomo de la Defensa Pública, a los fines de garantizar el derecho a la defensa*".

Sin embargo, posteriormente a la aprobación de la CRBV, el 29 de diciembre de 1999, esta Comisión de Reestructuración fue creada y jugó un papel destacado en el nombramiento y destitución de jueces con base en el mencionado Decreto del Régimen de Transición del Poder Público.

Allí se estableció que el otrora Consejo de la Judicatura, que tenía la competencia de designar jueces y aplicar las sanciones disciplinarias, pasaría a conformar la Dirección Ejecutiva de la Magistratura, adscrita al TSJ, de conformidad con el artículo 267 de la CRBV, y que "*[m]ientras el Tribunal Supremo de Justicia no organice la Dirección Ejecutiva de la Magistratura, las competencias de gobierno y administración, de inspección y vigilancia de los tribunales y de las defensorías públicas, así como las competencias que la actual legislación le otorga al Consejo de la Judicatura en sus salas Plena y Administrativa, serán ejercidas por la Comisión de Funcionamiento y Reestructuración del Sistema Judicial*" (artículo 22).

En el marco de la "*emergencia judicial*", fueron sustituidos con total discrecionalidad y sin realizar los concursos de oposición, cientos de jueces, prácticamente todo el Poder Judicial venezolano. En una declaración del entonces Presidente de la Comisión de Reestructuración, Manuel Quijada, del 14 de junio de 2000, publicada como Nota de Prensa del propio TSJ, reconoció jueces se estaban escogiendo sin concursos de oposición sino "*a dedo*". Textualmente, señaló que ".... *se ha hecho de esa forma, a dedo, como ha sido todo, porque estamos en una etapa de transición, donde no podemos hacerle un concurso para escoger a los jueces porque no terminaríamos nunca, por eso, en esta etapa lo que realizamos es una selección, pero se les es-*

---

13 *GO* N° 36.920, de fecha 22 de diciembre 1999, reimpreso el 28 de marzo de 2000.

coge por ser honorables y académicos de reconocida capacidad, como fue el caso de la Comisión que elaboró las Normas de Evaluación y Concurso"[14].

Luego de esa actuación de la Comisión de Reestructuración, el TSJ asumió tal atribución del nombramiento de jueces en cabeza de la Comisión Judicial. Se trata de un órgano creado por la "Normativa sobre la Dirección, Gobierno y Administración del Poder Judicial"[15], dictada por el TSJ con base en el artículo 267 de la CRBV, que en su artículo 2 dispone: *"Se crea la Comisión Judicial, como órgano del Tribunal Supremo de Justicia, con la finalidad de que ejerza por delegación las funciones de control y supervisión de la Dirección Ejecutiva de la Magistratura y las demás previstas en esta Normativa".*

En esa oportunidad, la regulación sobre la Comisión Judicial dispuso que estaría formada por seis magistrados, en representación de cada una de las distintas salas que integran el TSJ. Estos serían designados por la SP del TSJ en la oportunidad de la elección de la Junta Directiva. Se prohibía, asimismo, a los Presidentes de Salas formar parte de la Comisión Judicial, salvo al Presidente del TSJ quien sería, además, su Presidente.

El artículo 28 de esa Normativa, confería a la Comisión Judicial, *"entre otras"*, las siguientes atribuciones: *"a) Aprobar la normativa que corresponde dictar a la Dirección Ejecutiva de la Magistratura. b) Proponer a la Sala Plena el nombramiento y remoción de los tres Directores que integran el Comité Directivo de la Dirección Ejecutiva de la Magistratura. c) Designar y sustituir al Coordinador del Comité Directivo de la Dirección Ejecutiva de la Magistratura. d) Proponer a la* Sala Plena *las políticas que debe seguir la Dirección Ejecutiva de la Magistratura y velar por su cumplimiento. e) Presentar a la* Sala Plena, *para su discusión y aprobación, los proyectos de presupuesto del Poder Judicial, tanto ordinarios como extraordinarios. f) Mantener informada a la* Sala Plena, *en forma periódica, sobre sus actuaciones y las de la Dirección Ejecutiva de la Magistratura. g) Evaluar, cuando menos trimestralmente, los informes que sobre los resultados de su gestión le presente el Comité Directivo de la Dirección Ejecutiva de la Magistratura. h) Proponer a la* Sala Plena *la normativa sobre la organización y el funcionamiento de la Inspectoría General de Tribunales, del Servicio de la Defensa Pública y de la Escuela Judicial. i) Ejercer el control sobre la Inspectoría General de Tribunales, el Servicio de la Defensa Pública y la Escuela Judicial. j) Proponer a la* Sala Plena *los candidatos para la designación del Inspector General de Tribunales y de su suplente. Igualmente podrá proponer su remoción. k) Proponer a la* Sala Plena *los candidatos para la designación del Director del Servicio de la Defensa Pública y para la designación de su Suplente. Igualmente podrá proponer su remoción. l) Proponer a la* Sala Plena *los candidatos para la designación del Director de la Escuela Judicial. Igualmente podrá proponer su remoción".*

---

[14] http://www.tsj.gov.ve/informacion/notasdeprensa/notasdeprensa.asp?codigo=9873

[15] GO N° 37.014, de 15 de agosto de 2000.

116

Si bien no se estableció como una atribución expresa el nombramiento de jueces, desde entonces, ha sido ésa la competencia más usada de la Comisión Judicial.

La Ley del TSJ, de mayo de 2004, no se refiere a la Comisión Judicial ni le da competencia alguna en los artículos de organización y funcionamiento del TSJ. Apenas prevé en el capítulo de las Disposiciones Transitorias, con la letra a), un precepto según el cual dicha Comisión Judicial deberá instrumentar el proceso de *"reorganización y reestructuración de la Dirección Ejecutiva de la Magistratura"*.

Posteriormente, el Reglamento Interno del TSJ, reformado el 8 de marzo de 2006[16], derogó expresamente los artículos 26, 27 y 28 de la Normativa sobre la Dirección, Gobierno y Administración del Poder Judicial de 15 de agosto de 2000, que regulaban a la Comisión Judicial. La regulación sobre la Comisión Judicial del TSJ quedó establecida en un Capítulo VI. Ninguno de sus preceptos se refiere a la atribución de tal Comisión Judicial de nombrar jueces.

Se ha asumido que tal competencia, que viene ejerciendo dicha Comisión Judicial de manera reiterada y ordinaria, en ejercicio de una delegación de la SP del TSJ, el cual según la CRBV es el que ejerce la dirección, administración y gobierno del Poder Judicial venezolano.

El propio TSJ lo ha explicado reiteradamente, siendo constante tal argumento en las sentencias que resuelven acciones ejercidas por jueces provisorios removidos intempestivamente por la Comisión Judicial. El argumento de que la competencia de la Comisión Judicial en materia de nombramiento y remoción de jueves venezolanos viene de la delegación que ha obtenido de la SPA del TSJ, puede leerse, entre muchas otras, en la sentencia de 11 de noviembre de 2010, donde expresó:

> *"...en relación a las atribuciones del Tribunal Supremo de Justicia establece la Constitución de la República Bolivariana de Venezuela, no sólo respecto al ejercicio de la función jurisdiccional sino además de otras funciones que le corresponden en la dirección, gobierno y administración del Poder Judicial, la inspección y vigilancia de los tribunales de la República, e incluso, la elaboración y ejecución de su propio presupuesto y la del resto del Poder Judicial.*
>
> *En efecto, a través de la Normativa sobre la Dirección, Gobierno y Administración del Poder Judicial, publicada en la Gaceta Oficial de la República Bolivariana de Venezuela Nº 37.014 del 15 de agosto de 2000, el Tribunal Supremo de Justicia, en Sala Plena, le dio forma al órgano auxiliar denominado Dirección Ejecutiva de la Magistratura -de rango constitucional- el cual lleva a cabo por delegación todo aquello que sea asignado por la Sala Plena (Vid. Sentencias Nros. 1.798, 1.225, 1.264,*

---

[16] Disponible en http://goo.gl/ZBEJ9w.

689 y 00353 de fechas 19 de octubre de 2004, 27 de mayo de 2006, 22 de octubre, 18 de junio de 2008 y 18 de marzo de 2009, respectivamente), en todo lo relacionado con las funciones de dirección, gobierno y administración del Poder Judicial.

En ese mismo instrumento normativo se dio creación, además, a la Comisión Judicial, órgano integrado por un Magistrado de cada Sala y dependiente directamente del Máximo Tribunal. Este órgano actúa también por delegación, en todas aquellas funciones administrativas de control y supervisión conferidas por la SP, así como cualquier otra función establecida en la Normativa antes señalada que, por supuesto, no involucre la función jurisdiccional, pues con base en el principio de separación de poderes, ésta sola corresponde de forma exclusiva al Tribunal Supremo de Justicia y al resto de los tribunales de la República.

La Comisión Judicial nace así como un organismo auxiliar que toma parte también mediante la figura de la delegación, en la dirección, gobierno y administración del Poder Judicial. Coexisten, así, dos órganos que cumplen funciones específicas en materia administrativa de acuerdo a la Normativa antes mencionada y, más recientemente, conforme a lo previsto en el Reglamento Interno del Tribunal Supremo de Justicia, publicado en la Gaceta Oficial de la República Bolivariana de Venezuela Nro. 38.496 del 9 de agosto de 2006.

En definitiva y sin menoscabo de las atribuciones propias de la Dirección Ejecutiva de la Magistratura (DEM), no hay lugar a dudas acerca de la legitimidad de la Comisión Judicial para actuar por delegación en las tareas que le sean asignadas por la SP del Tribunal Supremo de Justicia, dentro del amplio espectro de tareas que conlleva la dirección, gobierno y administración del Poder Judicial, entre las que se encuentra lo relativo al ingreso y permanencia de los jueces dentro del Poder Judicial.

En orden a lo expuesto, y para delimitar la competencia de la mencionada Comisión, específicamente, en lo que se refiere a la separación de un funcionario del Poder Judicial, la Sala mediante sentencia Nº 01264 del 22 de octubre de 2008, señaló lo siguiente:

"...es básico hacer diferencia entre el retiro que se origina en una causa disciplinaria y cuando, por el contrario, tiene lugar mediante un acto de remoción, el cual es equivalente a dejar sin efecto su designación.

En el primero de los mencionados supuestos, es decir, cuando el retiro se origina en una causa disciplinaria, (...) la competencia para conocer de dicho asunto corresponde a la Comisión de Funcionamiento y Reestructuración del Sistema Judicial; mientras que si lo decidido se circunscribe a dejar sin efecto la designación del juez con carácter provisorio, será en cambio la Comisión Judicial por delegación de la SP del

Tribunal Supremo de Justicia de la República Bolivariana de Venezuela, la encargada de resolver dicho asunto"[17].

En suma, no hay otro fundamento constitucional ni legal para el ejercicio por la Comisión Judicial del TSJ de facultades para el nombramiento discrecional de los jueces. Todo se enmarca en el contexto del proceso de reorganización y reestructuración del Poder Judicial y en su condición de órgano delegatorio del propio TSJ.

Desde 1999 el Poder Judicial ha estado sometido a una constante reestructuración. Cada vez que hay cambios de magistrados en el TSJ y se modifica la composición de la Comisión Judicial en los meses siguientes se inicia un proceso de sustitución, también discrecional, de jueces en todo el territorio nacional.

En la actualidad, la Comisión Judicial del TSJ sigue designando, arbitrariamente, a los jueces venezolanos. En este año 2013, según ha publicado la página web del TSJ[18], ha nombrado a más de 71 jueces provisorios, 408 jueces temporales y 356 jueces accidentales en las diferentes circunscripciones judiciales del país, todos excluidos de la carrera judicial y sin estabilidad.

1.4. Limitaciones para acceder a la carrera judicial y estabilidad en el cargo de juez

Es prácticamente imposible determinar, ante la escasa información oficial disponible y la negación sistemática de cualquier solicitud formal de información, cuántos jueces venezolanos tienen en la actualidad la condición de titulares y la de provisorios, temporales o accidentales. La opacidad, a pesar de la obligación de información que impone a todos los órganos y poderes públicos el artículo 163 de la CRBV, es la característica principal de este tema de tanta relevancia social.

Sin embargo, y a pesar de la normativa constitucional y legal que prevé la obligatoriedad de que los jueces del Poder Judicial tengan la condición de titulares, es decir, que sean incorporados a través de concursos de oposición y puedan transitar por el escalafón judicial, la existencia de jueces provisorios o temporales no es excepcional sino, más bien, la regla en Venezuela.

La interpretación que ha dado el Estado venezolano, incluyendo el TSJ que ejerce el gobierno y administración del Poder Judicial, es que solo los jueces que ingresen al Poder Judicial mediante concurso de oposición gozarán de estabilidad y de la carrera judicial. Aquellos que ingresen de cualquier otro modo, y en general por designaciones hechas por la Comisión Judicial, son considerados provisionales, temporales o accidentales, y por ende de libre nombramiento y remoción, es decir, no gozan de estabilidad ni hacen carrera judicial.

---

[17]   TSJ, SPA, 11 de noviembre de 2010, "José Atilano Campos Carvajal", N° 01140, disponible en http://goo.gl/zP873T.

[18]   *Ver* listas de jueces designados y removidos en http://goo.gl/Q7GtFC.

Desde que fue aprobada la CRBV, en 1999, sólo se han convocado concursos de oposición para proveer los cargos de jueces en el año 2000. En esa oportunidad fueron designados no más de 150 jueces titulares. Luego de ese intento inconcluso, el resto del Poder Judicial ha sido designado por la Comisión Judicial y, por tanto, se trata de jueces, temporales, provisorios o accidentales, sin estabilidad ni carrera judicial[19].

En 2005, hubo un intento para dotar de estabilidad y de los beneficios de la carrera judicial a los jueces venezolanos. Fue una iniciativa muy cuestionable por haber sido contrario a la CRBV, y en todo caso tuvo una incidencia práctica muy limitada.

La Ley del TSJ dispuso que la Escuela Nacional de la Magistratura sería un órgano dependiente jerárquica, organizativa y funcionalmente de la SP del TSJ, y el centro de formación de los jueces y de los demás servidores del Poder Judicial.

El 6 de abril de 2005, el TSJ aprobó un proyecto de normas presentado por la Escuela Nacional de la Magistratura que incluía el llamado Programa Especial para la Regularización de la Titularidad (PET). Este último consistía en un curso académico de capacitación, en una evaluación médica y psicológica, en una valoración de desempeño y en un examen de conocimiento de los jueces provisorios, temporales o accidentales a los efectos de que, de aprobar los cursos, pudieran "regularizar" su situación, es decir, pudieran obtener la condición de jueces titulares, gozando en lo sucesivo de estabilidad y de los beneficios propios de la carrera judicial.

Pero no todos los jueces podían entrar en estos cursos, sino solamente aquellos que la Dirección Ejecutiva de la Magistratura convocara expresamente al PET, a cargo de la Escuela Nacional de la Magistratura, en un plazo de 12 meses. Solo de este modo, irregular e inconstitucional, es que el TSJ ha logrado incrementar el porcentaje de jueces titulares (más bien, "titularizados")[20].

Lo cierto es que, hasta ahora, y dada la ausencia de concursos de oposición para la designación de jueces, la forma ordinaria de hacer tales nombramientos es a través de acuerdos de la Comisión Judicial, que son publicados

---

[19] En el informe que presentó la ONG PROVEA, sobre el número de jueces en Venezuela en el año 2001 y la condición de éstos entre titulares y provisorios se lee que de un total de 1504 jueces en la República solo 150, el 10%, eran titulares. El resto, 1353, eran provisorio y, por tanto, sin estabilidad. Disponible en http://goo.gl/Nq KTH0.

[20] En el informe que presentó la ONG PROVEA en el año 2011, se hace una relación de los jueces del Poder Judicial venezolano y su condición como jueces titulares y provisorios. En el año 2006, luego de implementarse el Programa Especial para la Regularización de la Titularidad (PET), el porcentaje de jueces titulares se incrementó a un 75%, para un total de 1185 jueces. Los años siguientes ese porcentaje ha disminuido sensiblemente y en 2010 apenas se contabilizan 435 jueces titulares, para un porcentaje del 22,8% del total de los 1914 jueces venezolanos. Disponible en http://goo.gl/HE bdAO.

por la Dirección Ejecutiva de la Magistratura, y todo con base en la interpretación de que aquélla actúa como delegataria del TSJ, quien constitucionalmente tiene la competencia de gobierno, dirección y control del Poder Judicial. Por eso es que, sin tener cifras oficiales, todo indica que la enorme mayoría de los jueces venezolanos carecen de estabilidad, no han entrado en la carrera judicial, y pueden ser removidos libre y arbitrariamente por la Comisión Judicial del TSJ.

1.5. Destitución y remoción de jueces

En cuanto a la salida de los jueces del Poder Judicial venezolano, la CRBV solo se refiere al régimen disciplinario, entendiendo la destitución como la salida forzada de un juez por las faltas previstas en el Código de Ética y siguiendo un proceso contradictorio ante verdaderos tribunales disciplinarios, independientes y autónomos. No existe referencia a la posible remoción discrecional de los jueces. Esto equivaldría a contradecir las normas sobre la carrera judicial y comprometer los principios que expresamente postula, de independencia e imparcialidad.

Sin embargo, el TSJ ha hecho la distinción entre destitución, como sanción que excluye a los jueces de la carrera judicial jueces por razones disciplinarias, y remoción, entendida como una medida propia del gobierno y administración del Poder Judicial, que supone la salida forzada de algunos jueces sin motivos sancionatorios.

Acerca de la destitución por razones disciplinarias, la ANC, por el Decreto del Régimen de Transición del Poder Público y sin que esté previsto en la CRBV, había otorgado provisionalmente a la Comisión de Reestructuración la competencia para destituir jueces, hasta tanto se dictare el Código de Ética a que alude el artículo 267 constitucional y se constituyera la jurisdicción disciplinaria judicial.

Este régimen transitorio se mantuvo vigente hasta el 6 de agosto de 2009, cuando la AN sancionó y fue publicado el Código de Ética[21]. Fue reformado el 23 de agosto de 2010. Allí se contemplan los hechos en que pueden incurrir los jueces titulares y provisorios tipificados como faltas disciplinarias, que darían lugar a amonestación, suspensión o destitución del cargo. Ese Código expresamente deroga los artículos 38, 39 y 40 de la Ley de Carrera Judicial y los artículos 34, 35 y 36 de Ley Orgánica del Poder Judicial, ambas leyes de fecha 11 de septiembre de 1998, que establecían las faltas disciplinarias y sus respectivas sanciones y que se había aplicado hasta entonces.

También dispone el Código de Ética la creación de la jurisdicción disciplinaria judicial, conformada por dos niveles de tribunales: Tribunal Disciplinario Judicial y Corte Disciplinaria Judicial, cada uno integrado por tres jueces, designados por un período de 5 años (con posibilidad de reelección) por Colegios Electorales Judiciales que deben crearse en cada estado y el Distrito Capital. Estos últimos estarán conformados por *"un representante del Poder*

---

[21] *GO* N° 39.493 del 23 de Agosto de 2010.

Judicial, un representante del Ministerio Público, un representante de la De-
fensa Pública, un representante por los abogados autorizados para el ejerci-
cio, así como por diez delegados de los Consejos Comunales legalmente or-
ganizados por cada una de las entidades federales..."[22].

La aplicación de esta normativa, al menos en la parte de la competencia y organización, ha quedado en suspenso por las disposiciones transitorias. En efecto, la Primera de ellas señala: "*A partir de la entrada en vigencia del pre-sente Código, y una vez constituido el Tribunal Disciplinario Judicial y la Corte Disciplinaria Judicial, la Comisión de Funcionamiento y Reestructura-ción del Sistema Judicial cesará en el ejercicio de sus competencias y, en consecuencia, las causas que se encuentren en curso se paralizarán y serán remitidas al Tribunal Disciplinario Judicial*". Otra disposición transitoria, la Tercera, prevé que mientras no se creen tales Colegios Electorales Judiciales la designación de tales jueces disciplinarios se hará por la AN.

La creación de los Colegios Electorales Judiciales no ha ocurrido. Pero el 9 de junio de 2011, la AN procedió al nombramiento de los jueces disciplina-rios, tanto de los tres jueces del Tribunal Disciplinario Judicial, como de los tres de la Corte Disciplinaria Judicial[23]. Quedaron ambos tribunales constitui-dos, por lo que solo por sentencia de esa jurisdicción especial disciplinaria podrían los jueces venezolanos ser destituidos.

De acuerdo con el Código de Ética, el régimen disciplinario previsto se aplicaría a todos los jueces de la República, sin importar si son titulares, pro-visorios, temporales o accidentales, e incluso a los propios magistrados del TSJ (artículos 1 y 2). Esta extensión otorgaría a los jueces provisorios, tempo-rales o accidentales, la estabilidad propia de la carrera judicial, limitando el poder discrecional de la Comisión Judicial del TSJ para removerlos sin que medien razones o procedimiento previo.

Estos artículos que dieron el mismo trato a los jueces titulares y a los de-más, y que limitaban las potestades de la Comisión Judicial, fueron suspendi-dos cautelarmente de oficio por una sentencia de la SC de 7 de mayo de 2013 que textualmente indicó:

> "*El precepto legal transcrito contempla el denominado ámbito subje-tivo de la Ley, esto es, quiénes son los sujetos sometidos al régimen jurí-dico contemplado en el Código de Ética del Juez Venezolano y la Jueza Venezolana; a saber: los jueces y juezas permanentes, temporales, oca-sionales, accidentales o provisorios.*
>
> *El enunciado legal así descrito y sin ninguna consideración adicional guarda consonancia con el orden constitucional; sin embargo, cuando se considera que el Código de Ética del Juez Venezolano y la Jueza Ve-nezolana, además de fijar los referentes éticos con base en los cuales se*

---

22 *Ver* artículos 46 y 47 del Código de Ética.

23 Acuerdo publicado en la *GO* N° 39.693 de fecha 10 de junio de 2011.

ha de determinar la idoneidad y excelencia de un juez o una jueza para la función jurisdiccional, estatuye un régimen de inamovilidad propio de la carrera judicial; la extensión de este proceso disciplinario judicial a los jueces temporales, ocasionales, accidentales o provisorios para poder excluirlos de la función jurisdiccional, pese a que formalmente no han ingresado a la carrera judicial, pareciera colidir con el texto Constitucional ”[24].

De esta forma, los efectos del Código de Ética quedaron reducidos a su mínima expresión, ya que solamente será aplicable el régimen disciplinario allí previsto, por causas taxativas y tras un proceso contradictorio, a los jueces titulares, y no al resto que, como se ha dicho, son jueces provisorios, temporales o accidentales, que siguen a merced de las medidas de remoción discrecionales aplicadas por la Comisión Judicial.

De esto modo, esa diferencia inicial entre jueces titulares y provisorios, centrada en la forma de su nombramiento, en las exigencias y trámites para su incorporación al Poder Judicial, condiciona todo el régimen aplicable a los dos tipos de jueces. Los titulares que ingresan al Poder Judicial a través de concursos de oposición gozarán de las condiciones propias de la carrera judicial y de estabilidad, de modo que solo pueden ser destituidos de su cargo por razones disciplinarias de acuerdo con el mencionado Código de Ética. El resto, en cambio, puede ser forzado a dejar su cargo de modo discrecional y sin explicaciones, y son de libre remoción por la Comisión Judicial.

Los jueces provisorios o temporales son considerados en Venezuela, para todas las instancias, como funcionarios de libre nombramiento y remoción, es decir, que pueden ser separados de sus cargos sin razón particular, sin procedimiento ni motivación, del mismo modo en que fueron designados, por la Comisión Judicial.

Éste ha sido el criterio de la SPA del TSJ, que es el tribunal competente, en única instancia, para conocer de las acciones de anulación que jueces temporales o provisorios pudieran ejercer contra las decisiones de la Comisión Judicial de removerlos de sus cargos intempestivamente.

Las sentencias de ese tribunal que, sistemáticamente, niegan la existencia de vicios en aquellos actos administrativos que "dejan sin efecto" el nombramiento de jueces provisionales o temporales, reiteran que tales actos de la Comisión Judicial son decisiones discrecionales y que los jueces que gozan de esa condición precaria son de libre nombramiento y remoción, por lo que no tienen estabilidad ni derecho alguno a la permanencia en el cargo.

---

[24] TSJ, SC, 7 de mayo de 2013, "Nancy Castro de Bárbaro", N° 516, disponible en http://goo.gl/Vr7S2Z.

Cualquier duda sobre la aplicación de estos criterios quedó definitivamente despejada con ocasión de una sentencia de la misma SPA que pretendió introducir una variación, si bien fútil, en tal postura[25].

Se trató ese caso de una juez provisoria removida de su cargo (que no destituida por causa disciplinaria y sin habérsele seguido un procedimiento administrativo previo) por la Comisión Judicial del TSJ, dadas las "*observaciones presentadas ante ese Despacho*". La SPA revisó el régimen de esa juez y concluyó que, a pesar de no tener estabilidad y de poder ser "*removida arbitrariamente*" por la Comisión Judicial, además, obviamente, de poder ser destituida por cometer alguna falta disciplinaria por la Comisión de Reestructuración, en el caso concreto no podía aquélla adoptar esa decisión de remoción por las "*observaciones presentadas ante ese Despacho*", ya que ello supondría algo así como una destitución disciplinaria sin procedimiento previo que garantizara su derecho a la defensa. En otras palabras, la SPA insistió en la interpretación de que los jueces provisorios venezolanos son de libre nombramiento y remoción por la Comisión Judicial, pero objetó que pudiera oponerse como causa de la remoción la existencia de "observaciones" a su desempeño o, de algún modo, el haber incurrido en algún hecho que pudiera dar motivo a sanciones disciplinarias. La remoción debe ser libre, sin motivos. Si viniese la remoción acompañada de algún motivo, entendió la SPA, debía seguirse en su contra el procedimiento disciplinario respectivo ante la Comisión de Reestructuración. Para decirlo de otro modo, según la SPA la Comisión Judicial, en tanto y en cuanto remueva a los jueces provisorios sin dar razón, sin motivación alguna, tiene tal potestad y puede ejercerla libremente.

Con base en esas consideraciones, esa inédita sentencia de la SPA, apartándose expresamente (incluso asomando que se trataba de una situación excepcional por el buen desempeño de la juez accionante), acordó su reincorporación al cargo que desempeñaba e, incluso, el pago de los salarios dejados de percibir desde su remoción hasta la fecha en que se dictó la sentencia.

Cualquier duda sobre el tema de la estabilidad de los jueces temporales o provisorios quedó despejada a partir de este caso no tanto por la matización que hizo la SPA en esa sentencia, sino por la reacción que, a raíz de ella, tuvo la SC del mismo TSJ.

Como se sabe, de acuerdo con en el artículo 366.10 de la CRBV, la SC tiene la competencia de revisar las sentencias del resto de tribunales, incluyendo las otras Salas del TSJ, que violen directamente normas o principios constitucionales, a través de una acción extraordinaria que se puede ejercer, según la CRBV, contra sentencias "*definitivamente firmes*". Se trata de una acción de revisión extraordinaria asimilable al "writ of certiorari" estadounidense o al recurso extraordinario argentino o, incluso, al amparo constitucional español.

---

[25]   TSJ, SPA, 7 de agosto de 2007, "Yolanda del Carmen Vivas Guerrero", N° 01415, disponible en http://goo.gl/uZxvj4.

El caso es que esa acción de revisión extraordinaria, que se inicia con la presentación de una demanda por las partes afectadas, en el caso que nos atañe no fue ejercida por ninguna persona interesada, sino que la propia SC, por auto de 15 de octubre de 2007, decidió iniciar de oficio (primera vez que se ha hecho de ese modo) un expediente para revisar aquella decisión, mostrando su interés en revertir en tales criterios[26].

Así fue como en fecha 20 de diciembre de 2007 la SC anuló aquel fallo por considerar que la SPA interpretó mal el régimen de estabilidad de los jueces venezolanos, haciendo valer categóricamente la actuación libre o absolutamente discrecional de la Comisión Judicial para remover a los jueces provisorios, en cualquier circunstancia.

Es menester transcribir algunos párrafos de esta sentencia de la SC, que es la última y máxima intérprete de la CRBV, para despejar cualquier duda de que, en Venezuela, los jueces provisorios, temporales o accidentales son considerados a todos los efectos como funcionarios de libre nombramiento y remoción por la Comisión Judicial:

"Ahora bien, la Sala Político-Administrativa no limitó su fallo a la consideración expuesta, pues, aun cuando advirtió que esa supuesta violación de la Constitución sería suficiente para anular la decisión de la Comisión Judicial, consideró que debía extender sus consideraciones a otros aspectos, en concreto lo relacionado con el régimen disciplinario de los jueces, cualquiera sea su condición. A tal fin, expuso:

-Que la Constitución consagra la estabilidad de los jueces, por lo que sólo pueden ser separados de sus cargos a causa de faltas debidamente comprobadas en procedimientos administrativos que garanticen su defensa.

-Que, como parte del Régimen de Transición del Poder Público, aún vigente en esta materia, la Comisión de Funcionamiento y Reestructuración del Sistema Judicial tiene como competencia la jurisdicción disciplinaria, para el supuesto de faltas disciplinarias cometidas por los jueces, que conduzcan a una sanción, incluida la destitución.

-Que los jueces provisorios, sin embargo, son nombrados por la Comisión Judicial, la cual puede también dejar sin efecto el nombramiento, sin que sea necesaria la comisión de una falta y sin que tampoco se requiera, por tanto, procedimiento que garantice su defensa.

-Que, no obstante esa excepción, en los casos en los que se presuma una falta por parte de los jueces provisorios, que ameriten su destitución, la competencia debe ser ejercida por la Comisión de Funcionamiento y Reestructuración del Sistema Judicial y no por la Comisión Judicial.

---

[26] TSJ, SC, 15 de octubre de 2007, N° 1836, disponible en http://goo.gl/mPfczZ.

-Que cuando la Comisión Judicial deja sin efecto la designación de un juez provisorio, por la existencia de "observaciones" en su contra, en realidad está imputándole faltas disciplinarias, por lo que debe llevarse el caso ante la Comisión de Funcionamiento y Reestructuración del Sistema Judicial, a objeto de que se le siga el procedimiento sancionatorio, con la intervención de la Inspectoría General de Tribunales.

Con base en ello, la Sala Político-Administrativa declaró con lugar el recurso de nulidad interpuesto, y en consecuencia, anuló el acto dictado por la Comisión Judicial que dejó sin efecto la designación de la abogada Yolanda del Carmen Vivas Guerrero en su cargo de jueza provisoria ,del Juzgado de Primera Instancia de Protección del Niño y del Adolescente de la Circunscripción Judicial del Estado Mérida y ordenó reincorporarla al mismo, así como pagarle los salarios dejados de percibir y eliminar el acto contentivo de tal medida de su expediente personal.

Ahora bien, esta Sala considera que las afirmaciones contenidas en el citado fallo N° 1415/2007 contrarían disposiciones expresas de la Carta Magna y la jurisprudencia de esta Sala Constitucional, respecto del régimen jurídico de los jueces y juezas titulares (de carrera) y no titulares (provisorios, temporales y accidentales) e incluso la propia jurisprudencia de la Sala Político-Administrativa (como la sentada en los fallos N° 2221/2000 y 519/2004), y, con ello, altera las competencias de los órganos encargados del control, disciplina y gobierno judicial.

En efecto, el encabezamiento del artículo 255 de la Constitución establece lo siguiente:

"El ingreso a la carrera judicial y el ascenso de los jueces o juezas se hará por concursos de oposición públicos que aseguren la idoneidad y excelencia de los o las participantes y serán seleccionados o seleccionadas por los jurados de los circuitos judiciales, en la forma y condiciones que establezca la ley. El nombramiento y juramento de los jueces o juezas corresponde al Tribunal Supremo de Justicia. La ley garantizará la participación ciudadana en el procedimiento de selección y designación de los jueces o juezas. Los jueces o juezas sólo podrán ser removidos o suspendidos de sus cargos mediante los procedimientos expresamente previstos en la ley".

De este modo, la Constitución contempla una garantía esencial en el Estado de Derecho, cual es la estabilidad de los jueces, a fin de mantener su independencia, asegurándoles su permanencia en los cargos, salvo que se compruebe la comisión de faltas previstas en el ordenamiento jurídico aplicable, que ameriten su respectiva sanción.

Ahora bien, para el ingreso a la carrera judicial, que provee de estabilidad en el cargo, de acuerdo con la citada norma constitucional, se exige la aprobación de concursos públicos, como mecanismo idóneo para procurar la aptitud y capacidad de quienes impartirán justicia. De modo que el ingreso por concurso es imprescindible en la carrera judicial, y se convierte en la vía idónea para alcanzar la estabilidad y asegurar la permanencia del juez o jueza en su cargo. Corresponde a este Tribunal Supremo de Justicia el nombramiento y juramentación de los jueces y juezas de la República, una vez aprobado el concurso.

La estabilidad no es, sin embargo, absoluta, pues la aprobación de tales concursos no puede convertirse en impedimento para la inspección y vigilancia que es necesaria sobre los órganos del Poder Judicial. Por ello, el artículo 267 de la Constitución dispone:

"Corresponde al Tribunal Supremo de Justicia la dirección, el gobierno y la administración del Poder Judicial, la inspección y vigilancia de los tribunales de la República y de las Defensorías Públicas. Igualmente, le corresponde la elaboración y ejecución de su propio presupuesto y del presupuesto del Poder Judicial.

La jurisdicción disciplinaria judicial estará a cargo de los tribunales disciplinarios que determine la ley.

El régimen disciplinario de los magistrados o magistradas y jueces o juezas estará fundamentado en el Código de Ética del Juez Venezolano o Jueza Venezolana, que dictará la Asamblea Nacional. El procedimiento disciplinario será público, oral y breve, conforme al debido proceso, en los términos y condiciones que establezca la ley.

Para el ejercicio de estas atribuciones, el Tribunal Supremo en pleno creará una Dirección Ejecutiva de la Magistratura, con sus oficinas regionales."

La norma transcrita encarga al Máximo Tribunal de "la dirección, el gobierno y la administración del Poder Judicial", y "la inspección y vigilancia de los tribunales de la República", a diferencia del Texto Fundamental de 1961, que encargó tal labor al extinto Consejo de la Judicatura, órgano de naturaleza exclusivamente administrativa no integrante de la Corte Suprema de Justicia, para entonces el Máximo Tribunal de Justicia.

En la Constitución de 1999, el artículo 267 prevé, en cambio, la llamada "jurisdicción disciplinaria", a cargo de "tribunales disciplinarios", los cuales se encargarían de juzgar las faltas cometidas por los *jueces, a fin de ordenar los correctivos a que hubiere lugar, incluida la destitución. Esa jurisdicción disciplinaria, como se reseñará más adelante en este fallo, la ejerce, desde el Decreto de Régimen de Transición del Poder Público del año 1999, la Comisión de Funcionamiento y Reestructuración del Sistema Judicial.*

La Normativa sobre la Dirección, Gobierno y Administración del Poder Judicial, publicada en la Gaceta Oficial N° 37.014, del 15 de agosto de 2000, creó, conforme lo establece el artículo 267 de la Constitución de la República Bolivariana de Venezuela, la Dirección Ejecutiva de la Magistratura, órgano encargado de ejercer, por delegación, las funciones del Máximo Tribunal en materia de dirección, gobierno y administración del Poder Judicial (sobre la naturaleza administrativa de la función ejercida por este Tribunal, a través de la Dirección Ejecutiva de la Magistratura, ver fallo N° 1812/2006).

En esa misma Normativa se creó la Comisión Judicial (artículo 2), como órgano del Tribunal Supremo de Justicia, para ejercer por delegación las funciones de control y supervisión de la Dirección Ejecutiva de la Magistratura, así como todas aquellas atribuciones enumeradas en ese texto normativo. En la actualidad, esa Comisión está regulada en el Reglamento Interno del Tribunal Supremo de Justicia, aprobado por la SP, el 8 de marzo de 2006, el cual la califica como una "comisión permanente" (artículo 73), conformada por seis Magistrados, uno de cada Sala (artículo 74), con diversas competencias, y entre ellas, la de "someter a consideración de la SP las políticas de reorganización del Poder Judicial y su normativa" (artículo 79.7). En ese Reglamento se derogaron expresamente las disposiciones relacionadas con la Comisión Judicial contenidas en los artículos 26, 27 y 28 de la mencionada Normativa sobre la Dirección, Gobierno y Administración del Poder Judicial.

Además de la Comisión Judicial del Tribunal Supremo de Justicia, coexiste la Comisión de Funcionamiento y Reestructuración del Sistema Judicial, órgano creado por la Asamblea Nacional Constituyente, a través del Régimen de Transición del Poder Público, publicado en Gaceta Oficial N° 36.859 del 29 de diciembre de 1999, cuyo artículo 21 dispuso que "mientras el Tribunal Supremo de Justicia no organice la Dirección Ejecutiva de la Magistratura, las competencias de gobierno y administración, de inspección y vigilancia de los tribunales y de las defensorías públicas, así como las competencias que la actual legislación le otorga al Consejo de la Judicatura en sus Salas Plena y Administrativa, serán ejercidas por la Comisión de Funcionamiento y Reestructuración del Sistema Judicial".

En atención a la mencionada transición, dicha Comisión pasó a ejercer, entre otras competencias, la de nombrar jueces y juezas: precisamente la abogada Yolanda del Carmen Vivas Guerrero fue designada el 15 de mayo de 2000, por esa Comisión, fecha para la cual, aún no había sido creada la Comisión Judicial. En la actualidad la designación de los jueces y juezas corresponde a la SP del Tribunal Supremo de Justicia, según lo previsto en el artículo 6.6 de la Ley Orgánica del Tribunal Supremo de Justicia, que la ejerce a través de la Comisión de Funcionamiento y Reestructuración del Sistema Judicial.

En su momento, la Normativa sobre la Dirección, Gobierno y Administración del Poder Judicial limitó las competencias de la Comisión de Funcionamiento y Reestructuración del Sistema Judicial. Su artículo 30 le asignó sólo funciones disciplinarias mientras se dictara la legislación correspondiente y se creara la jurisdicción disciplinaria y los correspondientes tribunales disciplinarios, tal como lo reiteró posteriormente la Ley Orgánica del Tribunal Supremo de Justicia (2004), en su Disposición Transitoria Única, letra e).

Como se observa, la Comisión de Funcionamiento y Reestructuración del Sistema Judicial tiene a su cargo la potestad disciplinaria sobre los jueces y juezas de la República. Ahora bien, en el proceso de reorganización del poder judicial que se inicia con el Decreto de Reorganización del Poder Judicial dictado por la Asamblea Nacional Constituyente (publicado en la Gaceta Oficial N° 26.772 del 25 de agosto de 1999) puede haber jueces y juezas no designados por concurso, de libre nombramiento, que pueden ser removidos de sus cargos por la Comisión Judicial, al dejar sin efecto el acto de su designación, sin que ello implique, en modo alguno, el ejercicio de una potestad disciplinaria que no le compete.

Así, el proceso de convocatoria a concursos para obtener la titularidad de los cargos se hace complejo, al tener en cuenta el número de tribunales existentes en el país, las nuevas competencias especiales creadas desde el año 2000 y la necesidad de que todos se ajusten a las previsiones constitucionales. Se trata de un proceso de reestructuración y reorganización del Poder Judicial que aún no ha concluido y que justifica la designación de jueces y juezas no titulares con el fin de garantizar la continuidad de la Administración de Justicia y el acceso a la justicia de los ciudadanos y ciudadanas.

Los jueces y juezas provisorios por tanto, ocupan cargos judiciales, pero no ostentan la condición de jueces de carrera, al no haber ingresado por concurso público en el que, tras diversas pruebas (escrita, práctica y oral), se les haya evaluado. Su designación la realiza la Comisión Judicial, por delegación que hace la SP del Tribunal Supremo de Justicia, en razón de la necesidad de ocupar los cargos judiciales mientras culmina el mencionado proceso de reestructuración y reorganización del Poder Judicial.

Sin duda, hay una distinción entre jueces de carrera y jueces provisorios: Los primeros adquieren titularidad luego de la aprobación del concurso; en cambio, los jueces y juezas provisorios se designan de manera discrecional, previo análisis de credenciales. Los jueces y juezas de carrera gozan de estabilidad y sólo pueden ser sancionados o destituidos de sus cargos si se demuestra, en el curso de una audiencia oral y pública con garantías de defensa, y regulado por el Reglamento de la Comisión de Funcionamiento y Reestructuración del Sistema Judicial (publicado en la Gaceta Oficial N° 38.317, del 18 de noviembre de 2005) que han resultado incursos en faltas disciplinarias previstas en la Ley Orgánica del Consejo de la Judicatura y la Ley de Carrera Judicial, no así los jueces y juezas provisorios, que son susceptibles de ser separados del cargo de la misma manera como fueron designados: discrecionalmente."[27]

Como consecuencia de este criterio, todos los años, los jueces provisorios o temporales, que sin duda son la mayoría de los jueces venezolanos, son removidos de modo "discrecional", es decir, sin que medien razones ni procedimiento, por la Comisión Judicial, del mismo modo, con la misma libertad, que fueron designados para tales cargos.

Hoy, es común que la Comisión Judicial del TSJ dicte decisiones designando y removiendo, arbitrariamente, a los jueces venezolanos. En este año 2013, según ha publicado la página web del TSJ[28], ha removido a más de 71 jueces provisorios en las diferentes circunscripciones judiciales del país.

1.6. Incumplimiento de los estándares de independencia judicial en una sociedad democrática

Desde hace varias décadas, consciente de que los derechos humanos, el respeto de la dignidad de las personas y la democracia requieren para su vigencia de unos mecanismos jurisdiccionales independientes, la propia ONU ha identificado principios universales (o por lo menos, susceptibles de universalización, en ausencia de otros más razonables) que deben guiar al sistema de justicia en una sociedad democrática. En la Asamblea General de 29 de noviembre y 13 de diciembre de 1985 (mediante Resoluciones N° 40/32 y 40/146), se aprobó un documento, llamado *"Principios básicos de las Naciones Unidas relativos a la independencia de la judicatura"*, que contiene directrices a los Estados para que establezcan poderes judiciales independientes. No es el único texto internacional en ese sentido. Con base en los mismos criterios, otros organismos internacionales regionales han emitido documentos similares, como el Consejo de Europa, que produjo la Recomendación N° R (94) 12 del Comité de Ministros a Estados Miembros sobre la Independencia, Eficiencia y Función de los Jueces, de 13 de octubre de 1994, y seguidamente la "Carta Europea sobre el Estatuto de los Jueces" (DAJ/DOC (98) 23);

---

[27]   TSJ, SC, 20 de diciembre de 2007, "Yolanda del Carmen Vivas Guerrero", N° 2414, disponible en http://goo.gl/RVYjbL.

[28]   *Ver* listas de jueces designados y removidos en http://goo.gl/Q7GtFC.

la Comisión Africana de Derechos Humanos, que dictó en 12 de julio de 2003 el documento *"Principios y Directrices relativos al Derecho a un Juicio Justo y a la Asistencia Jurídica en África"*; o el denominado *"Estatuto del Juez Iberoamericano"*, aprobado en la VI Cumbre Iberoamericana de Presidentes de Cortes Supremas y Tribunales Supremos de Justicia, celebrada en España en mayo de 2001.

Cualquiera de esos documentos contiene idénticos principios y guías sobre las condiciones básicas para la instauración y funcionamiento de un Poder Judicial independiente. Estas contemplan varios aspectos: (i) el nombramiento de los jueces con base en méritos profesionales y mediante un procedimiento transparente en condiciones de igualdad para todos candidatos; (ii) la indispensable estabilidad en el cargo, que garantiza la permanencia y por tanto, requiere de la implantación de un sistema de remuneraciones, jubilaciones y prensiones adecuados; (iv) la inamovilidad de todos los jueces, sean nombrados o no por los procedimientos de elección abierta preestablecidos, hasta que cumplan la edad para la jubilación o finalice el período para el cual se designaron; (v) los asensos a cargos superiores en el mismo Poder Judicial con base en un sistema objetivo que valore la capacidad profesional, integridad y experiencia; (vi) el régimen de responsabilidad, que permite separarlos excepcionalmente de sus cargos en caso de incapacidad permanente o por comportamiento calificado como grave en las leyes que los inhabilite para seguir en el desempeño de sus funciones y que sea decidido por un órgano con las garantías judiciales de independencia e imparcialidad a través de un proceso con forma judicial, justo, contradictorio y público.

Esta Corte IDH ha hecho suyos estos principios para asegurar una Judicatura independiente. Ha entendido que un adecuado proceso de nombramiento, la inamovilidad en el cargo y la garantía contra presiones externas son parte del derecho al proceso debido contenido en la CADH, haciendo la precisión que debe respetarse siempre la inamovilidad de los jueces, tanto de los nombrados mediante decisión administrativa como de los elegidos por concursos. De este modo, según esta Corte IDH sólo pueden ser removidos los jueces por faltas de disciplina graves o incompetencia y acorde a procedimientos justos que aseguren la objetividad, imparcialidad y debido proceso; ello así, *"toda vez que la libre remoción de jueces fomenta la duda objetiva del observador sobre la posibilidad efectiva de aquellos de decidir controversias concretas sin temor a represalias"*[29].

Tomando en cuenta estos estándares propios a una sociedad democrática para garantizar la independencia e imparcialidad del sistema de justicia, puede fácilmente justificarse la afirmación de que en Venezuela, a pesar de las declaraciones formales de la CRBV, el sistema de justicia adolece de serias deficiencias que impiden calificarlo como independiente e imparcial.

---

[29]   Ver: *Reverón Trujillo c. Venezuela*, Excepción Preliminar, Fondo, Reparaciones y Costas, Corte IDH (serie C) Nº 197 (sentencia de 30 de junio de 2009), disponible en: http://goo.gl/PWqpK..

El nombramiento de los magistrados del TSJ y del resto del Poder Judicial no ha ocurrido a través de procedimientos objetivos, transparentes y que atiendan a los méritos profesionales, sino con base en la afinidad del magistrado o juez designado con el partido oficialista. Tales nombramientos, además, al no ocurrir por medio de concursos de oposición como lo prevé la CRBV tienen la condición de provisionalidad o temporalidad, por lo que se considera que los jueces así designados, al no ser titulares, no tienen estabilidad ni forman parte de la carrera judicial. El corolario de esta circunstancia es que, en Venezuela, la enorme mayoría de los jueces, que no tienen la condición de titulares, pueden ser removidos arbitrariamente, sin motivos ni procedimientos previos, por el TSJ al ser considerados como funcionarios de libre nombramiento y remoción.

2. DECLARACIONES PÚBLICAS QUE MUESTRAN EL CONTROL POLÍTICO DEL TSJ Y DEL PODER JUDICIAL VENEZOLANO

2.1. Declaraciones públicas desde el gobierno

El proceso de toma de control político del TSJ y del Poder Judicial no ha sido llevado a cabo subrepticiamente. A lo largo de estos años diferentes voceros del gobierno venezolano, en especial el fallecido presidente, Hugo Chávez, han expresado públicamente su intención de que el Poder Judicial responda a sus intereses políticos.

Uno de los grandes fines políticos de Hugo Chávez alcanzados con la convocatoria a una ANC en 1999 fue cambiar completamente la composición de los poderes constituidos. El TSJ, gracias a las acciones de la Comisión de Funcionamiento y Reestructuración del Poder Judicial pasó bien temprano a actuar en consonancia con el poder político. Ello fue así hasta el 11 de abril de 2002. Luego de la rebelión cívico-militar y las divisiones internas en el partido de gobierno un grupo de magistrados dejaron de ser leales a Chávez, al extremo de que en SP perdió la mayoría como lo muestra la sentencia que negó el enjuiciamiento a algunos militares involucrados en esos sucesos.

Frente a esta pérdida del control del TSJ, durante los años 2003 y 2004 fueron insistentes las declaraciones públicas de Hugo Chávez en torno la necesidad de que el Poder Judicial respondiera a sus intereses. Es éste el momento en que se hizo más evidente que el Poder Judicial debía ser conquistado por la "Revolución". Vale mencionar, entre otras, las declaraciones públicas del 9 de febrero de 2003, en su programa "Aló Presidente", donde señaló:

> "Llamo al pueblo a meterle el ojo al Poder Judicial a ver dónde están los jueces. Que den la cara. Parece que hay jueces y fiscales que no quieren asumir, les da miedo que los amenacen o que los caceroleen. Un juez que tenga miedo, o que lo chantajeen, no merece ser juez, porque él está para impartir justicia. Tienen que aplicarse las leyes porque si no para qué es un Poder Judicial, para qué son los jueces, para cobrar un sueldo... Dentro de poco la AN debe aprobar un proyecto de Ley del TSJ, y en ese Tribunal tendrán que hacerse los cambios que haya que

*hacerse, porque Venezuela no puede tener un Tribunal con 9 o 10 ma-
gistrados que estén votando chantajeados, atemorizados, comprados o
por posiciones políticas"[30].*

El 20 de febrero de 2003, ante una decisión de un juez penal que ordenó la
detención de Pedro Carmona Estanga, principal responsable por la rebelión
cívico-militar de 11 de abril de 2002, Hugo Chávez insistió en la necesidad de
que el Poder Judicial se pliegue a su voluntad:

> *"Parece que están apareciendo los jueces con coraje, será de tanto
> uno repetirlo y pedirle a Dios. Tiene que haber dignidad en el Poder Ju-
> dicial de Venezuela. No puede ser que todos sean cobardes y le tengan
> miedo a emitir una orden de arresto contra un golpista, un saboteador,
> un fascista, un asesino. La mayoría de los jueces hoy están vendidos o
> son unos cobardes. Que salgan los jueces verdaderos a dar la cara por
> la justicia en Venezuela"[31].*

Pocos días después, el entonces Presidente venezolano confesó que la
ANC había iniciado la "extirpación del tumor" que era el Poder Judicial, pero
que aún faltaban "quistes" por eliminar y eso le correspondería a la AN. Por
tal motivo, era necesario apoyar a los diputados oficialistas que pretendían
cambiar la Ley del TSJ, comandados por el diputado Luis Velásquez Alvaray,
afirmó:

> *"Todavía hay muchos quistes putrefactos que amenazan la vida de la
> República. Si nosotros no logramos en un mediano plazo -y pondría dos
> años máximo- tener un Poder Judicial que verdaderamente administre
> justicia, se pone en peligro la vida de la República y del proyecto revo-
> lucionario . . . . El tumor ha seguido creciendo. Para ese tumor no fun-
> cionó el remedio de la Constituyente. Funcionó para otros porque ten-
> íamos tantos tumores. Hoy tiene un papel fundamental que jugar la AN.
> Los diputados están dando una batalla. La oposición, reforzada por los
> traidores que se fueron, ha puesto en dificultad la rapidez de la aproba-
> ción de las leyes . . . . Tenemos que apoyarlos porque no hay que dejarlo
> solos tampoco. Son apenas 87 los diputados de la revolución. Tienen
> una mayoría pero muy ínfima"[32].*

Semanas después, el 3 de abril de 2003, un discurso acerca de la lucha de
clases le permitió justificar su pretensión de amoldar a los tribunales a sus
necesidades:

---

[30] Alfredo Rojas, *Habrá que meterle el ojo al Poder Judicial*, El Universal, 10 de
febrero de 2003, disponible en http://goo.gl/yQRj8.

[31] Alfredo Rojas, *Chávez festejó la encarcelación*, El Universal, 21 de febrero de 2003,
disponible en http://goo.gl/0HP2R.

[32] Alfredo Rojas, *Chávez dio plazo de 2 años para extirpar 'tumor' del Poder Judicial*,
El Universal, 11 de marzo de 2003, disponible en http://goo.gl/qemYn.

"Venezuela necesita de un Poder Judicial que de verdad distribuya y administre justicia, porque uno va para las cárceles y ¿quiénes están presos?, los pendejos, perdónenme la expresión; las cárceles están llenas de los pobres que no tienen para pagar un juez, un abogado, pero aquí los ricos o algunos ricos, por supuesto que no son todos los ricos, todo mi respeto a la gente que tiene mucho dinero y ojalá todos den el ejemplo que dio Bolívar, que tenía mucho dinero y se desprendió de él y terminó siendo el Libertador de sus propios esclavos y los convirtió en libertadores . . . . aquí hay ricos que violan, matan, roban y hacen lo que les da la gana y nunca van a la cárcel, y si van les dan la casa por cárcel y a las dos semanas están sueltos . . . . En cambio viene un pobre y se roba una bolsa de pan de una panadería y lo agarran y va para El Dorado o para Yare inmediatamente, y allí pasará siete años sin que lo enjuicien, sin abogado ni nada, eso no puede ser la justicia... la Justicia no puede favorecer a los poderosos porque, si no, es una injusticia y eso es terrible, no se construye una sociedad. Hay que dar una lucha infinita, gigantesca, grande, por la justicia en Venezuela"[33].

Apenas dos días después, en otras intervenciones públicas, sostuvo que 2003 "será el año de la refundación de la administración de justicia". Indicó:

"En Venezuela no tenemos un Poder Judicial que administre justicia. Tenemos un Poder Judicial que administra injusticia todavía. Esa es una tarea pendiente de esta revolución"[34].

Justamente cuando se dictó la sentencia de la C1CA en el caso de los médicos cubanos[35], señaló que: *"Hay mucha tela que cortar en el Poder Judicial desde el TSJ hacia abajo"*. Asimismo, retó a los magistrados que firmaron la sentencia y advirtió que "el pueblo venezolano" no le va a hacer caso a esa decisión inconstitucional:

"Yo no les digo lo que me provoca hacer a la Corte esta, a los tres magistrados que no deben ser magistrados, porque hay dos que salvaron el voto, porque estamos ante un país, pero se dice el pueblo. Váyanse con su decisión no se para dónde. La cumplirán ustedes en su casa si quieren"[36].

---

[33] *Chávez: Venezuela necesita un Poder Judicial real*, El Universal, 04 de abril de 2003, disponible en http://goo.gl/nb7yx.

[34] *"El 2003 será el año de la refundación del Poder Judicial"*, El Universal, 6 de abril de 2003, disponible en http://goo.gl/UsfKs.

[35] C1CA, 21 de agosto de 2003, "Federación Médica Venezolana c. Colegio de Médicos del Distrito Metropolitano de Caracas", Sentencia N° 2727, disponible en http://goo.gl/4GSHm.

[36] *Váyanse con su decisión no se pa' dónde*, El Universal, 25 de agosto de 2003, disponible en http://goo.gl/SILUM.

El plan del Hugo Chávez para la toma del Poder Judicial se cumplió a cabalidad. La sanción por la mayoría oficialista de la AN de la Ley del TSJ despejó el camino.

Luego de ese momento, ya con la nueva Ley del TSJ promulgada el 20 de mayo de 2004, y en ejecución de los planes para retomar el control del TSJ y del Poder Judicial, el entonces Presidente de la República, Hugo Chávez, dejó de hacer declaraciones públicas sobre el riesgo que representaba la judicatura y la necesidad de su intervención, reestructuración o "adecentamiento". Quizá baste con mencionar unas últimas declaraciones en 2007, en un acto de su partido político:

> "*El Gobierno Nacional revolucionario . . . . quiere tomar una decisión contra algo, por ejemplo que tiene que ver con, o que tiene que pasar por decisiones judiciales, y ellos empiezan a moverse en contrario, a la sombra. Y muchas veces logran neutralizar decisiones de la Revolución a través de un juez, o de un tribunal o hasta en el mismísimo TSJ. A espaldas del líder de la revolución! Actuando por dentro contra la revolución! Eso es, repito, traición al pueblo, traición a la revolución! Y esa es una de las más grandes amenazas que tenemos nosotros por dentro*"[37].

2.2. *Declaraciones públicas desde el Poder Judicial*

Pero no solamente altos funcionarios o miembros del partido del gobierno han hecho estas declaraciones. Los propios magistrados del TSJ han manifestado claramente, en más de una oportunidad y por diferentes vías, su lealtad al entonces Presidente de la República, Hugo Chávez, y a sus intereses políticos.

Esto puede fácilmente comprobarse de las palabras de los magistrados en los actos de inauguración del año judicial, que ocurre en la sede del TSJ los primeros días de enero de cada año y de otras declaraciones públicas[38].

En el discurso de apertura judicial de 2001, el entonces magistrado de la SC José Manuel Delgado Ocando, defendió el apoyo que el nuevo TSJ dio al proceso constituyente iniciado en 1999 por Hugo Chávez y a las sentencias posteriores que validaron la excusa de los poderes originarios y supralegalidad de los actos de la ANC para asegurar la toma de las instituciones del Estado por el poder político. En esa oportunidad, las palabras de cierre del discurso fueron claras: ni el TSJ ni el Poder Judicial, ni siquiera el Derecho, pueden ser obstáculos para los intereses políticos, sino instrumentos al servicio de los cambios. Dijo textualmente: "*Es enaltecedor y estimulante para mí, que he revisado durante mi larga carrera académica tesis que ponen en duda*

---

[37] Discurso de Hugo Chávez en el acto llamado "Primer Evento con propulsores del Partido Socialista Unido de Venezuela", en el Teatro Teresa Carreño, Caracas, 24 de marzo de 2007. Estas palabras están recogidas, incluso, en el Informe Anual de la Comisión IDH 2007, disponible en http://goo.gl/dQvXP.

[38] Una información completa sobre todos los discursos de apertura de año judicial puede encontrarse en la misma página del TSJ, concretamente en: http://goo.gl/CdlSo

el rol del derecho en la elaboración de proyectos políticos progresistas, ver que, en este proceso, el derecho no sólo no ha sido un obstáculo al cambio social, sino que, por el contrario, ha resultado un instrumento al servicio de la juridización, sin solución de continuidad, del cambio mismo. Desde este punto de vista se ha rendido tributo al derecho y a la justicia y se ha rescatado la fe en la idoneidad normativa para producir el cambio político. Pese a la diatriba de quienes se oponen a dicho cambio, el Máximo Tribunal ha hecho lo que se esperaba de él, aunque no todos lo esperaran de la misma manera. A partir de ahora la doctrina constitucional habrá que desarrollarla en sentido progresivo. Es hora de adoptar, después del momento heurístico, una perspectiva genuinamente normativa del proceso constitucional. Quizá éste sea el inicio de un nuevo clima jurídico político para vivir la Venezuela deseable".

Sin embargo, a partir de la toma definitiva del TSJ por el gobierno de Hugo Chávez gracias a la Ley del TSJ, como se explicó más arriba, fueron más comunes y directos los mensajes de lealtad de los magistrados en favor del proceso revolucionario. El orador de orden en el acto de apertura judicial de 2005 fue el magistrado Carlos Oberto Vélez. Tras la aprobación de la nueva Ley del TSJ y consecuente nombramiento de doce nuevos magistrados, el Sr. Oberto Vélez, desde el estrado, luego de saludarles, advirtió al resto de sus compañeros que: *"deberán dejar sus puestos de combate quienes no compartan el proyecto bolivariano de país plasmado en la Constitución del 99"*. Atacó a los medios de comunicación, a la Iglesia, y calificó de "infelices" a los magistrados que dictaron la sentencia de 14 de agosto de 2002, que negó el enjuiciamiento de los militares involucrados en los hechos de abril de ese año[39].

Días después, el recién nombrado Presidente del TSJ, Omar Mora Díaz, dio unas declaraciones en las que se autocalificó de "revolucionario" e indicó su determinación a aplicar una "justicia revolucionaria". Textualmente, dijo:

"Sí, yo si soy un revolucionario... cada revolución debe ser original... Uno de los errores del pasado, de quienes luchamos por transformar revolucionariamente la sociedad, fue la tendencia a copiar mecánicamente modelos extranjeros. En un momento dado, quisimos copiar la revolución bolchevique y fracasamos; después quisimos copiar la revolución china y fracasamos; luego la revolución cubana influyó poderosamente en la generación de los años 60 y quisimos aplicar mecánicamente esa experiencia y también fracasamos. La virtud de este proceso de transformación revolucionaria que vive Venezuela es que es una experiencia original... En los años 66 y 67, yo estuve preso cuatro veces en la Digepol y tres veces en la PM... Estuve hasta en Cachipo, un campamento antiguerrillero que estaba en Oriente. Yo militaba en la Juventud Comunista, en la clandestinidad. La vez que estuve preso seis meses fue

---

[39] Irma Álvarez, *Instan a dejar cargo a quien no comparta proyecto bolivariano*, El Universal, 28 de enero de 2005, http://goo.gl/nOXS4.

cuando me imputaron por haber colaborado con la guerrilla, con el frente guerrillero que estaba en Falcón.... Yo comencé a los 13 años de edad y milité hasta que se dividió el Partido Comunista. Me fui al PRV, porque yo era de la línea dura, pero, como ese movimiento fue infiltrado por los organismos de inteligencia se desmoronó. De ahí en adelante mantuve una posición independiente de izquierda, hasta hoy"[40].

Ese mismo año 2005, el TSJ inició a través de la Comisión Judicial un proceso de sustitución discrecional de jueces en toda la República. El Presidente de la Comisión Judicial del TSJ en ese momento era Luis Velázquez Alvaray, uno de los nuevos magistrados designados para el TSJ designados y quien, como se mencionó, era un prominente diputado del partido de gobierno antes de eso, propulsor de la Ley del TSJ. Luego de ese nombramiento, en 2005, en ese proceso de cambio generalizado de jueces, declaró públicamente:

"Durante los últimos seis meses, la Comisión Judicial del TSJ removió de sus cargos a más de 200 jueces, lo cual representa 20% del total .... Hemos realizado investigaciones en 40% de los juzgados y los resultados están a la vista: la mitad de los jueces sometidos a evaluación han sido removidos"[41].

Al preguntársele sobre los criterios de designación de los nuevos jueces, dijo:

"Esas vacantes las hemos cubierto a partir de las referencias que los magistrados recogemos en cada uno de los estados. Nosotros tratamos de investigar bien a las personas para no cometer errores. Hemos cometido errores, pero los estamos subsanando. Es falso que nuestra intención sea degollar a todo el mundo. Solo se trata de la búsqueda de un juez con mayor conciencia social"[42].

El año siguiente, 26 de enero de 2006, el orador de orden en el acto de apertura judicial fue el ex fiscal militar Eladio Aponte Aponte. No se quedó atrás expresando su incondicionalidad, para esa época, al proceso "revolucionario" al señalar: *"Acompañamos con firmeza y apresto la transformación revolucionaria del Poder Judicial, que debe ir acompasada con el proceso de transformación general de la sociedad venezolana*"[43]. También cuestionó a los medios de comunicación independientes:

---

[40]   Edgar López, *Presidente del TSJ: Sí, yo sí soy revolucionario*, El Nacional, 5 de febrero de 2005, disponible en http://goo.gl/B139H.

[41]   Edgar López, *En 6 meses sacaron a más de 200 jueces*, El Universal, 22 de agosto de 2005, disponible en http://goo.gl/Iy1gk.

[42]   *Id.*

[43]   Edgar López, *Omar Mora proclama una justicia "barrio adentro"*, EL UNIVERSAL, 27 de enero de 2006, disponible en http://goo.gl/fgJwN.

"Otros factores que inciden en la administración de justicia son los agentes comunicacionales que en ocasiones alteran la realidad con intereses oscuros y buscan influir el ánimo del juez; es el terrorismo mediático, ejercido por algunos medios de comunicación para manipular a la población mediante un constante discurso y publicidad basado en la confusión, en la mentira y con el deliberado propósito de cambiar la verdadera justicia"[44].

El orador de orden en el acto de apertura del año judicial 2008 fue el magistrado Francisco Carrasquero. En su discurso manifestó abiertamente su apoyo al gobierno encabezado por Hugo Chávez, al señalar que el TSJ debía adaptarse a las políticas sociales del gobierno bolivariano para garantizar la continuidad y el progreso de la justicia social y que, para eso, "la rigidez constitucional y los principios sostenidos, pero trastocados, de la democracia representativa, han servido de dogmas utilitaristas a los políticos para mantener criterios pretéritos sobre el Derecho Constitucional, hoy totalmente abandonados"[45].

En las palabras introductorias a la apertura del año judicial 2010, la entonces Presidenta del TSJ, Luisa Estella Morales, habló del *"nacimiento del nuevo juez"*, aclarando que *"la autonomía no impide la visión amplia de ser parte de un todo"*. Sobre esa base exhortó a sus colegas a *"potenciar el proceso liberador, el derrumbe de los actuales sistemas opresores del hombre, el colapso del sistema del capitalista puro. Creemos que el momento es propicio y la providencia nos reclama"*. La oradora de orden en ese acto de 2010, la magistrada Evelyn Marrero Ortiz, aseguró que el propósito del TSJ no es otro que *"la revolución de lo jurídico"*. También recordó el aniversario de la CRBV sosteniendo que gracias a ella: *"las venezolanas y venezolanos reencontramos la identidad que como pueblo y en lo institucional nos legó el Libertador, recuperando para el presente y para el futuro, la fuerza creadora de su ideario político, jurídico y social"*[46].

En 2011, el discurso de orden en la apertura judicial correspondió al magistrado Fernando Vegas, quien sin ningún estupor se dirigió a Hugo Chávez como "Comandante Presidente", y sostuvo:

"Este TSJ y el resto de los tribunales de la República deben aplicar severamente las leyes para sancionar conductas o reconducir causas que vayan en desmedro de la construcción del socialismo bolivariano"[47].

---

[44] *Id.*

[45] María Daniela Espinoza, *La justicia no tiene por qué ser apolítica ni neutra su aplicación,* El Universal, 29 de enero de 2008, disponible en http://goo.gl/SQ1ib.

[46] *Ver* nota de prensa, TSJ, *Estamos viviendo un momento estelar en la transición de nuestros pueblos* (10 de febrero de 2010), disponible en http://goo.gl/vZNht.

[47] Ver nota de prensa, TSJ, *Poder Judicial está en el deber de dar su aporte a la política de Estado que conduce a un socialismo bolivariano y democrático* (05 de febrero de 2011), disponible en http://goo.gl/XSKvD.

El 30 de junio de 2011, la entonces Presidenta del TSJ, Luisa Estella Morales, después de que Hugo Chávez anunciara que padecía de una grave enfermedad que años después le llevaría a la muerte, públicamente y en una trasmisión por el canal de televisión oficial del Estado dio su testimonio sobre su reacción y sentimientos, reconociendo que cayó de rodillas, desamparada, pidiéndole a Dios y reclamándole respuesta "de que en el momento en que íbamos justamente a la etapa más importante porqué nuestro líder tenía que sufrir esta enfermedad"[48]. En unas declaraciones públicas confesó:

"Presidente nosotros estamos acá como usted ya nos conoce y por supuesto firmes cada uno en nuestras responsabilidades, nuestra institucionalidad se encuentra arraigada, de tal modo establecida que un solo Poder representa a cada uno de los Poderes Públicos... Una vez más compartiendo con usted Presidente esta nueva lucha... Su dirección, su inspiración, su concepción de República es lo que inspira constitucionalmente el desarrollo de nuestras actividades... Nosotros sabemos que Dios tiene con usted un propósito grande para este país y Dios hace una obra perfecta, Dios no se equivoca... Nos responsabilizamos de que nunca, en ningún momento en Venezuela se pueda decir que los Poderes Públicos le han fallado a su pueblo... Esperamos que usted venga y nos transmita que de todos estos días, ha tenido tiempo de reflexionar y las cuales no vamos a defraudar, ni ahora ni nunca... Aquí estamos sus Instituciones y estamos pues, sobre todo, firmes en el avance de las responsabilidades que nos ha encomendado"[49].

En el discurso de apertura de 2012 el orador de orden fue el Magistrado Arcadio Delgado Rosales, quien luego de una serie de citas acerca de la división de la población entre amigos y enemigos, y atribuir a la política la tarea de liquidar o reconocer al otro, concluye sosteniendo que en Venezuela esa dicotomía siempre habría de resolverse a favor del Estado y en desmedro de los intereses subjetivos de las personas privadas. Citando un fallo de la SC, señaló que en caso de contradicciones *"deben prevalecer las normas que privilegien el interés general y el bien común, debiendo aplicarse las disposiciones que privilegien los intereses colectivos . . . . sobre los intereses particulares . . . ."*[50].

En este mismo año 2012 ocurrió otro hecho que también pone al descubierto al Poder Judicial venezolano. El otrora presidente de la Sala de Casación Penal del TSJ, Eladio Aponte Aponte, escapó de Venezuela intempesti-

---

[48] TuKarmaTV Tu Canal, *Testimonio de Luisa Estela Morales sobre la enfermedad de Chávez*, You Tube (22 de agosto de 2011), disponible en http://goo.gl/4UNw5.

[49] *Ver* nota de prensa, TSJ, *Poderes Públicos cada día más firmes, unidos y fortalecidos en nuestras responsabilidades* (01 de julio de 2011), disponible en http://goo.gl/EpWgw.

[50] *Ver* nota de prensa, TSJ, *Reflexiones sobre el Estado político y el Estado social* (31 de enero de 2012), disponible en http://goo.gl/ryIgI.

vamente el 1° de abril de 2012 evitando ser enjuiciado tras haber sido destituido por la AN mediante un procedimiento sumario[51]. Desde el extranjero, hizo declaraciones que transcendieron a los medios de comunicación venezolanos. Confesó que recibió llamadas de Hugo Chávez y de otros funcionarios de su gobierno para que decidiera en algún sentido en casos en los que tenían interés político o partidista[52].

En esas declaraciones, admitió que su nombramiento como magistrado respondió a su lealtad al Presidente y a la "Revolución". Reconoció que el Poder Judicial venezolano carece de independencia y que sigue línea del Ejecutivo Nacional:

> *"-Magistrado: Si en algunos casos sí lo han hecho. El Poder Judicial da la autonomía que no hay, o sea como un poder independiente. Eso es una falacia. Y te voy a decir por qué. Todos los fines de semana principalmente los viernes en la mañana, hay una reunión en la Vice Presidencia Ejecutiva del país, donde se reúne el vicepresidente, que es el que maneja la justicia en Venezuela con la Presidenta del Tribunal Supremo, con la Fiscal General de la República, con el Presidente de la AN, con la Procuradora General de la República, con la Contadora General de la República, y unas que otras veces va uno de los jefes de los cuerpos policiales. De ahí es donde sale la directriz de lo que va a ser la justicia. O sea, salen las líneas conductoras de la justicia en Venezuela./ - [Periodista]: ¿Usted acudió a una de esas reuniones?/ - Magistrado: A varias acudí yo./ - [Periodista]: ¿Es una reunión que ocurre todos los fines de semana, los días sábados dentro de la Vice Presidencia?/ - Magistrado: No los días viernes./ - [Periodista]: ¿Cómo queda la independencia de los poderes en Venezuela?/ - Magistrado: Yo creo que no hay tanta independencia./ - [Periodista]: ¿Qué se habla en esas reuniones?/ - Magistrado: Bueno de cuáles son los casos que están pendientes, qué es lo que se va a hacer. O sea se daban las directrices de acuerdo al panorama político."[53].*

En el discurso de apertura año judicial 2013, la entonces Presidenta del TSJ, Luisa Estella Morales, en sus palabras iniciales señalo que: *"El Poder Judicial venezolano, en plena armonía con el Plan de la Patria. Ha venido transformando sus bases, desarrollando nuevas estructuras fundamentadas*

---

[51] Sobre estos hechos, entre otros medios, véase el reportaje del Diario ABC español, *El final de Hugo Chávez destapa su vinculación con el narcotráfico*, disponible en http://goo.gl/jX35x

[52] YoSOiTV, *Eladio Aponte Aponte entrevista exclusiva @SOiTV*, YouTube (18 de abril de 2012), disponible en http://goo.gl/CFDxq. La prensa escrita se hizo eco de tales declaraciones, entre otras: *Presidente Hugo Chávez ordenó condena de 30 años a comisarios del 11-A, según Aponte*, Globovisión, 13 de septiembre de 2012, disponible en http://goo.gl/NmTc0.

[53] Ver transcripción de la entrevista en: *Historias Secretas de un Juez en Venezuela*, El Universal, 18 de abril de 2012, disponible en: http://goo.gl/2KEl2.

en la eficacia, eficiencia, transparencia, celeridad y buen vivir"[54]. Dicho "Plan de la Patria", fue el programa de gobierno que presentó el entonces candidato a la reelección en la Presidente de la República, Hugo Chávez, para las elecciones del 7 de octubre de 2012[55].

Luego del anuncio de su fallecimiento de Hugo Chávez, el 5 de marzo de 2013, fueron varias las declaraciones de magistrados del TSJ que denotan su compromiso con el proyecto político iniciado por Hugo Chávez y su intención de no cuestionar al ahora Presidente de la República, Nicolás Maduro. Por ejemplo, el cartel de luto publicado por el TSJ por la muerte de Hugo Chávez, textualmente, dice:

> *"Hijo ilustre de la Patria fue un ejemplar hombre revolucionario de valores inquebrantables, fiel seguidor del ideal bolivariano, luchador incansable por la justicia social, la independencia y la integridad latinoamericana y del Caribe, quien entregó su vida por hacer realidad el proyecto de nuestro Libertador Simón Bolívar, siempre aferrado a Cristo, entregando al pueblo venezolano su infinito e incondicional amor.*

> *El Tribunal Supremo de Justicia y el Poder Judicial ratifican su compromiso en seguir construyendo junto al pueblo un Estado democrático y social de Derecho y de Justicia, siguiendo los lineamientos establecidos en nuestra carta Magna y el legado que el Jefe de Estado nos dejó a lo largo de su vida para continuar el proyecto de soberanía e independencia que inicio el Padre de la Patria, Simón Bolívar"*[56].

Estas declaraciones demuestran que en Venezuela el TSJ y el Poder Judicial han estado, y estarán seguramente en el futuro inmediato, al lado del proyecto político que inició Hugo Chávez y que, por tanto, los tribunales venezolanos no han impuesto ni impondrán límites al gobierno nacional, como tampoco entorpecerán sus políticas y medidas públicas. Como decía un magistrado en 2001, más que un obstáculo para el gobierno venezolano, el Derecho, el TSJ y los tribunales todos, han sido un instrumento a su servicio.

3. EL TSJ Y EL PODER JUDICIAL AL SERVICIO DEL GOBIERNO VENEZOLANO

Luego de haber analizado la manera en que ha sido efectuado el nombramiento de magistrados en el TSJ y la forma en que éstos, especialmente desde la Comisión Judicial, han gobernado y administrado el Poder Judicial, en especial en cuanto a la designación y remoción de jueces de la república, así

---

[54] *Magistrada Morales ratifica el compromiso del TSJ con el socialismo*, Globovisión, 21 de enero de 2013, disponible en: http://goo.gl/36vLGk.

[55] Propuesta del Candidato de la Patria Comandante Hugo Chávez para la gestión Bolivariana Socialista 2013-2019,11-13, disponible en: http://goo.gl/9M3Lc.

[56] Este cartel, que aparece en la página oficial del TSJ, está disponible en http://goo.gl/MlFbH

como una vez transcritas declaraciones públicas de altos funcionarios del gobierno y de los propios magistrados del TSJ que denotan la unión de intereses entre el gobierno y el Poder Judicial, he estimado pertinente hacer una enumeración de casos ocurridos desde 1999.

Se trata de una relación de asuntos en los que el gobierno o el partido oficialista han manifestado un interés en especial y en los que el Poder Judicial, en sus diferentes jurisdicciones e instancias, ha atendido a los intereses gubernamentales.

En una ocasión anterior, justamente viendo la marcada tendencia de los tribunales venezolanos de sentenciar en procesos contencioso-administrativos a favor de los entes y órganos públicos, elaboré unas estadísticas sobre las posibilidades de triunfo de los ciudadanos en los juicios contra el Estado, en concreto de la SPA y durante los años 2007 y 2008, y los resultados fueron concluyentes[57]. Por ejemplo, ni una sola demanda ejercida contra la República o algún nacional por cumplimiento, resolución o pago de daños y perjuicios en el seno de una relación contractual ha sido declarada Con Lugar[58]. Tampoco, y a pesar de que son más de mil las empresas grandes, pequeñas y medianas, así como las personas naturales, afectadas por medidas de expropiación, intervención o rescates de tierras y que los entes públicos no han cumplido con las garantías establecidas en la CRBV (de sentencia previa y justa y oportuna indemnización, a precio de mercado), según he podido analizar también en otra oportunidad[59], ninguna sentencia de los jueces venezolanos ha anulado esas medidas contra la propiedad privada ni ha condenado a los entes estatales al cumplimiento de las formalidades o al pago de la indemnización debida[60]. Ésta no es una información estadística sino una selección de varios casos que han sido noticia en los últimos 14 años en los que claramente los intereses del gobierno, del partido oficialista, y las decisiones del sistema de justicia y el Poder Judicial, han sido coincidentes.

Utilizo como fuente principal para hacer esta relación de asuntos, la información publicada en medios de comunicación venezolanos y la página oficial del TSJ, donde aparecen las sentencias dictadas desde el año 2000. No se trata, por ende, de una relación exhaustiva ni limitada a algunos tribunales en particular. Tampoco pretendo señalar que en todos estos casos la posición jurídica defendida por el gobierno era contraria a la CRBV o siquiera cuestionable. Solo utilizo esta enumeración para demostrar que, casualmente, en todas aquellas oportunidades en que los altos funcionarios del gobierno o del

---

[57]   Antonio Canova González, La realidad del contencioso administrativo venezolano (Un llamado de atención frente a las desoladoras estadísticas de la Sala Político Administrativa del Tribunal Supremo de Justicia en 2007 y primer semestre de 2008) (2009).

[58]   Páginas 32 y 54.

[59]   Antonio Canova González, et al., ¿Expropiaciones o vías de hecho? La degradación continuada del derecho de propiedad en la Venezuela actual (2009).

[60]   Página 131 y ss.

partido oficialista han mostrado algún interés, el Poder Judicial venezolano ha servido para habilitar, justificar o llevar adelante las acciones políticas. Casualidad que pasa a ser una buena evidencia cuando se tiene en cuenta que, desde 1999, con la excepción de la sentencia de la SP de fecha 14 de agosto de 2002 (la cual fue luego revocada por la SC el 11 de marzo de 2005[61]) ni una sola vez los tribunales venezolanos fueron obstáculo o sentenciaron en contra del gobierno o del partido oficialista. La afirmación de un magistrado del TSJ en 2001, Manuel José Delgado Ocando, quien se mostraba complacido para entonces de que en Venezuela el Derecho y el Poder Judicial en lugar de ser obstáculo a las acciones gubernamentales ha sido más bien un instrumento al servicio de las mismas, más de una década después, sigue teniendo vigencia.

Este recuento debe iniciarse con una serie de sentencias del TSJ, y en especial de la SC, que reconocieron poderes exorbitantes a la ANC y, en particular, a la Comisión Legislativa Nacional, órgano creado transitoriamente por aquella, y que, por ejemplo, llevó adelante el nombramiento de rectores del CNE al margen de las previsiones de la propia CRBV recién sancionada en 1999. El 30 de junio de 2000 de la SC declaró expresamente que dicha Comisión Nacional no debía ceñirse a las disposiciones de la CRBV en cuanto a tales designaciones dado su origen "supra-constitucional"[62].

Luego, en el año 2000 igualmente, la SC dictó varias sentencias por las que precisó que el mandato de Hugo Chávez como Presidente inició con su victoria en las elecciones del 30 de julio del 2000, por lo que empezaría allí a computarse el periodo presidencial de 6 años, borrando los 2 años en dicho cargo que ya ejercía desde 1998. También le dio la razón a la opinión expresada públicamente por el propio Presidente de la República y varios de sus cercanos colaboradores[63], y extendió aún más el período presidencial al entender que inició en la fecha de su juramentación, el 19 de agosto de 2000, sino el 10 de enero de 2001, fecha en la que según la CRBV debe hacerse la toma de posesión[64].

También en ese año 2001, la SC despejó la duda sobre los poderes que podía desplegar el Presidente de la República a través de una delegación legislativa de la AN. En concreto, estableció que el Presidente de la República, a través de Decretos Leyes dictados gracias a Ley Habilitante, podía legislar

---

[61] TSJ, SC, 11 de marzo de 2005, "Julián Isaías Rodríguez Díaz", N° 233, disponible en http://goo.gl/HVI81F.

[62] TSJ, SC, 30 de junio de 2000, "Dilia Parra Guillén", N° 656, disponible en http://goo.gl/rUwUiM.

[63] La petición a la SC la formuló, justamente, un diputado a la AN por el partido oficialista, Willian Lara, ya fallecido, en su condición de Presidente de dicha AN.

[64] TSJ, SC, 5 de abril de 2001, "Francisco Encinas Verde y otro", N° 457, disponible en http://goo.gl/JsosVK.

TSJ, SC, 16 de mayo de 2001, "Asamblea Nacional", N° 759, disponible en http://goo.gl/GD95Di.

sobre materias reservadas por la CRBV a Leyes Orgánicas, incluyendo materias sancionatorias penales[65].

Durante los años convulsionados por las protestas públicas, rebeliones militares, desestabilización y huelgas generales 2002 y 2003, el TSJ siempre sirvió de respaldo a las acciones políticas llevadas adelante por el entonces Presidente de la República, Hugo Chávez.

Preparando el terreno para un eventual referéndum revocatorio presidencial, que habían anunciado algunos voceros de la oposición, en esos años la SC hizo una interpretación abstracta del artículo 72 de la CRBV. En tal sentido, en 2002, señaló que para que se entienda revocado el mandato de un funcionario de elección popular es indispensable que participen una cuarta parte de los electores inscritos en el Registro Electoral de la circunscripción correspondiente y que el número de votos de la opción favorable a la revocación del mandato no solo sea superior a los que voten en contra en esa elección, sino que además sea superior a los votos obtenidos por el funcionario sometido a escrutinio durante su elección[66].

Durante la huelga general petrolera y civil de finales de 2002, la SC dictó una sentencia mediante la cual ordenó a los huelguistas volver al trabajo y poner en funcionamiento la industria petrolera, con el argumento de que la paralización lesionaba intereses difusos y derechos colectivos de la nación venezolana[67].

Asimismo, para el 2 de febrero de 2003 había sido convocado por el CNE un referéndum consultivo sobre la revocatoria del mandato presidencial de Hugo Chávez, a solicitud de la oposición política al gobierno. Frente a esto, y el anunció de la convocatoria al referéndum, la SC dictó una sentencia en la que, interpretando el artículo 71 de la CRBV, sostuvo que el resultado del referéndum consultivo no tiene carácter vinculante en términos jurídicos, justo como públicamente lo había indicado el propio Presidente de la República. Pocos días después, el 22 de enero de 2003, la Sala Electoral del TSJ ordenó al CNE abstenerse de hacer ese referéndum[68], a la vez que se iniciaron los pasos para sustituir a los rectores del Poder Electoral, al prohibirle realizar acciones que excedieran la simple administración.

Por otro lado, mediante sentencia del 15 de julio de 2003 la SC legitimó los llamados delitos de desacato, es decir, la sanción penal a aquellas perso-

---

[65] TSJ, SC, 19 de septiembre de 2001, "Hugo Rafael Chávez Frías", N° 1719, disponible en http://goo.gl/uq1Wbi.

[66] TSJ, SC, 5 de junio de 2002, "Sergio Omar Calderón Duque y William Dávila Barrios", N° 1139, disponible en http://goo.gl/xic4QH.

[67] TSJ, SC, 19 de diciembre de 2002, "Félix Rodríguez", N° 3342, disponible en http://goo.gl/bERgTT.

[68] TSJ, SE, 22 de enero de 2003, "Darío Vivas, Desiré Santos Amaral y José Khan vs. Consejo Nacional Electoral", N° 3, disponible en http://goo.gl/ZZfvSZ.

nas que critiquen y de cualquier modo desdigan de los funcionarios públicos y los órganos del Estado[69].

En el año 2004, antes de que se reformara la Ley del TSJ, la SC se enfrentó abiertamente a la Sala Electoral que había ordenado, luego de innumerables obstáculos, la convocatoria a un referéndum revocatorio contra Hugo Chávez. La SC accedió a los planteamientos realizados directamente por los dirigentes del partido oficialista y se avocó, por sentencia N° 442 de 23 de marzo de 2004, el expediente de la Sala Electoral, asumiendo directamente toda controversia en esa materia.

Para el proceso de elecciones de diputados de la AN convocado para el 4 de diciembre de 2005, el partido oficialista implementó un método de postulación de candidatos que disminuía sensiblemente el principio de representación proporcional de las minorías, previsto en la CRBV en el artículo 63. Para defraudar el método electoral mixto que mezclaba la votación uninominal y la representación proporcional de las minorías, los candidatos del partido oficialista fueron postulados por dos partidos diferentes, que iban juntos (o "enmorochados") pero que impedía se le restaran a uno los candidatos elegidos por el otro sistema, ocasionando una sobre-representación, al final, a la misma parcialidad política. Esta forma de fraude electoral fue denunciada por la oposición ante la SC del TSJ, la cual, justo antes de las elecciones, dictó una decisión que respaldaba la defraudación ideada por el partido de gobierno. Ello motivó que los partidos de oposición, al considerar que no existían condiciones justas para ese proceso electoral, se abstuvieran de participar en el mismo[70].

Desde el año 2006, diversos voceros del gobierno habían aludido a la posibilidad de convocar una reforma constitucional, y uno de los aspectos que más interesaba reformar al entonces Presidente de la República, Hugo Chávez, era el relacionado con la posibilidad de reelegirse por una tercera vez en dicho cargo, es decir, eliminar la prohibición del artículo 230 de la CRBV que limitaba la reelección presidencial a "una sola vez". Mucho antes de que el propio interesado propusiera esa reforma a la CRBV, ya la SC, en una sentencia que poco o nada guardaba relación con el tema de la reelección presidencial, había hecho una oda de los beneficios para la democracia de tal reelección presidencial indefinida, aseverando que cualquier límite temporal era contrario a la voluntad popular. La sentencia en cuestión fue dictada el 28 de julio de 2006[71]; quizá sea una casualidad que el 28 de julio era el día de nacimiento de Hugo Chávez.

En el año 2007 una sentencia del TSJ, en SC, sirvió claramente al gobierno de Hugo Chávez en un tema en que había mostrado públicamente interés.

---

[69]   TSJ, SC, 15 de julio de 2003, "Rafael Chavero Gazdik", N° 1942, disponible en http://goo.gl/5qVUSZ.

[70]   TSJ, SC, 27 de octubre de 2005, "Jesús Manuel Méndez Quijada y Henry Ramos Allup", N° 3210, disponible en http://goo.gl/TGi22i.

[71]   TSJ, SC, 28 de julio de 2006, "Consejo Nacional Electoral", N° 1488, disponible en http://goo.gl/sz8cqa.

La sentencia del 25 de mayo de 2007, avaló la toma por la fuerza de Radio Caracas Televisión (R.C.T.V.) con la excusa de la no renovación de la concesión como televisora nacional y, más aún, permitió al gobierno utilizar los equipos de esa empresa para operar un nuevo canal de televisión público que aprovecharía ese espacio radioeléctrico[72].

El 5 de agosto de 2008 la SC dictó una sentencia que también fue de mucha utilidad para los intereses del partido de gobierno, porque avaló una serie de medidas de inhabilitación política dictadas por el Contralor General de la República en contra de líderes de la oposición venezolana, entre ellos, Leopoldo López Mendoza. A pesar de que según la CRBV (artículos 42 y 65), solo por sentencia es posible la pérdida de derechos políticos. Esta postura favorable a las inhabilitaciones políticas administrativas fue más adelante condenada por esta Corte IDH, en la sentencia de fecha 1 de septiembre de 2011[73]. De más está decir que el propio TSJ en sentencia de 17 de octubre de 2011 se ha negado a ejecutar la referida sentencia de la Corte IDH.

A comienzos de 2009, la SC salió al paso a las objeciones jurídicas y despejó cualquier duda sobre el llamado a un nuevo referéndum para reformar la CRBV, esta vez solo en el artículo que prohibía la reelección presidencial indefinida o ilimitada. Como el artículo 345 de la CRBV señala que una vez rechazada una propuesta de reforma constitucional, no podrá ser elevada nuevamente en el mismo período constitucional, parte de la opinión pública objetó que luego de la derrota electoral del 2 de diciembre de 2007 en el referéndum de aprobación de la reforma constitucional propuesta por el entonces Presidente de la República, Hugo Chávez, pudiera realizarse un nuevo referéndum para modificar la CRBV en el mismo sentido rechazado. En sentencia de 3 de febrero de 2009, la SC interpretó de manera abstracta el artículo 345 y señaló que podría perfectamente la AN convocar a dicha enmienda o reforma constitucional a pesar de que el punto hubiere sido rechazado previamente en referéndum, al tratarse la primera de una reforma propuesta por el Presidente de la República[74]. Este criterio dejó de lado los cuestionamientos públicos a la convocatoria que para el 9 de febrero de 2009 hizo el CNE a un referéndum para modificar por enmienda el mencionado artículo 230 constitucional, como lo propuso la AN. Al final, gracias a este criterio, no hay obstáculos para que el Presidente de la República opte por reelegirse indefinidamente en dicho cargo.

De otro lado, a lo largo de estos años, muchos opositores y disidentes han sido perseguidos penalmente por el Ministerio Público y por el Poder Judicial por la presunta comisión de diversos delitos. Algunos han sido efectivamente

---

[72] TSJ, SC, 25 de mayo de 2007, "José Félix Guerrero Peralta, José Miguel Ferrer y Jorge Larrazabal", N° 957, disponible en http://goo.gl/HC5kmE.

[73] *López Mendoza c. Venezuela*, Fondo, Reparaciones y Costas, Corte IDH (serie C) N° 233 (sentencia de 1 de septiembre de 2011), disponible en: http://goo.gl/AP1My.

[74] TSJ, SC, 3 de febrero de 2009, "Federico Andrés Black Benítez", N° 53, disponible en http://goo.gl/bgTxHT.

condenados, otros encarcelados temporalmente, y otros han huido del país ante las evidencias de que no gozarán de un juicio justo. Diversas organizaciones de la sociedad civil han dado cuenta de estas persecuciones políticas a través del sistema de justicia.

A pesar de su gravedad, en esta oportunidad no es posible enumerar y describir cada uno de esos casos de persecución política. Sin embargo, es importante destacar el caso de un grupo de funcionarios policiales que supuestamente intervinieron en los sucesos del 11 de abril de 2002 y fueron condenados a 30 años de prisión. También el de los directivos de medios de comunicación independiente, como los accionistas del canal de noticias Globovisión, Guillermo Zuloaga y Nelson Mezerhane, quienes fueron imputados por asuntos no relacionados directamente con su condición de accionista de dicho de medio de comunicación y, ante la orden de detención en sus contra, solicitaron asilo en otro país.

Otro caso de persecución política en la que tenía claro interés el entonces Presidente de la República, Hugo Chávez, fue el proceso contra el líder opositor Manuel Rosales, quien fuera candidato presidencial por la oposición venezolana en las elecciones de 2006. Hugo Chávez públicamente emitió declaraciones como la siguiente: *"el bandido ese Manuel Rosales, el bandido ese mafioso, Al Capone se queda corto al lado de Manuel Rosales ... ahora te metiste conmigo desgraciado, ahora vas a ver lo que es bueno desgraciado, desgraciado de Manuel Rosales, desgraciadito . . . . Yo estoy decidido a meter preso a Manuel Rosales, es que lo voy a meter preso a Manuel Rosales porque una calaña como esa tiene que estar es en prisión"*[75]. En otra oportunidad dijo: *"Manuelito desgraciado yo te acepto el reto compadre vamos a ver quién va preso primero desgraciado, si tú o yo . . . . mil veces desgraciado, te voy a borrar del mapa político venezolano, desgraciado, mafioso, bandido, corrupto y ladrón, tú vas a ver quién es Hugo Chávez desgraciado"*[76]. Más adelante, también ante medios de comunicación nacionales sostuvo que *"ahí está la demostración de la corrupción y el robo de Manuel Rosales, ahí está porque esa plata se le dio a Manuel Rosales, ahora va a ir preso Manuel Rosales por ladrón, te tengo la celda lista Manuel, yo te espero en la bajadita Manuel, golpista, ladrón, fascista"*[77]. No fue necesario que transcurriera mucho tiempo, el 11 de diciembre de 2008, la Fiscal Undécima del Ministerio Público a Nivel Nacional con Competencia en materia Contra la Corrupción, Bancos, Seguros y Mercados de Capitales imputó a Manuel Rosales por el

[75]   Manuel Arrias, *Los insultos de Chávez*, YouTube (19 de abril de 2009), http://goo.gl/vR4nc8.

[76]   TUYEROUNO, *Chávez llama "desgraciao" a Rosales,* YouTube (13 de octubre de 2008), http://goo.gl/OCXYa7.

[77]   Freddy Gómez L., Chávez: te tengo la celda lista Manuel Rosales. Vas preso ladrón, YouTube (17 de noviembre de 2008), http://goo.gl/wDKf7V.

delito de enriquecimiento ilícito[78] y solicitó una medida privativa de libertad[79]. En un proceso plagado de irregularidades, el Tribunal Décimo Noveno de Control dictó medida privativa de libertad en su contra[80]. Considerando que no tendría un juicio imparcial, huyó a Perú, que le otorgó asilo político.

Algo similar ocurrió con la juez María Lourdes Afiuni, quien fue detenida el 10 de diciembre de 2009. El entonces Presidente de la República, Hugo Chávez, afirmó en televisión nacional: *"A la juez esa deberían meterle 30 años de cárcel. Simón Bolívar hizo un decreto: aquel que tome un centavo del Tesoro público será pasado por las armas, es decir, fusilado y el juez que no lo hiciera será también pasado por las armas"*[81]. Aún no ha sido dictado sentencia definitiva en contra de la Sra. Afiuni, aunque recientemente se le permitió el juicio en libertad, con la condición de no abandonar la ciudad de Caracas y de presentarse en el tribunal penal cada 15 días.

Otro caso en que el Poder Judicial pareciera servir de instrumento, y nunca de obstáculo, a los intereses del gobierno es el que involucra al ex embajador venezolano ante la ONU, Diego Arria Saliceti. Luego de unas declaraciones públicas del diplomático contra el gobierno del entonces Presidente de la República, Hugo Chávez, que aparecieron en medios internacionales, un órgano del Ejecutivo Nacional adscrito al Ministerio del Poder Popular para las Tierras y el Desarrollo Agrario, acordó el "rescate" de una propiedad rural del Sr. Arria Saliceti en el Estado de Yaracuy, la Hacienda La Carolina. Las declaraciones de Hugo Chávez pusieron en evidencia el interés en tal medida: *"Estamos recuperando unas tierras de uno de los carcamanes de la cuarta república que tienen ahí unas haciendas de lujo, uno de esos que todavía andan por ahí, cadáveres insepultos, la frase ustedes saben que la estoy copiando de Rómulo Betancourt, cadáveres insepultos, corrupto de uña ustedes saben dónde; y me decía Elías aquí estoy viendo lo que le robaron al pueblo, bueno parte porque la mayor parte se la llevaron de aquí y tienen allá en Nueva York, en Washington, en no sé dónde más, en Europa, grandes mansiones un latifundio por aquí por Yaracuy, en Nirgua, rescatado para la revolución, tierras muy buenas"*[82]. Incluso, en una alocución frente a la posibilidad de que Arria Saliceti recuperara por vías judiciales su propiedad, el entonces mandatario afirmó: *"[a]quí está la foto, mira estas son las fotos de ese señor, un señor gobernador de Caracas en otro tiempo, miren tremenda casa,*

---

78 Ministerio Público imputó a Manuel Rosales por presunto enriquecimiento ilícito, Aporrea, 11 de diciembre de 2008, disponible en http://goo.gl/B8aGd2.

79 *Fiscalía solicita medida privativa de libertad de Manuel Rosales,* Noticias 24, 19 de marzo de 2009, disponible en http://goo.gl/PCPOZo.

80 *Dictan medida privativa de libertad contra Manuel Rosales,* Reporte Confidencial, 22 de abril de 2009, disponible en http://goo.gl/dIaeMA.

81 *Pide 30 años de cárcel para la jueza Afiuni y dice que Bolívar la hubiese fusilado,* NOTICIAS 24, 11 de diciembre de 2009, disponible en http://goo.gl/wpStTm.

82 Frank de Prada, *Chávez sobre Arria,* YOUTUBE (7 de mayo de 2010), http://goo.gl/QAHSWE.

148

eso ya está en manos del pueblo compadre de la revolución .... tierra muy buena, un ganado que se estaba muriendo de hambre ahí .... tremenda piscina, esa es la burguesía, ahora anda por ahí chillando que él va a recuperar bueno tendrá que tumbar a Chávez para recuperar esto porque esto es de la Revolución ahora"[83]. El Poder Judicial venezolano aún no ha admitido la demanda presentada por el Sr. Arria Saliceti en los tribunales de primera instancia de la localidad luego de más de dos años de su interposición. El 14 de agosto de 2012, la SC se aseguró de que tal reclamación continúe en ese estado, pues de oficio avocó el expediente y desde entonces se encuentra archivado, sin decisión[84].

En este año 2013 el Poder Judicial venezolano ha seguido beneficiando al partido oficialista en casos controvertidos. Primero, la SC, a pesar de la ausencia del Presidente Hugo Chávez y su no comparecencia para el acto de juramentación y toma de posesión como Presidente de la República pautado para el 10 de enero (luego de haber sido declarado triunfador en los comicios presidenciales del 7 de octubre de 2013), declaró que no había lugar a la falta absoluta ni debía tomar posesión el Presidente de la AN, sino que existía *"continuidad administrativa"* y por tanto, Nicolás Maduro debía mantenerse en el cargo de Vicepresidente Ejecutivo, encargado de la Presidencia de la República de manera indefinida, hasta que Hugo Chávez pudiese tomar posesión personalmente[85]. Una vez anunciada la muerte de Hugo Chávez el 5 de marzo de 2013, la SC dictó un nuevo fallo por el cual permitió a Nicolás Maduro continuar en el cargo de Presidente de la República encargado y, a la vez, ser candidato presidencial, es decir, no se le obligó a separarse del cargo como lo prevé el artículo 229 de la CRBV. Por último, el pasado 07 de agosto, ante recursos de nulidad ejercidos contra las elecciones del 14 de abril de 2013 por el candidato de la oposición, Henrique Capriles Radonski[86], por la Mesa de la Unidad Democrática[87] y por otros recurrentes[88], la SC, luego de haber avocado el expediente que cursaba en la Sala Electoral, declaró inadmisibles de pleno derecho las impugnaciones, ratificando la proclamación de Nicolás Maduro como Presidente de la República.

---

[83]   Frank de Prada, *Chávez sobre Arria 2*, YOUTUBE (7 de mayo de 2010), http://goo.gl/PXv8XF.

[84]   TSJ, SC, 14 de agosto de 2012, "Hacienda La Carolina C.A.", N° 1.211, disponible en http://goo.gl/0RhrI7.

[85]   TSJ, SC, 9 de enero de 2014, "Marelys D Arpino", N° 2, disponible en http://goo.gl/yYRulM.

[86]   TSJ, SC, 7 de agosto de 2013, "Henrique Capriles Radonski", N° 1115, disponible en http://goo.gl/1aRHUO.

[87]   TSJ, SC, 7 de agosto de 2013, "Mesa de la Unidad Democrática (MUD)", N° 1120, disponible en http://goo.gl/zGwYtw.

[88]   *Ver* todos los recursos contencioso electorales que fueron desestimados ese mismo día. Disponibles en http://goo.gl/Yp4Z5V.

Una muestra más de cómo el sistema de justicia es utilizado como instrumento del gobierno y perseguir a la oposición política hasta en los asuntos más absurdos es el caso de la señora Lourdes Alicia Ortega Pérez, mujer de 53 años residenciada en la ciudad de Barquisimeto, que fue detenida el 13 de marzo de 2013 por una comisión policial encabezada por el entonces Ministro de Relaciones Interiores y Justicia, Néstor Luis Reverol, por supuestamente iniciar *"rumores para influenciar a la colectividad"* y enviar un *"mensaje desestabilizador para el país"*, a través de su cuenta en Twitter (usuario *"@ulilou"*), con apenas 13 seguidores. La Sra. Ortega Pérez fue puesta a las órdenes del Ministerio Público el cual realizó de inmediato la imputación penal ante el Tribunal de Primera Instancia en Función de Control N ° 6 del Circuito Judicial Penal del Estado Lara. El mensaje que desató la ira del gobierno, secundada por el sistema de justicia venezolano, ocurrió el pasado 8 de marzo de 2013, días después del anuncio de la muerte de Hugo Chávez. La tuitera, dando respuesta a una pregunta sobre la causa de la muerte del entonces Presidente, respondió: *"No sé, pero convertido en muñeco de cera está"*. Después de más de una semana privada de libertad, el pasado 30 de julio de 2013 se realizó en la sede del Juzgado Penal una audiencia en la que la Sra. Ortega Pérez se salvaría de la condena penal admitiendo plenamente el hecho que se le atribuía y aceptando formalmente su responsabilidad en el mismo. El proceso fue *"suspendido"* condicionalmente. Debe pagar ahora con más de 50 horas de trabajo comunitario y continuar a disposición del tribunal. Si cumple con su palabra podrá archivarse el juicio (el tribunal dictará el sobreseimiento de la causa y el proceso se extinguirá) y mantenerse en libertad.

En fin, como señalaba al inicio de este capítulo, son muchas las sentencias dictadas por el TSJ desde 1999 que muestran la identidad de intereses entre el poder político y el poder judicial. Difícilmente pueda entenderse que se trata de casualidad o coincidencias. El hecho de que en ninguna ocasión los tribunales venezolanos hayan obstaculizado las acciones del gobierno o limitado el poder político pone en tela de juicio la independencia a imparcialidad de los tribunales venezolanos.

4. CONCLUSIONES

Luego de las consideraciones expuestas, concluyo lo siguiente:

a) La CRBV prevé un régimen para el Poder Judicial acorde con las garantías de independencia e imparcialidad, dispuesto a llevar procesos debidos, justos y sin presiones externas, conforme con los parámetros aceptados para una sociedad democrática, internacionalmente. Sin embargo, en la práctica, los elementos que asegurarían tal independencia e imparcialidad no están presentes en el Poder Judicial venezolano.

b) Todos los magistrados del TSJ han sido designados sin cumplir las garantías constitucionales dispuestas para asegurar su independencia e imparcialidad frente al poder político. En todas las ocasiones (1999, 2000, 2004 y 2010) ha sido en exclusiva el partido oficialista el que procedió, violando la CRBV, a nombrar por sí solo a los magistrados.

c) La designación de los jueces del Poder Judicial, salvo un intento inicial en 2000 de celebrar concursos de oposición, ha quedado a la discrecionalidad absoluta o arbitrariedad de un grupo de magistrados del TSJ, encargados de la Comisión Judicial, por lo que no ha ocurrido a través de los procedimientos y mecanismos previstos en la CRBV.

d) La mayoría de los jueces del Poder Judicial, al no haber ingresado a través de concursos de oposición, no goza de estabilidad en el ejercicio de sus cargos, por lo que no forman parte de la carrera judicial y pueden ser removidos arbitrariamente, es decir, sin motivos ni procedimientos alguno, por la Comisión Judicial del TSJ.

e) Altos funcionarios del gobierno nacional, así como magistrados del TSJ, han declarado públicamente y de modo reiterado que ha de existir, y que de hecho existe, una unión de intereses entre todos los poderes del Estado, y en especial entre el Poder Ejecutivo, y el proyecto político que impone, y el Poder Judicial, incluyendo en primer término al TSJ.

f) Desde la vigencia de la CRBV hasta la actualidad no ha habido una sola ocasión en que los intereses políticos, económicos y electorales del gobierno o los del partido oficialista hayan sido controvertidos por alguna decisión del TSJ o del Poder Judicial; por lo que de ningún modo alguna sentencia ha obstaculizado o limitado la actuación en que abiertamente el gobierno o el partido oficialista ha expresado tener intereses[89]. Siempre ha habido, desde 2000, una identidad entre los intereses del gobierno y las sentencias y decisiones del Poder Judicial. Ello, más que una coincidencia, es un indicar contundente del control político sobre el Poder Judicial, y de la ausencia de las garantías de independencia e imparcialidad.

g) El Poder Judicial venezolano, en las condiciones actuales de sometimiento a los intereses políticos del gobierno nacional, no garantiza una garantía de juicio justo, independiente e imparcial, al profesor Brewer Carías, en el proceso penal iniciado en su contra.

5. RESPUESTA A LAS PREGUNTAS FORMULADAS POR EL ESTADO VENEZOLANO

El Estado venezolano me formuló, por comunicación de 9 de agosto de 2013, las siguientes preguntas. Con las observaciones contenidas en la Nota N° 12.724/138 de 20 de agosto de 2013 de esta Corte IDH, procedo a responderlas:

1. Diga usted, ¿Cuándo fue su graduación como abogado venezolano? Cursé estudios de Derecho en la UCAB, en Caracas.

Me gradué como abogado en el año 1991.

---

[89] Como se ha indicado antes, la única excepción fue la sentencia de la SP Accidental de 14 de agosto de 2002, que luego fue anulada por la SC en fallo de 11 de mayo de 2007.

2. *Diga usted, ¿Cuántos años tiene litigando en los tribunales venezolanos?*

Desde 1991 soy abogado. Como trabajé desde 1992 hasta 1999 en la Corte Suprema de Justicia y luego estuve en el extranjero haciendo estudios de Doctorado hasta 2002, es desde ese año, 2002 en adelante, cuando he sido abogado litigante ante los tribunales venezolanos.

3. *Diga usted, ¿Considera que la justicia venezolana antes de la aprobación de la Constitución de la República Bolivariana de Venezuela el 15 de diciembre de 1999 presentaba problemas o vicios? En caso afirmativo, puede precisar su respuesta.*

No he hecho estudios ni he analizado data sobre el funcionamiento de la justicia venezolana antes de 1999. Me es difícil señalar, por tanto, de la manera tan amplia y genérica en que se me formula la pregunta cuáles serían los vicios o problemas que presentaba el Poder Judicial venezolano y la administración de justicia venezolana.

4. *Sabe usted, ¿Cuáles países dentro del Sistema Interamericano de Protección de los Derechos Humanos, cuentan con procedimientos disciplinarios previos para la destitución de jueces y fiscales en una Ley dictada por el Parlamento?*

No he analizado ni estudiado el ordenamiento jurídico de los 35 países que conforman el Sistema Interamericano de Protección de Derechos Humanos en cuanto a los procedimientos disciplinarios previos para la destitución de jueces y fiscales. Solo conozco bien el caso venezolano, que es sobre el cual he emitido mi opinión.

5. *Diga usted, ¿En cuales países dentro del Sistema Interamericano de Protección de Derechos Humanos cuentan con la totalidad de sus jueces bajo la figura de titulares?*

Como respondí en la pregunta anterior, no he analizado ni estudiado el Poder Judicial de los 35 países que conforman el Sistema Interamericano de Protección de Derechos Humanos por lo que desconozco las cifras sobre jueces titulares.

6. *Diga usted, ¿Si conoce el contenido del Artículo 255 de la Constitución de la República Bolivariana de Venezuela, relativo a los requisitos para el ingreso a la Carrera Judicial?*

Sí, conozco el artículo 255 de la CRBV. Textualmente establece: "*Artículo 255. El ingreso a la carrera judicial y el ascenso de los jueces o juezas se hará por concursos de oposición públicos que aseguren la idoneidad y excelencia de los o las participantes y serán seleccionados o seleccionadas por los jurados de los circuitos judiciales, en la forma y condiciones que establezca la ley. El nombramiento y juramento de los jueces o juezas corresponde al TSJ. La ley garantizará la participación ciudadana en el procedimiento de selección y designación de los jueces o juezas. Los jueces o juezas sólo podrán ser removidos o suspendidos de sus cargos mediante los procedimientos expresamente previstos en la ley./ La ley propenderá a la profesionaliza-*

ción de los jueces o juezas y las universidades colaborarán en este propósito, organizando en los estudios universitarios de Derecho la especialización judicial correspondiente./ Los jueces o juezas son personalmente responsables, en los términos que determine la ley, por error, retardo u omisiones injustificados, por la inobservancia sustancial de las normas procesales, por denegación, parcialidad, y por los delitos de cohecho y prevaricación en que incurran en el desempeño de sus funciones".

7. *Diga usted, ¿Si, se ha leído y analizado la Exposición de motivos de la Constitución de la República Bolivariana de Venezuela, aprobada el 15 de diciembre de 1999, la cual establece lo siguiente: "Como una de las implicaciones del Estado democrático y social de Derecho y de Justicia en que se constituye a Venezuela por obra de la Constitución, y con el fin de erradicar uno de los principales problemas de las Nación venezolana, en virtud del cual el Poder Judicial se caracterizó por su corrupción, lentitud e ineficacia y, especialmente, por restringir el acceso de la población de escasos recursos a la justicia; la Constitución exige al estado garantizar una justicia gratuita, accesible, imparcial, idónea, transparente, autónoma, independiente, responsable, equitativa y expedita, sin dilaciones indebidas, sin formalismos o reposiciones inútiles"?*

Sí he leído el documento aparecido en la *GO* Extraordinaria N° 5.453 de 24 de marzo de 2000, denominado Exposición de Motivos de la CRBV y suscrito el 30 de enero de 2000 por la ANC. De hecho, en dos artículos jurídicos de mi autoría hago comentarios sobre ese documento, aparecido luego de sancionada la CRBV por la ANC y sometida a referéndum aprobatorio (realizado el 15 de diciembre de 1999). Los dos artículos mencionados están publicados en: 1) CANOVA GONZÁLEZ, Antonio. "El preámbulo de la Constitución venezolana de 1999". /En/ TORRES DEL MORAL, Antonio; TAJADURA TEJADA, Javier (coord.). *"Los preámbulos constitucionales en Iberoamérica"*. Madrid: Centro de Estudios Políticos y Constitucionales, 2001. 2) CANOVA GONZÁLEZ, Antonio. "La futura justicia constitucional en Venezuela. (En contra de la Exposición de Motivos de la Constitución de 1999 y a favor del Anteproyecto de Ley aprobado por la Corte Suprema de Justicia). / En/ *Revista de Derecho Constitucional*, N° 2, enero-junio de 2000.

8. *Diga usted, ¿Si, conoce otra Constitución en algún país del mundo, que haga mención expresa a los principios rectores de su Sistema de Justicia?*

Sí. Normalmente, las constituciones de los países en el mundo contemplan expresamente, con mayor o menor detalle, la organización del Estado, y entre ellos el Poder Judicial, así como derechos procesales y principios de la administración de justicia.

9. *Diga usted, ¿Si, conoce el proceso para la designación de los Magistrados del TSJ de Venezuela, conforme a los artículos 263, 264, 265 y 266 de la Constitución de la República Bolivariana de Venezuela?*

Sí conozco el proceso previsto en la CRBV para la designación de los magistrados del TSJ. En la opinión que antecede he descrito cómo según la CRBV de 1999 deben ser designados los Magistrados del TSJ y cómo han sido efectivamente designados en 1999, 2000, 2004 y 2010.

10. *Diga usted, ¿Si conoce el Código de Ética del Juez Venezolano y Jueza Venezolana?*

Sí lo conozco. Fue publicado en *GO* N° 39.236 del 6 de agosto de 2009. También conozco la sentencia de la SC que suspendió cautelarmente y de oficio los artículos de ese Código.

11. *Diga usted, ¿Si, ha ejercido recursos contra jueces en la jurisdicción disciplinaria judicial?*

No he ejercido recursos, ni denuncias o acusaciones, contra jueces ante la jurisdicción disciplinaria judicial.

12. *Diga usted, ¿Si conoce cuánto tiempo tardó el Consejo de la Judicatura, bajo la vigencia de la Ley de Carrera Judicial del año 1980, para la realización de concursos de oposición de jueces y juezas para el ingreso a la carrera judicial?*

No conozco el tiempo que tardó el Consejo de la Judicatura para la realización de concursos de oposición de jueces para el ingreso a la carrera judicial.

13. *¿Conoce la cantidad de jueces titulares antes de la promulgación de la Constitución de la República Bolivariana de Venezuela?*

No tengo esa información. Como dije en mi respuesta a la pregunta 3, no he hecho estudios ni he analizado data sobre el funcionamiento de la justicia venezolana antes de 1999.

14. *Diga usted, ¿Si conoce las razones por las cuales los Constituyentes venezolanos en el año 1999, decidieron intervenir el Poder Judicial?*

Las razones esgrimidas por la ANC en 1999 para intervenir el Poder Judicial fueron, según el Decreto de Reorganización del Poder Judicial de 19 de agosto de 1999, las siguientes: "1) *Que es obligación del Estado garantizar el fácil acceso de la población a un sistema de justicia que actúe con la mayor transparencia, imparcialidad, autonomía, celeridad y simplicidad. Para lo cual es necesaria la existencia de controles sociales sobre la administración de justicia con la participación social democrática. 2) Que la credibilidad y legitimidad del sistema de justicia implica que se garantice la idoneidad ética y técnica de los jueces, asegurando su independencia por medio de mecanismos objetivos e imparciales de selección de los mejores. Así como por medio de controles sociales e institucionales sobre su comportamiento. 3) Que para enfrentar la crisis política, económica, social se requiere tomar medidas impostergables, muchas de las cuales requieren de grandes transformaciones del marco jurídico, fortalecer la necesidad de Estado de derecho y el ejercicio efectivo de los derechos humanos.*"

15. *Diga usted, ¿Qué significa la visión Sistémica del Poder Judicial según lo prevé nuestra Constitución en los artículos del 253 al 272?*

Según la RAE "sistémico" significa: *"Perteneciente o relativo a la totalidad de un sistema; general, por oposición a local"*. En la CRBV, el Capítulo III del Título V, se titula: *"Del Poder Judicial y del Sistema de Justicia"*. Los artículos 253 y 254 hablan del *"sistema de justicia"*. El primero se refiere a sus componentes: *"el TSJ, los demás tribunales que determine la ley, el Ministerio Público, la Defensoría Pública, los órganos de investigación penal, los o las auxiliares y funcionarios o funcionarias de justicia, el sistema penitenciario, los medios alternativos de justicia, los ciudadanos o ciudadanas que participan en la administración de justicia conforme a la ley y los abogados autorizados o abogadas autorizadas para el ejercicio"*. El segundo lo menciona al referirse al presupuesto general que se asignará anualmente al *"sistema de justicia"*. En definitiva, la CRBV pretende dar a todos los involucrados en la función jurisdiccional, incluso a los medios alternativos de solución de controversias, una regulación uniforme, que comprenda a todos en conjunto.

16. *Diga usted, ¿Si conoció de la existencia de las denominadas "Tribus Judiciales" durante el período comprendido durante los años 1960 hasta 1999? Si las conoció diga cuales.*

No conocí ninguna *"Tribu Judicial"* entre los años 1960 y 1999 en Venezuela.

De la forma expuesta, rindo declaración jurada, como perito, ante esta Corte Interamericana de Derechos Humanos, conforme Resolución de su Presidente de 31 de julio de 2013 en el caso *Brewer Carías v. Venezuela*. Así lo declaro y otorgo, en la misma fecha de su autenticación en la ciudad de Caracas.

Antonio Canova González

Titular de la cédula de identidad N° V-9.880.302

Inscrito en el Instituto de Previsión Social del Abogado con el N° 45088

LIBRO SEGUNDO

DICTÁMENES JURÍDICOS PRESENTADOS EN EL CASO ANTE LA CORTE INTERAMERICANA DE DERECHOS HUMANOS

PRIMERA PARTE:

DICTAMEN DEL PROFESOR ALBERTO ARTEAGA SÁNCHEZ SOBRE LA ACTUACIÓN DEL DR. ALLAN R. BREWER-CARÍAS CON MOTIVO DE LOS SUCESOS DE ABRIL DE 2002 DE 26 DE JULIO DE 2002

PARA: Dr. Allan R. Brewer-Carías

DE: Alberto Arteaga Sánchez

ASUNTO: Opinión jurídica sobre la actuación del Dr. Allan R. Bre-wer-Carías con motivo de los sucesos de Abril de 2002.

FECHA: 26-7-2002

OPINIÓN JURÍDICA

1. LOS HECHOS

La relación del Dr. Allan R. Brewer-Carías con los hechos ocurridos los días 11 y 12 de Abril de 2002 se limita a su presencia en Fuerte Tiuna la madrugada del día 12-4-2002, a requerimiento del Dr. Pedro Carmona Estanga, ocasión en la cual le fue presentado un documento, cuyo contenido ya conocía por una reunión anterior y al cual había formulado objeciones, a la luz de la doctrina constitucional y de la Carta Democrática de la O.E.A., en referencia a la instauración de un nuevo régimen de Gobierno en Venezuela.

Con respecto a estos hechos, específicamente, en cuanto a la conducta del Dr. Allan R. Brewer-Carías, siendo así que, al parecer, ha sido solicitada una investigación ante la Fiscalía General de la República por la presunta participación de diversas personas en el sedicente delito de rebelión ex artículo 144 del Código Penal Venezolano, me permito formular las siguientes observaciones:

2. EL DERECHO

El Ministerio público, titular de la acción penal, en la actualidad investiga los sucesos del 11 de Abril de 2002, bajo la perspectiva de la comisión del delito de rebelión, hecho descrito en el artículo 144 del Código Penal Venezolano. Ello me obliga a una referencia a este hecho punible, en todo caso absolutamente ajena a la actividad desempeñada por el Dr. Allan R. Brewer-Carías.

2.1. El delito de rebelión

El Código Penal Venezolano, en el artículo 144, consagra el denominado delito de rebelión, en dispositivo inspirado en el Código Penal Español de 1848, apartándose de su fuente más importante: el Código Italiano de Zanardelli de 1889.

Según la descripción típica contenida en el mencionado dispositivo incurre en este hecho punible y *"serán castigados con presidio de doce a veinticuatro años"*:

1.- Los que se alcen públicamente en actitud hostil contra el gobierno legítimamente constituido o elegido para deponerlo o impedirle tomar posición del mando.

2.- Los que, sin el objeto de cambiar la forma republicana que se ha dado a la Nación conspiren o se alcen para cambiar violentamente la Constitución Nacional.

Circunscribimos los comentarios a estos supuestos, descartando las dos restantes figuras que el mismo artículo refiere al alzamiento contra los Poderes locales y a la promoción de la guerra civil *"entre la Unión y los Estados o entre éstos"*.

2.2. Elementos del delito de rebelión.

El delito de rebelión, en su aspecto objetivo, según el texto del artículo 144 del Código Penal Venezolano en las modalidades antes señaladas y como lo ha precisado la doctrina, se concreta en las acciones de *alzarse públicamente en actitud hostil contra el Gobierno legítimamente constituido o elegido, para deponerlo o impedirle tomar posesión del mando y en la conducta de conspirar o alzarse para cambiar violentamente la Constitución.* El comportamiento, pues; que materializa el delito implica, o bien el *levantamiento colectivo* o público, con elementos de violencia, a los que se hace alusión con la expresión de la *actitud hostil* y con fin específico de deponer al Gobierno legítimo o impedirle tomar posesión del mando; o el comportamiento *conspirativo* con el, fin de cambiar, por la fuerza, la Constitución.

En la *primera modalidad,* el hecho constitutivo de la rebelión exige el alzamiento público, en actitud hostil, con el fin de deponer al Gobierno legítimamente constituido o elegido o impedirle tomar posesión del mando.

El tipo, así, exige que se de un alzamiento público con actitud hostil. Alzamiento implica levantamiento, agresión y ésta debe llevarse a cabo en forma colectiva, por un grupo importante de personas y, además, éstas, deben hacerlo con hostilidad, lo que la doctrina ha señalado como equivalente a "rebelarse, sublevarse, insurreccionarse, levantarse en armas", indicándose que en esta primera descripción típica "la acción consiste en el alzamiento público que es agresión armada de los rebeldes, ejército o tropa, contra el Gobierno, rompiendo hostilidades contra él". (Mendoza. J. R. *Curso de Derecho Penal Venezolano*, Compendio de Parte Especial, Empresa El Cojo, Caracas, 1967; p. 45).

En todo caso, lo que vale la pena destacar es el elemento de la necesaria verificación de un movimiento o alzamiento violento, mediante no pudiendo configurarse el hecho sobre la base de una simple manifestación pacífica que constituiría una conducta evidentemente atípica.

Precisamente, la fuente de nuestro Código, el ordenamiento penal español, restringió la calificación jurídica de la rebelión a hechos que tienen que reunir las características de la acción necesariamente colectiva y de la violencia o abierta hostilidad, separando así, de este tipo, otras conductas delictivas, como los hechos de *rebelión impropia,* que implica los mismos fines, pero perseguidos sin alzamiento, por medio de la astucia o cualquier otro medio; o como los supuestos de la denominada *sedición* que sí implica el alzamiento público y tumultuario, pero para conseguir, con la fuerza y al margen de los procedimientos ordinarios, otros fines, como impedir la promulgación de leyes, obstaculizar el libre ejercicio de funciones públicas, o ejercer actos de venganza o de odio contra las autoridades o los particulares.

Por otra parte, la legislación penal española, igualmente, en texto ya derogado, consideraba como reos de sedición a los funcionarios o particulares que suspendieren sus actividades o llevasen a efecto paros o huelgas, disposición que, por supuesto, resultó excluida del texto vigente de 1995 por su incompatibilidad con derechos consagrados en la Constitución y leyes de España.

En la *segunda modalidad* del delito de rebelión, el tipo se concreta en la actividad de conspirar o alzarse para cambiar violentamente la Constitución, sin la intención de alterar la forma política republicana, fin éste que convertiría el hecho en un delito de traición a la Patria.

En este caso, el Código Penal Venezolano considera punible, por vía excepcional, la resolución manifestada de conspirar, la cual debe concretarse en el acuerdo de dos o más personas o su asociación con el fin específico de cambiar violentamente la Constitución; o el hecho de alzarse con ese mismo propósito.

Ahora bien, la conspiración supone un acuerdo de voluntades y propósitos sobre medios y fines o la resolución firme e inequívoca de cometer el hecho propuesto, no siendo suficiente la reunión de algunas personas, aun formal, para, discutir sobre el destino del país o sobre los cambios constitucionales o legales, ni el simple hecho de discurrir u opinar sobre la modificación de la Carta Magna. Y en cuanto a la conducta de alzarse, como ya lo expresé antes, ella implica el levantamiento efectivo o la insurrección violenta con el mismo fin.

2.3 Precisados, de manera sucinta, los elementos objetivos del tipo de rebelión en las modalidades de nuestro Código Penal que aparecen como eventualmente pertinentes, por las referencias que se han formulado, se impone señalar que, a los efectos de que pueda establecerse la responsabilidad penal de alguien por este hecho, se hace necesario que el sujeto o autor, actuando conjuntamente con otras personas, por la naturaleza colectiva de la acción haya realizado la conducta incriminada con actitud dolosa, con consciencia y voluntad del hecho, o que, sin perpetrar el comportamiento típico, haya contribuido eficazmente con su realización material y haya participado voluntariamente en el hecho.

2.4 Entonces, según los principios generales del derecho penal, en la medida en que el sujeto se haya mantenido ajeno a cualquier conducta rebelde o violenta; cuando haya actuado mediando una causa de justificación; cuando haya procedido sin intención, con error sobre los hechos, con absoluta buena fe, o sin consciencia de actuar antijurídicamente; o cuando no contribuyó eficazmente en la producción del hecho, ni dirigió su voluntad a tal fin; no puede imputársele el comportamiento rebelde, ni participación alguna en la conducta incriminada.

3. LOS HECHOS ANTE EL DERECHO

3.1 Si sometemos ahora a un elemental análisis los hechos ocurridos el 11-A, a la luz de los elementos jurídico-penales puestos de relieve en el número 2 de éste informe y examinamos la conducta del Dr. Allan R. Brewer-Ca-rías, se imponen las siguientes consideraciones:

3.2 Los hechos ocurridos en Caracas el 11 de Abril de 2002 y en los días anteriores no se presentan con las notas o características que permitan su encuadramiento en el tipo penal de rebelión, que exige, como lo hemos anotado, en las modalidades aludidas, los elementos de la insurrección violenta para deponer al Gobierno legítimo o el hecho inequívoco de un acuerdo formal para cambiar, por la fuerza, la Constitución.

Un movimiento de protesta cívica de la sociedad para solicitar la renuncia del Presidente, una marcha organizada con tal fin, el llamado a un paro general para reclamar por los derechos de la ciudadanía, de sus gremios y, en particular, por la situación de la empresa petrolera, no pueden calificarse como conductas típicas de rebelión, tratándose del ejercicio legítimo de derechos consagrados en la Constitución. Ni tampoco le da ese carácter el apoyo de los altos oficiales que se negaron a obedecer las órdenes del Jefe de Estado para reprimir la manifestación, acatando la previsión constitucional que proscribe la obediencia ciega (artículo 25), todo lo cual culminó en el anuncio formal de la renuncia del Presidente y la conformación aparente de un nuevo Gobierno, de nula y efímera vigencia.

De la misma manera, no han sido puestos de manifiesto elementos de convicción sobre el acuerdo formal conspirativo de un grupo de ciudadanos, con el fin de cambiar violentamente la Constitución, a lo cual no pueden equiparse propuestas aisladas para un cambio de Gobierno, proyectos de decretos o planteamientos relativos a la transición que, por lo demás, no implican, *per se*, el fin del cambio de la Constitución, por la violencia, ya que se plantean ante supuestos de previsiones constitucionales, como serían las causales de falta absoluta del Presidente o situaciones extremas de crisis institucional o vacío de poder. La sanción penal de la conspiración, por lo demás, constituye un expediente anómalo para castigar un acto preparatorio, que no implica comienzo de ejecución del hecho y su castigo, excepcional, es contrario a las exigencias de un derecho penal garantista y de hecho, que no puede pretender penetrar a saco en las intenciones y resoluciones de los ciudadanos. Pero, en todo caso, tipificada como delito esa conducta, debe ser interpretada en su estricto sentido, como lo exige, por lo demás, el principio de la *lex certa*.

En mi opinión, no hubo rebelión, no hubo conspiración, no hubo golpe de Estado, sino simplemente un movimiento cívico de protesta, refrendado por altos oficiales que se negaron a obedecer órdenes que estimaron contrarias a la Constitución y a las leyes; y la secuencia de una situación de absoluta confusión que se generó con el anuncio formal de la aceptación de la renuncia del Presidente de la República, todo lo cual hizo posible una cadena de actos írritos, fundados en la convicción de una realidad inexistente, que, en todo caso, excluyen la responsabilidad penal de quienes actuaron con absoluta buena fe, excluido el dolo requerido a los efectos de una posible sanción penal.

3.4. Ahora bien, en este contexto, cabe ahora hacer referencia a la actuación del Allan R. Brewer-Carías en relación a los hechos ocurridos el 11 de Abril del 2002 y en los días anteriores y posteriores a esa fecha.

Como es verificable, el Dr. Brewer-Carías llegó a Venezuela, de regreso de compromisos internacionales, el día 8 de Abril de 2002 y su relación con los acontecimientos, se limitó a emitir su opinión profesional sobre materias de su competencia, sobre un documento o proyecto de decreto de un sedicente Gobierno de transición.

Esta actuación es absolutamente legítima y ajustada a la ley. En ella no pueden identificarse elementos objetivos ni subjetivos de autoría o participación en una rebelión o conspiración, que no existió en la realidad y que, si se hubiese dado o alguna autoridad pudiese llegar a considerar que tuvo lugar, tampoco pueden identificarse tales elementos; y sus opiniones sobre el asunto que le fue planteado, constituyen la expresión legítima del ejercicio de un derecho y, específicamente, del ejercicio de la profesión de abogado y consultor en materia de Derecho Público, especialidad que ostenta el Dr. Brewer-Carías.

Resulta absurda la simple pretensión de sancionar a quien emite un dictamen o expresa una opinión jurídica, actuación conforme a derecho, de la cual no puede derivar ninguna consecuencia penal y que, sencillamente, es ajena totalmente a las conductas descritas en los tipos aludidos del Código Penal que antes han sido mencionados.

La autoría en materia penal o la coautoría, demanda la adecuación a la conducta descrita en la ley, que no es otra que la realización de actos de rebelión o alzamiento violento contra el Gobierno, o la conspiración con el fin de cambiar violentamente la Constitución; y la participación, a cualquier título, como cooperador, cómplice o auxiliador, exige, no solo la contribución material al hecho incriminado, sino la convergencia en la culpabilidad, por lo cual resulta imprescindible que quede acreditado que el partícipe tenía consciencia de lo que se proponía el autor o los coautores y dirigió su voluntad hacia el hecho objeto del conocimiento.

En el presente caso, no me cabe la menor duda de que no se da elemento alguno que pueda ser calificado como de típico, ilícito o reprochable, por lo que respecta a la conducta del Dr. Allan R. Brewer-Carías, en relación a los sucesos del 11-A y antes o después de esos hechos; y no ha sido desvirtuada, en forma alguna, su versión, confirmada por su retiro de Miraflores, antes de la lectura del cuestionado decreto del sedicente Gobierno de transición, ante su manifiesta opinión contraria al contenido del documento, a la luz de exigencias constitucionales y de la Carta Democrática Interamericana.

El Dr. Allan R. Brewer-Carías, por lo tanto, simplemente se limitó a una actuación estrictamente profesional, de la cual, como lo expresé antes, no pueda derivarse consecuencia alguna de naturaleza penal que pueda ser utilizada para su pretendida incriminación, no configurándose la exigencia fundamental de elementos inequívocos de tipicidad en su comportamiento y ajustándose su conducta a sus derechos y deberes como abogado, de cuyo ejercicio legítimo no puede inferirse ninguna consecuencia ilícita generadora de responsabilidad, según el aforismo, *"qui iure suo utitur neminem laedit"*.

Dejo, así en los términos expuestos, consignada mi opinión jurídica.

En Caracas, a los veintiséis días del mes de julio de dos mil dos.

Alberto Arteaga Sánchez

SEGUNDA PARTE:

DICTAMEN DEL PROFESOR ENRIQUE GIMBERNAT SOBRE LAS VIOLACIONES MASIVAS A LAS GARANTÍAS JUDICIALES DEL PROFESOR ALLAN R. BREWER-CARÍAS, DE 12 DE JUNIO DE 2005

DICTAMEN[*]

Por el Dr. Allan Randolph Brewer-Carías se me solicita que emita Dictamen sobre si el acta de imputación formulada contra él por el Ministerio Fiscal, que figura en las pp. 234 ss. de la Pieza XIII del Expediente C-43, y en la que se le imputa al Dr. Brewer un delito de conspiración para cambiar violentamente la Constitución, previsto en el art. 144.2 CP, **por haber participado "en la redacción y elaboración" del "Acta de Constitución del Gobierno de Transición Democrática y Unidad Nacional"**, vulnera alguno o algunos de los derechos fundamentales de la persona reconocidos, tanto en la Constitución de la República Bolivariana de Venezuela, como en las Constituciones nacionales de los Estados de Derecho, como en los textos internacionales multilaterales de derechos humanos.

I. EXPOSICIÓN DE LOS SUPUESTOS ELEMENTOS PROBATORIOS SOBRE LOS QUE SE BASA EL ACTA DE IMPUTACIÓN CONTRA EL SEÑOR BREWER-CARÍAS

Según el acta de imputación, los elementos probatorios de los que se seguiría la participación del señor Brewer en la redacción y elaboración del "Acta de Constitución del Gobierno de Transición Democrática y Unidad Nacional" serían los siguientes:

A. La propia "Acta de Constitución del Gobierno de Transición Democrática y Unidad Nacional" (elemento probatorio 1).

B. La denuncia formulada por don Alberto Bellorín ante el Ministerio Público el 22 de mayo de 2002 (elemento probatorio 2).

---

[*] En el presente Dictamen se utilizan las siguientes abreviaturas: CASDH: Convención Americana sobre Derechos Humanos, Pacto de San José de Costa Rica. CE: Constitución Española de 1978. CEPDHLF: Convenio Europeo para la Protección de los Derechos Humanos y de las Libertades Fundamentales de 4 de noviembre de 1950. CNRB: Constitución de la República Bolivariana de Venezuela de 1999. COPP: Código Orgánico Procesal Penal de Venezuela, reformado el 14 de noviembre de 2001. DADDH: Declaración Americana de los Derechos y Deberes del Hombre. DUDH: Declaración Universal de los Derechos Humanos de 10 de diciembre de 1948. PIDCP: Pacto Internacional de Derecho Civiles y Políticos de 16 de diciembre de 1966.TC: Tribunal Constitucional español. TEDH: Tribunal Europeo de Derecho Humanos de Estrasburgo. TS: Tribunal Supremo de España. [Se citan las sentencias de este Tribunal, indicando el número marginal con el que han sido publicadas en el repertorio de Jurisprudencia Aranzadi (abreviatura = A.)]. TSJ: Tribunal Supremo de Justicia.

C. La entrevista rendida ante el Ministerio Público por don Jorge Olavarría (elemento probatorio 23).

D. La entrevista rendida por el propio señor Brewer-Carías ante el Ministerio Público (elemento probatorio 26).

E. Diversos artículos publicados en la prensa por la periodista doña Patricia Poleo así como entrevistas televisivas realizadas a la citada profesional (elementos probatorios 6, 7, 10, 15, 17, 18, 19 y 22).

F. Artículo publicado en el diario "El Nacional" el 13 de abril de 2002 por la periodista doña Laura Weffer Cifuentes (elemento probatorio 3).

G. Artículo publicado el 13 de abril de 2002 en el diario "El Nacional" por el periodista don Edgar López (elemento probatorio 4).

H. Artículo publicado el 13 de abril de 2002 en "El Universal" por la periodista doña Mariela León (elemento probatorio 5).

I. Artículo publicado en el diario "El Universal" el 18 de abril de 2002 por el periodista don Roberto Giusti (elemento probatorio 8).

J. Artículo publicado el 18 de abril de 2002 en el diario "El Reporte" por el periodista don Ricardo Peña (elemento probatorio 9).

K. Artículos publicados en la prensa por el periodista don Francisco Olivares (elementos probatorios 11 y 13).

L. Artículo publicado el 27 de abril de 2002 en el diario "El Nacional" en el que la periodista doña Milagros Socorro entrevista a don Daniel Romero (elemento probatorio 12).

M. Artículo publicado en "El Mundo" el 3 de mayo de 2002 por la periodista doña Nitu Pérez Osuna (elemento probatorio 14).

N. Entrevista televisiva a don Rafael Poleo (elemento probatorio 15).

O. Entrevista televisiva del periodista don César Miguel Rondón a don Teodoro Petkoff (elemento probatorio 16).

P. Entrevista televisiva del periodista don Carlos Fernández a don Tarek William Saab (elemento probatorio 20).

Q. Programa de televisión "Voces de un País" retransmitido por Globovisión el 28 de mayo de 2002 (elemento probatorio 21).

R. Entrevista a don Isaac Pérez Recao, transmitida por Globovisión el 16 de mayo de 2002 (elemento probatorio 22).

S. Cinta VHS, enviada al Ministerio Público por CONATEL, en la que se aprecia el desarrollo del acto de 12 de abril de 2002, en el que fue leída el "Acta de Constitución del Gobierno de Transición Democrática y Unidad Nacional" (elemento probatorio 24).

T. Libro publicado por don Pedro Carmona Estanga con el título "Mi Testimonio ante la Historia" (elemento probatorio 25)

II. ANÁLISIS PORMENORIZADO DE LOS DISTINTOS ELEMENTOS PROBATORIOS

A. LOS ARTÍCULOS PERIODÍSTICOS Y LAS DECLARACIONES DE DOÑA PATRICIA POLEO (ELEMENTOS PROBATORIOS 6, 7, 10, 15, 17, 18, 19 Y 22)

1. *Su contenido*

Los artículos periodísticos y las declaraciones de la señora Poleo considerados elementos probatorios por el Ministerio Público tienen el siguiente contenido:

a) Artículo de la citada periodista publicado en el diario "El Nuevo País" de 16 de abril de 2002, en el que expresa lo siguiente (elemento probatorio 6):

"En la sede de la Comandancia del Ejército, zona reservada al Jefe de Estado Mayor, se habían instalado en un cubículo Pedro Carmona ... En el cubículo de enfrente estaba Allan Brewer Carías redactando a mano lo que luego sería el Acta Constitutiva del gobierno de transición... Brewer Carías replicó: <No importa la renuncia. Ya Lucas la va a anunciar por televisión y eso será más que suficiente>".

b) Artículo de doña Patricia Poleo publicado igualmente en "El Nuevo País", de fecha 17 de abril de 2002, y en el que se dice lo siguiente (elemento probatorio 7):

"A media mañana del viernes 12 ... el grupo de Carmona ya había tomado Miraflores. Por allí paseaba Allan Brewer Carías ... Lo más celebrado por la fauna asistente fue el nuevo cambio de nombre del país y la eliminación de la Asamblea Nacional, este último el menos sostenible jurídicamente, como Cecilia Sosa trató de hacerle ver, ganándose la sonrisa despectiva de Brewer y las groserías de Romero ...".

c) Artículo de la señora Poleo publicado asimismo en "El Nuevo País", de 25 de abril de 2002, y en el que se expresa (elemento probatorio 10):

"Eso sin dejar de hacer mención honorífica con fanfarria republicana y todo, el equipo de juristas (Brewer Carías, Cecilia Sosa, Daniel Romero ... que redactó el documento profusamente aplaudido y vitoreado por la concurrencia ... Los llamados por el maestro de ceremonias, en representación de diferentes organizaciones y los espontáneos que daban codazos en la cola, para firmar el brillante documento parido por Brewer Carías, Cecilia Sosa, Daniel Romero ...".

d) Programa Dominio Público, transmitido por Venevisión el 12 de abril de 2002, en el que doña Patricia Poleo declara, conforme al vídeo del programa, que obra en el Expediente como Cinta N-39, lo siguiente (elemento probatorio 15):

"Mira, ahí como se dice, este, vulgarmente, se están tirando la pelota unos a otros, no. Allan Brewer Carías llegó para hacer el decreto y simplemente le quitaron el papel de las manos, por decirlo en alguna manera, pues fue en computadora que se redactó, y comenzaron a redactarlo entre Daniel Romero e Isaac Pérez Recao, después Allan Brewer Carías hizo algunas acotaciones y dijo que esto no podía ser, que eso era antidemocrático".

e) Entrevista realizada a la señora Poleo por don Domingo Blanco, transmitido por Globovisión el 15 de abril de 2002, y en el que la citada periodista, de acuerdo con la Cinta H-30, que obra en el Expediente, manifestó lo que sigue (elemento probatorio 17):

"Mira, eso fue entre la Comandancia del Ejército y Miraflores; allí; ellos en la Comandancia del Ejército es que arman ese ...; Brewer Carías llegó allí ...; mira, este, yo lo lamento mucho por Brewer Carías pero es que además hay testimonios grabados, y seguramente el gobierno de Chávez los utilizará, donde aparece Brewer abrazando a Isaac, aparece Brewer abrazando a todas las personas que estaban en la Comandancia General, y cuando se sientan a redactar los decretos, por supuesto que Brewer no estuvo de acuerdo en disolver la Asamblea Nacional y se los dijo; por supuesto que no estuvo de acuerdo en cambiar inmediatamente el nombre a Venezuela, ni en eliminar los poderes públicos, pero él dejó hacer, o sea cuando estos jóvenes dicen vamos a ponerlo así, e incluso ...".

f) Entrevista realizada a la señora Poleo por don Cesar Miguel Rondón, emitida por Televen el 16 de abril de 2002, y en la que se contienen las siguientes manifestaciones, tal como consta en la Cinta G-29, que igualmente obra en el Expediente (elemento probatorio 18):

"**César Miguel Rondón:** ¿Qué pasó? Es la pregunta que todos nos hacemos, un movimiento cívico, político de la sociedad civil, variopinto, multitudinario y profundamente democrático termina muerto en un papelito de evidente carácter fascista, dictatorial. ¿Qué pasó?

Patricia Poleo: Qué pasó, que bueno que la persona que todos teníamos como la más representativa para que encabezara esa Junta de Gobierno, le falló a los venezolanos, le falló a la sociedad civil, nos falló a todos pues, se trata de Pedro Carmona Estanga; se dejó manejar por unos intereses que no eran los intereses del país, sino unos intereses muy particulares.

(Los interlocutores se refieren a las personas que estaban en la Comandancia del Ejército en la noche, y Patricia Poleo menciona a <Daniel Romero, quien después fue nombrado Procurador y es el joven quien lee los decretos">).

C. M. R.: ¿Él los redactó a la larga?

P. P.: Fue quien finalmente los redactó; y en eso Brewer tiene razón; dice que él no fue el autor del decreto; pero también dejó hacer, el error de Brewer estuvo en que dejó hacer porque también tenía sus intereses en recobrar el poder que tuvo en los tribunales venezolanos.

C. M. R.: ¿Por qué tiene tanta información? ... Suena de novela, tan increíble, tan inverosímil.

C. M. R.: (Se refiere a esa <hojita terrible>, al decreto). ¿De qué cabeza sale esa hija?

P. P.: Mira, allí se sentaron, eh, se sentó, eh, Daniel Romero a redactar él; primero se sentó Brewer Carías; cuando ... físicamente llegaron a un cubículo en la Comandancia General del Ejército y se sentó Brewer Carías a redactar el documento.

C. M. R.: Pero Brewer se ha desentendido del proceso, él dijo que él asesoró.

P. P.: De manera muy irresponsable se ha desentendido porque todo el mundo lo vio en Miraflores hasta el viernes en la tarde; él no puede decir que él estaba desentendido de esto, no; y además de lo que sí puede decir es que no estuvo de acuerdo en que eso era legal, y que actuó como buen jurista que es y les explicó que esto no podía ser, que aquello no podía ser, entonces los muchachos se impusieron y dijeron sí va, y elimíname la Asamblea y elimíname el nombre de Venezuela, etc. Y todos los poderes públicos".

g) Entrevista de Radio Caracas Televisión, en la que la señora Poleo responde a las preguntas de dos periodistas en los siguientes términos, tal como consta en la Cinta G-29, que obra en el Expediente (elemento probatorio 19):

"**Respuesta Patricia Poleo:** Se sientan entonces, que ahora dicen que las cosas no son así, pero fueron así, hay muchos testigos, gracias a Dios que hubo mucha gente allí alrededor buscando cosas, que ...

Pregunta Carlos Omobono: Brewer dice que estaba cumpliendo su actuación profesional, le estaban pagando ...

P. P.: Si definitivamente eso es muy loable ... El se sentó a hacer el documento y además con las bases democráticas e institucionales y acogidas en la Constitución Nacional; y por detrás estaba Juancho Mejías, Daniel Romero e Isaac Pérez diciéndole quita y pon; o sea, esta no va, esto sí va, vamos, tenemos que eliminar la Asamblea, tenemos que cambiarle el nombre a Venezuela, este tipo de cosa, y Brewer por supuesto se quedó con las manos: <¡pero es que esto no puede ser!>".

h) Interpelación que se le hizo a la señora Poleo en la Comisión Especial de la Asamblea Nacional, el 10 de mayo de 2002, transmitida en vivo por Venezolana de Televisión y Globovisión, y en la que ésta declaró sobre el señor Brewer, según se recoge en: *Albor Rodríguez* (ed.), "Verdades, Mentiras y Vídeos. Lo más relevante de las interpelaciones en la Asamblea Nacional sobre los sucesos de abril", Caracas 2002, p. 44, lo siguiente (elemento probatorio 22):

> "Brewer Carías comenzó a hacer el decreto y entre Daniel Carmona e Isaac Pérez Recao lo hicieron correcciones, le dictaban cosas que él tenía que introducir en el decreto y eso terminó siendo pues el adefesio ese que vimos finalmente. Eso fue el jueves en la noche para amanecer el viernes".

2. *El derecho a la presunción de inocencia*

a) *El reconocimiento de este derecho en los textos internacionales y nacionales*

El derecho a la presunción de inocencia constituye uno de los derechos fundamentales de cualquier Estado democrático, y como tal ha sido consagrado en los tratados multilaterales de derechos humanos, así como en las Constituciones de los Estados de Derecho.

Y así, dicho derecho aparece reconocido en el art. 11.1 DUDH ("Toda persona acusada de delito tiene derecho a que se presuma su inocencia mientras no se pruebe su culpabilidad"), en el art. 14.2 PIDCP ("Toda persona acusada de un delito tiene derecho a que se presuma su inocencia mientras no se pruebe su culpabilidad conforme a la ley"), en el art. XXVI DADDH ("Se presume que todo acusado es inocente, hasta que se pruebe que es culpable"), en el art. 8.2 CASDH ("Toda persona inculpada de delito tiene derecho a que se presuma su inocencia mientras no se establezca legalmente su culpabilidad"), en el art. 6.2 CEPDHLF ("Toda persona acusada de una infracción se presume inocente hasta que su culpabilidad no haya sido legalmente declarada"), en el art. 49.2 CNRB ("Toda persona se presume inocente mientras no se pruebe lo contrario"), en el art. 8 COPP ("Cualquiera a quien se le impute la comisión de un hecho punible tiene derecho a que se le presuma inocente y a que se le trate como tal, mientras no se establezca su culpabilidad mediante sentencia firme"), y en el art. 24.2 CE ("... todos tienen derecho ... a la presunción de inocencia").

De estos textos internacionales, y en virtud de los arts. 22 y 23 CNRB, tienen jerarquía constitucional en Venezuela la DUDH, la DAD, la CASDH y el PIDCP. Asimismo, y en virtud del art. 10.2 CE ("Las normas relativas a los derechos fundamentales y a las libertades que la Constitución reconoce se interpretarán de conformidad con la Declaración Universal de Derechos Humanos y los tratados y acuerdos internacionales sobre las mismas materias ratificados por España"), la DUDH, el PIDCP y la CEPDHLF también tienen en España jerarquía constitucional.

b) *El contenido del derecho a la presunción de inocencia*

El derecho a la presunción de inocencia "significa que se presume que los ciudadanos no son autores de hechos o conductas tipificadas como delito y **que la prueba de la concurrencia de los elementos del tipo delictivo corresponde a quienes, en el correspondiente proceso penal, asumen la condición de parte acusadora**" (sentencias del TC 105/1988, de 8 de junio, y 35/1995, de 6 de febrero, entre otras), habiéndose establecido por el mismo Tribunal Constitucional español que "**su contenido esencial [del derecho a la presunción de inocencia] se identifica como el derecho a no ser condenado si no es en virtud de pruebas de cargo, obtenidas con todas las garantías, a través de las cuales sea posible considerar acreditado, de forma no irrazonable conforme a las reglas de la lógica y la experiencia, el hecho punible en todos sus elementos y la intervención del acusado en los mismos**" (sentencias del TC 31/1981 de 28 de julio, 124/1990, de 2 de julio, 189/1998, de 28 de septiembre, 229/1999, de 13 de diciembre, y 209/2001, de 2 de octubre, entre otras), ya que "**la carga de la prueba corresponde enteramente a los acusadores, sin que en ningún caso pueda derivarse para el ciudadano acusado la carga de probar su inocencia**" (sentencias del TC 124/1983, de 21 de diciembre, 64/1986, de 21 de mayo, 44/1987, de 9 de abril, y 283/1994, de 24 de octubre, entre otras), y "**sin que sea exigible al inculpado una <*probatio* diabólica> de los hechos negativos**" (sentencia del TC 45/1997, de 11 de marzo, entre otras).

3. *La condición de doña Patricia Poleo como testigo de referencia o indirecto*

Aunque doña Patricia Poleo hubiera manifestado que era testigo presencial de cómo el señor Brewer-Carías habría redactado y elaborado el "Acta de Constitución del Gobierno de Transición Democrática y Unidad Nacional", a la vista de lo contradictorio de sus propias declaraciones, difícilmente se podría valorar su testimonio como uno de cargo capaz de desvirtuar la presunción de inocencia de dicho señor Brewer. Pues, mientras que, por una parte, la señora Poleo afirma que, en efecto, don Allan R. Brewer-Carías habría sido el redactor del "Acta" (así, en los elementos probatorios 6, 10 y 22), por otra, doña Patricia Poleo mantiene que "[a Brewer] le quitaron el papel de las manos" y que los redactores fueron Daniel Romero e Isaac Pérez Recao (elemento probatorio 15), que "quien finalmente los redactó [los decretos] fue [Daniel Romero], y en eso Brewer tiene razón, dice que él no fue el autor del decreto" (elemento probatorio 18), sin que se alcance a entender tampoco como la señora Poleo puede expresar, por una parte, que el señor Brewer estuvo de acuerdo en cambiar el nombre del país y en eliminar la Asamblea Nacional (quien trató de hacer ver que eso no era "sostenible jurídicamente" "[se ganó] la sonrisa despectiva de Brewer", elemento probatorio 7), y, por otra, y al mismo tiempo, que, según el señor Brewer-Carías "eso era antidemocrático" (elemento probatorio 15), que "por supuesto ... Brewer no estuvo de acuerdo en disolver la Asamblea Nacional y se los dijo; por supuesto que no estuvo de acuerdo en cambiar inmediatamente el nombre de Venezuela" (elemento probatorio 17), y que "Brewer actuó como buen jurista que es y les explicó que esto [la eliminación de la Asamblea y del nombre del país] no podía ser" (elementos probatorios 18 y 19).

Resumiendo: -**Aunque doña Patricia Poleo hubiera sido testigo directo**, sus manifestaciones sobre la actuación de don Allan R. Brewer-Carías son tan **incompatibles** entre sí que nunca podrían haber sido tenidas en cuenta para fundamentar la imputación de éste

El hecho es, sin embargo, que la señora Poleo **no ha presenciado** cómo el señor Brewer realizaba el hecho que se le imputa —haber participado en la redacción y elaboración del "Acta de Constitución del Gobierno de Transición Democrática y Unidad Nacional"-, sino que, por el contrario, lo que ella manifiesta **se lo habrían revelado otra u otras personas que serían testigos directos de cómo don Allan R. Brewer-Carías realizaba ese comportamiento presuntamente delictivo**.

Que doña Patricia Poleo es testigo de referencia —y no directo- está fuera de discusión, ya que es ella misma la que se atribuye esa condición.

En efecto: en los folios 228 ss. de la pieza XVII del Expediente la señora Poleo declara ante el Ministerio Fiscal, y entre otras cosas, lo siguiente: A la pregunta de "si usted estuvo en algún momento en Fuerte Tiuna (en la Comandancia General del Ejército) el día 12 de abril de 2002 entre las dos de la mañana y las seis de la mañana", contestó: "No". A la pregunta de "si usted vio en Fuerte Tiuna a Allan Brewer-Carías redactar el decreto del gobierno de transición del 12 de abril de 2002", contestó: "No". A la pregunta de "si usted oyó en Fuerte Tiuna (Comandancia General del Ejército) el día 12 de abril de 2002 entre las dos y las seis de la mañana a Allan Brewer-Carías diciendo: <No importa la renuncia. Ya Lucas la va a anunciar por televisión y eso será más que suficiente>", contestó: "No". A la pregunta de "si alguna vez ha visto a Allan Brewer-Carías abrazando a Isaac Pérez Recao", contestó: "No". A la pregunta de "si alguna vez ha visto u oído al ciudadano Isaac Pérez Recao y a Daniel Romero dictándole algo a Allan Brewer-Carías", contestó: "No". Finalmente, la señora Poleo finaliza su entrevista ante el Ministerio Público declarando, por propia iniciativa, que "el presente cuestionario [las preguntas que le ha formulado el Ministerio Fiscal] evidentemente está dirigido a intentar descalificar informaciones publicadas por mí en el diario <El Nuevo País> referente a los hechos del 11, 12 y 13 de abril, haciendo ver que si yo no estuve presente durante el desarrollo de ciertos acontecimientos, entonces no podría hablar de ellos. El trabajo publicado en <El Nuevo País> es producto de una investigación profunda de una recabación de datos y testimonios, de personas que presenciaron los acontecimientos y que efectivamente vieron cómo Allan Brewer-Carías redactaba el decreto de Carmona acompañado por Daniel Romero e Isaac Pérez Recao".

4. *Testigo de referencia o indirecto y derecho a la presunción de inocencia*

a) *Introducción*

Como ha establecido la jurisprudencia del Tribunal Constitucional español y del Tribunal Europeo de Derechos Humanos de Estrasburgo, la prueba de un testigo de referencia como testigo de cargo es una "poco recomendable" (sentencias del TC 217/1989, de 21 de diciembre, 35/1995, de 6 de febrero, 7/1999, de 8 de febrero, y 68/2002, de 21 de marzo, entre otras), ya que "existe un justificado recelo contra ella" (sentencia del TC 217/1989, de 21 de diciembre, entre otras), al tratarse de "un medio que puede despertar importantes recelos o reservas para su aceptación sin más como instrumento apto para desvirtuar la presunción de inocencia" (sentencias del TC 155/2002, de 22 de julio, y 219/2002, de 25 de noviembre, entre otras), por lo que dicha prueba posee un "carácter excepcional" (sentencias del TC 79/1994, de 14 de marzo, y 68/2002, de 21 marzo, entre otras).

No obstante y en casos extremos, el testimonio de un testigo de referencia podría aceptarse –sin que, por supuesto, tuviera carácter vinculante, ya que, como expresa la sentencia del TC 155/2002, de 22 de julio, "dado su carácter indirecto el testigo de referencia tiene un valor probatorio disminuido"- **siempre que concurran los siguientes dos requisitos: En primer lugar, es absolutamente necesario que el testigo de referencia especifique quién es el testigo directo del que ha recibido la información; y en segundo lugar,** y aunque se haya producido esa identificación, **sólo cuando sea objetivamente imposible oír la declaración del testigo directo, ésta podría ser sustituida por la del indirecto.**

b) *La jurisprudencia de los Tribunales Constitucional y Supremo españoles, y del Tribunal Europeo de Derechos Humanos de Estrasburgo, sobre el testigo de referencia, y la aptitud para que su testimonio pueda enervar la presunción de inocencia*

aa) Como acabo de señalar supra a), el primer requisito para que puedan ser tenidas en cuenta las manifestaciones de un testigo de referencia es que éste indique quién es el testigo directo que le sirve de dicha referencia y que ha percibido de manera inmediata el hecho punible.

El art. 710 de la Ley de Enjuiciamiento Criminal española establece que "los testigos expresarán la razón de su dicho y, **si fueren de referencia, precisarán el origen de la noticia, designando con su nombre y apellido, o con las señas con que fuere conocida, a la persona que se la hubiere comunicado",** de tal manera que **será rechazada por fiscales, jueces y tribunales cualquier testimonio de referencia en el que el testigo no dé cuenta de quién es la persona de la que ha recibido la noticia de lo que declara, siendo esta la doctrina que, naturalmente, mantienen, tanto el Tribunal Supremo, como el Tribunal Constitucional, como el Tribunal Europeo de Derechos Humanos.**

Y así, por ejemplo, el TS, en su sentencia de 17 de enero de 2003, A. 1980, expresa lo siguiente:

"En consecuencia, **sólo podrá tomarse como prueba de cargo o signo incriminatorio [del testigo de referencia]**, según una reiterada jurisprudencia de esta Sala –sentencias 17 febrero, 11 abril, 13 mayo y 12 julio 1996, y 24 febrero 1997-, y del Tribunal Constitucional –sentencias 303/1993, de 25 de octubre, y 74/1994, de 14 de marzo-, y del Tribunal Europeo de Derecho Humanos en los casos Delta, Isgrò, Asch, Windisch, Kostovski y Lüdi, **el que admite el artículo 710 de la Ley de Enjuiciamiento Criminal**".

Por su parte, el Tribunal Constitucional, en su sentencia 35/1995, de 6 de febrero, anuló una sentencia de un Juzgado de lo Penal de Barcelona, y otra dictada en apelación por la Audiencia Provincial de Barcelona, **por vulneración del principio de presunción de inocencia**, en un caso en el que se había admitido como prueba de cargo el testimonio de un testigo de referencia que no había identificado quién era el testigo referido. Y así, se puede leer en la mencionada sentencia del TC 35/1995:

"Estas circunstancias se acentúan aún más si se toman en consideración las particulares circunstancias del caso: El hecho de que el **testigo de referencia** narraba unos hechos que no había oído directamente de la víctima, sino de una tercera persona, **no identificada en ningún momento-**, sin que quedase siquiera constancia de la fidelidad de la traducción efectuada por aquélla, ya que tampoco constaba su nivel de dominio del castellano, lo que, por si solo, **a la luz de lo dispuesto en el art. 710 LECrim, invalidaría el testimonio de referencia, incluso si se prescindiera de las consideraciones que se han hecho con anterioridad.**

Es obligado, pues, concluir que, efectivamente, las resoluciones judiciales que apreciaron la existencia de violencia en la sustracción del bolso en cuestión con solo fundamento en el testimonio de referencia (irrelevante a efectos de desvirtuar la presunción de inocencia por las razones expuestas) han vulnerado el art. 24.2 CE, debiendo, en consecuencia, estimarse la demanda de amparo.

Para restablecer el derecho del actor a la presunción de inocencia en los referente al carácter violento de la sustracción, resulta necesario declarar la nulidad de las sentencias".

Idéntica doctrina se establece por el Tribunal Constitucional en su sentencia 131/1997, de 15 de julio, que se expresa en los siguientes términos:

"De lo expuesto, en aplicación de la doctrina antes mencionada, puede llegarse a la conclusión de que no se ha llevado a cabo en el proceso penal actividad probatoria que pueda entenderse de cargo. En efecto, es evidente que los hoy recurrentes han sido condenados por una falta de daños con base única y exclusivamente en las declaraciones prestadas por el señor C. D., quien siempre manifestó, como antes quedó apuntado, que el no presenció el hecho punible y que fue un amigo, **nunca identificado**, quien le dijo que los autores de los daños eran los hoy recurrentes. **Pero es igualmente evidente que el testigo directo, de existir, ni fue identificado, ni tan siquiera se intentó su identificación por el Juez de Instrucción, ni en consecuencia fue llamado a declarar en el proceso. Por ello, el testimonio indirecto o de referencia así prestado no puede entenderse como válido y suficiente para fundar la condena de los hoy recurrentes,** pues la prueba testifical indirecta nunca puede llegar a desplazar o sustituir a la prueba testifical directa sin motivo legítimo que lo justifique, dado que no consta la existencia de causa objetiva que impidiera la identificación y ulterior comparecencia en el juicio de faltas del testigo directo. **En este sentido, además, dar por válida la prueba testifical de referencia, y tal como han hecho los órganos judiciales, supondría privar a la defensa de los acusados, con infracción del art. 24.2 CE, de su derecho a interrogar al testigo directo, someter a contradicción su testimonio, y proponer, en su caso, la correspondiente prueba de descargo.**

En consecuencia, ha de concluirse que las sentencias impugnadas vulneran el derecho a la presunción de inocencia de los recurrentes (art. 24.2 CE), por lo que procede estimar el amparo y reponerles en su derecho".

La sentencia del Tribunal Europeo de Derecho Humanos de Estrasburgo de 27 de diciembre de 1990 (caso *Windisch contra Austria*) es de **extraordinaria importancia** para el presente Dictamen porque existe una **absoluta identidad estructural** entre el supuesto de hecho del que se ocupa esa resolución y el que está siendo objeto del presente Dictamen. En dicha sentencia, en la que se condena a Austria por vulneración del Convenio Europeo para la Protección de los Derechos Humanos y de las Libertades Fundamentales, los testigos de referencia (dos agentes de policía), cuya declaración sirvió para que los tribunales austriacos condenaran por un delito de robo a don Harald Windisch, **se negaron a identificar a los dos supuestos testigos directos (dos mujeres) que habrían presenciado cómo el señor Windisch cometía el robo,** apelando aquellos policías, para justificar por qué no descubrían quiénes eran las personas que les habían proporcionado la información, a que **"la Dirección de Policía del Tirol no ha dispensado a los agentes investigadores de su deber de guardar silencio y, por tanto, no han podido revelar la identidad de los dos [testigos directos]"**, apelando, por consiguiente al secreto profesional, secreto profesional (en el caso sometido a Dictamen: el del periodista) al que precisamente se acoge la señora Poleo, implícitamente, y, como tendremos ocasión de ver más adelante, explícitamente, otros periodistas cuyos testimonios considera el Ministerio Público venezolano elementos probatorios contra don Allan R. Brewer-Carías.

En lo que sigue reproduzco de la citada sentencia de 27 de diciembre de 1990 del TEDH los pasajes sobre los que se basa para argumentar que **no es válido el testimonio de un testigo de referencia que se niega a identificar al testigo directo, incluso aunque esa negativa trate de justificarse con el secreto profesional:**

"HECHOS

A.-LAS CIRCUNSTANCIAS DEL CASO

12. ... Señaló [el Tribunal de Innsbruck] que los dos policías [los testigos de referencia] habían prometido no revelar el nombre de los testigos [directos] que temían represalias, y que la Dirección de Seguridad del Tirol no les había dispensado de su deber de respetar el secreto.

14. ... La Dirección de policía del Tirol no ha dispensado a los agentes investigadores de su deber de guardar silencio y, por tanto, no han podido revelar la identidad de los dos [testigos directos].

FUNDAMENTOS DE DERECHO

I. SOBRE LA VIOLACIÓN DEL ARTÍCULO 6 DEL CONVENIO

22. Se queja el señor Windisch de que el Tribunal regional de Innsbruck le condenó fundándose en las declaraciones de dos testigos anónimos, decisivas para apreciar las demás pruebas; y alega que se incumplieron los siguientes requisitos del artículo 6 del Convenio:

<1. Toda persona tiene derecho a que su causa sea oída equitativamente ... por un tribunal independiente e imparcial ... que decidirá ... sobre el fundamento de cualquier acusación en materia penal dirigida contra ella .

3. Todo acusado tiene como mínimo los siguientes derechos:

d) A interrogar o hacer interrogar a los testigos que declaren contra él y a obtener la citación y el interrogatorio de los testigos que declaren en su favor en las mismas condiciones que los testigos que lo hagan en su contra>

23. Como las garantías del apartado 3 del artículo 6 son aspectos específicos del derecho al proceso justo que reconoce el apartado 1, el Tribunal examinará la reclamación en el ámbito conjunto de los dos preceptos (véase, entre otras, la sentencia Kostovski de 20 de noviembre de 1989).

Aunque las dos personas no identificadas no declararon en persona en el acto del juicio, han de considerarse como testigos a los efectos del art. 6.3.d) –el término se interpreta de manera autónoma (sentencia Bönisch de 6 de mayo de 1985)-, ya que sus declaraciones, **tal como las relataron los funcionarios de policía**, de hecho estuvieron ante el tribunal regional, que las tuvo en cuenta (aps. 12 a 14, supra)

27. En el caso de autos, las dos personas de que se trata sólo fueron oídas durante el período de instrucción por los funcionarios de policía que llevaban la investigación, quienes declararon después en el acto del juicio sobre dicho testimonio. Sus autores no fueron interrogados ni por el tribunal ni por el juez instructor (aps. 10 a 13, supra).

Por tanto, ni él ni su abogado –a pesar de sus reiteradas peticiones (ap. 12, supra)- tuvieron nunca la ocasión de interrogar a unos testigos cuyas declaraciones se hicieron sin su presencia, y que se refirieron después por terceras personas durante el juicio y se tuvieron en cuenta por el tribunal, tal como resulta del fallo [del Tribunal de Innsbruck] de 20 de noviembre de 1985 (ap. 14, supra).

28. Ciertamente, durante las audiencias de los días 6 y 20 de noviembre de 1985 la defensa pudo interrogar sobre las declaraciones de las dos mujeres a dos de los funcionarios de policía que habían participado en la investigación. Además, en opinión del Gobierno [austriaco], el señor Windisch habría podido formular preguntas por escrito a las mujeres si lo hubiera pedido durante el juicio. **Sin embargo, estas posibilidades no pueden sustituir al derecho a interrogar directamente ante el tribunal a los testigos de la acusación. En particular, la naturaleza y el alcance de las preguntas que podían formularse de una u otra manera estaban muy limitados por la resolución de dejar en el anonimato a las dos personas en cuestión (aps. 12 y 14, supra; véase también la sentencia Kostovski, previamente citada).**

Al desconocer su identidad, la defensa sufrió una desventaja casi insuperable; le faltaban las necesarias informaciones para apreciar el crédito de los testigos o ponerlo en duda (*ibidem*).

29. Además, el tribunal, que tampoco conocía el nombre de las dos mujeres [de las dos testigos directos], no pudo observar su comportamiento durante un interrogatorio ni formarse una opinión sobre el crédito que merecían (sentencia Kostovski, ya citada). No se puede considerar la declaración de los policías sobre este extremo en el juicio equivalente a una observación directa.

30. Invoca el Gobierno [austriaco] el legítimo interés de las dos mujeres a ocultar su identidad ... Pero el derecho a una buena administración de justicia es tan importante en una sociedad democrática que no se puede sacrificar.

31. Hay que subrayar, como el demandante, que en este caso nadie vio cometer el delito; **las informaciones facilitadas y la identificación hecha por los dos testigos anónimos fueron las únicas pruebas de presencia del acusado en el lugar en que se cometió, todo ello decisivo durante la instrucción y el juicio (aps. 10 y 12, supra). El tribunal se fundó ampliamente en esta prueba para la declaración de culpabilidad (ap. 14, supra).**

32. Por consiguiente, se ha violado el apartado 3.d) en relación con el 1 del art. 6 [CEPDHLF].

POR ESTOS MOTIVOS, EL TRIBUNAL, POR UNANIMIDAD,

Declara que se ha violado el apartado 3.d) en relación con el apartado 1 del art. 6 del Convenio".

A pesar de que en el supuesto de hecho de esta sentencia del TEDH al acusado, señor Windisch, se le reconoció al menos el derecho a preguntar por escrito a los testigos directos no identificados y anónimos –un derecho que ni siquiera se le concede al señor Brewer-Carías-, no obstante el Tribunal europeo estima que al demandante se le siguen vulnerando sus derechos humanos. Por lo demás, y como don Harald Windisch no alegó que, asimismo, se había vulnerado su derecho a la presunción de inocencia, el TEDH –al venir limitado por los términos de la demanda de aquél- no pudo entrar en la –como ha establecido el TC español- también evidente vulneración de aquel derecho, condenando a Austria únicamente sobre la base del precepto del CEPDHLF invocado por el demandante: al haber sido condenado por los testimonios de dos testigos de referencia que se negaron a identificar a los directos, con ello se vulneró, **también**, el derecho de defensa: porque, en efecto, y como expondremos infra 5, la admisión de tales testimonios como prueba de cargo, no sólo lesiona el derecho a la presunción de inocencia, sino que, además, coloca al imputado en una situación de indefensión incompatible con los textos internacionales y nacionales de derechos humanos.

A lo expuesto hay que añadir que el motivo al que se acogieron los policías testigos de referencia para ocultar la identidad de los directos fue el del secreto profesional, que es también al que parece acogerse la señora Poleo, y al que apelan, expresa e igualmente, y como tendremos ocasión de comprobar más adelante, otros periodistas para no revelar quiénes habrían sido sus supuestos informantes, presuntos testigos directos de los hechos que se le imputan al señor Brewer-Carías. Pues bien: El secreto policial es tan respetable como el de los periodistas y, si no quieren quebrantarlo, son muy libres de no hacerlo; pero lo que no pueden pretender ni los unos ni los otros es que, entonces, y a pesar de ello, sus testimonios de referencia pudieran servir – quebrantando también el todavía más respetable (porque es un derecho humano fundamental) derecho a la presunción de inocencia- para burlar el principio de que toda persona será reputada inocente mientras no se acredite lo contrario en virtud de una prueba válida de cargo.

bb) Con lo expresado hasta ahora podríamos cerrar ya esta exposición dedicada a fundamentar por qué los supuestos elementos probatorios 6, 7, 10, 15, 17, 18, 19 y 22 -es decir: los artículos periodísticos y las manifestaciones televisivas de la señora Poleo- carecen de cualquier valor para destruir la presunción de inocencia del señor Brewer-Carías: porque doña Patricia Poleo es una supuesta testigo de referencia, y porque su testimonio **sólo puede admitirse como prueba de cargo si identifica y especifica quiénes son los testigos directos –si es que realmente han existido- que le habrían facilitado esas supuestas informaciones.**

Pero es que, ni siquiera aunque doña Patricia Poleo hubiera hecho saber la Ministerio Público la identidad de sus supuestos informantes –lo que no ha hecho-, ello habría bastado para enervar la presunción de inocencia de don Allan R. Brewer-Carías.

Según la unánime doctrina del TS, del TC y del TEDH, el testimonio de un testigo de referencia, **aún en el caso de que haya identificado quién es el testigo referido, sólo puede ser tenido en cuenta cuando haya sido objetivamente imposible recibir declaración al testigo directo,** porque, por ejemplo, a pesar de todos los esfuerzos (incluidos la búsqueda policial) no se le haya podido localizar (así, los supuestos de hecho de las sentencias del TEDH de 6 de diciembre de 1988, caso *Barberá, Messegué y Gabardo contra España,* y de 19 de febrero de 1991, caso *Isgrò contra Italia*), o dicho testigo directo haya fallecido ya (sentencias del TC 41/1991, de 25 de febrero, y 209/2001, de 22 de octubre), o haya caído en una situación en la que no está en el pleno uso de sus facultades mentales (sentencia del TC 80/2003, de 28 de abril).

En este sentido se ha manifestado el Tribunal Constitucional español en, entre otras:

- La sentencia 79/1994, de 14 de marzo: "La declaración del testigo de referencia no puede sustituir la del testigo principal; antes al contrario, cuando existen testigos presenciales, el órgano debe oírlos directamente, en vez de llamar a declarar a quienes oyeron de ellos el relato de su experiencia. Por lo tanto, la necesidad de favorecer la inmediación, como principio rector del proceso en la obtención de pruebas, **impone inexcusablemente que el recurso al testimonio referencial quede limitado a aquellas situaciones excepcionales de imposibilidad real y efectiva de obtener la declaración del testigo directo o principal.**"

- La sentencia del TC 7/1999, de 8 de febrero: "Asimismo, en cuanto a la validez probatoria del testimonio de referencia de los funcionarios policiales que presenciaron la identificación fotográfica del hoy recurrente, tiene igualmente establecido este Tribunal que sólo será admisible en supuestos de <situaciones excepcionales de imposibilidad real y efectiva de obtener la declaración del testigo directo y principal> (sentencia del TC 79/1994), siendo medio de prueba <poco recomendable, pues en muchos casos supone eludir el oportuno debate sobre la realidad misma de los hechos y el dar valor a los dichos de personas que no han comparecido en el proceso> (sentencia del TC 217/1989). Concluyendo que la <prueba testifical indirecta nunca puede llegar a desplazar o sustituir totalmente la prueba testifical directa, salvo en los casos de imposibilidad material de comparecencia del testigo presencial> (sentencia del TC 303/1993). En este punto, nos sigue diciendo la sentencia del TC 35/1995, y reitera la sentencia del TC 131/1997, **este Tribunal sigue el canon hermenéutico proporcionado por el TEDH, que tiene declarado contrario al art. 6 del Convenio la sustitución del testigo directo por el indirecto sin causa legítima que justifique la inasistencia de aquél**, por cuanto, de un lado, priva al tribunal de formarse un juicio sobre la veracidad o credibilidad del testimonio indirecto al no poder confrontarlo con el directo, y, de otro, vulnera el derecho del acusado a interrogar y contestar a los testigos directos (sentencias del TEDH de 19 de diciembre de 1990, caso Delta, 19 de febrero de 1991, caso *Isgrò*, y 26 de abril de 1991, caso *Asch*, entre otras).

Pues bien, la aplicación de estas reglas al caso enjuiciado conduce sin género de dudas al otorgamiento del amparo pretendido. En efecto, la ausencia injustificada del testigo/denunciante –por más que se tratase, al parecer, de persona de nacionalidad no española, consta claramente en las actuaciones que poseía domicilio en Madrid donde fue debidamente citada- no implica la circunstancia de imposibilidad de práctica de la prueba ante la autoridad y con las debidas garantías de contradicción e inmediación que nuestra jurisprudencia exige para que el reconocimiento que realizó en sede policial pudiera considerarse como medio probatorio válido de extremo alguno. **Asimismo, y por lo que se refiere al testimonio de referencia proporcionado por uno de los agentes policiales, éste en ningún modo podrá sustituir al testimonio directo de la denunciante en las circunstancias del supuesto, pues no existió ningún tipo de imposibilidad, ni siquiera dificultad más o menos grave, para que ese testimonio directo se produjera en las condiciones constitucionalmente exigibles.**

Carentes, por todo ello, de valor probatorio de cargo las diligencias policiales y el testimonio indirecto de los funcionarios de ese carácter, sólo resta como indicio en el que se basó la destrucción de la presunción de inocencia del recurrente la existencia de una cámara de fotos rota. **Sobran más argumentos para fundar la resolución que inmediatamente adoptamos.**

FALLO

Otorgar el amparo solicitado por don Esteban R. D. y, en su virtud:

Reconocer que se ha lesionado el derecho del recurrente a la presunción de inocencia (art. 24.2 de la Constitución Española)".

- Y la sentencia del TC 68/2002, de 21 de marzo: "En esa medida, dado su carácter excepcional, hemos afirmado siempre que <la admisión del testimonio de referencia se encuentra subordinada al requisito de que su utilización en el proceso resulte inevitable y necesaria>, afirmando que el hecho de que la prueba testifical de referencia sea un medio probatorio de valoración constitucionalmente permitida no significa, como se indicaba en la sentencia del TC 303/1993, que, sin más, pueda erigirse en suficiente para desvirtuar la presunción de inocencia, ya que, como se señalaba en la sentencia del TC 217/1989, la declaración del testigo de referencia no puede sustituir la del testigo principal; antes al contrario, cuando existan testigos presenciales, el órgano debe oírlos directamente, en vez de llamar a declarar a quienes oyeron de ellos el relato de su experiencia. **Por lo tanto, la necesidad de favorecer la inmediación, como principio rector del proceso de obtención de las pruebas impone necesariamente que el recurso al testimonio referencial quede limitado a aquellas situaciones excepcionales de imposibilidad real y efectiva de obtener la declaración del testigo directo o principal**".

Por consiguiente, y resumiendo todo lo expuesto hasta ahora: Los testimonios de la testigo de referencia doña Patricia Poleo no pueden enervar la presunción de inocencia del señor Brewer-Carías, porque aquélla se ha negado a facilitar quiénes son sus supuestos informantes. Además, y aunque hubiera proporcionado la identidad de éstos –lo que no hizo- su testimonio de referencia, en ese caso, sólo habría podido ser tenido en cuenta sin lesionar aquel derecho para el supuesto de que, por ejemplo, por fallecimiento o por no habérsele podido localizar, hubiera sido objetivamente imposible recibir declaración al testigo directo: únicamente entonces es jurídicamente admisible sustituir el testimonio del testigo directo por el del indirecto. Por todo ello, y al tener en cuenta las manifestaciones de la testigo de referencia señora Poleo como elementos probatorios para formular el acta de imputación, el Ministerio Público ha vulnerado el derecho a la presunción de inocencia de don Allan R. Brewer-Carías.

5. *El derecho de defensa como derecho humano fundamental derivado del que toda persona tiene a un proceso justo, debido y con todas las garantías*

a) *El reconocimiento del derecho de defensa en los textos internacionales y nacionales*

El derecho de defensa aparece reconocido:

- En el art. 11.1 DUDH: "Toda persona acusada de delito tiene derecho a que se presuma su inocencia mientras no se pruebe su culpabilidad, conforme a la ley y en juicio público en el que se le hayan asegurado todas las garantías necesarias para su defensa".

- En el art. 14.3.e) PIDCP: "Durante el proceso, toda persona acusada de un delito tendrá derecho, en plena igualdad, a las siguientes garantías mínimas:

e) A interrogar o hacer interrogar a los testigos de cargo y a obtener la comparecencia de los testigos de descargo y que éstos sean interrogados en las mismas condiciones que los testigos de cargo".

- En el art. 8.2. inciso segundo. f) CASDH: "Durante el proceso, toda persona tiene derecho, en plena igualdad, a las siguientes garantías mínimas:

f) Derecho de la defensa de interrogar a los testigos presentes en el tribunal y de obtener la comparecencia, como testigos o peritos, de otras personas que puedan arrojar luz sobre los hechos".

- En el art. 6 *(Derecho a un proceso equitativo)*. 3.d) CEPDHLF: "3. Todo acusado tiene, como mínimo, los siguientes derechos:

d) A interrogar o hacer interrogar a los testigos que declaren contra él y a obtener la citación y el interrogatorio de los testigos que declaren en su favor en las mismas condiciones que los testigos que lo hagan en su contra".

- En el art. 49.1 CNRB: "El debido proceso se aplicará a todas las actuaciones judiciales y administrativas; en consecuencia:

1. La defensa y la asistencia jurídica son derechos inviolables en todo estado y grado de la investigación del proceso. Toda persona tiene derecho a ser notificada de los cargos por los cuales se le investiga; de acceder a las pruebas y de disponer del tiempo y de los medios adecuados para ejercer su defensa ...".

- Y en el art. 24. 2 CE: "Asimismo, todos tienen derecho ... a un proceso ... con todas las garantías [y] a utilizar los medios de prueba pertinentes para su defensa".

b) *El contenido del derecho de defensa como integrante del derecho a un proceso equitativo*

En el caso del testigo de referencia el derecho de defensa puede ser vulnerado de dos maneras distintas: bien cuando el imputado no puede interrogar al testigo directo porque el de referencia se niega a identificarlo, bien porque, aunque éste haya facilitado los datos de aquél, se sustituya el testimonio del testigo directo por el indirecto, a pesar de que era objetivamente posible que el imputado pudiera interrogar al testigo presencial. En el sentido de que en esos dos supuestos existe una vulneración del derecho de defensa se han manifestado reiterada y unánimemente, tanto el Tribunal Constitucional español, como el Tribunal Europeo de Derechos Humanos, con sede en Estrasburgo. De entre las sentencias de estos dos Tribunales sobre esta materia baste con mencionar las siguientes:

180

Como resumen de las sentencias del Tribunal Constitucional español, y con ulteriores referencias a la jurisprudencia constitucional, la sentencia 219/2002, de 25 de noviembre, en la que se puede leer lo siguiente:

"En efecto, se afirma en la STC 209/2001, de 22 de octubre, transcrita en la más reciente STC 155/2002, de 22 de julio que <de un lado, incorporar al proceso declaraciones testificales a través de testimonios de referencia implica la elusión de la garantía constitucional de inmediación de la prueba al impedir que el juez presencie la declaración del testigo directo, **privándole de la percepción y captación directa de elementos que pueden ser relevantes en orden a la valoración de su credibilidad** (STC 97/1999, de 31 de mayo; en sentido similar, SSTC 217/1989, de 21 de diciembre, 79/1994, de 14 de marzo, 35/1995, de 6 de febrero, y 7/1999, de 8 de febrero). **De otro supone soslayar el derecho que asiste al acusado de interrogar al testigo directo y someter a contradicción su testimonio,** que integra el derecho al proceso con todas las garantías del art. 24.2 CE (específicamente STC 131/1997, de 15 de julio; en sentido similar, SSTC 7/1999, de 8 de febrero, y 97/1999, de 31 de mayo), y que se encuentra expresamente reconocido en el párrafo 3 del art. 6 del Convenio Europeo de Derechos Humanos como una garantía específica del proceso equitativo del art. 6.1 del mismo (STEDH de 19 de diciembre de 1990, caso Delta)".

Por lo que se refiere a la jurisprudencia del TEDH, hay que mencionar, entre otras, las siguientes sentencias:

- En primer lugar, la ya citada de 27 de diciembre de 1990 (caso Windisch contra Austria), en la que se expresa lo siguiente: **"Sin embargo, estas posibilidades no pueden sustituir al derecho de interrogar directamente ante un tribunal a los testigos de la acusación. En particular, la naturaleza y el alcance de las preguntas que podían formularse de una u otra manera estaban muy limitados por la resolución de dejar en el anonimato a las dos personas en cuestión ...- Al desconocer su identidad, la defensa sufrió una desventaja casi insuperable; le faltaban las necesarias informaciones para apreciar el crédito de los testigos o ponerlo en duda.- Además, el tribunal, que tampoco conocía el nombre de las dos mujeres [de las dos testigos directos], no pudo observar su comportamiento durante un interrogatorio ni formarse una opinión sobre el crédito que merecían ... – Por consiguiente, se ha violado el apartado 3.d) en relación con el 1 del art. 6 [CEDHLF]".**

Y además, en otros supuestos en los que la prueba testifical se limita a la del testigo de referencia, ya que el imputado no puede interrogar al testigo directo, aunque éste declara en fase de instrucción, pero guardando el anonimato (porque es, por ejemplo, un agente infiltrado), o bien es identificado con nombre y apellidos por el testigo de referencia, pero a dicho imputado se le priva igualmente de preguntar al testigo presencial, el TEDH ha estimado también que se había conculcado el derecho de defensa en, entre otras, las siguientes sentencias:

- La sentencia de 20 de noviembre de 1989 (caso *Kostovski contra Países Bajos*): "Ahora bien, no se dio al demandante una ocasión así, aunque era **indudable que deseaba discutir el testimonio de las personas anónimas de que se trataba e interrogarles. No sólo no declararon en juicio, sino que sus declaraciones fueron recogidas por la policía o por el juez de instrucción en ausencia del señor Kostovski y de su abogado, quienes no pudieron preguntarles en ningún momento de las actuaciones**

Si la defensa desconoce la identidad de la persona a la que intenta interrogar, puede verse privada de datos que precisamente le permitan probar que es parcial, hostil o indigna de crédito. Un testimonio, o cualquier otra declaración en contra del inculpado, pueden muy bien ser falsos o deberse a un mero error; y la defensa difícilmente podrá demostrarlo si no tiene las informaciones que le permitan fiscalizar la credibilidad del autor o ponerla en duda. Son evidentes los peligros inherentes a una situación así

Por consiguiente, el Tribunal entiende que, en las circunstancias del caso, los derechos de la defensa sufrieron tales limitaciones que no puede decirse que el señor Kostovski tuviera un proceso justo. En consecuencia, se llega a la conclusión de que hubo violación del apartado 3.d) en relación con el 1 del art. 6 [CEDHLF]".

- La sentencia del TEDH de 19 de diciembre de 1990 (caso Delta contra Francia): "Los elementos de prueba deben ser normalmente presentados ante el acusado en vista pública con el fin de que exista un debate contradictorio. **Esto no implica que la declaración de un testigo deba tener lugar siempre en la sala de audiencias y en público para poder servir de prueba; así pues, utilizar las declaraciones que se remontan a la fase de instrucción preparatoria no vulnera el art. 6.3.d) y 6.1, siempre que se respeten los derechos de la defensa.** Por norma general, éstos exigen conceder al acusado una ocasión adecuada y suficiente para oponerse a un testimonio en su contra e interrogar a su autor, en el momento de la declaración o más tarde (sentencia Kostovski de 20 de noviembre de 1989).

En la investigación, la señoritas Poggi y Blin [las testigos directas, que no pudieron ser interrogadas por el imputado] fueron escuchadas únicamente por el policía de seguridad Bonci y por el inspector que levantó acta de sus declaraciones [los testigos de referencia a quienes sí que pudo interrogar el imputado]. No fueron interrogadas ni por un magistrado instructor, dado el recurso al procedimiento de acceso directo, ni por los tribunales de instancia.

Por todo ello, ni el demandante ni su abogado tuvieron ocasión de interrogar a las testigos [directas] cuyas declaraciones, tomadas en ausencia y transmitidas más tarde por un funcionario de policía [testigo de referencia] que no presenció la agresión en el metro, fueron tenidas en consideración por el juez de manera determinante.

En resumen, los derechos de la defensa sufrieron tales limitaciones que el señor Delta no se benefició de un proceso equitativo. Por tanto, ha habido violación del párrafo 3.d) del art. 6, en relación con el párrafo 1 [CEDHLF]".

- La sentencia del TEDH de 27 de febrero de 2001 (caso *Lucá contra Italia*): "**En efecto, y tal como ha señalado en ocasiones el Tribunal (ver, entre otras, sentencias Isgrò contra Italia de 19 de febrero de 1991, y Lüdí contra Suiza previamente citada), en algunas ocasiones puede resultar necesario, para las autoridades judiciales, recurrir a declaraciones que se remontan a la fase de instrucción previa. Si el acusado ha dispuesto de una ocasión adecuada y suficiente para responder a dichas declaraciones, en el momento de ser efectuadas o más tarde, su utilización no vulnera en sí misma los arts. 6.1 y 6.3 d). De ello resulta, no obstante, que los derechos de defensa se encuentran limitados de forma incompatible por las garantías del art. 6 cuando una condena se basa, únicamente o de manera importante, en declaraciones hechas por una persona que el acusado no ha podido interrogar o hacer interrogar ni en la fase de instrucción ni durante los debates** (ver sentencias Unterpertinger contra Austria de 24 de noviembre de 1986; Saïdi contra Francia de 20 de septiembre de 1993, y van Mechelen y otros, previamente citada; ver asimismo Dorigo contra Italia).

En este caso, el Tribunal señala que, para condenar al demandante, los tribunales internos se basaron exclusivamente en las declaraciones hechas por N. [el testigo directo] con anterioridad al proceso y que ni el demandante ni su abogado tuvieron, en ninguna fase del procedimiento, la posibilidad de interrogarle

El interesado no gozó pues de un proceso equitativo; por lo tanto, hubo violación del los arts. 6.1 y 6.3 d) [CEDHLF]."

6. *Consideraciones finales sobre los supuestos elementos probatorios 6, 7, 10, 15, 17, 18, 19 y 22*

De todo lo expuesto hasta ahora se deduce que los testimonios de doña Patricia Poleo no pueden considerarse pruebas de cargo válidas contra el señor Brewer-Carías.

- Porque, aunque la señora Poleo hubiera sido testigo presencial –que, como ella misma reconoce, no lo es-, su testimonio es tan contradictorio, y las afirmaciones que expresa tan incompatibles entre sí –tal como se ha demostrado supra 3-, *que tampoco entonces podría haber sido considerado uno de cargo,* ya que en sus declaraciones dice, *al mismo tiempo,* que el señor Brewer-Carías fue el redactor del Decreto, y que no lo fue, que sonreía despectivamente a quienes objetaban que no se podía cambiar el nombre del país ni disolver la Asamblea, mientras que, por otra parte, la misma periodista asegura que aquél consideraba esa decisión "antidemocrática", "que no estuvo de acuerdo en disolver la Asamblea Nacional, y se los dijo", que "*por supuesto ... no estuvo de acuerdo en cambiar inmediatamente el nombre de Venezuela", y que "como buen jurista que es les explicó que "esto [la eliminación de la Asamblea y el cambio del nombre del país] no podía ser".*

Por todo ello, y aunque doña Patricia Poleo hubiera sido un testigo directo, su testimonio no puede servir de base para formular imputación alguna contra el señor Brewer-Carías, porque de ese testimonio ni se deduce, más allá de cualquier duda razonable, que aquél participara en la redacción y elaboración del Decreto, ni mucho menos aún que estuviera de acuerdo con la disolución de los Poderes Públicos y el cambio de denominación de Venezuela.

- Porque el testimonio de la señora Poleo como testigo de referencia –*que es la condición que ella misma se atribuye-* sólo puede admitirse como prueba de cargo, sin vulnerar el derecho a la presunción de inocencia, si hubiera identificado y especificado quiénes eran los testigos presenciales –si es que realmente hubieran existido- que le habrían facilitado las supuestas informaciones de que don Allan R. Brewer-Carías habría redactado y elaborado el "Acta" en cuestión.

- Porque, aunque la señora Poleo hubiera proporcionado la identidad de los supuestos testigos directos –lo que no hizo-, su testimonio de referencia sólo habría podido ser tenido en cuenta –sin lesionar igualmente el derecho del señor Brewer-Carías a la presunción de inocencia- en el supuesto de que, por ejemplo, por fallecimiento o por no habérseles podido localizar, hubiera sido objetivamente imposible recibir declaración a dichos supuestos testigos presenciales, ya que sólo en este caso de "imposibilidad objetiva" el testimonio de referencia puede sustituir al directo.

- Porque, al admitir el Ministerio Público los testimonios de referencia de la señora Poleo como testimonios de cargo hábiles, sin que aquélla identificara quiénes eran los testigos directos, y por mucho que aquélla pretenda acogerse al secreto profesional, se ha vulnerado, **además**, el derecho de defensa del señor Brewer-Carías, como emanación del derecho a un proceso justo, equitativo y con todas las garantías, ya que se le ha privado de la posibilidad de interrogar a dichos supuestos testigos presenciales, y, con ello, de la posibilidad también de fiscalizar la credibilidad de éstos, o ponerla en duda, así como de poder acreditar que son unos testigos hostiles o parciales. A la misma conclusión- vulneración del derecho de defensa- habría que llegar si, aunque doña Patricia Poleo hubiera identificado a sus supuestos informantes –lo que no hizo-, se le hubiera privado a don Allan R. Brewer-Carías de la posibilidad de interrogarles.

B. EL ARTÍCULO PUBLICADO EN EL DIARIO "EL NACIONAL" DE 13 DE ABRIL DE 2002 POR DOÑA LAURA WEFFER CIFUENTES (ELEMENTO PROBATORIO 3)

1. *Su contenido*

En el referido artículo la señora Weffer escribe lo siguiente.

"Al llegar al estacionamiento del edificio [de Fuerte Tiuna], a las 6:18 de la mañana, a Carmona le esperaba el abogado Allan Brewer Carías, así como un grupo de seguridad que tuvo una complicación producto de la improvisación. No habían tomado la previsión de asignar escoltas para el ex presidente de Fedecámaras, además el chofer de la camioneta, en la que habían llegado, estaba desaparecido".

2. *Al tener en cuenta el artículo de doña Laura Weffer Cifuentes como elemento probatorio de cargo, el Ministerio Público está vulnerando con ello, otra vez, el derecho a la presunción de inocencia de don Allan R. Brewer-Carías*

Contra la estimación por el Ministerio Publico del artículo de la señora Weffer como elemento probatorio hay que alegar:

a) En primer lugar, que difícilmente puede derivarse de ese artículo que el señor Brewer-Carías haya participado –como le imputa el Ministerio Fiscal– en la redacción y elaboración del "Acta de Constitución del Gobierno de Transición Democrática y Unidad Nacional", siendo así que la señora Weffer se limita a decir que el señor Brewer-Carías estaba presente en la madrugada del 12 de abril de 2002 en el estacionamiento de Fuerte Tiuna, sin que en ningún pasaje del texto aparecido en el diario "El Nacional" afirme la testigo -¿cómo lo puede afirmar, entonces, el Ministerio Público?- que aquél haya tenido participación alguna en la elaboración de dicha "Acta".

b) En segundo lugar, que don Allan R. Brewer-Carías ha explicado y justificado reiteradamente ante el Ministerio Fiscal la razón de su presencia en Fuerte Tiuna: fue llamado a ese lugar por don Pedro Carmona Estanga para que emitiera su opinión de experto sobre un documento ya redactado por otros de decreto de gobierno de transición, opinión que, en efecto, manifestó el señor Brewer-Carías, descalificando jurídicamente dicho documento.

c) Finalmente, la atribución al artículo de la señora Weffer de que tiene el carácter de elemento probatorio de cargo contra el señor Brewer, supone una abierta vulneración del derecho fundamental de éste a la presunción de inocencia:

Ya que, por una parte, no está acreditado si la elaboración del "Acta" –que es lo que se le imputa a don Allan R. Brewer-Carías- tuvo lugar en Fuerte Tiuna, o ya había sido redactada previamente, por lo que del referido artículo ni siquiera se deduce la presencia del imputado en el lugar de los hechos.

Y ya que, por otra parte, aunque se hubiera acreditado que el señor Brewer estuvo presente allí donde se redactó el documento, tampoco esa mera presencia podría justificar nunca, por sí sola, a no ser que se vulnerara la presunción de inocencia, que aquél habría intervenido en la comisión del hecho punible. Como expresa en TC, en su sentencia 283/1994, de 24 de octubre, para que "la presunción de inocencia quede desvirtuada con una suficiente actividad probatoria de cargo ... es necesario que la prueba practicada evidencie no sólo la comisión de un hecho punible, sino también <todo lo atinente a la participación que en él tuvo el acusado> (STC 118/1991, y, en igual sentido, STC 150/1989). Pues es la conexión entre ambos elementos la que fundamenta la acusación contra una persona, y, lógicamente, uno y otro han de ser objeto de prueba" (Véanse también, en el mismo sentido, las sentencias del TC 24/1997, de 11 de febrero, 45/1997, de 11 de mayo, y 155/2002, de 22 de julio).

Aplicando esta doctrina al supuesto sometido a Dictamen, ello quiere decir que la presunción de inocencia no queda enervada porque se haya acreditado la existencia de un hecho presuntamente delictivo (en este caso: la misma "Acta"), sino que es necesario probar también que el señor Brewer habría intervenido en su comisión, **lo que en ningún caso puede deducirse de la sola presencia de una persona en el lugar donde se ha llevado a cabo dicho hecho.** Dentro de este contexto, hay que mencionar la sentencia del TC 157/1998, de 13 de julio, cuya doctrina se reitera en la sentencia del TC 145/2005, de 6 de junio, en la que se otorga el amparo a una persona condenada por tráfico de drogas simplemente porque había estado presente en el Aeropuerto Madrid-Barajas, donde otras dos personas habían recogido una maleta con una sustancia estupefaciente procedente de Brasil. En dicha sentencia 157/1998 el TC expresa, entre otras cosas, lo siguiente:

"Salvo, pues, su presencia [la de Luis Humberto T. T. T., el demandante de amparo] en el aeropuerto esperando a Carmen [una de las dos personas que recogió la droga], ningún otro acto o afirmación propios le implica y tampoco las otras condenadas le han atribuido en la operación participación alguna

En consecuencia, el Tribunal penal, a falta de una prueba directa sobre la cooperación o participación de Luis Humberto en la operación o incluso de que tuviese conocimiento de la misma, **consideró desvirtuada la presunción de su inocencia por una prueba basada en los indicios derivados de la presencia en el aeropuerto.**

[Es precisa la fundamentación] en auténticos actos de prueba, con una actividad probatoria que sea suficiente para desvirtuarla, **para lo cual es necesario que la evidencia que origine su resultado lo sea tanto con respecto a la existencia del hecho punible, como en lo atinente a la participación en él del acusado. En este sentido, la inocencia de la que habla el art. 24 CE ha de entenderse en el sentido de no autoría, no producción del daño o no participación en él** (entre otras muchas, y por citar algunas, SSTC 141/1986, 92/1987, 150/1989, 201/1989, 217/1989, 169/1990, 134/1991, 76/1993, y 131/1997).

Y en el caso, según lo antes dicho, no cabe entender que de las pruebas apreciadas por el Tribunal penal y especialmente de los indicios antes señalados pudiera deducirse su participación [de Luis Humberto T. T.] en los hechos de los que fueron acusadas y condenadas Carmen Yolanda y María da C., **puesto que de la presencia del recurrente en el aeropuerto no se advierte la constancia de un enlace lógico, preciso y directo del que resulte la certeza de la intervención del recurrente. No puede, pues, reputarse desvirtuada la presunción de inocencia de éste, habiendo de concluirse que se le ha vulnerado este derecho (art. 24.2 CE). Por ello procede estimar el amparo y reponer al recurrente en su derecho**".

3. *Resumen de por qué no puede tener el carácter de elemento probatorio el artículo de la señora Weffer*

Resumiendo lo anterior, las razones por las que no puede considerarse elemento probatorio el artículo de doña Laura Weffer son: porque ésta no afirma en ningún pasaje de su artículo que el señor Brewer-Carías haya intervenido en la redacción del "Acta"; porque el motivo por el cual don Allan R. Brewer-Carías se encontraba en Fuerte Tiuna ha sido suficiente y reiteradamente explicado por aquél: emitir una opinión de experto, a instancias de don Pedro Carmona, sobre la juridicidad de dicha "Acta", opinión que tuvo un carácter contundentemente negativo; porque no está acreditado que el documento se redactara en Fuerte Tiuna, y no hubiera sido elaborado ya previamente; y, finalmente, porque, aunque así hubiera sido, y dicho documento se hubiera redactado en el interior de ese edificio, deducir de la mera presencia de una persona en el lugar de los hechos –*la señora Weffer ni siquiera afirma la presencia de don Allan R. Brewer-Carías en Fuerte Tiuna, sino sólo en el* **estacionamiento** *del edificio*– que ha intervenido en los mismos supone una flagrante conculcación de su derecho a la presunción de inocencia.

C. EL ARTÍCULO PUBLICADO EL 13 DE ABRIL DE 2002 EN EL DIARIO "EL NACIONAL" POR EL PERIODISTA DON EDGAR LÓPEZ (ELEMENTO PROBATORIO 4)

1. *Su contenido*

a) *El texto del artículo*

En este artículo don Edgar López escribe lo siguiente:

"En medios jurídicos se comentaba que Allan Brewer Carías fue el arquitecto jurídico del nuevo régimen, al punto que también se le oiría a la hora de elaborar la lista de quienes reemplazarían a los magistrados del Tribunal Supremo de Justicia destituidos por la recién instalada junta de gobierno que encabeza el ex presidente de Fedecámaras Pedro Carmona Estanga.

El jurista interrumpió su sueño para explicar que a la 1:00 am de ayer atendió la solicitud de asesoría que le formularon y que su intervención se limitó a dar opiniones sobre aspectos estrictamente jurídicos del proceso de transición que se ha iniciado.

<Este es un proceso político y está siendo manejado por los políticos>, dijo Brewer Carías, en un esfuerzo por reivindicar su contribución *ad honorem*.

Añadió que <el documento constitutivo de este gobierno transitorio que se fundamenta en la Carta Democrática Interamericana, que Venezuela suscribió el 11 de septiembre de 2001 y que constituye un catálogo de lo que debe ser una verdadera democracia en el hemisferio, en el entendido de que el régimen de libertades que se desea no se limita a la realización de elecciones para la designación de las autoridades de los órganos del Poder Público, sino que también postula la necesidad de separación y control de los poderes, el pluralismo político, la probidad y responsabilidad en el ejercicio de los cargos, el respeto al Estado de Derecho y a los derechos y garantías constitucionales, en particular a la libertad de expresión>, explicó el jurista.

¿Entonces la referencia jurídica del nuevo gobierno es la Carta Interamericana Democrática y no la Constitución nacional de 1999, elaborada por la Asamblea Constituyente y convalidada en referéndum popular?

No exactamente. Aquí hubo el ejercicio de un derecho ciudadano a la resistencia por desobediencia civil, el cual está garantizado y previsto en el artículo 350 de la Constitución nacional. El pueblo de Venezuela, a través de sus representantes, desconoció un régimen, una autoridad y una legislación que contrariaba los principios y valores democráticos y que violaba derechos y garantías constitucionales. En definitiva, se produjo una rebelión de carácter civil y posteriormente la renuncia del Presidente de la República, según lo anunció el alto mando militar. El vacío constitucional de poder tuvo que ser llenado por los representantes de diversos sectores de la sociedad, sobre la base, insisto, del artículo 350 de la Constitución.

- ¿Cómo es posible hablar de apego al Estado de Derecho si la junta de gobierno acordó la disolución de los poderes legítimamente constituidos?

- La disolución de los poderes constituidos es una manifestación de ese derecho a la desobediencia civil; sin embargo, corresponde a las decisiones de carácter político, que he querido diferenciar del fundamento jurídico del régimen de transición. Hubiera sido preferible, por supuesto, que el Presidente de la República hubiera salido de otra forma, que no hubiera habido los muertos y que la sociedad civil no hubiera tenido que rebelarse. En todo caso, el proceso en curso se orienta hacia el restablecimiento de la institucionalidad democrática conforme a la Carta Interamericana.

Lo importante, indicó Brewer Carías, es destacar que por primera vez en Venezuela se desconoció un régimen y una autoridad que habían menoscabado derechos fundamentales y cuya última manifestación fue el asesinato a mansalva de ciudadanos inermes".

b) *Ulteriores aclaraciones de don Edgar López sobre el contenido de su artículo*

En su declaración ante el Ministerio Público (pieza XVIII, folios 259 ss.), el señor López manifestó que, dos horas más tarde de la entrevista, el señor Brewer-Carías le llamó por teléfono para precisar sus declaraciones en el sentido de que "no estaba de acuerdo con la disolución de la Asamblea Nacional, ni con la destitución de los Magistrados del Tribunal Supremo, ni con ninguna otra decisión que significara la ruptura del hilo constitucional". Igualmente, el señor López manifestó en dicho interrogatorio que, por problemas de cierre de la edición del periódico, no pudo incorporar esa precisión al artículo publicado en "El Nacional" el 13 de abril de 2002; lo hizo tres días más tarde, el 16 de abril, recogiendo en el mismo periódico esa aclaración de don Allan R. Brewer-Carías en los siguientes términos:

"Dos horas más tarde [el señor Brewer-Carías] se comunicó nuevamente con <El Nacional> para solicitar que en la reseña de la entrevista se incluyera su oposición a la disolución de la Asamblea Nacional, pues ello sí significaba la ruptura del hilo constitucional. Lamentablemente no fue posible realizar la precisión en esa oportunidad [en el artículo publicado por don Edgar López el 13 de abril de 2002], pero Brewer Carías insistió ayer en que Carmona Estanga hizo caso omiso a su advertencia".

2. *Vulneración de la presunción de inocencia del don Allan R. Brewer-Carías al recogerse en el acta de imputación, como supuesto elemento probatorio 4, el artículo del señor López*

El artículo de don Edgar López está integrado por dos partes que deben ser tratadas diferenciadamente: el supuesto juicio de valor positivo que emite el señor Brewer-Carías sobre el "Acta de Constitución del Gobierno de Transición Democrática y Unidad Nacional", por un lado, y, por otro, la afirmación del señor López de que don Allan R. Brewer-Carías habría sido "el arquitecto jurídico del nuevo régimen, al punto que también se le oiría a la hora de elaborar la lista de quienes reemplazarían a los magistrados del Tribunal Supremo de Justicia destituidos por la recién instalada junta de gobierno que encabeza el ex presidente de Fedecámaras Pedro Carmona Estanga".

a) Por lo que se refiere a la supuesta opinión del señor Brewer-Carías de que "la disolución de los poderes constituidos es una manifestación de ese derecho a la desobediencia civil", se trata, obviamente, de un malentendido del periodista, quien, en su declaración ante el Ministerio Fiscal, reconoció que don Allan R. Brewer-Carías le había precisado "que no estaba de acuerdo con la disolución de la Asamblea Nacional, ni con la destitución de los Magistrados del Tribunal Supremo, ni con ninguna otra decisión que significara la ruptura del hilo constitucional".

Pero, aunque el señor Brewer-Carías hubiera alabado realmente la disolución de los Poderes Públicos, resulta simplemente inconcebible que esa opinión pueda instrumentalizarse ahora como prueba de cargo de que aquél habría elaborado y redactado el "Acta de Constitución del Gobierno de Transición Democrática y Unidad Nacional": si ni siquiera la presencia de una persona en el lugar de los hechos puede servir como prueba de cargo para imputar a aquélla su intervención en tales hechos, porque ello supondría una conculcación de su derecho a la presunción de inocencia, tal como se ha expuesto supra B 2 c, mucho menos aún un comentario laudatorio emitido a posteriori sobre un determinado texto: esta inferencia sería tan irrazonable e incoherente como si del hecho de que alguien alabara la novela "Cien años de soledad" se hiciera seguir que ello constituiría una presunción de que el que había emitido el juicio laudatorio, y no García Márquez, era quien realmente había "redactado y elaborado" esa obra literaria.

b) En relación con el otro pasaje del artículo de don Edgar López, donde manifiesta:

> "En medios jurídicos se comentaba que Allan Brewer fue el arquitecto jurídico del nuevo régimen ...",

hay que decir:

En primer lugar, que no es que el señor López sea supuestamente un testigo de referencia de testigos directos, como, presuntamente, doña Patricia Poleo, sino un presunto testigo de referencia de supuestos testigos de referencia de presuntos testigos directos, ya que, según ha declarado el 21 de abril de 2005 ante el Ministerio Público, en ningún momento de la madrugada del 12 de abril de 2002 estuvo en Fuerte Tiuna, que la frase de que el señor Brewer-Carías fue el "arquitecto jurídico del nuevo régimen", la escuchó en medios judiciales, y que, a su vez, esas fuentes judiciales tampoco habían visto que el señor Brewer-Carías redactara el decreto del Gobierno de transición ("Diga usted si su fuente le informó de que hubiera visto a Allan Brewer-Carías redactar el decreto de gobierno de transición. Contestó: No. Además son fuentes judiciales"), de donde se sigue que, por su parte, esas "fuentes judiciales" son testigos de referencia, no se sabe si de otros supuestos testigos de referencia o, por fin, de alguno o algunos presuntos testigos directos.

En segundo lugar, que, como ya se ha fundamentado supra A 4 y 5, la utilización, como prueba de cargo, del testimonio de un testigo de referencia, que no identifica a los testigos directos (en este caso, ni siquiera el señor López podría precisar quiénes son los supuestos testigos directos, sino, como mucho, una cadena –cuyo final se desconoce- de ulteriores y presuntos testigos de referencia), constituye una abierta vulneración, tanto del derecho a la presunción de inocencia, como del derecho de defensa.

Y, en tercer lugar, y finalmente, que don Edgar López es muy libre de acogerse al secreto profesional para, como manifestó en su interrogatorio, "preservar mis fuentes". Pero, si se niega a revelar esas fuentes –y tal y como se ha expuesto supra A 4 b aa *in fine*-, no por ello el testimonio de referencia sin indicación del testigo directo deja de serlo, y, por consiguiente, tampoco deja de ser un testimonio de nulo valor probatorio.

D. EL ARTÍCULO PUBLICADO EL 13 DE ABRIL DE 2002 EN "EL UNIVERSAL" POR LA PERIODISTA DOÑA MARIELA LEÓN (ELEMENTO PROBATORIO 5)

1. En dicho artículo la señora León escribe lo siguiente:

"... Tras la venía de varios escritorios jurídicos Daniel Romero leyó el decreto de constitución de la provisoria gestión, en el cual quedan suspendidos de sus cargos los Diputados a la Asamblea Nacional y destituidos de sus cargos a los Magistrados del Tribunal Supremo de Justicia, el Fiscal y Contralor General de la República, Defensor del Pueblo y Miembros del Consejo Nacional Electoral...".

2. Independientemente de que la señora León es también una testigo de referencia, que no indica quiénes han sido los testigos directos que le habrían informado a ella de que habrían visto al señor Brewer-Carías elaborando y redactando el "Acta de Constitución del Gobierno de Transición Democrática y Unidad Nacional", por lo que la toma en consideración como elemento probatorio de cargo del artículo escrito por doña Mariela León, y tal como se ha expuesto supra A 4 y 5, vulnera el derecho a la presunción de inocencia y el derecho a la defensa de don Allan R. Brewer-Carías, quien suscribe este Dictamen no alcanza a entender cómo el Ministerio Público puede deducir de ese artículo que, efectivamente, el señor Brewer-Carías ha elaborado el "Acta" en cuestión, siendo así que esa afirmación no aparece por ninguna parte en el texto escrito por la referida periodista.

E. EL ARTÍCULO PUBLICADO EN EL DIARIO "EL UNIVERSAL" EL 18 DE ABRIL DE 2002 POR EL PERIODISTA DON ROBERTO GIUSTI (ELEMENTO PROBATORIO 8)

1. En ese artículo el señor Giusti escribe lo siguiente:

"Allí se encontraban Allan Brewer Carías y sobre la base de su criterio tomando en cuenta que hubo derramamiento de sangre, y que dejar ir al presidente podía comprometer el prestigio de la institución, tomaron la decisión que ya se conoce. A Brewer le consultaron también la legalidad de esa situación y él les manifestó que con la declaración del General Lucas Rincón, ya no había Alto Mando, y que la voluntad manifiesta, expresada por el Presidente, de renunciar, se producía un vacío de poder, y por lo tanto, no se requería un documento firmado ...".

2. A la consideración del artículo del señor Giusti como prueba de cargo hay que oponer:

a) Por una parte, que en ningún lugar de su artículo don Roberto Giusti afirma aquello que precisamente le imputa el Ministerio Público a don Allan R. Brewer-Carías, a saber: que éste haya "redactado y elaborado" el "Acta de Constitución del Gobierno de Transición Democrática y Unidad Nacional", por lo que mal puede servir de indicio de que se ha realizado un determinado comportamiento un texto en el que no se atribuye a nadie ese comportamiento.

b) Y, por otra, que al tratarse en el caso del señor Giusti de un testimonio de referencia en el que no se indica quiénes son los supuestos testigos directos informantes de aquél, aunque el señor Giusti atribuyera a don Allan R. Brewer-Carías la realización de un comportamiento que en el artículo no le atribuye, la utilización de dicho testimonio como prueba de cargo, y tal como se ha expuesto supra A 4 y 5, vulnera el derecho a la presunción de inocencia y el derecho de defensa del señor Brewer-Carías.

F. EL ARTÍCULO DE DON RICARDO PEÑA PUBLICADO EN EL DIARIO "EL REPORTE" EL 18 DE ABRIL DE 2002 (ELEMENTO PROBATORIO 9)

1. *Su contenido*

En dicho artículo el señor Peña escribe lo siguiente:

> "supuestamente los asesores del decreto-adefesio jurídico de Carmona Estanga fueron los abogados Cecilia Sosa Gómez y Allan Brewer-Carías".

2. *La vulneración del derecho de defensa y la múltiple vulneración de la presunción de inocencia al incorporarse el artículo de don Ricardo Peña, como elemento probatorio, al acta de imputación*

a) El testimonio del señor Peña es uno de referencia en el que este periodista no indica cuáles son los supuestos testigos directos que le habrían informado de los hechos. Por ello, con la incorporación al acta de imputación de este testimonio, como uno de cargo, se están vulnerando, como ya se ha expuesto en otro lugar, tanto el derecho a la presunción de inocencia (supra A 4) como el derecho de defensa (supra A 5) de don Allan R. Brewer-Carías: el primero, porque no es apto para enervar la presunción de inocencia un testimonio de referencia en el que el testigo indirecto se niega a identificar cuál es su presunta fuente presencial; y el segundo, porque esa falta de identificación impide al señor Brewer-Carías poder interrogar a los supuestos testigos directos, someter a contradicción su testimonio, poner en duda su credibilidad, o demostrar que esos presuntos testigos presenciales son parciales o le son hostiles.

b) Pero en el presente elemento probatorio la presunción de inocencia del señor Brewer-Carías se ha conculcado por dos motivos más.

aa) En primer lugar, porque el acta de imputación se dirige contra don Allan R. Brewer-Carías por haber "redactado y elaborado" el "Acta de Constitución del Gobierno de Transición Democrática y Unidad Nacional", mientras que lo único que afirma el testigo de referencia señor Peña es que el señor

Brewer-Carías habría ejercido una **función de asesoramiento**, asesoramiento que consiste, naturalmente, **no en redactar, sino en aconsejar –críticamente, en sentido favorable o desfavorable, y de manera no vinculante– a quien realmente redacta, quedando en manos, no del asesor, sino del redactor –asumiendo o no los consejos que se le dan– decidir cuál es el contenido definitivo del texto en cuestión.**

bb) Y, en segundo lugar, -**y sobre todo**-, la incorporación al acta de acusación del testimonio de referencia del señor Peña supone una **ulterior conculcación** del derecho a la presunción de inocencia del señor Brewer-Carías, porque aquél -**no afirma**- que este haya sido asesor, sino que se limita a decir que lo habría sido "**supuestamente**".

Según el "Diccionario de Uso del Español", de María Moliner, suponer significa "**pensar que ocurre cierta cosa aunque falten datos para tener la certeza de ella**", siendo "supuestamente" el adverbio que se corresponde con ese verbo, por lo que dar por acontecido –y en contra del reo- lo que el testigo no afirma como **realmente sucedido** constituye una **forma específica** de vulneración del derecho a la presunción de inocencia, ya que, como establece la sentencia del TS de 6 de marzo de 2002, A. 3731, "de un testigo que **sólo supone**, ningún tribunal puede deducir la seguridad que impone el principio <*in dubio* pro reo>. Si lo hace infringe las reglas del razonamiento lógico, pues la seguridad que no está contenida en las premisas no puede aparecer en la conclusión de un silogismo". De la misma manera no es posible, sin infringir el derecho a la presunción de inocencia, estimar que el artículo de don Ricardo Peña puede constituir una prueba de cargo contra el señor Brewer-Carías, porque si en la premisa del testimonio el testigo de referencia no establece la seguridad de la intervención de aquél (solo se dice que "supuestamente" habría aconsejado), entonces en la conclusión del silogismo (en la consideración del artículo del señor Peña como elemento probatorio) no puede aparecer que don Allan R. Brewer-Carías "efectivamente" ha aconsejado.

Por lo demás, y sobre la vulneración del principio de presunción de inocencia cuando, a pesar de que existen dudas sobre la participación de una persona, se da por hecho que sí que ha intervenido, me remito a la doctrina establecida, entre otras, por las siguientes sentencias:

- Sentencia del TS de 10 de julio de 1992, A. 6564: "El principio in dubio pro reo –establecido en el art. 24.2 CE- sólo puede ser invocado en casación cuando el Tribunal de los hechos haya condenado, a pesar de su duda respecto de la autoría o del hecho mismo. **En tales casos es claro que el Tribunal habría vulnerado la norma que impone la absolución en caso de duda o decisión más favorable al acusado, que como se dijo tiene su respaldo en el art. 24.2 CE [derecho a la presunción de inocencia]".**

- Sentencia del TS de 24 de noviembre de 1993, A. 9013: "El relato de los hechos no contiene cargo penal alguno contra el recurrente, porque el silogismo judicial **no puede apoyarse en suposiciones** ni presunciones".

- Sentencia del TS de 16 de noviembre de 1998, A. 8628: "El principio general de Derecho en materia de interpretación de prueba en el proceso penal **tiene también, en el momento presente, una derivación hacia el principio constitucional de presunción de inocencia ya que, en los casos en que exista una prueba válidamente obtenida, pero que su significado inculpatorio sea dudoso, ambiguo y poco preciso es necesario decantarse por una decisión absolutoria**".

- Sentencia del TS de 23 de febrero de 2001, A. 2311: "Puesto que manifiesta de forma expresa que, en ese particular, existen razones para la duda. Y sin embargo, **incomprensiblemente**, resuelve la alternativa contra el reo. **Cuando es bien obvio que el principio <in dubio pro reo>, interpretado a la luz del derecho fundamental a la presunción de inocencia, no tiene un valor sólo orientativo en la valoración de la prueba, sino que envuelve un mandato: el de no afirmar hecho alguno que pueda dar lugar a un pronunciamiento de culpabilidad si se abrigan dudas sobre su certeza**".

- Y sentencia del TS de 27 de febrero de 2004, A. 2526: "Al margen de estas consideraciones, que estimamos relevantes, no podemos olvidar la doctrina de esta Sala sobre la operatividad del principio <in dubio pro reo>. Se ha mantenido, con criterio unánime, que, si un órgano sentenciador expresa sus dudas sobre la realidad de los hechos que se le han sometido a consideración, debe abstenerse de cualquier pronunciamiento condenatorio, **ya que el sistema constitucional exige que la resolución esté asentada sobre conclusiones firmes e indubitadas**".

3. *Resumen*

De lo que se acaba de exponer sobre el artículo de don Ricardo Peña se sigue, resumiendo, que su estimación por el Ministerio Público como un elemento probatorio, no sólo infringe el derecho a la presunción de inocencia y el derecho a la defensa de don Allan R. Brewer-Carías por ser un testimonio de referencia, sino que también vulnera ese primer derecho porque el señor Peña no afirma –como imputa el Ministerio Fiscal- que el señor Brewer-Carías haya redactado –sino sólo "asesorado": asesoramiento que, obviamente, también puede ser desfavorable sobre el contenido del "Acta"-, y, sobre todo, porque, infringiendo el principio "in dubio pro reo", como ulterior manifestación del de presunción de inocencia, da por cierto aquello que don Ricardo Peña mantiene en el terreno de la duda ("supuestamente").

G. ARTÍCULOS PUBLICADOS EN LA PRENSA POR EL PERIODISTA DON FRANCISCO OLIVARES (ELEMENTOS PROBATORIOS 11 Y 13)

1. a) En el diario "El Universal" de 26 de abril de 2002, el periodista señor Olivares entrevista a don Daniel Romero, y en ella se dice lo siguiente:

"- ¿Quiénes participan en la elaboración del decreto?

- En la elaboración del decreto participa una serie de abogados, que lo que hacen es traslucir lo que se quería en ese momento. Yo tengo que decir que en cuanto a la parte motiva del decreto yo sí tuve una injerencia importante, la cual no solamente asumo sino que la ratifico una vez más porque creo que ese decreto en sus once considerandos, esa parte motiva, lo que hace es plasmar fehacientemente, cuál es la situación de Venezuela, cuál es el clamor, el reclamo y el repudio de la sociedad venezolana en relación con el régimen de Hugo Chávez Frías. Cada uno de esos decretos lo que dice es la verdad de la situación que todos padecemos y que no estamos dispuestos a aceptar.

- ¿Para usted el vacío de poder y la necesidad de un gobierno de transición implicaba la necesidad de suprimir la Asamblea Nacional y los poderes públicos?

- Esa es la parte dispositiva del decreto. La parte dispositiva del decreto fue realizada por un grupo de abogados. Fue realizada por los que son considerados los mejores abogados constitucionalistas del país. Allí hubo decisiones de carácter político, las cuales no tomamos los abogados".

b) Posteriormente, el 28 de abril de 2002, don Francisco Olivares publica otro artículo en el mismo diario "El Universal", en el que escribe lo siguiente:

"Poco después de que en la madrugada del 12 de abril el general Lucas Rincón anunciara la renuncia del presidente Chávez, fue convocado Pedro Carmona a la Comandancia del Ejército en el piso 5. Allí confluyeron personalidades del mundo civil y empresarial como: Allan Brewer Carías, Pedro Carmona, Hugo Arrioja, Juan Francisco Mejías, José Rafael Revenga y Eugenio Mendoza entre otros. Se decide que el designado para la presidencia interina sería Pedro Carmona y se comienza a hablar de la parte formal de la renuncia de Chávez. Trasciende la información de que Chávez renunciaría si le permiten viajar a Cuba. Hubo opiniones divididas y en determinado momento, los militares (que estaban en el despacho) mandan llamar a Allan Brewer Carías, quien estaba redactando el decreto en ese momento. Brewer entró y estuvo allí unos minutos. Cuando sale se toma la decisión de que el Presidente se quedaba. Seguidamente surgió la duda de qué pasaba si Chávez no firmaba. Y allí la opinión de Brewer fue que no importaba la formalidad de la renuncia porque el Presidente ya había renunciado y se lo había comunicado al país a través del general Lucas Rincón.

Los militares llegaron temprano y se concentraron en el despacho presidencial, donde estuvieron reunidos algunas horas con Pedro Carmona. Allí estaba el VA Héctor Ramírez Pérez, el VA Daniel Comisso, el general Pedro Pedreira, el general Vásquez Velasco, el general Néstor González González entre otros.

Carmona se alternaba entre atenderlos a ellos y a las personalidades que iban llegando. Como a las 11 de la mañana llegó Allan Brewer Carías con Ayala Corao para darle los últimos toques al decreto. Entraron por el manguito porque no querían ser abordados por los periodistas. Una vez listo el decreto se lo llevaron a Carmona, quien le hizo algunos ajustes menores y se mandó a imprimir. Mientras esto se hacía, Gustavo Linares Benzo, Juan Rafalli y Gustavo García redactaban por su cuenta y a la carrera otro decreto. Una vez redactado el nuevo decreto entraron en la oficina de Carmona donde había muchas personalidades, y le proponen a Carmona que adopte esa versión en lugar de la que había sido coordinada por Allan Brewer, Carlos Ayala y Daniel Romero. Carmona dudó y pidió hablar con Brewer. Se llamó a su casa porque ya había salido de Miraflores, y conversaron por varios minutos. Al colgar, Carmona expresó delante de todos, que iba a seguir adelante con el decreto original. Allí varias personalidades, entre ellas monseñor Velasco, le mostraron su apoyo".

2. a) Por lo que se refiere a la entrevista de 26 de abril de 2002, parece increíble que se quiera utilizar como elemento probatorio de cargo, siendo así que en las supuestas declaraciones de don Daniel Romero éste se refiere únicamente a que en el decreto intervinieron "los que son considerados los mejores abogados constitucionalistas del país", **sin que en ningún momento se designe nominalmente a don Allan R. Brewer-Carías. ¿Cómo es posible que el Ministerio Público pueda imputar a una persona –al señor Brewer-Carías- cuando ni siquiera le imputa el testigo sobre el que se basa para hacerlo?** Por lo demás, y aunque se quisiera admitir erróneamente que don Allan R. Brewer-Carías pudiera ser alguno de esos abogados constitucionalistas, lo que en cualquier caso está fuera de discusión es que ello, como mucho, no pasa de constituir una probabilidad, y convertir una probabilidad en certeza infringe, como se acaba de exponer supra F 2 b bb, el principio "*in dubio pro reo*" como derivación del derecho a la presunción de inocencia.

b) Con relación al segundo artículo de don Francisco Olivares, publicado en "El Universal" de 28 de abril de 2002, en el que se afirma que el señor Brewer-Carías habría intervenido en la redacción del "Acta de Constitución del Gobierno de Transición Democrática y Unidad Nacional", hay que decir que aquél es un testigo de referencia, que no identifica a sus supuestos testigo o testigos presenciales, tal como el mismo reconoce en su interrogatorio ante el Ministerio Público de 28 de marzo de 2005 (pieza XVII, pp. 216 ss.): en dicho interrogatorio don Francisco Olivares declara que en ningún momento estuvo en Fuerte Tiuna en la madrugada del 12 de abril de 2002, que, porque no estuvo allí, no vio llegar de madrugada al señor Brewer-Carías a Fuerte Tiuna, que, naturalmente, tampoco le vio redactar el decreto, que el día 12 de abril no estuvo en ningún momento en el Palacio de Miraflores, ni tampoco vio llegar a dicho Palacio a don Allan R. Brewer-Carías, ni, mucho menos aún, presenció como éste daba en ese edificio "los últimos toques al decreto", y que tampoco vio como en ese día, y en el Palacio de Miraflores, el señor Brewer-Carías llevara "a Pedro Carmona algún documento o decreto".

Como, según confesión propia, don Francisco Olivares es un testigo de referencia, que no identifica a sus supuestos informantes testigos directos, la toma en consideración por el Ministerio Fiscal del testimonio de aquél, supone, como ya se ha expuesto ampliamente supra A 4 y 5, una vulneración del derecho a la presunción de inocencia y del derecho de defensa de don Allan R. Brewer-Carías.

H. EL ARTÍCULO PUBLICADO EL 27 DE ABRIL DE 2002 EN "EL NACIONAL" POR DOÑA MILAGROS SOCORRO (ELEMENTO PROBATORIO 12)

1. En este artículo la señora Socorro escribe lo siguiente:

> "Minutos antes, según él lo cuenta [don Daniel Romero], el equipo gubernamental venía camino al salón donde se realizaría el acto del 13 de abril y Carmona preguntó quién leería el decreto. <Fue entonces que alguien dijo, 'que lo lea Daniel', y así lo hice>, cuenta el abogado.

> - Lo leí con mucho orgullo porque tuve una intervención importante en la redacción de los 11 considerandos ... En la parte dispositiva, que refleja decisiones de carácter político, no jurídico, mi colaboración fue mínima, pero puedo asegurar que ese aspecto fue revisado por los mejores constitucionalistas de Venezuela.

> - Entre los que se cuenta a Allan Brewer Carías. ¿Él fue el autor?

> - He dicho: los mejores constitucionalistas del país. Hay una cosa que tiene que estar clara, todo el mundo quiere achacarle al decreto las causas que impidieron la continuidad del gobierno de transición, pero el problema no fue el contenido de éste, sino la falta de apoyo de todos los sectores de la sociedad que, una vez que se produjo la renuncia del presidente, en vez de unirse y concertarse para darle viabilidad a la transición, dejaron que privara el egoísmo y la búsqueda de parcelas de poder".

2. En este artículo se reiteran, al igual que en el elemento probatorio 11, la supuesta intervención en el decreto de "los mejores constitucionalistas del país". Como esta frase coincide literalmente con la contenida en dicho elemento probatorio 11, me remito a lo argumentado supra 6 2 a, en el sentido de que parece increíble que se quiera utilizar como elemento probatorio de cargo un texto en el que en ningún momento se designa nominalmente a don Allan R. Brewer-Carías, y que el Ministerio Fiscal pueda imputar a una persona cuando ni siquiera la imputa el testigo sobre el que se basa para hacerlo. Además, y como también se ha expuesto supra G 2 a, aunque se quisiera admitir erróneamente que el señor Brewer-Carías pudiera ser alguno de esos "constitucionalistas", lo que en cualquier caso está fuera de discusión es que ello, como mucho, no pasa de constituir una probabilidad, y convertir una probabilidad en certeza infringe el principio "in dubio pro reo" como derivación del derecho a la presunción de inocencia (véase supra F 2 b bb).

I. DECLARACIÓN DE ISAAC PÉREZ RECAO, EN EL PROGRAMA "GRADO 33", TRANSMITIDO POR GLOBOVISIÓN EL 16 DE MAYO DE 2002, EN EL QUE DECLARÓ QUE ERA FALSO QUE HUBIERA REDACTADO EL DECRETO, QUE EL MISMO FUE REDACTADO POR EXPERTOS CONSTITUCIONALISTAS, Y QUE ÉL NO ERA ABOGADO

Para argumentar por qué esas declaraciones del señor Pérez Recao no pueden ser tenidas en cuenta como elemento probatorio de cargo, ya que aquél sólo afirma que el decreto fue redactado por "expertos constitucionalistas", sin mencionar para nada el nombre del señor Brewer-Carías, y como esta frase coincide, al igual que en los supuestos elementos probatorios 11 y 12, con las expresiones formuladas por el señor Olivares y por la señora Socorro, me remito *in toto* a lo allí expuesto (supra G 2 a y H 2) para fundamentar por qué la toma en consideración por el Ministerio Público, como testimonio de cargo, de lo manifestado por el señor Pérez Recao infringe doblemente el derecho a la presunción de inocencia de don Allan R. Brewer-Carías.

J. ARTÍCULO PUBLICADO EL 3 DE MAYO DE 2002 EN "EL MUNDO" POR LA PERIODISTA DOÑA NITU PÉREZ OSUNA (ELEMENTO PROBATORIO 14).

1. En ese artículo, la señora Pérez Osuna escribe lo siguiente:

> "... el vídeo nos despeja una interrogante y nos crea otra. La presencia inequívoca en Fuerte Tiuna del abogado Brewer Carías, quien no aparecía en son de consulta sino en ánimo de participante, muy activo en el entorno militar revolucionario aquel día ...".

2. a) La presencia de una persona en el lugar de los hechos –presencia en Fuerte Tiuna que nunca ha negado el señor Brewer-Carías-, para el caso de que el "Acta" se hubiera redactado, efectivamente, en ese lugar, no puede servir de elemento probatorio de la intervención de esa persona en los hechos. Y si se hace, se está vulnerando el derecho a la presunción de inocencia, tal como ha sido expuesto y razonado detalladamente supra B 2, al estudiar el artículo de la señora Weffer.

b) Y que la mera apreciación subjetiva de una persona –el señor Brewer-Carías "no aparecía en son de consulta sino en ánimo de participante, muy activo en el entorno militar revolucionario aquel día", escribe la señora Pérez Osuna- se haga figurar por el Ministerio Fiscal como elemento probatorio de que aquél habría redactado y elaborado el "Acta", supone una vulneración tan burda de la presunción de inocencia que cuesta creer que alguien considere que con esa "apreciación subjetiva", enervando dicha presunción, se pueda pretender demostrar algo: en un Estado de Derecho, y porque entonces nadie estaría a salvo de insidias y de arbitrariedades, de las sensaciones o sentimientos subjetivos que experimenten nuestros vecinos, nuestros amigos, nuestros enemigos o cualquier otro observador, no se puede hacer seguir que uno ha ejecutado un determinado hecho. Al incluir este dato como elemento probatorio de cargo, el acta de imputación ha traspasado ampliamente el límite de lo jurídico-democráticamente tolerable.

Por lo demás, la propia señora Pérez Osuna (Ana Beatriz Pérez de Petit), en su declaración ante el Ministerio Público el 3 de junio de 2005 (pieza XXI, pp. 9 ss.), se **desdice** de esa "apreciación subjetiva" que había recogido en su artículo, y que tan alegremente incorporó el Ministerio Fiscal al acta de imputación como elemento probatorio:

"– ¿Diga usted si estuvo presente en algún momento en la madrugada del 12 de abril en Fuerte Tiuna (Comandancia General del Ejército)?

- Contestó: No.

- ¿Diga usted si vio a Allan Brewer-Carías en Fuerte Tiuna participando en alguna reunión o redactando algún decreto en esa madrugada del 12 de abril de 2002?

- Contestó: No.

- ¿Diga usted si la frase <La presencia inequívoca en Fuerte Tiuna del abogado Brewer-Carías quien no aparecía en son de consulta sino en ánimo de participante muy activo en el entorno militar revolucionario de aquel día ...> obedece a haberlo visto usted en labores de redacción del documento de constitución del gobierno de Pedro Carmona Estanga, o más bien es una opinión suya como parte del texto que reseña?

- **Contestó**: 1) Yo no puse revolucionario, sino revolucionado, **2) no estaba en Fuerte Tiuna, no lo pude haber visto en labores de redacción de ningún decreto, 3) cuando digo muy activo es porque todos los que están en ese vídeo están muy activo [sic)] ninguno está dormido, la crítica situación del país era para estar en actividad, esto es mi análisis.**

- **¿Diga usted si obtuvo de alguna de sus fuentes de información de haber visto a Allan Brewer-Carías redactando el documento de constitución del Gobierno de Pedro Carmona Estanga?**

- Contestó: No".

K. ENTREVISTA TELEVISIVA A DON RAFAEL POLEO (ELEMENTO PROBATORIO 15)

1. Tal como consta en el Expediente como Cinta N-39, el 12 de abril de 2002, en el programa "Dominio Público", transmitido por Venevisión, el periodista Rafael Poleo afirmó lo siguiente:

"Entonces me entró una llamada de un militar que desde Fuerte Tiuna que anunció, que nos informaba que Carmona había llegado y que estaba encerrado con el general Vásquez Velasco y con Brewer Carías, bajo la dirección de Isaac Pérez Alfonso haciendo los decretos de gobierno y nombrando gabinete".

2. a) Según se desprende de su declaración prestada ante el Ministerio Público el 6 de junio de 2005 (pieza XXI, pp. 24 ss.), don Rafael Poleo es un testigo de referencia que, acogiéndose al secreto periodístico, se niega a revelar quien es el militar supuesto testigo presencial que le habría llamado para informarle que don Allan R. Brewer-Carías sería una de las personas que estaba redactando los decretos de gobierno: a la pregunta: "¿Diga usted el nombre de la persona que le llamó?", el señor Poleo contestó: "Eso no puedo decirlo porque es un secreto de la fuente".

b) Como se ha expuesto supra A 4 y 5, la declaración de un testigo de referencia que se niega a identificar cuál es su fuente no puede ser tenida en cuenta como testimonio de cargo, porque ello conculcaría tanto el derecho a la presunción de inocencia como el derecho a la defensa que emana, a su vez, del que toda persona tiene a un proceso justo, debido y con todas las garantías.

Por otra parte, también se ha razonado supra A 4 b aa *in fine*, que el secreto profesional es uno muy respetable, pero que si un periodista decide acogerse a él, y se niega a facilitar quién es su fuente de información, entonces podrá quedar satisfecho su *ethos* estamental, pero no por ello dejará de ser un testigo indirecto que no designa quién es el supuesto testigo presencial, por lo que su testimonio seguirá siendo ineficaz para destruir y conculcar los todavía más respetables derechos a la presunción de inocencia y a la defensa.

L. ENTREVISTA TELEVISIVA DEL PERIODISTA DON CÉSAR MIGUEL RONDÓN AL TAMBIÉN PERIODISTA DON TEODORO PETKOFF (ELEMENTO PROBATORIO 16)

1. a) Según el acta de imputación, lo que el señor Petkoff habría declarado a don César Miguel Rondón, en el programa "30 Minutos", transmitido por Televen el 12 de mayo de 2002, habría sido lo siguiente:

> "Estamos ante un golpe de estado sui generis, Pedro Carmona tiene plenos poderes para nombrar alcaldes, gobernadores, se juramentó ante sí mismo, destituyó a los Magistrados del Tribunal Supremo de Justicia, al Defensor del Pueblo, Contralor, Fiscal, Asamblea General, tiene poderes dictatoriales. Estamos en presencia de un gobierno de facto, porque no cubre las formas democráticas. Brewer debe explicar ese decreto ante la OEA".

b) En realidad, sin embargo, lo que **realmente** manifestó el señor Petkoff en esa entrevista televisiva fue algo distinto, tal como consta en la cinta H-30, que obra en el Expediente:

> "**Pregunta César Miguel Rondón:** Amén de la misma juramentación de hoy, ¿cómo se llevó adelante?
>
> **Respuesta Teodoro Petkoff:** Además, yo te voy a decir, yo no sé pues, yo creo adivinar el talento de Randy Brewer detrás de este decreto que salió hoy, de Randolph Brewer; pero yo no sé cómo le vamos a ex-

plicar a la OEA esta situación, porque en principio y formalmente hablando desde el punto de vista de la legalidad interamericana, estamos en presencia de un gobierno de facto, con poderes dictatoriales producto de un golpe de estado, eso es lo que hay formalmente hablando; o sea, a nosotros nos sale Carta Democrática de la OEA; eso es lo que nos sale".

c) Posteriormente, don Teodoro Petkoff ha declarado en dos ocasiones ante el Ministerio Público. En la primera ocasión, el 10 de septiembre de 2002 (pieza IX, p. 158), manifestó lo siguiente:

" – ¿Diga usted si tiene conocimiento del nombre de las personas que presuntamente elaboraron el referido Decreto?

- Contestó: No.

- ¿Diga usted si reconoce el vídeo que a continuación se le pone de vista y manifestó. (El despacho deja constancia de haberle puesto de vista y manifiesto al ciudadano entrevistado una entrevista efectuada a su persona por el ciudadano César Miguel Rondón el 12 de abril de 2002 en el programa <30 Minutos> que se transmite por Televen a las 10:00 de la noche).

- Contestó: Sí.

- ¿Diga usted porque en el mencionado vídeo hace mención al ciudadano Allan Brewer Carías como una de las personas que presuntamente estructuraron el referido decreto?

- Contestó: La verdad es de que esa fue una inexcusable ligereza por mi parte, porque no tenía como no tengo todavía ningún conocimiento fehaciente de quienes elaboraron ese decreto. De hecho, en la entrevista con Rondón yo no afirmo que Brewer haya participado, sino que digo algo así como <creo percibir la mano de Randy Brewer en ese decreto>, pero esto desde luego, no sólo no es una afirmación categórica sino de hecho como dije antes, es una ligereza".

En su segunda declaración ante el Ministerio Fiscal, el 2 de febrero de 2005 (pieza XIV, p. 33), la entrevista se desarrolló en los siguientes términos:

" – ¿Diga usted por qué señaló en esa entrevista [la entrevista televisiva transmitida el 12 de mayo de 2002 por Televen] que Brewer debe explicar ese decreto ante la OEA?

- Contestó: Yo no dije que Brewer debía explicar ese decreto ante la OEA, dije, ahora que acabo de oír el programa de nuevo, "No sé cómo vamos a explicar esta situación ante la OEA", me refería obviamente al golpe de Estado y no Brewer.

- ¿Diga usted si tiene conocimiento de quiénes elaboraron el decreto que fue leído el día 12 de abril de 2002, en el Palacio de Miraflores?

- Contestó: No. No estuve allí".

2. Sobre este supuesto elemento probatorio 16 hay que decir:

En primer lugar, que el texto que se recoge en el acta de imputación **no coincide** con lo expresado por el señor Petkoff en su entrevista televisiva: en el acta de imputación se afirma, **falsamente**, **entrecomillándolo**, incumpliendo el Ministerio Fiscal el deber que le incumbe de recoger **fidedignamente** las pruebas –tanto las de cargo como las de descargo-, que lo manifestado por don Teodoro Petkoff habría sido: "Brewer debe explicar ese decreto ante la OEA", cuando lo que **realmente** dijo fue: "yo no sé cómo le vamos a explicar a la OEA esta situación", es decir: que el Ministerio Público cambia el sujeto (Brewer en lugar de [nosotros] vamos) y el complemento directo (decreto en vez de situación) de la oración, con lo cual la frase adquiere un sentido tan distinto como **perjudicial** para don Allan R. Brewer-Carías.

En segundo lugar, que, naturalmente, y aunque esa frase del señor Petkoff **no figura en el acta de imputación** –probablemente porque, a diferencia de en el caso de la señora Pérez Osuna, **el Ministerio Fiscal ya no se atreve a volver a utilizar la "apreciación subjetiva"** de una persona como elemento probatorio-, la manifestación de aquél formulada en la referida entrevista televisiva de que "cree **adivinar** el talento de Randy Brewer detrás de este decreto que salió hoy", carece de cualquier eficacia probatoria, ya que, como se ha expuesto supra J 2 b, si se le atribuyera tal eficacia se estaría vulnerando el derecho a la presunción de inocencia. En cualquier caso, y aunque ello no altere la conclusión de que esas manifestaciones de don Teodoro Petkoff no pueden constituir elemento probatorio alguno, posteriormente, y en su entrevista ante el Ministerio Público de 10 de septiembre de 2002, el señor Petkoff reconoció que, al manifestar esa "sensación" de que don Allan R. Brewer-Carías habría estructurado el decreto, incurrió en "una inexcusable ligereza por mi parte".

Y, finalmente, que, aunque las declaraciones de don Teodoro Petkoff fueran un testimonio incriminatorio –que, como se acaba de argumentar, no lo son-, se trataría de un testigo indirecto que no da cuenta de quién es su supuesto informante testigo presencial, por lo que cualquier toma en consideración de ese testimonio infringiría el derecho a la presunción de inocencia y el de defensa (cfr. supra A 4 y 5).

M. ENTREVISTA TELEVISIVA DEL PERIODISTA DON CARLOS FERNÁNDEZ A DON TAREK WILLIAM SAAB (ELEMENTO PROBATORIO 20)

1. En el programa de televisión "Triángulo", transmitido por Televen el 10 de mayo de 2002, a preguntas del periodista Carlos Fernández, don Tarek William Saab, según consta en el vídeo que obra en el Expediente, contestó lo siguiente:

"Donde un gobierno, gústenos o no nos guste ese gobierno, un Presidente constitucional, gústenos o no nos guste, en este caso, Hugo Chávez Frías fue derrocado, eso ya es un hecho público y notorio. Se instaló una Junta de facto, donde alguien se auto proclamó leyendo un papel y esta persona, de un solo plumazo, junto a un grupo de constitucionalistas muy respetado, elabora un decreto que disuelve los Poderes Públicos, incluyendo la Asamblea Nacional. Eso de verdad fue, si eso no es un atentado a la democracia yo quisiera que me explicaran eso".

2. Como ya se ha expuesto supra G al examinar, como elemento probatorio 11, el artículo de don Francisco Olivares ("Fue realizada [la parte dispositiva del decreto] por los que son considerados los mejores constitucionalistas del país"), y supra H, al analizar, como elemento probatorio 12, el artículo de doña Milagros Socorro ("ese aspecto [de la parte dispositiva del decreto] fue realizado por los mejores constitucionalistas de Venezuela"), la mención genérica a "un grupo de constitucionalistas muy respetado", que aparece en la entrevista realizada a don Tarek William Saab, no puede constituir prueba alguna de cargo, pues si ni siquiera el testigo designa nominalmente a don Allan R. Brewer-Carías, entonces tampoco el Ministerio Público puede basarse en ese testimonio para imputar a una persona que el testimonio no imputa. Por lo demás, y aunque se quisiera admitir erróneamente que don Allan R. Brewer-Carías **pudiera ser** alguno de esos "respetados constitucionalistas", lo que en cualquier caso está fuera de discusión es que ello, como mucho, no pasa de constituir una probabilidad, y convertir una **probabilidad** en certeza, infringe, como se ha expuesto supra F 2 b bb, el principio *"in dubio pro reo"* como derivación del derecho a la presunción de inocencia.

N. Programa "Voces de un País", transmitido por Globovisión el 28 de mayo de 2002, en donde está presente don Allan R. Brewer-Carías en la Comandancia General del Ejército en una escena en la que figura presenciando, sin intervenir, una conversación que se estaba llevando a cabo entre don Pedro Carmona Estanga y don Carlos Molina Tamayo (elemento probatorio 21)

Este supuesto elemento probatorio de cargo, para imputar a don Allan R. Brewer-Carías su participación en la redacción y elaboración del "Acta de Constitución del Gobierno de Transición Democrática y Unidad Nacional", se hace derivar de la **mera presencia** de aquél en Fuerte Tiuna, presencia que el señor Brewer-Carías ha explicado y justificado reiteradamente ante el Ministerio Fiscal: fue llamado a ese lugar por don Pedro Carmona Estanga para que emitiera su opinión de experto sobre un documento ya redactado por otros de decreto de gobierno de transición, **opinión que, en efecto, manifestó el señor Brewer-Carías, descalificando jurídicamente dicho documento.**

Para demostrar por qué la simple presencia de don Allan R. Brewer-Carías carece de cualquier eficacia probatoria de cargo sobre los hechos que se le imputan me remito *in toto* a lo expuesto supra B, donde me he ocupado del artículo periodístico de doña Laura Weffer Cifuentes, en el que ésta refiere igualmente que el señor Brewer-Carías se encontraba en Fuerte Tiuna, testimonio del cual el Ministerio Público hace seguir igualmente un elemento probatorio (el núm. 3) en el acta de imputación. **Como ya se ha argumentado ampliamente supra B**, aunque el "Acta" se hubiera redactado efectivamente en Fuerte Tiuna, y no, **previamente**, en un sitio distinto –extremo éste que no está acreditado-, deducir de la mera presencia de una persona en el lugar de los hechos que ha intervenido en los mismos supone una flagrante conculcación de su derecho a la presunción de inocencia.

O. ENTREVISTA RENDIDA ANTE EL MINISTERIO PÚBLICO, EL 9 DE JULIO DE 2002, POR EL CIUDADANO JORGE OLAVARRÍA. ASÍ COMO EL RELATO CONSIGNADO ANTE EL MINISTERIO PÚBLICO EN LA MISMA FECHA (ELEMENTO PROBATORIO 23)

1. Al llegar a esta altura del presente Dictamen, quien lo suscribe tiene la impresión de haber entrado en un mundo al revés donde lo que son elementos probatorios **de descargo** se convierten, para el Ministerio Fiscal, y como por arte de magia, en elementos probatorios **de cargo**.

En efecto: lo que el Ministerio Público imputa a don Allan R. Brewer-Carías es haber participado "en la redacción y elaboración" del "Acta de Constitución del Gobierno de Transición Democrática de Unidad Nacional", y, sin embargo, lo que manifiesta don Jorge Olavarría es precisamente **todo lo contrario**: que el señor Brewer-Carías no sólo no redactó ni elaboró dicha "Acta", sino que expresó **el más absoluto rechazo** de su contenido.

2. Y así, en el relato del señor Olavarría, consignado ante el Ministerio Público el 9 de julio de 2002 (pieza VI, pp. 71/72), y que éste considera que es una prueba **de cargo**, lo que aquél manifiesta es lo siguiente:

"Comparezco ante usted para rendir testimonio bajo fe de juramento de la constancia que tengo de la **injuriosa falsedad que le atribuye al Dr. Allan Randolph Brewer Carías, de haber sido el autor del acta de constitución del llamado <Gobierno de transición y unidad nacional> instalado en el Palacio de Miraflores la tarde del 12 de abril pasado.**

Me consta que el Dr. Brewer no redactó ese documento. Considero mi deber testimoniarlo así, no sólo por la vieja amistad que me une con él, sino porque se trata de uno de los más relevantes juristas venezolanos del presente **a quien la envidia y la mezquindad se han complacido en zaherir imputándole la autoría de un documento que, más allá de la valoración política que pueda hacerse de los hechos que lo motivaron, es objetivamente el más absurdo disparate de nuestra rica historia de instrumentos de instalación de gobiernos de facto.**

En eso estábamos cuando pasadas las seis de la tarde del miércoles 10 de abril, llegaron a mi despacho los abogados Daniel Romero y José Gregorio Vásquez a quienes no conocía. El Dr. Romero leyó lo que pretendía ser un proyecto de instalación para un gobierno de transición. **Yo** les hice algunas observaciones de carácter histórico y el **Dr. Brewer llamó su atención acerca de la Carta Democrática Interamericana**, haciéndose evidente para ambos la ignorancia de los abogados en esos temas por lo cual no les dimos mayor importancia. Cuando se marcharon, el Dr. Brewer y yo comentamos la ligereza y banalidad del documento, del cual me dejaron una copia.

Supe que el Dr. Brewer Carías había estado en la madrugada de ese día [12 de abril de 2002] en la Comandancia del Ejército y luego en el Palacio de Miraflores. De allí que corriera la especie de que él había tenido algo que ver con el acta de constitución hecha pública esa tarde. **Yo, mejor que nadie, sabe demasiado bien que ello no era cierto.** Presumí, que si acaso Brewer fue consultado, sus opiniones no fueron tomadas en cuenta por quienes actuaron con temeraria irresponsabilidad, lo cual me ha sido confirmado posteriormente.

Me complace rendir este testimonio, que exime totalmente al Dr. Allan R. Brewer Carías de toda injerencia en el lamentable episodio del gobierno de facto de Carmona Estanga".

Es decir: la manifestaciones de don Jorge Olavarría de que es una "injuriosa falsedad" que el señor Brewer-Carías haya "sido el autor del acta de constitución del llamado <Gobierno de transición y unidad nacional>", de que le "consta que el Dr. Brewer no redactó ese documento", de que sólo "la envidia y la mezquindad" han podido imputarle "la autoría [del documento]", de que dicho documento hizo evidente para don Allan R. Brewer-Carías "la ignorancia, ligereza y banalidad" de quienes lo habían redactado, de que "[el señor Olavarría] mejor que nadie sabe demasiado bien que ello no era cierto [que el señor Brewer <había tenido algo que ver con el acta de constitución>]", y de que "[don Jorge Olavarría] exime totalmente al Dr. Allan R. Brewer Carías de toda injerencia en el lamentable episodio del gobierno de facto de Carmona Estanga", **todas estas tajantes afirmaciones del señor Olavarría, por activa y por pasiva, de que don Allan R. Brewer-Carías no es el autor del "Acta de Constitución del Gobierno de Transición Democrática y de Unidad Nacional",** le sirven al Ministerio Público como ¡**prueba!** de que el señor Brewer-Carías **sí que ha redactado dicha "Acta":** que una argumentación así infringe las más elementales reglas de la lógica y de lo que es razonable, y que, por consiguiente, no es que vulnere, sino que simplemente constituye una burla del derecho a la presunción de inocencia, se entiende por sí mismo.

P. LA ENTREVISTA RENDIDA ANTE EL MINISTERIO PÚBLICO, EL 3 DE JUNIO DE 2002, POR EL PROPIO DON ALLAN R. BREWER-CARÍAS (ELEMENTO PROBATORIO 26)

1. En dicha entrevista rendida ante el Ministerio Fiscal el 3 de junio de 2002, don Allan R. Brewer-Carías declara, entre otras cosas, lo siguiente:

"El día doce de abril de dos mil dos pasadas la una de la madrugada recibí en mi casa de habitación una llamada telefónica de parte del Doctor Pedro Carmona, **quien me solicitó me trasladara a Fuerte Tiuna para dar una opinión jurídica sobre un documento que le habían entregado cuando él llegó a ese lugar,** es decir, solicitaba mi opinión sobre un tema jurídico que se le había planteado en ese momento y lugar

Me subieron en un ascensor, no sé exactamente a qué piso y me condujeron a un pequeño cubículo donde estaba el Dr. Carmona, a quien saludé y **quien me solicitó que analizara un documento que le habían entregado cuando llegó a ese lugar, a cuyo efecto se me puso en contacto con dos jóvenes abogados de nombres Daniel Romero y José Gregorio Vásquez, quien fueron los que me mostraron el documento contentivo de un Proyecto para un Gobierno de Transición que le habían entregado al Dr. Carmona, lo que había motivado su requerimiento para que se me llamara.**

Los dos abogados Romero y Vásquez nos leyeron a Olavarría y a mí un documento escrito que tenían contentivo de un Proyecto de Decreto de Constitución para un Gobierno de Transición. Oída la exposición de esos dos abogados me causó sorpresa su contenido

Les reflexioné sobre los efectos de la ruptura del orden constitucional, específicamente a la luz de esa Carta Democrática y me di cuenta que ni siquiera conocían de la existencia de ese instrumento internacional, lo cual por lo demás no era de extrañar, ya que había sido poco divulgado.

La opinión que como abogado se me había requerido se refería al documento que tenían los dos jóvenes abogados Romero y Vásquez, con quien se me había pedido hablar y que habían entregado al Dr. Carmona, según éste me informó..

Pero en cuanto al contenido sustantivo de las decisiones políticas plasmadas en el documento o proyecto de decreto que se me presentó, aprecié que eran a su vez contrarias a la Carta, porque significaban una ruptura del orden constitucional.

Para mí es inexplicable que el Dr. Carmona no haya hecho un esfuerzo o no haya tomado una iniciativa de oír la opinión que me había requerido; y yo no tuve ocasión ni oportunidad, por la cantidad de oficiales y personas que lo rodeaban, de hablar personalmente y a solas con Pedro Carmona, para formularle mis comentarios y advertencias sobre el cual versaba la consulta que el mismo Carmona me había solicitado.

Llegué a mi casa despuntando el alba e hice un esfuerzo para reconstruir los acontecimientos de la madrugada y las materias sobre las que se me había solicitado mi opinión. Mi primera conclusión estuvo orientada hacia los postulados de la Carta Democrática Interamericana, algunos de los cuales se mencionaban en aquel proyecto de decreto. **Sin embargo, al observarlo en conjunto no cabía duda alguna de que dichos postulados resultaban contradictorios con la parte sustantiva de aquel documento, que violaba el principio de la democracia representativa, al pretenderse suspender el funcionamiento del Parlamento, con una serie de secuencias institucionales.**

En un momento se hizo presente el Diputado Leopoldo Martínez, a quien advertí sobre lo improcedente que era que se suspendiera el funcionamiento de la Asamblea Nacional y sobre las reacciones nacionales e internacionales que se producirían si ello ocurría.

Le expresé [a don Pedro Carmona] mi criterio contrario y las reservas que como profesional y ciudadano tenía, precisamente a la luz de la Carta Democrática Interamericana, y que eso en definitiva era una decisión de carácter político. **Quedé esperanzado en que tomaría en cuenta mis advertencias, pero lamentablemente no fue así.**

A partir de ese momento, durante la noche del doce de abril y el día siguiente trece de abril, dentro del estricto margen del que en realidad disponía **me esforcé en contribuir al restablecimiento del orden constitucional, en que se modificara el decreto mencionado y en particular que se restableciera la Asamblea Nacional.** En relación con los hechos del doce de abril de dos mil dos, por tanto, fui consultado estrictamente como abogado especialista en derecho público.

En definitiva, sólo pude expresar directamente mi parecer al Dr. Carmona, por vía telefónica poco antes de que se leyera el decreto de proclamación del llamado gobierno de transición, **advirtiéndole que la disolución o suspensión de la Asamblea carecía de fundamento jurídico y era contraria a los principios de la democracia representativa contenidos en la Carta Democrática Interamericana,** por lo que además provocaría reacciones internacionales contra Venezuela y el llamado Gobierno de Transición..

No se atendió mi recomendación jurídica y como antes dije conforme al derecho que nos garantiza a los abogados el Código de Ética Profesional, me retiré del asunto **sin haber tenido nada que ver con las decisiones políticas contenidas en el acto que pretendió poner en vigor un nuevo orden político e instalar el llamado Gobierno de Transición; ni con sus orígenes, ni con su desarrollo ni con sus consecuencias**

SEGUIDAMENTE EL MINISTERIO PÚBLICO PASA A INTER-ROGAR DE LA SIGUIENTE MANERA: Primera: ¿Diga usted si tiene conocimiento de qué personas le suministraron el documento del Decreto que tantas veces usted menciona, al ciudadano Pedro Carmona Estanga? Contestó: **No tengo conocimiento directo, lo que sé es lo que el Dr. Carmona me indicó que el documento se lo había dado al él llegar a Fuerte Tiuna el abogado de apellido Romero.**

2. a) La imputación que formula el Ministerio Público contra don Allan R. Brewer-Carías es "por su participación en la redacción y elaboración del <Acta de Constitución del Gobierno de Transición Democrática y Unidad Nacional>".

Como ya he manifestado en relación al elemento probatorio 23 (manifestaciones de don Jorge Olavarría), quien suscribe este Dictamen tiene que reiterar su asombro y desconcierto ante el hecho de **que el Ministerio Público convierta, al margen de toda lógica y razón, lo que es una prueba de descargo en una de cargo.**

Porque lo que el señor Brewer-Carías manifiesta en su entrevista ante el Ministerio Fiscal de 3 de junio de 2002 es que don Pedro Carmona requirió al señor Brewer-Carías para que se trasladara a Fuerte Tiuna a fin de que "analizara un documento que le habían entregado [al señor Carmona] cuando llegó a ese lugar", es decir: que analizara un documento ["el Acta"] **que habían redactado, no don Allan R. Brewer-Carías, sino otras personas,** y que no ha "tenido nada que ver con las decisiones políticas contenidas en el acto que pretendió poner en vigor un nuevo orden político e instalar el Gobierno de Transición; ni con sus orígenes, ni con su desarrollo ni con sus consecuencias".

Y manifiesta también, no sólo que no ha redactado dicha "Acta", sino que se opuso frontalmente a su contenido "porque significaba una ruptura del orden constitucional", porque "violaba el principio de la democracia representativa, al pretenderse suspender el funcionamiento del Parlamento", porque era "improcedente que ... se suspendiera el funcionamiento de la Asamblea Nacional", esforzándose don Allan R. Brewer-Carías "en contribuir al restablecimiento del orden constitucional, en que se modificara el decreto mencionado y en particular que se restableciera la Asamblea Nacional", advirtiendo "que la disolución o suspensión de la Asamblea carecía de fundamento jurídico y era contraria a los principios de la democracia representativa contenidos en la Carta Democrática Interamericana", sin que, desgraciadamente, don Pedro Carmona "[atendiera su] recomendación jurídica", ni se "tomar[an] en cuenta [sus] advertencias".

b) Que de estas declaraciones de don Allan R. Brewer-Carías: que el documento había sido redactado por otros, que se le presentó por el señor Carmona para su examen, que advirtió reiteradamente que tal documento rompía el orden constitucional, el principio de la democracia representativa, y que era improcedente y contrario a la Carta Democrática Interamericana, **deduzca el Ministerio Fiscal justamente lo opuesto a lo manifestado por el señor**

Brewer-Carías, a saber: deduzca que es éste quien ha redactado el decreto en el que se preveía la disolución de los Poderes Públicos, constituye una vulneración del derecho a la presunción de inocencia de aquél tan manifiesta como incomprensible.

Porque el principio de la presunción de inocencia también quiere decir que "a partir de la existencia de unos indicios plenamente probados" se llegue a enervar dicha presunción con "**la razonabilidad y coherencia del proceso de inferencia**" (sentencia del TC 283/1994, de 24 de octubre), siendo preciso que se explique "el iter mental ... **a fin de que pueda enjuiciarse la racionalidad y coherencia del proceso mental seguido**" (sentencia del TC 24 /1997, de 11 de febrero), o, con otras palabras: que la presunción de inocencia sólo se destruye cuando los elementos probatorios la enervan "a través de un proceso mental razonado y acorde con las reglas del criterio humano ... [sobre la base] de un enlace lógico, preciso y directo" (sentencia del TC 157/1998, de 13 de julio), debiendo darse "una razonabilidad del discurso" (sentencia del TC 219 /2002, de 25 de noviembre), o, resumiendo: se lesiona el derecho a la presunción de inocencia "cuando por ilógico o insuficiente no sea razonable el iter discursivo que conduce desde la prueba" (sentencia del TC 155/2002, de 22 de julio).

De todo lo cual se sigue: Al incorporar el Ministerio Público al acta de imputación, como elemento probatorio 26, la entrevista rendida ante aquél por don Allan R. Brewer-Carías se ha vulnerado, una vez más, el derecho de éste a la presunción de inocencia: porque no hay modo más irrazonable e irrazonado, contrario a las reglas del criterio humano e ilógico que un iter discursivo, como el seguido por el Ministerio Fiscal, donde, desde las declaraciones del señor Brewer-Carías de que él no ha intervenido en un decreto que, ya redactado, fue sometido a su opinión de experto, rechazándolo radicalmente en su contenido por antidemocrático, rupturista del orden constitucional y contrario a la Carta Democrática Interamericana, se infiera que él ha redactado dicho decreto y que le parecía muy bien la disolución de los Poderes Públicos.

Q. LIBRO PUBLICADO POR DON PEDRO CARMONA BAJO EL TÍTULO "MI TESTIMONIO ANTE LA HISTORIA" (ELEMENTO PROBATORIO 25)

1. a) A los efectos que aquí interesan, de las páginas 123, 124 y 125 del referido libro que se mencionan en el acta de imputación, el pasaje que se refiere a don Allan R. Brewer- Carías es el siguiente:

"No fue sencilla la preparación del controvertido Decreto del 12 de abril, mediante el cual se instaló el Gobierno de Transición y de Unidad Democrática. Mucho se ha especulado sobre su origen y se le ha analizado en forma prejuiciada o maliciosa. Ante esta pregunta, manifesté en la interpelación parlamentaria y lo confirmo: no hubo autorías únicas. Fueron numerosas las opiniones recibidas. Se escuchó a juristas civiles, entre ellos a los Doctores Allan Brewer-Carías, Carlos Ayala Corao, Cecilia

Sosa, Daniel Romero, Juan Raffalli, Gustavo Linares Benzo, José Gregorio Vásquez, al Coronel Julio Rodríguez Salas y a numerosos actores políticos, **pero no puede decirse que sus opiniones fueron plasmadas plenamente o que se les pueda imputar su redacción.** De ellos, Daniel Romero actuó como un relator".

b) Independientemente de que, como analizaremos más adelante, ese pasaje de ninguna manera puede considerarse un elemento probatorio contra el señor Brewer-Carías, el hecho es que, faltando a su deber de imparcialidad, el Ministerio Público no recoge otros pasajes del mismo libro ni otras declaraciones del señor Carmona que constituyen elementales pruebas de descargo para aquél. Así, y en primer lugar, en las páginas 107-108 se puede leer lo siguiente:

"Cuando ya se daba como un hecho el anuncio de la renuncia presidencial, se comenzó a analizar en Fuerte Tiuna la orientación que podría asumir un nuevo gobierno, con base en un borrador elaborado por un grupo de abogados, entre ellos Daniel Romero. Hablé telefónicamente con el Dr. Allan Brewer-Carías, a quien me unía una respetuosa relación profesional. **Envié a mi conductor a buscarlo a su residencia y al llegar al lugar, le solicité analizar el papel de trabajo en el cual se encontraban plasmadas varias ideas al respecto. Pero es justo puntualizar, como lo hice ante la Asambleas Nacional, que nunca he atribuido al Dr. Brewer-Carías la autoría del Decreto, pues sería irresponsable, como lo hicieron luego representantes del oficialismo para inculparlo. Respeto incluso las diferencias que el Dr. Brewer expresara en relación con el camino elegido y las constancias que dejó en las actas de la entrevista que le hiciese la Fiscalía General de la República, aun cuando discrepo de algunas de sus interpretaciones. Pero él mismo dijo que se alegró con la rectificación posterior del Decreto [que restablecía la representación popular de la Asamblea Nacional], pues atendía a la esencia de sus preocupaciones, principalmente respecto a la Carta Democrática Interamericana**".

Por otra parte, el Ministerio Fiscal también silencia que, en la interpelación, a la que también alude en ese mismo libro don Pedro Carmona, que se le hizo a éste en la Comisión Especial de la Asamblea Nacional el día 2 de mayo de 2002, manifestó lo siguiente:

"Al doctor Allan Brewer Carías me une una larga y respetuosa amistad, y lo considero uno de los juristas y constitucionalistas de mayor valía que existe en Venezuela, de manera que a él me une una larga amistad, **pero en forma alguna puedo señalar, porque sería irresponsable por mi parte, que cualquier indicación, aporte, acuerdos, desacuerdos con las decisiones tomadas, lo comprometen en forma alguna**".

"Él es una personalidad conocida por toda la nación fue miembro de la Asamblea Constituyente y desde luego un reconocido jurista, investigador, autor, que no merece presentación alguna, salvo el nexo entonces de amistad. **El doctor Allan Brewer Carías no tiene responsabilidad alguna, sino la de haber emitido profesionalmente algún criterio que, repito, lo comprometa con ninguna acción de esas cortas horas de provisionalidad, o transitoriedad de esos días**".

2. Quien suscribe este Dictamen permanece asombrado y desconcertado, porque no entiende cómo es posible que el Ministerio Público transforme, al igual que con los testimonios del señor Olavarría y del propio señor Brewer-Carías, pruebas de descargo en pruebas de cargo.

a) Por lo que se refiere al pasaje del libro de don Pedro Carmona "Mi Testimonio ante la Historia", que se recoge en el acta de imputación, lo que en él se dice en referencia a don Allan R. Brewer-Carías es que "no puede decirse ... que se le[s] pueda imputar su redacción [del decreto de 12 de abril]". De acuerdo, **y tal como exige el derecho a la presunción de inocencia (cfr. supra P 2 b)**, con un iter discursivo razonable y razonado, conforme con las reglas del criterio humano, y sobre la base de un enlace lógico, preciso y directo, lo que se sigue de esas frases del señor Carmona es, **pleonásticamente**, que al señor Brewer-Carías no se le puede imputar la redacción del decreto. Que el Ministerio Fiscal deduzca de ese pasaje, en cambio, que a don Allan R. Brewer-Carías sí que se le puede imputar la redacción del decreto, desborda, de nuevo, lo que es jurídico-democráticamente tolerable.

b) A la misma conclusión: a la conclusión de que el libro de don Pedro Carmona constituye una prueba de descargo para el señor Brewer-Carías, se llega tomando en consideración otros pasajes de la obra que el Ministerio Fiscal **oculta**.

Porque si el señor Carmona afirma **también** en su libro –como efectivamente afirma- que "es justo puntualizar, como lo hice ante la Asamblea Nacional, que nunca he atribuido al Dr. Brewer-Carías la autoría del Decreto", que "sería irresponsable por mi parte, que cualquier indicación, aporte, acuerdos, desacuerdos con las decisiones tomadas, lo comprometen [al señor Brewer-Carías] en forma alguna", reconociendo que "él mismo [dòn Allan R. Brewer-Carías] dijo que se alegró con la rectificación posterior del Decreto [que restablecía la representación popular de la Asamblea Nacional], pues atendía a la esencia de sus preocupaciones, principalmente respecto de la Carta Democrática Interamericana", todo ello constituye, por encima de cualquier discusión posible, una abrumadora prueba de descargo para don Allan R. Brewer-Carías.

R. EL "ACTA DE CONSTITUCIÓN DEL GOBIERNO DE TRANSICIÓN DEMOCRÁTICA Y UNIDAD NACIONAL" (ELEMENTO PROBATORIO 1)

Este texto del "Acta de Constitución del Gobierno de Transición Democrática y Unidad Nacional" sería el objeto material del supuesto delito. Pero, naturalmente, que para destruir una presunción de inocencia es preciso

poner en conexión el hecho punible con una determinada persona como autora del mismo, en este caso, y para enervar la presunción de inocencia del señor Brewer-Carías, sería necesario que de ese elemento probatorio 1 resultara que había sido redactado por aquél, algo que aquí no sucede, porque el "Acta", como tal, sólo acredita que ésta existe, pero no a qué persona o personas es reconducible su elaboración. Como ha establecido reiteradamente el Tribunal Constitucional español, y por sólo mencionar dos sentencias (que se remiten a otras muchas), "ha de recordarse que si –la presunción de inocencia **queda desvirtuada**– cuando ha existido una suficiente actividad probatoria de cargo (SSTC 36/1983, 62/1985, 5/1989 y 138/1990, entre otras muchas), –para ello es necesario– que la prueba practicada evidencie –**no sólo la comisión de un hecho punible, sino también <todo lo atinente a la participación que en él tuvo el acusado>**– (STC 118/1991 y, en igual sentido, STC 150/1989). Pues –**es la conexión entre ambos elementos**– la que fundamenta la acusación contra una persona y, lógicamente, uno y otro han de ser objeto de prueba" (sentencia del TC 283/1994, de 24 de octubre), insistiéndose asimismo en la sentencia del TC 157/1998, de 13 de julio, "**respecto de la presunción de inocencia**" que para que "una actividad probatoria –**sea suficiente para desvirtuarla es necesario que la evidencia que origine su resultado lo sea tanto respecto a la existencia del hecho punible, como en lo atinente a la participación en él del acusado**".

Siendo así que el elemento probatorio 1 (el "Acta de Constitución del Gobierno de Transición Democrática y Unidad Nacional") **lo único que acredita es la existencia de un supuesto hecho punible**, pero no que a éste **esté conectada la participación de don Allan R. Brewer-Carías, de ahí que al** incorporarse ese "Acta" **sin más** como elemento probatorio 1, se esté vulnerando, nuevamente, la presunción de inocencia del señor Brewer-Carías.

S. CINTA VHS, ENVIADA AL MINISTERIO PÚBLICO POR CONATEL, EN LA QUE SE APRECIA EL DESARROLLO DEL ACTO DE 12 DE ABRIL DE 2002, EN EL QUE FUE LEÍDA EL "ACTA DE CONSTITUCIÓN DEL GOBIERNO DE TRANSICIÓN DEMOCRÁTICA Y UNIDAD NACIONAL", LA QUE CONTIENE UN "DECRETO DE CONSTITUCIÓN DE UN GOBIERNO DE TRANSICIÓN DEMOCRÁTICA Y UNIDAD NACIONAL" (ELEMENTO PROBATORIO 24)

Este supuesto elemento probatorio 24 para enervar la presunción de inocencia de don Allan R. Brewer-Carías vuelve a producir tanto desconcierto como perplejidad: porque, como se acaba de exponer supra R, al analizar el elemento probatorio 1, es decir: el solo texto del "Acta de Constitución del Gobierno de Transición Democrática y Unidad Nacional", **tampoco aquí –y por ello se está vulnerando nuevamente la presunción de inocencia del señor Brewer-Carías- se establece conexión alguna entre el supuesto hecho punible y la intervención en ese hecho de aquél, y mucho menos aún teniendo en cuenta que en dicho acto no aparece para nada don Allan R. Brewer-Carías.**

T. DENUNCIA FORMULADA POR DON ALBERTO BELLORÍN ANTE EL MINISTERIO PÚBLICO EL 22 DE MAYO DE 2002 (ELEMENTO PROBATORIO 2)

Para acreditar la supuesta participación de don Allan R. Brewer-Carías en la redacción del "Acta de Constitución del Gobierno de Transición Democrática y Unidad Nacional", el señor Bellorín se basa en su denuncia sobre exactamente las mismas supuestas pruebas que –con las mismas inexactitudes y alteraciones- se recogen en el acta de imputación como elementos probatorios 3 a 22, elementos probatorios 3 a 22 que, como se ha argumentado ampliamente a los largo de este Dictamen, en modo alguno son aptos para enervar la presunción de inocencia de don Allan R. Brewer-Carías.

*Por lo demás, y posteriormente, en su declaración ante el Ministerio Público el 11 de julio de 2002 (pieza XV, pp. 61 ss.), el mismo don Alberto Bellorín, no en relación a la existencia de un supuesto delito, **pero sí en lo que se refiere a quiénes podrían haber intervenido en él**, y, sin duda, habiendo recapacitado sobre la inexistencia de pruebas que podrían incriminar a don Allan R. Brewer-Carías, **rectifica** lo expresado en su denuncia original, manifestando que "tomé la decisión de formular la presente denuncia, **no imputando a nadie en particular**, sino con la convicción de la existencia de un hecho punible y las múltiples evidencias de la concurrencia el dicho delito de muchas personas [al contrario que en su denuncia, **sin designar al señor Brewer-Carías**] con diferente grado de participación los cuales deben ser objeto de una investigación", añadiendo: "**yo no los estoy acusando a ellos [no está acusando, por consiguiente, a don Allan R. Brewer Carías]**, yo denuncio lo que se desprende de toda la información pública y notoria".*

III. SOBRE SI LOS SUPUESTOS ELEMENTOS PROBATORIOS CONTENIDOS EN EL ACTA DE IMPUTACIÓN CONSTITUYEN UN "HECHO NOTORIO COMUNICACIONAL"

1. INTRODUCCIÓN

Aunque en la denuncia de don Alberto Bellorín se dice textualmente que "es un **hecho notorio comunicacional** reiterado y por todos conocidos a través de los diversos medios de comunicación que los autores de dicho decreto son los ciudadanos Allan Brewer Carías, Carlos Ayala Corao, Cecilia Sosa y Daniel Romero, conocidos los tres primeros como expertos en materia constitucional, tal como se desprende de los artículos periodísticos que de seguida referimos ...", citándose a continuación, para fundamentar ese supuesto "hecho notorio comunicacional", las referencias periodísticas que, posteriormente, se incorporaron al acta de imputación como elementos probatorios 3 a 22, **lo cierto es que en dicha acta de imputación no se apela para nada, para intentar acreditar la participación en los hechos del señor Brewer-Carías, a que dichos artículos periodísticos y trasmisiones televisivas integrarían un "hecho notorio comunicacional"**, con lo que implícitamente se da a entender por el Ministerio Público que, para él, tales artículos y transmisiones constituirían, **por sí mismos**, auténticas pruebas de cargo sin más, algo que, como se acaba de argumentar a lo largo del apartado II de este Dictamen, es jurídicamente insostenible a la luz de las Declaraciones internacionales y nacionales de derechos humanos.

No obstante no figurar en el acta de imputación la consideración de que tales supuestos elementos probatorios constituirían un "hecho notorio constitucional", como este razonamiento figura en la denuncia del señor Bellorín, en lo que sigue paso a exponer por qué ese razonamiento carece de cualquier fuerza de convicción.

2. EL "HECHO NOTORIO COMUNICACIONAL" EN LA JURISPRUDENCIA DE LA SALA CONSTITUCIONAL DEL TRIBUNAL SUPREMO DE JUSTICIA Y SU APLICACIÓN AL CASO SOMETIDO A DICTAMEN

a) Según la Sala Constitucional del TSJ, en su sentencia núm. 98, de 5 de marzo de 2000, para que pueda entrar en juego un hecho como "notorio comunicacional", es preciso que se haya publicitado mediante "noticias" y que no haya sido "desmentido". "Así", puede leerse en esa sentencia, "los medios de comunicación social escritos, radiales o audiovisuales, publicitan un hecho como cierto, como sucedido, y esa situación de certeza se consolida **cuando el hecho no es desmentido** a pesar de que ocupa un espacio reiterado en los medios de comunicación social", ilustrándose ese principio con los siguientes ejemplos: "De esta manera, el colectivo se entera de conflictos armados, de los viajes del Presidente de la República, de los nombramientos que hace el Congreso, de la existencia de crímenes y otros delitos, etc.", puesto que "desde este ángulo, las informaciones sobre sucesos y eventos que en forma unánime y en el mismo sentido hacen los medios de comunicación social de alta circulación o captación, son aprehendidas por toda la colectividad, que así sabe, por ejemplo, que se interrumpió una vía, se produjo un accidente aéreo, se dictó una resolución judicial en un caso publicitado, etc.". Y en otro pasaje de la referida sentencia se dice: "El hecho comunicacional puede ser acreditado por el juez o por las partes con los instrumentos contentivos de lo publicado, o por grabaciones o vídeos, por ejemplo, de las emisiones radiofónicas o de las audiovisuales, que demuestren la difusión del hecho, su uniformidad en los distintos medios y su consolidación; es decir, lo que constituye la noticia".

b) Los artículos periodísticos y las retransmisiones televisivas, a los que se acoge en su denuncia el señor Bellorín para tratar de fundamentar que constituye un "hecho notorio comunicacional" la participación de don Allan R. Brewer-Carías en la redacción del "Acta de Constitución del Gobierno de Transición Democrática y Unidad Nacional", no pueden tener esa condición, independientemente de por los razonamientos que se expondrán infra 3, por los argumentos que se desarrollan a continuación:

En primer lugar, porque la participación del señor Brewer-Carías en la redacción del Decreto ha sido reiterada y públicamente **desmentida, con lo que no concurre uno de los requisitos exigidos por la jurisprudencia del TSJ para que dicha supuesta participación adquiera el carácter de "hecho notorio comunicacional"**. Esos **desmentidos** se contienen en, entre otras, las siguientes publicaciones:

- En las **reseñas periodísticas** de la rueda de prensa convocada por el propio señor Brewer-Carías el 16 de abril de 2002, y en la que **negó rotundamente cualquier intervención en la elaboración y redacción del "Acta"**, reseñas de prensa que aparecieron, entre otros, en los siguientes medios de comunicación: en "El Globo", de Caracas, de 17 de abril de 2002, p. 4; en "Notitarde", de Valencia, en la misma fecha; en "El Nuevo País", de Caracas, también el 17 de abril de 2002, p. 2; en "El Siglo", de Maracay, en la misma fecha, p. A-10; en "El Universal", de Caracas, asimismo en la misma fecha, pp. 1-4; y en diario "2001", de Caracas, también el 17 de abril de 2002, p. 9.

- En una entrevista realizada a don Jorge Olavarría y publicada en "El Nacional" de 4 de junio de 2002, donde aquél declara: **"Es una infamia decir que Brewer tuvo que ver con eso [con el Decreto]"**, así como en otra entrevista concedida por el mismo señor Olavarría al diario "Últimas Noticias", también de 4 de junio de 2002, donde reitera ese **desmentido**.

- En unas declaraciones de *don Jesús Soriano*, publicadas en "El Nacional" de 27 de abril de 2002, y en las que manifiesta: **"Luego hablé con Daniel Romero, que me aseguró haber redactado el decreto con toda la intención**: le indiqué la gravedad del asunto, pero no me escuchó".

- En la interpelación que se le hiciera a don Pedro Carmona en la Comisión Especial de la Asamblea Nacional, interpelación que fue reseñada en "El Universal", pp. 1-2, en "El Nacional", p. D-1, y en "Así es la noticia", p. 5, todos ellos de fecha 3 de mayo de 2002, y en la que aquél declaró que "el doctor Allan Brewer Carías no tiene responsabilidad alguna".

- Y, finalmente, y por no multiplicar las referencias, en el libro "Mi Testimonio ante la Historia", de don Pedro Carmona, que, incomprensiblemente, el Ministerio Público considera prueba de cargo, cuando realmente lo es de descargo (véase supra II Q), y en el que aquél escribe que "no puede decirse ... que [a don Allan R. Brewer Carías] se le[s] pueda imputar su redacción [del decreto]", y que "es justo puntualizar, como lo hice ante la Asamblea Nacional, que **nunca he atribuido al Dr. Brewer-Carías la autoría del Decreto**".

Y, en segundo lugar, las referencias periodísticas que el denunciante don Alberto Bellorín considera que constituyen un "hecho notorio comunicacional" –**no así el Ministerio Público en su acta de imputación**- no pueden ser consideradas como tales, pues, en realidad, esa supuesta –y falsa- intervención de don Allan R. Brewer-Carías en la redacción del "Acta de Constitución del Gobierno de Transición Democrática y Unidad Nacional" no integra una "noticia", tal como el TSJ estima, que lo son, por ejemplo, "los conflictos armados, los viajes del Presidente de la República, los nombramientos que hace el Congreso, la interrupción de una vía o un accidente aéreo", ya que en estos casos se trata de **acontecimientos públicos** de los que dan cuenta los periodistas, bien porque los han presenciado directamente, bien porque han recopilado la información de testigos directos **cuya identidad no se oculta deliberadamente**. En cambio, la supuesta intervención del señor Brewer-Carías en la redacción del Decreto **no constituiría acontecimiento público**

alguno: esa supuesta intervención que, como los mismos periodistas que figuran en la denuncia del señor Bellorín confiesan abiertamente, no ha sido presenciada por ellos, la fundamentan en lo que les ha contado un presunto testigo directo del que se niegan a facilitar quién ha sido, lo que condiciona, a su vez, que se ignore si esos periodistas son testigos de referencia, ya que no está descartado que esa cualidad de supuesto testigo de referencia sólo la ostentara uno de los informadores, del que los restantes habrían copiado **acríticamente** esa primera información, por lo que, en realidad, ni siquiera serían testigos de referencia de un supuesto testigo directo, sino testigos de referencia de un primer y supuesto testigo de referencia –si oculta quién es el referenciado, su condición no puede pasar de la de "supuesto testigo de referencia"- de un supuesto testigo directo –si no se comunica la identidad de éste, la única cualidad que puede atribuírsele es la de "supuesto testigo directo"-.

3. "HECHO NOTORIO COMUNICACIONAL" Y DECLARACIONES UNIVERSALES, INTERNACIONALES Y NACIONALES DE DERECHOS HUMANOS

a) Los derechos recogidos en las Declaraciones universales, internacionales y nacionales de derechos humanos tienen un carácter supranacional, hasta el punto de que sus formulaciones de, por ejemplo, el derecho a la presunción de inocencia (cfr. supra II A 2 a) o del derecho de defensa (véase supra II A 5 a) se plasman en los distintos textos internacionales y nacionales con definiciones casi idénticas. Por ello, porque los textos de referencia son prácticamente los mismos, y porque las Constituciones nacionales (así, por ejemplo, en los arts. 22 y 23 CNRB, y en el art. 10.2 CE) reconocen a esos textos jerarquía constitucional, en las interpretaciones de los derechos humanos no estamos ante disposiciones que, por su naturaleza e idiosincrasias nacionales, permitan una exégesis también nacional; por el contrario, en materia de derechos humanos –y por la universalidad de sus definiciones- no existe una interpretación venezolana, española, europea, argentina o australiana, sino sólo una única interpretación internacional con vigencia en todos los Estados democráticos de Derecho.

b) Por todo ello, no se puede acudir a la razonable construcción de la jurisprudencia constitucional venezolana del "hecho notorio comunicacional", para –desnaturalizándola, tal como hace don Alberto Bellorín en su denuncia-tratar de anular la vigencia de los derechos a la presunción de inocencia y a la defensa. Y si, como se ha argumentado ampliamente en el apartado II de este Dictamen, la toma en consideración, como pruebas de cargo, de las referencias periodísticas enumeradas en la denuncia vulneran –como vulneran- tanto el derecho a la presunción de inocencia como el derecho de defensa del señor Brewer-Carías, de ello hay que concluir que no es jurídicamente posible encubrir esa vulneración –tal como hace, sin embargo, el señor Bellorín en su denuncia- acogiéndose a una abiertamente incorrecta interpretación de la construcción constitucional del "hecho notorio comunicacional", ya que esa construcción tiene que ser compatible –y ahí están sus límites- con los derechos humanos reconocidos en la CNRB y en los textos internacionales con jerarquía constitucional.

IV. CONCLUSIONES

Primera.- Los testimonios contenidos en los artículos periodísticos y entrevistas televisivas de dona Patricia Poleo, don Edgar López, doña Mariela León, don Roberto Giusti, don Ricardo Peña, don Francisco Olivares, don Rafael Poleo y don Teodoro Petkoff deberían haber sido rechazados "*a limine*" por el Ministerio Público, tal como dispone imperativamente el art. 710 de la Ley de Enjuiciamiento Criminal española: "Los testigos expresarán la razón de su dicho **y, si fueren de referencia, precisarán el origen de la noticia, designando con su nombre y apellido, o con las señas con que fuere conocido, a la persona que se la hubiese comunicado**". Ello es así, no sólo porque el testimonio de un testigo de referencia que no identifica a su fuente –con lo que no se puede saber si existe verdaderamente un testigo directo, ni, tampoco, y consiguientemente, si quien se hace pasar por testigo de referencia ostenta realmente esa condición- **es inhábil para enervar la presunción de inocencia**, sino porque darle el valor de prueba de cargo **vulnera, asimismo, el derecho de defensa, como emanación del derecho a un proceso, justo, equitativo y con todas las garantías**, ya que se ha privado a don Allan R. Brewer-Carías de la posibilidad de interrogar a esos supuestos testigos presenciales, y, con ello, de la posibilidad también de fiscalizar la credibilidad de éstos, o ponerla en duda, así como de poder acreditar que son unos testigos hostiles o parciales. A la misma conclusión –vulneración del derecho de defensa- habría que llegar si, aunque esos supuestos testigos de referencia hubieran identificado –lo que no hizo ninguno- a sus presuntos informantes, se le hubiera privado al imputado de la oportunidad de recibirles declaración, ya que el testigo indirecto sólo puede sustituir al directo –sin vulnerarse los derechos de presunción de inocencia y de defensa-, si la declaración del presencial –por fallecimiento o por imposibilidad de localización, por ejemplo- ha devenido objetivamente imposible.

Por lo demás, y al no haber dado razón ninguno de los supuestos testigos de referencia de quién es su fuente de información, se desconoce también si existe un único primer supuesto testigo de referencia, y los restantes, que se hacen pasar como tales, son sólo testigos de referencia de ese primer supuesto primer testigo de referencia.

El acogimiento al secreto profesional para negarse a revelar las presuntas fuentes de información es irrelevante: el periodista en muy libre de acogerse a él, pero lo que no puede pretender es que entonces su supuesta información pueda tener efecto probatorio alguno en un procedimiento penal, porque en ese caso seguirá siendo, jurídicamente, un testigo de referencia que se niega a dar cuenta de sus presuntas fuentes, y porque, naturalmente, el secreto periodístico no está por encima de los derechos humanos fundamentales a la presunción de inocencia y a la defensa.

Segunda.- Todavía sin abandonar el testimonio de esos presuntos testigos de referencia, **y aunque ya ha quedado razonado por qué no pueden ser tenidos en cuenta como prueba de cargo, ya que, si se hiciera, se vulnerarían los derechos a la presunción de inocencia y de defensa**, no obstante, a lo ya dicho hay que añadir, **además**:

Que las numerosas y diversas manifestaciones de la señora Poleo son tan incompatibles y contradictorias entre sí que, aunque hubiera sido un testigo directo, tampoco podrían haber sido tenidas en cuenta para fundamentar la imputación del señor Brewer-Carías. Que don Edgar López, en uno de los pasajes de su artículo periodístico, se limita a reseñar una supuesta opinión positiva de don Allan R. Brewer-Carías sobre el "Acta de Constitución del Gobierno de Transición Democrática y Unidad Nacional" –opinión que fue desmentida por aquél-, y que, en cualquier caso, de una opinión positiva sobre un determinado texto no se puede inferir razonada y razonablemente que quien la emite sea el autor de dicho texto. Que doña Mariela León en ninguna parte de su reseña periodística afirma que don Allan R. Brewer-Carías sea el autor de la mencionada "Acta", por lo que el Ministerio Público no puede recurrir a esa reseña para imputar a aquél lo que ni siquiera le imputa el supuesto testigo de referencia. Que, igualmente, don Roberto Giusti no imputa en su artículo periodístico al señor Brewer-Carías que este haya redactado y elaborado la referida "Acta", por lo que mal puede servir de indicio de que se ha realizado un determinado comportamiento un texto en el que no se atribuye a nadie ese comportamiento. Que don Ricardo Peña sólo atribuye a don Allan R. Brewer-Carías el papel de asesor del Decreto, con lo que no sólo descarta que lo haya redactado, sino que tampoco concreta si dicho asesoramiento fue favorable o desfavorable al contenido de dicho Decreto, independientemente de que el auténtico redactor asumiera o no los consejos que se le daban; y, además, y en relación todavía con el artículo periodístico del supuesto testigo de referencia don Ricardo Peña, que lo que éste realmente manifiesta es que el señor Brewer-Carías "supuestamente" habría sido un "asesor", con lo que el Ministerio Fiscal da por acontecido lo que el señor Peña no afirma como realmente sucedido, lo cual constituye una forma específica de ulterior vulneración del derecho a la presunción de inocencia por infracción del principio "in dubio pro reo". Que don Francisco Olivares, en su artículo publicado en "El Universal" de 26 de abril de 2002, en ningún momento designa nominalmente a don Allan R. Brewer-Carías como autor de la tantas veces mencionada "Acta", por lo que no es jurídicamente admisible que el Ministerio Público pueda imputar a una persona cuando ni siquiera la imputa el testigo sobre el que se basa para hacerlo, y todo ello independientemente de que, de esta manera, el acta de imputación estaría infringiendo el principio "in dubio pro reo" como derivación del derecho a la presunción de inocencia. Y, finalmente, y por lo que se refiere al supuesto testigo de referencia don Teodoro Petkoff, y prescindiendo de que el Ministerio Público, infringiendo su deber de imparcialidad, tergiversa, en perjuicio del imputado, lo realmente manifestado por aquél, que, posteriormente, el mismo señor Petkoff atribuyó a "una inexcusable ligereza por [su] parte" el haber manifestado que creía "adivinar el talento" del señor Brewer-Carías detrás del "Acta", intuición que, por otra parte, carece de cualquier eficacia probatoria, ya que una mera intuición en ningún caso puede enervar la presunción de inocencia.

Tercera.- Consignar como elemento probatorio de cargo en el acta de imputación el artículo de doña Laura Weffer Cifuentes, publicado en "El Nacional de 13 de abril de 2002, supone una **ulterior vulneración del derecho de don Allan R. Brewer-Carías a la presunción de inocencia**, pues la **mera presencia** de una persona en el lugar donde presuntamente se habría cometido un hecho punible nunca puede justificar, por sí sola, que aquélla ha tenido intervención en éste, ya que para que "**la presunción de inocencia quede desvirtuada** con una suficiente actividad probatoria de cargo ... es necesario que la prueba practicada evidencie no sólo la comisión de un hecho punible, **sino también todo lo atinente a la participación que en él tuvo el acusado. Pues es la conexión entre ambos elementos la que fundamenta la acusación contra una persona, y, lógicamente, uno y otro han de ser objeto de prueba**". Por los mismos motivos, **y porque sólo se afirma la presencia del señor Brewer-Carías en Fuerte Tiuna** –presencia que, por otra parte, aquél ha justificado y explicado ampliamente: fue llamado como asesor experto, y su opinión sobre el "Decreto" tuvo un signo inequívocamente desfavorable-, la inclusión en el acta de imputación del artículo de doña Nitu Pérez Osuna, publicado en "El Mundo" de 3 de mayo de 2002, **conculca el derecho de don Allan R. Brewer-Carías a la presunción de inocencia**, así como también la consideración como elemento probatorio del programa "Voces de un País", transmitido por Globovisión el 28 de mayo de 2002, donde únicamente se registra la presencia del señor Brewer-Carías en dicho lugar.

Cuarta.- El artículo de doña Milagros Socorro en "El Nacional" de 27 de abril de 2002, en el que se atribuye la participación en el "Acta de Constitución del Gobierno de Transición Democrática y Unidad Nacional" a los "mejores constitucionalistas del país", **no constituye prueba de cargo alguna contra el señor Brewer-Carías**: en primer lugar, porque en dicho artículo no se designa nominalmente a don Allan R. Brewer-Carías, por lo que es inadmisible que el Ministerio Fiscal pueda imputar a una persona cuando ni siquiera la imputa el testigo sobre el que se basa para hacerlo; y, en segundo lugar, porque aunque se quisiera admitir erróneamente que el señor Brewer-Carías pudiera ser alguno de esos "constitucionalistas", lo que en cualquier caso está fuera de discusión es que ello, como mucho, no pasa de constituir una probabilidad, **y convertir una probabilidad en certeza infringe el principio "in dubio pro reo" como derivación del derecho a la presunción de inocencia**. Por los mismos motivos carecen del carácter de prueba de cargo, y constituyen una conculcación del derecho a la presunción de inocencia, las declaraciones de don Isaac Pérez Recao ("expertos constitucionalistas") y de don Tarek William Saab ("grupo de constitucionalistas muy respetado").

Quinta.- Las declaraciones de don Jorge Olavarría en las que manifiesta la de ser "**una injuriosa falsedad [la] que le atribuye al Dr. Allan Brewer Carías, de haber sido el autor del acta de constitución del llamado <Gobierno de transición y unidad nacional> instalado en el Palacio de Miraflores la tarde del pasado 12 de abril**", que le "**consta que el Dr. Brewer no redactó ese documento**", "**a quien la envidia y la mezquindad se han complacido en zaherir imputándole la autoría de un documento**", y que "**de allí que corriera la especie de que él había tenido algo que ver con el** acta de constitución hecha pública esa tarde. Yo, mejor que nadie, sabe demasiado bien que ello no era cierto", constituyen una inequívoca prueba de descargo que el Ministerio Público considera, incomprensiblemente, una de cargo, **vulnerándose, una vez más, el derecho a la presunción de inocencia de don Allan R. Brewer-Carías, en cuanto que esa inferencia infringe las más elementales reglas de la lógica y de lo que es razonable.**

Igualmente, **se viola ese derecho a la presunción de inocencia,** cuando el Ministerio Público pretende convertir la entrevista rendida ante éste por don Allan R. Brewer-Carías de prueba de descargo, en otra de cargo, pues lo que el señor Brewer-Carías declaró fue, entre otras cosas, **"no haber tenido nada que ver con las decisiones políticas contenidas en el acto que pretendió poner en vigor un nuevo orden político e instalar el llamado Gobierno de Transición; ni con sus orígenes, ni con su desarrollo ni con sus consecuencias",** contestando, a la pregunta del Ministerio Fiscal de si tenía "conocimiento de qué personas le suministraron el documento del Decreto que tantas veces usted menciona, al ciudadano Pedro Carmona Estanga", que: **"no tengo conocimiento directo, lo que sé es lo que el Dr. Carmona me indicó que el documento se lo había dado al él llegar a Fuerte Tiuna el abogado de apellido Romero".** Y es que la presunción de inocencia sólo se destruye cuando los elementos probatorios la enervan "a través de un proceso mental razonado y acorde con las reglas del criterio humano, sobre la base de un enlace lógico, preciso y directo". Y se vulnera el derecho a la presunción de inocencia, porque éste exige también que, **"a partir de la existencia de unos indicios plenamente probados",** se llegue a enervar dicha presunción con **"la razonabilidad y coherencia del proceso de inferencia",** siendo preciso que se explique **"el iter mental a fin de que pueda enjuiciarse la racionalidad y coherencia del proceso mental seguido",** es decir: **"a través de un proceso mental razonado y acorde con las reglas del criterio humano, sobre la base de un enlace lógico, preciso y directo".** Pues bien: no hay modo más irrazonable e irrazonado, contrario a las reglas del criterio humano e ilógico que un iter discursivo, como el seguido por el Ministerio Fiscal, donde, desde las declaraciones del señor Brewer-Carías de que él no ha intervenido en un Decreto, se infiera, como hace el acta de imputación, que sí que ha intervenido y que le parecía muy bien la disolución de los Poderes Públicos.

Finalmente, y de la misma manera, ha de **calificarse de conculcador del derecho a la presunción de inocencia** que el Ministerio Fiscal, en relación al libro de don Pedro Carmona "Mi Testimonio ante la Historia", vuelva a convertir una prueba de descargo en otra de cargo. Porque lo que aquél manifiesta en su obra es que a don Allan R. Brewer-Carías **"no se le [s] pued[e] imputar su redacción [del Decreto de 12 de abril]",** y que **"el doctor Allan Brewer no tiene responsabilidad alguna, sino la de haber emitido profesionalmente algún criterio que, repito, lo comprometa con ninguna acción de esas cortas horas de provisionalidad, o transitoriedad de esos días".** De acuerdo, y tal como exige el derecho a la presunción de inocencia, con un iter discursivo razonable y razonado, conforme con las reglas del criterio humano, y sobre la base de un enlace lógico, preciso y directo, lo que se sigue de esas frases del señor Carmona es que al señor Brewer-Carías no se le puede imputar la redacción del Decreto.

Sexta.- Por supuesto que el "Acta de Constitución del Gobierno de Transición Democrática y Unidad Nacional", que el Ministerio Fiscal incorpora al acta de imputación como elemento probatorio 1, **tampoco es apto para destruir la presunción de inocencia de don Allan R. Brewer-Carías**, ya que, para enervarla, es preciso poner en conexión el supuesto hecho punible con una determinada persona como autora del mismo. Y ese "Acta" lo único que acredita es la existencia de un supuesto hecho punible, pero no que a éste esté conectada la participación del señor Brewer-Carías.

Por las mismas razones, estimar como elemento probatorio una cinta de VHS en la que se aprecia el desarrollo del acto de 12 de abril de 2002, supone una nueva infracción del derecho a la presunción de inocencia de don Allan R. Brewer-Carías, pues tampoco ahí se establece conexión alguna entre el supuesto hecho punible y la intervención en ese hecho de aquél, y mucho menos teniendo en cuenta que en dicho acto no aparece para nada don Allan R. Brewer-Carías.

Séptima.- La denuncia de don Alberto Bellorín, que el Ministerio Fiscal considera que constituye también un elemento probatorio de cargo contra el señor Brewer-Carías, se basa sobre **las mismas supuestas pruebas** que se recogen en el acta de imputación como elementos probatorios 3 a 22. Por lo que, por idénticas razones por las que ésta no es apta para destruir la presunción de inocencia del señor Brewer-Carías, tampoco lo es la referida denuncia.

Octava.- La denuncia de don Alberto Bellorín –no así el acta de imputación- afirma que los artículos periodísticos y las entrevistas televisivas constituirían un "hecho notorio comunicacional", en el sentido de la doctrina de la Sala Constitucional del TSJ, de que don Allan R. Brewer-Carías habría intervenido en la redacción y elaboración del "Acta de Constitución del Gobierno de Transición Democrática y Unidad Nacional". Pero sin razón: En primer lugar, porque las informaciones aparecidas en esos medios han sido reiterada y públicamente **desmentidas** en otros medios de comunicación; en segundo lugar, porque la supuesta intervención de don Allan R. Brewer-Carías en la redacción de ese Decreto no integra "noticia" alguna –como lo son, para el TSJ, los "conflictos armados" o los "nombramientos que hace el Congreso"-, con el significado de acontecimiento público presenciado por los propios periodistas o por testigos directos cuya identidad no se oculta, sino que esa imputación es únicamente reconducible a supuestos testigos de referencia de los que ni siquiera se sabe si son testigos de referencia, ya que todos ellos ocultan deliberadamente quiénes habrían sido los supuestos testigos presenciales; y, en tercer lugar, porque la razonable construcción jurisprudencial del "hecho notorio comunicacional" tiene que ser compatible con –y matizada por- los derechos humanos –como el de la presunción de inocencia o de la defensa- reconocidos en la CNRB y en los textos internacionales con jerarquía constitucional.

Novena.- Como resumen de todo lo expuesto, hay que afirmar que el acta de imputación contra don Allan R. Brewer-Carías constituye una **violación masiva de sus derechos humanos fundamentales a la presunción de inocencia y a la defensa**, como emanación este último del derecho a un proceso justo, equitativo y con todas las garantías. Y no sólo porque se basa sobre las declaraciones de **supuestos** testigos de referencia que se niegan a identificar a sus **supuestos** testigos presenciales, sino porque la presunción de inocencia del señor Brewer-Carías también se vulnera con otras sedicentes pruebas en las que se infringe reiteradamente el principio "in dubio pro reo", en las que no se acredita conexión alguna entre el supuesto hecho punible y la participación en éste del imputado, en las que el Ministerio Público atribuye al señor Brewer-Carías lo que el testigo en cuestión de ninguna manera le imputa, y porque, finalmente, dicho Ministerio Fiscal, mediante un proceso discursivo irrazonable e irrazonado, ilógico, incoherente y contrario a las reglas del criterio humano, transforma **en pruebas de cargo lo que son inequívocamente pruebas de descargo.**

Este es mi criterio que someto, como siempre, a cualquier otra opinión mejor fundada.

Madrid, 12 de julio de 2005

Prof. Dr. Enrique Gimbernat Ordeig

TERCERA PARTE:

DICTAMEN DEL PROFESOR ENRIQUE GIMBERNAT SOBRE EL TIPO DELICTIVO DE "CONSPIRACIÓN PARA CAMBIAR VIOLENTAMENTE LA CONSTITUCIÓN" DE 17 DE SEPTIEMBRE DE 2005

Por el Dr. Allan Randolph Brewer-Carías se me solicita que emita Dictamen sobre si los hechos que le imputa el Ministerio Público son subsumibles en el delito de "de conspiración para cambiar violentamente la Constitución Nacional", previsto en el art. 144.2 del Código Penal de Venezuela.

I. OBSERVACIÓN PREVIA

Tal como he expuesto y razonado en otro Dictamen, emitido también a instancias del Dr. Allan Randolph Brewer-Carías el 21 de septiembre de 2005, "el acta de imputación contra don Allan R. Brewer-Carías constituye una **violación masiva de sus derechos humanos fundamentales a la presunción de inocencia y a la defensa, como emanación este último del derecho a un proceso justo, equitativo y con todas las garantías**". A la vista de todo ello, el presente Dictamen es, en cierta manera, superfluo, ya que la imputación de cualquier actividad ilícita al señor Brewer-Carías sólo es posible sobre la base de la reiterada vulneración de los derechos fundamentales a los que nos acabamos de referir, consagrados todos ellos tanto en la Constitución de la República Bolivariana de Venezuela de 1999, como en los textos internacionales multilaterales de derechos humanos vigentes en Venezuela y en todos los restantes Estados democráticos de Derecho.

No obstante, y aunque con el acta de imputación no se hubieran violado –**como se han violado**- los derechos de don Allan R. Brewer-Carías a la presunción de inocencia y a la defensa, en lo que sigue paso a exponer por qué con los supuestos –**y nulos**- elementos probatorios a los que se acoge el Ministerio Público es **también** jurídicamente insostenible atribuirle a aquél un presunto delito de conspiración para la rebelión.

II. ANTECEDENTES

En su acta de imputación el Ministerio Fiscal estima que el señor Brewer-Carías "**conspiró** para cambiar violentamente la Constitución ... conducta ésta que está enmarcada como delito en el Código Penal Venezolano como garantía de vigencia de la Constitución al establecer el artículo 144 el delito de <u>conspiración para cambiar violentamente la Constitución</u>, el cual se explana a continuación:

Artículo 144: Serán castigados con presidio de doce a veinticuatro años:

2. Los que, sin el objeto de cambiar la forma política republicana que se ha dado la Nación, **conspiren** o se alcen para cambiar violentamente la Constitución de la República Bolivariana de Venezuela". (Subrayados en el texto original, negritas añadidas)

III. EL INSTITUTO DE LA CONSPIRACIÓN. GENERALIDADES

1. Introducción

Como ha expuesto el profesor Alberto Arteaga, con razón, "el Código Penal Venezolano, en el artículo 144, consagra el denominado delito de rebelión, **en dispositivo inspirado en el Código Penal Español de 1848, apartándose de su fuente más importante: el Código Italiano de Zanardelli de 1889**". Y es que, en efecto, y especialmente en referencia a la conspiración, es éste un instituto jurídico penal **eminentemente español**, ya que, como se establece en la sentencia del Tribunal Supremo Español (en lo que sigue: TS) de 30 de junio de 1995, recogida en el Repertorio de Jurisprudencia Aranzadi (en lo que sigue: A.) con el número marginal 5157, la "conspiración [es] una figura jurídica artificial y de muy restringida interpretación, **que no existe en las normas penales de países de nuestro entorno**" (véase, en el mismo sentido, la sentencia del TS de 1 de octubre de 1990, A. 7625: "En el Derecho comparado de nuestro entorno esta figura delictiva [la conspiración] carece casi de contenido").

2. La distinción entre actos preparatorios y actos ejecutivos

La práctica totalidad de los Códigos Penales del mundo castigan, además, de, naturalmente, el delito consumado, también la tentativa en sentido amplio, que comprende, tanto la inacabada (tentativa en sentido estricto) como la tentativa acabada (que en algunos Códigos, como el venezolano y en el ya derogado Código Penal español de 1973, se denomina frustración), es decir: la realización de actos ejecutivos dirigidos a la consumación del delito, sin que ésta, finalmente, se produzca: en la tentativa el autor **da principio a la ejecución del hecho**, no logrando su propósito de lesionar efectivamente el bien jurídico por causas ajenas a su voluntad. La definición de la tentativa es **similar** en los Códigos Penales de los distintos países, formulándose de la siguiente manera, y por sólo mencionar cinco ejemplos, en los textos que reproduzco a continuación:

Art. 80 Código Penal de Venezuela:

"Son punibles, además del delito consumado y de la falta, la tentativa de delito y el delito frustrado.

Hay tentativa cuando, con el objeto de cometer un delito, **ha comenzado alguien su ejecución**, por medios apropiados y no ha realizado todo lo que es necesario a la consumación del mismo, por causas independientes de su voluntad.

Hay delito frustrado cuando alguien ha realizado, con el objeto de cometer un delito, **todo lo que es necesario para consumarlo** y, sin embargo, no lo ha logrado por circunstancias independientes de su voluntad".

Art. 16. 1. del vigente Código Penal español de 1995:

"Hay tentativa cuando el sujeto **da principio a la ejecución del delito directamente por hechos exteriores**, practicando todos o parte de los actos que objetivamente deberían producir el resultado, y sin embargo éste no se produce por causas independientes de la voluntad del autor".

Art. 42 Código Penal de la Nación Argentina, bajo la rúbrica **"tentativa"**:

"El que con el fin de cometer un delito determinado **comienza su ejecución,** pero no lo consuma por circunstancias ajenas a su voluntad, sufrirá las penas determinadas en el artículo 44".

§ 22 Código Penal alemán:

"Comete tentativa de un hecho punible quien, de acuerdo con su representación, **se dispone de manera inmediata a realizar el tipo**".

Por su parte, el Código Penal Tipo para Latinoamérica, bajo la rúbrica de **"tentativa"** dispone lo siguiente:

Art. 39: "El que **iniciare la ejecución de un delito** por actos directamente encaminados a su consumación y ésta no llegare a producirse por causas ajenas a él, será reprimido con una pena no menor de los dos tercios del mínimo ni mayor de los dos tercios del máximo de la establecida para el correspondiente delito".

De lo dispuesto en esos preceptos se deduce, con carácter supranacional, que si el sujeto no ha consumado el delito, **sólo incurrirá en un comportamiento punible** si, llevando a cabo una tentativa, ha dado comienzo a la ejecución del delito –con otras palabras: si ha realizado **actos ejecutivos-, quedando al margen del Derecho penal, por ser una conducta impune, los actos preparatorios.**

Y así, y para expresarlo con ejemplos, es punible como tentativa de homicidio, **porque se ha comenzado ya la ejecución del delito,** servir la bebida envenenada a la víctima que luego rechaza ingerir por el mal olor que despide, mientras que la mera compra del veneno permanece aún dentro del campo de la **preparación**, y, al no cumplir ni el supuesto de hecho del homicidio consumado ni el del intentado, constituye un comportamiento no previsto por el legislador penal y, por consiguiente, no punible. Y de la misma manera, tratar de vender a otro, como si fuera de oro, y por un elevado precio, un reloj que sólo ha recibido un baño de oro, rechazándolo el comprador porque percibe el engaño, integra una tentativa punible de estafa, mientras que la **preparación** del artificio engañoso, cuando el sujeto en su casa acaba de dar al cronómetro la apariencia de uno fabricado con el metal precioso, es una acción penalmente atípica, porque todavía no se ha dado comienzo a la ejecución del delito –es decir: porque todavía no se ha entrado en la esfera ejecutiva-, permaneciendo la conducta, con ello, todavía dentro del campo de los actos preparatorios impunes.

3. La punición excepcional de los actos preparatorios cuando adoptan la forma de la conspiración

De esta característica legal generalizada de que sólo son punibles el delito consumado y la tentativa –es decir: la realización de actos ejecutivos sin consumación– se han apartado los Códigos Penales españoles desde el primero de 1822, en el sentido de que, de acuerdo con ellos, y **en supuestos excepcionales**, también se castigan los actos preparatorios **cuando adoptan la forma de la conspiración** (la conspiración, con una formulación inalterada que ha llegado hasta nuestros días, se define legalmente en el art. 4° de los Códigos Penales españoles de 1822, 1848, 1850, 1870, 1932, 1944/1973, en el art. 42 del de 1928, y, finalmente, en el art. 17 del vigente Código Penal de 1995), **expandiéndose el instituto jurídico penal español de la conspiración a numerosos Códigos Penales latinoamericanos**, como, por ejemplo, al venezolano, que en su art. 144.2 castiga la conspiración para la rebelión, o al argentino, que tipifica en el art. 216 la conspiración para la traición.

Sin embargo, en ninguno de estos Códigos latinoamericanos existe una definición legal de lo que sea conspiración, por lo que, para determinar su contenido, habrá que acudir a su **origen** en la legislación española, que, desde el Código Penal de 1848, y con imperceptibles variaciones, ha establecido las características de este instituto que actualmente se recogen de la siguiente manera en el Código Penal de 1995:

> **"Art. 17. 1. La conspiración existe cuando dos o más personas se conciertan para la ejecución de un delito y resuelven ejecutarlo.**
>
> **3. La conspiración para delinquir sólo se castigará en los casos especialmente previstos en la Ley".**

IV. EL CONTENIDO DE LA CONSPIRACIÓN

1. Su aplicación legal limitada a delitos especialmente graves

El vigente Código Penal español, en su art. 17.3 –al igual que su primer antecedente en el art. 4° del Código Penal de 1848-, parte de que **el principio (la regla)** es la punibilidad de **únicamente** el delito consumado y los actos ejecutivos sin consumación (la tentativa), y que lo **excepcional** es que, en contadas ocasiones, se puedan castigar también los actos preparatorios, siempre que éstos, primero, **se manifiesten bajo la forma de la conspiración** con el acuerdo de dos o más personas, y que, segundo, la ley establezca **expresamente**, en relación con algunos hechos punibles caracterizados por su especial gravedad, que en ellos también se castiga la conspiración[1]. Y así, y por

---

[1] "Se trata [en la conspiración]" –expresa la sentencia del TS de 16 de diciembre de 1998, A. 10316- "de un acto de manifestación de la voluntad o resolución manifestada, que pertenece a la fase del <iter criminis> anterior a la ejecución, por lo que se ubica entre la ideación impune y las formas de ejecución imperfecta, asimilándose a los actos preparatorios al no constituir todavía un comienzo de la ejecución, pero di-

ejemplo, y porque efectivamente estamos ante un delito para el que los Códigos prevén una pena muy severa, tanto en el Código Penal venezolano (art. 144.2), como en el argentino (art. 216), como en el español (art. 477), se tipifica explícitamente la conspiración para la rebelión.

Con otras palabras y resumiendo: Porque los actos preparatorios están todavía muy alejados de la lesión del bien jurídico, y, consiguientemente, no representan aún un peligro actual para la lesión de aquél, en los Códigos Penales de los Estados democráticos, informados por los principios del "Derecho penal del **hecho**" –y no por el del autoritario "Derecho penal de autor"- y de la no-punibilidad de las ideas (*"cogitationis poenam nemo patitur"*), la conspiración sólo es punible cuando, en relación con delitos de especial gravedad, la ley sanciona expresamente la conspiración para cometerlos.

2. La interpretación restrictiva de la conspiración en la doctrina y en la jurisprudencia

a) *Introducción*

Porque, como se acaba de exponer, el Derecho penal democrático es un Derecho penal de "hecho", que no castiga los simples pensamientos, por ello, y ya que se trata de actos preparatorios, la interpretación del contenido de la conspiración debe llevarse a cabo **de la manera más restrictiva posible**, como constantemente nos recuerda el Tribunal Supremo de España en, entre otras, las siguientes sentencias:

Sentencia del TS de 24 de octubre de 1990, A. 8232: "... lo que ha merecido [el instituto de la conspiración] críticas de la doctrina por responder a concepciones subjetivistas que fundan la pena, no tanto en los actos de la persona, como en su voluntad delictiva o mala intención" (véase también, repitiendo casi literalmente las mismas palabras, la sentencia del TS de 6 de abril de 1995, A. 2825).

Sentencia del TS de 1 de diciembre de 1992, A. 9899: "La conspiración, hemos dicho ya en nuestra sentencia de 1 de octubre de 1990, es una figura artificial que obliga a **una interpretación muy restrictiva**" (negritas en el texto original).

Sentencia de 30 de junio de 1995, A. 5157: "Constituye la conspiración una forma de actos preparatorios del delito que no pertenecen aún a la ejecución misma. Por la jurisprudencia se ha señalado la necesidad de ser **interpretada de forma restrictiva**".

---

ferenciándose de ellos en su naturaleza inmaterial. El actual Código, con buen criterio, la considera de incriminación excepcional, es decir, que solamente se castigará en aquellos casos especialmente previstos en la ley, dada su naturaleza de <coautoría anticipada>, cuya sanción representa, en sí misma, una excepción al principio general que sitúa los límites de la punibilidad en el comienzo de la ejecución. Sólo en supuestos determinados de especial gravedad está justificado este adelantamiento de las barreras de defensa".

b) *La interpretación restrictiva de la conspiración en la doctrina científica*

De acuerdo con la doctrina absolutamente dominante en la ciencia, no cualquier acto preparatorio de dos o más personas que se ponen de acuerdo para cometer un delito integra una conspiración, sino únicamente aquellos actos preparatorios en los que el conspirador se propone **intervenir directamente en la ejecución del delito**. Cuando el delito entra en la esfera de la ejecución, y de acuerdo con la teoría de la participación delictiva, hay que distinguir entre los coautores, que son quienes, **mediante actos ejecutivos realizan el verbo nuclear del tipo**, y aquellos otros que, como **partícipes, intervienen periféricamente**, ayudando a los coautores a perpetrar el hecho delictivo. En el Código Penal venezolano los coautores serían aquellos cuya conducta es subsumible en el art. 83, mientras que los partícipes serían los que realizan alguna de las conductas previstas en el art. 84. Y, de la misma manera, en el vigente Código Penal español de 1995, serían **coautores ejecutivos**, de acuerdo con lo previsto en el art. 28, párrafo primero, "quienes realizan el hecho conjuntamente" (conducta que se corresponde con lo que el art. 14.1° del Código Penal de 1973 definía como "toma[r] parte directa en la **ejecución del hecho**"), mientras que habría que considerar partícipes [art. 28 a) y art. 29] a los que cooperan o auxilian (necesariamente o no) a que los coautores ejecutivos perpetren el hecho punible.

Con otras palabras: Cuando varios sujetos se ponen de acuerdo para realizar un delito **sólo pueden considerarse conspiradores** aquéllos que, en el reparto de papeles, se comprometen a intervenir directamente en la ejecución del hecho, mientras que el comportamiento de quienes no van a perpetrar el delito, sino que se van a limitar a que los coautores lo realicen, **queda al margen de la conspiración y constituye, por ello, una conducta preparatoria atípica y, consiguientemente, impune**. Expresándolo con un ejemplo: Si tres personas **planean** una violación, sólo serán conspiradores aquellos que se **concierten** para perpetrar el delito y para cooperar **inmediatamente** en él, ejecutando uno, por ejemplo, el acto carnal, y sujetando el otro a la víctima para que el primero pueda realizar dicho acto, mientras que no podrá ser calificado de conspirador –ni, por consiguiente, tampoco castigado como tal-, el tercero que, **en la ideación del acontecimiento futuro**, no iba a perpetrar el delito ni a cooperar inmediatamente a su realización, sino que se limitaría a indicar a los otros dos a qué hora pasaría la víctima por un lugar apartado, propicio para llevar a cabo el ataque previsto contra la libertad sexual del sujeto pasivo.

Esta exégesis de cuál es el contenido de la conspiración la fundamenta la doctrina científica sobre la base de dos argumentos: el primero de carácter material, y el segundo teniendo en cuenta consideraciones de carácter gramatical. Por lo que se refiere al de carácter material, se llega a esa conclusión con el argumento de que el castigo de la conspiración, **por tratarse de la punición extraordinaria y excepcional de actos preparatorios**, debe ser sometida, como se acaba de exponer supra a), a una "**interpretación muy res-**

trictiva", por lo que hay que distinguir entre aquellos que se conciertan para intervenir directamente en la perpetración del delito (conspiradores), y aquellos otros que no van a ejecutarlo, sino que se van a limitar a ayudar a los coautores a su perpetración. El argumento de orden gramatical, por su parte, deriva del concepto legal de la conspiración, porque si ésta se define con las siguientes palabras: "La conspiración existe cuando dos o más personas se conciertan para la **ejecución** de un delito y resuelven **ejecutarlo**", entonces es obvio que no puede considerarse conspirador a quien no se ha concertado para la ejecución de un delito ni ha resuelto ejecutarlo, ya que su intervención programada va a ser la de **ayudar** a que otros lo perpetren o ejecuten.

En este sentido de reducir la conspiración a aquellos que se conciertan para ejecutar directamente el delito (a los coautores), excluyendo de esa calificación a quienes no van a perpetrarlo, sino que únicamente van a **ayudar** a otros a perpetrarlo, se han pronunciado, entre otros autores:

- Santiago MIR: "La primera interpretación [la que concibe la conspiración como **<coautoría anticipada>**, requiriendo que los conspiradores resuelvan ejecutar todos ellos el delito como coautores] es la única que se ajusta a la letra de la ley, que no se contenta con la resolución de que se ejecute un delito, sino que se requiere que sean los conspiradores quienes resuelvan ejecutarlo"[2].

- RODRÍGUEZ MOURULLO: "La conspiración es, a nuestro juicio, una coautoría anticipada, es decir, una coautoría que, en virtud de la expresa disposición del párrafo primero del artículo 4 [el que en el Código Penal de 1944/1973 regulaba la conspiración en idénticos términos como ahora lo hace el art. 17. 1 del vigente Código Penal de 1995], se convierte en punible, a pesar de que falta la conjunta realización (parcial o total) del hecho. La confirmación de este punto de vista cabe obtenerla pensando qué forma de participación de varias personas en el delito se originaría en el caso de que los conspiradores iniciasen la ejecución o consumasen el hecho delictivo propuesto. Desde el momento en que la conspiración se define legalmente como el <concierto para la ejecución del delito> y <resolución de ejecutarlo>, no hay duda de que si los conspiradores procediesen a realizar efectivamente su proyecto, se convertirían en coautores y, más concretamente, en coautores directos del número 1 del art. 14 [<Los que toman parte directa en la ejecución del hecho>]".

En coautores directos porque al concertarse y haber resuelto conjuntamente la ejecución, cada uno asume el hecho como propio. Por eso, ese concierto previo y esa conjunta realización de ejecución, impedirían considerar a los participantes en la conspiración como cooperadores necesarios del número 3 del artículo 14. Pues el cooperador necesario (al igual que el mero cómplice) no realiza el hecho como propio, sino que colabora en el hecho de otro.

---

[2]   Santiago MIR, Derecho penal, Parte General, 7ª ed., Barcelona 2004, p. 341 (negritas y cursivas en el texto original).

De ahí se deduce que, en definitiva, la conspiración constituye una coautoría directa anticipada, en el sentido de que se convierte en punible a pesar de faltar la conjunta realización objetiva incompleta o consumada del hecho planeado.

La anterior caracterización implica importantes consecuencias. De ella se deriva que serán presupuestos de la conspiración los mismos que constituyen la componente subjetiva de la autoría, y que respecto a la posibilidad de ser conspirador regirán las mismas reglas que deciden la posibilidad de ser coautor.

Por consiguiente no puede considerarse conspirador quien <no resuelve ejecutar> el delito, es decir, quien no hace suya la resolución conjunta, sino que proyecta únicamente cooperar –aunque sea con un acto necesario- en lo que sólo admite como hecho ajeno.

... concepto legal [de conspiración], desde el momento en que éste requiere el <concierto para la ejecución de un delito> y que los conspiradores <resuelvan ejecutarlo>, con lo cual se alude, en nuestra opinión, a una determinada forma de participación de varias personas, a saber: a una concreta modalidad de coautoría directa. De ahí que el párrafo primero del artículo 4 no discrimine la responsabilidad de cada uno de los conspiradores, pues de igual modo a como la responsabilidad de los mismos, de existir actos ejecutivos, sería para todos a título de autores del delito previamente concertado y resuelto, deberá ser también uniforme esa responsabilidad en esta especie de coautoría directa anticipada en que consiste, según la definición legal, la conspiración"[3].

- Finalmente, y por sólo citar a un ulterior autor que, dentro del marco de esta doctrina absolutamente dominante, defiende que sólo es conspirador quien se concierta para intervenir en el futuro delito como coautor directo con actos ejecutivos, me voy a permitir autocitar a quien suscribe este Dictamen que, desde hace casi 40 años, viene manteniendo inalteradamente esa posición:

"De lo expuesto se sigue: la ejecución a la que hace referencia el art. 4 núm. 1 ha de ser entendida en sentido técnico; por ello, quedan fuera de la conspiración y son impunes los actos no ejecutivos de participación (cooperación necesaria y complicidad) frustrados o intentados"[4].

"<La conspiración existe cuando dos o más personas se conciertan para la ejecución de un delito y resuelven ejecutarlo> (art. 4, párrafo 1

---

[3]   Rodríguez Mourullo, en CÓRDOBA/RODRÍGUEZ MOURULLO, Comentarios al Código Penal, tomo I (artículos 1-22), Barcelona 1972, pp. 151/152 (cursivas en el texto original, negritas añadidas).

[4]   Gimbernat, Autor y cómplice en Derecho penal, Madrid 1966, p. 166.

[que coincide literalmente con la definición que da ahora a la conspiración el art. 17 del vigente Código Penal de 1995]). **El acuerdo debe consistir en comprometerse a realizar actos ejecutivos en la realización del delito; de ahí que sea impune la conducta de quien se concierta para actuar como cooperador necesario o cómplice"[5].**

c) *La interpretación restrictiva de la conspiración en la jurisprudencia del Tribunal Supremo español*

En el mismo sentido de la doctrina científica de entender que sólo son conspiradores quienes se conciertan para, como coautores directos, intervenir ejecutivamente en el hecho delictivo planeado, se ha manifestado también la jurisprudencia del Tribunal Supremo español, en, por sólo mencionar algunas de ellas, las siguientes sentencias:

- Sentencia del TS de 22 de abril de 1983, A. 2300: "Su estructura [la de la conspiración] es bien sencilla: dos o más personas se conciertan, pactan o convienen **la ejecución de un delito y resuelven ejecutarlo**, siendo, pues, sus requisitos, la pluralidad de sujetos activos, el <*pactum*> o <*societas scaeleris*>, y, finalmente, la firme resolución de **perpetrar** el delito pactado".

- Sentencia del TS de 24 de octubre de 1989, A. 8475: "La conspiración, recogida en el párrafo primero del artículo 4 del Código Penal [de 1973], pertenece a una fase del <*iter criminis*> anterior a la ejecución, por lo que tiene naturaleza de acto preparatorio, y se ubica entre la ideación impune y las formas imperfectas de ejecución, como una forma de **coautoría anticipada** que determinados autores desplazan hacia el área de la incriminación excepcional de algunas resoluciones manifestadas, pero que en todo caso –y <*de lege data*>- se caracteriza por la conjunción del <*pactum scaeleris*> o concierto previo, y la <*resolutio firme*> o decisión seria de **ejecución** ... Puede parecer un contrasentido <*prima facie*> que se castiguen aquellos acuerdos cuando queda impune la conducta de un solo individuo que, pese a encaminarse hacia la comisión última de un delito, no llega a constituir todavía forma imperfecta del mismo, pero la explicación viene dada precisamente por la mayor entidad y peligrosidad de esa ideación plurisubjetiva que bien tolera dicha denominación de **coautoría anticipada**".

- Sentencia del Tribunal Supremo de 1 de octubre de 1990, A. 7625: "En consecuencia [en la conspiración], se trata de un acto preparatorio de otro de comisión real y futura, y de ahí que sea una **<coautoría anticipada>**".

---

[5]   Gimbernat, Introducción a la Parte General del Derecho penal español, Madrid 1979, p. 107.

- Sentencia del TS de 30 de enero de 1992, A. 607: "Pero en todo caso siempre habría de admitirse la conspiración, que no en vano ha sido calificada por la doctrina científica como **coautoría anticipada** y que requiere el acuerdo previo entre dos o más personas y la resolución firme de **ejecución**".

- Sentencia del TS de 9 de marzo de 1998, A. 2346: "... requiere [la conspiración] la concurrencia de una pluralidad de personas, dos al menos, que puedan cada una de ellas ser sujetos activos del delito que proyectan, que acuerdan sus voluntades mediante un <*pactum scaeleris*> y aparezcan animados por la resolución firme de ser **coautores de un concreto delito**".

- Sentencia del TS de 5 de mayo de 1998, A. 4609: "La conspiración exige la reunión de dos o más personas que no sólo tienen la voluntad firme de llevar a cabo una actividad delictiva, sino que también tienen una actitud suficiente para **constituirse en autores del delito diseñado**".

- Sentencia del TS de 16 de diciembre de 1998, A. 10316, que califica a la conspiración de **"coautoría anticipada"** (esta expresión de **"coautoría anticipada"** es la que se recoge también en las sentencias del TS de 18 de octubre de 2000, A. 8274, 18 de junio de 2002, A. 7932, y 29 de noviembre de 2002, A. 10874).

V. APLICACIÓN AL SUPUESTO SOMETIDO A DICTAMEN DE LOS PRINCIPIOS QUE SOBRE LA CONSPIRACIÓN SE ACABAN DE EXPONER Y RAZONAR EN LOS APARTADOS ANTERIORES

En su acta de imputación el Ministerio Público imputa al señor Brewer-Carías "participa[r] en la discusión, elaboración y redacción del decreto [del Acta de Constitución del Gobierno de Transición Democrática y Unidad Nacional]", con lo que habría **"conspira[do]** para cambiar violentamente la Constitución", y habría llevado a cabo una "conducta que está enmarcada como delito en el Código Penal Venezolano como garantía de vigencia de la Constitución al establecer en su artículo 144 el delito de <u>conspiración para cambiar violentamente la Constitución</u>" (subrayados en el texto original del acta de imputación).

Como he expuesto y razonado ampliamente en mi Dictamen de fecha 21 de septiembre de 2005, emitido también a petición del Dr. Allan Randolph Brewer-Carías, en el Expediente C-43 no existe **ninguna prueba válida** de la que pueda deducirse que el señor Brewer-Carías hubiera "participado en la discusión, elaboración y redacción del Decreto". Y si, no obstante, el Ministerio Fiscal le imputa a aquél la realización de esa conducta, ello sólo ha sido posible porque se han violado masivamente los derechos de don Allan R. Brewer-Carías a su presunción de inocencia –que no se ha enervado por los supuestos elementos probatorios a los que recurre el Ministerio Público-, a la defensa, y a un proceso justo, equitativo y con todas las garantías.

Pero es que, aun admitiendo lo que bajo ningún concepto se puede admitir, esto es: que, tal como sostiene el Ministerio Público, don Allan R. Brewer-Carías hubiera participado efectivamente en la "discusión, elaboración y redacción del Decreto", con esa supuesta conducta **tampoco habría realizado el tipo de la conspiración para la rebelión**.

La conspiración para la rebelión **tiene que ser puesta en conexión**, como acto preparatorio que es, **con el tipo planeado que se pretende llevar a cabo**, que en este caso es el de la rebelión, definida en el Código Penal de Venezuela como "[alzamiento] para cambiar violentamente la Constitución de la República Bolivariana de Venezuela", constituyendo el **verbo nuclear típico**, por consiguiente, el del alzamiento violento. Pues bien: si dos o más personas se conciertan para **ejecutar** ese delito, y resuelven **ejecutarlo** (esta es la definición legal de la conspiración), entonces, de entre esas personas, **sólo serán conspiradores** aquellos que, pleonásticamente, se proponen intervenir en el delito planeado, **ejecutándolo**, esto es: **perpetrando** la conducta típica (la conspiración es una **"coautoría anticipada"**), es decir: **alzándose materialmente de forma violenta**, mientras que la **supuesta e indemostrada** conducta que se le atribuye a don Allan R. Brewer-Carías no es la de que él mismo hubiera proyectado realizar personalmente ese alzamiento, sino la de, mediante su presunta intervención en la discusión y elaboración del Decreto, **ayudar a los alzados**. Por ello, la supuesta conducta que sin prueba válida alguna le atribuye al Ministerio Fiscal al señor Brewer—Carías, **es atípica, y, por consiguiente, impune**, en el sentido del tipo presuntamente aplicable de la conspiración, ya que éste **abarca únicamente a los que preparatoriamente planean ejecutar, como coautores, el alzamiento violento**, y no a aquellos otros que sin proyectar ser coautores, porque no se proponen realizar el verbo nuclear típico, se asignan –como se dice que habría hecho el señor Brewer-Carías- el limitado papel de **"asistir"** o **"auxiliar"** a los ejecutores.

VI. CONCLUSIONES

Primera.- La conspiración es un acto preparatorio –previo, por consiguiente, a la tentativa y, por supuesto, y con mayor motivo, a la consumación- en el que dos o más personas se conciertan para **ejecutar** un delito.

Segunda.- La punición de la conspiración es **excepcional**, ya que la **regla** que rige en todos los Códigos Penales es la de que **los actos preparatorios son impunes**.

Tercera.- Precisamente por esa excepcionalidad, sólo se castiga cuando se trata de la **planificación** de delitos especialmente graves, exigiéndose que la ley penal determine **expresamente** cuáles son esos delitos en los que es punible la conspiración.

Cuarta.- Por acercarse peligrosamente al autoritario "Derecho penal de autor", la interpretación de cuál sea el contenido de la conspiración debe ser, en palabras del Tribunal Supremo de España, **"muy restrictiva"**.

Quinta.- Como consecuencia de esa "interpretación muy restrictiva", y de la definición legal de la conspiración ("conciert[o] para la **ejecución**", y resolución de **"ejecutarlo"**), aquélla ha de entenderse como una **"coautoría anticipada"**, de tal manera que, cuando existe un acuerdo entre varias personas para intervenir en un delito, sólo podrán ser considerados conspiradores aquellos que, de haberse consumado el delito, responderían como **coautores ejecutores** del mismo, quedando al margen de la conspiración, y, por consiguiente, dentro del campo de la **conducta atípica**, quienes, sin perpetrar el delito proyectado, hubieran desempeñado en la consumación planeada el papel de meros partícipes.

Sexta.- Como ya he expuesto en un Dictamen anterior emitido asimismo a petición del Dr. Brewer-Carías, la imputación del Ministerio Fiscal de que aquél habría intervenido en la discusión, elaboración y redacción del Acta de Constitución del Gobierno de Transición Democrática y Unidad Nacional, sólo es sostenible sobre la base de una violación masiva de sus derechos a la presunción de inocencia, a la defensa, y a un proceso justo equitativa y con todas las garantías.

Séptima.- Pero es que, aunque el señor Brewer-Carías hubiera realizado la conducta que arbitrariamente –y con vulneración de sus derechos humanos fundamentales- le imputa el Ministerio Fiscal, **dicho comportamiento tampoco sería típico en el sentido de la figura legal de la conspiración para la rebelión**, ya que, de las personas que supuestamente se habrían concertado para la rebelión, sólo podrían ser consideradores **conspiradores** –como **"coautores anticipados"**-, quienes hubieran planeado perpetrar el delito con actos ejecutivos –es decir: **quienes hubieran proyectado alzarse personalmente y violentamente para cambiar la Constitución de la República Bolivariana de Venezuela**-, y no quien, como supuestamente don Allan Randolph Brewer-Carías, hubiera planeado **auxiliar** o **asistir** –sin alzarse él mismo violentamente- a los alzados-coautores. Por todo ello, y aunque el señor Brewer-Carías hubiera realizado el acto preparatorio que le imputa el Ministerio Público, al no cumplir esa conducta el tipo de la conspiración para la rebelión, tampoco habría incurrido en un comportamiento punible.

Este es mi criterio que someto, como siempre, a cualquier otra opinión mejor fundada.

Madrid, 17 de septiembre de 2005

Prof. Dr. Enrique Gimbernat Ordeig

CUARTA PARTE:

DICTAMEN DEL PROFESOR ALBERTO ARTEAGA SÁNCHEZ SOBRE EL ALCANCE DE LA LEY DE AMNISTÍA DE DICIEMBRE 2007 DE 18 DE NOVIEMBRE 2009

PARA: PEDRO NIKKEN

DE: Alberto Arteaga Sánchez, Profesor Titular de Derecho Penal de la Facultad de Ciencias Jurídicas y Políticas de la Universidad Central de Venezuela.

ASUNTO: Consulta sobre alcance del Decreto-Ley de Amnistía de fecha 31-12-2007, por lo que respecta al caso del Dr. Allan Randolph Brewer-Carías.

FECHA: 18-11-2009

1. La amnistía es una causal o forma de extinción de la responsabilidad penal, que encuentra su origen en lo que algunos denominan Derecho Gracia. Según el artículo 104 del Código Penal Venezolano, la amnistía extingue la acción penal y hace cesar la ejecución de la condena, si ésta se hubiere producido, con todas sus consecuencias penales. Por ella, el Estado renuncia al castigo por determinados hechos punibles, expresamente señalados en el texto de la ley, correspondiendo a la Asamblea decretarla (Artículo 187, núm. 5 de la Constitución). Decretada la medida se borran o cancelan las consecuencias penales de determinados hechos que la ley tipifica como delitos, siendo, fundamentalmente, objetiva y no referida a personas. No tiene, por tanto carácter personal, sino que es objetiva, esto es, no se concede para beneficiar a determinadas personas, sino para tender un manto de olvido sobré determinados hechos, excluyendo sus consecuencias penales.

2. Por la amnistía el Estado renuncia al castigo por determinados hechos que se califican como punibles, los cuales, por ello, quedan cancelados, no siendo posible, por lo tanto, hacer acepción de personas, o admitirla para algunos, excluyendo a otros, ni someter su aplicación a condiciones que no sean los requisitos procesales por los cuales un Tribunal de Control y a solicitud de la Fiscalía o sin esa solicitud, acuerda el sobreseimiento de la causa.

3. Resulta carente de todo sentido someter su concesión a la presencia de un imputado, acusado o condenado, o a la imprecisa exigencia de estar a derecho. Si el hecho ha sido cancelado como delito en razón de una ley o Decreto-Ley, en este caso, resulta absurdo pretender enjuiciar penalmente a una persona por un hecho que ha dejado de ser sancionable por voluntad expresa del legislador. Estamos ante un hecho que ha dejado de tener efectos penales por razones de la renuncia expresa del Estado a su sanción; y ante un no delito, resulta absurdo enjuiciar penalmente a alguien, ya que el hecho no existe con relevancia penal, en razón de un expreso dispositivo legal, de donde no

puede derivarse de ese no delito o de la nada penal una consecuencia penal (*ex nihilo, nihil fit*). En todo caso la concesión de la amnistía solo puede estar sujeta a las exigencias procesales por las cuales el Tribunal de Control, a solicitud de la Fiscalía o sin esa solicitud, acuerde el sobreseimiento de la causa.

4. Sobre la base de estas consideraciones, parece claro que el Decreto-Ley de Amnistía del 31-12-2007, al enunciar una serie de hechos que resultan objeto de la medida de gracia, relacionados con el 11 de Abril de 2002, como es el caso de "la redacción del Decreto del Gobierno De facto del doce (12) de Abril de 2002", hecho que se imputa al Dr. Allan R. Brewer-Carías, este hecho queda abarcado por el decreto-ley, sin que pueda someterse su concesión a la exigencia de **estar a derecho**, cuando la ley ha dejado sin efecto cualquier consecuencia penal del hecho imputado o ha renunciado al ejercicio del *ius puniendi* en ese caso concreto, correspondiendo al Ministerio Público, garante de la legalidad y titular del ejercicio de la acción penal, simplemente, hacer efectiva la renuncia al castigo que ha sido decretada.

5. En caso de amnistía, acto político por excelencia, por el cual el Estado tiende un manto de olvido sobre delitos imputados, acusados o por los cuales se haya establecido una condena, el interés público se sobrepone a cualquier otro interés; la acción penal o cualquier consecuencia de esta naturaleza queda abolida; y la medida cubre a todos los concernidos en esos hechos, con carácter general e impersonal. Resulta absurdo que admitida la extinción de la responsabilidad penal, alguna persona puede ser procesada por la presunta comisión de un hecho que ha quedado desincriminado de manera expresa.

En los términos expuestos, queda expresada mi opinión en derecho sobre el asunto consultado.

En Caracas, a los diecinueve días del mes de Noviembre de dos mil nueve.

QUINTA PARTE:

DICTAMEN DEL PROFESOR RAFAEL CHAVERO SOBRE LA OPORTUNIDAD PROCESAL PARA DECIDIR LAS SOLICITUDES DE NULIDAD POR INCONSTITUCIONALIDAD EN EL PROCESO PENAL DE 20 DE NOVIEMBRE DE 2009

Caracas, 20 de noviembre de 2009

Doctor
Pedro Nikken
Ciudad.-

Estimado Dr. Nikken:

Nos ha sido consultada nuestra opinión jurídica sobre la oportunidad procesal en que deben decidirse las solicitudes de nulidades procesales surgidas en la fase intermedia del proceso penal, cuando éstas se fundamentan en motivos de inconstitucionalidad. En tal sentido, a continuación nos permitimos exponer nuestras consideraciones jurídicas, para lo cual hemos tomado en consideración toda la normativa relevante, junto con la jurisprudencia aplicable al tema en cuestión, así como algunas actas procesales referidas al caso concreto del proceso penal seguido en contra del profesor Brewer-Carías.

1. LA OPORTUNIDAD PERTINENTE PARA RESOLVER LAS NULIDADES PROCESALES, CONFORME A LO PREVISTO EN EL CÓDIGO ORGÁNICO PROCESAL PENAL

Lo primero que hay que destacar es que el Código Orgánico Procesal Penal (en adelante "COPP") no establece en forma expresa cuál es la oportunidad pertinente para la decisión de las nulidades procesales alegadas durante la fase de investigación del proceso penal. Tampoco señala un lapso expreso determinado para la decisión de la solicitud. En efecto, en el capítulo II del título VI, Libro Primero del COPP (artículos 190 al 196) no se señala ni la oportunidad ni el lapso de que dispone el juez para pronunciarse sobre una solicitud de nulidad de actuaciones procesales presentadas durante la fase intermedia o de investigación. La única norma que se refiere al tema es el artículo 195, el cual señala textualmente lo siguiente:

> *Artículo 195.- Declaración de nulidad. Cuando no sea posible sanear un acto, ni se trate de casos de convalidación, el juez deberá declarar su nulidad por auto razonado o señalará expresamente la nulidad en la resolución respectiva, de oficio o a petición de parte. El auto que acuerde la nulidad deberá individualizar plenamente el acto viciado u omitido, determinará concreta y específicamente, cuáles son los actos anteriores o contemporáneos a los que la nulidad se extiende por su conexión con el acto anu-*

lado, cuáles derechos y garantías del interesado afecta, cómo los afecta, y, siendo posible, ordenará que se ratifiquen, rectifiquen o renueven.

En todo caso, no procederá tal declaratoria por defectos insustanciales *en la forma.*

En consecuencia, sólo podrán anularse las actuaciones fiscales *o diligencias. Existe perjuicio cuando la inobservancia de las formas procesales atenta contra las posibilidades de actuación de cualquiera de los intervinientes en el procedimiento.*

El Juez procurará sanear el acto antes de declarar la nulidad de las actuaciones.

Ahora bien, si bien no existe una norma expresa que señale el plazo de que dispone el juez de control para pronunciarse sobre una solicitud de nulidad, surgida en la fase de investigación, es el caso que el mismo COPP contiene una disposición general que señala un plazo genérico para las actuaciones que no tengan un lapso especial. Nos referimos al artículo 177, el cual dispone lo siguiente:

Artículo 177. Plazos para decidir. El juez dictará las decisiones de mero trámite en el acto.

Los autos y las sentencias definitivas que sucedan a una audiencia oral serán pronunciados inmediatamente después de concluida la audiencia. En las actuaciones escritas las decisiones se dictarán dentro de los tres días siguientes. (Subrayado añadido)

Según esta disposición, al presentarse una solicitud de nulidad por ante el juez de control, referida a vicios de nulidad contenidos en el proceso penal, el juez debería, en primer lugar, garantizarle el derecho a la defensa a todos los sujetos procesales, para lo cuál podría otorgar un plazo u oportunidad para la oposición; y luego de vencido este término, el juez dispondría de tres (3) días para pronunciarse sobre la solicitud respectiva. Ello, en virtud de que a falta de un lapso especial debe utilizarse el genérico (artículo 177 del COPP), más aún cuando este es perfectamente compatible con las solicitudes de nulidad en fase intermedia.

Esta solución atiende a los principios de celeridad e inmediatez, así como a los derechos al debido proceso y a un juicio sin dilaciones indebidas, los cuales apuntan a la necesidad de que las decisiones judiciales se adopten en el momento más inmediato posible, tomando en consideración los lapsos aplicables y las circunstancias de cada caso concreto.

Es importante precisar que la gran mayoría de los códigos o leyes de procedimiento establecen este tipo de lapsos genéricos, a los fines de llenar los vacíos o lagunas que se pueden presentar con ciertas incidencias procesales. Normas similares a la contenida en el artículo 177 del COPP las encontramos, entre otras disposiciones, en el artículo 10 del Código de Procedimiento Civil y en el artículo 5 de la Ley Orgánica de Procedimientos Administrativos.

En tal virtud, conforme a lo dispuesto en el COPP, el lapso para resolver las solicitudes de nulidad de actuaciones en la fase intermedia es el previsto en el artículo 177 del COPP, esto es, tres (3) días contados a partir del vencimiento del plazo que el juez otorgue al resto de las partes para hacer observaciones a la solicitud de nulidad.

2. LA POSICIÓN JURISPRUDENCIAL ASUMIDA POR LA SALA CONSTITUCIONAL DEL TRIBUNAL SUPREMO DE JUSTICIA

Al margen de la decisión asumida por el legislador, es el caso que la jurisprudencia de la Sala Constitucional ha venido estableciendo algunos parámetros para justificar ciertas dilaciones de los tribunales penales, a la hora de pronunciarse sobre las solicitudes de nulidades procesales. Ello, reconociendo que muchas veces el exceso de causas y el reducido número de tribunales conlleva al retardo procesal en el proceso penal.

En efecto, la Sala Constitucional ha considerado que para determinar la existencia de un retardo injustificado en decidir una solicitud de nulidad procesal debe atenderse a las circunstancias del caso concreto, a los fines de verificar si estas nulidades deben decirse en forma inmediata o en el momento de celebrarse la audiencia preliminar.

Esta fue la posición asumida por la Sala Constitucional en la sentencia de fecha 14 de febrero de 2002, caso: *Juan Calvo,* donde la Sala señaló textualmente lo siguiente:

> Para el proceso penal, el juez de control durante la fase preparatoria e intermedia hará respetar las garantías procesales, pero el Código Orgánico Procesal Penal no señala una oportunidad procesal para que se pida y se resuelvan las infracciones a tales garantías, lo que incluye las transgresiones constitucionales, sin que exista para el proceso penal una disposición semejante al artículo 10 del Código de Procedimiento Civil, ni remisión alguna a dicho Código por parte del Código Orgánico Procesal Penal.

> Ante tal silencio de la ley, ¿cómo maneja el juez de control una petición de nulidad?

> A juicio de esta Sala, depende de la etapa procesal en que se haga, y si ella se interpone en la fase intermedia, **el juez puede resolverla bien antes de la audiencia preliminar o bien como resultado de dicha audiencia, variando de acuerdo a la lesión constitucional alegada, ya que hay lesiones cuya decisión no tienen la urgencia de otras, al no infringir en forma irreparable e inmediata la situación jurídica de una de las partes. (*Subrayado añadido*).**

Es importante destacar que esta posición jurisprudencial parte de un falso supuesto o una errada premisa, toda vez que afirma que en el proceso penal no existe una norma equivalente al artículo 10 del Código de Procedimiento Civil, cuando es lo cierto que en el COPP existe una disposición casi idéntica (artículo 177), donde se señala que a falta de un lapso expreso para tomar una decisión se considerará e! de tres (3) días.

En todo caso, esta posición de la Sala Constitucional implica la necesidad de considerar las circunstancias fácticas de cada caso, a los fines de verificar la oportunidad más adecuada para la decisión de las denuncias de nulidades procesales, a los fines de no vulnerar el derecho a la tutela judicial efectiva y el derecho a un juicio sin dilaciones indebidas.

Es pertinente destacar que el derecho a un juicio sin dilaciones indebidas está expresamente consagrado en el artículo 26 de la Constitución y en el artículo 1° del COPP, los cuales textualmente disponen:

> Artículo 26. Toda persona tiene derecho de acceso a los órganos de administración de justicia para hacer valer sus derechos e intereses, incluso los colectivos o difusos, a la tutela efectiva de los mismos y a obtener con prontitud la decisión correspondiente.
>
> El Estado garantizará una justicia gratuita, accesible, imparcial, idónea, transparente, autónoma, independiente, responsable, equitativa y expedita, sin dilaciones indebidas, sin formalismos o reposiciones inútiles.
>
> *Artículo 1. Juicio previo y debido proceso. Nadie podrá ser condenado sin un juicio previo, oral y público, realizado sin dilaciones indebidas, ante un juez o tribunal imparcial, conforme a las disposiciones de este Código y con salvaguarda de todos los derechos y garantías del debido proceso, consagrados en la Constitución de la República, las leyes, los tratados, convenios y acuerdos internacionales suscritos por la República.*

Por ello, si existen razones que ameriten una decisión inmediata de las nulidades alegadas por el procesado, el órgano jurisdiccional competente deberá resolver la cuestión en forma inmediata; mientras si por el contrario, no existen circunstancias particulares que así lo ameriten, las nulidades podrán resolverse en la audiencia preliminar, en cuyo caso se dejaría de aplicar la norma contenida en el artículo 177 del COPP. Ello en aras de garantizar -insistimos- el derecho a la tutela judicial efectiva y el derecho a un juicio sin dilaciones indebidas.

Resulta pertinente destacar que la misma Sala Constitucional ha venido desarrollando qué parámetros hay que considerar en cada caso particular, a los fines de determinar la existencia de un retardo injustificado que pueda comprometer el derecho a la tutela judicial efectiva y el derecho a un juicio sin dilaciones indebidas. Así, en la sentencia de fecha 12 de agosto de 2005, caso: **Danny Jaimes,** la Sala Constitucional precisó lo siguiente:

El derecho a un proceso sin dilaciones indebidas plantea como principal problema el determinar qué debe entenderse por "dilaciones indebidas", Al respecto, el Tribunal Constitucional Español, en sentencia N° 36/1984, estableció: "El concepto de dilaciones indebidas **es manifiestamente un concepto indeterminado o abierto que ha de ser dotado de contenido concreto en cada caso atendiendo a criterios objetivos congruentes con su enunciado genérico** ".

Estima la Sala, que la dilación indebida no hace referencia exclusiva y de manera inmediata a los plazos procesales legalmente establecidos, sino al límite que no debe ser traspasado en el cumplimiento de los *mismos*. Los plazos deben constituirse en orientadores del juicio de valor que ha de precisar si se ha producido o no una dilación indebida. Pues el derecho a un proceso sin dilaciones indebidas no es "el derecho a que los plazos se cumplan". Los plazos deben cumplirse, pero el cumplimiento de los mismos no puede entenderse dentro de la categoría de derecho fundamental. En tal sentido, no es posible entonces decidir en abstracto, qué son dilaciones indebidas y cuando estamos en presencia de la infracción de tal derecho, dejando en todo caso establecidos ciertos criterios objetivos a ser tomados en cuenta por el juzgador, al momento de decidir sobre la supuesta violación denunciada.

De allí que, en todo caso, debe apreciarse, entre otros criterios, la complejidad del asunto, la conducta personal del justiciable, el riesgo del demandante en el proceso y la conducta de los órganos judiciales. (Subrayado añadido).

En el mismo sentido, en la sentencia del 29 de noviembre de 2005, caso; *Banco Provincial,* la misma Sala Constitucional precisó que:

Ahora bien, qué se debe entender por justicia sin dilaciones indebidas en los términos de la Constitución venezolana, o por proceso sin dilaciones indebidas en los términos de la Constitución española. De la exposición que hace J. González Pérez en el texto mencionado, se puede concluir que el derecho a un proceso sin dilaciones indebidas consiste en una prestación que deben cumplir los órganos jurisdiccionales de no retrasar irrazonablemente los procesos. "No se trata, como afirma por su parte J. García Morillo, de un derecho absoluto a un juicio rápido, sino de un derecho a que el proceso no se demore por la arbitrariedad e injustificada pasividad del juzgador o por la indebida influencia de terceros (.), no implica un derecho a que se cumplan los plazos, sino un derecho a que la causa se resuelva en un plazo razonable" (*Cfr.* López, L,, Espín, E., García, J., Pérez, P, y Satrústegui, M., Derecho Constitucional, V. I, Tirant lo blanch, Valencia, 2000, p. 350).

Lo que se entiende por retraso o demora, deberá en todo caso precisarse en cada caso, conforme a criterios objetivos congruentes con su enunciado. Cuáles podrían ser esos criterios; la sentencia 133/1988 del Tribunal Constitucional español menciona una doctrina que al respecto ha venido consolidando el Tribunal Europeo de los Derechos Humanos, con sede en Estrasburgo; según dicho tribunal español "el carácter razonable (o irrazonable) de la duración de un procedimiento debe apreciarse teniendo en cuenta las circunstancias de la causa y considerando una serie de criterios, como son los de la complejidad del asunto, la conducta de los reclamantes, la conducta de las autoridades implicadas y las consecuencias que de la demora se siguen para los litigantes"; así como "los márgenes ordinarios de duración de los litigios del mismo tipo", criterio éste que agrega a la lista anterior el propio Tribunal Constitucional español en decisión del 24 de noviembre de 1988. Siguiendo la jurisprudencia del Tribunal Europeo de los Derechos Humanos, J. Pérez Royo explica los apuntados criterios;

1° Complejidad del asunto; "Se trata de un criterio que se explica por si mismo. La valoración de si se han producido dilaciones indebidas no es la misma cuando los hechos son claros y/o la calificación jurídica de los mismos es asimismo clara, que cuando no lo es. El límite no puede ser el mismo".

2° Conducta procesal del justiciable. "No puede alegar la vulneración del derecho quien ha hecho uso de todas las maniobras dilatorias que el ordenamiento le permite".

3° El interés que en el proceso arriesga el demandante. "No es lo mismo un proceso penal que uno no penal, o un proceso en el que lo que está en juego es objetivamente muy importante, que uno en el que lo que está en juego no lo es".

4° La conducta de los órganos judiciales. "Éste es, obviamente, el criterio determinante" (*Cfr. Curso de Derecho Constitucional*, Séptima Edición, Marcial Pons, 2000, p. 507).

Con base a estos criterios, la Sala Constitucional ha llegado hasta considerar que la imposibilidad de constituir un tribunal con escabinos no puede ser óbice para paralizar el proceso penal, toda vez que ello constituirla una dilación indebida. Así, en el fallo de fecha 1° de abril de 2005, caso: **Rony Delgado**, la Sala señaló lo siguiente:

En torno a esa afirmación, esta Sala advierte que en la sentencia N° 3744, del 22 de diciembre de 2003 (caso: *René Toro Cisneros y otros*), se asentó que "es una dilación indebida la que ocurre cuando el tribunal con escabinos no puede constituirse después de dos convocatorias correspondientes y que, ante esa situación, el juez profesional que dirigirá el juicio, debe asumir totalmente el poder jurisdiccional sobre la causa, por lo que deberá llevar adelante el juicio prescindiendo de los escabinos".

Por tanto, en el caso de que no se hubiese celebrado el juicio oral y público al ciudadano Rony Eliécer Delgado Pedraza, la Corte de Apelaciones del Circuito judicial Penal de la Circunscripción Judicial del Estado Táchira deberá remitir copia certificada de la presente decisión al Tribunal de juicio que conozca la misma, para que cumpla con lo señalado en la decisión citada, toda vez que el derecho a la tutela judicial efectiva, que contiene a su vez el derecho a que se celebre un juicio sin dilaciones indebidas, debe ser cumplido a cabalidad y no le incumbe solamente al imputado, sino a todas las partes del proceso penal.

Por tanto, entre los parámetros que la Sala Constitucional ha considerado pertinentes para identificar la oportunidad para decidir las solicitudes de nulidades procesales en fase intermedia, podemos mencionar los siguientes: la complejidad y gravedad del asunto; la conducta procesal del justiciable; el riesgo del demandante en el proceso; y la conducta de los órganos judiciales.

Se trata de criterios tomados del sistema interamericano, donde sus órganos han considerado que para definir el término "plazo razonable" hay que ponderar, entre otros factores, la complejidad del litigio, la conducta de los demandantes y la diligencia de las autoridades competentes en la conducción del proceso[1].

3. LAS CIRCUNSTANCIAS CONCRETAS DEL CASO RELACIONADO CON EL DR. ALLAN BREWER-CARÍAS

De la documentación que nos ha sido enviada hemos podido verificar que en el caso concreto del proceso penal seguido en contra del profesor Allan Brewer-Carías, la defensa solicitó la declaratoria de nulidad absoluta de la acusación, en virtud de una serie de vicios de inconstitucionalidad surgidos durante la fase de investigación, los cuales fueron debidamente detallados en varios escritos.

Se trata de vicios relacionados con la violación de derechos fundamentales, y más concretamente con el derecho a la defensa y al debido proceso, con el derecho a la presunción de inocencia, con el principio de contradicción de la prueba en el proceso penal, con la imparcialidad de la investigación y con el derecho al juez natural. Se trata de violaciones constitucionales de gravedad, las cuales, de ser apreciadas y consideradas, no podrían ser objeto de convalidación.

Adicionalmente, hemos podido verificar como varias de las actuaciones denunciadas como viciadas de nulidad sirvieron de elementos para la presentación de la acusación fiscal en contra del profesor Brewer-Carías, lo que deja claramente en evidencia la necesidad que existía (y existe) de un pronunciamiento oportuno sobre las nulidades alegadas.

---

[1] **Informe de la Comisión Interamericana N° 12/96 del 1.03.96, Punto 2 parte resolutiva, OEA/Ser.L/V/II91, Doc. 7 rev. 28 de febrero de 1996, Párr. III.**

Si tomamos en consideración los parámetros que la jurisprudencia ha considerado relevantes para aproximarse a la determinación del plazo razonable para decidir una incidencia o recurso, tenemos que, en primer lugar, que la gravedad de los vicios denunciados en este caso ameritaba (y amerita) un pronunciamiento urgente, toda vez que las actuaciones cuestionadas sirvieron para justificar la acusación fiscal y posteriormente una solicitud de privación de libertad, lo que genera una importante duda sobre la validez de estas actuaciones procesales, pues de haberse determinado la nulidad de algunos aspectos sustanciales de la investigación, quizás se hubiese pedido impedir la acusación y/o la solicitud de privación de libertad del procesado.

Los vicios de nulidad se refieren a violaciones de derechos fundamentales, los cuales requieren de una atención sumaria y preferente, de conformidad con lo dispuesto en los artículos 25 y 26 de la Constitución y 8 y 25 de la Convención Americana sobre Derechos Humanos. En efecto, no puede perderse de vista que la defensa de los derechos fundamentales requiere de atención preferente, bien sea a través de un proceso especial (amparo) o dentro de incidencias particulares en los procesos ordinarios, pues se trata de las normas más elementales, las cuales requieren de una mayor celeridad judicial.

El derecho a la tutela judicial efectiva implica, al menos, la posibilidad de disponer de una decisión de mérito a tiempo, lo que debe implicar la posibilidad de atender las pretensiones preliminares antes de que los juicios continúen a fases subsiguientes, toda vez que nadie debe estar expuesto a continuar en un proceso judicial largo, cuando no se han cumplido los presupuestos procesales necesarios para su existencia. Más aún cuando las solicitudes preliminares se refieren a vicios de derechos fundamentales.

En este sentido es importante resaltar que el artículo 27 de la Constitución consagra el derecho al amparo, el cual no sólo se concreta en una acción específica y especial para la defensa de los derechos fundamentales, sino también en la necesidad de atender con urgencia, mediante incidencias urgentes dentro de un proceso ordinario, las violaciones a los derechos constitucionales.

Por ello, en el artículo 6.5 de la Ley Orgánica de Amparo sobre Derechos y Garantías Constitucionales se hace referencia a la posibilidad de que durante un proceso judicial determinado se presenten sobrevenidamente violaciones constitucionales. Concretamente dispuso esta norma:

Artículo 6.- No se admitirá la acción de amparo:

Omissis...

5) Cuando el agraviado haya optado por recurrir a las vías judiciales ordinarias o hecho uso de los medios judiciales preexistentes. En tal caso, **al alegarse la violación o amenaza de violación de un derecho o garantía constitucionales, el Juez deberá acogerse al procedimiento y a los lapsos establecidos en los artículos 23, 24 y 26 de la presente Ley, a fin de ordenar la suspensión provisional de los efectos del acto cuestionado.** *(Subrayado añadido).*

Básicamente esta norma precisa que ante el alegato de violaciones de derechos fundamentales, una vez iniciada una vía ordinaria, el juez debe abrir una incidencia de amparo para resolver la cuestión, a menos que exista un lapso menor o más rápido en la ley especial que consagra la vía ordinaria escogida por el particular.

En todo caso, fue clara la intención del legislador de amparo: darle trámite preferente, sumario y urgente a las denuncias de violaciones de derechos fundamentales. Para ello no sólo se dispuso de un procedimiento especial (amparo), sino también de incidencias inmediatas y sumarias para los casos donde el particular agraviado ya haya hecho uso de una vía judicial ordinaria.

Claro está, en el caso del proceso penal que aquí nos ocupa era evidente que no tenía sentido solicitar un amparo sobrevenido, como lo ha venido calificando la doctrina patria, pues el lapso que el COPP prevé para decidir estas incidencias es más breve aún, pues como vimos, el artículo 177 del COPP habla de tres (3) días para resolver la solicitud de nulidad realizada por escrito. Por tanto, cuando la vía ordinaria prevé una oportunidad efectiva para la atención de los derechos fundamentales cuestionados, no tiene sentido, y más bien resulta inadmisible, acudir a las vías extraordinarias.

De allí, que ante la consagración en el COPP de un lapso breve y sumario para la decisión de una solicitud de nulidad fundada en vicios referentes a derechos fundamentales, hacía innecesario acudir a la Ley Orgánica de Amparo, pues la ley especial (COPP) prevé un lapso preferente y hasta más inmediato.

Lo que si resulta a todas luces incompatible con el derecho a la tutela judicial efectiva y a un juicio sin dilaciones indebidas era diferir a una futura audiencia la resolución de unos alegatos relacionados con violaciones graves de derechos constitucionales, pues ello implicaba someter indebidamente al proceso a un juicio que podía ser declarado ilegítimo en forma oportuna.

Al respecto, afirma Bidart Campos que "la duración del proceso debe ser razonable, variable según la índole de la pretensión y del proceso, pero siempre circunstancial mente rápido... las demoras, las dilaciones, las suspensiones, etc, que conspiran sin razón suficiente contra la celeridad procesal son inconstitucionales... dilatar el proceso es impedir que el justiciable obtenga solución oportuna a su pretensión jurídica y violar el derecho a la jurisdicción"[2].

Las normas procesales deben asegurar el derecho a las partes a obtener una respuesta rápida y oportuna, por ello los jueces deben velar por evitar demoras injustificadas o el diferimiento de decisiones que podrían determinar la nulidad del proceso o la necesidad de su reposición. La tutela judicial efectiva implica también el derecho a evitar la continuación de un juicio cargado de vicios, más aún cuando los vicios alegados podrían determinar hasta la culminación del proceso.

---

[2]   Citado por Cecilia Belsito y Andrés Caporale, *Tutela judicial efectiva*, Editorial Nova Tesis, Santa Fe, 2000, p. 187

Por otra parte, se aprecia que la conducta del procesado en forma alguna obstaculizó la necesidad de que la solicitud se decidiese con urgencia, más bien su conducta fue extremadamente diligente, al menos hasta el momento en que percibió que el proceso perdió todo matiz de imparcialidad. Los vicios de nulidad fueron denunciados antes de la audiencia preliminar, precisamente para provocar un pronunciamiento dentro de la oportunidad procesal a que se refiere el artículo 177 del COPP.

En el mismo sentido, consideramos que no cabe la menor duda de que la dilación procesal constituía (y constituye) un riesgo para el procesado, pues la consideración de elementos probatorios inexistentes o manipulados implicó una acusación y una solicitud de privación de libertad, lo que le ha ocasionado un gravamen irreparable al profesor Brewer-Carías, quien se ha tenido que ausentar del país ante su convicción y la de sus abogados sobre la falta de objetividad e imparcialidad en el proceso judicial que se sigue en su contra.

De allí, que la revisión de los parámetros jurisprudenciales para la determinación del plazo razonable de la decisión sobre las nulidades procesales alegadas por el profesor Brewer-Carías, arroja una clara conclusión: no podía haberse diferido la decisión de las nulidades solicitadas por la defensa para el momento en que se celebrase la audiencia preliminar, pues se trataba (y se trata) de objeciones procesales de envergadura, fundadas en violaciones a derechos fundamentales. Estas denuncias requerían (y requieren) de un pronunciamiento oportuno e inmediato/ lo que sin lugar a dudas no se ha cumplido, en virtud del empeño ilegítimo del juez de control en decidir estas denuncias en la audiencia preliminar.

4. CONCLUSIÓN

• De acuerdo con la normativa procesal penal vigente, las solicitudes de nulidades procesales presentadas por escrito, antes de la audiencia preliminar, deben resolverse dentro de los tres (3) días a que hace referencia el artículo 177 del COPP, sobre todo cuando los vicios se refieren a violaciones de derechos fundamentales y existen razones concretas suficientes para precipitar la decisión judicial.

• La jurisprudencia de la Sala Constitucional ha considerado que para determinar la oportunidad razonable para tomar una decisión (interlocutoria o definitiva) deben considerarse y ponderarse las circunstancias concretas de cada caso, teniendo muy en cuenta el tipo de vicios alegados. Razón por la cual, los vicios relacionados con la vulneración de derechos constitucionales deben atenderse y resolverse en forma perentoria, más aún cuando existen otras consideraciones que avalan la necesidad de un pronunciamiento urgente, tal y como en efecto sucede en el caso del proceso penal seguido en contra del profesor Brewer-Carías.

• Nuestra Constitución y legislación exigen que la defensa de los derechos fundamentales se atienda en forma preferente, para lo cual no sólo existe un procedimiento especial, sumario y urgente (amparo), sino también se consagra una incidencia especial y urgente que debe utilizarse en los procedimientos ordinarios, cuando no existan incidencias particulares que permitan la resolución oportuna y tempestiva de conflictos relacionados con derechos constitucionales.

• De acuerdo a todos estos factores y argumentos, no nos cabe la menor duda de que en el caso del profesor Brewer-Carías la solicitud de nulidades procesales fundadas en vicios de inconstitucionalidad, realizada antes de la audiencia preliminar, tenía que atenderse en forma urgente y preferente, dando estricto cumplimiento a lo dispuesto en el artículo 177 del COPP, lo que implicaba (e implica) la necesidad de decidir esas nulidades dentro de los tres (3) días siguientes al término de la oportunidad disponible para el resto de la partes para hacer valer sus argumentos y consideraciones.

Queda expuesta de esta forma la consulta que nos ha sido requerida, quedando a sus órdenes para cualquier aclaratoria o ampliación de los temas aquí tratados.

Rafael Chavero

LIBRO TERCERO

AMICUS CURIAE PRESENTADOS ANTE LA CORTE INTERAMERICANA DE DERECHOS HUMANOS JULIO- SEPTIEMBRE 2013

PRIMERA PARTE:

AMICUS CURIAE PRESENTADO POR EL PROFESOR RUBÉN HERNÁNDEZ VALLE EN REPRESENTACIÓN DEL INSTITUTO COSTARRICENSE DE DERECHO CONSTITUCIONAL SOBRE EL DERECHO A LA PRESUNCIÓN DE INOCENCIA Y SU VIOLACIÓN POR EL ESTADO DE 17 DE JULIO DE 2013

Señores

Presidente y demás Jueces de la Corte Interamericana de Derechos Humanos

Presente.-

Ref: *Amicus Curiae*

Caso: Allan Brewer Carías vs. Venezuela

1. Quién suscribe, **Rubén Hernández Valle** , mayor, casado, abogado, pasaporte costarricense 1-03420665, vecino de San José, Costa Rica, en mi condición de Presidente del **INSTITUTO COSTARRICENSE DE DERE-CHO CONSTITUCIONAL,** como persona ajena al litigio y al proceso en el caso *Allan Brewer Carías vs. Venezuela*, que cursa ante esta honorable Corte Interamericana de Derechos Humanos (en lo adelante Corte IDH; Corte Interamericana), actuando de conformidad con lo previsto en los artículos 2.3, 28. y 44 del Reglamento de la Corte Interamericana, a continuación presento el siguiente escrito de *amicus curiae* con el objeto de formular ante esta honorable Corte, algunos razonamientos en torno a alguno de los hechos contenidos

en el sometimiento del caso y formular algunas consideraciones jurídicas sobre la materia del proceso, en particular sobre el derecho a la presunción de inocencia que se garantiza en el artículo 8.2 de la Convención Americana sobre Derechos Humanos, el cual se ha denunciado como violado por el Estado venezolano con ocasión del proceso penal seguido en Venezuela contra el profesor Allan R. Brewer-Carías, y que entre otras denuncias, ha originado el caso que cursa ante esta honorable Corte.

I. SOBRE EL DERECHO A LA PRESUNCIÓN DE INOCENCIA EN EL ARTÍCULO 8.2, CONVENCIÓN AMERICANA SOBRE DERECHOS HUMANOS

2. La Convención Americana sobre Derechos Humanos, al regular las garantías judiciales de las personas, precisa en el artículo 8.2 que "toda persona inculpada de delito tiene derecho a que se presuma su inocencia mientras se establezca legalmente su culpabilidad." Se consagra así un principio que conforme lo ha resuelto esta honorable Corte Interamericana en su sentencia del caso *Tibi vs. Ecuador* de 7 de septiembre de 2004, "constituye un fundamento de las garantías judiciales,"[1] razón por la cual también ha concluido la Corte Interamericana en su sentencia del caso *Ricardo Canese vs. Paraguay*, de 31 de agosto de 2004, que:

> "...el derecho a **la presunción de inocencia es un elemento esencial para la realización efectiva del derecho a la defensa** y acompaña al acusado durante toda la tramitación del proceso hasta que una sentencia condenatoria que determine su culpabilidad quede firme. Este derecho implica que **el acusado no debe demostrar que no ha cometido el delito que se le atribuye, ya que el *onus probandi* corresponde a quien acusa.**[2] (Énfasis agregado).

De ello resulta por tanto, por una parte, que el derecho a la presunción de inocencia, no sólo implica que el inculpado de algún delito (i) tiene derecho a que se presuma su inocencia mientras se establezca legalmente su culpabilidad, y (ii) que ese derecho lo acompaña durante toda la tramitación del proceso hasta que la sentencia condenatoria que determine su culpabilidad quede firme; sino impone a quien acusa tener que probar la culpabilidad del delito que se imputa a una persona, no pudiendo el acusado ser colocado por el Estado en la posición de tener que demostrar que no ha cometido el delito que se le atribuye, ya que precisamente la carga de la prueba corresponde a quien acusa.

---

[1] Véase Corte IDH. *Caso Tibi Vs. Ecuador.* Excepciones Preliminares, Fondo, Reparaciones y Costas. Sentencia de 7 de septiembre de 2004. Serie C N° 114, Sentencia de 07 de septiembre de 2004. Serie C, N° 114, en http://www.corteidh.or.cr /docs/casos/articulos/seriec_114_esp.pdf, párr. 182.

[2] Véase Corte IDH. *Caso Ricardo Canese Vs. Paraguay.* Fondo, Reparaciones y Costas. Sentencia de 31 de agosto de 2004. Serie C N° 111, en http://www. corteidh.or.cr/docs/casos/articulos/seriec_111_esp.pdf, párr. 154.

4. El entonces Presidente de esta honorable Corte, Juez García Ramírez, en su voto particular a la sentencia del citado caso *Tibi vs. Ecuador*, agregó, entre otros argumentos sobre el significado e importancia del derecho a la presunción de inocencia, que *"lo que pretende la presunción o el principio de inocencia es excluir el prejuicio –juicio anticipado, general y condenatorio, que se dirige en contra del inculpado, sin miramiento sobre la prueba de los hechos y de la responsabilidad– y ahuyentar la sanción adelantada que se funda en vagas apariencias"*.[3] (Énfasis añadidos).

5. Se trata, en definitiva, como lo ha dicho la Corte Europea de Derechos Humanos, de evitar que los miembros de un tribunal se vean en la situación de *"partir de la idea preconcebida de que el acusado ha cometido el acto incriminado,"*[4] que es la situación a la cual se ha llevado el caso del profesor Brewer-Carías en Venezuela, con motivo del proceso penal incoado en su contra por el delito de "conspiración para cambiar violentamente la Constitución," proceso durante el cual ha sido condenado de antemano, sin juicio alguno, por todos los órganos fundamentales del Estado venezolano, cuyos funcionarios han contribuido a que se haya producido un juicio general y condenatorio, sin miramiento alguno de pruebas ni proceso, basado en apreciaciones fundadas en opiniones de periodistas.

6. Ha sido por todo ello, por lo cual los representantes del profesor Brewer-Carías han denunciado ante esta honorable Corte IDH la violación sistemática del derecho a la presunción de inocencia del profesor Brewer Carías, lo que según han argumentado se ha manifestado en declaraciones públicas de incriminación a las que han concurrido todos los poderes públicos del Estado venezolano: la Asamblea Nacional, el Tribunal Supremo de Justicia, el Fiscal General de la República y hasta los Embajadores de Venezuela en la República Dominicana y Costa Rica; a las cuales se ha sumado más recientemente, en forma escrita, lo expresado por el Ministro de Relaciones Exteriores en su comunicación de denuncia de la Convención Americana sobre Derechos Humanos dirigida al Secretario General de la Organización de los Estados Americanos en fecha 6 de septiembre de 2012. La concordancia de todos esos planteamientos, acusaciones y "condenas" formuladas y la jerarquía de los personeros que los han expresado, han denunciado los representantes del pro-

---

[3] Véase Corte IDH, *Caso Tibi vs Ecuador*, antes citada, Voto del Juez García Ramírez, en http://www.corteidh.or.cr/docs/casos/articulos/seriec_114_esp.pdf, párr. 32. El Juez García Ramírez también observó que *"difícilmente habría un principio que guardase mayor congruencia con la justicia penal democrática, que pone **a cargo del Estado acusador la comprobación de las imputaciones y del Estado juzgador la decisión sobre éstas.**"*

[4] Véase CEDH, Case of *Barbérà, Messegué and Jabardo v. Spain*. (Application N° 10590/83). Judgment of 6 December 1988, párr. 77 (Texto original: Paragraph 2 (art. 6-2) embodies the principle of the presumption of innocence. It requires, inter alia, that when carrying out their duties, the members of a court should not start with the preconceived idea that the accused has committed the offence charged; the burden of proof is on the prosecution, and any doubt should benefit the accused.")

fesor Brewer Carías que ha lesionado su derecho a la presunción de inocencia, configurándose como una condena informal, sin juicio y sin garantía alguna del debido proceso, en forma contraria a la Convención Americana. La conducta del Estado expresada a través de los titulares de sus órganos fundamentales ha significado, han expresado los ante esta honorable Corte los representantes del profesor Brewer-Carías, ha resultado en una *condena informal a una persona, expresada por funcionarios del Estado, emitiendo además un juicio ante la sociedad, con lo que han* **contribuido así a formar una opinión pública,** *sin que se haya acreditado su responsabilidad conforme a la ley.* [5]

II. SOBRE LA VIOLACIÓN DEL DERECHO A LA PRESUNCIÓN DE INOCENCIA DEL PROFESOR BREWER-CARÍAS AL FORMULARSE LA ACUSACIÓN FISCAL EN EL PROCESO PENAL EN SU CONTRA, BASADA EN RECORTES DE PRENSA DE OPINIONES PERIODÍSTICAS, IMPONIÉNDOSELE LA CARGA DE TENER QUE PROBAR SU INOCENCIA

7. En el Escrito de Solicitudes, Argumentos y Pruebas presentado ante esta honorable Corte por los representantes del profesor Allan R. Brewer Carías,[6] en primer lugar se destacó el hecho de que la imputación y la acusación formulada en 2005 por el Ministerio Público venezolano en el proceso penal contra el profesor Brewer-Carías por un delito tan grave como el delito de rebelión o de "conspiración para cambiar violentamente la Constitución," lo basó dicho Ministerio Público en lo que llamó un "hecho notorio comunicacional," que supuestamente no requería prueba, construido sobre la base de recortes de periódicos suministrados por un militar activo (Ángel Bellorín) quien actuó como denunciante ante el Ministerio Público en 2002,[7] contentivos no de noticias sobre hechos o sucesos, sino más bien de artículos con versiones, rumores y meras opiniones de algunos periodistas, ninguno de los cuales fue ni se pretendió testigo presencial de los hechos; recortes que fueron incorporaron como "elementos probatorios" ostensiblemente con el propósito de invertir la carga de la prueba dado el principio de que conforme al Código Orgánico Procesal Penal venezolano, los "hechos notorios" no requieren

---

[5] La Corte IDH, en la sentencia del caso *Lori Berenson Mejía*, en efecto, dijo: "*El derecho a la presunción de inocencia, tal y como se desprende del artículo 8.2 de la Convención, exige que el Estado no condene informalmente a una persona o emita juicio ante la sociedad,* **contribuyendo así a formar una opinión pública,** *mientras no se acredite conforme a la ley la responsabilidad penal de aquella*". Véase Corte IDH. Caso *Lori Berenson Mejía Vs. Perú*. Fondo, Reparaciones y Costas. Sentencia de 25 de noviembre de 2004. Serie C N° 119, en http://www.corteidh.or.cr/docs/casos/articulos/seriec_119_esp.pdf, párr. 160.

[6] Véase *Escrito de Solicitudes, Argumentos y Pruebas*, de 7 de julio de 2012, párr. 126 ss.; 163 ss.; 374 ss., 377-387; 403 ss.

[7] Tal como se destaca en el Informe de "*Sometimiento del caso 12.724, Allan R. Brewer Carías v. Venezuela por la Comisión Interamericana de Derechos Humanos ante la Corte Interamericana de Derechos Humanos*," de 7 de marzo de 2012, parr. 93.

prueba, violándose así como lo expresaron los representantes del profesor Brewer Carías, su derecho a la presunción de inocencia, pues como resulta de su lectura, ninguno de los recortes de prensa se refería a "hechos" o "sucesos" que algún periodista hubiese visto, sentido u oído, sino a apreciaciones de los periodistas basadas en referencias o de lo que pensaron pudo haber ocurrido.[8]

8. El Ministerio Público y el Estado venezolano han argumentado que el inicio del proceso penal contra el profesor Brewer Carías, se basó en el mencionado "hecho notorio comunicacional" a cuyo efecto se limitaron a exponer que el fundamento de dicho proceder se basaría en una sentencia de la de Sala Constitucional del Tribunal Supremo de Justicia de Venezuela, N° 98 de fecha 15 de marzo de 2000 *(Caso:* Coronel Oscar Silva Hernández*)*, [9] en la cual dicha Sala efectivamente se refirió al tal "hecho público comunicacional," pero con contornos precisos, distintos a los que entendió el Ministerio Público. En dicha sentencia, en la que se fundamentó la Fiscal acusadora del profesor Brewer Carías para desvirtuar e invertir la carga de la prueba y obligar a los acusados en el proceso penal a que fueran ellos los que probaran su inocencia desvirtuando, identificó con cierta precisión el tema del "hecho notorio" en materia de pruebas, exigiendo que el mismo se debe construir sobre las noticias relativas a un hecho o acaecimiento, y no sobre las opiniones de periodistas sobre un supuesto hecho; y en el caso del proceso penal contra el profesor Brewer Carías, como se puede apreciar de los recortes de prensa que constituyeron la base de los "elementos probatorios" de la denuncia, la imputación y la acusación, en realidad su contenido no es sobre noticias referidas a "hechos," sino solo opiniones y apreciaciones formuladas por periodistas sobre supuestos hechos. [10] La Comisión Interamericana de Derechos Humanos, en el *Informe* del artículo 50 indica sobre los hechos, que "los medios de co-

---

[8]   Véase *Escrito de* Solicitudes, *Argumentos y Pruebas*, de 7 de julio de 2012, párr. 403-417.

[9]   Véase el texto de la sentencia en http://www.tsj.gov.ve/decisiones/scon/Marzo/98-150300-0146.htm. Véanse los comentarios a dicha sentencia y a la figura del "hecho comunicacional" en Allan R, Brewer-Carías, "Consideraciones sobre el "hecho comunicacional" como especie del "Hecho Notorio" en la doctrina de la Sala Constitucional del Tribunal Supremo," en *Revista de Derecho Público*, N° 101, enero-marzo 2005, Editorial Jurídica Venezolana, Caracas 2005, pp. 225-232; y "Sobre el llamado 'hecho comunicacional' como fundamento de una acusación penal," en Carmen Luisa Borges Vegas (Compiladora), *Temas de Derecho Penal Económico, Homenaje a Alberto Arteaga Sánchez,* Fondo Editorial AVDT, Obras colectivas OC N° 2, Caracas 2007, pp. 787-816.

[10] He podido leer y analizar el contenido de todos los referidos recortes de prensa que sirvieron para acusar al profesor Brewer Carías, en el análisis de los mismos que se hace en su libro que contiene el alegato de nulidad de todo lo actuado en el proceso penal seguido en su contra, de noviembre de 2005. Véase Allan R. Brewer-Carías, *En mi propia defensa*, Editorial Jurídica Venezolana, Caracas 2006, pp. 237 ss. El texto del libro está disponible en http://www.allanbrewercarias.com/Content/449725d9-f1cb-474b-8ab2-41efb849fea5/Content/II.1.109%20EN%20MI%20PROPIA%20DE FEN SA.%202006.pdf

municación difundieron (30) notas sobre la presencia de Allan Brewer Carías durante la madrugada del 12 de abril de 2002 en "Fuerte Tiuna" que lo vinculaban con la redacción del llamado "Decreto Carmona".[11]

9. El tema de dichos "elementos probatorios" de la acusación penal contra el profesor Brewer Carías, calificados en la misma como configurado de un "hecho notorio" que no requeriría de prueba, exige precisar los principios del proceso en materia de prueba, partiendo del principio general de "quien alega, prueba," es decir, de que la carga de la prueba está en manos de quien alega, lo que por ejemplo en materia penal significa que cuando es el Fiscal, quien acusa, a quien corresponde la obligación de probar sus alegatos, siendo una excepción a esa carga probatoria los llamados "hechos notorios," sobre los cuales en general el legislador dispone que no requieren de prueba, porque por razones prácticas y necesidad lógica se considera que para la parte contraria a quien formula la acusación, como lo ha dicho Anita Giacometto, "es más fácil demostrar la verdad o falsedad de ciertos hechos," o "es quien debe desvirtuarlos," considerándose que "este reparto de las cargas probatorias obedece a factores razonables y prácticos impuestos por el legislador o por tratarse de una necesidad lógica."[12]

10. El tema del "hecho notorio" se ha planteado desde antaño, debiendo destacarse en relación con el mismo y sobre lo que implica en materia de pruebas, lo expresado por Lucciani al comentar el artículo 686 del Código de Comercio italiano en materia de pruebas cuando establece que "si es notorio, o por otros medios se tiene segura noticia de que un comerciante haya cesado de hacer sus pagos, el tribunal debe declarar la quiebra de oficio". Sobre esta norma, Lucciani sostuvo que:

> *"La doctrina y la jurisprudencia enseñan que la notoriedad está constituida por la difusión de la noticia de que ha ocurrido la cesación de pagos; esto no obstante, **no debe descansar sobre voces vagas e indeterminadas, que no suelan ser puestas en boga maliciosamente por la envidia y por la maledicencia**, sino sobre **hechos precisos y determinados que constituyan la prueba no dudosa** de la cesación misma."[13]*

11. Por su parte, Carlos Lessona indicó que se entiende por notorio el "*hecho evidente y cuya existencia es pública, general e indiscutible* (debe entenderse en el medio social a que pertenece)", agregando "que la evidencia debe constar en los autos de modo *cierto y absoluto*", razón por la cual el

---

[11]   Véase, Informe de "Sometimiento del caso *12.724, Allan R. Brewer Carías v. Venezuela por la Comisión Interamericana de Derechos Humanos ante la Corte Interamericana de Derechos Humanos*," de 7 de marzo de 2012, parr. 90.

[12]   Véase Ana Giacometto, *Introducción a la teoría general de la prueba*, Bogotá 2013, nota 261

[13]   Lucciani, *Tratado de la Quiebra*, I, n. 173, p. 325

hecho notorio debe ser admitido o por lo menos no discutido por las partes.[14] En sentido similar Giorgi indicó que "notorio" es "lo que es *tan evidente y público que el público entero sea testigo de ello.*"[15]

12. Por ello, por ejemplo, en Venezuela, el artículo 506 del Código de Procedimiento Civil dispone que "los hechos notorios no son objeto de prueba"; y en el artículo 198 del Código Orgánico Procesal Penal dispone que "El tribunal puede prescindir de la prueba cuando ésta sea ofrecida para acreditar un hecho notorio."

13. Un "hecho notorio," sin embargo, no es cualquier noticia por más difundida que esté en la prensa y por los medios, si la noticia no se refiere a hechos, sucesos o acaecimientos sino a opiniones de periodistas. Es decir, no puede en forma alguna darse por probado un hecho controvertido y fundamental para atribuirle responsabilidad penal a una persona, amparado como está por la presunción de inocencia, fundándose en opiniones expresadas por periodistas, así las mismas sean repetida mil veces en otros medios de comunicación. Eso no es un "hecho notorio" ni este puede construirse porque las opiniones o apreciaciones de periodistas hayan aparecido en las páginas de los diarios, y pretenderse que lo referido por los periodistas está exento de prueba.

14. Y eso precisamente, y no otra cosa, fue lo delineado por la jurisprudencia de la Sala Constitucional del Tribunal Supremo de Justicia en la antes mencionada sentencia No. 98 de 2000, en la cual, en el caso del profesor Brewer Carías, la Fiscal acusadora pretendió fundar su acusación, sin duda distorsionando el contenido de la sentencia, pues en la misma, la cual he leído y estudiado detenidamente a los efectos de preparar este *amicus curiae*, lo que se afirma es que el "hecho comunicacional," es una categoría del "hecho notorio," que se produce cuando la notoriedad de los hechos derivan de medios de comunicación, en el sentido de que tal "hecho notorio" proviene siempre de noticias **sobre sucesos, acaecimientos o eventos, es decir, de hechos** (no de entrevistas y opiniones); siendo además indispensable, para que un hecho comunicacional pueda ser considerado como "hecho notorio," que las noticias **no hayan sido desmentidas.**

15. En el caso debatido y que originó dicha sentencia, además, la Sala Constitucional al referirse a la categoría de "hecho comunicacional" se estaba refiriendo al llamado "hecho notorio *judicial,*" en el sentido de *"hechos conocidos por el juzgador en razón de su actividad profesional o de procesos anteriores* de los que conoció jurisdiccionalmente."[16] En el caso concreto, la Sala Constitucional, para en el caso decidido declarar inadmisible una acción de amparo intentada contra una decisión judicial de privación de libertad, la

---

[14] Carlos Lessona, *Teoría General de la Prueba"*, Ed. Reus, Madrid, 1957, Tomo I, p. 210.

[15] Giorgi, *Teoría General de las Obligaciones*, 2ª. Edición, Madrid, p. 497.

[16] Juan Moreno Aroca, *La Prueba en el Proceso Civil,* Ed. Civitas, Madrid 2002, p. 65

Sala se basó en la existencia de un *hecho cierto, que efectivamente había acaecido, y que era que ya se había dictado una determinada sentencia, por un tribunal preciso, en un proceso determinado, en una fecha precisa y en relación con la persona que accionaba en amparo;* "hecho judicial" que consideró como suficientemente probado como "hecho comunicacional," aún cuando el texto de la sentencia no se hubiese consignado en autos.

16. Sobre la concepción del "hecho notorio," la Sala Constitucional precisó, ante todo, que se debía tratar de un "hecho," es decir, de un acontecimiento, de un suceso o de un acaecimiento *que efectivamente debía haber tenido lugar*, y que por haberse conocido, entró a formar parte de la cultura, se integró a la memoria colectiva, constituye referencia en el hablar cotidiano de las personas, parte de sus recuerdos y de las conversaciones sociales. El hecho notorio, por tanto, para la Sala Constitucional venezolana, tiene que ser un *hecho* (suceso, acaecimiento) *cierto, real, que ha sucedido indubitablemente*, y que por su conocimiento por el común de la gente debido a su divulgación (ya que no todo el común de la gente pudo haber presenciado el hecho), entonces no requiere ser probado.

17. Luego pasó la Sala Constitucional en su sentencia a considerar el "hecho publicitado" generado por el auge de la comunicación escrita mediante periódicos, o por vías audiovisuales, sobre el cual, dijo la Sala Constitucional, *"en principio no se puede afirmar si es cierto o no*, pero que adquiere difusión pública uniforme por los medios de comunicación social, por lo que muy bien podría llamársele el *hecho comunicacional* y puede tenerse como *una categoría entre los hechos notorios*, ya que forma parte de la cultura de un grupo o círculo social en una época o momento determinado," agregando en todo caso, que cuando "los medios de comunicación social escritos, radiales o audiovisuales, *publicitan un hecho como cierto, como sucedido, y esa situación de certeza se consolida cuando el hecho no es desmentido* a pesar que ocupa un espacio reiterado en los medios de comunicación social."

18. De acuerdo con esta doctrina jurisprudencial de la Sala Constitucional, por tanto, queda clara su tesis de que la publicidad o comunicación se tiene que referir a noticias sobre "hechos," no a opiniones de personas o periodistas sobre supuestos hechos; y la forma de acreditarlos es mediante "los instrumentos contentivos de lo publicado, o por grabaciones o videos, por ejemplo, de las emisiones radiofónicas o de las audiovisuales, que demuestren la difusión **del hecho**, su uniformidad en los distintos medios y su consolidación; es decir, *lo que constituye la noticia."* Y además*, que el referido hecho no haya sido desmentido.*

19. Por tanto, si los "recortes de prensa" en los que pretendió fundamentar una acusación penal, como es el caso del proceso iniciado contra el profesor Brewer-Carías, no contienen "noticias" sobre "hechos" sino sólo opiniones, apreciaciones o referencias formuladas por periodistas, ello nunca podría servir de base para configurar el llamado hecho comunicacional en el sentido de la jurisprudencia de la Sala Constitucional del Tribunal Supremo de Justicia de Venezuela. Por ello, la misma Sala distinguió, al referirse al ejercicio del

periodismo, entre "*la comunicación de la noticia, que informa sobre el suceso nacional o internacional* que se considera debe conocer el público," que identifica como "suceso reseñado," y "*otros contenidos de los medios, tales como artículos de opinión, entrevistas*," que no son "noticias" sobre hechos, sino opiniones o apreciaciones de periodistas. Estos últimos, en criterio de la Sala Constitucional, por supuesto, nunca pueden dar lugar a un "hecho comunicacional" y menos aún si son desmentidos. Por todo ello, en la misma sentencia se precisó que no pueden ser fuente de los hechos comunicacionales las "opiniones, testimonios, anuncios, cuya autoría y veracidad no consta", pues "de este residuo se tiene certeza de que fueron difundidos, más no de su veracidad"; en cambio, "el hecho del cual se hace responsable el medio de comunicación y que varios medios lo presentan como sucedido efectivamente, resulta captado por el colectivo como un hecho veraz". Por ello concluyó la Sala Constitucional venezolana señalando que "El hecho comunicacional es preferentemente la noticia de sucesos;" repitiendo que "*la información de sucesos que es el meollo de la noticia*," y es la que puede general el hecho notorio comunicacional, "debe separarse del resto del contenido de lo difundido, como la publicidad, *artículos de opinión, etc., que forman un sector del periodismo o de la comunicación diferente a la información de eventos*."

20. De la simple y detenida lectura de la sentencia de la Sala Constitucional en la cual la Fiscal acusadora pretendió fundamental la acusación contra el profesor Brewer Carías, acompañando recortes de periódicos con opiniones o reseñas referenciales de periodistas, y no referidos a hechos sucesos, eventos o acaecimientos, resulta en realidad todo lo contrario a lo que pretendió la Fiscal, que era invertir la carga de la prueba e imponer a los acusados como el profesor Brewer Carías que probaran que eran inocentes porque ya los consideraba "culpables" por ser ello un supuesto "hecho comunicacional." De la sentencia, en efecto, lo que resulta es que no se puede formular una acusación penal basada en "recortes de prensa" contentivos de opiniones o apreciaciones formuladas por periodistas atribuyendo determinados hechos a determinadas personas, cuando dichos periodistas ni siquiera fueron testigos de los mismos; y pretender que con ello se habría conformado un "hecho notorio comunicacional," conforme al cual el juez debe condenar a los acusados sin necesidad de prueba alguna, a pesar incluso de que hubieran desmentido publica y repetidamente los hechos, pues en ese caso ni siquiera se trataría de "noticias" sobre sucesos o eventos (hechos) ciertos que hubieran podido acaecer efectivamente y que hubieran sido publicitados, sino de simples opiniones, narraciones, apreciaciones o criterios periodísticos contentivos en artículos de opinión.

21. Por tanto, estimo basando mi apreciación en derecho, que al haber fundamentado la Fiscal acusadora la imputación y acusación realizada en el proceso penal contra el profesor Brewer Carías, fundamentalmente en recortes de prensa contentivos de apreciaciones de periodistas,[17] y no de noticias

---

[17]   Como antes afirmé, he podido leer y analizar el contenido de todos los referidos recortes de prensa en los que se fundamentó la acusación para invertir la carga de la prueba, en el libro del profesor Brewer-Carías, que contiene el alegato de nulidad de

sobre hechos, como si ello se tratara de un "hecho notorio" que no requería pruebas, a pesar incluso de que fueron desmentidos por el profesor Brewer Carías,[18] constituye una desviación de la propia doctrina jurisprudencial sentada por la Sala Constitucional del Tribunal Supremo en la cual se pretendió fundamental y constituye una violación del derecho a la presunción de inocencia del profesor Brewer Carías, garantizado en el artículo 8.2 de la Convención Americana sobre Derechos Humanos.

22. Pero además, encuentro que en este caso, esa violación al derecho a la presunción de inocencia en el proceso penal seguido contra el profesor Brewer Carías, quedó corroborada en el mismo expediente del proceso penal en el cual la misma Fiscal del Ministerio Público imputó por el mismo delito de rebelión *con base en los mismos recortes de periódicos,* a otros distinguidos profesores de la Universidad venezolana, como el Dr. Carlos Ayala Corao, expresando dicha Fiscal en forma clara y precisa ante el Juez de Control, que había imputado a todos los que consideraba incursos en dicho delito de rebelión, entre ellos los profesores Brewer Carías y Ayala Corao, basándose en los mismos supuestos "hechos notorios" que la eximía por tanto de toda carga probatoria y que los imputados y acusados tenían la obligación de desvirtuar la imputación. La Fiscal, en efecto, en un escrito consignado en el expediente, dijo lo siguiente:

> *"En criterio del Ministerio Público la imputación hecha al ciudadano Carlos Ayala Corao, cumple con los requisitos de ley, por lo que en* **todo caso corresponde a la defensa del mismo desvirtuar** *¿porqué (sic) se supone que no conspiró? ¿Las razones por las cuales acompañó al ciudadano Allana (sic) Brewer Carías el día de los hechos? ¿Cuáles fueron sus objeciones y oposiciones a la redacción al decreto por medio del cual se suprimieron las instituciones democráticas? ¿porqué (sic) no fue redactor del decreto? ¿que hacía en el Palacio de Miraflores en compañía del ciudadano Alan Brewer Carías horas antes de darse la lectura al decreto de gobierno de facto?. La* **falta de respuesta y pruebas para desvirtuar la sospechas fundadas que tienen el Ministerio Público, acerca de su participación en la redacción del decreto,** *son las razones por las cuales se considera innecesario hacer una ampliación de la imputación,* **por cuanto en criterio del Ministerio Público no han demostrado que no participó,** *sólo se han dedicado a plantear*

---

todo lo actuado en el proceso penal seguido en su contra, de noviembre de 2005. Véase en Allan R. Brewer-Carías, *En mi propia defensa*, Editorial Jurídica Venezolana, Caracas 2006, pp. 237 ss. El texto del libro está disponible en http://www.allanbrewercarias.com/Content/449725d9-f1cb-474b-8ab2-41efb849fea 5/Content/II.1.109%20EN%20MI%20PROPIA%20DEFENSA.%202006.pdf

[18]   Tal como se destaca expresamente en el Informe de "Sometimiento del caso *12.724, Allan R. Brewer Carías v. Venezuela por la Comisión Interamericana de Derechos Humanos ante la Corte Interamericana de Derechos Humanos,*" de 7 de marzo de 2012, párr. 91.

recursos temerarios que se traducen en dilaciones indebidas y a desplegar campaña a través de los medio de comunicación y de los organismos internacionales que protegen los derechos humanos, para tratar de crear una matriz de opinión que se le están (sic) violando derechos al ciudadano Carlos Ayala Corao, como si por el sólo hecho de haberse dedicado a la defensa de los derechos humanos a nivel nacional e internacional haya creado a su favor una patente de corso que lo exime de cometer delitos y que en virtud de ello no puede ningún organismo nacional investigarlo".[19]

23. De lo anterior se deduce claramente que en la investigación penal desarrollada por el Ministerio Público en Venezuela, contra el profesor Brewer Carías y otros imputados y que concluyó con la acusación formulada contra ellos, la representación fiscal consideró que correspondía a la defensa de los imputados y acusados desvirtuar la imputación hecha, es decir, que correspondía a los imputados desvirtuar la sospecha que el Ministerio Público pudo haber tenido de que supuestamente competieron algún delito. En otras palabras, considero que con esa comunicación, la representación fiscal confesó ante el Juez de Control que no cumplía ni cumpliría con su obligación de probar lo que imputaba, pretendiendo invertir la carga de la prueba, de manera que basándose en la supuesta existencia de un "hecho notorio" fueran los imputados quienes debían probar que no cometieron el delito que ella sospechaba que cometieron, buscando incluso que los imputados fueran quienes demostrasen que no hicieron lo que ella imputó que hicieron, sin prueba alguna, sólo basándose en sospechas derivadas de opiniones de periodistas, no en hechos que hubieran sido publicitados.

24. El Ministerio Público en Venezuela es ese proceso, estimo que no se ajustó a sus obligaciones constitucionales y legales, violando la garantía establecida en el artículo 8.2 de la Convención Americana, además de las normas del derecho interno venezolano que también consagran el derecho a la presunción de inocencia (artículo 49,2 de la Constitución de 1999 y el artículo 8 del Código Orgánico Procesal Penal). Conforme a esas normas, no puede admitirse que el Ministerio Público pretenda, en el proceso seguido contra el profesor Brewer Carías, desligarse de las obligaciones convencionales, constitucionales y legales que le imponen la ineludible necesidad de probar los supuestos hechos que se imputa a diversos ciudadanos, y pretenda que sean los imputados quienes tengan la necesidad y obligación de probar que no cometieron los delitos que sospecha que cometieron, sin que en la materia se haya configurado un "hecho notorio" de los que no requieren de prueba. Como antes se explicó, y es la jurisprudencia de la Sala Constitucional venezolana, un "hecho notorio" no puede fundarse en recortes de periódicos con opiniones y referencias a hechos, formuladas por periodistas que ni siquiera

---

[19] Véase en *Escrito de Solicitudes, Argumentos y Pruebas*, de 7 de julio de 2012, párr. 388-389. Véase igualmente el texto del escrito de la Fiscal acusadora en el libro Allan R. Brewer-Carías, *En mi propia defensa*, antes citado, Caracas 2006, pp. 77 ss.

fueron testigo de los mismos, que no son contentivos en si mismos de "noticias" sobre hechos, sucesos o acaecimientos, y que nunca podrían llegar a configurar un "hecho notorio" en términos procesales, que no requiere prueba por parte de quien acusa, invirtiendo la carga de la prueba en violación a la presunción de inocencia que garantiza el mencionado artículo 8.2 de la Convención Americana.

III. SOBRE LA VIOLACIÓN DEL DERECHO A LA PRESUNCIÓN DE INOCENCIA DEL PROFESOR BREWER-CARÍAS POR HABER SIDO CONDENADO PÚBLICAMENTE Y EN FORMA ANTICIPADA POR TODOS LOS ÓRGANOS SUPERIORES DEL ESTADO VENEZOLANO, SIN HABER SIDO ESTABLECIDA SU RESPONSABILIDAD JUDICIALMENTE

25. Pero la violación al derecho a la presunción de inocencia del profesor Brewer Carías en este caso, como lo han expresado sus representantes ante esta honorable Corte IDH, también se ha producido a lo largo del proceso penal iniciado en su contra, al haber sido "condenado" y considerado culpable, de antemano, sin juicio ni proceso, por los más altos funcionarios de todos los poderes públicos, comenzando por el propio Jefe del Ministerio Público, el Fiscal General de la República, y además, previamente, por una Comisión Especial de la Asamblea Nacional, por el Tribunal Supremo de Justicia, sin haber sido oído, posteriormente por algunos Embajadores de Venezuela, y más recientemente en 2012, por el entonces Ministro de Relaciones Exteriores, actual Presidente de la República, al momento de denunciar la Convención Americana sobre Derechos Humanos.

1. *Violación del derecho a la presunción de inocencia por el Fiscal General de la República*

26. En efecto, como se puede apreciar de lo expresado por los representantes del profesor Brewer Carías, el Fiscal General de la República de Venezuela, Sr Isaías Rodríguez, en septiembre de 2005, en pleno desarrollo de la etapa de investigación del proceso penal contra el profesor Brewer Carías que llevaban fiscales bajo su dependencia, en un libro que publicó en septiembre de 2005, de carácter autobiografía, titulado *Abril comienza en Octubre*,[20] afirmó públicamente que el profesor Brewer Carías habría estado el 11 y 12 de abril de 2002, junto con otras personas, *"redactando los documentos constitutivos del nuevo gobierno,"* condenándolo así de antemano y dándolo como culpable del un hecho y de delito por el cual se le imputó y luego se le acusó, violando así su derecho a la presunción de inocencia.

27. Es decir, en septiembre de 2005, el Fiscal General de la República, estando en curso la fase de investigación del proceso penal desarrollado contra el profesor Brewer Carías, ya lo consideraba y declaraba públicamente como "redactor del decreto del 11 de abril de 2002," que fue el hecho por el cual la

---

[20] Véase *Escrito de Solicitudes, Argumentos y Pruebas*, de 7 de julio de 2012, párr. 157, 302, 398-399.

Fiscal del caso, el mes siguiente, lo acusó por el delito de rebelión, sin que ello hubiese sido establecido judicialmente, violando abiertamente su derecho a la presunción de inocencia. Este hecho, incluso, lo denunció el propio profesor Brewer Carías en comunicación que envió directamente al Fiscal General de la República, el día 28 de septiembre de 2005, cuya lectura me ha sido muy esclarecedora."[21]

2. *Violación del derecho a la presunción de inocencia por Magistrados del Tribunal Supremo de Justicia*

28. El derecho a la presunción de inocencia, en este caso del profesor Brewer Carías, conforme a la información consignada en el Escrito de de Solicitudes, Argumentos y Pruebas, también fue violado por tres Magistrados del Tribunal Supremo de Justicia, los señores Fernando Vegas Torrealba, Jesús Eduardo Cabrera Romero y Juan José Núñez Calderón, cuando respondieron en nombre del más alto tribunal del país, a sendas comunicaciones que en 2005 fueron enviadas por dos renombradas instituciones académicas de América Latina con las cuales el profesor Brewer Carías había tenido relaciones, el Instituto Interamericano de Derechos Humanos, firmada por los destacados especialistas en derechos humanos, Sra. Sonia Picado, Presidenta del Instituto y Sres. Rodolfo Stavenhagen y María Elena Martínez, Vicepresidentes (31-10-2005); y el Instituto Iberoamericano de Derecho Procesal Constitucional, firmada en los destacados constitucionalistas latinoamericanos: Néstor Pedro Sagües (Argentina), Rubén Hernández Valle (Costa Rica), Humberto Nogueira Alcalá (Chile) y Eloy Espinosa Saldaña Barrera (Perú) (8-12-2005), en las cuales expresaron su preocupación por el proceso iniciado por la Fiscalía General de la República de Venezuela contra el doctor Allan Brewer Carías por el delito imputado de conspiración para cambiar violentamente la Constitución. "[22]

29. En las respuestas a dichas cartas de fecha 13 de diciembre de 2005 y 31 de enero de 2006,[23] el Tribunal Supremo de Justicia de Venezuela, es decir, el máximo Tribunal del país, expresó, condenando de antemano al profesor Brewer, que "numerosos testimonios que son de conocimiento público **señalan al doctor Allan Brewer Carías como uno de los autores del decreto** en alusión," agregando que entre los testimonios de tal conocimiento público habría "uno privilegiado, consistente en la narración de los hechos que hace el

---

[21] El texto íntegro de dicha comunicación del profesor Brewer-Carías, denunciando directamente ante el Fiscal General de la República la violación por él de su derecho a la presunción de inocencia, puede leerse en el libro Allan R. Brewer-Carías, *En mi propia defensa*, citado, Caracas 2006, pp. 573-589.

[22] Véase *Escrito de Solicitudes, Argumentos y Pruebas*, de 7 de julio de 2012, párr. 396, 397.

[23] Las comunicaciones se destacan en el Informe de "Sometimiento del caso *12.724, Allan R. Brewer Carías v. Venezuela por la Comisión Interamericana de Derechos Humanos ante la Corte Interamericana de Derechos Humanos*," de 7 de marzo de 2012, parr. 111.

propio Pedro Carmona Estanga en su libro *"Mi testimonio ante la Historia"*. Editorial Aptun, Bogotá, 2004."[24] Es decir, mediante estas comunicaciones, los representantes del profesor Brewer Carías han expresado ante esta honorable Corte IDH que el Tribunal Supremo condenó de antemano al profesor Brewer Carías, adelantándose al juicio, al mencionarlo como autor del decreto del gobierno de transición de abril de 2002, que es el hecho por el cual se le acusó del delito de rebelión, lo cual él ha desmentido y negado repetidamente como consta de los textos de las ruedas de prensa que dio durante el mismo mes de abril de 2002,[25] violando su derecho a la presunción de inocencia. Se destaca, además, de la correspondencia del Tribunal Supremo que los Magistrados firmantes apelaron al lo que calificaron como un testimonio público "privilegiado" haciendo referencia a lo supuestamente afirmado por el Sr. Pedro Carmona Estanga, en el sentido – al decir del Tribunal Supremo – de señalar "al doctor Allan Brewer Carías como uno de los autores del decreto en alusión."

30. El derecho a la presunción de inocencia del profesor Brewer Carías impedía al Tribunal Supremo el que pudiese anticiparse a todo juicio y darlo por culpable del referido hecho, incluso así lo hubiera afirmado el Sr. Pedro Carmona en un libro, lo que sin embargo, de la lectura del mismo resulta que no es así. En efecto, luego de haber leído el libro del Sr. Carmona aludido en la carta del Tribunal Supremo, lo que se encuentra es que en el mismo lo que se dice es todo lo contrario a lo que supuso el Tribunal Supremo como un testimonio "privilegiado.". Basta referirse a la página 108 del libro para leer la siguiente afirmación del Sr. Carmona:

"...**nunca he atribuido al profesor Brewer Carías la autoría del Decreto, pues sería irresponsable**, como lo hicieron luego representantes del oficialismo para inculparlo. **Respeto incluso las diferencias que el profesor Brewer expresara en relación con el camino elegido** y las constancias que dejó en las actas de la entrevista que le hiciese la Fiscalía General de la República, aun cuando **discrepo de algunas de sus interpretaciones**". (*Énfasis añadidos*).[26]

31. Por otra parte, he tenido la ocasión de leer, al contrario de lo afirmado por el Tribunal Supremo, lo que dijo el propio Sr. Pedro Carmona, en decla-

---

[24] Véase *Escrito de Solicitudes, Argumentos y Pruebas*, de 7 de julio de 2012, párr. 396, 397.

[25] He leído y analizado esas ruedas de prensa de desmentido de las acusaciones periodísticas en contra de Brewer Carías en su libro *En mi propia defensa*, antes citado, Caracas 2006, pp. 184 y ss., que contiene el alegato de nulidad de todo lo actuado en el proceso penal en su contra presentado en el proceso penal en noviembre de 2005.

[26] Véase Pedro Carmona, *Mi testimonio ante la historia*, segunda edición 2005, texto disponible en http://pcarmonae.blogspot.com/2011/03/mi-testimonio-ante-la-historia-pedro.html . Véase el párrafo citado en *Escrito de Solicitudes, Argumentos y Pruebas*, de 7 de julio de 2012, párr. 352; y en el libro de Allan R. Brewer-Carías, *En mi propia defensa*, antes citado, Caracas 2006, pp. 370-371. 593-597.

ración notariada ofrecida en Bogotá el día 23 de febrero de 2006, que forma parte del proceso penal, cuando afirmó:

> *"Puedo afirmar por tanto, que el Dr. Allan R. Brewer-Carías no estaba presente en Fuerte Tiuna en el momento en que yo llegué a ese sitio en la madrugada del 12 de abril de 2002, ni cuando se decidió iniciar el análisis de un borrador de documento para la formación un gobierno de transición, ante el inminente anuncio de la renuncia del Presidente de la República, comunicado por fuentes gubernamentales. De lo manifestado en mi libro, ratifico que decidí llamar al Dr. Brewer-Carías en la madrugada del día 12 de abril de 2002 a su casa de habitación, y le pedí que se trasladara a Fuerte Tiuna, a cuyo efecto lo mandé a buscar con mi automóvil y chofer, desde donde luego fue retornado a su domicilio (p. 111).*
>
> *La llamada telefónica que le hice al Dr. Brewer-Carías tuvo como propósito solicitar su criterio, en su condición de abogado en ejercicio, sobre el mencionado borrador de documento, el cual a su llegada a Fuerte Tiuna estaba redactado como tal, es decir, como un papel de trabajo. No había visto ni hablado con el Dr. Brewer-Carías en las semanas anteriores al día 12 de abril de 2002. Por tanto, **de mi libro no puede resultar elemento de prueba alguna de que el Dr. Brewer-Carías hubiera conspirado ni participado en la redacción del mencionado borrador del decreto de gobierno de transición, más cuando, por el contrario, sobre el mismo me expresó luego una opinión discrepante** (pp. 107 y 108)".*[27]

32. Es mi apreciación, luego de leer esos testimonios escritos, que la posición de los Magistrados que escribieron en nombre del Tribunal Supremo las mencionadas cartas dirigidas al Instituto Interamericano de Derechos Humanos y al Instituto Iberoamericano de Derecho Procesal Constitucional, que aparte de la errada apreciación que contienen sobre lo dicho por el Sr. Carmona en su libro, lo que pone en evidencia es que siendo el Tribunal Supremo el órgano de gobierno de todo el sistema judicial, lo que expresaron los magistrados significó el despojo al profesor Brewer Carías de los efectos de la presunción de inocencia, y de toda posibilidad efectiva de defenderse y tener un juicio justo, puesto que el mismo Tribunal Supremo de Justicia lo considera culpable del hecho que se le imputa. Luego de esas manifestaciones, con razón podría llegar a pensarse que sería difícil imaginar que algún tribunal de la República de Venezuela, en esas circunstancias, pudiera llegar a adoptar una decisión que desvirtuase la opinión ya adelantada del Tribunal Supremo de Justicia.

---

[27] Véase en *Escrito de Solicitudes, Argumentos y Pruebas*, de 7 de julio de 2012, párr. 150. Véase el texto completo de la declaración notariada de Pedro Carmona, en el libro Allan R. Brewer-Carías, *En mi propia defensa*, antes citado, Caracas 2006, pp. 593-597.

3. *Violación del derecho a la presunción de inocencia por la Comisión Parlamentaria Especial de la Asamblea Nacional para investigar los sucesos de abril de 2002*

33. Se aprecia del Escrito de Solicitudes, Argumentos y Pruebas presentado por los representantes del profesor Brewer Carías, en el proceso ante esta Corte IDH, que incluso de que se iniciara el proceso penal contra el profesor Brewer Carías en Venezuela en enero de 2005, ya en 2002, con motivo de la designación por la Asamblea Nacional de una "Comisión Parlamentaria Especial para Investigar los sucesos de abril de 2002," en el *Informe* de la misma,[28] emitido en agosto de 2002,[29] ya se había hecho la afirmación tajante de la culpabilidad del profesor Brewer Carías en los hechos que luego le serían imputados, como resultado de una investigación parlamentaria realizada sin siquiera haberlo oído, y en la cual en cambio, por ejemplo, se oyó al mismo Sr. Carmona quien afirmó ante la Comisión, sobre el Profesor Brewer, entre otros asuntos que:

> "Él es una personalidad conocida por toda la nación, fue miembro de la Asamblea Constituyente y desde luego un reconocido jurista, investigador, autor, que no merece presentación alguna, salvo el nexo entonces de amistad; el doctor Alan Brewer Carías, **no tiene responsabilidad alguna, sino la de haber emitido profesionalmente algún criterio que, repito lo comprometa con ninguna acción de esas cortas horas de la provisionalidad, o transitoriedad de esos días.**"[30]

34. Es decir, a pesar de que por ejemplo ya había este testimonio ante la Comisión parlamentaria, como lo destacan los representantes del profesor Brewer Carías en el proceso ante esta honorable Corte IDH, sin habérselo siquiera citado ni oído, en las "Recomendaciones" del Informe se acordó *"Exhortar al poder ciudadano para investigar y determinar responsabilidades del caso, a los siguientes ciudadanos quienes, sin estar investidos de funciones públicas, actuaron en forma activa y concordada en la conspiración y golpe de Estado,"* y específicamente a:

> *Cuarto: Allan Brewer Carías por estar demostrada su participación en la planificación y ejecución del golpe de Estado del 11, 12, 13 y 14 de abril; por haber actuado en contra de la instauración efectiva de la Constitución y del Estado de Derecho; por omitir las actuaciones nece-*

---

[28] La Comisión Interamericana DH hace referencia a este Informe parlamentario en el Informe de "Sometimiento del caso *12.724, Allan R. Brewer Carías v. Venezuela por la Comisión Interamericana de Derechos Humanos ante la Corte Interamericana de Derechos Humanos*," de 7 de marzo de 2012, párr. 92.

[29] Véase *Escrito de Solicitudes, Argumentos y Pruebas*, de 7 de julio de 2012, párr. 392-395.

[30] Véase *Escrito de Solicitudes, Argumentos y Pruebas*, de 7 de julio de 2012, párr. 353, nota 290; 393. Véase el texto de la interpelación a Pedro Carmona, en el libro Allan R. Brewer-Carías, *En mi propia defensa*, antes citado, Caracas 2006, pp. 372-373.

sarias para el restablecimiento pleno del orden constitucional; por haber sido corredactor del decreto de auto proclamación y disolución de todos los poderes públicos.[31]

35. Este texto de la Recomendación de la Comisión no deja lugar a duda, que la misma consideró que estaba "demostrados" los mismos hechos por los cuales tres años después el Ministerio Público imputaría y acusaría al profesor Brewer Carías, sin elementos probatorios algunos, salvo recortes de prensa de opiniones de periodistas, condenando de antemano al profesor Brewer Carías por un delito del cual no pudo defenderse. Semejante condena, en las condiciones de composición política y control gubernamental de cualquier Asamblea legislativa, no es sólo una violación del derecho a la presunción de inocencia, sino al derecho a la defensa.

4. *Violación del derecho a la presunción de inocencia por Embajadores de Venezuela*

36. Tal como se lo indican los representantes del profesor Brewer Carías en el Escrito de Solicitudes, Argumentos y Pruebas, su derecho a la presunción de inocencia también fue violado por algunos Embajadores de Venezuela en el exterior, y en concreto, por Embajador de Venezuela ante la República Dominicana[32] con ocasión de la visita que el profesor Brewer hizo a ese país el 11 de julio de 2006, invitado por el Senado dominicano para dictar una conferencia en su sede, sobre temas de reforma constitucional. Como se indica en el Escrito de Solicitudes, Argumentos y Pruebas, el Embajador de Venezuela en ese país, general Belisario Landis, dirigió una comunicación a la Policía Nacional solicitando que se "capturara" al profesor Brewer Carías, acusándolo por la prensa de *"conspirador."*[33] Además, con ocasión de la invitación formulada al profesor Brewer Carías por el Instituto Interamericano de Derechos Humanos para dictar en San José, Costa Rica, una conferencia en el *XXIV Curso Interdisciplinario de Derechos Humanos*, la Embajadora venezolana en ese país, Sra. Nora Uribe Trujillo, dirigió una nota fechada el 29 de agosto de 2006 a la Presidenta del Instituto y otra igual al Gobierno de Costa Rica, en las cuales se refirió al profesor Brewer Carías como alguien que *"según se conoce, participó como autor material e intelectual e instruyó para su corrección en la redacción del decreto mediante el cual se abolieron*

---

[31]   Véase *Escrito de Solicitudes, Argumentos y Pruebas*, de 7 de julio de 2012, párr. 119, 394. Véase parte del texto de las Recomendaciones de la Comisión Especial en el libro Allan R. Brewer-Carías, *En mi propia defensa*, antes citado, Caracas 2006, pp. 451-452.

[32]   Este hecho se destaca en el Informe de "Sometimiento del caso *12.724, Allan R. Brewer Carías v. Venezuela por la Comisión Interamericana de Derechos Humanos ante la Corte Interamericana de Derechos Humanos*," de 7 de marzo de 2012, parr. 116.

[33]   Véase *Escrito de Solicitudes, Argumentos y Pruebas*, de 7 de julio de 2012, párr. 400.

los poderes constituidos de la República Bolivariana de Venezuela"; y que "por eso huyó del país." [34]

37. Estos señalamientos públicos de los representantes de Venezuela en países extranjeros, acusando al profesor Brewer Carías de ser el autor de los hechos por los cuales se lo acusó por el delito de rebelión, sin que los tribunales de su país hubieran previamente determinado su responsabilidad, como lo indican sus representantes ante esta honorable Corte IDH, son una muestra adicional de la violación del derecho a su presunción de inocencia cometida en su contra por parte del Estado venezolano, sin proceso alguno, en forma contraria a lo dispuesto en el artículo 8.2 de la Convención Americana.

IV. SOBRE LA VIOLACIÓN DEL DERECHO A LA PRESUNCIÓN DE INOCENCIA DEL PROFESOR BREWER-CARÍAS POR HABER SIDO CONDENADO DE ANTEMANO POR QUIEN EN 2012 ERA MINISTRO DE RELACIONES EXTERIORES DE VENEZUELA, Y ES EN LA ACTUALIDAD PRESIDENTE DE LA REPÚBLICA

38. Pero además de todas las violaciones antes mencionadas del derecho a la presunción de inocencia del profesor Brewer Carías, que se denuncian en el Escrito de Solicitudes, Argumentos y Pruebas, por haber sido señalado públicamente y en forma anticipada como culpable de los hechos por los cuales fue acusado penalmente, por parte de diversos funcionarios del Estado como los diputados de la Comisión especial de la Asamblea Nacional que investigó los hechos de abril de 2002 (2002), [35] el Fiscal General de la República, [36] el Tribunal Supremo de Justicia[37] y algunos Embajadores de Venezuela,[38] considero que debe destacarse por su importancia, el contenido de la comunicación N° 125 emanada del Ministro del Poder Popular para las Relaciones Exteriores de Venezuela, Sr. Nicolás Maduro y que fue enviada al Secretario General de la Organización de Estados Americanos el 6 de septiembre de 2012,[39] de

---

[34]   Véase *Escrito de Solicitudes, Argumentos y Pruebas*, de 7 de julio de 2012, párr. 401.

[35]   Véase *Escrito de Solicitudes, Argumentos y Pruebas*, de 7 de julio de 2012, párr. 302, 392-395.

[36]   Véase *Escrito de Solicitudes, Argumentos y Pruebas*, de 7 de julio de 2012, párr. 302, 398-399.

[37]   Véase *Escrito de Solicitudes, Argumentos y Pruebas*, párr. de 7 de julio de 2012, 168, 169, 302, 396-397.

[38]   Véase *Escrito de Solicitudes, Argumentos y Pruebas*, de 7 de julio de 2012, párr. 400-402.

[39]   El texto de la carta y de su anexo es del conocimiento público, y se me ha informado que cursa en el expediente ante esta honorable Corte IDH. En todo caso, está disponible en http://www.derechos.org.ve/2012/09/13/carta-de-denuncia-a-la-convencion-americana-sobre-derechos-humanos-por-parte-de-venezuela-ante-la-oea/; y puede consultarse en *Revista de Derecho Público*, N° 131, Editorial Jurídica Venezolana, Caracas 2012, pp. 69 ss. Véase los comentarios sobre la decisión de retiro de Venezuela de la Convención Americana, en Carlos Ayala Corao,

gran importancia para el sistema interamericano de protección a los derechos humanos, mediante la cual el Estado de Venezuela comunicó al Secretario General de la Organización de Estados Americanos, "la decisión soberana de la República Bolivariana de Venezuela de denunciar la Convención Americana sobre Derechos Humanos" haciendo petición formal de que conforme al artículo 78 de la Convención, se considere dicha nota como "La Notificación de Denuncia" (p. 9).

39. Además de considerar lamentable que un país como Venezuela, con larga tradición democrática en el Continente, se retire de la Convención Americana, considero que debe prestarse atención a las motivaciones esgrimidas por el Canciller de la República de Venezuela para fundamentar tal decisión del Estado, en las cuales se hace referencias a varios casos judiciales originados por denuncias de violaciones de derechos humanos por parte del Estado, que se han desarrollado ante la Comisión Interamericana de Derechos Humanos y ante esta honorable Corte IDH, entre los cuales se mencionan los casos: *Allan Brewer Carías contra Venezuela*; *Díaz Peña contra Venezuela*; *Usón Ramírez contra Venezuela*; *Apitz Barbera y otros contra Venezuela*; *Leopoldo López contra Venezuela*, y *Ríos, Perozo y otros contra Venezuela*; casi todos decididos por la Corte contra Venezuela, excepto el presente caso *Allan Brewer Carías contra Venezuela*, que solo había sido sometido recientemente por la Comisión Interamericana ante esta honorable Corte IDH, y estaba en los inicios de su trámite ante la misma. En dicho caso, que es éste en el cual formulo este *Amicus curiae*, como antes se ha detallado, uno de los derechos que se ha denunciado como violado por el Estado en perjuicio del profesor Brewer Carías, ha sido precisamente su derecho a la presunción de inocencia consagrado en el artículo 8.2 de la Convención Americana sobre Derechos Humanos.

40. Ahora bien, en dicha Comunicación No. 125 de 6 de septiembre de 2012 mediante la cual Venezuela denunció la Convención, el Ministro del Poder Popular para las Relaciones Exteriores de Venezuela expresó ante el Secretario General de la Organización de Estados Americanos que el profesor Brewer Carías "*participó en la autoría* del texto del decreto de destitución de los poderes públicos, que fuera proclamado por las autoridades de recato que asaltaron el poder tras el golpe de Estado de 11 de abril de 2002 en Venezuela" (p. 6); agregando a ello, en el Anexo a dicha Denuncia de la Convención, denominado "Fundamentación que sustenta la denuncia de la República Bolivariana de Venezuela de la Convención Americana sobre Derechos Humanos presentada a la Secretaría General de la OEA," la afirmación de que al profesor Brewer Carías "se le sigue juicio en Venezuela *por su participación en el golpe de Estado* de Abril de 2002, *por ser redactor del decreto* mediante el cual se instalaba un Presidente de facto, se abolía la Constitución nacional, se

---

"Inconstitucionalidad de la denuncia de la Convención Americana sobre Derechos Humanos por Venezuela", en la misma *Revista de Derecho Público*, No 131, Editorial Jurídica Venezolana, Caracas 2012, pp. 40-68.

cambiaba el nombre de la República, se desconocían todas las instituciones del Estado, se destituían a todos los miembros y representantes de los poderes Públicos, entre otros elementos" (p. 18 del anexo).

41. He podido constatar en informaciones de Internet, que esta misma afirmación la ha hecho el Sr. Germán Saltrón, quien es el abogado del Estado ante esta honorable Corte Interamericana, al afirmar en medios públicos en agosto de 2012, que "Ese decreto *fue redactado por Allan Brewer Carías y Carlos Ayala*, el Ministerio Público lo imputó por "conspiración para cambiar la Constitución."[40]

42. De lo anterior resulta que no sólo en un escrito divulgativo del abogado del Estado ante la Corte, sino en la Denuncia a la Convención firmada por el Ministro de Relaciones Exteriores del Estado Venezolano, en representación del mismo, por lo que se refiere a Allan R. Brewer Carías, el Estado afirma ante Secretario General de la OEA, debiendo ello, por tanto, considerarse como la posición oficial del Estado, que Brewer Carías "*participó en la autoría* del texto del decreto" y se le sigue juicio "*por ser redactor* del decreto" del gobierno de transición que se instaló en Venezuela en abril de 2002," es decir, se lo considera y declara anticipadamente culpable del delito de conspiración para cambiar violentamente la Constitución por el cual se lo acusó formalmente ante los tribunales penales, condenándoselo de nuevo, de antemano, sin juicio, como ha ocurrido sistemáticamente por parte de diversos órganos del Estado; violaciones que los representantes del profesor Brewer Carías han denunciado extensamente, primero, ante la Comisión Interamericana, y posteriormente, ante esta honorable Corte Interamericana, todo lo cual implica, sin duda, en Venezuela, colocarlo en la posición de tener que demostrar su inocencia.

V. LAS OBLIGACIONES DEL ESTADO EN RELACIÓN CON EL DERECHO DE LAS PERSONAS A LA PRESUNCIÓN DE INOCENCIA

43. Tal como lo ha precisado esta honorable Corte IDH:

"El derecho a la presunción de inocencia, tal y como se desprende del artículo 8.2 de la Convención, exige que el Estado no condene informalmente a una persona o emita juicio ante la sociedad, **contribuyendo así a formar una opinión pública,** mientras no se acredite conforme a la ley la responsabilidad penal de aquella.[41]

44. De todas las declaraciones públicas de personeros del Estado a las que se ha hecho referencia precedentemente, como se recogen en el Escrito de

---

[40] Véase Germán Saltrón Negretti, "Por qué denunciar la Convención Americana de los Derechos Humanos," www.aporrea.org 03/08/12, en www.aporrea.org/ddhh/n 147828.html

[41] Véase Corte IDH. *Caso Lori Berenson Mejía Vs. Perú.*, antes citada, en http://www. corteidh.or.cr/docs/casos/articulos/seriec_119_esp.pdf, párr. 160.

Solicitudes, Argumentos y Pruebas, en las cuales se ha declarado culpable al profesor Brewer Carías de hechos por los cuales ha sido acusado penalmente pero respecto de los cuales no se ha declarado judicialmente su responsabilidad; significan una violación sistemática de su derecho a la presunción de inocencia, cometida en esta caso, en forma concurrente, por todos los poderes públicos del Estado venezolano: la Asamblea Nacional, el Tribunal Supremo de Justicia, el Fiscal General de la República, los Embajadores de Venezuela en la República Dominicana y Costa Rica, y el Ministro de Relaciones Exteriores, quien en la actualidad es el Presidente de la República. La concordancia de esos planteamientos y la jerarquía de los personeros que los han formulado, como se ha denunciado ante esta honorable Corte IDH, lesionan abierta y definitivamente el derecho a la presunción de inocencia del profesor Brewer Carías, pues constituyen una condena informal hecha por el Estado, sin pasar por el debido proceso.

45. El derecho a la presunción de inocencia, en efecto, es un derecho que no sólo se garantiza en el ámbito judicial, sino que se afirma frente a todos los órganos del Estado, puesto que es el Estado, como tal, quien está en el deber de respetar y garantizar dicha presunción. Por lo tanto, no está permitido a autoridades públicas, incluso las ajenas al sistema judicial, tratar a un ciudadano como si fuera culpable de un delito no habiendo sido condenado por el mismo, con las debidas garantías judiciales. Como lo ha afirmado el Comité de Derechos Humanos del Pacto Internacional de los Derechos Civiles y Políticos de la Organización de Estados Americanos, *"todas las autoridades públicas tienen la obligación de no prejuzgar el resultado de un proceso."*[42] Sobre esa base, dicho Comité concluyó en un caso que *"declaraciones públicas muy difundidas de agentes superiores del orden público de que el firmante era culpable,"* evidenciaban *"que las autoridades no practicaron el comedimiento que exige el párrafo 2 del artículo 14, y que, así, fueron violados los derechos del firmante de la comunicación."*[43]

46. Refiriéndose a la presunción de inocencia garantizada en el artículo 6.2 de la Convención Europea de Derechos Humanos, la Corte Europea ha afirmado que,

> "...la Corte reitera que la Convención debe ser interpretada de manera que se garanticen derechos concretos y efectivos y no teóricos e ilusorios. [...] Esto también se aplica al derecho consagrado por el artículo 6(2)."[44]

---

42 Véase CDH, *Observación General N° 32* (CCPR/C/GC/32, 27 de agosto de 2007), párr, 30.

43 Véase CDH, *Gridin v. Russian Federation.* Comunicación N° 770/1997, U.N. Doc. CCPR/C/69/D/770/1997 (2000). Decisión de 18 de julio de 2000; párr. 8.3.

44 Véase CEDH, *Case of Allenet de Ribemont v. France.* Application N° 15175/89. Judgment of 10 February 1995; párr. 35 (Texto original: "...the Court reiterates that the Convention must be interpreted in such a way as to guarantee rights which are practical and effective as opposed to theoretical and illusory [...]. That also applies to

"La Corte considera que la presunción de inocencia puede ser violada no sólo por un juez o un tribunal, sino **también por cualquier autoridad pública**."[45] *(Énfasis agregado).*

47. En el caso europeo aludido, la víctima había sido el objeto de declaraciones públicas de parte del Ministro del Interior y de altos funcionarios policiales de Francia, apuntando hacia su culpabilidad, algo semejante a lo ocurrido contra el profesor Brewer Carías por parte del Fiscal General de la República y de otros funcionarios, y más recientemente por parte del Ministro de Relaciones Exteriores, actual Presidente de la República. A esos efectos, la Corte Europea advirtió frente a las expresiones que puedan hacer los funcionarios públicos en general, que si bien "La libertad de expresión, garantizada por el artículo 10 de la Convención, comprende la de recibir y difundir información," por lo que si bien es cierto que el artículo 6.2 "no puede impedir a las autoridades que informen al público sobre investigaciones en curso," sin embargo, dicha norma *"requiere que lo hagan con toda la discreción y reserva que impone el respeto a la presunción de inocencia."* [46]

48. Esta honorable Corte Interamericana también se ha referido precisamente a la prudencia que deben mostrar las autoridades estatales en sus declaraciones públicas en función de sus obligaciones con los derechos humanos y el Estado de Derecho, al afirmar que:

"...no sólo es legítimo sino que en ciertas ocasiones es un deber de las autoridades estatales pronunciarse sobre cuestiones de interés público. Sin embargo, al hacerlo están sometidos a ciertas limitaciones en cuanto a constatar en forma razonable, aunque no necesariamente ex-

---

the right enshrined in Article 6 para. 2 (art. 6-2). " // "Elle rappelle en outre que la Convention doit s'interpréter de façon à garantir des droits concrets et effectifs, et non théoriques et illusoires [...]. Cela vaut aussi pour le droit consacré par l'article 6 par. 2 (art. 6-2)")

[45]   *Idem.*, párr. 36 (Texto original: *The Court considers that the presumption of innocence may be infringed not only by a judge or court but also by other public authorities. // Or la Cour estime qu'une atteinte à la présomption d'innocence peut émaner non seulement d'un juge ou d'un tribunal mais aussi d'autres autorités publiques).*

[46]   *Idem.*, párr. 38 (Texto original: *"Freedom of expression, guaranteed by Article 10 (art. 10) of the Convention, includes the freedom to receive and impart information. Article 6 para. 2 (art. 6-2) cannot therefore prevent the authorities from informing the public about criminal investigations in progress, but it requires that they do so with all the discretion and circumspection necessary if the presumption of innocence is to be respected." // "La liberté d'expression, garantie par l'article 10 (art. 10) de la Convention, comprend celle de recevoir ou de communiquer des informations. L'article 6 par. 2 (art. 6-2) ne saurait donc empêcher les autorités de renseigner le public sur des enquêtes pénales en cours, mais il requiert qu'elles le fassent avec toute la discrétion et toute la réserve que commande le respect de la présomption d'innocence."*) Véase también, con respecto a los límites que impone la independencia judicial, Corte IDH, *Caso Apitz Barbera y otros ("Corte Primera de lo Contencioso Administrativo") Vs. Venezuela.* Excepción Preliminar, Fondo, Reparaciones y Costas. Sentencia de 5 de agosto de 2008. Serie C N° 182, en http://www.corteidh.or.cr/docs/casos/articulos/seriec_182_esp.pdf, par. 131.

haustiva, los hechos en los que fundamentan sus opiniones, y **deberían hacerlo con una diligencia aún mayor a la empleada por los particulares, en atención al alto grado de credibilidad de la que gozan y en aras a evitar que los ciudadanos reciban una versión manipulada de los hechos.** Además, deben tener en cuenta que en tanto funcionarios públicos **tienen una posición de garante de los derechos fundamentales de las personas y, por tanto, sus declaraciones no pueden llegar a desconocer dichos derechos.** Del mismo modo, los funcionarios públicos, en especial las más altas autoridades de Gobierno, deben ser particularmente cuidadosos en orden a que sus declaraciones públicas **no constituyan una forma de injerencia o presión lesiva de la independencia judicial o puedan inducir o sugerir acciones por parte de otras autoridades que vulneren la independencia o afecten la libertad del juzgador.**[47] *(Énfasis añadido).*

49. Estos mismos principios delineados por esta honorable Corte en el caso *Apitz Barbera,* son perfectamente aplicables a las declaraciones de altos órganos y funcionarios en relación con el derecho a la presunción de inocencia. En el presente caso, la circunstancia de que quienes han hecho afirmaciones prejuzgadas sobre el profesor Brewer Carías hayan incluido al Fiscal General de la República y al Tribunal Supremo de Justicia, y más recientemente al Ministro de Relaciones Exteriores, actual Presidente de la República, quienes por excelencia *"tienen una posición de garante de [la presunción de inocencia] de las personas,"* pone de manifiesto con mayor claridad cómo esas afirmaciones han *desconocido esa presunción,* y han violado el derecho del profesor Brewer Carías a ser tenido por inocente hasta que se pruebe judicialmente su culpabilidad.

50. En el escrito de denuncia de la Convención Americana, como se ha dicho, del Ministro de Relaciones Exteriores, además, indicó que el juicio penal contra Allan Brewer, donde se le ha impuesto inconstitucionalmente la carga de "demostrar su inocencia," no se ha podido llevar a cabo en Venezuela por estar ausente del país. De manera que para el Estado, el profesor Brewer Carías es culpable ya, y sólo si regresa a Venezuela y se entrega su libertad a quienes ya lo consideran culpable, se le podría permitir *"desvirtuar la imputación."* Mientras no lo haga, es tenido por culpable, como lo demuestra una vez más la comunicación del Ministro de Relaciones Exteriores.

51. En definitiva, con esta nueva violación al derecho a la presunción de inocencia del profesor Brewer Carías, por parte del Ministro de Relaciones Exteriores, hoy Presidente de la República Bolivariana de Venezuela, estimo que en el presenta caso, esta honorable Corte tiene suficientes elementos para apreciar la violación masiva y sistemática de dicho derecho a la presunción de inocencia por parte del Estado, cometida a los largo del proceso que se sigue en Venezuela contra el profesor Brewer Carías. En la práctica, desde la impu-

---

[47] Véase Corte IDH, *Caso Apitz Barbera u otros*, antes citada, en http://www.corteidh.or.cr/docs/casos/articulos/seriec_182_esp.pdf, párr. 131.

tación de un delito sobre la sola base distorsionada del llamado "hecho notorio comunicacional" porque está fundada, no en noticias sobre hechos, sino en meras opiniones de periodistas, invirtiendo la carga de la prueba en el caso, lo cual expresó la Fiscal encargada del caso al decir que los imputados eran quienes debía probar su inocencia, pasando por la manifestaciones públicas por parte de altas autoridades y órganos del Estado, incluyendo la Asamblea Nacional, los Magistrados del Tribunal Supremo de Justicia y los Embajadores de Venezuela, y ahora, del Ministro de Relaciones Exteriores hoy Presidente de la República, debe considerarse que *el profesor Brewer Carías ha sido declarado culpable de antemano, colocándoselo en la situación de tener que demostrar su inocencia*, situación en la cual hay que considerar que en este caso, se ha violando artículo 8.2 de la Convención América de Derechos Humanos.

Dado en San José, a los quince días del mes de julio del 2013.

Rubén Hernández Valle
Presidente

SEGUNDA PARTE:

AMICUS CURIAE **PRESENTADO POR EL PROFESOR OLIVO RODRÍGUEZ EN REPRESENTACIÓN DE LA** *ASOCIACIÓN DOMINICANA DE DERECHO ADMINISTRATIVO* **SOBRE LA INDEPENDENCIA DE LOS JUECES Y EL LIBRE EJERCICIO DE LA ABOGACÍA, DE 12 DE AGOSTO DE 2013.**

Al Presidente y demás Jueces que integran la Corte Interamericana De Derechos Humanos (CIDH).-

> **REFERENCIA: CASO CONTENCIOSO N° 12.724, ALLAN BREWER-CARÍAS VS. REPÚBLICA BOLIVARIANA DE VENEZUELA.**

La **ASOCIACIÓN DOMINICANA DE DERECHO ADMINISTRATIVO (ADDA), INC.**, entidad sin fines de lucro constituida e incorporada bajo las leyes de la República Dominicana, provista del Registro Nacional de Contribuyentes (RNC) N° 4-30-12025-1, con su domicilio social en la Calle Benito Monción N° 158, Gazcue, Santo Domingo, Distrito Nacional, Capital de la República Dominicana, teléfonos 809-686-6373 y 809-686-0924, fax 809-689-6313 y correo electrónico info@adda.org.do y rodriguezolivo@gmail.com; debidamente representada por su Presidente, **LIC. OLIVO A. RODRÍGUEZ HUERTAS**, dominicano, mayor de edad, casado, abogado, provisto de la Cédula de Identidad y Electoral No. 001-0003588-0, domiciliado y residente en la ciudad de Santo Domingo, Distrito Nacional, República Dominicana; de conformidad con lo previsto en los artículos 44.1 y 44.3 del Reglamento de la Corte Interamericana de Derechos Humanos (en lo adelante, Corte IDH) vigente desde noviembre 2009, presenta formal *Amicus Curiae* con relación al **Caso Contencioso N° 12.724, Allan Brewer-Carías vs. República Bolivariana de Venezuela**, llevado ante esta Honorable Corte.

El presente *Amicus Curiae* se referirá a: **1. Los estándares internacionales sobre la independencia de los jueces; y 2. Los estándares internacionales sobre la independencia de los abogados y su aplicación al presente caso, vistos los hechos planteados ante esta Corte.** A tales efectos, exponemos:

INTRODUCCIÓN

El caso Allan Brewer-Carías vs. Venezuela versa sobre las violaciones a los derechos humanos que dicho abogado venezolano ha sido víctima durante los procesos penales iniciados en su contra ante fiscales interinos y jueces provisorios venezolanos, imputándole y acusándole por el delito de "conspiración para cambiar violentamente la Constitución" por su supuesta participación en los hechos acaecidos en Venezuela en abril de 2002. Las principales violaciones en este caso recaen sobre las garantías judiciales y la protección judicial, de conformidad con los artículos 8 y 25 de la Convención Americana sobre Derechos Humanos y la jurisprudencia de esta honorable Corte IDH.

Allan Brewer-Carías es un reputado jurista venezolano, miembro de la Asamblea Nacional Constituyente que elaboró la Constitución Venezolana vigente desde 1999, reconocido profesor de Derecho Público en pre y postgrado en universidades venezolanas, europeas y de los Estados Unidos de América, e individuo de número de la Academia de Ciencias Políticas y Sociales de Venezuela, de la cual fue su Presidente. Ha sido un importante crítico de leyes y sentencias así como de las distintas políticas del gobierno que se inició en 1999 y de otros gobiernos anteriores, por considerar que muchas de ellas han sido contrarias a Derecho, a la democracia y a la Constitución Venezolana.

Del mismo modo, Brewer-Carías es uno de los administrativistas más destacados de Iberoamérica, con una extensa obra jurídica que comprende importantes publicaciones en español e inglés.

En ese contexto, contra Allan Brewer-Carías se inició un proceso penal por su supuesta participación en el golpe de Estado ocurrido el 12 de abril de 2002, en base a su supuesta participación en la preparación del decreto de constitución de un gobierno de transición, ya que tal intervención –afirmó el Estado Venezolano- era un *"hecho público y comunicacional"*. Su participación en estos eventos, según consta en los documentos llevados en el juicio ante los tribunales de su país, al igual que en los documentos que constan en la jurisdicción internacional, se limitó a la emisión de una opinión jurídica sobre la inconstitucionalidad de una serie de actos que serían llevados a cabo a raíz del lamentable golpe de Estado, momento en el que el profesor Brewer declaró éstos contrarios a la Constitución y a la Carta Democrática Interamericana.

Según los planteamientos esgrimidos por la víctima en sus escritos ante la Corte IDH, la persecución penal iniciada en su contra se debe no sólo al ejercicio de su profesión de abogacía y haber expresado su opinión legal sobre el mencionado decreto, sino por haber expresado públicamente su opinión crítica al gobierno, al afirmar que éste había incurrido en violaciones a preceptos de la Carta Democrática Interamericana, y comentar sobre el contenido de la norma constitucional que regula la desobediencia civil en Venezuela, considerándose su persecución como una violación a la Convención Americana sobre Derechos Humanos.

El presente caso le permite a esta Corte IDH desarrollar su jurisprudencia sobre la garantía a ser juzgado por un juez y acusado por un fiscal imparcial e independiente, no desde la óptica del juez como víctima, como ya lo ha hecho este tribunal en otras oportunidades[1], sino desde la dimensión de la persona

---

[1]   Corte IDH. Caso del *Tribunal Constitucional Vs. Perú*. Fondo, Reparaciones y Costas. Sentencia de 31 de enero de 2001. Serie C N° 71; Corte IDH. Caso *Apitz Barbera y otros ("Corte Primera de lo Contencioso Administrativo") Vs. Venezuela. Excepción Preliminar, Fondo, Reparaciones y Costas*. Sentencia de 5 de agosto de

acusada como sujeto y la consecuencia de la violación al derecho a ser juzgado por un juez que no cumple con dichos requisitos. Asimismo, consideramos que es una oportunidad importante para que esta Corte IDH desarrolle progresiva y favorablemente los estándares sobre la independencia de los abogados a la luz de la Convención Americana sobre Derechos Humanos, a los fines de precisar estos criterios tan importantes para el ejercicio de la abogacía en las Américas.

Por ello, invitamos a esta Corte a que, en su sentencia del presente caso, desarrolle dichos estándares, teniendo en cuenta los siguientes planteamientos.

1. EL JUZGAMIENTO DE UNA PERSONA POR UN JUEZ NO INDEPENDIENTE NI IMPARCIAL. CONSECUENCIAS

La independencia e imparcialidad de los jueces y fiscales que procesan a las personas es una de las garantías fundamentales más importantes para la existencia de un debido proceso legal, como ya ha sido debidamente reconocido por varios sistemas de protección internacional de derechos humanos, como sucede con el artículo 8 de la Convención Americana sobre Derechos Humanos que reconoce el derecho de toda persona a ser juzgado por un juez imparcial e independiente.

En este sentido, procedemos a continuación a hacer una breve revisión de los estándares desarrollados tanto por los órganos del Sistema Interamericano de Derechos Humanos como del Sistema Universal de Protección de Derechos Humanos, para luego analizar las consecuencias que derivan del juzgamiento de una persona por funcionarios judiciales que no son ni imparciales ni independientes.

A. LOS ESTÁNDARES DESARROLLADOS POR LOS ÓRGANOS DEL SISTEMA INTERAMERICANO Y EL SISTEMA UNIVERSAL DE PROTECCIÓN DE LOS DERECHOS HUMANOS

Los estándares sobre la independencia e imparcialidad de los jueces y fiscales han sido desarrollados por el Sistema Universal de Protección de los Derechos Humanos, en concreto, en sus principios básicos relativos a la independencia de la judicatura, que reconocen, en su primer artículo, que *"La independencia de la judicatura será garantizada por el Estado y proclamada por la Constitución o la legislación del país. Todas las instituciones gubernamentales y de otra índole respetarán y acatarán la independencia de la judicatura"*[2], y desarrollan lo relacionado a las garantías de la in-

---

2008. Serie C N° 182; Corte IDH. Caso *Reverón Trujillo Vs. Venezuela*. Excepción Preliminar, Fondo, Reparaciones y Costas. Sentencia de 30 de junio de 2009. Serie C N° 197; Corte IDH. Caso *Chocrón Chocrón Vs. Venezuela*. Excepción Preliminar, Fondo, Reparaciones y Costas. Sentencia de 1 de julio de 2011. Serie C N° 227

[2] Principios Básicos relativos a la Independencia de la Judicatura, Aprobados por Séptimo Congreso de las Naciones Unidas sobre Prevención del Delito y Tratamiento del Delincuente, celebrado en Milán (Italia) del 26 de agosto al 6 de septiembre de 1985.

dependencia del juez: su proceso de nombramiento, su estabilidad y la garantía contra presiones externas.

Justamente, con base en estos principios, a la luz del artículo 8 de la Convención Americana sobre Derechos Humanos, esta Corte IDH, en sus importantes casos *Tribunal Constitucional vs. Perú, Apitz y otros vs. Venezuela, Reverón Trujillo vs. Venezuela y Chocrón Chocrón vs. Venezuela*[3], ha desarrollado la garantía de independencia e imparcialidad de los jueces, sus elementos y su importancia para una sociedad democrática. Se observa que el análisis que ha realizado la Corte IDH en esos casos se ha hecho siempre desde la óptica de la garantía del juez a su independencia funcional. No obstante, el asunto de Allan Brewer-Carías se refiere al caso en el cual es la persona juzgada la víctima de un proceso judicial llevado a cabo por un juez que no es independiente ni imparcial, y dirigido además por un fiscal que no cuenta con dichas garantías.

Refiriéndose a la garantía de independencia e imparcialidad de los jueces, la Corte IDH ha aseverado que:

> "68. *El principio de independencia judicial constituye uno de los pilares básicos de las garantías del debido proceso, motivo por el cual debe ser respetado en todas las áreas del procedimiento y ante todas las instancias procesales en que se decide sobre los derechos de la persona. La Corte ha considerado que el principio de independencia judicial resulta indispensable para la protección de los derechos fundamentales, por lo que su alcance debe garantizarse inclusive, en situaciones especiales, como lo es el estado de excepción"*.[4]

Partiendo de ello, la Corte IDH ha analizado las características de la independencia de la judicatura como derecho contenido en la Convención Americana sobre Derechos Humanos, señalando como elementos constitutivos *"un adecuado proceso de nombramiento, la inamovilidad en el cargo y la garantía contra presiones externas"*[5].

En cuanto al proceso de nombramiento, la jurisprudencia de la Corte IDH, evocando criterios del Sistema Universal de Protección de Derechos Huma-

---

3   Corte IDH. Caso del Tribunal Constitucional Vs. Perú. Fondo, Reparaciones y Costas. Sentencia de 31 de enero de 2001. Serie C N° 71; Corte IDH. Caso *Apitz Barbera y otros ("Corte Primera de lo Contencioso Administrativo") Vs. Venezuela.* Excepción Preliminar, Fondo, Reparaciones y Costas. Sentencia de 5 de agosto de 2008. Serie C N° 182; Corte IDH. Caso *Reverón Trujillo Vs. Venezuela.* Excepción Preliminar, Fondo, Reparaciones y Costas. Sentencia de 30 de junio de 2009. Serie C N° 197; Corte IDH. Caso *Chocrón Chocrón Vs. Venezuela.* Excepción Preliminar, Fondo, Reparaciones y Costas. Sentencia de 1 de julio de 2011. Serie C N° 227

4   Corte IDH. Caso *Reverón Trujillo Vs. Venezuela.* Excepción Preliminar, Fondo, Reparaciones y Costas. Sentencia de 30 de junio de 2009. Serie C N° 197, párr. 68.

5   Corte IDH. Caso *Reverón Trujillo Vs. Venezuela.* Excepción Preliminar, Fondo, Reparaciones y Costas. Sentencia de 30 de junio de 2009. Serie C N° 197, párr. 70.

nos, asevera que debe garantizarse un proceso de nombramiento de jueces que garantice igualdad de oportunidades entre los candidatos, utilizando preponderantemente criterios de mérito personal del juez, calificación, integridad, capacidad y eficiencia, y que asegure la objetividad y la razonabilidad del mismo[6].

Por su parte, al analizar la garantía de estabilidad (o inamovilidad) de los jueces, se asumen los estándares desarrollados en los principios básicos relativos a la independencia de la judicatura relacionados al tema, donde se dispone que *"se garantizará la inamovilidad de los jueces, tanto de los nombrados mediante decisión administrativa como de los elegidos, hasta que cumplan la edad para la jubilación forzosa o expire el período para el que hayan sido nombrados o elegidos, cuando existan normas al respecto"*[7]. La inamovilidad de los jueces encuentra límite en la responsabilidad disciplinaria de conformidad con la misma declaración de principios, reconociendo, de conformidad con los principios 17 y siguientes, que podrían ser separados del cargo los jueces por incurrir en responsabilidad disciplinaria debidamente tramitada con las garantías de un debido proceso legal ante los órganos legalmente previstos para ello *"por incapacidad o comportamiento que les inhabilite para seguir desempeñando sus funciones"*.

La Corte IDH, siguiendo el criterio del Comité de Derechos Humanos, al respecto de la inamovilidad, ha aseverado que "los jueces sólo pueden ser removidos por faltas de disciplina graves o incompetencia y acorde a procedimientos justos que aseguren la objetividad e imparcialidad según la constitución o la ley"[8], añadiendo que "la autoridad a cargo del proceso de destitución de un juez debe conducirse independiente e imparcialmente en el procedimiento establecido para el efecto y permitir el ejercicio del derecho de defensa. Ello es así toda vez que la libre remoción de jueces fomenta la duda objetiva del observador sobre la posibilidad efectiva de aquellos de decidir controversias concretas sin temor a represalias"[9].

Finalmente, en cuanto a la garantía frente a "presiones externas", los principios básicos relativos a la independencia de la judicatura prevén, en su cuarto principio, que *"no se efectuarán intromisiones indebidas o injustificadas*

---

[6]   Corte IDH. Caso *Reverón Trujillo Vs. Venezuela*. Excepción Preliminar, Fondo, Reparaciones y Costas. Sentencia de 30 de junio de 2009. Serie C N° 197, párr. 72-73.

[7]   Principios Básicos relativos a la Independencia de la Judicatura, Aprobados por Séptimo Congreso de las Naciones Unidas sobre Prevención del Delito y Tratamiento del Delincuente, celebrado en Milán (Italia) del 26 de agosto al 6 de septiembre de 1985.

[8]   Corte IDH. Caso *Reverón Trujillo Vs. Venezuela*. Excepción Preliminar, Fondo, Reparaciones y Costas. Sentencia de 30 de junio de 2009. Serie C N° 197, párr. 77.

[9]   Corte IDH. Caso *Reverón Trujillo Vs. Venezuela*. Excepción Preliminar, Fondo, Reparaciones y Costas. Sentencia de 30 de junio de 2009. Serie C N° 197, párr. 78.

en el proceso judicial, ni se someterán a revisión las decisiones judiciales de los tribunales"[10], postura reiterada por la Corte IDH en su jurisprudencia[11].

De tal forma, la violación a cualquiera de estas garantías constituye una transgresión al deber del Estado de garantizar un Poder Judicial independiente, y como consecuencia, quien sea juzgado por un juez no independiente o imparcial será víctima de una violación al artículo 8 de la Convención Americana sobre Derechos Humanos.

B. LOS JUECES PROVISORIOS Y SU FALTA DE INDEPENDENCIA E IMPARCIALIDAD.

En el caso de Allan Brewer-Carías, se observa entre sus argumentos que los jueces y fiscales que han participado en su proceso judicial han sido todos jueces y fiscales provisorios, es decir, en los términos de la Sala Constitucional venezolana, según lo aseveró en sentencia del 20 de diciembre de 2007, caso *Yolanda Vivas*:

> *"Carecen de estabilidad en el cargo, por lo que cualquier decisión en sentido contrario implica infringir el expreso mandato constitucional (artículo 255 de la Carta Magna), concediéndole a las designaciones sin concurso los mismos efectos que tienen aquellos derivados de la aprobación de severos exámenes para determinar la idoneidad de quienes administrarán justicia(...)*

> *Lo que sí resulta indudable es que no tenía la condición de la jueza de carrera, y por tanto, no estaba amparada por estabilidad en el cargo."*

Añadió la Sala Constitucional en dicha sentencia, con relación a los jueces provisorios, que:

> *"La Comisión Judicial ejerce, por delegación de la Sala Plena, la competencia para designar jueces provisorio y para dejar sin efectos su designación.*

> *Se trata de una facultad eminentemente discrecional, que responde a la necesidad de garantizar la continuidad del servicio de la administración de justicia y la garantía ciudadana de acceso a la justicia (...)*

> *Los jueces y juezas provisorios designados discrecionalmente forman parte del Sistema Judicial, pero no a través del concurso de oposición, única vía constitucional prevista para ingresar a la carrera judicial. Por ello, no gozan de los beneficios que la carrera judicial confiere, entre ellos, la estabilidad en el ejercicio de sus funciones (...)*

---

10   Principios Básicos relativos a la Independencia de la Judicatura, Aprobados por Séptimo Congreso de las Naciones Unidas sobre Prevención del Delito y Tratamiento del Delincuente, celebrado en Milán (Italia) del 26 de agosto al 6 de septiembre de 1985.

11   Corte IDH. Caso *Reverón Trujillo Vs. Venezuela*. Excepción Preliminar, Fondo, Reparaciones y Costas. Sentencia de 30 de junio de 2009. Serie C N° 197, párr. 80.

Los actos por los cuales se deja sin efecto el nombramiento de los jueces provisorios designados por la Comisión Judicial no son actos disciplinarios, sino actos en ejercicio de su potestad discrecional.

Una decisión de esta índole no trata sobre la aplicación de una sanción originada por una falta, sino que se trata de un acto fundado en motivos de oportunidad."

Se observa, pues, que los jueces provisorios no son más que funcionarios de libre nombramiento y remoción. Como lo ha aseverado la doctrina:

"Con este modelo de justicia provisoria se han destituido centenares de jueces sin justificación legal, muchas veces por motivos personales y otras por razones de naturaleza política y hasta económica. Y es precisamente lo que ha evitado la consolidación de las normas constitucionales que regulan la forma de ingresar y salir del Poder Judicial, pues lógicamente los factores políticos prefieren mantener un sistema donde puedan manejarse con abierta discrecionalidad y hasta arbitrariedad."[12]

Esta Corte IDH se ha pronunciado acerca de este sistema de justicia provisorio venezolano en casos anteriores, en los que en ejercicio de esta potestad discrecional se han destituido jueces por distintas razones. Así, en el caso de *Reverón Trujillo vs. Venezuela*, la Corte *"concluye que en Venezuela, desde agosto de 1999 hasta la actualidad, los jueces provisorios no tienen estabilidad en el cargo, son nombrados discrecionalmente y pueden ser removidos sin sujeción a ningún procedimiento preestablecido"*[13]. La Corte, en su sentencia al caso *Chocrón Chocrón vs. Venezuela*, precisó que:

"Esta Corte ha manifestado que la provisionalidad "debe estar sujeta a una condición resolutoria, tal como el cumplimiento de un plazo predeterminado o la celebración y conclusión de un concurso público de oposición y antecedentes que nombre al reemplazante del juez provisorio con carácter permanente". De esta manera, la garantía de la inamovilidad se traduce, en el ámbito de los jueces provisorios, en la exigencia de que ellos puedan disfrutar de todos los beneficios propios de la permanencia hasta tanto acaezca la condición resolutoria que ponga fin legal a su mandato.

Además, en el caso Reverón Trujillo la Corte señaló que la inamovilidad de los jueces provisorios está estrechamente ligada a la garantía contra presiones externas, toda vez que si los jueces provisorios no tienen la seguridad de permanencia durante un período determinado, serán vulnerables a presiones de diferentes sectores, principalmente de quienes tienen la facultad de decidir sobre destituciones o ascensos en el Poder Judicial.

---

[12]   CHAVERO, R. (2011), *La Justicia Revolucionaria*. Editorial Aequitas, p. 112.

[13]   Corte IDH. Caso *Reverón Trujillo Vs. Venezuela*. Excepción Preliminar, Fondo, Reparaciones y Costas. Sentencia de 30 de junio de 2009. Serie C N° 197, Párr. 106

Ahora bien, dado que no se puede igualar un concurso público de oposición a una revisión de credenciales ni se puede aseverar que la estabilidad que acompaña a un cargo permanente es igual a la que acompaña a un cargo provisorio que tiene condición resolutoria, esta Corte ha sostenido que los nombramientos provisionales deben constituir una situación de excepción y no la regla, ya que la extensión en el tiempo de la provisionalidad de los jueces o el hecho de que la mayoría de los jueces se encuentren en dicha situación, generan importantes obstáculos para la independencia judicial . De otra parte, el Tribunal ha precisado que para que el Poder Judicial cumpla con la función de garantizar la mayor idoneidad de sus integrantes, los nombramientos en provisionalidad no pueden prolongarse de manera indefinida, de tal forma que se conviertan en nombramientos permanentes. Ello es una nueva razón que explica que la provisionalidad sea admisible como excepción y no como regla general y que deba tener una duración limitada en el tiempo, en orden a ser compatible con el derecho de acceso a las funciones públicas en condiciones de igualdad."[14]

El corolario del análisis antedicho es claro: los jueces provisorios en Venezuela, por ser de libre nombramiento y remoción, carecen de inamovilidad y son propensos a ser víctimas de presiones externas, razón por la cual se puede concluir que no son independientes.

Partiendo de ello, y teniendo en cuenta el contenido del artículo 8 de la Convención Americana sobre Derechos Humanos, que determina el derecho de toda persona a ser juzgado por un juez independiente e imparcial, se debe concluir entonces que el juzgamiento de una persona por un juez provisorio en Venezuela y en cualquier otro país del continente americano, especialmente en un caso sensible políticamente como el presente, constituye una violación al mencionado artículo de la Convención.

C. LAS CONSECUENCIAS DERIVADAS DEL JUZGAMIENTO POR UN JUEZ QUE CARECE DE INDEPENDENCIA E IMPARCIALIDAD: EL CASO DE ALLAN BREWER-CARÍAS

Identificado que el proceso llevado a cabo por un juez provisorio y un fiscal provisorio ("interino") es violatorio del artículo 8 de la Convención Americana sobre Derechos Humanos, se debe proceder a identificar cual es la consecuencia jurídica para casos de esta naturaleza.

En los demás casos ventilados ante la Corte IDH en los cuales se ha cuestionado la independencia e imparcialidad de los jueces en Venezuela, como se ha dicho, la víctima ha sido un juez arbitrariamente destituido por el Estado Venezolano. Así se demuestra de los casos *Apitz y otros vs. Venezuela, Reverón Trujillo vs. Venezuela y Chocrón Chocrón vs. Venezuela.* En

---

[14] Corte IDH. Caso *Chocrón Chocrón Vs. Venezuela*. Excepción Preliminar, Fondo, Reparaciones y Costas. Sentencia de 1 de julio de 2011. Serie C N° 227, párr. 105-107

dichos casos, la reparación procedente, evidentemente, era la orden de restitución de dichos jueces a sus cargos, restableciendo así la situación jurídica infringida en su perjuicio. Se buscaba, así, revertir la arbitraria destitución precisamente causada ante su falta de inamovilidad por la influencia de presiones externas.

No obstante, el presente caso resulta paradigmático en cuanto al juzgamiento de una persona humana por un juez carente de imparcialidad e independencia, lo cual evidentemente trae consigo la violación al artículo 8 de la Convención Americana, pero también, por razones lógicas, no proceden las reparaciones realizadas en los otros casos antes aludidos en los que se trata la independencia e imparcialidad de la judicatura. Por ello, procede estudiar los distintos casos para identificar la posible consecuencia jurídica que debe fijar la Corte IDH en caso de determinar la violación a la garantía de ser juzgado por un juez independiente e imparcial.

En su Opinión Consultiva N° 16, la Corte IDH determinó que las violaciones al derecho al debido proceso legal reconocido en la Convención Americana generan la responsabilidad del Estado y en consecuencia, la obligación del estado de reparar el daño causado. En este sentido, en dicha Opinión Consultiva sobre el debido proceso y la garantía de la asistencia consular en procesos penales donde se pretende aplicar la pena de muerte, la Corte IDH expresó lo siguiente:

> *"Que la inobservancia del derecho a la información del detenido extranjero, reconocido en el artículo 36.1.b) de la Convención de Viena sobre Relaciones Consulares, afecta las garantías del debido proceso legal y, en estas circunstancias, la imposición de la pena de muerte constituye una violación del derecho a no ser privado de la vida "arbitrariamente", en los términos de las disposiciones relevantes de los tratados de derechos humanos (v.g. Convención Americana sobre Derechos Humanos, artículo 4; Pacto Internacional de Derechos Civiles y Políticos, artículo 6), con las consecuencias jurídicas inherentes a una violación de esta naturaleza, es decir, las atinentes a la responsabilidad internacional del Estado y al deber de reparación."* [15]

A tales efectos, se puede observar que la jurisprudencia de esta Corte IDH ha determinado que ante violaciones al artículo 8 de la Convención Americana sobre Derechos Humanos de naturaleza semejante, la consecuencia jurídica dispuesta por el tribunal ha sido la cesación de efectos de los actos procesales inconvencionales.

Por ejemplo, en el caso de Herrera Ulloa vs. Costa Rica, se determinó la violación al artículo 8 de la Convención por la falta de existencia de un recurso eficaz para impugnar la sentencia penal dictada en su contra, y por ser dicha sentencia contraria al artículo 13 de la Convención, ordenándose *"dejar*

---

[15] Corte IDH. El Derecho a la Información sobre la Asistencia Consular en el Marco de las Garantías del Debido Proceso Legal. Opinión Consultiva OC-16/99 del 1 de octubre de 1999. Serie A N° 16, dispositivo 7.

sin efecto, en todos sus extremos, la sentencia emitida el 12 de noviembre de 1999 por el Tribunal Penal del Primer Circuito Judicial de San José". En el mismo sentido, en el caso Usón Ramírez vs. Venezuela, ante el juzgamiento por un tribunal incompetente en perjuicio de Francisco Usón Ramírez, la Corte dispuso *"dejar sin efecto, en el plazo de un año, el proceso penal militar instruido en contra del señor Francisco Usón Ramírez por los hechos materia de la presente Sentencia".*

El caso de Usón Ramírez es esencial para el estudio de la consecuencia jurídica a aplicar en este caso. En dicho caso, el General Usón Ramírez fue juzgado por un tribunal militar para conocer de su causa, a lo largo de todo el proceso. Si bien el vicio de dicho caso fue la incompetencia, por analogía es perfectamente extendible al caso de Allan Brewer-Carías, pues la falta de independencia de un juez o un fiscal constituyen, al igual que la falta de competencia, vicios a la garantía del juez natural, consagrada en el artículo 8 de la Convención, generando la contrariedad a la Convención desde el inicio del proceso llevado a cabo en contra del imputado.

Debemos reiterar, tal como lo ha hecho el Comité de Derechos Humanos de la Organización de las Naciones Unidas (ONU), que la competencia, imparcialidad e independencia de un juez son los elementos constitutivos de la garantía del juez natural, prevista en el artículo 14 del Pacto Internacional de Derechos Civiles y Políticos[16], equivalente al artículo 8 de la Convención Americana sobre Derechos Humanos. Como consecuencia de ello, debe llegarse a la conclusión de que la consecuencia jurídica propia para garantizar la restitución integral prevista en el artículo 63.1 de la Convención Americana sobre Derechos Humanos ante violaciones a la garantía de un juez natural (competente, independiente e imparcial) es la cesación de efectos de todos los actos procesales llevados a cabo por el funcionario carente de competencia, independencia o imparcialidad.

Esta conclusión fue expresamente recordada por el ex magistrado de la Corte IDH, Sergio García Ramírez, quien en un voto concurrente a una Opinión Consultiva emitida por esta Corte indicó que *"la violación de aquél trae consigo las consecuencias que necesariamente produce una conducta ilícita de esas características: nulidad y responsabilidad"*[17].

Por lo tanto, de demostrarse la violación al artículo 8 de la Convención Americana sobre Derechos Humanos, por ser Allan Brewer-Carías una víctima de un juicio cuyo juez y cuyo fiscal instructor carecen de independencia e imparcialidad, la consecuencia jurídica aplicable debe ser la nulidad de todas las actuaciones realizadas por dicho juez, cesando así los efectos del proceso iniciado en su contra.

---

[16]   Comité de Derechos Humanos, Observación General N° 32, párrs. 19 y 21.

[17]   Corte IDH. El Derecho a la Información sobre la Asistencia Consular en el Marco de las Garantías del Debido Proceso Legal. Opinión Consultiva OC-16/99 del 1 de octubre de 1999. Serie A N° 16

2. DESARROLLO DE LOS ESTÁNDARES INTERNACIONALES SOBRE LA INDEPENDENCIA DE LOS ABOGADOS

En líneas generales, no son muchos los textos legales ni la jurisprudencia que han desarrollado el derecho a la garantía de la independencia de la profesión legal, y en concreto, de los abogados. En este sentido, en primer lugar, procederemos a realizar un análisis de los distintos textos donde se analizan los estándares de estos derechos en los distintos sistemas de protección de los derechos humanos, al igual que aquellos elaborados por otras organizaciones de protección de derechos humanos, especialmente, en la protección de la independencia e imparcialidad de los juristas en el ejercicio de su profesión.

Las conclusiones obtenidas del punto anterior serán luego utilizadas para implementarlas en el marco de las normas del Sistema Interamericano de Derechos Humanos, para con ello arribar a la conclusión de que la independencia e imparcialidad de los abogados se ve mermada ante la posibilidad de sancionar criminalmente a un abogado por la emisión de una opinión jurídica.

A. PAUTAS ELABORADAS POR EL SISTEMA UNIVERSAL DE PROTECCIÓN DE DERECHOS HUMANOS

Los órganos de protección de derechos humanos propios del Sistema Universal de Protección de Derechos Humanos han desarrollado una serie de estándares sobre la independencia de los abogados como parte de la garantía de una tutela judicial efectiva. El documento principal que ha desarrollado dichas garantías es el conjunto de Principios Básicos sobre la Función de los Abogados, que desarrolla el derecho de las personas a tener acceso a un abogado para amparar y defender sus derechos. En dicho documento, el principio N° 16 prevé que los Estados *"deben asegurar que los abogados (a) puedan desempeñar todas sus funciones profesionales sin intimidaciones, obstáculos, acosos o interferencias indebidas; (b) puedan viajar y comunicarse libremente con sus clientes tanto dentro de su país como en el exterior; (c) y no sufran ni estén expuestos a persecuciones o sanciones administrativas, económicas o de otra índole a raíz de cualquier medida que hayan adoptado de conformidad con las obligaciones, reglas y normas éticas que se reconocen a su profesión"*[18].

En concordancia con lo antedicho, el Principio N° 20 de dicho texto normativo dispone que *"los abogados gozarán de inmunidad civil y penal por las declaraciones que hagan de buena fe, por escrito o en los alegatos orales, o bien al comparecer como profesionales ante un tribunal judicial, otro tribunal u órgano jurídico o administrativo"*[19].

---

[18]   Principios Básicos sobre la Función de los Abogados, Aprobados por el Octavo Congreso de las Naciones Unidas sobre Prevención del Delito y Tratamiento del Delincuente, celebrado en La Habana (Cuba) del 27 de agosto al 7 de septiembre de 1990.

[19]   Principios Básicos sobre la Función de los Abogados, Aprobados por el Octavo Congreso de las Naciones Unidas sobre Prevención del Delito y Tratamiento del

Al interpretar el mencionado conjunto de principios, se ha aseverado que: *"identificar a los abogados con las causas de sus clientes, a menos de que haya pruebas en ese sentido, podría interpretarse como intimidación y hostigamiento de los abogados interesado' y había puesto de relieve que cuando haya pruebas de que los abogados se identifican con las causas de sus clientes, corresponde al Gobierno remitir las denuncias al órgano disciplinario de la profesión jurídica que corresponda"*[20].

En el mismo sentido, Leandro Despouy, Relator Especial para la Independencia de la Judicatura, en 2003, manifestó en su informe a la extinta Comisión de Derechos Humanos de la ONU que:

> *"El Relator Especial hace suyo el punto de vista expresado por el Sr. Singhvi en 1985 (E/CN.4/Sub.2/1985/18/Add.1 a 6, párr. 81): "Los deberes del jurado y el asesor y los del abogado son muy distintos, pero su independencia requiere igualmente que no haya injerencias del poder ejecutivo o legislativo, e incluso del judicial, así como de otras entidades [...]. Los jurados y los asesores, igual que los jueces, tienen la obligación de ser imparciales e independientes. No se puede pedir, sin embargo, que un abogado sea imparcial en la forma en que deben serlo los jueces, jurados o asesores, pero sí tiene que estar libre de toda presión o intromisión exterior. Su deber es representar a sus clientes y a los asuntos de éstos, defendiendo sus derechos e intereses legítimos, y en el ejercicio de ese deber tiene que ser independiente para que los litigantes puedan confiar en los abogados que los representan y para que los abogados, como clase, tengan la capacidad de resistir presiones e injerencias".*[21]

Finalmente, el Proyecto de Declaración Universal sobre la Independencia de la Judicatura, promovido por las Naciones Unidas, encabezada por L.M. Singhvi, y aprobada por el Consejo de Derechos Económicos y Sociales y la Comisión de Derechos Humanos en 1989, Sesión 45, dispone expresamente, en su principio N° 85, que *"ningún abogado podrá ser objeto o ser amenazado con sanciones penales, civiles, administrativas, económicas o de cualquier índole, por haber asesorado o asistido a un cliente o por haber representado a un cliente"*[22].

Delincuente, celebrado en La Habana (Cuba) del 27 de agosto al 7 de septiembre de 1990.

[20] Nota del Secretario General, Independencia de los Magistrados y Abogados, Sexagésimo Cuarto Período de Sesiones, 28 de julio de 2009.

[21] Informe del Relator Especial sobre la independencia de los magistrados y abogados, Sr. Leandro Despouy, LOS DERECHOS CIVILES Y POLÍTICOS, EN PARTICULAR LAS CUESTIONES RELACIONADAS CON: LA INDEPENDENCIA DEL PODER JUDICIAL, LA ADMINISTRACIÓN DE JUSTICIA, LA IMPUNIDAD, 60° Período de Sesiones de la Comisión de Derechos Humanos, 31 de diciembre de 2003, Párr. 48.

[22] Draft Universal Declaration on the Independence of Justice, párr. 85, disponible en: http://www.cristidanilet.ro/docs/Shingvi%20Declaration.pdf

B. DESARROLLO REALIZADO POR OTROS SISTEMAS RE-GIONALES DE PROTECCIÓN DE DERECHOS HUMANOS

Los órganos pertenecientes a los sistemas de protección de derechos humanos regionales, también han desarrollado, aunque someramente, lo relacionado con la independencia de los abogados en los términos desarrollados por los órganos de las Naciones Unidas.

La Comisión Africana de Derechos Humanos y de los Pueblos desarrolló los Principios y Estándares sobre el Derecho a un Juicio Justo y a la Asistencia Legal en África, donde disponen bajo el punto G, sobre la Independencia de los Abogados, la obligación de los Estados de garantizar que los abogados no sufran, ni sean amenazados, con una imputación penal o cualquier otro tipo de sanción administrativa, económica o de otra índole por cualquier acción tomada en el ejercicio de sus deberes, estándares, y éticas profesionales reconocidas[23]. Reconoce dicho texto normativo, además, el derecho a la inmunidad civil y penal por las afirmaciones relevantes que realicen de buena fe, por escrito o en los alegatos orales, o bien al comparecer como profesionales ante un tribunal judicial, otro tribunal u órgano jurídico o administrativo; adoptando así textualmente la obligación prevista en la Declaración de Principios sobre la función de los abogados de las Naciones Unidas.

Además, el Consejo de Europa, a través de una recomendación del Comité de Ministros, reafirmó el contenido de las normas de Naciones Unidas antes aludidas, y además, dispuso expresamente que los abogados no deben ser sujetos o amenazados de sanciones o presiones cuando actúen de acuerdo a los estándares internacionales[24].

C. ESTÁNDARES INTERNACIONALES DESARROLLADOS POR OTRAS REPUTADAS ORGANIZACIONES NO GUBERNAMENTALES

Aunado a lo anterior, otras prestigiosas organizaciones internacionales han desarrollado el tema de los estándares de independencia de los abogados como garantía de los derechos humanos de las personas en el acceso a la justicia y la protección judicial.

Principalmente, la Comisión Internacional de Juristas desarrolló los Principios Internacionales sobre la Independencia y Responsabilidad de Jueces, Abogados y Fiscales, interpretando el cúmulo de normas internacionales para destacar no sólo las garantías de independencia antes desarrolladas en este escrito, sino además para resaltar que no pueden preverse medidas de ninguna

---

[23] Comisión Africana de Derechos Humanos y de los Pueblos, Principios y Estándares sobre el Derecho a un Juicio Justo y a la Asistencia Legal en África, Párr. G.3., disponible en: http://www.achpr.org/instruments/fair-trial/

[24] Recomendación N° R. 2000 (21) del Comité de Ministros sobre la libertad en el ejercicio de la profesión de abogado, Párr. I.4, disponible en: https://wcd.coe.int /com.instranet.InstraServlet?command=com.instranet.CmdBlobGet&InstranetImage =533749&SecMode=1&DocId=370286&Usage=2

naturaleza contra un abogado por la sola razón de representar a un cliente determinado o por emitir cierta declaración ante un tribunal[25].

Así mismo, el *International Bar Association* (Colegio Internacional de Abogados) desarrolló sus propios Principios sobre la Independencia de la Profesión Jurídica (adoptados en 1990), donde expresamente se dispuso, en sus principios N° 7 y 8, que no debe identificarse al abogado con el cliente o su causa, independientemente de su aceptación; y que no debe amenazarse con una sanción, o sancionarse a un abogado penal, civil, administrativa o económicamente por su asesoría o representación a un cliente o su causa[26].

D. LAS ESCASAS EXCEPCIONES EN EL DERECHO COMPARADO

Son pocas las excepciones que se pueden contener a las reglas antedichas en el Derecho Comparado.

Por ejemplo, en el caso Estados Unidos de América vs. Joseph Alstötter, et. Al., ante los Tribunales de Nürenmberg, con posterioridad a la Segunda Guerra Mundial, se previó como excepción al principio de inmunidad judicial de los abogados que los mismos sean, en sí mismos, independientes e imparciales, y actúen en nombre de una justicia imparcial, siendo que una contradicción tan grave con esos principios enervaba la mencionada garantía[27]. Por lo tanto, si los juristas no ejercen su función de forma independiente, no podrían invocar la inmunidad frente a las sanciones penales o de otra naturaleza.

En otro caso, esta vez de la Corte Suprema de Justicia de Estados Unidos, se excluye la inmunidad del abogado en aquellos supuestos en los cuales sea el mismo cliente quien demande posteriormente a su abogado por mala praxis, incluyendo en estos casos responsabilidad distinta a aquella disciplinaria administrada por los Colegios de Abogados[28]. El mismo criterio fue adoptado recientemente por la Corte Suprema de Nueza Zelanda[29]. No obstante, consideramos que sentencias de esta naturaleza, en efecto, transgreden los principios internacionales de independencia del abogado, por generar presiones externas a los mismos en el ejercicio de sus funciones de buena fe.

---

[25] Comisión Internacional de Juristas, Principios Internacionales sobre la Independencia y Responsabilidad de Jueces, Abogados y Fiscales, pp.68 y ss.

[26] International Bar Association, IBA Standards for the Independence of the Legal Profession, 1990, disponibles en: www.ibanet.org%2FDocument%2FDefault.aspx%3F DocumentUid%3Df68bbba5-fd1f-426f-9aa5-48d26b5e72e7&ei= JzxKUZf0FZCG9g TC8YGQAQ&usg=AFQjCNEsKZyP3BGPoNEjCMxZqEJ-n3qJ4Q&bvm=bv.440 11176,d.eWU

[27] The United States of America vs. Joseph Altstötter, et al. – Nuremberg, 3 T.W.C. 1 (1948), 6 L.R.T.W.C. 1 (1948), 14 Ann. Dig. 278 (1948).

[28] Corte Suprema de Justicia, Ferri v. Ackerman, 444 U.S. 193 (1979)

[29] Corte Suprema de Nueva Zelanda, Chamberlains vs. Lai, [2007] Part 4 Case 12 [NZSC].

E. EL ANÁLISIS DE LA CRIMINALIZACIÓN DE LA OPINIÓN JURÍDICA DEL ABOGADO ALLAN BREWER-CARÍAS A LA LUZ DE LA CONVENCIÓN AMERICANA SOBRE DERE-CHOS HUMANOS.

Partiendo de los estándares internacionales desarrollados en el capítulo anterior, debemos tener en cuenta que los mismos son plenamente invocables ante esta Corte IDH, por la interpretación de los artículos 8, 13 y 29.b de la Convención Americana sobre Derechos Humanos.

El artículo 29.b de la Convención Americana sobre Derechos Humanos dispone como regla que no puede limitar la interpretación de dicho tratado *"el goce y ejercicio de cualquier derecho o libertad que pueda estar reconocido de acuerdo con las leyes de cualquiera de los Estados Partes o de acuerdo con otra convención en que sea parte uno de dichos Estados"*. Esta consagración del principio *pro-homine* obliga, pues, a interpretar el texto de la Convención Americana a la luz de los demás instrumentos internacionales, incluyendo los textos del Sistema Universal de Derechos Humanos, al igual que tomar en cuenta incluso los demás estándares reconocidos por los demás órganos de protección de derechos humanos.

En este sentido, la protección del abogado frente a la criminalización de la asistencia o representación de un cliente se encuentra enmarcada en los artículos 8 y 13 de la Convención Americana sobre Derechos Humanos, a saber, las garantías judiciales y el derecho a la libertad de expresión.

En primer lugar, la protección a la independencia de los abogados se desprende del artículo 8 de la Convención Americana sobre Derechos Humanos, que reconoce el derecho a la defensa entre una de sus garantías, y en concreto, la garantía de tener la posibilidad de *"ser asistido por un defensor de su elección"*. En este sentido, dicho artículo debe ser interpretado a la luz de los Principios Básicos sobre la Función del Abogado y los demás documentos jurídicos antes referidos, pues forman parte del *corpus iuris* del Derecho Internacional, y como consecuencia, permiten identificar el alcance de la norma jurídica contenida en el artículo 8 de la Convención[30].

La Corte IDH, en cuanto a la independencia de los jueces, ha dispuesto que:

> *"...los jueces, a diferencia de los demás funcionarios públicos, cuentan con garantías debido a la independencia necesaria del Poder Judicial, lo cual la Corte ha entendido como "esencial para el ejercicio de la función judicial". Al respecto, el Tribunal reiteró que uno de los objetivos principales que tiene la separación de los poderes públicos es la garantía de la independencia de los jueces. El objetivo de la protección radica en evitar que el sistema judicial en general y sus integrantes en particular se vean sometidos a posibles restricciones indebidas en el ejerci-*

---

[30]   Corte IDH. Caso de los "Niños de la Calle" (Villagrán Morales y otros) Vs. Guatemala. Fondo. Sentencia de 19 de noviembre de 1999. Serie C N° 63, Párr. 194.

cio de su función por parte de órganos ajenos al Poder Judicial o inclu-
so por parte de aquellos magistrados que ejercen funciones de revisión o
apelación.

98. Conforme a la jurisprudencia de esta Corte y del Tribunal Euro-
peo, así como de conformidad con los Principios Básicos de las Nacio-
nes Unidas relativos a la independencia de la judicatura (en adelante
"Principios Básicos"), las siguientes garantías se derivan de la inde-
pendencia judicial: un adecuado proceso de nombramiento, la inamovi-
lidad en el cargo y la garantía contra presiones externas."[31]

Así como los jueces mantienen entonces una serie de garantías especiales
para poder ejercer su cargo, los abogados igualmente deben gozar de algunas
para asegurar su independencia y, como consecuencia, poder ejercer sus funciones como asesores y representantes de los derechos de sus clientes sin ser
sancionados a causa de ello. Son necesarias dichas garantías, pues precisamente buscan asegurar la posibilidad de que los derechos y las garantías jurisdiccionales de las personas sean plenamente ejercidas a través de un abogado que pueda llevar a cabo sus labores sin temores a represalias por defender a un cliente o a su causa.

Por esto mismo, a la luz de los Principios N° 16, 18 y 20 de los Principios
Básicos sobre la Función de los Jueces, previamente citados, existe una obligación positiva de garantizarle a los abogados que *"a) puedan desempeñar*
todas sus funciones profesionales sin intimidaciones, obstáculos, acosos o
interferencias indebidas; b) puedan viajar y comunicarse libremente con sus
clientes tanto dentro de su país como en el exterior; y c) no sufran ni estén
expuestos a persecuciones o sanciones administrativas, económicas o de otra
índole a raíz de cualquier medida que hayan adoptado de conformidad con
las obligaciones, reglas y normas éticas que se reconocen a su profesión",
reconociéndoles además inmunidad civil, penal, administrativa, económica o
de cualquier otra naturaleza ante las consecuencias derivadas del libre ejercicio de su profesión.

Al contrario, de no garantizarse la independencia de los abogados en los
términos antedichos, se conformaría un obstáculo ilegítimo en el ejercicio del
derecho a la defensa de las personas y por ende una violación del artículo 8 de
la Convención, pues indirectamente se estaría permitiendo la imposición de
obstáculos a los abogados que buscan procurar el derecho a la defensa de sus
clientes en aquellos casos sobre los cuales podría existir alguna represalia
posterior.

El Informe del Relator Leandor Despouy, presentado ante la Comisión de
Derechos Humanos, previó al respecto que *"no se puede pedir, sin embargo,*
que un abogado sea imparcial en la forma en que deben serlo los jueces, ju-

---

[31]   Corte IDH. Caso *Chocrón Chocrón Vs. Venezuela*. Excepción Preliminar, Fondo,
        Reparaciones y Costas. Sentencia de 1 de julio de 2011. Serie C N° 227, párr.. 97-98.

rados o asesores, pero sí tiene que estar libre de toda presión o intromisión exterior. Su deber es representar a sus clientes y a los asuntos de éstos, defendiendo sus derechos e intereses legítimos, y en el ejercicio de ese deber tiene que ser independiente para que los litigantes puedan confiar en los abogados que los representan y para que los abogados, como clase, tengan la capacidad de resistir presiones e injerencias"[32].

Partiendo de lo anterior, entre las garantías primordiales sobre la independencia de los abogados, tuteladas por la Convención Americana sobre Derechos Humanos, teniendo en cuenta los Principios Básicos sobre la Función del Abogado, y además considerando los Principios sobre el Derecho a un Juicio Justo y a la Asistencia Jurídica de África, se encuentran (1) la garantía frente a presiones externas, y (2) la inmunidad civil, penal, administrativa, económica o de cualquier otra índole de los abogados.

Como se puede apreciar, la garantía frente a presiones externas ha sido debidamente desarrollada en cuanto a la independencia de los jueces, y dichos estándares son aplicables al presente caso. En ese sentido, la Corte IDH ha previsto que dicha garantía implica que los jueces deben tomar sus decisiones *"sin restricción alguna y sin influencias, alicientes, presiones, amenazas o intromisiones indebidas, sean directas o indirectas, de cualesquiera sectores o por cualquier motivo"*[33]. Teniendo en cuenta dicho planteamiento, la garantía frente a presiones externas de los abogados encuentra su mejor desarrollo en el Principio N° 16 de los Principios Básicos, reconociendo que el Estado debe asegurar que no existan obstáculos, ni directos ni indirectos, que constituyan influencias, alicientes, presiones, amenazas o intromisiones indebidas en la función del abogado, independientemente de la fuente de que provengan, o de la razón de dicha influencia.

La garantía de inmunidad jurisdiccional, por su parte, encuentra su asidero en el Principio N° 20 de los Principios Básicos sobre la Función de los Abogados, al prever dicha inmunidad *"por las declaraciones que hagan de buena fe, por escrito o en los alegatos orales, o bien al comparecer como profesionales ante un tribunal judicial, otro tribunal u órgano jurídico o administrativo"*.

Ahora bien, esta inmunidad que se brinda a los abogados en el ejercicio de su profesión legal, encuentra su excepción en la responsabilidad disciplinaria de los abogados, por la cual a través de los Colegios de Abogados o a través de la legislación, se debe proveer de un proceso con las debidas garantías ju-

---

[32]   Informe del Relator Especial sobre la independencia de los magistrados y abogados, Sr. Leandro Despouy, LOS DERECHOS CIVILES Y POLÍTICOS, EN PARTICULAR LAS CUESTIONES RELACIONADAS CON: LA INDEPENDENCIA DEL PODER JUDICIAL, LA ADMINISTRACIÓN DE JUSTICIA, LA IMPUNIDAD, 60° Período de Sesiones de la Comisión de Derechos Humanos, 31 de diciembre de 2003, Párr. 48.

[33]   Corte IDH. Caso *Chocrón Chocrón Vs. Venezuela*. Excepción Preliminar, Fondo, Reparaciones y Costas. Sentencia de 1 de julio de 2011. Serie C N° 227, párr. 100.

diciales por los incumplimientos previstos en un Código de Conducta Profesional, de conformidad con los Principios 26, 27, 28 y 29 de los Principios Básicos sobre la Función de los Abogados[34].

En segundo lugar, la protección a la independencia de los abogados por la manifestación de sus opiniones jurídicas también cuenta con respaldo internacional en el artículo 13 de la Convención Americana sobre Derechos Humanos, que protege el derecho a la libertad de expresión, el cual prevé:

> "*1. Toda persona tiene derecho a la libertad de pensamiento y de expresión. Este derecho comprende la libertad de buscar, recibir y difundir informaciones e ideas de toda índole, sin consideración de fronteras, ya sea oralmente, por escrito o en forma impresa o artística, o por cualquier otro procedimiento de su elección.*
>
> *2. El ejercicio del derecho previsto en el inciso precedente no puede estar sujeto a previa censura sino a responsabilidades ulteriores, las que deben estar expresamente fijadas por la ley y ser necesarias para asegurar:*
>
> *a) el respeto a los derechos o a la reputación de los demás, o*
>
> *b) la protección de la seguridad nacional, el orden público o la salud o la moral públicas.*
>
> *3. No se puede restringir el derecho de expresión por vías o medios indirectos, tales como el abuso de controles oficiales o particulares de papel para periódicos, de frecuencias radioeléctricas, o de enseres y aparatos usados en la difusión de información o por cualesquiera otros medios encaminados a impedir la comunicación y la circulación de ideas y opiniones.*"

Al respecto, esta Corte IDH ha dispuesto, sobre la libertad de expresión, que:

---

[34] 26. La legislación o la profesión jurídica, por conducto de sus correspondientes órganos, establecerán códigos de conducta profesional para los abogados, de conformidad con la legislación y las costumbres del país y las reglas y normas internacionales reconocidas.

27. Las acusaciones o reclamaciones contra los abogados en relación con su actuación profesional se tramitarán rápida e imparcialmente mediante procedimientos apropiados. Los abogados tendrán derecho a una audiencia justa, incluido el derecho a recibir la asistencia de un abogado de su elección.

28. Las actuaciones disciplinarias contra abogados se sustanciarán ante un comité disciplinario imparcial establecido por la profesión jurídica, ante un organismo independiente establecido por la ley o ante un tribunal judicial, y serán objeto de revisión judicial independiente.

29. Todo procedimiento para la adopción de medidas disciplinarias se regirá por el código de conducta profesional y otras reglas y normas éticas reconocidas a la profesión, y tendrá presentes estos principios.

"30. El artículo 13 señala que la libertad de pensamiento y expresión "comprende la libertad de buscar, recibir y difundir informaciones e ideas de toda índole..." Esos términos establecen literalmente que quienes están bajo la protección de la Convención tienen no sólo el derecho y la libertad de expresar su propio pensamiento, sino también el derecho y la libertad de buscar, recibir y difundir informaciones e ideas de toda índole. Por tanto, cuando se restringe ilegalmente la libertad de expresión de un individuo, no sólo es el derecho de ese individuo el que está siendo violado, sino también el derecho de todos a "recibir" informaciones e ideas, de donde resulta que el derecho protegido por el artículo 13 tiene un alcance y un carácter especiales. Se ponen así de manifiesto las dos dimensiones de la libertad de expresión. En efecto, ésta requiere, por un lado, que nadie sea arbitrariamente menoscabado o impedido de manifestar su propio pensamiento y representa, por tanto, un derecho de cada individuo; pero implica también, por otro lado, un derecho colectivo a recibir cualquier información y a conocer la expresión del pensamiento ajeno.

31. En su dimensión individual, la libertad de expresión no se agota en el reconocimiento teórico del derecho a hablar o escribir, sino que comprende además, inseparablemente, el derecho a utilizar cualquier medio apropiado para difundir el pensamiento y hacerlo llegar al mayor número de destinatarios. Cuando la Convención proclama que la libertad de pensamiento y expresión comprende el derecho de difundir informaciones e ideas "por cualquier... procedimiento", está subrayando que la expresión y la difusión del pensamiento y de la información son indivisibles, de modo que una restricción de las posibilidades de divulgación representa directamente, y en la misma medida, un límite al derecho de expresarse libremente."[35]

En este sentido, es claro que una opinión jurídica consiste la manifestación de información y opinión, razón por la cual su contenido se encuentra además expresamente protegido por el artículo 13 de la Convención Americana sobre Derechos Humanos, y por lo tanto, cualquier regulación a dicho derecho está sometida a aquellos fines legítimos, necesarios y proporcionales que atienden a un bien jurídico protegido por la Convención en el artículo 13.2 *ejusdem*.

Ahora bien, la criminalización de los abogados por razón de sus opiniones jurídicas manifestadas constituye censura previa indirecta y una sanción ilegítima, por la cual se intimida a los abogados, restringiéndoles su libertad profesional de sus opiniones jurídicas. Esto, por lo tanto, no sólo merma la independencia del abogado, sino además constituye una presión directa sobre el contenido de la opinión jurídica ya manifestada que afecta el contenido esencial de la profesión de los abogados.

---

[35] Corte IDH. La Colegiación Obligatoria de Periodistas (Arts. 13 y 29 Convención Americana sobre Derechos Humanos). Opinión Consultiva OC-5/85 del 13 de noviembre de 1985. Serie A N° 5, párr. 30 y 31.

Desarrollando lo anterior, esta Corte IDH ha determinado que cualquier restricción a la libertad de expresión debe atender a los siguientes criterios: "*1) deben estar expresamente fijadas por la ley; 2) deben estar destinadas a proteger ya sea los derechos o la reputación de los demás, o la protección de la seguridad nacional, el orden público o la salud o moral pública; y 3) deben ser necesarias en una sociedad democrática*"[36].

En virtud de la protección especial otorgada por el Principio N° 20 de los Principios Básicos sobre la Función de los Abogados, que otorga inmunidad a los abogados por sus pronunciamientos y opiniones manifestadas en el ejercicio de sus funciones, este tipo de discurso también encuentra una especial protección por la libertad de expresión, debiendo distinguirse éste de cualquier otro tipo de manifestación pública.

Más aún, analizando el caso en concreto, la opinión jurídica en un abogado en el marco del contexto venezolano, consideramos igualmente, es de suma relevancia en el marco de la protección especial que tienen dichos tipos de discursos ya reconocidos por la Corte IDH[37].

Debemos recordar que según la jurisprudencia de esta misma Corte, "*el Derecho Penal es el medio más restrictivo y severo para establecer responsabilidades respecto de una conducta ilícita. La tipificación amplia de delitos de calumnia e injurias puede resultar contraria al principio de intervención mínima y de última ratio del derecho penal. En una sociedad democrática el poder punitivo sólo se ejerce en la medida estrictamente necesaria para proteger los bienes jurídicos fundamentales de los ataques más graves que los dañen o pongan en peligro. Lo contrario conduciría al ejercicio abusivo del poder punitivo del Estado*"[38].

Como demuestran los hechos de este caso, según los planteamientos esgrimidos por la víctima en sus escritos ante la Corte IDH, el Estado venezolano criminalizó una opinión jurídica que le fue solicitada al Profesor Brewer-Carías, como él mismo lo ha dicho; opinión en la cual, por cierto, Brewer-Carías expresó sus dudas sobre la constitucionalidad del decreto que se le sometió a su consideración, y que sin duda había sido previamente redactado dentro de un contexto conflictivo. Esa mera opinión jurídica no lo puede convertir en cómplice o participe de conspiración alguna, pues los hechos del caso demuestran que no tuvo ninguna vinculación personal con los involucrados, limitándose su actuación como abogado a haber dado su opinión legal.

---

[36] Corte IDH. Caso *Herrera Ulloa Vs. Costa Rica*. Excepciones Preliminares, Fondo, Reparaciones y Costas. Sentencia de 2 de julio de 2004. Serie C N° 107, párr. 120.

[37] Corte IDH. Caso *Herrera Ulloa Vs. Costa Rica*. Excepciones Preliminares, Fondo, Reparaciones y Costas. Sentencia de 2 de julio de 2004. Serie C N° 107, párr. 125.

[38] Corte IDH. Caso *Kimel Vs. Argentina*. Fondo, Reparaciones y Costas. Sentencia de 2 de mayo de 2008 Serie C N° 177, párr. 76.

Sencillamente, el profesor Brewer-Carías fue consultado como abogado sobre una situación constitucional, dentro de un contexto conflictivo, pero de igual manera éste actuó siempre dentro del marco del ejercicio de su profesión y en su condición de experto en materia de derecho público.

Por lo tanto, una interpretación cónsona con el *corpus iuris* de Derecho Internacional con relación a la libertad de expresión, permite concluir que existe una prohibición absoluta a la criminalización de los abogados por la emisión de sus opiniones jurídicas, pues serían innecesarias y desproporcionadas en atención a los fines previstos en una sociedad democrática.

CONCLUSIONES

Como corolario de los razonamientos anteriores procede concluir que, como ha ocurrido en el presente caso en la jurisdicción de la República Bolivariana de Venezuela, los juicios llevados a cabo por jueces provisorios, en cualquier país de América y del mundo, no garantizan el derecho a ser juzgado por jueces independientes e imparciales, contraviniendo los estándares internacionales que regulan la materia, interpretados a la luz del artículo 8 de la Convención Americana sobre Derechos Humanos, en virtud de que estos jueces carecen legalmente de estabilidad y son particularmente susceptibles a presiones externas.

Como consecuencia de ello, procede la nulidad de todas las actuaciones realizadas por el juez o fiscal falto de independencia o imparcialidad, generando el cese de validez de dichas actuaciones, precisamente por la violación a la garantía del juez natural que acarrearía.

Además, debe rescatarse la importancia de la prohibición de la criminalización de los abogados por la emisión de sus opiniones jurídicas, de conformidad con los artículos 8 y 13 de la Convención Americana sobre Derechos Humanos, sumado a los estándares internacionales desarrollados por los demás Sistemas de Protección de Derechos Humanos que conforman el *corpus juris* de Derecho Internacional.

La criminalización de los abogados por la emisión de sus opiniones jurídicas constituye una transgresión a las garantías del artículo 8 de la Convención Americana sobre Derechos Humanos, pues, en el marco del derecho a la defensa, existe una obligación de los Estados de garantizar que dicha defensa sea independiente, lo que debe ser procurado, entre otras acciones, a través de la inmunidad penal de los abogados por el ejercicio de su profesión.

Igualmente, la criminalización de los abogados por la emisión de sus opiniones jurídicas constituye una transgresión al artículo 13 de la Convención Americana sobre Derechos Humanos, teniendo en cuenta que la manifestación de una opinión jurídica a un cliente es una forma de expresión especialmente protegida por el Derecho Internacional, razón por la cual la criminalización de la misma constituye una restricción innecesaria y desproporcionada que no atiende a los fines de una sociedad democrática.

En Santo Domingo, Distrito Nacional, Capital de la República Dominicana, a los doce (12) días del mes de agosto del año dos mil trece (2013).

POR LA ASOCIACIÓN DOMINICANA DE DERECHO ADMINISTRATIVO (ADDA):

LIC. OLIVO A. RODRÍGUEZ HUERTAS

Presidente

TERCERA PARTE:

AMICUS CURIAE PRESENTADO POR LA DRA. AMIRA ESQUIVEL, EXDIRECTORA DE DERECHOS HUMANOS DEL MINISTERIO DE RELACIONES EXTERIORES DE CHILE SOBRE LA GARANTÍA DEL DEBIDO PROCESO, DE 21 DE AGOSTO DE 2013

INFORME DE *AMICUS CURIAE*
Corte Interamericana de Derechos Humanos
REF.: *Amicus Curiae*
Caso Allan Brewer vs. Venezuela

Srs. Presidente y demás Jueces de la Corte Interamericana de Derechos Humanos:

Quien suscribe, Amira Esquivel Utreras, abogada, Licenciada en Ciencias Jurídicas y Sociales de la Universidad de Chile, con estudios de postgrados en la Universidad de Cambridge, Universidad Central de Venezuela y Universidad de Brasilia, ex Directora de la Dirección de Derechos Humanos del Ministerio de Relaciones Exteriores de Chile, ajena al litigio y al proceso en el caso *Allan Brewer Carías vs Venezuela,* seguido ante esta Honorable Corte Interamericana de Derechos Humanos, en adelante Corte Interamericana, de conformidad con lo dispuesto en los artículos 2.3, 28 y 44 de su Reglamento de la Corte Interamericana, presento el siguiente escrito en el cual se realizan algunas consideraciones jurídicas sobre el proceso y las garantías judiciales que han sido denunciadas como violadas por el estado venezolano en el proceso penal seguido en contra del Profesor Allan Brewer Carías, y que han originado el caso que se cursa ante esta honorable Corte Interamericana.

I. LA OBLIGACIÓN DE LOS ESTADOS PARTES DE LA CONVENCIÓN DE AMERICANA SOBRE DERECHOS HUMANOS DE RESPETAR Y GARANTIZAR EL LIBRE EJERCICIO DE LOS DERECHOS EN ELLA CONSAGRADOS

1.- El Art.1.1 de la Convención Americana sobre Derechos Humanos (en adelante Convención Americana), establece la obligación de los Estados Partes de *"respetar los derechos y libertades reconocidos en ella y a garantizar su libre y pleno ejercicio a toda persona que esté sujeta a su jurisdicción, sin discriminación alguna por motivos de raza, color, sexo, idioma, religión, opiniones políticas o de cualquier otra índole, origen nacional o social, posición económica, nacimiento o cualquier otra condición social".*

2.- La disposición señalada ha sido considerada esencial por la Corte Interamericana para determinar la imputabilidad de violación de los derechos humanos (por acción u omisión) al estado demandado. En este sentido, haciendo énfasis en el amplio alcance de dicha obligación, estableció que los

Estados Partes están obligados a *"organizar todo el aparato gubernamental y, en general, todas las estructuras a través de las cuales se manifiesta el ejercicio del poder público, de manera tal que sean capaces de asegurar jurídicamente el libre y pleno ejercicio de los derechos humanos" (Corte Interamericana, Caso "Velásquez Rodríguez", Sentencia del 29.07.1988, párr. 67).*

En este sentido, la Corte Interamericana, aún cuando la Comisión Interamericana de Derechos Humanos no planteó expresamente en el caso ya mencionado *"Velásquez Rodríguez"*, como tampoco en el caso *"Godinez Cruz"* (1989), la cuestión del Art. 1.1. de la Convención Americana, desarrolló en las respectivas sentencias la naturaleza y alcance de dicha obligación.

3.- El Prof. Antonio A. Cancado Trindade, Juez de la Corte Internacional de Justicia , ex Presidente de la Corte Interamericana, citando dicha jurisprudencia, remarca que para dicha Corte la obligación señalada precedentemente, tiene tan amplio alcance que *"abarca todo y cualquier acto u omisión del poder público violatorio de los derechos consagrados; ella se vuelca a la propia conducta del estado, de modo tal que asegure con eficacia el libre y pleno ejercicio de los derechos humanos consagrados". (Antonio A. Candado Trindade: Derecho Internacional de los Derechos Humanos en el Siglo XXI, Edit.Jdca. de Chile, 2001, p. 240).*

4.- Del análisis del caso **Allan Brewer Carías vs. Venezuela,** seguido ante esta Honorable Corte Interamericana, como se desarrollará a continuación, se deduce que el estado de Venezuela ha violado la obligación contenida en el Art. 1.1 de la Convención Americana de Derechos Humanos de respetar y garantizar el libre ejercicio de los derechos consagrados en ella, en especial, los contenidos en los Arts. 8 y 24.

II. LAS GARANTÍAS JUDICIALES QUE COMPONEN EL DEBIDO PROCESO CONTENIDAS EN EL ART. 8 DE LA CONVENCIÓN AMERICANA DE DERECHOS HUMANOS.

1.- El Art.8.1, de la Convención Americana establece que *"toda persona tiene derecho a ser oída, con las debidas garantías y dentro de un plazo razonable, por un juez o tribunal competente, independiente e imparcial, establecido con anterioridad por la ley, en la sustanciación de cualquier acusación penal formulada contra ella…".* Este principio, de carácter general, está a su vez relacionado con el derecho a la igualdad contemplado en el art. 24.

2.- Por su parte, el Art.8.2, establece el derecho a **la presunción de inocencia y el derecho de toda persona a las garantías mínimas** que reseña.

Ambos derechos conjuntamente con los objetivos propios del proceso penal, **constituyen el concepto del debido proceso.** Este concepto, principio jurídico procesal y sustantivo y como tal postulado básico de todo estado de derecho, está destinado a asegurar el equilibrio entre el respeto de los derechos fundamentales de toda persona y la precisa adjudicación penal que debe perseguir un proceso penal.

3.- La Corte Interamericana se ha hecho cargo del desarrollo doctrinal del debido proceso señalando que el respeto de las obligaciones internacionales en materia de derechos humanos constituye un límite al sistema penal del estado.

En este sentido, la jurisprudencia de la Corte Interamericana ha establecido que: *"El respeto a los derechos humanos constituye un límite a la actividad estatal, lo cual vale para todo órgano o funcionario que se encuentre en una situación de poder, en razón de su carácter oficial, respecto de las demás personas. Es, así, ilícita, toda forma de ejercicio del poder público que viole los derechos reconocidos por la Convención. Esto es aún más importante cuando el estado ejerza su poder sancionatorio, pues éste no solo presupone la actuación de las autoridades con un total apego al orden jurídico, sino implica además la concesión de las garantías mínimas del debido proceso a todas las personas sujetas a su jurisdicción, bajo las exigencias establecidas en la Convención". (Corte Interamericana, caso "Tribunal Constitucional", sentencia 31.1.2001, parr.68).*

III. EL DERECHO A LA INDEPENDENCIA E IMPARCIALIDAD DEL TRIBUNAL CONSAGRADO EN EL ART 8.1 DE LA CONVENCIÓN AMERICANA

1.- La primera garantía asociada al debido proceso está directamente relacionada con los requisitos de independencia e imparcialidad que debe cumplir el tribunal destinado a conocer y resolver el conflicto, los que exigen que esté libre de injerencias de los demás poderes del Estado de manera que pueda erigirse en un tercero ajeno al conflicto y a las partes.

2.-El Juez de la Corte Interamericana Sergio García Ramírez la ha considerado como *"una garantía rectora o mejor todavía, condicionante del conjunto de garantías establecidas en el artículo 8°, con alcance muy amplio en los más diversos órdenes del enjuiciamiento"*, pues para que el resto de las garantías opere se *"requiere la plena y puntual observancia de aquella; de ahí su condición de rectora o condicionante. Así las cosas parece razonable asignar a la existencia del juez o tribunal el carácter de presupuesto del debido proceso y no sólo de componente o elemento de éste". (Corte Interamericana, caso Palamara, 22 de noviembre 2005, párrs. 5 y 7).*

3.- Por su parte, el Profesor Alberto Binder ha resaltado que la independencia institucional es un concepto secundario o derivado, en la medida que existe para servir a la independencia personal que es *"la primera y genuina independencia de los jueces"*, entendiendo en este sentido que *"es el juez, personalmente, con nombre y apellido, quien no está subordinado a ninguna instancia de poder"* (A. Binder: *INTRODUCCIÓN AL DERECHO PROCESAL, Buenos Aires, 1999, p. 151 y 149).*

En este sentido, la garantía para un juez de su estabilidad en el cargo es una condición elemental para asegurar su independencia. En caso contrario, la provisionalidad del juez en un cargo, atenta gravemente en contra de la independencia, imparcialidad y autonomía con que deben actuar.

4.-La jurisprudencia de la Corte Interamericana, resalta que:

"... los jueces, a diferencia de los demás funcionarios públicos, cuentan con garantías reforzadas debido a la independencia necesaria del Poder Judicial, lo cual la Corte ha entendido como "esencial para el ejercicio de la función judicial". El Tribunal ha dicho que uno de los objetivos principales que tiene la separación de los poderes públicos es la garantía de la independencia de los jueces. Dicho ejercicio autónomo debe ser garantizado por el Estado tanto en su faceta institucional, esto es, en relación con el Poder Judicial como sistema, así como también en conexión con su vertiente individual, es decir, con relación a la persona del juez específico.

El objetivo de la protección radica en evitar que el sistema judicial en general y sus integrantes en particular se vean sometidos a posibles restricciones indebidas en el ejercicio de su función por parte de órganos ajenos al Poder Judicial o incluso por parte de aquellos magistrados que ejercen funciones de revisión o apelación." Agregando que "El principio de independencia judicial constituye uno de los pilares básicos de las garantías del debido proceso, motivo por el cual debe ser respetado en todas las áreas del procedimiento y ante todas las instancias procesales en que se decide sobre los derechos de la persona. La Corte ha considerado que el principio de independencia judicial resulta indispensable para la protección de los derechos fundamentales, por lo que su alcance debe garantizarse inclusive, en situaciones especiales, como lo es el estado de excepción. (Corte Interamericana en el caso Reverón Trujillo vs Venezuela, sentencia de 30 de junio 2009).

5.-Los hechos constitutivos de la violación al art 8.1 de la Convención Americana por parte del Estado venezolano

5.1.-La Comisión Interamericana de Derechos Humanos en sus Informes Anuales en relación con Venezuela, de la última década, incluido el correspondiente al año 2012, reiteradamente ha manifestado su preocupación por la existencia en dicho país de un alto número de jueces y fiscales en situación **de provisionalidad o temporalidad,** solicitando al gobierno venezolano que se adopten las medidas necesarias para eliminar dicha situación.

5.2- En el caso en análisis, los representantes del Profesor Brewer han alegado que los fiscales y jueces que han actuado en su imputación y acusación, son funcionarios **"provisorios"** y que han sido sustituidos toda vez que sus decisiones no fueron del agrado de los perseguidores.

Al respecto, denuncian que la investigación del proceso en el cual está incluida la causa contra el Profesor Allan Brewer Carías estuvo en primer término a cargo del fiscal **"provisorio" José Benigno Rojas,** quien no formuló imputaciones. Ante este Fiscal, con fecha 9 de julio 2002, el testigo don Jorge Olavarría presentó un escrito de testimonio señalando que Brewer Carías no redactó el "Decreto Carmona". Un mes y días después el Fiscal Benigno fue sustituido por el fiscal **"provisorio" Danilo Anderson** quien tampoco formuló imputaciones y quien fue asesinado, crimen cuyos autores intelectuales aún no se conocen. El Fiscal Anderson fue reemplazado por la también fiscal **"provisoria" Luisa Ortega Díaz**, hoy Fiscal General de la República.

En cuanto al órgano jurisdiccional, originariamente el caso le fue asignado a **Josefina Gómez Sosa**, Jueza **"temporal"** Vigésimo Quinta de Control, la que fue sustituida por el Juez de control **Manuel Bognanno**, también **"temporal",** el cual fue suspendido el 29 de junio de 2005 por haber oficiado al Fiscal Superior informando irregularidades en la investigación conducida por la Fiscal que tenía el caso en esa época **Luisa Ortega Díaz.** Asimismo fueron destituidos **dos miembros de la Corte de Apelaciones que votaron a favor de la decisión apelada respecto a la revocatoria de las órdenes de prohibición de salida del país.** Lo que se resalta por los abogados defensores es la coincidencia de las destituciones citadas con las resoluciones favorables a los imputados.

5.3.- Los hechos relatados se encuentran probados en el *caso "Brewer Carías vs Venezuela"*, según da cuenta el informe de fondo de la Comisión y demuestran la violación flagrante de la garantía de independencia e imparcialidad del tribunal contenida en el art. 8.1 de la Convención Americana de Derechos Humanos, hechos no fueron desvirtuados por el estado venezolano.

IV. EL DERECHO A LA PRESUNCIÓN DE INOCENCIA CONSAGRADA EN EL ART 8.2 DE LA CONVENCIÓN AMERICANA

1.- El art. 8.2 de la Convención Americana dispone que: *"Toda persona inculpada de delito tiene derecho a que se presuma su inocencia mientras no se establezca legalmente su culpabilidad."*

2.-Los antecedentes históricos del derecho a la presunción de inocencia se remontan al derecho romano y se fortalecen en la edad moderna con la doctrina, entre otros, de Hobbes, Voltaire, Montesquieu y Beccaria. Este último consideraba al estado de inocencia como un principio fundamental ya que *"un hombre no puede ser llamado reo antes de la sentencia del juez, ni la sociedad puede quitarle la publica protección sino cuando esté decidido que ha violado los pactos bajo los que fue concedida" ("De los Delitos y de las Penas", Editorial Jurídica, Europa-América, p. 119)*

3.- El principio de la presunción de inocencia es la base de la estructura del sistema penal en un Estado de Derecho y garantía elemental del debido proceso. Al reconocer en primer lugar que el imputado es un sujeto de derecho dentro de la relación jurídico procesal penal, reconoce también el deber del estado **de tratarlo como inocente** y por tanto, de no vulnerar esa situación jurídica mediante ningún acto que implique considerarlo prematuramente culpable. Binder ha señalado que el principio referido refleja: *"El status básico de un ciudadano sometido a proceso. El llega al proceso con status que debe ser destruido y en ello reside la construcción de su culpabilidad". (Binder, op.cit., p. 123).*

En consecuencia, el imputado tiene el derecho que se le garantice su situación jurídica de inocente hasta que no se compruebe fehacientemente su culpabilidad y se dicte sentencia condenatoria en ese sentido.

4.- La jurisprudencia de la Corte Interamericana declaró que en el principio de la presunción de inocencia *"subyace el propósito de las garantías judiciales, al afirmar la idea de que una persona es inocente hasta que su culpabilidad sea demostrada" (Corte Interamericana, caso "Suarez Rosero", sentencia del 12 de noviembre de 1997, párr. 77).* En el mismo sentido, la jurisprudencia señalada considera a la presunción de inocencia *"como integrante del debido proceso y comprensiva, a su vez, de la correlación entre la imputación y el fallo" (Corte Interamericana de Derechos Humanos, caso Loayza Tamayo, sentencia de 17 de septiembre de 1997, párr. 62-63).*

5.- El estado de inocencia es un derecho tan sustancial a la dignidad humana, que ha sido elevado a la categoría de derecho humano fundamental. Por ello, la imputación y el proceso consecuente, no pueden, en modo alguno, ser considerados o usados por organismos del estado o instituciones públicas o privadas como justificación para alterar al imputado su situación de vida. Igual respeto al imputado en su condición de tal, deben mantener principalmente quienes ejercen actividades profesionales con alcance social tales como por ejemplo el periodismo y por tanto deben evitar efectuar publicaciones que contengan opiniones o declaraciones que lo consideren culpable del hecho que se le atribuye.

6.- La experiencia histórica, desafortunadamente, demuestra que muchas veces las personas pueden verse amenazadas por el infortunio de ser víctimas de una acusación injusta, basada en razones políticas, discriminatorias, raciales o incluso por verse sorpresivamente atrapadas en una situación equivoca.

En este sentido, la jurisprudencia de la Corte Interamericana ha señalado que: *"El derecho a la presunción tal y como se desprende del art. 8.2 de la Convención, exige que el estado no condene informalmente a una persona o emita juicio ante la sociedad, contribuyendo así a formar una opinión pública, mientras no se acredite conforme a la ley la responsabilidad penal de aquella". (Corte Interamericana de Derechos Humanos, caso "Lori Berenson Mejía vs Perú", sentencia de 25 de noviembre 2004).*

Complementando lo señalado, la Corte Interamericana sostuvo que: *"El principio de la presunción de inocencia, tal y como se desprende del Art. 8.2 de la Convención, exige que una persona no pueda ser condenada mientras no exista prueba plena de su responsabilidad penal. Si obra contra ella prueba incompleta o insuficiente no es procedente condenarla sino absolverla". (Corte Interamericana de Derechos Humanos, caso "Cantoral Benavides", sentencia de 18 de agosto de 2000, párr. 120).*

7.- Los hechos constitutivos de la violación al derecho a la presunción de inocencia contenido en el art 8.2 de la Convención Americana

7.1- Los abogados defensores del Profesor Allan Brewer Carías denuncian en el caso en análisis, la violación sistemática de su derecho a la presunción de inocencia por parte de representantes de los principales órganos de públicos del estado venezolano en los que destacan principalmente aquellos que debieran conocer, por el ejercicio de sus funciones, el alcance del principio señalado.

Cabe resaltar que el proceso penal en contra del Profesor Brewer-Carías se inició por el Ministerio Público venezolano en base a un **"hecho notorio comunicacional"**, es decir, en base a informaciones de prensa. Más aún, cuesta entender que esas informaciones constituyan la base del proceso, cuando las mismas fueron desmentidas por el imputado.

Pero más que en informaciones objetivas sobre sucesos, el "hecho notorio" se basa en opiniones de periodistas, influenciadas por la coyuntura política que en esos momentos vivía la sociedad venezolana y sin ningún antecedente imparcial al respecto.

7.2.-Por su parte la Asamblea Nacional; el Tribunal Supremo de Justicia y Tribunal de Primera Instancia en función de Control del Circuito Judicial del Área Metropolitana; el Fiscal General de la República; e, incluso, miembros del cuerpo diplomático venezolano, se han manifestado públicamente sobre su culpabilidad, estando aún el Prof. Brewer Carías en calidad de imputado, es decir, gozando plenamente de su derecho a la presunción de inocencia.

Al respecto cabe hacer presente que:

a) **La Asamblea Nacional** designó una "**Comisión Parlamentaria Especial para investigar los sucesos de abril 2002**", la que a pesar de no haber citado ni oído al Prof. Brewer, lo acusó de haber actuado **en forma activa y concordada en la conspiración y golpe de Estado**, ya que estaba *"demostrada su participación en la planificación y ejecución en la planificación y ejecución del golpe de Estado del 11,12,13 y 14 de abril; por haber actuado en contra de la instauración efectiva de la Constitución y del Estado de Derecho; por omitir las actuaciones necesarias para el restablecimiento pleno del orden constitucional; por haber sido co-redactor del decreto de auto proclamación y disolución de todos los poderes públicos".(Escrito de Solicitudes, Argumentos y Pruebas, de 7 de julio 2012, párr. 353, presentado ante la CIDH, en el caso en análisis).*

b) **El Tribunal Supremo de Justicia de Venezuela**, en carta enviada con fecha 13 de diciembre del año 2005, firmada por los magistrados Dr. Fernando Vega Torrealba y Dr. Jesús Eduardo Cabrera Romero, al Instituto Interamericano de Derechos Humanos, aseveró que:

> *"**Numerosos testimonios que son de conocimiento público señalan al doctor Allan Brewer-Carías como uno de los autores del decreto en alusión y entre ellos hay uno privilegiado, consistente en la narración de los hechos que hace el propio Pedro Carmona Estanga en su libro "Mi testimonio ante la Historia". Editorial Aptun, Bogotá, 2004".***

Carta de igual tenor el tribunal señalado envió, con fecha 31 de enero 2006, al Instituto Iberoamericano de Derecho Procesal Constitucional.

Esa aseveración efectuada por dicho Tribunal, el más alto de la jurisdicción venezolana, atenta no sólo contra el derecho a la presunción de inocencia del Prof. Brewer, sino que también contra el conjunto de los principios básicos del debido proceso.

En efecto, lo que señala Pedro Carmona Estanga en el libro citado, no puede ser usado para acusar al Prof. Brewer Carías como autor del decreto señalado, sino todo lo contrario. En efecto, en la página 108 del mismo, el autor señala que *"sería irresponsable haberle atribuido al Prof. Brewer Carías dicha autoría como lo hicieron luego representantes del oficialismo para inculparlo".*

Por su parte, el **Tribunal de Primera Instancia en Función de Control del Circuito Judicial del Área Metropolitana,** con fecha 17 de septiembre del año 2007, respondió a un requerimiento de INTERPOL afirmando que Allan Brewer Carías sería **"el autor intelectual de un atentado frustrado en contra del Presidente de la República".**

c) **El ex-Fiscal General de la República Sr. Isaías Rodríguez,** a pesar de los principios legales que lo regían en su condición de tal y de las garantías procesales del debido proceso respecto del caso que estaba en etapa de investigación por el Ministerio Público a su cargo, en su libro *Abril comienza en Octubre, editado por Grabados nacionales C.A., publicado en el año 2005 (p. 195 y 195),* acusó al Prof. Brewer, basado en testimonios de terceros, de ser coautor *"de los documentos constitutivos del nuevo gobierno".* Se refería a los acontecimientos de abril del año 2002.

d) La embajadora de Venezuela en Costa Rica, doña Nora Uribe Trujillo a propósito de una invitación que le fuera enviada al Prof. Allan Brewer Carías por el Instituto de Derechos Humanos, le dirigió con fecha 19 de agosto de 2006 una carta a la Presidenta de dicho organismo, calificando al profesor invitado como *"autor material e intelectual que instruyó para su corrección en la redacción del decreto, mediante el cual se abolieron los poderes constituidos de la República Bolivariana de Venezuela".*

Conducta similar tuvo el embajador de Venezuela en República Dominicana señor Belisario Landis, quien lo denunció a los medios de comunicación de ese país como *conspirador.*

V. <u>EL DERECHO DE DEFENSA CONTENIDO EN EL ART 8.2 DE LA CONVENCIÓN AMERICANA</u>

1.- De la presunción de inocencia se deduce la garantía de defensa en juicio. Constituye un derecho y a la vez, una actividad, por cuanto está ligada al debido proceso y a la oposición a la acción penal ante el juez o el tribunal respectivo.

2.-Involucra, en consecuencia, la facultad y el derecho del imputado de intervenir, desde su inicio, en todas las etapas del proceso, presentar pruebas y a que éstas sean debidamente valoradas; a objetar las pruebas de la contraparte; poder controlar el desarrollo del procedimiento; de ser oído en sus descargos, etc. En este sentido, el abogado del imputado debe poder gozar de respeto a su actividad de manera que el imputado y su defensor se encuentren en un pie de igualdad en relación con el órgano de jurisdicción. En el proceso penal, el principio de contradicción implica el derecho a una defensa efectiva basada en la posibilidad de controvertir las acusaciones, sus fundamentos y pruebas.

3.- Entre los derechos de la defensa contemplados en el Art. 8.2, resalto la letra f, que incluye interrogar a los testigos y la posibilidad de obtener su comparecencia, como testigos o peritos de otras personas que puedan arrojar **luz sobre los hechos.**

La Corte Interamericana ha resuelto que "*...el derecho a la presunción de inocencia es un elemento esencial <u>para la realización efectiva del derecho a la defensa</u> y acompaña al acusado durante toda la tramitación del proceso hasta que una sentencia condenatoria que determine su culpabilidad quede firme". (Corte Interamericana de Derechos Humanos, Caso Ricardo Canese vs Paraguay, Sentencia del 31 de agosto 2004)* (Subrayados nuestros).

4.-<u>Los hechos constitutivos de la violación al derecho a la defensa</u>

4.1.-Del análisis del caso *Allan Brewer Carías vs Venezuela,* queda claro que al Prof. Brewer se le ha negado sistemáticamente su derecho a la defensa y además, se ha impedido arbitrariamente a sus abogados defensores el ejercicio de su actividad profesional.

4.2.-La Fiscal del caso, doña Luisa Ortega Díaz negó, entre otras y sin fundamento legal, la prueba que consistía en el testimonio del ciudadano venezolano Pedro Carmona Estanga promovida los abogados defensores del Prof. Brewer, quienes, amparándose en la Convención Interamericana sobre Asistencia Mutua en Materia Penal de la que Venezuela es parte. Don Pedro Carmona Estanga, encontrándose asilado en Colombia, había efectuado su testimonio ante notario público de la ciudad de Bogotá. Prueba que el día 21 de octubre del año 2006, también el Juez de Control del proceso negó presentar como prueba anticipada a los abogados del Prof. Brewer, horas antes de la acusación.

Es decir, tanto la fiscalía como el tribunal señalado, impidieron presentar como prueba anticipada, el testimonio del Sr. Pedro Carmona Estanga, en el cual, el llamado "testigo privilegiado" por el Tribunal Supremo de Justicia de Venezuela en la carta de respuesta que enviara al Instituto de Derechos Humanos a la que me he referido precedentemente, confirma los argumentos esgrimidos por la defensa del imputado desvirtuando su "supuesta" autoría del decreto en cuestión.

En efecto, en dicho testimonio el Sr. Carmona, afirma que el Prof. Brewer no estaba presente cuando él llegó a Fuerte Tiuna en la madrugada del día 12 de abril de 2002 ni tampoco cuando se inició el análisis de un borrador de documento para la formación de un gobierno de transición, es decir, el borrador del decreto cuya autoría se le imputa al Prof. Brewer. Y luego, agrega textualmente que:

"La llamada telefónica que le hice al Dr. Brewer-Carías tuvo como propósito solicitar su criterio, en su condición de abogado en ejercicio, sobre el mencionado borrador de documento, el cual a su llegada a Fuerte Tiuna estaba redactado como tal, es decir, como un papel de trabajo. No había visto ni hablado con el Dr. Brewer -Carías en las semanas anteriores al día 12 de abril de 2002. "Por tanto, de mi libro no puede resultar elemento de prueba alguna de que el Dr.Brewer-Carías hubiera conspirado ni participado en la redacción del mencionado borrador del decreto del gobierno de transición, mas cuando, por el contrario, sobre el mismo me expreso luego una opinión discrepante."

En consecuencia, de los hechos relatados por el propio Carmona en el libro señalado, se lee **que no ha atribuido al Prof. Brewer Carías la autoría del Decreto por cuanto sería irresponsable**.

4.3.- Durante la etapa investigativa, a los abogados defensores del Prof. Allan Brewer Carías no se les entregó copia de las respectivas actuaciones, permitiéndoseles solamente transcribir a mano las mismas, lo cual influyó negativamente en las condiciones razonables para su defensa. **Los abogados defensores calificaron la falta de acceso a los antecedentes en la fase investigativa como un error irreparable.**

4.4.-El Prof. Allan Brewer Carías, solicitó la exhibición de los videos que contenían supuestos elementos de convicción en su contra, pero sólo le fue mostrado el contenido de algunos de ellos. El propio imputado, comprobó que los textos transcritos en el acta de imputación fiscal no se condicen con el contenido de los videos considerados como prueba. En consecuencia, solicitó a la Fiscal provisoria la realización de una transcripción técnica especializada del contenido de todos los videos con entrevistas a periodistas, elementos probatorios utilizados en la imputación fiscal. Sin embargo, **dicha solicitud le fue denegada el 21 de abril de 2004, vulnerando su derecho a producir prueba que podría objetar en forma efectiva la utilizada en su contra.**

4.5.- La Fiscal Provisoria Sexta negó a la defensa del Prof. Brewer, en forma arbitraria, por participar en el interrogatorio de los testigos llamados a declarar ante ella en la causa; que en los casos de los testigos sobrevenidos en el curso de la investigación éstos declararon en secreto; que el 5 de octubre de 2005 se recibió el testimonio del general Lucas rincón, sin que la defensa hubiere sido convocada o notificada.

4.6.-Alegan los abogados defensores del Prof. Brewer, que con fecha 21 de abril 2004, la Fiscal Sexta rechazó los testimonios que ofrecieron de Nelson Mezerhane, Nelson Socorro, Yajaira Andueza, Guaicapuro Lameda y Leopoldo Baptista, aduciendo que se trataba de testigos referenciales cuyas declaraciones carecían de valor probatorio a la luz de la normativa vigente. Esta misma solicitud hicieron los abogados defensores al Juez Temporal Vigésimo Quinto, quien decidió que no le correspondía pronunciarse sobre la pertinencia de los testimonios ofrecidos por la defensa.

Es consecuencia, en el proceso, reiteradamente se vulneró el derecho de defensa del imputado, contenido en el Art.8.2, letra f, ya citado, a presentar testimonios que en su opinión eran relevantes para su defensa. Testimonios que fueron rechazados a priori, sin siquiera ser oídos. Pero además

VI. LA CARGA DE LA PRUEBA

1.- La presunción de inocencia opera fundamentalmente en el campo procesal, y dentro de éste, principalmente en el régimen de la prueba, y por razones obvias es el fundamento *del onus probandi* en materia penal. En base a ese principio de inocencia, el imputado no tiene ni la carga ni el deber de probar nada. A contrario sensu, el Estado no puede exigirle al imputado la prueba de su inocencia como tampoco colocarlo en la necesidad de hacerlo. Por ello, le incumbe al Estado probar con eficacia y objetividad la culpabilidad del imputado, para que con un grado razonable de certeza pueda condenarlo.

Por tanto, es el órgano encargado de llevar a cabo la acción penal y la investigación correspondiente el que debe probar la culpabilidad de modo de quebrantar el estado de inocencia y lo debe hacer por medio de elementos de convicción empíricos que sean lo suficientemente claros y determinantes para que no quede duda al respecto. En consecuencia mientras no exista prueba plena de la responsabilidad penal del imputado no es procedente condenarlo, sino absolverlo.

2.-La Corte Interamericana ha resuelto que el derecho a la presunción de inocencia "*implica que el acusado no debe demostrar que no ha cometido el delito que se le atribuye, ya que el onus probandi corresponde a quien acusa*". (*Corte Interamericana de Derechos Humanos, Caso Ricardo Canese vs. Paraguay, Sentencia del 31 de agosto 2004*). (subrayados nuestros).

3.-Sobre la violación de la carga de la prueba en el proceso seguido en contra del Prof. Allan Brewer Carías

3.1.-La Fiscal acusadora del Prof. Brewer, en un escrito presentado ante el Juez correspondiente, el día 3 de junio del año 2005, señala textualmente:

"…por lo que en todo caso corresponde a la defensa del mismo demostrar ¿Porqué se supone que no conspiró?, ¿Cuáles fueron las objeciones y oposiciones en relación al decreto por medio del cual se suprimieron las instituciones democráticas? ¿Porqué no fue redactor del decreto?" "…la falta de respuestas y pruebas para desvirtuar las sospechas fundadas que tiene el Ministerio Publico acerca de su participación en la redacción del decreto, son las razones por las cuales se considera innecesario hacer una ampliación de la imputación, por cuanto en criterio del Ministerio Público no han demostrado que no participo, solo se han dedicado a plantear recursos temerarios que se traducen en dilaciones indebidas a desplegar una campaña a través de los medios de comunicación y de los organismos internacionales que protegen los derechos humanos…". (Subrayados nuestros).

3.2.-La aseveración denunciada constituye una tergiversación grave del principio de la carga de la prueba. Ha pretendido que quien pruebe sea su inocencia, sea precisamente quien no tiene esa obligación, pues es ya considerado constitucionalmente como tal.

VII. CONCLUSIÓN

Del análisis de los hechos en el caso *"Brewer Carías vs Venezuela"*, en nuestra opinión, ha quedado de manifiesto que el estado de Venezuela no ha respetado ni garantizado la condición de sujeto de derechos del Prof. Brewer-Carías en el proceso en cuestión. Obligación que como Estado de derecho incluye el respeto a la presunción de inocencia del cual goza el imputado en el mismo, el Prof. Brewer Carías y las otras garantías judiciales que componen el debido proceso. En el caso en comento, se ha violado reiteradamente el principio de la presunción de inocencia, principio básico de respeto de la dignidad de toda persona que debe estar presente durante todo el proceso. Igualmente grave es la violación de otros derechos del imputado, que se deducen de la presunción de inocencia, como el derecho a la defensa incluyendo en éste el derecho a presentar pruebas y que sean debidamente valoradas, el derecho a objetar pruebas en su contra, y principalmente, el derecho a ser oído por un juez independiente e imparcial.

En conclusión, en este caso, el estado de Venezuela ha vulnerado la obligación contemplada en el Art. 1.1 de la Convención Americana de respetar y garantizar el libre ejercicio de los derechos consagrados en ella, en especial, los contenidos en los Arts. 8 y 24.

Dado en Santiago de Chile, el 19 de agosto del año 2013.

Amira Esquivel

CUARTA PARTE:

AMICUS CURIAE PRESENTADO POR EL CATEDRÁTICO DE DERECHO ADMINISTRATIVO LUCIANO PAREJO ALFONSO, MIEMBRO DE LA ASOCIACIÓN INTERNACIONAL DE DERECHO ADMINISTRATIVO, SOBRE INDEPENDENCIA JUDICIAL Y DERECHO A UN JUEZ IMPARCIAL DE 21 DE AGOSTO DE 2013

CON ARGUMENTACIÓN EN LA MISMA ORIENTACIÓN Y CONTEXTO SE PRESENTARON POSTERIORMENTE *AMICUS CURIAS* POR VARIOS PROFESORES DE DERECHO ADMINISTRATIVO IBEROAMERICANOS, MIEMBROS DE LA *ASOCIACIÓN INTERNACIONAL DE DERECHO PÚBLICO Y ADMINISTRATIVO JESÚS GONZÁLEZ PÉREZ* (PROFESOR ENRIQUE ROJAS FRANCO); Y DE LA *ASOCIACIÓN INTERNACIONAL DE DERECHO ADMINISTRATIVO* Y DEL *FORO IBEROAMERICANO DE DERECHO ADMINISTRATIVO* (LIBARDO RODRÍGUEZ, JAIME RODRÍGUEZ ARANA, JOSÉ LUIS MEILÁN GIL, JOSÉ LUIS BENAVIDES RUSSI, JAIME ORLANDO SANTOFIMIO, JORGE SILVERO SALGUEIRO, GLADYS CAMACHO CÉSPEDES, JUAN FRANCISCO PÉREZ GALVEZ, GIUSEPPE F. FERRARI, MIRIAM MABEL IVANEGA, JAVIER BARNES, JORGE LUIS SUÁREZ MEJÍA, DIANA ARTEAGA MEJÍAS, MARTA FRANCHI I SEGUER.

Señor

Presidente y demás Jueces de la Corte Interamericana de Derechos Humanos

Ref.: Caso 12.724. Allan R. Brewer Carías v. Venezuela

Escrito de *Amicus Curiae*

El suscrito, Luciano José Parejo Alfonso, abogado y Catedrático de Derecho Administrativo, de nacionalidad española, con domicilio y residencia en la ciudad de Alcobendas (Madrid), Reino de España, miembro de la Asociación Internacional de Derecho Administrativo- AIDA, actuando en nombre propio y como *amicus curiae* de conformidad con lo previsto en los artículos 2.3, 28 y 44 del Reglamento de la Corte Interamericana de Derechos Humanos (en adelante, CIDH), presento mi opinión para que sea tenida en cuenta en la decisión del caso de la referencia.

INTRODUCCIÓN

El caso que actualmente se tramita ante la Corte IDH *Allan Brewer Carías vs. Venezuela*, se refiere a la vulneración de los derechos humanos del mencionado abogado y profesor venezolano en los procesos penales iniciados en su contra ante fiscales interinos y jueces provisorios venezolanos, en los cuales se le acusa del delito de *"conspiración para cambiar violentamente la Constitución"* por su supuesta participación en los hechos ocurridos en Venezuela en abril de 2002. En este caso se han producido violaciones a las garantías judiciales y a la protección judicial, que son derechos consagrados en los artículos 8 y 25 de la Convención Americana sobre Derechos Humanos y desarrollados por la jurisprudencia de la CIDH.

El profesor *Allan Brewer Carías* es un reputado jurista venezolano, miembro de la Asamblea Nacional Constituyente que elaboró la Constitución Venezolana vigente de 1999, reconocido académico y especialista de derecho público en universidades de Venezuela y de otros países latinoamericanos, de Europa y de los Estados Unidos de América, autor de múltiples obras de derecho público en español, francés e inglés, y es individuo de número de la Academia de Ciencias Políticas y Sociales de Venezuela, de la cual fue su Presidente. El mencionado profesor ha sido un importante crítico de leyes y sentencias así como de las distintas políticas no solo del gobierno que se inició en 1999 sino de otros gobiernos anteriores, cuando ha considerado que son contrarias al ordenamiento jurídico vigente.

En contra de *Allan Brewer Carías* se inició un proceso penal por su supuesta participación en el golpe de Estado ocurrido el 12 de abril de 2002, concretamente por su supuesta participación en la preparación del decreto de constitución de un gobierno de transición, ya que tal intervención –según el Estado- era un *"hecho público y comunicacional"*. Su participación en estos eventos, según consta en los documentos llevados en el juicio ante los tribunales nacionales, al igual que en los documentos que constan en la jurisdicción internacional, se limitó a la emisión de una opinión jurídica sobre la inconstitucionalidad de una serie de actos que serían llevados a cabo a raíz del lamentable hecho ocurrido, momento en el que el profesor *Brewer Carías* los consideró contrarios a la Constitución y a la Carta Democrática Interamericana.

Según los planteamientos esgrimidos por la víctima en sus escritos ante la CIDH, la persecución penal iniciada en su contra se debe no sólo al ejercicio de su profesión de abogacía y a haber expresado su opinión legal, sino por haber expresado públicamente su opinión crítica al gobierno, al afirmar que éste había violado la Carta Democrática Interamericana, y comentar sobre el contenido de la norma constitucional que regula la desobediencia civil en Venezuela, considerando la persecución como una violación a la Convención Americana sobre Derechos Humanos.

El caso debe permitirle a la CIDH desarrollar su jurisprudencia sobre la garantía a ser acusado y juzgado por un fiscal o autoridad y por un juez imparciales e independientes, no desde la óptica del juez como víctima, como ya lo ha hecho este tribunal en otras oportunidades[1], sino desde la perspectiva de

---

[1]   Corte IDH. Caso del *Tribunal Constitucional Vs. Perú*. Fondo, Reparaciones y Costas. Sentencia de 31 de enero de 2001. Serie C N° 71; Corte IDH. Caso *Apitz Barbera y otros ("Corte Primera de lo Contencioso Administrativo") Vs. Venezuela.*

la persona acusada como sujeto y la consecuencia de la violación al derecho a ser juzgado por un juez que no cumple con dichos requisitos.

Por lo anterior, solicito a la Corte que para la sentencia del presente caso se tengan en cuenta los siguientes planteamientos:

I. EL PRINCIPIO DE LA SEPARACIÓN DE PODERES COMO FUNDAMENTO ESENCIAL DE LA DEMOCRACIA

Uno de los triunfos más importantes del Estado de derecho es precisamente el reconocimiento de la separación de poderes. En efecto, desde Aristóteles y John Locke, pero especialmente en Rousseau, se ha enunciado la idea de que el poder no pertenece exclusivamente al gobernante, sino a toda la comunidad, porque la soberanía reside en el pueblo y de él emana el poder público, lo cual dio lugar a que ese poder tuviera que separarse para garantizar el necesario orden social. En ese contexto, Montesquieu desarrolló la idea de que el poder público no era realmente un solo poder sino que era necesario distinguir claramente tres poderes separados: el legislativo, el ejecutivo y el judicial.

Este principio de la separación de poderes fue consagrado expresamente en al artículo 16 de la Declaración de los Derechos del Hombre y del Ciudadano de 1789, según el cual toda sociedad en la que la separación de poderes no esté consagrada, debe considerarse desprovista de Constitución. Posteriormente, las Constituciones de Estados europeos y americanos han consagrado el mismo principio de manera constante.

En el contexto interamericano, dicho principio de la separación de poderes también ha sido reconocido. En efecto, en la Carta Democrática Interamericana, adoptada en Lima el 11 de septiembre de 2001, se reconoce en el artículo 3° que uno de los elementos esenciales de la democracia representativa se encuentra en *"la separación e independencia de los poderes públicos"*.

Dentro del mismo contexto interamericano, en desarrollo del principio de la separación de poderes reconocido por la Convención Americana de Derechos Humanos, la jurisprudencia de la CIDH ha sostenido que *"uno de los objetivos principales que tiene la separación de los poderes públicos es la garantía de la independencia de los jueces"*[2], esto es, que en materia de garantía de los derechos humanos una de las expresiones del principio de separación de poderes es la garantía de las personas de ser juzgados por un juez independiente e imparcial.

Excepción Preliminar, Fondo, Reparaciones y Costas. Sentencia de 5 de agosto de 2008. Serie C N° 182; Corte IDH. Caso *Reverón Trujillo Vs. Venezuela*. Excepción Preliminar, Fondo, Reparaciones y Costas. Sentencia de 30 de junio de 2009. Serie C N° 197; Corte IDH. Caso *Chocrón Chocrón Vs. Venezuela*. Excepción Preliminar, Fondo, Reparaciones y Costas. Sentencia de 1 de julio de 2011. Serie C N° 227.

[2] Corte IDH. Caso *Apitz Barbera y otros ("Corte Primera de lo Contencioso Administrativo") Vs. Venezuela*. Excepción Preliminar, Fondo, Reparaciones y Costas. Sentencia de 5 de agosto de 2008. Serie C N° 182, y Corte IDH. Caso *Reverón Trujillo Vs. Venezuela*. Excepción Preliminar, Fondo, Reparaciones y Costas. Sentencia de 30 de junio de 2009. Serie C N° 197.

En consecuencia, a la luz de los hechos del caso *Allan Brewer Carías contra Venezuela* y dentro del contexto del principio de separación de poderes reconocido en la Carta Democrática Interamericana, debe analizarse la independencia e imparcialidad del juez como parte de las garantías reconocidas en el Sistema Interamericano de Derechos Humanos.

II. EL JUZGAMIENTO DE LAS PERSONAS POR UN JUEZ INDEPENDIENTE E IMPARCIAL COMO ELEMENTO FUNDAMENTAL DEL PRINCIPIO DE SEPARACIÓN DE PODERES.

Una de las garantías fundamentales más importantes para la existencia de un debido proceso, especialmente en los casos penales, es la independencia e imparcialidad de los jueces y fiscales que procesan a las personas. Esta garantía ha sido debidamente reconocida por varios sistemas de protección internacional de derechos humanos, entre otros, por el artículo 8 de la Convención Americana de Derechos Humanos, que reconoce que *"toda persona tiene derecho a ser oída, con las debidas garantías y dentro de un plazo razonable, por un juez o tribunal competente, independiente e imparcial"*.

En consecuencia, deben tenerse en cuenta los estándares desarrollados tanto por los órganos del Sistema Interamericano de Derechos Humanos como del Sistema Universal de Protección de Derechos Humanos, sobre el derecho a ser juzgados por un juez o tribunal imparcial e independiente, así como las consecuencias que derivan del juzgamiento de una persona por funcionarios judiciales que no son ni imparciales ni independientes.

Los estándares sobre la independencia e imparcialidad de los jueces y fiscales han sido desarrollados por el Sistema Universal de Protección de los Derechos Humanos, en concreto, por los *Principios básicos relativos a la independencia de la judicatura*, aprobados por el Séptimo Congreso de las Naciones Unidas sobre Prevención del Delito y Tratamiento del Delincuente, celebrado en Milán (Italia) del 26 de agosto al 6 de septiembre de 1985. En el artículo 1 de esos principios se reconoce que *"la independencia de la judicatura será garantizada por el Estado y proclamada por la Constitución o la legislación del país. Todas las instituciones gubernamentales y de otra índole respetarán y acatarán la independencia de la judicatura"*. Así mismo, dichos principios desarrollan las garantías de la independencia del juez: su proceso de nombramiento, su estabilidad y la garantía contra presiones externas.

Con base en estos principios y en el artículo 8 de la Convención Americana de Derechos Humanos, la CIDH, en los casos Tribunal Constitucional contra Perú, Apitz y otros contra Venezuela, Reverón Trujillo contra Venezuela y Chocrón Chocrón contra Venezuela[3], ha desarrollado la garantía de indepen-

---

[3] Corte IDH. Caso del Tribunal Constitucional Vs. Perú. Fondo, Reparaciones y Costas. Sentencia de 31 de enero de 2001. Serie C N° 71; Corte IDH. Caso *Apitz Barbera y otros ("Corte Primera de lo Contencioso Administrativo") Vs. Venezuela.* Excepción Preliminar, Fondo, Reparaciones y Costas. Sentencia de 5 de agosto de 2008. Serie C N° 182; Corte IDH. Caso *Reverón Trujillo Vs. Venezuela.* Excepción Preliminar, Fondo, Reparaciones y Costas. Sentencia de 30 de junio de 2009. Serie C

dencia e imparcialidad de los jueces, sus elementos y su importancia para una sociedad democrática. Se observa que el análisis que ha realizado la CIDH en esos casos se ha hecho desde la óptica de la garantía del juez a su independencia funcional.

No obstante, el asunto de *Allan Brewer Carías contra Venezuela* se refiere al caso en el cual es la persona juzgada la víctima de un proceso judicial llevado a cabo por un juez que no es independiente ni imparcial, y dirigido además por un fiscal que no cuenta con dichas garantías, por lo cual resulta relevante que la CIDH se pronuncie para dar alcance el artículo 8 de la Convención Americana de Derechos Humanos en el caso mencionado.

En relación con la garantía de independencia e imparcialidad de los jueces, la CIDH ha sostenido:

> 68. El principio de independencia judicial constituye uno de los pilares básicos de las garantías del debido proceso, motivo por el cual debe ser respetado en todas las áreas del procedimiento y ante todas las instancias procesales en que se decide sobre los derechos de la persona. La Corte ha considerado que el principio de independencia judicial resulta indispensable para la protección de los derechos fundamentales, por lo que su alcance debe garantizarse inclusive, en situaciones especiales, como lo es el estado de excepción[4].

Con base en lo anterior, la CIDH ha analizado las características de la independencia de la judicatura como derecho contenido en el artículo 8 de la Convención Americana de Derechos Humanos, señalando como elementos constitutivos *"un adecuado proceso de nombramiento, la inamovilidad en el cargo y la garantía contra presiones externas"*[5]:

a) En cuanto al proceso de nombramiento, la jurisprudencia de la CIDH, con base en criterios del Sistema Universal de Protección de Derechos Humanos, sostiene que debe garantizarse un proceso de nombramiento de jueces que garantice igualdad de oportunidades entre los candidatos, utilizando preponderantemente criterios de mérito personal del juez, calificación, integridad, capacidad y eficiencia, de tal manera que asegure la objetividad y la razonabilidad[6].

N° 197; Corte IDH. Caso *Chocrón Chocrón Vs. Venezuela*. Excepción Preliminar, Fondo, Reparaciones y Costas. Sentencia de 1 de julio de 2011. Serie C N° 227

[4]   Corte IDH. Caso *Reverón Trujillo Vs. Venezuela*. Excepción Preliminar, Fondo, Reparaciones y Costas. Sentencia de 30 de junio de 2009. Serie C N° 197, párr. 68.

[5]   Corte IDH. Caso *Reverón Trujillo Vs. Venezuela*. Excepción Preliminar, Fondo, Reparaciones y Costas. Sentencia de 30 de junio de 2009. Serie C N° 197, párr. 70.

[6]   Corte IDH. Caso *Reverón Trujillo Vs. Venezuela*. Excepción Preliminar, Fondo, Reparaciones y Costas. Sentencia de 30 de junio de 2009. Serie C N° 197, párr. 72-73.

b) En relación con la garantía de estabilidad o inamovilidad de los jueces, deben tenerse en cuenta los estándares consagrados en los *Principios básicos relativos a la independencia de la judicatura*, según los cuales "[s]e garantizará la inamovilidad de los jueces, tanto de los nombrados mediante decisión administrativa como de los elegidos, hasta que cumplan la edad para la jubilación forzosa o expire el período para el que hayan sido nombrados o elegidos, cuando existan normas al respecto"[7].

La inamovilidad de los jueces encuentra límite en la responsabilidad disciplinaria de conformidad con la misma declaración de Principios, reconociendo, de conformidad con los principios 17 y siguientes, que podrían ser separados del cargo los jueces por incurrir en responsabilidad disciplinaria debidamente tramitada con las garantías de un debido proceso legal ante los órganos legalmente previstos para ello "*por incapacidad o comportamiento que les inhabilite para seguir desempeñando sus funciones*". La CIDH, por su parte, siguiendo el criterio del Comité de Derechos Humanos, sobre la estabilidad o inamovilidad, ha sostenido que "*los jueces sólo pueden ser removidos por faltas de disciplina graves o incompetencia y acorde a procedimientos justos que aseguren la objetividad e imparcialidad según la constitución o la ley*"[8], precisando que "*la autoridad a cargo del proceso de destitución de un juez debe conducirse independiente e imparcialmente en el procedimiento establecido para el efecto y permitir el ejercicio del derecho de defensa. Ello es así toda vez que la libre remoción de jueces fomenta la duda objetiva del observador sobre la posibilidad efectiva de aquellos de decidir controversias concretas sin temor a represalias*"[9].

c) Finalmente, respecto de la "*garantía contra presiones externas*", los Principios básicos relativos a la independencia de la judicatura prevén, en su cuarto principio, que "*no se efectuarán intromisiones indebidas o injustificadas en el proceso judicial, ni se someterán a revisión las decisiones judiciales de los tribunales*"[10], lo cual ha sido reiterado por la CIDH en su jurisprudencia[11].

---

[7] Principios Básicos relativos a la Independencia de la Judicatura, Aprobados por Séptimo Congreso de las Naciones Unidas sobre Prevención del Delito y Tratamiento del Delincuente, celebrado en Milán (Italia) del 26 de agosto al 6 de septiembre de 1985.

[8] Corte IDH. Caso *Reverón Trujillo Vs. Venezuela*. Excepción Preliminar, Fondo, Reparaciones y Costas. Sentencia de 30 de junio de 2009. Serie C N° 197, párr. 77.

[9] Corte IDH. Caso *Reverón Trujillo Vs. Venezuela*. Excepción Preliminar, Fondo, Reparaciones y Costas. Sentencia de 30 de junio de 2009. Serie C N° 197, párr. 78.

[10] Principios Básicos relativos a la Independencia de la Judicatura, Aprobados por Séptimo Congreso de las Naciones Unidas sobre Prevención del Delito y Tratamiento del Delincuente, celebrado en Milán (Italia) del 26 de agosto al 6 de septiembre de 1985.

[11] Corte IDH. Caso *Reverón Trujillo Vs. Venezuela*. Excepción Preliminar, Fondo, Reparaciones y Costas. Sentencia de 30 de junio de 2009. Serie C N° 197, párr. 80.

Dentro del anterior marco, puede concluirse que la violación a cualquiera de las garantías mencionadas constituye una transgresión al deber del Estado de garantizar un Poder Judicial independiente y, en consecuencia, quien sea juzgado por un fiscal, juez o tribunal que no sea independiente o imparcial será víctima de una violación al artículo 8 de la Convención Americana de Derechos Humanos.

III. LA FALTA DE INDEPENDENCIA E IMPARCIALIDAD DE LOS JUECES PROVISORIOS EN VENEZUELA Y ESPECÍFICA-MENTE EN EL CASO CONCRETO DEL JUZGAMIENTO DE ALLAN BREWER CARÍAS

De acuerdo con los argumentos y pruebas presentados ante la CIDH, en el caso de *Allan Brewer Carías contra Venezuela* se sostiene que los jueces y fiscales que han participado en el proceso judicial tramitado en su contra han sido todos jueces y fiscales provisorios. De acuerdo con la sentencia del 20 de diciembre de 2007 de la Sala Constitucional venezolana, caso *Yolanda Vivas*, los jueces y fiscales provisorios tienen las siguientes características:

> Carecen de estabilidad en el cargo, por lo que cualquier decisión en sentido contrario implica infringir el expreso mandato constitucional (artículo 255 de la Carta Magna), concediéndole a las designaciones sin concurso los mismos efectos que tienen aquellos derivados de la aproba-ción de severos exámenes para determinar la idoneidad de quienes admi-nistrarán justicia.

> (...)

> Lo que sí resulta indudable es que no tenía la condición de la jueza de carrera, y por tanto, no estaba amparada por estabilidad en el cargo.

En la misma sentencia, con relación a los jueces provisorios, expresó la Sala Constitucional:

> La Comisión Judicial ejerce, por delegación de la Sala Plena, la com-petencia para designar jueces provisorio y para dejar sin efectos su de-signación.

> Se trata de una facultad eminentemente discrecional, que responde a la necesidad de garantizar la continuidad del servicio de la administra-ción de justicia y la garantía ciudadana de acceso a la justicia (...)

> Los jueces y juezas provisorios designados discrecionalmente forman parte del Sistema Judicial, pero no a través del concurso de oposición, única vía constitucional prevista para ingresar a la carrera judicial. Por ello, no gozan de los beneficios que la carrera judicial confiere, entre ellos, la estabilidad en el ejercicio de sus funciones (...)

Los actos por los cuales se deja sin efecto el nombramiento de los jueces provisorios designados por la Comisión Judicial no son actos disciplinarios, sino actos en ejercicio de su potestad discrecional.

Una decisión de esta índole no trata sobre la aplicación de una sanción originada por una falta, sino que se trata de un acto fundado en motivos de oportunidad.

De acuerdo con lo anterior, los jueces provisorios no son más que funcionarios de libre nombramiento y remoción, conclusión que comparte la doctrina: *"con este modelo de justicia provisoria se han destituido centenares de jueces sin justificación legal, muchas veces por motivos personales y otras por razones de naturaleza política y hasta económica. Y es precisamente lo que ha evitado la consolidación de las normas constitucionales que regulan la forma de ingresar y salir del Poder Judicial, pues lógicamente los factores políticos prefieren mantener un sistema donde puedan manejarse con abierta discrecionalidad y hasta arbitrariedad"[12].*

Sobre el sistema de justicia provisorio venezolano se ha pronunciado la CIDH en casos anteriores, en los que en ejercicio de esta potestad discrecional se han destituido jueces por distintas razones. Así, en el caso de *Reverón Trujillo contra Venezuela*, la Corte *"concluye que en Venezuela, desde agosto de 1999 hasta la actualidad, los jueces provisorios no tienen estabilidad en el cargo, son nombrados discrecionalmente y pueden ser removidos sin sujeción a ningún procedimiento preestablecido"[13].*

La Corte, en su sentencia al caso *Chocrón Chocrón vs. Venezuela*, precisó que:

Esta Corte ha manifestado que la provisionalidad "debe estar sujeta a una condición resolutoria, tal como el cumplimiento de un plazo predeterminado o la celebración y conclusión de un concurso público de oposición y antecedentes que nombre al reemplazante del juez provisorio con carácter permanente". De esta manera, la garantía de la inamovilidad se traduce, en el ámbito de los jueces provisorios, en la exigencia de que ellos puedan disfrutar de todos los beneficios propios de la permanencia hasta tanto acaezca la condición resolutoria que ponga fin legal a su mandato.

Además, en el caso Reverón Trujillo la Corte señaló que la inamovilidad de los jueces provisorios está estrechamente ligada a la garantía contra presiones externas, toda vez que si los jueces provisorios no tienen la seguridad

[12]   CHAVERO, R. *La Justicia Revolucionaria*. Editorial Aequitas, 2011, p. 112.
[13]   Corte IDH. Caso *Reverón Trujillo Vs. Venezuela*. Excepción Preliminar, Fondo, Reparaciones y Costas. Sentencia de 30 de junio de 2009. Serie C N° 197, Párr. 106

de permanencia durante un período determinado, serán vulnerables a presiones de diferentes sectores, principalmente de quienes tienen la facultad de decidir sobre destituciones o ascensos en el Poder Judicial.

Ahora bien, dado que no se puede igualar un concurso público de oposición a una revisión de credenciales ni se puede aseverar que la estabilidad que acompaña a un cargo permanente es igual a la que acompaña a un cargo provisorio que tiene condición resolutoria, esta Corte ha sostenido que los nombramientos provisionales deben constituir una situación de excepción y no la regla, ya que la extensión en el tiempo de la provisionalidad de los jueces o el hecho de que la mayoría de los jueces se encuentren en dicha situación, generan importantes obstáculos para la independencia judicial . De otra parte, el Tribunal ha precisado que para que el Poder Judicial cumpla con la función de garantizar la mayor idoneidad de sus integrantes, los nombramientos en provisionalidad no pueden prolongarse de manera indefinida, de tal forma que se conviertan en nombramientos permanentes. Ello es una nueva razón que explica que la provisionalidad sea admisible como excepción y no como regla general y que deba tener una duración limitada en el tiempo, en orden a ser compatible con el derecho de acceso a las funciones públicas en condiciones de igualdad.[14]

La conclusión que se desprende de lo expresado por la CIDH consiste en que los jueces provisorios en Venezuela, por ser de libre nombramiento y remoción, carecen de inamovilidad y son propensos a ser víctimas de presiones externas. Por esta misma razón, puede concluirse que no son jueces independientes.

En consecuencia, a la luz del contenido del artículo 8 de la Convención Americana de Derechos Humanos, que consagra el derecho de toda persona a ser juzgado por un juez independiente e imparcial, debe concluirse que el juzgamiento de una persona por un juez provisorio en Venezuela, especialmente en un caso sensible políticamente como el de *Allan Brewer Carías*, constituye una violación al mencionado artículo de la Convención.

IV. LAS CONSECUENCIAS DE LA VIOLACIÓN DEL PRINCIPIO DE SEPARACIÓN DE PODERES Y DE SU ELEMENTO DEL JUEZ INDEPENDIENTE E IMPARCIAL

En los casos sobre la independencia e imparcialidad de los jueces en Venezuela que han sido objeto de pronunciamiento ante la CIDH, la víctima ha sido un juez arbitrariamente destituido por el Estado Venezolano. Así se demuestra de los casos *Apitz y otros contra Venezuela, Reverón Trujillo contra Venezuela* y *Chocrón Chocrón contra Venezuela*. En dichos casos, la reparación procedente ha sido la orden de restitución de dichos jueces a sus cargos, restableciendo así la situación jurídica infringida en su perjuicio. Con ello, se

---

[14] Corte IDH. Caso *Chocrón Chocrón Vs. Venezuela*. Excepción Preliminar, Fondo, Reparaciones y Costas. Sentencia de 1 de julio de 2011. Serie C N° 227, párr. 105-107

lograba revertir la arbitraria destitución causada por su falta de inamovilidad por la influencia de presiones externas.

No obstante, el presente caso es diferente. En efecto, el caso de *Allan Brewer Carías* resulta paradigmático en cuanto al juzgamiento de una persona humana por un juez carente de imparcialidad e independencia y a la violación del artículo 8 de la Convención Americana. Dadas esas diferencias, es evidente que no proceden las reparaciones realizadas en los otros casos antes aludidos.

Por ello, procede estudiar distintos casos de violación del artículo 8 de la Convención Americana para identificar la posible consecuencia jurídica que debe fijar la CIDH en caso de determinar, en el asunto de *Allan Brewer Carías*, la violación a la garantía de ser juzgado por un juez independiente e imparcial.

En su *Opinión Consultiva N° 16,* la CIDH determinó que las violaciones al derecho al debido proceso reconocido en el artículo 8 de la Convención Americana generan la responsabilidad del Estado y la consecuente obligación del Estado de reparar los perjuicios causados. En dicha Opinión Consultiva, la CIDH expresó lo siguiente:

Que la inobservancia del derecho a la información del detenido extranjero, reconocido en el artículo 36.1.b) de la Convención de Viena sobre Relaciones Consulares, afecta las garantías del debido proceso legal y, en estas circunstancias, la imposición de la pena de muerte constituye una violación del derecho a no ser privado de la vida "arbitrariamente", en los términos de las disposiciones relevantes de los tratados de derechos humanos (*v.g.* Convención Americana sobre Derechos Humanos, artículo 4; Pacto Internacional de Derechos Civiles y Políticos, artículo 6), con las consecuencias jurídicas inherentes a una violación de esta naturaleza, es decir, las atinentes a la responsabilidad internacional del Estado y al deber de reparación[15].

Así mismo, la CIDH ha sostenido que las violaciones al artículo 8 de la Convención Americana de Derechos Humanos de naturaleza semejante a la del caso de *Allan Brewer Carías*, generan como consecuencia jurídica la *cesación de efectos* de los actos procesales contrarios a la Convención:

a) En el caso de *Herrera Ulloa contra Costa Rica* se declaró la violación al artículo 8 de la Convención por la falta de existencia de un recurso eficaz para impugnar la sentencia penal dictada en su contra, y por ser dicha sentencia contraria al artículo 13 de la Convención, ordenándose "*dejar sin efecto, en todos sus extremos, la sentencia emitida el 12 de noviembre de 1999 por el Tribunal Penal del Primer Circuito Judicial de San José*".

b) En el caso *Usón Ramírez contra Venezuela*, ante el juzgamiento por un tribunal incompetente en perjuicio de Francisco Usón Ramírez, la CIDH dis-

---

[15]   Corte IDH. El Derecho a la Información sobre la Asistencia Consular en el Marco de las Garantías del Debido Proceso Legal. Opinión Consultiva OC-16/99 del 1 de octubre de 1999. Serie A N° 16, dispositivo 7.

puso *"dejar sin efecto, en el plazo de un año, el proceso penal militar instruido en contra del señor Francisco Usón Ramírez por los hechos materia de la presente Sentencia"*. En el mencionado caso, el General Usón Ramírez fue juzgado por un tribunal militar para conocer de su causa, a lo largo de todo el proceso, el cual fue considerado por la CIDH como incompetente. Aunque en dicho caso, el vicio que dio lugar a la violación del artículo 8 de la Convención fue la falta de competencia del juez, la consecuencia es perfectamente aplicable al caso de Allan Brewer Carías, pues la falta de independencia de un juez o un fiscal constituyen, al igual que la falta de competencia, vicios a la garantía del juez natural, consagrada en el artículo 8 de la Convención, generando la violación de la Convención desde el inicio del proceso llevado a cabo en contra del imputado.

Debemos reiterar, tal como lo ha hecho el Comité de Derechos Humanos de la ONU, que la competencia, imparcialidad e independencia de un juez son los elementos constitutivos de la garantía del juez natural, prevista en el artículo 14 del Pacto Internacional de Derechos Civiles y Políticos[16], equivalente al artículo 8 de la Convención Americana de Derechos Humanos.

Como consecuencia de lo anterior, debe llegarse a la conclusión de que la consecuencia jurídica propia para garantizar la restitución integral prevista en el artículo 63.1 de la Convención Americana de Derechos Humanos ante violaciones a la garantía de un juez natural (competente, independiente e imparcial) es **la cesación de efectos de todos los actos procesales llevados a cabo por el funcionario carente de competencia, independencia o imparcialidad.**

Esta conclusión fue expresamente recordada por el ex magistrado de la CIDH, Sergio García Ramírez, quien en un voto concurrente a una Opinión Consultiva emitida por esta Corte, expresó: *"la violación de aquél trae consigo las consecuencias que necesariamente produce una conducta ilícita de esas características: **nulidad y responsabilidad**"*[17].

De acuerdo con lo expresado, si resulta probada la violación del artículo 8 de la Convención Americana de Derechos Humanos en el caso de *Allan Brewer Carías,* como consecuencia de encontrarse probada la falta de independencia e imparcialidad del juez y fiscal que actuaron en dicha causa, el efecto jurídico aplicable debe ser la **nulidad de todas las actuaciones realizadas por dichos juez y fiscal, cesando así los efectos del proceso iniciado en su contra.**

CONCLUSIONES

Con fundamento en lo expuesto en este documento, se pueden formular las siguientes conclusiones:

---

[16] Comité de Derechos Humanos, Observación General N° 32, párrs. 19 y 21.

[17] Corte IDH. El Derecho a la Información sobre la Asistencia Consular en el Marco de las Garantías del Debido Proceso Legal. Opinión Consultiva OC-16/99 del 1 de octubre de 1999. Serie A N° 16

1. En Venezuela, los juicios llevados a cabo por jueces *provisorios* no garantizan el derecho de las personas a ser juzgadas por jueces independientes e imparciales, lo cual desconoce los estándares internacionales que regulan la materia, y más concretamente resulta violatorio del artículo 8 de la Convención Americana de Derechos Humanos, en virtud de que estos jueces carecen legalmente de la estabilidad y son particularmente susceptibles a presiones externas.

2. Como consecuencia de ello, al haber sido *Allan Brewer Carías* juzgado por fiscales y jueces provisorios, los cuales carecen de independencia e imparcialidad, como mecanismo de restitución integral, procede la nulidad de todas las actuaciones realizadas por el juez o fiscal provisorio, así como el cese de validez de dichas actuaciones, precisamente por la violación a la garantía del juez natural.

Del señor Presidente y demás Jueces, con todo respeto,

Nombre: Luciano José Parejo Alfonso

Pasaporte N° AAB910645, expedido en Madrid

QUINTA PARTE:

AMICUS CURIAE PRESENTADO POR EL GRUPO DE PROFESORES DE DERECHO PÚBLICO DE VENEZUELA SOBRE LA VIOLACIÓN AL DERECHO AL JUEZ INDEPENDIENTE E IMPARCIAL Y AL DERECHO A LA PROTECCIÓN JUDICIAL DE 26 DE AGOSTO DE 2013

TEXTO FIRMADO O AL CUAL SE ADHIRIERON LOS PROFE-SORES JUAN DOMINGO ALFONZO, JOSÉ VICENTE HARO, JESÚS MARÍA ALVARADO, JOSÉ IGNACIO HERNÁNDEZ, RI-CARDO ANTELA GARRIDO, LUIS HERRERA ORELLANA, TOMÁS A. ARIAS CASTILLO, JORGE KIRIAKIDIS LONGHI, CARLOS AYALA CORAO, GUSTAVO I. LINARES BENZO, AL-BERTO BLANCO URIBE, LAURA LOUZA, RAFAEL J. CHAVE-RO GAZDIK, JUAN MIGUEL MATHEUS, ROMÁN J. DUQUE CORREDOR, HENRIQUE MEIER, GERARDO FERNÁNDEZ V., JOSÉ A. MUCI BORJAS, OSCAR GHERSI RASSI, HUMBERTO NAJIM, ANDREA ISABEL RONDÓN G., FREDDY ORLANDO, ANTONIO SILVA ARANGUREN, ROGELIO PÉREZ PERDOMO, GUSTAVO TARRE BRICEÑO, GUSTAVO URDANETA T., CAR-LOS WEFFE H., DANIELA UROSA MAGGI, ENRIQUE SÁN-CHEZ FALCÓN, JUAN MANUEL RAFFALLI, ANA ELVIRA ARAUJO, ARMANDO RODRÍGUEZ G., MARCO ANTONIO OSORIO V., NINOSKA RODRÍGUEZ L., MANUEL ROJAS PÉ-REZ, MIGUEL MÓNACO, GUSTAVO GRAU, FLAVIA PESCI FELTRI, SERVILIANO ABACHE CARVAJAL, ANDREA SAN-TACRUZ.

Honorables Presidente y demás Jueces de la
Corte Interamericana de Derechos Humanos
Apartado 6906-1000, San José, Costa Rica
Caso 12.274
Atención: Dr. Pablo Saavedra, Secretario

PRESENTACIÓN

1. Honorables Magistrados de la Corte Interamericana de Derechos Humanos (en adelante Corte IDH), quienes suscribimos el presente *amicus curiae* somos profesores de distintas asignaturas de Derecho público de universidades venezolanas. Muchos de nosotros hemos sido compañeros, alumnos o discípulos del Profesor Allan R. Brewer-Carías, quien a lo largo de su frondosa carrera académica de ya más de 50 años ha sembrado una infinidad de amistades, a través de sólidos valores éticos y solidaridad gremial.

2. El profesor Brewer-Carías ha forjado su carrera como docente e investigador incansable, como funcionario, como parlamentario, como constituyentista y como abogado en ejercicio, con un solo objetivo: aportar todo cuanto esté a su alcance para perfeccionar la democracia venezolana, a través del apuntalamiento del Estado de Derecho y el fortalecimiento de las instituciones.

3. Por ello, para nosotros esta participación resulta una obligación que deriva precisamente del compromiso del Profesor Brewer-Carías con el Estado de Derecho y la democracia venezolana, reflejado en su prolija obra: en ella hay suficiente constancia de que ha dedicado más de 50 años a construir soluciones y aportar su ciencia a la evolución y mejoramiento de nuestro ordenamiento jurídico y desarrollo jurisprudencial, al mismo tiempo que ha dedicado fundamentadas críticas a nuestro sistema de gobierno y a la defensa de los derechos más elementales del ciudadano.

4. Ahora que su carrera y vida personal han sido afectadas injustamente por una persecución penal arbitraria, *kafkiana,* si bien no podemos ser imparciales, presentamos nuestros argumentos con la mayor seriedad y sinceridad, para sustentar los derechos que lo acompañan en esta instancia, convencidos siempre de la injusticia cometida frente al Profesor Brewer-Carías.

5. Al Profesor Brewer-Carías se le atribuyó la supuesta redacción del trasnochado Decreto del 12 de abril de 2002 que pretendió desconocer la Constitución de 1999, a pesar de que existen sobradas evidencias de que rechazó su contenido, por lo que no estuvo presente al momento de su lectura. Además, quienes conocemos su abundante obra sabemos que de su pluma no pudo salir tan imperfecto documento. Basta leer los indicios en que se fundamenta la acusación para verificar lo frágil del caso y la arbitraria persecución.

6. Concretamente se le acusa de *conspirar para cambiar violentamente la Constitución,* cuando en el peor de los casos sólo puede atribuírsele la evacuación de una consulta jurídica sobre la inconstitucionalidad o no del mencionado Decreto. Nunca tuvo contactos previos con militares; simplemente un ciudadano civil, Pedro Carmona, le consultó su opinión jurídica sobre la constitucionalidad del Decreto.

7. Insistimos que quienes conocen al Profesor Brewer-Carías o su obra, saben que ese documento nunca pudo salir de su pluma, pero en todo caso, ¿emitir opinión sobre un decreto inconstitucional es un delito? Si al Profesor Brewer-Carías se le pidió una opinión jurídica sobre ese Decreto, mal puede sancionársele por ello[1].

---

[1]   Ver, en ese sentido, lo expresado en el *amicus curiae* presentado ante esa Corte el pasado 12 de agosto de 2013, por la Asociación Dominicana de Derecho Administrativo: "debe rescatarse la importancia de la prohibición de la criminalización de los abogados por la emisión de sus opiniones jurídicas, de conformidad con los artículos 8 y 13 de la Convención Americana sobre derechos Humanos, sumado a los estándares internacionales desarrollados por los demás Sistemas de Protección de los Derechos Humanos que conforman el *corpus iuris* del

8. Hoy, además, a pesar de haber mediado una *amnistía* por disposición presidencial con relación a los precisos hechos que se le imputan, se le ha negado la posibilidad de acogerse a ella, porque supuestamente "no está a derecho", porque supuestamente es un "prófugo de la justicia". Sabemos que el Profesor Brewer-Carías salió de Venezuela sin violentar ninguna orden judicial que limitara su libertad en ese momento; también sabemos que siempre estuvo representado en un juicio que, en sustancia, nunca comenzó ni comenzará por mediar precisamente la *amnistía* en cuestión. ¿Por ello, nos preguntamos, ¿tiene algún sentido encarcelar a una persona para luego decirle que los hechos por los cuales se le juzga fueron despenalizados?

9. Consideramos que, como a cualquier ciudadano, al Profesor Brewer-Carías, uno de los principales baluartes de nuestro Estado de Derecho, se le debe respetar su derecho a la defensa y al debido proceso, pero por sobre todas las cosas, su derecho a la presunción de inocencia y a ser juzgado en libertad.

10. Por todo lo anterior, quienes suscribimos, colegas, compañeros y discípulos de Allan R. Brewer-Carías, estimamos oportuno y necesario expresar públicamente nuestro apoyo y respaldo, con la firme convicción que su trayectoria jurídica y su vida como docente y servidor público son y serán el mejor respaldo de su intachable conducta.

11. Esperamos, así, que algunas consideraciones jurídicas sobre la materia del proceso, en particular, sobre el principio democrático de la separación de poderes que está a la base de todo el Sistema Interamericano de Derechos Humanos, y su secuela fundamental que es el principio de la independencia y autonomía del Poder Judicial, abonen a la demostración de que el derecho de toda persona a ser juzgado por jueces imparciales e independientes que está garantizado en el artículo 8.1 de la Convención Americana sobre Derechos Humanos ha sido violado por el Estado venezolano, en este caso, en perjuicio del profesor Brewer Carías, en el proceso penal seguido en Venezuela en su contra, y que entre otras denuncias, ha originado el caso que cursa ante esa honorable Corte; en el cual, además se le ha violado el derecho a la protección judicial que garantiza el artículo 25 de la misma Convención.

---

derecho internacional". Según ahí se expresa, y así lo creemos, "[l]a criminalización de los abogados por la emisión de sus opiniones jurídicas constituye una transgresión a las garantías del artículo 8 de la [CADH], pues, en el marco del derecho a la defensa, existe una obligación de los Estados de garantizar que dicha defensa sea independiente, lo que debe ser procurado, entre otras acciones, a través de la inmunidad penal de los abogados por el ejercicio de su profesión". También creemos, como se afirma, que "la criminalización de los abogados por la emisión de sus opiniones jurídicas constituye una trasgresión al artículo 13 de la [CADH], teniendo en cuenta que la manifestación de una opinión jurídica a un cliente es una forma de expresión especialmente protegida por el Derecho Internacional, razón por la cual la criminalización de la misma constituye una restricción innecesaria y desproporcionada que no atiende a los fines de una sociedad democrática" (pp. 25).

SOBRE LA VÍCTIMA

12. Como lo han expuesto los representantes del Profesor Brewer-Carías en el Escrito de Argumentaciones, Solicitudes y Pruebas sometido al conocimiento, juicio y decisión de esta honorable Corte IDH el 7 de julio de 2012, Brewer-Carías es:

"una persona de la más alta jerarquía intelectual y de irreprochable trayectoria democrática, que ha sido perseguida a través de la utilización abyecta de un sistema de justicia penal carente de toda independencia respecto de los requerimientos del poder ejecutivo. Esa persecución se ha traducido en su enjuiciamiento al margen del más elemental respeto al debido proceso, en la orden de su privación de libertad y de aprehensión, y en un forzado exilio en el que vive desde hace más de seis años. En su persona, se ha pretendido castigar y escarmentar la disidencia contra el régimen político venezolano." (Párr. 28).

1.3 De igual manera, los Representantes agregaron que:

"29. La situación de persecución y de violaciones de derechos humanos en contra del profesor Brewer-Carías no es un hecho aislado. Es sólo una muestra de un caso que es objeto de un patrón de conducta dirigido en contra de quienes levantan su voz para criticar el actual régimen político venezolano, incluyendo los defensores de derechos humanos en ese país. Un elemento fundamental de ese patrón es la utilización del sistema penal con el objeto de amedrentar y silenciar a quienes critican al gobierno actual de Venezuela.

30. El desmantelamiento de la autonomía e independencia del Poder Judicial en su conjunto, y en particular, al aseguramiento del control político por parte del Ejecutivo Nacional del Tribunal Supremo y de su Sala Constitucional, los cuales han sido puestos al servicio del autoritarismo afectando su rol de garantes de la Constitución y de los derechos humanos, ha conducido por supuesto al propio desmantelamiento del principio de la separación de poderes, y con ello, de la propia democracia, precisamente mediante un proceso paralelo de concentración del poder."

1.4 En nuestra condición de profesores de Derecho público, y por tanto, como conocedores de la trayectoria y ejecutorias del profesor Brewer-Carías, que para ese momento constituían cuarenta y cinco años de vida académica; hace ya casi siete años, el 13 de noviembre de 2006, cuando apenas comenzaba el proceso penal iniciado en su contra en Venezuela, unos miembros del Foro Iberoamericano de Derecho Administrativo a la cual se adhirieron otros profesores, firmaron una comunicación de apoyo dirigida al Presidente y demás miembros de la Comisión Interamericana de Derechos Humanos, titulada: "*Un atentado al derecho público iberoamericano*," en la cual se expuso lo siguiente:

"Los abajo firmantes, catedráticos y profesores de derecho público de diferentes universidades iberoamericanas, en su mayoría integrantes del Foro Iberoamericano de Derecho Administrativo, queremos que esta comunicación se adjunte a la denuncia del profesor doctor Allan Brewer-Carías por persecución política y violación de las garantías judiciales a la defensa, al debido proceso y a la presunción de inocencia.

Conocemos al profesor Brewer, y su obra académica, desde hace bastantes años porque es uno de los catedráticos más conocidos y valorado del Derecho Administrativo Iberoamericano. Pertenece al Foro Iberoamericano de Derecho Administrativo, es tratadista indiscutible de Derecho Público y maestro de juristas de todo el mundo.

Cuando meses atrás llegó a nuestros oídos la noticia de su imputación en el delito de conspiración para alterar violentamente el orden constitucional pensamos que en ello había una equivocación. Primero, porque el doctor Brewer se ha caracterizado siempre por un respeto escrupuloso a los postulados del Estado de Derecho y, segundo, porque estamos convencidos de que, cómo él arguye, no cabe más intervención del profesor que la de haber actuado siempre a favor de la Ley y del Derecho.

Sembrar la duda sobre la honorabilidad de un jurista de la talla de Allan Brewer es algo que rechazamos y que contraría los fundamentos de un sistema avanzado de libertades. Brewer participó como constituyente en el último proceso constitucional de su país, escribe y conferencia exponiendo sus puntos de vista equilibrados y juiciosamente, lo que hace más incomprensible la situación que está atravesando cuándo es invitado a pronunciar conferencias fuera de su país.

Como miembros del Foro Iberoamericano de Derecho Administrativo consideramos como propio el atentado jurídico contra Brewer que si no se rectifica puede abrir una grieta profunda en los cimientos de un sistema político en el que debería ser más nítida la separación de los poderes.

Una vez que le comunicaron la imputación, el profesor Brewer confirmó que se le había requerido como abogado y especialista en derecho constitucional una opinión jurídica, la cual fue contraria al decreto que se pretendía aprobar durante la crisis política derivada de la renuncia del Presidente de la República en abril de 2002. Es decir, aconsejó que esa no era la vía que precisaba el país y, por ello, sus adversarios políticos, que quizás no le perdonan sus múltiples y reconocidos méritos, se ensañan contra él poniendo en marcha un proceso penal en el que las pruebas más sólidas parecen ser informaciones de periódicos.

El caso del profesor Brewer es particularmente significativo por la violación del Estado de Derecho perpetrada a través de la presencia objetiva de situaciones tales como lesiones y limitaciones esenciales al derecho de defensa concretadas en la negativa a ver supuestas pruebas audiovisuales y su trascripción, en la negativa a las pruebas testimoniales promovidas, en la violación a las garantías constitucionales del juez imparcial y a la presunción de inocencia. Tales circunstancias se hacen aún más patentes al reflexionar sobre el escenario histórico en el que se produjeron los hechos relacionados con la imputación, signado por una realidad incuestionable, cual es la presencia pública y expresa del más alto jerarca militar del momento anunciando al país que el alto mando militar había pedido la renuncia del Presidente de la Republica y que éste la había aceptado.

Ante el camino que está tomando el proceso contra él sustanciado en la República de Venezuela, convertido en una persecución de carácter político, sobre la base de opiniones periodísticas, con irrespeto a las garantías de una justicia imparcial, es un gran honor para todos nosotros poner en conocimiento de la Comisión Interamericana de Derecho Humanos el siguiente escrito que, a su vez, contiene un manifiesto de solidaridad con el profesor Brewer-Carías hecho público a la opinión pública jurídica iberoamericana meses atrás."[2]

---

[2]   Texto firmado por: Jaime Rodríguez-Arana, Catedrático de Derecho Administrativo de la Universidad de La Coruña (España) y Presidente del Foro Iberoamericano de Derecho Administrativo; Mariano Brito, Rector de la Universidad de Montevideo y Catedrático de Derecho Administrativo de dicha Universidad; Consuelo Sarria, Vicepresidente del Foro Iberoamericano de Derecho Administrativo y Catedrática de Derecho Administrativo de la Universidad del Externado de Colombia; Jorge Danós, Vicepresidente del Foro Iberoamericano de Derecho Administrativo y Catedrático de Derecho Administrativo de la Universidad Católica de Perú; José Luis Meilán, Catedrático emérito de Derecho Administrativo de La Coruña y miembro del consejo científico del Instituto Internacional de Ciencias Administrativas; Iñigo del Guayo, Catedrático de Derecho Administrativo y director del Departamento de Derecho Público de la Universidad de Almería; Juan Raposo, Titular de Derecho Civil de la Universidad de La Coruña; Javier Robalino, Catedrático de Derecho Administrativo en la Universidad de San Francisco de Quito; Joffre Campaña, Catedrático de Derecho Administrativo en la Universidad Espíritu Santo de Guayaquil; Almudena Fernández Carballal, Titular de Derecho Administrativo de la Universidad de la Coruña; Juan Pablo Cajarville, Catedrático de Derecho Administrativo de la Universidad de la República del Uruguay; Juan Carlos Cassagne Catedrático de Derecho Administrativo de la Universidad de Buenos Aires y de la Universidad Católica Argentina; Miriam Ivanega, Catedrática de Derecho Administrativo y secretaria ejecutiva del Master de Derecho Administrativo de la Universidad Austral; José Mario Serrate, Catedrático de Derecho Administrativo de la Universidad de Santa Cruz de la Sierra; Carlos Delpiazzo, secretario ejecutivo del Foro Iberoamericano de Derecho Administrativo, catedrático de Derecho Administrativo de las universidades uruguayas de Montevideo y de la República y director del departamento de Derecho Informático de la Universidad de Montevideo; Enrique Rojas Franco, Catedrático de Derecho Administrativo de la Universidad de San José de Costa Rica y Director Ejecutivo del Instituto González Pérez de Derecho Administrativo y de la Asociación

15. Ahora bien, casi siete años después, en nuestra condición de profesores de Derecho público en Venezuela, en apoyo de la demanda formulada por los representantes del profesor Brewer-Carías ante esa Corte IDH para asegurar la protección de sus derechos y garantías que considera le han sido violados en el proceso penal que se le sigue en Venezuela; en abono y fundamentación de lo ya expresado públicamente, hemos tomado la decisión de presentaros ante esta honorable Corte IDH el siguiente *amicus curiae* en el cual, como antes hemos expresado, expondremos nuestras consideraciones jurídicas al analizar los temas de la situación y efectividad del principio de la separación de poderes en Venezuela, y cómo ello ha afectado la independencia y autonomía del Poder Judicial, para confirmar, en esa situación, cómo el derecho del profesor Allan Brewer-Carías a ser juzgado por jueces imparciales e independientes que garantiza en el artículo 8.1 de la Convención Americana sobre Derechos Humanos; y el derecho a la protección judicial que garantiza el artículo 25 de la misma Convención, le ha sido vulnerados.

Iberoamericana de Derecho Administrativo; Fausto de Cuadros, Catedrático de Derecho Administrativo de la Universidad de Lisboa y Profesor Asociado del Instituto de Derechos Humanos René Cassin de Estrasburgo; Luciano Parejo Alfonso, Rector de la Universidad Internacional Menéndez Pelayo y Catedrático de Derecho Administrativo de la Universidad Carlos III de Madrid; Hugo Calderón, Catedrático de Derecho Administrativo de la Universidad Central de Guatemala; Rogelio Leal, Catedrático de la Universidad de Santa Cruz do Sul de Brasil; José Luís Martínez López-Muñiz, Catedrático de Derecho Administrativo de la Universidad de Valladolid. A dicha petición se adhirieron los siguientes profesores: Jaime Orlando Santofimio Gamboa, Profesor Derecho Administrativo, Universidad Externado de Colombia; Alejandro Pérez Hualde, Profesor de la Universidad de Mendoza, Argentina; Daniel Sabsay, Profesor titular de Derecho Constitucional de la Universidad de Buenos Aires y Director Ejecutivo de la Fundación Ambiente y Recursos Naturales; Karlos Navarro, catedrático de la Universidad Nacional de Nicaragua; Miguel Ángel Sendín, profesor de Derecho Administrativo de la Universidad Cervantes de Valladolid; Freddy J. Orlando, profesor de Derecho Administrativo de la Universidad Central de Venezuela, de la Universidad Andrés Bello y Coordinador de la Especialidad en Derecho Tributario del Centro de Estudios de Postgrado de la Facultad de Ciencias Jurídicas y Políticas de la Universidad Central de Venezuela; Ernesto Schaeffer, Catedrático de Derecho Procesal Administrativo de la Universidad Panameña del Istmo; Víctor Rafael Hernández-Mendible, Profesor de Derecho Administrativo en la Universidad Católica Andrés Bello y en la Universidad Central de Venezuela; Jaime Vidal Perdomo, Profesor de Derecho Constitucional y de Derecho Administrativo en la Universidad del Rosario de Bogotá; María Amparo Grau, Profesora de las Universidades Católica Andrés Bello y Central de Venezuela; Libardo Rodríguez Rodríguez, ExConsejero de Estado de Colombia y Profesor de Derecho Administrativo; Pablo E. Perrino, Profesor de la Universidad Nacional de la Plata, Argentina; José Luis Benavides, profesor de Derecho Administrativo de la Universidad Externado de Colombia.

SECCIÓN PRIMERA

LOS JUECES TEMPORALES Y PROVISORIOS Y LA VIOLACIÓN DEL DERECHO DEL PROFESOR ALLAN BREWER CARÍAS A SER JUZGADO POR JUECES IMPARCIALES E INDEPENDIENTES GARANTIZADO EN EL ARTÍCULO 8 DE LA CONVENCIÓN AMERICANA SOBRE DERECHOS HUMANOS

I. SOBRE EL PRINCIPIO DE LA SEPARACIÓN DE PODERES COMO ELEMENTO ESENCIAL DE LA DEMOCRACIA, SU CONSAGRACIÓN EN VENEZUELA Y SU PROGRESIVA DISTORSIÓN

16. El principio de la separación de poderes se expresó por primera vez a nivel constitucional en el mundo iberoamericano, incluso antes que en la Constitución de Cádiz de 1812, precisamente en las antiguas provincias de Venezuela, al declarar su independencia de España, en el texto de la "Constitución Federal de los Estados de Venezuela" del 21 de diciembre de 1811[3], cuyo bicentenario acaba de celebrarse, y en cuyo "Preliminar" se expresó que:

"El ejercicio de esta autoridad confiada a la Confederación no podrá jamás hallarse reunido en sus diversas funciones. El Poder Supremo debe estar dividido en Legislativo, Ejecutivo y Judicial, y confiado a distintos Cuerpos independientes entre sí y en sus respectivas facultades".

17. Además, en el artículo 189 de dicha Constitución de 1811 también se insistió en el mismo principio, al disponer que:

"Los tres Departamentos esenciales del Gobierno, a saber: el Legislativo, el Ejecutivo y el Judicial, es preciso que se conserven tan separados e independientes el uno del otro cuanto lo exija la naturaleza de un gobierno libre, lo que es conveniente con la cadena de conexión que liga toda fábrica de la Constitución en un modo indisoluble de Amistad y Unión."

18. La fuente directa de inspiración de este principio, sin duda fueron las reflexiones de Montesquieu sobre la Constitución inglesa, muy difundidas en la época, cuando afirmó que "Es una experiencia eterna que todo hombre que tiene poder, tiende a abusar de él; y lo hace, hasta que encuentra límites," de lo que derivó su conocida afirmación de que "para que no se pueda abusar del

---

[3] Véase el texto en *La Constitución Federal de Venezuela de 1811 y documentos afines,* Biblioteca de la Academia Nacional de la Historia, Caracas 1959.

poder es necesario que por la disposición de las cosas, el poder detenga al poder".[4] Desde su adopción, primero, en las revoluciones Norteamericana y Francesa del siglo XVIII y luego, a partir de dicha Constitución de Venezuela de 1811 en la revolución Hispanoamericana, el principio de la separación de poderes se convirtió en uno de los pilares fundamentales del constitucionalismo moderno, de la democracia, y de la libertad, al establecer reglas para asegurar la organización formal del Estado de manera que pueda ser posible el control del poder.

19. Su desarrollo progresivo en los dos siglos que han transcurrido desde aquellas formulaciones iniciales, incluso llevó a la superación de la clásica división tripartita del Poder Público, de manera que, también precisamente en Venezuela, en la Constitución de 1999 se adoptó un novedoso sistema de separación orgánica de los poderes del Estado distribuyéndolos en cinco Poderes Públicos, al agregar a los tres tradicionales del constitucionalismo moderno (Legislativo, Ejecutivo y Judicial), dos nuevos, el Poder Ciudadano que comprende los órganos con autonomía funcional que por lo demás existen en forma variada en casi todos los países del Continente americano (como son el Ministerio Público, el Defensor del Pueblo o de los Derechos Humanos, y el órgano de control fiscal o Contraloría General) y el Poder Electoral que comprende los órganos encargados de llevar adelante los procesos electorales (Consejo Nacional Electoral). Estos cinco conjuntos orgánicos, en el texto de la Constitución venezolana se consagran como separados, con autonomía e independencia entre sí, teniendo cada uno de ellos sus competencias constitucionales y legales específicas.

20. La esencia del principio de la separación de poderes, en todo caso, además de su carácter instrumental en la organización del Estado, es que en el mundo contemporáneo y con el desarrollo de la democracia, es el pilar fundamental para su configuración; es consustancial al Estado constitucional de derecho, garante de los derechos y libertades, que siempre tiene que estar montado como lo indicó incluso la Sala Constitucional del Tribunal Supremo de Justicia de Venezuela, sobre la idea del "control del poder entre sus órganos, para asegurar la sujeción del obrar público a reglas y principios del derecho" y "hacer efectiva la sujeción de los órganos del Poder Público al bloque de la constitucionalidad."[5] Precisamente por ello, en el mundo contemporáneo, además de servir de instrumento para organizar el Estado, el principio de la separación de poderes se concibe como uno de los elementos esenciales de la democracia, pues ésta no es sólo un sistema de elección de gobernantes, sino un sistema político que tiene que garantizar, ciertamente que los repre-

---

4   *De l'Espirit des Lois,* Libro XI, Cap. IV.

5   Véase sentencia N° 2208 de 28 de noviembre de 2007, dictada por la Sala Constitucional del Tribunal Supremo de Justicia de Venezuela, caso *Antonio José Varela y Elaine Antonieta Calatrava Armas vs. Proyecto de Reforma de la Constitución de la República Bolivariana de Venezuela,* en http://www.tsj.gov.ve/decisiones/ scon/noviembre/2208-281107-07-1607.htm.

sentantes sean elegidos por el pueblo; pero además, que el ciudadano tenga efectiva participación política no limitada a la sola elección periódica; que el ser humano tenga primacía, y con él, su dignidad, sus derechos y sus libertades; que el ejercicio del poder esté sometido a control efectivo, de manera que los gobernantes sean controlados, rindan cuenta de su gestión y pueda exigírseles responsabilidad; y además que el Estado se organice efectivamente con órganos efectivamente separados, autónomos e independientes particularmente del poder judicial.[6]

21. Precisamente en esta orientación, la muy importante *Carta Democrática Interamericana* adoptada por la Organización de Estados Americanos en 2001, enumeró con precisión los *elementos esenciales* de la democracia, incluyendo entre ellos: primero, el respeto a los derechos humanos y las libertades fundamentales; segundo, el acceso al poder y su ejercicio con sujeción al Estado de derecho; tercero, la celebración de elecciones periódicas, libres, justas y basadas en el sufragio universal y secreto, como expresión de la soberanía del pueblo; cuarto, el régimen plural de partidos y organizaciones políticas, y quinto, *la separación e independencia de los poderes públicos* (art. 3). Y la misma Carta, además, complementó el contenido de la democracia al enumerar sus *componentes esenciales*, todos vinculados al control del poder, incluyendo: la transparencia de las actividades gubernamentales, la probidad y la responsabilidad de los gobiernos en la gestión pública; el respeto de los derechos sociales y de la libertad de expresión y de prensa; la subordinación constitucional de todas las instituciones del Estado, incluyendo el componente militar, a la autoridad civil legalmente constituida, y el respeto al Estado de derecho por todas las entidades y sectores de la sociedad (Art. 4).

22. Por todo ello es que el principio de la separación de poderes es tan importante para la democracia y el adecuado funcionamiento del Estado de derecho. En definitiva, de ese principio dependen todos los demás elementos y componentes esenciales de la democracia, de acuerdo con la *Carta Interamericana,* según la cual sólo controlando al Poder se pueden asegurar sus demás elementos: que haya elecciones libres y justas, pluralismo político, efectiva participación, transparencia administrativa y rendición de cuentas, efectivo acceso a la justicia, autonomía e independencia de los jueces, efectiva garantía y respeto de los derechos humanos. En fin, podrá hablarse de Estado de derecho.

23. Entre todos esos elementos, y en particular en relación con el principio de la separación de poderes en el Estado constitucional democrático de derecho, quizás el que más importancia tiene es el que se refiere a la independen-

---

[6]   Véase entre otros, en general, los trabajos publicados en Peter Häberle y Diego García Belaúnde (Coordinadores), *El control del poder. Homenaje a Diego Valadés,* Instituto de Investigaciones Jurídicas, Universidad Nacional Autónoma de México, Tomo I, México 2011; y en Diego Valadés (Coord.), *Gobernabilidad y constitucionalismo en América Latina*, Universidad Nacional Autónoma de México, México 2005.

cia y autonomía del Poder Judicial que es el que puede permitir el efectivo ejercicio del control del poder por parte de un órgano que tiene que ser independiente y autónomo. Por ello, precisamente, es que la Convención Americana sobre Derechos Humanos establece como una de las garantías básicas del debido proceso, el derecho de toda persona a ser juzgado por jueces imparciales e independientes (art. 8), siguiendo por lo demás, los estándares desarrollados internacionalmente para la protección de los derechos humanos.[7] Así, por ejemplo, en los *Principios básicos relativos a la independencia de la judicatura* adoptados en el en el Sistema Universal de Protección de los Derechos Humanos, se reconoce, en su primer artículo, que la independencia de la judicatura debe ser *"garantizada por el Estado y proclamada por la Constitución o la legislación del país"* de manera que *"todas las instituciones gubernamentales y de otra índole respetarán y acatarán la independencia de la judicatura,"*[8] para cuyo efecto, precisamente las Constituciones desarrollan sistemas, por ejemplo, para garantizar dicha independencia de los jueces, al disponer el proceso de su nombramiento, y la garantía de su estabilidad y contra presiones externas, tal como formalmente ocurre por ejemplo, en la Constitución venezolana de 1999 (arts. 253 y ss.).

24. Con base en estos principios, y en particular a la luz del artículo 8 de la Convención Americana sobre Derechos Humanos, esta honorable Corte IDH, en sus importantes sentencias dictadas en los casos *Tribunal Constitucional vs. Perú, Apitz y otros vs. Venezuela, Reverón Trujillo vs. Venezuela y Chocrón Chocrón vs. Venezuela*[9], casi todos precisamente dictados en los últimos años en procesos seguidos contra Venezuela, se ha referido y ha desarrollado esta garantía de independencia e imparcialidad de los jueces, sus elementos y su importancia para una sociedad democrática, expresando, por ejemplo, que:

"68. El principio de independencia judicial constituye uno de los pilares básicos de las garantías del debido proceso, motivo por el cual debe ser respetado en todas las áreas del procedimiento y ante todas las ins-

---

[7]   Véase toda la doctrina y fundamentación sobre estos estándares expresada por los representantes del profesor Brewer-Carías en el Escrito de Solicitudes, Argumentos y Pruebas, 7 de julio de 2012, párr. 41 ss.

[8]   *Principios Básicos relativos a la Independencia de la Judicatura*, Aprobados por Séptimo Congreso de las Naciones Unidas sobre Prevención del Delito y Tratamiento del Delincuente, celebrado en Milán (Italia) del 26 de agosto al 6 de septiembre de 1985.

[9]   Corte IDH. Caso *Tribunal Constitucional Vs. Perú. Fondo*, Reparaciones y Costas. Sentencia de 31 de enero de 2001. Serie C N° 71; Corte IDH. Caso *Apitz Barbera y otros ("Corte Primera de lo Contencioso Administrativo") Vs. Venezuela*. Excepción Preliminar, Fondo, Reparaciones y Costas. Sentencia de 5 de agosto de 2008. Serie C N° 182; Corte IDH. Caso *Reverón Trujillo Vs. Venezuela*. Excepción Preliminar, Fondo, Reparaciones y Costas. Sentencia de 30 de junio de 2009. Serie C N° 197; Corte IDH. Caso *Chocrón Chocrón Vs. Venezuela*. Excepción Preliminar, Fondo, Reparaciones y Costas. Sentencia de 1 de julio de 2011. Serie C N° 227

tancias procesales en que se decide sobre los derechos de la persona. La Corte ha considerado que el principio de independencia judicial resulta indispensable para la protección de los derechos fundamentales, por lo que su alcance debe garantizarse inclusive, en situaciones especiales, como lo es el estado de excepción.[10]"

25. Partiendo de esta afirmación, esta honorable Corte IDH ha analizado las características de la independencia de la judicatura como derecho contenido en la Convención Americana sobre Derechos Humanos, señalando, entre otros, como los elementos constitutivos del mismo los siguientes: *"un adecuado proceso de nombramiento, la inamovilidad en el cargo y la garantía contra presiones externas."*[11]

26. En cuanto al proceso de nombramiento de los jueces, la jurisprudencia de la Corte IDH, evocando criterios del Sistema Universal de Protección de Derechos Humanos, asevera que debe garantizarse un proceso de nombramiento de jueces que garantice *igualdad de oportunidades entre los candidatos, utilizando preponderantemente criterios de mérito personal del juez, calificación, integridad, capacidad y eficiencia, y que asegure la objetividad y la razonabilidad.*[12]

27. Por su parte, al analizar la garantía de estabilidad (o inamovilidad) de los jueces, la Corte IDH asume los estándares desarrollados en los Principios básicos relativos a la independencia de la judicatura relacionados al tema, donde se dispone que *"[s]e garantizará la inamovilidad de los jueces, tanto de los nombrados mediante decisión administrativa como de los elegidos, hasta que cumplan la edad para la jubilación forzosa o expire el período para el que hayan sido nombrados o elegidos, cuando existan normas al respecto"*[13]. La inamovilidad de los jueces, por otra parte, encuentra límite en la responsabilidad disciplinaria de conformidad con la misma declaración de Principios, reconociendo, de conformidad con los principios 17 y siguientes, que podrían ser separados del cargo los jueces por incurrir en responsabilidad disciplinaria debidamente tramitada con las garantías de un debido proceso legal ante los órganos legalmente previstos para ello *"por incapacidad o comportamiento que les inhabilite para seguir desempeñando sus funciones".*

28. La Corte IDH, siguiendo el criterio del Comité de Derechos Humanos, respecto de la inamovilidad de los jueces, ha añadido que *"los jueces sólo*

---

[10] Corte IDH. Caso *Reverón Trujillo Vs. Venezuela.* Excepción Preliminar, Fondo, Reparaciones y Costas. Sentencia de 30 de junio de 2009. Serie C N° 197, párr. 68.

[11] Corte IDH. Caso *Reverón Trujillo Vs. Venezuela.* Excepción Preliminar, Fondo, Reparaciones y Costas. Sentencia de 30 de junio de 2009. Serie C N° 197, párr. 70.

[12] Corte IDH. Caso *Reverón Trujillo Vs.* Venezuela. Excepción Preliminar, Fondo, Reparaciones y Costas. Sentencia de 30 de junio de 2009. Serie C N° 197, párr. 72-73.

[13] *Principios Básicos relativos a la Independencia de la Judicatura*, Aprobados por Séptimo Congreso de las Naciones Unidas sobre Prevención del Delito y Tratamiento del Delincuente, celebrado en Milán (Italia) del 26 de agosto al 6 de septiembre de 1985.

pueden ser removidos por faltas de disciplina graves o incompetencia y acorde a procedimientos justos que aseguren la objetividad e imparcialidad según la constitución o la ley"[14], habiendo agregado que "*la autoridad a cargo del proceso de destitución de un juez debe conducirse independiente e imparcialmente en el procedimiento establecido para el efecto y permitir el ejercicio del derecho de defensa . Ello es así toda vez que la libre remoción de jueces fomenta la duda objetiva del observador sobre la posibilidad efectiva de aquellos de decidir controversias concretas sin temor a represalias.*"[15]

29. En ese contexto de independencia del poder judicial como pieza esencial del debido proceso para la protección de los derechos, y como sustento manifestación esencial de orden democrática del principio de la separación de poderes, éste no puede reducirse a ser un principio técnico de organización del Estado, desideologizado, como lo afirmó la Sala Constitucional del Tribunal Supremo de Venezuela en una sentencia N° 3098 del 13 de diciembre de 2004 (Caso: *Nulidad de artículos de la Ley Orgánica de la Justicia de Paz*), en la cual consideró que el principio "no es un principio ideológico, propio de la democracia liberal, sino un principio técnico del cual depende la vigencia de la seguridad jurídica como valor fundante del derecho."[16] Al contrario, dicho principio sí es y debe considerarse como un principio ideológico vinculado y esencial, precisamente de la democracia como régimen político, razón por la cual la propia *Carta Democrática Interamericana* lo declara como uno de sus elementos esenciales. El principio de la separación de poderes es, en efecto, "un principio de técnica constitucional destinado a evitar el despotismo y a garantizar la libertad"[17].

30. El tratamiento que el Tribunal Supremo de Justicia comenzó a dar en la sentencia antes referida al principio de la separación de poderes, sin embargo, muestra la ruta trazada para el progresivo deterioro de dicho principio en la práctica gubernamental de Venezuela, lo que se reflejó en otra sentencia de la misma Sala Constitucional del Tribunal Supremo de Venezuela, No 1049 de 23 de julio de 2009,[18] en la cual el Supremo Tribunal de Venezuela se refirió al principio de la separación de poderes expresando que "*la llamada*

---

[14] Corte IDH. Caso *Reverón Trujillo Vs. Venezuela*. Excepción Preliminar, Fondo, Reparaciones y Costas. Sentencia de 30 de junio de 2009. Serie C N° 197, párr. 77.

[15] Corte IDH. Caso *Reverón Trujillo Vs. Venezuela*. Excepción Preliminar, Fondo, Reparaciones y Costas. Sentencia de 30 de junio de 2009. Serie C N° 197, párr. 78.

[16] Sentencia N° 3098 de la Sala Constitucional (Caso: *nulidad artículos Ley Orgánica de la Justicia de Paz*) de 14-12-2004, en *Gaceta Oficial* N° 38.120 de 02-02-2005 (http://www.pgr.gob.ve/dmdocuments/2005/38120.pdf). Ver sentencia en http://www.tsj.gov.ve/decisiones/scon/diciembre/3098-141204-01-2484.htm.

[17] G. Burdeau, L. Hamon y M. Toper, *Droit constitutionnel,* 24ª ed, LGDJ, París, 1995, pp. 101.

[18] Véase en http://www.tsj.gov.ve/decisiones/scon/Julio/1049-23709-2009-04-2233. html

división, distinción o separación de poderes fue, al igual que la teoría de los derechos fundamentales de libertad, un instrumento de la doctrina liberal del Estado mínimo," cuestionando así la validez de los principios más fundamentales del constitucionalismo democrático, señalando incluso que el principio de la separación de poderes no fue concebido como "un mero instrumento de organización de los órganos del Poder Público, sino un modo mediante el cual se pretendía asegurar que el Estado se mantuviera limitado a la protección de los intereses individualistas de la clase dirigente."[19]

31. Esta concepción distorsionada del principio de la separación de poderes como un supuesto instrumento al servicio de "la clase dirigente," y el desconocimiento del mismo como pilar fundamental de la democracia para posibilitar el control de poder y asegurar la libertad, permite comprender el progresivo deterioro del propio sistema democrático en Venezuela, particularmente por el control progresivo que otros poderes del Estado han ejercido sobre el Poder Judicial, lesionando su autonomía e independencia, y afectando su rol de garante de la Constitución y de los derechos humanos. Por ello, por ejemplo, la Comisión Interamericana de Derechos Humanos al destacar la gravedad del problema, en su *Informe Anual de 2009*, después de analizar la situación de los derechos humanos en Venezuela y el deterioro institucional que ha sufrido el país, apuntó que todo ello "*indica la ausencia de la debida separación e independencia entre las ramas del gobierno en Venezuela.*"[20]

32. Esa situación general de deterioro del principio de la separación de poderes en Venezuela, es lo único que quizás pueda explicar que la entonces Presidente del Tribunal Supremo de Justicia de Venezuela, y de su Sala Constitucional, haya llegado a afirmar públicamente en diciembre de 2009, simplemente, que "*la división de poderes debilita al Estado,*" y que "*hay que reformarla.*"[21] Y esa situación es también la que permite explicar que un año antes, en agosto de 2008, el entonces Presidente de la República Hugo Chávez Frías, llegara a decir, también públicamente, cuando justificó sus poderes para dictar legislación delegada mediante decretos leyes, muchos de los

---

[19]   *Idem.*

[20]   IACHR, *2009 Annual Report*, para. 472, en http://www.cidh.oas.org/annualrep/2009eng/Chap.IV.f.eng.htm. El Presidente de la Comisión, Felipe González, dijo en abril de 2010: "Venezuela es una democracia que tiene graves limitaciones, porque la democracia implica el funcionamiento del principio de separación de poderes, y un Poder Judicial libre de factores políticos." Véase en Juan Francisco Alonso, "Últimas medidas judiciales certifican informe de la CIDH," en *El Universal*, Apr. 4, 2010. Available at http://universo.eluniversal.com/2010/04/04/pol_art_ultimas-medidas-jud_1815569.shtml.

[21]   Véase en Juan Francisco Alonso, "La división de poderes debilita al estado. La presidenta del TSJ [Luisa Estela Morales] afirma que la Constitución hay que reformarla," *El Universal*, Caracas 5 de diciembre de 2009, en http://www.eluniversal.com/2009/12/05/pol_art_morales:-la-divisio_1683109.shtml. Véase la exposición completa de la presidenta del Tribunal Supremo en http://www.tsj.gov.ve/informacion/notasde prensa/notasdeprensa.asp?codigo=7342

cuales se ha afirmado que fueron incluso dictados para implementar la reforma constitucional de 2007 que había sido rechazada por el pueblo en referendo de diciembre de 2007;[22] simplemente: *"Yo soy la Ley. Yo soy el Estado,"*[23] repitiendo así las mismas frases que ya había dicho en 2001, aún cuando con un pequeño giro -entonces dijo *"La Ley soy yo. El Estado soy yo"*[24]-, al referirse también en aquella oportunidad a la sanción inconsulta de otra serie de decretos leyes. Esas frases, como sabemos, se atribuyeron en 1661 a Luis XIV para calificar el gobierno absoluto de la Monarquía, cuando a la muerte del cardenal Mazarin, el Rey mismo asumió el gobierno sin nombrar un sustituto como ministro de Estado. Pero la verdad histórica parece ser que ni siquiera Luis XIV llegó realmente a expresar esas frases que buscaban sólo resumir su decisión de gobernar sin el apoyo de un primer ministro.[25] Por ello, leerlas como expresadas por un Jefe de Estado de nuestros tiempos, es suficiente para entender la trágica situación institucional de Venezuela, precisamente caracterizada por la ausencia de separación de poderes y de independencia y autonomía del Poder Judicial,[26] y, en consecuencia, de gobierno democrático en los términos de la *Carta Democrática Interamericana.*

---

[22]   Esta es la apreciación que se deriva de lo expuesto por los profesores Lolymar Hernández Camargo, "Límites del poder ejecutivo en el ejercicio de la habilitación legislativa: Imposibilidad de establecer el contenido de la reforma constitucional rechazada vía habilitación legislativa," in *Revista de Derecho Público* 115 *(Estudios sobre los* Decretos *Leyes),* Editorial Jurídica Venezolana, Caracas 2008, pp. 51ff.; Jorge Kiriakidis, "Breves reflexiones en torno a los 26 Decretos-Ley de julio-agosto de 2008, y la consulta popular refrendaría de diciembre de 2007," in id., pp. 57ff.; José Vicente Haro García, "Los recientes intentos de reforma constitucional o de cómo se está tratando de establecer una dictadura socialista con apariencia de legalidad (A propósito del proyecto de reforma constitucional de 2007 y los 26 decretos leyes del 31 de julio de 2008 que tratan de imponerla)," in id., pp. 63.; Ana Cristina Nuñez Machado, "Los 26 nuevos Decretos-Leyes y los principios que regulan la intervención del Estado en la actividad económica de los particulares," in id., pp. 215-20; Aurilivi Linares Martínez, "Notas sobre el uso del poder de legislar por decreto por parte del Presidente venezolano," in id., pp. 79-89; Carlos Luis Carrillo Artiles, "La paradójica situación de los Decretos Leyes Orgánicos frente a la Ingeniería Constitucional de 1999," in id., pp. 93-100; Freddy J. Orlando S., "El "paquetazo," un conjunto de leyes que conculcan derechos y amparan injusticias," in id., pp. 101-104.

[23]   Expresión del Presidente Hugo Chávez Frías, el 28 de agosto de 2008. Ver en Gustavo Coronel, *Las Armas de Coronel,* 15 de octubre de 2008: http://lasarmas decoronel.blogspot.com/2008/10/yo-soy-la-leyyo-soy-el-estado.html

[24]   Véase en *El Universal,* Caracas 4-12-01, pp. 1,1 and 2,1. Es también lo único que puede explicar, que un Jefe de Estado en 2009 pueda calificar a "la democracia representativa, la división de poderes y el gobierno alternativo" como doctrinas que "envenenan la mente de las masas." Véase la reseña sobre "Hugo Chávez seeks to catch them young," *The Economist,* 22-28 Agosto 2009, p. 33.

[25]   Véase Yves Guchet, *Histoire Constitutionnelle Française (1789–1958)*, Ed. Erasme, Paris 1990, p. 8.

[26]   Véase el resumen de esta situación en Teodoro Petkoff, "Election and Political Power. Challenges for the Opposition", en *Revista Harvard Review of Latin America,*

II. LA INDEPENDENCIA Y AUTONOMÍA DE LOS JUECES EN EL TEXTO DE LA CONSTITUCIÓN VENEZOLANA DE 1999

33. En contraste con la realidad expresada en el capítulo anterior, de acuerdo con el texto formal de la Constitución venezolana de 1999, la misma podría considerarse, entre todas las constituciones latinoamericanas, como una de las que mayor énfasis hace, en forma expresa, a los valores fundamentales y principios constitucionales democráticos que deben orientar la actuación de la sociedad, de los individuos y del "Estado social y democrático de derecho y de Justicia" como se lo califica el artículo 2 del texto constitucional. Sobre ellos, la propia Sala Constitucional del Tribunal Supremo de Justicia de Venezuela ha sido explícita en considerar que "esas declaratorias de propósitos tienen un indudable valor, tanto para los órganos del Estado, que deben orientarse por ellas, como para los jueces, en especial esta Sala como máxima tutora judicial de la constitucionalidad," de manera que ha considerado que "los diversos cometidos que el Estado asume son órdenes que deben ser ejecutadas" pues "de poco serviría un texto carente de vinculación para sus destinatarios: autoridades públicas y particulares."[27]

34. Entre estos valores expresados en la Constitución de 1999 está la concepción del Estado como "Estado de Justicia" (artículo 2), respecto de lo cual la Sala Político Administrativa del Tribunal Supremo de Justicia, en sentencia N° 659 de 24 de marzo de 2000 (Caso: *Rosario Nouel vs. Consejo de la Judicatura y Comisión de Emergencia Judicial*) señaló que esa "nueva concepción de Estado de Justicia trae consigo no tan solo una transformación orgánica del sistema judicial (Artículos 253 y 254 de la Constitución)," sino también un cambio en la concepción del Poder Judicial como "el poder integrado y estabilizador del Estado, *ya que es el único que tiene competencia para controlar* y aún disolver al resto de los Poderes Públicos," lo que a juicio del Tribunal Supremo, hace del Estado, "un Estado Judicialista"[28]. En definitiva, como lo observó la Sala Político Administrativa del mismo Tribunal Supremo de Justicia, en sentencia N° 949 de 26 de abril de 2000, cuando la Constitución califica al Estado:

> "(…) como de Derecho y de Justicia y establece como valor superior de su ordenamiento jurídico a la Justicia y la preeminencia de los derechos fundamentales, no está haciendo más que resaltar que los órganos del Poder Público -y en especial el sistema judicial- deben inexorablemente hacer prelar una noción de justicia material por sobre las formas y tecnicismos, propios de una legalidad formal que ciertamente ha tenido que ceder frente a la nueva concepción de Estado."[29]

David Rockefeller Center for Latin American Studies, Harvard University, Fall 2008, pp. 12.

[27] Véase sentencia N° 1278 de 17 de Junio de 2005 (Aclaratoria de sentencia de interpretación de los artículos 156, 180 Y 302 de la Constitución), en http://www.tsj.gov.ve/decisiones/scon/Junio/1278-170605-01-2306.htm

[28] Véase en http://www.tsj.gov.ve/decisiones/spa/marzo/00659-240300-0015.htm

[29] Véase en http://www.tsj.gov.ve/decisiones/spa/abril/00949-260400-16086.htm

35. A los efectos de materializar el rol de la Justicia en el Estado, la Constitución de Venezuela, además, consideró al proceso como el instrumento fundamental para la realización de la justicia, que debe desarrollarse mediante leyes procesales que establezcan la simplificación, uniformidad y eficacia de los trámites, de manera que no se sacrifique la justicia por la omisión *de formalidades no esenciales (art. 257). Para alcanzar la* realización de la justicia, la Constitución declara que "el Poder Judicial es independiente" (art. 254), disponiendo principios tendientes a "garantizar la imparcialidad y la independencia en el ejercicio de sus funciones" (art. 256) de los magistrados, jueces y demás funcionarios integrantes del sistema de justicia (Art. 256). Esa independencia y autonomía de los jueces, significa, en definitiva, como lo definió la Ley del Código de Ética del Juez Venezolano de 2010, que en "su actuación sólo deben estar sujetos a la Constitución de la República y al ordenamiento jurídico," y que "sus decisiones, en la interpretación y aplicación de la ley y el derecho, sólo podrán ser revisadas por los órganos jurisdiccionales que tengan competencia, por vía de los recursos procesales, dentro de los límites del asunto sometido a su conocimiento y decisión," de manera incluso que los órganos con competencia disciplinaria sobre los jueces sólo "podrán examinar su idoneidad y excelencia, sin que ello constituya una intervención indebida en la actividad jurisdiccional" (art. 4).[30]

36. Específicamente, para garantizar la independencia y autonomía del Poder Judicial, aparte de atribuir el gobierno y administración del Poder Judicial al Tribunal Supremo de Justicia, que ejerce a través de una Dirección Ejecutiva de la Magistratura (art. 267), la Constitución asegura que el ingreso a la carrera judicial solo puede realizarse mediante un proceso de selección pública, con participación ciudadana, estableciendo además el principio de su estabilidad judicial, al consagrar la inamovilidad de los jueces salvo cuando sea como consecuencia de sanciones disciplinarias que sólo pueden ser impuestas por jueces disciplinarios integrados en una Jurisdicción Disciplinaria Judicial (Arts. 255, 267).

37. Por tanto, en Venezuela, conforme a la Constitución, jueces sólo deberían ser quienes ingresen a la carrera judicial mediante concursos públicos que aseguren la idoneidad y excelencia de los participantes, seleccionados por los jurados de los circuitos judiciales en la forma y condiciones que establezca la ley, asegurándose además "la participación ciudadana en el procedi-

---

[30] Véase la Ley del Código de Ética del Juez Venezolano y Jueza Venezolana en *Gaceta Oficial* N° 39.493 de 23-8-2010 (http://www.pgr.gob.ve/dmdocuments /2010/39493. pdf). El Código derogó expresamente el Reglamento que regía el funcionamiento de la Comisión de Funcionamiento y reorganización del Poder Judicial. Los jueces del Tribunal Disciplinario Judicial y de la Corte Disciplinaria Judicial fueron nombrados por Actos Legislativos publicados en *Gaceta Oficial* N° 39693 de 10-06-2011 (http://www.pgr.gob.ve/dmdocuments/2011/39693.pdf). Véase el "Acta de Constitución del Tribunal Disciplinario Judicial," de 28-06-2011, en *Gaceta Oficial* N° 39.704 de 29-06-2011 (http://www.pgr.gob.ve/dmdocuments/2011 /39704.pdf).

miento de selección y designación de los jueces."[31] La finalidad de los concursos públicos, como lo dijo la Sala Político-Administrativa del Tribunal Supremo en sentencia N° 2221 de 28 de noviembre de 2000, estriba "en la necesidad de que el Poder Judicial venezolano esté conformado, *en su totalidad* (jueces titulares y suplentes) por funcionarios de carrera, y de garantizar la idoneidad de quienes tienen la encomiable labor de administrar justicia;"[32] a cuyo efecto, precisamente conforme al mismo artículo 255 de la Constitución, se les garantiza su estabilidad de manera que sólo pueden ser removidos o suspendidos de sus cargos mediante los procedimientos expresamente previstos en la ley, a ser desarrollados por una Jurisdicción Disciplinaria Judicial, a cargo de jueces disciplinarios (art. 267).

38. Pero la realidad lamentablemente, es que casi catorce años después de aprobada la Constitución, podría decirse que ninguno de estos principios ha sido implementado en su totalidad en Venezuela y que pareciera que las previsiones constitucionales sancionadas simplemente no se cumplen, pues materialmente todos los órganos del Estado han contribuido a no cumplirlas, y a evitar que las mismas hayan podido haber llegado a tener, en algún momento, plena vigencia. Por ello, a partir de 1999, como lo apuntó el profesor Rafael Chavero Gazdik, "por la conveniencia de manejar discrecional y arbitrariamente el Poder Judicial es que se ha hecho innecesaria la aplicación de la normativa constitucional que obliga a consolidar la carrera judicial" y, al contrario, "el gobierno no ha hecho otra cosa que acabar con los cimientos del Poder Judicial, para así manejar a sus anchas, y sin contrapesos, el rumbo del país," agregando que durante los últimos dos lustros el resultado de la "reestructuración" judicial, es la existencia de "una judicatura sumisa y debilitada que permite la consolidación de la arbitrariedad."[33] De todo ello, como lo advierte el profesor Rafael Pérez Perdomo, resulta que "la revolución no sólo ha terminado con la independencia del Tribunal Supremo de Justicia y de los jueces" sino que "también ha destruido la dignidad de jueces y magistrados," en fin, "bajo la revolución, la reforma judicial se convirtió en una farsa."[34]

39. De lo anteriormente expuesto resulta que desde 1999 , en Venezuela, sólo escasísimos concursos públicos se efectuaron inicialmente para el ingre-

---

[31] Sobre las Normas de Evaluación y Concursos de Oposición para el Ingreso y Permanencia en el Poder Judicial dictadas por la Comisión de Funcionamiento y Reestructuración del Sistema Judicial, convertida en Dirección Ejecutiva de la Magistratura (*Gaceta Oficial* N° 36.910, de 14-03-2000 en http://www.pgr.gob.ve/dmdocuments/2000/36910.pdf), véase la sentencia de la Sala Constitucional del Tribunal Supremo N° 1326 de 02-11-2000, en http://www.tsj.gov.ve/decisiones/scon/noviembre/1326-021100-00-1874.htm

[32] Véase en *http://www.tsj.gov.ve/decisiones/spa/noviembre/02221-281100-16499.htm.*

[33] Véase Rafael J. Chavero Gazdik, *La Justicia Revolucionaria. Una década de Reestructuración (o Involución) Judicial en Venezuela,* Editorial Aequitas, Caracas 2011, pp. 85, 308.

[34] Véase Rafael Pérez Perdomo, *Justicia e Injusticias en Venezuela. Estudio de historia social del derecho,* Academia Nacional de la Historia, Caracas 2011, p. 268.

so a la carrera judicial; y los jueces fueron destituidos masivamente y sin garantía alguna al debido proceso por una Comisión *ad hoc* denominada Comisión de Funcionamiento y Reorganización del Poder Judicial [35] la cual, al margen de la Constitución, funcionó desde 1999 hasta 2011 con el aval del Tribunal Supremo;[36] con lo cual la Judicatura se llenó de jueces temporales y provisorios, sin estabilidad alguna. La consecuencia de esa práctica política, es que la justicia en Venezuela ha estado y sigue en una permanente y anormal situación de transitoriedad o de emergencia, la cual aún continúa,[37] por la acción u omisión de los órganos del Estado.[38]

---

[35] La propia Sala Político-Administrativa del Tribunal Supremo de Justicia resolvió que la remoción de jueces temporales era una facultad discrecional de la Comisión de Funcionamiento y Reestructuración del Sistema Judicial, la cual adoptaba sus decisiones sin seguir procedimiento administrativo alguno. Véase Decisión N° 673 de 24-04-2008 (en http://www.tsj.gov.ve/decisiones/scon/Abril/673-240408-08-0009. htm) citada en la Decisión N° 1.939 del 18-12-2008, en http://www.tsj.gov.ve/ decisiones/scon/Diciembre/1939-181208-2008-08-1572.html, p. 42). La Sala Constitucional ha establecido la misma posición en la Decisión N° 2414 del 20-12-2007 (en http://www.tsj.gov.ve/decisiones/scon/Diciembre/2414-201207-07-1417.htm) y Decisión N° 280 del 23-02-2007 (en http://www.tsj.gov.ve/decisiones/scon/Febrero/280-230207-05-1389.htm). Véase lo expresado por los representantes del profesor Brewer-Carías sobre esta y otras sentencias en el *Escrito de Solicitudes, Argumentos y Pruebas*, 7 de julio de 2012, párr. 51 ss..

[36] La Comisión, además, como lo destacó la Comisión Interamericana en su *Informe de 2009*, en sus funciones no gozaba de independencia alguna, pues sus integrantes, designados por la Sala Constitucional, eran de su libre remoción. Véase *Annual Report 2009*, Par. 481, en http://www.cidh.org/annualrep/2009eng/Chap.IV.f.eng.htm.

[37] Véase Rafael J. Chavero Gazdik, *La Justicia Revolucionaria. Una década de Reestructuración (o Involución) Judicial en Venezuela*, Editorial Aequitas, Caracas 2011, pp. 185 ss. En sentido similar, esta fue la apreciación de la Comisión Interamericana de Derechos Humanos en su Informe de 2008, al constatar que la Justicia en Venezuela desde 1999 hasta el presente ha permanecido en un "permanente estado de emergencia." Véase *Annual Report 2008* (OEA/Ser.L/V/II.134. Doc. 5 rev. 1. 25-02-2009), párr. 39. Ver PROVEA, *Situación de los Derechos Humanos en Venezuela. Informe Anual enero / diciembre 2012*, pp. 304, en http://www.derechos.org.ve/ pw/wp-content/uploads/15Justicia1.pdf

[38] Véase lo que el propio profesor Brewer-Carías ha expuesto sobre el tema durante los últimos años en sus trabajos: "La progresiva y sistemática demolición de la autonomía e independencia del Poder Judicial en Venezuela (1999-2004)," en *XXX Jornadas J.M Domínguez Escovar, Estado de Derecho, Administración de Justicia y Derechos Humanos*, Instituto de Estudios Jurídicos del Estado Lara, Barquisimeto 2005, pp. 33-174; Allan R. Brewer-Carías, "El constitucionalismo y la emergencia en Venezuela: entre la emergencia formal y la emergencia anormal del Poder Judicial," en Allan R. Brewer-Carías, *Estudios Sobre el Estado Constitucional (2005-2006)*, Editorial Jurídica Venezolana, Caracas 2007, pp. 245-269; Allan R. Brewer-Carías "La justicia sometida al poder. La ausencia de independencia y autonomía de los jueces en Venezuela por la interminable emergencia del Poder Judicial (1999-2006)" en *Cuestiones Internacionales. Anuario Jurídico Villanueva 2007*, Centro Universitario Villanueva, Marcial Pons, Madrid 2007, pp. 25-57, *disponible en* www.allanbrewer-carias.com, (Biblioteca Virtual, II.4. Artículos y Estudios N° 550, 2007) pp. 1-37.

40. Ese proceso de control político sobre el Poder Judicial comenzó con las actuaciones de la Asamblea Nacional Constituyente en 1999, la cual declaró la "emergencia judicial," que no ha cesado hasta la fecha, y continuó durante los últimos catorce años con sucesivas normas constitucionales, legales y sublegales imponiendo siempre un régimen transitorio, siendo la última actuación en el tiempo, después de la sanción de la Ley Orgánica del Tribunal Supremo de Justicia en 2010,[39] y de la Ley del Código de Ética del Juez venezolano,[40] la inconstitucional reserva "transitoria" que se hizo a sí misma la Asamblea Nacional para el nombramiento de los "jueces" integrantes de los órganos de la Jurisdicción Disciplinaria Judicial, lo que constitucionalmente sólo podría corresponder al Tribunal Supremo, con lo cual "el control político de la judicatura será aún más directo."[41]

41. A algunos de los jueces temporales y provisionales[42] derivados de la emergencia judicial, sin embargo, luego se les "regularizó" un status de carre-

---

Véase también Allan R. Brewer-Carías, *Historia Constitucional de Venezuela*, Editorial Alfa, Tomo II, Caracas 2008, pp. 402-454; y "Sobre la ausencia de independencia y autonomía judicial en Venezuela, a los doce años de vigencia de la constitución de 1999 (O sobre la interminable transitoriedad que en fraude continuado a la voluntad popular y a las normas de la Constitución, ha impedido la vigencia de la garantía de la estabilidad de los jueces y el funcionamiento efectivo de una "jurisdicción disciplinaria judicial"), en *Independencia Judicial*, Colección Estado de Derecho, Tomo I, Academia de Ciencias Políticas y Sociales, Acceso a la Justicia, Fundación de Estudios de Derecho Administrativo (Funeda), Universidad Metropolitana (Unimet), Caracas 2012, pp. 9-10.

[39] Véase en *Gaceta Oficial* N° 5.991 Extra. de 29-07-2010 (http://www.pgr.gob.ve /dmdocuments/2010/5991.pdf), y luego fue republicada, para corregir supuestos errores materiales, en *Gaceta Oficial* N° 39.483 de 9-08-2010 (http://www. pgr.gob.ve/dmdocuments/2010/39483.pdf). Véanse el estudio "Introducción general al régimen del Tribunal Supremo de Justicia" en Allan R. Brewer-Carías y Víctor Hernández Mendible, *Ley Orgánica del Tribunal Supremo de Justicia,* Caracas 2010.

[40] Véase la Ley del Código de Ética del Juez Venezolano y Jueza Venezolana en *Gaceta Oficial* N° 39.493 de 23-8-2010 (http://www.pgr.gob.ve/dmdocuments/ 2010/39493.pdf). El Código derogó expresamente el Reglamento que regía el funcionamiento de la Comisión de Funcionamiento y reorganización del Poder Judicial. Los jueces del Tribunal Disciplinario Judicial y de la Corte Disciplinaria Judicial fueron nombrados por Actos Legislativos publicados en *Gaceta Oficial* N° 39693 de 10-06-2011 (http://www.pgr.gob.ve/dmdocuments/2011/39693.pdf). Véase el "Acta de Constitución del Tribunal Disciplinario Judicial," de 28-06-2011, en *Gaceta Oficial* N° 39.704 de 29-06-2011 (http://www.pgr.gob.ve/dmdocuments /2011/39704.pdf).

[41] Véase Rafael J. Chavero Gazdik, *La Justicia Revolucionaria. Una década de Reestructuración (o Involución) Judicial en Venezuela,* Editorial Aequitas, Caracas 2011, p. 195.

[42] Un juez provisorio es un juez designado mediante un concurso público. Un juez temporal es un juez designado para cumplir una tarea específica o por un periodo específico de tiempo. En 2003, la Comisión Interamericana de Derechos Humanos indicó que había sido: "informada que sólo 250 jueces han sido designados por concurso de oposición de conformidad a la normativa constitucional. De un total de 1772 cargos

ra judicial pero sin concurso público alguno, con lo cual aparentemente podría considerarse que gozarían de cierta estabilidad. Sin embargo, como ya en 2008 la Comisión Interamericana de Derechos Humanos lo advirtió en su *Informe Anual de 2008*, esta situación ha sido un "problema endémico" que ha expuesto a los jueces a su destitución discrecional,[43] a cuyo efecto la Comisión llamó la atención sobre el "permanente estado de emergencia al cual están sometidos los jueces."[44]

42. La llamada "Jurisdicción Disciplinaria Judicial" como se dijo, solo se conformó formalmente en Venezuela 2011, para asumir la función disciplinaria que durante doce años ejerció la mencionada Comisión *ad hoc* que al margen de la Constitución funcionó desde que la creó la Asamblea nacional Constituyente en 1999, la cual, además de remover a los jueces en forma discrecional sin garantía alguna del debido proceso,[45] como lo destacó la misma Comisión Interamericana en su *Informe de 2009*, la misma

---

de jueces en Venezuela, el Tribunal Supremo de Justicia reporta que solo 183 son titulares, 1331 son provisorios y 258 son temporales." *Reporte sobre la Situación de Derechos Humanos en Venezuela*; OAS/Ser.L/V/II.118. doc.4rev.2; 29-12-2003, parágrafo 174, *en* http://www.cidh.oas.org/countryrep/Venezuela2003eng/toc.htm. La Comisión también agregó que "un aspecto vinculado a la autonomía e independencia del Poder Judicial es el relativo al carácter provisorio de los jueces en el sistema judicial de Venezuela. Actualmente, la información proporcionada por las distintas fuentes indica que más del 80% de los jueces venezolanos son 'provisionales.'" *Id.*, par. 161. Véase sobre las cifras de los jueces temporales y provisionales hasta la fecha de presentación del *Escrito de Solicitudes, Argumentos y Pruebas*, 7 de julio de 2012, donde se menciona que de aproximadamente 570 nombramientos de jueces, de los cuales 291 (51%) son temporales, 137 (24%) son accidentales, 128 (22,5%) son provisorios, 14 (2,5%) son itinerantes y *ninguno* (0%) es titular," párr. 61.

[43] La Sala Político-Administrativa del Tribunal Supremo de Justicia ha resuelto que la remoción de jueces temporales es una facultad discrecional de la Comisión de Funcionamiento y Reestructuración del Sistema Judicial, la cual adopta sus decisiones sin seguir procedimiento administrativo alguno. Véase Decisión N° 00463-2007 del 20-03-2007 (http://www.tsj.gov.ve/decisiones/spa/marzo/00463-21307-2007-2004-0606. html); Decisión N° 00673-2008 del 24-04-2008 (http://www.tsj.gov.ve/decisiones/consulta_redu.asp), citada en la Decisión N° 1.939 del 18-12-2008, http://www.tsj.gov.ve/decisiones/scon/diciembre/1939-181208-2008-08-1572.html, p. 42). La Sala Constitucional ha establecido la misma posición en la Decisión N° 2414 del 20-12-2007 (http://www.tsj.gov.ve/decisiones/scon/diciembre/2414-201207-07-1417.htm) y Decisión N° 280 del 23-02-2007 (http://www.tsj.gov.ve/decisiones/scon/febrero/280-230207-05-1389.htm).

[44] Véase *Annual Report 20*08 (OEA/Ser.L/V/II.134. Doc. 5 rev. 1. 25-02-2009), parágrafo 39

[45] Véase Tribunal Supremo de Justicia, Decisión N° 1.939 del 18 de diciembre de 2008 (Caso: *Gustavo Álvarez Arias et al.*), en *Revista de Derecho Público*, N° 116, Editorial Jurídica Venezolana, Caracas, 2008, pp. 89-106. También en http://www.tsj.gov.ve/decisiones/scon/Diciembre/1939-181208-2008-08-1572.html.

no gozó de independencia, pues sus integrantes designados por la Sala Constitucional, eran de su libre remoción.[46]

43. En 2011, sin embargo, con la conformación de la "Jurisdicción Disciplinaria Judicial" que se creó en la Ley del Código de Ética del Juez, integrada por una Corte Disciplinaria Judicial y un Tribunal Disciplinario Judicial, a pesar de su denominación, sin embargo, nada en realidad cambió, pues conforme a una nueva Disposición Transitoria (Tercera) que se incorporó en la Ley del Código, dicha Jurisdicción tampoco goza efectivamente de autonomía e independencia algunas, siendo más bien un apéndice de la mayoría que controla políticamente la Asamblea Nacional. En realidad, lo que ocurrió con esta nueva legislación y en virtud de la interminable transitoriedad, no ha sido otra cosa que lograr, primero, cambiarle el nombre a la antigua Comisión de Funcionamiento y Reorganización del Poder Judicial, y segundo, hacerla depender ya no del Tribunal Supremo, sino de la Asamblea Nacional, es decir, someterla a mayor control político, y sometida a otro poder, el Legislativo.

44. Por último, hace apenas unos meses, la Sala Constitucional del Tribunal Supremo de Justicia, en sentencia N° 516 de fecha 7 de mayo de 2013, suspendió de oficio los efectos de las normas del referido Código de Ética del Juez Venezolano que regulaban la aplicación de sus normas a los magistrados del Tribunal Supremo de Justicia, y que extendían el régimen jurídico aplicable a los jueces de carrera, "a los jueces temporales, ocasionales, accidentales y provisorios," entre las cuales estaban las normas relativas al ingreso y la estabilidad; suspensión de efectos con la que se negó a dichos jueces toda garantía que pudiera contribuir a asegurar su independencia y autonomía. En este último aspecto, específicamente, la Sala decidió así:

> "**SUSPENDE** de oficio, como medida cautelar innominada y hasta tanto se dicte sentencia definitiva en la presente causa, la referencia que hace el artículo 2 del Código de Ética del Juez Venezolano y la Jueza Venezolana a los jueces y juezas temporales, ocasionales, accidentales o provisorios y que permite la extensión a esta categoría de jueces y juezas del procedimiento disciplinario contemplado en los artículos 51 y siguientes del mencionado Código, por no tratarse de jueces o juezas que hayan ingresado a la carrera judicial, correspondiéndole a la Comisión Judicial la competencia para sancionarlos y excluirlos de la función jurisdiccional."[47]

45. Por último, consideramos que debe llamarse la atención de esta honorable Corte Interamericana, que con fecha 16 de junio de 2013, el Tribunal Supremo de Justicia anunció que el "ingeniero Argenis Chávez Frías, asumió a partir de hoy la Dirección Ejecutiva de la Magistratura (DEM), órgano auxiliar del Alto Juzgado del país que tiene como finalidad ejercer por delegación

---

[46]   Véase *Annual Report 2009*, Par. 481, en http://www.cidh.org/annualrep/2009eng/Chap.IV.f.eng.htm.

[47]   Véase en http://www.tsj.gov.ve/decisiones/scon/Mayo/516-7513-2013-09-1038.html.

las funciones de dirección, gobierno, administración, inspección y vigilancia del Poder Judicial."[48] El Ingeniero Chávez, independientemente de que sea hermano del fallecido Presidente Hugo Chávez, es un conocido miembro del partido de Gobierno, Partido Socialista Unido de Venezuela, y fue hasta hace poco tiempo, miembro del Gabinete Ejecutivo como Ministro de Energía Eléctrica, de donde materialmente pasó, con este nombramiento, a dirigir, como se informó por el mismo Tribunal Supremo, la "Dirección Ejecutiva de la Magistratura (DEM), órgano auxiliar del Alto Juzgado del país que tiene como finalidad ejercer por delegación las funciones de dirección, gobierno, administración, inspección y vigilancia del Poder Judicial."[49] Es cierto que la Constitución no establece requisito específico alguno para ser Director Ejecutivo de la Magistratura, pero si el artículo 256 de dicho texto impone que "con la finalidad de garantizar la imparcialidad y la independencia en el ejercicio de sus funciones," los magistrados y jueces "desde la fecha de su nombramiento y hasta su egreso del cargo respectivo, no podrán, salvo el ejercicio del voto, llevar a cabo activismo político partidista," parecería *elemental* que el director del órgano de gobierno y administración del sistema judicial, deba cumplir con las mismas obligaciones.

46. El resultado de todo lo anterior, es que a pesar de lo que dispone formalmente la Constitución en Venezuela en materia de independencia y autonomía de los jueces, lamentablemente, sus normas han tenido poca aplicación y efectividad en la práctica, siendo la realidad derivada de la práctica política, que la justicia ha estado y sigue en una permanente y anormal situación de transitoriedad o de emergencia, la cual iniciada en 1999, catorce años después continúa, a pesar de la conformación de la "Jurisdicción Disciplinaria Judicial" en un Código de Ética algunas de cuyas normas incluso han sido suspendidas en su vigencia. De esa permanente e interminable transitoriedad, lo que ha resultado es un proceso también permanente y sistemático de déficit o carencia de plena autonomía e independencia del Poder Judicial, que ha sido llevado a cabo por los diversos órganos del Estado, incluido el propio Tribunal Supremo de Justicia,[50] con lo cual los valores de la Constitución en materia de justicia, no han pasado de ser sólo simples enunciados.

---

48 Véase la información en la Nota de Prensa del Tribunal Supremo de 16 de junio de 2013, en http://www.tsj.gov.ve/informacion/notasdeprensa/notasdeprensa.asp?codigo=11326 .

49 Véase la información en la Nota de Prensa del Tribunal Supremo de 16 de junio de 2013, en http://www.tsj.gov.ve/informacion/notasdeprensa/notasdeprensa.asp?codigo=11326 .

50 Sobre el tema, respecto del cual se ha escrito mucho en Venezuela, puede verse en particular, los trabajos de Rafael J. Chavero Gazdik, *La Justicia Revolucionaria. Una década de Reestructuración (o Involución) Judicial en Venezuela*, Editorial Aequitas, Caracas 2011; Véase Rafael Pérez Perdomo, *Justicia e Injusticias en Venezuela. Estudio de historia social del derecho*, Academia Nacional de la Historia, Caracas 2011; Laura Louza Scognamiglio, *La Revolución Judicial el Venezuela*, FUNEDA, Caracas, 2011, y los trabajos editados por la Asociación Civil Acceso a la Justicia, entre ellos, el libro *Independencia Judicial*, Colección Estado de Derecho, Tomo I,

47. Ese proceso de control político sobre el Poder Judicial en Venezuela, puede decirse que comenzó, con las actuaciones de la Asamblea Nacional Constituyente en 1999 la cual declaró una "emergencia judicial" que no ha cesado hasta la fecha, siendo las últimas actuaciones en el tiempo, después de la sanción de la Ley Orgánica del Tribunal Supremo de Justicia en 2010[51] y de la Ley del Código de Ética del Juez venezolano, la inconstitucional reserva que se hizo a sí misma la Asamblea Nacional para el nombramiento de los "jueces" integrantes de los órganos de la Jurisdicción Disciplinaria Judicial; la más recientemente, suspensión de la aplicabilidad de las normas de dicho Código que garantizan la imparcialidad e independencia de los jueces, a los jueces temporales y provisorios, y el nombramiento para dirigir el gobierno de los jueces a un ex Ministro miembro del Ejecutivo Nacional, con definida militancia política. A continuación, nos permitimos ahondar en ese proceso de intervención e interferencia continua del Poder Judicial en Venezuela, que afecta el derecho del profesor Brewer-Carías, al igual que de cualquier persona, a ser juzgado por jueces imparciales e independientes.

III. LA INTERVENCIÓN DEL PODER JUDICIAL POR LA ASAMBLEA NACIONAL CONSTITUYENTE Y EL CONTROL POLÍTICO SOBRE EL TRIBUNAL SUPREMO DE JUSTICIA

48. La Asamblea Nacional Constituyente electa en julio de 1999, luego de intensos debates sobre la problemática del Poder Judicial y de su gobierno, al instalarse en agosto de ese mismo año se auto atribuyó el carácter de "poder constituyente originario" asumiendo potestades públicas por encima de la Constitución de 1961,[52] de cuya interpretación había surgido,[53] y entre ellas,

---

Academia de Ciencias Políticas y Sociales, Acceso a la Justicia, Fundación de Estudios de Derecho Administrativo (Funeda), Universidad Metropolitana (Unimet), Caracas 2012.

[51] Publicada en julio de ese año, reimpresa posteriormente en agosto y finalmente el 1 de octubre de 2010, cambiando por vía de reimpresión la redacción de algunas disposiciones luego de las elecciones del mes anterior, de los diputados al Poder Legislativo Nacional, para que mientras la Asamblea Nacional saliente se encontrase en funciones, pudiese designar a los magistrados del Tribunal Supremo de Justicia que tenían en período vencido y entre los que fueron nombrados varios de los propios diputados del partido de gobierno. Véanse los comentarios de Víctor Hernández Mendible, "Sobre la nueva reimpresión por 'supuestos errores' materiales de la LOTSJ" en la *Gaceta Oficial* N° 39.522, de 01-10-2010," y Antonio Silva Aranguren, "Tras el rastro del engaño, en la web de la Asamblea Nacional," publicados en *Revista de Derecho Público*, N° 124, Editorial Jurídica Venezolana, Caracas 2010, pp. 100-113.

[52] La Asamblea asumió, en su Estatuto, un "poder constituyente originario."Véase en *Gaceta Constituyente (Diario de Debates), Agosto-Septiembre 1999*, Sesión de 07-08-1999, N° 4, p. 144. En el acto de instalación, el presidente de la Asamblea señaló que "la Asamblea Nacional Constituyente es originaria y soberana", en *Gaceta Constituyente (Diario de Debates), Agosto-Septiembre 1999*, Sesión de 03-08-1999, N° 1, p. 4. Véase el texto, además, en *Gaceta Oficial* N° 36.786 de 14-09-1999. Como ha señalado Lolymar Hernández Camargo, con la aprobación del Estatuto

la de intervenir todos los poderes públicos existentes, electos y constituidos unos meses antes,[54] en particular, el Poder Judicial, cuya autonomía e independencia comenzó a ser sistemáticamente desconocida, suspendiendo de inmediato la estabilidad de los jueces y dando inicio a la "purga" generalizada del Poder Judicial.[55]

49. A tal efecto, el mismo día en el cual el Presidente Hugo Chávez tomó posesión de su cargo para el cual había sido electo conforme a las previsiones de la Constitución de 1961, el 2 de febrero de 1999, dictó un Decreto N° 3 para la realización de un referendo consultivo buscando que el pueblo se pronunciase "sobre la convocatoria de una Asamblea Nacional Constituyente"

"quedó consumada la inobservancia a la voluntad popular que le había impuesto límites a la Asamblea Nacional Constituyente... Se auto proclamó como poder constituyente originario, absoluto e ilimitado, con lo cual el Estado perdió toda razón de ser, pues si se mancilló la voluntad popular y su manifestación normativa (la Constitución), no es posible calificar al Estado como de derecho ni menos aun democrático", en *La Teoría del Poder Constituyente, cit.,* p. 73. Véase la argumentación crítica sobre dicha intervención en *Gaceta Constituyente (Diario de Debates), Agosto–Septiembre 1999,* Sesión de 07-08-1999, N° 4, pp. 6 a 13

[53] Como ha señalado la profesora Lolymar Hernández Camargo, con la aprobación del Estatuto "quedó consumada la inobservancia a la voluntad popular que le había impuesto límites a la Asamblea Nacional Constituyente... Se auto proclamó como poder constituyente originario, absoluto e ilimitado, con lo cual el Estado perdió toda razón de ser, pues si se mancilló la voluntad popular y su manifestación normativa (la Constitución), no es posible calificar al Estado como de derecho ni menos aun democrático", en *La Teoría del Poder Constituyente. Un caso de estudio: el proceso constituyente venezolano de 1999,* Universidad Católica del Táchira, San Cristóbal 2000, p. 73.

[54] Véase Decreto mediante el cual se declara la *reorganización de todos los órganos del Poder Público"* de fecha 12 de agosto de 1999, en *Gaceta Oficial* N° 36.764 de 13–08–99 (http://www.pgr.gob.ve/dmdocuments/1999/36764.pdf); Decreto mediante el cual *se regulan las funciones del Poder Legislativo* de 25 de agosto de 1999, en *Gaceta Oficial* N° 36.772 de 25-08-1999 (http://www.pgr.gob.ve/dmdocuments/1999/36772.pdf). Sobre esto último, véase en *Gaceta Constituyente (Diario de Debates), Agosto-Septiembre 1999, cit.,* Sesión de 25-08-99, N° 13, pp. 12 a 13 y 27 a 30 y Sesión de 30-08-1999, N° 16, pp. 16 a 19. Con posterioridad, sin embargo, y con la intermediación de la Iglesia Católica, el 09-09-1999, la directiva de la Asamblea llegó a un acuerdo con la directiva del Congreso, con lo cual, de hecho, se dejó sin efecto el contenido del Decreto, siguiendo el Congreso funcionando conforme al régimen de la Constitución de 1961. Véase el texto del Acuerdo en *El Nacional,* Caracas 10-09-1999, p. D–4. Todos estos actos de la Asamblea Constituyente fueron impugnados ante la entonces ya completamente sometida Corte Suprema, la cual en otra altamente criticada decisión dictada el 14-10-1999 (Véase sentencia en el Caso: *Impugnación del Decreto de Regulación de las Funciones del Poder Legislativo,* en *Revista de Derecho Público,* N° 77-80, Editorial Jurídica Venezolana, Caracas 1999, pp. 111 y ss), avaló la constitucionalidad de los mismos reconociendo supuestos poderes supra-constitucionales de la Asamblea.

[55] Véase Rafael J. Chavero Gazdik, *La Justicia Revolucionaria. Una década de Reestructuración (o Involución) Judicial en Venezuela,* Editorial Aequitas, Caracas 2011, pp. 58, 59.

(Art. 1) que no estaba prevista en la Constitución de 1961 como un mecanismo de reforma constitucional; "con el propósito de transformar el Estado y crear un nuevo ordenamiento jurídico que permita el funcionamiento efectivo de una Democracia Social y Participativa" (primera pregunta del referéndum consultivo). Con dicho Decreto el Presidente buscaba que el pueblo lo autorizara para que fuera él mismo quien fijase "mediante un Acto de Gobierno […], oída la opinión de los sectores políticos, sociales y económicos, las bases del proceso comicial en el cual se elegirán los integrantes de la Asamblea Nacional Constituyente" (Segunda pregunta del referéndum consultivo).[56] Con ello, el Presidente buscaba que mediante un referendo, el pueblo le delegara la potestad constituyente de establecer el "estatuto" de una Asamblea Constituyente no establecida en la Constitución de 1961, que proponía se eligiera.

50. Del contenido del Decreto de convocatoria, sin embargo, se evidenciaba que lo que se convocaba no era un referendo consultivo (que era lo único que autorizaba el artículo 181 de la Ley Orgánica del Sufragio y Participación Política que se había invocado como su base legal), sino que se trataba de un referendo decisorio y autorizatorio no regulado ni previsto en dicha norma legal.[57] Además la convocatoria que se pretendía no era para que la Asamblea reformara la Constitución, sino para que asumiera un poder total y pudiera incluso sustituir a los poderes constituidos aún antes de la aprobación de una nueva Constitución, buscando delegar además en el Presidente de la República el poder soberano mismo de decidir el estatuto de la Constituyente. Esto vulneraba los principios más elementales del Estado de derecho y era incompatible con los valores supremos de una sociedad democrática.

51. Después de diversos conflictos y decisiones judiciales adoptadas por la antigua Corte Suprema de Justicia, incluso en relación con la pretendida naturaleza de la Asamblea Nacional Constituyente a ser electa *como poder originario que recoge la soberanía popular* como se había propuesto, y sobre lo cual en sentencia de 13 de abril de 1999,[58] dicha Corte Suprema ya había dispuesto que la Asamblea Constituyente a ser convocada, no significaba, "en modo alguno -por estar precisamente vinculada su estructuración al propio espíritu de la Constitución" de 1961- "la alteración de los principios funda-

---

[56]   Véase en *Gaceta Oficial* N° 36.634 de 02-02-99.

[57]   Como lo señaló Ricardo Combellas, "Estamos hablando de un referendo consultivo, no de un referendo decisorio, cuya aprobación demanda necesariamente en Venezuela, tal como lo propuso con visión avanzada la Comisión Bicameral, una reforma constitucional" en *¿Qué es la Constituyente? Voz para el futuro de Venezuela*, COPRE, Caracas 1998. Sobre la "conversión del referendo consultivo en decisorio, Claudia Nikken, *La Cour Suprême de Justice et la Constitution vénézuélienne du 23 janvier 1961*. Tesis de doctorado. Université Panthéon-Assas (Paris II), 2001, pp. 382-387.

[58]   Véase el texto de la sentencia de la Sala Político Administrativa de 18 de marzo de 1999 en *Revista de Derecho Público*, N° 77-80, Editorial Jurídica Venezolana, Caracas 1999, pp. 85 y ss.

mentales del Estado democrático de derecho;" el referendo consultivo se celebró el 25 de abril de 1999; habiéndose elegido el 25 de julio de 1999 la Asamblea Constituyente, integrada con una mayoría abrumadora de constituyentes propuestos por el Presidente Chávez.[59]

52. La Asamblea, conforme a lo resuelto por la Corte Suprema, debía estar sometida durante su funcionamiento a la Constitución de 1961 (la cual sólo podía perder vigencia cuando el pueblo se pronunciara, mediante posterior referendo aprobatorio sobre la nueva Constitución). Sin embargo, ello en la realidad no fue así, y fue la Asamblea Constituyente la que puso de lado la Constitución entonces vigente, desacatando además las órdenes judiciales emanadas de la Corte Suprema de Justicia, que establecía que no podía concebirse a la Asamblea Constituyente como titular del "poder constituyente originario" que el pueblo no le había conferido. Ello lo hizo la Asamblea Constituyente el mismo día de su instalación el 3 de agosto de 1999,[60] cuando aprobó su Estatuto de Funcionamiento en contra de la voluntad popular expresada en el referendo consultivo del 25 de abril de 1999, y se declaró a sí misma *depositaria de la voluntad popular y expresión de su Soberanía con las atribuciones del Poder Originario para reorganizar el Estado Venezolano y crear un nuevo ordenamiento jurídico democrático.*"[61] La Asamblea, además, dispuso que "en uso de las atribuciones que le son inherentes, *podrá limitar o decidir la cesación de las actividades de las autoridades que conforman el Poder Público*" (artículo 1). Como consecuencia de ello, la Asamblea también resolvió que "todos los organismos del Poder Público *quedaban subordinados*" a la misma y, en consecuencia, que estaban en la obligación de *cumplir y hacer cumplir* los "actos jurídicos estatales" que emitiera (parágrafo primero, artículo 1°).

53. En esta forma, la Asamblea se auto atribuyó potestades públicas por encima tanto de la Constitución de 1961 como de las "normas constitucionales" contenidas en la expresión de la voluntad soberana del pueblo contenida

---

[59] De un total de 131 constituyentes electos, 125 con el apoyo del Presidente Chávez, con lo que la "oposición" quedó formada por sólo 6 constituyentes electos como independientes. Cuatro electos en la circunscripción nacional (Allan R. Brewer-Carías, Alberto Franceschi, Claudio Fermín y Jorge Olavarría) y dos en las circunscripciones regionales (Antonio Di'Giampaolo y Virgilio Ávila Vivas).

[60] En el acto de instalación, el discurso dado por quien venía de ser electo presidente de la Asamblea concluyó con estas frases "la Asamblea Nacional Constituyente es originaria y soberana", en *Gaceta Constituyente (Diario de Debates), Agosto-Septiembre 1999,* Sesión de 03-08-99, N° 1, p. 4. Véase nuestro voto salvado respecto de la aprobación de dicho Estatuto por la Asamblea Constituyente, en Allan R. Brewer-Carías, *Debate Constituyente (Aportes a la Asamblea Nacional Constituyente),* Fundación de Derecho Público, Editorial Jurídica Venezolana, Tomo I (8 agosto-8 septiembre 1999), Caracas 1999, pp. 15 a 39.

[61] Véase *Gaceta Constituyente (Diario de Debates),* Agosto-*Septiembre 1999,* Sesión de 07-08-99, N° 4, p. 151. Véase también nuestro voto salvado por razones de inconstitucionalidad respecto de la aprobación del Estatuto en *Gaceta Constituyente (Diario de Debates), Agosto-Septiembre 1999*, Sesión de 07-08-99, N° 4, pp. 6 a 13.

en las "bases comiciales" votadas en el referendo de 25 de abril de 1999. En cuanto a las previsiones de la Constitución entonces vigente de 1961, por disposición de la propia Asamblea en su Estatuto de Funcionamiento, se dispuso que sólo se mantendrían en vigencia "en todo aquello que no colida o sea contrario con los actos jurídicos y demás decisiones de la Asamblea Nacional Constituyente" (art. 1, parágrafo segundo).[62] Con la asunción de este poder, la Asamblea había se dio a sí misma una carta blanca para violar una Constitución que estaba vigente, y someter a todos los órganos del Poder Público constituido y electos, a estarle "subordinados," imponiéndoles la obligación de cumplir sus "actos jurídicos estatales." Esta ruptura del hilo constitucional luego se materializó mediante sucesivos actos constituyentes que la propia antigua Corte Suprema de Justicia, como juez constitucional, no supo controlar hasta que fue cesada, víctima de sus propios actos[63]. Entre dichos actos constituyentes dictados por la Asamblea Nacional Constituyente como "poder constituyente originario," al margen de la Constitución de 1961, se destacan:

54. En *primer lugar*, el "Decreto mediante el cual se declaró la *reorganización de todos los órganos del Poder Público*" de fecha 12 de agosto de 1999,[64] para cuya emisión la Asamblea invocó que ejercía "el poder constituyente otorgado por este [el pueblo] mediante referendo..."; es decir, que ejercía un "poder constituyente" que le había otorgado el "poder constituyente" (pueblo) en el "referendo," lo cual no era cierto, por lo cual en realidad la Asamblea se fundamentó, para aprobar el Decreto, en "lo dispuesto en el artículo primero del Estatuto de esta Asamblea" mediante el cual se había conferido, a sí misma, dicho supuesto carácter de "poder constituyente originario."

55. En *segundo lugar*, el decreto de 19 de agosto de 1999 mediante el cual la Asamblea Nacional Constituyente resolvió declarar "al Poder Judicial en emergencia" (Art. 1°), creando una Comisión de Emergencia Judicial, que

---

[62]   Véase en *Gaceta Constituyente (Diario de Debates), Agosto-Septiembre 1999*, Sesión de 07-08-99, N° 4, p. 144. Véase el texto, además, en *Gaceta Oficial* N° 36.786 de 14-09-99. Como ha señalado Lolymar Hernández Camargo, con la aprobación del Estatuto "quedó consumada la inobservancia a la voluntad popular que le había impuesto límites a la Asamblea Nacional Constituyente... Se auto proclamó como poder constituyente originario, absoluto e ilimitado, con lo cual el Estado perdió toda razón de ser, pues si se mancilló la voluntad popular y su manifestación normativa (la Constitución), no es posible calificar al Estado como de derecho ni menos aun democrático", en *La Teoría del Poder Constituyente, cit.*, p. 73.

[63]   Véase Víctor R. Hernández-Mendible, "La contribución del poder judicial a la desaparición de la Constitución, la Democracia y el Estado de Derecho," en *El Nuevo Derecho Constitucional Venezolano, IV Congreso de Derecho Constitucional en homenaje al Doctor Humberto J. Laroche*, Universidad Católica Andrés Bello, Caracas 2000, pp. 81-107.

[64]   *Gaceta Oficial* N° 36.764 de 13-08-99 (http://www.pgr.gob.ve/dmdocuments/1999/36764.pdf). Véase en *Gaceta Constituyente (Diario de Debates), Agosto-Septiembre de 1999, cit.*, Sesión de 12-08-99, N° 8, pp. 2 a 4.

asumió el proceso de intervención de la Justicia,[65] lesionando la autonomía e independencia del Poder Judicial, suplantando los órganos regulares del gobierno y administración de la Justicia.[66] El Decreto tuvo la misma fundamentación que el anterior: "en ejercicio del poder constituyente originario" otorgado por el pueblo a la Asamblea mediante referendo, lo cual no era cierto, pues fue mediante el artículo 1° del Estatuto de Funcionamiento de la propia Asamblea y el artículo único del Decreto de la Asamblea que declaró la reorganización de todos los Poderes Públicos constituidos, con los cuales la Asamblea se había auto conferido dicho poder. Este proceso de intervención política del poder judicial incluso fue formalmente conocido por la Corte Suprema de Justicia, la cual, como juez constitucional, adoptó el 23 de agosto de 1999 un desafortunado Acuerdo,[67] en el cual "fijó posición" ante la intervención llegando a aceptarla mediante la designación de uno de sus propios magistrados como integrante de la Comisión de Emergencia Judicial nombrada por la Asamblea.

56. En *tercer lugar*, el "Decreto mediante el cual *se regulan las funciones del Poder Legislativo*"[68] dictado por la Asamblea el 25 de agosto de 1999, reformado cinco días después, el 30 de agosto de 1999[69]; arrogándose esta vez directa y abiertamente un "poder constituyente originario" que nadie le había otorgado, sino ella misma en su propio Estatuto de funcionamiento. Mediante este Decreto, la Asamblea, materialmente declaró la cesación de las Cámaras Legislativas (Senado y Cámara de Diputados), cuyos miembros habían sido electos unos meses antes, en noviembre de 1998, atribuyéndole además, inconstitucionalmente, la función legislativa del Estado a la Comisión Delegada del Congreso y a la propia Asamblea Constituyente.[70] En el Decreto de regulación del Poder Legislativo, la Asamblea también intervino y

---

65   *Gaceta Oficial* N° 36.772 de 25-08-99 reimpreso en *Gaceta Oficial* N° 36.782 de 08-09-99 (http://www.pgr.gob.ve/dmdocuments/1999/36782.pdf).

66   Véase en Allan R. Brewer-Carías, *Debate Constituyente,* Tomo I, *op. cit.,* p. 57 a 73; y en *Gaceta Constituyente (Diario de Debates), Agosto-Septiembre de 1999, cit,* Sesión de 18-08-99, N° 10, pp. 17 a 22. Véase el texto del Decreto en *Gaceta Oficial* N° 36.782 de 08-09-99 (http://www.pgr.gob.ve/dmdocuments/1999/36782.pdf).

67   Ver Lolymar Hernández Camargo, *La Teoría del Poder Constituyente, cit,* pp. 75 y ss.

68   *Gaceta Oficial* N° 36.772 de 25-08-99 (http://www.pgr.gob.ve/dmdocuments/1999/36772.pdf).

69   *Gaceta Oficial* N° 36.776 de 31-08-99 (http://www.pgr.gob.ve/dmdocuments/1999/36776.pdf)

70   Véase en *Gaceta Constituyente (Diario de Debates), Agosto-Septiembre 1999, cit.,* Sesión de 25-08-99, N° 13, pp. 12 a 13 y 27 a 30 y Sesión de 30-08-99, N° 16, pp. 16 a 19. Véase el texto del Decreto en *Gaceta Oficial* N° 36.772 (http://www.pgr.gob.ve /dmdocuments/1999/36772.pdf) de 26-08-99. Con posterioridad, sin embargo, y con la intermediación de la Iglesia Católica, el 9-9-99, la directiva de la Asamblea llegó a un acuerdo con la directiva del Congreso, con lo cual, de hecho, se dejó sin efecto el contenido del Decreto, siguiendo el Congreso funcionando conforme al régimen de la Constitución de 1961. Véase el texto del Acuerdo en *El Nacional,* Caracas 10-9-99, p. D-4.

eliminó las Asambleas Legislativas de los Estados de la Federación, violando la Constitución y vulnerando la autonomía de aquellos, al disponer que las funciones de las mismas serían ejercidas por unas Comisiones Delegadas de cada una, regulando la forma de su integración (Art. 11); y además, revocando el mandato de los Diputados de las Asambleas que no integrasen las Comisiones delegadas respectivas (Art. 12), en desconocimiento que tales diputados fueron electos por el voto popular, universal, libre, directo y secreto expresado en octubre de 1998, que la referida Asamblea Constituyente decía representar.

57. Finalmente, en *cuarto lugar*, el Decreto del "Régimen de Transición del Poder Público,"[71] dictado el 22 de diciembre de 1999, dos días después de la "proclamación" de la nueva Constitución luego de haber sido aprobada por el pueblo, pero una semana antes de su entrada formal en vigencia, pues la publicación de la Constitución en *Gaceta Oficial* fue demorada hasta el 30 de diciembre de 1999,[72] mediante el cual la Asamblea modificó la propia Constitución (y su régimen transitorio) recién aprobada (15-12-1999), sin someter ese "acto constitucional" a la aprobación popular.

58. De todo ello, en particular, se destaca que en materia judicial, como se dijo, la Asamblea Nacional Constituyente declaró "al Poder Judicial en emergencia" (art. 1º),[73] creando una "Comisión de Emergencia Judicial," con la cual se inició en Venezuela el interminable proceso de intervención política del Poder Judicial,[74] y que asumió atribuciones incluso de evaluar hasta el desempeño de la propia antigua Corte Suprema de Justicia (arts. 3.3 y 4), decidir sobre la destitución y suspensión de jueces y funcionarios judiciales, y sobre la designación de suplentes o conjueces para sustituir temporalmente a los jueces destituidos o suspendidos (art. 8).

59. La Emergencia Judicial declarada en agosto de 1999, supuestamente debía tener vigencia hasta que entrara en vigencia la nueva Constitución (art. 32), la cual en efecto, se sancionó en noviembre de 1999, se aprobó por el pueblo en referendo de 15 de diciembre de 1999, y se publicó el 30 de diciembre del mismo año 1999. Sin embargo, la situación de emergencia no

---

[71]   Véase en *Gaceta Oficial* Nº 36.859 de 29-12-99 (http://www.pgr.gob.ve/dmdocuments/1999/36859.pdf)

[72]   Véase en *Gaceta Constituyente (Diario de Debates), Noviembre 1999-Enero 2000, cit.,* Sesión de 22-12-99, Nº 51, pp. 2 y ss. Véase *Gaceta Oficial* Nº 36.859 de 29-12-99 (http://www.pgr.gob.ve/dmdocuments/1999/36859.pdf); y *Gaceta Oficial* Nº 36.860 de 30-12-99 (http://www.pgr.gob.ve/dmdocuments/1999/36860.pdf).

[73]   El 19 de agosto de 1999, la Asamblea Nacional Constituyente resolvió declarar "al Poder Judicial en emergencia," *Gaceta Oficial* Nº 36.772 de 25-08-1999 reimpreso en *Gaceta Oficial* Nº 36.782 de 08-09-1999. Véase en *Gaceta Constituyente (Diario de Debates), Agosto-Septiembre de 1999, cit.* Sesión de 18-08-1999, Nº 10, pp. 17 a 22. Véase el texto del Decreto en *Gaceta Oficial* Nº 36.782 de 08-09-1999 (http://www. pgr.gob.ve/dmdocuments/1999/36782.pdf).

[74]   *Gaceta Oficial* Nº 36.772 de 25-08-1999 reimpreso en *Gaceta Oficial* Nº 36.782 de 08-09-1999 (http://www.pgr.gob.ve/dmdocuments/1999/36782.pdf).

cesó, y en la práctica continuó *sine die*, entre otras razones, fundamentalmente, por la decisión del Tribunal Supremo de Justicia de no asumir la organización de la Jurisdicción Disciplinaria Judicial como parte de su función de gobierno judicial conforme a las competencias que le asignó la nueva Constitución de 1999 (art. 267). El Tribunal Supremo, en cambio, aceptó y avaló la prórroga de la transitoriedad constitucional, renunciando incluso a ejercer la iniciativa legislativa en materia judicial conforme a las expresas competencias que le asignó la Constitución (Art. 204.4), prefiriendo incluso, que la Comisión de Funcionamiento y Reestructuración del Poder Judicial que se creó en el régimen transitorio constitucional dictado mediante el "Decreto de Régimen Transitorio del Poder Público"[75] de 22 de diciembre de 1999, y que sustituyó a la de "Emergencia," fuese la que dictase hasta la normativa pertinente del procedimiento de selección y designación de los jueces, sin garantizarse siquiera la participación ciudadana.[76]

60. Además, antes, debe recordarse que la Asamblea Nacional Constituyente, en 1999, también había dictado otro Decreto mediante el cual se le atribuyeron a la anterior Comisión de Emergencia Judicial, la cual en este decreto se precisó que supuestamente debía tener duración "hasta el 16 de diciembre del presente año" (1999), en forma completamente al margen de la Constitución, unas atribuciones para reglamentar el plan de evaluación de los jueces, determinar la permanencia o sustitución de los mismos y el régimen de selección y concursos (artículo único).[77]

61. En todo caso, fue con fundamento en el Decreto de la Emergencia Judicial que originó la intervención del Poder Judicial, con lo que se comenzó a realizar en Venezuela una verdadera "depuración" del Poder Judicial, mediante la destitución y suspensión de centenares de jueces con precaria garantía al derecho a la defensa, para sustituirlos mediante la designación en forma indiscriminada por "nuevos" jueces suplentes e interinos, sin sistema alguno de selección, quedando dependientes del nuevo Poder político que los había de-

---

[75] Véase en *Gaceta Constituyente (Diario de Debates), Noviembre 1999-Enero 2000, cit.,* Sesión de 22-12-1999, Nº 51, pp. 2 y ss. Véase *Gaceta Oficial* Nº 36.859 (http://www.pgr.gob.ve/dmdocuments/1999/36859.pdf) de 29-12-1999; y *Gaceta Oficial* Nº 36.860 de 30–12–1999 (http://www.pgr.gob.ve/dmdocuments/1999/36860.pdf)

[76] Véase las Normas de Evaluación y Concursos de Oposición para el Ingreso y Permanencia en el Poder Judicial dictadas por la Comisión de Funcionamiento y Reestructuración del Sistema Judicial de marzo de 2000. En *Gaceta Oficial* Nº 36.910, de fecha 14 de marzo de 2000 (http://www.pgr.gob.ve/dmdocuments/2000/36910.pdf). Véase la sentencia de la Sala Constitucional del Tribunal Supremo Nº 1326 de 02-11-2000, en *http://www.tsj.gov.ve/decisiones/scon/noviembre/1326-021100-00-1874.htm*

[77] *Gaceta Oficial* Nº 36.832 de 18-11-1999 (http://www.pgr.gob.ve/dmdocuments/1999/36832.pdf).

signado.[78] Luego, con el tiempo, se procedió a transformarlos en jueces "titulares" sin concurso público alguno ni participación ciudadana. Con ello, el Poder Judicial en Venezuela quedó signado por la provisionalidad[79] y la temporalidad, convertida luego en "titularidad," con su inevitable secuela de dependencia respecto del nuevo Poder político, sin que se hubiera realizado concurso alguno para la selección de jueces.

62. Como antes se señaló, la antigua Corte Suprema de Justicia, por su parte, durante el proceso constituyente de intervención judicial, en fecha 23 de agosto de 1999, adoptó el mencionado Acuerdo[80] con el cual aceptó la violación de la propia autonomía del Supremo Tribunal, no sólo fijando posición ante el Decreto de Reorganización del Poder Judicial dictado por la Asamblea Nacional Constituyente, sin condenarlo; sino avalando la creación de una Comisión de Emergencia Judicial, llegando incluso a nombrar a uno de sus Magistrados como miembro de la misma. Con dicho Acuerdo, en definitiva, la Corte Suprema de Justicia decretó su propia extinción, como de hecho ocurrió sólo tres meses después, cuando la misma Asamblea Constituyente dictó el "Decreto de Régimen Transitorio del Poder Público"[81] el 22 de diciembre de 1999, mediante el cual la Corte fue eliminada, y los Magistrados del nuevo Tribunal Supremo de Justicia, aun sin haber entrado en vigencia la Constitución que fue publicada el 31 de diciembre, fueron designados. Con ello, la intervención constituyente del Poder Judicial también tocó al Tribunal Supremo, el cual desde 1999 fue objeto de interferencia habiéndose sometido desde el inicio a los designios de quienes han controlado el poder político desde el Poder Ejecutivo y la Asamblea Nacional.

63. En efecto, mediante el mencionado Decreto de Transición del Poder Público de 22 de diciembre de 1999, la Asamblea Nacional Constituyente organizó el nuevo Tribunal Supremo nombrando sus Magistrados en un número de 20 (5 en la Sala Constitucional y 3 en cada una de las demás Salas: Político Administrativa, de Casación Civil, Penal, Electoral y Social), número que ni siquiera la Constitución había previsto pues ello se había dejado para

---

[78] Es lo que el profesor Chavero califica como "purga." Véase Rafael J. Chavero Gazdik, *La Justicia Revolucionaria. Una década de Reestructuración (o Involución) Judicial en Venezuela,* Editorial Aequitas, Caracas 2011, pp. 58, 59.

[79] Por ello, sólo dos años después del inicio del proceso de intervención, en agosto de 2001, los Magistrados del Tribunal Supremo de Justicia ya admitían que más del 90% de los jueces de la República eran provisionales. Véase *El Universal,* Caracas 15-08-2001, p. 1-4. En mayo de 2001 otros Magistrados del Tribunal Supremo reconocían el fracaso de la llamada "emergencia judicial". Véase *El Universal,* Caracas 30-05-2001, p. 1-4.

[80] Acuerdo de la Suprema de Justicia de 23-08-1999. Véanse los comentarios de Lolymar Hernández Camargo, *La Teoría del Poder Constituyente, cit,* pp. 75 y ss.

[81] Véase en *Gaceta Constituyente (Diario de Debates), Noviembre 1999-Enero 2000, cit.,* Sesión de 22-12-1999, N° 51, pp. 2 y ss. Véase *Gaceta Oficial* N° 36.859 de 29-12-1999 (http://www.pgr.gob.ve/dmdocuments/1999/36859.pdf); y *Gaceta Oficial* N° 36.860 de 30–12–1999 (http://www.pgr.gob.ve/dmdocuments/1999/36860.pdf).

ser establecido en la ley, sin cumplirse con las exigencias y condiciones para ser Magistrado establecidas en la nueva Constitución.[82] Con ello, el Tribunal resultó "transitoriamente" integrado casi completamente por personas sin mayor trayectoria en el Poder Judicial, pero militantes del partido de gobierno. El Decreto, además, como se dijo, transformó la Comisión de Emergencia Judicial que había creado la Asamblea Constituyente para intervenir el Poder Judicial, en una Comisión de Reorganización y Funcionamiento del Poder Judicial. En cuanto a la normativa "constitucional" del decreto, a pesar de no haber sido aprobada por el pueblo, por decisión del propio Tribunal Supremo creado en la misma, quedó inmune a toda posibilidad de control judicial, ya que dicho Tribunal consideró que no estaba sometida ni a la nueva (1999) ni a la vieja (1961) Constitución,[83] resultando de ello una especie de régimen "para-constitucional" que pasó a formar parte del "bloque de la constitucionalidad," a pesar de que, cómo se dijo, no haber sido aprobado por el pueblo.[84]

64. Uno de los objetivos de ese régimen de transición constitucional no aprobado popularmente había sido precisamente la "creación" y el nombramiento de los propios Magistrados del Tribunal Supremo de Justicia por la Asamblea Constituyente sin autoridad alguna para ello que le hubiera sido conferida por el pueblo, y peor aún, sin cumplir las condiciones impuestas en la nueva Constitución para tales nombramientos, y sin garantizar el derecho ciudadano a participar en los mismos a través del Comité de Postulaciones Judiciales que conforme a la Constitución debía estar integrado sólo y exclusivamente por representantes de los "diversos sectores de la sociedad" (art. 270). Ese Comité, en la forma como fue concebido, puede decirse que nunca ha sido creado hasta el presente, habiendo sido las normas constitucionales sucesivamente distorsionadas por la Asamblea Nacional, con el silencio de la Sala Constitucional, al convertirlo de hecho en una "comisión parlamentaria" más, sujeta a la Asamblea Nacional.[85] Esto ocurrió en 2000, cuando la recién electa Asamblea Nacional, en lugar de sancionar la Ley Orgánica del Tribunal Supremo para regular dicho Comité de Postulaciones Judiciales, lo que dictó fue una "Ley Especial para la Ratificación o Designación de los Fun-

---

[82] Véase Sentencia del Tribunal Supremo de Justicia en Sala Constitucional, N° 1562, Caso: *Defensoría del Pueblo contra la Ley Especial para la Ratificación o Designación de los Funcionarios y Funcionarias del Poder Ciudadano y Magistrados y Magistradas del Tribunal Supremo de Justicia*, de 12-12-2000, en http://www. tsj.gov.ve/decisiones/scon/diciembre/1562-121200-00-3035%20.htm.

[83] Véase sentencia N° 6 de fecha 27-01-2000, en http://www.tsj.gov.ve/decisiones/scon/enero/06-270100-000011.htm

[84] Véase sentencia N° 180 de 28 de marzo de 2000 (*caso: Allan R. Brewer-Carías y otros), en http://www.tsj.gov.ve/decisiones/scon/marzo/180-280300-00-0737%20.htm*

[85] Véase Allan R. Brewer-Carías, "La participación ciudadana en la designación de los titulares de los órganos no electos de los Poderes Públicos en Venezuela y sus vicisitudes políticas", en *Revista Iberoamericana de Derecho Público y Administrativo*, Año 5, N° 5-2005, San José, Costa Rica 2005, pp. 76-95.

cionarios del Poder Ciudadano y Magistrados y Magistradas del Tribunal Supremo de Justicia para su Primer Periodo Constitucional."[86]

65. En la prenombrada Ley, en lugar de crearse el Comité de Postulaciones Judiciales que exigía la nueva Constitución, se creó una Comisión Parlamentaria integrada con mayoría de diputados para escoger a los referidos funcionarios. La sociedad civil fue marginada, los titulares de los órganos de los Poderes Ciudadano (Fiscal General de la República, Defensor del Pueblo y Contralor General de la República) y Judicial fueron nombrados con la más absoluta discrecionalidad, y en particular, los Magistrados del Tribunal Supremo fueron designaron sin que se atendieran algunos de los criterios objetivos que la Constitución establece como condición para ocupar dichos cargos. A través de esta legislación, se consolidó el control político del Ejecutivo a través del dominio de la Asamblea Nacional en relación con todos los Poderes Públicos. Esta violación constitucional fue en todo caso advertida desde el inicio, por lo que la Ley Especial fue impugnada ante el nuevo Tribunal Supremo por la Defensora del Pueblo, por razones de inconstitucionalidad, por violar el derecho a la participación política de los ciudadanos; acción que nunca fue decidida; y cuya introducción le costó a la persona que se desempeñaba como Defensora del Pueblo su permanencia en el cargo.

66. Lo sorprendente fue, sin embargo, que mediante una medida cautelar de amparo que había solicitado la misma Defensora del Pueblo, los Magistrados de la Sala Constitucional del Tribunal Supremo, en lugar de inhibirse de conocer del caso que los involucraba a ellos mismos, decidieron "en causa propia," resolviendo que la Constitución no les era aplicable a ellos, porque supuestamente no iban a ser "designados" sino que lo que iban era a ser "ratificados," burlándose así la Constitución. Dichos Magistrados, en efecto, adoptaron el punto de vista de que ellos podían ser "ratificados" en sus cargos de acuerdo con la Ley Especial sin cumplir las condiciones impuestas para los nombramientos en la Constitución, porque esta sólo regulaba el "nombramiento" de los Magistrados y no contemplaba normas relativas a su "ratificación," que era la que se aplicaría a los que estaban ocupando el cargo, y era la que se regulaba en el "Régimen de Transición de los Poderes Públicos" que la Sala consideraba que tenía rango constitucional.[87]

67. En esa forma se produjo el nombramiento y ratificación de los Magistrados del Tribunal Supremo de Justicia en 2000, con una integración con marcada influencia política, que lo tornó inefectivo en el control de la constitucionalidad de los actos ejecutivos.

---

[86] Véase *Gaceta Oficial* N° 37.077 del 14-11-2000 (http://www.pgr.gob.ve/dmdocuments/2000/37077.pdf).

[87] Véase Tribunal Supremo de Justicia, Sala Constitucional, Decisión del 12-12-2000 en *http://www.tsj.gov.ve/decisiones/scon/diciembre/1562-121200-00-3035%20.HTM*

IV. LA INTERMINABLE TRANSITORIEDAD CONSTITUCIONAL DEL RÉGIMEN DEL PODER JUDICIAL DESDE 2000 EN DESMEDRO DE LA INDEPENDENCIA Y AUTONOMÍA DE LOS JUECES

67. En todo caso, la Asamblea Nacional Constituyente, al sancionar la Constitución de 1999, eliminó el órgano con autonomía funcional que había sido creado en la Constitución de 1961 para el gobierno y administración del Poder Judicial, denominado "Consejo de la Judicatura," y en su lugar asignó dichas funciones al Tribunal Supremo de Justicia, para lo cual la Constitución dispuso, como antes se indicó, que el mismo tendría una Dirección Ejecutiva de la Magistratura (art. 267). En el texto de la Constitución, por otra parte, en la *Disposición Transitoria Cuarta,* solo se hizo mención a una "Comisión de Funcionamiento y Reestructuración del Sistema Judicial" única y exclusivamente para que desarrollase transitoriamente el "sistema de defensa pública" hasta que se dictase la ley respectiva.[88] Debe recordarse que para el momento de la aprobación mediante refrendo de la Constitución el 15 de diciembre de 1999, lo único que existía era la "Comisión de Emergencia Judicial" que había funcionado durante las sesiones de la Asamblea Nacional Constituyente. La Disposición Transitoria Cuarta del texto constitucional aprobado popularmente y que fue el publicado, por tanto, se refería a una inexistente, para ese momento, "Comisión de Funcionamiento y Reestructuración del Sistema Judicial."

69. En todo caso, esa incongruencia constitucional pronto tendría su razón de ser, lo cual se materializó días después del referendo aprobatorio de la Constitución, como se dijo, con la creación formal de la mencionada "Comisión de Funcionamiento y Reestructuración del Sistema Judicial," con atribuciones universales en materia judicial, en el régimen transitorio dictado por la Asamblea Nacional Constituyente y contenido en el "Decreto del Régimen de Transición del Poder Público" (art. 27) de 22 de diciembre de 1999.[89] En el mismo se dispuso que mientras el Tribunal Supremo organizaba la Dirección Ejecutiva de la Magistratura, el gobierno y administración del Poder Judicial, la inspección y vigilancia de los Tribunales, y todas las competencias que la legislación para ese momento vigente atribuían al antiguo Consejo de la Judi-

---

[88] Y en efecto, el Sistema Autónomo de la Defensa Pública fue creado por la Comisión de Funcionamiento y Reestructuración del Sistema Judicial, mediante Resolución N° 1.191 del 16 de junio de 2000, en *Gaceta Oficial* N° 37.024 del 29 de agosto de 2000 (http://www.pgr.gob.ve/dmdocuments/2000/37024.pdf). Conforme al artículo primero de la misma: "Se crea el Sistema Autónomo de la Defensa Pública a los fines de garantizar el derecho a la defensa. Este sistema es un servicio dotado de autonomía funcional y administrativa y estará adscrito a la Comisión de Funcionamiento y Reestructuración del Sistema Judicial hasta tanto sancione la Ley Orgánica del Servicio de la Defensa Pública".

[89] Véase en *Gaceta Oficial* N° 36.859 de 29-12-1999 (http://www.pgr.gob.ve/dmdocuments/1999/36859.pdf).

catura, serían ejercidas por una Comisión de Funcionamiento y Reestructuración del Sistema Judicial (art. 21) que entonces sustituyó a la Comisión de Emergencia Judicial.

70. En esta forma, la Asamblea Nacional Constituyente, en una manera evidentemente contraria a la Constitución, le confiscó al propio Tribunal Supremo, cuyos miembros había designado en el mismo Decreto donde cesó a los antiguos magistrados de la anterior Corte Suprema, una de sus nuevas funciones, incluso para que no la pudiera ejercer después de que la nueva Constitución entrara en vigencia, atribuyéndosela a la "Comisión ad hoc" creada y designada por la propia Asamblea Nacional Constituyente, y no por el nuevo Tribunal Supremo; situación irregular que el propio Tribunal Supremo de Justicia luego aceptó resignadamente por más de un lustro, renunciando a ejercer sus competencias constitucionales.

71. Por otra parte, la disposición del artículo 23 del Decreto de Régimen de Transición de los Poderes Públicos de 22 de diciembre de 1999 – aún sin ser parte de la Constitución – se configuró como una verdadera "Disposición Transitoria Constitucional" que como tal debió haber sido incorporada en las Disposiciones Transitorias de la propia Constitución. Ello, sin embargo, como se dijo, no estaba en el proyecto sancionado por la Asamblea Constituyente (15 de Noviembre de 1999) ni en el aprobado popularmente, habiendo sido dictado por la Asamblea Constituyente en evidente usurpación de la voluntad popular (la del pueblo), disponiendo que la competencia disciplinaria judicial que conforme a la Constitución debía corresponder a los tribunales disciplinarios de conformidad con lo que se regula en el artículo 267 de la Constitución recién aprobada, sería en cambio ejercida por la referida Comisión de Funcionamiento y Reestructuración del Sistema Judicial, y no por los jueces. Dicho artículo 23 del Decreto, en todo caso, fue claro en disponer que esa transitoriedad, estaría "vigente *hasta* que la Asamblea Nacional *apruebe la legislación* que determine los *procesos y tribunales* disciplinarios." Ello sólo ocurrió doce años después, en 2011, con lo cual durante más de una década la Jurisdicción disciplinaria simplemente no existió; y si bien se creó en 2011, de nuevo transitoriamente se la hizo depender de la Asamblea Nacional en forma evidentemente inconstitucional.

72. Era evidente que conforme a la nueva Constitución, a partir de 1999 sólo los jueces podían ejercer la función disciplinaria judicial (art. 253), por lo que era totalmente ilegítimo y contrario a la garantía del debido proceso (art. 49), el que se atribuyeran funciones judiciales disciplinarias respecto de los jueces a una "Comisión" *ad hoc* como la mencionada, que no era siquiera un tribunal. Si se trataba de establecer, así fuera arbitrariamente, un régimen transitorio para la jurisdicción disciplinaria, las funciones judiciales que ello implicaba constitucionalmente, debieron atribuirse al menos a tribunales o jueces preexistentes, y no a una "Comisión" *ad hoc*, pues ello, además, violaba la garantía del debido proceso y del juez natural que la nueva Constitución regulaba expresamente (art. 49).

73. Con posterioridad al Decreto sobre Régimen Transitorio de diciembre de 1999 que creó la mencionada Comisión, la Asamblea Nacional Constitu-

yente, como antes se indicó, incluso ya habiendo cesado sus funciones de redacción de la Constitución, dictó otros dos Decretos el 18 de enero de 2000 en relación con el Poder Judicial, también "en ejercicio del poder soberano constituyente originario", que fueron el relativo a la designación del "Inspector de Tribunales,"[90] y el relativo a la designación de los miembros de la Comisión de Funcionamiento y Reestructuración del Poder Judicial;[91] todo marginando al Tribunal Supremo de Justicia que supuestamente era quien tenía a su cargo el gobierno y administración del Poder Judicial. Como luego lo constataría la Sala Político-Administrativa del Tribunal Supremo en la sentencia N° 1173 de 23 de mayo de 2000, correspondiendo al Tribunal Supremo "conforme a lo previsto en la Constitución de la República Bolivariana de Venezuela, la función de dirección, gobierno y administración del Poder Judicial, que antes tenía atribuida el Consejo de la Judicatura," mientras se establecía la Dirección Ejecutiva de la Magistratura, "la Asamblea Nacional Constituyente creó la Comisión de Funcionamiento y Reestructuración del Sistema Judicial, como órgano encargado de garantizar el buen funcionamiento del Poder Judicial, a los fines de establecer un nuevo Poder."[92]

74. La prolongación del régimen de transición constituyente, con la anuencia del Tribunal Supremo, hizo entonces nugatoria la aplicación de la exigencia de los concursos para la designación de los jueces, quedando la norma constitucional solo como una buena intención. Incluso, sobre el tema, la propia Sala Político-Administrativa del Tribunal Supremo, en sentencia N° 659 de 24 de marzo de 2000 (Caso: *Rosario Nouel*), llegó a justificar la "necesaria intervención del Poder judicial" argumentado que "para que ese poder (judicial) se adapte y cumpla con el rol que le asigna el nuevo texto constitucional, es necesario que quienes lo componen sean el resultado de un proceso público de evaluación y concurso, que no tan solo aseguren su idoneidad y excelencia, sino que garantice el conocimiento por parte de éstos de los principios y valores de la Constitución, a los efectos de evitar una ruptura entre Estado y Sociedad. En ese sentido el rol protagónico del pueblo consustanciado con la idea democrática, se materializa a través de su participación intensa en los procesos de selección y evaluación de los Jueces (Artículo 255 de la Constitución de la República Bolivariana de Venezuela)."[93] Por supuesto, textos como este no pasaron de ser pura retórica, habiendo llegado la sentencia a decir que:

> "...*la participación ciudadana debe orientarse y manifestarse desde la selección de jurados en el inicio de los procesos de evaluación y concurso a través de la sociedad civil organizada; en la consulta sobre los*

---

[90] *Gaceta Oficial* N° 36.878 de 26-01-2000 (http://www.pgr.gob.ve/dmdocu-ments/2000/36878.pdf).

[91] *Idem.*

[92] Véase en http://www.tsj.gov.ve/decisiones/spa/mayo/01173-230500-0352.HTM

[93] Véase sentencia N° 659 de 24-03-2000 (Caso: *Rosario Nouel*), en http://www.tsj.gov.ve/decisiones/spa/marzo/00659-240300-0015.HTM

aspirantes a ser jueces o juezas; en su presencia o intervención en los concursos públicos; así como en la selección definitiva del Juez y en el control permanente que la sociedad debe hacer en relación a la conducta pública y privada, en la actuación del Juez como administrador de justicia, en su comportamiento profesional, académico y aún familiar" [94]

75. Nada de ello, ha ocurrido en Venezuela hasta la fecha (2013), y al contrario, si algo ha sido constante, ha sido la negativa sistemática a la posibilidad misma de la participación ciudadana en el proceso de elección de los jueces, derivada de un interminable régimen transitorio que la ha impedido. Y lo peor es que luego de esas declaraciones, la misma sentencia de la Sala Político-Administrativa pasó a justificar *"la necesaria intervención de los Poderes Públicos a fin de la relegitimación de los mismos en el marco de un Proceso Constituyente"* señalando al no haber estado supuestamente garantizada en el anterior régimen legal y constitucional (de la Constitución de 1961) "la intervención y participación de los ciudadanos en los distintos procesos de selección y nombramiento de los jueces" se había supuestamente:

"producido una inconstitucionalidad sobrevenida, decayendo el objeto de los diferentes actos de nombramiento, por lo que se establece con las "Normas de Evaluación y Concurso de Oposición para el Ingreso y Permanencia en el Poder Judicial", de fecha 14 de febrero del año 2000, publicadas en Gaceta Oficial N° 36.899 de fecha 24 de febrero del mismo año, el desarrollo de procedimientos destinados a garantizar la credibilidad y legitimidad del sistema de justicia, por medio de controles sociales e institucionales sobre el comportamiento de los jueces, idoneidad que se hace indispensable para lograr su capacidad profesional e independencia."[95]

76. Por supuesto, nada de ello ocurrió y la intervención constituyente del Poder Judicial se prolongó mucho más allá de la transición constitucional supuestamente limitada, por lo que a pesar de la creación de la Dirección Ejecutiva de la Magistratura, la Comisión *ad hoc* de intervención siguió funcionando sin que se hubiese respondido el llamado "de atención" que la misma Sala Político Administrativa del Tribunal Supremo hizo en la sentencia N° 1173 de 23 de mayo de 2000, indicándole:

"a la Comisión de Funcionamiento y Reestructuración del Sistema Judicial, respecto del ejercicio de los importantes cometidos que le han sido impuestos, mientras se establece la Dirección Ejecutiva de la Magistratura, toda vez que de su oportuno ejercicio depende en gran medida la deseada reestructuración y relegitimación del Poder Judicial. En efecto, debe esta Sala advertir que resulta imperioso para el mantenimiento del Estado de Derecho, el libre acceso de los ciudadanos a los órganos de

---

94 *Idem.*

95 *Idem.*

justicia consagrado en el artículo 26 de la Constitución de la República Bolivariana de Venezuela y la vigencia de las instituciones y que el Poder Judicial pueda, en la práctica, cumplir con sus objetivos mediante la designación de los jueces y funcionarios necesarios para ello. En razón de ello, se deben tomar las medidas pertinentes a los fines de proveer de forma inmediata los cargos de Jueces en los Tribunales donde fueron suspendidos o destituidos Jueces durante la emergencia judicial, a los fines de garantizar el nuevo modelo de Estado, comprometido con una justicia proba, honesta, idónea, de calidad, donde se garantice a los ciudadanos, el acceso a la justicia y el obtener de los órganos encargados de la administración de justicia, una tutela judicial efectiva.[96]

77. Sin embargo, la realidad fue que la situación de absoluta transitoriedad y de inaplicación del texto constitucional se prolongó posteriormente por la omisión del mismo Tribunal Supremo en implementarlo, incluso a pesar de que el 2 de agosto de 2000, dictó la "Normativa Sobre la Dirección, Gobierno y Administración del Poder Judicial," con la cual se pretendía dar satisfacción al expreso mandato constitucional del artículo 267, supuestamente para "poner fin a la vigencia del régimen transitorio dictado por el Constituyente," lo cual sin embargo, no ocurrió.

78. En efecto, en el artículo 1° de la referida Normativa el Tribunal Supremo dispuso la creación de "la Dirección Ejecutiva de la Magistratura como órgano auxiliar del Tribunal Supremo de Justicia, con la finalidad de que ejerza por delegación las funciones de dirección, gobierno y administración del Poder Judicial." Esta Dirección Ejecutiva de la Magistratura se erigió entonces como un órgano del Tribunal Supremo en el ejercicio de sus atribuciones relativas a la dirección, gobierno y administración del Poder Judicial, es decir, se trató de un órgano que ejerce por delegación tales atribuciones que, se insiste, son propias de este Tribunal Supremo de Justicia. Pero en materia de jurisdicción disciplinaria de los jueces, en el artículo 30 de la misma Normativa, el Tribunal Supremo, sin justificación ni competencia algunas, y en fraude a la Constitución, prorrogó la existencia y funcionamiento de la Comisión de Funcionamiento y Reestructuración, que debía ser organizada en la forma que determinase el Tribunal Supremo de Justicia, la cual sólo tendría a su cargo, luego de la vigencia de la referida Normativa, "funciones disciplinarias mientras se dicta la legislación y se crean los correspondientes Tribunales Disciplinarios."

79. El Tribunal Supremo, así, renunció expresamente a ejercer una de sus funciones incluso en materia de dictar la normativa respecto del gobierno del Poder judicial, y tan fue así, que fue la propia "Comisión de Funcionamiento y Reestructuración del Sistema Judicial," la que, sin base constitucional o legal alguna, en noviembre de 2000 dictó la nueva "normativa" para la sanción y destitución de los jueces, contenida en el Reglamento de la Comisión y Fun-

---

[96] Véase en http://www.tsj.gov.ve/decisiones/spa/mayo/01173-230500-0352.HTM.

cionamiento y Reestructuración del Sistema Judicial;[97] "normativa", con el cual procedió definitivamente a "depurar" el Poder Judicial de jueces no comprometidos políticamente con el Gobierno. Lo insólito, es que dicho "reglamento" ni siquiera fue dictado por el propio Tribunal Supremo que, conforme a la Constitución, es el que tiene a su cargo el gobierno y administración del Poder Judicial, y ésta lo haya aceptado, avalando el funcionamiento de una inconstitucional Comisión, admitiendo no sólo que ésta dictase sus propias normas de funcionamiento, sino el régimen disciplinario de los jueces, es decir, el régimen sancionatorio y de destitución de los mismos.

80. De todo ello resultó que después de sancionada la Constitución, su artículo 267 que dispone (i) que la jurisdicción disciplinaria judicial estará a cargo de los tribunales disciplinarios; (ii) que el régimen disciplinario de los magistrados y jueces estará fundamentado en el *Código de Ética* del Juez Venezolano, que debía dictar la Asamblea Nacional; y (iii) que el procedimiento disciplinario debe ser público, oral y breve, conforme al debido proceso, no ha estado nunca en aplicación efectiva en Venezuela, ni siquiera a partir de 2011, cuando se ha pretendido ejecutar la norma constitucional con la creación de una Jurisdicción Disciplinaria sujeta a la Asamblea Nacional.

81. Durante más de una década, la ausencia de desarrollo legislativo de la Constitución prolongó la transitoriedad constituyente, desconociéndose abiertamente la Constitución, lo que se desprende, incluso, de las propias decisiones del Tribunal Supremo. Así lo reconoció y avaló la Sala Plena en su sentencia N° 40 de 15 de noviembre de 2001[98], en la cual se detalla que el artículo 22 del Régimen de Transición del Poder Público de diciembre de 1999 había dispuesto que *mientras el Tribunal Supremo de Justicia no organizase a la Dirección Ejecutiva de la Magistratura* (prevista, en el artículo 267 constitucional), las competencias relativas a "inspección y vigilancia de los Tribunales" serían ejercidas por la "Comisión de Funcionamiento y Reestructuración del Sistema Judicial" que la Asamblea había establecido. Además, el artículo 29 del mismo Régimen estableció que la Inspectoría General de Tribunales -hasta ese entonces organizada y regida por las normas de la Ley Orgánica del Consejo de la Judicatura- sería un órgano auxiliar de la nombrada Comisión, en la inspección y vigilancia de los Tribunales de la República con facultades para la instrucción de los expedientes disciplinarios de los Jueces y demás funcionarios judiciales. Asimismo, dispuso dicha norma que el Inspector General de Tribunales y su suplente, serían designados por la Asamblea Nacional Constituyente, con carácter provisional hasta el funcionamiento efectivo de la Dirección Ejecutiva de la Magistratura.

82. Debe recordarse lo antes comentado, en el sentido de que la prolongación de la "emergencia judicial" en gran parte fue obra del propio Tribunal Supremo de Justicia. El 2 de agosto de 2000 el Tribunal Supremo de Justicia,

---

[97]   Véase en *Gaceta Oficial* N° 37.080, de 17-11-2000 (http://www.pgr.gob.ve/dmdocuments/2000/37080.pdf).

[98]   Ver en http://www.tsj.gov.ve/decisiones/tplen/noviembre/35-15112001-032.HTM

actuando en acatamiento de lo ordenado en el artículo 267 de la Constitución, dictó la "Normativa Sobre la Dirección, Gobierno y Administración del Poder Judicial", con lo que se buscó, como lo afirmó el Supremo Tribunal en la aludida sentencia N° 40, la parcial satisfacción de un expreso mandato constitucional (artículo 267), ya que la "emergencia" continuó en cuanto al régimen disciplinario de los jueces. La propia Sala Plena apuntó sobre la transitoriedad en la sentencia N° 40 de 2001, que el artículo 30 de la misma Normativa estableció que "la Comisión de Funcionamiento y Reestructuración organizada en la forma que lo determine el Tribunal Supremo de Justicia, sólo tendrá a su cargo [luego de la vigencia de esta Normativa] funciones disciplinarias mientras se dicta la legislación y se crean los correspondientes Tribunales Disciplinarios". Quedó así esa Comisión en el ejercicio de funciones transitorias en la materia antes indicada.[99]

83. La Sala Plena, además, estableció que mediante la norma contenida en el artículo 2 de la Normativa Sobre la Dirección, Gobierno y Administración del Poder Judicial se había creado la Comisión Judicial, como órgano del Tribunal Supremo de Justicia, "con la finalidad de que ejerza por delegación las funciones de control y supervisión de la Dirección Ejecutiva de la Magistratura y las demás previstas en esta normativa." Se trataba, dijo la Sala, "también en este caso de un órgano carente de atribuciones propias ya que su finalidad específica es ejercer, por delegación las atribuciones constitucionalmente asignadas al Tribunal Supremo de Justicia." Igualmente se refirió el Tribunal Supremo al artículo 22 de la misma Normativa que había creado a la Inspectoría General de Tribunales como "una unidad autónoma dirigida por el Inspector General de Tribunales y adscrita a la Comisión Judicial del Tribunal Supremo de Justicia," agregando que:

> "Se inscribe así la Inspectoría General de Tribunales en el marco de la organización prevista, en desarrollo del Texto Constitucional, para el ejercicio de las funciones de este Supremo Tribunal relativas a la inspección y vigilancia de los Tribunales de la República. Se configura así este órgano, como un instrumento que, dotado de cierto grado de autonomía - cuyo alcance no es ilimitado, y debe, por ello, ser precisado por la Sala Plena de este Tribunal Supremo de Justicia- coadyuva en el ejercicio de tales funciones que son propias del Máximo Tribunal."[100]

84. Toda esta transitoriedad descrita en esta sentencia del Tribunal Supremo, en la cual se resume, en definitiva, cómo y por qué la garantía constitucional de la autonomía e independencia de los jueces consistente en que los mismos solo pueden ser removidos de sus cargos mediante procedimientos disciplinarios, llevados por jueces disciplinarios que formen parte de una Jurisdicción Disciplinaria Judicial, continuó posteriormente siendo inaplicada con el aval tanto de la Asamblea Nacional como del propio Tribunal Supremo. Incluso, la Sala Político-Administrativa del Tribunal Supremo de Justicia

---

[99] *Idem*

[100] *Idem.*

llegó a resolver que la remoción de jueces temporales era una *facultad discrecional* de la Comisión de Funcionamiento y Reestructuración del Sistema Judicial, la cual podía adoptar sus decisiones sin seguir procedimiento administrativo alguno,[101] la cual, además de remover a los jueces en forma discrecional sin garantía alguna del debido proceso,[102] como antes se indicó y lo destacó la Comisión Interamericana de Derechos Humanos en su *Informe de 2009*, lo peor es que ella misma, no gozaba de independencia, pues sus integrantes eran de la libre remoción discrecional de la Sala Constitucional.[103]

85. Esa Comisión *ad hoc*, por tanto, literalmente "depuró" la judicatura de jueces que no estaban en línea con el gobierno nacional, como lo reconoció la propia Sala Constitucional,[104] removiendo discrecionalmente jueces que pudieran haber dictado decisiones que no complacieran al Poder Ejecutivo. Esto llevó a la misma Comisión Interamericana de Derechos Humanos a decir, en el *Informe Anual* de 2009, que "en Venezuela los jueces y fiscales no gozan de la garantía de permanencia en su cargo necesaria para asegurar su independencia en relación con los cambios de políticas gubernamentales."[105]

V. LA PROLONGACIÓN DE LA TRANSITORIEDAD CONSTITUCIONAL EN 2004, AL "PRORROGARSE" EL FUNCIONAMIENTO DE LA COMISIÓN AD HOC DE DISCIPLINA JUDICIAL, EN AUSENCIA DE LA JURISDICCIÓN DISCIPLINARIA

86. En mayo de 2004 se sancionó la entonces muy esperada Ley Orgánica del Tribunal Supremo de Justicia,[106] con la cual, lamentablemente, en contra

---

[101]   Véase Decisión N° 00463-2007 del 20-03-2007; Decisión N° 00673-2008 del 24-04-2008 (citada en la Decisión N° 1.939 del 18-12-2008, p. 42). La Sala Constitucional ha establecido la misma posición en la Decisión N° 2414 del 20-12-2007 y Decisión N° 280 del 23-02-2007.

[102]   Véase Tribunal Supremo de Justicia, Decisión N° 1.939 del 18-12-2008 en http://www.tsj.gov.ve/decisiones/scon/Diciembre/1939-181208-2008-08-1572.html.

[103]   Véase *Annual Report 2009*, parágrafo 481, en http://www.cidh.org/annualrep/2009eng/Chap.IV.f.eng.htm.

[104]   Decisión N° 1.939 de 18-12-2008 (Caso: *Abogados Gustavo Álvarez Arias y otros*), en la cual la Sala Constitucional decidió que una decisión de 05-08-2008 de la Corte Interamericana de Derechos Humanos es inejecutable en Venezuela (Caso: *Apitz Barbera y otros ["Corte Primera de lo Contencioso Administrativo"] vs. Venezuela [Corte IDH]*, Case: *Apitz Barbera y otros ["Corte Primera de lo Contencioso Administrativo"] vs. Venezuela*, Sentencia de 5 de agosto de 2008, Serie C, N° 182. Véase en *Revista de Derecho Público*, N° 116, Editorial Jurídica Venezolana, Caracas, 2008, pp. 89-106. También en http://www.tsj.gov.ve/decisiones/scon/Diciembre/1939-181208-2008-08-1572.html.

[105]   Véase *Informe Anual de 2009*, parágrafo 480, en http://www.cidh.oas.org/annualrep/2009eng/Chap.IV.f.eng.htm.

[106]   Véase en *Gaceta Oficial* N° 37.942 de 20-05-2004 (http://www.pgr.gob.ve/dmdocuments/2004/37942.pdf). Véase sobre dicha Ley, véase Allan R. Brewer-Carías, *Ley Orgánica del Tribunal Supremo de Justicia. Procesos y procedimientos*

de lo que se esperaban no sólo se aumentó y consolidó el control del mismo por parte del Poder Ejecutivo, sino que se aumentó la dependencia de los propios Magistrados, al haberse incluso regulado en forma inconstitucional la designación de magistrados por mayoría absoluta[107] y peor aún, la posibilidad de su remoción mediante la "anulación del nombramiento de los Magistrados," la cual podía adoptar la Asamblea Nacional por mayoría absoluta, en lugar de la mayoría calificada que exige el artículo 265 de la Constitución.[108]

87. Por otra parte, en la Ley Orgánica del Tribunal Supremo de Justicia de 2004, reiterando las inconstitucionalidades que ya habían ocurrido en 2000 con la llamada y ya comentada "Ley Especial para la Ratificación o Designación de los Funcionarios y Funcionarias del Poder Ciudadano y Magistrados y Magistradas del Tribunal Supremo de Justicia para el primer período constitucional," se produjo otra inconstitucional lesión a la independencia del Tri-

---

constitucionales y contencioso-administrativos, Editorial Jurídica Venezolana, Caracas 2004.

[107] Burlando en esa forma el quórum calificado que deriva de la Constitución, para terminar de consolidar la politización del proceso de selección de los magistrados. Véase Rafael J. Chavero Gazdik, *La Justicia Revolucionaria. Una década de Reestructuración (o Involución) Judicial en Venezuela,* Editorial Aequitas, Caracas 2011, pp. 94, 96, 298.

[108] Esta inconstitucional potestad, por supuesto, fue ejercida en forma inmediata por la Asamblea Nacional, el 15 de junio de 2004, al aprobar un informe de una Comisión que investigaba la crisis en el Poder Judicial, en el cual se recomendó a "anular" el acto el nombramiento de quien para el momento era el Magistrado Vicepresidente del Tribunal Supremo, en razón de haber supuestamente "suministrado falsa información para el momento de la aceptación de su postulación para ser ratificado en ese cargo." Según la investigación parlamentaria, el Magistrado no habría tenido 15 años como profesor universitario titular, ni tampoco estudios de postgrado. Véase la información en *El Nacional*, Caracas, 16-06-2004, p. A-5. Debe precisarse que dicho Vicepresidente del Tribunal Supremo había sido precisamente el Magistrado Ponente en la sentencia de la Sala Plena Accidental de 14 de agosto de 2002, (Caso: Antejuicio de mérito a oficiales de la Fuerza Armada Nacional en http://www. tsj.gov.ve/decisiones/tplen/septiembre/SENTENCIA%20DE%20LOS%20MILITAR ES.HTM), que consideró que lo que ocurrió en el país el 12 de abril de 2002 fue una crisis gubernamental debido al vacío de poder provocado por la renuncia del Presidente de la República, sentencia que había sido intensamente criticada por el Presidente de la República, y que dos años después, complacientemente sería anulada por la Sala Constitucional del Tribunal Supremo por motivos formales (http://www.tsj.gov.ve/decisiones/scon/marzo/233-110305-04-3227.HTM). El mencionado magistrado, incluso había sido protegido en su titularidad por una decisión de amparo adoptada por la Sala Constitucional con ocasión de una decisión anterior de la Asamblea Nacional contra el mismo el 3 de diciembre de 2002. Véase la información en *El Nacional*, Caracas, 18-06-2004, p. A-4. La Sala, sin embargo, en vista de la efectiva "remoción" del magistrado, muy "convenientemente" no extendió la protección constitucional de amparo que se la había otorgado, lo que originó efectivamente su "remoción" o la "revocación de su nombramiento". Véase además, Rafael J. Chavero Gazdik, *La Justicia Revolucionaria. Una década de Reestructuración (o Involución) Judicial en Venezuela,* Editorial Aequitas, Caracas 2011, pp. 160, 300, 255.

bunal Supremo al burlarse la exigencia de la necesaria participación directa ciudadana en la designación de sus Magistrados mediante representantes de los diversos sectores de la sociedad integrados en un Comité de Postulaciones Judiciales (Art. 270).[109] Sin embargo, en la Ley Orgánica de 2004, ignorando la previsión constitucional se estableció en definitiva otro sistema de elección de Magistrados escapándose del control de los representantes de la sociedad civil, al integrarse el Comité de Postulaciones Judiciales, por once miembros principales, de los cuales cinco eran diputados a la Asamblea, y otros seis supuestamente de los "demás sectores de la sociedad," designados directamente por la Asamblea (Art. 13, párrafo 2°).

88. En efecto, la Ley Orgánica del Tribunal Supremo de Justicia de 2004 distorsionó las condiciones constitucionales para el nombramiento y remoción de los Magistrados, consolidando la conformación del Comité de Postulaciones Judiciales como la "comisión parlamentaria" antes referida, sujeta a la Asamblea Nacional, con lo que aseguró mayor dependencia del Tribunal Supremo del poder político.[110] Esta reforma, fue altamente criticada, al punto de que, incluso la Comisión Interamericana de Derechos Humanos en su *Informe Anual de 2004*, señaló que carecía "de las salvaguardas necesarias para impedir que otras ramas del Poder Público pudieran minar la independencia del Tribunal."[111]

89. Después de esa reforma, en todo caso, el proceso de postulación y designación de los Magistrados del Tribunal Supremo, a pesar de ser supuestamente de la exclusiva competencia del Poder Legislativo, fue completamente controlado por el Presidente de la República, dado su control político de la Asamblea tal y como lo reconoció públicamente el Presidente de la Comisión Parlamentaria para la selección de los Magistrados, al punto de afirmar en 2004, además, que "[e]n el grupo de postulados no hay nadie que vaya actuar contra nosotros." Este diputado, en efecto dijo públicamente:

---

[109] Debe recordarse que esta reforma constitucional se adoptó como consecuencia de la crítica generalizada que se había formulado al sistema tradicional de designación de los Magistrados, tal como la establecía la Constitución de 1961, conforme a la cual el órgano legislativo tenía todo el poder discrecional para, mediante solo acuerdos entre los partidos políticos, efectuar dichas designaciones. El sistema constitucional adoptado, en consecuencia, por una parte, buscaba impedir que se pudieran formular postulaciones directamente para tales designaciones, ante la Asamblea Nacional; y por otra parte, buscaba asegurar que la Asamblea Nacional no pudiera designar para dichos cargos personas distintas a las postuladas por los Comités de Postulaciones.

[110] Véase Rafael Pérez Perdomo, *Justicia e Injusticias en Venezuela. Estudio de historia social del derecho,* Academia Nacional de la Historia, Caracas 2011, p. 217; Rafael J. Chavero Gazdik, *La Justicia Revolucionaria. Una década de Reestructuración (o Involución) Judicial en Venezuela,* Editorial Aequitas, Caracas 2011, p. 93.

[111] Véase IACHR, *2004 Annual Report* (Follow-Up Report on Compliance by the State of Venezuela with the Recommendations made by the IACHR in its Report on the Situation of Human Rights in Venezuela [2003]), parágrafo 174. En http://www.cidh.oas.org/annualrep/2004eng/chap.5b.htm.

"Si bien los diputados tenemos la potestad de esta escogencia, el Presidente de la República fue consultado y su opinión fue tomada muy en cuenta." Añadió: "Vamos a estar claros, nosotros no nos vamos a meter autogoles. En la lista había gente de la oposición que cumplen con todos los requisitos. La oposición hubiera podido usarlos para llegar a un acuerdo en las últimas sesiones, pero no quisieron. Así que nosotros no lo vamos a hacer por ellos. En el grupo de postulados no hay nadie que vaya actuar contra nosotros."[112]

90. Este proceso de interferencia, incluso, como más adelante se explica, se repitió en 2010, al punto de que la Comisión Interamericana de derechos Humanos en su *Informe sobre Venezuela* de 2010, indicó que: "*los 49 magistrados elegidos (17 principales y 32 suplentes) serían simpatizantes del gobierno, incluyendo a dos nuevos magistrados que eran parlamentarios activos de la mayoría oficialista en la Asamblea Nacional.*"[113] Y ha sido esa configuración del Tribunal Supremo, altamente politizada y sujeta a los deseos del antiguo Presidente de la República, lo que permitió la completa eliminación de la autonomía del Poder Judicial, y por ende, de la separación de poderes, permitiendo al gobierno ejercer un control absoluto sobre el Tribunal y en particular, sobre su Sala Constitucional. Como lo ha destacado el profesor Rafael Chavero:

"(…) al colarse la política en el Tribunal Supremo se generó, como lógica consecuencia, el resquebrajamiento de la autonomía de todo el poder judicial, pues […] ahora el gobierno judicial ha quedado en mano de los magistrados del máximo tribunal, quienes se han encargado de desmontar todas las garantías de la carrera judicial, para así consolidar un sistema de terror que permite que todo se maneje con las influencias de las altas instancias judiciales y gubernamentales."[114]

91. Ello llegó al punto, por ejemplo, de que en algún caso en el cual el Tribunal dictó una sentencia "reformando" la Ley de Impuesto sobre la Renta,[115]

---

[112] Véase *El Nacional*, Caracas, 13 de diciembre de 2004. La Comisión Interamericana de Derechos Humanos sugirió en su Informe a la Asamblea General de la OEA para 2004 que "*estas normas de la Ley Orgánica del Tribunal Supremo de Justicia habrían facilitado que el Poder Ejecutivo manipulara el proceso de elección de magistrados llevado a cabo durante 2004.*" Véase Comisión Interamericana de Derechos Humanos, *Informe sobre Venezuela 2004*, párrafo 180. Véase lo expresado por los representantes del profesor Brewer-Carías en su *Escrito de Solicitudes, Argumentos y Pruebas*, 7 de julio de 2012, párr. 32.

[113] Véase IICHR, *Informe Anual 2010*, OEA/Ser.L/V/II. Doc. 5 corr. 1, 7-3-2011. Véase el Informe sobre Venezuela en: http://www.cidh.oas.org/annualrep/2010sp/CAP.IV. VENEZUELA.2010.FINAL.doc.

[114] Véase Rafael J. Chavero Gazdik, *La Justicia Revolucionaria. Una década de Reestructuración (o Involución) Judicial en Venezuela*, Editorial Aequitas, Caracas 2011, p. 301.

[115] Tribunal Supremo de Justicia, Sala Constitucional, Decisión N° 301 del 27 de febrero de 2007 (Caso: *Adriana Vigilanza y Carlos A. Vecchio*) (Exp. N° 01-2862) en http://www.tsj.gov.ve/decisiones/scon/febrero/301-270207-01-2862.HTM. Ver tam-

el Presidente de la República la criticó, pero no por su contenido, sino porque se hubiese dictado sin consultar previamente al "líder de la Revolución," advirtiendo a los tribunales que eso de decidir sin que se le consultaran los asuntos al Ejecutivo, podía considerarse "traición al Pueblo" o a "la Revolución."[116]

92. Y ha sido mediante el control ejercido sobre del Tribunal Supremo que el gobierno ha ejercido un control político sobre la universalidad de las instituciones judiciales,[117] con la cooperación de la largamente sobreviviente Comisión ad hoc de Funcionamiento y Reestructuración del Poder Judicial, legitimada hasta 2010 por el propio Tribunal Supremo de Justicia. Con ello, por supuesto, se hicieron completamente inaplicables las magníficas previsiones constitucionales que buscaban garantizar la independencia y autonomía de los jueces relativos al ingreso a la carrera judicial y a los juicios disciplinarios.

93. Pero en la materia específica de la estabilidad de los jueces y del régimen disciplinario, la Ley Orgánica del Tribunal Supremo de Justicia de 2004, en lugar de haber puesto fin a la transitoriedad constitucional que implicaba la ausencia de la Jurisdicción Disciplinaria, y el ejercicio de la misma por una Continuó ad hoc; al contrario, nuevamente prorrogó la transitoriedad al disponer en su Disposición Transitoria Única, párrafo 2, e), que:

"La Comisión de Funcionamiento y Reestructuración del Sistema Judicial sólo tendrá a su cargo funciones disciplinarias, *mientras se dicte la legislación y se crea la jurisdicción disciplinaria* y los correspondientes tribunales disciplinarios."

94. Con ello, el Legislador, de nuevo, decidió legislar para prorrogar una inconstitucional emergencia, que siguió durando *sine die*, mientras el propio legislador decidiera, en el futuro, llegar a legislar en la materia, lo que sólo hizo -aún cuando irregularmente- en 2010. Y todo ello, con la anuencia del

---

bién en *Gaceta Oficial* N° 38.635 del 1 de marzo de 2007 (http://www.pgr.gob.ve/dmdocuments/2007/38635.pdf).

[116] "Muchas veces llegan, viene el Gobierno Nacional Revolucionario y quiere tomar una decisión contra algo por ejemplo que tiene que ver o que tiene que pasar por decisiones judiciales y ellos empiezan a moverse en contrario a la sombra, y muchas veces logran neutralizar decisiones de la Revolución a través de un juez, o de un tribunal, o hasta en el mismísimo Tribunal Supremo de Justicia, a espaldas del líder de la Revolución, actuando por dentro contra la Revolución. Eso es, repito, traición al pueblo, traición a la Revolución" Discurso en el Primer Encuentro con Propulsores del Partido Socialista Unido de Venezuela desde el teatro Teresa Carreño, 24-03-2007, en http://www.minci.gob.ve/alocuciones/4/13788/primer_encuentro_con.html, p. 45.

[117] Véase Rafael Pérez Perdomo, *Justicia e Injusticias en Venezuela. Estudio de historia social del derecho,* Academia Nacional de la Historia, Caracas 2011, p. 277; Rafael J. Chavero Gazdik, *La Justicia Revolucionaria. Una década de Reestructuración (o Involución) Judicial en Venezuela,* Editorial Aequitas, Caracas 2011, pp. 70 ss, 72. Laura Louza Scognamiglio, *La Revolución Judicial el Venezuela,* FUNEDA, Caracas, 2011, pp.93-97

propio Tribunal Supremo de Justicia, que avaló dicha prórroga en violación de la Constitución en materia del régimen disciplinario del Poder Judicial. El resultado fue que en 2004, la vigencia efectiva de la norma constitucional que exigía que "la jurisdicción disciplinaria judicial estará a cargo de los tribunales disciplinarios que determine la ley" (art. 267) de nuevo fue pospuesta, quedando sin cumplimiento alguno; y quedando los jueces sin garantía alguna de estabilidad, a la merced de una Comisión "no judicial" que continuó suspendiéndolos sin proceso, particularmente cuando dictaron decisiones que no era de la complacencia del Poder. Lamentablemente en esta materia, el "activismo judicial" de la Sala Constitucional (que la llevó, incluso, a juzgar de oficio la inconstitucionalidad de la omisión del Legislador, por ejemplo, al no haber sancionado en el tiempo requerido la Ley Orgánica del Poder Municipal[118]) nunca fue ejercida en su propia materia, la judicial, ni fue aplicada para tratar de obligar al legislador a dictar las leyes básicas para garantizar, precisamente, la autonomía e independencia del Poder Judicial, que el Tribunal Supremo de Justicia debía administrar y gobernar, mediante la garantía de estabilidad de los jueces.

VI. LA CONVERSIÓN DE JUECES TEMPORALES EN JUECES TITULARES SIN LOS CONCURSOS PÚBLICOS DE OPOSICIÓN PREVISTOS EN LA CONSTITUCIÓN

El resultado de la "depuración" del Poder Judicial efectuada por la Comisión *ad hoc*, que condujo a que el mismo resultara inevitablemente integrado, mayoritariamente, por jueces temporales y provisionales, cuya designación correspondió a la Comisión Judicial del Tribunal Supremo de Justicia nombrada en agosto de 2000, la cual comenzó a funcionar en paralelo con la Comisión ad hoc de Funcionamiento del poder Judicial, condujo a que para 2004, el Poder Judicial en Venezuela ya estaba integrado en más del 90% por dichos jueces temporales y provisionales y, por tanto, dependientes y vulnerables a las presiones del poder,[119] con lo cual había ya materialmente desaparecido todo vestigio de autonomía e independencia del Poder Judicial.

96. Sobre este problema de la administración de justicia en Venezuela, la Comisión Interamericana de Derechos Humanos ya desde mayo de 2002, había señalado lo siguiente:

"8. Otro aspecto vinculado a la autonomía e independencia del Poder Judicial es lo relativo al carácter provisorio de los jueces. La CIDH no desconoce que el problema de la provisionalidad de los jueces en Vene-

---

[118]   Véase la sentencia N° 3118 de 06-11-2003 en http://www.tsj.gov.ve/decisiones/scon/noviembre/3118-061103-03-1167.HTM. Véanse los comentarios en Allan R. Brewer-Carías, *La Constitución de 1999. Derecho Constitucional Venezolano*, Tomo II, *cit.*, pp. 970 y ss.

[119]   Véase lo indicado en el Informe de Human Rights Watch *Manipulando el Estado de Derecho: Independencia del Poder Judicial amenazada en Venezuela*, junio de 2004, Vol. 16, N° 3 (B), p. 11, donde se habla incluso de los "jueces desechables".

zuela es de larga data. Según lo informado a la CIDH durante la visita, actualmente habría entre un 60% un 90% de jueces provisionales lo cual, a consideración de la CIDH, afecta la estabilidad, independencia y autonomía que debe regir a la judicatura. La Comisión expresa la importancia de que se inicie en Venezuela de manera inmediata y conforme a su legislación interna y las obligaciones internacionales derivadas de la Convención Americana, un proceso destinado a revertir la situación de provisionalidad de la mayoría de los jueces."[120]

97. Los concursos públicos para la designación de los jueces que se intentaron desarrollar en marzo de 2000, mediante una normativa que fue dictada, no por el Tribunal Supremo de Justicia, sino por la Comisión de Funcionamiento y Reestructuración del Sistema Judicial,[121] fueron suspendidos definitivamente poco tiempo después; y tanto la destitución de los jueces sin fórmula de juicio ni derecho a ser oídos, como la designación a dedo de sus sustitutos temporales, siguió siendo la regla en el funcionamiento del Poder Judicial.

---

[120] Véase "Comunicado de Prensa" de 10-05-2000, en *El Universal*, Caracas 11-5-2002. En el texto de las Observaciones Preliminares formuladas por la Comisión el día 10-05-2002, se ahondó en el tema de la provisionalidad de los jueces, indicando: 30. Otro aspecto vinculado a la autonomía e independencia del Poder Judicial es lo relativo al carácter provisorio de los jueces. Al respecto, luego de casi tres años de reorganización del Poder Judicial, un número significativo de los jueces tiene carácter provisorio, que oscila entre el 60 y el 90% según las distintas fuentes. Ello afecta la estabilidad, independencia y autonomía que debe regir a la judicatura. / 31. La Comisión no desconoce que el problema de la provisionalidad de los jueces precede en muchos años a la presente administración. Sin embargo, la Comisión ha sido informada que el problema de la provisionalidad de los jueces se ha profundizado y aumentado desde que el presente Gobierno inició un proceso de reestructuración judicial. El Presidente del Tribunal Supremo de Justicia informó a la CIDH sobre la marcha del proceso destinado a corregir dicha situación. / 32. El poder judicial ha sido establecido para asegurar el cumplimiento de las leyes y es indudablemente el órgano fundamental para la protección de los derechos humanos. En el sistema interamericano de derechos humanos, el funcionamiento adecuado del poder judicial es un elemento esencial para prevenir el abuso de poder por parte de otros órganos del Estado, y por ende, para la protección de los derechos humanos. Para que el poder judicial pueda servir de manera efectiva como órgano de control, garantía y protección de los derechos humanos, no sólo se requiere que éste exista de manera formal, sino que además el poder judicial debe ser independiente e imparcial. / 33. La Comisión expresa la importancia de que, de manera inmediata y conforme a la legislación interna y las obligaciones internacionales derivadas de la Convención Americana, se acelere el proceso destinado a revertir la situación de provisionalidad en que se encuentra un número significativo de jueces venezolanos. La necesidad de que la designación de jueces se realice con todas las garantías, no puede justificar que la situación de provisionalidad se mantenga por largos períodos. Ver el informe definitivo en http://www.cidh.org/countryrep/Venezuela2003sp/indice.htm, en particular ver http://www.cidh.org/countryrep/Venezue-la2003sp/cap.1.htm

[121] Véase Normas de Evaluación y Concursos de Oposición para ingresos y permanencia en el Poder Judicial de 13-03-2000.

98. Lo absurdo del régimen transitorio que eliminó todo el sistema de concurso para el ingreso a la carrera judicial que exige la Constitución, llegó a su clímax con la sentencia de la Sala Constitucional del Tribunal Supremo de Justicia N° 1424 de 3 de mayo de 2005, dictada con ocasión de decidir un recurso de nulidad por inconstitucionalidad del artículo 6,23 de la Ley Orgánica del Tribunal Supremo de Justicia que atribuía a la Sala Político-Administrativa del mismo Tribunal la competencia para designar los jueces de la jurisdicción contencioso-administrativa, a los efectos de que como lo solicitaron los recurrentes, "en consecuencia se designe a los jueces de la jurisdicción contencioso-administrativa, a través de los procedimientos de concurso de oposición aplicado a las demás jurisdicciones del país, tal como lo prevé el mandato constitucional plasmado en el artículo 255 de la Constitución." En dicha sentencia, sin embargo, la Sala resolvió declarar *de oficio* una medida cautelar suspendiendo la aplicación de la norma impugnada, alegando como "peligro en la mora", "el riesgo de que la Sala Político-Administrativa, con apoyo en la Ley, haga designaciones durante la pendencia de este juicio las cuales, pese a que sean legales, podrían ser declaradas luego inconstitucionales, con nefastas consecuencias para todo el Sistema de Justicia"; por lo que entonces resolvió que durante "la tramitación de esta causa las designaciones a que se refiere la norma cuya suspensión provisional se acuerda se harán por la Comisión Judicial del Tribunal Supremo de Justicia, mediante el mismo procedimiento a través del cual se nombra el resto de los jueces de la República" es decir, sin concurso. En consecuencia, de una designación de jueces de la Jurisdicción Contencioso-Administrativa por el máximo tribunal de dicha Jurisdicción (la Sala Político-Administrativa) con posibilidad de velar más adecuadamente por el nivel de los mismos, se pasó a la designación sin concurso de dichos jueces como se ha hecho con "el resto de los jueces de la República"; y todo ello, por decisión de la Sala Constitucional del Tribunal Supremo de Justicia[122].

99. Toda esta irregular conformación de la judicatura en Venezuela, por jueces provisorios y temporales, que fueron siendo designados sin concurso, en sustitución de todos los que habían sido destituidos o removidos sin garantía el debido proceso, el propio Tribunal Supremo buscó en convertirla en "regular," mediante la aprobación y entrada en vigencia desde septiembre de 2005, de una normativa con la cual se pretendió establecer ese proceso de "reconversión," regulando una inconstitucional transformación de dichos jueces provisorios en "jueces titulares," sin el concurso público de oposición que exige la Constitución. Como lo observó el profesor Rafael Chavero, luego de la "purga de jueces con años de servicio, luego de que se operó un sistema

---

[122] Cabe destacar que, de acuerdo con lo establecido en el artículo 184 de la Ley Orgánica de la Corte Suprema de Justicia, vigente hasta mayo de 2004, correspondía a la Sala Político-Administrativa la designación de los jueces de la Corte Primera de lo Contencioso Administrativo; de manera que lo que hizo la norma impugnada fue copiar una norma de aplicación incontestada en Venezuela durante alrededor de veinticinco años (ver ley en http://www.pgr.gob.ve/dmdocuments/1976/1893.pdf).

perverso de remociones discrecionales, se comenzó a otorgar titularidad a aquellos jueces que demostraron seguir las directrices de los órganos de gobierno del poder judicial."[123]

100. A los efectos de llevar a cabo esta violación de la Constitución, en efecto, el Tribunal Supremo de Justicia dictó unas "Normas de Evaluación y Concurso de oposición para el ingreso y ascenso de la carrera judicial" mediante Acuerdo de 6 de julio de 2005,[124] en las cuales, luego de regular muy detalladamente los concursos públicos para el nombramiento de jueces, suspende su aplicación durante un año (2005-2006) en unas Disposiciones Finales y Transitorias, en cuyo artículo 46 estableció una llamada "Regularización de la Titularidad de los Jueces Provisorios," a los efectos "de regular la situación de los Jueces no titulares."[125] Para ello, incluso antes de dictarse estas normas, la Sala Plena del Tribunal Supremo de Justicia en fecha 6 de abril de 2005, había aprobado "el proyecto de normas presentado por la Escuela Nacional de la Magistratura que incluye el Programa Especial para la Regularización de la Titularidad (PET), conformado por un Programa Académico de Capacitación, evaluación médica y psicológica, evaluación de desempeño, y el correspondiente examen de conocimiento, todo de acuerdo con lo previsto en la presente normativa." La referida norma del artículo 46 agregó que "El referido programa tendrá una vigencia de doce meses contados a partir de la aprobación por la Sala Plena del Tribunal Supremo de Justicia de las presentes normas". Con ello, se buscó titularizar a todos los jueces provisionales y transitorios, que para el momento de entrada en vigencia de las normas tuvieran solo más de tres meses en ejercicio de sus cargos,[126] de manera que la misma norma agregó además que solo "aquellos jueces que, para la fecha en que cese la vigencia de dicho Programa, mantengan la condición de Provisorios, Temporales o Accidentales, y no tengan al menos tres (3) meses en el ejercicio de sus funciones judiciales", serán los que deben "participar y aprobar el Programa de Formación Inicial (PFI) para obtener la titularidad."

---

[123] Véase Rafael J. Chavero Gazdik, *La Justicia Revolucionaria. Una década de Reestructuración (o Involución) Judicial en Venezuela,* Editorial Aequitas, Caracas 2011, p. 304.

[124] Véase en *Gaceta Oficial* N° 38282 de 29-09-2005. Dicho Acuerdo, sin embargo, no derogó expresamente las Normas de Evaluación y Concursos de oposición para ingresos y permanencia en el Poder Judicial que había dictado la Comisión de Funcionamiento y reestructuración del Sistema Judicial en 2000.

[125] Sobre este programa de "regularización de la titularidad" de los jueces véase lo que indican los representantes del profesor Brewer-Carías, en el *Escrito de Solicitudes, Argumentos y Pruebas*, 7 de julio de 2012, párr. 77 ss.

[126] El artículo 47 de dichas normas transitorias, establece sobre la convocatoria a concurso, que "La Escuela Nacional de la Magistratura convocará a concurso sólo a aquellos jueces no titulares, con al menos tres (3) meses en el ejercicio de la función judicial para la fecha de inicio del Programa Académico de Capacitación. Tal convocatoria deberá cumplir con los requisitos de publicidad y fases establecidas en las presentes normas'.

101. En esta forma, el propio Tribunal Supremo, en evidente contrariedad a la Constitución, dispuso la conversión de los jueces temporales, provisorios y accidentales en "jueces titulares," sin cumplir con los concursos públicos de oposición establecidos en la Constitución, mediante un procedimiento que se desarrolló en las referidas Normas, basadas en una supuesta evaluación que se le hace a cada juez provisorio, individualmente considerado, al cual se le da un "curso de formación" de pocos días, y se le hace un examen, sin concurso público. Este proceso, que se ha realizado desde 2005, es lo que le permitió al Presidente del Tribunal Supremo de Justicia, anunciar públicamente en octubre de 2006, que "para diciembre de 2006, 90% de los jueces serán titulares,"[127] hecho que fue denunciado ante la Comisión Interamericana de Derechos Humanos como un nuevo atentado a la autonomía del Poder Judicial hecho en fraude a la Constitución.[128]

VII. LA "REGULARIZACIÓN" DE LA INEXISTENCIA DE LA JURISDICCIÓN DISCIPLINARIA JUDICIAL POR PARTE DE LA SALA CONSTITUCIONAL DEL TRIBUNAL SUPREMO EN 2005, Y LA DEFINITIVA SUMISIÓN DEL PODER JUDICIAL A CONTROL POLÍTICO

102. La intervención, debido a la "emergencia" permanente a la cual se sometió al Poder Judicial en Venezuela, que condujo a que las normas constitucionales no llegasen a aplicarse, por supuesto que a lo que más afectó fue a la estabilidad de los jueces dada la inexistencia de la jurisdicción disciplinaria judicial prevista en la Constitución.

103. El Legislador, por tanto, estuvo en mora tanto en cuanto a la creación de dicha Jurisdicción, como en cuanto a la sanción del régimen disciplinario de los magistrados y jueces que debía estar además fundamentado en el Código de Ética del Juez Venezolano que sólo llegó a ser dictado en 2010. Antes, sin embargo, en su lugar, como antes se dijo, la Asamblea Nacional lo que hizo fue dictar la Ley Orgánica del Tribunal Supremo de mayo de 2004 para prorrogar una vez más la emergencia, al disponerse en la Disposición Transitoria Única, párrafo 2, e) que la Comisión de Funcionamiento y Reestructuración del Sistema Judicial seguiría ejerciendo las funciones disciplinarias, "mientras se dicte la legislación y se crea la jurisdicción disciplinaria y los correspondientes tribunales disciplinarios." Es decir, como se dijo, el Legislador, de nuevo, había decidido legislar para prorrogar la transición en la materia y prorrogar una inconstitucional emergencia, que siguió durando *sine die*, mientras el propio legislador decidiera, en el futuro, si llegaba a legislar, lo que finalmente sólo hizo en 2010. Y todo ello, con la anuencia del propio Tribunal Supremo de Justicia, el cual avaló dicha prórroga y la violación de la Constitución en materia del régimen disciplinario del Poder judicial.

---

[127] Véase en *El Universal*, Caracas 11-10-2006.

[128] Véase la denuncia de Cofavic, Provea, Espacio Público, Centro de Derechos Humanos de la UCAB, Unión Afirmativa y otras organizaciones no gubernamentales ante la Comisión Interamericana de Derechos Humanos, en Washington. Véase en *El Universal*, Caracas, 20 de octubre de 2006.

104. En esta materia, incluso, la propia Sala Constitucional del Tribunal Supremo, con ocasión de conocer de la inconstitucional omisión de la Asamblea Nacional al no haber enviado al Presidente de la República para su promulgación una Ley del Código de Ética del Juez que se había sancionado en 2005, en lugar de censurar la omisión legislativa y exigirle a la Asamblea Nacional que remitiera para su promulgación tal Ley, lo que hizo fue, contradictoriamente, prorrogar la existencia de la mencionada Comisión de Funcionamiento y Reestructuración del Sistema Judicial, llegando incluso a "designar y remover" a sus integrantes, sustituyéndose, la Sala Constitucional, en el propio Tribunal Supremo de Justicia. En efecto, en la sentencia No. 1057 de junio de 2005, dictada con el motivo indicado, la Sala resolvió:

> "Observa la Sala, tal y como se indicó anteriormente, que la presente demanda se intentó con fundamento en la supuesta omisión en que incurrió la Asamblea Nacional, "por cuanto aún no han remitido la Ley sancionada el 16 de octubre de 2003 del Código de Ética del Juez o Jueza Venezolana' al Presidente de la República Bolivariana para que se proceda a su promulgación en la Gaceta Oficial."[129]

105. Lo anterior trajo entre sus consecuencias, la continuidad en sus funciones de un órgano como la Comisión de Funcionamiento y Reestructuración del Sistema Judicial, el cual estaba destinado a regir durante un período de transición. En efecto, como se dijo, la Asamblea Nacional Constituyente había elaborado el "Régimen de Transición del Poder Público" de 22 de diciembre de 1999, en el cual se creó la Comisión de Funcionamiento y Reestructuración del Sistema Judicial en los siguientes términos:

> "Artículo 28. Se crea la Comisión de Funcionamiento y Reestructuración del Sistema Judicial que será integrada por los ciudadanos que designe la asamblea nacional constituyente.

> Las Designaciones que realice la Asamblea Nacional Constituyente <u>lo serán hasta el funcionamiento efectivo de la Dirección Ejecutiva de la Magistratura, de los Tribunales Disciplinarios y del Sistema Autónomo de la Defensa Publica</u>".[130]

106. Por su parte, el artículo 24 del Régimen Transitorio destacó igualmente la transitoriedad de la referida Comisión, al disponer lo siguiente:

> "La competencia disciplinaria judicial que corresponda a los Tribunales disciplinarios de conformidad con el artículo 267 de la Constitución aprobada, será ejercida por la Comisión de Funcionamiento y Reestructuración Sistema Judicial de acuerdo con el presente régimen de transición y hasta que la Asamblea Nacional apruebe la legislación determine los procesos y tribunales disciplinarios".

---

[129] Véase en http://www.tsj.gov.ve/decisiones/scon/junio/1057-010605-05-0801.HTM
[130] Véase *Gaceta Oficial* N° 36.920 del 28 de marzo de 2000.

107. En correspondencia con lo anterior, el Tribunal Supremo de Justicia, procedió a dictar la "Normativa sobre la Dirección, Gobierno y Administración del Poder Judicial," en cuyo capítulo correspondiente a las disposiciones finales y transitorias (artículo 30), dispuso que:

"La Dirección Ejecutiva de la Magistratura iniciará su funcionamiento efectivo el día primero de septiembre del año dos mil.

(Omissis)

La Comisión de Funcionamiento y Reestructuración, **reorganizada en la forma que lo determine el Tribunal Supremo de Justicia**, sólo tendrá a su cargo funciones disciplinarias, mientras se dicta la legislación y se crean los correspondientes Tribunales Disciplinarios" (Resaltado de la Sala).[131]

108. Después de hacer las anteriores constataciones sobre previsiones normativas en la materia, la Sala, en lugar de velar por la corrección de la omisión legislativa, lo que hizo fue constatar que:

"Visto que conforme a la Normativa sobre la Dirección, Gobierno y Administración del Poder Judicial corresponde a este Tribunal Supremo de Justicia, la reorganización de la Comisión de Funcionamiento y Reestructuración y visto que conforme al Decreto del Régimen de Transición del Poder Público, las designaciones que realizó la Asamblea Nacional Constituyente de los integrantes de dicha Comisión fueron realizadas de manera temporal hasta el funcionamiento efectivo de la Dirección Ejecutiva de la Magistratura y la Comisión Judicial, lo que constituye un hecho notorio en la actualidad, y visto que hasta la presente fecha la Asamblea Nacional ha omitido culminar el proceso de formación del Código de Ética del Juez o Jueza Venezolana."[132]

108. Y con base en ello, "a los fines de reorganizar el funcionamiento de la referida Comisión, según lo establecido en el artículo 267 de la Constitución de la República Bolivariana de Venezuela y artículo 30 de la Normativa sobre la Dirección, Gobierno y Administración del Poder Judicial", pura y simplemente procedió a ordenar la sustitución de los ciudadanos que se desempeñan como miembros integrantes de la citada Comisión por otros ciudadanos que procedió a designar. Es decir, la Sala Constitucional procedió a formalizar, aún más, la transitoriedad judicial y la inexistencia del régimen disciplinario judicial de los jueces.[133]

---

[131]   Véase *Gaceta Oficial* N° 37.014, de 15 de agosto de 2000.

[132]   Véase en http://www.tsj.gov.ve/decisiones/scon/junio/1057-010605-05-0801.HTM

[133]   Véase las referencias a esta sentencia, en la sentencia N° 1793 de 19 de julio de 2005 de la misma Sala Constitucional, Caso: *Henrique Iribarren Monteverde, (acción de inconstitucionalidad por omisión contra la Asamblea Nacional*, en http://www. tsj.gov.ve/decisiones/scon/julio/1793-190705-05-0801.HTM

109. En sentencia N° 1793 de 19 de julio de 2005, recaída en el mismo caso, la Sala Constitucional resolvió "suspender" la aplicación del Reglamento que contiene el procedimiento disciplinario aplicable a los jueces y juezas en sede administrativa, por ser contrario a los postulados constitucionales, y procedió a facultar a la Comisión de Funcionamiento y Reestructuración del Sistema Judicial para modificar su Reglamento y adecuarlo a las disposiciones constitucionales, hasta tanto entre en vigencia la legislación correspondiente. En efecto, luego de la anterior sentencia, y teniendo en cuenta su contenido, la Sala Constitucional consideró a la referida Comisión, según su propia jurisprudencia, como "un órgano de rango constitucional, (*V.,* sent. N° 731/2005 del 5 de marzo[134], recaída en el caso *Marcos Ronald Marcano Cedeño*) [...] sujeto a un régimen de transitoriedad, habida cuenta que el sistema jurídico que debe regir su funcionamiento aún no ha entrado en vigencia" pues como "lo ha reconocido esta Sala en sentencia del 28 de marzo de 2000 Caso *Gonzalo Pérez Hernández y Luis Morales Parada*), cuando dispuso que las normas supraconstitucionales *"mantienen su vigencia, más allá del mandato cumplido de la Asamblea Nacional Constituyente, hasta que los poderes constituidos, entre ellos la Asamblea Nacional, sean electos y empiecen a ejercer su competencia normadora conforme a la Constitución vigente."* Y con base en ello, así como en el "Reglamento de la Comisión de Funcionamiento y Reestructuración del Sistema Judicial" dictado por la propia Comisión[135] y el la Disposición Derogatoria, Transitoria y Final, literal e) de la Ley Orgánica del Tribunal Supremo de Justicia de 2004, estimó en definitiva:

"(...) que la Comisión de Funcionamiento y Reestructuración del Sistema Judicial está facultada para conocer y decidir los procedimientos disciplinarios -que han de ser públicos, orales y breves- en contra de los jueces, hasta tanto se dicte la legislación y se creen los correspondientes Tribunales Disciplinarios, conforme al artículo 267 de la Constitución de la República Bolivariana de Venezuela y, el Régimen Disciplinario de los Jueces que se regirá por el Código de Ética del Juez Venezolano o Jueza Venezolana, el cual originó la presente acción de inconstitucionalidad contra omisión legislativa.[136]

111. Por otra parte, la Sala Constitucional consideró que normas del referido Reglamento eran contrarias a los artículo 257 y 267 de la Constitución, por lo cual "dado el vacío normativo existente sobre la materia, producto de la falta de adecuación de la legislación existente a los postulados constitucionales antes transcritos," procedió "de oficio" a suspender su aplicación. Sin embargo, "a fin de evitar la paralización de los procedimientos disciplinarios pendientes y los que haya lugar," la Sala Constitucional, con base en al ar-

---

[134]   Ver en http://www.tsj.gov.ve/decisiones/scon/mayo/731-050505-04-1455.HTM

[135]   Véase acto administrativo N° 155, del 28 de marzo de 2000, publicado en *Gaceta Oficial de la República Bolivariana de Venezuela* N° 36.925, del 4 de abril de 2000, en http://www.pgr.gob.ve/dmdocuments/2000/36925.pdf

[136]   *Idem.*

tículo 336.7 de la Constitución que la autoriza a establecer los lineamientos para corregir la omisión, procedió a facultar:

"(…) a la Comisión de Funcionamiento y Reestructuración del Sistema Judicial para modificar su Reglamento y adecuarlo a las disposiciones constitucionales referidas supra; hasta tanto entre en vigencia la legislación correspondiente, y para cumplir con su cometido, podrá reorganizar su personal interno, designar el personal auxiliar que requiera y dictar su propio reglamento de funcionamiento, sin que ello colida con el Decreto del Régimen de Transición del Poder Público." [137]

112. La Sala Constitucional, así, en definitiva avaló la transitoriedad del régimen de ausencia de garantías a la estabilidad de los jueces, y en esta materia, como antes se dijo, no demostró activismo judicial alguno, y lejos de declarar la inconstitucionalidad de la omisión legislativa, lo que hizo fue asumir la dirección de la inconstitucional emergencia judicial, al haber primero removido a los miembros de la Comisión de Funcionamiento y Reorganización del Sistema Judicial y haber designado a los nuevos integrantes de dicho órgano interventor, y disponer la forma para que continuase la emergencia.

113. En esta materia, por tanto, como dijimos al inicio, el contraste entre la normativa constitucional, la realidad de la práctica política ha sido de flagrante desconocimiento de aquella: hay una serie de garantías constitucionales respecto de la autonomía e independencia del Poder Judicial que no han existido en la práctica, por la implantación de una anormal situación de "emergencia judicial" construida y gerenciada por la Asamblea Nacional y por el propio Tribunal Supremo de Justicia, órganos que han suspendido fácticamente la aplicación de la Constitución en lo que se refiere al régimen disciplinario de los jueces y, por tanto, en cuanto a la estabilidad de los mismos, sin lo cual no puede hablarse ni de autonomía ni de independencia judicial.

114. Uno de los casos emblemáticos que muestra esta irregular situación tuvo lugar en 2003, cuando la Corte Primera de lo Contencioso Administrativo dictó una medida cautelar suspendiendo la ejecución de un programa de contratación pública de médicos extranjeros sin licencia, para programas sociales de atención médica; medida que se dictó a solicitud del Colegio de Médicos de Caracas que alegaba discriminación contra los médicos licenciados en Venezuela.[138] La respuesta del Gobierno Nacional contra una simple medida cautelar de suspensión de efectos, además de anunciar públicamente

---

[137] *Ibidem.*

[138] Véase Claudia Nikken, "El caso *"Barrio Adentro"*: La Corte Primera de lo Contencioso Administrativo ante la Sala Constitucional del Tribunal Supremo de Justicia o el avocamiento como medio de amparo de derechos e intereses colectivos y difusos," en *Revista de Derecho Público*, N° 93-96, Editorial Jurídica Venezolana, Caracas, 2003, pp. 5 y ss.

que no sería acatada,[139] fue el allanamiento policial de la sede del tribunal; la destitución de todos sus Magistrados y la clausura del mismo por casi un año -11 meses-, y el insulto público proferido por el Presidente de la República contra los Magistrados destituidos.[140] El caso fue llevado ante esta honorable Corte Interamericana de Derechos Humanos, la cual dictó sentencia en agosto de 2008 condenando al Estado venezolano por la violación de las garantías judiciales de los Magistrados,[141] pero la respuesta de la Sala Constitucional del Tribunal Supremo a solicitud del Procurador General del gobierno, fue simplemente declarar que las decisiones de la Corte Interamericana son inejecutables en Venezuela, exhortando al Poder Ejecutivo a denunciar la Convención Americana sobre Derechos Humanos.[142] Tan simple como eso, mostrando la total subordinación de las instituciones judiciales respecto de las políticas, deseos y dictados del Presidente de la República.

1.   Por ello, en la decisión sobre Cumplimiento adoptada por esta honorable Corte IDH en el caso *Apitz Barbera y otros vs. Venezuela*, de fecha 23 de noviembre de 2012, la misma resolvió que:

"el Estado no puede oponer como justificación de su incumplimiento una decisión de un tribunal interno, aun cuando sea el tribunal de más alta jerarquía en el ordenamiento jurídico nacional. Es más, la existencia de una decisión a nivel interno, como la sentencia del Tribunal Supremo, que considere que el Fallo emitido por la Corte Interamericana es inejecutable, desconoce los principios básicos de derecho internacional sobre los cuales se fundamenta la implementación de la Convención Americana (supra Considerandos 21 a 26). El incumplimiento manifiesto expresado por medio de la Sentencia del Tribunal Supremo de Justicia impide el efecto útil de la Convención y su aplicación en el caso concreto por su intérprete último. Del mismo modo, desconoce el principio de cosa juzgada internacional sobre una materia que ya ha sido decidida, y deja sin efecto y hace ilusorio el derecho al acceso a la justicia interamericana de

---

139   "Váyanse con su decisión no sé para donde, la cumplirán ustedes en su casa si quieren…" Exposición en el programa radial *Aló Presidente*, N° 161, 24-08-2004

140   Exposición pública el 20-09-2004. Véase la información en *El Nacional*, Caracas 05-11-2004, p. A2, donde el Presidente destituido de la Corte Primera señaló que: "La justicia venezolana vive un momento tenebroso, pues el tribunal que constituye un último resquicio de esperanza ha sido clausurado". Véase sobre este caso los comentarios de Véase Rafael J. Chavero Gazdik, *La Justicia Revolucionaria. Una década de Reestructuración (o Involución) Judicial en Venezuela*, Editorial Aequitas, Caracas 2011, p. 297

141   Corte.IDH Caso *Apitz Barbera y otros ("Corte Primera de lo Contencioso Administrativo") vs. Venezuela*, del 5 de agosto de 2008, Excepción Preliminar, Fondo, Reparaciones y Costas, Serie C N° 182.

142   Véase sentencia de la Sala Constitucional, sentencia N° 1.939 de 18-12-2008 (Caso *Abogados Gustavo Álvarez Arias y otros*), en *Revista de Derecho Público*, N° 116, Editorial Jurídica Venezolana, Caracas, 2008, pp. 89-106. También en http://www.tsj.gov.ve/decisiones/scon/Diciembre/1939-181208-2008-08-1572.html

las víctimas de violaciones de derechos humanos, lo cual perpetúa en el tiempo las violaciones de derechos humanos que fueron constatadas en la Sentencia. Por tanto, conforme al Derecho Internacional que ha sido democrática y soberanamente aceptado por el Estado venezolano (69), es inaceptable, que una vez que la Corte Interamericana haya emitido una Sentencia, el derecho interno o sus autoridades pretendan dejarla sin efectos."[143]

116. Más recientemente tuvo lugar otro asombroso caso, que fue la detención policial arbitraria, en diciembre de 2009, de una juez penal (María Lourdes Afiuni Mora) por haber ordenado, conforme a sus atribuciones y siguiendo las recomendaciones del Grupo de Trabajo de las Naciones Unidas sobre Detenciones Arbitrarias, la excarcelación de un procesado por delitos financieros a los efectos de que fuese enjuiciado en libertad como lo garantiza la Constitución. El mismo día de la decisión, el Presidente de la Republica pidió públicamente la detención de la juez, exigiendo que se le aplicara la pena máxima de 30 años[144] establecida en Venezuela para crímenes horrendos y graves.[145]

117. La juez fue efectivamente detenida por la policía ese mismo día, y permaneció en detención hasta el día 18 de junio de 2013, cuando fue puesta en libertad condicional con prohibición de hablar y declarar sobre su caso,[146] es decir, por un período de 3 años y 6 meses, tiempo durante el cual se enfermó de cáncer y no se le dio la debida atención y además denunció que fue víctima de violación en la cárcel donde estuvo recluida; sin que se haya iniciado juicio alguno contra ella. El mismo Grupo de Expertos de Naciones Unidas consideró estos hechos como "un golpe del Presidente Hugo Chávez contra la independencia de los jueces y abogados" solicitando la "inmediata liberación de la juez" concluyendo que "las represalias ejercidas sobre jueces y abogados por el ejercicio de sus funciones garantizadas constitucio-

---

[143] Corte IDH. Caso *Apitz Barbera y Otros ("Corte Primera de lo Contencioso Administrativo") Vs. Venezuela*. Supervisión de Cumplimiento de Sentencia. Resolución de la Corte Interamericana de Derechos Humanos de 23 de noviembre de 2012, en http://www.Corte IDH.or.cr/docs/supervisiones/aptiz_23_11_12.pdf .

[144] En un programa de televisión el Presidente de la República "ordenó" públicamente a la Fiscal General de la República a castigar en la forma más severa a la Juez Afiuni, a los efectos de disuadir decisiones similares por parte de otros jueces. Sugirió incluso que los abogados defensores en el caso habían incurrido en actos criminales al solicitar la excarcelación de su defendido, y la Fiscal general dio declaraciones públicas condenando a la Juez. Véase http://www.unionradio.net/Actuali-dad/#&&NewsId=35473.

[145] Sobre este caso véase lo que destacan los representantes del profesor Brewer-Carías, en el *Escrito de Solicitudes, Argumentos y Pruebas*, 7 de julio de 2012, párr. 73 ss.

[146] Véase la información en http://noticiasvenezuela.org/2013/06/libertad-condicional-de-jueza-afiuni-no-es-suficiente/; y en http://www.noticiascentro.com/2013/libertad-a-medias-para-la-jueza-afiuni-y-simonoviscuando-la-tortura-sigue/ .

nalmente creando un clima de temor, solo sirve para minar el Estado de derecho y obstruir la justicia."[147]

118. Este caso fue especialmente destacado por la Comisión Interamericana de Derechos Humanos en su Informe sobre Democracia y Derechos Humanos en Venezuela de 2009,[148] en la siguiente forma:

> "297. También llama la atención de la Comisión la situación de la jueza 31 de Control del Área Metropolitana de Caracas, María Lourdes Afiuni Mora. Según se informó a la CIDH, el jueves 10 de diciembre de 2009 la jueza Afiuni, realizó audiencia preliminar en la causa seguida contra el ciudadano Eligio Cedeño, quien para el momento permanecía privado de libertad por más de 2 años, plazo máximo de detención preventiva contemplado en el Código Orgánico Procesal Penal. La detención de Eligio Cedeño fue declarada arbitraria por el Grupo de Trabajo sobre la Detención Arbitraria de Naciones Unidas el 1 de septiembre de 2009, citando violaciones al derecho a un juicio justo (258). En la mencionada audiencia, la jueza decidió sustituir la medida privativa de libertad contra Cedeño, por el juicio en libertad, acordando igualmente para éste (a) prohibición de salida del país (b) presentación ante el tribunal cada 15 días y (c) retención de su pasaporte. Horas más tarde, funcionarios de la Dirección de Servicios de Inteligencia y Prevención (DISIP) allanaron la sede del Tribunal 31° de Control, llevándose detenida a la jueza María Lourdes Afiuni Mora y a los alguaciles Rafael Rondón y Carlos Lotuffo.

> 298. Al día siguiente, en cadena nacional de radio y televisión, el Presidente de la República, Hugo Chávez, calificó a la jueza Afiuni de "bandida" y señaló: "Yo exijo dureza contra esa jueza; incluso le dije a la presidenta del Tribunal Supremo [de Justicia, Luisa Estela Morales], y le digo a la Asamblea Nacional: habrá que hacer una ley porque es mucho más grave un juez que libere a un bandido, que el bandido mismo. Es infinitamente muy grave para una República, para un país, que un asesino, porque pague, un juez lo libere. Es más grave que un asesinato, entonces habrá que meterle pena máxima a esta jueza y a los que hagan eso. Trein-

---

[147] Véase en at http://www.unog.ch/unog/website/news_media.nsf/%28httpNewsBy Year_en%29/93687E8429BD53A1C125768E00529DB6?OpenDocument&cntxt=B3 5C3&cookielang=fr. El 14-10-2010, el mismo Grupo de Trabajo de la ONU solicitó formalmente al Gobierno venezolano que la Juez fuese "sometida a un juicio apegado al debido proceso y bajo el derecho de la libertad provisional". Véase en *El Universal*, 14-10-2010, en http://www.eluniversal.com/2010/10/14/pol_ava_instancia-de-la-onu_14A4608051.shtml. Véase sobre este caso los comentarios de Véase Rafael J. Chavero Gazdik, *La Justicia Revolucionaria. Una década de Reestructuración (o Involución) Judicial en Venezuela*, Editorial Aequitas, Caracas 2011, pp. 199 ss.; 241 ss.

[148] Véase OEA/Ser.L/V/II, Doc. 54, 30 diciembre 2009 (OEA documentos oficiales ; OEA/Ser.L) ISBN 978-0-8270-5413-4.

ta años de prisión pido yo a nombre de la dignidad del país."(259). En el acto oficial transmitido en cadena nacional de radio y televisión se encontraban diversas personalidades, incluyendo a la Fiscal General de la República.

299. Un día más tarde, según información de la Fiscalía General de la República, "la ex funcionaria fue imputada, por el Ministerio Público, el 12 de diciembre, por la presunta comisión de los delitos de corrupción propia, abuso de autoridad, favorecimiento para la evasión y asociación para delinquir, previstos en la Ley Contra la Corrupción, el Código Penal y la Ley Orgánica Contra la Delincuencia Organizada". La orden de detención se habría librado con base en lo establecido en el Código Orgánico Procesal Penal que prohíbe a los jueces mantener contacto directo e indirecto con algunas de las partes, sin la presencia de todas. Se alega que la audiencia que se llevó a cabo el 10 de diciembre en la causa contra Eligio Cedeño se realizó sin la presencia del Ministerio Público pese a que los fiscales nacionales 50° y 73° habrían justificado ante la jueza su no comparecencia. (260)

300. En relación con estos hechos, el 17 de diciembre de 2009 la CIDH envió una solicitud de información al Estado. A su vez, tres Relatores de Naciones Unidas (261) expresaron su profunda preocupación por el arresto de la jueza Afiuni, al que describieron como "un golpe del Presidente Hugo Chávez a la independencia de magistrados y abogados en el país". Los Relatores de la ONU expresaron su preocupación por el hecho de que el Presidente Chávez haya instruido públicamente a la Fiscal General y al Presidente del Tribunal Supremo de Justicia para que castigaran a la jueza Afiuni con la pena máxima. En tal sentido, señalaron que "las represalias por ejercer funciones constitucionalmente garantizadas y la creación de un clima de temor en el poder judicial y en los abogados no sirve a otro propósito que el de socavar el estado de derecho y obstruir la justicia" (262).

301. Más allá de que destituciones como las reseñadas en los párrafos anteriores pudieran o no estar basadas en causales y procedimientos establecidos por la ley, el hecho de que se hayan producido de manera casi inmediata luego de que los magistrados adoptaran decisiones judiciales en casos con importante connotación política, sumado a que en las resoluciones que establecen la destitución no se establece con claridad las causas que motivan la decisión ni se hace referencia al procedimiento mediante el cual se adoptó la decisión, envía una fuerte señal a la sociedad y al resto de jueces de que el poder judicial no tiene la libertad de adoptar decisiones contrarias a los intereses del gobierno, pues de hacerlo los jueces corren el riesgo de ser removidos, sin más, de sus cargos.

119. Y efectivamente, el hecho es que en Venezuela ningún juez ha podido ni puede adoptar una decisión que pueda afectar las políticas gubernamentales, los deseos del Presidente, los intereses del Estado o la voluntad de los funcionarios públicos, por lo que por ejemplo, la Jurisdicción Contencioso Administrativa ha dejado de tener efectividad e importancia,[149] siendo difícil que un juez llegue a tomar una decisión que afecte los intereses gubernamentales.[150] Por ello la Comisión Interamericana de Derechos Humanos después de describir con preocupación en su *Informe Anual de 2009* que en muchos casos, "los jueces son removidos inmediatamente después de adoptar decisiones judiciales en casos con impactos políticos importantes," concluyó señalando que "la falta de independencia judicial y de autonomía en relación con el poder político es, en opinión de la Comisión el punto más débil de la democracia venezolana."[151]

120. Toda esta trágica situación del sometimiento del Poder Judicial al Poder Ejecutivo en Venezuela, quedó confirmada por boca de un Magistrado, ex presidente de la Sala de Casación Penal del Tribunal Supremo de Justicia, el Sr. Eladio Aponte Aponte, en confesión pública difundida el 18 de abril de 2012, después de haber ejercido funciones judiciales por más de 15 años, en declaraciones dadas a la periodista Verioska Velasco para una emisora de televisión de Miami, USA (SoiTV),[152] las cuales, además de ser en sí mismas

---

[149] Véase Antonio Canova González, *La realidad del contencioso administrativo venezolano (Un llamado de atención frente a las desoladoras estadísticas de la Sala Político Administrativa en 2007 y primer semestre de 2008)*, *cit.*, p. 14. Ha ocurrido, al decir de Rafael Chavero, un exterminio del contencioso administrativo. Véase Rafael J. Chavero Gazdik, *La Justicia Revolucionaria. Una década de Reestructuración (o Involución) Judicial en Venezuela*, Editorial Aequitas, Caracas 2011, pp. 212 ss. Lo mismo puede decirse sobre la acción de amparo, la cual ha perdido toda efectividad, como lo ha explicado Jorge Kiriakidis, *El amparo constitucional venezolano mitos y realidades*, Colección Justicia N° 1, Acceso a la Justicia, Academia de Ciencias Políticas y Sociales, Universidad Metropolitana, Caracas 2012.

[150] Véase una relación detallada de los casos de jueces destituidos al dictar sentencias que han afectado los intereses gubernamentales en Rafael J. Chavero Gazdik, *La Justicia Revolucionaria. Una década de Reestructuración (o Involución) Judicial en Venezuela*, Editorial Aequitas, Caracas 2011, pp. 157-176. Véase también Rafael Pérez Perdomo, *Justicia e Injusticias en Venezuela. Estudio de historia social del derecho*, Academia Nacional de la Historia, Caracas 2011, p. 233.

[151] Véase en ICHR, *Annual Report 2009*, para 483. Available at http://www.cidh.oas.org/annualrep/2009eng/Chap.IV.f.eng.htm. Véase una relación detallada de los Informes de organizaciones internacionales de protección de derechos humanos sobre la situación del Poder Judicial en Venezuela, en Rafael J. Chavero Gazdik, *La Justicia Revolucionaria. Una década de Reestructuración (o Involución) Judicial en Venezuela*, Editorial Aequitas, Caracas 2011, pp. 123-150.

[152] El texto de las declaraciones han sido leídas en la transcripción hecha por la estación de SoiTV, publicada en *El Universal*, Caracas 18-4-2012, disponible en: http://www.eluniversal.com/nacional-y-politica/120418/historias-secretas-de-un-juez-en-venezuela .

repulsivas, revelan con extraordinaria crudeza la trágica situación del Poder Judicial en Venezuela, y la demolición, y más que eso, la pulverización del principio de la separación de poderes que se ha producido en el país bajo la vigencia de la Constitución de 1999, confesada por uno de sus artífices. Entre los diversos aspectos que trató el ex magistrado en su entrevista, tal como lo reseñan los representantes del profesor Brewer-Carías en su *Escrito de Solicitudes, Argumentos y Pruebas*, de 7 de julio de 2012, cuyo texto nos permitimos seguir a continuación por ser extremadamente ilustrativos de la situación descrita,[153] se destacan sus confesiones públicas de irregularidades e incluso de lo que podría considerarse como delitos que habría cometido el declarante, relativas a sus propias conductas y actuaciones en relación con el funcionamiento del Poder Judicial. El Magistrado declarante -militar activo que formó parte del Poder Judicial durante 15 años, hasta ser separado de su cargo- comenzó la entrevista explicando su ascenso en la jerarquía judicial, desde Fiscal Militar hasta el Tribunal Supremo, para el cual fue promovido por el propio Presidente de la República. Ante las preguntas de la periodista sobre qué había hecho *"para lograr ese ascenso"* en el Tribunal Supremo, la respuesta fue que su **"actuación fue muy pulcra y muy adaptada a los parámetros exigidos,"** significando ello (pulcra) que había sido **"leal al gobierno, "mas "no a la Constitución."**

121. Esa lealtad fue, precisamente, la que explicó el Magistrado extensamente en la entrevista, en unos casos manifestada en acciones y en otros casos, en omisión. En cuanto a sus acciones, entre otros casos citó el conocido "caso Usón Ramírez," que se originó por el enjuiciamiento de un general del ejército por el "delito" de haber explicado en forma pública el efecto que tiene el apuntar un lanzallamas hacia una celda de detenidos militares, quienes por tal hecho efectivamente fueron calcinados; caso del cual conoció esta honorable Corte IDH (Caso *Usón Ramírez vs. Venezuela*), y resolvió en sentencia de 20 de noviembre de 2009. El enjuiciamiento en Venezuela fue por vilipendio a las Fuerzas Armadas, y sobre ello, ante las preguntas de la periodista de si *"fue manipulado ese caso?* dijo que **"si había sido manipulado,"** para lo cual había recibido **"orden"** del Poder Ejecutivo para **"actuar diferente a lo que Fiscalía Militar hubiese actuado,"** indicándole **"que había que, que acusarlo o imputarlo,"** y que le hizo, porque **"recibía órdenes,"** pues era **"militar,"** de lo contrario, si no ejecutaba esas órdenes, **"quedaba afuera."** Otro caso que le planteó la periodista, fue el conocido caso *Simonovis*, quien como Secretario de Seguridad de la Alcaldía Metropolitana de Caracas, junto con los *Comisarios de la Policía Metropolitana*, estuvo a cargo de la custodia de una multitudinaria manifestación de rechazo contra el presidente Chávez, desarrollada el 11 de abril de 2002, y que concluyó con la muerte de inermes manifestantes por parte de pistoleros que no fueron enjui-

---

[153] Véase la glosa de las confesiones del ex magistrado Aponte Aponte, conforme a lo expresado por los representantes del profesor Brewer-Carías, en el *Escrito de Solicitudes, Argumentos y Pruebas*, 7 de julio de 2012, párr. 87 ss., cuyo texto seguimos en los párrafos pertinentes de este *Amicus curiae*.

ciados. Ante la condena de dicho Comisario a 30 años de prisión, sin que los pistoleros fueran siquiera procesados, y ante la pregunta de la periodista de si para él *"ahora existen presos políticos en Venezuela"* respondió afirmativamente agregando que "[s]í, **hay gente que la orden es no soltarlos, principalmente los comisarios:' casos en los cuales, dijo, "La orden viene de la Presidencia para abajo; no nos caigamos en dudas, en Venezuela no se da puntada si no lo aprueba el presidente." Sobre ese caso, que implicaba ante la pregunta de si había recibido la** *"orden de no soltar a Simonovis,"* afirmó que la posición de la Sala Penal fue "**convalidar todo lo que venía hecho, eso, en pocas palabras, es aceptar que esos señores no podían salir pues, y que la justicia ahí, les dio la espalda."**

122. A la pregunta directa de la periodista sobre *"cómo funciona el poder judicial en Venezuela actualmente,"* dijo lo siguiente que "**Yo formo parte del poder judicial, o formaba parte del poder judicial de una manera protagónica. Y quizás muchas de las cosas que suceden en el poder de ahorita, existieron bajo mi responsabilidad. Pero una vez que yo me vi que me midieron con la misma vara, y el mismo metro con el que se mide a los demás, dije: esto no es la justicia que se proclama, esta no es la justicia que debe ser, esta no es la justicia constitucional."** Es decir, fue sólo cuando el magistrado comenzó a sentir en carne propia el efecto de la misma "justicia" que él manejó, manipuló y mal aplicó, cuando comenzó a darse cuenta que esa "**no es la justicia que debe ser**" llegando a decir públicamente en otra respuesta a la periodista, simplemente, que: "**la justicia es una plastilina, digo plastilina porque se puede modelar, a favor o en contra."** Luego, al responder a la pregunta que le hizo la periodista sobre si alguna vez había recibido *"alguna llamada de algún funcionario público de cualquier estatus para solicitarle a usted algún tipo de manipulación en la justicia venezolana?"*, respondió, que "**Cierto. Desde el presidente para abajo."**

123. Otro caso que refirió el Magistrado Aponte Aponte fue la afirmación que recordó había dicho el Presidente Chávez sobre el caso de la jueza Afiuni, indicando que "*entonces habrá que meterle penas máximas a la jueza y a los que hagan eso. 30 años de prisión;*" caso que el magistrado calificó como un caso "**muy político y emblemático,**" sobre el cual incluso había hablado "**directamente**" con el Presidente, quien lo llamaba a él. Sobre esas llamadas directas recibidas del Presidente de la República para manipular la justicia, el mismo Magistrado se refirió a otros casos, entre ellos, uno también muy conocido relativo al enjuiciamiento de unos supuestos "paramilitares" que habían sido sorprendidos en Caracas, de manera que a la pregunta de la periodista, sobre *"que paso allí"* y porqué el Presidente *"lo llamó,"* respondió: "**Bueno para que condujera de una manera conveniente, hacia el gobierno, las investigaciones."** En cuanto a los "paramilitares" en sí, afirmó que él creía, a su manera de ver, "**que tales paramilitares yo dudaba sus procedencia porque eran muchachos imberbes, inexpertos, algunos no manipulaban armas, algunos no sabían por que estaban allí, y que por mera casualidad fueron detenidos los autobuses por una patrulla de la policía**

metropolitana y se subió el cauce. ¿Y cómo vinieron esos señores de Colombia? A qué los trajeron," respondiendo a la pregunta de si el caso había sido manipulado, que: "**Bueno, sacando las conclusiones yo no lo dudaría tanto.**"

124. En otros casos referidos a temas de narcotráfico que involucraban a militares activos, el Magistrado Aponte confesó haber favorecido a un oficial subalterno, quien trasladaba un cargamento de droga en el país, que según dijo, lo "llevaba al batallón" donde estaba su superior, de manera que a la pregunta de la periodista al magistrado sobre *"cuál fue su participación en este caso y cómo lo favoreció,"* respondió: "**Lo favorecí dándole una medida cautelar, mas no se dejó en libertad,**" aclarando que **para ello, a él lo habían llamado "Desde la Presidencia de la República para abajo,**" agregando que "**En ese caso, me llamaron de la Presidencia de la República,**" precisamente "**uno de los secretarios o de los allegados de la Presidencia de la República.**" Agregó luego: "**Sí. Me llamó el Ministro de la Defensa para ese entonces que era Baduel. Me llamó Rangel Silva. Me llamó Hugo Carvajal. Me llamó un Almirante... Aguirre creo. O sea que mucha gente abogó por ese señor.**" Pero precisó al final que ese era "**el único caso que me acuerdo que yo haya favorecido a un narcotraficante;**" y que él le había dado "**la cautelar y la fiscalía no continuó investigando.**"

125. Pero las referencias a las llamadas de funcionarios dando instrucciones a los jueces para decidir casos o para favorecer a determinadas personas no se quedaron en referencias a funcionarios del Poder Ejecutivo sino también de otros funcionarios, de manera que a la pregunta de la periodista sobre si "*aparte del presidente Hugo Chávez,*" recibía llamadas *"del Ministerio Público, de la Fiscalía, Luisa Ortega, Luisa Estela Morales,"* respondió "**De Luisa Ortega** [Fiscal General de la República] **sí, más de una llamada recibí. De Luisa Estela Morales** [Presidenta del Tribunal Supremo], **infinidades.**" Y a la pregunta de "*qué le decían?*" respondió que "**Cuándo se iba a imputar a alguna persona, cuándo se le iba a privar de libertad, cuándo se iban a hacer los allanamientos; para que yo organizara esa situación, y buscara al juez idóneo, para que se realizara tal acto,**" de manera que a la pregunta de si eso era *"Manipular un caso?* respondió*: "***Si, más de uno.**" Y ante la pregunta de la periodista sobre por qué "*esa intromisión en el poder judicial?*", el magistrado explicó con precisión, indicando que: "**Esa era la componenda que había a nivel de Presidenta de la Corte Suprema y Fiscal General de la República,**" precisando frente a la pregunta de si "*recibían dinero*" y si "*extorsionaban a clientes*" que "**Yo creo que sí extorsionaban principalmente en el caso de los banqueros.**"

126. Luego de referirse a otros casos de actuación de "fiscales preferidos" de la Fiscalía General, que "**llamaban a los jueces y si no hacían lo que les pedía el fiscal**" eran despedidos, casos en los cuales, dijo, abogados organizados "**trabajan con la fiscalía. Están relacionados con la fiscalía,**" resultando que "**El fiscal actúa, y lo solicita al gobierno.**" Sobre esos casos manipulados ante la pregunta de la periodista sobre *qué caso recuerda que fue*

manipulado," el Magistrado respondió que "fueron bastantes." Aclarando sin embargo que "el único que me acuerdo fue un caso en Maracaibo de un diputado que le dicen Mazuco," explicando que "**el caso fue más o menos un caso que buscaron un preso, lo encapucharon, y lo pusieron como testigo para que dijera que este señor había sido el que dio la orden para que mataran al otro,**" respecto de lo cual la presidenta del Tribunal Supremo de Justicia le había solicitado "**precisamente, avalar esa situación. Y al hombre se le pago dándole la libertad.**"

127. Respecto de todas estas conductas ilegítimas, muchas de las cuales constituyen delito, y en cuya realización participó el magistrado Aponte, según su confesión pública, a la pregunta de la periodista de si reconocía "*el daño que le hizo al poder judicial venezolano,*" el magistrado Aponte respondió: "**Sí le digo, yo asumo mi responsabilidad y mi culpa y si es de pagar por ello, yo pago,**" precisando sobre la pregunta de "*[q]ué tan contaminado está ese poder en Venezuela?* que "Yo **creo que bastante, suficiente, y a todos los niveles; mucha manipulación, le dije, ahí no sale una decisión si no se consulta; últimamente, los tribunales penales antes de cualquier decisión tienen que consultarlo.**"

128. Luego de leer todo esto, no es posible dudar firmemente de que las decisiones judiciales en Venezuela, cuando afectan intereses gubernamentales, o son dictadas por órdenes dadas por Ejecutivo nacional, o son previamente consultadas al mismo, con la consecuencia de que si un juez no atiende la orden o instrucción, o no consulta su decisión, es removido, como tantas veces ha ocurrido. De manera que ante una pregunta de la periodista en la cual le inquiría al Magistrado *Cuando usted dice que usted fue manipulado, quiero que nos especifique mas cómo fue ese modus operandi,*" el Magistrado respondió: "**Lo que pasa es que a mí me pedían los favores y yo los ejecutaba. Y ay del juez que se negara a ejecutarlo,**" pues "**era removido del cargo,**" lo que ejecutaba "**la Comisión Judicial. Pero fueron muchos,**" con su apoyo. Precisó, sin embargo, que "**la orden no la daba yo directamente. La orden la daba también la Presidenta del Tribunal directamente. Muchas veces la orden la daban directamente los fiscales. Hay un fiscal de apellido Castillo, que ese llamó directamente a los jueces y llegaba hasta amenazarlos.**"

129. Y ante la pregunta que le formuló la periodista sobre si "*es cierto que en Venezuela las actuaciones procesales y las sentencias tienen costo,*" el magistrado respondió que "**En algunos casos sí**" que "**tal vez**" se compra la justicia con dinero, *precisando que* "**Sí, en algunos casos si lo han hecho.**" Estas declaraciones de este ex magistrado, sin duda, evidencian la trágica realidad de que por más detalladas que sean las previsiones de la Constitución venezolana de 1999, particularmente sobre separación de poderes y en especial sobre la autonomía, la independencia, la idoneidad y la estabilidad de los jueces, las mismas no han pasado de ser letra muerta, resultando un Poder judicial que en la práctica no es ni autónomo ni independiente, y por ello, no hay, ni real separación de poderes, ni régimen democrático, el cual sólo puede

existir en el marco de un régimen de control del poder. Por ello, sobre *la autonomía e independencia del poder judicial*, el ex Magistrado llegó a responder la pregunta de la periodista, diciendo simplemente, que "**eso es una falacia**" y explicó claramente por qué. Dijo:"**Y te voy a decir por qué. Todos los fines de semana principalmente los viernes en la mañana, hay una reunión en la Vice Presidencia Ejecutiva del país, donde se reúne el Vicepresidente, que es el que maneja la justicia en Venezuela, con la Presidenta del Tribunal Supremo, con la Fiscal General de la República, con el Presidente de la Asamblea Nacional, con la Procuradora General de la República, con la Contadora General de la República, y unas que otras veces va uno de los jefes de los cuerpos policiales. De ahí es donde sale la directriz de lo que va a ser la justicia. O sea, salen las líneas conductoras de la justicia en Venezuela.**" Luego de este detalle de las reuniones con el Poder Ejecutivo para manejar la justicia, en las cuales se analizaban "**los casos que están pendientes, qué es lo que se va a hacer. O sea se daban la directrices de acuerdo al panorama político,**" precisó que él había acudido varias veces a las mismas, afirmando frente a la pregunta de que *"cómo queda la independencia de los poderes en Venezuela?,* con la respuesta de *"***Yo creo que no hay tanta independencia.**"

130. Esta insólita entrevista o confesión del magistrado terminó con la pregunta reiterada de la periodista, sobre si *"existe independencia de poderes en Venezuela,"* a lo cual respondió simplemente "**ninguna,**" "**Ni el poder judicial, ni el poder ejecutivo, ninguno de los poderes.**" Estas declaraciones de quien hasta hace poco fue Presidente de la Sala de Casación Penal del Tribunal Supremo de Justicia, ponen en evidencia no sólo la manipulación de la justicia que ha existido en Venezuela en los últimos años, sino como hemos mencionado, el absoluto contraste entre la normativa constitucional y la realidad de la práctica política, particularmente en relación con las garantías constitucionales respecto de la autonomía e independencia del Poder Judicial que no han existido en la práctica, afectando el régimen de ingreso y estabilidad de los jueces.

VIII. LA "REFORMA" DE LA LEY ORGÁNICA DEL TRIBUNAL SUPREMO DE JUSTICIA EN 2010, Y SU ILEGÍTIMA "REPUBLICACIÓN" EN LA GACETA OFICIAL, PARA EL CONTROL TOTAL SOBRE EL TRIBUNAL SUPREMO

131. En paralelo a lo que ocurría en la Judicatura, conforme a lo denunciado por el ex Magistrado Aponte Aponte, en 2010 se dictaron dos importantes leyes en materia judicial en Venezuela: por una parte, en mayo de ese año se sancionó la reforma de la Ley Orgánica del Tribunal Supremo de Justicia, corrigiéndose la sancionada en 2004;[154] y se dictó en agosto del mismo año la

---

[154] La Ley Orgánica fue publicada en *Gaceta Oficial* N° 5.991 Extra. de 29-07-2010 (http://www.pgr.gob.ve/dmdocuments/2010/5991.pdf), y luego fue republicada, para corregir supuestos errores materiales, en *Gaceta Oficial* N° 39.483 de 9-08-2010 (http://www.pgr.gob.ve/dmdocuments/2010/39483.pdf).

esperada "Ley del Código de Ética del Juez Venezolano y la Jueza Venezolana," que sin embargo, fue reformado casi de inmediato.[155] En la primera, desapareció la Disposición Transitoria que había prorrogado el funcionamiento de la Comisión de Funcionamiento y Reorganización del Poder Judicial, y en la segunda, al derogarse la Normativa que regulaba dicha Comisión, se sustituyó la misma por unos órganos disciplinarios judiciales denominados: Corte Disciplinaria Judicial y Tribunal Disciplinario Judicial.

132. En cuanto a la primera de dichas leyes, la que reguló al Tribunal Supremo, en sus normas se estableció en detalle el procedimiento a seguir para la selección y nombramiento de sus Magistrados, lo que debía ocurrir en los meses subsiguientes, y en particular, en 2011, dado los lapsos que fueron expresamente establecidos en sus normas. Sin embargo, en septiembre de 2010 se realizaron elecciones legislativas en Venezuela, en las cuales, a pesar de que los candidatos de oposición al gobierno obtuvieron la mayoría del voto popular, los candidatos del oficialismo, a pesar de que haber obtenido menos de la mitad del voto popular, por el diseño formal de la ley, terminaron controlando la mayoría de la Asamblea Nacional,[156] pero perdieron la mayoría calificada que desde 2005 habían mantenido en la misma, lo que a partir de enero de 2011 cuando se instalara la nueva Asamblea Nacional electa, impedía que con el solo voto de los diputados oficialistas se pudieran designar a los nuevos magistrados del Tribunal Supremo. Ello motivó que la Asamblea Nacional, para poder proceder de inmediato, en los meses finales de 2010, antes de que se instalase en enero de 2011 a nueva Asamblea electa, resolviera sin embargo hacer el nombramiento de nuevos Magistrados del Tribunal Supremo. Como la reforma de la Ley Orgánica del Tribunal Supremo que la Asamblea había sancionado e incluso republicado unos meses antes en el mismo año 2010,[157] le impedía hacerlo pues de acuerdo al procedimiento de postulación que estableció la Ley, el nombramiento le correspondía a la nueva Asamblea Nacional que se debía instalar en enero de 2011, y por tanto, con la participación de los diputados de oposición, el mecanismo que se adoptó para efectuar los nombramientos fue la decisión tomada sólo cuatro días después de que se efectuara la elección de los nuevos diputados a la Asamblea, para realizar una "reforma" de la Ley Orgánica pero sin "reformarla" formalmente las vías regulares, mediante el extraño mecanismo de "reimpresión" del texto de la Ley en la *Gaceta Oficial*, por un supuesto error material de copia del texto legal.[158]

---

155   *Gaceta Oficial* N° 39.493 de fecha 23-8-2010.

156   Véase en http://es.wikipedia.org/wiki/Elecciones_parlamentarias_de_Venezue-la_ de _2010.

157   Véase en *Gaceta Oficial* N° 39.522, de 01-10-2010 (http://www.pgr.gob.ve/dmdocuments/2010/39522.pdf).

158   Véase *Gaceta Oficial* N° 39.522, de 01-10-2010. El proceder lo califican los representantes del profesor Brewer-Carías, como "un ardid fraudulento." Véase *Escrito de Solicitudes, Argumentos y Pruebas*, 7 de julio de 2012, párr. 35.

133. En efecto, el artículo 70 de la Ley Orgánica del Tribunal Supremo disponía que el plazo para presentar las candidaturas a Magistrados del Tribunal ante el Comité de Postulaciones Judiciales no debía ser *"menor de treinta días continuos,"* lo que implicaba que la Legislatura que concluía en diciembre de 2010 no podía alcanzar a hacer los nombramientos. Fue esa redacción de dicho artículo el que precisamente se cambió o "reformó" ilegítimamente gracias a un "Aviso" del Secretario de la Asamblea Nacional publicado en la *Gaceta Oficial*, en el cual indicó que en lugar de la palabra "menor" la palabra supuestamente correcta de la norma es la antónima, es decir, "mayor" en el sentido de que la norma debía decir lo contrario, que el plazo *"no será mayor de treinta días continuos."* En esta forma, con un cambio de palabras, de "menor" a "mayor," un plazo legal *mínimo* se convirtió en un plazo *máximo*, con la clara intención de reducir los plazos para recibir las postulaciones y proceder a la inmediata designación de los nuevos Magistrados, precisamente antes de que se instalara la nueva Asamblea Nacional en enero de 2011.[159] Y fue así, con esa "reforma" legal, como la Asamblea Nacional, integrada por diputados que ya para ese momento no representaban la voluntad mayoritaria del pueblo, procedió entonces a materializar el asalto final al Tribunal Supremo, y llenarlo de Magistrados miembros del partido político oficial y que, además, para el momento de su elección, incluso eran de los parlamentarios que estaban terminando su mandato por efecto de la elección parlamentaria, y que por tanto, no cumplían con las condiciones para ser Magistrados que establece la Constitución.[160]

134. Como lo señaló la ex Magistrada de la antigua Corte Suprema de Justicia, profesora Hildegard Rondón de Sansó:

> "El mayor de los riesgos que plantea para el Estado la desacertada actuación de la Asamblea Nacional en la reciente designación de los Magistrados del Tribunal Supremo de Justicia, no está solo en la carencia, en la mayoría de los designados de los requisitos constitucionales, sino el haber llevado a la cúspide del Poder Judicial la decisiva influencia de un sector del Poder Legislativo, ya que para diferentes Salas, fueron elegidos cinco parlamentarios."[161]

135. Destacó además la ex Magistrada Sansó que "todo un sector fundamental del poder del Estado, va a estar en manos de un pequeño grupo de su-

---

[159] Véanse los comentarios de Víctor Hernández Mendible, "Sobre la nueva reimpresión por 'supuestos errores' materiales de la LOTSJ" en la *Gaceta Oficial* N° 39.522, de 01-10-2010," y Antonio Silva Aranguren, "Tras el rastro del engaño, en la web de la Asamblea Nacional," publicados en *Revista de Derecho Público*, N° 124, Editorial Jurídica Venezolana, Caracas 2010, pp. 100-113.

[160] Véase la reseña: "Mayoría del PSUV llevó a cinco de sus colegas y a la procuradora al TSJ," en *El Universal*, Caracas 8 de diciembre de 2010, disponible en: http://politica.eluniversal.com/2010/12/08/pol_art_an-excluyo-a-isaias_08A4828333.shtml.

[161] En Hildegard Rondón de Sansó, *"Obiter Dicta*. En torno a una elección," en *La Voce d'Italia*, Caracas 14-12-2010.

jetos que no son juristas, sino políticos de profesión, y a quienes corresponderá, entre otras funciones el control de los actos normativos;" agregando que "[l]o más grave es que los designantes, ni un solo momento se percataron de que estaban nombrando a los jueces máximos del sistema jurídico venezolano que, como tales, tenían que ser los más aptos, y de reconocido prestigio como lo exige la Constitución."

136. Concluyó reconociendo entre "los graves errores" que incidieron sobre la elección, el hecho de:

"la configuración del Comité de Postulaciones Judiciales, al cual la Constitución creó como un organismo neutro, representante de los "diferentes sectores de la sociedad" (Art. 271), pero la Ley Orgánica del Tribunal Supremo de Justicia, lo convirtió en forma inconstitucional, en un apéndice del Poder Legislativo. La consecuencia de este grave error era inevitable: los electores eligieron a sus propios colegas, considerando que hacerlo era lo más natural de este mundo y, ejemplo de ello fueron los bochornosos aplausos con que se festejara cada nombramiento."[162]

137. Como puede apreciarse de todo lo anteriormente expuesto, después de cuatro décadas de práctica democrática que tuvo Venezuela entre 1959 y 1999, durante los últimos catorce años entre 1999 y 2013, se ha venido estructurando un Estado autoritario en contra de las mismas, que ha aniquilado toda posibilidad de control del ejercicio del poder y, en definitiva, el derecho mismo de los ciudadanos a la democracia, en contravención expresa, a partir de 2001, de la Carta Democrática Interamericana, en fraude continuo a la Constitución efectuado por la Asamblea Constituyente en 1999, por el Legislador y por el Tribunal Supremo de Justicia, guiados por el Poder Ejecutivo, a pesar de las excelentes normas constitucionales de las cuales dispone el país. Además, se ha venido implementando fraudulentamente una reforma constitucional rechazada mediante referendo popular el día 2 de diciembre de 2007, tanto mediante decretos leyes como los dictados en 2008, como mediante las leyes emanadas de la Asamblea Nacional, como las dictadas en diciembre de 2010 sobre el Poder Popular[163] y el Estado Comunal, en las cuales se ha regulado un Estado Socialista, en absoluto desconocimiento del artículo 2 de la Constitución, que establece entre los valores superiores del Estado social y democrático de Derecho, el pluralismo político; y un sistema económico comunista por el cual nadie ha votado en el país.[164]

---

[162] *Idem.*

[163] Véase la obra *Leyes Orgánicas sobre el Poder Popular y el Estado Comunal (Los Consejos Comunales, las Comunas, la Sociedad Socialista y el Sistema Económico Comunal)*, Editorial Jurídica Venezolana, Caracas, 2011, pp. 9-182.

[164] En 2009, en efecto, se sancionó la Ley Orgánica de los Consejos Comunales de 2009 (*Gaceta Oficial* N° 39.335 de 28-12-2009 en http://www.pgr.gob.ve/dmdocuments/2009/39335.pdf) y en 2010, las Leyes Orgánicas del Poder Popular, de las Comunas, del Sistema Económico Comunal, de Planificación Pública y Comunal y

138. En este contexto, por tanto, son evidentes las catastróficas consecuencias que para el Estado de derecho y para la democracia ha tenido la conducta del Tribunal Supremo de Justicia, es decir, del guardián de la Constitución, integrado masivamente por magistrados vinculados al partido de gobierno, que con su acción y omisión, ha terminado contribuyendo al deterioro institucional que Venezuela ha sufrido. Ello se confirma, por ejemplo, con lo expresado en el discurso de apertura del Año Judicial el 5 de febrero de 2011 pronunciado, como Orador de Orden, por Magistrado de la Sala Electoral del Tribunal Supremo, Fernando Vargas, en el cual destacó que "el Poder Judicial venezolano está en el deber de dar su aporte para la eficaz ejecución, en el ámbito de su competencia, de la Política de Estado que adelanta el gobierno nacional" en el sentido de desarrollar "una acción deliberada y planificada para conducir un socialismo bolivariano y democrático," y que "la materialización del aporte que debe dar el Poder Judicial para colaborar con el desarrollo de una política socialista, conforme a la Constitución y la leyes, viene dado por la conducta profesional de jueces, secretarios, alguaciles y personal auxiliar," agregando que:

"Así como en el pasado, bajo el imperio de las constituciones liberales que rigieron el llamado estado de derecho, la Corte de Casación, la Corte Federal y de Casación o la Corte Suprema de Justicia y demás tribunales, se consagraban a la defensa de las estructuras liberal-democráticas y combatían con sus sentencias a quienes pretendían subvertir ese orden en cualquiera de las competencias ya fuese penal, laboral o civil, de la misma manera este Tribunal Supremo de Justicia y el resto de los tribunales de la República, deben aplicar severamente las leyes para sancionar conductas o reconducir causas que vayan en desmedro de la construcción del Socialismo Bolivariano y Democrático."[165]

139. Queda claro, por tanto, cual ha sido la razón del rol asumido por el Tribunal Supremo en Venezuela, como queda evidenciado de lo que hemos reseñado anteriormente, y que no es otra que, como lo anunció el Magistrado orador en la apertura del Año Judicial de 2011, la destrucción del "llamado estado de derecho" y "de las estructuras liberales-democráticas," con el objeto de la "construcción del Socialismo Bolivariano y Democrático."

---

de Contraloría Social (*Gaceta Oficial* N° 6.011 Extra. de 21-12-2010, en http://www.pgr.gob.ve/dmdocuments/2010/6011.pdf).

[165] Véase la Nota de Prensa oficial difundida por el Tribunal Supremo. Véase en http://www.tsj.gov.ve/informacion/notasdeprensa/notasdeprensa.asp?codigo=8239. Véase *Escrito de Solicitudes, Argumentos y Pruebas*, 7 de julio de 2012, párr. 37, 38.

IX. LA CREACIÓN MEDIANTE EL CÓDIGO DE ÉTICA DEL JUEZ VENEZOLANO, DE UNA "JURISDICCIÓN DISCIPLINARIA JUDICIAL" SOMETIDA AL PODER POLÍTICO, CON JUECES DISCIPLINARIOS NOMBRADOS POR LA ASAMBLEA NACIONAL SIN TENER COMPETENCIA CONSTITUCIONAL PARA ELLO

140. Aunado al asalto final perpetrado contra el Tribunal Supremo de Justicia, y después de que durante más de una década se hubiese logrado la "depuración" o "purga" del Poder Judicial, en el mismo año 2010, a pesar de que parecía que había llegado el momento de ejecutar formalmente el mandato constitucional en materia de organización definitiva de la Jurisdicción Disciplinaria Judicial, cesando a la Comisión ad hoc que se había utilizado para ejercer la función disciplinaria, lamentablemente ello no ocurrió. En efecto, como antes se dijo, en la reforma de la Ley Orgánica del Tribunal Supremo de Justicia de 2010 se había eliminado la Disposición Transitoria que disponía la sobrevivencia de la Comisión de Funcionamiento y Reestructuración del Sistema Judicial; y segundo, la Asamblea Nacional procedió a sancionar la Ley del Código de Ética del Juez Venezolano y la Jueza Venezolana,[166] derogando, finalmente, la vieja Ley Orgánica del Consejo de la Judicatura de 1998,[167] órgano que había desaparecido con la sanción de la Constitución de 1999; y derogando también, los artículos 38, 39, 40 de la vieja Ley de Carrera Judicial de 1998,[168] y los artículos 34, 35 y 36 de Ley Orgánica del Poder Judicial de 1998.[169]

141. Además, en la Disposición Derogatoria, también se derogó, "*salvo lo dispuesto en la Disposición Transitoria Tercera*, el Reglamento de la Comisión de Funcionamiento y Reestructuración del Sistema Judicial, publicado en la *Gaceta Oficial* de la República Bolivariana de Venezuela N° 38.317, de fecha 18 de noviembre de 2005." Parecía, con ello, que al fin se estaba iba a crear la esperada "Jurisdicción Disciplinaria Judicial" integrada por tribunales judiciales en el sistema judicial bajo la conducción del Tribunal Supremo de Justicia, por lo que se derogaba el reglamento de la Comisión ad hoc que sin ser un órgano judicial, había ejercido dicha "Jurisdicción." Pero la verdad es que no fue así, precisamente por lo dispuesto en la mencionada "Disposición Transitoria Tercera" de la Ley del Código de Ética del juez, en la cual se dispuso que:

---

[166] Véase *Gaceta Oficial* N° 39.493 de 23-08-2010 (http://www.pgr.gob.ve/dmdocuments/2010/39493.pdf).

[167] Véase *Gaceta Oficial* N° 36.534, de 08-09-1998 (http://www.pgr.gob.ve/dmdocuments/1998/36534.pdf).

[168] Véase *Gaceta Oficial* N° 5.262, Extra. de 11-09-1998 (http://www.pgr.gob.ve/dmdocuments/1998/5262.pdf).

[169] *Idem*.

"*Tercera.* Hasta tanto se conformen los Colegios Electorales Judiciales para la elección de los jueces y juezas de la competencia disciplinaria judicial, la Asamblea Nacional procederá a designar los jueces y juezas y los respectivos suplentes del Tribunal Disciplinario Judicial y la Corte Disciplinaria Judicial, previa asesoría del Comité de Postulaciones Judiciales."

142. En realidad, a pesar de que con la reforma de la Ley Orgánica del Tribunal Supremo de Justicia de 2010 se había eliminado la Disposición Transitoria que disponía la sobrevivencia de la Comisión de Funcionamiento y Reestructuración del Sistema Judicial; con la sanción subsiguiente por la Asamblea Nacional de la Ley del Código de Ética del Juez Venezolano y la Jueza Venezolana,[170] lo que se hizo, en la práctica, fue cambiarle el nombre a la "Comisión de Funcionamiento y Reestructuración del Sistema Judicial" desdoblándola en dos, al crearse un "Tribunal Disciplinario Judicial" y una "Corte Disciplinaria Judicial" pero no integrada por jueces - que conforme a la Constitución sólo pueden ser designados por el Tribunal Supremo de Justicia (artículo 255) - sino por unos llamados "jueces disciplinarios" nombrados directamente en forma totalmente inconstitucional por la Asamblea Nacional, sin concurso público alguno y sin participación ciudadana alguna, violándose, por tanto, todas las disposiciones constitucionales relativas al Poder Judicial. Por tanto, de un órgano inconstitucional como la mencionada Comisión ad hoc se pasó a otro órgano también inconstitucionalmente constituido, controlado directamente por el poder político representado por la Asamblea Nacional.[171] Al analizarse las normas del Código de Ética del Juez Venezolano de 2010, por tanto, en lo que respecta a la Jurisdicción Disciplinaria Judicial, tiene que tomarse en cuenta el abismo que de nuevo hay entre la letra de las normas y la práctica.

143. En cuanto a la letra de las normas, en efecto, se constata que la Ley crea los "Tribunales disciplinarios" como los "órganos que en el ejercicio de la jurisdicción tienen la competencia disciplinaria sobre los jueces o juezas de la República," y que son el Tribunal Disciplinario Judicial y la Corte Disciplinaria Judicial, con competencia para conocer y aplicar en primera y segunda instancia, respectivamente, los procedimientos disciplinarios por infracción a los principios y deberes contenidos en el mencionado Código de Ética (art. 39). Tanto el Tribunal Disciplinario Judicial como la Corte Disciplinaria Judicial deben estar integrados cada uno por tres jueces principales y sus respectivos suplentes (Arts. 41 y 43), que deben cumplir con las condiciones indicadas en la ley (art. 44); y a ambos órganos la Ley le encomendó la tarea de dictar "su reglamento orgánico, funcional e interno" (art. 45).[172]

---

[170] Véase *Gaceta Oficial* N° 39.493 de 23-08-2010.

[171] Tal como lo destacan los representantes del profesor Brewer-Carías, en el *Escrito de Solicitudes, Argumentos y Pruebas*, 7 de julio de 2012, párr. 71.

[172] Dicho Reglamento se dictó en septiembre de 2011. Véase en *Gaceta Oficial* N° 39.750 del 05-09-2011.

144. La Ley del Código, por otra parte, estableció todo un complejo procedimiento para la selección y nombramiento de los "jueces disciplinarios" tanto de la Corte como del Tribunal Disciplinarios, en la mejor de las tradiciones de leguaje floridos de las previsiones constitucionales y legales, consistente en lo siguiente:

1. Los aspirantes a jueces deben ser elegidos por los Colegios Electorales Judiciales con el asesoramiento del Comité de Postulaciones Judiciales al cual se refiere el artículo 270 de la Constitución de la República (art. 46).

2. A tal efecto, los Colegios Electorales Judiciales deben estar constituidos en cada estado y por el Distrito Capital por un representante del Poder Judicial, un representante del Ministerio Público, un representante de la Defensa Pública, *un representante por los abogados autorizados para el ejercicio,* así como por ¡diez delegados! de los Consejos Comunales "legalmente organizados por cada una de las entidades federales en ejercicio de la soberanía popular y de la democracia participativa y protagónica."[173] Los Consejos Comunales en asamblea de ciudadanos deben proceder a elegir de su seno a un vocero que los representará para elegir a los delegados que integrarán al respectivo Colegio de cada estado, conforme al procedimiento que establezca el reglamento de la ley que lo rija (art. 47). El Consejo Nacional Electoral es el órgano responsable de la organización, administración, dirección y vigilancia de todos los actos relativos a la elección de los delegados de los Consejos Comunales (art. 48).

3. El Comité de Postulaciones Judiciales es el órgano competente para recibir, seleccionar y postular los candidatos a jueces disciplinarios que deben ser elegidos por los Colegios Electorales Judiciales (Art. 48). A tal efecto, el Comité de Postulaciones Judiciales debe efectuar una preselección de los candidatos que cumplan con los requisitos exigidos para ser juez de la Jurisdicción Disciplinaria Judicial y debe proceder a elaborar la lista definitiva de los candidatos (art. 49). Los ciudadanos y las organizaciones comunitarias y sociales pueden ejercer fundamente objeciones ante el Comité de Postulaciones Judiciales sobre cualquiera de los postulados a ejercer los cargos de jueces de la Corte Disciplinaria Judicial y el Tribunal Disciplinario Judicial (Art. 49).

4. Los candidatos a jueces seleccionados por el Comité de Postulaciones Judiciales deben someterse a los Colegios Electorales Judiciales, a los que corresponde realizar la elección, debiendo dichos Colegios Electorales Judiciales notificar de la elección definitiva a la Asamblea Nacional (art. 49).

---

[173] Los consejos comunales son, "en el marco constitucional de la democracia participativa y protagónica", instancias "de participación, articulación e integración, entre los ciudadanos y las diversas organizaciones comunitarias, movimientos sociales y populares, que permiten al pueblo organizado ejercer el gobierno comunitario y la gestión directa de las políticas públicas y proyectos orientados a responder a las necesidades en la construcción del nuevo modelo de *sociedad socialista,* de igualdad, equidad y justicia social" (Ley Orgánica de los Consejos Comunales, citada *supra).*

145. Todo este procedimiento complejo, sin embargo –y esta es la otra cara de la moneda– fue eliminado completamente, al incorporarse la mencionada Disposición Transitoria Tercera de la Ley conforme a la cual, "hasta tanto se conformen los Colegios Electorales Judiciales para la elección de los jueces de la competencia disciplinaria judicial," *se atribuye a la Asamblea Nacional,* en forma inconstitucional, la atribución de proceder "a designar los jueces y juezas y los respectivos suplentes del Tribunal Disciplinario Judicial y la Corte Disciplinaria Judicial, previa asesoría del Comité de Postulaciones Judiciales." Es decir, todo el detallado y complejo procedimiento previsto en la Ley ha sido letra muerta, y tan inaplicable que publicado el Código de Ética del Juez venezolano en agosto de 2010, ocho meses después, mediante Acto Legislativo de 9 junio de 2011,[174] la Asamblea Nacional designó a los referidos jueces de la Corte Disciplinaria Judicial y Tribunal Disciplinario Judicial, quienes habiéndose juramentado ante la propia Asamblea el 14 de junio de 2011, se constituyeron mediante Acta levantada el 28 de junio de 2011.[175]

146. La Disposición Transitoria Tercera antes mencionada de la Ley del Código de Ética del Juez venezolano, debe considerarse contraria a la Constitución, pues dispone el nombramiento de jueces por un órgano que conforme a la misma no puede tener esa competencia, violándose además el derecho constitucional a la participación ciudadana.[176] El artículo 255 de la Constitución, en efecto, dispone que "El nombramiento y juramento de los jueces o juezas corresponde al Tribunal Supremo de Justicia. La ley garantizará la participación ciudadana en el procedimiento de selección y designación de los jueces o juezas." Ni siquiera en forma transitoria esta disposición constitucional podría ser ignorada como ha ocurrido con la Ley del Código, razón por la cual los nombramientos de los llamados "jueces" de la Corte Disciplinaria Judicial y Tribunal Disciplinario Judicial por un órgano distinto al Tribunal Supremo de Justicia, es decir por la Asamblea Nacional, son inconstitucionales, como también, por tanto, la auto "constitución" de dichos tribunales.

147. Por otra parte, siendo órganos dependientes de la Asamblea Nacional, que es el órgano político por excelencia del Estado, es difícil imaginar que esos "jueces disciplinarios" nombrados por ella, puedan ser realmente en

---

[174] *Gaceta Oficial* N° 39.693 de 10-06-2011 (http://www.pgr.gob.ve/dmdocu-ments/2011/39693.pdf).

[175] Véase el "Acta de Constitución del Tribunal Disciplinario Judicial," de 28-06-2011, en *Gaceta Oficial* N° 39.704 de 29-06-2011 (http://www.pgr.gob.ve/dmdocu-ments/2011/39704.pdf).

[176] Debe mencionarse incluso que el nombramiento de jueces y suplentes hecho por la Asamblea Nacional es tan "permanente" para la Corte Disciplinaria Judicial y Tribunal Disciplinario judicial, que en el Reglamento orgánico, funcional e interno de la Jurisdicción que dictaron en septiembre de 2011, se regula que "las faltas absolutas, temporales o accidentales de los jueces o juezas principales, serán cubiertas por el juez o jueza suplente, convocado según el *orden de designación de la Asamblea Nacional*" (art. 10) Véase en *Gaceta Oficial* N° 39.750 de 05-09-2011 (http://www.-pgr.gob.ve/dmdocuments/2011/39750.pdf).

sus funciones "independientes y autónomos, por lo que su actuación sólo debe estar sujeta a la Constitución de la República y al ordenamiento jurídico," y que además, puedan dar cumplimiento cabal a los "principios de la jurisdicción disciplinaria" a que se refiere el artículo 3 del Código, en el sentido de que deben garantizar "el debido proceso, así como los principios de legalidad, oralidad, publicidad, igualdad, imparcialidad, contradicción, economía procesal, eficacia, celeridad, proporcionalidad, adecuación, concentración, inmediación, idoneidad, excelencia e integridad."

148. La antigua Comisión de Funcionamiento y Reestructuración del Sistema Judicial, aún cuando no era un órgano o tribunal judicial, al menos tenía una adscripción al Tribunal Supremo de Justicia, y sus miembros habían incluso sido designados por la Sala Constitucional. Fue sin duda un instrumento para asegurar el control político sobre los jueces, pero organizado en forma indirecta. En cambio, ahora, con la última reforma legal de 2010, al disponerse que los jueces de las Corte Disciplinaria Judicial y del Tribunal Disciplinaria Judicial sean designados por la Asamblea Nacional, lo que se ha asegurado es un mayor control político directo sobre los jueces en el país. Por otra parte, el Tribunal Supremo de Justicia, con la reforma, ha perdido incluso en contra de lo establecido en la Constitución, el gobierno y administración de una de las Jurisdicciones de rango constitucional, como es la Jurisdicción Disciplinaria Judicial (Art. 267). Puede decirse, por tanto, que nada ha variado desde 1999 en esta materia, de manera que la estabilidad de los jueces, como garantía de su independencia y autonomía, sigue sin tener aplicación en el país.

X. UN ÚLTIMO OBSTÁCULO PARA TODO INTENTO DE GARANTIZAR LA INDEPENDENCIA DE LOS JUECES: LA SUSPENSIÓN JUDICIAL EN 2013 DE LA APLICACIÓN A LOS JUECES TEMPORALES Y PROVISORIOS DE LAS GARANTÍAS DE INGRESO Y REMOCIÓN ESTABLECIDAS EN EL CÓDIGO DE ÉTICA DE LOS JUECES

149. En cuanto se refiere a las normas sustantivas de la Ley del Código de Ética del Juez, a pesar de que en definitiva su aplicación esté en manos de "jueces disciplinarios" sometidos al control político de la Asamblea Nacional, el mismo contiene una serie de normas relativas al nombramiento de los jueces y a su estabilidad, tendientes a ejecutar en algo el espíritu de las normas constitucionales sobre ingreso y estabilidad de los jueces, que en virtud de que la mayoría de los mismos eran temporales y provisionales, se consideró que debían igualmente ser aplicables a los mismos. A tal efecto, el artículo 2 del Código de Ética estableció que:

"Artículo 2. El presente Código se aplicará a todos los jueces y todas las juezas dentro del territorio de la República Bolivariana de Venezuela. *Se entenderá por juez o jueza todo aquel ciudadano o ciudadana que haya sido investido o investida conforme a la ley, para actuar en nombre de la República en ejercicio de la jurisdicción de manera permanente, temporal, ocasional, accidental o provisoria.*"

150. Ahora bien, con ocasión de la impugnación de la Ley del Código de Ética del Juez mediante un recurso de nulidad por inconstitucionalidad interpuesto ante la Sala Constitucional del Tribunal Supremo en 2009, ésta, luego de desechar la solicitud de la recurrente de que suspendieran totalmente los efectos de todas las normas del Código, mediante sentencia No. 516 de 7 de mayo de 2013,[177] procedió a suspender *de oficio* algunas de dichas normas, y en particular, el mencionado artículo 2 del Código, en cuanto a la extensión que hizo de la aplicación de sus previsiones garantistas a los jueces temporales y provisionales.

151. Para fundamentar la decisión, la Sala Constitucional indicó, respecto de dicha norma que fija el ámbito subjetivo del Código, que la misma, a pesar de que:

> "Sin ninguna consideración adicional guarda consonancia con el orden constitucional; sin embargo, cuando se considera que el Código de Ética del Juez Venezolano y la Jueza Venezolana, además de fijar los referentes éticos con base en los cuales se ha de determinar la idoneidad y excelencia de un juez o una jueza para la función jurisdiccional, estatuye un régimen de inamovilidad propio de la carrera judicial; la extensión de este proceso disciplinario judicial a los jueces temporales, ocasionales, accidentales o provisorios para poder excluirlos de la función jurisdiccional, pese a que formalmente no han ingresado a la carrera judicial, pareciera colidir con el texto Constitucional."[178]

152. Consideró por tanto, la Sala Constitucional del Tribunal Supremo, conforme a su propia doctrina, que los jueces temporales y provisorios son esencialmente de libre nombramiento y remoción, por lo que constató que conforme al artículo 255 de la Constitución, el ingreso a la carrera judicial y el ascenso de los jueces "se debe hacer por concursos de oposición públicos que aseguren la idoneidad y excelencia de los participantes"; y que además, los jueces sólo pueden "ser removidos o suspendidos de sus cargos mediante los procedimientos expresamente previstos en la ley;" agregando que cuando dicha norma constitucional se refiere a que "*los*" jueces sólo podrán ser removidos o suspendidos mediante los procedimientos previstos en la ley," ello sólo:

> "Alude a aquellos jueces que han ingresado a la carrera judicial por haber realizado y ganado el concurso de oposición público, como lo exige el encabezado del artículo; pues es dicho mecanismo el que hace presumir (de forma iuris tantum) la idoneidad y excelencia del juez o jueza; una presunción que es, efectivamente, desvirtuable mediante el proceso disciplinario judicial como parte de la validación constante y permanente de la idoneidad y excelencia; pero que se erige a su vez como una garantía de la inamovilidad propia de la carrera judicial."[179]

---

[177] Véase en http://www.tsj.gov.ve/decisiones/scon/Mayo/516-7513-2013-09-1038.html
[178] *Idem.*
[179] *Ibídem.*

153. De ello dedujo la Sala Constitucional que aun cuando efectivamente el Código de Ética del Juez Venezolano "le es efectivamente aplicable a todos los jueces -indistintamente de su condición- como parámetro ético de la función jurisdiccional"; sin embargo, en cuanto al:

"(…) procedimiento para la sanción que dicho Código contempla pareciera, salvo mejor apreciación en la definitiva, *no ser extensible a los Jueces y juezas temporales, ocasionales, accidentales o provisorios*, ya que dicho proceso es una garantía de la inamovilidad ínsita a la carrera judicial; y se obtiene la condición de juez o jueza de carrera si se gana el concurso de oposición público."[180]

154. Y por ello, supuestamente para "no contradecir el contenido normativo del artículo 255 de la Constitución," la Sala procedió a suspender cautelarmente, de oficio, mientras dure el presente juicio de nulidad de dicho Código,

"La referencia que hace el artículo 2 del Código de Ética del Juez Venezolano y la Jueza Venezolana a los *jueces y juezas temporales, ocasionales, accidentales o provisorios* y que permite la extensión, a esta categoría de jueces y juezas, del procedimiento disciplinario contemplado en los artículos 51 y siguientes del mencionado Código, por no tratarse de jueces o juezas que hayan ingresado a la carrera judicial, correspondiéndole a la Comisión Judicial la competencia para sancionarlos y excluirlos de la función jurisdiccional, visto que se trata de un órgano permanente, colegiado y delegado de la Sala Plena de este Tribunal Supremo de Justicia, al que compete coordinar las políticas, actividades y desempeño de la Dirección Ejecutiva de la Magistratura, la Escuela Nacional de la Magistratura y la Inspectoría General de Tribunal (ex: artículo 73 del Reglamento Interno del Tribunal Supremo de Justicia), así como someter a la consideración de la Sala Plena las políticas de reorganización del Poder Judicial y su normativa (artículo 79 *eiusdem*). Así se declara."[181]

155. Se eliminó así, en cuanto a la remoción de los jueces, cualquier tipo de intento de establecer alguna garantía para asegurar la estabilidad de los jueces temporales y provisionales. Pero también en cuanto al ingreso a la judicatura, respecto de jueces temporales o provisionales, la misma Sala Constitucional, en la sentencia, dispuso que en virtud de que el único aparte del artículo 16 del Código de Ética del Juez contempla que *"Antes de proceder a la designación o ingreso de cualquier funcionario o funcionaria se consultará en el Registro de Información Disciplinaria Judicial"* y "que cualquier ingreso o designación realizada al margen de dicha norma será nula"; considerando, "que es competencia de la Comisión Judicial, como órgano delegado de la

---

[180] *Ibídem.*

[181] *Ibídem.*

Sala Plena del Tribunal Supremo de Justicia, la designación de los jueces y las juezas temporales, ocasionales, accidentales o provisorios; y tomando en cuenta que, al no desarrollar los términos en que se ha de verificar la consulta del Registro de Información Disciplinaria ni la naturaleza pública o privada de dicho Registro," entonces en virtud de que la norma de dicho artículo 16 "restringe la aludida competencia de la Comisión Judicial," la Sala Constitucional procedió también a suspender cautelarmente, hasta tanto se dicte sentencia en el presente juicio, "el único aparte del artículo 16 del Código de Ética del Juez Venezolano y la Jueza Venezolana. Así se decide." Con ello, quedaron incólumes los poderes de la Comisión Judicial del Tribunal Supremo para designar sin restricción de cualquier clase, a los jueces temporales y provisorios, sin garantía alguna de idoneidad, y por supuesto, sin concurso y consecuente estabilidad y garantía de autonomía e independencia en ejercicio de la función jurisdiccional.

SECCIÓN SEGUNDA

SOBRE LA VIOLACIÓN DEL DERECHO A LA PROTECCIÓN JUDICIAL

156. Teniendo en cuenta todo lo antes analizado, en el caso *Allan Brewer-Carías,* se observa entre los argumentos expresados por sus representantes en el *Escrito de Solicitudes, Argumentos y Pruebas* de 7 de julio de 2012, que los jueces y fiscales que han participado en el proceso judicial en su contra en Venezuela han sido todos jueces y fiscales **provisorios,**[182] es decir, en los términos de la Sala Constitucional venezolana, según lo aseveró en sentencia del 20 de diciembre de 2007, caso *Yolanda Vivas*[183], jueces que:

"Carecen de estabilidad en el cargo, por lo que cualquier decisión en sentido contrario implica infringir el expreso mandato constitucional (artículo 255 de la Carta Magna), concediéndole a las designaciones sin concurso los mismos efectos que tienen aquellos derivados de la aprobación de severos exámenes para determinar la idoneidad de quienes administrarán justicia (…)

Lo que sí resulta indudable es que no tenía la condición de la jueza de carrera, y por tanto, no estaba amparada por estabilidad en el cargo."

157. Añadió la Sala Constitucional en dicha sentencia, con relación a los jueces provisorios, que:

---

[182] Véase el *Escrito de Solicitudes, Argumentos y Pruebas*, 7 de julio de 2012, párr. 129 ss.; 234 a 297; 304 a 318.

[183] En http://www.tsj.gov.ve/decisiones/scon/diciembre/2414-201207-07-1417.HTM

"La Comisión Judicial ejerce, por delegación de la Sala Plena, la competencia para designar jueces provisorios y para dejar sin efectos su designación.

Se trata de una facultad eminentemente discrecional, que responde a la necesidad de garantizar la continuidad del servicio de la administración de justicia y la garantía ciudadana de acceso a la justicia [...]

Los jueces y juezas provisorios designados discrecionalmente forman parte del Sistema Judicial, pero no a través del concurso de oposición, única vía constitucional prevista para ingresar a la carrera judicial. Por ello, no gozan de los beneficios que la carrera judicial confiere, entre ellos, la estabilidad en el ejercicio de sus funciones (...)

Los actos por los cuales se deja sin efecto el nombramiento de los jueces provisorios designados por la Comisión Judicial no son actos disciplinarios, sino actos en ejercicio de su potestad discrecional.

Una decisión de esta índole no trata sobre la aplicación de una sanción originada por una falta, sino que se trata de un acto fundado en motivos de oportunidad."

158. Se observa, pues, que los jueces provisorios no son más que funcionarios de libre nombramiento y remoción. Como lo ha aseverado el profesor Rafael Chavero G.:

"...Con este modelo de justicia provisoria se han destituido centenares de jueces sin justificación legal, muchas veces por motivos personales y otras por razones de naturaleza política y hasta económica. Y es precisamente lo que ha evitado la consolidación de las normas constitucionales que regulan la forma de ingresar y salir del Poder Judicial, pues lógicamente los factores políticos prefieren mantener un sistema donde puedan manejarse con abierta discrecionalidad y hasta arbitrariedad."[184]

159. Esta honorable Corte IDH se ha pronunciado acerca de este sistema de justicia provisorio venezolano en casos anteriores, en los que en ejercicio de esta potestad discrecional se han destituido jueces por distintas razones. Así, en el caso de *Reverón Trujillo vs. Venezuela*, la Corte "*concluye que en Venezuela, desde agosto de 1999 hasta la actualidad, los jueces provisorios no tienen estabilidad en el cargo, son nombrados discrecionalmente y pueden ser removidos sin sujeción a ningún procedimiento preestablecido*"[185]. Dicha decisión, se observa, se refiere a la situación entre 1999 y 2009, período que abarca el del proceso penal contra Brewer-Carías, que se inició en 2005.

---

[184]   Véase Rafael Chavero G., *La Justicia Revolucionaria, Una década de Reestructuración (o Involución) Judicial en Venezuela*, Editorial Aequitas, Caracas 2011, p. 112.

[185]   Corte IDH. Caso *Reverón Trujillo Vs. Venezuela*. Excepción Preliminar, Fondo, Reparaciones y Costas. Sentencia de 30 de junio de 2009. Serie C N° 197, Párr. 106, en http://www.Corte IDH.or.cr/docs/casos/articulos/seriec_197_esp.pdf .

160. La Corte, además, en su sentencia al caso *Chocrón Chocrón vs. Venezuela*, precisó que:

Esta Corte ha manifestado que la provisionalidad "debe estar sujeta a una condición resolutoria, tal como el cumplimiento de un plazo predeterminado o la celebración y conclusión de un concurso público de oposición y antecedentes que nombre al reemplazante del juez provisorio con carácter permanente". De esta manera, la garantía de la inamovilidad se traduce, en el ámbito de los jueces provisorios, en la exigencia de que ellos puedan disfrutar de todos los beneficios propios de la permanencia hasta tanto acaezca la condición resolutoria que ponga fin legal a su mandato.

Además, en el caso Reverón Trujillo la Corte señaló que la inamovilidad de los jueces provisorios está estrechamente ligada a la garantía contra presiones externas, toda vez que si los jueces provisorios no tienen la seguridad de permanencia durante un período determinado, serán vulnerables a presiones de diferentes sectores, principalmente de quienes tienen la facultad de decidir sobre destituciones o ascensos en el Poder Judicial.

Ahora bien, dado que no se puede igualar un concurso público de oposición a una revisión de credenciales ni se puede aseverar que la estabilidad que acompaña a un cargo permanente es igual a la que acompaña a un cargo provisorio que tiene condición resolutoria, esta Corte ha sostenido que los nombramientos provisionales deben constituir una situación de excepción y no la regla, ya que la extensión en el tiempo de la provisionalidad de los jueces o el hecho de que la mayoría de los jueces se encuentren en dicha situación, generan importantes obstáculos para la independencia judicial . De otra parte, el Tribunal ha precisado que para que el Poder Judicial cumpla con la función de garantizar la mayor idoneidad de sus integrantes, los nombramientos en provisionalidad no pueden prolongarse de manera indefinida, de tal forma que se conviertan en nombramientos permanentes. Ello es una nueva razón que explica que la provisionalidad sea admisible como excepción y no como regla general y que deba tener una duración limitada en el tiempo, en orden a ser compatible con el derecho de acceso a las funciones públicas en condiciones de igualdad.[186]

161. El corolario del análisis antedicho es claro: los jueces provisorios en Venezuela, por ser de libre nombramiento y remoción, carecen de inamovilidad y son propensos a ser víctimas de presiones externas, razón por la cual se puede concluir que no son independientes, tal como lo confiesa el ahora ex presidente de la Sala de Casación Penal del Tribunal Supremo de Justicia, Eladio Aponte Aponte, en la entrevista de 2012, antes reseñada[187].

---

[186] Corte IDH. Caso *Chocrón Chocrón Vs. Venezuela*. Excepción Preliminar, Fondo, Reparaciones y Costas. Sentencia de 1 de julio de 2011. Serie C N° 227, párr. 105-107, en http://Corte IDH.or.cr/docs/casos/articulos/seriec_227_esp.pdf .

[187] Ver Capítulo IX.

162. Partiendo de ello, y teniendo en cuenta el contenido del artículo 8 de la Convención Americana sobre Derechos Humanos, que determina el derecho de toda persona **a ser juzgado por un juez independiente e imparcial**, se debe concluir entonces que el juzgamiento de una persona por un juez provisorio en Venezuela, especialmente en un caso sensible políticamente como el presente, constituye una violación al mencionado artículo de la Convención.

163. Identificado que en Venezuela, el proceso llevado a cabo por un juez provisorio y un fiscal provisorio ("interino") es violatorio del artículo 8 de la Convención Americana sobre Derechos Humanos, se debe proceder a identificar cual es la consecuencia jurídica para casos de esta naturaleza. En los demás casos ventilados ante la Corte IDH en los cuales se ha cuestionado la independencia e imparcialidad de los jueces en Venezuela, como se ha dicho, la víctima ha sido un juez arbitrariamente destituido por el Estado Venezolano. Así se demuestra de los casos *Apitz y otros vs. Venezuela, Reverón Trujillo vs. Venezuela* y *Chocrón Chocrón vs. Venezuela*. En dichos casos, la reparación procedente, evidentemente, era la orden de restitución de dichos jueces a sus cargos, restableciendo así la situación jurídica infringida en su perjuicio. Se buscaba, así, revertir la arbitraria destitución precisamente causada ante su falta de inamovilidad por la influencia de presiones externas. No obstante, el presente caso resulta paradigmático en cuanto al juzgamiento de una persona humana por un juez carente de imparcialidad e independencia, lo cual evidentemente trae consigo la violación al artículo 8 de la Convención Americana, pero también, por razones lógicas, implica que no proceden las reparaciones realizadas en los otros casos antes aludidos en los que se trata la independencia e imparcialidad de la Judicatura.

164. Por ello, procede estudiar los distintos casos para identificar la posible consecuencia jurídica que debe fijar la Corte IDH en caso de determinar la violación a la garantía de ser juzgado por un juez independiente e imparcial.

165. Así, en su *Opinión Consultiva N° 16*, la Corte IDH determinó que las violaciones al derecho al debido proceso legal reconocido en la Convención Americana generan la responsabilidad del Estado y en consecuencia, la obligación del estado de reparar el daño causado. En este sentido, en dicha Opinión Consultiva, sobre el debido proceso y la garantía de la asistencia consular en procesos penales donde se pretende aplicar la pena de muerte, la Corte IDH expresó lo siguiente:

> Que la inobservancia del derecho a la información del detenido extranjero, reconocido en el artículo 36.1.b) de la Convención de Viena sobre Relaciones Consulares, afecta las garantías del debido proceso legal y, en estas circunstancias, la imposición de la pena de muerte constituye una violación del derecho a no ser privado de la vida "arbitrariamente", en los términos de las disposiciones relevantes de los tratados de derechos humanos (*v.g.* Convención Americana sobre Derechos Humanos, artículo 4; Pacto Internacional de Derechos Civiles y Políticos, artículo 6), con las consecuencias jurídicas inherentes a una violación de esta na-

turaleza, es decir, las atinentes a la responsabilidad internacional del Estado y al deber de reparación.[188]

166. A tales efectos, se puede observar que la jurisprudencia de esta Corte IDH ha determinado que ante violaciones al artículo 8 de la Convención Americana sobre Derechos Humanos de naturaleza semejante, la consecuencia jurídica dispuesta por el tribunal ha sido **la *cesación de efectos* de los actos procesales inconvencionales.** Por ejemplo, en el caso de *Herrera Ulloa vs. Costa Rica*, se determinó la violación al artículo 8 de la Convención por la falta de existencia de un recurso eficaz para impugnar la sentencia penal dictada en su contra, y por ser dicha sentencia contraria al artículo 13 de la Convención, ordenándose al Estado *"dejar sin efecto, en todos sus extremos, la sentencia emitida el 12 de noviembre de 1999 por el Tribunal Penal del Primer Circuito Judicial de San José."*[189] En el mismo sentido, en el caso *Usón Ramírez vs. Venezuela*, ante el juzgamiento por un tribunal incompetente en perjuicio de Francisco Usón Ramírez, la Corte dispuso *"dejar sin efecto, en el plazo de un año, el proceso penal militar instruido en contra del señor Francisco Usón Ramírez por los hechos materia de la presente Sentencia."*[190]

167. El caso de *Usón Ramírez* es un caso nuclear para el estudio de la consecuencia jurídica a aplicar en este caso. En dicho caso, el General Usón Ramírez fue juzgado por un tribunal militar para conocer de su causa, a lo largo de todo el proceso. Si bien el vicio de dicho caso fue la incompetencia, por analogía es perfectamente extensible al caso de *Allan Brewer-Carías,* pues la falta de independencia de un juez o un fiscal constituyen, al igual que la falta de competencia, vicios a la garantía del juez natural, consagrada en el artículo 8 de la Convención, generando la contrariedad a la Convención desde el inicio del proceso llevado a cabo en contra del imputado.

168. Debemos reiterar, tal como lo ha hecho el Comité de Derechos Humanos de la ONU, que la competencia, imparcialidad e independencia de un juez son los elementos constitutivos de la garantía del juez natural, prevista en el artículo 14 del Pacto Internacional de Derechos Civiles y Políticos[191],

---

[188] Corte IDH. *El Derecho a la Información sobre la Asistencia Consular en el Marco de las Garantías* del *Debido Proceso Legal.* Opinión Consultiva OC-16/99 del 1 de octubre de 1999. Serie A N° 16, dispositivo 7, en http://www.Corte IDH.or.cr/ docs/opiniones/seriea_16_esp.pdf .

[189] Corte IDH Caso *Herrera Ulloa vs. Costa Rica,* Excepción Preliminar, Fondo, Reparaciones y Costas. Sentencia de 2 de julio de 2004. Serie C N° 107, párr. 188.g.1; 195; 207.4. Véase en http://www.CorteIDH.or.cr/docs/casos/articulos/ seriec_107_esp.pdf

[190] Corte IDH Caso *Usón Ramírez vs. Venezuela.* Excepción Preliminar, Fondo, Reparaciones y Costas. Sentencia de 20 de noviembre de 2009. Serie C N° 207, párr. 168 y 199. 7. Véase en http://www.CorteIDH.or.cr/docs/casos/articulos/se-riec _207_esp.pdf .

[191] Comité de Derechos Humanos, *Observación General* N° 32, párrs. 19 y 21.

equivalente al artículo 8 de la Convención Americana sobre Derechos Humanos. Como consecuencia de ello, debe llegarse a la conclusión de que la consecuencia jurídica propia para garantizar la restitución integral prevista en el artículo 63.1 de la Convención Americana sobre Derechos Humanos ante violaciones a la garantía de un juez natural (competente, independiente e imparcial) es **la cesación de efectos de todos los actos procesales llevados a cabo por el funcionario carente de competencia, independencia o imparcialidad.**

169. Esta conclusión fue expresamente recordada por el ex magistrado de la Corte IDH, Sergio García Ramírez, quien en un voto concurrente a una Opinión Consultiva emitida por esta Corte, "*la violación de aquél trae consigo las consecuencias que necesariamente produce una conducta ilícita de esas características: **nulidad y responsabilidad**"* (Destacados y subrayados nuestros).[192]

170. Por lo tanto, de demostrarse la violación al artículo 8 de la Convención Americana sobre Derechos Humanos, por ser *Allan Brewer-Carías,* una persona víctima de un juicio cuyo juez y cuyo fiscal instructor carecen de independencia e imparcialidad, la consecuencia jurídica aplicable debe ser la nulidad de todas las actuaciones realizadas por dicho juez, cesando así los efectos del proceso iniciado en su contra.

171. Como corolario de los razonamientos anteriores, procede concluir que, en Venezuela, los **juicios llevados a cabo por jueces *provisorios* no garantizan el derecho a ser juzgado por jueces independientes e imparciales**, contraviniendo los estándares internacionales que regulan la materia, interpretados a la luz del artículo 8 de la Convención Americana sobre Derechos Humanos, en virtud de que estos jueces carecen legalmente de la estabilidad y son particularmente susceptibles a presiones externas.

172. Como consecuencia de ello, procede **la nulidad de todas las actuaciones realizadas por el juez o fiscal falto de independencia o imparcialidad**, generando el cese de validez de dichas actuaciones, precisamente por la violación a la garantía del juez natural que acarrearía.

I. EL DERECHO A LA PROTECCIÓN JUDICIAL EN EL ARTÍCULO 25 DE LA CONVENCIÓN AMERICANA COMO DERECHO HUMANO DE TODA PERSONA A SER AMPARADO EN SUS DERECHOS FUNDAMENTALES MEDIANTE UN RECURSO SENCILLO Y EFECTIVO

173. Entre el conjunto de derechos garantizados en la Convención Americana de Derechos Humanos, el cual se configura como uno de los pilares fundamentales de la misma, es el derecho a la protección judicial efectiva de los derechos establecidos en la Convención y en las constituciones de los Estados

---

[192]   Corte IDH. *El Derecho a la Información sobre la Asistencia Consular en el Marco de las Garantías del Debido Proceso Legal.* Opinión Consultiva OC-16/99 del 1 de octubre de 1999. Serie A N° 16, en http://www.Corte IDH.or.cr/docs/opiniones/seriea_16_esp.pdf .

Miembros, el cual se configura como un derecho de amparo que tienen todas las personas en relación con sus derechos fundamentales garantizados en la Convención Americana. Dicho derecho a la protección judicial o al amparo está establecido en el artículo 25.1 de la Convención Americana, el cual dispone que:

"Toda persona tiene derecho a un recurso sencillo y rápido o a cualquier otro recurso efectivo ante los jueces o tribunales competentes, que la ampare contra actos que violen sus derechos fundamentales reconocidos por la Constitución, la ley o la presente Convención, aun cuando tal violación sea cometida por personas que actúen en ejercicio de sus funciones oficiales."

174. El derecho de amparo o a la protección judicial efectiva de los derechos fundamentales no sólo es un derecho aplicable en todos los Estados miembros, sino que del mismo resulta la obligación internacional que les ha sido impuesta a los mismos con el objeto de asegurar a todas las personas, no sólo la existencia de un recurso efectivo, sencillo y rápido para la protección de sus derechos, sino la efectividad del mismo. Para ello, la propia Convención dispuso que los Estados Partes se comprometen "a garantizar que la autoridad competente prevista por el sistema legal del Estado decidirá sobre los derechos de toda persona que interponga tal recurso" (artículo 25.2.a). Ello lo ha puntualizado esta honorable Corte Interamericana de Derechos Humanos en innumerables sentencias al recordar:

"El deber general del Estado de adecuar su derecho interno a las disposiciones de dicha Convención para garantizar los derechos en ella consagrados, establecido en el artículo 2, incluye la expedición de normas y el desarrollo de prácticas conducentes a la observancia efectiva de los derechos y libertades consagrados en la misma, así como la adopción de medidas para suprimir las normas y prácticas de cualquier naturaleza que entrañen una violación a las garantías previstas en la Convención. Este deber general del Estado Parte implica que las medidas de derecho interno han de ser efectivas (principio del *effet utile*), para lo cual el Estado debe adaptar su actuación a la normativa de protección de la Convención."[193]

175. Ahora bien, esa honorable Corte IDH desde sus primeras Opiniones Consultivas identificó el recurso previsto en el artículo 25.1 de la Convención con la institución latinoamericana del amparo. Así lo expuso en su Opinión Consultiva OC-8/87 del 30 de enero de 1987, *El habeas corpus bajo suspensión de garantías (arts. 27.2, 25.1 y 7.6 Convención Americana sobre Derechos Humanos)*, donde señaló que el artículo 25.1 de la Convención era "una disposición de carácter general que recoge la institución del amparo, entendido como el procedimiento judicial sencillo y breve que tiene por objeto la

---

[193]   Corte IDH caso *Yatama Vs. Nicaragua* de 23 de Junio de 2005, Párr. 170, en http://www.Corte IDH.or.cr/docs/casos/articulos/seriec_127_esp.pdf .

tutela de todos los derechos reconocidos por las constituciones y las leyes de los Estados partes y por la Convención."[194] Y también en la Opinión Consultiva OC-9/87 del 6 de octubre de 1987, *Garantías judiciales en estados de emergencia (arts. 27.2, 25 y 8, Convención Americana sobre Derechos Humanos)*, donde la Corte precisó que "para que tal recurso exista, no basta con que esté previsto por la Constitución o la ley o con que sea formalmente admisible, sino que se requiere que sea realmente idóneo para establecer si se ha incurrido en una violación a los derechos humanos y proveer lo necesario para remediarla;" al punto de establecer que su falta de consagración en el derecho interno, es decir, "la inexistencia de un recurso efectivo contra las violaciones a los derechos reconocidos por la Convención constituye una transgresión de la misma por el Estado Parte en el cual semejante situación tenga lugar."[195]

176. En sus decisiones posteriores y luego de una larga evolución, puede decirse que la Corte Interamericana, como lo ha explicado el propio profesor Brewer-Carías,[196] ha variado su interpretación del artículo 25.1, al considerar que al consagrar dicha norma el derecho al recurso efectivo como derecho de amparo, lo hace más allá de referirse a una acción o recurso específico, en un sentido más amplio de **derecho humano a la "protección judicial" efectiva**, incluyendo el derecho de acceso a la justicia, siguiendo la orientación fijada inicialmente por el juez Antonio Cançado Trindade en su Voto al caso *Genie Lacayo Vs. Nicaragua* de 29 de enero de 1997 cuando consideró que la norma era, no sólo uno de los pilares básicos de la Convención, sino "de todo el Estado de derecho en una sociedad democrática según el sentido de la Convención;"[197] concepto que se reiteró con posterioridad en la jurisprudencia de la Corte Interamericana a partir de la sentencia del caso *Castillo Páez vs. Perú* de 3 de noviembre de mismo año.[198]

---

[194]   Corte IDH Opinión Consultiva OC-8/87, del 30 de enero de 1987, *El habeas corpus bajo suspensión de garantías (arts. 27.2, 25.1 y 7.6 Convención Americana sobre Derechos Humanos*, en http://www.Corte IDH.or.cr/docs/opiniones/seriea_08_esp.pdf

[195]   Corte IDH Opinión Consultiva OC-9/87 del 6 de octubre de 1987, *Garantías judiciales en estados de emergencia (arts. 27.2, 25 y 8, Convención Americana sobre Derechos Humanos* Párr. 24, en http://www.Corte IDH.or.cr/docs/opiniones/seriea_09_esp.pdf .

[196]   Véase entre lo más reciente Allan R. Brewer-Carías y Jaime Orlando Santofimio, *El control de convencionalidad y la responsabilidad del Estado*, Universidad Externado de Colombia, Bogotá 2013, pp. 67 ss.

[197]   Corte IDH Voto Disidente de Antônio Augusto Cançado Trindade en la sentencia del *Caso Genie Lacayo vs. Nicaragua (Solicitud de Revisión de la Sentencia de Fondo, Reparaciones y Costas)* de 13 de septiembre de 1997 Párr. 18, en http://www.Corte IDH.or.cr/docs/casos/articulos/seriec_21_esp.pdf .

[198]   Corte IDH Caso *Castillo Páez vs. Perú* de 3 de noviembre de 1997 Párr. 82, en http://www.Corte IDH.or.cr/docs/casos/articulos/seriec_34_esp.pdf.

177. En este contexto, por supuesto más amplio, el derecho de amparo o a la protección judicial es pilar básico de la democracia, que no se agota en una "acción de amparo" que en si misma se subsume en dicho sistema de recursos judiciales rápidos, sencillos y eficaces (con el signo en este caso de la inmediatez de la protección por tratarse de derechos humanos) a los cuales las personas tienen derecho de acceder (acceso a la justicia) con las garantías del debido proceso que derivan del artículo 25.1 en conexión con el artículo 8 sobre garantías judiciales, los cuales en conjunto son los que constituyen el pilar de la democracia. Como lo dijo esta honorable Corte IDH en la sentencia del caso de *La Masacre de las Dos Erres vs. Guatemala* de 24 de noviembre de 2009, luego de expresar que "el recurso de amparo por su naturaleza es el procedimiento judicial sencillo y breve que tiene por objeto la tutela de todos los derechos reconocidos por las constituciones y leyes de los Estados partes y por la Convención;" que "tal recurso *entra* en el ámbito del art. 25 de la Convención Americana, por lo cual tiene que cumplir con varias exigencias, entre las cuales se encuentra la idoneidad y la efectividad."[199]

2. La consecuencia de ello es que independientemente de que el artículo 25.1 de la Convención no se agote en una única "acción de amparo" de "tutela" o de "protección" que se ha establecido en los ordenamientos nacionales, ni se lo considere por la jurisprudencia de esta honorable Corte Interamericana solamente como la consagración de un "recurso de amparo," lo cierto es que dicha norma al establecer el "derecho de amparo" o derecho a la "protección judicial" como derecho humano, ha fijado los parámetros mínimos conforme a los cuales los Estados miembros deben cumplir la obligación de asegurarle a todas las personas no sólo la existencia, sino la efectividad de ese o esos recursos efectivos, sencillos y rápidos para la protección de sus derechos fundamentales previstos en la Constitución y en la propia Convención.

179. Ese artículo 25.1 es, por tanto, el marco que establece la Convención Americana conforme al cual, tanto esta Corte IDH como los jueces y tribunales nacionales, deben ejercer el control de convencionalidad en relación con los actos y decisiones de los Estados para asegurar el derecho de amparo o derecho a la protección judicial de los derechos humanos. Así se deriva por ejemplo, de lo que esta Corte IDH consideró como "el sentido de la protección otorgada por el artículo 25 de la Convención," consistente en:

"la posibilidad real de acceder a un recurso judicial para que la autoridad competente y capaz de emitir una decisión vinculante determine si ha habido o no una violación a algún derecho que la persona que reclama estima tener y que, en caso de ser encontrada una violación, el recurso sea útil para restituir al interesado en el goce de su derecho y repararlo."[200]

---

[199] Corte IDH Caso *La Masacre de las Dos Erres vs. Guatemala* de 24 de noviembre de 2009 C211/2009 Párr. 107 en http://www.Corte IDH.or.cr/docs/casos/articulos/seriec_211_esp.pdf.

[200] Corte IDH Caso *Jorge Castañeda Gutman vs. México* de 6 de agosto de 2008. Párr. 100 en http://www.Corte IDH.or.cr/docs/casos/articulos/seriec_184_esp.pdf.

180. De ello deriva, que conforme a dicha norma de la Convención, en definitiva, el derecho de amparo o a la protección judicial efectiva, no necesariamente está reducido a ser garantizado mediante un específico recurso o acción de amparo, sino que con frecuencia, e independientemente de la existencia de una "acción de amparo" específica, se garantiza el derecho a la protección judicial por otros medios procesales sencillos y efectivos que los jueces están en la obligación de decidir de inmediato, acorde con la protección constitucional solicitada. Para tal fin, y si acaso hubiere una deficiente regulación del recurso sencillo y rápido de amparo o protección judicial, como lo resolvió la Corte IDH en la sentencia del caso de *La Masacre de las Dos Erres vs. Guatemala* de 24 de noviembre de 2009, [201] el Estado tiene el deber general de "adecuar su derecho interno a las disposiciones de la Convención Americana para garantizar los derechos en ella consagrados," considerando que precisamente en materia del recurso de de protección judicial o de amparo, "la expedición de normas y el desarrollo de prácticas conducentes a la efectiva observancia de dichas garantías."[202] En otra sentencia ha dicho la Corte IDH que "La obligación contenida en el artículo 2 de la Convención reconoce una norma consuetudinaria que prescribe que, cuando un Estado ha celebrado un convenio internacional, debe introducir en su derecho interno las modificaciones necesarias para asegurar la ejecución de las obligaciones internacionales asumidas."[203]

181. Ahora bien, considerando entonces que el artículo 25 de la Convención Americana sobre Derechos Humanos, cuya redacción y lenguaje sigue los del Pacto Internacional de los Derechos Civiles y Políticos,[204] establece un derecho de protección judicial o de amparo de los derechos humanos, sea mediante una acción de amparo o mediante otro recurso sencillo, rápido y eficaz para la protección de los mismos, es posible derivar de dicho artículo dentro de los contornos fundamentales que debe tener la institución de la acción de amparo, de tutela o de protección de los derechos fundamentales en los derechos internos, cuyo sentido[205] que de acuerdo con la tesis del profesor Bre-

---

[201] Corte IDH Caso *La Masacre de las Dos Erres vs. Guatemala* de 24 de noviembre de 2009 C211/2009. Párr. 121 en http://www.Corte IDH.or.cr/docs/casos/articulos/seriec_211_esp.pdf.

[202] *Ídem*. Párr. 122.

[203] *Ídem*. Párr. 132.

[204] Véase Allan R. Brewer-Carías, "El derecho al debido proceso y el derecho de amparo en el proyecto de Constitución Europea", en Juan Pérez Royo, Joaquín Pablo Urías Martínez, Manuel Carrasco Durán, Editores), en *Derecho Constitucional para el Siglo XXI. Actas del Congreso Iberoamericano de Derecho Constitucional,* Tomo I, Thomson-Aranzadi, Madrid 2006, pp. 2151-2162.

[205] Véase Allan R. Brewer-Carías, *Mecanismos nacionales de protección de los derechos humanos (Garantías judiciales de los derechos humanos en el derecho constitucional comparado latinoamericano),* Instituto Interamericano de Derechos Humanos (IIDH), Costa Rica, San José 2005; *Constitutional Protection of Human Rights in Latin America. A Comparative Study of the Amparo Proceedings,*

wer-Carías, la Convención Americana concibe al amparo como un derecho fundamental[206] en sí mismo y no sólo como una única garantía adjetiva; en el mismo sentido cómo se ha regulado la institución del amparo en Venezuela donde está concebido como un derecho humano, más que como una sola garantía adjetiva.[207]

182. En la Convención se indica, en efecto, que toda persona "tiene derecho" a un recurso, lo que no significa que solamente tenga derecho a una específica garantía adjetiva que se concretiza en un solo recurso o en una acción de amparo, de tutela o de protección específica. El derecho se ha concebido más amplio, como derecho a la protección constitucional de los derechos o al amparo de los mismos, es decir, como el derecho a la protección judicial mediante u procedimiento sencillo y rápido acorde con la protección constitucional. Por eso, en realidad, se está presencia de un derecho fundamental de rango internacional y constitucional de las personas, a tener a su disposición medios judiciales efectivos, rápidos y eficaces de protección. Y uno de ellos, es precisamente, en Venezuela, por ejemplo, además de la acción de amparo que se regula en la Ley Orgánica de Amparo sobre Derechos y Garantías Constitucionales, el "recurso de nulidad" consagrado en materia penal en los artículos 190 y siguientes del Código Orgánico Procesal Penal, mediante el cual el juez, de oficio o a instancia de parte, en cualquier estado y grado del proceso, debe corregir los vicios de inconstitucionalidad denunciados, como nulidades absolutas, cuando violan los derechos y garantías de las personas,, con la inmediatez requerida por la protección constitucional.

183. Ello, específicamente ha sido considerado así por la Sala Constitucional del Tribunal Supremo de Justicia en sentencia N° 256 de 14 de febrero de 2002 (*Caso Juan Calvo y Bernardo Priwin*) al decidir que:

Cambridge University Press, New York, 2008; "El amparo en América Latina: La universalización del régimen de la Convención Americana sobre los Derechos Humanos y la necesidad de superar las restricciones nacionales", en *Ética y Jurisprudencia*, 1/2003, Enero-Diciembre, Universidad Valle del Momboy, Facultad de Ciencias Jurídicas y Políticas, Centro de Estudios Jurídicos "Cristóbal Mendoza", Valera, Estado Trujillo, 2004, pp. 9-34. Sobre el amparo en general, véase Héctor Fix-Zamudio, Ensayos sobre el derecho de amparo, Porrúa, México 2003; y Héctor Fix-Zamudio y Eduardo Ferrer Mac-Gregor (Coordinadores), *El derecho de amparo en el mundo*, Porrúa, México 2006.

[206] Véase Héctor Fix Zamudio, "La teoría de Allan R. Brewer-Carías sobre el derecho de amparo latinoamericano y el juicio de amparo mexicano," en *El derecho público a comienzos del Siglo XXI. Estudios en homenaje al profesor Allan R. Brewer-Carías*, Ed. Civitas, Universidad Central de Venezuela, Madrid 2003, Tomo I, pp. 1125-1163.

[207] Véase Allan R. Brewer-Carías, "El derecho de amparo y la acción de amparo", en *Revista de Derecho Público*, N° 22, Editorial Jurídica Venezolana, Caracas, abril-junio 1985, pp. 51-61; e *Instituciones Políticas y Constitucionales*, Vol. V, Derecho y Acción de Amparo, Universidad Católica del Táchira Editorial Jurídica Venezolana, Caracas-San Cristóbal 1998.

"la inconstitucionalidad de un acto procesal –por ejemplo- no requiere necesariamente de un amparo, ni de un juicio especial para que se declare, ya que dentro del proceso donde ocurre, el juez, quien es a su vez un tutor de la Constitución, y por lo tanto en ese sentido es Juez Constitucional, puede declarar la nulidad pedida."[208]

184. Esto lo repitió la Sala Constitucional en sentencia No. 1520 de 20 de julio de 2007 al señalar:

"Por otra parte, en sentencia de esta Sala N° 256/2002, caso: *"Juan Calvo y Bernardo Priwin"*, se indicó que las nulidades por motivos de inconstitucionalidad (como lo sería el desconocimiento de derechos de rango constitucional) que hayan de ser planteadas en los diferentes procesos judiciales, no necesariamente deben ser presentadas a través de la vía del amparo constitucional, pues en las respectivas leyes procesales existen las vías específicas e idóneas para la formulación de las mismas, y que en el caso del proceso penal dicha vía procesal está prevista en los artículos 190 y 191 *eiusdem*."[209]

185. Es decir, conforme a la Convención Americana, los mecanismos judiciales de protección judicial de los derechos humanos a los que la misma se refiere pueden ser variados, y lo que deben ser es efectivos, rápidos, y sencillos. Pueden ser de cualquier clase, a través de cualquier medio judicial y no necesariamente mediante una sola y única acción de protección o de "amparo," pero lo que tienen es que ser efectivos para la protección judicial.

186. Es decir, la Convención Americana en el artículo 25.1 no necesariamente se refiere a un solo medio adjetivo de protección judicial, sino que puede y debe tratarse de un conjunto variado de medios de protección judicial, lo que puede implicar, incluso, la posibilidad de utilizar los medios judiciales ordinarios cuando sean efectivos como recursos rápidos y sencillos de protección de los "derechos fundamentales" establecidos en la Convención, en la Constitución y las otras fuentes que conforman el bloque de constitucionalidad.

---

[208] Tribunal Supremo de Justicia, Sala Constitucional, Caso *Juan Calvo y Bernardo Priwin*, Sentencia N° 256 del 14 de febrero 2002, en http://www.tsj.gov.ve/decisiones/scon/Febrero/256-140202-01-2181%20.htm .

[209] Tribunal Supremo de Justicia, Sentencia N° 1520 de 20 de julio de 2007 en http://www.tsj.gov.ve/decisiones/scon/Julio/1520-200707-07-0827.htm

II. CONSIDERACIONES SOBRE EL "RECURSO DE NULIDAD" PREVISTO EN EL CÓDIGO ORGÁNICO PROCESAL PENAL VENEZOLANO COMO UN RECURSO DE PROTECCIÓN DE LOS DERECHOS FUNDAMENTALES DE CARÁCTER SENCILLO Y RÁPIDO EN LOS TÉRMINOS DEL ARTÍCULO 25.1 DE LA CONVENCIÓN AMERICANA.

187. En efecto, de acuerdo con lo establecido en el artículo 19 de la Constitución de Venezuela, es "obligación del Estado," garantizar "a toda persona, conforme al principio de progresividad y sin discriminación alguna, el goce y ejercicio irrenunciable, indivisible e interdependiente de los derechos humanos;" lo que implica, por supuesto, que ello es también una obligación de todos los jueces, incluyendo los jueces penales. Por ello, la misma norma constitucional dispone que el "respeto y garantía" de los derechos humanos "son obligatorios para los órganos del Poder Público," incluyendo los jueces penales, "de conformidad con esta Constitución, con los tratados sobre derechos humanos suscritos y ratificados por la República y con las leyes que los desarrollen." Por ello la Constitución también se refiere en el artículo 27 al derecho que "toda persona tiene" a "ser amparada por los tribunales en el goce y ejercicio de los derechos y garantías constitucionales."

188. La consecuencia de estas previsiones constitucionales imponiendo a los órganos del Estado, incluyendo a los jueces penales, la obligación de proteger, respetar y garantizar a las personas el goce y ejercicio de los derechos humanos, es la declaratoria que establece el artículo 25 de la propia Constitución, en el sentido de que "todo acto dictado en ejercicio del Poder Público" incluidos los jueces, "que viole o menoscabe los derechos garantizados por esta Constitución y la ley es nulo," es decir, que está viciado de nulidad absoluta; y de que "los funcionarios públicos y funcionarias públicas que lo ordenen o ejecuten," incluyendo por supuesto a los jueces penales, "incurren en responsabilidad penal, civil y administrativa, según los casos, sin que les sirvan de excusa órdenes superiores."

189. Para garantizar la efectividad de estas previsiones, el artículo 26 de la Constitución prevé además el derecho constitucional de toda persona "de acceso a los órganos de administración de justicia" incluyendo los jueces penales, "para hacer valer sus derechos e intereses;" y además, el derecho de toda persona "a la tutela efectiva de los mismos y a obtener con prontitud la decisión correspondiente." No se trata de meras formulaciones constitucionales, sino de la consagración de derechos y garantías constitucionales.

190. Por ello, si se trata de exigir judicialmente el goce y ejercicio de derechos y garantías constitucionales que puedan haber sido lesionados, aparte de la nulidad absoluta de los actos lesivos conforme a la declaración de la Constitución, esta asegura en general en su artículo 27, a todo persona, el "derecho a ser amparada por los tribunales en el goce y ejercicio" de los mencionados derechos y garantías constitucionales. Para ello, además, la norma del artículo 26 impone al Estado el deber de garantizar la existencia de "una justicia gratuita, accesible, imparcial, idónea, transparente, autónoma, inde-

pendiente, responsable, equitativa y expedita, sin dilaciones indebidas, sin formalismos."

191. Este es el marco constitucional en materia de protección de derechos y garantías constitucionales, dentro del cual se ha desarrollado el proceso penal en el Código Orgánico Procesal Penal, al atribuirse en general a los jueces de control la obligación de "hacer respetar las garantías procesales (art. 64); a los jueces de la fase preliminar, la obligación de "controlar el cumplimiento de los principios y garantías establecidos en este Código, en la Constitución de la República, tratados, convenios o acuerdos internacionales suscritos por la República" (Art. 282); y también en general, a los jueces "de control, durante las fases preparatoria e intermedia, "la obligación de "respetar las garantías procesales" (art. 531). En esta materia, además, conforme al artículo 6 del mismo Código, los jueces en caso alguno "podrán abstenerse de decidir so pretexto de silencio, contradicción, deficiencia, oscuridad o ambigüedad en los términos de las leyes, ni retardar indebidamente alguna decisión," particularmente cuando se trata de ejercer el control sobre las violaciones a los derechos y garantías constitucionales denunciados, de manera que "si lo hicieren, incurrirán en denegación de justicia."

192. A los efectos de lograr el ejercicio del control judicial respecto del cumplimiento de los derechos y garantías constitucionales, el Código Orgánico Procesal Penal venezolano ha establecido un remedio judicial de nulidad, sencillo y efectivo que ha sido calificado como "**recurso de nulidad**," por la Sala de Casación Penal[210] y la Sala Constitucional[211] del Tribunal Supremo de Justicia, y que se encuentra regulado en el Capítulo II ("De las nulidades") del Título VI ("De los Actos Procesales y las Nulidades"). Dicho "recurso" que es precisamente uno de los recursos sencillos y rápidos para asegurar el derecho a la protección judicial prevista en el artículo 25 de la Convención Americana, se puede ejercer por cualquiera de las partes en el proceso respecto de los actos y actuaciones fiscales y judiciales que puedan haber violado los derechos y garantías constitucionales; y se puede formular en cualquier estado y grado del proceso siempre que sea antes de dictarse sentencia definitiva; y que el juez está obligado a decidir de inmediato, es decir, perentoriamente, en el lapso de 3 día siguientes como lo dispone el artículo 177 del Código Orgánico, sin que se establezca oportunidad preclusiva única para ser decidido.[212]

---

[210] Tribunal Supremo de Justica, Sala de Casación Penal Caso: *Edwin Exequiel Acosta Rubio y otros* N° 003 de fecha 11 de enero de 2002 en http://www.tsj.gov.ve/decisiones/scp/Enero/003-110102-010578.htm .

[211] Véase sentencia N° 1453 de la Sala Constitucional de 10-08-2001 en http://www.tsj.gov.ve/decisiones/scon/agosto/1453-100801-01-0458.HTM.

[212] Tribunal Supremo de Justicia Sala de Casación Penal Caso: *Manuel Antonio Sánchez Guerrero y otros*, sentencia N° 205 de 14 de mayo de 2009, donde se indicó que las "solicitudes relativas a una nulidad no convalidable, como la alegada por el solicitante, en principio, **pueden ser planteadas en cualquier oportunidad, por ser denunciables en cualquier estado y grado del proceso y en virtud de la gravedad, así**

193. En efecto, el artículo 190 del Código Orgánico establece el principio general de que "los actos cumplidos en contravención o con inobservancia de las formas y condiciones previstas en este Código, la Constitución de la República, las leyes, tratados, convenios y acuerdos internacionales suscritos por la República" cuando estén viciados de nulidad absoluta, en ningún caso pueden ser apreciados "para fundar una decisión judicial, ni utilizados como presupuestos de ella;" considerándose como "nulidades absolutas" en el artículo 191, precisamente aquellas "que impliquen inobservancia o violación de derechos y garantías fundamentales previstos en este Código, la Constitución de la República, las leyes y los tratados, convenios o acuerdos internacionales suscritos por la República." Los actos o actuaciones viciadas de nulidad absoluta no pueden ser saneadas (art. 193) ni ser convalidadas (art. 194), siendo no sólo competencia, sino obligación perentoria del juez penal, conforme al artículo 195 del Código ("el juez deberá"), "declarar su nulidad por auto razonado o señalará expresamente la nulidad en la resolución respectiva, **de oficio o a petición de parte**."

194. Dejando aparte la actuación de oficio, consagra así el Código Orgánico Procesal Penal, un recurso de protección judicial formal, en cabeza de las partes en el proceso penal, para requerir del juez penal ("a petición de parte"), que cumpla con su obligación de declarar la nulidad absoluta de las actuaciones fiscales o judiciales que sean violatorias de los "derechos y garantías fundamentales previstos en este Código, la Constitución de la República, las leyes y los tratados, convenios o acuerdos internacionales suscritos por la República," que el propio Código declara como viciadas de nulidad absoluta, y por tanto, no subsanables ni convalidables. Por ello, precisa, el Código que "tal declaratoria" no procede "por defectos insustanciales en la forma," por lo que sólo pueden "anularse las actuaciones fiscales o diligencias judiciales del procedimiento que ocasionaren a los intervinientes un perjuicio reparable únicamente con la declaratoria de nulidad" (art. 195).

195. Sobre este "recurso de nulidad," además, la Sala Constitucional del Tribunal Supremo, también precisó que en el actual proceso penal, "ha sido considerada como una verdadera **sanción procesal** -la cual puede ser **declarada de oficio o a instancia de parte**-, dirigida a privar de efectos jurídicos a todo acto procesal que se celebra en violación del ordenamiento jurídico-constitucional," señalando que "la referida sanción conlleva suprimir los efectos legales del acto írrito."[213]

---

como la trascendencia del defecto que vicia el acto." en http://www.tsj.gov.ve/decisiones/scp/Mayo/205-14509-2009-C09-121.html. Igualmente, sobre que la solicitud de nulidad puede formularse en "cualquier estado y grado del proceso," "por la gravedad del vicio que afecta el acto objeto de la misma, se pronunció la Sala Constitucional Caso: *Edgar Brito Guedes*, 5 de noviembre de 2007 en http://www.tsj.gov.ve/decisiones/scon/Noviembre/2061-051107-07-1322.htm

[213] Tribunal Supremo de Justicia, Sala Constitucional Caso: *William Alfonso Ascanio* N° 880 del 29 de mayo de 2001 en http://www.tsj.gov.ve/decisiones/scon/Mayo/880-290501-01-0756%20.htm. En igual sentido la sentencia Sala de Casación Penal, Ca-

196. Por su parte, también sobre este "recurso de nulidad," la Sala de Casación Penal del Tribunal Supremo, en sentencia de N° 003 de fecha 11 de enero de 2002,[214] fijó sus características en el sistema jurídico venezolano, como "un principio que va a **regir durante todas las etapas del proceso**," destacando la estrecha vinculación entre el artículo 190 del Código Orgánico Procesal Penal y el artículo 48.8 de la Constitución "donde se advierte la posibilidad de **solicitar del Estado el restablecimiento o reparación de la situación viciada** por error judicial, retardo u omisión justificada. Lo cual significa que aquellos actos de fuerza, usurpación, así como los ejercidos en franca contrariedad a la ley, acarrean ineficacia, nulidad de lo actuado y responsabilidad individual del funcionario." La Sala explicó así, en dicha sentencia No. 003 de fecha 11 de enero de 2002, lo siguiente:

> "El sistema acusatorio contemplado en el Código Orgánico Procesal Penal es de corte principista y no reglamentario, establece una serie de principios fundamentales que van a servir como norte a las normas que regulan los distintos institutos procesales. La anunciabilidad de un principio es suficiente para que sistemáticamente en la misma ley procesal penal se le busque la solución procedimental para salvaguardar el principio anunciado. Jamás podría concluirse que algunos de los principios que constituyen reglas del debido proceso dejen de aplicarse por carecer de procedimiento expreso que los conduzca al conocimiento del tribunal.
>
> Este principio de nulidad, expresamente establecido en el Código Orgánico Procesal Penal, forma parte de las reglas mínimas que sustentan el debido proceso, concebido en un régimen democrático como un conjunto de reglas para la adopción de procedimientos y la toma de decisiones, tendentes a garantizar la igualdad entre las partes y la más amplia participación posible de los interesados en la solución del conflicto respectivo, es decir: el Estado, la sociedad, la víctima y el procesado.
>
> El *ius puniendi* o derecho de castigar que tiene el Estado marcha correlativamente con el deber de regular su proceder dirigido a obtener la verdad y a declarar la respectiva consecuencia. [...]
>
> [...] Nuestro sistema no acoge la clásica distinción entre nulidades absolutas y relativas; pero si parte del concepto de la nulidad absoluta sin entrar a considerar lo referente a las posibles nulidades relativas. Es decir, nuestro sistema establece la distinción de nulidades no convalidables (absolutas) y nulidades saneables, las cuales son aquellas renovables y que permiten su convalidación, pero no las llega a denominar nulidades relativas.

---

so: *Juan Efraín Chacón*, en sentencia N° 32 de 10 de febrero de 2011 en http://www.tsj.gov.ve/decisiones/scp/Febrero/032-10211-2011-N10-189.html.

[214] Tribunal Supremo de Justica, Sala de Casación Penal Caso: *Edwin Exequiel Acosta Rubio y otros* N° 003 de fecha 11 de enero de 2002 en http://www.tsj.gov.ve/decisiones/scp/Enero/003-110102-010578.htm.

En cuanto a las nulidades absolutas, nuestro sistema procesal vigente acoge la doctrina italiana, manifestada en la opinión del tratadista Giovanni Leone, para quien existen una serie de aspectos que deben seguirse plenamente y que de no ser así producen nulidades, las cuales son denunciables en cualquier estado y grado del proceso, pues afectan la relación jurídica procesal. Por lo tanto las partes y el Juez deben producir la denuncia de la falta cometida a objeto de imponer el correctivo.

Señala Leone que las nulidades absolutas pueden **invocarse en cualquier momento** y a las mismas pueden atribuírseles tres condiciones: 1. La deducibilidad: **las partes pueden invocar la nulidad en cualquier instante del juicio.** 2. El juez **tiene igualmente la iniciativa** de establecerlas del mismo modo que lo pudieren hacer las partes. 3. La insanabilidad, es decir, que **no se puede afectar o convalidar lo realizado.**

El Código Orgánico Procesal Penal si bien habla de las nulidades absolutas, sin embargo, se adhiere al mundo de las nulidades implícitas, cuya idea se adapta a los lineamientos más actuales, puesto que difícilmente se pueden acoplar todos los casos como tantas transgresiones sean imaginables.

Lo que establece nuestro sistema procesal es que cuando las nulidades sean absolutas: todo aquello que tiene que ver con la nulidad de la actividad judicial donde esté presente la intervención, asistencia y representación del imputado, la forma en que se establezca, la inobservancia y violación de derechos y garantías en general, en estos casos las nulidades se hacen valer ex officio y de pleno derecho; mientras que en los otros tipos de nulidades se requieren la instancia de parte y son normalmente saneables.

Pero lo más importante es establecer que cuando **el artículo 190 del Código Procesal Penal reformado establece el principio de que no podrá fundarse una decisión judicial ni utilizar como presupuesto de ella los actos cumplidos en contraversión a la forma que prevé el Código, la Constitución, las leyes y los tratados y convenios internacionales suscritos por la República, se está estableciendo el tema de las nulidades de manera abierta, sólo atendiendo a la infracción de garantías constitucionales y aquellas que se encontraren planteadas por la normativa internacional de los derechos humanos, en cuyo caso se procederá a la nulidad de los actos procesales,** con lo cual se está consagrando un sistema de nulidades implícitas o virtuales. [...]"[215]

197. Por tanto, conforme a la doctrina de la Sala de Casación Penal sentada en la misma sentencia, además de los "recursos de: revocación, apelación,

---

[215]   *Ídem.*

casación y del recurso de revisión;" en el ordenamiento procesal penal está este "recurso de anulación," conforme al cual "el Tribunal que haya tenido conocimiento del acto viciado cuya nulidad se está pidiendo deberá acordarla por aplicación del principio establecido en el artículo 190 del COPP en concordancia con el artículo 191 *eiusdem* cuando se trate de nulidades absolutas."

198. Ahora bien, sobre el sistema de nulidades establecido en el Código Orgánico Procesal Penal, la Sala de Casación Penal en la misma sentencia estableció que se establece "de manera abierta, atendiendo las infracciones de Garantías Constitucionales o aquellas que se encontraren planteadas por la normativa internacional de derechos humanos, lo cual revela una inclinación por consagrar un sistema de nulidades implícitas o virtuales" [...]; razón por la cual "la nulidad bajo éste régimen abierto que contempla el Código Orgánico Procesal Penal puede ser planteada a instancia de partes o aplicadas de oficio **en cualquier etapa o grado del proceso por quien conozca de la causa**" [...].[216]

199. Por ello, precisamente, la Sala de Casación Penal del Tribunal Supremo de Justicia en otra sentencia N° 32 de 10 de febrero de 2011,[217] luego de considerar que la institución de la nulidad es considerada en el proceso penal actual como una sanción procesal que se fundamenta en el artículo 190 del Código Orgánico destinada a "de dejar sin efecto jurídico cualquier acto procesal que se realice en detrimento del orden constitucional y jurídico," ha decidido que las nulidades absolutas "**se pueden reclamar siempre y antes de que la sentencia adquiera el carácter de firme.**" Esta última es, en definitiva, la única limitante para intentar el recurso de nulidad, tal como se resolvió por la Sala Constitucional en sentencia N° 201 del 19 de febrero de 2004 al realizar respecto de la norma que prevé el recurso de nulidad, una "interpretación *acorde con el derecho al debido proceso y el principio non bis in idem*," señalando que recurso de nulidad se tiene que decidir *"el sentenciador antes de dictar el fallo definitivo; y, por lo tanto, con la decisión judicial precluye la oportunidad para solicitar una declaratoria de tal índole, pedimento que sería intempestivo..."* (Negrillas de la Sala Penal)."[218]

200. La Sala Casación Penal del Tribunal Supremo de Justicia en la sentencia citada N° 32 de 10 de febrero de 2011,[219] en cuanto a la oportunidad de presentar el recurso agregó que al contrario de las nulidades relativas cuya solicitud de "saneamiento" "está sujeta a lapsos preclusivos y únicamente cuando se trate de aquellas nulidades susceptibles de ser convalidadas, es decir, las nulidades relativas;" en el caso de las nulidades absolutas, mediante el "recurso de nulidad," dijo la Sala:

---

[216]   *Ídem.*

[217]   Tribunal Supremo de Justicia, Sala de Casación Penal, Caso: *Juan Efraín Chacón*. en sentencia N° 32 de 10 de febrero de 2011 en http://www.tsj.gov.ve/decisiones/scp/Febrero/032-10211-2011-N10-189.html.

[218]   *Ídem.*

[219]   *Ídem.*

"sí se pueden plantear en cualquier estado y grado del proceso, debido a la gravedad o trascendencia del defecto mismo, pues vicia al acto en su esencia. Es decir, de acuerdo a lo estipulado en el artículo 190 del Código Orgánico Procesal Penal, los actos realizados en desacato o con inobservancia de las formas y condiciones previstas en la Constitución, en el Código Orgánico Procesal Penal, las leyes, tratados, convenios y acuerdos internacionales suscritos por el Estado, no pueden apreciarse como fundamento de una decisión judicial, ni como presupuestos de ella."[220]

201. En cuanto a la oportunidad para que se adopte la decisión del juez a los efectos de declarar la nulidad de actos fiscales o judiciales *violatorios de derechos y garantías constitucionales*, de acuerdo con lo dispuesto en los artículos 190 a 196 del Código Orgánico Procesal Penal, la misma puede ser adoptada en todo estado y grado del proceso, y en todo caso, dentro del lapso general de tres (3) días siguientes a la formulación del recurso de protección conforme a lo dispuesto en el artículo 177 del Código Orgánico Procesal Penal. Es decir, la decisión no está restringida legalmente a que sólo pueda ser dictada exclusivamente en alguna oportunidad procesal precisa y determinada, ni podría estarlo, tanto por la inmediatez que requiere la protección de derechos y garantías constitucionales, como por el hecho de que el propio recurso o petición de nulidad se puede intentar en cualquier etapa y grado del proceso.

202. Al contrario, como se deriva de la doctrina judicial del Tribunal Supremo, la decisión del recurso de nulidad puede dictarse de oficio o a solicitud de parte en cualquier momento del proceso, pues la naturaleza constitucional de la violación denunciada y la nulidad absoluta que conlleva, obligan al juez a decidir cuando la misma se formule mediante un recurso de nulidad interpuesto por parte interesada, o cuando el propio juez la aprecie de oficio. Por tanto, conforme a los artículos 177 y 190 y siguientes del Código Orgánico Procesal Penal, el juez no tiene que esperar una oportunidad procesal específica para adoptar su decisión, y está obligado a decidir de inmediato, perentoriamente, en el lapso de los tres (3) días siguientes que prescribe el artículo 177 del Código Orgánico y además, por la obligación que tiene de darle primacía a la Constitución y a los derechos humanos en ella consagrados.

203. Al observarse, que la referencia que hace el artículo 196 del Código Orgánico a la "audiencia preliminar," o a la "audiencia del juicio oral" es sólo de carácter adjetivo a los efectos de determinar los posibles efectos *ex tunc* al auto de nulidad **para cuando éste se adopte en el curso de una audiencia judicial**, en el sentido de que si se dicta "durante la audiencia preliminar" y se decreta "la nulidad de actuaciones judiciales realizadas durante la fase de investigación," entonces "el tribunal no retrotraerá el procedimiento a ésta fase;" y si la nulidad es declarada "durante el desarrollo de la audiencia del jui-

---

[220] *Ídem.*

cio oral" entonces "no retrotraerán el procedimiento a la etapa de investigación o a la de la audiencia preliminar." Pero ello no implica previsión alguna que imponga la limitante de que los "recursos de nulidad" por razones de inconstitucionalidad o nulidad absoluta interpuestos por las partes deban sólo decidirse en alguna audiencia preliminar o de juicio oral.

204. Al contrario, conforme a la jurisprudencia de la Sala Constitucional sentada en la sentencia N° 256/2002, caso: *"Juan Calvo y Bernardo Priwin,"* que se cita en sentencia de la misma Sala de 20 de julio de 2007,[221] se afirma lo siguiente:

> "Para el proceso penal, el juez de control durante la fase preparatoria e intermedia hará respetar las garantías procesales, pero el Código Orgánico Procesal Penal no señala una oportunidad procesal para que se pida y se resuelvan las infracciones a tales garantías, lo que incluye las transgresiones constitucionales, sin que exista para el proceso penal una disposición semejante al artículo 10 del Código de Procedimiento Civil, ni remisión alguna a dicho Código por parte del Código Orgánico Procesal Penal.
>
> Ante tal silencio de la ley, ¿cómo maneja el juez de control una petición de nulidad? A juicio de esta Sala, depende de la etapa procesal en que se haga, y si ella se interpone en la fase intermedia, el juez puede resolverla bien antes de la audiencia preliminar o bien como resultado de dicha audiencia, variando de acuerdo a la lesión constitucional alegada, ya que hay lesiones cuya decisión no tienen la urgencia de otras, al no infringir en forma irreparable e inmediata la situación jurídica de una de las partes.
>
> No señala el artículo 328 del Código Orgánico Procesal Penal entre las actuaciones que pueden realizar las partes en la fase intermedia, la petición de nulidades, pero ello lo considera la Sala posible como emanación del derecho de defensa. De ocurrir tal petición de nulidad, el juez de control -conforme a la urgencia debido a la calidad de la lesión y ante el silencio de la ley- podrá antes de abrir la causa a juicio y en cualquier momento antes de dicho acto de apertura resolverla, aunque lo preferible es que sea en la audiencia preliminar, con prioridad a la decisión de los puntos a que se refiere el artículo 330 del Código Orgánico Procesal Penal, a fin de garantizar el contradictorio a las partes, ya que éste es un principio que rige el proceso penal (artículo 18 del Código Orgánico Procesal Penal).

---

[221] Tribunal Supremo de Justicia, Sala Constitucional Caso *Luis Alberto Martínez González* N° 1520 del 20 de julio de 2007 en http://www.tsj.gov.ve/decisiones/scon/Julio/1520-200707-07-0827.htm.

Sin embargo, **cuando la nulidad coincide con el objeto de las cuestiones previas, la resolución de las mismas debe ser en la misma oportunidad de las cuestiones previas; es decir, en la audiencia preliminar** lo que de paso garantiza el derecho de defensa de todas las partes del proceso y cumple con el principio del contradictorio" (Negritas de este fallo)."[222]

205. En dicha sentencia de 2002, citada en la sentencia de 2007, por tanto, la Sala fue clara en considerar que si el recurso de nulidad se interpone en la fase intermedia, "el juez debe resolverla **bien *antes* de la audiencia preliminar, o bien como resultado de dicha audiencia, variando de acuerdo a la *lesión constitucional* alegada,"** indicando además que la decisión del recurso de nulidad formulado en la etapa intermedia podría ser **"preferible"** que se adoptase en la audiencia preliminar, pero ello sólo dependiendo de los vicios de nulidad alegados, que cuando son de violación de derechos y garantías constitucionales (nulidad absoluta) deben ser apreciados de inmediato, independientemente de dicha audiencia. La Sala Constitucional, por lo demás, en la misma sentencia solo consideró que el recurso de nulidad debía resolverse en la audiencia preliminar, sólo **"cuando la nulidad coincide con el objeto de las cuestiones previas,"** que no fue el caso del recurso de nulidad intentado por los defensores del Allan R. Brewer-Carías.

206. En definitiva, la Sala Constitucional ha dispuesto en la sentencia de 20 de julio de 2007, antes citada, que como **"el Código Orgánico Procesal Penal no señala una oportunidad procesal para que se [...] resuelvan las infracciones a tales garantías, lo que incluye las trasgresiones constitucionales [...], si el recurso de nulidad "se interpone en la fase intermedia, el juez debe resolverla bien *antes de la audiencia preliminar*, o bien como resultado de dicha audiencia, variando de acuerdo a la lesión constitucional alegada."** [223]

207. Por otra parte, sobre la formalidades de la decisión que el juez penal está obligado a dictar en relación con este recurso de protección judicial o de nulidad, el Código Orgánico Procesal Penal establece en su artículo 195, que "el auto que acuerde la nulidad" en los casos de nulidad absoluta, debe ser un auto razonado en el cual se señale "expresamente la nulidad en la resolución respectiva," y en el mismo, se debe "individualizar plenamente el acto viciado u omitido," y se debe determinar "concreta y específicamente, cuáles son los actos anteriores o contemporáneos a los que la nulidad se extiende por su conexión con el acto anulado," así como "cuáles derechos y garantías del interesado afecta, cómo los afecta."

---

[222] Tribunal Supremo de Justicia, Sala Constitucional Caso: *Juan Calvo y Bernardo Priwin* N° 256, de 14 de febrero de 2002 en http://www.tsj.gov.ve/decisiones/scon/Febrero/256-140202-01-2181%20.htm .

[223] Tribunal Supremo de Justicia, Sala Constitucional Caso *Luis Alberto Martínez González* N° 1520 del 20 de julio de 2007 en http://www.tsj.gov.ve/decisiones/scon/Julio/1520-200707-07-0827.htm.

208. El Código, igualmente regula los efectos del auto judicial mediante el cual se decida el de protección judicial o de nulidad, indicando que "la nulidad de un acto, cuando fuere declarada, conlleva la de los actos consecutivos que del mismo emanaren o dependieren." Además, precisa el Código que "la declaración de nulidad no podrá retrotraer el proceso a etapas anteriores, con grave perjuicio para el imputado, salvo cuando la nulidad se funde en la violación de una garantía establecida en su favor" (art. 196).

III. EL RECURSO DE NULIDAD POR VIOLACIÓN DE DERECHOS Y GARANTÍAS CONSTITUCIONALES INTENTADO POR LOS DEFENSORES DE ALLAN R. BREWER-CARÍAS, DESPUÉS DE FORMULADA LA ACUSACIÓN, COMO RECURSO DE PROTECCIÓN JUDICIAL, QUE NUNCA FUE DECIDIDO POR EL JUEZ DE CONTROL, A PESAR DE ESTAR OBLIGADO A ELLO POR LA PRIMACÍA DE LA PROTECCIÓN DE LOS DERECHOS HUMANOS VIOLÁNDOSELE EL DERECHO A LA PROTECCIÓN JUDICIAL, CONFORME AL ARTÍCULO 25 DE LA CONVENCIÓN AMERICANA SOBRE DERECHOS HUMANOS

209. En el proceso penal seguido contra el profesor Allan R. Brewer-Carías, el Ministerio Público formuló la acusación penal el 21 de octubre de 2005, y como consta de la documentación ante esta Corte, 18 días después, el día 8 de noviembre del mismo año 2005, antes inclusive de que el Juez de Control diera por recibida la acusación o adoptara decisión alguna, por tanto, incluso antes de que convocara a audiencia preliminar alguna, que por lo demás, nunca tuvo lugar en el proceso, los apoderados de Allan R. Brewer-Carías, presentaron ante el Juez de Control el recurso de protección por violación de derechos y garantías constitucionales solicitando la nulidad de todo lo actuado en el proceso hasta el momento, previsto en los artículos 190 y siguientes del Código Orgánico Procesal Penal, por violación de sus derechos y garantías constitucionales.

210. En el estado en el cual se encontraba el proceso en ese momento (finalización de la etapa preliminar e inicio de la fase intermedia), luego de intentada la infundada acusación fiscal, el recurso de nulidad era el único recurso del cual disponía el imputado para ejercer su derecho a la tutela judicial efectiva, y el mismo debía decidirse conforme al artículo 177 del Código Orgánico Procesal Penal dentro de los tres (3) días siguientes a su presentación. Como para el 8 de noviembre de 2005, no se había iniciado actuación judicial concreta ni se había dictado decisión judicial algunas, no había posibilidad de intentar recurso ordinario alguno distinto al de nulidad. No se podía intentar, por tanto, ni el recurso de revocación, ni el de apelación, ni el de casación, ni el de revisión

211. El escrito presentado contentivo el 8 de noviembre de 2005, por tanto, no fue sólo un escrito de contestación de la acusación formulada por los defensores de Allan R. Brewer-Carías sino el "recurso de nulidad" establecido en los artículos 190 y 191 del Código Orgánico Procesal Penal, solicitán-

dose precisamente la "NULIDAD DE TODAS LAS ACTUACIONES POR VIOLACIÓN SISTEMÁTICA Y MASIVA DE LAS GARANTÍAS CONS-TITUCIONALES Y LEGALES DEL DR. ALLAN R. BREWER-CARÍAS," a cuyo efecto se formuló, no una vez, sino múltiples veces, el fundamento legal del mismo precisamente en los artículos 190 y 192 del Código Orgáni-co Procesal Penal.[224] Y sólo subsidiariamente se formularon una serie de ex-

---

[224] El texto íntegro del escrito lo hemos consultado en el libro: Allan R. Brewer-Carías, *En mi propia defensa*, Editorial Jurídica Venezolana, Caracas 2006, donde fue publicado, pp. 53 a 135. Por ejemplo, ello puede apreciarse en dicho escrito, cuando se argumentó 1) Sobre "1. La nulidad por la negativa de diligencias de defensa," en relación con "A. La negativa de testimoniales" ("En consecuencia solicitamos que sea declarada la nulidad de la investigación y consecuencialmente de su acto conclusivo, conforme a los artículos 190 y 191 del COPP") (p. 64); y en relación con "B. La negativa de acceder a videos, así como de su transcripción" ("… todo lo cual da lugar a la nulidad absoluta de toda la investigación y su acto conclusivo conforme lo establecen los artículos 190 y 191 del COPP, lo cual solicitamos se declare") (p. 77). 2) Sobre "2. La nulidad por violación del derecho a la defensa y del principio de presunción de inocencia al invertir la carga de la prueba y al utilizar testimonios referenciales" ("… la que la única manera de restablecer la situación jurídica infrin-gida a nuestro representado es decretar la nulidad de la investigación y de su auto conclusivo conforme a los artículos 190 y 191 del COPP por violentar los artículos 1, 8 y 12 del mismo Código y 49, ordinales 1° y 2° de la Constitución, lo cual solicita-mos formalmente") (p. 99). 3) Sobre "3.La nulidad por violación del derecho a la defensa y del principio de contradicción relacionados con la práctica mediatizada de diligencias de investigación" (" …razones que producen la nulidad absoluta de la investigación y su acto conclusivo conforme a los artículos 190 y 191 del COPP, lo cual formalmente solicitamos ") (p. 107). 4). Sobre "4. La nulidad por falta de decisión oportuna" (...razón por la que solicitamos así sea decretado conforme a los artículos 190 y 191 del COPP y 49, ordinal 8° de la Constitución") (p. 116, 117, 122). 5) Sobre "5. La nulidad por violación de la garantía del juez natural" (… lo que conlleva necesariamente la nulidad de las decisiones que han sido tomadas en su contra y la nulidad del proceso en sí, lo cual pedimos sea declarado conforme a lo establecido en los artículos 190 y 191 del COPP") (p. 132). 6) Sobre los argumentos comunes a las anteriores denuncias de nulidad absoluta ("…Las violaciones en que incurrieron tanto la Fiscal Sexta y su superior, el Fiscal General de la República, así como los Jueces que han actuado en la presente causa acarrean la nulidad absoluta de todas las actuaciones, pues se violaron las garantías constitucionales del debido proceso; de la defensa, por no haber tenido acceso a las pruebas y a los medios adecuados para ejercer la defensa; de la igualdad de las partes; de la tutela judicial efectiva y del derecho a la justicia expedita; de la presunción de inocencia; y del Juez Natural, todo ello de conformidad con lo establecido en los artículos 190 y 191 del COPP") (p. 134); ("…En consecuencia, estando viciado de **NULIDAD ABSOLUTA** el presente proceso, se hace procedente la APLICACIÓN INMEDIATA de las normas constitucionales y legales que han sido transcritas, es decir, los artículos 190 y 191 del COPP y 25 de la Constitución Nacional y así respetuosamente pedimos sea declarado ") (p. 135).7) Y en el Petitorio Final del "recurso de nulidad' intentado ("En razón de las consideraciones anteriores solicitamos de ese honorable Tribunal: PRIMERO: Se declare la nulidad de todas las actuaciones que conforman la investigación adelantada por el Ministerio Público, así como del acto conclusivo de acusación formulada contra nuestro defendido el doctor Allan R. Brewer-Carías en

cepciones conforme al artículo 28 del Código Orgánico, pues de decretarse la nulidad como se solicitó, nada tenía el juez que considerar sobre otras materias.[225]

212. Ahora bien, como antes se dijo, conforme a los artículos 177 y 190 y siguientes del Código Orgánico, una vez intentado un recurso de nulidad por violación de derechos y garantías constitucionales como fue el interpuesto por los defensores de Allan R. Brewer-Carías el 8 de noviembre de 2005 en el proceso penal iniciado en su contra, la decisión del mismo debía haberse adoptado de inmediato, sin que el juez tuviera que esperar una oportunidad procesal específica para adoptar su decisión, y estaba obligado a decidir de inmediato, perentoriamente, precisamente en el lapso de los tres (3) días siguientes que prescribe el artículo 177 del Código Orgánico y además, por la obligación que tiene de darle primacía a la Constitución y a los derechos humanos en ella consagrados.

213. En efecto, en el caso de denuncias de violación de derechos y garantías constitucionales, el juez penal en Venezuela, por sobre todo, está en la obligación de darle **preeminencia a los derechos humanos**, y privilegiar la decisión sobre las denuncias de nulidades absolutas por violación de los derechos y garantías constitucionales, decidiendo de inmediato los recursos de nulidad fundados en dichas violaciones, sin dilaciones y con prevalencia sobre cualquier otro asunto.

214. Ello por lo demás, deriva de las previsiones de la propia Constitución, conforme a la doctrina sentada por las diversas Salas del Tribunal Supremo de Justicia, según la cual, en Estado Constitucional o Estado de Derecho y de Justicia, la dignidad humana y los derechos de la persona tienen una posición preferente, lo que implica la obligación del Estado y de todos sus órganos a respetarlos y garantizarlos como objetivo y finalidad primordial de su acción pública. Ello ha sido decidido así, por ejemplo, en sentencia N° 224 del 24 de febrero de 2000 de la Sala Política Administrativa del Tribunal Supremo de Justicia (Ponente: Carlos Escarrá Malaver), al afirmarse sobre "la preeminencia de la dignidad y los derechos humanos" constituyendo estos últimos, "el sistema de principios y valores que legitiman la Constitución," que garantizar "a existencia misma del Estado," y que "tienen un carácter y fuerza normativa, establecida expresamente en el artículo 7 de la Constitución," lo que "conlleva la sujeción y vinculatoriedad de todos los órganos que ejercen el Poder Público impregnando la vida del Estado (en sus aspectos jurídico, político, económico y social)." De acuerdo con la Sala, ese "núcleo material axiológico, recogido y desarrollado ampliamente por el Constituyen-

---

virtud de la violación sistemática y masiva de sus derechos y garantías constitucionales y legales denunciadas en el presente escrito") (p. 569).

[225] Así se expresó formalmente (Página 139), particularmente en el petitorio Final del recuso de nulidad ("SEGUNDO: Subsidiariamente solicitamos se declaren con lugar las excepciones opuestas contra la acusación formulada contra nuestro defendido, declarándose el sobreseimiento de la causa.") (p. 569).

te de 1999, dada su posición preferente, representa la base ideológico que sustenta el orden dogmático de la vigente Constitución, imponiéndose al ejercicio del Poder Publico y estableciendo un sistema de garantías efectivo y confiable," de lo que concluyó la Sala afirmando que:

> "Todo Estado Constitucional o Estado de Derecho y de Justicia, lleva consigo la posición preferente de la dignidad humana y de los derechos de la persona, la obligación del Estado y de todos sus órganos a respetarlos y garantizarlos como objetivo y finalidad primordial de su acción pública;" agregando que "la Constitución venezolana de 1999 consagra la preeminencia de los derechos de la persona como uno de los valores superiores de su ordenamiento jurídico y también refiere que su defensa y desarrollo son uno de los fines esenciales del Estado."[226]

215. Tal preeminencia de los derechos humanos, llevó incluso al Tribunal Supremo en dicha sentencia a afirmar que conforme a "la filosofía político-social inserta en la nueva Constitución," ha quedado superada "la teoría de que los derechos constitucionales sólo valían el ámbito de la Ley, por el contrario, hoy las leyes sólo valen en el ámbito de los derechos humanos;" de manera que en definitiva, "la piedra angular de la defensa de los derechos esenciales se encuentra en el control jurisdiccional, sólo cuando existe tal control puede sostenerse la existencia de una protección de los derechos."[227] En este caso, precisamente, el control que todo juez penal está en la obligación de realizar cuando se denuncia la nulidad absoluta de actos fiscales o procesales por violación a los derechos y garantías constitucionales.

216. Esta doctrina se ha sostenido, además, en otras sentencias. Por ejemplo, en la sentencia N° 2442 de 1° de septiembre de 2003 de la Sala Constitucional del Tribunal Supremo de Justicia, en la cual se expresó que:

> "La mera existencia del hombre le atribuye a éste el derecho a exigir y a obtener la vigencia de todas las garantías necesarias para asegurar su vida digna, es decir, su existencia adecuada, proporcional y racional al reconocimiento de su esencia como un ser racional. Al mismo tiempo que le impone al Estado él deber de adoptar las medidas de protección indispensables para salvaguardar los bienes jurídicos que definen al hombre como persona, es decir, la vida, la integridad, la libertad, la autonomía, etc."[228]

217. En otra sentencia de la misma Sala Constitucional N° 1173 de 15 de junio de 2004 (Magistrado Ponente: José Manuel Delgado Ocando), al referirse a la "Interpretación Extensiva y Derechos Fundamentales," y hacer referencia al "aforismo romano *favorabilia amplianda, odiosa restringenda,*

---

[226] Véase en http://www.tsj.gov.ve/decisiones/spa/febrero/224-240200-16010.HTM

[227] *Idem.*

[228] Véase en http://www.tsj.gov.ve/decisiones/scon/septiembre/2442-010903-03-1963. HTM

según el cual las disposiciones de carácter prohibitivo deben ser interpretadas restrictivamente y aquéllas favorables a las libertades consagradas en el ordenamiento deben serlo extensivamente," y considerar que "la argumentación jurídica debe hacerse *favor libertatis* y acorde con los principios y derechos recogidos en el Texto Constitucional," sostuvo que la Constitución, en su artículo 2, "propugna la preeminencia de los derechos humanos como principio superior del ordenamiento jurídico de la República." De ello, y de analizar además, los artículos 22 y 23 de la Constitución, la Sala Constitucional concluyó señalando que en Venezuela:

"la interpretación constitucional debe siempre hacerse conforme al principio de preeminencia de los derechos humanos, el cual, junto con los pactos internacionales suscritos y ratificados por Venezuela relativos a la materia, forma parte del bloque de la constitucionalidad."[229]

218. Igualmente, en sentencia de la misma Sala Constitucional N° 2025 de 9 de septiembre de 2004 (Magistrado Ponente: José Manuel Delgado Ocando), ha señalado que el respeto a los derechos y garantías constitucionales:

"(…) le impone a las autoridades públicas el deber de velar por la protección y salvaguarda de la vida, la libertad y la autonomía de los seres humanos por el mero hecho de existir, con independencia de consideraciones de naturaleza o de alcance iuspositivista.

(…) se encuentra consagrado constitucionalmente como uno de los valores superiores sobre los cuales se fundamenta el Estado Social de Derecho y de Justicia y en torno al cual debe girar todo el ordenamiento jurídico, y, por ende, todas las actuaciones de los órganos que ejercen el Poder Público, los cuales tiene así la obligación también constitucional (artículos 19 y 25) de adoptar las medidas legislativas, administrativas y judiciales de protección indispensables para salvaguardar los bienes jurídicos que definen al hombre como persona, es decir, la vida, la integridad, la libertad, la autonomía, etc."[230]

219. Precisamente por esta primacía y preeminencia de los derechos humanos, el juez penal, al conocer del recurso de nulidad *actúa como juez constitucional para controlar la constitucionalidad de las actuaciones fiscales y judiciales*. Como lo ha dicho la Sala Constitucional del Tribunal Supremo, "El recurso de nulidad en materia adjetiva penal, se interpone cuando en un proceso penal, las partes observan que existen actos que contraríen las formas y condiciones previstas en dicho Código Adjetivo, la Constitución de la República Bolivariana de Venezuela, las leyes y los tratados, convenios o

---

[229] Véase Caso: *Interpretación del artículo 72 de la Constitución de la República Bolivariana de Venezuela*, http://www.tsj.gov.ve/decisiones/scon/junio/1173-150604 -02-3215.HTM

[230] Caso: *Aníbal V. Silva M.* http://www.tsj.gov.ve/decisiones/scon/septiembre/2025-090904-03-2366%20.HTM

acuerdos internacionales, suscritos por la República, *en donde el Juez Penal, una vez analizada la solicitud, o bien de oficio, procederá a decretar la nulidad absoluta o subsanará el acto objeto del recurso;*[231] lo que debe hacer de inmediato acorde con la protección constitucional.

220. Por ello, se insiste, el juez penal, actuando como juez constitucional, para decidir un recurso de nulidad formulado contra las actuaciones fiscales por los defensores del imputado, no tiene que tener en su presencia al recurrente, pues no está obligado a esperar la audiencia preliminar para decidirlo. Su obligación es restablecer de inmediato la situación constitucional infringida.

221. En el caso del proceso penal en contra del profesor Brewer-Carías, el recurso de nulidad para la protección de derechos y garantías constitucionales violadas, intentado por sus defensores el 8 de noviembre de 2005, como se ha denunciado en este caso, nunca fue considerado ni decidido por el juez, violándose abiertamente su derecho a la protección judicial por falta de decisión del recurso de nulidad en un plazo razonable. Se insiste, el recurso de nulidad, que era el único del cual disponía Allan R. Brewer-Carías y que fue intentado por sus defensores el 8 de noviembre de 2005, nunca fue decidido, a pesar de haber estado el juez obligado a hacerlo en plazo perentorio por la protección constitucional requerida, y en todo caso, dentro del plazo de tres días establecido en el artículo 177 del Código Orgánico Procesal Penal; no estando obligado el juez conforme a las normas de dicho Código a decidir el recurso de nulidad sólo en la "audiencia preliminar."

222. Lo contrario deriva de la **interpretación vinculante** establecida por la Sala Constitucional conforme al artículo 335 de la Constitución en sentencia N° 221 de 4 de marzo de 2011,[232] "sobre el contenido y alcance de la naturaleza jurídica del instituto procesal de la nulidad," dictada en virtud de lo que consideró el "empleo confuso que a menudo se observa por parte de los sujetos procesales en cuanto a la nulidad de los actos procesales cumplidos en contravención o con inobservancia de las formas y condiciones previstas en la ley." En dicha sentencia la Sala Constitucional del Tribunal Supremo resolvió, citando la sentencia Nro: 1228 de fecha 16 de junio de 2005, caso: *"Radamés Arturo Graterol Arriechi"*, estableció el criterio de que el recurso de **"nulidad no constituye un recurso ordinario propiamente dicho,** que permita someter un acto cumplido en contravención con la ley al control de la doble instancia," pues no se intenta contra una sentencia (aunque la nulidad puede solicitarse respecto de la misma en la apelación), sino que:

---

[231] Sentencia del Tribunal Supremo de Justicia en Sala Constitucional del 10 de agosto de 2001, con ponencia del Magistrado Antonio José García García, en el expediente N° 01-0458, sentencia N° 1453, http://www.tsj.gov.ve/decisiones/scon/agosto/1453-100801-01-0458.HTM.

[232] Tribunal Supremo de Justicia Caso: *Francisco Javier González Urbina y otros* del 4 de marzo de 2011 en http://www.tsj.gov.ve/decisiones/scon/Marzo/221-4311-2011-11-0098.html.

"(…) constituye un remedio procesal para sanear actos defectuosos por la omisión de ciertas formalidades procesales o para revocarlos cuando dichos actos fueron cumplidos en contravención con la ley. Tan es así lo aquí afirmado que la normativa adjetiva penal venezolana vigente permite que la nulidad pueda ser declarada de oficio por el juez cuando no sea posible el saneamiento del acto viciado, ni se trate de casos de convalidación. De allí que la nulidad se solicita al juez que esté conociendo de la causa para el momento en el cual se produce el acto irrito, salvo que se trate de un acto viciado de nulidad absoluta, en cuyo caso podrá solicitarse en todo estado y grado del proceso (*Vid.* sentencia N° 206 del 05 de noviembre de 2007, caso: "Edgar Brito Guedes"). Lo contrario sería desconocer la competencia que legalmente le es atribuida al juez para asegurar la efectiva aplicación de los principios y garantías que informan el proceso penal.

En todo caso, la Sala no desconoce el derecho de las partes de someter a la revisión de la alzada algún acto que se encuentre viciado de nulidad, pero, **esto solo es posible una vez que se dicte la decisión que resuelva la declaratoria con o sin lugar de la nulidad que se solicitó**, pues contra dicho pronunciamiento es que procede el recurso de apelación conforme lo establecido en el artículo 196 del Código Orgánico Procesal Penal, salvo –se insiste- que se trate del supuesto de una nulidad absoluta, la cual puede ser solicitada ante dicha alzada."[233]

223. En dicha interpretación vinculante, por tanto, no se estableció en forma alguna que la petición o recurso de nulidad absoluta deba decidirse sólo en alguna oportunidad procesal determinada, debiendo ser decidido, de acuerdo con los vicios denunciados, de inmediato, es decir, en forma perentoria, antes incluso de la audiencia preliminar si fue en ese estado de la causa que se formuló, y en todo caso dentro de los tres (3) días a que hace referencia el artículo 177 del Código Orgánico Procesal Penal, sobre todo cuando los vicios se refieren a violaciones de derechos y garantías constitucionales y existen razones concretas suficientes para precipitar la decisión judicial.

224. Por último, debe indicarse que conforme lo decidió la misma Sala Constitucional del Tribunal Supremo en sentencia N° 2061 de fecha 05/11/2007,[234] "una vez solicitada la nulidad y declarada sin lugar, ésta no puede intentarse nuevamente, ello por cuanto dicho fallo alcanza el carácter definitivo," de manera que como lo explicó la Sala Constitucional, como en el Código Orgánico Procesal Penal vigente en 2005 se establecía que si la solicitud de nulidad fuese negada no se podía ejercer recurso alguno ("artículo 196 del Código Orgánico Procesal Penal, en su último aparte, que señalaba: que

---

[233] *Idem.*

[234] Tribunal Supremo de Justicia, Caso: *Edgar Brito Guedes*, 5 de noviembre de 2007 en http://www.tsj.gov.ve/decisiones/scon/Noviembre/2061-051107-07-1322.htm.

"Contra el auto que declare la nulidad, las partes podrán interponer recurso de apelación, dentro de los cinco días siguientes a su notificación. <u>Este recurso no procederá si la solicitud es denegada</u>". (Subrayado de la Sala)),"[235] entonces "la única vía dable de la cual disponía el accionante para atacar la negativa de su solicitud de nulidad, era la acción de amparo constitucional, pues no se trata de pedir nuevamente la nulidad denunciada en la causa principal -la cual sí podría solicitar en cualquier estado y grado del proceso- sino de la decisión que negó la solicitud de nulidad absoluta formulada por el accionante, la cual, tal como se señaló precedentemente, no tiene apelación (ver, en ese sentido, las sentencias N° 1520, del 6 de junio de 2003, caso: *José Pérez Fernández* y N° 1798, del 20 de octubre de 2006, Caso:*Carlos Alfonso Ortega Carvajal*)."[236]

225. Esa era precisamente la situación en el caso del Dr. Allan R. Brewer-Carías: el único "recurso" del cual disponía en el ámbito interno frente a las violaciones masivas a sus derechos y garantías constitucionales durante la fase de intermedia del proceso penal, al intentarse la acusación en su contra, era el recurso de nulidad establecido en los artículos 190 y siguientes del Código Orgánico, que intentaron sus defensores ante el Juez de Control el día 8 de noviembre de 2005, 18 días después de que el Ministerio Público formuló la acusación ante el Juez de Control fiscal que fue el día 21 de octubre de 2005, antes, por supuesto, de que el Juez siquiera convocara a audiencia preliminar alguna.

226. El Juez de control estaba obligado a decidir la petición de nulidad en forma perentoria, y no lo hizo, dejando al Dr. Allan R. Brewer-Carías, sin posibilidad alguna de poder intentar ningún otro recurso, ni siquiera el de amparo constitucional que como lo resolvió la Sala Constitucional en la sentencia antes citada, el cual sólo hubiera podido ser intentado contra la sentencia que se dictase precisamente si se hubiese negado la petición de nulidad.

227. La falta de decisión por el juez penal en el proceso seguido contra el profesor Brewer-Carías, mucho más allá de lo que puede racionalmente considerarse como un plazo razonable para decidir, sin duda violó su derecho a la protección judicial que le garantiza el artículo 25.1 de la Convención Americana de Derechos Humanos.

***

---

[235] Debe indicarse que en la reforma del Código Orgánico Procesal Penal sancionada en septiembre de 2009 (*Gaceta Oficial* N° 5930 Extra de 04-09-2009), el artículo 196 fue reformado, sustituyéndose la última frase de la norma que rezaba: "Este recurso no procederá si la solicitud es denegada", por la frase "La apelación interpuesta contra el auto que declara sin lugar la nulidad, sólo tendrá efecto devolutivo," con lo cual se comenzó a admitir la apelación contra el acto que de denegación de la solicitud de nulidad.

[236] Tribunal Supremo de Justicia, Caso: *Edgar Brito Guedes*, 5 de noviembre de 2007 en http://www.tsj.gov.ve/decisiones/scon/Noviembre/2061-051107-07-1322.htm.

Quedando atentos a cualquier solicitud de información o aclaratoria posterior, quedamos de ustedes, dejando así expuesta las razones que nos llevan a intervenir como *Amicus Curiae* ante esta Corte Interamericana de Derechos Humanos.

Los Profesores venezolanos de Derecho Público:

26-8-2013

SEXTA PARTE:

AMICUS CURIAE PRESENTADO POR THE NETHERLANDS INSTITUTE OF HUMAN RIGHT SOBRE EL DERECHO A UN JUICIO JUSTO, LA LIBERTAD DE EXPRESIÓN Y EL LIBRE EJERCICIO DE LA ABOGACÍA DE 21 DE AGOSTO DE 2013

SIM

Instituto Holandés de Derechos Humanos
**Presentación de *Amicus Curiae* ante la
Corte Inter-Americana de Derechos Humanos**
por
Contreras-Garduño, D., Kostova, L. Königs, T., Pijnenburg, A., and Zwaakj, L.,
En el caso:
Allan R. Brewer Carías
Vs.
The Bolivarian Republic of Venezuela
(N° 12.724)
21 de agosto de 2013

I. TABLA DE CONTENIDO
[*omissis*]

II. LISTA DE ABREVIATURAS

CADH: Convención Americana sobre Derechos Humanos; **CEDH**: Convención Europea para la Protección de los Derechos Humanos y las Libertades Fundamentales; **TEDH**: Tribunal Europeo de Derechos Humanos; **CDH**: Comité de Derechos Humanos; **CIADH**: Comisión Interamericana de Derechos Humanos; **CIDH:** Corte Interamericana de Derechos Humanos; **PIDCP**: Pacto Internacional de Derechos Civiles y Políticos; **SIM**: Instituto Holandés de Derechos Humanos; **DUDH**: Declaración Universal de Derechos Humanos; **ONU**: Organización de las Naciones Unidas; **PB ONU**: Principios Básicos de la ONU relativos a la Independencia del Poder Judicial.

III. INTERÉS DEL *AMICUS CURIAE*

1. Este escrito de observaciones se presenta respetuosamente ante la Corte Interamericana de Derechos Humanos (en lo sucesivo también denominada 'Corte Interamericana') en el caso N° 12.724, *Allan R. Brewer Carías contra*

la República Bolivariana de Venezuela ("Venezuela") por Leo Zwaak, Diana Contreras-Garduño, Lubomira Kostova Tomas Königs y Annick Pijnenburg, en nombre del Instituto Holandés de Derechos Humanos (SIM)[1].

2. SIM es el Instituto para la investigación sobre derechos humanos de la Universidad de Utrecht, que existe desde el año 1981. SIM está profundamente comprometido con la causa de los derechos humanos y las libertades fundamentales y se dedica a la documentación, difusión de información, investigación, entrenamiento (de grupos profesionales) y la educación sobre los derechos humanos en general.

3. Desde su creación, SIM participa en, e implementa, programas de entrenamiento en el campo de los derechos humanos, dirigidos a jueces, abogados, y ONGs en América Latina. Dichas actividades están destinadas a contribuir con el respeto de los derechos humanos en América Latina y siempre han formado parte medular de la política de SIM.

4. En consecuencia, SIM interviene de manera voluntaria en esta controversia, con el objeto de asistir a la Corte Interamericana of Derechos Humanos en la toma de una decisión justa con respecto a las cuestiones sobre derechos humanos que surgen en el presente caso. Este escrito de *amicus curiae* plantea respetuosamente que dos violaciones evidentes reflejadas en este caso son: i) el derecho a un juicio justo, especialmente en lo que se refiere a la independencia del poder judicial; y ii) la libertad de expresión en lo que se refiere al libre ejercicio de la profesión del derecho que tiene un abogado.

5. Estos dos aspectos de los derechos humanos constituyen piedras angulares de cualquier Estado democrático y, por ende, es necesario considerarlos. Además, el resultado de este caso puede tener un impacto considerable sobre el debate público, y entre los académicos y profesionales del derecho en Venezuela, no sólo porque el demandante es un famoso abogado constitucionalista y disidente, sino también debido a la reciente decisión de Venezuela de denunciar la Convención Americana sobre Derechos Humanos.

IV. INTRODUCCIÓN

6. Los Amici presentan este escrito como soporte a la determinación de la Comisión indicando que el proceso penal del Sr. Allan Brewer Carías, encausado por el poder judicial venezolano, viola el Artículo 8 de la Convención Americana sobre Derechos Humanos ('Convención') ya que fue tramitado por fiscales y jueces provisorios; y en apoyo al alegato del demandante de que el proceso penal en su contra configura una violación de su derecho a la libertad de expresión, tal como lo ampara el Artículo 13 de la Convención.

7. Este escrito propone y considera las siguientes cuestiones: primero, describe los hechos pertinentes del caso; segundo, resalta brevemente la ju-

---

[1] Deseamos agradecer a Sabuhi Aliyev, Nelson Mora, Sun Heyuan, y Jacqueline Atim, estudiantes de Maestría de la UU, quienes llevaron a cabo el trabajo preparatorio y escribieron un primer borrador del escrito de *amicus curiae*. La fecha del último acceso a los sitios web fue el 15 de agosto de 2013, salvo que se indique otra cosa.

risdicción de la Corte Interamericana de Derechos Humanos; tercero, desarrolla las violaciones del derecho a un juicio justo, especialmente en lo que se refiere a la independencia de la judicatura y la cuestión sobre los fiscales y jueces provisorios; y, del derecho a la libertad de expresión en combinación con el libre ejercicio profesional del derecho contra el Sr. Allan R. Brewer Carías.

V. HECHOS DEL CASO

A. *Los Jueces Provisorios en Venezuela*

8. Según el gobierno de Chávez, 'antes del año 1999, el Poder Judicial venezolano estaba sumido en una profunda crisis, que ponía en tela de juicio su independencia, autonomía e imparcialidad'[2].

9. A fin de contrarrestar esta presunta crisis y en el marco de la creación de la nueva Constitución, la Asamblea Constituyente establece, a través del Decreto de Reorganización del Poder Judicial y el Sistema Penitenciario, una Comisión de Emergencia Judicial en fecha 12 de agosto de 1999. Las tareas de esta comisión incluían 'elaborar el plan nacional de evaluación y selección de jueces, organizar el proceso de selección de los jueces mediante concursos públicos de oposición para todos los tribunales y circuitos judiciales, y seleccionar los jurados correspondientes'[3].

10. El 22 de diciembre de 1999, este organismo es sustituido por la Comisión de Funcionamiento y Restructuración del Sistema Judicial. Luego, algunas de sus tareas se traspasan a la Comisión Judicial del Tribunal Supremo de Justicia (Comisión Judicial), aunque seguirá 'encargada de las funciones disciplinarias'[4]. Dicha Comisión Judicial se crea 'con la finalidad de que ejerza por delegación las funciones de control y supervisión de la Dirección Ejecutiva de la Magistratura y las demás previstas' en la normativa sobre la dirección del Poder Judicial[5]. El Tribunal Supremo de Venezuela delega en la Co-

---

[2] CIDH, *Chocrón Chocrón v. Venezuela* (excepciones preliminares, fondo, reparaciones y costas), 1 de julio de 2011 (Serie C, N° 227), párrafo 52.

[3] Artículo 3(5) del *Decreto de Reorganización del Poder Judicial y el Sistema Penitenciario*, dictado por la Asamblea Constituyente en fecha 19 de agosto de 1999, publicado en la *Gaceta Oficial* N° 36.805 de 05 del 11 de octubre de 1999; ver también, CIDH, *Chocrón Chocrón v. Venezuela*, *supra* nota 2, párrafo 54.

[4] Artículo 30 de la *Normativa sobre la Dirección, Gobierno y Administración del Poder Judicial*, dictada por el Tribunal Supremo de Justicia, en fecha 2 de agosto de 2000, publicada in *Gaceta Oficial* N° 37.014 del 15 de agosto de 2000; ver también, CIDH, *Chocrón Chocrón v. Venezuela*, *supra* nota 2, párrafo 61.

[5] Artículo 2 de la *Normativa sobre la Dirección, Gobierno y Administración del Poder Judicial*, dictada por el Tribunal Supremo de Justicia, en fecha 2 de agosto de 2000, publicada in *Gaceta Oficial* N° 37.014 del 15 de agosto de 2000; ver también, CIDH, *Chocrón Chocrón v. Venezuela*, *supra* nota 2, párrafo 62.

misión Judicial la tarea de nombrar jueces provisorios y temporales, sin establecer los fundamentos disciplinarios específicos para ello[6].

11. El 6 de julio de 2005, el Tribunal Supremo de Justicia en Sala Plena adopta las Normas de Evaluación y Concurso de Oposición para el Ingreso y Ascenso a la Carrera Judicial[7]. Este conjunto de procedimientos tienen por objeto 'regular el ingreso, ascenso y permanencia en la carrera judicial [por parte de cualquier abogado que cumpla con los requisitos establecidos en dichas normas] mediante concursos públicos de oposición y evaluaciones de desempeño', según lo establecido en el Artículo 255 de la Constitución venezolana[8].

12. El extenso proceso a seguir para el nombramiento de los jueces de carrera ha generado, a través de los años, gran cantidad de plazas vacantes en el poder judicial venezolano. A fin de garantizar la continuidad del sistema de administración de justicia, se han designado jueces provisorios o temporales para cubrir estas plazas vacantes, que la Comisión Judicial puede nombrar y destituir a discreción[9].

13. Como consecuencia de este proceso, ha aumentado la proporción de jueces provisorios en comparación con la cantidad de jueces de carrera[10]. Este aumento es muy significativo: los jueces provisorios ya tienen varios años excediendo en número a sus colegas con estatus permanente[11]. Para los años 2002 y 2003, la proporción de jueves provisorios se ubica entre un 60% y 90%[12]. Para el año 2004, un 81,7% de los jueces Venezolanos estaba en condiciones de provisionalidad[13], un hecho sobre el cual la Comisión expresó su

---

[6]   CIDH, *Chocrón Chocrón v. Venezuela*, *supra* nota 2, párrafo 62.

[7]   *Evaluación y Concurso de Oposición para el Ingreso y Ascenso a la Carrera Judicial*, dictada por el TSJ en Sala Plena, en fecha 6 de julio de 2005, publicada in Gaceta Oficial N° 38.282 del 28 de septiembre de 2005.

[8]   Ver arts. 46, 47, 5, 6, 16, 22, 24, y 27 de la *Evaluación y Concurso de Oposición para el Ingreso y Ascenso a la Carrera Judicial*, dictada por el TSJ en Sala Plena, en fecha 6 de julio de 2005, publicada en *Gaceta Oficial* N° 38.282 del 28 de septiembre de 2005; ver también CIDH, *Chocrón Chocrón v. Venezuela*, *supra* nota 2, párrafo 64.

[9]   El-Hage, J. y Chajtur, C.R., *Informe sobre el Estado de la Independencia del Poder Judicial en Venezuela*, *Human Rights Foundation*, Nueva York, 2012, p. 7.

[10]   *Ibídem*, p. 2.

[11]   CIDH, *Reverón Trujillo v. Venezuela*, (excepciones preliminares, fondo, reparaciones y costas), 30 de junio de 2009 (Serie C, N° 197), párrafos 103 y 104.

[12]   *Ibidem*, párrafo 103. CIADH, *Informe Anual de la Comisión Interamericana del año 2002*, 7 de marzo de 2003 (OEA/Ser.L/V/II.117, Doc. 1), párrafo 30.

[13]   CIDH, *Reverón Trujillo v. Venezuela*, *supra* nota 11, párrafo 104; CIADH, *Informe Anual de la Comisión Interamericana del año 2004*, 23 de febrero de 2005 (AS/Ser.L/V/II.122, Doc. 5), párrafo 186.

preocupación[14]. Para el año 2010, la cantidad de jueces provisorios aún se ubica a un nivel tan alto como 56%[15]. La Corte Interamericana de Derechos Humanos afirma que el nombramiento de jueces provisorios debe constituir una situación de excepción y no una regla[16]. Sin embargo, las cifras antes mencionadas indican que el estado venezolano no cumple este requerimiento.

14. La legislación venezolana considera que un juez es provisorio cuando no ha participado en un concurso público de oposición[17]. El gobierno venezolano piensa que este razonamiento concede a la Comisión Judicial la facultad para destituir a los jueces provisorios, sin tomar en cuenta las garantías judiciales. Específicamente, considera que las garantías que protegen a los jueces de ser destituidos de su cargo, sólo están reservadas a los jueces nombrados después de participar en concursos públicos de oposición[18]. Este es un reclamo presentado por los tribunales venezolanos en forma consistente, enfatizando que sólo los jueces de carrera o titulares, que han concursado para el cargo, disfrutan de las garantías judiciales, mientras que los jueces provisorios pueden ser separados del cargo discrecionalmente[19].

B. *Amenazas contra el Sistema Judicial Venezolano*

15. La sección anterior detalla los riesgos de quedar bajo la influencia del poder ejecutivo, que corre actualmente el poder judicial en Venezuela. Aunque no existen pruebas que permitan llegar indiscutiblemente a la conclusión de que esto es lo que efectivamente está pasando, el gobierno venezolano tampoco ha disminuido de manera alguna la credibilidad de estos alegatos.

16. A fines ilustrativos, en el año 2007, el expresidente Hugo Chávez dio este discurso donde claramente manifiesta que los intereses de su propio gobierno tienen prioridad sobre el estado de derecho:

"...viene el Gobierno Nacional Revolucionario y quiere tomar una decisión contra algo por ejemplo que tiene que ver o que tiene que pasar por decisiones judiciales y ellos [gobernadores y alcaldes] empiezan a moverse en contrario a la sombra, y muchas veces logran neutralizar decisiones de la Revolución a través de un juez, o de un tribunal, o hasta en el mismísimo Tribunal Supremo de Justicia, a espaldas del

---

[14] CIADH, *Informe Anual 2004, loc. cit.* nota 13, párrafo 188; CIDH, *Reverón-Trujillo v. Venezuela, supra* nota 11, párrafo 104.

[15] El-Hage y Chajtur, *op. cit.* nota 9, p. 7; CIDH, *Chocrón Chocrón v. Venezuela, supra* nota 2, párrafo 110.

[16] CIDH, *Reverón Trujillo v. Venezuela, supra* nota 11, párrafo 118; CIDH, *Chocrón Chocrón v. Venezuela, supra* nota 2, párrafo 107; CIDH, *Apitz Barbera y otros ("Corte Primera de lo Contencioso Administrativo") v. Venezuela* (excepción preliminar, fondos, reparaciones y costas), 5 de agosto de 2008 (Serie C, N° 182), párrafo 43.

[17] CIDH, *Reverón Trujillo v. Venezuela, supra* nota 11, párrafo 101; CIDH, *Chocrón Chocrón v. Venezuela, supra* nota 2, párrafo 55.

[18] CIDH, *Reverón Trujillo v. Venezuela, supra* nota 11, párrafo 101.

[19] *Ibidem*, párrafo 102.

líder de la Revolución, actuando por dentro contra la Revolución. Eso es, repito, traición al pueblo, traición a la Revolución. Y esa es una de las más grandes amenazas que tenemos nosotros por dentro"[20].

17. En el año 2010, la Juez Blanca Mármol de León, para ese momento Magistrada del Tribunal Supremo, declara que 'el poder judicial está aterrorizado, y una nación donde los jueces tienen miedo, los ciudadanos no pueden dormir en paz'[21].

18. Otra instancia ocurrida en el año 2012 puede ofrecer el más claro ejemplo de la interferencia del ejecutivo venezolano con el poder judicial. Se refiere al encarcelamiento de la Juez María Lourdes Afiuni. La Juez Afiuni, para entonces titular del tribunal trigésimo primero de control de Caracas, fue encarcelada el año 2010 acusada de corrupción y abuso de autoridad, después de exculpar a una persona a quien el gobierno quería mantener en prisión. En un artículo del *Washington Post* expresa su asombro: 'Nunca creí -nunca- que las violaciones llegarían a ese punto'[22]. El comentario del expresidente Hugo Chávez fue: 'Pido 30 años de prisión en nombre de la dignidad del país'[23].

C. *Los eventos de abril de 2002*

19. Allan Brewer Carías es un experto en derecho constitucional de renombre y un disidente político contrario al régimen de Chávez[24]. Un reconocido intelectual, jurista y figura pública que se opone a, y critica, el régimen político de su país desde el año 1999[25].

20. Michael Copedge declaró que Allan Brewer Carías había afirmado que la nueva Constitución 'sienta las bases constitucionales para el desarrollo de un autoritarismo político, montado sobre regulaciones que refuerzan el centralismo, el presidencialismo, el estatismo, el paternalismo de Estado, el partidismo y el militarismo, con el peligro del derrumbe de la propia democracia'[26].

---

[20]   El-Hage y Chajtur, *op. cit.* nota 9, p. 21; Asociación Internacional de Abogados, *Desconfianza en la Justicia: el caso Afiuni y la Independencia del Poder Judicial en Venezuela, disponible (en español)*:

http://www.ibanet.org/Document/Default.aspx?DocumentUid=0E0DC15A-4F39-4EE6-81F5-F36A60D90231.

[21]   Reuters, 'Los jueces venezolanos 'viven atemorizados'', disponible en: http://www.reuters.com/artículo/2010/11/04/us-venezuela-justice-idUSTRE6A35E520101104.

[22]   Washington Post, 'Juez venezolana encarcelada después de emitir fallo que enfurece al Presidente Hugo Chávez', *disponible en*: http://www.washingtonpost.com/wp-dyn/content/artículo/2010/04/24/AR2010042401791.html?hpid=topnews

[23]   *Idem.*

[24]   Ver: http://pdfs.postprefix.com/venezuela/authrotiarian.x.pdf; www.gigahamburg.de/index.php?file=laa_19.html&folder=publikationen/archiv/la_analysen; donde puede encontrar su CV y bibliografía, ver también: www.allanbrewercarias.com/.

[25]   Ver: http://www.cidh.oas.org/annualrep/2009sp/Venezuela84-07.sp.htm

[26]   Ver Brewer Carías, A., 'Reflexiones críticas sobre la Constitución de Venezuela de 1999 ponencia presentada en el Congreso sobre *The Venezuelan Constitution: A new*

21. En su reporte sobre el fondo, la Comisión Interamericana de Derechos Humanos establece que, el 12 de abril de 2002, Pedro Carmona Estanga, uno de los líderes de las protestas civiles, se comunicó con el abogado Allan Brewer Carías y envió un vehículo para que lo recogiera en su residencia. Aunque el Estado y los peticionarios no están de acuerdo con la opinión de Allan Brewer Carías respecto al Decreto Carmona, sí están de acuerdo en decir que fue al Palacio de Miraflores para darle a Pedro Carmona su opinión sobre dicho documento[27].

22. En enero del año 2005, Allan Brewer Carías es acusado del delito de conspirar para cambiar violentamente la constitución, tal como está previsto y sancionado en el Artículo 144(2) del Código Penal venezolano[28]. Esta acusación se formaliza en octubre del año 2005[29]. En junio del año 2006, se dicta una medida privativa de libertad y la orden de aprensión fue remitida tanto al Director del Cuerpo de Investigaciones Científicas, Penales y Criminalísticas como al Director de INTERPOL[30].

D. *El proceso penal*

23. El 22 de mayo de 2002, el Coronel del Ejército en servicio Ángel Bellorín presentó una denuncia donde indicaba que era un hecho notorio reiterado y por todos conocido a través de los diversos medios de comunicación que el Sr. Brewer participó en la redacción del Decreto Carmona[31]. Desde el día que se presenta esta denuncia, hasta el año 2005, cuatro fiscales provisorios estuvieron a cargo de la investigación relacionada con ésta.

24. Originalmente, la investigación se asignó al Fiscal Provisorio José Benigno Rojas, que fue remplazado por otro Fiscal Provisorio, Danilo Anderson quien, a su vez, fue reemplazado por la Fiscal Provisoria Sexta[32]. El 27 de enero de 2005, la Fiscal Provisoria Sexta, Luisa Ortega Díaz, imputa a Allan Brewer Carías por el delito de conspirar para cambiar violentamente la Constitución del Estado Venezolano[33].

Political Model for Latin America? (La Constitución Venezolana: ¿un nuevo modelo para América Latina?)', Georgetown University, 2000, p. 4, citado en: Copedge, M., 'Soberanía Popular versus Democracia Liberal en Venezuela', en: Ramos Rollón, M. (ed.), *Venezuela: Rupturas y continuidades del sistema político (1999-2001)*, Ediciones Universidad de Salamanca, Salamanca, 2002, pp. 69-96.

[27] CIADH, *Informe N° 171/11 sobre el Fondo: Allan R. Brewer Carías v Venezuela*, 3 de noviembre de 2011 (Caso N° 12724), párrafos 9-10, 56 y 86.

[28] *Ibídem*, párrafos 95-96.

[29] *Ibídem*, párrafo 108.

[30] *Ibídem*, párrafo 114.

[31] *Ibídem*, párrafo 93.

[32] *Ibídem,* párrafo 94.

[33] *Ibídem,* párrafo 95 y 96.

25. El caso de Allan Brewer Carías ha visto la destitución de dos Jueces Temporales Vigésimo Quintos de Control y de una serie de jueces de la Sala Diez de la Corte de Apelaciones[34].

26. Inicialmente, Josefina Gómez Sosa fue designada Juez Temporal Vigésimo Quinto de Control. El 3 de febrero de 2005, fue destituida de su cargo, al no poder establecer fundamentos suficientes para respaldar la orden que prohibía la salida del país a Allan Brewer Carías.[35]

27. Una serie de jueces de la Sala Diez de la Corte de Apelaciones también fueron destituidos el día 3 de febrero de 2005[36]. El gobierno de Venezuela no ha presentado fundamento alguno para la destitución de estos jueces.

28. Manuel Bognanno reemplaza a Josefina Gómez Sosa como Juez Temporal Vigésimo Quinto de Control, después de su destitución[37]. El día 29 de junio de 2005, el Juez Bognanno también es destituido y reemplazado por José Alonso Dugarte Ramos[38]. El gobierno de Venezuela no ha presentado fundamento alguno para la destitución del Juez Bognanno.

VI. JURISDICCIÓN DE LA CORTE

29. En su Informe sobre el Fondo, la Comisión Interamericana de Derechos Humanos concluye que el Estado Venezolano violó el derecho a un juicio justo, en perjuicio de Allan Brewer Carías. Según la Comisión, la acusación penal contra el Sr. Brewer fue tramitada por fiscales y jueces provisorios y temporales y, por lo tanto, constituye una violación de las garantías judiciales de independencia e imparcialidad y una flagrante violación del derecho a un juicio justo tal como se entiende en el artículo 8 de la Convención Americana.

30. De conformidad con el Artículo 8 de la Convención Americana, toda persona tiene derecho a ser oída por un tribunal independiente e imparcial, establecido con anterioridad por la ley. Por ende, la Comisión ha dado a entender que el Artículo 8 no solamente debe ser garantizado por el tribunal judicial, sino también por los fiscales del ministerio público que, por sí mismos, no constituyen un tribunal per se pero podrían tener un impacto directo sobre la administración de justicia.

31. Aunque las determinaciones de la Comisión están en línea con la jurisprudencia del Tribunal Europeo sobre el derecho a un juicio justo, la Comisión no profundizó sobre esta cuestión. Sin embargo, la Corte cuenta con la competencia necesaria para analizar todos los argumentos planteados por las partes a esta controversia y profundizar sobre esta cuestión pertinente.

---

[34] *Ibídem*, párrafos 101 y 105.

[35] *Ibídem*, párrafo 101.

[36] *Ídem.*

[37] *Ibídem*, párrafo 101.

[38] *Ibídem*, párrafo 105.

32. La Comisión Interamericana de Derechos Humanos, durante el proceso de este caso, no determinó que hubiese una violación del Artículo 13 de la CADH. Sin embargo, esto no impide que la Corte Interamericana de Derechos Humanos se aparte de las determinaciones de la Comisión y determine que se configura una violación del derecho a la libertad de expresión, en perjuicio de la presunta víctima.

33. Según se profundiza con mayor detalle más adelante, en este caso la situación es que a un académico especialista en derecho constitucional se le responsabiliza por dar su opinión legal sobre una cuestión que le fue consultada.

34. En el proceso ante la Comisión Interamericana de Derechos Humanos, los peticionarios alegaron que se configura una violación del Artículo 13 de la CADH en perjuicio de Allan Brewer Carías:

> [A] causa de la abierta disidencia de Allan Brewer Carías a las políticas del Gobierno, algunos periodistas presumieron que se encontraba vinculado a la conformación del llamado "gobierno de transición". Alegan que el Gobierno y sus instituciones han utilizado la mera presencia de Allan Brewer Carías en el "Fuerte Tiuna" en la víspera de la emisión del Decreto Carmona como pretexto para acallar la voz de un opositor importante, acusándolo de golpista. En este sentido, consideran que el proceso penal seguido en contra de Allan Brewer Carías configura una violación de su derecho a la libertad de expresión, establecido en el artículo 13 de la Convención Americana[39].

35. No obstante, la Comisión sostiene que 'no se han aportado elementos fácticos o jurídicos que permitan demostrar o deducir razonablemente que la investigación y proceso penal adelantado contra Allan Brewer Carías buscara silenciar su expresión' y por ello, no ha sido posible configurar la presunta violación del derecho a la libertad de pensamiento y expresión en perjuicio de Allan Brewer Carías[40].

36. La Corte tiene competencia para analizar todos los argumentos planteados por los representantes y, por consiguiente, puede desviarse de las determinaciones de la Comisión, según se deriva de las Normas de Procedimiento de la Corte Interamericana de Derechos Humanos. De hecho, la Norma 25(1) dispone lo siguiente:

> Después de notificado el escrito de sometimiento del caso, conforme al artículo 39 de este Reglamento, las presuntas víctimas o sus representantes podrán presentar de forma autónoma su escrito de solicitudes, argumentos y pruebas y continuarán actuando de esa forma durante todo el proceso.

---

[39] *Ibídem*, párrafo 44.
[40] *Ibídem*, párrafo 164.

37. Además, en casos anteriores, la Corte ha hecho valer su independencia, indicando su desacuerdo con la Comisión en cuestiones de hecho o de derecho sustantivo[41]. En efecto, según el principio general de derecho *iura novit curia*, la Corte ha hecho valer su facultad para determinar violaciones distintas a las que alega la Comisión:

> La Comisión no alegó específicamente que hubiese una violación del Artículo 1(1) de la Convención, pero eso no impide que la Corte la aplique. El precepto allí contenido constituye el marco genérico para la protección de los derechos reconocidos por la Convención y podría ser aplicable, en cualquier caso, en virtud de un principio general del derecho, *iura novit curia*, sobre el que la jurisprudencia internacional se ha fundamentado reiteradamente y según el cual, un tribunal tiene la facultad y el deber de aplicar las disposiciones jurídicas pertinentes a un proceso, incluso aunque las partes no las invoquen[42].

38. Por lo tanto, la Corte tiene la jurisdicción para determinar si se configura una violación del Artículo 13 de la CADH en el caso de *Allan Brewer Carías v Venezuela*.

VII. DERECHO A UN JUICIO JUSTO

A. LA CUESTIÓN DE LOS JUECES PROVISORIOS

a. *El derecho a un juicio justo en general*

39. El derecho a un juicio justo es una de las piedras angulares del estado de derecho[43]. Este derecho ha sido reconocido y consagrado en los principales instrumentos internacionales y regionales sobre derechos humanos[44].

40. Así pues, el Artículo 10 de la Declaración Universal de Derechos Humanos[45] establece que 'toda persona tiene derecho, en condiciones de ple-

---

[41] Neuman, G.L., '*Import, Export and Regional Consent in the Inter-American Court of Human Rights* (Importación, Exportación y Consentimiento Regional en la Corte Interamericana de Derechos Humanos)', *The European Journal of International Law*, Vol. 19, N° 1, 2008, pp. 101-123, pp. 101 y 103.

[42] CIDH, *Godínez-Cruz v. Honduras* (fondo), 20 de enero de 1989 (Serie C, N° 5), párrafo 172.

[43] Smith, Rhona K.M., *Textbook on International Human Rights* (Libro de Texto sobre Derechos Humanos), Oxford University Press, Oxford, 2007, p. 235.

[44] Declaración Universal de Derechos Humanos, Art. 10; Pacto Internacional de Derechos Civiles y Políticos, Art. 14(1); Carta Africana sobre los Derechos Humanos y de los Pueblos, Arts. 7 y 26; el Estatuto de Roma de la Corte Penal Internacional, Art. 67(1); Declaración Americana de los Derechos y Deberes del Hombre, Art. XVIII; Convención Americana sobre Derechos Humanos, Art. 8; Convención Europea sobre Derechos Humanos, Art. 6. Esta protección no admite derogación alguna, incluso en casos de emergencia.

[45] Asamblea General de la ONU, *Declaración Universal de Derechos Humanos*, en vigencia a partir del 10 de diciembre de 1948.

na igualdad, a ser oída públicamente y con justicia por un tribunal independiente e imparcial, para la determinación de sus derechos y obligaciones o para el examen de cualquier acusación contra ella en materia penal'.

41. Además, el Artículo 14(1) del Pacto Internacional de Derechos Civiles y Políticos (PIDCP)[46] establece que 'toda persona tendrá derecho a ser oída públicamente y con las debidas garantías por un tribunal competente, independiente e imparcial, establecido por la ley'[47]. La independencia e imparcialidad de un tribunal constituye un derecho absoluto bajo el Pacto Internacional de Derechos Civiles y Políticos; por ende, no puede ser objeto de derogación o excepción alguna[48]. Esta norma es una 'norma imperativa de derecho internacional', vinculante para los tribunales y cortes internacionales[49]. Además, el Comité de Derechos Humanos (CDH) establece, en su Recomendación General N° 32 que 'El derecho a la igualdad ante los tribunales y cortes de justicia y a un juicio imparcial es un elemento fundamental de la protección de los derechos humanos y sirve de medio procesal para salvaguardar el imperio de la ley'[50].

42. De manera similar, la Convención Europea para la Protección de los Derechos Humanos y las Libertades Fundamentales[51] en su Artículo 6(1) reconoce el derecho que tiene toda persona 'a que su causa sea examinada justamente, públicamente y en un término razonable por un tribunal independiente e imparcial, constituido por ley'. En consecuencia, el Tribunal Europeo de Derechos Humanos (TEDH), en múltiples ocasiones, ha descrito la garantía a un juicio justo como 'uno de los principios fundamentales de toda sociedad democrática, a los efectos de la Convención'[52]. Adicionalmente, ha declarado que 'el derecho a un juicio justo ocupa un lugar tan

---

[46]   Asamblea General de la ONU, *Pacto Internacional de Derechos Civiles y Políticos, vigente a partir del 23 de marzo de* 1976 (en lo sucesivo: PIDCP).

[47]   Ver también, Comité de Derechos Humanos (en lo sucesivo: PDCP), *Perterer v. Austria,* 20 de julio de 2004 (Com. N° 1015/2001), párrafo 9.2; PDCP, *Derecho a igualdad ante las cortes y los tribunales y a un juicio justo (Artículo 14),* 23 de agosto de 2007, (Observación General N° 32), párrafo 15.

[48]   PDCP, Observación General N° 32, *loc. cit.* nota 47, párrafo 19; PDCP, *González del Río v. Perú,* 6 de noviembre de 1990 (Com. N° 263/1987), párrafo 5.2.

[49]   Tribunal Penal Internacional para la Antigua Yugoeslavia (ICTY), *Fiscal v. Tadic,* Cámara de Apelaciones, Caso N° IT-94-1-A-AR77, 27 de febrero de 2001, p. 3.

[50]   PDCP, Observación General N° 32, *loc. cit.* nota 47, párrafo 2.

[51]   Consejo Europeo, *Convención Europea para la Protección de los Derechos Humanos y las Libertades Fundamentales,* según quedo enmendada mediante los Protocolos N° 11 y 14, *vigente a partir del* 4 de noviembre de 1950 (en lo sucesivo: CEDH).

[52]   Ver, por ejemplo, TEDH, *Diennet v. Francia,* 26 de agosto de 1995 (Solicitud N° 18160/91), párrafo 33; TEDH, *Sutter v. Suiza,* 22 de febrero de 1984 (Solicitud N° 8209/78), párrafo 26.

prominente en la sociedad democrática que no existe justificación alguna para la interpretación del Artículo 6(1) de la Convención en forma restrictiva'[53].

43. Además, el Tribunal sostiene que los Estados deben garantizar la capacidad del poder judicial para determinar los asuntos que se enmarcan dentro de su competencia en base al estado de derecho y sin interferencia alguna por parte del ejecutivo[54].

44. Bajo el Sistema Interamericano de Derechos Humanos, el Artículo 3 de la Carta Democrática Interamericana estipula que: 'Son elementos esenciales de la democracia representativa, entre otros, el respeto a los derechos humanos y las libertades fundamentales; el acceso al poder y su ejercicio con sujeción al estado de derecho; la celebración de elecciones periódicas, libres, justas y basadas en el sufragio universal y secreto como expresión de la soberanía del pueblo; el régimen plural de partidos y organizaciones políticas; y la separación e independencia de los poderes públicos'[55]. Además, la Convención Americana sobre Derechos Humanos[56] (CADH) en su Artículo 8(1) garantiza el derecho que tiene toda persona a ser oída 'con las debidas garantías y dentro de un plazo razonable, por un juez o tribunal competente, independiente e imparcial'.

45. En consecuencia, la Comisión Interamericana establece que los Estados no pueden derogar este derecho:

> [E]n los casos en que esté involucrada una situación de emergencia que amenaza la independencia o seguridad de un Estado, los componentes fundamentales del derecho al debido proceso y a un juicio justo deben no obstante ser respetados. [...] Además, aunque el artículo 8 [...] no está mencionado explícitamente en el artículo 27(2) los Estados no tienen libertad para derogar las protecciones fundamentales a que se hace referencia en el artículo 8 y que son comparables a las disposiciones de otros instrumentos internacionales[57].

46. En forma significativa, la Corte Interamericana ha establecido que de este derecho se derivan dos conjuntos de obligaciones[58]. Primero, los Estados deben garantizar que la independencia del poder judicial esté anidada en su

---

[53]   TEDH, *Pérez v. Francia*, 12 de febrero de 2004 (Solicitud N° 47287/99), párrafo 64.

[54]   TEDH, *Belilos v. Suiza*, 29 de abril de 1988 (Solicitud N° 10328/83), párrafos 62-73; TEDH, *Lavents v. Latvia*, 28 de noviembre de 2002 (Solicitud N° 58442/00), párrafos 114-121.

[55]   Énfasis nuestro.

[56]   Organización de Estados Americanos, *Convención Americana sobre Derechos Humanos, "Pacto de San José, Costa Rica"*, *vigente a partir del* 22 de noviembre de 1969 (en lo sucesivo: CADH).

[57]   CIADH, *Informe sobre el Terrorismo y los Derechos Humanos*, 22 de octubre de 2002 (OEA/Ser.L/V/II.116, Doc. 5), párrafo 245.

[58]   CIDH, *Reverón Trujillo v. Venezuela*, *supra* nota 11, párrafo 146.

sistema constitucional. Segundo, deben garantizar que cada uno de los jueces, en forma particular, sea independiente[59]. Por ende, el Estado ha de garantizar la independencia de la judicatura y ésta debe ser proclamada por la Constitución o la legislación del país[60], y también deberá garantizar que las autoridades públicas no interfieran con el poder judicial. Además, en caso de comprobarse una violación al Artículo 8, el Estado debe investigar y castigar a quienes sean responsables[61].

47. Por otra parte, el Artículo 7 de la Carta Africana sobre los Derechos Humanos y de los Pueblos[62] garantiza a todos el derecho a que su causa sea oída. Esta garantía asegura, entre otras cosas, 'el derecho ser juzgado dentro de un plazo razonable, por un juez o tribunal imparcial'.

48. De lo anterior, se observa que no existe duda alguna respecto a que el derecho a un juicio justo constituye un valor medular del derecho internacional sobre derechos humanos y que es esencial en toda sociedad democrática. Este concepto también se puede encontrar en la jurisprudencia del TEDH[63]. En la sección siguiente, este escrito pasa a evaluar la independencia del tribunal en este caso ante la Corte, analizando con detalle los hechos del caso y aplicando las disposiciones legales pertinentes.

b. *Tribunal independiente*

49. La importancia que tiene la independencia del poder judicial se convierte en un factor aún más prominente al entender que los jueces 'son los encargados de adoptar la decisión definitiva con respecto a la vida, la libertad, los derechos, los deberes y los bienes de los ciudadanos'[64]. Siendo así, uno no puede sino hacer énfasis en la gran importancia de garantizar que los jueces lleven el proceso de manera justa, donde se asegure el respeto a los derechos

---

[59] Ruiz-Chiriboga, O., '*The Independence of the Inter-American Judge* (La Independencia del Juez Interamericano)', *The Law and Practice of International Courts and Tribunals* (El Derecho y la Práctica de las Cortes y Tribunales Internacionales), Vol. 11, N° 1, 2012, pp. 111-135, p. 112.

[60] Principios Básicos de la ONU relativos a la Independencia del Poder Judicial, párrafo 1.

[61] *Ídem.* Ver también, CIDH, *Velásquez - Rodríguez v. Honduras*, 29 de julio de 1988 (Serie C, N° 4), párrafo 176; CIDH, *Godínez-Cruz v. Honduras*, 20 de enero de 1989 (Serie C, N° 5), párrafo 175; CIDH, *Caballero-Delgado y Santana v. Columbia*, 8 de diciembre de 1995 (Serie C, N° 22), párrafo 56; CIDH, *Paniagua Morales y otros v. Guatemala*, 8 de marzo de 1998 (Serie C, N° 37), párrafo 174.

[62] Unión Africana, *Carta Africana sobre los Derechos Humanos y de los Pueblos (Carta Banjul), vigente a partir del 27 de junio de* 1981.

[63] Ver, por ejemplo, TEDH, *Lauko v. Eslovaquia*, 2 de septiembre de 1998 (Solicitud N° 26138/95), párrafo 63; TEDH, *De Cubber v. Bélgica*, 26 de octubre de 1984 (Solicitud N° 9186/80), párrafo 30.

[64] Principios Básicos de la ONU, *loc. cit.* nota 60, preámbulo.

de las partes[65]. De manera significativa, según el CDH, el poder judicial no debe estar sujeto a ningún tipo de limitación[66].

50. Es importante resaltar que el CDH entiende la palabra 'tribunal' como refiriéndose a 'un órgano, cualquiera sea su denominación, creado por ley, independiente de los poderes ejecutivo y legislativo, o que goza en casos específicos de independencia judicial al decidir cuestiones jurídicas en actuaciones de carácter judicial'[67].

51. A su vez, el TEDH define a un 'tribunal' de la siguiente forma: 'un "tribunal" se caracteriza, en es sentido sustantivo del término, por su función judicial, es decir al determinar los asuntos bajo su competencia en base al imperio de la ley'[68]. También en el entendido que el tribunal es un órgano facultado para adoptar decisiones[69].

52. De conformidad con el Comité de Derechos Humanos, son cuatro los elementos a los que se refiere la independencia de un tribunal: i) se refiere a la independencia del procedimiento por medio del cual se nombra a los jueces en el sistema judicial en particular; ii) se refiere a las cualificaciones necesarias para poder ejercer las funciones judiciales; iii) se refiere a la independencia de las garantías necesarias con respecto a, entre otras cosas, la destitución, los ascensos y traslados, y iv) a la independencia del poder judicial en relación con la injerencia política por los otros dos poderes del estado, el poder ejecutivo y el legislativo[70]. Para poder garantizar la independencia del poder judicial, estos cuatro aspectos deben ser debidamente codificados y amparados por la ley[71]. Esta protección no permite derogación alguna, ni siquiera en un estado de excepción o emergencia[72].

---

[65] *Ibídem*, principio 6.

[66] PDCP, Observación General N° 32, *loc. cit.* nota 47, párrafo 19; PDCP, *González del Rio v. Perú, supra* nota 7, párrafo 5.2.

[67] PDCP, Observación General N° 32, *loc. cit.* nota 47, párrafo 18.

[68] TEDH, Belilos v. Suiza, supra nota 54, párrafo 64; TEDH, H v. Bélgica, 30 de noviembre 1987 (Solicitud N° 8950/80), párrafo 50.

[69] Mahoney, P., '*Right To A Fair Trial In Criminal Matters Under Article 6 E.C.H.R.*' (El Derecho a un Juicio Justo en Materia Penal bajo el Artículo 6 de la CEDH), *Judicial Studies Institute Journal*, Vol. 4, N° 2, 2004, pp. 107-129, p. 116; TEDH, *Findlay v. Reino Unido*, 25 de febrero de 1997 (Solicitud N° 22107/93), párrafo 77; TEDH, *Van de Hurk v. Holanda*, 19 de abril de 1994 (Solicitud N° 16034/90), párrafo 45.

[70] PDCP, Observación General N° 32, *loc. cit.* nota 47, párrafo 19; CIDH, *Atala Riffo e hijas v. Chile* (fondo, reparaciones y costas), 24 de febrero de 2012 (Serie C, N° 239), párrafo 186.

[71] PDCP, Observación General N° 32, *loc. cit.* nota 47, párrafo 19.

[72] PDCP, *Estados de Emergencia (artículo 4)*, 31 de agosto de 2001, (Observación General N° 29), párrafo 11.

53. El método utilizado para la selección de los jueces debe garantizar que el nombramiento del poder judicial se lleve a cabo obedeciendo a los motivos adecuados. Así, las personas seleccionadas para ocupar cargos judiciales deben ser personas íntegras e idóneas y tener la formación o las calificaciones jurídicas apropiadas[73]. Adicionalmente, el procedimiento por medio del cual se designen los jueces se debe basar en igualdad de oportunidades y mecanismos objetivos[74]. Por lo tanto, toda discriminación en base a, entre otras cosas, raza, sexo, religión, u opiniones políticas está prohibida. La igualdad de oportunidades se garantiza a través de una concurrencia libre de todo criterio arbitrario[75].

54. En consecuencia, la Corte Interamericana ya ha hecho énfasis en que si dicho nombramiento no se hace en base a criterios objetivos y razonables, se puede ver afectada la libre elección del poder judicial, concediendo un alto grado de discrecionalidad para el nombramiento del personal judicial[76].

55. La destitución de los jueces se debe fundamentar en la 'incapacidad o comportamiento que los inhabilite para seguir desempeñando sus funciones'[77]. Además, la suspensión se debe resolver de acuerdo con las normas establecidas de comportamiento judicial[78]. Por añadidura, en lo que se refiere a las garantías que rodean la destitución, la ley debe establecer que un juez se podrá destituir 'únicamente por razones graves de mala conducta o incompetencia'[79]. Esta afirmación se apoya en la jurisprudencia del Comité de Derechos Humanos[80]. La destitución de jueces por el poder ejecutivo, por ejemplo antes de la expiración del mandato para el que fueron nombrados, sin que se les dé ninguna razón concreta, es incompatible con el principio de independencia[81]. De allí se observa que la CDH considera la estabilidad en el cargo de los jueces y fiscales como indispensable para garantizar su independencia[82].

56. En concordancia, la Corte Interamericana de Derechos Humanos en *Gustavo Carranza v. Argentina* estipula que:

---

[73] Principios Básicos de la ONU, *loc. cit.* nota 60, principio 10.

[74] CIDH, *Reverón Trujillo v. Venezuela, supra* nota 11, párrafo 72.

[75] *Ibídem*, párrafo 73.

[76] *Ibídem*, párrafo 74.

[77] Principios Básicos de la ONU, *loc. cit.* nota 60, principio 18.

[78] *Ibídem*, principio 19.

[79] PDCP, Observación General N° 32, *loc. cit.* nota 47, párrafo 20.

[80] *Ídem*; CIDH, *Reverón Trujillo v. Venezuela, supra* nota 11, párrafo 77.

[81] PDCP, Observación General N° 32, *loc. cit.* nota 47, párrafo 20.

[82] CIADH, *Democracia y Derechos Humanos en Venezuela*, 30 de diciembre de 2009 (OEA/Ser.L/V/II., Doc. 54), párrafo 229, *disponible en*: http://www.cidh.oas. org/countryrep/Venezuela2009eng/VE09.TOC.eng.htm.

[...] el principio de la inamovilidad de los magistrados [...] crea estabilidad en la magistratura; si el juez ha de ser removido, dicha remoción debe llevarse a cabo en estricta conformidad con los procedimientos establecidos en la Constitución, como salvaguarda del sistema democrático de gobierno y el Estado de Derecho. El principio se basa en la propia naturaleza especial de la función de los tribunales y garantiza la independencia de los jueces frente a las demás ramas del gobierno y ante los cambios político-electorales[83].

57. Los Principios Básicos de la ONU relativos a la Independencia del Poder Judicial (PB ONU) establecen que la legislación pertinente debe garantizar la permanencia en el cargo de los jueces por los períodos establecidos, y garantizar la inamovilidad hasta que expire el período para el que hayan sido nombrados[84]. Por otra parte, la libre remoción de jueces fomenta la duda sobre la posibilidad de ser objeto de represalias por causa de decisiones políticamente sensibles[85].

58. La CIDH y el TEDH sostienen criterios similares, aunque ligeramente distintos, sobre la independencia del poder judicial. Así, el TEDH establece:

Para determinar si un organismo se puede considerar como "independiente" del poder ejecutivo, es necesario [1] considerar la forma en que se hace [el] nombramiento de sus miembros y la duración de su tiempo de servicio (similar al criterio 1 de los PB ONU), [2] que existan garantías que protejan contra las presiones externas (similar al criterio 3 de los PB ONU), [3] y la cuestión de si el organismo tiene la apariencia de ser independiente[86].

c. Jueces Provisorios

59. La Corte Interamericana de Derechos Humanos anteriormente ha considerado una serie de casos relacionados con los jueces provisorios en Vene-

---

[83] CIADH, *Gustavo Carranza v. Argentina,* 1 de septiembre de 1997 (OEA/Ser.L/V/II.95 Doc. 7), párrafo 41.

[84] Principios Básicos de la ONU, *loc. cit.* nota 60, principios 11 y 12; CIDH, *Reverón Trujillo v. Venezuela, supra* nota 11, párrafo 75.

[85] CIDH, *Reverón Trujillo v. Venezuela, supra* nota 11, párrafo 78.

[86] TEDH, *Lauko v. Eslovaquia,* supra nota 63, párrafo 63. Esta cita se soporta en los Principios Básicos de la ONU, sobre la Independencia del Poder Judicial, y en la jurisprudencia de ambos tribunales. Ver también, CIDH, El Tribunal Constitucional v. Perú (fondo, reparaciones y costas), 31 de enero de 2001 (Serie C, N° 71), párrafo 75; CIDH, *Apitz Barbera y otros* ("Corte Primera de lo Contencioso Administrativo") v. Venezuela, supra nota 16, párrafo 138; CIDH, *Reverón Trujillo v. Venezuela,* supra nota 11, párrafo 70; TEDH, Campbell y Fell v. Reino Unido, 28 de junio de 1984 (Solicitudes N° 7819/77 y 7878/77), párrafo 78; TEDH, *Langborger v. Suecia,* 22 de junio de 1989 (Solicitud N° 11179/84), párrafo 32; Principios Básicos de la ONU, loc. *cit.*nota 60, principio 10.

zuela[87]. Encontrando que la existencia de garantías que amparan contra la destitución arbitraria de los jueces protege la independencia del poder judicial, al evitar que otras instituciones, tales como el poder ejecutivo, interfieran con el debido ejercicio de sus funciones[88]. En consecuencia, si no se cuenta con las garantías judiciales, no se puede salvaguardar la independencia del poder judicial.

60. La Corte también ha señalado que la inamovilidad de los jueces constituye una garantía fundamental para la independencia del poder judicial que, a su vez, está compuesta por las siguientes sub-garantías: 'permanencia en el cargo, un proceso de ascensos adecuado y no despido injustificado o libre remoción'[89]. Quiere decir esto que si un Estado incumple una de estas garantías, se puede concluir que no está cumpliendo con su obligación establecida en el Artículo 8 de la CADH[90].

61. Por otra parte, la Corte ha reconocido que, en Venezuela, los jueces provisorios y los jueces de carrera llevan a cabo las mismas funciones judiciales[91]. Por lo tanto, para poder garantizar el derecho que tiene toda persona a comparecer ante un juez independiente, la Corte establece que el Estado está obligado a ofrecer las garantías contra la destitución arbitraria, tanto a los jueces titulares como a los provisorios[92]. Esta obligación tiene por objeto garantizar que ni los jueces titulares ni los provisorios se vean impedidos de resolver en base a los hechos y en consonancia con el derecho los casos que se presenten ante ellos, debido a restricciones, influencias, alicientes, presiones, amenazas, o intromisiones indebidas[93].

62. La Corte Interamericana previamente ha establecido que el estatus provisorio de los jueces "debe estar sujeto a una condición resolutoria, tal como el cumplimiento de un plazo predeterminado o la celebración y conclusión de un concurso público de oposición y antecedentes que nombre al re-

---

[87] CIDH, *Reverón Trujillo v. Venezuela*, *supra* nota 11; CIDH, *Chocrón Chocrón v. Venezuela*, *supra* nota 2; CIDH, *Apitz Barbera y otros ("Corte Primera de lo Contencioso Administrativo") v. Venezuela*, *supra* nota 16.

[88] CIDH, *Chocrón Chocrón v. Venezuela*, *supra* nota 2, párrafos 67 y 97; CIDH, *Herrera Ulloa v. Costa Rica* (excepciones preliminares, fondo, reparaciones y costas), 2 de julio de 2004 (Serie C, N° 107), párrafo 171; CIDH, *Palamara Iribarne v. Chile* (fondo, reparaciones y costas), 22 de noviembre de 2005 (Serie C, N° 135), párrafo 145; CIDH, *Reverón Trujillo v. Venezuela*, *supra* nota 11.

[89] CIDH, *Reverón Trujillo v. Venezuela*, *supra* nota 11, párrafo 79; CIDH, *Chocrón Chocrón v. Venezuela*, *supra* nota 2, párrafo 79.

[90] CIDH, *Reverón Trujillo v. Venezuela*, *supra* nota 11, párrafo 79; CIDH, *Chocrón Chocrón v. Venezuela*, *supra* nota 2, párrafo 79.

[91] CIDH, *Reverón Trujillo v. Venezuela*, *supra* nota 11, párrafo 114; CIDH, *Chocrón Chocrón v. Venezuela*, *supra* nota 2, párrafo 103.

[92] CIDH, *Reverón Trujillo v. Venezuela*, *supra* nota 11, párrafo 114.

[93] CIDH, *Chocrón Chocrón v. Venezuela*, *supra* nota 2, párrafo 100; Principios Básicos de la ONU, *loc. cit.* nota 60, principio 2.

emplazante del juez provisorio con carácter permanente'[94]. Esta garantía, en concordancia con la Corte, implica que los jueces provisorios 'puedan disfrutar de todos los beneficios propios de la permanencia hasta tanto acaezca la condición resolutoria que pondrá fin legal a su mandato'[95].

63. En consecuencia, según la perspectiva de la Corte, el estatus provisorio de ciertos jueces no significa que son de libre destitución, ya que esto los hace más vulnerables a las presiones externas que, a su vez, puede poner en peligro su independencia[96]. En la práctica, las garantías antes mencionadas implican que los jueces provisorios se pueden destituir 'sólo en el marco de un proceso disciplinario o a través de un acto administrativo debidamente motivado'[97]. La Corte también ha citado al Comité de Derechos Humanos al decir que 'los jueces sólo pueden ser removidos por faltas de disciplina graves o incompetencia y acorde a procedimientos justos que aseguren la objetividad e imparcialidad'[98].

64. En el pasado, esta visión fue también establecida por la Corte Suprema de Justicia, al indicar que:

> [Los jueces provisorios no son jueces de carrera, pero no obstante ello [...] para ser suspendidos o removidos de dicho ejercicio deben seguirse los procedimientos que determine la Ley, es decir, mediante sanciones resultado de un procedimiento disciplinario o bien porque dicho cargo sea sacado a concurso[99].

65. La falta de garantías que protejan contra la destitución arbitraria de los jueces puede generar una interferencia estructural del Estado en el ejercicio de las funciones judiciales. Lo que puede tener un efecto inhibitorio sobre los miembros del poder judicial, ya que los demás jueces pueden temer que se les destituya en base a decisiones arbitrarias[100]. Al mismo tiempo, los jueces pueden estar más expuestos a las presiones externas y emitir un fallo, en un caso en particular, no en base a derecho sino a los deseos del ejecutivo[101].

---

[94] CIDH, *Reverón Trujillo v. Venezuela, supra* nota 11, párrafo 116; CIDH, *Apitz Barbera y otros ("Corte Primera de lo Contencioso Administrativo") v. Venezuela, supra* nota 16, párrafo 43.

[95] CIDH, *Reverón Trujillo v. Venezuela, supra* nota 11, párrafo 116.

[96] CIDH, *Chocrón Chocrón v. Venezuela, supra* nota 2, párrafo 117; CIDH, *Reverón Trujillo v. Venezuela, supra* nota 11, párrafo 117; CIDH, *Apitz Barbera y otros ("Corte Primera de lo Contencioso Administrativo") v. Venezuela, supra* nota 16, párrafo 43.

[97] CIDH, *Chocrón Chocrón v. Venezuela, supra* nota 82, párrafo 117.

[98] CIDH, *Reverón Trujillo v. Venezuela, supra* nota 11; CIDH, *Chocrón Chocrón v. Venezuela, supra* nota 2, párrafo 77.

[99] CIDH, *Reverón Trujillo v. Venezuela, supra* nota 11, párrafo 116.

[100] *Ibídem,* párrafo 81.

[101] *Ídem.*

66. La situación de los jueces provisorios en Venezuela se puede considerar preocupante con respecto a lo anterior. De hecho, la Comisión Interamericana de Derechos Humanos ha señalado que, en el pasado, se ha destituido a jueces provisorios venezolanos después de emitir fallos relacionados con fuertes intereses políticos. Por otra parte, un informe presentado por *Human Rights Foundation* indica que el libre nombramiento y remoción de los jueces provisorios erosiona el principio de independencia judicial[102].

67. Esto viene a corroborar que la independencia del poder judicial venezolano se ve erosionada por la presión que ejerce el poder ejecutivo[103].

68. A pesar de que estas garantías debían ser iguales para los jueces provisorios y los titulares, su protección puede variar, ya que su nombramiento se hace a través de procedimientos distintos[104]. Sin embargo, la Corte ha determinado que debía existir al menos un procedimiento básico para el nombramiento de los jueces provisorios, ya que ejercen funciones judiciales[105]. Por ende, la obligación del Estado es doble. Primero, necesita instaurar un mecanismo o un procedimiento para garantizar el debido nombramiento delos jefes provisorios. Segundo debe garantizar un cierto grado de seguridad al cargo de juez provisorio[106].

d. *Aplicación a los hechos del caso*

69. En la sección anterior, se demuestra la determinación de la Corte de que las garantías que protegen contra la destitución arbitraria de los jueces, a fin de afirmar la independencia judicial, deben ser similares para los jueces titulares y los provisorios, ya que ejercen las mismas funciones. Específicamente, estableció que los jueces, ya sean titulares o provisorios, se pueden destituir de su cargo 'sólo en el marco de un proceso disciplinario o a través de un acto administrativo debidamente motivado'[107].

70. Las causas para la destitución de los jueces de la Corte de Apelaciones y del Juez Bognanno no han sido revelados por el gobierno venezolano. La destitución de la Juez Sosa se explicó diciendo que 'no había logrado establecer fundamentos suficientes para respaldar la orden que prohibía la salida del país [a Allan Brewer Carías, entre otros]'[108].

---

102   El-Hage y Chajtur, *op. cit.* nota 9, p. 1.

103   CIADH, *Democracia y Derechos Humanos en Venezuela, loc. cit.* nota 82, párrafos 252 y 301, *disponible en*:

   http://www.cidh.oas.org/countryrep/Venezuela2009eng/VE09.TOC.eng.htm.

104   CIDH, *Reverón Trujillo v. Venezuela, supra* nota 11, párrafos 15 y 115.

105   CIDH, *Reverón Trujillo v. Venezuela, supra* nota 11, párrafo 115; Principios Básicos de la ONU, *loc. cit.* nota 60, párrafo 10.

106   CIDH, *Reverón-Trujillo v. Venezuela, supra* nota 11, párrafo 116.

107   CIDH, *Chocrón Chocrón v. Venezuela, supra* nota 2, párrafo 117.

108   CIADH, *Informe N° 171/11, supra* nota 27, párrafo 105.

71. El que Venezuela no haya indicado las causas para destituir al Juez Bognanno y los jueces de la Corte de Apelaciones constituye claramente una violación del Artículo 8 de la CADH, ya que, aparentemente, no se ha llevado a cabo ningún proceso disciplinario o acto administrativo debidamente motivado.

72. La destitución de la Juez Sosa fue respaldada por la causal antes indicada, pero resulta altamente cuestionable respecto a si efectivamente configura o no un proceso disciplinario o un acto administrativo debidamente motivado.

73. Debido a esta falta de un proceso disciplinario o acto administrativo debidamente motivado, la destitución de los jueces se deriva de una decisión arbitraria por parte de la Comisión Judicial. En consecuencia, la independencia del poder judicial no está garantizada.

74. Resulta claro que la destitución de los jueces no fue precedida por un proceso disciplinario o acto administrativo debidamente motivado, lo que, a su vez, pone en peligro la independencia del poder judicial. A continuación se presenta una visión general sobre los hechos que llevaron a la destitución de estos jueces.

75. Josefina Gómez Sosa fue la primera Juez Temporal Vigésimo Quinta de Control en el caso de Allan Brewer Carías. A solicitud de la Fiscal Provisoria Sexta, el día 17 de diciembre de 2004, la Juez Sosa dicta prohibición de salida del país a 27 personas indiciadas en conexión con los eventos de abril de 2002, incluyendo a Brewer Carías. Luego que la defensa interpone una apelación, la Corte de Apelaciones declara nula la decisión, el 31 de enero de 2005. El 3 de febrero, la Juez Sosa fue destituida de su cargo, aduciendo que no había logrado establecer fundamentos suficientes para su decisión del 17 de diciembre de 2004[109].

76. La destitución de la Juez Sosa se convierte en un hecho interesante cuando uno considera el momento en que ocurre. Dicta su decisión el día 17 de diciembre y aproximadamente mes y medio después la Corte de Apelaciones declara nula esta decisión. En ese momento, en apenas tres días, la Comisión Judicial destituye a la Juez Sosa, cuando había tenido más de un mes para evaluarla y los fundamentos que sirvieron de base para justificarla. Sin embargo, sólo cuando su razonamiento resultó ser ineficiente para mantener la prohibición de salida del país a Allan Brewer Carías, es que se decide que la Juez Sosa ya no es apta para su cargo como Juez Temporal Vigésimo Quinta de Control.

77. El 3 de febrero de 2005, se destituye de su cargo a una serie de jueces de la Sala Diez de la Corte de Apelaciones, después de votar a favor de revocar la decisión de la Juez Sosa dictada el 17 de diciembre 2004[110]. Resulta sorprendente que sólo los jueces que votaron en favor de revocar la decisión

---

[109]   *Ibídem*, párrafo 101.
[110]   *Ídem.*

de la Juez Sosa fuesen destituidos. En teoría, puede ser una coincidencia que los jueces cuyo voto fue en favor de la causa de Allan Brewer Carías fuesen los únicos que la Comisión Judicial destituye de su cargo. Sin embargo, en la práctica, especialmente si lo consideramos en el contexto de este caso, pareciera que fueron destituidos porque votaron en contra de los intereses del gobierno venezolano.

78. El Juez Manuel Bognanno fue suspendido el día 29 de junio de 2005, después de remitir una comunicación al Fiscal Superior del Ministerio Público informándole sobre presuntas acciones obstructoras por parte de la Fiscal Provisoria Sexta. En esta carta, el Juez Bognanno solicita al Ministerio que 'asuma una actitud objetiva, dirigida a colaborar y no ha (sic) obstaculizar la actuación del tribunal'[111]. Dos días después de enviar esta comunicación, es destituido de su cargo y reemplazado por José Alonso Dugarte Ramos[112].

79. Hasta esta fecha, el Juez Ramos sigue ejerciendo el cargo de Juez Temporal Vigésimo Quinto de Control. Desde su nombramiento, entre otras cosas, nunca se pronunció sobre el escrito presentado por la defensa solicitando que se garantizara el derecho a ser juzgado en libertad, de fecha 26 de octubre de 2005; el día 15 de junio de 2006, dictó una medida de privación judicial preventiva de libertad contra Allan Brewer Carías, a solicitud de la fiscal; y el día 25 de enero de 2008 negó la solicitud de sobreseimiento presentada por el equipo de la defensa, en base al Decreto 5790 con Rango, Valor y Fuerza de Ley Especial de Amnistía, dictado el 31 de diciembre de 2007 por el Presidente Hugo Chávez[113].

80. De lo anterior se desprende que todos los jueces que fueron destituidos de su cargo durante el proceso de esta causa actuaron de una manera que podía socavar la declaración de culpabilidad de Allan Brewer Carías, mientras que el actual Juez Temporal Vigésimo Quinto consecuentemente ha dictado una serie de decisiones con efecto negativo para la causa del Sr. Carías.

81. En una sección anterior, los *amici* hacen énfasis en la importancia que le asignan las diversas cortes y organismos internacionales a las medidas que protegen contra la destitución arbitraria de los jueces. Dichas medidas de protección tienen por objeto evitar que el poder judicial pueda quedar bajo la influencia de actores externos, incluyendo el poder ejecutivo. El caso en curso confirma la validez de estas ideas e ilustra los peligros de no contar con medidas de protección suficientes contra estas destituciones arbitrarias.

82. En suma, los jueces provisorios o temporales involucrados en este caso, que fueron destituidos de su cargo, no disfrutaron de una protección suficiente contra la suspensión arbitraria. Además, su destitución no se produce como resultado de un proceso disciplinario o acto administrativo debidamente motivado. Además, los eventos que llevan a su destitución sugieren de una

---

[111] *Ibídem*, párrafo 105.

[112] *Ibídem*, párrafo 105.

[113] *Ibídem*, párrafos 109, 114 y 118.

manera muy especial que la Comisión Judicial destituye a estos jueces debido a las decisiones que tomaron, ya que afectaban negativamente los intereses del gobierno venezolano.

B. LA CUESTIÓN DE LOS FISCALES PROVISORIOS

a. *Las Acusaciones Penales y el Artículo 6 de la CEDH*

83. De conformidad con el sistema europeo sobre derechos humanos, la aplicación del Artículo 6 de la CEDH se ha ampliado, en un sentido más específico, a situaciones que están fuera del proceso penal. El Tribunal Europeo de Derechos Humanos también aplica el Artículo 6 de la CEDH a otras áreas del derecho, tales como las leyes sobre competencia[114], leyes aduanales[115], leyes administrativas[116], y los procesos disciplinarios[117]. La aplicabilidad del Artículo 6 de la CEDH no solamente se amplía para cubrir otras áreas del derecho, sino también otros organismos normalmente excluidos del concepto de litigio tradicional. Por ejemplo, el TEDH afirma que el Artículo 6 de la CEDH aplica a situaciones donde la Comisión Europea -un organismo administrativo y no judicial- impone una multa a una compañía[118].

84. El enfoque del TEDH ha sido adoptado por el Tribunal de Justicia de la Unión Europea, que también reconoce las garantías consagradas en el Artículo 6 de la CEDH[119].

85. El TEDH amplía la aplicabilidad del Artículo 6 de la CEDH a otros campos del derecho y a organismos no judiciales al adoptar un concepto autónomo de 'acusación penal'[120]. El Tribunal afirma que:

> La Convención no se opone a los Estados, en el desempeño de sus tareas como guardianes del interés público, tanto creando como manteniendo una distinción entre las distintas categorías de delito, a efectos de sus leyes nacionales y dibujando la línea divisoria, pero eso no implica que la tipificación que de esa manera hagan los Estados sea decisiva a efectos de la Convención[121].

---

[114] TEDH, *Societe Stenuit v. Francia,* 11 de julio de 1989 (Solicitud N° 15598/85).

[115] TEDH, *Salabiaku v. Francia,* 7 de octubre de 1988 (Solicitud N° 10519/83).

[116] TEDH, *Öztürk v. Alemania,* 21 de febrero de 1984 (Solicitud N° 8544/79).

[117] TEDH, *Engel y Otros v. Holanda,* 8 de junio de 1976 (Solicitudes N° 5100/71 y otras).

[118] TEDH, *A. Menarini Diagnostics S.R.L. v. Italia,* 27 de septiembre de 2011 (Solicitud N° 43509/08).

[119] Opinión del Abogado General Sharpston en el caso 272/09P, *KME Alemania AG y otros*, [2011] Aún no publicada, p. 67.

[120] Kostova, L., '*The Non-Interaction between Actions for Damages and Ne Bis in Idem* (La No Interacción entre las Acciones por Daños y *Ne Bis in Idem*)', *disponible en*: http://papers.ssrn.com/sol3/papers.cfm?abstract_id=2295588, p. 19.

[121] TEDH, *Öztürk v. Alemania, supra* nota 116, párrafo 49. Ver también, Kostova, *loc. cit.* nota 120, p. 19-27.

86. En 1976, el Tribunal Europeo de Derechos Humanos adopta tres criterios para determinar si un cargo comporta características penales. En el caso *Engel y Otros v. Holanda*, referente a procesos disciplinarios en el servicio militar, el Tribunal estipuló que una medida en particular conlleva connotaciones penales cuando pasa una prueba de tres pasos.

87. Primero que nada, el TEDH examina la tipificación de la norma que define el delito, según las leyes nacionales[122]. El TEDH estipula que:

[P]rimero es necesario saber si la(s) disposición(es) que definen el delito que se imputa pertenece(n), en concordancia con el sistema legal del Estado demandado, a las leyes penales, las leyes disciplinarias, o a ambas en forma concurrente. Sin embargo, esto ofrece únicamente un punto de partida. Los indicadores encontrados solo tienen un valor formal y relativo, y se deben examinar a la luz del denominador común de la legislación pertinente que rige en los distintos Estados Contratantes[123].

88. Por ende, el Tribunal examina:

[S]i el texto que define el delito en cuestión pertenece o no, en concordancia con el sistema legal del Estado, a las leyes penales; luego, la naturaleza del delito y, finalmente, se debe examinar la naturaleza y grado de severidad de la sanción a la que puede estar sujeta la persona indiciada, teniendo en cuenta el objeto y los fines del Artículo 6 (art. 6), el significado usual de los términos de dicho Artículo (art. 6) y las leyes de los Estados Contratantes[124].

89. En otras palabras, es necesario analizar si el delito en particular se define en el código penal o en cualquier otro campo de las leyes nacionales[125]. Incluso, cuando un delito en particular no se tipifica como delito penal bajo las leyes nacionales, no se puede concluir que se encuentra exento de las garantías previstas en el Artículo 6 de la CEDH. De hecho, este es solamente uno de los criterios que aplica el TEDH[126].

90. Segundo, el TEDH examina la naturaleza del delito[127]. Este criterio se satisface dependiendo de tres sub-criterios. Primero, el Tribunal determina si

---

[122] TEDH, *Engel y Otros v. Holanda, supra* nota 117, párrafo 82; TEDH, *Öztürk v. Alemania, supra* nota 116, párrafo 50; TEDH, *Bendenoun v. Francia*, 24 febrero de 2004 (Solicitud N° 12547/86), párrafo 47.

[123] TEDH, *Engel y otros v. Holanda, supra* nota 117, párrafo 82.

[124] TEDH, *Öztürk v. Alemania, supra* nota 116, párrafo 50.

[125] TEDH, *Engel y otros v. Holanda, supra* nota 117, párrafo 82; TEDH, *Öztürk v. Alemania, supra* nota 116, párrafo 50; TEDH, *Bendenoun v. Francia, supra* nota 122, párrafo 47.

[126] *Ídem.*

[127] *Ídem.*

la norma aplica a toda la población, o meramente a una parte de ella[128]. Segundo, el Tribunal estudia si el objetivo de la norma es punitivo o disuasivo[129]. Después de analizar estos factores, el Tribunal debe concluir si acusación comporta características penales[130].

91. En todo caso, el TEDH señala que:

[L]a supervisión del Tribunal no se queda allí. Por lo general, esta supervisión resulta ilusoria, si al mismo tiempo no toma en cuenta el grado de severidad de la sanción a la que puede quedar sujeta la persona iniciada. En una sociedad que se suscribe al estado de derecho, las privativas de libertad que se pueden imponer como sanción pertenecen a la esfera "penal", excepto aquellas que, por su naturaleza, duración, o forma de ejecución no pueden ser sensiblemente lesivas. Tanto la gravedad de lo que está en juego, como las tradiciones de los Estados Contratantes y la importancia que da la Convención al respeto por la libertad física de la persona, exigen que esto deba ser así[131].

92. El tercer criterio analizado por el Tribunal es la gravedad del delito. En este sentido, en el Caso *Engel*, el Tribunal sostuvo que:

La máxima sanción que el Tribunal Supremo Militar puede imponer consiste en cuatro días de arresto leve para el Sr. Van der Wiel, dos días de arresto estricto para el Sr. Engel (tercera pena) y tres o cuatro meses de reclusión en una unidad disciplinaria para el Sr. de Wit, el Sr. Dona y el Sr. Schul. Por ende, el Sr. van der Wiel estaba sujeto a una sanción leve sin incluir privativa de libertad. Por su parte, la sanción que implica privativa de libertad a la que, en teoría, podía quedar sujeto el Sr. Engel, era de muy corta duración como para pertenecer a las leyes "penales". Por otra parte, no corría riesgo alguno de tener que cumplir esta sanción al culminar el proceso que interpuso ante el Tribunal Superior Militar el día 7 de abril de 1971, ya que la había cumplido entre el 21 y el 22 de marzo[132].

93. El TEDH afirma que '[l]a relativa falta de gravedad de la sanción en juego [...] no puede despojar al delito de su carácter inherentemente penal'[133].

---

[128] TEDH, *Weber v. Suiza*, 22 de mayo de 1990 (Solicitud N° 11034/84), párrafo 33.

[129] TEDH, *Jussila v. Finlandia*, 23 de noviembre de 2006 (Solicitud N° 73053/01), párrafo 38; TEDH, *A. Menarini Diagnostics S.R.L. v. Italia*, *supra* nota 118, párrafo 40.

[130] TEDH, *Jussila v. Finlandia*, *supra* nota 129, párrafo 38; TEDH, *Janosevic v. Suecia*, 23 de julio de 2002 (Solicitud N° 34619/97), párrafo 68; TEDH, *Paykar Yev Haghtanak Ltd v. Armenia*, 20 de diciembre de 2007 (Solicitud N° 21638/03), párrafo 36.

[131] TEDH, *Engel y otros v. Holanda*, *supra* nota 117, párrafo 82.

[132] *Ibidem*, párrafo 85.

[133] TEDH, *Öztürk v. Alemania*, *supra* nota 116, párrafo 54.

Esto significa que el hecho que una sanción dada sea muy leve, no puede excluir la aplicación del Artículo 6 de la CEDH[134].

94. Sin embargo, un organismo no judicial puede imponer una sanción penal si su decisión se puede apelar ante un organismo judicial[135]. El Tribunal afirma que:

> De allí que el Artículo 6 § 3 (e) (art. 6-3-e) sea aplicable en este caso. Esto no debe de ninguna [manera] implicar, el Tribunal desea dejar en claro, que se cuestione el propio principio del sistema adoptado en esta materia por la legislatura alemana. Teniendo en cuenta la gran cantidad de delitos menores, particularmente en el campo de la circulación por carretera, un Estado Contratante tiene causas más que justificadas para liberar a sus tribunales de la tarea de enjuiciarlos y castigarlos. Asignar el enjuiciamiento y castigo de los delitos menores a las autoridades administrativas no resulta inconsistente con la Convención, siempre que a la persona involucrada se le permita llevar cualquier decisión que allí se dicte en su contra, ante un tribunal que efectivamente le brinde las garantías del Artículo 6 (art. 6)[136].

95. Por lo tanto, una autoridad no judicial puede tener la facultad para imponer sanciones, si las mismas se pueden apelar ante un tribunal que ofrezca las garantías que brinda el Artículo 6 de la CEDH.

b. *Aplicación a los hechos del caso*

96. Del informe de la Comisión[137] se desprende que, el 27 de enero de 2005, la Fiscal Provisoria Sexta, Luisa Ortega Díaz, imputa a Allan Brewer Carías por el delito de conspirar para cambiar violentamente la Constitución, al redactar el Decreto Carmona[138]. Esta fiscal provisoria fue el cuarto fiscal encargado de la investigación relacionada con la denuncia presentada contra el Sr. Brewer Carías. A fin de analizar si las garantías consagradas bajo el Artículo 8 de la Convención Americana se han aplicado en el presente caso, es necesario seguir los criterios desarrollados por el Tribunal Europeo, según se explicó en la sección anterior (las acusaciones penales y el Artículo 6 de la CEDH), en otras palabras, determinar la tipificación de la ofensa bajo las leyes nacionales y si ésta puede dar pie a una acusación penal; si es sancionable y disuasiva; si aplica a toda la población; y si hay algo que está en juego para el indiciado, como la privativa de libertad.

---

[134] Ver, por ejemplo, TEDH, *Paykar Yev Haghtanak Ltd. v. Armenia*, 20 de diciembre de 2007 (Solicitud N° 21638/03), párrafo 36.

[135] TEDH, *A. Menarini Diagnostics S.R.L. v. Italia*, *supra* nota 118, párrafos 57-67; TEDH, *Öztürk v. Alemania, supra* nota 116, párrafo 56; TEDH, *Bendenoun v. Francia, supra* nota 122, párrafo 47.

[136] TEDH, *Öztürk v. Alemania, supra* nota 116, párrafo 56.

[137] CIADH, *Informe N° 171/11, supra* nota 27, párrafos 95 y 96.

[138] *Ibidem*, párrafo 16.

97. Primero, el delito de 'conspiración para cambiar violentamente la Constitución' está previsto en el Artículo 144(2) del Código Penal Venezolano[139] que estipula 'Serán castigados con presidio de doce a veinticuatro años: (1) Los que se alcen públicamente, en actitud hostil, contra el Gobierno legítimamente constituido o elegido, para deponerlo o impedirle tomar posesión del mando; (2) Los que, sin el objeto de cambiar la forma política republicana que se ha dado la Nación, conspiren o se alcen para cambiar violentamente la Constitución Nacional.'

98. Por ende, la tipificación del delito según las leyes nacionales se enmarca en las leyes penales y, por ende, se ajusta al criterio correspondiente a la definición autónoma de 'acusación penal'.

99. Segundo, la naturaleza del delito es una condición de gran valor para el TEDH[140]. Este segundo criterio incluye tres subcriterios. Primero, si la norma aplica a toda la población y no meramente a un sector o industria en particular[141]. Segundo, es necesario determinar si el objetivo de la norma es punitivo, y de hecho lo es porque si el objetivo fuese simplemente restaurativo, entonces uno no podría hablar de 'acusación penal'. Tercero, es necesario determinar si el objetivo de la norma es también disuasivo.

100. El Artículo 144 del Código Penal Venezolano es aplicable a la totalidad de la población venezolana, ya que está orientado a quienes buscan llevar a cabo actos inconstitucionales, tales como cambiar la Constitución.

101. Se desprende entonces que el Artículo 144 del Código Penal Venezolano aplica a todas las personas que conspiren o critiquen al gobierno. El texto de este artículo es general y se puede decir que aplica a la totalidad de la población. Adicionalmente, el objetivo de la norma es punitivo porque cuando todos quienes queden imputados bajo esta norma ('serán castigados') con una sanción en forma de condena a prisión, de entre 12 a 24 años. De allí que esta sanción se considere también de naturaleza disuasiva ya que, por su clasificación bajo el Código Penal, busca disuadir este tipo de conductas[142].

102. Podemos decir entonces que una condena a prisión de entre 12 y 14 años es una sanción que aplica a la totalidad de la población, y que es punitiva y disuasiva. Normalmente, después de llegar a esta conclusión, el Tribunal Europeo de Derechos Humanos abandona su análisis y declara que una norma o medida en particular se ajusta a la definición de 'acusación

---

[139] Venezuela (República Bolivariana de), Código Penal, 20 de octubre de 2000. Ver: http://www.oas.org/juridico/spanish/mesicic3_ven_anexo6.pdf

[140] TEDH, *Engel y otros v. Holanda*, *supra* nota 117, párrafo 82.

[141] TEDH, *Bendenoun v. Francia*, *supra* nota 122, párrafo 47.

[142] Frijns, B., Gilbert, A. y Tourani-Rad, A., '*Do Criminal Sanctions Deter Insider Trading?* (¿Las Sanciones penales impiden la explotación ilícita de información privilegiada?)', p. 7, disponible en: http://papers.ssrn.com/sol3/papers.cfm?abs-tract_id=1972655.

penal'[143]. No obstante, a fin de presentar el análisis completo ante la Corte Interamericana, también es necesario llevara cabo el análisis del tercer criterio.

103. La gravedad de la ofensa se evalúa según la máxima pena que se pueda imponer bajo la norma pertinente[144], en otras palabras: ¿cuál es la pena máxima que se puede infligir por una acción en particular? En este caso, la pena máxima es de 24 años de prisión. Como la gravedad de la ofensa se evalúa según la máxima pena que se pueda imponer bajo la norma pertinente, podemos decir que ésta es de 24 años de prisión.

104. Después de examinar estos criterios, se puede concluir que la acusación dictada por la Fiscal Provisoria Sexta contra Allan Brewer Carías se ajusta al significado autónomo de 'acusación penal' dentro del alcance del Artículo 6 de la CEDH. Sin embargo, es necesario examinar si un fiscal tiene alguna obligación, según este artículo, en relación con el derecho a un juicio justo.

105. En este respecto, el Tribunal Europeo de Derechos Humanos ha ampliado el alcance del Artículo 6 de la CEDH para (también) incluir a las autoridades administrativas, tanto a nivel nacional como europeo[145]. El Tribunal aplicó el Artículo 6 a estos organismos, decidiendo que los organismos administrativos, aunque por naturaleza no son judiciales, quedan vinculados por el Artículo 6 si una corte con jurisdicción plena puede revisar sus decisiones[146].

106. En el presente caso, aunque el Fiscal del Ministerio Público no es un 'tribunal' per se, es un organismo que ha tomado una decisión que se ajusta al significado de 'acusación penal', de conformidad con el Artículo 6 de CEDH. Por lo tanto, la decisión, es decir la acusación dictada contra Allan Brewer Carías, debe poder ser revisada por un organismo judicial competente. En este caso, la acusación se envió a la Juez Josefina Gómez Sosa[147], quien constituye un organismo que tiene jurisdicción para revisar la decisión adoptada por el Fiscal.

107. De allí que la decisión adoptada por la Fiscal Provisoria Sexta se ajuste al significado autónomo de 'acusación penal', ya que está tipificada bajo las leyes penales nacionales, aplica a cualquier persona que desee cambiar violentamente la Constitución, tiene un objetivo punitivo y disuasivo y acarrea una sanción grave. Como esta decisión fue luego enviada a una juez con plena jurisdicción para su revisión y esta juez la podía revocar, se puede decir que la Fiscal Provisoria Sexta tiene la obligación de respetar las garantías relativas al derecho a un juicio justo.

---

[143] TEDH, *Engel y otros v. Holanda, supra* nota 117.

[144] *Ibidem*, párrafo 85.

[145] Autoridades Nacionales de Competencia (ANC) y la Comisión Europea; TEDH, *A. Menarini Diagnostics S.R.L. v. Italia, supra* nota 118; L. Kostova, *loc. cit.* nota 120, p. 30.

[146] TEDH, *A. Menarini Diagnostics S.R.L. v. Italia, supra* nota 118, párrafos 57-67.

[147] CIADH, *Informe N° 171/11, supra* nota 27, párrafo 101.

108. La importancia de ampliar el Artículo 6 de la CEDH para cubrir las decisiones que toman los fiscales está relacionada con la falta de independencia del poder judicial, en otras palabras, del organismo con plena jurisdicción que es responsable de revisar las decisiones de los fiscales a fin de garantizar que el acusado tenga un juicio justo. Por lo tanto, si se va a garantizar un juicio justo en un proceso penal, el organismo que goza de plena jurisdicción para revisar las decisiones que pueden tener consecuencias para la vida de la persona, debe ser independiente e imparcial.

109. En el presente caso, algunos miembros del poder judicial fueron destituidos después de emitir un fallo a favor de Allan Brewer Carías, generando así un 'efecto ejemplarizante'. En contraste, algunos empleados del sector público como la Fiscal Provisoria Sexta, han sido ascendidos después de dictar una imputación contra Allan Brewer Carías[148]. Lamentablemente no se puede decir lo mismo de otros empleados públicos que no imputaron a Allan Brewer Carías y fueron destituidos en circunstancias poco claras[149]. Tal como establece la Comisión Interamericana:

> Al inicio la investigación estuvo a cargo del Fiscal provisorio José Benigno Rojas. El 9 de julio de 2002 el testigo Jorge Olavarría presentó ante este Fiscal un escrito de testimonio donde señala que le consta que Brewer Carías no redactó el "Decreto Carmona". José Benigno Rojas fue sustituido por el Fiscal Provisorio Danilo Anderson. Subsiguientemente, el 28 de agosto de 2002, el despacho de la Fiscal Provisoria Sexta asumió la investigación[150].

110. Este es un ejemplo del carácter de la motivación política que tiene el ministerio público en Venezuela. Según se indicó anteriormente, para poder garantizar un juicio justo para el acusado, el poder judicial debe ser tanto independiente como imparcial a fin de asegurar que las decisiones adoptadas por la Fiscalía, que se ajusten al significado autónomo de "acusación penal" de conformidad con la Convención Europea sobre Derechos Humanos, cumplan las garantías consagradas por el Artículo 6 de la CEDH.

C. CONCLUSIÓN

111. De lo anterior, resulta claro que la situación general en el entorno de la judicatura y los fiscales venezolanos es tanto ambigua como motivada políticamente. En circunstancias ambiguas, como lo es el temor de emitir un fallo en contra de la voluntad política, lo más probable es que tanto los jueces como los fiscales dicten las sentencias que complazcan a quienes están en el poder. No obstante, hay un elemento adicional que genera también los fallos motivados políticamente, el estatus provisorio de los jueces y los fiscales. Si

---

[148]   CIADH, *Informe N° 171/11*, *supra* nota 27, párrafo 32.

[149]   *Idem.*

[150]   *Ibidem,* párrafo 94.

los fiscales y los jueces consideran que se les puede destituir fácilmente, son más proclives a acatar la voluntad política. Por consiguiente, se hace patente que Venezuela mantiene un sistema judicial donde tanto la mayoría de los jueces, como la mayoría de los fiscales, carecen de independencia e imparcialidad. A su vez, esta situación pone en peligro y compromete el derecho a un juicio justo ante un tribunal independiente e imparcial que tienen las personas, como Allan Brewer Carías, violando así el Artículo 8 de la Convención.

112. No obstante, si las imputaciones dictadas por el ministerio público se ajustan al significado autónomo de 'acusación penal', aplican las garantías consagradas por el Artículo 6 de CEDH, ofreciendo una mayor protección al acusado. Por ende, ampliar el derecho a un juicio justo puede servir como garantía adicional en las jurisdicciones donde la judicatura y el ministerio público dependen de otros poderes del estado.

VIII. LIBERTAD DE EXPRESIÓN Y EL LIBRE EJERCICIO DE LA PROFESIÓN DEL DERECHO

A. MARCO LEGAL

113. El derecho a la libertad de expresión y de opinión se consagra en los principales instrumentos legales sobre derechos humanos. El Artículo 19 de la Declaración Universal de Derechos Humanos y el PIDCP establece el derecho absoluto a tener opiniones 'sin injerencia alguna' y el derecho a la libertad de expresión[151]. Similarmente, el Artículo 10 de la Convención Europea sobre Derechos Humanos establece el derecho que tienen todos a la libertad de expresión, de comunicar informaciones o ideas sin que pueda haber injerencia de autoridades públicas y sin consideración de fronteras[152]. La Carta Africana, en su Artículo 9, también consagra el derecho a expresar y difundir opiniones, dentro de los límites que establece la ley.

114. En el Sistema Interamericano of Derechos Humanos, el Artículo 14 de la Declaración Americana de los Deberes y Derechos del Hombre protege el derecho de toda persona a tener una opinión. Aunque el Artículo 13 de la Convención Americana sobre Derechos Humanos se refiere expresamente al derecho a la libertad de pensamiento y expresión, por lo general se entiende que este derecho incluye el derecho absoluto a expresar opiniones[153]. El derecho a la libertad de expresión no se puede restringir por métodos o medios

---

[151] Aunque el artículo 19 no permite restricciones a la libertad que tiene todo individuo a expresar su opinión, sí permite aplicar restricciones a la libertad de expresión cuando sus opiniones afectan los derechos o la reputación de otras personas, la seguridad nacional, el orden público, la salud pública o la moral.

[152] Art. 10 CEDH.

[153] Coliver, S., *The Article 19 Freedom of Expression Handbook: International and Comparative Law, Standards and Procedures*, (El Artículo 19, *Manual de la Libertad de Expresión: Derecho Internacional y Comparado, Normas y Procedimientos*) p. 15, *disponible en:* www.article19.org/data/files/pdfs/publications/1993-handbook.pdf.

indirectos, como por ejemplo el abuso del gobierno o controles privados sobre el papel periódico, las frecuencias de radiodifusión, o los equipos utilizados para difundir información, o cualquier otro medio tendiente a impedir la comunicación y circulación de ideas y opiniones.

115. Este derecho es una piedra angular para el desarrollo y fortalecimiento de la democracia y para el pleno disfrute de los derechos humanos. A la luz de lo anterior la Comisión y la Corte, a través de su jurisprudencia, han hecho énfasis en la interrelación que existe entre la democracia y la libertad de pensamiento y de expresión[154]. Por ejemplo, la Corte Interamericana señala que:

> La libertad de expresión es una piedra angular en la existencia misma de una sociedad democrática. Es indispensable para la formación de la opinión pública. Es también *conditio sine qua non* para que los partidos políticos, los sindicatos, las sociedades científicas y culturales, y en general quienes deseen influir sobre la colectividad puedan desarrollarse plenamente. Es, en fin, condición para que la comunidad, a la hora de ejercer sus opciones, esté suficientemente informada. Por ende, es posible afirmar que una sociedad que no está bien informada no es plenamente libre[155].

116. La Corte Interamericana de Derechos Humanos también señala que:

> Existe entonces una coincidencia en los diferentes sistemas regionales de protección a los derechos humanos y en el universal, en cuanto al papel esencial que juega la libertad de expresión en la consolidación y dinámica de una sociedad democrática. Sin una efectiva libertad de expresión, materializada en todos sus términos, la democracia se desvanece, el pluralismo y la tolerancia empiezan a quebrantarse, los mecanismos de control y denuncia ciudadana se empiezan a tornar inoperantes y, en definitiva, se empieza a crear el campo fértil para que sistemas autoritarios se arraiguen en la sociedad[156].

117. En lo que se refiere más específicamente al Artículo 13 de la CADH, la posición de la Corte Interamericana de Derechos Humanos se puede resumir como sigue:

> El artículo 13 señala que la libertad de pensamiento y expresión "comprende la libertad de buscar, recibir y difundir informaciones e ideas de toda índole...". Esos términos establecen literalmente que quienes

---

[154] CIADH, *Informe Anual de la Comisión Interamericana de Derechos Humanos para el 2012: Informe del Relator Especial para la Libertad de Expresión*, 5 de marzo de 2013 (OEA/Ser.L/V/II.147, Doc. 1), Capítulo I, párrafo 10.

[155] CIDH, *Colegiación obligatoria para el ejercicio del periodismo profesional (Arts. 13 y 29 de la Convención Americana sobre Derechos Humanos)* (Opinión Consultiva), 13 de noviembre de 1985 (Serie A, N° 5), párrafo 48. Énfasis agregado.

[156] CIDH, *Herrera-Ulloa v. Costa Rica*, *supra* nota 88, párrafo 116.

están bajo la protección de la Convención tienen no sólo el derecho y la libertad de expresar su propio pensamiento, sino también el derecho y la libertad de buscar, recibir y difundir informaciones e ideas de toda índole. Por tanto, cuando se restringe ilegalmente la libertad de expresión de un individuo, no sólo es el derecho de ese individuo el que está siendo violado, sino también el derecho de todos a "recibir" informaciones e ideas, de donde resulta que el derecho protegido por el articulo 13 tiene un alcance y un carácter especiales. Se ponen así de manifiesto las dos dimensiones de la libertad de expresión. En efecto, ésta requiere, por un lado, que nadie sea arbitrariamente menoscabado o impedido de manifestar su propio pensamiento y representa, por tanto, un derecho de cada individuo; pero implica también, por otro lado, un derecho colectivo a recibir cualquier información y a conocer la expresión del pensamiento ajeno.

En su dimensión individual, la libertad de expresión no se agota en el reconocimiento teórico del derecho a hablar o escribir, sino que comprende además, inseparablemente, el derecho a utilizar cualquier medio apropiado para difundir el pensamiento y hacerlo llegar al mayor número de destinatarios. Cuando la Convención proclama que la libertad de pensamiento y expresión comprende el derecho de difundir informaciones e ideas "por cualquier...procedimiento", está subrayando que la expresión y la difusión del pensamiento y de la información son indivisibles, de modo que una restricción de las posibilidades de divulgación representa directamente, y en la misma medida, un límite al derecho de expresarse libremente. De allí la importancia del régimen legal aplicable a la prensa y al status de quienes se dediquen profesionalmente a ella.

En su dimensión social la libertad de expresión es un medio para el intercambio de ideas e informaciones y para la comunicación masiva entre los seres humanos, Así como comprende el derecho de cada uno a tratar de comunicar a los otros sus propios puntos de vista implica también el derecho de todos a conocer opiniones y noticias. Para el ciudadano común tiene tanta importancia el conocimiento de la opinión ajena o de la información de que disponen otros como el derecho a difundir la propia[157].

B. APLICACIÓN A LOS HECHOS DEL CASO

118. El Informe sobre el Fondo de la Comisión, en la sección de los hechos alegados, no indica lo que Brewer Carías le dijo a Carmona el día 12 de abril de 2012[158]. Los representantes de la víctima alegan que, hacia el mediodía Allan Brewer Carías se trasladó al Palacio de Miraflores para manifestar personalmente a Carmona Estanga su rechazo al documento por apartase

---

[157]   CIDH, *Colegiación obligatoria para el ejercicio del periodismo profesional*, *supra* nota 155, en párrafos 30-32.
[158]   CIADH, *Informe N° 171/11*, *supra* nota 27, párrafo 86.

del constitucionalismo y violar la Carta Democrática Interamericana[159]. El Estado, por su parte, durante el proceso señaló que 'según surge de la petición, Allan Brewer Carías conoció de la existencia y contenido del mencionado decreto y se trasladó al Palacio de Miraflores para manifestar su opinión a Pedro Carmona'[160]. Sin embargo, el Estado desestima la alegación de los peticionarios en el sentido que Allan Brewer Carías estaba en desacuerdo con el contenido de dicho decreto[161]. Por ende, ambas partes, están de acuerdo en que, el día 12 de abril de 2002, Carmona le solicitó a Allan Brewer Carías su opinión legar, como afamado académico y experto en derecho constitucional, sobre el documento que luego se llegaría a conocer como el Decreto Carmona.

119. En consecuencia, parece que Allan Brewer Carías fue acusado por el delito de conspiración para cambiar violentamente la Constitución, únicamente por causa de haber dado su opinión legal, en su carácter de abogado, cuando Carmona se lo solicitó. Bajo el Código Penal Venezolano, se arriesga a ser encarcelado.

120. Esta acusación penal viene a configurar una injerencia respecto a su derecho de libertad de expresión, que es desproporcional y por ende en violación del Artículo 13 de la CADH. De hecho, como se demuestra a continuación, la acusación contra Allan Brewer Carías no cumple los requisitos del Artículo 13(3) de la CADH: 'No se puede restringir el derecho de expresión por vías o medios indirectos, tales como el abuso de controles oficiales o particulares de papel para periódicos, de frecuencias radioeléctricas, o de enseres y aparatos usados en la difusión de información o por cualesquiera otros medios encaminados a impedir la comunicación y la circulación de ideas y opiniones'.

121. 'El derecho a la libertad de expresión corrobora el derecho que tienen todos a expresar libremente sus puntos de vista y opiniones'[162].

122. El Artículo 13(1) de la CADH establece que todas las personas tienen derecho a la libertad de pensamiento y de expresión, e indica explícitamente que comprende el derecho a 'difundir informaciones e ideas de toda índole [...] oralmente'. La opinión de Brewer Carías sobre el Decreto Carmona, que le expresó oralmente a Carmona, se encuentra entonces protegida por el Artículo 13(1) de la CADH. El segundo párrafo de este artículo dispone que el ejercicio de este derecho puede estar sujeto a responsabilidades ulteriores, las que deben estar expresamente fijadas por la ley y ser necesarias para asegurar la protección de la seguridad nacional y el orden público.

123. En este sentido, la CIDH ha señalado anteriormente:

---

[159] *Ibídem*, párrafo 10.

[160] *Ibídem*, párrafo 56.

[161] *Ídem*.

[162] Human Rights Education Associates, 'Freedom of Expression (La Libertad de Expresión)', *disponible en*: www.hrea.org/index.php?doc_id=408.

El abuso de la libertad de expresión no puede ser objeto de medidas de control preventivo sino fundamento de responsabilidad para quien establecerse válidamente, según la Convención, es preciso que se reúnan varios requisitos: a) la existencia de causales de responsabilidad previamente establecidas, b) la definición expresa y taxativa de esas causales por la ley, e) la legitimidad de los fines perseguidos al establecerlas, y d) que esas causales de responsabilidad sean "necesarias para asegurar" los mencionados fines. Todos estos requisitos deben ser atendidos para que se dé cumplimiento cabal al artículo 13(2)[163].

124. En este caso, no se presenta ninguna cuestión con respecto a la existencia de causales de responsabilidad previamente establecidas, ni con respecto a la definición expresa y taxativa de esas causales por la ley, o la legitimidad de los fines perseguidos al establecerlas. Sin embargo, estas causales de responsabilidad no se pueden considerar necesarias para garantizar un fin legítimo. Este criterio sobre la necesidad es el mismo que el criterio de 'necesidad en una sociedad democrática' del TEDH:

> En su interpretación del Artículo 10 de la Convención Europea, el Tribunal Europeo de Derechos Humanos concluyó que "necesarias", sin ser sinónimo de "indispensables", implica la "existencia de una 'necesidad social imperiosa' y que para que una restricción sea "necesaria" no es suficiente demostrar que sea "útil", "razonable" u "oportuna". Este concepto de "necesidad social imperiosa" fue hecho suyo por la Corte en su Opinión Consultiva OC-5/85[164].

125. Además, el Artículo 13(3) dispone que este derecho no se puede restringir por vías o medios indirectos, encaminados a impedir la comunicación y la circulación de ideas y opiniones. Aunque a Brewer Carías no se le impidió expresar su opinión, de todas maneras su acusación equivale a una injerencia indirecta respecto a su derecho de libertad de expresión.

126. En particular, en relación al uso del derecho penal, la CIDH sostiene que las sanciones penales 'pueden configurar formas de restricción indirecta en el ejercicio de la libertad de expresión'[165]. La CIDH también ha hecho énfasis sobre el hecho de que en una sociedad democrática 'el poder punitivo sólo se ejerce en la medida estrictamente necesaria para proteger los bienes jurídicos fundamentales de los ataques más graves que los dañen o pongan en

---

[163] CIDH, *Colegiación obligatoria para el ejercicio del periodismo profesional*, *supra* nota 155, párrafo 39.

[164] CIDH, *Herrera-Ulloa v. Costa Rica*, *supra* nota 88, párrafo 122.

[165] CIDH, *Perozo y otros v. Venezuela* (excepciones preliminares, fondo, reparaciones y costas), 28 de enero de 2009 (Serie C, N° 195), párrafo 133; ver también, CIDH, *Ríos y otros v. Venezuela* (excepciones preliminares, fondo, reparaciones y costas), 28 de enero de 2009 (Serie C, N° 194), párrafo 122.

peligro'[166]. En otras palabras, las sanciones penales únicamente se debe usar como último recurso.

127. Por ende, pareciera que la acusación de Allan Brewer Carías se dictó como consecuencia de la opinión que le dio a Pedro Carmona; en otras palabras, por haber desempeñado su deber profesional, como abogado constitucionalista, dando su opinión, cuando se le solicitó, sobre un asunto relativo a la constitucionalidad. No hay ninguna posible relación razonable de proporcionalidad entre estos actos (brindar asesoría legal cuando se le solicitó, como profesional del derecho) y la sanción (correr el riego de que le encarcelen). En consecuencia, la sanción constituye una violación del Artículo 13(1) y 13(3) de la CADH, infringiendo el derecho que tiene Brewer Carías a la libertad de pensamiento y expresión.

C. PROTECCIÓN AMPLIA

128. En el presente caso, la libertad de expresión de Brewer Carías goza de amplia protección. De hecho, su acción/discurso se enmarca en dos categorías que reciben una protección especial, tal como son: i) el discurso sobre asuntos de interés público general; y ii) la libertad de expresión de quienes expresan opiniones divergentes.

a. *Discurso sobre asuntos de interés público general*

129. La categoría del discurso en cuestión se refiere a las expresiones sobre asuntos constitucionales que, por su propia naturaleza, son asuntos de interés público. La opinión legal de un experto en derecho constitucional, actuando a título profesional, por definición, está relacionada con asuntos de interés público. De hecho, el derecho constitucional es el campo del derecho que se relaciona con los derechos humanos, la democracia, y las garantías constitucionales, y por ende merece que se le asigne una importancia y protección especiales.

130. La expresión de asuntos relacionados con el interés público goza de amplia protección, debido a la importancia que tiene para la democracia y para la protección de los derechos humanos. En consecuencia, el TEDH establece que 'hay un margen muy pequeño bajo el Artículo 10 párrafo 2 de la Convención (art. 10-2) para aplicar restricciones al discurso político o al debate sobre asuntos de interés', en comparación con otras formas de expresión, como son los asuntos que pueden ofender las creencias personales particulares en el campo de la moral o, especialmente, sobre religión[167].

131. De allí la importancia de que se pueda escuchar una pluralidad de opiniones sobre los asuntos de interés público. Efectivamente, la propia CIDH ha destacado reiteradamente que la libertad de expresión y la pluralidad de opiniones son especialmente importantes para la salvaguarda de la democracia:

---

[166]   CIDH, *Tristán Donoso v. Panamá* (excepciones preliminares, fondo, reparaciones y costas), 27 de enero de 2009 (Serie C, N° 193), párrafo 119.

[167]   TEDH, *Wingrove v. Reino Unido*, 25 de noviembre de 1996 (Solicitud N° 17419/90), párrafo 58.

[E]xiste entonces una coincidencia en los diferentes sistemas regionales de protección a los derechos humanos y en el universal, en cuanto al papel esencial que juega la libertad de expresión en la consolidación y dinámica de una sociedad democrática. Sin una efectiva libertad de expresión, materializada en todos sus términos, la democracia se desvanece, el pluralismo y la tolerancia empiezan a quebrantarse, los mecanismos de control y denuncia ciudadana se empiezan a tornar inoperantes y, en definitiva, se empieza a crear el campo fértil para que sistemas autoritarios se arraiguen en la sociedad[168].

132. El TEDH también reconoce lo siguiente: '[l]a libertad de expresión constituye uno de los cimientos esenciales de [toda sociedad democrática], una de las condiciones básicas para su progreso y para el desarrollo de cada uno de los hombres'[169]. Además, sostiene que '[l]as elecciones libres y la libertad de expresión, y en forma particular la libertad de debatir públicamente, en conjunto, conforman los cimientos de todo sistema democrático'[170].

133. Por otra parte, otros tribunales afirman también que 'el derecho a disentir es la propia esencia de la democracia y lo sigue siendo incluso durante estados de emergencia'[171].

134. Por lo tanto, debido a la importancia que tiene la opinión legal de los abogados constitucionalistas para la democracia, su libertad de expresión – cuando actúan a título profesional – se debe proteger. De allí que sea inconcebible que a un académico de renombre, experto en derecho constitucional, se le enjuicie por dar su opinión sobre la constitucionalidad de un documento, cuando se le pidió hacerlo.

b. ***Protección Especial para quienes expresan opiniones divergentes***

135. También es importante resaltar que, en el proceso llevado ante la Comisión, los peticionarios alegan que Brewer Carías era una figura importante de la oposición que mostraba una abierta disidencia a las políticas del Gobierno[172]. Es de conocimiento general que Brewer Carías era muy conocido por críticas al gobierno del régimen que estaba en el poder para ese momento[173]. En consecuencia esta acusación también se debe evaluar a la luz de la libertad de pensamiento y de expresión que tienen los disidentes y los defensores de los derechos humanos.

---

[168] CIDH, *Herrera-Ulloa v. Costa Rica*, *supra* nota 88, párrafo 116.

[169] TEDH, *Handyside v. Reino Unido*, 7 de diciembre de 1976 (Solicitud N° 5493/72), párrafo 49.

[170] TEDH, *Bowman v. Reino Unido*, 19 de febrero de 1998 (Solicitud N° 24839/94), párrafo 42.

[171] En el caso del Tribunal Superior de Bombay; ver Coliver, *op. cit.* nota 153, *disponible en* www.article19.org/data/files/pdfs/publications/1993-handbook.pdf.

[172] CIADH, *Informe N° 171/11*, *supra* nota 27, párrafo 44.

[173] *Ibídem*, párrafos 5 y 6.

136. De acuerdo con la Declaración Conjunta sobre los Delitos contra la Libertad de Expresión, el Relator Especial de la ONU para la Libertad de Opinión y de Expresión, la Representante para la Libertad de los Medios de Comunicación de la Organización para la Seguridad y la Cooperación en Europa, la Relatora Especial de la OEA para la Libertad de Expresión y la Relatora Especial sobre Libertad de Expresión y Acceso a la Información de la Comisión Africana de Derechos Humanos y de los Pueblos, indican que quienes reportan sobre los abusos contra los derechos humanos, la corrupción y otras conductas ilícitas están generalmente expuestos a retaliaciones y se supone que se les brinde una protección especial[174].

137. Por otra parte, la Comisión Interamericana también ha rechazado la detención de diversas voces disidentes ocurridas en la región. Es importante resaltar que muchos de los acusados son abogados[175], con diversa participación en la defensa de los derechos humanos.

138. El TEDH reconoce la importancia que tiene contar con distintas voces –incluyendo voces críticas y disidentes o divergentes– en una democracia:

> La libertad de expresión [...] es aplicable, no sólo a la "información" o a las "ideas" que se reciben favorablemente o se consideran inofensivas o como algo que se ve con indiferencia, sino también a las que ofenden, escandalizan, o incomodan al Estado o a cualquier otro sector de la población. Tales son las exigencias de ese pluralismo, tole-

---

[174] Ver: Declaración Conjunta sobre los Delitos contra la Libertad de Expresión, del Relator Especial de la ONU para la Libertad de Opinión y Expresión, la Representante para la Libertad de los Medios de Comunicación de la OSCE, la Relatora Especial de la OEA para la Libertad de Expresión y la Relatora Especial de la CADHP para la Libertad de Expresión y el Acceso a la Información, *disponible en:*

www.ohchr.org/en/NewsEvents/Pages/DisplayNews.aspx?NewsID=12384&LangID =E. Aunque la declaración conjunta indica explícitamente que los periodistas, figuras de los medios y los defensores de los derechos humanos son generalmente aquellos que reportan abusos, el preámbulo no excluye la posibilidad de incluir a otros profesionales que satisfacen los criterios de investigar o informar sobre graves conductas ilícitas.

[175] Por ejemplo, en Cuba, la periodista y abogado Yaremis Flores fue detenida el día 7 de noviembre de 2012, durante aproximadamente 24 horas, por agentes que hicieron referencia a los reportajes que había escrito criticando el gobierno de Cuba. Ver, Centro de Medios de la CIADH, 'La CIADH Condena la Detención Arbitraria de Defensores de los Derechos Humanos en Cuba', *disponible en:* www.oas.org/ en/CIADH/media_center/PReleases/2012/132.asp. Ver también, CIDH, *González Medina y Familia v. República Dominicana* (excepciones preliminares, fondo, reparaciones y costas), 27 de febrero de 2012 (Serie C, N° 240). En República Dominicana, el abogado, profesor, y periodista Narciso González Medina fue víctima de una desaparición forzada en mayo de 1994, a la fecha de la decisión de la Corte, aún se desconoce su paradero. Unos días antes de su desaparición, González había publicado un artículo de opinión en una revista de nombre *La Muralla,* y había dado una charla en la Universidad Autónoma de Santo Domingo (UASD), haciendo denuncias de corrupción y fraude electoral.

rancia, y amplitud de criterios sin los que no puede haber una "sociedad democrática"[176].

139. En consecuencia, la opinión legal expresada por Allan Brewer Carías es una forma de expresión protegida por dos razones: se refiere a temas constitucionales y, por ende, es un asunto de interés público, y la emite una persona que merece protección especial por ser crítico del régimen.

D. EFECTO INHIBITORIO

140. Según lo antes mencionado, Brewer Carías fue acusado después dar su opinión legal, por que se le había solicitado, sobre la constitucionalidad de un documento que luego se llegó a conocer como el Decreto Carmona. En consecuencia, lo más probable es que su acusación tenga un efecto inhibitorio en otros abogados constitucionalistas que ya no se atreverán a dar su opinión legal en su carácter de abogados constitucionalista, por temor a ser enjuiciados.

141. El TEDH sostiene que se puede configurar una violación al derecho de libertad de expresión cuando un abogado, actuando como abogado defensor, es luego enjuiciado por algo que ha dicho en el tribunal. Así, en el cado *Nikula v Finlandia,* el defensor del solicitante acusó al fiscal de la causa por 'manipulación de roles' y fue declarado culpable de difamación negligente[177]. El TEDH indicó que:

[L]a amenaza de una revisión post facto de las críticas hechas por el defensor contra la otra parte en el proceso penal [...] es difícil de reconciliar con el deber que tiene el defensor, de defender celosamente los intereses de su cliente. De allí se deriva que lo más importante para los propios abogados debe ser evaluar, sujeto a la supervisión de la corte, la relevancia y utilidad del argumento para la defensa, sin quedar expuestos a la influencia del posible "efecto inhibitorio" de una pena, aunque sea leve, o de una obligación de pagar alguna compensación por daños sufridos o costos incurridos[178].

142. De la misma forma, en el caso *Kyprianou v Chipre*, el abogado del solicitante fue condenado a cinco días de cárcel por desacato al tribunal[179]. En ese caso, el TEDH argumentó:

Resulta evidente que los abogados, al defender a sus clientes en el tribunal, especialmente en el contexto de un juicio penal en su contra, pueden verse en una situación delicada cuando tienen que decidir si de-

---

[176] EDH, *Handyside v. U.K.*, *supra* nota 169, párrafo 49.

[177] Ottrell, D., Lewis-Anthony, S. y Knorr, M. *y otros* (eds.), *Manual for Lawyers: Freedom of Expression Under The European Convention On Human Rights (Article 10)* (Manual para Abogados: Libertad de Expresión según la Convención Europea sobre Derechos Humanos (Artículo 10), Interights, Londres, 2010, p. 56-57.

[178] EDH, *Nikula v. Finlandia*, 21 de marzo de 2002 (Solicitud N° 31611/96), párrafo 54.

[179] Ottrell *y otros*, *op. cit.* nota 177, p. 57.

ben o no oponerse o reclamar algo de la conducta del tribunal, considerando los mejores intereses de su cliente. La imposición de un veredicto de custodia pude, inevitablemente, por su propia naturaleza, tener un "efecto inhibitorio" no sólo en el abogado interesado, sino también en la profesión del derecho como un todo[180].

143. Se puede argumentar que los expertos en derecho constitucional están en una situación similar, en lo que se refiere a los asuntos constitucionales. Para ejercer su profesión en forma adecuada, es necesario que puedan dar su opinión con respecto a la constitucionalidad de determinados documentos, sin arriesgarse a una acusación penal, de lo contrario el ejercicio de su profesión queda seriamente comprometido.

144. Además, es importante resaltar que el discurso en cuestión trata sobre opiniones legales relativas a la compatibilidad con la Constitución que refleja un texto dado. No es una afirmación de hechos. La CIDH, al igual que el TEDH, reiteradamente ha hecho énfasis en la diferencia que hay entre una opinión y una afirmación de hechos: 'Mientras que las opiniones no son susceptibles de ser verdaderas o falsas, las expresiones sobre hechos sí lo son'[181]. En particular, la CIDH establece expresamente que 'la opinión no puede ser objeto de sanción'[182].

145. La Comisión Interamericana de Derechos Humanos ha comentado que:

> [L]a Corte Interamericana ha tratado el tema de la responsabilidad civil, indicando que las condenas civiles en materia de libertad de expresión deben ser estrictamente proporcionadas de manera que no causen un efecto inhibitorio sobre esta libertad, ya que "el temor a la sanción civil, ante la pretensión […] de una reparación civil sumamente elevada, puede ser a todas luces tan o más intimidante e inhibidor para el ejercicio de la libertad de expresión que una sanción penal, en tanto tiene la potencialidad de comprometer la vida personal y familiar de quien denuncia a un funcionario público, con el resultado evidente y disvalioso de autocensura, tanto para el afectado como para otros potenciales críticos de la actuación de un servidor público"[183].

146. Por su misma naturaleza, una opinión legal sobre la compatibilidad con la Constitución que tiene un texto dado no puede ser inherentemente verdadera o falsa. Viene a ser la propia esencia de las discusiones académicas

---

[180]   EDH, *Kyprianou v. Chipre*, 15 de diciembre de 2005 (Solicitud N° 73797/01), párrafo 175.

[181]   IDH, *Tristán Donoso v. Panamá*, *supra* nota 166, párrafo 124.

[182]   IDH, *Usón Ramírez v. Venezuela* (excepciones preliminares, fondo, reparaciones y costas), 20 de noviembre de 2009 (Serie C, N° 207), párrafo 86.

[183]   IADH, *Informe Anual 2012*, *loc. cit.* nota 154, p. 181, citando a la CIDH, *Tristán Donoso v. Panamá*, *supra* nota 166, párrafo 129.

entre abogados constitucionalistas. De hecho, a menudo uno puede ver que existen discrepancias sobre la manera en que se debe interpretar una cláusula determinada y si es o no es inconstitucional. Si uno pudiera decir, sobre todos y cada uno de los textos, si son constitucionales o no, no habría necesidad de debate alguno entre los abogados constitucionalistas. El hecho de que muchos países tengan un tribunal constitucional para decidir sobre la compatibilidad con la Constitución que tiene la legislación, demuestra que no existe una respuesta clara y que esos asuntos deben ser decididos por organismos especialista. Incluso dentro de estos organismos se presentan discrepancias –es muy raro que los fallos sobre la constitucionalidad de algún artículo de la legislación sean unánimes– y uno puede ver los cambios a través del tiempo. Por ende, un abogado no puede ser enjuiciado por determinar si un documento dado es –o no es– constitucional.

147. Además, según se indica arriba, es muy probable que el enjuiciamiento y posible condena de Brewer Carías tenga un efecto inhibitorio en los opositores del régimen. De hecho, el muy probable que ya ningún otro opositor se atreva a expresar sus créticas, por miedo de enfrentar acusaciones similares y la amenaza de quedar sujeto a sanciones penales. Para ellos es muy fácil hacer la conexión entre la abierta disidencia de Brewer Carías contra el régimen y las acusaciones presentadas en su contra. Esto sería especialmente grave ya que las voces disidentes son necesarias en toda sociedad democrática, tal como la misma CIDH ha sostenido reiteradamente.

148. En consecuencia, la imputación de Brewer Carías probablemente tenga un efecto inhibitorio en otros abogados constitucionalistas opositores al régimen.

E. CONCLUSIÓN

148. Por lo tanto, es necesario concluir que la imputación de Allan Brewer Carías configura una violación de su derecho a la libertad de pensamiento y expresión.

IX. CONCLUSIONES Y PETITORIO

149. Con la esperanza de que este escrito de *amicus* sirva de alguna ayuda a la Corte para tomar una decisión justa y equitativa, por consiguiente los amici respetuosamente solicitan que la Corte Interamericana de Derechos Humanos:

a. Admita el presente escrito de *Amicus Curiae*;

b. Anexe este escrito al expediente del caso;

c. Se acoja a las perspectivas y consideraciones asentadas en este escrito, con respecto a:

i. El derecho a un juicio justo, tal como se establece en el artículo 8 de la Convención Americana en conjunción con los artículos 1(1) y 2, debido a que el gobierno venezolano fracasó en garantizar un tribunal independiente al Sr. Brewer;

ii. El derecho a la libertad de expresión, tal como se establece en el artículo 13 de la Convención Americana ya que el Estado demandado fracasó en proteger el libre ejercicio de la profesión del derecho del Sr. Brewer.

Todo ello se presenta respetuosamente

Leo Zwaak   Diana Contreras-Garduno

En nombre de,

Leo Zwaak, Diana Contreras-Garduño,

Lubomira Kostova, Tomas Königs, Annick Pijnenburg

Instituto Holandés de Derechos Humanos (SIM)

Achter Sint Pieter 200

3512HT Utrecht

Holanda

Utrecht, Holanda, 21 de agosto de 2013 The Netherlands

Utrecht, The Netherlands, 21st August 2013

SÉPTIMA PARTE:

AMICUS CURAE PRESENTADO POR LA INTER-AMERICAN BAR ASSOCIATION SOBRE EL DERECHO AL LIBRE EJERCICIO DE LA PROFESIÓN DE ABOGADO Y SOBRE EL DERECHO A SER JUZGADO POR JUECES INDEPENDIENTES E IMPARCIALES DE 23 DE AGOSTO DE 2013

INTER-AMERICAN BAR ASSOCIATION
FEDERACIÓN INTERAMERICANA DE ABOGADOS
FEDERAÇÃO INTERAMERICANA DE ADVOGADOS
FEDERATION INTER-AMERICAINE DES AVOCATS
Caso 12.274
ALLAN R. BREWER-CARÍAS
vs.
VENEZUELA
AMICUS CURIAE
Washington, D.C.23 de Agosto de 2013

Señores Presidente y demás Jueces de la
Corte Interamericana de Derechos Humanos.
San José, Costa Rica.
Presente.
Ref. Amicus Curie
Caso 12.274: Allan Brewer-Carías vs. Venezuela

I. INTRODUCCIÓN

1. La Federación Interamericana de Abogados ("FIA") respetuosamente presenta este *Amicus Curie* en el caso *Allan Brewer-Carías vs. Venezuela* (Caso Número 12.724) que cursa ante esta honorable Corte Interamericana de Derechos Humanos (en lo adelante "Corte Interamericana"), actuando de conformidad con lo previsto en los artículos 2.3, 28 y 41 del Reglamento de la Corte Interamericana[1].

2. La FIA considera que este caso es una ocasión importante para que esta Corte Interamericana, en su sentencia, desarrolle los estándares sobre la garantía de la independencia de los abogados y su libertad de expresión respecto

---

[1] La FIA agradece la colaboración de las abogadas Delphine Patetif y Katharine Nylund en la preparación de este *Amicus Curiae*.

de sus opiniones jurídicas. La sentencia de la Corte tendrá importantes repercusiones para las garantías judiciales y la independencia de los sistemas legales en la región. A tal fin, a continuación presentamos algunas consideraciones jurídicas sobre la materia del proceso que cursa ante esta Corte, en particular, sobre el derecho de los abogados a ejercer con seguridad su profesión, y sin que por ello puedan ser perseguidos; y sobre el derecho de las personas a ser juzgadas por jueces imparciales, autónomos e independientes; todos éstos derechos que han sido denunciados como violados por el Estado venezolano en perjuicio del profesor Brewer-Carías, en el proceso penal seguido en Venezuela en su contra desde 2005.

3. De los hechos relevantes del caso, la FIA observa con extrema preocupación lo que podría configurarse como una criminalización indebida del ejercicio libre de la profesión de abogado y respeto a las opiniones jurídicas que los abogados tienen derecho a expresar. El origen del proceso penal contra el profesor Brewer-Carías en 2005, en efecto, fue el hecho de haber sido consultado como abogado, tres años antes, en 2002, sobre la juridicidad del texto de un decreto de un gobierno de transición, habiéndose limitado en su actuación profesional a emitir la opinión jurídica que le fue requerida por su especialidad en derecho público, sobre la constitucionalidad del contenido de un decreto de transición de gobierno, ámbitos todos dentro de la esfera de su profesión.

4. Los abogados desempeñan un papel esencial en facilitar el acceso a la justicia, garantizando el respeto de los derechos protegidos, combatiendo la impunidad y asegurando el Estado de Derecho, razón por la cual este *Amicus Curiae* destaca las implicaciones de largo alcance que originaron las varias formas de interferencia gubernamental con la actividad profesional del Peticionario.

5. A tal efecto, como lo ha considerado esta misma Corte, este *Amicus Curiae* hará uso del derecho internacional y comparado para interpretar y dar contenido sustancial a los derechos establecidos en la Convención Americana de Derechos Humanos (la "Convención Americana"), incluyendo el sistema universal de derechos humanos, los sistemas americano, europeo, y africano de derechos humanos, y los estándares de las respectivas organizaciones internacionales. En efecto, el artículo 29.b de la Convención Americana dispone que la interpretación de dicho tratado no puede limitar "*el goce y ejercicio de cualquier derecho o libertad que pueda estar reconocido de acuerdo con las leyes de cualquiera de los Estados Partes o de acuerdo con otra convención en que sea parte uno de dichos Estados*". Esta consagración del principio *pro-homine* obliga, pues, a interpretar el texto de la Convención Americana a la luz de los demás instrumentos internacionales, incluyendo los textos del Sistema Universal de Derechos Humanos, al igual que tomar en cuenta incluso los demás estándares reconocidos por los demás órganos de protección de derechos humanos; y es en ese sentido que la protección del abogado frente a la criminalización de la asistencia o representación de un cliente se encuentra enmarcada en los artículos 8 y 13 de la Convención Americana sobre Derechos Humanos, a saber, las garantías judiciales y el derecho a la libertad de expresión, ambas invocadas como violadas en el caso ante esta Corte.

II. OBJETIVOS DE LA FEDERACIÓN INTERAMERICANA DE ABOGADOS

6. La Federación Interamericana de Abogados (*Inter-American Bar Association,* FIA o IABA)[2] es una organización internacional fundada el 16 de mayo de 1940, con sede en Washington D.C., Estados Unidos de Norteamérica. Está integrada por todos los Colegios de Abogados de las Américas, España y Francia, además de universidades, despachos de abogados, y juristas miembros individuales. Como tal, la FIA representa un foro profesional independiente cuyo objetivo fundamental es la promoción y defensa del Estado de Derecho como fundamento de una sociedad justa y libre en el Hemisferio Occidental. Además, la FIA fomenta y promueve la Democracia, una Administración de Justicia independiente, un ejercicio libre y responsable de la abogacía a nivel hemisférico, y la preservación y defensa de los derechos humanos y las libertades de los pueblos del hemisferio. Esa misión institucional de la FIA justifica su intervención en cualquier caso de naturaleza judicial o cuasi-judicial en los que se vean afectados los valores antes indicados[3].

7. Tal como se demuestra en los certificados adjuntos, el profesor Brewer-Carías es miembro de la FIA, y el Consejo de la FIA adoptó un acuerdo en el mes de octubre de 2012 aprobando la presentación de este *Amicus Curiae.*

III. SOBRE EL DERECHO AL EJERCICIO LIBRE E INDEPENDIENTE DE LA PROFESIÓN DE LA ABOGACÍA Y DE LOS ABOGADOS A EXPRESAR LIBREMENTE SUS OPINIONES LEGALES

8. Este *Amicus Curiae* examinará la jurisprudencia así como los criterios pertinentes a la independencia de la judicatura y de los abogados. Los órganos del Sistema Universal de protección de derechos humanos han desarrollado una serie de estándares sobre la independencia de los abogados como parte de la garantía de una tutela judicial efectiva. Los Principios Básicos sobre la Función de los Abogados[4] constan asimismo de los estándares fundamentales. En cuanto a los órganos pertenecientes a los sistemas de protección de derechos humanos regionales, también han desarrollado, aunque someramente, lo relacionado con la independencia de los abogados en los términos desarrollados por los órganos de las Naciones Unidas.

---

[2] Ver sobre la FIA la información pertinente en su página web: www.iaba.org.

[3] Además, es de destacar el hecho de que en el año 2008, en el mes de enero, se firmó un convenio de colaboración y cooperación entre la Federación Interamericana de Abogados y la Corte Interamericana y además el Instituto Interamericano de Derechos Humanos. Este Convenio fue suscrito por el Presidente de la FIA., Dr. Renaldy Gutiérrez y el Presidente de la Corte, en esa oportunidad. También compareció el Presidente del Comité de Derecho Constitucional de la FIA, Dr. Fernando Saenger.

[4] *Principios Básicos sobre la Función de los Abogados*, Aprobados por el Octavo Congreso de las Naciones Unidas sobre Prevención del Delito y Tratamiento del Delincuente, celebrado en La Habana (Cuba) del 27 de agosto al 7 de septiembre de 1990.

A. Libertad de Expresión para Abogados – Opiniones Jurídicas como Parte Integrante del Ejercicio de la Profesión Legal

i. Sistema Universal de Derechos Humanos.

9. El Pacto Internacional de Derechos Civiles y Políticos, artículo 19 (libertad de expresión), garantiza un derecho *activo* de expresar una opinión y de buscar, recibir, e difundir información[5]. Los Estados no pueden castigar o reprimir la expresión de opiniones, incluso si son muy críticas con el gobierno[6]. Por ejemplo, las personas que expresan una posición antigubernamental pacífica no pueden ser removidas de sus puestos de trabajo, sobre la base de sus opiniones[7].

10. Con respecto a los abogados y el derecho de buscar y recibir información, el Principio N° 21 de los Principios Básicos sobre la Función de los Abogados precisa que "[l]as autoridades competentes tienen la obligación de velar por que los abogados tengan acceso a la información, los archivos y documentos pertinentes que estén en su poder o bajo su control...Este acceso se facilitará lo antes posible".

ii. Sistema Interamericano de Derechos Humanos

11. El Artículo 13 de la Convención Americana protege el derecho a la libertad de opinión y expresión. La Convención permite restricciones sobre la libertad de expresión únicamente toda vez que "deben estar expresamente fijadas por la ley y ser necesarias para asegurar: a) el respeto a los derechos o a la reputación de los demás, o b) la protección de la seguridad nacional, el orden público o la salud o la moral públicas"[8].

12. Esta Corte Interamericana ha explicado la importancia fundamental que este derecho reviste para la sociedad democrática de la siguiente manera:

"[L]os distintos sistemas regionales para la protección de los derechos humanos y el sistema universal están de acuerdo respecto del rol que ha de desempeñar la libertad de expresión en la consolidación y la dinámica de una sociedad democrática. Sin una efectiva libertad de expresión, ejercida en todas sus formas, la democracia queda enervada, así como también el pluralismo y la tolerancia comienzan a deteriorarse, los

---

[5] Pacto Internacional de Derechos Civiles y Políticos. Art. 19, 999 U.N.T.S. 171, entrada en vigor 23 de marzo 1976, Manfred Nowak, Pacto Internacional de Derechos Civiles y Políticos CCPR COMENTARIO 440-41 (2005), Comité de Derechos Humanos, Observación General N° 34, ¶11, Doc. de la ONU. CCPR/C/GC/34 (21 de julio de 2011). (Destacados y Subrayados Añadidos).

[6] Nowak, *ibid.*, at 450-541.

[7] Mahmoud Cherif Bassiouni ET AL., INFORME DE BAHREIN comisión de investigación independiente (2011) 348-350, 353-354. Ver también Mukong vs. Camerún, Comité de Derechos Humanos, Comunicación N° 458/1991 en ¶ 9.7.

[8] Convención Americana sobre Derechos Humanos, art. 13(2), 22 de noviembre de 1969, *disponible en* http://www.oas.org/dil/treaties_B-32_American_Conven-tion_Human_Rights.

mecanismos de control y reclamo del individuo se tornan ineficaces y, por sobre todas las cosas, se genera un caldo de cultivo para los sistemas autoritarios que se arraigan así dentro de la sociedad"[9].

13. Asimismo, la Corte ha declarado que la libertad de expresión debe estar garantizada siempre que "la difusión de información o ideas... se reciban de manera favorable o bien... se consideren como inofensivas o indiferentes," y toda vez que el resultado de dicha difusión "resulta desagradable para el Estado o una parte de la población"[10]. Como consecuencia, toda restricción sobre la libertad de expresión "debe ser necesaria en una sociedad democrática"[11]. Para que una restricción resulte ser necesaria, debe "estar justificada mediante referencia a objetivos gubernamentales, los cuales, dada su importancia, superan con claridad a la necesidad social del pleno goce del derecho" a la libertad de expresión[12].

14. En este sentido, está claro que la manifestación de una opinión profesional de un abogado consistente en la manifestación de información y opinión jurídicas, se encuentra expresamente protegido por el artículo 13 de la Convención Americana, de manera que, cualquier regulación a dicho derecho está sometida a aquellos fines legítimos, necesarios y proporcionales que

---

[9]   Herrera-Ulloa v. Costa Rica, Objeciones preliminares, Méritos, Reparaciones, y Costas, Sentencia, Corte Interam. de DD.HH., (ser. C), N° 107, 116 (2 de julio de 2004), *disponible en* http://www.corteidh.or.cr/docs/casos/articulos/seriec_107_ing. pdf.

[10] *Ríos v. Venezuela*, Objeciones preliminares, Méritos, Reparaciones, y Costas, Sentencia, Corte Interam. de DD.HH., (ser. C), N° 194, ¶105 (28 de enero de 2009), *disponible en* http://www.corteidh.or.cr/docs/casos/articulos/seriec_194_ing.pdf.

[11] *Herrera-Ulloa*, Corte Interam. de DD.HH., en ¶120; *véase también* Kimel v. Argentina, Méritos, Reparaciones y Costas, Sentencia, Corte Interam. de DD.HH., (ser. C), N° 177, 58 (2 de mayo de 2008), *disponible en* http://www.corteidh.or.cr/ docs/casos/articulos/seriec_177_ing.pdf (en cuanto examina si una ley de difamación penal resultaba compatible con la Convención Americana en virtud de "i) verif[icarse] si la tipificación legal del delito de difamación afectaba la estricta legalidad que se ha de preservar al momento de restringir la libertad de opinión y expresión mediante procedimientos penales; ii) examin[arse] si la protección de la reputación de los jueces sirve a un propósito legítimo, de conformidad con las disposiciones de la Convención y determinar, si corresponde, la procedencia de una sanción penal con el fin de lograr el propósito pretendido; iii) evalu[arse] si tal medida es necesaria, y de iv) examin[arse] la estricta proporcionalidad de tal medida".).

[12] *Herrera Ulloa*, Corte Interam. de DD.HH., en ¶121 (en cuanto cita la Membresía Obligatoria en una Asociación Ordenada por Ley para el Ejercicio del Periodismo (Arts. 13 y 29 Convención Americana sobre Derechos Humanos), Dictamen de Asesoramiento OC-5/85, Corte Interam. de DD.HH. (ser. A) N° 5, ¶46 (13 de noviembre de 1985), *disponible en* http://www-ircm.u-strasbg.fr/seminaire_oct 2008/docs/Interventions _IV_Bertoni-Strasbourg_FINAL.pdf; The Sunday Times v. Reino Unido (N° 1), 30 Corte Eur. de DD.HH. (ser. A) 59 (26 de noviembre de 1979), *disponible en* http://hudoc.echr.coe.int/sites/eng/pages/search.aspx?i=001-57708; Barthold v. Alemania, 90 Corte Eur. de DD.HH. (ser. A) 59 (3 de marzo de 1985), *disponible en*http://hudoc.echr.coe.int/sites/eng/pages/search.aspx?i=001-57432).

atienden a un bien jurídico protegido por la Convención en el artículo 13.2 *ejusdem*. De ello deriva que la opinión dada en el ejercicio de la profesión de abogado, enmarcada como está dentro de las previsiones del artículo 13 de la Convención Americana, significa que el abogado, como toda persona, tiene la libertad de buscar, recibir y difundir informaciones e ideas de toda índole, siendo sin la menor duda, la opinión dada por un abogado una forma de ejercicio de la libertad de expresión amparada en dicha norma. Adicionalmente, la opinión dada por los abogados sobre las consultas que se les formulen, tienen una protección adicional, en el sentido de que sus manifestaciones u opiniones no se consideran punibles cuando se refieran al objeto del litigio. Igual protección se otorga en general, en los Códigos de ética sobre el ejercicio de la profesión de la abogacía adoptados por los Colegios de Abogados, donde además, se establece y protege el secreto profesional. Ello, además, se encuentra consagrado en los "Principios Básicos sobre la Función de los Abogados" de Naciones Unidas, donde se establece que los *"gobiernos reconocerán y respetarán la confidencialidad de todas las comunicaciones y consultas entre los abogados y sus clientes, en el marco de su relación profesional"*[13].

15. En efecto, para que el abogado pueda realmente cumplir con su función en un Estado Democrático, no solamente se le debe garantizar el ejercicio de la libertad de expresión y de opinión, sino también se deben de proteger la emisión de sus opiniones, a través de la inmunidad civil y penal, antes mencionada, para lo cual debe garantizársele el secreto de las consultas, las comunicaciones y las opiniones que exprese a su cliente. El resguardar el secreto profesional de los abogados, así, es una garantía en un Estado Democrático, pues ello permite que las personas puedan consultar libremente a los abogados, sin temor a represalias. Por ello, cuando un abogado invoca el secreto profesional, lo que está utilizando es lo que se conoce en el derecho penal como una causa de justificación, dentro del ejercicio de un derecho, lo cual eliminaría cualquier responsabilidad, tanto de índole civil, administrativa, ética y desde luego de naturaleza penal; incluyéndose dentro del secreto profesional no solamente las consultas verbales, comunicaciones u opiniones de los abogados, sino también los documentos privados que reciba el abogado y desde luego su contenido, respecto de los cuales el abogado no estaría obligado ni a entregar un documentos privado ni a revelar su contenido. El secreto profesional, en ese contexto, deja de ser un privilegio del abogado, y es más bien un derecho de las personas que lo consultan, pues con el solo hecho de realizar la consulta, el abogado tiene la obligación de guardar confidencialidad sobre lo expresado por su cliente. Precisamente, el faltar a esta obligación sin justa causa, puede ocasionar responsabilidades disciplinarias del abogado que falte al secreto profesional. Además, debe recordarse que la relación profesional del abogado es básicamente de carácter personal que se

---

[13] *Principios Básicos sobre la Función de los Abogados*, Aprobados por el Octavo Congreso de las Naciones Unidas sobre Prevención del Delito y Tratamiento del Delincuente, celebrado en La Habana (Cuba) del 27 de agosto al 7 de septiembre de 1990 (Parte C).

establece con la persona que lo consulta, la cual está regida por principios éticos como los de confianza, transparencia, honestidad, eficiencia y responsabilidad; y la cual genera deberes y obligaciones, entre las cuales está, precisamente la de guardar la confidencialidad de las comunicaciones y opiniones, así como de los documentos que reciba o que conozca en relación precisamente en el ejercicio de la relación profesional con el cliente.

iii. Sistema Europeo de Derechos Humanos

16. El artículo 10 del Convenio Europeo de Derechos Humanos garantiza el derecho a la libertad de expresión, y la Corte Europea ha analizado este artículo en varios casos al contexto del sistema judicial generalmente y los derechos y deberes de abogados específicamente[14]. En *Kudeshkina vs. Rusia*, la Corte sostuvo que las cuestiones relativas al funcionamiento del sistema judicial constituían cuestiones de interés público, por ende el debate en si beneficia de la protección del artículo 10.

17. En *Steur vs. Países Bajos*, la Corte sostuvo que los procedimientos disciplinarios en contra de un abogado por declaraciones hechas en el curso de un litigio violaron el derecho a la libertad de expresión[15]. En ese caso, la víctima, un abogado, había hecho declaraciones que subyacían una conclusión jurídica en relación a su representación de un cliente. El Tribunal sostuvo que incluso "la amenaza de una revisión *ex post facto* de [argumentos jurídicos formulados en el marco del servicio a un cliente] es difícil de conciliar con [el] derecho [de] un abogado para defender los intereses de sus clientes y podría tener un "efecto escalofriante" en el ejercicio de su profesión"[16].

18. La Corte Europea ha señalado que el derecho a ejercer la abogacía debe ser tomado en serio por los estados y que las posibles infracciones deben ser consideradas como un asunto urgente[17]. El Tribunal de Justicia ha subrayado que, "en el contexto de los abogados, ... la naturaleza especial de la profesión ejercida por el solicitante debe considerarse al evaluar si la restricción a los derechos de la [presunta víctima] eran la respuesta adecuada a una necesidad apremiante"[18].

19. Asimismo, la Corte ha afirmado que los abogados tienen "derecho" a hacer declaraciones relacionadas con el servicio a un cliente, siempre y cuando tales afirmaciones sean "de buena fe y en acuerdo con la ética de la profesión legal"[19]. Para que el público tenga confianza en la administración de jus-

---

[14]   *Véase también* el Consejo de Europa, Recomendación N° R(2000) 21 del Comité de Ministerios, estableciendo que "los abogados deberán gozar libertad de...expresión..." (Principio 1.3).

[15]   Caso Steur v. The Netherlands (App. N° 39657/98), Judgment of October 28, 2003.

[16]   Steur v. Países Bajos, ¶44 (*negrilla añadida*).

[17]   *Cf.* Caso of *Silc v. Slovenia* ¶ 33.

[18]   Caso *Frankowicz v. Polonia* ¶ 49.

[19]   Caso *Veraart v. Paises Bajos* ¶53.

ticia deben tener confianza en la capacidad de la profesión de abogado por una representación eficaz[20].

B. Condena de la Criminalización y Persecución Política de Abogados

Como lo ha expuesto el destacado abogado penalista y profesor venezolano Alberto Arteaga Sánchez al comentar el artículo 65.1 del Código Penal venezolano, "cuando el derecho autoriza o faculta, impone o exige un determinado comportamiento, éste no puede considerarse penalmente ilícito; de esta manera, si en virtud de cualquier norma jurídica, sea de derecho público o privado, una conducta es lícita, no puede a la vez ser considerada como ilícita en el ámbito penal"[21].

Por ello, observa la FIA que el artículo 289.1 del Código Orgánico Procesal Penal de Venezuela, como sucede en general en el derecho comparado, al regular el *"Derecho a no denunciar por motivos profesionales"* precisa que "no están obligados a formular la denuncia a la que se refiere el artículo 285: 1. Los abogados, respecto de las instrucciones y explicaciones que reciban de sus clientes." Ello implica que la actuación del abogado en el ejercicio de su profesión es una actividad absolutamente legítima y ajustada a la ley, no estando siquiera obligados a denunciar lo que tomen conocimiento al ser requerida su asistencia profesional, sin que de ello pueda derivar ninguna consecuencia penal.

Los abogados por tanto, ni siquiera están obligados a denunciar a quién les ha consultado su opinión cuando con ocasión de ello se enteran, por sus propias manifestaciones, que pueden estar incursos en un delito o han cometido una falta; y ello, porque los abogados no deben ser identificados con sus propios clientes ni con sus causas, como consecuencia del desempeño de su profesión. Además, es bien sabido que, en general, en el derecho comparado, la formulación de denuncias penales es en términos generales facultativa, y cuando en las legislaciones se establecen obligaciones para denunciar, las mismas se imponen especialmente respecto de determinadas personas, como son por ejemplo quienes ejercen funciones públicas mediante lo cual conozcan de la comisión de algún delito, como por ejemplo, los médicos, enfermeros, farmaceutas al prestar los auxilios de su profesión. Pero en todo caso, incluso, la obligación de denunciar deja de tener vigencia cuando el conocimiento de los hechos está amparado al secreto profesional.

i. Sistema Universal de Derechos Humanos

23. Los Principios Básicos sobre la Función de los Abogados desarrollan el derecho de las personas a tener acceso a un abogado para amparar y defender sus derechos, estableciendo, además, que los estados deben asegurar que los abogados "no sufran ni estén expuestos a persecuciones o sanciones administrativas, económicas o de otra índole a raíz de cualquier medida que

---

[20] Caso *Kyprianou vs. Cyprus* ¶175.

[21] Alberto Arteaga Sánchez, *Derecho Penal Venezolano*. Séptima edición aumentada y corregida. Paredes Editores. Caracas 1994, p. 190.

hayan adoptado de conformidad con las obligaciones, reglas y normas éticas que se reconocen a su profesión" (*énfasis añadido*)"[22].

24. En concordancia con lo antedicho, el Principio N° 20 dispone que "los abogados gozarán de <u>inmunidad civil y penal</u> por las declaraciones que hagan de buena fe, por escrito o en los alegatos orales, o bien al comparecer como profesionales ante un tribunal judicial, otro tribunal u órgano jurídico o administrativo"[23]. Además, el Principio N° 27 explica que "[l]as acusaciones o reclamaciones contra los abogados en relación con su actuación profesional se tramitarán rápida e imparcialmente mediante procedimientos apropiados. Los abogados tendrán derecho a una audiencia justa, incluido el derecho a recibir la asistencia de un abogado de su elección"[24].

25. De lo anterior deriva que para el correcto ejercicio de la profesión de la abogacía, los abogados gozan de inmunidad no solo en el ámbito civil, sino penal, referente a sus declaraciones y opiniones que emitan en ocasión a una consulta referida por un cliente, por lo que criminalizar o penalizar la opinión de un abogado, es contrario a todos los principios del Estado Democrático de Derecho y se convertiría en un verdadero obstáculo o limitación al acceso a la justicia de los ciudadanos. Es decir, criminalizar las opiniones de un abogado es un atentado serio a las garantías y derechos en un Estado Democrático, pues ello no solo afecta las garantías y derechos de cualquier persona, sino que obstaculiza el ejercicio de la profesión de la abogacía, lo que además limita el derecho al acceso a la justicia. En otras palabras, ninguna persona en una sociedad verdaderamente democrática, debería ser enjuiciada por emitir su opinión; y si la opinión es dada por un abogado, referente a su especialidad, como puede ser la interpretación de normas constitucionales o de hechos

---

[22] *Principios Básicos sobre la Función de los Abogados*, Aprobados por el Octavo Congreso de las Naciones Unidas sobre Prevención del Delito y Tratamiento del Delincuente, celebrado en La Habana (Cuba) del 27 de agosto al 7 de septiembre de 1990 (Parte C).

[23] *Ídem.*

[24] Ahora bien, esta inmunidad que se les brinda a los abogados en el ejercicio de su profesión legal, encuentra su excepción en la responsabilidad disciplinaria de los abogados, por la cual a través de los Colegios de Abogados o a través de la legislación, se debe proveer de un proceso con las debidas garantías judiciales por los incumplimientos previstos en un Código de Conducta Profesional, de conformidad con los Principios 26, 27, 28 y 29 de los Principios Básicos sobre la Función de los Abogados. La legislación o la profesión jurídica, por conducto de sus correspondientes órganos, establecerán códigos de conducta profesional para los abogados, de conformidad con la legislación y las costumbres del país y las reglas y normas internacionales reconocidas. Las actuaciones disciplinarias contra abogados se sustanciarán ante un comité disciplinario imparcial establecido por la profesión jurídica, ante un organismo independiente establecido por la ley o ante un tribunal judicial, y serán objeto de revisión judicial independiente. . Todo procedimiento para la adopción de medidas disciplinarias se regirá por el código de conducta profesional y otras reglas y normas éticas reconocidas a la profesión, y tendrá presentes estos principios.

políticos, su criminalización se convertiría en un exceso ilegítimo y arbitrario de parte del Estado. La penalización y persecución del Estado en el derecho penal moderno encuentra límites como los derivados de los principio de legalidad, de tipicidad, de lesividad y de proporcionalidad, por lo cual, criminalizar una opinión jurídica atentaría contra los mismos y alejaría al Estado de una verdadera estructura democrática.

ii. Sistema Interamericano de Derechos Humanos

26. En consonancia con este marco de referencia, la Corte Interamericana ha determinado que "las leyes penales constituyen el medio más restrictivo y severo para establecer la responsabilidad de una conducta ilícita"[25]. Tal como lo ha advertido la Corte, "la sanción penal respecto del derecho a informar o dar una opinión propia... debería examinarse con cuidado, ponderando la gravedad extrema de la conducta del individuo que expresó la opinión, su dolo directo o real malicia, las características de un daño injusto así ocasionado y la demás información que demuestre la absoluta necesidad de recurrir a un juicio penal como excepción"[26].

27. Ahora bien, la Comisión Interamericana ha destacado en sus Informes un patrón de criminalización errónea de legítimas actividades concernientes a los derechos humanos en la región, por lo que ha instado a los Estados a abstenerse de utilizar "el poder punitivo del Estado y de sus órganos de justicia con el fin de hostigar a los que defienden los derechos humanos comprometiéndose en actividades lícitas y legítimas"[27]. También ha recomendado a los Estados "tomar todas las medidas que fueren necesarias para evitar el uso de las investigaciones del Estado con el fin de procesar injustamente a quienes reclaman legítimamente la observancia y protección de sus derechos humanos"[28].

28. Analizando el caso en concreto del profesor Brewer-Carías, en relación con la opinión jurídica de un abogado en el marco del contexto venezolano, estima la FIA que el tema es de suma relevancia, precisamente en el

---

[25]   *Canese*, Corte Interam. de DD.HH., en 104.

[26]   Tristán Donoso v. Panamá, Objeción preliminar, Méritos, Reparaciones y Costas, Sentencia, Corte Interam. de DD.HH. (ser. C), N° 193, 120 (27 de enero de 20009), *disponible en* http://www.corteidh.or.cr/docs/casos/articulos/seriec_193_ing.pdf; *véase también* Cumpǎnǎ y Mazǎre v Rumania, 2004-XI Corte Eur. de DD.HH. ¶115 (17 de diciembre de 2004), *disponible en* http://hudoc.echr.coe.int/sites/eng/pages/search.aspx?i=001-67816 (en cuanto explica que "la imposición de una condena de prisión por un delito cometido por la prensa resultará compatible con la libertad de expresión de los periodistas... sólo en circunstancias excepcionales, sobre todo cuando se han visto gravemente afectados otros derechos fundamentales, como, por ejemplo, en el caso de un discurso lleno de odio o de instigación a la violencia".).

[27]   Corte Interam. Comisión de DD.HH., *Segundo Informe de la Situación de los Defensores de los Derechos Humanos en Latinoamérica,* OEA/Ser.L/V/II, doc. 66, 233,(31 de diciembre de 2011), *disponible en* http://www.oas.org/en/iachr/defenders/docs/pdf/defenders2011.pdf .

[28]   *Id,* pp. 233-234.

marco de la protección especial que tienen las declaraciones de personas (en relación con los delitos de calumnia o injuria), que esta Corte Interamericana ha reconocido, por ejemplo, en la sentencia del caso *Kimel vs. Argentina,* de 2008, donde expresó que "el Derecho Penal es el medio más restrictivo y severo para establecer responsabilidades respecto de una conducta ilícita. La tipificación amplia de delitos de calumnia e injurias puede resultar contraria al principio de intervención mínima y de última ratio del derecho penal. En una sociedad democrática el poder punitivo sólo se ejerce en la medida estrictamente necesaria para proteger los bienes jurídicos fundamentales de los ataques más graves que los dañen o pongan en peligro. Lo contrario conduciría al ejercicio abusivo del poder punitivo del Estado".

29. Por tanto, teniendo en cuenta que los abogados, como cualquier persona en un Estado Democrático de Derecho, tienen el derecho de expresar libremente su pensamiento y opinión, conforme a lo previsto en el artículo 13 de la Convención Americana, particularmente cuando se refieren a cuestiones jurídicas propias de su especialidad académica; en una sociedad democrática, los abogados en general, y particularmente los especialistas, pueden y deben participar, a través de la crítica, en la discusión sobre los temas de interés general, expresando su opinión calificada en razón de sus estudios y conocimientos. Como se expresa en los "Principios Básicos sobre la Función de los Abogados" de Naciones Unidas, *"[l]os abogados, como los demás ciudadanos, tienen derecho a la libertad de expresión, creencias, asociación y reunión. En particular, tendrán derecho a participar en el debate público de asuntos relativos a la legislación, la administración de justicia y la promoción y la protección de los derechos humanos (...)" (N° 22).* En estos principios, precisamente, se enmarca la función de los abogados y su rol en una sociedad democrática, permitiéndoseles participar ampliamente en el debate de temas de interés para la colectividad.

30. La consecuencia de lo anterior es que una mera opinión jurídica dada por un abogado en ejercicio de su profesión, no lo puede convertir en cómplice o participe de delito alguno, pues de lo contrario se estaría en el campo de la criminalización del ejercicio de la profesión de la abogacía por la emisión de opiniones jurídicas. En tal contexto, la FIA considera que debe rescatarse la importancia de la prohibición de la criminalización de los abogados por la emisión de sus opiniones jurídicas, de conformidad con los artículos 8 y 13 de la Convención Americana, sumado a los estándares internacionales desarrollados por los demás Sistemas de Protección de Derechos Humanos que conforman este *corpus juris* de Derecho Internacional. La criminalización de los abogados por la emisión de sus opiniones jurídicas considera la FIA que constituye una transgresión a las garantías del artículo 8 de la Convención Americana, pues, en el marco del derecho a la defensa, existe una obligación de los Estados de garantizar que dicha defensa sea independiente, la cual debe ser procurada, entre otras, a través de la inmunidad penal de los abogados por el ejercicio de su profesión. Igualmente, la criminalización de los abogados por la emisión de sus opiniones jurídicas constituye una transgresión al artículo 13 de la Convención Americana, teniendo en cuenta que la manifesta-

ción de una opinión jurídica a un cliente es una forma de expresión especialmente protegida por el Derecho Internacional, razón por la cual la criminalización de la misma constituye una restricción innecesaria y desproporcionada que no atiende a los fines de una sociedad democrática.

iii. Sistema Europeo de Derechos Humanos.

31. El Consejo de Europa, a través de una Recomendación del Comité de Ministros, reafirmó el contenido de las normas de Naciones Unidas antes aludidas, y además, dispuso expresamente que los abogados no deben ser sujetos o amenazados de sanciones o presiones cuando actúen de acuerdo a los estándares internacionales[29].

iv. Sistema Africano de Derechos Humanos.

32. La Comisión Africana de Derechos Humanos y de los Pueblos desarrolló los Principios y Estándares sobre el Derecho a un Juicio Justo y a la Asistencia Legal en África, donde disponen bajo el punto G, sobre la Independencia de los Abogados, la obligación de los Estados de garantizar que los abogados no sufran, *ni sean amenazados, con una imputación penal o cualquier otro tipo de sanción* administrativa, económica o de otra índole por cualquier acción tomada en el ejercicio de sus deberes, estándares, y éticas profesionales reconocidas[30]. Reconoce dicho texto normativo, además, *el derecho a la inmunidad civil y penal por las afirmaciones relevantes que realicen de buena fe, por escrito o en los alegatos orales*, o bien al comparecer como profesionales ante un tribunal judicial, otro tribunal u órgano jurídico o administrativo; adoptando así textualmente la obligación prevista en la Declaración de las Naciones Unidas sobre los Principios Básicos sobre la Función de los Abogados.

v. Organizaciones Internacionales.

Aunado a lo anterior, otras prestigiosas organizaciones internacionales han desarrollado el tema del derecho al ejercicio libre e independiente de la profesión de la abogacía. Por ejemplo, el *International Bar Association* desarrolló sus propios principios sobre la Independencia de la Profesión Jurídica (adoptados en 1990), donde expresamente se dispuso, en sus principios N° 7 y 8, que no debe identificarse al abogado con el cliente o su causa, independientemente de su aceptación; y que no debe amenazarse con una sanción, o sancionarse a un abogado penal, civil, administrativa o económicamente por su asesoría o representación a un cliente o su causa[31].

---

[29] *Recomendación N° R. 2000 (21) del Comité de Ministros sobre la libertad en el ejercicio de la profesión de abogado*, Párrafo I.4, disponible en: https://wcd.coe.int/com .instranet.InstraServlet?command=com.instranet.CmdBlobGet&InstranetImage=533 749&SecMode=1&DocId=370286&Usage=2.

[30] *Principios y Estándares sobre el Derecho a un Juicio Justo y a la Asistencia Legal en África*, Comisión Africana de Derechos Humanos y de los Pueblos, Párrafo G.3., disponible en: http://www.achpr.org/instruments/fair-trial/.

[31] *Standards for the Independence of the Legal Profession, International Bar Association*, IBA, 1990, disponible en: www.ibanet.org%2FDocument%2FDefault.aspx%3F DocumentUid%3Df68bbba5-fd1f-426f-9aa5-48d26b5e72e7&ei=JzxKUZf0FZCG9

C. Independencia de la abogacía y garantía contra las presiones externas.

34. Por otra parte, la garantía frente a presiones externas que ha sido debidamente desarrollada por esta Corte Interamericana en cuanto a la independencia de los jueces, permite sostener que dichos estándares son también aplicables a los abogados, y al presente caso. En ese sentido, esta Corte Interamericana ha previsto que dicha garantía implica que los jueces deben tomar sus decisiones *"sin restricción alguna y sin influencias, alicientes, presiones, amenazas o intromisiones indebidas, sean directas o indirectas, de cualesquiera sectores o por cualquier motivo"*[32]. La FIA estima que el principio fundamental de la independencia de los jueces, es decir, que la administración de la justicia esté fuera de injerencias políticas o de políticas indebidas, también es aplicable a la independencia de los abogados. Una sociedad justa y democrática no puede florecer sin una abogacía independiente y con plena autonomía de funcionamiento. La independencia de los abogados, que incluye la posibilidad de defender a sus clientes sin tener que enfrentar hostigamientos o enjuiciamientos maliciosos, resulta fundamental para mantener los principios internacionales de igualdad ante la ley y el estado de derecho.

35. En efecto, así como los jueces requieren una serie de garantías especiales para poder ejercer su cargo (un adecuado proceso de nombramiento, y la garantía contra presiones externas), los abogados igualmente también deben gozar de garantías para asegurar su independencia y, como consecuencia, poder ejercer sus funciones como asesores y representantes de los derechos de sus clientes sin ser sancionados indebidamente a causa de ello. Son necesarias dichas garantías, pues precisamente buscan asegurar la posibilidad de que los derechos y las garantías jurisdiccionales de las personas sean plenamente ejercidas a través de un abogado que pueda llevar a cabo sus labores sin temores a represalias por defender a un cliente o a su causa. Los abogados son los pilares del funcionamiento democrático, y el ejercicio de sus funciones debe ser debidamente protegido.

36. En este mismo orden de ideas, también debe destacarse que en cualquier sociedad democrática, el ejercicio libre de la profesión de abogado ha de considerarse como una garantía para el pluralismo, por lo que por ejemplo, al abogado no se lo puede compeler a interpretar hechos según una determinada interpretación oficial; de manera que si ello se pretendiera desde el Estado, se estaría en presencia de una acción arbitraria, injustificada y antidemocrática, que restringiría el debate público. Al contrario, el ejercicio de la abogacía de una manera libre, sin interferencias y coacciones, es lo que garantiza que las opiniones sean realmente manifestaciones para la defensa de

---

gTC8YGQAQ&usg=AFQjCNEsKZyP3BGPoNEjCMxZqEJ-n3qJ4Q&bvm=bv. 44011176, d.eWU.

[32] Sentencia de la Corte Interamericana de Derechos Humanos, Caso *Chocrón Chocrón Vs. Venezuela*. Excepción Preliminar, Fondo, Reparaciones y Costas. Sentencia de 1 de julio de 2011. Serie C N° 227, párrafo 100.

los derechos de las personas o de la institucionalidad, pudiendo por ello, precisamente cuestionar las posiciones oficiales. Pretender que la interpretación del abogado se deba dar de acuerdo con una determinada orientación, es un atentado en contra del Estado Democrático de Derecho, además de imposibilitar el efectivo acceso a la justicia, forzando a los abogados a estar al servicio del poder y no de la ley, como es su derecho y su deber.

i. Sistema Universal de Derechos Humanos.

37. El goce de estos derechos fundamentales se encuentra indisolublemente vinculado con la independencia e imparcialidad tanto del poder judicial como de la profesión de la abogacía. Tal como lo explicara el Comisionado de Naciones Unidas para los Derechos Humanos, "los derechos humanos y las libertades fundamentales están mejor salvaguardados en la medida de que el poder judicial y la profesión de la abogacía se encuentren protegidas de la interferencia y la presión"[33].

38. El principio N° 16 de los "*Principios Básicos sobre la Función de los Abogados*" prevé que los Estados "deben asegurar que los abogados (a) puedan desempeñar todas sus funciones profesionales *sin intimidaciones, obstáculos, acosos o interferencias indebidas* [.]"

39. Al interpretar el mencionado conjunto de principios, se ha aseverado que "identificar a los abogados con las causas de sus clientes, a menos de que haya pruebas en ese sentido, podría interpretarse como intimidación y hostigamiento de los abogados interesado' y había puesto de relieve que cuando haya pruebas de que los abogados se identifican con las causas de sus clientes, *corresponde al Gobierno remitir las denuncias al órgano disciplinario de la profesión jurídica* que corresponda"[34]. En el mismo sentido, Leandro Despouy, Relator Especial para la Independencia de la Judicatura, en 2003, manifestó en su informe a la extinta Comisión de Derechos Humanos de la ONU que:

"El Relator Especial hace suyo el punto de vista expresado por el Sr. Singhivi en 1985 (E/CN.4/Sub.2/1985/18/Add.1 a 6, párr. 81): 'Los deberes del jurado y el asesor y los del abogado son muy distintos, pero su independencia requiere igualmente que no haya injerencias del poder ejecutivo o legislativo, e incluso del judicial, así como de otras entidades [...]. Los jurados y los asesores, igual que los jueces, tienen la obligación de ser imparciales e independientes. No se puede pedir, sin embargo, que un abogado sea imparcial en la forma en que deben serlo

---

[33] Comisionado de Naciones Unidas para los Derechos Humanos, Independencia e imparcialidad del Poder Judicial, los jurados, peritos y la independencia de los abogados: *Informe sobre la Independencia del Poder Judicial y la protección de los abogados en ejercicio de su profesión*, ¶1 Doc. de la ONU E/CN.4/Sub.2/1993/25 (30 de julio de 1993) *disponible en* http://www.unhchr.ch/Huridocda/Huridoca.nsf/%28Symbol%29/E.CN.4.Sub.2.1993.25. En?Opendocument.

[34] Nota del Secretario General, *Independencia de los Magistrados y Abogados*, Sexagésimo Cuarto Período de Sesiones, 28 de julio de 2009.

los jueces, jurados o asesores, pero sí tiene que estar libre de toda presión o intromisión exterior. Su deber es representar a sus clientes y a los asuntos de éstos, defendiendo sus derechos e intereses legítimos, y en el ejercicio de ese deber tiene que ser independiente para que los litigantes puedan confiar en los abogados que los representan y para que los abogados, como clase, tengan la capacidad de resistir presiones e injerencias"[35].

40. El Relator Despouy, presentado ante la Comisión de Derechos Humanos, previó al respecto que "[n]o se puede pedir, sin embargo, que un abogado sea imparcial en la forma en que deben serlo los jueces, jurados o asesores, pero sí tiene que estar libre de toda presión o intromisión exterior. Su deber es representar a sus clientes y a los asuntos de éstos, defendiendo sus derechos e intereses legítimos, y en el ejercicio de ese deber tiene que ser independiente para que los litigantes puedan confiar en los abogados que los representan y para que los abogados, como clase, tengan la capacidad de resistir presiones e injerencias"[36].

41. Finalmente, el Comité de Derechos Humanos de la ONU ha tenido la oportunidad de enfatizar la importancia de que los abogados, ambos públicos y privados, tengan "la libertad de ejercer su profesión" y ha urgido los Estados de cumplir con los Principios Básicos sobre la Función de los Abogados[37].

ii. Sistema Interamericano de Derechos Humanos

42. En primer lugar, la protección a la independencia de los abogados se desprende del artículo 8 de la Convención Americana, que reconoce el derecho a la defensa entre una de sus garantías, y en concreto, la garantía de tener la posibilidad de *ser asistido por un defensor de su elección"*. En este sentido, dicho artículo debe ser interpretado a la luz de los Principios Básicos sobre la Función del Abogado y los demás documentos jurídicos antes referidos, pues forman parte del *corpus iuris* del Derecho Internacional, y como

---

[35]   Informe del Relator Especial sobre la independencia de los magistrados y abogados, Sr. Leandro Despouy, *Los Derechos Civiles y Políticos, En Particular las cuestiones relacionadas con: La Independencia del Poder Judicial, la Administración de Justicia, la Impunidad*, 60° Período de Sesiones de la Comisión de Derechos Humanos, 31 de diciembre de 2003, párrafo 48.

[36]   Informe del Relator Especial sobre la independencia de los magistrados y abogados, Sr. Leandro Despouy, *Los Derechos Civiles y Políticos, En Particular las cuestiones relacionadas con: La Independencia del Poder Judicial, la Administración de Justicia, la Impunidad*, 60° Período de Sesiones de la Comisión de Derechos Humanos, 31 de diciembre de 2003, párrafo 48.

[37]   Concluding observations of the Human Rights Committee on the Libyan Arab Jamahiriya, CCPR/C/79/Add.101, párrafo 14.

consecuencia, permiten identificar el alcance de la norma jurídica contenida en el artículo 8 de la Convención[38].

43. De no garantizarse la independencia de los abogados en los términos antedichos, se conformaría un obstáculo ilegítimo en el ejercicio del derecho a la defensa de las personas y por ende una violación del artículo 8 de la Convención, pues indirectamente se estaría permitiendo la imposición de obstáculos a los abogados que buscan procurar el derecho a la defensa de sus clientes en aquellos casos sobre los cuales podría existir alguna represalia posterior. Si bien el caso *sub lite* no está directamente referido al caso de un abogado defendiendo a su cliente en un proceso judicial, el debilitamiento de cualquier aspecto de la independencia de los abogados amenaza la integridad del sistema judicial en su totalidad y contribuye asimismo a crear un ambiente que permite injerencias con el derecho a la defensa.

iii. Sistema Europeo de Derechos Humanos

44. Ahora bien, el Consejo de Europa ha declarado que "deben tomarse todas las medidas necesarias para respetar, proteger y promover la libertad de ejercicio de la profesión de abogado, sin discriminación y sin interferencias indebidas de las autoridades o del público..."[39].

45. En *Nikula v. Finlandia,* la Corte Europea de Derechos Humanos sostuvo que: "en ciertas circunstancias, la interferencia sobre la libertad de expresión de un asesor letrado en ocasión de un juicio podría plantear una cuestión en virtud del Artículo 6 de la Convención con respecto al derecho de un cliente acusado a recibir un juicio justo"[40].

iv. Jurisprudencia Judicial comparada

46. La Corte Suprema de los Estados Unidos ha defendido la el ejercicio libre y la independencia de la profesión de abogacía en varias ocasiones. En *NAACP v. Virginia*, dicha Corte afirmó que la abogacía y las actividades legales son formas de la libre expresión, las cuales el Estado no puede prohibir bajo su poder de regular la profesión legal[41].

IV. SOBRE EL DERECHO A SER JUZGADO POR JUECES IMPARCIALES, AUTÓNOMOS E INDEPENDIENTES

47. La FIA, por su relación directa con el ejercicio de la profesión de la abogacía en un Estado de Derecho donde se protejan los derechos humanos, destaca que entre las garantías judiciales más relevantes establecidas en la

---

[38] Sentencia de la Corte Interamericana de Derechos Humanos, Caso de los *"Niños de la Calle" (Villagrán Morales y otros) Vs. Guatemala.* Fondo. Sentencia de 19 de noviembre de 1999. Serie C N° 63, Párrafo 194.

[39] Council of Europe Recommendation N° R (2000) 21 of the Committee of Ministers to Member States on the freedom of exercise of the profession of lawyers, Principio 1 1.

[40] Nikula, C.E. DD.HH., en ¶ 49.

[41] *Cf.* Caso *National Ass'n for Advancement of Colored People v. Button*, 371 U.S. 415 (1963).

Convención Americana está el derecho de toda persona a ser juzgado por jueces imparciales e independientes (artículo 8), incorporándose así, a la misma, y al Sistema Interamericano de Protección de los Derechos Humanos, uno de los estándares más importantes desarrollados internacionalmente para ello. Es así, por ejemplo, que en los *Principios Básicos Relativos a la Independencia de la Judicatura* adoptados en el Sistema Universal de Protección de los Derechos Humanos, se reconoce, en su primer artículo, que la independencia de la judicatura debe ser "garantizada por el Estado y proclamada por la Constitución o la legislación del país" de manera que "todas las instituciones gubernamentales y de otra índole respetarán y acatarán la independencia de la judicatura,"[42] para cuyo efecto, precisamente las constituciones, para garantizar dicha independencia de los jueces, disponen específicamente garantías para el proceso de su nombramiento, de estabilidad y de remoción de los jueces, tal como ocurre precisamente en la letra de la Constitución venezolana de 1999 (artículos 253 y siguientes).

48. Con base en estas previsiones, esta Corte Interamericana en sus importantes y recientes sentencias dictadas en los Casos *Tribunal Constitución vs. Perú, Apitz y otros vs. Venezuela, Reverón Trujillo vs. Venezuela, y Chocrón Chocrón vs. Venezuela*,[43] en relación precisamente con procesos seguidos contra Venezuela, se ha referido al principio de independencia judicial indicando que "constituye uno de los pilares básicos de las garantías del debido proceso", "indispensable para la protección de los derechos fundamentales", que por ello "debe ser respetado en todas las áreas del procedimiento y ante todas las instancias procesales en que se decide sobre los derechos de la persona"[44]; precisando además entre sus elementos constitutivos: "*un adecuado proceso de nombramiento, la inamovilidad en el cargo y la garantía contra presiones externas*"[45].

---

[42]   *Principios Básicos relativos a la Independencia de la Judicatura*, aprobados por Séptimo Congreso de las Naciones Unidas sobre Prevención del Delito y Tratamiento del Delincuente, celebrado en Milán (Italia) del 26 de agosto al 6 de septiembre de 1985.

[43]   Sentencias de la Corte Interamericana de Derechos Humanos, Caso *Tribunal Constitucional Vs. Perú*. Fondo, Reparaciones y Costas. Sentencia de 31 de enero de 2001. Serie C N° 71; Caso *Apitz Barbera y otros ("Corte Primera de lo Contencioso Administrativo") vs. Venezuela*. Excepción Preliminar, Fondo, Reparaciones y Costas. Sentencia de 5 de agosto de 2008. Serie C N° 182; Caso *Reverón Trujillo Vs. Venezuela*. Excepción Preliminar, Fondo, Reparaciones y Costas. Sentencia de 30 de junio de 2009. Serie C N° 197; y caso *Chocrón Chocrón Vs. Venezuela*. Excepción Preliminar, Fondo, Reparaciones y Costas. Sentencia de 1 de julio de 2011. Serie C N° 227.

[44]   Véase la sentencia de la Corte Interamericana de Derechos Humanos, caso *Reverón Trujillo Vs. Venezuela*. Excepción Preliminar, Fondo, Reparaciones y Costas. Sentencia de 30 de junio de 2009. Serie C N° 197, párrafo 68.

[45]   *Ídem*, párrafo 70.

49. Para garantizar esa independencia de los jueces, y preservar al Poder Judicial de intromisiones de los otros poderes del Estado, en el Estado democrático de derecho se erige el principio fundamental el de la separación de poderes, que se consagra en todas las Constituciones contemporáneas. Ello, sin embargo, no ha impedido la intromisión de los restantes poderes públicos en la independencia de la judicatura, que puede ser directa o encubierta. Así, por ejemplo, la Comisión Africana consideró que dos decretos promulgados por el gobierno de Nigeria que suprimían la jurisdicción de los tribunales para impugnar decretos o acciones gubernamentales violaban las garantías del Artículo 7 de la Carta Africana, relativo al derecho de toda persona a que su causa sea oída, y del Artículo 26, relativo a la independencia de los tribunales. Concluyendo que "un ataque de esta índole a la jurisdicción de los tribunales es particularmente ofensivo, porque a la vez que constituye en sí mismo una violación de los derechos humanos, permite que otras violaciones de derechos queden sin reparación"[46].

50. La imparcialidad e independencia de los jueces, en el marco de la separación de poderes, en general se garantiza mediante adecuados sistemas de selección de los jueces, y de remoción de los mismos, con las garantías del debido proceso. En cuanto al proceso de nombramiento de los jueces, la jurisprudencia de esta Corte Interamericana, evocando criterios del Sistema Universal de Protección de Derechos Humanos, asevera que debe garantizarse un proceso de nombramiento de jueces que garantice *igualdad de oportunidades entre los candidatos, utilizando preponderantemente criterios de mérito personal del juez, calificación, integridad, capacidad y eficiencia, y que asegure la objetividad y la razonabilidad*[47].

51. Por su parte, al analizar la garantía de estabilidad (o inamovilidad) de los jueces, esta Corte Interamericana asume los estándares desarrollados en los *Principios básicos relativos a la independencia de la judicatura* relacionados al tema, donde se dispone que "*se garantizará la inamovilidad de los jueces, tanto de los nombrados mediante decisión administrativa como de los elegidos, hasta que cumplan la edad para la jubilación forzosa o expire el período para el que hayan sido nombrados o elegidos, cuando existan normas al respecto.*"[48] La inamovilidad de los jueces, por otra parte, encuentra límite en la responsabilidad disciplinaria de conformidad con la misma declaración de Principios, reconociendo, de conformidad con los principios 17 y siguientes, que sólo podrían ser separados del cargo los jueces por incurrir en

---

[46] Comisión Africana, caso *Civil Liberties Organization v. Nigeria*, (129/93), 8th Annual Report of the African Commission, 1994-1995, ACHPR/RPT/8th/Rev. I. T. de EDAI.

[47] *Ídem*, párrafos 72-73.

[48] *Principios Básicos relativos a la Independencia de la Judicatura*, Aprobados por Séptimo Congreso de las Naciones Unidas sobre Prevención del Delito y Tratamiento del Delincuente, celebrado en Milán (Italia) del 26 de agosto al 6 de septiembre de 1985.

responsabilidad disciplinaria debidamente tramitada con las garantías de un debido proceso legal ante los órganos legalmente previstos para ello "*por incapacidad o comportamiento que les inhabilite para seguir desempeñando sus funciones*".

52. Esta Corte Interamericana, siguiendo el criterio del Comité de Derechos Humanos respecto de la inamovilidad de los jueces, ha añadido que "*los jueces sólo pueden ser removidos por faltas de disciplina graves o incompetencia y acorde a procedimientos justos que aseguren la objetividad e imparcialidad según la constitución o la ley*,"[49] agregando que "*la autoridad a cargo del proceso de destitución de un juez debe conducirse independiente e imparcialmente en el procedimiento establecido para el efecto y permitir el ejercicio del derecho de defensa. Ello es así toda vez que la libre remoción de jueces fomenta la duda objetiva del observador sobre la posibilidad efectiva de aquellos de decidir controversias concretas sin temor a represalias*"[50].

53. Todos estos principios fueron formalmente incorporados en la Constitución de Venezuela de 1999, al declarar que "el Poder Judicial es independiente" (art. 254), previéndose en la misma principios tendientes a "garantizar la imparcialidad y la independencia en el ejercicio de sus funciones" (artículo 256) de los magistrados, jueces y demás funcionarios integrantes del sistema de justicia (artículo 256); independencia que la Ley del Código de Ética del Juez Venezolano de 2010, precisó que significa que en "su actuación sólo deben estar sujetos a la Constitución de la República y al ordenamiento jurídico," y que "sus decisiones, en la interpretación y aplicación de la ley y el derecho, sólo podrán ser revisadas por los órganos jurisdiccionales que tengan competencia, por vía de los recursos procesales, dentro de los límites del asunto sometido a su conocimiento y decisión," de manera, incluso, que los órganos con competencia disciplinaria sobre los jueces sólo "podrán examinar su idoneidad y excelencia, sin que ello constituya una intervención indebida en la actividad jurisdiccional" (artículo 4)[51].

54. La Constitución de Venezuela, por otra parte, no sólo formuló principios, sino que previó expresamente que el ingreso a la carrera judicial solo puede realizarse mediante un proceso de selección o concurso público, con participación ciudadana, estableciendo además el principio de su estabilidad

---

[49]   Sentencia de la Corte Interamericana de Derechos Humanos, caso *Reverón Trujillo Vs. Venezuela*. Excepción Preliminar, Fondo, Reparaciones y Costas. Sentencia de 30 de junio de 2009. Serie C N° 197, párrafo 77.

[50]   *Ídem*, párrafo 78.

[51]   *Ley del Código de Ética del Juez Venezolano y Jueza Venezolana* en *Gaceta Oficial* N° 39.494 de 24-8-2010. El Código derogó expresamente el Reglamento que regía el funcionamiento de la Comisión de Funcionamiento y Reorganización del Poder Judicial. Los jueces del Tribunal Disciplinario Judicial y de la Corte Disciplinaria Judicial fueron nombrados por Actos Legislativos publicados en *Gaceta Oficial* N° 39693 de 10-06-2011. Véase el "Acta de Constitución del Tribunal Disciplinario Judicial," de 28-06-2011, en *Gaceta Oficial* N° 39.704 de 29-06-2011.

judicial, al consagrar la inamovilidad de los jueces salvo cuando sea como consecuencia de la imposición de sanciones disciplinarias que sólo pueden ser determinadas por jueces disciplinarios integrados en una Jurisdicción Disciplinaria Judicial (artículos 255, 267). En esta forma, en Venezuela, conforme a la Constitución, quienes pueden tener la calidad de jueces, sólo deben ser quienes ingresen a la carrera judicial mediante concursos públicos que aseguren la idoneidad y excelencia de los participantes, quienes deben ser seleccionados por los jurados de los circuitos judiciales en la forma y condiciones que establezca la ley, asegurándose además "la participación ciudadana en el procedimiento de selección y designación de los jueces." Y a dichos jueces, conforme al mismo artículo 255 de la Constitución, se les garantiza su estabilidad de manera que sólo pueden ser removidos o suspendidos de sus cargos mediante los procedimientos expresamente previstos en la ley, a ser desarrollados por una Jurisdicción Disciplinaria Judicial, a cargo de jueces disciplinarios (artículo 267).

55. Sin embargo, como se deduce de algunos de los Informes de la Comisión Interamericana de Derechos Humanos y de la jurisprudencia de esta honorable Corte, las referidas normas constitucionales no han llegado a ejecutarse totalmente, dejándose constancia de que los concursos públicos para los jueces en general no se han realizado, y las remoción de los mismos durante la década pasada ha sido discrecional. Por ello, la Comisión Interamericana de Derechos Humanos en su *Informe Anual de 2008*, calificó la situación en Venezuela como un "problema endémico" que ha expuesto a los jueces a su destitución discrecional[52], a cuyo efecto la Comisión Interamericana llamó la atención sobre el "permanente estado de emergencia al cual están sometidos los jueces."[53] Por todo ello, no es de extrañar que la Comisión Interamericana de Derechos Humanos haya también expresado en el *Informe Anual* de 2009, que "en Venezuela los jueces y fiscales no gozan de la garantía de permanencia en su cargo necesaria para asegurar su independencia en relación con los cambios de políticas gubernamentales"[54]. El resultado de todo ello fue que se efectuó una "depuración"[55] o "purga"[56] del Poder Judicial,

---

[52] La Sala Político-Administrativa del Tribunal Supremo de Justicia ha resuelto que la remoción de jueces temporales es una facultad discrecional de la Comisión de Funcionamiento y Reestructuración del Sistema Judicial, la cual adopta sus decisiones sin seguir procedimiento administrativo alguno. Véase Decisión N° 00463-2007 del 20-03-2007; Decisión N° 00673-2008 del 24-04-2008 (citada en la Decisión N° 1.939 del 18-12-2008, p. 42). La Sala Constitucional ha establecido la misma posición en la Decisión N° 2414 del 20-12-2007 y Decisión N° 280 del 23-02-2007.

[53] *Annual Report 200*8 (OEA/Ser.L/V/II.134. Doc. 5 rev. 1. 25-02-2009), parágrafo 39.

[54] *Informe* Anual *de 2009*, parágrafo 480, en http://www.cidh.oas.org/annualrep/2009eng/Chap.IV.f.eng.htm.

[55] La expresión se utilizó en la sentencia N° 1.939 de 18-12-2008 (Caso: *Abogados Gustavo Álvarez Arias y otros*), en la cual la Sala Constitucional decidió que la decisión de 05-08-2008 de la Corte Interamericana de Derechos Humanos era inejecutable en Venezuela (Caso: *Apitz Barbera y otros ["Corte Primera de lo Contencioso*

mediante la destitución y suspensión discrecional de jueces, con precaria garantía al derecho a la defensa, para sustituirlos por jueces suplentes e interinos, sin el sistema de selección por concurso público que exige la Constitución. Incluso, debe destacarse que el intento que se hizo en la mencionada Ley del Código de Ética del Juez Venezolano de 2010 para el alguna forma garantizar la situación de los jueces temporales y provisorios, extendiéndoles a los mismos la aplicación del régimen jurídico de los jueces de carrera, la Sala Constitucional del Tribunal Supremo de Justicia, mediante sentencia No 516 de fecha 7 de mayo de 2013, suspendió *de oficio* los efectos de dichas normas del referido Código de Ética del Juez Venezolano "por no tratarse de jueces o juezas que hayan ingresado a la carrera judicial, correspondiéndole a la Comisión Judicial la competencia para sancionarlos y excluirlos de la función jurisdiccional"[57].

53. La Comisión Interamericana de Derechos Humanos ha destacado con preocupación en su *Informe Anual de 2009* que en muchos casos, "los jueces son removidos inmediatamente después de adoptar decisiones judiciales en casos con impactos políticos importantes," concluyendo con la afirmación de que "la falta de independencia judicial y de autonomía en relación con el poder político es, en opinión de la Comisión el punto más débil de la democracia venezolana"[58].

57. Ahora bien, en el caso *Brewer-Carías vs. Venezuela* llevado ante esta Corte Interamericana, se ha alegado que en el proceso penal al cual fue sometido en Venezuela, el mismo ha sido conducido por jueces y fiscales provisorios, es decir, que nombrados discrecionalmente, carecen totalmente de estabilidad[59]; situación que en otros casos lo ha ya reconocido y decidido esta

---

Administrativo"] vs. Venezuela [Corte IDH], Case: *Apitz Barbera y otros ["Corte Primera de lo Contencioso Administrativo"] vs. Venezuela,* Sentencia de 5 de agosto de 2008, Serie C, N° 182. Véase en *Revista de Derecho Público,* N° 116, Editorial Jurídica Venezolana, Caracas, 2008, pp. 89-106. También en http://www. tsj.gov.ve/decisiones/scon/Diciembre/1939-181208-2008-08-1572.html.

56   Es lo que el profesor Chavero califica como "purga." Véase Rafael J. Chavero Gazdik, *La Justicia Revolucionaria. Una década de Reestructuración (o Involución) Judicial en Venezuela,* Editorial Aequitas, Caracas 2011, pp. 58, 59.

57   Véase en http://www.tsj.gov.ve/decisiones/scon/Mayo/516-7513-2013-09-1038.html.

58   ICHR, *Annual Report 2009,* para. 483. Available at http://www. cidh.oas.org/anual rep/2009eng/Chap.IV.f.eng.htm. Véase una relación detallada de los Informes de organizaciones internacionales de protección de dereechos humanos sobre la situación del Poder Judicial en Venezuela, en Rafael J. Chavero Gazdik, *La Justicia Revolucionaria. Una década de Reestructuración (o Involución) Judicial en Venezuela,* Editorial Aequitas, Caracas 2011, pp. 123-150.

59   Como lo ha dicho Rafael Chavero G., "Con este modelo de justicia provisoria se han destituido centenares de jueces sin justificación legal, muchas veces por motivos personales y otras por razones de naturaleza política y hasta económica. Y es precisamente lo que ha evitado la consolidación de las normas constitucionales que regulan la forma de ingresar y salir del Poder Judicial, pues lógicamente los factores políticos prefieren mantener un sistema donde puedan manejarse con abierta

Corte Interamericana al concluir, por ejemplo en la sentencia del caso de *Reverón Trujillo vs. Venezuela,* que *"en Venezuela, desde agosto de 1999 hasta la actualidad, los jueces provisorios no tienen estabilidad en el cargo, son nombrados discrecionalmente y pueden ser removidos sin sujeción a ningún procedimiento preestablecido"*[60]. La FIA observa que dicha decisión se refiere a la situación que existió en Venezuela entre 1999 y 2009, precisamente el período que abarca el del proceso penal seguido contra el profesor Brewer-Carías, que se inició en 2005. Esta Corte Interamericana, además, en su sentencia al caso *Chocrón Chocrón vs. Venezuela,* sobre el tema de la inamovilidad de los jueces ha expresado que "si los jueces provisorios no tienen la seguridad de permanencia durante un período determinado, serán vulnerables a presiones de diferentes sectores, principalmente de quienes tienen la facultad de decidir sobre destituciones o ascensos en el Poder Judicial;" y que "la provisionalidad de los jueces o el hecho de que la mayoría de los jueces se encuentren en dicha situación, generan importantes obstáculos para la independencia judicial"[61].

58. Partiendo de esta doctrina de esta Corte Interamericana, y teniendo en cuenta el contenido del artículo 8 de la Convención Americana, que determina el derecho de toda persona *a ser juzgado por un juez independiente e imparcial*, se desprende que el juzgamiento de una persona por un juez provisorio en Venezuela constituye una violación al mencionado artículo de la Convención; ya que como lo ha dicho el Comité de Derechos Humanos de la ONU, la competencia, imparcialidad e independencia de un juez son los elementos constitutivos de la garantía del juez natural prevista en el artículo 14 del Pacto Internacional de Derechos Civiles y Políticos[62], equivalente al artículo 8 de la Convención Americana.

59. Finalmente, quisiéramos indicar ante esta Corte Interamericana que en el ámbito de protección de los derechos humanos, en la actualidad se está frente a una situación de extrema urgencia, pues Venezuela quedara fuera del Sistema Interamericano en apenas unos días. Además, se destaca que en el pasado, el gobierno venezolano ignoró hasta nueve decisiones de esta Corte en contra del Estado, con dos argumentos: que los dictámenes de esa instancia no son de obligatorio cumplimiento, y que constituyen una intromisión en asuntos internos. Sin embargo, tales argumentos contradicen la propia Constitución venezolana, la cual establece que los acuerdos internacionales suscritos

---

discrecionalidad y hasta arbitrariedad". Véase en su libro: *La Justicia Revolucionaria, Una década de Reestructuración (o Involución) Judicial en Venezuela,* Editorial Aequitas, Caracas 2011, p. 112.

[60] Corte IDH. caso *Reverón Trujillo Vs. Venezuela.* Excepción Preliminar, Fondo, Reparaciones y Costas. Sentencia de 30 de junio de 2009. Serie C N° 197, Párrafo 106.

[61] Corte IDH. Caso *Chocrón Chocrón Vs. Venezuela.* Excepción Preliminar, Fondo, Reparaciones y Costas. Sentencia de 1 de julio de 2011. Serie C N° 227, párrafo 105-107.

[62] Comité de Derechos Humanos, *Observación General* N° 32, párrafos 19 y 21.

por dicho país poseen jerarquía constitucional y prevalecen en el orden interno (artículo 23). En tal sentido son paradigmáticos los casos *Leopoldo López* (2011)[63] y *Apitz (Corte primera de lo Contencioso Administrativo)* (2008)[64], cuyas sentencias fueron desacatadas por el Estado, que las declaró inejecutables en Venezuela.

V. CONCLUSIÓN

Como corolario de los razonamientos anteriores, la FIA considera que se puede concluir:

A. En cuanto a las consideraciones jurídicas expuestas sobre el derecho al ejercicio libre e independiente de la profesión de la abogacía y de los abogados a expresar libremente sus opiniones legales garantizados en los artículos 8 y 13 de la Convención Americana sobre Derechos Humanos, los mismos obligan a los Estados a asegurar la inmunidad penal de los abogados por el ejercicio de su profesión y, por tanto, garantizar la prohibición de la criminalización de los abogados por la emisión de sus opiniones jurídicas, particularmente teniendo en cuenta que la manifestación de una opinión jurídica a un cliente es una forma de ejercicio de la libertad de expresión especialmente protegida por el Derecho Internacional. La interpretación de la libertad de expresión cónsona con el corpus iuris de Derecho Internacional permite concluir que existe una prohibición absoluta a la criminalización de los abogados por la emisión de sus opiniones jurídicas, pues serían innecesarias y desproporcionadas en la atención a los fines previstos en una sociedad democrática. En consecuencia, partiendo de los estándares internacionales desarrollados en la materia antes analizados, no es admisible que se criminalice a un abogado por haber dado una opinión jurídica, como ha sido el caso que originó el proceso penal en contra del profesor Brewer Carías, que tuvo su origen en el hecho de que en su condición de abogado se le solicitó una opinión jurídica sobre la juridicidad de un decreto que se le sometió a su consideración, sobre el cual incluso le expresó a quien le requirió la opinión, críticas y objeciones sobre su constitucionalidad. La criminalización de esa mera opinión jurídica dada en su condición de abogado y dentro del marco del libre ejercicio profesional de la abogacía, como resulta del proceso penal seguido contra el profesor Brewer Carías en Venezuela, a juicio de esta Federación Interamericana de Abogados, constituye una violación de los mencionados artículos 8 y 13 de la Convención Americana.

B. En cuanto a las consideraciones jurídicas expuestas sobre *el derecho de las personas a ser juzgados por jueces imparciales, autónomos e independientes* garantizado en el artículo 8 de la Convención Americana sobre Dere-

---

[63]   Corte IDH. Caso *Leopoldo López Mendoza vs. Venezuela*, Fondo, Reparaciones y Costas. Sentencia de 1 de septiembre de 2011. Serie C N° 233.

[64]   Corte IDH. Caso *Corte IDH. Caso Apitz Barbera y otros ("Corte Primera de lo Contencioso Administrativo") Vs. Venezuela*. Excepción Preliminar, Fondo, Reparaciones y Costas. Sentencia de 5 de agosto de 2008. Serie C N° 182.

chos Humanos, el mismo obliga a los Estados a asegurar que los jueces gocen de las debidas garantías de estabilidad en el ejercicio de sus cargos, por lo que dicho derecho resultaría violado si un proceso penal resulta conducido <u>por jueces *provisorios* los cuales no garantizan el derecho a ser juzgado por jueces independientes e imparciales</u>, pues que no gozan de estabilidad y son particularmente susceptibles a presiones externas, contraviniendo los estándares internacionales que regulan la materia, interpretados a la luz de dicho artículo 8 de la Convención Americana. En consecuencia, partiendo de la doctrina establecida por esta honorable Corte Interamericana, habiendo sido el proceso penal seguido contra el profesor Brewer Carías en Venezuela conducido por jueces y fiscales provisorios, se debe concluir que dicho juzgamiento constituye una violación al mencionado artículo 8 de la Convención Americana.

61. Confiamos en que lo que anteriormente ha expresado por la FIA, en calidad de *Amicus Curiae*, en los términos definidos en el artículo 2.3 del Reglamento de esta Corte Interamericana, como razonamientos en torno a los hechos del proceso, particularmente los narrados en el *Informe de sometimiento* del caso por parte de la Comisión Interamericana de Derechos Humanos ante la misma de 7 de marzo de 2012, y como consideraciones jurídicas sobre la materia del proceso, sirvan a esta Corte Interamericana para adoptar una justa decisión que salvaguarde los principios fundamentales que gobiernan el ejercicio de la abogacía, y que la FIA respeta y promueve como uno de sus pilares fundamentales.

Dejando así expuestas las razones que nos llevan a intervenir como *Amicus Curiae* ante esta Corte Interamericana de Derechos Humanos, quedamos atentos a cualquier solicitud de información o aclaratoria posterior.

En Washington, el 23 de agosto de 2013.

JOSÉ ALBERTO ÁLVAREZ

Presidente de la Federación Interamericana De Abogados

FERNANDO SAENGER, Presidente Comité De Derecho Constitucional de la Federación Interamericana De Abogados

RENALDY GUTIÉRREZ, Ex-Presidente de la Federación Interamericana de Abogados

DANTE FIGUEROA, Ex-Secretario General de la Federación Interamericana de Abogados

OCTAVA PARTE:

AMICUS CURIAE PRESENTADO POR LA PROFESORA ANA GIACOMETTE, PRESIDENTA DEL *CENTRO COLOMBIANO DE DERECHO PROCESAL CONSTITUCIONAL* SOBRE EL DEBIDO PROCESO Y EL DERECHO A LA PRESUNCIÓN DE INOCENCIA DE DE 27 DE AGOSTO DE 2013

Presidente y demás Jueces de la Corte Interamericana de Derechos Humanos
Presente.
Ref: *Amicus Curiae*
Caso: *Allan Brewer Carías vs. Venezuela*

Quien suscribe, **Ana Giacomette Ferrer,** abogada colombiana, en mi carácter de Presidente y Fundadora del **Centro Colombiano de Derecho Procesal Constitucional**, de conformidad con lo previsto en el artículo 40 del Reglamento de la Corte Interamericana de Derechos Humanos (en lo adelante, Corte IDH), a continuación presento escrito actuando como *amicus curiae* para el caso contencioso llevado ante esta Corte IDH de *Allan Brewer Carías vs. Venezuela.*

El Centro Colombiano de Derecho Procesal Constitucional es una Asociación de carácter civil, sin ánimo de lucro, conformada por profesionales de las ciencias jurídicas dedicados al estudio del Derecho Procesal Constitucional, regida por el ordenamiento jurídico colombiano, por lo dispuesto en sus Estatutos y por las disposiciones reglamentarias pertinentes. Específicamente, pretende: promover, impulsar y generalizar el estudio del Derecho Procesal Constitucional al interior de las facultades de Derecho en las universidades públicas y privadas del país y del exterior, además de generar espacios de discusión entre los estudiantes, abogados, académicos, jueces y tratadistas. Adicionalmente, fomentar la investigación de los principios e instituciones que informan el Derecho Procesal Constitucional y estimular su análisis doctrinario y jurisprudencial.

En el presente caso, el *amicus curiae* se referirá a: (1) Hechos Notorios: a.- Consideraciones generales sobre los hechos notorios Clásico o tradicional; b.- Hechos notorios en la modalidad de hechos notorios comunicacionales; (2) Análisis del caso concreto del proceso penal llevado en contra del profesor Allan Brewer Carías en lo pertinente al debido proceso y los hechos notorios comunicacionales: a.- Concepto de Debido Proceso; b.- El Debido Proceso en la normativa constitucional y jurisprudencial en Colombia; (3) Conclusiones. A tales efectos, exponemos:

INTRODUCCIÓN

Tras el intento de golpe de Estado ocurrido en Venezuela en los días 11, 12, y 13 de abril de 2002, múltiples procesos judiciales fueron iniciados con el fin de encontrar los responsables de dichos acontecimientos, que implicaron una crisis política al interior de la República Bolivariana de Venezuela. Dichas investigaciones, en legítimo ejercicio del poder jurisdiccional del Estado, no constituyen en si ninguna violación a los compromisos internacionales de la República Bolivariana, si no fuera porque a través de las mismas el poder ejecutivo, en cabeza del entonces Presidente de la República Hugo Chávez Frías, concretó una persecución con la cual buscó, bajo el manto de la legalidad de varios procesos penales, silenciar y crear un ambiente en el cual la crítica independiente y de oposición se viera temerosa de expresar sus ideas abiertamente. Dicho escenario se hizo posible debido a los problemas de independencia judicial en Venezuela, que a través de los años se ha visto mermada a través de la provisionalidad de los jueces y los fiscales del Ministerio Público, que tras la Reorganización Judicial iniciada en 1999 y en virtud de la estructura jerárquica de la jurisdicción venezolana ha sido el instrumento idóneo para el nombramiento de jueces y fiscales a conveniencia del poder ejecutivo, lo que ha evitado la correcta realización del derecho al debido proceso de muchos de los ciudadanos procesados.

En esta persecución judicial, el profesor Allan R. Brewer Carías, prestigioso abogado y constitucionalista venezolano, se vio envuelto en un proceso judicial que con múltiples violaciones al debido proceso, ha seguido adelante con el impulso claro de funcionarios judiciales y políticos, que dando por sentada la culpabilidad del Dr. Brewer Carías han manifestado públicamente sus opiniones, afectando el curso adecuado y a derecho del proceso penal que se sigue en su contra. Estos hechos, aunados a que el Dr. Brewer Carías se había distinguido como un ciudadano opositor de las políticas del extinto Presidente de la República, tejen un manto de serias dudas sobre la legitimidad del proceso.

Sumado a lo anterior, en el caso particular del proceso del Dr. Brewer Carías el sustento probatorio de la imputación y la acusación en su contra es bastante discutible, ya que el Ministerio Público insistió en fundarlas en la figura de "hechos notorios comunicacionales", figura que no es aplicable al caso bajo estudio y que se adoptó de tal manera que el apoyo de las actuaciones del Ministerio Público se reduce a vinculaciones mediáticas que se consideraron de tan alta importancia por el ente acusador que en la práctica invirtieron la carga de la prueba y obligaron al profesor Brewer a probar su inocencia, en contradicción con la esencia misma del debido proceso, y perjudicando seriamente las garantías judiciales del ciudadano mencionado. Así las cosas, el profesor Brewer Carías ha debido permanecer fuera de su país natal a espera de las condiciones adecuadas para tener un juicio justo que le permita la adecuada contradicción de las pruebas esgrimidas por el Ministerio Público en su contra.

En consecuencia, este *amicus curiae* pretende coadyuvar a esta honorable Corte Interamericana en su muy importante labor de ejercer el control de convencionalidad e impartir justicia en el ámbito americano, asegurando la vigencia de la Convención Americana sobre derechos humanos, a través de la exposición, que reiteramos, seguirá el siguiente derrotero: (1) Hechos Notorios: a.- Consideraciones generales sobre los hechos notorios Clásico o tradicional; b.- Hechos notorios en la modalidad de hechos notorios comunicacionales; (2) Análisis del caso concreto del proceso penal llevado en contra del profesor Allan Brewer Carías en lo pertinente al debido proceso y los hechos notorios comunicacionales: a.- Concepto de Debido Proceso; b.- El Debido Proceso en la normativa constitucional y jurisprudencial en Colombia; (3) Conclusiones.

1. HECHOS NOTORIOS

a. *El hecho notorio clásico o tradicional. Consideraciones generales*

Tradicionalmente, el hecho notorio se ha entendido como "*el conocido por todos y consecuentemente por el juez. No lo que conozca el juez privadamente, o un número mayor o menor de personas.*"[1]. Ese hecho notorio tradicional, lejano del conocimiento privado del juez y de las máximas de la experiencia, ha tenido una rica evolución doctrinal y jurisprudencial a través del tiempo, en especial en la mesura que se ha hecho en torno al carácter público absoluto, que se sostenía, debían tener dichos hechos. Así, la evolución de los hechos notorios ha llevado a que los mismos se definan como "aquellos públicos conocidos tanto por las partes como por un grupo de personas de cierta cultura, que pertenecen a un determinado círculo social o gremial, adicionalmente, deben tenerse por ciertos estos hechos, por parte del Juez."[2]

En definitiva, los hechos notorios se orientan principalmente a ser eximentes de prueba, y así han sido consagrados en varios Códigos Procesales Civiles y Penales de Iberoamérica. En el caso colombiano, el artículo 177 inciso 2 del Código de Procedimiento Civil replicado en el artículo 167 inciso 4 del nuevo Código General del Proceso plasma en su tenor que "*Los hechos notorios y las afirmaciones o negaciones indefinidas no requieren prueba.*" De esta manera, exime a quien alega estos hechos de la carga de probarlos por cuanto se tienen como ciertos, en el proceso. En ese sentido, hechos como las guerras, las masacres o los acontecimientos nacionales no deben ser probados en el proceso, y el juez podrá tenerlos como ciertos y valorarlos de oficio. En el mismo sentido, legislaciones como la argentina disponen igualmente como causales de rechazo de las pruebas el que sean

---

[1] Ver Benigno Cabrera Acosta. *Teoría General del Proceso y de la Prueba*. Editorial Marder. Bogotá 1986, p. 142.

[2] Ver Ana Giacometto Ferrer. *Teoría General de la Prueba Judicial*. Consejo Superior de la Judicatura – Escuela Judicial Rodrigo Lara Bonilla; *Imprenta* Nacional; Bogotá 2003, p. 66.

superfluas; verbigracia, el artículo 364 inciso segundo del Código Procesal Civil y Comercial de la Nación Argentina indica que *"No serán admitidas las que fueren manifiestamente improcedentes o superfluas o meramente dilatorias."*

Asimismo, la Corte Constitucional de la República de Colombia ha nutrido el concepto de hecho notorio, facilitando su desarrollo y su evolución a la luz de los principios constitucionales de la Carta Política de 1991. Tras hacer una breve cita doctrinal, la Corte Constitucional ha insistido en que el hecho notorio puede ser definido como *"aquél cuya existencia puede invocarse sin necesidad de prueba alguna, por ser conocido directamente por cualquiera que se halle en capacidad de observarlo."*[3]. En el mismo sentido, en varios pronunciamientos en sede de tutela ha aplicado dicha figura a la protección de la mujer trabajadora embarazada, al sostener que el estado de gravidez avanzado de una mujer es hecho notorio[4], al igual que el derecho de todo niño a gozar de la protección de una madre[5], a personas en caso de depresión severa, bipolaridad y epilepsia en cuanto su derecho a la salud y a asistencia médica[6], a la situación de hacinamiento y conducciones de insalubridad de los establecimientos carcelarios y penitenciarios del país[7] o incluso a la incapacidad económica de las personas afiliadas al Sistema de Información de Potenciales Beneficiarios de Programas Sociales SISBEN[8]. Como se evidencia, la eximente de prueba que constituyen los hechos notorios es transversal con el efectivo ejercicio de derechos de carácter constitucional y convencional, lo que hace de los hechos notorios un instrumento sumamente importante en lo que respecta al debido proceso.

Es por lo anterior que en los procesos penales la utilización de la figura de los hechos notorios debe hacerse con más cuidado, por lo que es pertinente hacer claridad sobre varios puntos pertinentes al debido proceso en la investigación criminal. Tal como lo manifiesta el profesor Eric Lorenzo Pérez Sarmiento, prestigioso doctrinante venezolano:

---

[3]   Ver Corte Constitucional de la República de Colombia. Auto 035 del 02 de octubre de 1997. Magistrado Ponente Dr. Carlos Gaviria Díaz

[4]   Dicha afirmación ha sido reiterada en las sentencias T-1045 del 03 de octubre de 2001, Magistrado Ponente Álvaro Tafur Galvis; T-1070 de 11 de octubre de 2001, Magistrado Ponente Jaime Córdoba Triviño; T-1084 de 05 de diciembre de 2002, Magistrado Ponente Eduardo Montealegre Lynett; T-021 de 25 de enero de 2006, Magistrado Ponente Rodrigo Escobar Gil.

[5]   Ver Sentencia T-339 de 21 de Julio de 1994. Magistrado Ponente Vladimiro Naranjo Mesa.

[6]   Ver Sentencia T-1093 de 06 de noviembre de 2008. Magistrado Ponente Rodrigo Escobar Gil

[7]   Ver Sentencia T-524 de 22 de Julio de 1999. Magistrado Ponente Alfredo Beltrán Sierra

[8]   Ver Sentencia T-913 de 01 de Noviembre de 2007. Magistrado Ponente Dr. Marco Gerardo Monroy Cabra

"El proceso penal es un proceso de hechos, pues justamente el contenido básico de esa forma de enjuiciamiento son justamente, los hechos punibles. Por esta razón, el problema de la prueba es fundamental para el proceso penal y mucho más importante que para cualquier otra forma de jurisdicción."[9]

A partir de dicha afirmación, expone el profesor venezolano la importancia del principio de la necesidad de la prueba en el proceso penal. Este principio, referido en su acepción negativa a que *"en ningún caso el juez o el fiscal puede tomar decisión que no tenga soporte probatorio en el expediente o planteado en términos positivos"*[10], busca garantizar el convencimiento del juez, quien debe llegar a un estado de *"certeza convencida y segura"*[11] para fallar, más allá de toda duda, sobre la responsabilidad del procesado. En definitiva, *"a ser mediante la prueba que se cumple el requisito de la certeza, es esta misma institución la que dentro del proceso puede garantizar que se dé cumplimiento al derecho sustancial de una manera adecuada y justa"*[12]

Dicha finalidad de la prueba ha sido igualmente desarrollada por la jurisprudencia colombiana. La Corte Constitucional de Colombia se ha referido en múltiples ocasiones a la importancia de las pruebas en el proceso:

"Las pruebas judiciales son los medios señalados por el legislador para crear en el juzgador la certeza o el convencimiento sobre la verdad de los hechos que son materia de los procesos respectivos, con el fin de que el mismo aplique el ordenamiento positivo a los casos concretos"

"Desde el punto de vista constitucional dichas pruebas tienen su fundamento en la garantía de los derechos fundamentales de acceso a la justicia, el debido proceso y el derecho de defensa o contradicción, contemplados en los Arts. 229 y 29 de la Constitución, en cuanto ellos implican, para las partes e intervinientes del proceso, no solamente la facultad de acudir a la jurisdicción y lograr que se cumpla la plenitud de las formas propias del mismo, sino también la de aducir y pedir la práctica de las pruebas necesarias con el fin de controvertir las de la contraparte y alcanzar la prosperidad de sus pretensiones o defensas, de conformidad con las normas sustanciales"[13] *(Negritas y cursivas fuera del texto)*

---

[9]   Ver Eric Pérez Sarmiento, *Manual de Derecho Procesal Penal.* Segunda Edición. Editorial Vadell Hermanos, Caracas, 2004, p. 270.

[10] Ver Jorge Arenas Salazar, *Pruebas Penales.* Editorial Doctrina y Ley, Bogotá, 1996, p. 595.

[11] Ver Nicola Framarino Dei Malatesta, *Lógica de las pruebas en materia criminal,* Vol. I. Bogotá: Ed. Temis. 1981, p. 53.

[12] Ver Ana Giacomette Ferrer. *Introducción a la Teoría General de la Prueba.* Señal Editora, Bogotá, 2009, p. 85.

[13] Ver Corte Constitucional de la República de Colombia. Sentencia 830 del 08 de octubre de 2002. Magistrado Ponente Dr. Jaime Araujo Rentería.

En este sentido, resalta por su importancia la relación inescindible entre el debido proceso y la necesidad de la prueba. El ente acusador tiene la obligación de probar ante el juez la culpabilidad del procesado, quien además de estar protegido por el principio del *in dubio pro reo*, cuenta con las herramientas propias del proceso penal para efectuar su defensa material, a través de la contradicción de las pruebas presentadas por la Fiscalía General de la República, quien en nombre del Estado tiene la obligación de investigar *"toda suerte de hechos punibles y de precisar todas sus circunstancias (principio de oficialidad)"*[14]. Lo anterior en virtud de que el Código Orgánico Procesal Penal, a diferencia del antiguo Código de Enjuiciamiento Criminal, consagra un sistema inspirado en el sistema acusatorio, donde el acusado no está obligado a probar su inocencia.

Adicionalmente, confirma las anteriores afirmaciones el hecho de que la legislación penal venezolana contemple en su procedimiento los principios expuestos. Así, el Código Orgánico Procesal Penal de la República Bolivariana de Venezuela (COPP) consagra la acción penal en cabeza del Estado a través del Ministerio Público[15], razón por la cual le corresponde *"probar sus imputaciones y para ello tendrá inexorablemente que aportar las pruebas pertinentes, pues, de lo contrario, su caso será desestimado. Es ahí donde reside la regulación de la carga de la prueba del COPP"*[16] En el mismo sentido, el artículo 198 el COPP consagra los principios de libertad, idoneidad y utilidad de la prueba. Respecto a este último, es que consideraremos las excepciones a la necesidad de la prueba, que se presentan respecto a hechos ya probados o que no necesitan ser probados, como los hechos notorios en su modalidad de hechos notorios comunicacionales.

b.   *Hechos notorios comunicacionales. Consideraciones generales y desarrollo jurisprudencial*

Vistas así las consideraciones generales sobre el hecho notorio, es pertinente para el asunto que nos atañe, analizar la figura del hecho notorio comunicacional, figura eximente de la prueba enmarcada dentro de los hechos notorios. De acuerdo al desarrollo que ha tenido en la jurisprudencia de la Sala Constitucional del Tribunal Supremo de Venezuela, dicha modalidad se separa de la concepción clásica del hecho notorio, toda vez que respecto del hecho notorio comunicacional *"no se puede afirmar si es cierto o no, pero que adquiere difusión pública uniforme por los medios de comunicación social, por lo que muy bien podría llamársele el hecho comunicacional y puede tenerse como una categoría entre los hechos notorios, ya que forma parte de la cultura de un grupo o círculo social en una época o momento determinado, después del cual pierde trascendencia y su recuerdo solo se guarda en bibliote-*

---

[14]   Ver Eric Pérez Sarmiento, *Manual de Derecho Procesal Penal.* Segunda Edición. Editorial Vadell Hermanos, Caracas, 2004, p. 271

[15]   Artículos 11 y 24 del Código Orgánico Procesal Penal

[16]   Ver Eric Pérez Sarmiento, *Manual de Derecho Procesal Penal.* Segunda Edición. Editorial Vadell Hermanos, Caracas, 2004, p. 274

cas o instituciones parecidas, pero que para la fecha del fallo formaba parte del saber mayoritario de un círculo o grupo social, o a él podía accederse"[17]. Adicionalmente, considera la Sala Constitucional que *"la situación de certeza se consolida cuando el hecho no es desmentido a pesar de que ocupa un espacio reiterado en los medios de comunicación social"*[18]. Sobre este particular, el profesor Brewer Carías hace un pertinente análisis, ya que rescata con razón como "se estableció que [el hecho notorio comunicacional] es aquél que **proviene de "noticias" sobre sucesos, acaecimientos o eventos** (no de entrevistas y opiniones); siendo indispensable, para poder ser considerado como hecho notorio, que el mismo **no haya sido desmentido.**"[19]

En este sentido, la relevancia de que el invocado hecho notorio comunicacional tenga como base una noticia y no *"artículos de opinión, entrevistas, remitidos, propaganda comercial, comunicaciones públicas, y avisos o llamados que ordena la ley se hagan mediante la prensa impresa y que muy bien pudieran ser parte de la comunicación radial o audiovisual, aunque la ley no los contemple"*[20], ya que en este caso sería más probable que afirmaciones indiscriminadas dieran lugar a que se dieran como ciertos hechos que carecen del carácter de neutral que debe identificar las informaciones dadas por los medios de comunicación. Por esto, el Tribunal Supremo de Venezuela fue cuidadoso al precisar los criterios que debían tener en cuenta el juez y el Ministerio Público para considerar una noticia como hecho notorio comunicacional:

> *"Es cierto que el hecho comunicacional, como cualquier otro hecho, **puede ser falso**, pero dicho hecho tiene características que lo individualizan y crean una sensación de veracidad que debe ser tomada en cuenta por el sentenciador. Esos caracteres confluyentes son: 1) **Se trata de un hecho, no de una opinión o un testimonio**, sino de un evento reseñado por el medio como noticia; 2) Su difusión es simultánea por varios medios de comunicación social escritos, audiovisuales, o radiales, lo cual puede venir acompañado de imágenes; 3) **Es necesario que el hecho no resulte sujeto a rectificaciones**, a dudas sobre su existencia, a presunciones sobre la falsedad del mismo, que surjan de los mismos medios que lo comunican, o de otros y, es lo que esta Sala ha llamado antes la consolidación del hecho, lo cual ocurre en un tiempo prudencialmente calculado por el juez, a raíz de su comunicación; y 4) Que los hechos sean contemporáneos para la fecha del juicio o de la sentencia que los tomará en cuenta.*

---

[17]   Ver Tribunal Supremo de Justicia de la República Bolivariana de Venezuela. Sala Constitucional. Sentencia N° 98 de 15 de marzo de 2000.

[18]   *Ibídem*

[19]   Ver Ana Giacomette Ferrer, *Introducción a la Teoría General de la Prueba.* Señal Editora, Bogotá, 2013. Prólogo, p. 7

[20]   Ver Tribunal Supremo de Justicia de la República Bolivariana de Venezuela. Sala Constitucional. Sentencia N° 98 de 15 de marzo de 2000.

El que el hecho sea falso, como ya se dijo, es una posibilidad mínima, pero que siempre puede ser opuesto y constatado en la misma instancia, si es la parte quien pretende valerse de él, o en la alzada si proviene del juez; y hasta puede ser confrontado dentro del recurso de Casación, mediante el artículo 312 del Código de Procedimiento Civil." (Negritas fuera del texto)

En este sentido, la finalidad de la figura de hecho notorio comunicacional no puede ser otra que **liberar al Ministerio Público** de la carga de la prueba respecto de hechos que tengan las características desarrolladas por la Sala Constitucional del Tribunal Supremo de Justicia, más no utilizarse como **pruebas** que el procesado deba desvirtuar al verse desprovisto de la presunción de inocencia. Por el contrario, en todo proceso penal, y en especial en un sistema inspirado en los postulados del sistema penal acusatorio, la presunción de inocencia actúa como un manto, como una coraza, que protege al procesado, por lo que es el Ministerio Público quien debe, más allá de toda duda, demostrar la culpabilidad del acusado. Por más que se haya avanzado en la figura de la carga dinámica de la prueba, doctrina según la cual debe probar el hecho el sujeto procesal que más fácil acceso tenga a la prueba, en ningún caso puede llegar el imputado o acusado a un proceso donde el principal sustento probatorio de la imputación o la acusación sea **un eximente de prueba, y menos aún que este tenga la fuerza probatoria para invertir la carga de la prueba en el proceso penal**. De acuerdo a los requisitos expuestos por el Tribunal Supremo de Venezuela, el simple hecho de que el procesado rectifique los hechos, o de que haya alguna duda sobre su existencia **impide que se configure la eximente de prueba llamada "hecho notorio comunicacional"**, por lo que no podrá utilizarse la misma para liberar al Ministerio Público de su obligación de probar los hechos que considera criminales, con fundamento en los artículos 11 y 24 del Código Orgánico Procesal Penal.

2. CASO EN CONCRETO. VIOLACIÓN DEL DEBIDO PROCESO EN PROCESO PENAL ADELANTADO CONTRA EL CIUDADANO ALLAN BREWER CARÍAS. HECHO NOTORIO COMUNICACIONAL

a. *Principio del Debido Proceso. Consagración normativa, derecho comparado y jurisprudencia*

Citando al profesor Pérez Sarmiento, el debido proceso se refiere a que el mismo *"esté diseñado de manera tal que permita el respeto irrestricto del derecho a la defensa tanto del imputado como de la víctima, así como que asegure el primado de la presunción de inocencia y de la búsqueda de la verdad material, etc."*[21]

---

[21] Ver Eric Pérez Sarmiento. *Manual de Derecho Procesal Penal.* Segunda Edición. Editorial Vadell Hermanos, Caracas, 2004, p. 102

Este principio se consagra en la Constitución Política de la República Bolivariana de Venezuela, que en su artículo 49 dispone:

> *Artículo 49. El debido proceso **se aplicará a todas las actuaciones judiciales** y administrativas; en consecuencia:*
>
> *1. La defensa y la asistencia jurídica son derechos inviolables en todo estado y grado de la investigación y del proceso. Toda persona tiene derecho a ser notificada de los cargos por los cuales se le investiga, **de acceder a las pruebas** y de disponer del tiempo y de los medios adecuados para ejercer su defensa. Serán nulas las pruebas obtenidas mediante violación del debido proceso. Toda persona declarada culpable tiene derecho a recurrir del fallo, con las excepciones establecidas en esta Constitución y la ley.*
>
> *2. **Toda persona se presume inocente mientras no se pruebe lo contrario.***
>
> *3. Toda persona tiene derecho a ser oída en cualquier clase de proceso, con las debidas garantías y dentro del plazo razonable determinado legalmente, por un tribunal competente, independiente e imparcial establecido con anterioridad. Quien no hable castellano o no pueda comunicarse de manera verbal, tiene derecho a un intérprete.*
>
> *4. Toda persona tiene derecho a ser juzgada por sus jueces naturales en las jurisdicciones ordinarias, o especiales, con las garantías establecidas en esta Constitución y en la ley. Ninguna persona podrá ser sometida a juicio sin conocer la identidad de quien la juzga, ni podrá ser procesada por tribunales de excepción o por comisiones creadas para tal efecto.*
>
> *5. Ninguna persona podrá ser obligada a confesarse culpable o declarar contra sí misma, su cónyuge, concubino o concubina, o pariente dentro del cuarto grado de consanguinidad y segundo de afinidad.*
>
> *La confesión solamente será válida si fuere hecha sin coacción de ninguna naturaleza.*
>
> *6. Ninguna persona podrá ser sancionada por actos u omisiones que no fueren previstos como delitos, faltas o infracciones en leyes preexistentes.*
>
> *7. Ninguna persona podrá ser sometida a juicio por los mismos hechos en virtud de los cuales hubiese sido juzgada anteriormente.*

8. Toda persona podrá solicitar del Estado el restablecimiento o reparación de la situación jurídica lesionada por error judicial, retardo u omisión injustificados. Queda a salvo el derecho del o de la particular de exigir la responsabilidad personal del magistrado o de la magistrada, del juez o de la jueza; y el derecho del Estado de actuar contra éstos o éstas.

El sustento constitucional de esta norma se refleja en el artículo 1 del Código Orgánico Procesal Penal, que indica a su vez lo siguiente:

***Artículo 1°.** Nadie podrá ser condenado sin un juicio previo, oral y público, realizado sin dilaciones indebidas, sin formalismos ni reposiciones inútiles, ante un Juez o Jueza, o tribunal imparcial, conforme a las disposiciones de este Código y con salvaguarda de todos los derechos y garantías del debido proceso, consagrados en la Constitución de la República Bolivariana de Venezuela, las leyes, los tratados, convenios y acuerdos internacionales suscritos y ratificados por la República.*

Como se colige de lo anterior, la República Bolivariana de Venezuela a través de su derecho positivo insiste en la importancia fundamental del debido proceso, inspirador y rector de las actuaciones judiciales y administrativas que realice el Estado Venezolano. Esto, sumado a los compromisos internacionales que ha adquirido el Estado, lo compromete a ser consecuente con los mismos, y lo obliga internacionalmente a su cumplimiento.[22]

No obstante, es de tal importancia dicho principio que por supuesto trasciende la legislación positiva de la República Bolivariana de Venezuela, siendo transversal al derecho positivo de los países de la región, sustentándose sobre principios similares. Así el derecho comparado nos permite evidenciar la jerarquía del debido proceso, y el carácter fundamental que tiene su guarda. Por considerar que son muchos más los lazos que unen a las Repúblicas Bolivariana de Venezuela y la República de Colombia, se considera relevante hacer un breve análisis de cómo se consagra dicho principio en el artículo 29 de la Constitución Política de 1991, además de consagrarlo en los artículos 11, 12, 28, 31, 33, 34, 228, 229 y 230:

***ARTICULO 29.** El debido proceso se aplicará a toda clase de actuaciones judiciales y administrativas.*

Nadie podrá ser juzgado sino conforme a leyes preexistentes al acto que se le imputa, ante juez o tribunal competente y con observancia de la plenitud de las formas propias de cada juicio.

---

[22] El Estado de Venezuela ratificó el "Pacto de San José" o Convención Americana sobre Derechos Humanos el 09 de agosto de 1977, y denunció el mismo mediante nota oficial presentada a la Secretaría General de la Organización de Estados Americanos el 10 de septiembre de 2012.

En materia penal, la ley permisiva o favorable, aun cuando sea posterior, se aplicará de preferencia a la restrictiva o desfavorable.

Toda persona se presume inocente mientras no se la haya declarado judicialmente culpable. Quien sea sindicado tiene derecho a la defensa y a la asistencia de un abogado escogido por él, o de oficio, durante la investigación y el juzgamiento; a un debido proceso público sin dilaciones injustificadas; a presentar pruebas y a controvertir las que se alleguen en su contra; a impugnar la sentencia condenatoria, y a no ser juzgado dos veces por el mismo hecho.

Es nula, de pleno derecho, la prueba obtenida con violación del debido proceso.

De igual manera, el actual Código de Procedimiento Penal – Ley 906 de 2004 (sistema acusatorio) y el derogado Código de Procedimiento Penal – Ley 600 de 2000 (sistema inquisitivo) plasman en su tenor el debido proceso como uno de sus principios rectores, en el título preliminar de ambos Códigos. Según la doctrina colombiana, *"... el debido proceso, como derecho fundamental, es la matriz de todos los demás derechos que en el trámite del proceso penal garantizan la intangibilidad de la dignidad absoluta de la persona... [El] debido proceso es el conjunto de garantías que protege a la persona de los riesgos del desbordamiento del poder"[23]*. Asimismo, *"En sentido amplio el debido proceso es el conjunto no sólo de procedimientos legislativos, judiciales y administrativos que deben cumplirse para que una ley, sentencia o resolución administrativa que se refiera a la libertad individual sean fundamentalmente válida, sino también para que se constituya en garantía del orden, de la justicia, de la seguridad en cuanto no se lesione de manera indebida la seguridad propuesta como intangible para el ciudadano en el Estado democrático"[24]*

Aunado a lo anterior, la jurisprudencia colombiana ha nutrido el concepto de debido proceso, en especial a través de sentencias hito T- 442 de 3 de julio de 1992, Magistrado Ponente Simón Rodríguez Rodríguez y T- 496 de 8 de julio de 1992, Magistrado Ponente Fabio Morón Díaz. Dichas sentencias, producto de la primera Corte Constitucional de Colombia tras la expedición de la Constitución Política de 1991, se caracterizan por su posición de avanzada en el alcance de los derechos fundamentales recién plasmados en la nueva Carta Magna. Así, podemos extraer significativos aportes en lo pertinente al debido proceso:

---

[23] Ver Jorge Arenas Salazar. *Pruebas Penales.* Editorial Doctrina y Ley, Bogotá, 1996, p. 80.

[24] Ver Fernando Velásquez, *"Comentarios al nuevo Código de Procedimiento Penal"*. Señal Editora, Medellín, 1987, p. 111-112.

"En su acepción jurídica, el debido proceso es el conjunto de garant-ías establecidas como medios obligatorios necesarios y esenciales para que el ejercicio de la función jurisdiccional se materialice, si se tiene en cuenta que es imposible aplicar el derecho por parte de los Órganos del Estado, sin que la actuación de éstos se haya ajustado a los procedi-mientos institucionalizados para el fiel cumplimiento de su misión de administrar justicia. Significa esto que todos los actos que el Juez y las partes ejecutan, en la iniciación, impulso procesal, desarrollo y extin-ción del mismo, tienen carácter jurídico porque están previamente seña-lados por la ley instrumental. Es una actividad reglada y garantizadora que se desarrolla por etapas, entrelazadas o unidas por un objetivo común, como es el de obtener la aplicación del derecho positivo, a un caso concreto, sometido a la actividad jurisdiccional del Estado."

"Se ha dicho, que el derecho penal, tanto sustantivo como procedi-mental es eminentemente público. El hecho punible que identifica a las conductas, como violatorias del régimen penal es creado por el Estado y las normas que establecen los procedimientos a seguir dentro de las eta-pas procesales también tienen su origen en el Estado. Este a través de la Rama Jurisdiccional es el titular del derecho punitivo que sanciona las infracciones no sólo a nombre del lesionado sino a nombre y en repre-sentación de la sociedad a quien se le amenaza con las conductas puni-bles.

*Como el derecho penal no sólo interesa a las partes procesales sino a toda la comunidad y dado el carácter público de éste, sus normas son de imperioso cumplimiento para los sujetos y partes procesales que in-tervienen en el conflicto. **Al Estado es a quien le corresponde poner en movimiento los medios adecuados para hacer cumplir las normas pe-nales y sancionar al infractor, respetando las garantías constituciona-les y legales que se han consagrado para el juzgamiento.***

***Es por esta situación que encuentra especial peso constitucional la figura del debido proceso en materia penal**, de allí que si se mira con detenimiento el contenido del artículo 29 de la Constitución Nacional, fuerza concluir que esta norma tiene particular trascendencia y aplica-bilidad en el derecho criminal.*

El tercer inciso de la norma en cita, sólo tiene operancia en materia penal al prescribir las figuras jurídicas de la permisibilidad y favorabi-lidad en estos juicios. En el cuarto se habla de la presunción de inocen-cia del sindicado, de la culpabilidad, preceptos que tienen relación dire-cta con los procesos penales.

*El fin del proceso está determinado por la **búsqueda de la verdad material** dentro de la confrontación ideológica establecida por las par-*

tes. Esa meta sólo se puede cumplir, si el juez y las partes, adecúan su proceder a unos trámites previos y obedecen unos principios fundamentales constituidos como garantías universalmente reconocidas para que el juicio sea eficiente e idóneo y el fallo produzca efectos en derecho.

La legalidad de los delitos y de las penas, la ritualidad del juicio, el principio del Juez natural, la favorabilidad y la permisibilidad normativa y el derecho de defensa, la prohibición de la autoincriminación y la doble instancia, son los pilares sobre los cuales descansa el debido proceso penal.

Estos principios no sólo deben respetarse, sino garantizarse materialmente dentro de la vigencia del proceso porque de lo contrario estaría viciada la actuación judicial." Sentencia T- 442 de 3 de julio de 1992, Magistrado Ponente Simón Rodríguez Rodríguez **(Negritas fuera del texto)**

Así las cosas, es notable evidenciar que tanto en la República Bolivariana de Venezuela como en la República de Colombia, la importancia del debido proceso es realmente fundamental. Tal como lo plantean los postulados del neo constitucionalismo, los derechos constitucionales deben irrigar todo el ordenamiento jurídico, siendo el sustento de cualquier actuación administrativa o judicial. En el caso de un proceso penal, dicho principio toma especial relevancia en tanto los derechos del procesado que son susceptibles de afectarse son de suma importancia, como la libertad y la dignidad. La garantía de los derechos y la defensa de la arbitrariedad estatal descansan sobre el debido proceso, herramienta fundamental con que cuenta el procesado para su defensa frente a la acción punitiva del Estado. Como hemos visto, la relación de este principio y el derecho de las pruebas son fundamentales, ya que la prueba es núcleo del debido proceso por antonomasia. Es en esta relación que se efectuó la violación a los derechos procesales de Allan Brewer Carías, quien a pesar de la importancia reconocida por el Estado venezolano en la defensa de los derechos fundamentales de sus asociados, ha obviado en el particular los derechos a la contradicción de las pruebas y de presunción de inocencia del acusado, entre otros, situación que ha llevado al auto exilio del ciudadano Brewer Carías.

b. **Hechos Notorios Comunicacionales y el Debido Proceso aplicado al caso en concreto del proceso penal adelantado por el Estado Venezolano en contra del ciudadano Dr. Allan Brewer Carías**

Al entrar al análisis del caso en particular, es menester resaltar los hechos procesales relacionados directamente con la violación del debido proceso del ciudadano Dr. Allan Brewer Carías en su relación con los llamados "hechos notorios comunicacionales:"

1. El 27 de enero de 2005 la Fiscal Sexta del Ministerio Público imputó al profesor Allan R. Brewer Carías el delito de conspiración para cambiar vio-

lentamente la Constitución. Dicha fecha no ha sido reconocida por el Informe 171/11 de la Comisión Parlamentaria Especial para investigar los hechos de abril del 2002, que insiste en que la investigación penal inició el 12 de abril de 2002. En realidad, lo único que se presentó ese año fue la denuncia instaurada en contra del Dr. Brewer por un oficial activo del Ejército, coronel Ángel Bellorín, basado en los "hechos notorios comunicacionales" según los cuales el profesor Allan Brewer Carías junto con tres personas más redactó en su momento el *Acta de constitución del Gobierno de Transición Democrática y Unidad Nacional o Decreto Carmona*, que fue el documento que constituyó el Gobierno de facto conducido por el ciudadano Pedro Carmona Estanga, que asumió la Presidencia de la República de manera abiertamente ilegal e inconstitucional, tal como lo advirtió en su momento el profesor Brewer Carías, quien fue consultado en ejercicio de su profesión de abogado, por el ciudadano Pedro Carmona Estanga.

Al conocer dicha situación, el profesor Brewer Carías se presentó voluntariamente ante el Fiscal Provisorio José Benigno Rojas. No obstante, no fue sino dos años y medio después cuando fue llamado por la Fiscal Provisoria Luisa Ortega Díaz, hoy Fiscal General de la República, para responder por la supuesta "discusión, elaboración, redacción y presentación" del decreto constitutivo del llamado gobierno de transición. Desde ese momento el profesor Brewer Carías manifestó la falsedad de los hechos que se le inculpaban según los reportes de prensa. Este es el primer momento donde la Fiscal provisoria Sexta tiene en cuenta "el hecho notorio comunicacional reiterado y por todos conocido" según el cual el profesor Brewer Carías había sido uno de los coautores del *Acta de constitución del Gobierno de Transición Democrática y Unidad Nacional o Decreto Carmona*.

2. Aunado al irregular comienzo del proceso, la inestabilidad de los jueces y fiscales temporales que intervinieron en el caso agravó mucho más la situación del ciudadano Allan R. Brewer Carías, toda vez que los funcionarios judiciales que se atrevían a actuar con base en la ley eran removidos de sus cargos por cuanto que, ocupaban los mismos de manera provisional. Tan grave es la situación que la totalidad de los fiscales y de los jueces que han actuado en el proceso penal bajo estudio han tenido este carácter de ostentar cargos de libre nombramiento y remoción.

3. El proceso penal siguió adelante, y en este se evidenció en diversas oportunidades la indebida apreciación de las pruebas, así como su rechazo y adulteración:

a. El testimonio de Jorge Olavarría en el año en 2002, quien fue un viejo amigo y reconocido periodista, escritor y político hasta su fallecimiento en el año 2005, declaró que estando reunido con el profesor Brewer Carías el 10 de abril de 2002, dos jóvenes abogados llegaron a presentarles un borrador del Decreto constitutivo del nuevo Gobierno, pero que dado que el papel era anónimo y que circulaban muchos rumores en esos días, no le dieron mayor trascendencia al mismo. Es decir, el señor Jorge Olavarría es testigo de cómo el Decreto le fue presentado al profesor Brewer Carías ya redactado. Este testimonio, a pesar de su claridad fue utilizado por la Fiscal provisional Sexta para sustentar en parte la imputación por cambiar violentamente la Constitución.

b. Las transcripciones adulteradas de las entrevistas televisadas, a pesar de las manifestaciones de la defensa del profesor Brewer Carías, fueron tenidas en cuenta a pesar de sus irregularidades. La entrevista hecha al Dr. Teodoro Petkoff, a pesar del manto de duda que rodeaba la trascripción, fue tenida en cuenta en la imputación como prueba. Incluso, dicho dirigente manifestó, más adelante, que como no estuvo en el lugar de los hechos, no podía evidenciar de primera mano que el profesor Brewer Carías había redactado el Decreto constitutivo del nuevo Gobierno.

c. Adicionalmente, a medida que avanzaba el proceso, el profesor Brewer Carías **en múltiples oportunidades solicitó a la Fiscalía la exhibición de los vídeos en los cuales estaban plasmadas los hechos notorios comunicacionales con base en los cuales la Fiscalía fundamentaba sus acusaciones, pero en ningún momento se le permitió ver más que una parte de ellos.** Al no poder verificar su validez o falsedad, el profesor Brewer Carías fue violentado en su derecho de contradecir las pruebas que la Fiscalía Sexta provisional esgrimía en su contra en la acusación.

d. Así, y siendo evidentes las negativas de la Fiscalía de exhibir los vídeos, la defensa del profesor Brewer Carías pidió la transcripción de los vídeos para verificar que efectivamente la transcripción hecha por la Fiscal Sexta provisional en la imputación fuera veraz, pero al final dicha solicitud fue rechazada, sosteniendo que no aportaba nada a la investigación.

e. Sumado a lo anterior, **no se le permitió ni al profesor Brewer Carías ni a su defensa, obtener copias del expediente y las actuaciones.** Tan sólo se les permitió la dispendiosa tarea de transcribir a mano 28 piezas de miles de páginas, a lo que el Estado manifiesta que la lectura de los expedientes se permite solamente en la sede de la Fiscalía.

f. Paralelamente, el Ministerio Público rechazó varias de las pruebas promovidas por la defensa, en especial los testimonios de Nelson Mezherane, Guaicaipuro Lameda, Yajaira Andueza, Nelson Socorro y Leopoldo Batista. Además, se negó la práctica de prueba anticipada para que se tomara declaración al ciudadano Pedro Carmona, ya que él mejor que nadie era testigo de los hechos. No obstante, dicha declaración no fue permitida al estar el involucrado en un proceso penal, lo cual carece de sustento jurídico visto que en ninguna parte del ordenamiento venezolano se indica que el hecho de estar imputado sea impedimento para rendir testimonio.

g. El 21 de octubre de 2005 se formalizó la acusación en contra del profesor Brewer Carías, con base en los mismos hechos notorios comunicacionales, basados en los mismos recortes de prensa que mencionaron en la denuncia y en la misma imputación fiscal, por lo que al pasar el proceso de fase de investigación a fase intermedia, la defensa hizo una adecuada exposición de las múltiples violaciones al debido proceso de las que había sido objeto el ciudadano Brewer Carías, y en consecuencia pidió la nulidad de todo lo actuado. Esta solicitud nunca fue decidida violándose con ello el derecho de protección judicial del acusado.

h. Asimismo, la declaración notariada bajo juramento del ciudadano Pedro Carmona Estanga en la ciudad de Bogotá no fue tenida en cuenta por el señor Juez provisorio de Control, a pesar de la firmeza de las declaraciones del señor Carmona manifestando que el profesor Brewer Carías no tenía nada que ver con la redacción del Acta constitutiva del Gobierno de Transición Democrática y Unidad Nacional, toda vez que relata como el día 12 de abril de 2002 solicitó la presencia del profesor Brewer Carías en el Fuerte Tiuna con el fin de contar con su opinión como abogado sobre el Decreto en cuestión, a la vez que sostiene que el mismo le envió un vehículo para recogerlo dicha madrugada.

i. Respecto de otros testimonios, no se permitió la presencia de la defensa, realizando las mismas sin la presencia de los abogados del profesor Brewer Carías. Ejemplo claro es el del testimonio que rindió el general Lucas Rincón, jefe del mando militar y quien anunció la renuncia del señor Presidente de la República durante el golpe de Estado.

Es evidente en los hechos, tal como lo indica el *Escrito de Solicitudes, Argumentos y Pruebas* en su numeral 163, que la imputación hecha al ciudadano Allan Brewer Carías se basó fundamentalmente en *"un conjunto de versiones periodísticas que supuestamente vinculaban al profesor Brewer Carías con la redacción del decreto del 12 de abril, formuladas por personas que no presenciaron hecho alguno ni fueron testigos de lo que opinaron"*. De lo anterior es posible colegir varios errores jurídicos que llevaron a la violación del debido proceso de Allan Brewer Carías. En primer lugar, las versiones periodísticas que se utilizaron por la Fiscalía Sexta provisoria para la imputación son en su totalidad opiniones y versiones de periodistas, ninguno de los cuales fue testigo presencial de los hechos, lo cual no entra dentro de los hechos susceptibles de ser hechos notorios comunicacionales, ya que tal como se argumentó al inicio de este *Amicus Curiae*, de acuerdo a la jurisprudencia del Tribunal Supremo de Venezuela – Sala Constitucional -deben ser noticias sobre hechos ampliamente difundidas las que sirvan de eximentes de prueba al ser masivas y hacer parte del conocimiento colectivo así sea de manera transitoria y temporal. Adicionalmente, el "hecho notorio comunicacional" sólo existe si no ha sido objeto de **rectificaciones**, a dudas sobre su existencia, a presunciones sobre la falsedad del mismo. El profesor Brewer Carías oportunamente desmintió públicamente las afirmaciones irresponsables que algunos periodistas esgrimieron en su contra, por lo que tampoco es posible que se tengan estas versiones desmentidas como hechos notorios comunicacionales, y mucho menos invertir la carga de la prueba y desvirtuar la presunción de inocencia de la cual goza el ciudadano Brewer Carías.

Es así notable, que el Ministerio Público utilizó la figura de los hechos notorios comunicacionales como elemento fundamental de su imputación y acusación, a pesar de que los mismos constituyen eximentes de prueba que en ningún caso pueden invertir la carga de la prueba, al punto de considerar las versiones periodísticas como ciertas hasta que no se demuestre lo contrario.

3. CONCLUSIONES

Desconoce el Estado Venezolano que aún los eximentes de prueba deben estar imitados por las garantías procesales del acusado, que surgen de la esencia misma del sistema penal acusatorio y de la Constitución Venezolana de 1999, sin mencionar los múltiples tratados de derechos humanos de los que hace parte y de los cuales se deriva la obligación que tiene un Estado democrático de garantizar a sus asociados un proceso justo y que se acomode a las reglas del debido proceso.

El profesor Brewer Carías debió enfrentar un proceso criminal en el cual la certeza que se le dio a los rumores esgrimidos en su contra, sumada a la falta de independencia de la justicia en la República Bolivariana de Venezuela, evitó que pudiese acceder a las pruebas, contradecirlas, interrogar a los testigos, o siquiera obtener copia de los expedientes para preparar adecuadamente su defensa en el proceso penal.

La indebida utilización de la figura de los hechos notorios debilitó seriamente las garantías procesales del acusado provocando entre otras: 1. La violación de las garantías judiciales (Artículo 8 Convención ADH); 2. La violación de las garantías judiciales mínimas atinentes al derecho a la defensa de disponer de tiempo y de los medios adecuados para la preparación de su defensa (Convención ADH, Artículo 8.2.C) y de promover y repreguntar testigos (Convención ADH Artículo 8.2.F); la violación de la presunción de inocencia (Convención ADH Artículo 8.2); la violación del derecho a la honra (Convención ADH Artículo 11) y el derecho a la libertad de expresión (Convención ADH Artículo 13).

Estamos atentos a cualquier solicitud de información o aclaratoria posterior.

De los Honorables Magistrados,

Respetuosamente,

ANA GIACOMETTE FERRER

Presidenta Centro Colombiano de Derecho Procesal Constitucional

C.C. N° 41.635.127 de Bogotá

T.P. N° 20175 del C.S. de la J.

NOVENA PARTE:

AMICUS CURIAE PRESENTADO POR EL PROFESOR VÍCTOR HERNÁNDEZ MENDIBLE SOBRE LA SITUACIÓN DEL PODER JUDICIAL 28 DE AGOSTO DE 2013

Señores

Presidente y demás Jueces de la Corte Interamericana de Derechos Humanos

Presente.

Ref.: Caso 12.724. *Amicus Curiae*

Caso *Allan Brewer Carías vs. Venezuela*

Quién suscribe, Víctor Rafael Hernández Mendible, venezolano, mayor de edad, con domicilio en Caracas, Venezuela, Doctor en Derecho y Abogado, con el título homologado al de Licenciado en Derecho, en España, Profesor de Derecho Administrativo en la Universidad Católica Andrés Bello desde 1997, en la Especialización de Derecho Procesal Constitucional en la Universidad Monteávila desde 2008 (ambos en Venezuela), en la Maestría de Derecho Minero-Energético de la Universidad Externado de Colombia desde 2007 e investigador del Departamento de Derecho Minero-Energético de la misma universidad desde 2009, invitado en las Maestrías de la Universidad ESAN de Perú en 2010, Continental de Perú en 2012 y Universidad Nacional Autónoma de México en 2013, así como miembro de la Comisión Académica del Doctorado en Derecho Administrativo Iberoamericano, de la Universidad La Coruña desde 2013 y miembro del Foro Iberoamericano de Derecho Administrativo, como persona ajena al litigio y al proceso en el caso *Allan Brewer Carías vs. Venezuela*, que cursa ante esta honorable Corte Interamericana de Derechos Humanos (en lo adelante Corte IDH; Corte Interamericana), actuando en nombre propio y de conformidad con lo previsto en los artículos 2.3, 28 y 44 del Reglamento de la Corte Interamericana, a continuación presento el siguiente escrito de *amicus curiae* con el objeto de formular ante esta honorable Corte, algunas consideraciones jurídicas sobre la materia del proceso, en particular, sobre el principio democrático de la separación de poderes que constituye la base de todo el Sistema Interamericano de Derechos Humanos, y su secuela fundamental que es el principio de la independencia y autonomía del Poder Judicial, y sobre cómo dichos principios y el derecho de toda persona a ser juzgado por jueces imparciales e independientes que está garantizado en el artículo 8 de la Convención Americana sobre Derechos Humanos, ha sido violado por el Estado venezolano, en este caso, además, en perjuicio del profesor Allan Brewer Carías, en el proceso penal seguido en Venezuela en su contra, y que entre otras denuncias, ha originado el presente caso que cursa ante esta honorable Corte.

INTRODUCCIÓN

1. Como lo han expuesto los representantes del Profesor Brewer Carías en el Escrito de Argumentaciones, Solicitudes y Pruebas sometido al conocimiento, juicio y decisión de esta honorable Corte IDH el 7 de julio de 2012, Brewer Carías es:

> "una persona de la más alta jerarquía intelectual y de irreprochable trayectoria democrática, que ha sido perseguida a través de la utilización abyecta de un sistema de justicia penal carente de toda independencia respecto de los requerimientos del poder ejecutivo. Esa persecución se ha traducido en su enjuiciamiento al margen del más elemental respeto al debido proceso, en la orden de su privación de libertad y de aprehensión, y en un forzado exilio en el que vive desde hace más de seis años. En su persona, se ha pretendido castigar y escarmentar la disidencia contra el régimen político venezolano." (Párr. 28).

2. Agregaron dichos Representantes, además, que:

> "29. La situación de persecución y de violaciones de derechos humanos en contra del profesor Brewer Carías no es un hecho aislado. Es sólo una muestra de un caso que es objeto de un patrón de conducta dirigido en contra de quienes levantan su voz para criticar el actual régimen político venezolano, incluyendo los defensores de derechos humanos en ese país. Un elemento fundamental de ese patrón es la utilización del sistema penal con el objeto de amedrentar y silenciar a quienes critican al gobierno actual de Venezuela."

> "30. El desmantelamiento de la autonomía e independencia del Poder Judicial en su conjunto, y en particular, al aseguramiento del control político por parte del Ejecutivo Nacional del Tribunal Supremo y de su Sala Constitucional, los cuales han sido puestos al servicio del autoritarismo afectando su rol de garantes de la Constitución y de los derechos humanos, ha conducido por supuesto al propio desmantelamiento del principio de la separación de poderes, y con ello, de la propia democracia, precisamente mediante un proceso paralelo de concentración del poder."

3. En mi condición de profesor de Derecho Administrativo, y por tanto, como conocedor de la trayectoria y ejecutorias del profesor Brewer Carías, que para ese momento constituían cuarenta y cinco años de vida académica; hace ya seis años, el 13 de noviembre de 2006, cuando apenas comenzaba el proceso penal iniciado en su contra en Venezuela, me sume a los miembros del Foro Iberoamericano de Derecho Administrativo, a lo cual se adhirieron otros profesores, para firmar una comunicación de apoyo dirigida al Presidente y demás miembros de la Comisión Interamericana de Derechos Humanos, titulada: *"Un atentado al derecho público iberoamericano,"* en la cual se expuso lo siguiente:

"Los abajo firmantes, catedráticos y profesores de derecho público de diferentes universidades iberoamericanas, en su mayoría integrantes del Foro Iberoamericano de Derecho Administrativo, queremos que esta comunicación se adjunte a la denuncia del profesor doctor Allan Brewer Carías por persecución política y violación de las garantías judiciales a la defensa, al debido proceso y a la presunción de inocencia.

Conocemos al profesor Brewer, y su obra académica, desde hace bastantes años porque es uno de los catedráticos más conocidos y valorado del Derecho Administrativo Iberoamericano. Pertenece al Foro Iberoamericano de Derecho Administrativo, es tratadista indiscutible de Derecho Público y maestro de juristas de todo el mundo.

Cuando meses atrás llegó a nuestros oídos la noticia de su imputación en el delito de conspiración para alterar violentamente el orden constitucional pensamos que en ello había una equivocación. Primero, porque el doctor Brewer se ha caracterizado siempre por un respeto escrupuloso a los postulados del Estado de Derecho y, segundo, porque estamos convencidos de que, cómo él arguye, no cabe más intervención del profesor que la de haber actuado siempre a favor de la Ley y del Derecho.

Sembrar la duda sobre la honorabilidad de un jurista de la talla de Allan Brewer es algo que rechazamos y que contraría los fundamentos de un sistema avanzado de libertades. Brewer participó como constituyente en el último proceso constitucional de su país, escribe y conferencia exponiendo sus puntos de vista equilibrados y juiciosamente, lo que hace más incomprensible la situación que está atravesando cuándo es invitado a pronunciar conferencias fuera de su país.

Como miembros del Foro Iberoamericano de Derecho Administrativo consideramos como propio el atentado jurídico contra Brewer que si no se rectifica puede abrir una grieta profunda en los cimientos de un sistema político en el que debería ser más nítida la separación de los poderes.

Una vez que le comunicaron la imputación, el profesor Brewer confirmó que se le había requerido como abogado y especialista en derecho constitucional una opinión jurídica, la cual fue contraria al decreto que se pretendía aprobar durante la crisis política derivada de la renuncia del Presidente de la República en abril de 2002. Es decir, aconsejó que esa no era la vía que precisaba el país y, por ello, sus adversarios políticos, que quizás no le perdonan sus múltiples y reconocidos méritos, se ensañan contra él poniendo en marcha un proceso penal en el que las pruebas más sólidas parecen ser informaciones de periódicos.

El caso del profesor Brewer es particularmente significativo por la violación del Estado de Derecho perpetrada a través de la presencia objetiva de situaciones tales como lesiones y limitaciones esenciales al derecho de defensa concretadas en la negativa a ver supuestas pruebas audiovisuales y su trascripción, en la negativa a las pruebas testimoniales promovidas, en la violación a las garantías constitucionales del juez imparcial y a la presunción de inocencia. Tales circunstancias se hacen aún más patentes al reflexionar sobre el escenario histórico en el que se produjeron los hechos relacionados con la imputación, signado por una realidad incuestionable, cual es la presencia pública y expresa del mas alto jerarca militar del momento anunciando al país que el alto mando militar había pedido la renuncia del Presidente de la Republica y que éste la había aceptado.

Ante el camino que está tomando el proceso contra él sustanciado en la República de Venezuela, convertido en una persecución de carácter político, sobre la base de opiniones periodísticas, con irrespeto a las garantías de una justicia imparcial, es un gran honor para todos nosotros poner en conocimiento de la Comisión Interamericana de Derecho Humanos el siguiente escrito que, a su vez, contiene un manifiesto de solidaridad con el profesor Brewer Carías hecho público a la opinión pública jurídica iberoamericana meses atrás."[1]

---

[1] Texto firmado por: Jaime Rodríguez-Arana, Catedrático de Derecho Administrativo de la Universidad de La Coruña (España) y Presidente del Foro Iberoamericano de Derecho Administrativo; Mariano Brito, Rector de la Universidad de Montevideo y Catedrático de Derecho Administrativo de dicha Universidad; Consuelo Sarria, Vicepresidente del Foro Iberoamericano de Derecho Administrativo y Catedrática de Derecho Administrativo de la Universidad del Externado de Colombia; Jorge Danós, Vicepresidente del Foro Iberoamericano de Derecho Administrativo y Catedrático de Derecho Administrativo de la Universidad Católica de Perú; José Luis Meilán, Catedrático emérito de Derecho Administrativo de La Coruña y miembro del consejo científico del Instituto Internacional de Ciencias Administrativas; Iñigo del Guayo, Catedrático de Derecho Administrativo y director del Departamento de Derecho Público de la Universidad de Almería; Juan Raposo, Titular de Derecho Civil de la Universidad de La Coruña; Javier Robalino, Catedrático de Derecho Administrativo en la Universidad de San Francisco de Quito; Joffre Campaña, Catedrático de Derecho Administrativo en la Universidad Espíritu Santo de Guayaquil; Almudena Fernández Carballal, Titular de Derecho Administrativo de la Universidad de la Coruña; Juan Pablo Cajarville, Catedrático de Derecho Administrativo de la Universidad de la República del Uruguay; Juan Carlos Cassagne Catedrático de Derecho Administrativo de la Universidad de Buenos Aires y de la Universidad Católica Argentina; Miriam Ivanega, Catedrática de Derecho Administrativo y secretaria ejecutiva del Master de Derecho Administrativo de la Universidad Austral; José Mario Serrate, Catedrático de Derecho Administrativo de la Universidad de Santa Cruz de la Sierra; Carlos Delpiazzo, secretario ejecutivo del Foro Iberoamericano de Derecho Administrativo, catedrático de Derecho Administrativo de las universidades uruguayas de Montevideo y de la República y director del departamento de Derecho Informático de la Universidad de Montevideo; Enrique Rojas Franco, Catedrático de

4. Ahora, seis años después, en mi condición de profesor de Derecho Administrativo en Colombia, España, México, Perú y Venezuela, formalmente acudo en apoyo de la demanda formulada por los representantes del profesor Brewer Carías ante esta Corte IDH para asegurar la protección de sus derechos y garantías que considero le han sido violados en el proceso penal que se le sigue en Venezuela; por lo que en abono y fundamentación de lo ya expresado públicamente, he tomado la decisión de presentar ante esta honorable Corte el siguiente *amicus curiae* en el cual, como antes he expresado, concentrare mis consideraciones jurídicas, en analizar los temas de la situación y efectividad del principio de la separación de poderes en Venezuela, y cómo ello ha afectado la independencia y autonomía del Poder Judicial, para confirmar, en esa situación, cómo el derecho del profesor Allan Brewer-Carías a ser juzgado por jueces imparciales e independientes que garantiza en el artículo 8 de la Convención Americana sobre Derechos Humanos, le ha sido vulnerado.

Derecho Administrativo de la Universidad de San José de Costa Rica y Director Ejecutivo del Instituto González Pérez de Derecho Administrativo y de la Asociación Iberoamericana de Derecho Administrativo; Fausto de Cuadros, Catedrático de Derecho Administrativo de la Universidad de Lisboa y Profesor Asociado del Instituto de Derechos Humanos René Cassin de Estrasburgo; Luciano Parejo Alfonso, Rector de la Universidad Internacional Menéndez Pelayo y Catedrático de Derecho Administrativo de la Universidad Carlos III de Madrid; Hugo Calderón, Catedrático de Derecho Administrativo de la Universidad Central de Guatemala; Rogelio Leal, Catedrático de la Universidad de Santa Cruz do Sul de Brasil; José Luís Martínez López-Muñiz, Catedrático de Derecho Administrativo de la Universidad de Valladolid. A dicha petición se adhirieron los siguientes profesores: Jaime Orlando Santofimio Gamboa, Profesor Derecho Administrativo, Universidad Externado de Colombia; Alejandro Pérez Hualde, Profesor de la Universidad de Mendoza, Argentina; Daniel Sabsay, Profesor titular de Derecho Constitucional de la Universidad de Buenos Aires y Director Ejecutivo de la Fundación Ambiente y Recursos Naturales; Karlos Navarro, catedrático de la Universidad Nacional de Nicaragua; Miguel Ángel Sendín, profesor de Derecho Administrativo de la Universidad Cervantes de Valladolid; Freddy J. Orlando, profesor de Derecho Administrativo de la Universidad Central de Venezuela, de la Universidad Andrés Bello y Coordinador de la Especialidad en Derecho Tributario del Centro de Estudios de Postgrado de la Facultad de Ciencias Jurídicas y Políticas de la Universidad Central de Venezuela; Ernesto Schaeffer, Catedrático de Derecho Procesal Administrativo de la Universidad Panameña del Istmo; Víctor Rafael Hernández-Mendible, Profesor de Derecho Administrativo en la Universidad Católica Andrés Bello y en la Universidad Central de Venezuela; Jaime Vidal Perdomo, Profesor de Derecho Constitucional y de Derecho Administrativo en la Universidad del Rosario de Bogotá; Maria Amparo Grau, Profesora de las Universidades Católica Andrés Bello y Central de Venezuela; Libardo Rodríguez Rodríguez, ExConsejero de Estado de Colombia y Profesor de Derecho Administrativo; Pablo E. Perrino, Profesor de la Universidad Nacional de la Plata, Argentina; José- Luís Benavides, profesor de Derecho Administrativo de la Universidad Externado de Colombia.

I. SOBRE EL PRINCIPIO DE LA SEPARACIÓN DE PODERES COMO ELEMENTO ESENCIAL DE LA DEMOCRACIA, SU CONSAGRACIÓN EN VENEZUELA Y SU PROGRESIVA DISTORSIÓN

5. El principio de la separación de poderes se expresó por primera vez a nivel constitucional en el mundo iberoamericano, incluso antes que en la Constitución de Cádiz de 1812, precisamente en las antiguas provincias de Venezuela, al declarar su independencia de España, en el texto de la "Constitución Federal de los Estados de Venezuela" del 21 de diciembre de 1811,[2] cuyo bicentenario acaba de celebrarse, en cuyo "Preliminar" se expresó que:

"El ejercicio de esta autoridad confiada a la Confederación no podrá jamás hallarse reunido en sus diversas funciones. El Poder Supremo debe estar dividido en Legislativo, Ejecutivo y Judicial, y confiado a distintos Cuerpos independientes entre sí y en sus respectivas facultades."

6. Además, en el artículo 189 de dicha Constitución de 1811 también se insistió en el mismo principio, al disponer que:

"Los tres Departamentos esenciales del Gobierno, a saber: el Legislativo, el Ejecutivo y el Judicial, es preciso que se conserven tan separados e independientes el uno del otro cuanto lo exija la naturaleza de un gobierno libre, lo que es conveniente con la cadena de conexión que liga toda fábrica de la Constitución en un modo indisoluble de Amistad y Unión."

7. La fuente directa de inspiración de este principio, sin duda fueron las reflexiones de Montesquieu sobre la Constitución inglesa, muy difundidas en la época, cuando afirmó que "Es una experiencia eterna que todo hombre que tiene poder, tiende a abusar de él; y lo hace, hasta que encuentra límites," de lo que derivó su conocida afirmación de que "para que no se pueda abusar del poder es necesario que por la disposición de las cosas, el poder limite al poder.[3] Desde la adopción de principio, primero, en las revoluciones Norteamericana y Francesa del siglo XVIII y luego, a partir de dicha Constitución de Venezuela de 1811 en la revolución Hispanoamericana, el principio de la separación de poderes se convirtió en uno de los pilares fundamentales del constitucionalismo moderno, de la democracia, y de la libertad, al establecer reglas para asegurar la organización formal del Estado de manera que pueda ser posible el control del poder.

8. Su desarrollo progresivo en los dos siglos que han transcurrido desde aquellas formulaciones iniciales, incluso llevó a la superación de la clásica

---

[2] Véase el texto en *La Constitución Federal de Venezuela de 1811 y documentos afines*, Biblioteca de la Academia Nacional de la Historia, Caracas 1959.

[3] *De l'Espirit des Lois*, Libro XI, Cáp. IV.

división tripartita del Poder Público, de manera que, también precisamente en Venezuela, en la Constitución de 1999 se adoptó un novedoso sistema de separación orgánica de los poderes del Estado distribuyéndolos en cinco Poderes Públicos, al agregar a los tres tradicionales del constitucionalismo moderno (Legislativo, Ejecutivo y Judicial), dos nuevos, el Poder Ciudadano que comprende los órganos con autonomía funcional que por lo demás existen en forma variada en casi todos los países del Continente americano (como son el Ministerio Público, el Defensor del Pueblo o de los Derechos Humanos, y el órgano de control fiscal o Contraloría General) y el Poder Electoral que comprende los órganos encargados de llevar adelante los procesos electorales (Consejo Nacional Electoral). Estos cinco conjuntos orgánicos, en el texto de la Constitución venezolana se consagran como separados, con autonomía e independencia entre sí, teniendo cada uno de ellos sus competencias constitucionales y legales específicas.

9. La esencia del principio de la separación de poderes, en todo caso, además de su carácter instrumental en la organización del Estado, es que en el mundo contemporáneo y con el desarrollo de la democracia, se ha configurado como el pilar fundamental para la configuración de la misma, propio del Estado constitucional de derecho, garante de los derechos y libertades, que siempre tiene que estar montado como lo indicó la Sala Constitucional del Tribunal Supremo de Justicia de Venezuela, sobre la idea del "control del poder entre sus órganos, para asegurar la sujeción del obrar público a reglas y principios del derecho" y "hacer efectiva la sujeción de los órganos del Poder Público al bloque de la constitucionalidad."[4] Precisamente por ello, en el mundo contemporáneo, además de servir de instrumento para organizar el Estado, el principio de la separación de poderes se concibe como uno de los elementos esenciales de la democracia, pues ésta no es sólo un sistema de elección de gobernantes, sino un sistema político que tiene que garantizar, ciertamente que los representantes sean elegidos por el pueblo; pero además, que el ciudadano tenga efectiva participación política no limitada a la sola elección periódica; que el ser humano tenga primacía, y con él, su dignidad, sus derechos y sus libertades; que el ejercicio del poder esté sometido a control efectivo, de manera que los gobernantes sean controlados, rindan cuenta de su gestión y pueda exigírseles responsabilidad; y además que el Estado se organice efectivamente con órganos efectivamente separados, autónomos e independientes particularmente del poder judicial.[5]

---

[4] Véase sentencia N° 2208 de 28 de noviembre de 2007, dictada por la Sala Constitucional del Tribunal Supremo de Justicia de Venezuela, caso *Antonio José Varela y Elaine Antonieta Calatrava Armas vs. Proyecto de Reforma de la Constitución de la República Bolivariana de Venezuela*, en *Revista de Derecho Público*, No 112, Editorial Jurídica Venezolana, Caracas 2007, pp. 601-606.

[5] Véase entre otros, en general, los trabajos publicados en Peter Häberle y Diego García Belaúnde (Coordinadores), *El control del poder. Homenaje a Diego Valadés,* Instituto de Investigaciones Jurídicas, Universidad Nacional Autónoma de México, Tomo I, México 2011; y en Diego Valadés (Coord.), *Gobernabilidad y constitucio-*

10. Precisamente en esta orientación, la muy importante *Carta Democrática Interamericana* adoptada por la Organización de Estados Americanos en 2001, enumeró con precisión los *elementos esenciales* de la democracia, incluyendo entre ellos: primero, el respeto a los derechos humanos y las libertades fundamentales; segundo, el acceso al poder y su ejercicio con sujeción al Estado de derecho; tercero, la celebración de elecciones periódicas, libres, justas y basadas en el sufragio universal y secreto, como expresión de la soberanía del pueblo; cuarto, el régimen plural de partidos y organizaciones políticas, y quinto, *la separación e independencia de los poderes públicos* (art. 3). Y la misma Carta, además, complementó el contenido de la democracia al enumerar sus *componentes esenciales*, todos vinculados al control del poder, incluyendo: la transparencia de las actividades gubernamentales, la probidad y la responsabilidad de los gobiernos en la gestión pública; el respeto de los derechos sociales y de la libertad de expresión y de prensa; la subordinación constitucional de todas las instituciones del Estado, incluyendo el componente militar, a la autoridad civil legalmente constituida, y el respeto al Estado de derecho por todas las entidades y sectores de la sociedad (Art. 4).

11. Por todo ello es que el principio de la separación de poderes es tan importante para la democracia y el adecuado funcionamiento del Estado de derecho, pues en definitiva, del mismo dependen todos los demás elementos y componentes esenciales de la misma, lo que implica de acuerdo con dicha *Carta Interamericana* que sólo controlando al Poder es que se pueden asegurar los elementos esenciales de la democracia, es decir, puede realmente haber elecciones libres y justas; puede haber pluralismo político; puede haber efectiva participación; puede haber transparencia administrativa y rendición de cuentas; puede haber Estado de derecho; puede haber efectivo acceso a la justicia; puede haber autonomía e independencia de los jueces; en fin, puede haber efectiva garantía y respeto de los derechos humanos.

12. Entre todos esos elementos, y en particular en relación con el principio de la separación de poderes en el Estado constitucional democrático de derecho, quizás el que más importancia tiene es el que se refiere a la independencia y autonomía del Poder Judicial que es el que puede permitir el efectivo ejercicio del control del poder por parte de un órgano que tiene que ser independiente y autónomo. Por ello, precisamente, es que la Convención Americana sobre Derechos Humanos establece como una de las garantías básicas del debido proceso, el derecho de toda persona a ser juzgado por jueces imparciales e independientes (art. 8), siguiendo por lo demás, los estándares desarrollados internacionalmente para la protección de los derechos humanos.[6] Así, por ejemplo, en los *Principios básicos relativos a la independencia*

_____

nalismo en América Latina, Universidad Nacional Autónoma de México, México 2005.

[6] Véase toda la doctrina y fundamentación sobre estos estándares expresada por los representantes del profesor Brewer Carías en el Escrito de Solicitudes, Argumentos y Pruebas, 7 de julio de 2012, párr. 41 ss.

de la judicatura adoptados en el en el Sistema Universal de Protección de los Derechos Humanos, se reconoce, en su primer artículo, que la independencia de la judicatura debe ser *"garantizada por el Estado y proclamada por la Constitución o la legislación del país"* de manera que "todas las instituciones gubernamentales y de otra índole respetarán y acatarán la independencia de la judicatura,"[7] para cuyo efecto, precisamente las Constituciones desarrollan sistemas, por ejemplo, para garantizar dicha independencia de los jueces, al disponer el proceso de su nombramiento, y la garantía de su estabilidad y contra presiones externas, tal como formalmente ocurre por ejemplo, en la Constitución venezolana de 1999 (arts. 253 ss).

13. Con base en estos principios, y en particular a la luz del artículo 8 de la Convención Americana sobre Derechos Humanos, esta honorable Corte IDH, en sus importantes sentencias dictadas en los casos *Tribunal Constitución vs. Perú, Apitz y otros vs. Venezuela, Reverón Trujillo vs. Venezuela y Chocrón Chocrón vs. Venezuela*[8], casi todos precisamente dictados en los últimos años en procesos seguidos contra Venezuela, se ha referido y ha desarrollado esta garantía de independencia e imparcialidad de los jueces, sus elementos y su importancia para una sociedad democrática, expresando, por ejemplo, que:

> *"68. El principio de independencia judicial constituye uno de los pilares básicos de las garantías del debido proceso, motivo por el cual debe ser respetado en todas las áreas del procedimiento y ante todas las instancias procesales en que se decide sobre los derechos de la persona. La Corte ha considerado que el principio de independencia judicial resulta indispensable para la protección de los derechos fundamentales, por lo que su alcance debe garantizarse inclusive, en situaciones especiales, como lo es el estado de excepción.[9]"*

14. Partiendo de esta afirmación, esta honorable Corte IDH ha analizado las características de la independencia de la judicatura como derecho contenido en la Convención Americana sobre Derechos Humanos, señalando, entre

---

[7] *Principios Básicos relativos a la Independencia de la Judicatura*, Aprobados por Séptimo Congreso de las Naciones Unidas sobre Prevención del Delito y Tratamiento del Delincuente, celebrado en Milán (Italia) del 26 de agosto al 6 de septiembre de 1985.

[8] Véase Corte IDH. Caso *Tribunal Constitucional Vs. Perú. Fondo*, Reparaciones y Costas. Sentencia de 31 de enero de 2001. Serie C N° 71; Corte IDH. Caso *Apitz Barbera y otros ("Corte Primera de lo Contencioso Administrativo") Vs. Venezuela*. Excepción Preliminar, Fondo, Reparaciones y Costas. Sentencia de 5 de agosto de 2008. Serie C N° 182; Corte IDH. Caso *Reverón Trujillo Vs. Venezuela*. Excepción Preliminar, Fondo, Reparaciones y Costas. Sentencia de 30 de junio de 2009. Serie C N° 197; Corte IDH. Caso *Chocrón Chocrón Vs. Venezuela*. Excepción Preliminar, Fondo, Reparaciones y Costas. Sentencia de 1 de julio de 2011. Serie C N° 227

[9] Corte IDH. Caso *Reverón Trujillo Vs. Venezuela*. Excepción Preliminar, Fondo, Reparaciones y Costas. Sentencia de 30 de junio de 2009. Serie C N° 197, párr. 68.

otros, como los elementos constitutivos del mismo los siguientes: *"un adecuado proceso de nombramiento, la inamovilidad en el cargo y la garantía contra presiones externas."*[10]

15. En cuanto al proceso de nombramiento de los jueces, la jurisprudencia de la Corte IDH, evocando criterios del Sistema Universal de Protección de Derechos Humanos, asevera que debe garantizarse un proceso de nombramiento de jueces que garantice *igualdad de oportunidades entre los candidatos, utilizando preponderantemente criterios de mérito personal del juez, calificación, integridad, capacidad y eficiencia, y que asegure la objetividad y la razonabilidad.*[11]

16. Por su parte, al analizar la garantía de estabilidad (o inamovilidad) de los jueces, la Corte IDH asume los estándares desarrollados en los Principios básicos relativos a la independencia de la judicatura relacionados al tema, donde se dispone que "[s]e *garantizará la inamovilidad de los jueces, tanto de los nombrados mediante decisión administrativa como de los elegidos, hasta que cumplan la edad para la jubilación forzosa o expire el período para el que hayan sido nombrados o elegidos, cuando existan normas al respecto*"[12]. La inamovilidad de los jueces, por otra parte, encuentra límite en la responsabilidad disciplinaria de conformidad con la misma declaración de Principios, reconociendo, de conformidad con los principios 17 y siguientes, que podrían ser separados del cargo los jueces por incurrir en responsabilidad disciplinaria debidamente tramitada con las garantías de un debido proceso legal ante los órganos legalmente previstos para ello *"por incapacidad o comportamiento que les inhabilite para seguir desempeñando sus funciones"*.

17. La Corte IDH, siguiendo el criterio del Comité de Derechos Humanos, respecto de la inamovilidad de los jueces, ha añadido que "los jueces sólo pueden ser removidos por faltas de disciplina graves o incompetencia y acorde a procedimientos justos que aseguren la objetividad e imparcialidad según la constitución o la ley"[13], habiendo agregado que "la autoridad a cargo del proceso de destitución de un juez debe conducirse independiente e imparcialmente en el procedimiento establecido para el efecto y permitir el ejercicio del derecho de defensa. Ello es así toda vez que la libre remoción de jue-

---

[10]   Corte IDH. Caso *Reverón Trujillo Vs. Venezuela*. Excepción Preliminar, Fondo, Reparaciones y Costas. Sentencia de 30 de junio de 2009. Serie C N° 197, párr. 70.

[11]   Corte IDH. Caso *Reverón Trujillo Vs. Venezuela*. Excepción Preliminar, Fondo, Reparaciones y Costas. Sentencia de 30 de junio de 2009. Serie C N° 197, párr. 72-73.

[12]   *Principios Básicos relativos a la Independencia de la Judicatura*, Aprobados por Séptimo Congreso de las Naciones Unidas sobre Prevención del Delito y Tratamiento del Delincuente, celebrado en Milán (Italia) del 26 de agosto al 6 de septiembre de 1985.

[13]   Corte IDH. Caso *Reverón Trujillo Vs. Venezuela*. Excepción Preliminar, Fondo, Reparaciones y Costas. Sentencia de 30 de junio de 2009. Serie C N° 197, párr. 77.

ces fomenta la duda objetiva del observador sobre la posibilidad efectiva de aquellos de decidir controversias concretas sin temor a represalias."[14]

18. En ese contexto de independencia del poder judicial como pieza esencial del debido proceso para la protección de los derechos, y como sustento manifestación esencial de orden democrática del principio de la separación de poderes, éste no puede reducirse a ser un principio técnico de organización del Estado, desideologizado, como lo afirmó la Sala Constitucional del Tribunal Supremo de Venezuela en una sentencia N° 3098 del 13 de diciembre de 2004 (Caso: *Nulidad de artículos de la Ley Orgánica de la Justicia de Paz*), en la cual consideró que el principio "no es un principio ideológico, propio de la democracia liberal, sino un principio técnico del cual depende la vigencia de la seguridad jurídica como valor fundante del derecho."[15] Al contrario, dicho principio sí es y debe considerarse como un principio ideológico vinculado y esencial, precisamente de la democracia como régimen político, razón por la cual la propia *Carta Democrática Interamericana* lo declara como uno de sus elementos esenciales.

19. El tratamiento que el Tribunal Supremo de Justicia le comenzó a dar en la sentencia antes referida al principio de la separación de poderes, sin embargo, lo que muestra fue la ruta trazada para el progresivo deterioro de dicho principio en la práctica gubernamental de Venezuela, lo que por ejemplo se reflejó en otra sentencia de la misma Sala Constitucional del Tribunal Supremo de Venezuela, N° 1049 de 23 de julio de 2009,[16] den la cual el Supremo Tribunal de Venezuela se refirió al principio de la separación de poderes expresando que "*la llamada* división, distinción o separación de poderes fue, al igual que la teoría de los derechos fundamentales de libertad, un instrumento de la doctrina liberal del Estado mínimo," cuestionando así la validez de los principios más fundamentales del constitucionalismo democrático, señalando incluso que el principio de la separación de poderes no fue concebido como "un mero instrumento de organización de los órganos del Poder Público, sino un modo mediante el cual se pretendía asegurar que el Estado se mantuviera limitado a la protección de los intereses individualistas de la clase dirigente."[17]

20. Esta concepción distorsionada del principio de la separación de poderes como un supuesto instrumento al servicio de "la clase dirigente," y el desconocimiento del mismo como pilar fundamental de la democracia para posibilitar el control de poder y asegurar la libertad, permite comprender el progresivo deterioro del propio sistema democrático en Venezuela, particular-

---

[14] Corte IDH. Caso *Reverón Trujillo Vs. Venezuela*. Excepción Preliminar, Fondo, Reparaciones y Costas. Sentencia de 30 de junio de 2009. Serie C N° 197, párr. 78.

[15] Sentencia N° 3098 de la Sala Constitucional (Caso: *nulidad artículos Ley Orgánica de la Justicia de Paz*) de 13-12-2004, en *Gaceta Oficial* N° 38.120 de 02-02-2005

[16] Véase en http://www.tsj.gov.ve/decisiones/scon/Julio/1049-23709-2009-04-2233. html

[17] Véase en http://www.tsj.gov.ve/decisiones/scon/Julio/1049-23709-2009-04-2233. html

mente por el control progresivo que otros poderes del Estado han ejercido sobre el Poder Judicial, lesionando su autonomía e independencia, y afectando su rol de garante de la Constitución y de los derechos humanos. Por ello, por ejemplo, la Comisión Interamericana de Derechos Humanos al destacar la gravedad del problema, en su *Informe Anual de 2009*, después de analizar la situación de los derechos humanos en Venezuela y el deterioro institucional que ha sufrido el país, apuntó que todo ello *"indica la ausencia de la debida separación e independencia entre las ramas del gobierno en Venezuela."*[18]

21. Esa situación general de deterioro del principio de la separación de poderes en Venezuela, es lo único que quizás pueda explicar que la Presidenta del Tribunal Supremo de Justicia de Venezuela, y de su Sala Constitucional, haya llegado a afirmar públicamente en diciembre de 2009, simplemente, que *"la división de poderes debilita al Estado,"* y que *"hay que reformarla."*[19] Y esa situación es también la que permite explicar que un año antes, en agosto de 2008, el entonces Presidente de la República Hugo Chávez Frías, llegara a decir, también públicamente, cuando justificó sus poderes para dictar legislación delegada mediante decretos leyes, muchos de los cuales se ha afirmado que fueron incluso dictados para implementar la reforma constitucional de 2007 que había sido rechazada por el pueblo en referendo de diciembre de 2007;[20] simplemente: *"Yo soy la Ley. Yo soy el Estado,"*[21] repitiendo así las

---

[18] Véase IACHR, *2009 Annual Report*, para. 472, en http://www.cidh.oas.org/annual rep/2009eng/Chap.IV.f.eng.htm. El Presidente de la Comisión, Felipe González, dijo en abril de 2010: "Venezuela es una democracia que tiene graves limitaciones, porque la democracia implica el funcionamiento del principio de separación de poderes, y un Poder Judicial libre de factores políticos." Véase en Juan Francisco Alonso, "Últimas medidas judiciales certifican informe de la CIDH," en *El Universal*, Apr. 4, 2010. Available at http://universo.eluniversal.com/2010/04/04/ pol_art_ultimas-medidas-jud_1815569.shtml.

[19] Véase en Juan Francisco Alonso, "La división de poderes debilita al estado. La presidenta del TSJ [Luisa Estela Morales] afirma que la Constitución hay que reformarla," *El Universal*, Caracas 5 de diciembre de 2009, en http://www.eluniver-sal.com/2009/12/05/pol_art_morales:-la-divisio_1683109.shtml. Véase la exposición completa de la presidenta del Tribunal Supremo en http://www.tsj.gov.ve/informa-cion/notasde prensa/notasdeprensa.asp?codigo=7342

[20] Esta es la apreciación que se deriva de lo expuesto por los profesores Lolymar Hernández Camargo, "Límites del poder ejecutivo en el ejercicio de la habilitación legislativa: Imposibilidad de establecer el contenido de la reforma constitucional rechazada vía habilitación legislativa," en *Revista de Derecho Público* 115 *(Estudios sobre los Decretos Leyes)*, Editorial Jurídica Venezolana, Caracas 2008, pp. 51ff.; Jorge Kiriakidis, "Breves reflexiones en torno a los 26 Decretos-Ley de julio-agosto de 2008, y la consulta popular refrendaría de diciembre de 2007," in id., pp. 57ff.; José Vicente Haro García, "Los recientes intentos de reforma constitucional o de cómo se está tratando de establecer una dictadura socialista con apariencia de legalidad (A propósito del proyecto de reforma constitucional de 2007 y los 26 decretos leyes del 31 de julio de 2008 que tratan de imponerla)," in id., pp. 63ff.; Ana Cristina Nuñez Machado, "Los 26 nuevos Decretos-Leyes y los principios que regulan la intervención del Estado en la actividad económica de los particulares," in id., pp. 215-20; Aurilivi Linares Martínez, "Notas sobre el uso del poder de legislar

mismas frases que ya había dicho en 2001, aún cuando con un pequeño giro - entonces dijo "*La Ley soy yo. El Estado soy yo*"[22], al referirse también en aquella oportunidad a la sanción inconsulta de otra serie de decretos leyes. Esas frases, como sabemos, se atribuyeron en 1661 a Luis XIV para calificar el gobierno absoluto de la Monarquía, cuando a la muerte del cardenal Mazarino, el Rey mismo asumió el gobierno sin nombrar un sustituto como ministro de Estado. Pero la verdad histórica parece ser que ni siquiera Luis XIV llegó realmente a expresar esas frases que buscaban sólo resumir su decisión de gobernar sin el apoyo de un primer ministro.[23] Por ello, leerlas como expresadas por un Jefe de Estado de nuestros tiempos, es suficiente para entender la trágica situación institucional de Venezuela, precisamente caracterizada por la ausencia de separación de poderes y de independencia y autonomía del Poder Judicial,[24] y, en consecuencia, de gobierno democrático en los términos de la *Carta Democrática Interamericana*.

II. LA INDEPENDENCIA Y AUTONOMÍA DE LOS JUECES EN EL TEXTO DE LA CONSTITUCIÓN VENEZOLANA DE 1999

22. Pero en contraste con esa realidad, de acuerdo con el texto formal de la Constitución venezolana de 1999 la misma podría considerarse, entre todas las constituciones latinoamericanas, como una de las que mayor énfasis hace, en forma expresa, en relación con los valores fundamentales y principios constitucionales democráticos que deben orientar la actuación de la sociedad, de los individuos y del "Estado social y democrático de derecho y de Justicia" como se lo califica el artículo 2 del texto constitucional. Sobre ellos, la propia Sala Constitucional del Tribunal Supremo de Justicia de Venezuela ha sido explícita en considerar que "esas declaratorias de propósitos tienen un indudable valor, tanto para los órganos del Estado, que deben orientarse por ellas,

---

por decreto por parte del Presidente venezolano," in id., pp. 79-89; Carlos Luis Carrillo Artiles, "La paradójica situación de los Decretos Leyes Orgánicos frente a la Ingeniería Constitucional de 1999," in id., pp. 93-100; Freddy J. Orlando S., "El "paquetazo," un conjunto de leyes que conculcan derechos y amparan injusticias," in id., pp. 101-104.

21 Expresión del Presidente Hugo Chávez Frías, el 28 de agosto de 2008. Ver en Gustavo Coronel, *Las Armas de Coronel*, 15 de octubre de 2008: http://lasarmas decoronel.blogspot.com/2008/10/yo-soy-la-leyyo-soy-el-estado.html

22 *Véase* en El *Universal,* Caracas 4-12-01, pp. 1,1 and 2,1. Es también lo único que puede explicar, que un Jefe de Estado en 2009 pueda calificar a "la democracia representativa, la división de poderes y el gobierno alternativo" como doctrinas que "envenenan la mente de las masas." Véase la reseña sobre "Hugo Chávez seeks to catch them young," *The Economist*, 22-28 Agosto 2009, p. 33.

23 Véase Yves Guchet, *Histoire Constitutionnelle Française (1789–1958)*, Ed. Erasme, Paris 1990, p.8.

24 Véase el resumen de esta situación en Teodoro Petkoff, "Election and Political Power. Challenges for the Opposition", en *Revista Harvard Review of Latin America*, David Rockefeller Center for Latin American Studies, Harvard University, Fall 2008, pp. 12.

como para los jueces, en especial esta Sala como máxima tutora judicial de la constitucionalidad," de manera que ha considerado que "los diversos cometidos que el Estado asume son órdenes que deben ser ejecutadas" pues "de poco serviría un texto carente de vinculación para sus destinatarios: autoridades públicas y particulares."[25]

23. Entre estos valores expresados en la Constitución de 1999 está la concepción del Estado como "Estado de Justicia" (artículo 2), respecto de lo cual la Sala Político Administrativa del Tribunal Supremo de Justicia, en sentencia N° 659 de 24 de marzo de 2000 (Caso: *Rosario Nouel vs. Consejo de la Judicatura y Comisión de Emergencia Judicial*) señaló que esa "nueva concepción de Estado de Justicia trae consigo no tan solo una transformación orgánica del sistema judicial (Artículos 253 y 254 de la Constitución)," sino también un cambio en la concepción del Poder Judicial como "el poder integrado y estabilizador del Estado, *ya que es el único que tiene competencia para controlar* y aún disolver al resto de los Poderes Públicos," lo que a juicio del Tribunal Supremo, hace del Estado, "un Estado Judicialista."[26] En definitiva, como lo observó la Sala Político Administrativa del mismo Tribunal Supremo de Justicia, en sentencia N° 949 de 26 de abril de 2000, cuando la Constitución califica al Estado:

"como de Derecho y de Justicia y establece como valor superior de su ordenamiento jurídico a la Justicia y la preeminencia de los derechos fundamentales, no está haciendo más que resaltar que los órganos del Poder Público -y en especial el sistema judicial- deben inexorablemente hacer prelar una noción de justicia material por sobre las formas y tecnicismos, propios de una legalidad formal que ciertamente ha tenido que ceder frente a la nueva concepción de Estado."[27]

24. A los efectos de materializar el rol de la Justicia en el Estado, la Constitución de Venezuela, además, consideró al proceso como el instrumento fundamental para la realización de la justicia, que debe desarrollarse mediante leyes procesales que establezcan la simplificación, uniformidad y eficacia de los trámites, de manera que no se sacrifique la justicia por la omisión de formalidades no esenciales (art. 257). A los efectos de dicha realización de la justicia, la Constitución declaró que "el Poder Judicial es independiente" (art. 254), disponiendo principios tendientes a "garantizar la imparcialidad y la independencia en el ejercicio de sus funciones" (art. 256) de los magistrados, jueces y demás funcionarios integrantes del sistema de justicia (Art. 256). Esa

---

[25] Véase sentencia N° 1278 de 17 de Junio de 2005 (Aclaratoria de sentencia de interpretación de los artículos 156, 180 y 302 de la Constitución), en http://www.tsj.gov.ve/decisiones/scon/Junio/1278-170605-01-2306.htm .

[26] Véase en *Revista de Derecho Público*, N° 81 (enero-marzo), Editorial Jurídica Venezolana, Caracas, 2000, p. 103 y 104.

[27] Véase en *Revista de Derecho Público*, N° 82, Editorial Jurídica Venezolana, Caracas, 2000, pp. 163 y ss.

independencia y autonomía de los jueces, significa, en definitiva, como lo definió la Ley del Código de Ética del Juez Venezolano de 2010, que en "su actuación sólo deben estar sujetos a la Constitución de la República y al ordenamiento jurídico," y que "sus decisiones, en la interpretación y aplicación de la ley y el derecho, sólo podrán ser revisadas por los órganos jurisdiccionales que tengan competencia, por vía de los recursos procesales, dentro de los límites del asunto sometido a su conocimiento y decisión," de manera incluso que los órganos con competencia disciplinaria sobre los jueces sólo "podrán examinar su idoneidad y excelencia, sin que ello constituya una intervención indebida en la actividad jurisdiccional" (art. 4).[28]

25. Específicamente, para garantizar la independencia y autonomía del Poder Judicial, aparte de atribuirle el gobierno y administración del Poder Judicial al Tribunal Supremo de Justicia que ejerce a través de una Dirección Ejecutiva de la Magistratura (Art. 267), la Constitución asegura que el ingreso a la carrera judicial solo puede realizarse mediante un proceso de selección pública, con participación ciudadana, estableciendo además el principio de su estabilidad judicial, al consagrar la inamovilidad de los jueces salvo cuando sea como consecuencia de sanciones disciplinarias que sólo pueden ser impuestas por jueces disciplinarios integrados en una Jurisdicción Disciplinaria Judicial (Arts. 255, 267).

26. Por tanto, en Venezuela, conforme a la Constitución, jueces sólo deberían ser quienes ingresen a la carrera judicial mediante concursos públicos que aseguren la idoneidad y excelencia de los participantes, quienes deben ser seleccionados por los jurados de los circuitos judiciales en la forma y condiciones que establezca la ley, asegurándose además "la participación ciudadana en el procedimiento de selección y designación de los jueces."[29] La finalidad de los concursos públicos, como lo dijo el Tribunal Supremo en sentencia Nº 2221 de 28 de noviembre de 2000, estriba "en la necesidad de que el Poder Judicial venezolano esté conformado, *en su totalidad* (jueces titulares y suplentes) por funcionarios de carrera, y de garantizar la idoneidad de quienes

---

[28]   Véase la Ley del Código de Ética del Juez Venezolano y Jueza Venezolana en *Gaceta Oficial* Nº 39.494 de 24-8-2010. El Código derogó expresamente el Reglamento que regía el funcionamiento de la Comisión de Funcionamiento y reorganización del Poder Judicial. Los jueces del Tribunal Disciplinario Judicial y de la Corte Disciplinaria Judicial fueron nombrados por Actos Legislativos publicados en *Gaceta Oficial* Nº 39693 de 10-06-2011. Véase el "Acta de Constitución del Tribunal Disciplinario Judicial," de 28-06-2011, en *Gaceta Oficial* Nº 39.704 de 29-06-2011

[29]   Sobre las Normas de Evaluación y Concursos de Oposición para el Ingreso y Permanencia en el Poder Judicial dictadas por la Comisión de Funcionamiento y Reestructuración del Sistema Judicial, convertida en Dirección Ejecutiva de la Magistratura (*Gaceta Oficial* Nº 36.910, de 14-03-2000), véase la sentencia de la Sala Constitucional del Tribunal Supremo Nº 1326 de 02-11-2000, en *Revista de Derecho Público*, Nº 84, Editorial Jurídica Venezolana, Caracas, 2000, pp. 111 y ss.

tienen la encomiable labor de administrar justicia;"[30] a cuyo efecto, precisamente conforme al mismo artículo 255 de la Constitución, se les garantiza su estabilidad de manera que sólo pueden ser removidos o suspendidos de sus cargos mediante los procedimientos expresamente previstos en la ley, a ser desarrollados por una Jurisdicción Disciplinaria Judicial, a cargo de jueces disciplinarios (art. 267).

27. Pero la realidad lamentablemente, es que catorce años después de aprobada la Constitución, podría decirse que ninguno de estos principios ha sido implementado en su totalidad en Venezuela y que pareciera que las previsiones constitucionales se hubiesen sancionado para no ser cumplidas, pareciendo que materialmente todos los órganos del Estado han contribuido a no cumplirlas, y a evitar que las mismas hayan podido haber llegado a tener, en algún momento, plena vigencia. Por ello, a partir de 1999, como lo apuntó el profesor Rafael Chavero Gazdik, "por la conveniencia de manejar discrecional y arbitrariamente el Poder Judicial es que se ha hecho innecesaria la aplicación de la normativa constitucional que obliga a consolidar la carrera judicial" y, al contrario, "el gobierno no ha hecho otra cosa que acabar con los cimientos del Poder Judicial, para así manejar a sus anchas, y sin contrapesos, el rumbo del país," agregando que durante los últimos dos lustros el resultado de la "reestructuración" judicial, es la existencia de "una judicatura sumisa y debilitada que permite la consolidación de la arbitrariedad."[31] De todo ello, como lo advierte el profesor Rafael Pérez Perdomo, resulta que "la revolución no sólo ha terminado con la independencia del Tribunal Supremo de Justicia y de los jueces" sino que "también ha destruido la dignidad de jueces y magistrados," en fin, "bajo la revolución, la reforma judicial se convirtió en una farsa."[32]

28. De lo anteriormente expuesto resulta, por tanto, que en Venezuela desde 1999, sólo escasísimos concursos públicos se efectuaron inicialmente para el ingreso a la carrera judicial; y los jueces fueron destituidos masivamente y sin garantía alguna al debido proceso por una Comisión *ad hoc* denominada Comisión de Funcionamiento y Reorganización del Poder Judicial [33] la cual, al margen de la Constitución, funcionó desde 1999 hasta 2011 con

---

[30] Véase en *Revista de Derecho Público*, N° 84, Editorial Jurídica Venezolana, Caracas, 2000, pp. 116 y ss.

[31] Véase Rafael J. Chavero Gazdik, *La Justicia Revolucionaria. Una década de Reestructuración (o Involución) Judicial en Venezuela*, Editorial Aequitas, Caracas 2011, pp. 85, 308.

[32] Véase Rafael Pérez Perdomo, *Justicia e Injusticias en Venezuela. Estudio de historia social del derecho*, Academia Nacional de la Historia, Caracas 2011, p. 268.

[33] La propia Sala Político-Administrativa del Tribunal Supremo de Justicia resolvió que la remoción de jueces temporales era una facultad discrecional de la Comisión de Funcionamiento y Reestructuración del Sistema Judicial, la cual adoptaba sus decisiones sin seguir procedimiento administrativo alguno. Véase Decisión N° 673 de 24-04-2008 (en http://www.tsj.gov.ve/decisiones/scon/Abril/673-240408-08-0009. htm) citada en la Decisión N° 1.939 del 18-12-2008, en http://www.tsj.gov.ve/ deci-

el aval del Tribunal Supremo;[34] con lo cual la Judicatura se llenó de jueces temporales y provisorios, sin estabilidad alguna. La consecuencia de esa práctica política, es que la justicia en Venezuela ha estado y sigue en una permanente y anormal situación de transitoriedad o de emergencia, la cual aún continúa,[35] por la acción u omisión de los órganos del Estado.[36]

---

siones/scon/Diciembre/1939-181208-2008-08-1572.html, p. 42). La Sala Constitucional ha establecido la misma posición en la Decisión N° 2414 del 20-12-2007 (en http://www.tsj.gov.ve/decisiones/scon/Diciembre/2414-201207-07-1417.htm) y Decisión N° 280 del 23-02-2007 (en http://www.tsj.gov.ve/decisiones /scon/Febrero/280-230207-05-1389.htm). Véase lo expresado por los representantes del profesor Brewer Carías sobre esta y otras sentencias en el *Escrito de Solicitudes, Argumentos y Pruebas*, 7 de julio de 2012, párr. 51 ss.

[34] La Comisión, además, como lo destacó la Comisión Interamericana en su *Informe de 2009*, en sus funciones no gozaba de independencia alguna, pues sus integrantes, designados por la Sala Constitucional, eran de su libre remoción. Véase *Annual Report 2009*, Par. 481, en http://www.cidh.org/annualrep/2009eng/Chap.IV.f.eng. htm.

[35] Véase Rafael J. Chavero Gazdik, *La Justicia Revolucionaria. Una década de Reestructuración (o Involución) Judicial en Venezuela*, Editorial Aequitas, Caracas 2011, pp. 185 ss. En sentido similar, esta fue la apreciación de la Comisión Interamericana de Derechos Humanos en su Informe de 2008, al constatar que la Justicia en Venezuela desde 1999 hasta el presente ha permanecido en un "permanente estado de emergencia."Esa fue la apreciación en 2008 de la. Véase *Annual Report 20*08 (OEA/Ser.L/V/II.134. Doc. 5 rev. 1. 25-02-2009), párr. 39

[36] Véase lo que el propio profesor Brewer Carías ha expuesto sobre el tema durante los últimos años en sus trabajos: "La progresiva y sistemática demolición de la autonomía e independencia del Poder Judicial en Venezuela (1999-2004)," en *XXX Jornadas J.M Domínguez Escovar, Estado de Derecho, Administración de Justicia y Derechos Humanos*, Instituto de Estudios Jurídicos del Estado Lara, Barquisimeto 2005, pp. 33-174; Allan R. Brewer-Carías, "El constitucionalismo y la emergencia en Venezuela: entre la emergencia formal y la emergencia anormal del Poder Judicial," en Allan R. Brewer-Carías, *Estudios Sobre el Estado Constitucional (2005-2006)*, Editorial Jurídica Venezolana, Caracas 2007, pp. 245-269; Allan R. Brewer-Carías "La justicia sometida al poder. La ausencia de independencia y autonomía de los jueces en Venezuela por la interminable emergencia del Poder Judicial (1999-2006)" en *Cuestiones Internacionales. Anuario Jurídico Villanueva 2007,* Centro Universitario Villanueva, Marcial Pons, Madrid 2007, pp. 25-57, *disponible en* www.allanbrewercarias.com, (Biblioteca Virtual, II.4. Artículos y Estudios N° 550, 2007) pp. 1-37. Véase también Allan R. Brewer-Carías, *Historia Constitucional de Venezuela*, Editorial Alfa, Tomo II, Caracas 2008, pp. 402-454; y "Sobre la ausencia de independencia y autonomía judicial en Venezuela, a los doce años de vigencia de la constitución de 1999 (O sobre la interminable transitoriedad que en fraude continuado a la voluntad popular y a las normas de la Constitución, ha impedido la vigencia de la garantía de la estabilidad de los jueces y el funcionamiento efectivo de una "jurisdicción disciplinaria judicial"), en *Independencia Judicial*, Colección Estado de Derecho, Tomo I, Academia de Ciencias Políticas y Sociales, Acceso a la Justicia, Fundación de Estudios de Derecho Administrativo (Funeda), Universidad Metropolitana (Unimet), Caracas 2012, pp. 9-10.

29. Ese proceso de control político sobre el Poder Judicial comenzó con las actuaciones de la Asamblea Nacional Constituyente en 1999, la cual declaró la "emergencia judicial," que no ha cesado hasta la fecha, y continuó durante los últimos catorce años con sucesivas normas constitucionales, legales y sub-legales imponiendo siempre un régimen transitorio, siendo la última actuación en el tiempo, después de la sanción de la Ley Orgánica del Tribunal Supremo de Justicia en 2010,[37] y de la Ley del Código de Ética del Juez venezolano,[38] la inconstitucional reserva "transitoria" que se hizo a sí misma la Asamblea Nacional para el nombramiento de los "jueces" integrantes de los órganos de la Jurisdicción Disciplinaria Judicial, lo que constitucionalmente sólo podría corresponder al Tribunal Supremo, con lo cual "el control político de la judicatura será aún más directo."[39]

30. A algunos de los jueces temporales y provisionales[40] derivados de la emergencia judicial, sin embargo, luego se les "regularizó" un status de carre-

---

[37] Véase en *Gaceta Oficial* N° 5.991 Extra. de 29-07-2010, y luego fue republicada, para corregir supuestos errores materiales, en *Gaceta Oficial* N° 39.483 de 9-08-2010. Véanse el estudio "Introducción general al régimen del Tribunal Supremo de Justicia" en Allan R. Brewer-Carías y Víctor Hernández Mendible, *Ley Orgánica del Tribunal Supremo de Justicia,* Caracas 2010.

[38] Véase la Ley del Código de Ética del Juez Venezolano y Jueza Venezolana en *Gaceta Oficial* N° 39.494 de 24-8-2010. El Código derogó expresamente el Reglamento que regía el funcionamiento de la Comisión de Funcionamiento y reorganización del Poder Judicial. Los jueces del Tribunal Disciplinario Judicial y de la Corte Disciplinaria Judicial fueron nombrados por Actos Legislativos publicados en *Gaceta Oficial* N° 39693 de 10-06-2011. Véase el "Acta de Constitución del Tribunal Disciplinario Judicial," de 28-06-2011, en *Gaceta Oficial* N° 39.704 de 29-06-2011.

[39] Véase Rafael J. Chavero Gazdik, La Justicia Revolucionaria. Una década de Reestructuración (o Involución) Judicial en Venezuela, Editorial Aequitas, Caracas 2011, p. 195.

[40] Un juez provisorio es un juez designado mediante un concurso público. Un juez temporal es un juez designado para cumplir una tarea específica o por un periodo específico de tiempo. En 2003, la Comisión Interamericana de Derechos Humanos indicó que había sido: "informada que sólo 250 jueces han sido designados por concurso de oposición de conformidad a la normativa constitucional. De un total de 1772 cargos de jueces en Venezuela, el Tribunal Supremo de Justicia reporta que solo 183 son titulares, 1331 son provisorios y 258 son temporales." *Reporte sobre la Situación de Derechos Humanos en Venezuela;* OAS/Ser.L/V/II.118. doc.4rev.2; 29-12-2003, parágrafo 174, *en* http://www.cidh.oas.org/countryrep/Venezuela2003eng/toc.htm. La Comisión también agregó que "un aspecto vinculado a la autonomía e independencia del Poder Judicial es el relativo al carácter provisorio de los jueces en el sistema judicial de Venezuela. Actualmente, la información proporcionada por las distintas fuentes indica que más del 80% de los jueces venezolanos son 'provisionales.'" *Id.,* par. 161. Véase sobre las cifras de los jueces temporales y provisionales hasta la fecha de presentación del *Escrito de Solicitudes, Argumentos y Pruebas,* 7 de julio de 2012, donde se menciona que de aproximadamente 570 nombramientos de jueces, de los cuales 291 (51%) son temporales, 137 (24%) son accidentales, 128 (22,5%) son provisorios, 14 (2,5%) son itinerantes y *ninguno* (0%) es titular," párr. 61.

ra judicial pero sin concurso público alguno, con lo cual aparentemente podría considerarse que gozarían de cierta estabilidad. Sin embargo, como ya en 2008 la Comisión Interamericana de Derechos Humanos lo advirtió en su *Informe Anual de 2008*, esta situación ha sido un "problema endémico" que ha expuesto a los jueces a su destitución discrecional,[41] a cuyo efecto la Comisión llamó la atención sobre el "permanente estado de emergencia al cual están sometidos los jueces."[42]

31. La llamada "Jurisdicción Disciplinaria Judicial" como se dijo, solo se conformó formalmente en Venezuela 2011, para asumir la función disciplinaria que durante doce años ejerció la mencionada Comisión *ad hoc* que al margen de la Constitución funcionó desde que la creó la Asamblea nacional Constituyente en 1999, la cual, además de remover a los jueces en forma discrecional sin garantía alguna del debido proceso,[43] como lo destacó la misma Comisión Interamericana en su *Informe de 2009*, la misma no gozó de independencia, pues sus integrantes designados por la Sala Constitucional, eran de su libre remoción.[44]

32. En 2011, sin embargo, con la conformación de la "Jurisdicción Disciplinaria Judicial" que se creó en la Ley del Código de Ética del Juez, integrada por una Corte Disciplinaria Judicial y un Tribunal Disciplinario Judicial, a pesar de su denominación, sin embargo, nada en realidad cambió, pues conforme a una nueva Disposición Transitoria (Tercera) que se incorporó en la Ley del Código, dicha Jurisdicción tampoco goza efectivamente de autonomía e independencia algunas, siendo más bien un apéndice de la mayoría que controla políticamente la Asamblea Nacional. En realidad, lo que ocurrió con esta nueva legislación y en virtud de la interminable transitoriedad, no ha sido otra cosa que lograr, primero, cambiarle el nombre a la antigua Comisión de Funcionamiento y Reorganización del Poder Judicial, y segundo, hacerla depender ya no del Tribunal Supremo, sino de la Asamblea Nacional, es decir, someterla a mayor control político, y sometida a otro poder, el Legislativo.

---

[41] La Sala Político-Administrativa del Tribunal Supremo de Justicia ha resuelto que la remoción de jueces temporales es una facultad discrecional de la Comisión de Funcionamiento y Reestructuración del Sistema Judicial, la cual adopta sus decisiones sin seguir procedimiento administrativo alguno. Véase Decisión N° 00463-2007 del 20-03-2007; Decisión N° 00673-2008 del 24-04-2008 (citada en la Decisión N° 1.939 del 18-12-2008, p. 42). La Sala Constitucional ha establecido la misma posición en la Decisión N° 2414 del 20-12-2007 y Decisión N° 280 del 23-02-2007.

[42] Véase *Annual Report 2008* (OEA/Ser.L/V/II.134. Doc. 5 rev. 1. 25-02-2009), parágrafo 39

[43] Véase Tribunal Supremo de Justicia, Decisión N° 1.939 del 18 de diciembre de 2008 (Caso: *Gustavo Álvarez Arias et al.*), en *Revista de Derecho Público*, N° 116, Editorial Jurídica Venezolana, Caracas, 2008, pp. 89-106. También en http://www.tsj.gov.ve/decisiones/scon/Diciembre/1939-181208-2008-08-1572.html

[44] Véase *Annual Report 2009*, Par. 481, en http://www.cidh.org/annualrep/2009eng/Chap.IV.f.eng.htm.

33. Por último, hace apenas unos meses, la Sala Constitucional del Tribunal Supremo de Justicia, en sentencia N° 516 de fecha 7 de mayo de 2013, suspendió de oficio los efectos de las normas del referido Código de Ética del Juez Venezolano que regulaban la aplicación de sus normas a los magistrados del Tribunal Supremo de Justicia, y que extendían el régimen jurídico aplicable a los jueces de carrera, "a los jueces temporales, ocasionales, accidentales y provisorios," entre las cuales estaban las normas relativas al ingreso y la estabilidad; suspensión de efectos con la que se negó a dichos jueces toda garantía que pudiera contribuir a asegurar su independencia y autonomía. En este último aspecto, específicamente, la Sala decidió así:

> "**SUSPENDE** de oficio, como medida cautelar innominada y hasta tanto se dicte sentencia definitiva en la presente causa, la referencia que hace el artículo 2 del Código de Ética del Juez Venezolano y la Jueza Venezolana a los jueces y juezas temporales, ocasionales, accidentales o provisorios y que permite la extensión a esta categoría de jueces y juezas del procedimiento disciplinario contemplado en los artículos 51 y siguientes del mencionado Código, por no tratarse de jueces o juezas que hayan ingresado a la carrera judicial, correspondiéndole a la Comisión Judicial la competencia para sancionarlos y excluirlos de la función jurisdiccional."[45]

34. Por último, consideramos que debe llamarse la atención de esta honorable Corte Interamericana, que con fecha 16 de junio de 2013, el Tribunal Supremo de Justicia anunció que el "ingeniero Argenis Chávez Frías, asumió a partir de hoy la Dirección Ejecutiva de la Magistratura (DEM), órgano auxiliar del Alto Juzgado del país que tiene como finalidad ejercer por delegación las funciones de dirección, gobierno, administración, inspección y vigilancia del Poder Judicial."[46] El Ingeniero Chávez, independientemente de que sea hermano del fallecido Presidente Hugo Chávez, es un conocido miembro del partido de Gobierno, Partido Socialista Unido de Venezuela, y fue hasta hace poco tiempo, miembro del Gabinete Ejecutivo como Ministro de Energía Eléctrica, de donde materialmente pasó, con este nombramiento, a dirigir, como se informó por el mismo Tribunal Supremo, la "Dirección Ejecutiva de la Magistratura (DEM), órgano auxiliar del Alto Juzgado del país que tiene como finalidad ejercer por delegación las funciones de dirección, gobierno, administración, inspección y vigilancia del Poder Judicial."[47] Es cierto que la Constitución no establece requisito específico alguno para ser Director Ejecu-

---

[45] Véase en http://www.tsj.gov.ve/decisiones/scon/Mayo/516-7513-2013-09-1038.html

[46] Véase la información en la Nota de Prensa del Tribunal Supremo de 16 de junio de 2013, en http://www.tsj.gov.ve/informacion/notasdeprensa/notasdeprensa.asp?codigo=11326

[47] Véase la información en la Nota de Prensa del Tribunal Supremo de 16 de junio de 2013, en http://www.tsj.gov.ve/informacion/notasdeprensa/notasdeprensa.asp?codigo=11326

tivo de la Magistratura, pero si el artículo 256 de dicho texto impone que "con la finalidad de garantizar la imparcialidad y la independencia en el ejercicio de sus funciones," los magistrados y jueces "desde la fecha de su nombramiento y hasta su egreso del cargo respectivo, no podrán, salvo el ejercicio del voto, llevar a cabo activismo político partidista," parecería elemental que el director del órgano de gobierno y administración del sistema judicial, deba cumplir con las mismas obligaciones.

35. El resultado de todo lo anterior, es que a pesar de lo que dispone formalmente la Constitución en Venezuela en materia de independencia y autonomía de los jueces, lamentablemente, sus normas han tenido poca aplicación y efectividad en la práctica, siendo la realidad derivada de la práctica política, que la justicia ha estado y sigue en una permanente y anormal situación de transitoriedad o de emergencia, la cual iniciada en 1999, catorce años después continúa, a pesar de la conformación de la "Jurisdicción Disciplinaria Judicial" en un Código de Ética algunas de cuyas normas incluso han sido suspendidas en su vigencia. De esa permanente e interminable transitoriedad, lo que ha resultado es un proceso también permanente y sistemático de déficit o carencia de plena autonomía e independencia del Poder Judicial, que ha sido llevado a cabo por los diversos órganos del Estado, incluido el propio Tribunal Supremo de Justicia,[48] con lo cual los valores de la Constitución en materia de justicia, no han pasado de ser sólo simples enunciados.

36. Ese proceso de control político sobre el Poder Judicial en Venezuela, puede decirse que comenzó, con las actuaciones de la Asamblea Nacional Constituyente en 1999 la cual declaró una "emergencia judicial" que no ha cesado hasta la fecha, siendo las últimas actuaciones en el tiempo, después de la sanción de la Ley Orgánica del Tribunal Supremo de Justicia en 2010[49] y

[48] Sobre el tema, respecto del cual se ha escrito mucho en Venezuela,.puede verse en particular, los trabajos de Rafael J. Chavero Gazdik, *La Justicia Revolucionaria. Una década de Reestructuración (o Involución) Judicial en Venezuela,* Editorial Aequitas, Caracas 2011; Véase Rafael Pérez Perdomo, *Justicia e Injusticias en Venezuela. Estudio de historia social del derecho,* Academia Nacional de la Historia, Caracas 2011; y los trabajos editados por la Asociación Civil Acceso a la Justicia, entre ellos, el libro *Independencia Judicial,* Colección Estado de Derecho, Tomo I, Academia de Ciencias Políticas y Sociales, Acceso a la Justicia, Fundación de Estudios de Derecho Administrativo (Funeda), Universidad Metropolitana (Unimet), Caracas 2012.

[49] Publicada en julio de ese año, reimpresa posteriormente en agosto y finalmente el 1 de octubre de 2010, cambiando por vía de reimpresión la redacción de algunas disposiciones luego de las elecciones del mes anterior, de los diputados al Poder Legislativo Nacional, para que mientras la Asamblea Nacional saliente se encontrase en funciones, pudiese designar a los magistrados del Tribunal Supremo de Justicia que tenían en período vencido y entre los que fueron nombrados varios de los propios diputados del partido de gobierno. Véanse los comentarios de Víctor Hernández Mendible, "Sobre la nueva reimpresión por 'supuestos errores' materiales de la LOTSJ" en la *Gaceta Oficial* N° 39.522, de 01-10-2010," y Antonio Silva Aranguren, "Tras el rastro del engaño, en la web de la Asamblea Nacional," publicados en *Revista de Derecho Público,* N° 124, Editorial Jurídica Venezolana, Caracas 2010, pp. 100-113.

de la Ley del Código de Ética del Juez venezolano, la inconstitucional reserva que se hizo a si misma la Asamblea Nacional para el nombramiento de los "jueces" integrantes de los órganos de la Jurisdicción Disciplinaria Judicial; la más recientemente, suspensión de la aplicabilidad de las normas de dicho Código que garantizan la imparcialidad e independencia de los jueces, a los jueces temporales y provisorios, y el nombramiento para dirigir el gobierno de los jueces a un ex Ministro miembro del Ejecutivo nacional, con definida militancia política. A continuación, nos permitimos ahondar en ese proceso de intervención e interferencia continua del Poder Judicial en Venezuela, que afecta el derecho del profesor Brewer Carías, al igual que de cualquier persona, a ser juzgado por jueces imparciales e independientes.

III. LA INTERVENCIÓN DEL PODER JUDICIAL POR LA ASAMBLEA NACIONAL CONSTITUYENTE Y EL CONTROL POLÍTICO SOBRE EL TRIBUNAL SUPREMO DE JUSTICIA

37. La Asamblea Nacional Constituyente electa en julio de 1999, luego de intensos debates sobre la problemática del Poder Judicial y de su gobierno, al instalarse en agosto de ese mismo año se auto atribuyó el carácter de "poder constituyente originario" asumiendo potestades públicas por encima de la Constitución de 1961,[50] de cuya interpretación había surgido,[51] y entre ellas, la de intervenir todos los poderes públicos existentes, electos y constituidos unos meses antes,[52] en particular, el Poder Judicial, cuya autonomía e inde-

---

[50] La Asamblea asumió, en su Estatuto, un "poder constituyente originario."Véase en Gaceta Constituyente (Diario de Debates), Agosto-Septiembre 1999, Sesión de 07-08-1999, N° 4, p. 144. En el acto de instalación, el presidente de la Asamblea señaló que "la Asamblea Nacional Constituyente es originaria y soberana", en Gaceta Constituyente (Diario de Debates), Agosto-Septiembre 1999, Sesión de 03-08-1999, N° 1, p. 4. Véase el texto, además, en Gaceta Oficial N° 36.786 de 14-09-1999. Como ha señalado Lolymar Hernández Camargo, con la aprobación del Estatuto "quedó consumada la inobservancia a la voluntad popular que le había impuesto límites a la Asamblea Nacional Constituyente… Se auto proclamó como poder constituyente originario, absoluto e ilimitado, con lo cual el Estado perdió toda razón de ser, pues si se mancilló la voluntad popular y su manifestación normativa (la Constitución), no es posible calificar al Estado como de derecho ni menos aun democrático", en *La Teoría del Poder Constituyente, cit.*, p. 73. Véase la argumentación crítica sobre dicha intervención en Gaceta Constituyente (Diario de Debates), Agosto-Septiembre 1999, Sesión de 07-08-1999, N° 4, pp. 6 a 13

[51] Como ha señalado la profesora Lolymar Hernández Camargo, con la aprobación del Estatuto "quedó consumada la inobservancia a la voluntad popular que le había impuesto límites a la Asamblea Nacional Constituyente… Se auto proclamó como poder constituyente originario, absoluto e ilimitado, con lo cual el Estado perdió toda razón de ser, pues si se mancilló la voluntad popular y su manifestación normativa (la Constitución), no es posible calificar al Estado como de derecho ni menos aun democrático", en *La Teoría del Poder Constituyente. Un caso de estudio: el proceso constituyente venezolano de 1999*, Universidad Católica del Táchira, San Cristóbal 2000, p. 73.

[52] Véase Decreto mediante el cual se declara la *reorganización de todos los órganos del Poder Público*" de fecha 12 de agosto de 1999, en *Gaceta Oficial* N° 36.764 de 13-

pendencia comenzó a ser sistemáticamente desconocida, suspendiendo de inmediato la estabilidad de los jueces y dando inicio a la "purga" generalizada del Poder Judicial.[53]

38. A tal efecto, el mismo día en el cual el Presidente Hugo Chávez tomó posesión de su cargo para el cual había sido electo conforme a las previsiones de la Constitución de 1961, el 2 de febrero de 1999, dictó un Decreto N° 3 para la realización de un referendo consultivo buscando que el pueblo se pronunciase "sobre la convocatoria de una Asamblea Nacional Constituyente" (Art. 1) que no estaba prevista en la Constitución de 1961 como un mecanismo de reforma constitucional; "con el propósito de transformar el Estado y crear un nuevo ordenamiento jurídico que permita el funcionamiento efectivo de una Democracia Social y Participativa" (primera pregunta del referéndum consultivo). Con dicho Decreto el Presidente buscaba que el pueblo lo autorizara para que fuera él mismo quien fijase "mediante un Acto de Gobierno […], oída la opinión de los sectores políticos, sociales y económicos, las bases del proceso comicial en el cual se elegirán los integrantes de la Asamblea Nacional Constituyente" (Segunda pregunta del referéndum consultivo).[54] Con ello, el Presidente buscaba que mediante un referendo, el pueblo le delegara la potestad constituyente de establecer el "estatuto" de una Asamblea Constituyente no establecida en la Constitución de 1961, que proponía se eligiera.

39. Del contenido del Decreto de convocatoria, sin embargo, se evidenciaba que lo que se convocaba no era un referendo consultivo (que era lo único que autorizaba el artículo 181 de la Ley Orgánica del Sufragio y Participación Política que se había invocado como su base legal) de manera que de las preguntas lo que realmente se evidenciaban era que lo que se estaba convocando en realidad, era un referendo decisorio y autorizatorio no regulado ni

---

08-99; Decreto mediante el cual *se regulan las funciones del Poder Legislativo* de 25 de agosto de 1999, en *Gaceta Oficial* N° 36.772 de 25-08-1999. Sobre esto último, véase en *Gaceta Constituyente (Diario de Debates), Agosto-Septiembre 1999, cit.,* Sesión de 25-08-99, N° 13, pp. 12 a 13 y 27 a 30 y Sesión de 30-08-1999, N° 16, pp. 16 a 19. Con posterioridad, sin embargo, y con la intermediación de la Iglesia Católica, el 09-09-1999, la directiva de la Asamblea llegó a un acuerdo con la directiva del Congreso, con lo cual, de hecho, se dejó sin efecto el contenido del Decreto, siguiendo el Congreso funcionando conforme al régimen de la Constitución de 1961. Véase el texto del Acuerdo en *El Nacional,* Caracas 10-09-1999, p. D–4. Todos estos actos de la Asamblea Constituyente fueron impugnados ante la entonces ya completamente sometida Corte Suprema, la cual en otra altamente criticada decisión dictada el 14-10-1999 (Véase sentencia en el Caso: *Impugnación del Decreto de Regulación de las Funciones del Poder Legislativo,* en *Revista de Derecho Público,* N° 77-80, Editorial Jurídica Venezolana, Caracas 1999, pp. 111 y ss), avaló la constitucionalidad de los mismos reconociendo supuestos poderes supraconstitucionales de la Asamblea.

[53] Véase Rafael J. Chavero Gazdik, *La Justicia Revolucionaria. Una década de Reestructuración (o Involución) Judicial en Venezuela,* Editorial Aequitas, Caracas 2011, pp. 58, 59.

[54] Véase en *Gaceta Oficial* N° 36.634 de 02-02-99.

previsto en dicha norma legal.[55] Además la convocatoria que se pretendía no era para que la Asamblea reformara la Constitución, sino para que asumiera un poder total y pudiera incluso sustituir a los poderes constituidos aún antes de la aprobación de una nueva Constitución, buscando delegar además en el Presidente de la República el poder soberano mismo de decidir el estatuto de la Constituyente. Esto vulneraba los principios más elementales del Estado de derecho y era incompatible con los valores supremos de una sociedad democrática.

40. Después de diversos conflictos y decisiones judiciales adoptadas por la antigua Corte Suprema de Justicia, incluso en relación con la pretendida naturaleza de la Asamblea Nacional Constituyente a ser electa *"como poder originario que recoge la soberanía popular"* como se había propuesto, y sobre lo cual en sentencia de 13 de abril de 1999,[56] dicha Corte Suprema ya había dispuesto que la Asamblea Constituyente a ser convocada, no significaba, "en modo alguno -por estar precisamente vinculada su estructuración al propio espíritu de la Constitución" de 1961- "la alteración de los principios fundamentales del Estado democrático de derecho;" el referendo consultivo se celebró el 25 de abril de 1999; habiéndose elegido el 25 de julio de 1999 la Asamblea Constituyente, integrada con una mayoría abrumadora de constituyentes propuestos por el Presidente Chávez.[57]

41. La Asamblea, conforme a lo resuelto por la Corte Suprema, debía estar sometida durante su funcionamiento a la Constitución de 1961 (la cual sólo podía perder vigencia cuando el pueblo se pronunciara, mediante posterior referendo aprobatorio sobre la nueva Constitución). Sin embargo, ello en la realidad no fue así, y fue la Asamblea Constituyente la que puso de lado la Constitución entonces vigente, desacatando además las órdenes judiciales emanadas de la Corte Suprema de Justicia, que establecía que no podía concebirse a la Asamblea Constituyente como titular del "poder constituyente originario" que el pueblo no le había conferido. Ello lo hizo la Asamblea Constituyente el mismo día de su instalación el 3 de agosto de 1999,[58]

---

[55] Como lo señaló Ricardo Combellas, "Estamos hablando de un referendo consultivo, no de un referendo decisorio, cuya aprobación demanda necesariamente en Venezuela, tal como lo propuso con visión avanzada la Comisión Bicameral, una reforma constitucional" en *¿Qué es la Constituyente? Voz para el futuro de Venezuela,* COPRE, Caracas 1998.

[56] Véase el texto de la sentencia de la Sala Político Administrativa de 18 de marzo de 1999 en *Revista de Derecho Público,* N° 77-80, Editorial Jurídica Venezolana, Caracas 1999, pp. 85 y ss.

[57] De un total de 131 constituyentes electos, 125 con el apoyo del Presidente Chávez, con lo que la "oposición" quedó formada por sólo 6 constituyentes electos como independientes. Cuatro electos en la circunscripción nacional (Allan R. Brewer-Carías, Alberto Franceschi, Claudio Fermín y Jorge Olavarría) y dos en las circunscripciones regionales (Antonio Di'Giampaolo y Virgilio Ávila Vivas).

[58] En el acto de instalación, el discurso dado por quien venía de ser electo presidente de la Asamblea concluyó con estas frases "la Asamblea Nacional Constituyente es originaria y soberana", en *Gaceta Constituyente (Diario de Debates), Agosto-*

cuando aprobó su Estatuto de Funcionamiento en contra de la voluntad popular expresada en el referendo consultivo del 25 de abril de 1999, y se declaró a sí misma *"depositaria de la voluntad popular y expresión de su Soberanía con las atribuciones del Poder Originario para reorganizar el Estado Venezolano y crear un nuevo ordenamiento jurídico democrático."*[59] La Asamblea, además, dispuso que "en uso de las atribuciones que le son inherentes, *podrá limitar o decidir la cesación de las actividades de las autoridades que conforman el Poder Público*" (artículo 1). Como consecuencia de ello, la Asamblea también resolvió que "todos los organismos del Poder Público *quedaban subordinados"* a la misma y, en consecuencia, que estaban en la obligación de *cumplir y hacer cumplir* los "actos jurídicos estatales" que emitiera (parágrafo primero, artículo 1°).

42. En esta forma, la Asamblea se auto atribuyó potestades públicas por encima tanto de la Constitución de 1961 como de las "normas constitucionales" contenidas en la expresión de la voluntad soberana del pueblo contenida en las "bases comiciales" votadas en el referendo de 25 de abril de 1999. En cuanto a las previsiones de la Constitución entonces vigente de 1961, por disposición de la propia Asamblea en su Estatuto de Funcionamiento, se dispuso que sólo se mantendrían en vigencia "en todo aquello que no colida o sea contrario con los actos jurídicos y demás decisiones de la Asamblea Nacional Constituyente" (art. 1, parágrafo segundo).[60] Con la asunción de este poder, la Asamblea había se dio a sí misma una carta blanca para violar una Constitución que estaba vigente, y someter a todos los órganos del Poder Público constituido y electos, a estarle "subordinados," imponiéndoles la obligación de cumplir sus "actos jurídicos estatales." Esta ruptura del hilo constitucional luego se materializó mediante sucesivos actos constituyentes que la propia antigua Corte Suprema de Justicia, como juez constitucional, no supo contro-

---

Septiembre 1999, Sesión de 03-08-99, N° 1, p. 4. Véase nuestro voto salvado respecto de la aprobación de dicho Estatuto por la Asamblea Constituyente, en Allan R. Brewer-Carías, *Debate Constituyente (Aportes a la Asamblea Nacional Constituyente),* Fundación de Derecho Público, Editorial Jurídica Venezolana, Tomo I (8 agosto-8 septiembre 1999), Caracas 1999, pp. 15 a 39.

[59] Véase *Gaceta Constituyente (Diario de Debates), Agosto-Septiembre 1999,* Sesión de 07-08-99, N° 4, p. 151. Véase también nuestro voto salvado por razones de inconstitucionalidad respecto de la aprobación del Estatuto en *Gaceta Constituyente (Diario de Debates), Agosto-Septiembre 1999,* Sesión de 07-08-99, N° 4, pp. 6 a 13.

[60] Véase en *Gaceta Constituyente (Diario de Debates), Agosto-Septiembre 1999,* Sesión de 07-08-99, N° 4, p. 144. Véase el texto, además, en *Gaceta Oficial* N° 36.786 de 14-09-99. Como ha señalado Lolymar Hernández Camargo, con la aprobación del Estatuto "quedó consumada la inobservancia a la voluntad popular que le había impuesto límites a la Asamblea Nacional Constituyente... Se auto proclamó como poder constituyente originario, absoluto e ilimitado, con lo cual el Estado perdió toda razón de ser, pues si se mancilló la voluntad popular y su manifestación normativa (la Constitución), no es posible calificar al Estado como de derecho ni menos aun democrático", en *La Teoría del Poder Constituyente, cit.,* p. 73.

lar hasta que fue cesada, víctima de sus propios actos[61]. Entre dichos actos constituyentes dictados por la Asamblea Nacional Constituyente como "poder constituyente originario," al margen de la Constitución de 1961, se destacan:

43. En *primer lugar*, el "Decreto mediante el cual se declaró la *reorganización de todos los órganos del Poder Público*" de fecha 12 de agosto de 1999,[62] para cuya emisión la Asamblea invocó que ejercía "el poder constituyente otorgado por este [el pueblo] mediante referendo..."; es decir, que ejercía un "poder constituyente" que le había otorgado el "poder constituyente" (pueblo) en el "referendo," lo cual no era cierto, por lo cual en realidad la Asamblea se fundamentó, para aprobar el Decreto, en "lo dispuesto en el artículo primero del Estatuto de esta Asamblea" mediante el cual se había conferido, a sí misma, dicho supuesto carácter de "poder constituyente originario."

44. En *segundo lugar*, el decreto de 19 de agosto de 1999 mediante el cual la Asamblea Nacional Constituyente resolvió declarar "al Poder Judicial en emergencia" (Art. 1º), creando una Comisión de Emergencia Judicial, que asumió el proceso de intervención de la Justicia,[63] lesionando la autonomía e independencia del Poder Judicial, suplantando los órganos regulares del gobierno y administración de la Justicia.[64] El Decreto tuvo la misma fundamentación que el anterior: "en ejercicio del poder constituyente originario" otorgado por el pueblo a la Asamblea mediante referendo, lo cual no era cierto, pues fue mediante el artículo 1º del Estatuto de Funcionamiento de la propia Asamblea y el artículo único del Decreto de la Asamblea que declaró la reorganización de todos los Poderes Públicos constituidos, con los cuales la Asamblea se había auto conferido dicho poder. Este proceso de intervención política del poder judicial incluso fue formalmente conocido por la Corte Suprema de Justicia, la cual, como juez constitucional, adoptó el 23 de agosto de 1999 un desafortunado Acuerdo,[65] en el cual "fijó posición" ante la intervención llegando a aceptarla mediante la designación de uno de sus propios magistrados como integrante de la Comisión de Emergencia Judicial nombrada por la Asamblea.

---

[61] Véase Víctor R. Hernández-Mendible, "La contribución del poder judicial a la desaparición de la Constitución, la Democracia y el Estado de Derecho," en *El Nuevo Derecho Constitucional Venezolano, IV Congreso de Derecho Constitucional en homenaje al Doctor Humberto J. Laroche*, Universidad Católica Andrés Bello, Caracas 2000, pp. 81-107.

[62] *Gaceta Oficial* Nº 36.764 de 13-08-99. Véase en *Gaceta Constituyente* (Diario de Debates), Agosto-Septiembre de 1999, *cit.*, Sesión de 12-08-99, Nº 8, pp. 2 a 4.

[63] *Gaceta Oficial* Nº 36.772 de 25-08-99 reimpreso en *Gaceta Oficial* Nº 36.782 de 08-09-99.

[64] Véase en Allan R. Brewer-Carías, *Debate Constituyente*, Tomo I, *op. cit.*, p. 57 a 73; y en *Gaceta Constituyente (Diario de Debates), Agosto-Septiembre de 1999, cit*, Sesión de 18-08-99, Nº 10, pp. 17 a 22. Véase el texto del Decreto en *Gaceta Oficial* Nº 36.782 de 08-09-99.

[65] Véanse nuestros comentarios sobre el Acuerdo en Lolymar Hernández Camargo, *La Teoría del Poder Constituyente, cit*, pp. 75 y ss.

45. En *tercer lugar*, el "Decreto mediante el cual *se regulan las funciones del Poder Legislativo*"[66] dictado por la Asamblea el 25 de agosto de 1999, reformado cinco días después, el 30 de agosto de 1999[67]; arrogándose esta vez directa y abiertamente un "poder constituyente originario" que nadie le había otorgado, sino ella misma en su propio Estatuto de funcionamiento. Mediante este Decreto, la Asamblea, materialmente declaró la cesación de las Cámaras Legislativas (Senado y Cámara de Diputados), cuyos miembros habían sido electos unos meses antes, en noviembre de 1998, atribuyéndole además, inconstitucionalmente, la función legislativa del Estado a la Comisión Delegada del Congreso y a la propia Asamblea Constituyente.[68] En el Decreto de regulación del Poder Legislativo, la Asamblea también intervino y eliminó las Asambleas Legislativas de los Estados de la Federación, violando la Constitución y vulnerando la autonomía de aquellos, al disponer que las funciones de las mismas serían ejercidas por unas Comisiones Delegadas de cada una, regulando la forma de su integración (Art. 11); y además, revocando el mandato de los Diputados de las Asambleas que no integrasen las Comisiones delegadas respectivas (Art. 12), en desconocimiento que tales diputados fueron electos por el voto popular, universal, libre, directo y secreto expresado en octubre de 1998, que la referida Asamblea Constituyente decía representar.

46. Finalmente, en *cuarto lugar*, el Decreto del "Régimen de Transición del Poder Público,"[69] dictado el 22 de diciembre de 1999, dos días después de la "proclamación" de la nueva Constitución luego de haber sido aprobada por el pueblo, pero una semana antes de su entrada formal en vigencia, pues la publicación de la Constitución en *Gaceta Oficial* fue demorada hasta el 30 de diciembre de 1999,[70] mediante el cual la Asamblea modificó la propia Constitución (y su régimen transitorio) recién aprobada (15-12-1999), sin someter ese "acto constitucional" a la aprobación popular.

47. De todo ello, en particular, se destaca que en materia judicial, como se dijo, la Asamblea Nacional Constituyente declaró "al Poder Judicial en emer-

---

[66] *Gaceta Oficial* N° 36.772 de 25-08-99.

[67] *Gaceta Oficial* N° 36.776 de 31-08-99.

[68] Véase en *Gaceta Constituyente (Diario de Debates), Agosto-Septiembre 1999, cit.,* Sesión de 25-08-99, N° 13, pp. 12 a 13 y 27 a 30 y Sesión de 30-08-99, N° 16, pp. 16 a 19. Véase el texto del Decreto en *Gaceta Oficial* N° 36.772 de 26-08-99. Con posterioridad, sin embargo, y con la intermediación de la Iglesia Católica, el 9-9-99, la directiva de la Asamblea llegó a un acuerdo con la directiva del Congreso, con lo cual, de hecho, se dejó sin efecto el contenido del Decreto, siguiendo el Congreso funcionando conforme al régimen de la Constitución de 1961. Véase el texto del Acuerdo en *El Nacional,* Caracas 10-9-99, p. D-4.

[69] Véase en *Gaceta Oficial* N° 36.859 de 29-12-99.

[70] Véase en *Gaceta Constituyente (Diario de Debates), Noviembre 1999-Enero 2000, cit.,* Sesión de 22-12-99, N° 51, pp. 2 y ss. Véase *Gaceta Oficial* N° 36.859 de 29-12-99; y *Gaceta Oficial* N° 36.860 de 30-12-99.

gencia" (art. 1°),[71] creando una "Comisión de Emergencia Judicial," con la cual se inició en Venezuela el interminable proceso de intervención política del Poder Judicial,[72] y que asumió atribuciones incluso de evaluar hasta el desempeño de la propia antigua Corte Suprema de Justicia (arts. 3.3 y 4), decidir sobre la destitución y suspensión de jueces y funcionarios judiciales, y sobre la designación de suplentes o conjueces para sustituir temporalmente a los jueces destituidos o suspendidos (art. 8).

48. La Emergencia Judicial declarada en agosto de 1999, supuestamente debía tener vigencia hasta que entrara en vigencia la nueva Constitución (art. 32), la cual en efecto, se sancionó en noviembre de 1999, se aprobó por el pueblo en referendo de 15 de diciembre de 1999, y se publicó el 30 de diciembre del mismo año 1999. Sin embargo, la situación de emergencia no cesó, y en la práctica continuó *sine die*, entre otras razones, fundamentalmente, por la decisión del Tribunal Supremo de Justicia de no asumir la organización de la Jurisdicción Disciplinaria Judicial como parte de su función de gobierno judicial conforme a las competencias que le asignó la nueva Constitución de 1999 (art. 267). El Tribunal Supremo, en cambio, aceptó y avaló la prórroga de la transitoriedad constitucional, renunciando incluso a ejercer la iniciativa legislativa en materia judicial conforme a las expresas competencias que le asignó la Constitución (Art. 204.4), prefiriendo incluso, que la Comisión de Funcionamiento y Reestructuración del Poder Judicial que se creó en el régimen transitorio constitucional dictado mediante el "Decreto de Régimen Transitorio del Poder Público"[73] de 22 de diciembre de 1999, y que sustituyó a la de "Emergencia," fuese la que dictase hasta la normativa pertinente del procedimiento de selección y designación de los jueces, sin garantizarse siquiera la participación ciudadana.[74]

49. Además, antes, debe recordarse que la Asamblea Nacional Constituyente, en 1999, también había dictado otro Decreto mediante el cual se le atribuyeron a la anterior Comisión de Emergencia Judicial, la cual en este

---

[71] El 19 de agosto de 1999, la Asamblea Nacional Constituyente resolvió declarar "al Poder Judicial en emergencia," *Gaceta Oficial* N° 36.772 de 25-08-1999 reimpreso en *Gaceta Oficial* N° 36.782 de 08-09-1999. Véase en *Gaceta Constituyente (Diario de Debates), Agosto-Septiembre de 1999, cit.,* Sesión de 18-08-1999, N° 10, pp. 17 a 22. Véase el texto del Decreto en *Gaceta Oficial* N° 36.782 de 08-09-1999.

[72] *Gaceta Oficial* N° 36.772 de 25-08-1999 reimpreso en *Gaceta Oficial* N° 36.782 de 08-09-1999.

[73] Véase en *Gaceta Constituyente (Diario de Debates), Noviembre 1999-Enero 2000, cit.,* Sesión de 22-12-1999, N° 51, pp. 2 y ss. Véase *Gaceta Oficial* N° 36.859 de 29-12-1999; y *Gaceta Oficial* N° 36.860 de 30-12-1999.

[74] Véase las Normas de Evaluación y Concursos de Oposición para el Ingreso y Permanencia en el Poder Judicial dictadas por la Comisión de Funcionamiento y Reestructuración del Sistema Judicial de marzo de 2000. En *Gaceta Oficial* N° 36.910, de fecha 14 de marzo de 2000). Véase la sentencia de la Sala Constitucional del Tribunal Supremo N° 1326 de 02-11-2000, en *Revista de Derecho Público,* N° 84, Editorial Jurídica Venezolana, Caracas, 2000, pp. 111 y ss.

decreto se precisó que supuestamente debía tener duración "hasta el 16 de diciembre del presente año" (1999), en forma completamente al margen de la Constitución, unas atribuciones para reglamentar el plan de evaluación de los jueces, determinar la permanencia o sustitución de los mismos y el régimen de selección y concursos (artículo único).[75]

50. En todo caso, fue con fundamento en el Decreto de la Emergencia Judicial que originó la intervención del Poder Judicial, con lo que se comenzó a realizar en Venezuela una verdadera "depuración" del Poder Judicial, mediante la destitución y suspensión de centenares de jueces con precaria garantía al derecho a la defensa, para sustituirlos mediante la designación en forma indiscriminada por "nuevos" jueces suplentes e interinos, sin sistema alguno de selección, quedando dependientes del nuevo Poder político que los había designado.[76] Luego, con el tiempo, se procedió a transformarlos en jueces "titulares" sin concurso público alguno ni participación ciudadana. Con ello, el Poder Judicial en Venezuela quedó signado por la provisionalidad[77] y la temporalidad, convertida luego en "titularidad," con su inevitable secuela de dependencia respecto del nuevo Poder político, sin que se hubiera realizado concurso alguno para la selección de jueces.

51. Como antes se señaló, la antigua Corte Suprema de Justicia, por su parte, durante el proceso constituyente de intervención judicial, en fecha 23 de agosto de 1999, adoptó el mencionado Acuerdo[78] con el cual aceptó la violación de la propia autonomía del Supremo Tribunal, no sólo fijando posición ante el Decreto de Reorganización del Poder Judicial dictado por la Asamblea Nacional Constituyente, sin condenarlo; sino avalando la creación de una Comisión de Emergencia Judicial, llegando incluso a nombrar a uno de sus Magistrados como miembro de la misma. Con dicho Acuerdo, en definitiva, la Corte Suprema de Justicia decretó su propia extinción, como de hecho ocurrió sólo tres meses después, cuando la misma Asamblea Constituyente dictó el "Decreto de Régimen Transitorio del Poder Público"[79] el 22 de diciembre de 1999, mediante el cual la Corte fue eliminada, y los Magistrados del nuevo

---

[75] *Gaceta Oficial* N° 36.832 de 18-11-1999

[76] Es lo que el profesor Chavero califica como "purga." Véase Rafael J. Chavero Gazdik, *La Justicia Revolucionaria. Una década de Reestructuración (o Involución) Judicial en Venezuela,* Editorial Aequitas, Caracas 2011, pp. 58, 59.

[77] Por ello, sólo dos años después del inicio del proceso de intervención, en agosto de 2001, los Magistrados del Tribunal Supremo de Justicia ya admitían que más del 90% de los jueces de la República eran provisionales. Véase *El Universal*, Caracas 15-08-2001, p. 1-4. En mayo de 2001 otros Magistrados del Tribunal Supremo reconocían el fracaso de la llamada "emergencia judicial". Véase *El Universal,* Caracas 30-05-2001, p. 1-4.

[78] Acuerdo de la Suprema de Justicia de 23-08-1999. Véanse los comentarios de Lolymar Hernández Camargo, *La Teoría del Poder Constituyente, cit,* pp. 75 y ss.

[79] Véase en *Gaceta Constituyente (Diario de Debates), Noviembre 1999-Enero 2000, cit.,* Sesión de 22-12-1999, N° 51, pp. 2 y ss. Véase *Gaceta Oficial* N° 36.859 de 29-12-1999; y *Gaceta Oficial* N° 36.860 de 30-12-1999.

Tribunal Supremo de Justicia, aún sin haber entrado en vigencia la Constitución que fue publicada el 31 de diciembre, fueron designados. Con ello, la intervención constituyente del Poder Judicial también tocó al Tribunal Supremo, el cual desde 1999 fue objeto de interferencia habiéndose sometido desde el inicio a los designios de quienes han controlado el poder político desde el Poder Ejecutivo y la Asamblea Nacional.

52. En efecto, mediante el mencionado Decreto de Transición del Poder Público de 22 de diciembre de 1999, la Asamblea Nacional Constituyente organizó el nuevo Tribunal Supremo nombrando sus Magistrados en un número de 20 (5 en la Sala Constitucional y 3 en cada una de las Salas: Político Administrativa, de Casación Civil, Penal, Electoral y Social), número que ni siquiera la Constitución había previsto pues ello se había dejado para ser establecido en la ley, sin cumplirse con las exigencias y condiciones para ser Magistrado establecidas en la nueva Constitución.[80] Con ello, el Tribunal resultó "transitoriamente" integrado casi completamente por personas sin mayor trayectoria en el Poder Judicial, pero militantes del partido de gobierno. El Decreto, además, como se dijo, transformó la Comisión de Emergencia Judicial que había creado la Asamblea Constituyente para intervenir el Poder Judicial, en una Comisión de Reorganización y Funcionamiento del Poder Judicial. En cuanto a la normativa "constitucional" del decreto, a pesar de no haber sido aprobada por el pueblo, por decisión del propio Tribunal Supremo creado en la misma, quedó inmune a toda posibilidad de control judicial, ya que dicho Tribunal consideró que no estaba sometida ni a la nueva (1999) ni a la vieja (1961) Constitución,[81] resultando de ello una especie de régimen "para-constitucional" que pasó a formar parte del "bloque de la constitucionalidad," a pesar de que, cómo se dijo, no haber sido aprobado por el pueblo.[82]

53. Uno de los objetivos de ese régimen de transición constitucional no aprobado popularmente había sido precisamente la "creación" y el nombramiento de los propios Magistrados del Tribunal Supremo de Justicia por la Asamblea Constituyente sin autoridad alguna para ello que le hubiera sido conferida por el pueblo, y peor aún, sin cumplir las condiciones impuestas en la nueva Constitución para tales nombramientos, y sin garantizar el derecho ciudadano a participar en los mismos a través del Comité de Postulaciones Judiciales que conforme a la Constitución debía estar integrado sólo y exclusivamente por representantes de los "diversos sectores de la sociedad" (art.

---

[80] Véase Sentencia del Tribunal Supremo de Justicia en Sala Constitucional, n° 1562, Caso: *Defensoría del Pueblo contra la Ley Especial para la Ratificación o Designación de los Funcionarios y Funcionarias del Poder Ciudadano y Magistrados y Magistradas del Tribunal Supremo de Justicia*, de 12-12-2000, en *Revista de Derecho Público*, N° 84, Editorial Jurídica Venezolana, Caracas, 2000, p. 109.

[81] Véase sentencia N° 6 de fecha 27-01-2000, en *Revista de Derecho Público*, N° 81, Editorial Jurídica Venezolana, Caracas, 2000, pp. 81 ss.

[82] Véase sentencia de 28 de marzo de 2000 (*caso: Allan R. Brewer-Carías y otros)*, en *Revista de Derecho Público*, N° 81, Editorial Jurídica Venezolana, Caracas, 2000, p. 86.

270). Ese Comité, en la forma como fue concebido, puede decirse que nunca ha sido creado hasta el presente, habiendo sido las normas constitucionales sucesivamente distorsionadas por la Asamblea Nacional, con el silencio de la Sala Constitucional, al convertirlo de hecho en una "comisión parlamentaria" más, sujeta a la Asamblea Nacional.[83] Esto ocurrió en 2000, cuando la recién electa Asamblea Nacional, en lugar de sancionar la Ley Orgánica del Tribunal Supremo para regular dicho Comité de Postulaciones Judiciales, lo que dictó fue una "Ley Especial para la Ratificación o Designación de los Funcionarios del Poder Ciudadano y Magistrados y Magistradas del Tribunal Supremo de Justicia para su Primer Período Constitucional."[84] En esta Ley, en lugar de crearse el Comité de Postulaciones Judiciales que exigía la nueva Constitución, se creó una Comisión Parlamentaria integrada con mayoría de diputados para escoger a los referidos funcionarios. La sociedad civil fue marginada, los titulares de los órganos de los Poderes Ciudadano (Fiscal General de la República, Defensor del Pueblo y Contralor General de la República) y Judicial fueron nombrados con la más absoluta discrecionalidad, y en particular, los Magistrados del Tribunal Supremo fueron designados sin que se atendieran algunos de los criterios objetivos que la Constitución establece como condición para ocupar dichos cargos. A través de esta legislación, se consolidó el control político del Ejecutivo a través del dominio de la Asamblea Nacional en relación con todos los Poderes Públicos. Esta violación constitucional fue en todo caso advertida desde el inicio, por lo que la Ley Especial fue impugnada ante el nuevo Tribunal Supremo por la Defensora del Pueblo, por razones de inconstitucionalidad, por violar el derecho a la participación política de los ciudadanos; acción que nunca fue decidida; y cuya introducción le costó a la persona que se desempeñaba como Defensora del Pueblo su permanencia en el cargo.

54. Lo sorprendente fue, sin embargo, que mediante una medida cautelar de amparo que había solicitado la misma Defensora del Pueblo, los Magistrados de la Sala Constitucional del Tribunal Supremo, en lugar de inhibirse de conocer del caso que los involucraba a ellos mismos, decidieron "en causa propia," resolviendo que la Constitución no les era aplicable a ellos, porque supuestamente no iban a ser "designados" sino que lo que iban era a ser "ratificados," burlándose así la Constitución. Dichos Magistrados, en efecto, adoptaron el punto de vista de que ellos podían ser "ratificados" en sus cargos de acuerdo con la Ley Especial sin cumplir las condiciones impuestas para los nombramientos en la Constitución, porque esta sólo regulaba el "nombramiento" de los Magistrados y no contemplaba normas relativas a su "ratificación," que era la que se aplicaría a los que estaban ocupando el cargo, y era la

---

[83] Véase Allan R. Brewer-Carías, "La participación ciudadana en la designación de los titulares de los órganos no electos de los Poderes Públicos en Venezuela y sus vicisitudes políticas", en *Revista Iberoamericana de Derecho Público y Administrativo*, Año 5, Nº 5-2005, San José, Costa Rica 2005, pp. 76-95.

[84] Véase *Gaceta Oficial* Nº 37.077 del 14-11-2000.

que se regulaba en el "Régimen de Transición de los Poderes Públicos" que la Sala consideraba que tenía rango constitucional.[85]

55. En esa forma se produjo el nombramiento y ratificación de los Magistrados del Tribunal Supremo de Justicia en 2000, con una integración con marcada influencia política, que lo tornó inefectivo en el control de la constitucionalidad de los actos ejecutivos.

IV. LA INTERMINABLE TRANSITORIEDAD CONSTITUCIONAL DEL RÉGIMEN DEL PODER JUDICIAL DESDE 2000 EN DESMEDRO DE LA INDEPENDENCIA Y AUTONOMÍA DE LOS JUECES

56. En todo caso, la Asamblea Nacional Constituyente, al sancionar la Constitución de 1999, eliminó el órgano con autonomía funcional que había sido creado en la Constitución de 1961 para el gobierno y administración del Poder Judicial, denominado "Consejo de la Judicatura," y en su lugar asignó dichas funciones al Tribunal Supremo de Justicia, para lo cual la Constitución dispuso, como antes se indicó, que el mismo tendría una Dirección Ejecutiva de la Magistratura (art. 267). En el texto de la Constitución, por otra parte, en la *Disposición Transitoria Cuarta,* solo se hizo mención a una "Comisión de Funcionamiento y Reestructuración del Sistema Judicial" única y exclusivamente para que desarrollase transitoriamente el "sistema de defensa pública" hasta que se dictase la ley respectiva.[86] Debe recordarse que para el momento de la aprobación mediante refrendo de la Constitución el 15 de diciembre de 1999, lo único que existía era la "Comisión de Emergencia Judicial" que había funcionado durante las sesiones de la Asamblea Nacional Constituyente. La Disposición Transitoria Cuarta del texto constitucional aprobado popularmente y que fue el publicado, por tanto, se refería a una inexistente, para ese momento, "Comisión de Funcionamiento y Reestructuración del Sistema Judicial."

57. En todo caso, esa incongruencia constitucional pronto tendría su razón de ser, lo cual se materializó días después del referendo aprobatorio de la Constitución, como se dijo, con la creación formal de la mencionada "Comisión de Funcionamiento y Reestructuración del Sistema Judicial," con atribuciones universales en materia judicial, en el régimen transitorio dictado por la Asamblea Nacional Constituyente y contenido en el "Decreto del Régimen de

---

[85] Véase Tribunal Supremo de Justicia, Sala Constitucional, Decisión del 12-12-2000 en *Revista de Derecho Público,* N° 84, Editorial Jurídica Venezolana, Caracas, 2000, p. 109.

[86] Y en efecto, el Sistema Autónomo de la Defensa Pública fue creado por la Comisión de Funcionamiento y Reestructuración del Sistema Judicial, mediante Resolución N° 1.191 del 16 de junio de 2000, en *Gaceta Oficial* N° 37.024 del 29 de agosto de 2000. Conforme al artículo primero de la misma: *"Se crea el Sistema Autónomo de la Defensa Pública a los fines de garantizar el derecho a la defensa. Este sistema es un servicio dotado de autonomía funcional y administrativa y estará adscrito a la Comisión de Funcionamiento y Reestructuración del Sistema Judicial hasta tanto sancione la Ley Orgánica del Servicio de la Defensa Pública".*

Transición del Poder Público" (art. 27) de 22 de diciembre de 1999.[87] En el mismo se dispuso que mientras el Tribunal Supremo organizaba la Dirección Ejecutiva de la Magistratura, el gobierno y administración del Poder Judicial, la inspección y vigilancia de los Tribunales, y todas las competencias que la legislación para ese momento vigente atribuían al antiguo Consejo de la Judicatura, serían ejercidas por una Comisión de Funcionamiento y Reestructuración del Sistema Judicial (art. 21) que entonces sustituyó a la Comisión de Emergencia Judicial.

58. En esta forma, la Asamblea Nacional Constituyente, en una manera evidentemente contraria a la Constitución, le confiscó al propio Tribunal Supremo, cuyos miembros había designado en el mismo Decreto donde cesó a los antiguos magistrados de la anterior Corte Suprema, una de sus nuevas funciones, incluso para que no la pudiera ejercer después de que la nueva Constitución entrara en vigencia, atribuyéndosela a la "Comisión ad hoc" creada y designada por la propia Asamblea Nacional Constituyente, y no por el nuevo Tribunal Supremo; situación irregular que el propio Tribunal Supremo de Justicia luego aceptó resignadamente por más de un lustro, renunciando a ejercer sus competencias constitucionales.

59. Por otra parte, la disposición del artículo 23 del Decreto de Régimen de Transición de los Poderes Públicos de 22 de diciembre de 1999 – aún sin ser parte de la Constitución – se configuró como una verdadera "Disposición Transitoria Constitucional" que como tal debió haber sido incorporada en las Disposiciones Transitorias de la propia Constitución. Ello, sin embargo, como se dijo, no estaba en el proyecto sancionado por la Asamblea Constituyente (15 de Noviembre de 1999) ni en el aprobado popularmente, habiendo sido dictado por la Asamblea Constituyente en evidente usurpación de la voluntad popular (la del pueblo), disponiendo que la competencia disciplinaria judicial que conforme a la Constitución debía corresponder a los tribunales disciplinarios de conformidad con lo que se regula en el artículo 267 de la Constitución recién aprobada, sería en cambio ejercida por la referida Comisión de Funcionamiento y Reestructuración del Sistema Judicial, y no por los jueces. Dicho artículo 23 del Decreto, en todo caso, fue claro en disponer que esa transitoriedad, estaría "vigente *hasta* que la Asamblea Nacional *apruebe la legislación* que determine los *procesos y tribunales* disciplinarios." Ello sólo ocurrió doce años después, en 2011, con lo cual durante más de una década la Jurisdicción disciplinaria simplemente no existió; y si bien se creó en 2011, de nuevo transitoriamente se la hizo depender de la Asamblea Nacional en forma evidentemente inconstitucional.

60. Era evidente que conforme a la nueva Constitución, a partir de 1999 sólo los jueces podían ejercer la función disciplinaria judicial (art. 253), por lo que era totalmente ilegítimo y contrario a la garantía del debido proceso (art. 49), el que se atribuyeran funciones judiciales disciplinarias respecto de los jueces a una "Comisión" *ad hoc* como la mencionada, que no era siquiera un tribunal. Si se trataba de establecer, así fuera arbitrariamente, un régimen

---

[87] Véase en *Gaceta Oficial* N° 36859 de 29-12-1999.

transitorio para la jurisdicción disciplinaria, las funciones judiciales que ello implicaba constitucionalmente, debieron atribuirse al menos a tribunales o jueces preexistentes, y no a una "Comisión" *ad hoc*, pues ello, además, violaba la garantía del debido proceso y del juez natural que la nueva Constitución regulaba expresamente (art. 49).

61. Con posterioridad al Decreto sobre Régimen Transitorio de diciembre de 1999 que creó la mencionada Comisión, la Asamblea Nacional Constituyente, como antes se indicó, incluso ya habiendo cesado sus funciones de redacción de la Constitución, dictó otros dos Decretos el 18 de enero de 2000 en relación con el Poder Judicial, también "en ejercicio del poder soberano constituyente originario", que fueron el relativo a la designación del "Inspector de Tribunales,"[88] y el relativo a la designación de los miembros de la Comisión de Funcionamiento y Reestructuración del Poder Judicial;[89] todo marginando al Tribunal Supremo de Justicia que supuestamente era quien tenía a su cargo el gobierno y administración del Poder Judicial. Como luego lo constataría la Sala Político Administrativa del Tribunal Supremo en la sentencia N° 1173 de 23 de mayo de 2000, correspondiendo al Tribunal Supremo "conforme a lo previsto en la Constitución de la República Bolivariana de Venezuela, la función de dirección, gobierno y administración del Poder Judicial, que antes tenía atribuida el Consejo de la Judicatura," mientras se establecía la Dirección Ejecutiva de la Magistratura, "la Asamblea Nacional Constituyente creó la Comisión de Funcionamiento y Reestructuración del Sistema Judicial, como órgano encargado de garantizar el buen funcionamiento del Poder Judicial, a los fines de establecer un nuevo Poder."[90]

62. La prolongación del régimen de transición constituyente, con la anuencia del Tribunal Supremo, hizo entonces nugatoria la aplicación de la exigencia de los concursos para la designación de los jueces, quedando la norma constitucional sólo como una buena intención. Incluso, sobre el tema, la propia Sala Político Administrativa del Tribunal Supremo, en sentencia N° 659 de 24 de marzo de 2000 (Caso: *Rosario Nouel*), llegó a justificar la "necesaria intervención del Poder judicial" argumentado que "para que ese poder (judicial) se adapte y cumpla con el rol que le asigna el nuevo texto constitucional, es necesario que quienes lo componen sean el resultado de un proceso público de evaluación y concurso, que no tan solo aseguren su idoneidad y excelencia, sino que garantice el conocimiento por parte de éstos de los principios y valores de la Constitución, a los efectos de evitar una ruptura entre Estado y Sociedad. En ese sentido el rol protagónico del pueblo consustanciado con la idea democrática, se materializa a través de su participación intensa en los procesos de selección y evaluación de los Jueces (Artículo 255 de

88   *Gaceta Oficial* N° 36.878 de 26-01-2000
89   *Gaceta Oficial* N° 36.878 de 26-01-2000
90   Véase en *Revista de Derecho Público*, N° 82, Editorial Jurídica Venezolana, Caracas, 2000, p. 160.

la Constitución de la República Bolivariana de Venezuela)." [91] Por supuesto, textos como este no pasaron de ser pura retórica, habiendo llegado la sentencia a decir que:

> "...la participación ciudadana debe orientarse y manifestarse desde la selección de jurados en el inicio de los procesos de evaluación y concurso a través de la sociedad civil organizada; en la consulta sobre los aspirantes a ser jueces o juezas; en su presencia o intervención en los concursos públicos; así como en la selección definitiva del Juez y en el control permanente que la sociedad debe hacer en relación a la conducta pública y privada, en la actuación del Juez como administrador de justicia, en su comportamiento profesional, académico y aún familiar[92]".

63. Nada de ello, ha ocurrido en Venezuela hasta la fecha (2013), y al contrario, si algo ha sido constante, ha sido la negativa sistemática a la posibilidad misma de la participación ciudadana en el proceso de elección de los jueces, derivada de un interminable régimen transitorio que la ha impedido. Y lo peor es que luego de esas declaraciones, la misma sentencia de la Sala Político Administrativa pasó a justificar *la necesaria intervención de los Poderes Públicos a fin de la relegitimación de los mismos en el marco de un Proceso Constituyente"* señalando al no haber estado supuestamente garantizada en el anterior régimen legal y constitucional (de la Constitución de 1961) "la intervención y participación de los ciudadanos en los distintos procesos de selección y nombramiento de los jueces" se había supuestamente:

> "producido una inconstitucionalidad sobrevenida, decayendo el objeto de los diferentes actos de nombramiento, por lo que se establece con las "Normas de Evaluación y Concurso de Oposición para el Ingreso y Permanencia en el Poder Judicial", de fecha 14 de febrero del año 2000, publicadas en *Gaceta Oficial* N° 36.899 de fecha 24 de febrero del mismo año, el desarrollo de procedimientos destinados a garantizar la credibilidad y legitimidad del sistema de justicia, por medio de controles sociales e institucionales sobre el comportamiento de los jueces, idoneidad que se hace indispensable para lograr su capacidad profesional e independencia[93]"

64. Por supuesto, nada de ello ocurrió y la intervención constituyente del Poder Judicial se prolongó mucho más allá de la transición constitucional supuestamente limitada, por lo que a pesar de la creación de la Dirección Ejecutiva de la Magistratura, la Comisión *ad hoc* de intervención siguió funcionando sin que se hubiese respondido el llamado "de atención" que la misma Sala

---

[91] Véase sentencia N° 659 de 24-03-2000 (Caso: *Rosario Nouel*), en *Revista de Derecho Público*, N° 81, Editorial Jurídica Venezolana, Caracas, 2000, p. 104.

[92] *Id.*

[93] *Id.*

Político Administrativa del Tribunal Supremo hizo en la sentencia N° 1173 de 23 de mayo de 2000, indicándole:

"a la Comisión de Funcionamiento y Reestructuración del Sistema Judicial, respecto del ejercicio de los importantes cometidos que le han sido impuestos, mientras se establece la Dirección Ejecutiva de la Magistratura, toda vez que de su oportuno ejercicio depende en gran medida la deseada reestructuración y relegitimación del Poder Judicial. En efecto, debe esta Sala advertir que resulta imperioso para el mantenimiento del Estado de Derecho, el libre acceso de los ciudadanos a los órganos de justicia consagrado en el artículo 26 de la Constitución de la República Bolivariana de Venezuela y la vigencia de las instituciones y que el Poder Judicial pueda, en la práctica, cumplir con sus objetivos mediante la designación de los jueces y funcionarios necesarios para ello. En razón de ello, se deben tomar las medidas pertinentes a los fines de proveer de forma inmediata los cargos de Jueces en los Tribunales donde fueron suspendidos o destituidos Jueces durante la emergencia judicial, a los fines de garantizar el nuevo modelo de Estado, comprometido con una justicia proba, honesta, idónea, de calidad, donde se garantice a los ciudadanos, el acceso a la justicia y el obtener de los órganos encargados de la administración de justicia, una tutela judicial efectiva.[94]

65. Sin embargo, la realidad fue que la situación de absoluta transitoriedad y de inaplicación del texto constitucional se prolongó posteriormente por la omisión del mismo Tribunal Supremo en implementarlo, incluso a pesar de que el 2 de agosto de 2000, dictó la "Normativa Sobre la Dirección, Gobierno y Administración del Poder Judicial," con la cual se pretendía dar satisfacción al expreso mandato constitucional del artículo 267, supuestamente para "poner fin a la vigencia del régimen transitorio dictado por el Constituyente," lo cual sin embargo, no ocurrió.

66. En efecto, en el artículo 1° de la referida Normativa el Tribunal Supremo dispuso la creación de "la Dirección Ejecutiva de la Magistratura como órgano auxiliar del Tribunal Supremo de Justicia, con la finalidad de que ejerza por delegación las funciones de dirección, gobierno y administración del Poder Judicial." Esta Dirección Ejecutiva de la Magistratura se erigió entonces como un órgano del Tribunal Supremo en el ejercicio de sus atribuciones relativas a la dirección, gobierno y administración del Poder Judicial, es decir, se trató de un órgano que ejerce por delegación tales atribuciones que, se insiste, son propias de este Tribunal Supremo de Justicia. Pero en materia de jurisdicción disciplinaria de los jueces, en el artículo 30 de la misma Normativa, el Tribunal Supremo, sin justificación ni competencia algunas, y en fraude a la Constitución, prorrogó la existencia y funcionamiento de la Comisión de Funcionamiento y Reestructuración, que debía ser organizada en la

---

[94] Véase en *Revista de Derecho Público*, N° 82, Editorial Jurídica Venezolana, Caracas, 2000, p. 160.

forma que determinase el Tribunal Supremo de Justicia, la cual sólo tendría a su cargo, luego de la vigencia de la referida Normativa, "funciones disciplinarias mientras se dicta la legislación y se crean los correspondientes Tribunales Disciplinarios."

67. El Tribunal Supremo, así, renunció expresamente a ejercer una de sus funciones incluso en materia de dictar la normativa respecto del gobierno del Poder judicial, y tan fue así, que fue la propia "Comisión de Funcionamiento y Reestructuración del Sistema Judicial," la que, sin base constitucional o legal alguna, en noviembre de 2000 dictó la nueva "normativa" para la sanción y destitución de los jueces, contenida en el Reglamento de la Comisión y Funcionamiento y Reestructuración del Sistema Judicial;[95] "normativa", con el cual procedió definitivamente a "depurar" el Poder Judicial de jueces no comprometidos políticamente con el Gobierno. Lo insólito, es que dicho "reglamento" ni siquiera fue dictado por el propio Tribunal Supremo que, conforme a la Constitución, es el que tiene a su cargo el gobierno y administración del Poder Judicial, y ésta lo haya aceptado, avalando el funcionamiento de una inconstitucional Comisión, admitiendo no sólo que ésta dictase sus propias normas de funcionamiento, sino el régimen disciplinario de los jueces, es decir, el régimen sancionatorio y de destitución de los mismos.

68. De todo ello resultó que después de sancionada la Constitución, su artículo 267 que dispone (i) que la jurisdicción disciplinaria judicial estará a cargo de los tribunales disciplinarios; (ii) que el régimen disciplinario de los magistrados y jueces estará fundamentado en el *Código de Ética* del Juez Venezolano, que debía dictar la Asamblea Nacional; y (iii) que el procedimiento disciplinario debe ser público, oral y breve, conforme al debido proceso, no ha estado nunca en aplicación efectiva en Venezuela, ni siquiera a partir de 2011, cuando se ha pretendido ejecutar la norma constitucional con la creación de una Jurisdicción Disciplinaria sujeta a la Asamblea nacional.

69. Durante más de una década, la ausencia de desarrollo legislativo de la Constitución lo que hizo fue prolongar la transitoriedad constituyente, desconociéndose abiertamente la Constitución, lo que se desprende, incluso, de las propias decisiones del Tribunal Supremo. Así lo reconoció y avaló la Sala Plena en su sentencia N° 40 de 15 de noviembre de 2001, en la cual se detalla que el artículo 22 del Régimen de Transición del Poder Público de diciembre de 1999 había dispuesto que *mientras el Tribunal Supremo de Justicia no organizase a la Dirección Ejecutiva de la Magistratura* (prevista, en el artículo 267 constitucional), las competencias relativas a "inspección y vigilancia de los Tribunales" serían ejercidas por la "Comisión de Funcionamiento y Reestructuración del Sistema Judicial" que la Asamblea había establecido. Además, el artículo 29 del mismo Régimen estableció que la Inspectoría General de Tribunales -hasta ese entonces organizada y regida por las normas de la Ley Orgánica del Consejo de la Judicatura- sería un órgano auxiliar de la nombrada Comisión, en la inspección y vigilancia de los Tribunales de la Re-

---

[95]   Véase en *Gaceta Oficial* N° 37.080, de 17-11-2000

pública con facultades para la instrucción de los expedientes disciplinarios de los Jueces y demás funcionarios judiciales. Asimismo, dispuso dicha norma que el Inspector General de Tribunales y su suplente, serían designados por la Asamblea Nacional Constituyente, con carácter provisional hasta el funcionamiento efectivo de la Dirección Ejecutiva de la Magistratura.

70. Debe recordarse lo antes comentado, en el sentido de que la prolongación de la "emergencia judicial" en gran parte fue obra del propio Tribunal Supremo de Justicia. El 2 de agosto de 2000 el Tribunal Supremo de Justicia, actuando en acatamiento de lo ordenado en el artículo 267 de la Constitución, dictó la "Normativa Sobre la Dirección, Gobierno y Administración del Poder Judicial", con lo que se buscó, como lo afirmó el Supremo Tribunal en la sentencia N° 40, la parcial satisfacción de un expreso mandato constitucional (artículo 267), ya que la "emergencia" continuó en cuanto al régimen disciplinario de los jueces. La propia Sala Plena apuntó sobre la transitoriedad en la sentencia No. 40 de 2001, que el artículo 30 de la misma Normativa estableció que "la Comisión de Funcionamiento y Reestructuración organizada en la forma que lo determine el Tribunal Supremo de Justicia, sólo tendrá a su cargo [luego de la vigencia de esta Normativa] funciones disciplinarias mientras se dicta la legislación y se crean los correspondientes Tribunales Disciplinarios". Quedó así esa Comisión en el ejercicio de funciones transitorias en la materia antes indicada.[96]

71. La Sala Plena, además, estableció que mediante la norma contenida en el artículo 2 de la Normativa Sobre la Dirección, Gobierno y Administración del Poder Judicial se había creado la Comisión Judicial, como órgano del Tribunal Supremo de Justicia, "con la finalidad de que ejerza por delegación las funciones de control y supervisión de la Dirección Ejecutiva de la Magistratura y las demás previstas en esta normativa." Se trataba, dijo la Sala, "también en este caso de un órgano carente de atribuciones propias ya que su finalidad específica es ejercer, por delegación las atribuciones constitucionalmente asignadas al Tribunal Supremo de Justicia." Igualmente se refirió el Tribunal Supremo al artículo 22 de la misma Normativa que había creado a la Inspectoría General de Tribunales como "una unidad autónoma dirigida por el Inspector General de Tribunales y adscrita a la Comisión Judicial del Tribunal Supremo de Justicia," agregando que:

"Se inscribe así la Inspectoría General de Tribunales en el marco de la organización prevista, en desarrollo del Texto Constitucional, para el ejercicio de las funciones de este Supremo Tribunal relativas a la inspección y vigilancia de los Tribunales de la República. Se configura así este órgano, como un instrumento que, dotado de cierto grado de autonomía - cuyo alcance no es ilimitado, y debe, por ello, ser precisado por la Sala

---

[96]   Véase en *Revista de Derecho Público*, N° 85-88, Editorial Jurídica Venezolana, Caracas, 2001, pp. 159 y ss.

Plena de este Tribunal Supremo de Justicia- coadyuva en el ejercicio de tales funciones que son propias del Máximo Tribunal."[97]

72. Toda esta transitoriedad descrita en esta sentencia del Tribunal Supremo, en la cual se resume, en definitiva, cómo y porqué la garantía constitucional de la autonomía e independencia de los jueces consistente en que los mismos solo pueden ser removidos de sus cargos mediante procedimientos disciplinarios, llevados por jueces disciplinarios que formen parte de una Jurisdicción Disciplinaria Judicial, continuó posteriormente siendo inaplicada con el aval tanto de la Asamblea Nacional como del propio Tribunal Supremo. Incluso, la Sala Político-Administrativa del Tribunal Supremo de Justicia llegó a resolver que la remoción de jueces temporales era una *facultad discrecional* de la Comisión de Funcionamiento y Reestructuración del Sistema Judicial, la cual podía adoptar sus decisiones sin seguir procedimiento administrativo alguno,[98] la cual, además de remover a los jueces en forma discrecional sin garantía alguna del debido proceso,[99] como antes se indicó y lo destacó la Comisión Interamericana de Derechos Humanos en su *Informe de 2009*, lo peor es que ella misma, no gozaba de independencia, pues sus integrantes eran de la libre remoción discrecional de la Sala Constitucional.[100]

73. Esa Comisión *ad hoc*, por tanto, literalmente "depuró" la judicatura de jueces que no estaban en línea con el gobierno nacional, como lo reconoció la propia Sala Constitucional,[101] removiendo discrecionalmente jueces que pudieran haber dictado decisiones que no complacieran al Poder Ejecutivo. Esto llevó a la misma Comisión Interamericana de Derechos Humanos a decir, en el *Informe Anual* de 2009, que "en Venezuela los jueces y fiscales no gozan

---

[97]   *Id.*

[98]   Véase Decisión N° 00463-2007 del 20-03-2007; Decisión N° 00673-2008 del 24-04-2008 (citada en la Decisión N° 1.939 del 18-12-2008, p. 42). La Sala Constitucional ha establecido la misma posición en la Decisión N° 2414 del 20-12-2007 y Decisión N° 280 del 23-02-2007.

[99]   Véase Tribunal Supremo de Justicia, Decisión N° 1.939 del 18-12-2008 (Caso: *Gustavo Álvarez Arias et al.*), en *Revista de Derecho Público*, N° 116, Editorial Jurídica Venezolana, Caracas, 2008, pp. 89-106. También en http://www. tsj.gov.ve/ decisiones/scon/Diciembre/1939-181208-2008-08-1572.html

[100]   Véase *Annual Report 2009*, parágrafo 481, en http://www.cidh.org/annualrep/2009 eng/Chap.IV.f.eng.htm.

[101]   Decisión N° 1.939 de 18-12-2008 (Caso: *Abogados Gustavo Álvarez Arias y otros*), en la cual la Sala Constitucional decidió que una decisión de 05-08-2008 de la Corte Interamericana de Derechos Humanos es inejecutables en Venezuela (Caso: *Apitz Barbera y otros ["Corte Primera de lo Contencioso Administrativo"] vs. Venezuela [Corte IDH], Case: Apitz Barbera y otros ["Corte Primera de lo Contencioso Administrativo"] vs. Venezuela*, Sentencia de 5 de agosto de 2008, Serie C, N° 182. Véase en *Revista de Derecho Público*, N° 116, Editorial Jurídica Venezolana, Caracas, 2008, pp. 89-106. También en http://www.tsj.gov.ve/decisiones/scon/Diciembre/ 1939-181208-2008-08-1572.html

de la garantía de permanencia en su cargo necesaria para asegurar su independencia en relación con los cambio de políticas gubernamentales."[102]

V. LA PROLONGACIÓN DE LA TRANSITORIEDAD CONSTITUCIONAL EN 2004, AL "PRORROGARSE" EL FUNCIONAMIENTO DE LA COMISIÓN *AD HOC* DE DISCIPLINA JUDICIAL, EN AUSENCIA DE LA JURISDICCIÓN DISCIPLINARIA

74. En mayo de 2004 se sancionó la entonces muy esperada Ley Orgánica del Tribunal Supremo de Justicia,[103] con la cual, lamentablemente, en contra de lo que se esperaban no sólo se aumentó y consolidó el control del mismo por parte del Poder Ejecutivo, sino que se aumentó la dependencia de los propios Magistrados, al haberse incluso regulado en forma inconstitucional la designación de magistrados por mayoría absoluta[104] y peor aún, la posibilidad de su remoción mediante la "anulación del nombramiento de los Magistrados," la cual podía adoptar la Asamblea Nacional por mayoría absoluta, en lugar de la mayoría calificada que exige la Constitución.[105]

---

[102] Véase *Informe Anual de 2009*, parágrafo 480, en http://www.cidh.oas.org/annualrep/2009eng/Chap.IV.f.eng.htm

[103] Véase en Gaceta Oficial N° 37942 de 20-05-2004. Véase sobre dicha Ley, véase Allan R. Brewer-Carías, Ley Orgánica del Tribunal Supremo de Justicia. Procesos y procedimientos constitucionales y contencioso-administrativos, Editorial Jurídica Venezolana, Caracas 2004

[104] Burlando en esa forma el quórum calificado que deriva de la Constitución, para terminar de consolidar la politización del proceso de selección de los magistrados. Véase Rafael J. Chavero Gazdik, *La Justicia Revolucionaria. Una década de Reestructuración (o Involución) Judicial en Venezuela,* Editorial Aequitas, Caracas 2011, pp. 94, 96, 298.

[105] Esta inconstitucional potestad, por supuesto, fue ejercida en forma inmediata por la Asamblea Nacional, el 15 de junio de 2004, al aprobar un informe de una Comisión que investigaba la crisis en el Poder Judicial, en el cual se recomendó a "anular" el acto el nombramiento de quien para el momento era el Magistrado Vicepresidente del Tribunal Supremo, en razón de haber supuestamente "suministrado falsa información para el momento de la aceptación de su postulación para ser ratificado en ese cargo." Según la investigación parlamentaria, el Magistrado no habría tenido 15 años como profesor universitario titular, ni tampoco estudios de postgrado. Véase la información en *El Nacional*, Caracas, 16-06-2004, p. A-5. Debe precisarse que dicho Vicepresidente del Tribunal Supremo había sido precisamente el Magistrado Ponente en la sentencia de la Sala Plena Accidental de 14 de agosto de 2002, (Caso: *Antejuicio de mérito a oficiales de la Fuerza Armada Nacional*), que consideró que lo que había ocurrido en el país el 12 de abril de 2002 no había sido una crisis gubernamental debido al vacío de poder provocado por la renuncia del Presidente de la República, sentencia que había sido intensamente criticada por el Presidente de la República, y que dos años después, complacientemente sería anulada por la Sala Constitucional del Tribunal Supremo por motivos formales. El mencionado magistrado, incluso había sido protegido en su titularidad por una decisión de amparo adoptada por la Sala Constitucional con ocasión de una decisión anterior de la Asamblea Nacional contra el mismo el 3 de diciembre de 2002. Véase la información en *El Nacional*, Caracas, 18-06-2004, p. A-4. La Sala, sin embargo, en vista de la

75. Por otra parte, en la Ley Orgánica del Tribunal Supremo de Justicia de 2004, reiterando las inconstitucionalidades que ya habían ocurrido en 2000 con la llamada y ya comentada "Ley Especial para la Ratificación o Designación de los Funcionarios y Funcionarias del Poder Ciudadano y Magistrados y Magistradas del Tribunal Supremo de Justicia para el primer período constitucional," se produjo otra inconstitucional lesión a la independencia del Tribunal Supremo al burlarse la exigencia de la necesaria participación directa ciudadana en la designación de sus Magistrados mediante representantes de los diversos sectores de la sociedad integrados en un Comité de Postulaciones Judiciales (Art. 270).[106] Sin embargo, en la Ley Orgánica de 2004, ignorando la previsión constitucional se estableció en definitiva otro sistema de elección de Magistrados escapándose del control de los representantes de la sociedad civil, al integrarse el Comité de Postulaciones Judiciales, por once miembros principales, de los cuales cinco eran diputados a la Asamblea, y otros seis supuestamente de los "demás sectores de la sociedad," designados directamente por la Asamblea (Art. 13, párrafo 2°).

76. En efecto, la Ley Orgánica del Tribunal Supremo de Justicia de 2004 distorsionó las condiciones constitucionales para el nombramiento y remoción de los Magistrados, consolidando la conformación del Comité de Postulaciones Judiciales como la "comisión parlamentaria" antes referida, sujeta a la Asamblea Nacional, con lo que aseguró mayor dependencia del Tribunal Supremo del poder político.[107] Esta reforma, fue altamente criticada, al punto de que, incluso la Comisión Interamericana de Derechos Humanos en su *Informe Anual de 2004*, señaló que carecía "de las salvaguardas nece-

---

efectiva "remoción" del magistrado, muy "convenientemente" no extendió la protección constitucional de amparo que se la había otorgado, lo que originó efectivamente su "remoción" o la "revocación de su nombramiento". Véase además, Rafael J. Chavero Gazdik, *La Justicia Revolucionaria. Una década de Reestructuración (o Involución) Judicial en Venezuela,* Editorial Aequitas, Caracas 2011, pp. 160, 300, 255.

[106] Debe recordarse que esta reforma constitucional se adoptó como consecuencia de la crítica generalizada que se había formulado al sistema tradicional de designación de los Magistrados, tal como la establecía la Constitución de 1961, conforme a la cual el órgano legislativo tenía todo el poder discrecional para, mediante solo acuerdos entre los partidos políticos, efectuar dichas designaciones. El sistema constitucional adoptado, en consecuencia, por una parte, buscaba impedir que se pudieran formular postulaciones directamente para tales designaciones, ante la Asamblea Nacional; y por otra parte, buscaba asegurar que la Asamblea Nacional no pudiera designar para dichos cargos personas distintas a las postuladas por los Comités de Postulaciones

[107] Véase Rafael Pérez Perdomo, *Justicia e Injusticias en Venezuela. Estudio de historia social del derecho,* Academia Nacional de la Historia, Caracas 2011, p. 217; Rafael J. Chavero Gazdik, *La Justicia Revolucionaria. Una década de Reestructuración (o Involución) Judicial en Venezuela,* Editorial Aequitas, Caracas 2011, p. 93.

sarias para impedir que otras ramas del Poder Público pudieran minar la independencia del Tribunal."[108]

77. Después de esa reforma, en todo caso, el proceso de postulación y designación de los Magistrados del Tribunal Supremo, a pesar de ser supuestamente de la exclusiva competencia del Poder Legislativo, fue completamente controlado por el Presidente de la República, dado su control político de la Asamblea tal y como lo reconoció públicamente el Presidente de la Comisión Parlamentaria para la selección de los Magistrados, al punto de afirmar en 2004, además, que "En el grupo de postulados no hay nadie que vaya actuar contra nosotros." Este diputado, en efecto dijo públicamente:

> "Si bien los diputados tenemos la potestad de esta escogencia, el Presidente de la República fue consultado y su opinión fue tomada muy en cuenta." Añadió: "Vamos a estar claros, nosotros no nos vamos a meter autogoles. En la lista había gente de la oposición que cumplen con todos los requisitos. La oposición hubiera podido usarlos para llegar a un acuerdo en las últimas sesiones, pero no quisieron. Así que nosotros no lo vamos a hacer por ellos. En el grupo de postulados no hay nadie que vaya actuar contra nosotros."[109]

78. Este proceso de interferencia, incluso, como más adelante se explica, se repitió en 2010, al punto de que la Comisión Interamericana de derechos Humanos en su *Informe sobre Venezuela* de 2010, indicó que: "*los 49 magistrados elegidos (17 principales y 32 suplentes) serían simpatizantes del gobierno, incluyendo a dos nuevos magistrados que eran parlamentarios activos de la mayoría oficialista en la Asamblea Nacional.*"[110] Y ha sido esa configuración del Tribunal Supremo, altamente politizada y sujeta a los deseos del antiguo Presidente de la República, lo que permitió la completa eliminación de la autonomía del Poder Judicial, y por ende, de la separación de poderes, permitiendo al gobierno ejercer un control absoluto sobre el Tribunal y en particular, sobre su Sala Constitucional. Como lo ha destacado el profesor Rafael Chavero,

---

[108]   Véase IACHR, *2004 Annual Report* (Follow-Up Report on Compliance by the State of Venezuela with the Recommendations made by the IACHR in its Report on the Situation of Human Rights in Venezuela [2003]), parágrafo 174. En http://www.cidh.oas.org/annualrep/2004eng/chap.5b.htm

[109]   Véase *El Nacional*, Caracas, 13 de diciembre de 2004. La Comisión Interamericana de Derechos Humanos sugirió en su Informe a la Asamblea General de la OEA para 2004 que "*estas normas de la Ley Orgánica del Tribunal Supremo de Justicia habrían facilitado que el Poder Ejecutivo manipulara el proceso de elección de magistrados llevado a cabo durante 2004.*" Véase Comisión Interamericana de Derechos Humanos, *Informe sobre Venezuela 2004*, párrafo 180. Véase lo expresado por los representantes del profesor Brewer Carías en su *Escrito de Solicitudes, Argumentos y Pruebas*, 7 de julio de 2012, párr. 32.

[110]   Véase IICHR, *Informe Anual 2010*, OEA/Ser.L/V/II. Doc. 5 corr. 1, 7-3-2011. Véase el Informe sobre Venezuela en: http://www.cidh.oas.org/annualrep/2010sp/CAP. IV.VENEZUELA.2010.FINAL.doc.

"al colarse la política en el Tribunal Supremo se generó, como lógica consecuencia, el resquebrajamiento de la autonomía de todo el poder judicial, pues [...] ahora el gobierno judicial ha quedado en mano de los magistrados del máximo tribunal, quienes se han encargado de desmontar todas las garantías de la carrera judicial, para así consolidar un sistema de terror que permite que todo se maneje con las influencias de las altas instancias judiciales y gubernamentales."[111]

79. Ello llegó al punto, por ejemplo, de que en algún caso en el cual el Tribunal dictó una sentencia "reformando" la Ley de Impuesto sobre la Renta,[112] el Presidente de la República la criticó, pero no por su contenido, sino porque se hubiese dictado sin consultar previamente al "líder de la Revolución," advirtiendo a los tribunales que eso de decidir sin que se le consultaran los asuntos al Ejecutivo, podía considerarse "traición al Pueblo" o a "la Revolución."[113]

80. Y ha sido mediante el control ejercido sobre del Tribunal Supremo que el gobierno ha ejercido un control político sobre la universalidad de las instituciones judiciales,[114] con la cooperación de la largamente sobreviviente Comisión ad hoc de Funcionamiento y Reestructuración del Poder Judicial, legitimada hasta 2010 por el propio Tribunal Supremo de Justicia. Con ello, por supuesto, se hicieron completamente inaplicables las magníficas previsiones constitucionales que buscaban garantizar la independencia y autonomía de los jueces relativos al ingreso a la carrera judicial y a los juicios disciplinarios.

81. Pero en la materia específica de la estabilidad de los jueces y del régimen disciplinario, la Ley Orgánica del Tribunal Supremo de Justicia de 2004, en lugar de haber puesto fin a la transitoriedad constitucional que implicaba la

---

[111] Véase Rafael J. Chavero Gazdik, *La Justicia Revolucionaria. Una década de Reestructuración (o Involución) Judicial en Venezuela*, Editorial Aequitas, Caracas 2011, p. 301.

[112] Tribunal Supremo de Justicia, Sala Constitucional, Decisión N° 301 del 27 de febrero de 2007 (Caso: *Adriana Vigilanza y Carlos A. Vecchio*) (Exp. N° 01-2862) en *Gaceta Oficial* N° 38.635 del 1 de marzo de 2007.

[113] "Muchas veces llegan, viene el Gobierno Nacional Revolucionario y quiere tomar una decisión contra algo por ejemplo que tiene que ver o que tiene que pasar por decisiones judiciales y ellos empiezan a moverse en contrario a la sombra, y muchas veces logran neutralizar decisiones de la Revolución a través de un juez, o de un tribunal, o hasta en el mismísimo Tribunal Supremo de Justicia, a espaldas del líder de la Revolución, actuando por dentro contra la Revolución. Eso es, repito, traición al pueblo, traición a la Revolución" Discurso en el Primer Encuentro con Propulsores del Partido Socialista Unido de Venezuela desde el teatro Teresa Carreño, 24-03-2007, en http://www.minci.gob.ve/alocuciones/4/13788/primer_encuentro_con.html, p. 45.

[114] Véase Rafael Pérez Perdomo, *Justicia e Injusticias en Venezuela. Estudio de historia social del derecho*, Academia Nacional de la Historia, Caracas 2011, p. 277; Rafael J. Chavero Gazdik, *La Justicia Revolucionaria. Una década de Reestructuración (o Involución) Judicial en Venezuela*, Editorial Aequitas, Caracas 2011, pp. 70 ss, 72

ausencia de la Jurisdicción Disciplinaria, y el ejercicio de la misma por una Continuó *ad hoc*; al contrario, nuevamente prorrogó la transitoriedad al disponer en su Disposición Transitoria Única, párrafo 2, e), que:

"La Comisión de Funcionamiento y Reestructuración del Sistema Judicial sólo tendrá a su cargo funciones disciplinarias, *mientras se dicte la legislación y se crea la jurisdicción disciplinaria* y los correspondientes tribunales disciplinarios."

82. Con ello, el Legislador, de nuevo, decidió legislar para prorrogar una inconstitucional emergencia, que siguió durando *sine die*, mientras el propio legislador decidiera, en el futuro, llegar a legislar en la materia, lo que sólo hizo -aún cuando irregularmente- en 2010. Y todo ello, con la anuencia del propio Tribunal Supremo de Justicia, que avaló dicha prórroga en violación de la Constitución en materia del régimen disciplinario del Poder Judicial. El resultado fue que en 2004, la vigencia efectiva de la norma constitucional que exigía que "la jurisdicción disciplinaria judicial estará a cargo de los tribunales disciplinarios que determine la ley" (art. 267) de nuevo fue pospuesta, quedando sin cumplimiento alguno; y quedando los jueces sin garantía alguna de estabilidad, a la merced de una Comisión "no judicial" que continuó suspendiéndolos sin proceso, particularmente cuando dictaron decisiones que no era de la complacencia del Poder. Lamentablemente en esta materia, el "activismo judicial" de la Sala Constitucional (que la llevó, incluso, a juzgar de oficio la inconstitucionalidad de la omisión del Legislador, por ejemplo, al no haber sancionado en el tiempo requerido la Ley Orgánica del Poder Municipal[115]) nunca fue ejercida en su propia materia, la judicial, ni fue aplicada para tratar de obligar al legislador a dictar las leyes básicas para garantizar, precisamente, la autonomía e independencia del Poder Judicial, que el Tribunal Supremo de Justicia debía administrar y gobernar, mediante la garantía de estabilidad de los jueces.

VI. LA CONVERSIÓN DE JUECES TEMPORALES EN JUECES TITULARES SIN LOS CONCURSOS PÚBLICOS DE OPOSICIÓN PREVISTOS EN LA CONSTITUCIÓN

83. El resultado de la "depuración" del Poder Judicial efectuada por la Comisión *ad hoc*, que condujo a que el mismo resultara inevitablemente integrado, mayoritariamente, por jueces temporales y provisionales, cuya designación correspondió a la Comisión Judicial del Tribunal Supremo de Justicia nombrada en agosto de 2000, la cual comenzó a funcionar en paralelo con la Comisión ad hoc de Funcionamiento del poder Judicial, condujo a que para 2004, el Poder Judicial en Venezuela ya estaba integrado en más del 90% por dichos jueces temporales y provisionales y, por tanto, dependientes y vulne-

---

[115]   Véase la sentencia N° 3118 de 06-10-2003 en *Revista de Derecho Público*, N° 93-96, Editorial Jurídica Venezolana, Caracas 2003. Véanse los comentarios en Allan R. Brewer-Carías, *La Constitución de 1999. Derecho Constitucional Venezolano*, Tomo II, *cit.*, pp. 970 y ss.

rables a las presiones del poder,[116] con lo cual había ya materialmente desaparecido todo vestigio de autonomía e independencia del Poder Judicial.

84. Sobre este problema de la administración de justicia en Venezuela, la Comisión Interamericana de Derechos Humanos ya desde mayo de 2002, había señalado lo siguiente:

"8. Otro aspecto vinculado a la autonomía e independencia del Poder Judicial es lo relativo al carácter provisorio de los jueces. La CIDH no desconoce que el problema de la provisionalidad de los jueces en Venezuela es de larga data. Según lo informado a la CIDH durante la visita, actualmente habría entre un 60% un 90% de jueces provisionales lo cual, a consideración de la CIDH, afecta la estabilidad, independencia y autonomía que debe regir a la judicatura. La Comisión expresa la importancia de que se inicie en Venezuela de manera inmediata y conforme a su legislación interna y las obligaciones internacionales derivadas de la Convención Americana, un proceso destinado a revertir la situación de provisionalidad de la mayoría de los jueces."[117]

---

[116] Véase lo indicado en el Informe de Human Rights Watch *Manipulando el Estado de Derecho: Independencia del Poder Judicial amenazada en Venezuela*, junio de 2004, Vol. 16, N° 3 (B), p. 11, donde se habla incluso de los "jueces desechables".

[117] Véase "Comunicado de Prensa" de 10-05-2000, en *El Universal*, Caracas 11-5-2002. En el texto de las Observaciones Preliminares formuladas por la Comisión el día 10-05-2002, se ahondó en el tema de la provisionalidad de los jueces, indicando: 30. Otro aspecto vinculado a la autonomía e independencia del Poder Judicial es lo relativo al carácter provisorio de los jueces. Al respecto, luego de casi tres años de reorganización del Poder Judicial, un número significativo de los jueces tiene carácter provisorio, que oscila entre el 60 y el 90% según las distintas fuentes. Ello afecta la estabilidad, independencia y autonomía que debe regir a la judicatura. / 31. La Comisión no desconoce que el problema de la provisionalidad de los jueces precede en muchos años a la presente administración. Sin embargo, la Comisión ha sido informada que el problema de la provisionalidad de los jueces se ha profundizado y aumentado desde que el presente Gobierno inició un proceso de reestructuración judicial. El Presidente del Tribunal Supremo de Justicia informó a la CIDH sobre la marcha del proceso destinado a corregir dicha situación. / 32. El poder judicial ha sido establecido para asegurar el cumplimiento de las leyes y es indudablemente el órgano fundamental para la protección de los derechos humanos. En el sistema interamericano de derechos humanos, el funcionamiento adecuado del poder judicial es un elemento esencial para prevenir el abuso de poder por parte de otros órganos del Estado, y por ende, para la protección de los derechos humanos. Para que el poder judicial pueda servir de manera efectiva como órgano de control, garantía y protección de los derechos humanos, no sólo se requiere que éste exista de manera formal, sino que además el poder judicial debe ser independiente e imparcial. / 33. La Comisión expresa la importancia de que, de manera inmediata y conforme a la legislación interna y las obligaciones internacionales derivadas de la Convención Americana, se acelere el proceso destinado a revertir la situación de provisionalidad en que se encuentra un número significativo de jueces venezolanos. La necesidad de que la designación de jueces se realice con todas las garantías, no puede justificar que la situación de provisionalidad se mantenga por largos períodos.

85. Los concursos públicos para la designación de los jueces que se intentaron desarrollar en marzo de 2000, mediante una normativa que fue dictada, no por el Tribunal Supremo de Justicia, sino por la Comisión de Funcionamiento y Reestructuración del Sistema Judicial,[118] fueron suspendidos definitivamente poco tiempo después; y tanto la destitución de los jueces sin fórmula de juicio ni derecho a ser oídos, como la designación a dedo de sus sustitutos temporales, siguió siendo la regla en el funcionamiento del Poder Judicial.

86. Lo absurdo del régimen transitorio que eliminó todo el sistema de concurso para el ingreso a la carrera judicial que exige la Constitución, llegó a su clímax con la sentencia de la Sala Constitucional del Tribunal Supremo de Justicia N.° 1424 de 3 de mayo de 2005, dictada con ocasión de decidir un recurso de nulidad por inconstitucionalidad del artículo 6,23 de la Ley Orgánica del Tribunal Supremo de Justicia que atribuía a la Sala Político Administrativa del mismo Tribunal la competencia para designar los jueces de la jurisdicción contencioso administrativa, a los efectos de que como lo solicitaron los recurrentes, "en consecuencia se designe a los jueces de la jurisdicción contencioso-administrativa, a través de los procedimientos de concurso de oposición aplicado a las demás jurisdicciones del país, tal como lo prevé el mandato constitucional plasmado en el artículo 255 de la Constitución." En dicha sentencia, sin embargo, la Sala resolvió declarar *de oficio* una medida cautelar suspendiendo la aplicación de la norma impugnada, alegando como "peligro en la mora", "el riesgo de que la Sala Político-Administrativa, con apoyo en la Ley, haga designaciones durante la pendencia de este juicio las cuales, pese a que sean legales, podrían ser declaradas luego inconstitucionales, con nefastas consecuencias para todo el Sistema de Justicia"; por lo que entonces resolvió que durante "la tramitación de esta causa las designaciones a que se refiere la norma cuya suspensión provisional se acuerda se harán por la Comisión Judicial del Tribunal Supremo de Justicia, mediante el mismo procedimiento a través del cual se nombra el resto de los jueces de la República" es decir, sin concurso. En consecuencia, de una designación de jueces de la Jurisdicción Contencioso-Administrativa por el máximo tribunal de dicha Jurisdicción (la Sala Político Administrativa) con posibilidad de velar más adecuadamente por el nivel de los mismos, se pasó a la designación sin concurso de dichos jueces como se ha hecho con "el resto de los jueces de la República"; y todo ello, por decisión de la Sala Constitucional del Tribunal Supremo de Justicia.

87. Toda esta irregular conformación de la judicatura en Venezuela, por jueces provisorios y temporales, que fueron siendo designados sin concurso, en sustitución de todos los que habían sido destituidos o removidos sin garantía el debido proceso, el propio Tribunal Supremo buscó en convertirla en "regular," mediante la aprobación y entrada en vigencia desde septiembre de 2005, de una normativa con la cual se pretendió establecer ese proceso de

---

[118] Véase Normas de Evaluación y Concursos de Oposición para ingresos y permanencia en el Poder Judicial de 13-03-2000.

"reconversión," regulando una inconstitucional transformación de dichos jueces provisorios en "jueces titulares," sin el concurso público de oposición que exige la Constitución. Como lo observó el profesor Rafael Chavero, luego de la "purga de jueces con años de servicio, luego de que se operó un sistema perverso de remociones discrecionales, se comenzó a otorgar titularidad a aquellos jueces que demostraron seguir las directrices de los órganos de gobierno del poder judicial."[119]

88. A los efectos de llevar a cabo esta violación de la Constitución, en efecto, el Tribunal Supremo de Justicia dictó unas "Normas de Evaluación y Concurso de oposición para el ingreso y ascenso de la carrera judicial" mediante Acuerdo de 6 de julio de 2005,[120] en las cuales, luego de regular muy detalladamente los concursos públicos para el nombramiento de jueces, suspende su aplicación durante un año (2005-2006) en unas Disposiciones Finales y Transitorias, en cuyo artículo 46 estableció una llamada "Regularización de la Titularidad de los Jueces Provisorios," a los efectos "de regular la situación de los Jueces no titulares."[121] Para ello, incluso antes de dictarse estas normas, la Sala Plena del Tribunal Supremo de Justicia en fecha 6 de abril de 2005, había aprobado "el proyecto de normas presentado por la Escuela Nacional de la Magistratura que incluye el Programa Especial para la Regularización de la Titularidad (PET), conformado por un Programa Académico de Capacitación, evaluación médica y psicológica, evaluación de desempeño, y el correspondiente examen de conocimiento, todo de acuerdo con lo previsto en la presente normativa." La referida norma del artículo 46 agregó que "El referido programa tendrá una vigencia de doce meses contados a partir de la aprobación por la Sala Plena del Tribunal Supremo de Justicia de las presentes normas". Con ello, se buscó titularizar a todos los jueces provisionales y transitorios, que para el momento de entrada en vigencia de las normas tuvieran solo más de tres meses en ejercicio de sus cargos,[122] de manera que la misma norma agregó además que solo "aquellos jueces que, para la fecha en que cese la vigencia de dicho Programa, mantengan la condición de Proviso-

---

[119] Véase Rafael J. Chavero Gazdik, *La Justicia Revolucionaria. Una década de Reestructuración (o Involución) Judicial en Venezuela*, Editorial Aequitas, Caracas 2011, p. 304.

[120] Véase en *Gaceta Oficial* N° 38282 de 29-09-2005. Dicho Acuerdo, sin embargo, no derogó expresamente las Normas de Evaluación y Concursos de oposición para ingresos y permanencia en el Poder Judicial que había dictado la Comisión de Funcionamiento y reestructuración del Sistema Judicial en 2000.

[121] Sobre este programa de "regularización de la titularidad" de los jueces véase lo que indican los representantes del profesor Brewer-Carías, en el *Escrito de Solicitudes, Argumentos y Pruebas*, 7 de julio de 2012, párr. 77 ss.

[122] El artículo 47 de dichas normas transitorias, establece sobre la convocatoria a concurso, que "La Escuela Nacional de la Magistratura convocará a concurso sólo a aquellos jueces no titulares, con al menos tres (3) meses en el ejercicio de la función judicial para la fecha de inicio del Programa Académico de Capacitación. Tal convocatoria deberá cumplir con los requisitos de publicidad y fases establecidas en las presentes normas'.

rios, Temporales o Accidentales, y no tengan al menos tres (3) meses en el ejercicio de sus funciones judiciales", serán los que deben "participar y aprobar el Programa de Formación Inicial (PFI) para obtener la titularidad."

89. En esta forma, el propio Tribunal Supremo, en evidente contrariedad a la Constitución, dispuso la conversión de los jueces temporales, provisorios y accidentales en "jueces titulares," sin cumplir con los concursos públicos de oposición establecidos en la Constitución, mediante un procedimiento que se desarrolló en las referidas Normas, basadas en una supuesta evaluación que se le hace a cada juez provisorio, individualmente considerado, al cual se le da un "curso de formación" de pocos días, y se le hace un examen, sin concurso público. Este proceso, que se ha realizado desde 2005, es lo que le permitió al Presidente del Tribunal Supremo de Justicia, anunciar públicamente en octubre de 2006, que "para diciembre de 2006, 90% de los jueces serán titulares,"[123] hecho que fue denunciado ante la Comisión Interamericana de Derechos Humanos como un nuevo atentado a la autonomía del Poder Judicial hecho en fraude a la Constitución.[124]

VII. LA "REGULARIZACIÓN" DE LA INEXISTENCIA DE LA JURISDICCIÓN DISCIPLINARIA JUDICIAL POR PARTE DE LA SALA CONSTITUCIONAL DEL TRIBUNAL SUPREMO EN 2005, Y LA DEFINITIVA SUMISIÓN DEL PODER JUDICIAL A CONTROL POLÍTICO

90. La intervención, debido a la "emergencia" permanente a la cual se sometió al Poder Judicial en Venezuela, que condujo a que las normas constitucionales no llegasen a aplicarse, por supuesto que a lo que más afectó fue a la estabilidad de los jueces dada la inexistencia de la jurisdicción disciplinaria judicial prevista en la Constitución.

91. El Legislador, por tanto, estuvo en mora tanto en cuanto a la creación de dicha Jurisdicción, como en cuanto a la sanción del régimen disciplinario de los magistrados y jueces que debía estar además fundamentado en el Código de Ética del Juez Venezolano que sólo llegó a ser dictado en 2010. Antes, sin embargo, en su lugar, como antes se dijo, la Asamblea Nacional lo que hizo fue dictar la Ley Orgánica del Tribunal Supremo de mayo de 2004 para prorrogar una vez más la emergencia, al disponerse en la Disposición Transitoria Única, párrafo 2, e) que la Comisión de Funcionamiento y Reestructuración del Sistema Judicial seguiría ejerciendo las funciones disciplinarias, "mientras se dicte la legislación y se crea la jurisdicción disciplinaria y los correspondientes tribunales disciplinarios." Es decir, como se dijo, el Legislador, de nuevo, había decidido legislar para prorrogar la transición en la ma-

---

123 Véase en *El Universal*, Caracas 11-10-2006.

124 Véase la denuncia de Cofavic, Provea, Espacio Público, Centro de Derechos Humanos de la UCAB, Unión Afirmativa y otras organizaciones no gubernamentales ante la Comisión Interamericana de Derechos Humanos, en Washington. Véase en *El Universal*, Caracas, 20 de octubre de 2006.

teria y prorrogar una inconstitucional emergencia, que siguió durando *sine die*, mientras el propio legislador decidiera, en el futuro, si llegaba a legislar, lo que finalmente sólo hizo en 2010. Y todo ello, con la anuencia del propio Tribunal Supremo de Justicia, el cual avaló dicha prórroga y la violación de la Constitución en materia del régimen disciplinario del Poder judicial.

92. En esta materia, incluso, la propia Sala Constitucional del Tribunal Supremo, con ocasión de conocer de la inconstitucional omisión de la Asamblea Nacional al no haber enviado al Presidente de la República para su promulgación una Ley del Código de Ética del Juez que se había sancionado en 2005, en lugar de censurar la omisión legislativa y exigirle a la Asamblea Nacional que remitiera para su promulgación tal Ley, lo que hizo fue, contradictoriamente, prorrogar la existencia de la mencionada Comisión de Funcionamiento y Reestructuración del Sistema Judicial, llegando incluso a "designar y remover" a sus integrantes, sustituyéndose, la Sala Constitucional, en el propio Tribunal Supremo de Justicia. En efecto, en la sentencia No. 1957 de mayo de 2005, dictada con el motivo indicado, la Sala resolvió:

> "Observa la Sala, tal y como se indicó anteriormente, que la presente demanda se intentó con fundamento en la supuesta omisión en que incurrió la Asamblea Nacional, "por cuanto aún no han remitido la Ley sancionada el 16 de octubre de 2003 del Código de Ética del Juez o Jueza Venezolana' al Presidente de la República Bolivariana para que se proceda a su promulgación en la Gaceta Oficial."

93. Lo anterior trajo entre sus consecuencias, la continuidad en sus funciones de un órgano como la Comisión de Funcionamiento y Reestructuración del Sistema Judicial, el cual estaba destinado a regir durante un período de transición. En efecto, como se dijo, la Asamblea Nacional Constituyente había elaborado el "Régimen de Transición del Poder Público" de 22 de diciembre de 1999, en el cual se creó la Comisión de Funcionamiento y Reestructuración del Sistema Judicial en los siguientes términos:

> "Articulo 28. Se crea la Comisión de Funcionamiento y Reestructuración del Sistema Judicial que será integrada por los ciudadanos que designe la asamblea nacional constituyente.
>
> Las Designaciones que realice la Asamblea Nacional Constituyente lo serán hasta el funcionamiento efectivo de la Dirección Ejecutiva de la Magistratura, de los Tribunales Disciplinarios y del Sistema Autónomo de la Defensa Publica".[125]

94. Por su parte, el artículo 24 del Régimen Transitorio destacó igualmente la transitoriedad de la referida Comisión, al disponer lo siguiente:

---

[125]   Véase *Gaceta Oficial* N° 36.920 del 28 de marzo de 2000

"La competencia disciplinaria judicial que corresponda a los Tribunales disciplinarios de conformidad con el artículo 267 de la Constitución aprobada, será ejercida por la Comisión de Funcionamiento y Reestructuración Sistema Judicial de acuerdo con el presente régimen de transición y hasta que la Asamblea Nacional apruebe la legislación determine los procesos y tribunales disciplinarios".

95. En correspondencia con lo anterior, el Tribunal Supremo de Justicia, procedió a dictar la "Normativa sobre la Dirección, Gobierno y Administración del Poder Judicial," en cuyo capítulo correspondiente a las disposiciones finales y transitorias (artículo 30), dispuso que:

"La Dirección Ejecutiva de la Magistratura iniciará su funcionamiento efectivo el día primero de septiembre del año dos mil.

(*Omissis*)

La Comisión de Funcionamiento y Reestructuración, **reorganizada en la forma que lo determine el Tribunal Supremo de Justicia**, sólo tendrá a su cargo funciones disciplinarias, mientras se dicta la legislación y se crean los correspondientes Tribunales Disciplinarios" (Resaltado de la Sala).[126]

96. Después de hacer las anteriores constataciones sobre previsiones normativas en la materia, la Sala, en lugar de velar por la corrección de la omisión legislativa, lo que hizo fue constatar que:

"Visto que conforme a la Normativa sobre la Dirección, Gobierno y Administración del Poder Judicial corresponde a este Tribunal Supremo de Justicia, la reorganización de la Comisión de Funcionamiento y Reestructuración y visto que conforme al Decreto del Régimen de Transición del Poder Público, las designaciones que realizó la Asamblea Nacional Constituyente de los integrantes de dicha Comisión fueron realizadas de manera temporal hasta el funcionamiento efectivo de la Dirección Ejecutiva de la Magistratura y la Comisión Judicial, lo que constituye un hecho notorio en la actualidad, y visto que hasta la presente fecha la Asamblea Nacional ha omitido culminar el proceso de formación del Código de Ética del Juez o Jueza Venezolana."

97. Y con base en ello, "a los fines de reorganizar el funcionamiento de la referida Comisión, según lo establecido en el artículo 267 de la Constitución de la República Bolivariana de Venezuela y artículo 30 de la Normativa sobre la Dirección, Gobierno y Administración del Poder Judicial", pura y simplemente procedió a ordenar la sustitución de los ciudadanos que se desempeñan como miembros integrantes de la citada Comisión por otros ciudadanos que

---

[126]   Véase *Gaceta Oficial* N° 37.014 de 15 de agosto de 2000

procedió a designar. Es decir, la Sala Constitucional procedió a formalizar, aún más, la transitoriedad judicial y la inexistencia del régimen disciplinario judicial de los jueces.[127]

98. En la misma sentencia de la Sala Constitucional, N° 1793 de 19 de junio de 2005,[128] en la cual resolvió "suspender" la aplicación del Reglamento que contiene el procedimiento disciplinario aplicable a los jueces y juezas en sede administrativa, por ser contrario a los postulados constitucionales, y procedió a facultar a la Comisión de Funcionamiento y Reestructuración del Sistema Judicial para modificar su Reglamento y adecuarlo a las disposiciones constitucionales, hasta tanto entre en vigencia la legislación correspondiente. En efecto, luego de la anterior sentencia, y teniendo en cuenta su contenido, la Sala Constitucional consideró a la referida Comisión, según su propia jurisprudencia, como "un órgano de rango constitucional, (V., sent. N° 731/2005 del 5 de marzo, recaída en el caso *Marcos Ronald Marcano Cedeño*) [...] sujeto a un régimen de transitoriedad, habida cuenta que el sistema jurídico que debe regir su funcionamiento aún no ha entrado en vigencia" pues como "lo ha reconocido esta Sala en sentencia del 28 de marzo de 2000 Caso *Gonzalo Pérez Hernández y Luis Morales Parada*), cuando dispuso que las normas supraconstitucionales "*mantienen su vigencia, mas allá del mandato cumplido de la Asamblea Nacional Constituyente, hasta que los poderes constituidos, entre ellos la Asamblea Nacional, sean electos y empiecen a ejercer su competencia normadora conforme a la Constitución vigente.*" Y con base en ello, así como en el "Reglamento de la Comisión de Funcionamiento y Reestructuración del Sistema Judicial" dictado por la propia Comisión[129] y el la Disposición Derogatoria, Transitoria y Final, literal e) de la Ley Orgánica del Tribunal Supremo de Justicia de 2004, estimó en definitiva:

"que la Comisión de Funcionamiento y Reestructuración del Sistema Judicial está facultada para conocer y decidir los procedimientos disciplinarios -que han de ser públicos, orales y breves- en contra de los jueces, hasta tanto se dicte la legislación y se creen los correspondientes Tribunales Disciplinarios, conforme al artículo 267 de la Constitución de la República Bolivariana de Venezuela y, el Régimen Disciplinario de los Jueces que se regirá por el Código de Ética del Juez Venezolano o Jueza Venezolana, el cual originó la presente acción de inconstitucionalidad contra omisión legislativa.[130]

---

[127]   Véase las referencias a esta sentencia, en la sentencia N° 1793 de 19 de junio de 2005 de la misma Sala Constitucional, *Caso: Henrique Iribarren Monteverde, (acción de inconstitucionalidad por omisión contra la Asamblea Nacional*, en *Revista de Derecho Público,* N° 103, Editorial Jurídica Venezolana, Caracas 2005, pp. 165 ss.

[128]   Véase Caso: Henrique Iribarren Monteverde, (acción de inconstitucionalidad por omisión contra la Asamblea Nacional), en *Revista de Derecho Público,* N° 103, Editorial Jurídica Venezolana, Caracas 2005, pp. 165 ss.

[129]   Véase acto administrativo N° 155, del 28 de marzo de 2000, publicado en *Gaceta Oficial de la República Bolivariana de Venezuela* N° 36.925, del 4 de abril de 2000.

[130]   *Id.*

99. Por otra parte, la Sala Constitucional consideró que normas del referido Reglamento eran contrarias a los artículo 257 y 267 de la Constitución, por lo cual "dado el vacío normativo existente sobre la materia, producto de la falta de adecuación de la legislación existente a los postulados constitucionales antes transcritos," procedió "de oficio" a suspender su aplicación. Sin embargo, "a fin de evitar la paralización de los procedimientos disciplinarios pendientes y los que haya lugar," la Sala Constitucional, con base en al artículo 336.7 de la Constitución que la autoriza a establecer los lineamientos para corregir la omisión, procedió a facultar:

> "a la Comisión de Funcionamiento y Reestructuración del Sistema Judicial para modificar su Reglamento y adecuarlo a las disposiciones constitucionales referidas supra; hasta tanto entre en vigencia la legislación correspondiente, y para cumplir con su cometido, podrá reorganizar su personal interno, designar el personal auxiliar que requiera y dictar su propio reglamento de funcionamiento, sin que ello colida con el Decreto del Régimen de Transición del Poder Público."[131]

100. La Sala Constitucional, así, en definitiva avaló la transitoriedad del régimen de ausencia de garantías a la estabilidad de los jueces, y en esta materia, como antes se dijo, no demostró activismo judicial alguno, y lejos de declarar la inconstitucionalidad de la omisión legislativa, lo que hizo fue asumir la dirección de la inconstitucional emergencia judicial, al haber primero removido a los miembros de la Comisión de Funcionamiento y Reorganización del Sistema Judicial y haber designado a los nuevos integrantes de dicho órgano interventor, y disponer la forma para que continuase la emergencia.

101. En esta materia, por tanto, como dijimos al inicio, el contraste entre la normativa constitucional, la realidad de la práctica política ha sido de flagrante desconocimiento de aquella: hay una serie de garantías constitucionales respecto de la autonomía e independencia del Poder Judicial que no han existido en la práctica, por la implantación de una anormal situación de "emergencia judicial" construida y gerenciada por la Asamblea Nacional y por el propio Tribunal Supremo de Justicia, órganos que han suspendido fácticamente la aplicación de la Constitución en lo que se refiere al régimen disciplinario de los jueces y, por tanto, en cuanto a la estabilidad de los mismos, sin lo cual no puede hablarse ni de autonomía ni de independencia judicial.

102. Uno de los casos emblemáticos que muestra esta irregular situación tuvo lugar en 2003, cuando la Corte Primera de lo Contencioso Administrativo dictó una medida cautelar suspendiendo la ejecución de un programa de contratación pública de médicos extranjeros sin licencia, para programas sociales de atención médica; medida que se dictó a solicitud del Colegio de Médicos de Caracas que alegaba discriminación contra los médicos licencia-

---

[131] *Id.*

dos en Venezuela.[132] La respuesta del Gobierno Nacional contra una simple medida cautelar de suspensión de efectos, además de anunciar públicamente que no sería acatada,[133] fue el allanamiento policial de la sede del tribunal; la destitución de todos sus Magistrados y la clausura del mismo por casi un año -11 meses-, y el insulto público proferido por el Presidente de la República contra los Magistrados destituidos.[134] El caso fue llevado ante esta honorable Corte Interamericana de Derechos Humanos, la cual dictó sentencia en agosto de 2008 condenando al Estado venezolano por la violación de las garantías judiciales de los Magistrados,[135] pero la respuesta de la Sala Constitucional del Tribunal Supremo a solicitud del Procurador General del gobierno, fue simplemente declarar que las decisiones de la Corte Interamericana son inejecutables en Venezuela, exhortando al Poder Ejecutivo a denunciar la Convención Americana sobre Derechos Humanos.[136] Tan simple como eso, mostrando la total subordinación de las instituciones judiciales respecto de las políticas, deseos y dictados del Presidente de la República.

Por ello, en la decisión sobre Cumplimiento adoptada por esta honorable Corte IDH en el caso *Apitz Barbera y otros vs. Venezuela*, de fecha 23 de noviembre de 2012, la misma resolvió que:

"el Estado no puede oponer como justificación de su incumplimiento una decisión de un tribunal interno, aun cuando sea el tribunal de más alta jerarquía en el ordenamiento jurídico nacional. Es más, la existencia de una decisión a nivel interno, como la sentencia del Tribunal Supremo, que considere que el Fallo emitido por la Corte Interamericana es inejecutable, desconoce los principios básicos de derecho internacional sobre los cuales se fundamenta la implementación de la Convención America-

---

[132] Véase Claudia Nikken, "El caso *"Barrio Adentro"*: La Corte Primera de lo Contencioso Administrativo ante la Sala Constitucional del Tribunal Supremo de Justicia o el avocamiento como medio de amparo de derechos e intereses colectivos y difusos*", en *Revista de Derecho Público*, N° 93-96, Editorial Jurídica Venezolana, Caracas, 2003, pp. 5 y ss.

[133] "Váyanse con su decisión no sé para donde, la cumplirán ustedes en su casa si quieren..." Exposición en el programa radial *Aló Presidente*, N° 161, 24-08-2004

[134] Exposición pública el 20-09-2004. Véase la información en *El Nacional*, Caracas 05-11-2004, p. A2, donde el Presidente destituido de la Corte Primera señaló que: "La justicia venezolana vive un momento tenebroso, pues el tribunal que constituye un último resquicio de esperanza ha sido clausurado". Véase sobre este caso los comentarios de Véase Rafael J. Chavero Gazdik, *La Justicia Revolucionaria. Una década de Reestructuración (o Involución) Judicial en Venezuela*, Editorial Aequitas, Caracas 2011, p. 297

[135] Véase sentencia de la Corte Interamericana de 05-08-2008 Caso *Apitz Barbera y otros ("Corte Primera de lo Contencioso Administrativo") vs. Venezuela*, en www. corteidh.or.cr. Excepción Preliminar, Fondo, Reparaciones y Costas, Serie C N° 182;

[136] Véase sentencia de la Sala Constitucional, sentencia N° 1.939 de 18-12-2008 (Caso *Abogados Gustavo Álvarez Arias y otros*), en *Revista de Derecho Público*, N° 116, Editorial Jurídica Venezolana, Caracas, 2008, pp. 89-106. También en http://www. tsj.gov.ve/decisiones/scon/Diciembre/1939-181208-2008-08-1572.html

na (supra Considerandos 21 a 26). El incumplimiento manifiesto expresado por medio de la Sentencia del Tribunal Supremo de Justicia impide el efecto útil de la Convención y su aplicación en el caso concreto por su intérprete último. Del mismo modo, desconoce el principio de cosa juzgada internacional sobre una materia que ya ha sido decidida, y deja sin efecto y hace ilusorio el derecho al acceso a la justicia interamericana de las víctimas de violaciones de derechos humanos, lo cual perpetúa en el tiempo las violaciones de derechos humanos que fueron constatadas en la Sentencia. Por tanto, conforme al Derecho Internacional que ha sido democrática y soberanamente aceptado por el Estado venezolano (69), es inaceptable, que una vez que la Corte Interamericana haya emitido una Sentencia, el derecho interno o sus autoridades pretendan dejarla sin efectos."[137]

104. Más recientemente tuvo lugar otro asombroso caso, que fue la detención policial arbitraria, en diciembre de 2009, de una juez penal (María Lourdes Afiuni Mora) por haber ordenado, conforme a sus atribuciones y siguiendo las recomendaciones del Grupo de Trabajo de las Naciones Unidas sobre Detenciones Arbitrarias, la excarcelación de un procesado por delitos financieros a los efectos de que fuese enjuiciado en libertad como lo garantiza la Constitución. El mismo día de la decisión, el Presidente de la Republica pidió públicamente la detención de la juez, exigiendo que se le aplicara la pena máxima de 30 años[138] establecida en Venezuela para crímenes horrendos y graves.[139]

105. La juez fue efectivamente detenida por la policía ese mismo día, y permaneció en detención hasta el día 18 de junio de 2013, cuando fue puesta en libertad condicional con prohibición de hablar y declarar sobre su caso,[140] es decir, por un período de 3 años y 6 meses, tiempo durante el cual se enfermó de cáncer, no se le dio la debida atención y además denunció que fue victima de violación en la cárcel donde estuvo recluida; sin que se haya ini-

---

[137]   Véase Corte IDH. Caso *Apitz Barbera y Otros ("Corte Primera de lo Contencioso Administrativo") Vs. Venezuela.* Supervisión de Cumplimiento de Sentencia. Resolución de la Corte Interamericana de Derechos Humanos de 23 de noviembre de 2012, en http://www.corteidh.or.cr/docs/supervisiones/aptiz_23_11_12.pdf

[138]   En un programa de televisión el Presidente de la República "ordenó" públicamente a la Fiscal General de la República a castigar en la forma más severa a la Juez Afiuni, a los efectos de disuadir decisiones similares por parte de otros jueces. Sugirió incluso que los abogados defensores en el caso habían incurrido en actos criminales al solicitar la excarcelación de su defendido, y la Fiscal general dio declaraciones públicas condenando a la Juez. Véase http://www.unionradio.net/Actualidad/#&& NewsId=35473

[139]   Sobre este caso véase lo que destacan los representantes del profesor Brewer-Carías, en el *Escrito de Solicitudes, Argumentos y Pruebas*, 7 de julio de 2012, párr. 73 ss.

[140]   Véase la información en http://noticiasvenezuela.org/2013/06/libertad-condicional-de-jueza-afiuni-no-es-suficiente/; y en http://www.noticiascentro.com/2013/libertad-a-medias-para-la-jueza-afiuni-y-simonoviscuando-la-tortura-sigue/

ciado juicio alguno contra ella. El mismo Grupo de Expertos de Naciones Unidas consideró estos hechos como "un golpe del Presidente Hugo Chávez contra la independencia de los jueces y abogados" solicitando la "inmediata liberación de la juez" concluyendo que "las represalias ejercidas sobre jueces y abogados por el ejercicio de sus funciones garantizadas constitucionalmente creando un clima de temor, solo sirve para minar el Estado de derecho y obstruir la justicia."[141]

106. Este caso fue especialmente destacado por la Comisión Interamericana de Derechos Humanos en su Informe sobre Democracia y Derechos Humanos en Venezuela de 2009, [142] en la siguiente forma:

297. También llama la atención de la Comisión la situación de la jueza 31° de Control del Área Metropolitana de Caracas, María Lourdes Afiuni Mora. Según se informó a la CIDH, el jueves 10 de diciembre de 2009 la jueza Afiuni, realizó audiencia preliminar en la causa seguida contra el ciudadano Eligio Cedeño, quien para el momento permanecía privado de libertad por más de 2 años, plazo máximo de detención preventiva contemplado en el Código Orgánico Procesal Penal. La detención de Eligio Cedeño fue declarada arbitraria por el Grupo de Trabajo sobre la Detención Arbitraria de Naciones Unidas el 1 de septiembre de 2009, citando violaciones al derecho a un juicio justo (258). En la mencionada audiencia, la jueza decidió sustituir la medida privativa de libertad contra Cedeño, por el juicio en libertad, acordando igualmente para éste (a) prohibición de salida del país (b) presentación ante el tribunal cada 15 días y (c) retención de su pasaporte. Horas más tarde, funcionarios de la Dirección de Servicios de Inteligencia y Prevención (DISIP) allanaron la sede del Tribunal 31° de Control, llevándose detenida a la jueza María Lourdes Afiuni Mora y a los alguaciles Rafael Rondón y Carlos Lotuffo.

298. Al día siguiente, en cadena nacional de radio y televisión, el Presidente de la República, Hugo Chávez, calificó a la jueza Afiuni de "bandida" y señaló: "Yo exijo dureza contra esa jueza; incluso le dije a la presidenta del Tribunal Supremo [de Justicia, Luisa Estela Morales], y le

---

[141] Véase en at http://www.unog.ch/unog/website/ news_media.nsf/%28httpNewsBy Year_en%29/93687E8429BD53A1C125768E00529DB6?OpenDocument&cntxt=B3 5C3&cookielang=fr. El 14-10-2010, el mismo Grupo de Trabajo de la ONU solicitó formalmente al Gobierno venezolano que la Juez fuese "sometida a un juicio apegado al debido proceso y bajo el derecho de la libertad provisional". Véase en *El Universal*, 14-10-2010, en http://www.eluniversal.com/2010/10/14/pol_ava_instancia-de-la-onu_14A4608051.shtml. Véase sobre este caso los comentarios de Véase Rafael J. Chavero Gazdik, *La Justicia Revolucionaria. Una década de Reestructuración (o Involución) Judicial en Venezuela,* Editorial Aequitas, Caracas 2011, pp. 199 ss.; 241 ss.

[142] Véase OEA/Ser.L/V/II, Doc. 54, 30 diciembre 2009 (OEA documentos oficiales; OEA/Ser.L) ISBN 9780827054134.

digo a la Asamblea Nacional: habrá que hacer una ley porque es mucho más grave un juez que libere a un bandido, que el bandido mismo. Es infinitamente muy grave para una República, para un país, que un asesino, porque pague, un juez lo libere. Es más grave que un asesinato, entonces habrá que meterle pena máxima a esta jueza y a los que hagan eso. Treinta años de prisión pido yo a nombre de la dignidad del país."(259). En el acto oficial transmitido en cadena nacional de radio y televisión se encontraban diversas personalidades, incluyendo a la Fiscal General de la República.

299. Un día más tarde, según información de la Fiscalía General de la República, "la ex funcionaria fue imputada, por el Ministerio Público, el 12 de diciembre, por la presunta comisión de los delitos de corrupción propia, abuso de autoridad, favorecimiento para la evasión y asociación para delinquir, previstos en la Ley Contra la Corrupción, el Código Penal y la Ley Orgánica Contra la Delincuencia Organizada". La orden de detención se habría librado con base en lo establecido en el Código Orgánico Procesal Penal que prohíbe a los jueces mantener contacto directo e indirecto con algunas de las partes, sin la presencia de todas. Se alega que la audiencia que se llevó a cabo el 10 de diciembre en la causa contra Eligio Cedeño se realizó sin la presencia del Ministerio Público pese a que los fiscales nacionales 50° y 73° habrían justificado ante la jueza su no comparecencia. (260)

300. En relación con estos hechos, el 17 de diciembre de 2009 la CIDH envió una solicitud de información al Estado. A su vez, tres Relatores de Naciones Unidas (261) expresaron su profunda preocupación por el arresto de la jueza Afiuni, al que describieron como "un golpe del Presidente Hugo Chávez a la independencia de magistrados y abogados en el país". Los Relatores de la ONU expresaron su preocupación por el hecho de que el Presidente Chávez haya instruido públicamente a la Fiscal General y al Presidente del Tribunal Supremo de Justicia para que castigaran a la jueza Afiuni con la pena máxima. En tal sentido, señalaron que "las represalias por ejercer funciones constitucionalmente garantizadas y la creación de un clima de temor en el poder judicial y en los abogados no sirve a otro propósito que el de socavar el estado de derecho y obstruir la justicia" (262)

301. Más allá de que destituciones como las reseñadas en los párrafos anteriores pudieran o no estar basadas en causales y procedimientos establecidos por la ley, el hecho de que se hayan producido de manera casi inmediata luego de que los magistrados adoptaran decisiones judiciales en casos con importante connotación política, sumado a que en las resoluciones que establecen la destitución no se establece con claridad las causas que motivan la decisión ni se hace referencia al procedimiento mediante el cual se adoptó la decisión, envía una fuerte señal a la socie-

dad y al resto de jueces de que el poder judicial no tiene la libertad de adoptar decisiones contrarias a los intereses del gobierno, pues de hacerlo los jueces corren el riesgo de ser removidos, sin más, de sus cargos.

258. Relator de la ONU para la independencia de los jueces y abogados. Comunicado de Prensa emitido el 30 de julio de 2009.

259. Audio del discurso disponible en: Prensa Web de la Radio Nacional de Venezuela. Gobierno Bolivariano de Venezuela. Ministerio del Poder Popular para la Comunicación e Información. Ministerio Público. "Pido 30 años de prisión para la Jueza Afiuni". 11 de diciembre de 2009. Disponible en: HTUhttp://www.rnv.gov.ve/noticias/index.php?s=b7b1132fb9cab29db08cf8c237df69da&act=ST&f=2&t=115304UTH

260. Ministerio Público. Nota de prensa: Ministerio Público Investiga Presuntas Amenazas contra Jueza Afiuni. 20 de diciembre de 2009. Disponible en: http://www.fiscalia.gov.ve/Prensa/A2009/prensa diciembre2009.asp.

261. Los relatores firmantes son el especialista en detención arbitraria, El Hadji Malick Sow; en la independencia de magistrados y abogados, Gabriela Carina Knaul de Albuquerque e Silva; y en la situación de los defensores de los derechos humanos, Margaret Sekaggya.

262. Organización de las Naciones Unidas. Centro de Noticias. Venezuela: Expertos de la ONU expresan alarma por arresto de jueza. 16 de diciembre de 2009. Disponible en: HTUhttp://www.un.org/spanish/News/fullstorynews.asp?newsID=17290&criteria1=Venezuela&criteria2=DDHHUTH."

107. Y efectivamente, el hecho es que en Venezuela ningún juez ha podido ni puede adoptar una decisión que pueda afectar las políticas gubernamentales, los deseos del Presidente, los intereses del Estado o la voluntad de los funcionarios públicos, por lo que por ejemplo, la Jurisdicción Contencioso Administrativa ha dejado de tener efectividad e importancia,[143] siendo difícil

---

[143] Véase Antonio Canova González, *La realidad del contencioso administrativo venezolano (Un llamado de atención frente a las desoladoras estadísticas de la Sala Político Administrativa en 2007 y primer semestre de 2008), cit.*, p. 14. Ha ocurrido, al decir de Rafael Chavero, *Un exterminio del contencioso administrativo.* Véase Rafael J. Chavero Gazdik, *La Justicia Revolucionaria. Una década de Reestructuración (o Involución) Judicial en Venezuela*, Editorial Aequitas, Caracas 2011, pp. 212 ss. Lo mismo puede decirse sobre la acción de amparo, la cual ha perdido toda efectividad, como lo ha explicado Jorge Kiriakidis, *El amparo constitucional venezolano mitos y realidades*, Colección Justicia N° 1, Acceso a la

que un juez llegue a tomar una decisión que afecte los intereses gubernamentales.[144] Por ello la Comisión Interamericana de Derechos Humanos después de describir con preocupación en su *Informe Anual de 2009* que en muchos casos, "los jueces son removidos inmediatamente después de adoptar decisiones judiciales en casos con impactos políticos importantes," concluyó señalando que "la falta de independencia judicial y de autonomía en relación con el poder político es, en opinión de la Comisión el punto más débil de la democracia venezolana."[145]

108. Toda esta trágica situación del sometimiento del Poder Judicial al Poder Ejecutivo en Venezuela, quedó confirmada por boca de un Magistrado, ex presidente de la Sala de Casación Penal del Tribunal Supremo de Justicia, el Sr. Eladio Aponte Aponte, en confesión pública difundida el 18 de abril de 2012, después de haber ejercido funciones judiciales por más de 15 años, en declaraciones dadas a la periodista Verioska Velasco para una emisora de televisión de Miami, USA (SoiTV),[146] las cuales, además de ser en sí mismas repulsivas, revelan con extraordinaria crudeza la trágica situación del Poder Judicial en Venezuela, y la demolición, y más que eso, la pulverización del principio de la separación de poderes que se ha producido en el país bajo la vigencia de la Constitución de 1999, confesada por uno de sus artífices. Entre los diversos aspectos que trató el ex magistrado en su entrevista, tal como lo reseñan los representantes del profesor Brewer Carías en su *Escrito de Solicitudes, Argumentos y Pruebas*, de 7 de julio de 2012, cuyo texto nos permitimos seguir a continuación por ser extremadamente ilustrativos de la situación descrita,[147] se destacan sus confesiones públicas de irregularidades e incluso de lo que podría considerarse como delitos que habría cometido el declarante, relativas a sus propias conductas y actuaciones en relación con el funciona-

Justicia, Academia de Ciencias Políticas y Sociales, Universidad Metropolitana, Caracas 2012

144   Véase una relación detallada de los casos de jueces destituidos al dictar sentencias que han afectado los intereses gubernamentales en Rafael J. Chavero Gazdik, *La Justicia Revolucionaria. Una década de Reestructuración (o Involución) Judicial en Venezuela,* Editorial Aequitas, Caracas 2011, pp. 157-176. Véase también Rafael Pérez Perdomo, *Justicia e Injusticias en Venezuela. Estudio de historia social del derecho,* Academia Nacional de la Historia, Caracas 2011, p. 233.

145   Véase en ICHR, *Annual Report 2009*, para. 483. Available at http://www. cidh.oas.org/annualrep/2009eng/Chap.IV.f.eng.htm. Véase una relación detallada de los Informes de organizaciones internacionales de protección de dereechos humanos sobre la situación del Poder Judicial en Venezuela, en Rafael J. Chavero Gazdik, *La Justicia Revolucionaria. Una década de Reestructuración (o Involución) Judicial en Venezuela,* Editorial Aequitas, Caracas 2011, pp. 123-150.

146   El texto de las declaraciones han sido leídas en la transcripción hecha por la estación de SolTV, publicada en *El Universal*, Caracas 18-4-2012, disponible en: http://www. eluniversal.com/nacional-y-politica/120418/historias-secretas-de-un-juez-en-venezuela.

147   Véase la glosa de las confesiones del ex magistrado Aponte Aponte, conforme a lo expresado por los representantes del profesor Brewer-Carías, en el *Escrito de Solicitudes, Argumentos y Pruebas*, 7 de julio de 2012, párr. 87 ss., cuyo texto seguimos en los párrafos pertinentes de este *Amicus curiae*.

miento del Poder Judicial. El Magistrado declarante -militar activo que formó parte del Poder Judicial durante 15 años, hasta ser separado de su cargo- comenzó la entrevista explicando su ascenso en la jerarquía judicial, desde Fiscal Militar hasta el Tribunal Supremo, para el cual fue promovido por el propio Presidente de la República. Ante las preguntas de la periodista sobre qué había hecho *"para lograr ese ascenso"* en el Tribunal Supremo, la respuesta fue que su **"actuación fue muy pulcra y muy adaptada a los parámetros exigidos,"** significando ello **(pulcra) que había sido "leal al gobierno,"** más **"no a la Constitución."**

109. Esa lealtad fue, precisamente, la que explicó el Magistrado extensamente en la entrevista, en unos casos manifestada en acciones y en otros casos, en omisión. En cuanto a sus acciones, entre otros casos citó el conocido "caso Usón," que se originó por el enjuiciamiento de un general del ejército por el "delito" de haber explicado en forma pública el efecto que tiene el apuntar un lanzallamas hacia una celda de detenidos militares, quienes por tal hecho efectivamente fueron calcinados; caso del cual conoció esta honorable Corte IDH (Caso *Usón Ramírez vs. Venezuela*), y resolvió en sentencia de 20 de noviembre de 2009. El enjuiciamiento en Venezuela fue por vilipendio a las Fuerzas Armadas, y sobre ello, ante las preguntas de la periodista de si *"fue manipulado ese caso?* dijo que **"si había sido manipulado,"** para lo cual había recibido **"orden"** del Poder Ejecutivo para **"actuar diferente a lo que Fiscalía Militar hubiese actuado,"** indicándole **"que había que, que acusarlo o imputarlo,"** y que le hizo, porque **"recibía órdenes,"** pues era **"militar,"** de lo contrario, si no ejecutaba esas órdenes, **"quedaba afuera."** Otro caso que le planteó la periodista, fue el conocido caso *Simonovis*, quién había sido uno de los Comisarios de la Policía Metropolitana a cargo de la custodia de una multitudinaria manifestación de rechazo contra el presidente Chávez, desarrollada el 11 de abril de 2002, y que concluyó con la muerte de inermes manifestantes por parte de pistoleros que no fueron enjuiciados. Ante la condena de dicho Comisario a 30 años de prisión, sin que los pistoleros fueran siquiera procesados, y ante la pregunta de la periodista de si para él *"ahora existen presos políticos en Venezuela"* respondió afirmativamente agregando que "Sí, **hay gente que la orden es no soltarlos, principalmente los comisarios:'** casos en los cuales, dijo, **"La orden viene de la Presidencia para abajo; no nos caigamos en dudas, en Venezuela no se da puntada si no lo aprueba el presidente."** Sobre ese caso, que implicaba ante la pregunta de si había recibido la *"orden de no soltar a Simonovis,"* afirmó que la posición de la Sala Penal fue **"convalidar todo lo que venía hecho, eso, en pocas palabras, es aceptar que esos señores no podían salir pues, y que la justicia ahí, les dio la espalda."**

110. A la pregunta directa de la periodista sobre *"cómo funciona el poder judicial en Venezuela actualmente",* dijo lo siguiente que **"Yo formo parte del poder judicial, o formaba parte del poder judicial de una manera protagónica. Y quizás muchas de las cosas que suceden en el poder de ahorita, existieron bajo mi responsabilidad. Pero una vez que yo me vi que me midieron con la misma vara, y el mismo metro con el que se mide a los demás, dije: esto no es la justicia que se proclama, esta no es la jus-**

ticia que debe ser, esta no es la justicia constitucional." Es decir, fue sólo cuando el magistrado comenzó a sentir en carne propia el efecto de la misma "justicia" que él manejó, manipuló y mal aplicó, cuando comenzó a darse cuenta que esa "**no es la justicia que debe ser**" llegando a decir públicamente en otra respuesta a la periodista, simplemente, que: "**la justicia es una plastilina, digo plastilina porque se puede modelar, a favor o en contra.**" Luego, al responder a la pregunta que le hizo la periodista sobre si alguna vez había recibido "*alguna llamada de algún funcionario público de cualquier estatus para solicitarle a usted algún tipo de manipulación en la justicia venezolana?*", respondió, que "Cierto. Desde el presidente para abajo."

111. Otro caso que refirió el Magistrado Aponte Aponte fue la afirmación que recordó había dicho el Presidente Chávez sobre el caso de la jueza Afiuni, indicando que "*entonces habrá que meterle penas máximas a la jueza y a los que hagan eso. 30 años de prisión;*" caso que el magistrado calificó como un caso "**muy político y emblemático,**" sobre el cual incluso había hablado "**directamente**" con el Presidente, quien lo llamaba a él. Sobre esas llamadas directas recibidas del Presidente de la República para manipular la justicia, el mismo Magistrado se refirió a otros casos, entre ellos, uno también muy conocido relativo al enjuiciamiento de unos supuestos "paramilitares" que habían sido sorprendidos en Caracas, de manera que a la pregunta de la periodista, sobre "*que paso allí*" y porqué el Presidente "*lo llamó,*" respondió: "**Bueno para que condujera de una manera conveniente, hacia el gobierno, las investigaciones.**" En cuanto a los "paramilitares" en sí, afirmó que él creía, a su manera de ver, "**que tales paramilitares yo dudaba sus procedencia porque eran muchachos imberbes, inexpertos, algunos no manipulaban armas, algunos no sabían por que estaban allí, y que por mera casualidad fueron detenidos los autobuses por una patrulla de la policía metropolitana y se subió el cause. Y cómo vinieron esos señores de Colombia? A qué los trajeron,**" respondiendo a la pregunta de si el caso había sido manipulado, que: "**Bueno, sacando las conclusiones yo no lo dudaría tanto.**"

112. En otros casos referidos a temas de narcotráfico que involucraban a militares activos, el Magistrado Aponte confesó haber favorecido a un oficial subalterno, quien trasladaba un cargamento de droga en el país, que según dijo, lo "llevaba al batallón" donde estaba su superior, de manera que a la pregunta de la periodista al magistrado sobre "*cual fue su participación en este caso y cómo lo favoreció,*" respondió: "**Lo favorecí dándole una medida cautelar, mas no se dejó en libertad,**" aclarando que **para ello, a él lo habían llamado "Desde la Presidencia de la República para abajo,"** agregando que "**En ese caso, me llamaron de la Presidencia de la República,**" precisamente "**uno de los secretarios o de los allegados de la Presidencia de la República.**" Agregó luego: "**Sí. Me llamó el Ministro de la Defensa para ese entonces que era Baduel. Me llamó Rangel Silva. Me llamó Hugo Carvajal. Me llamó un Almirante... Aguirre creo. O sea que mucha gente abogó por ese señor.**" Pero precisó al final que ese era "**el único caso**

que me acuerdo que yo haya favorecido a un narcotraficante;" y que él le había dado "la cautelar y la fiscalía no continuó investigando."

113. Pero las referencias a las llamadas de funcionarios dando instrucciones a los jueces para decidir casos o para favorecer a determinadas personas no se quedaron en referencias a funcionarios del Poder Ejecutivo sino también de otros funcionarios, de manera que a la pregunta de la periodista sobre si "*aparte del presidente Hugo Chávez,*" recibía llamadas *"del Ministerio Público, de la Fiscalía, Luisa Ortega, Luisa Estela Morales,"* respondió "**De Luisa Ortega** [Fiscal General de la República] **sí, más de una llamada recibí. De Luisa Estela Morales** [Presidenta del Tribunal Supremo], **infinidades.**" Y a la pregunta de "*qué le decían?*" respondió que "**Cuándo se iba a imputar a alguna persona, cuándo se le iba a privar de libertad, cuándo se iban a hacer los allanamientos; para que yo organizara esa situación, y buscara al juez idóneo, para que se realizara tal acto,**" de manera que a la pregunta de si eso era "*Manipular un caso?* respondió*:* "**Si, más de uno.**" Y ante la pregunta de la periodista sobre por qué "*esa intromisión en el poder judicial?*", el magistrado explicó con precisión, indicando que: "**Esa era la componenda que había a nivel de Presidenta de la Corte Suprema y Fiscal General de la República,**" precisando frente va la pregunta de si "*recibían dinero*" y si "*extorsionaban a clientes*" que "**Yo creo que sí extorsionaban principalmente en el caso de los banqueros.**"

114. Luego de referirse a otros casos de actuación de "fiscales preferidos" de la Fiscalía General, que "**llamaban a los jueces y si no hacían lo que les pedía el fiscal**" eran despedidos, casos en los cuales, dijo, abogados organizados "**trabajan con las fiscalía. Están relacionados con la fiscalía,**" resultando que "**El fiscal actúa, y lo solicita al gobierno.**" Sobre esos casos manipulados ante la pregunta de la periodista sobre *"qué caso recuerda que fue manipulado,"* el Magistrado respondió que "fueron bastantes." Aclarando sin embargo que "el único que me acuerdo fue un caso en Maracaibo de un diputado que le dicen Mazuco," explicando que "**el caso fue más o menos un caso que buscaron un preso, lo encapucharon, y lo pusieron como testigo para que dijera que este señor había sido el que dio la orden para que mataran al otro,**" respecto de lo cual la presidenta del Tribunal Supremo de Justicia le había solicitado "**precisamente. Avalar esa situación. Y al hombre se le pago dándole la libertad.**"

115. Respecto de todas estas conductas ilegítimas, muchas de las cuales constituyen delito, y en cuya realización participó el magistrado Aponte, según su confesión pública, a la pregunta de la periodista de si reconocía "*el daño que le hizo al poder judicial venezolano,*" el magistrado Aponte respondió: "**Sí le digo, yo asumo mi responsabilidad y mi culpa y si es de pagar por ello, yo pago,**" precisando sobre la pregunta de "*Qué tan contaminado está ese poder en Venezuela?* que "**Yo creo que bastante, suficiente, y a todos los niveles; mucha manipulación, le dije, ahí no sale una decisión si no se consulta; últimamente, los tribunales penales antes de cualquier decisión tienen que consultarlo.**"

116. Luego de leer todo esto, no es posible dudar firmemente de que las decisiones judiciales en Venezuela, cuando afectan intereses gubernamentales, o son dictadas por órdenes dadas por Ejecutivo nacional, o son previamente consultadas al mismo, con la consecuencia de que si un juez no atiende la orden o instrucción, o no consulta su decisión, es removido, como tantas veces ha ocurrido. De manera que ante una pregunta de la periodista en la cual le inquiría al Magistrado *"Cuando usted dice que usted fue manipulado, quiero que nos especifique mas cómo fue ese modus operandi,"* el Magistrado respondió: **"Lo que pasa es que a mí me pedían los favores y yo los ejecutaba. Y ay del juez que se negara a ejecutarlo,"** pues **"era removido del cargo,"** lo que ejecutaba **"la Comisión Judicial. Pero fueron muchos,"** con su apoyo. Precisó, sin embargo, que **"la orden no la daba yo directamente. La orden la daba también la Presidenta del Tribunal directamente. Muchas veces la orden la daban directamente los fiscales. Hay un fiscal de apellido Castillo, que ese llamó directamente a los jueces y llegaba hasta amenazarlos."**

117. Y ante la pregunta que le formuló la periodista sobre si *"es cierto que en Venezuela las actuaciones procesales y las sentencias tienen costo,"* el magistrado respondió que **"En algunos casos sí"** que **"tal vez"** se compra la justicia con dinero, *precisando que* **"Sí, en algunos casos si lo han hecho."** Estas declaraciones de este ex magistrado, sin duda, evidencian la trágica realidad de que por más detalladas que sean las previsiones de la Constitución venezolana de 1999, particularmente sobre separación de poderes y en especial sobre la autonomía, la independencia, la idoneidad y la estabilidad de los jueces, las mismas no han pasado de ser letra muerta, resultando un Poder judicial que en la práctica no es ni autónomo ni independiente, y por ello, no hay, ni real separación de poderes, ni régimen democrático, el cual sólo puede existir en el marco de un régimen de control del poder. Por ello, sobre *la autonomía e independencia del poder judicial*, el ex Magistrado llegó a responder la pregunta de la periodista, diciendo simplemente, que **"eso es una falacia"** y explicó claramente por qué. Dijo:**"Y te voy a decir por qué. Todos los fines de semana principalmente los viernes en la mañana, hay una reunión en la Vice Presidencia Ejecutiva del país, donde se reúne el Vicepresidente, que es el que maneja la justicia en Venezuela, con la Presidenta del Tribunal Supremo, con la Fiscal General de la República, con el Presidente de la Asamblea Nacional, con la Procuradora General de la República, con la Contadora General de la República, y unas que otras veces va uno de los jefes de los cuerpos policiales. De ahí es donde sale la directriz de lo que va a ser la justicia. O sea, salen las líneas conductoras de la justicia en Venezuela."** Luego de este detalle de las reuniones con el Poder Ejecutivo para manejar la justicia, en las cuales se analizaban **"los casos que están pendientes, qué es lo que se va a hacer. O sea se daban la directrices de acuerdo al panorama político,"** precisó que él había acudido varias veces a las mismas, afirmando frente a la pregunta de que *"cómo queda la independencia de los poderes en Venezuela?,* con la respuesta de *"*Yo creo que no hay tanta independencia."**

118. Esta insólita entrevista o confesión del magistrado terminó con la pregunta reiterada de la periodista, sobre si "*existe independencia de poderes en Venezuela,*" a lo cual respondió simplemente "**ninguna,**" "**Ni el poder judicial, ni el poder ejecutivo, ninguno de los poderes.**" Estas declaraciones de quien hasta hace poco fue Presidente de la Sala de Casación Penal del Tribunal Supremo de Justicia, ponen en evidencia no sólo la manipulación de la justicia que ha existido en Venezuela en los últimos años, sino como hemos mencionado, el absoluto contraste entre la normativa constitucional y la realidad de la práctica política, particularmente en relación con las garantías constitucionales respecto de la autonomía e independencia del Poder Judicial que no han existido en la práctica, afectando el régimen de ingreso y estabilidad de los jueces.

VIII. LA "REFORMA" DE LA LEY ORGÁNICA DEL TRIBUNAL SUPREMO DE JUSTICIA EN 2010, MEDIANTE SU ILEGÍTIMA "REPUBLICACIÓN" EN LA GACETA OFICIAL, PARA EL CONTROL TOTAL SOBRE EL TRIBUNAL SUPREMO

119. Ahora bien, en paralelo a lo que ocurría en la Judicatura, conforme a lo denunciado por el ex Magistrado Aponte Aponte, en 2010 se dictaron dos importantes leyes en materia judicial en Venezuela: por una parte, en mayo de ese año se sancionó la reforma de la Ley Orgánica del Tribunal Supremo de Justicia, corrigiéndose la sancionada en 2004;[148] y se dictó en agosto del mismo año la esperada "Ley del Código de Ética del Juez Venezolano y la Jueza Venezolana," que sin embargo, fue reformado casi de inmediato.[149] En la primera, desapareció la Disposición Transitoria que había prorrogado el funcionamiento de la Comisión de Funcionamiento y Reorganización del Poder Judicial, y en la segunda, al derogarse la Normativa que regulaba dicha Comisión, se sustituyó la misma por unos órganos disciplinarios judiciales denominados: Corte Disciplinaria Judicial y Tribunal Disciplinario Judicial.

120. En cuanto a la primera de dichas leyes, la que reguló al Tribunal Supremo, en sus normas se estableció en detalle el procedimiento a seguir para la selección y nombramiento de sus Magistrados, lo que debía ocurrir en los meses subsiguientes, y en particular, en 2011, dado los lapsos que fueron expresamente establecidos en sus normas. Sin embargo, en septiembre de 2010 se realizaron elecciones legislativas en Venezuela, en las cuales, a pesar de que los candidatos de oposición al gobierno obtuvieron la mayoría del voto popular, los candidatos del oficialismo, a pesar de que haber obtenido menos de la mitad del voto popular, por el diseño formal de la ley, terminaron controlando la mayoría de la Asamblea Nacional,[150] pero perdieron la mayoría

---

[148] La Ley Orgánica fue publicada en *Gaceta Oficial* N° 5.991 Extra. de 29-07-2010, y luego fue republicada, para corregir supuestos errores materiales, en *Gaceta Oficial* N° 39.483 de 9-08-2010.

[149] *Gaceta Oficial* N° 39.493 de fecha 23-8-2010

[150] Véase en http://es.wikipedia.org/wiki/Elecciones_parlamentarias_de_Venezuela_de_2010

calificada que desde 2005 habían mantenido en la misma, lo que a partir de enero de 2011 cuando se instalara la nueva Asamblea Nacional electa, impedía que con el solo voto de los diputados oficialistas se pudieran designar a los nuevos magistrados del Tribunal Supremo. Ello motivó que la Asamblea Nacional, para poder proceder de inmediato, en los meses finales de 2010, antes de que se instalase en enero de 2011 a nueva Asamblea electa, resolviera sin embargo hacer el nombramiento de nuevos Magistrados del Tribunal Supremo. Como la reforma de la Ley Orgánica del Tribunal Supremo que la Asamblea había sancionado e incluso republicado unos meses antes en el mismo año 2010,[151] le impedía hacerlo pues de acuerdo al procedimiento de postulación que estableció la Ley, el nombramiento le correspondía a la nueva Asamblea Nacional que se debía instalar en enero de 2011, y por tanto, con la participación de los diputados de oposición, el mecanismo que se adoptó para efectuar los nombramientos fue la decisión tomada sólo cuatro días después de que se efectuara la elección de los nuevos diputados a la Asamblea, para realizar una "reforma" de la Ley Orgánica pero sin "reformarla" formalmente las vías regulares, mediante el extraño mecanismo de "reimpresión" del texto de la Ley en la *Gaceta Oficial*, por un supuesto error material de copia del texto legal.[152]

121. En efecto, el artículo 70 de la Ley Orgánica del Tribunal Supremo disponía que el plazo para presentar las candidaturas a Magistrados del Tribunal ante el Comité de Postulaciones Judiciales no debía ser *"menor de treinta días continuos,"* lo que implicaba que la Legislatura que concluía en diciembre de 2010 no podía alcanzar a hacer los nombramientos. Fue esa redacción de dicho artículo el que precisamente se cambió o "reformó" ilegítimamente gracias a un "Aviso" del Secretario de la Asamblea Nacional publicado en la *Gaceta Oficial*, en el cual indicó que en lugar de la palabra "menor" la palabra supuestamente correcta de la norma es la antónima, es decir, "mayor" en el sentido de que la norma debía decir lo contrario, que el plazo *"no será mayor de treinta días continuos."* En esta forma, con un cambio de palabras, de "menor" a "mayor," un plazo legal *mínimo* se convirtió en un plazo *máximo*, con la clara intención de reducir los plazos para recibir las postulaciones y proceder a la inmediata designación de los nuevos Magistrados, precisamente antes de que se instalara la nueva Asamblea Nacional en enero de 2011.[153] Y fue así, que con esa "reforma" legal, la Asamblea Nacional, integrada por diputados que ya para ese momento no representaban la

---

[151] Véase en *Gaceta Oficial* N° 39.522, de 01-10-2010.

[152] Véase *Gaceta Oficial* N° 39.522, de 01-10-2010. El proceder lo califican los representantes del profesor Brewer Carías, como "un ardid fraudulento." Véase *Escrito de Solicitudes, Argumentos y Pruebas*, 7 de julio de 2012, párr. 35.

[153] Véanse los comentarios de Víctor Hernández Mendible, "Sobre la nueva reimpresión por 'supuestos errores' materiales de la LOTSJ" en la *Gaceta Oficial* N° 39.522, de 01-10-2010," y Antonio Silva Aranguren, "Tras el rastro del engaño, en la web de la Asamblea Nacional," publicado en *Revista de Derecho Público*, N° 124, Editorial Jurídica Venezolana, Caracas 2010, pp. 100-113.

voluntad mayoritaria del pueblo, procedió entonces a materializar el asalto final al Tribunal Supremo, y llenarlo de Magistrados miembros del partido político oficial y que, además, para el momento de su elección, incluso eran de los parlamentarios que estaban terminando su mandato por efecto de la elección parlamentaria, y que por tanto, no cumplían con las condiciones para ser Magistrados que establece la Constitución.[154]

122. Como lo señaló la ex Magistrada de la antigua Corte Suprema de Justicia, profesora Hildegard Rondón de Sansó:

"El mayor de los riesgos que plantea para el Estado la desacertada actuación de la Asamblea Nacional en la reciente designación de los Magistrados del Tribunal Supremo de Justicia, no está solo en la carencia, en la mayoría de los designados de los requisitos constitucionales, sino el haber llevado a la cúspide del Poder Judicial la decisiva influencia de un sector del Poder Legislativo, ya que para diferentes Salas, fueron elegidos cinco parlamentarios."[155]

123. Destacó además la ex Magistrada Sansó que "todo un sector fundamental del poder del Estado, va a estar en manos de un pequeño grupo de sujetos que no son juristas, sino políticos de profesión, y a quienes corresponderá, entre otras funciones el control de los actos normativos;" agregando que "Lo más grave es que los designantes, ni un solo momento se percataron de que estaban nombrando a los jueces máximos del sistema jurídico venezolano que, como tales, tenían que ser los más aptos, y de reconocido prestigio como lo exige la Constitución."

124. Concluyó reconociendo entre "los graves errores" que incidieron sobre la elección, el hecho de:

"la configuración del Comité de Postulaciones Judiciales, al cual la Constitución creó como un organismo neutro, representante de los "diferentes sectores de la sociedad" (Art. 271), pero la Ley Orgánica del Tribunal Supremo de Justicia, lo convirtió en forma inconstitucional, en un apéndice del Poder Legislativo. La consecuencia de este grave error era inevitable: los electores eligieron a sus propios colegas, considerando que hacerlo era lo más natural de este mundo y, ejemplo de ello fueron los bochornosos aplausos con que se festejara cada nombramiento."[156]

125. Como puede apreciarse de todo lo anteriormente expuesto, después de cuatro décadas de práctica democrática que tuvo Venezuela entre 1959 y

---

[154]   Véase la reseña: "Mayoría del PSUV llevó a cinco de sus colegas y a la procuradora al TSJ," en *El Universal*, Caracas 8 de diciembre de 2010, disponible en: http://politica.eluniversal.com/2010/12/08/pol_art_an-excluyo-a-isaias_08A4828333.shtml.

[155]   En Hildegard Rondón de Sansó, *"Obiter Dicta.* En torno a una elección," en *La Voce d'Italia*, Caracas 14-12-2010.

[156]   *Ídem.*

1999, durante los últimos catorce años entre 1999 y 2013, en fraude continuo a la Constitución efectuado por la Asamblea Constituyente en 1999, por el Legislador y por el Tribunal Supremo de Justicia, guiados por el Poder Ejecutivo, a pesar de las excelentes normas constitucionales de las cuales dispone el país, se ha venido estructurando un Estado autoritario en contra de las mismas, que ha aniquilado toda posibilidad de control del ejercicio del poder y, en definitiva, el derecho mismo de los ciudadanos a la democracia, en contravención expresa, a partir de 2001, de la Carta Democrática Interamericana. Además, se ha venido implementando fraudulentamente una reforma constitucional rechazada mediante referendo popular el día 2 de diciembre de 2007, tanto mediante decretos leyes como los dictados en 2008, como mediante las leyes emanadas de la Asamblea Nacional, como las dictadas en diciembre de 2010 sobre el Poder Popular[157] y el Estado Comunal, en las cuales se ha regulado un Estado Socialista, en absoluto desconocimiento del artículo 2 de la Constitución, que establece entre los valores superiores del Estado social y democrático de Derecho, el pluralismo político; y un sistema económico comunista por el cual nadie ha votado en el país.[158]

126. En este contexto, por tanto, son evidentes las catastróficas consecuencias que para el Estado de derecho y para la democracia ha tenido la conducta del Tribunal Supremo de Justicia, es decir, del guardián de la Constitución que integrado masivamente por magistrados vinculados al partido de gobierno, con su acción y omisión, ha terminado contribuyendo al deterioro institucional que Venezuela ha sufrido. Ello se confirma, por ejemplo, con lo expresado en el discurso de apertura del Año Judicial el 5 de febrero de 2011 pronunciado, como Orador de Orden, por Magistrado de la Sala Electoral del Tribunal Supremo, Fernando Vargas, en el cual destacó que "el Poder Judicial venezolano está en el deber de dar su aporte para la eficaz ejecución, en el ámbito de su competencia, de la Política de Estado que adelanta el gobierno nacional" en el sentido de desarrollar "una acción deliberada y planificada para conducir un socialismo bolivariano y democrático," y que "la materialización del aporte que debe dar el Poder Judicial para colaborar con el desarrollo de una política socialista, conforme a la Constitución y la leyes, viene dado por la conducta profesional de jueces, secretarios, alguaciles y personal auxiliar," agregando que:

> "Así como en el pasado, bajo el imperio de las constituciones liberales que rigieron el llamado estado de derecho, la Corte de Casación, la Corte Federal y de Casación o la Corte Suprema de Justicia y demás

---

[157] Véase la obra *Leyes Orgánicas sobre el Poder Popular y el Estado Comunal (Los Consejos Comunales, las Comunas, la Sociedad Socialista y el Sistema Económico Comunal)*, Editorial Jurídica Venezolana, Caracas, 2011, pp. 9-182

[158] En 2009, en efecto, se sancionó la Ley Orgánica de los Consejos de 2009 (*Gaceta Oficial* N° 39.335 de 28-12-2009) y en 2010, las Leyes Orgánicas del Poder Popular, de las Comunas, del Sistema Económico Comunal, de Planificación Pública y Comunal y de Contraloría Social (*Gaceta Oficial* N° 6.011 Extra. de 21-12-2010).

tribunales, se consagraban a la defensa de las estructuras liberal-democráticas y combatían con sus sentencias a quienes pretendían subvertir ese orden en cualquiera de las competencias ya fuese penal, laboral o civil, de la misma manera este Tribunal Supremo de Justicia y el resto de los tribunales de la República, deben aplicar severamente las leyes para sancionar conductas o reconducir causas que vayan en desmedro de la construcción del Socialismo Bolivariano y Democrático. "[159]

127. Queda claro, por tanto, cual ha sido la razón del rol asumido por el Tribunal Supremo en Venezuela, como queda evidenciado de lo que hemos reseñado anteriormente, y que no es otra que, como lo anunció el Magistrado orador en la apertura del Año Judicial de 2011, la destrucción del "llamado estado de derecho" y "de las estructuras liberales-democráticas," con el objeto de la "construcción del Socialismo Bolivariano y Democrático."

IX. LA CREACIÓN MEDIANTE EL CÓDIGO DE ÉTICA DEL JUEZ VENEZOLANO, DE UNA "JURISDICCIÓN DISCIPLINARIA JUDICIAL" PERO SOMETIDA AL PODER POLÍTICO, CON JUECES DISCIPLINARIOS NOMBRADOS POR LA ASAMBLEA NACIONAL SIN TENER COMPETENCIA CONSTITUCIONAL PARALELO

Ahora bien, en paralelo al asalto final perpetrado contra el Tribunal Supremo de Justicia, y después de que durante más de una década se hubiese logrado la "depuración" o "purga" del Poder Judicial, en el mismo año 2010, a pesar de que parecía que había llegado el momento de ejecutar formalmente el mandato constitucional en materia de organización definitiva de la Jurisdicción Disciplinaria Judicial, cesando a la Comisión ad hoc que se había utilizado para ejercer la función disciplinaria, lamentablemente ello no ocurrió. En efecto, como antes se dijo, en la reforma de la Ley Orgánica del Tribunal Supremo de Justicia de 2010 se había eliminado la Disposición Transitoria que disponía la sobrevivencia de la Comisión de Funcionamiento y Reestructuración del Sistema Judicial; y segundo, la Asamblea Nacional procedió a sancionar la Ley del Código de Ética del Juez Venezolano y la Jueza Venezolana,[160] derogando, finalmente, la vieja Ley Orgánica del Consejo de la Judicatura de 1998,[161] órgano que había desaparecido con la sanción de la Constitución de 1999; y derogando también, los artículos 38, 39, 40 de la vieja Ley de Carrera Judicial de 1998,[162] y los artículos 34, 35 y 36 de Ley Orgánica del Poder Judicial de 1998.[163]

---

[159] Véase la Nota de Prensa oficial difundida por el Tribunal Supremo. Véase en http://www.tsj.gov.ve/informacion/notasdeprensa/notasdeprensa.asp?codigo=8239. Véase *Escrito de Solicitudes, Argumentos y Pruebas*, 7 de julio de 2012, párr. 37, 38.

[160] *Gaceta Oficial* N° 39.493 de 23-08-2010.

[161] *Gaceta Oficial* N° 36.534, de 08-09-1998.

[162] *Gaceta Oficial* N° 5.262, Extra. de 11-09-1998.

[163] *Gaceta Oficial* N° 5.262, Extra. de 11-09-1998.

129. Además, en la Disposición Derogatoria, también se derogó, *"salvo lo dispuesto en la Disposición Transitoria Tercera,* el Reglamento de la Comisión de Funcionamiento y Reestructuración del Sistema Judicial, publicado en la *Gaceta Oficial* de la República Bolivariana de Venezuela N° 38.317, de fecha 18 de noviembre de 2005." Parecía, con ello, que al fin se estaba iba a crear la esperada "Jurisdicción Disciplinaria Judicial" integrada por tribunales judiciales en el sistema judicial bajo la conducción del Tribunal Supremo de Justicia, por lo que se derogaba el reglamento de la Comisión ad hoc que sin ser un órgano judicial, había ejercido dicha "Jurisdicción." Pero la verdad es que no fue así, precisamente por lo dispuesto en la mencionada "Disposición Transitoria Tercera" de la Ley del Código de Ética del juez, en la cual se dispuso que:

> *"Tercera.* Hasta tanto se conformen los Colegios Electorales Judiciales para la elección de los jueces y juezas de la competencia disciplinaria judicial, la Asamblea Nacional procederá a designar los jueces y juezas y los respectivos suplentes del Tribunal Disciplinario Judicial y la Corte Disciplinaria Judicial, previa asesoría del Comité de Postulaciones Judiciales."

130. En realidad, a pesar de que con la reforma de la Ley Orgánica del Tribunal Supremo de Justicia de 2010 se había eliminado la Disposición Transitoria que disponía la sobrevivencia de la Comisión de Funcionamiento y Reestructuración del Sistema Judicial; con la sanción subsiguiente por la Asamblea Nacional de la Ley del Código de Ética del Juez Venezolano y la Jueza Venezolana,[164] lo que se hizo, en la práctica, fue cambiarle el nombre a la "Comisión de Funcionamiento y Reestructuración del Sistema Judicial" desdoblándola en dos, al crearse un "Tribunal Disciplinario Judicial" y una "Corte Disciplinaria Judicial" pero no integrada por jueces - que conforme a la Constitución sólo pueden ser designados por el Tribunal Supremo de Justicia (artículo 255) - sino por unos llamados "jueces disciplinarios" nombrados directamente en forma totalmente inconstitucional por la Asamblea Nacional, sin concurso público alguno y sin participación ciudadana alguna, violándose, por tanto, todas las disposiciones constitucionales relativas al Poder Judicial. Por tanto, de un órgano inconstitucional como la mencionada Comisión ad hoc se pasó a otro órgano también inconstitucionalmente constituido, controlado directamente por el poder político representado por la Asamblea Nacional.[165] Al analizarse las normas del Código de Ética del Juez Venezolano de 2010, por tanto, en lo que respecta a la Jurisdicción Disciplinaria Judicial, tiene que tenerse en cuenta el abismo que de nuevo hay entre la letra de las normas y la práctica.

---

[164] *Gaceta Oficial* N° 39.493 de 23-08-2010.

[165] Tal como lo destacan los representantes del profesor Brewer-Carías, en el *Escrito de Solicitudes, Argumentos y Pruebas*, 7 de julio de 2012, párr. 71.

131. En cuanto a la letra de las normas, en efecto, se constata que la Ley crea los "Tribunales disciplinarios" como los "órganos que en el ejercicio de la jurisdicción tienen la competencia disciplinaria sobre los jueces o juezas de la República," y que son el Tribunal Disciplinario Judicial y la Corte Disciplinaria Judicial, con competencia para conocer y aplicar en primera y segunda instancia, respectivamente, los procedimientos disciplinarios por infracción a los principios y deberes contenidos en el mencionado Código de Ética (art. 39). Tanto el Tribunal Disciplinario Judicial como la Corte Disciplinaria Judicial deben estar integrados cada uno por tres jueces principales y sus respectivos suplentes (Arts. 41 y 43), que deben cumplir con las condiciones indicadas en la ley (art. 44); y a ambos órganos la Ley le encomendó la tarea de dictar "su reglamento orgánico, funcional e interno" (art. 45).[166]

132. La Ley del Código, por otra parte, estableció todo un complejo procedimiento para la selección y nombramiento de los "jueces disciplinarios" tanto de la Corte como del Tribunal Disciplinarios, en la mejor de las tradiciones de leguaje floridos de las previsiones constitucionales y legales, consistente en lo siguiente:

1. Los aspirantes a jueces deben ser elegidos por los Colegios Electorales Judiciales con el asesoramiento del Comité de Postulaciones Judiciales al cual se refiere el artículo 270 de la Constitución de la República (art. 46).

2. A tal efecto, los Colegios Electorales Judiciales deben estar constituidos en cada estado y por el Distrito Capital por un representante del Poder Judicial, un representante del Ministerio Público, un representante de la Defensa Pública, un representante por los abogados autorizados para el ejercicio, así como por diez delegados de los Consejos Comunales "legalmente organizados por cada una de las entidades federales en ejercicio de la soberanía popular y de la democracia participativa y protagónica." Los Consejos Comunales en asamblea de ciudadanos deben proceder a elegir de su seno a un vocero que los representará para elegir a los delegados que integrarán al respectivo Colegio de cada estado, conforme al procedimiento que establezca el reglamento de la ley que lo rija (art.. 47). El Consejo Nacional Electoral es el órgano responsable de la organización, administración, dirección y vigilancia de todos los actos relativos a la elección de los delegados de los Consejos Comunales (art. 48).

3. El Comité de Postulaciones Judiciales es el órgano competente para recibir, seleccionar y postular los candidatos a jueces disciplinarios que deben ser elegidos por los Colegios Electorales Judiciales (Art. 48). A tal efecto, el Comité de Postulaciones Judiciales debe efectuar una preselección de los candidatos que cumplan con los requisitos exigidos para ser juez de la Jurisdicción Disciplinaria Judicial y debe proceder a

---

[166] Dicho Reglamento se dictó en septiembre de 2011. Véase en *Gaceta Oficial* N° 39.750 del 05-09-2011

elaborar la lista definitiva de los candidatos (art. 49). Los ciudadanos y las organizaciones comunitarias y sociales pueden ejercer fundadamente objeciones ante el Comité de Postulaciones Judiciales sobre cualquiera de los postulados a ejercer los cargos de jueces de la Corte Disciplinaria Judicial y el Tribunal Disciplinario Judicial (Art. 49).

4. Los candidatos a jueces seleccionados por el Comité de Postulaciones Judiciales deben someterse a los Colegios Electorales Judiciales, a los que corresponde realizar la elección, debiendo dichos Colegios Electorales Judiciales notificar de la elección definitiva a la Asamblea Nacional (art. 49).

133. Todo este procedimiento complejo, sin embargo –y esta es la otra cara de la moneda– fue eliminado completamente, al incorporarse la mencionada Disposición Transitoria Tercera de la Ley conforme a la cual, "hasta tanto se conformen los Colegios Electorales Judiciales para la elección de los jueces de la competencia disciplinaria judicial," *se atribuye a la Asamblea Nacional,* en forma inconstitucional, la atribución de proceder "a designar los jueces y juezas y los respectivos suplentes del Tribunal Disciplinario Judicial y la Corte Disciplinaria Judicial, previa asesoría del Comité de Postulaciones Judiciales." Es decir, todo el detallado y complejo procedimiento previsto en la Ley ha sido letra muerta, y tan inaplicable que publicado el Código de Ética del Juez venezolano en agosto de 2010, ocho meses después, mediante Acto Legislativo de 9 junio de 2011,[167] la Asamblea Nacional designó a los referidos jueces de la Corte Disciplinaria Judicial y Tribunal Disciplinario Judicial, quienes habiéndose juramentado ante la propia Asamblea el 14 de junio de 2011, se constituyeron mediante Acta levantada el 28 de junio de 2011.[168]

134. La Disposición Transitoria Tercera antes mencionada de la Ley del Código de Ética del Juez venezolano, debe considerarse contraria a la Constitución, pues dispone el nombramiento de jueces por un órgano que conforme a la misma no puede tener esa competencia, violándose además el derecho constitucional a la participación ciudadana.[169] El artículo 255 de la Constitución, en efecto, dispone que "El nombramiento y juramento de los jueces o juezas corresponde al Tribunal Supremo de Justicia. La ley garantizará la participación ciudadana en el procedimiento de selección y designación de los jueces o juezas." Ni siquiera en forma transitoria esta disposición constitucio-

---

[167] *Gaceta Oficial* N° 39.693 de 10-06-2011.

[168] Véase el "Acta de Constitución del Tribunal Disciplinario Judicial," de 28-06-2011, en *Gaceta Oficial* N° 39.704 de 29-06-2011

[169] Debe mencionarse incluso que el nombramiento de jueces y suplentes hecho por la Asamblea Nacional es tan "permanente" para la Corte Disciplinaria Judicial y Tribunal Disciplinario judicial, que en el Reglamento orgánico, funcional e interno de la Jurisdicción que dictaron en septiembre de 2011, se regula que "las faltas absolutas, temporales o accidentales de los jueces o juezas principales, serán cubiertas por el juez o jueza suplente, convocado según el *orden de designación de la Asamblea Nacional*" (art. 10) Véase en *Gaceta Oficial* N° 39.750 de 05-09-2011.

nal podría ser ignorada como ha ocurrido con la Ley del Código, razón por la cual los nombramientos de los llamados "jueces" de la Corte Disciplinaria Judicial y Tribunal Disciplinario Judicial por un órgano distinto al Tribunal Supremo de Justicia, es decir por la Asamblea Nacional, son inconstitucionales, como también, por tanto, la auto "constitución" de dichos tribunales.

135. Por otra parte, siendo órganos dependientes de la Asamblea Nacional, que es el órgano político por excelencia del Estado, es difícil imaginar que esos "jueces disciplinarios" nombrados por ella, puedan ser realmente en sus funciones "independientes y autónomos, por lo que su actuación sólo debe estar sujeta a la Constitución de la República y al ordenamiento jurídico," y que además, puedan dar cumplimiento cabal a los "principios de la jurisdicción disciplinaria" a que se refiere el artículo 3 del Código, en el sentido de que deben garantizar "el debido proceso, así como los principios de legalidad, oralidad, publicidad, igualdad, imparcialidad, contradicción, economía procesal, eficacia, celeridad, proporcionalidad, adecuación, concentración, inmediación, idoneidad, excelencia e integridad."

136. La antigua Comisión de Funcionamiento y Reestructuración del Sistema Judicial, aún cuando no era un órgano o tribunal judicial, al menos tenía una adscripción al Tribunal Supremo de Justicia, y sus miembros habían incluso sido designados por la Sala Constitucional. Fue sin duda un instrumento para asegurar el control político sobre los jueces, pero organizado en forma indirecta. En cambio, ahora, con la última reforma legal de 2010, al disponerse que los jueces de las Corte Disciplinaria Judicial y del Tribunal Disciplinaria Judicial sean designados por la Asamblea Nacional, lo que se ha asegurado es un mayor control político directo sobre los jueces en el país. Por otra parte, el Tribunal Supremo de Justicia, con la reforma, ha perdido incluso en contra de lo establecido en la Constitución, el gobierno y administración de una de las Jurisdicciones de rango constitucional, como es la Jurisdicción Disciplinaria Judicial (Art. 267). Puede decirse, por tanto, que nada ha variado desde 1999 en esta materia, de manera que la estabilidad de los jueces, como garantía de su independencia y autonomía, sigue sin tener aplicación en el país.

X. UN ÚLTIMO OBSTÁCULO PARA TODO INTENTO DE GARANTIZAR LA INDEPENDENCIA DE LOS JUECES: LA SUSPENSIÓN JUDICIAL EN 2013 DE LA APLICACIÓN A LOS JUECES TEMPORALES Y PROVISORIOS DE LAS GARANTÍAS DE INGRESO Y REMOCIÓN ESTABLECIDAS EN EL CÓDIGO DE ÉTICA DE LOS JUECES

137. En cuanto se refiere a las normas sustantivas de la Ley del Código de Ética del Juez, a pesar de que en definitiva su aplicación esté en manos de "jueces disciplinarios" sometidos al control político de la Asamblea Nacional, el mismo contiene una serie de normas relativas al nombramiento de los jueces y a su estabilidad, tendientes a ejecutar en algo el espíritu de las normas constitucionales sobre ingreso y estabilidad de los jueces, que en virtud de que la mayoría de los mismos eran temporales y provisionales, se consideró que debían igualmente ser aplicables a los mismos. A tal efecto, el artículo 2 del Código de Ética estableció que:

"Artículo 2. El presente Código se aplicará a todos los jueces y todas las juezas dentro del territorio de la República Bolivariana de Venezuela. Se entenderá por juez o jueza todo aquel ciudadano o ciudadana que haya sido investido o investida conforme a la ley, para actuar en nombre de la República en ejercicio de la jurisdicción de manera permanente, temporal, ocasional, accidental o provisoria."

138. Ahora bien, con ocasión de la impugnación de la Ley del Código de Ética del Juez mediante un recurso de nulidad por inconstitucionalidad interpuesto ante la Sala Constitucional del Tribunal Supremo en 2009, ésta, luego de desechar la solicitud de la recurrente de que suspendieran totalmente los efectos de todas las normas del Código, mediante sentencia N° 516 de 7 de mayo de 2013,[170] procedió a suspender *de oficio* algunas de dichas normas, y en particular, el mencionado artículo 2 del Código, en cuanto a la extensión que hizo de la aplicación de sus previsiones garantistas a los jueces temporales y provisionales.

139. Para fundamentar la decisión, la Sala Constitucional indicó, respecto de dicha norma que fija el ámbito subjetivo del Código, que la misma, a pesar de que:

"sin ninguna consideración adicional guarda consonancia con el orden constitucional; sin embargo, cuando se considera que el Código de Ética del Juez Venezolano y la Jueza Venezolana, además de fijar los referentes éticos con base en los cuales se ha de determinar la idoneidad y excelencia de un juez o una jueza para la función jurisdiccional, estatuye un régimen de inamovilidad propio de la carrera judicial; la extensión de este proceso disciplinario judicial a los jueces temporales, ocasionales, accidentales o provisorios para poder excluirlos de la función jurisdiccional, pese a que formalmente no han ingresado a la carrera judicial, pareciera colidir con el texto Constitucional."[171]

140. Consideró por tanto, la Sala Constitucional del Tribunal Supremo, conforme a su propia doctrina, que los jueces temporales y provisorios son esencialmente de libre nombramiento y remoción, por lo que constató que conforme al artículo 255 de la Constitución, el ingreso a la carrera judicial y el ascenso de los jueces "se debe hacer por concursos de oposición públicos que aseguren la idoneidad y excelencia de los participantes"; y que además, los jueces sólo pueden "ser removidos o suspendidos de sus cargos mediante los procedimientos expresamente previstos en la ley;" agregando que cuando dicha norma constitucional se refiere a que "*los*" jueces sólo podrán ser removidos o suspendidos mediante los procedimientos previstos en la ley," ello sólo:

---

[170] Véase en http://www.tsj.gov.ve/decisiones/scon/Mayo/516-7513-2013-09-1038.html
[171] *Ídem.*

"alude a aquellos jueces que han ingresado a la carrera judicial por haber realizado y ganado el concurso de oposición público, como lo exige el encabezado del artículo; pues es dicho mecanismo el que hace presumir (de forma iuris tantum) la idoneidad y excelencia del juez o jueza; una presunción que es, efectivamente, desvirtuable mediante el proceso disciplinario judicial como parte de la validación constante y permanente de la idoneidad y excelencia; pero que se erige a su vez como una garantía de la inamovilidad propia de la carrera judicial."[172]

141. De ello dedujo la Sala Constitucional que aun cuando efectivamente el Código de Ética del Juez Venezolano "le es efectivamente aplicable a todos los jueces -indistintamente de su condición- como parámetro ético de la función jurisdiccional"; sin embargo, en cuanto al:

"procedimiento para la sanción que dicho Código contempla pareciera, salvo mejor apreciación en la definitiva, *no ser extensible a los Jueces y juezas temporales, ocasionales, accidentales o provisorios*, ya que dicho proceso es una garantía de la inamovilidad ínsita a la carrera judicial; y se obtiene la condición de juez o jueza de carrera si se gana el concurso de oposición público."[173]

142. Y por ello, supuestamente para "no contradecir el contenido normativo del artículo 255 de la Constitución," la Sala procedió a suspender cautelarmente, de oficio, mientras dure el presente juicio de nulidad de dicho Código,

"la referencia que hace el artículo 2 del Código de Ética del Juez Venezolano y la Jueza Venezolana a los jueces y juezas temporales, ocasionales, accidentales o provisorios y que permite la extensión, a esta categoría de jueces y juezas, del procedimiento disciplinario contemplado en los artículos 51 y siguientes del mencionado Código, por no tratarse de jueces o juezas que hayan ingresado a la carrera judicial, correspondiéndole a la Comisión Judicial la competencia para sancionarlos y excluirlos de la función jurisdiccional, visto que se trata de un órgano permanente, colegiado y delegado de la Sala Plena de este Tribunal Supremo de Justicia, al que compete coordinar las políticas, actividades y desempeño de la Dirección Ejecutiva de la Magistratura, la Escuela Nacional de la Magistratura y la Inspectoría General de Tribunal (ex: artículo 73 del Reglamento Interno del Tribunal Supremo de Justicia), así como someter a la consideración de la Sala Plena las políticas de reorganización del Poder Judicial y su normativa (artículo 79 *eiusdem*). Así se declara."[174]

143. Se eliminó así, en cuanto a la remoción de los jueces, cualquier tipo de intento de establecer alguna garantía para asegurar la estabilidad de los

---

172 *Ídem.*

173 *Ídem.*

174 *Ídem.*

jueces temporales y provisionales. Pero también en cuanto al ingreso a la judicatura, respecto de jueces temporales o provisionales, la misma Sala Constitucional, en la sentencia, dispuso que en virtud de que el único aparte del artículo 16 del Código de Ética del Juez contempla que "*Antes de proceder a la designación o ingreso de cualquier funcionario o funcionaria se consultará en el Registro de Información Disciplinaria Judicial*" y "que cualquier ingreso o designación realizada al margen de dicha norma será nula"; considerando, "que es competencia de la Comisión Judicial, como órgano delegado de la Sala Plena del Tribunal Supremo de Justicia, la designación de los jueces y las juezas temporales, ocasionales, accidentales o provisorios; y tomando en cuenta que, al no desarrollar los términos en que se ha de verificar la consulta del Registro de Información Disciplinaria ni la naturaleza pública o privada de dicho Registro," entonces en virtud de que la norma de dicho artículo 16 "restringe la aludida competencia de la Comisión Judicial," la Sala Constitucional procedió también a suspender cautelarmente, hasta tanto se dicte sentencia en el presente juicio, "el único aparte del artículo 16 del Código de Ética del Juez Venezolano y la Jueza Venezolana. Así se decide." Con ello, quedaron incólumes los poderes de la Comisión Judicial del Tribunal Supremo para designar sin restricción de cualquier clase, a los jueces temporales y provisorios, sin garantía alguna de idoneidad, y por supuesto, sin concurso y consecuente estabilidad y garantía de autonomía e independencia en ejercicio de la función jurisdiccional.

XI. LOS JUECES TEMPORALES Y PROVISORIOS Y LA VIOLACIÓN DEL DERECHO A SER JUZGADO POR JUECES IMPARCIALES E INDEPENDIENTES GARANTIZADO EN EL ARTÍCULO 8 DE LA CONVENCIÓN AMERICANA SOBRE DERECHOS HUMANOS

144. Teniendo en cuenta todo lo antes analizado, en el caso *Allan Brewer Carías,* se observa entre los argumentos expresados por sus representantes en el *Escrito de Solicitudes, Argumentos y Pruebas* de 7 de julio de 2012, que los jueces y fiscales que han participado en el proceso judicial en su contra en Venezuela han sido todos jueces y fiscales **provisorios,**[175] es decir, en los términos de la Sala Constitucional venezolana, según lo aseveró en sentencia del 20 de diciembre de 2007, caso *Yolanda Vivas,* jueces que:

> "Carecen de estabilidad en el cargo, por lo que cualquier decisión en sentido contrario implica infringir el expreso mandato constitucional (artículo 255 de la Carta Magna), concediéndole a las designaciones sin concurso los mismos efectos que tienen aquellos derivados de la aprobación de severos exámenes para determinar la idoneidad de quienes administrarán justicia […].

---

[175] Véase el *Escrito de* Solicitudes*, Argumentos y Pruebas*, 7 de julio de 2012, párr. 129 ss.; 234 a 297; 304 a 318.

Lo que sí resulta indudable es que no tenía la condición de la jueza de carrera, y por tanto, no estaba amparada por estabilidad en el cargo."

145. Añadió la Sala Constitucional en dicha sentencia, con relación a los jueces provisorios, que:

"La Comisión Judicial ejerce, por delegación de la Sala Plena, la competencia para designar jueces provisorios y para dejar sin efectos su designación.

Se trata de una facultad eminentemente discrecional, que responde a la necesidad de garantizar la continuidad del servicio de la administración de justicia y la garantía ciudadana de acceso a la justicia [...]

Los jueces y juezas provisorios designados discrecionalmente forman parte del Sistema Judicial, pero no a través del concurso de oposición, única vía constitucional prevista para ingresar a la carrera judicial. Por ello, no gozan de los beneficios que la carrera judicial confiere, entre ellos, la estabilidad en el ejercicio de sus funciones [...]

Los actos por los cuales se deja sin efecto el nombramiento de los jueces provisorios designados por la Comisión Judicial no son actos disciplinarios, sino actos en ejercicio de su potestad discrecional.

Una decisión de esta índole no trata sobre la aplicación de una sanción originada por una falta, sino que se trata de un acto fundado en motivos de oportunidad."

146. Se observa, pues, que los jueces provisorios no son más que funcionarios de libre nombramiento y remoción. Como lo ha aseverado el profesor Rafael Chavero G.:

"...Con este modelo de justicia provisoria se han destituido centenares de jueces sin justificación legal, muchas veces por motivos personales y otras por razones de naturaleza política y hasta económica. Y es precisamente lo que ha evitado la consolidación de las normas constitucionales que regulan la forma de ingresar y salir del Poder Judicial, pues lógicamente los factores políticos prefieren mantener un sistema donde puedan manejarse con abierta discrecionalidad y hasta arbitrariedad."[176]

147. Esta honorable Corte IDH se ha pronunciado acerca de este sistema de justicia provisorio venezolano en casos anteriores, en los que en ejercicio de esta potestad discrecional se han destituido jueces por distintas razones. Así, en el caso de *Reverón Trujillo vs. Venezuela*, la Corte *"concluye que en Venezuela, desde agosto de 1999 hasta la actualidad, los jueces provisorios*

---

[176] Véase Rafael Chavero G., *La Justicia Revolucionaria, Una década de Reestructuración (o Involución) Judicial en Venezuela*, Editorial Aequitas, Caracas 2011, p. 112.

no tienen estabilidad en el cargo, son nombrados discrecionalmente y pueden ser removidos sin sujeción a ningún procedimiento preestablecido"[177]. Dicha decisión, se observa, se refiere a la situación entre 1999 y 2009, período que abarca el del proceso penal contra Brewer-Carías, que se inició en 2005.

148. La Corte, además, en su sentencia al caso *Chocrón Chocrón vs. Venezuela*, precisó que:

> Esta Corte ha manifestado que la provisionalidad "debe estar sujeta a una condición resolutoria, tal como el cumplimiento de un plazo predeterminado o la celebración y conclusión de un concurso público de oposición y antecedentes que nombre al reemplazante del juez provisorio con carácter permanente". De esta manera, la garantía de la inamovilidad se traduce, en el ámbito de los jueces provisorios, en la exigencia de que ellos puedan disfrutar de todos los beneficios propios de la permanencia hasta tanto acaezca la condición resolutoria que ponga fin legal a su mandato.

> Además, en el caso Reverón Trujillo la Corte señaló que la inamovilidad de los jueces provisorios está estrechamente ligada a la garantía contra presiones externas, toda vez que si los jueces provisorios no tienen la seguridad de permanencia durante un período determinado, serán vulnerables a presiones de diferentes sectores, principalmente de quienes tienen la facultad de decidir sobre destituciones o ascensos en el Poder Judicial.

> Ahora bien, dado que no se puede igualar un concurso público de oposición a una revisión de credenciales ni se puede aseverar que la estabilidad que acompaña a un cargo permanente es igual a la que acompaña a un cargo provisorio que tiene condición resolutoria, esta Corte ha sostenido que los nombramientos provisionales deben constituir una situación de excepción y no la regla, ya que la extensión en el tiempo de la provisionalidad de los jueces o el hecho de que la mayoría de los jueces se encuentren en dicha situación, generan importantes obstáculos para la independencia judicial . De otra parte, el Tribunal ha precisado que para que el Poder Judicial cumpla con la función de garantizar la mayor idoneidad de sus integrantes, los nombramientos en provisionalidad no pueden prolongarse de manera indefinida, de tal forma que se conviertan en nombramientos permanentes. Ello es una nueva razón que explica que la provisionalidad sea admisible como excepción y no como regla general y que deba tener una duración limitada en el tiempo, en orden a ser compatible con el derecho de acceso a las funciones públicas en condiciones de igualdad.[178]

---

[177] Véase Corte IDH. Caso *Reverón Trujillo Vs. Venezuela*. Excepción Preliminar, Fondo, Reparaciones y Costas. Sentencia de 30 de junio de 2009. Serie C N° 197, Párr. 106, en http://www.corteidh.or.cr/docs/casos/articulos/seriec_197_esp.pdf

[178] Véase Corte IDH. Caso *Chocrón Chocrón Vs. Venezuela*. Excepción Preliminar, Fondo, Reparaciones y Costas. Sentencia de 1 de julio de 2011. Serie C N° 227, párr. 105-107, en http://corteidh.or.cr/docs/casos/articulos/seriec_227_esp.pdf

149. El corolario del análisis antedicho es claro: los jueces provisorios en Venezuela, por ser de libre nombramiento y remoción, carecen de inamovilidad y son propensos a ser víctimas de presiones externas, razón por la cual se puede concluir que no son independientes, tal como lo confiesa el ahora expresidente de la Sala de Casación Penal del Tribunal Supremo de Justicia, Eladio Aponte Aponte, en la entrevista de 2012, antes reseñada.

150. Partiendo de ello y teniendo en cuenta el contenido del artículo 8 de la Convención Americana sobre Derechos Humanos, que determina el derecho de toda persona **a ser juzgado por un juez independiente e imparcial**, se debe concluir entonces que el juzgamiento de una persona por un juez provisorio en Venezuela, especialmente en un caso sensible políticamente como el presente, constituye una violación al mencionado artículo de la Convención.

151. Identificado que en Venezuela, el proceso llevado a cabo por un juez provisorio y un fiscal provisorio ("interino") es violatorio del artículo 8 de la Convención Americana sobre Derechos Humanos, se debe proceder a identificar cual es la consecuencia jurídica para casos de esta naturaleza. En los demás casos ventilados ante la Corte IDH en los cuales se ha cuestionado la independencia e imparcialidad de los jueces en Venezuela, como se ha dicho, la víctima ha sido un juez arbitrariamente destituido por el Estado Venezolano. Así se demuestra de los casos *Apitz y otros vs. Venezuela, Reverón Trujillo vs. Venezuela* y *Chocrón Chocrón vs. Venezuela*. En dichos casos, la reparación procedente, evidentemente, era la orden de restitución de dichos jueces a sus cargos, restableciendo así la situación jurídica infringida en su perjuicio. Se buscaba, así, revertir la arbitraria destitución precisamente causada ante su falta de inamovilidad por la influencia de presiones externas. No obstante, el presente caso resulta paradigmático en cuanto al juzgamiento de una persona humana por un juez carente de imparcialidad e independencia, lo cual evidentemente trae consigo la violación al artículo 8 de la Convención Americana, pero también, por razones lógicas, implica que no proceden las reparaciones realizadas en los otros casos antes aludidos en los que se trata la independencia e imparcialidad de la Judicatura.

152. Por ello, procede estudiar los distintos casos para identificar la posible consecuencia jurídica que debe fijar la Corte IDH en caso de determinar la violación a la garantía de ser juzgado por un juez independiente e imparcial.

153. Así, en su Opinión Consultiva N° 16, la Corte IDH determinó que las violaciones al derecho al debido proceso legal reconocido en la Convención Americana generan la responsabilidad del Estado y en consecuencia, la obligación del estado de reparar el daño causado. En este sentido, en dicha Opinión Consultiva, sobre el debido proceso y la garantía de la asistencia consular en procesos penales donde se pretende aplicar la pena de muerte, la Corte IDH expresó lo siguiente:

Que la inobservancia del derecho a la información del detenido extranjero, reconocido en el artículo 36.1.b) de la Convención de Viena sobre Relaciones Consulares, afecta las garantías del debido proceso legal y, en estas circunstancias, la imposición de la pena de muerte constituye una violación del derecho a no ser privado de la vida "arbitrariamente", en los términos de las disposiciones relevantes de los tratados de derechos humanos (*v.g.* Convención Americana sobre Derechos Humanos, artículo 4; Pacto Internacional de Derechos Civiles y Políticos, artículo 6), con las consecuencias jurídicas inherentes a una violación de esta naturaleza, es decir, las atinentes a la responsabilidad internacional del Estado y al deber de reparación.[179]

154. A tales efectos, se puede observar que la jurisprudencia de esta Corte IDH ha determinado que ante violaciones al artículo 8 de la Convención Americana sobre Derechos Humanos de naturaleza semejante, la consecuencia jurídica dispuesta por el tribunal ha sido **la *cesación de efectos* de los actos procesales inconvencionales**. Por ejemplo, en el caso de *Herrera Ulloa vs. Costa Rica*, se determinó la violación al artículo 8 de la Convención por la falta de existencia de un recurso eficaz para impugnar la sentencia penal dictada en su contra, y por ser dicha sentencia contraria al artículo 13 de la Convención, ordenándose al Estado *"dejar sin efecto, en todos sus extremos, la sentencia emitida el 12 de noviembre de 1999 por el Tribunal Penal del Primer Circuito Judicial de San José."*[180] En el mismo sentido, en el caso *Usón Ramírez vs. Venezuela*, ante el juzgamiento por un tribunal incompetente en perjuicio de Francisco Usón Ramírez, la Corte dispuso *"dejar sin efecto, en el plazo de un año, el proceso penal militar instruido en contra del señor Francisco Usón Ramírez por los hechos materia de la presente Sentencia."*[181]

155. El caso de *Usón Ramírez* es un caso nuclear para el estudio de la consecuencia jurídica a aplicar en este caso. En dicho caso, el General Usón Ramírez fue juzgado por un tribunal militar para conocer de su causa, a lo largo de todo el proceso. Si bien el vicio de dicho caso fue la incompetencia, por analogía es perfectamente extendible al caso de *Allan Brewer Carías,* pues la falta de independencia de un juez o un fiscal constituyen, al igual que la falta de competencia, vicios a la garantía del juez natural, consagrada en el artículo 8 de la Convención, generando la contrariedad a la Convención desde el inicio del proceso llevado a cabo en contra del imputado.

156. Se debe reiterar, tal como lo ha hecho el Comité de Derechos Humanos de la ONU, que la competencia, imparcialidad e independencia de un juez

---

[179]   Corte IDH. *El Derecho a la Información sobre la Asistencia Consular en el Marco de las Garantías del Debido Proceso Legal.* Opinión Consultiva OC-16/99 del 1 de octubre de 1999. Serie A N° 16, dispositivo 7, en http://www.corteidh.or.cr/docs/opiniones/seriea_16_esp.pdf .

[180]   Corte IDH Caso *Herrera Ulloa vs. Costa Rica,* Excepción Preliminar, Fondo, Reparaciones y Costas. Sentencia de 2 de julio de 2004. Serie C N° 107, párr. 188.g.1; 195; 207.4. Véase en: http://www.corteidh.or.cr/docs/casos/articulos/se-riec_107_esp.pdf

[181]   Corte IDH Caso *Usón Ramírez vs. Venezuela.* Excepción Preliminar, Fondo, Reparaciones y Costas. Sentencia de 20 de noviembre de 2009. Serie C N° 207, párr. 168 y 199.7. Véase en http://www.corteidh.or.cr/docs/casos/articulos/seriec_207_esp.pdf

son los elementos constitutivos de la garantía del juez natural, prevista en el artículo 14 del Pacto Internacional de Derechos Civiles y Políticos[182], equivalente al artículo 8 de la Convención Americana sobre Derechos Humanos. Como consecuencia de ello, debe llegarse a la conclusión de que la consecuencia jurídica propia para garantizar la restitución integral prevista en el artículo 63.1 de la Convención Americana sobre Derechos Humanos ante violaciones a la garantía de un juez natural (competente, independiente e imparcial) es **la cesación de efectos de todos los actos procesales llevados a cabo por el funcionario carente de competencia, independencia o imparcialidad.**

157. Esta conclusión fue expresamente recordada por el ex magistrado de la Corte IDH, Sergio García Ramírez, quien en un voto concurrente a una Opinión Consultiva emitida por esta Corte, *"la violación de aquél trae consigo las consecuencias que necesariamente produce una conducta ilícita de esas características: **nulidad y responsabilidad**"* (Destacados y subrayados nuestros).[183]

158. Por lo tanto, de demostrarse como se evidencia de lo expuesto, la violación al artículo 8 de la Convención Americana sobre Derechos Humanos, por ser *Allan Brewer Carías,* una persona víctima de un juicio cuyo juez y cuyo fiscal instructor carecen de independencia e imparcialidad, la consecuencia jurídica aplicable debe ser la **nulidad** de todas las actuaciones realizadas por dicho juez, cesando así los efectos del proceso iniciado en su contra.

159. Como corolario de los razonamientos anteriores, procede concluir que, en Venezuela, los **juicios llevados a cabo por jueces *provisorios* no garantizan el derecho a ser juzgado por jueces independientes e imparciales**, contraviniendo los estándares internacionales que regulan la materia, interpretados a la luz del artículo 8 de la Convención Americana sobre Derechos Humanos, en virtud de que estos jueces carecen legalmente de la estabilidad y son particularmente susceptibles a presiones externas.

160. Como consecuencia de ello, procede **la nulidad de todas las actuaciones realizadas por el juez o fiscal falto de independencia o imparcialidad**, generando el cese de validez y efectos de dichas actuaciones, precisamente por la violación a la garantía del juez natural que acarrearía.

161. Quedo a la disposición de ustedes, para cualquier solicitud de información o aclaratoria posterior, dejando así expuesta las razones que me llevan a intervenir como *Amicus Curiae* ante esta Corte Interamericana de Derechos Humanos.

En Caracas, a los 28 días del mes de agosto de 2013.

Víctor Rafael Hernández Mendible

---

[182] Comité de Derechos Humanos, *Observación General* N° 32, párrs. 19 y 21.

[183] Véase Corte IDH. *El Derecho a la Información sobre la Asistencia Consular en el Marco de las Garantías del Debido Proceso Legal.* Opinión Consultiva OC-16/99 del 1 de octubre de 1999. Serie A N° 16, en http://www.corteidh.or.cr/docs/opiniones/seriea_16_esp.pdf

DÉCIMA PARTE:

AMICUS CURIAE PRESENTADO POR EL PROFESOR LUIS ENRIQUE CHASE PLATE CON FECHA 2 DE SEPTIEMBRE DE 2013

Señores Presidente y demás Jueces de la
Corte Interamericana de Derechos Humanos
<u>Presente</u>
Ref.: Caso 12.724. *Amicus Curiae*
Caso: *Allan Brewer Carías vs. Venezuela*

Quien suscribe LUIS ENRIQUE CHASE PLATE, paraguayo, domiciliado en Asunción, Paraguay, Abogado, Doctor en Ciencias Jurídicas, Académico de Número de la Academia Paraguaya de Derecho y Ciencias Sociales, Profesor Titular de Derecho Administrativo y de Derecho Constitucional de la Universidad Nacional de Asunción (UNA), Miembro fundador y ex Presidente del Instituto de Investigaciones Jurídicas de la UNA, Miembro fundador y Miembro de la Comisión Directiva del Foro Iberoamericano de Derecho Administrativo, Miembro de la Asociación Internacional de Derecho Administrativo, ex Miembro de la Comisión Nacional de Codificación del Paraguay, profesor del Posgrado de Derecho Público de la UNA, como persona que soy ajena al litigio y al proceso en el caso *Allan Brewer Carías vs. Venezuela*, que cursa ante esta honorable Corte Interamericana de Derechos Humanos (en adelante Corte IDH; Corte Interamericana), actuando de conformidad con lo previsto en los artículos 2.3, 28. y 44 del Reglamento de la Corte Interamericana, a continuación presento el siguiente escrito de *amicus curiae* con el objeto de formular ante esta honorable Corte, algunas consideraciones jurídicas sobre la materia del proceso, en particular, sobre el principio democrático de la separación de poderes que está a la base de todo el Sistema Interamericano de Derechos Humanos, y su secuela fundamental que es el principio de la independencia y autonomía del Poder Judicial, y sobre cómo dichos principios y el derecho de toda persona a ser juzgado por jueces imparciales e independientes que está garantizado en el artículo 8 de la Convención Americana sobre Derechos Humanos, ha sido violado por el Estado venezolano, en este caso, además, en perjuicio del eminente profesor Allan R. Brewer Carías, en el proceso penal seguido en Venezuela en su contra, y que entre otras denuncias, ha originado el presente caso que cursa ante esta honorable Corte.

INTRODUCCIÓN

1. Como lo han expuesto los representantes del Profesor Brewer Carías en el Escrito de Argumentaciones, Solicitudes y Pruebas sometido al conocimiento, juicio y decisión de esta honorable Corte IDH el 7 de julio de 2012, Brewer Carías es:

"una persona de la más alta jerarquía intelectual y de irreprochable trayectoria democrática, que ha sido perseguida a través de la utilización abyecta de un sistema de justicia penal carente de toda independencia respecto de los requerimientos del poder ejecutivo. Esa persecución se ha traducido en su enjuiciamiento al margen del más elemental respeto al debido proceso, en la orden de su privación de libertad y de aprehensión, y en un forzado exilio en el que vive desde hace más de seis años. En su persona, se ha pretendido castigar y escarmentar la disidencia contra el régimen político venezolano." (Párr. 28).

2. Agregaron dichos Representantes, además, que:

"29. La situación de persecución y de violaciones de derechos humanos en contra del profesor Brewer Carías no es un hecho aislado. Es sólo una muestra de un caso que es objeto de un patrón de conducta dirigido en contra de quienes levantan su voz para criticar el actual régimen político venezolano, incluyendo los defensores de derechos humanos en ese país. Un elemento fundamental de ese patrón es la utilización del sistema penal con el objeto de amedrentar y silenciar a quienes critican al gobierno actual de Venezuela."

"30. El desmantelamiento de la autonomía e independencia del Poder Judicial en su conjunto, y en particular, al aseguramiento del control político por parte del Ejecutivo Nacional del Tribunal Supremo y de su Sala Constitucional, los cuales han sido puestos al servicio del autoritarismo afectando su rol de garantes de la Constitución y de los derechos humanos, ha conducido por supuesto al propio desmantelamiento del principio de la separación de poderes, y con ello, de la propia democracia, precisamente mediante un proceso paralelo de concentración del poder."

3. En mi condición de catedrático de Derecho Administrativos y de Derecho Constitucional, y por tanto, como conocedor de la trayectoria y ejecutorias del eminente y consagrado profesor Brewer Carías, que para ese momento constituían cuarenta y cinco años de vida académica; hace ya seis años, el 13 de noviembre de 2006, cuando apenas comenzaba el proceso penal iniciado en su contra en Venezuela, unos miembros del Foro Iberoamericano de Derecho Administrativo a la cual se adhirieron otros profesores, firmaron una comunicación de apoyo dirigida al Presidente y demás miembros de la Comisión Interamericana de Derechos Humanos, titulada: *Un atentado al derecho público iberoamericano*," en la cual se expuso lo siguiente:

"Los abajo firmantes, catedráticos y profesores de derecho público de diferentes universidades iberoamericanas, en su mayoría integrantes del Foro Iberoamericano de Derecho Administrativo, queremos que esta comunicación se adjunte a la denuncia del profesor doctor Allan Brewer Carías por persecución política y violación de las garantías judiciales a la defensa, al debido proceso y a la presunción de inocencia.

Conocemos al profesor Brewer, y su obra académica, desde hace bastantes años porque es uno de los catedráticos más conocidos y valorado del Derecho Administrativo Iberoamericano. Pertenece al Foro Iberoamericano de Derecho Administrativo, es tratadista indiscutible de Derecho Público y maestro de juristas de todo el mundo.

Cuando meses atrás llegó a nuestros oídos la noticia de su imputación en el delito de conspiración para alterar violentamente el orden constitucional pensamos que en ello había una equivocación. Primero, porque el doctor Brewer se ha caracterizado siempre por un respeto escrupuloso a los postulados del Estado de Derecho y, segundo, porque estamos convencidos de que, cómo él arguye, no cabe más intervención del profesor que la de haber actuado siempre a favor de la Ley y del Derecho.

Sembrar la duda sobre la honorabilidad de un jurista de la talla de Allan Brewer es algo que rechazamos y que contraría los fundamentos de un sistema avanzado de libertades. Brewer participó como constituyente en el último proceso constitucional de su país, escribe y conferencia exponiendo sus puntos de vista equilibrados y juiciosamente, lo que hace más incomprensible la situación que está atravesando cuándo es invitado a pronunciar conferencias fuera de su país.

Como miembros del Foro Iberoamericano de Derecho Administrativo consideramos como propio el atentado jurídico contra Brewer que si no se rectifica puede abrir una grieta profunda en los cimientos de un sistema político en el que debería ser más nítida la separación de los poderes.

Una vez que le comunicaron la imputación, el profesor Brewer confirmó que se le había requerido como abogado y especialista en derecho constitucional una opinión jurídica, la cual fue contraria al decreto que se pretendía aprobar durante la crisis política derivada de la renuncia del Presidente de la República en abril de 2002. Es decir, aconsejó que esa no era la vía que precisaba el país y, por ello, sus adversarios políticos, que quizás no le perdonan sus múltiples y reconocidos méritos, se ensañan contra él poniendo en marcha un proceso penal en el que las pruebas más sólidas parecen ser informaciones de periódicos.

El caso del profesor Brewer es particularmente significativo por la violación del Estado de Derecho perpetrada a través de la presencia objetiva de situaciones tales como lesiones y limitaciones esenciales al derecho de defensa concretadas en la negativa a ver supuestas pruebas audiovisuales y su trascripción, en la negativa a las pruebas testimoniales promovidas, en la violación a las garantías constitucionales del juez imparcial y a la presunción de inocencia. Tales circunstancias se hacen aún más patentes al reflexionar sobre el escenario histórico en el que se produjeron los hechos relacionados con la imputación, signado por una realidad incuestionable, cual es la presencia pública y expresa del mas alto jerarca militar del momento anunciando al país que el alto mando militar había pedido la renuncia del Presidente de la Republica y que éste la había aceptado.

Ante el camino que está tomando el proceso contra él sustanciado en la República de Venezuela, convertido en una persecución de carácter político, sobre la base de opiniones periodísticas, con irrespeto a las garantías de una justicia imparcial, es un gran honor para todos nosotros poner en conocimiento de la Comisión Interamericana de Derecho Humanos el siguiente escrito que, a su vez, contiene un manifiesto de solidaridad con el profesor Brewer Carías hecho público a la opinión pública jurídica iberoamericana meses atrás."[1]

---

[1] Texto firmado por: Jaime Rodríguez-Arana, Catedrático de Derecho Administrativo de la Universidad de La Coruña (España) y Presidente del Foro Iberoamericano de Derecho Administrativo; Mariano Brito, Rector de la Universidad de Montevideo y Catedrático de Derecho Administrativo de dicha Universidad; Consuelo Sarria, Vicepresidente del Foro Iberoamericano de Derecho Administrativo y Catedrática de Derecho Administrativo de la Universidad del Externado de Colombia; Jorge Danós, Vicepresidente del Foro Iberoamericano de Derecho Administrativo y Catedrático de Derecho Administrativo de la Universidad Católica de Perú; José Luis Meilán, Catedrático emérito de Derecho Administrativo de La Coruña y miembro del consejo científico del Instituto Internacional de Ciencias Administrativas; Iñigo del Guayo, Catedrático de Derecho Administrativo y director del Departamento de Derecho Público de la Universidad de Almería; Juan Raposo, Titular de Derecho Civil de la Universidad de La Coruña; Javier Robalino, Catedrático de Derecho Administrativo en la Universidad de San Francisco de Quito; Joffre Campaña, Catedrático de Derecho Administrativo en la Universidad Espíritu Santo de Guayaquil; Almudena Fernández Carballal, Titular de Derecho Administrativo de la Universidad de la Coruña; Juan Pablo Cajarville, Catedrático de Derecho Administrativo de la Universidad de la República del Uruguay; Juan Carlos Cassagne Catedrático de Derecho Administrativo de la Universidad de Buenos Aires y de la Universidad Católica Argentina; Miriam Ivanega, Catedrática de Derecho Administrativo y secretaria ejecutiva del Master de Derecho Administrativo de la Universidad Austral; José Mario Serrate, Catedrático de Derecho Administrativo de la Universidad de Santa Cruz de la Sierra; Carlos Delpiazzo, secretario ejecutivo del Foro Iberoamericano de Derecho Administrativo, catedrático de Derecho Administrativo de las universidades uruguayas de Montevideo y de la República y director del departamento de Derecho Informático de la Universidad de Montevideo; Enrique Rojas Franco, Catedrático de Derecho Administrativo de la Universidad de San José de Costa Rica y Director Ejecutivo del Instituto González Pérez de Derecho Administrativo y de la Asociación Iberoamericana de Derecho Administrativo; Fausto de Cuadros, Catedrático de Derecho Administrativo de la Universidad de Lisboa y Profesor Asociado del Instituto de Derechos Humanos René Cassin de Estrasburgo; Luciano Parejo Alfonso, Rector de la Universidad Internacional Menéndez Pelayo y Catedrático de Derecho Administrativo de la Universidad Carlos III de Madrid; Hugo Calderón, Catedrático de Derecho Administrativo de la Universidad Central de Guatemala; Rogelio Leal, Catedrático de la Universidad de Santa Cruz do Sul de Brasil; José Luís Martínez López-Muñiz, Catedrático de Derecho Administrativo de la Universidad de Valladolid. A dicha pe-

4. Ahora, seis años después, en mi condición de catedrático de Derecho Público en Paraguay, con el grado mas alto, y el mas antiguo profesor titular de Derecho Administrativo y de Derecho Constitucional de la Universidad Nacional de Asunción, fundada en 1889, en apoyo de la demanda formulada por los representantes del profesor Brewer Carías ante esta Corte IDH para asegurar la protección de sus derechos y garantías que considera le han sido violados en el proceso penal que se le sigue en Venezuela; en abono y fundamentación de lo ya expresado públicamente, he tomado la decisión de presentar ante esta honorable Corte IDH el siguiente *amicus curiae* en el cual, como antes he expresado, concentrare mis consideraciones jurídicas en analizar los temas de la situación y efectividad del principio de la separación de poderes en Venezuela, y cómo ello ha afectado la independencia y autonomía del Poder Judicial, para confirmar, en esa situación, cómo el derecho del profesor Allan Brewer-Carías a ser juzgado por jueces imparciales e independientes que garantiza en el artículo 8 de la Convención Americana sobre Derechos Humanos, le ha sido vulnerado.

I. SOBRE EL PRINCIPIO DE LA SEPARACIÓN DE PODERES COMO ELEMENTO ESENCIAL DE LA DEMOCRACIA, SU CONSAGRACIÓN EN VENEZUELA Y SU PROGRESIVA DISTORSIÓN

5. El principio de la separación de poderes se expresó por primera vez a nivel constitucional en el mundo iberoamericano, incluso antes que en la Constitución de Cádiz de 1812, precisamente en las antiguas provincias de Venezuela, al declarar su independencia de España, en el texto de la "Consti-

---

tición se adhirieron los siguientes profesores: Jaime Orlando Santofimio Gamboa, Profesor Derecho Administrativo, Universidad Externado de Colombia; Alejandro Pérez Hualde, Profesor de la Universidad de Mendoza, Argentina; Daniel Sabsay, Profesor titular de Derecho Constitucional de la Universidad de Buenos Aires y Director Ejecutivo de la Fundación Ambiente y Recursos Naturales; Karlos Navarro, catedrático de la Universidad Nacional de Nicaragua; Miguel Ángel Sendín, profesor de Derecho Administrativo de la Universidad Cervantes de Valladolid; Freddy J. Orlando, profesor de Derecho Administrativo de la Universidad Central de Venezuela, de la Universidad Andrés Bello y Coordinador de la Especialidad en Derecho Tributario del Centro de Estudios de Postgrado de la Facultad de Ciencias Jurídicas y Políticas de la Universidad Central de Venezuela; Ernesto Schaeffer, Catedrático de Derecho Procesal Administrativo de la Universidad Panameña del Istmo; Víctor Rafael Hernández-Mendible, Profesor de Derecho Administrativo en la Universidad Católica Andrés Bello y en la Universidad Central de Venezuela; Jaime Vidal Perdomo, Profesor de Derecho Constitucional y de Derecho Administrativo en la Universidad del Rosario de Bogotá; Maria Amparo Grau, Profesora de las Universidades Católica Andrés Bello y Central de Venezuela; Libardo Rodríguez Rodríguez, ExConsejero de Estado de Colombia y Profesor de Derecho Administrativo; Pablo E. Perrino, Profesor de la Universidad Nacional de la Plata, Argentina; José- Luís Benavides, profesor de Derecho Administrativo de la Universidad Externado de Colombia.

tución Federal de los Estados de Venezuela" del 21 de diciembre de 1811,[2] cuyo bicentenario acaba de celebrarse, en cuyo "Preliminar" se expresó que:

> "El ejercicio de esta autoridad confiada a la Confederación no podrá jamás hallarse reunido en sus diversas funciones. El Poder Supremo debe estar dividido en Legislativo, Ejecutivo y Judicial, y confiado a distintos Cuerpos independientes entre sí y en sus respectivas facultades."

6. Además, en el artículo 189 de dicha Constitución de 1811 también se insistió en el mismo principio, al disponer que:

> "Los tres Departamentos esenciales del Gobierno, a saber: el Legislativo, el Ejecutivo y el Judicial, es preciso que se conserven tan separados e independientes el uno del otro cuanto lo exija la naturaleza de un gobierno libre, lo que es conveniente con la cadena de conexión que liga toda fábrica de la Constitución en un modo indisoluble de Amistad y Unión."

7. La fuente directa de inspiración de este principio, sin duda fueron las reflexiones de Montesquieu sobre la Constitución inglesa, muy difundidas en la época, cuando afirmó que "Es una experiencia eterna que todo hombre que tiene poder, tiende a abusar de él; y lo hace, hasta que encuentra límites," de lo que derivó su conocida afirmación de que "para que no se pueda abusar del poder es necesario que por la disposición de las cosas, el poder limite al poder."[3] Desde la adopción de principio, primero, en las revoluciones Norteamericana y Francesa del siglo XVIII y luego, a partir de dicha Constitución de Venezuela de 1811 en la revolución Hispanoamericana, el principio de la separación de poderes se convirtió en uno de los pilares fundamentales del constitucionalismo moderno, de la democracia, y de la libertad, al establecer reglas para asegurar la organización formal del Estado de manera que pueda ser posible el control del poder.

8. Su desarrollo progresivo en los dos siglos que han transcurrido desde aquellas formulaciones iniciales, incluso llevó a la superación de la clásica división tripartita del Poder Público, de manera que, también precisamente en Venezuela, en la Constitución de 1999 se adoptó un novedoso sistema de separación orgánica de los poderes del Estado distribuyéndolos en cinco Poderes Públicos, al agregar a los tres tradicionales del constitucionalismo moderno (Legislativo, Ejecutivo y Judicial), dos nuevos, el Poder Ciudadano que comprende los órganos con autonomía funcional que por lo demás existen en forma variada en casi todos los países del Continente americano (como son el Ministerio Público, el Defensor del Pueblo o de los Derechos Humanos, y el órgano de control fiscal o Contraloría General) y el Poder Electoral que com-

---

[2] Véase el texto en *La Constitución Federal de Venezuela de 1811 y documentos afines,* Biblioteca de la Academia Nacional de la Historia, Caracas 1959.

[3] *De l'Espirit des Lois*, Libro XI, Cáp. IV.

prende los órganos encargados de llevar adelante los procesos electorales (Consejo Nacional Electoral). Estos cinco conjuntos orgánicos, en el texto de la Constitución venezolana se consagran como separados, con autonomía e independencia entre sí, teniendo cada uno de ellos sus competencias constitucionales y legales específicas.

9. La esencia del principio de la separación de poderes, en todo caso, además de su carácter instrumental en la organización del Estado, es que en el mundo contemporáneo y con el desarrollo de la democracia, se ha configurado como el pilar fundamental para la configuración de la misma, propio del Estado constitucional de derecho, garante de los derechos y libertades, que siempre tiene que estar montado como lo indicó la Sala Constitucional del Tribunal Supremo de Justicia de Venezuela, sobre la idea del "control del poder entre sus órganos, para asegurar la sujeción del obrar público a reglas y principios del derecho" y "hacer efectiva la sujeción de los órganos del Poder Público al bloque de la constitucionalidad."[4] Precisamente por ello, en el mundo contemporáneo, además de servir de instrumento para organizar el Estado, el principio de la separación de poderes se concibe como uno de los elementos esenciales de la democracia, pues ésta no es sólo un sistema de elección de gobernantes, sino un sistema político que tiene que garantizar, ciertamente que los representantes sean elegidos por el pueblo; pero además, que el ciudadano tenga efectiva participación política no limitada a la sola elección periódica; que el ser humano tenga primacía, y con él, su dignidad, sus derechos y sus libertades; que el ejercicio del poder esté sometido a control efectivo, de manera que los gobernantes sean controlados, rindan cuenta de su gestión y pueda exigírseles responsabilidad; y además que el Estado se organice efectivamente con órganos efectivamente separados, autónomos e independientes particularmente del poder judicial.[5]

10. Precisamente en esta orientación, la muy importante *Carta Democrática Interamericana* adoptada por la Organización de Estados Americanos en 2001, en cuya redacción e interpretación he participado como Embajador Representante de mi país ante la OEA, enumeró con precisión los *elementos esenciales* de la democracia, incluyendo entre ellos: primero, el respeto a los derechos humanos y las libertades fundamentales; segundo, el acceso al poder y su ejercicio con sujeción al Estado de derecho; tercero, la celebración de

---

4   Véase sentencia N° 2208 de 28 de noviembre de 2007, dictada por la Sala Constitucional del Tribunal Supremo de Justicia de Venezuela, caso *Antonio José Varela y Elaine Antonieta Calatrava Armas vs. Proyecto de Reforma de la Constitución de la República Bolivariana de Venezuela*, en *Revista de Derecho Público*, N° 112, Editorial Jurídica Venezolana, Caracas 2007, pp. 601-606.

5   Véase entre otros, en general, los trabajos publicados en Peter Häberle y Diego García Belaúnde (Coordinadores), *El control del poder. Homenaje a Diego Valadés,* Instituto de Investigaciones Jurídicas, Universidad Nacional Autónoma de México, Tomo I, México 2011; y en Diego Valadés (Coord.), *Gobernabilidad y constitucionalismo en América Latina*, Universidad Nacional Autónoma de México, México 2005.

elecciones periódicas, libres, justas y basadas en el sufragio universal y secreto, como expresión de la soberanía del pueblo; cuarto, el régimen plural de partidos y organizaciones políticas, y quinto, *la separación e independencia de los poderes públicos* (art. 3). Y la misma Carta, además, complementó el contenido de la democracia al enumerar sus *componentes esenciales*, todos vinculados al control del poder, incluyendo: la transparencia de las actividades gubernamentales, la probidad y la responsabilidad de los gobiernos en la gestión pública; el respeto de los derechos sociales y de la libertad de expresión y de prensa; la subordinación constitucional de todas las instituciones del Estado, incluyendo el componente militar, a la autoridad civil legalmente constituida, y el respeto al Estado de derecho por todas las entidades y sectores de la sociedad (Art. 4).

11. Por todo ello es que el principio de la separación de poderes es tan importante para la democracia y el adecuado funcionamiento del Estado de derecho, pues en definitiva, del mismo dependen todos los demás elementos y componentes esenciales de la misma, lo que implica de acuerdo con dicha *Carta Interamericana* que sólo controlando al Poder es que se pueden asegurar los elementos esenciales de la democracia, es decir, puede realmente haber elecciones libres y justas; puede haber pluralismo político; puede haber efectiva participación; puede haber transparencia administrativa y rendición de cuentas; puede haber Estado de derecho; puede haber efectivo acceso a la justicia; puede haber autonomía e independencia de los jueces; en fin, puede haber efectiva garantía y respeto de los derechos humanos.

12. Entre todos esos elementos, y en particular en relación con el principio de la separación de poderes en el Estado constitucional democrático de derecho, quizás el que más importancia tiene es el que se refiere a la independencia y autonomía del Poder Judicial que es el que puede permitir el efectivo ejercicio del control del poder por parte de un órgano que tiene que ser independiente y autónomo. Por ello, precisamente, es que la Convención Americana sobre Derechos Humanos establece como una de las garantías básicas del debido proceso, el derecho de toda persona a ser juzgado por jueces imparciales e independientes (art. 8), siguiendo por lo demás, los estándares desarrollados internacionalmente para la protección de los derechos humanos.[6] Así, por ejemplo, en los *Principios básicos relativos a la independencia de la judicatura* adoptados en el en el Sistema Universal de Protección de los Derechos Humanos, se reconoce, en su primer artículo, que la independencia de la judicatura debe ser "garantizada por el Estado y proclamada por la Constitución o la legislación del país" de manera que "todas las instituciones gubernamentales y de otra índole respetarán y acatarán la independencia

---

[6] Véase toda la doctrina y fundamentación sobre estos estándares expresada por los representantes del profesor Brewer Carías en el Escrito de Solicitudes, Argumentos y Pruebas, 7 de julio de 2012, párr. 41 ss.

de la judicatura,"[7] para cuyo efecto, precisamente las Constituciones desarrollan sistemas, por ejemplo, para garantizar dicha independencia de los jueces,
al disponer el proceso de su nombramiento, y la garantía de su estabilidad y
contra presiones externas, tal como formalmente ocurre por ejemplo, en la
Constitución venezolana de 1999 (arts. 253 ss).

13. Con base en estos principios, y en particular a la luz del artículo 8 de
la Convención Americana sobre Derechos Humanos, esta honorable Corte
IDH, en sus importantes sentencias dictadas en los casos *Tribunal Constitución vs. Perú, Apitz y otros vs. Venezuela, Reverón Trujillo vs. Venezuela y
Chocrón Chocrón vs. Venezuela*[8], casi todos precisamente dictados en los
últimos años en procesos seguidos contra Venezuela, se ha referido y ha desarrollado esta garantía de independencia e imparcialidad de los jueces, sus
elementos y su importancia para una sociedad democrática, expresando, por
ejemplo, que:

> "68. El principio de independencia judicial constituye uno de los pila-
> res básicos de las garantías del debido proceso, motivo por el cual debe
> ser respetado en todas las áreas del procedimiento y ante todas las ins-
> tancias procesales en que se decide sobre los derechos de la persona. La
> Corte ha considerado que el principio de independencia judicial resulta
> indispensable para la protección de los derechos fundamentales, por lo
> que su alcance debe garantizarse inclusive, en situaciones especiales,
> como lo es el estado de excepción.[9]"

14. Partiendo de esta afirmación, esta honorable Corte IDH ha analizado
las características de la independencia de la judicatura como derecho contenido en la Convención Americana sobre Derechos Humanos, señalando, entre
otros, como los elementos constitutivos del mismo los siguientes: "*un adecuado proceso de nombramiento, la inamovilidad en el cargo y la garantía
contra presiones externas.*"[10]

---

[7] *Principios Básicos relativos a la Independencia de la Judicatura*, Aprobados por
Séptimo Congreso de las Naciones Unidas sobre Prevención del Delito y Tratamiento
del Delincuente, celebrado en Milán (Italia) del 26 de agosto al 6 de septiembre de
1985.

[8] Véase Corte IDH. Caso *Tribunal Constitucional Vs. Perú. Fondo*, Reparaciones y
Costas. Sentencia de 31 de enero de 2001. Serie C N° 71; Corte IDH. Caso *Apitz
Barbera y otros ("Corte Primera de lo Contencioso Administrativo") Vs. Venezuela*.
Excepción Preliminar, Fondo, Reparaciones y Costas. Sentencia de 5 de agosto de
2008. Serie C N° 182; Corte IDH. Caso *Reverón Trujillo Vs. Venezuela*. Excepción
Preliminar, Fondo, Reparaciones y Costas. Sentencia de 30 de junio de 2009. Serie C
N° 197; Corte IDH. Caso *Chocrón Chocrón Vs. Venezuela*. Excepción Preliminar,
Fondo, Reparaciones y Costas. Sentencia de 1 de julio de 2011. Serie C N° 227

[9] Corte IDH. Caso *Reverón Trujillo Vs. Venezuela*. Excepción Preliminar, Fondo,
Reparaciones y Costas. Sentencia de 30 de junio de 2009. Serie C N° 197, párr. 68.

[10] Corte IDH. Caso *Reverón Trujillo Vs. Venezuela*. Excepción Preliminar, Fondo,
Reparaciones y Costas. Sentencia de 30 de junio de 2009. Serie C N° 197, párr. 70.

15. En cuanto al proceso de nombramiento de los jueces, la jurisprudencia de la Corte IDH, evocando criterios del Sistema Universal de Protección de Derechos Humanos, asevera que debe garantizarse un proceso de nombramiento de jueces que garantice *igualdad de oportunidades entre los candidatos, utilizando preponderantemente criterios de mérito personal del juez, calificación, integridad, capacidad y eficiencia, y que asegure la objetividad y la razonabilidad.*[11]

16. Por su parte, al analizar la garantía de estabilidad (o inamovilidad) de los jueces, la Corte IDH asume los estándares desarrollados en los Principios básicos relativos a la independencia de la judicatura relacionados al tema, donde se dispone que "[s]e *garantizará la inamovilidad de los jueces, tanto de los nombrados mediante decisión administrativa como de los elegidos, hasta que cumplan la edad para la jubilación forzosa o expire el período para el que hayan sido nombrados o elegidos, cuando existan normas al respecto*"[12]. La inamovilidad de los jueces, por otra parte, encuentra límite en la responsabilidad disciplinaria de conformidad con la misma declaración de Principios, reconociendo, de conformidad con los principios 17 y siguientes, que podrían ser separados del cargo los jueces por incurrir en responsabilidad disciplinaria debidamente tramitada con las garantías de un debido proceso legal ante los órganos legalmente previstos para ello "*por incapacidad o comportamiento que les inhabilite para seguir desempeñando sus funciones*".

17. La Corte IDH, siguiendo el criterio del Comité de Derechos Humanos, respecto de la inamovilidad de los jueces, ha añadido que "*los jueces sólo pueden ser removidos por faltas de disciplina graves o incompetencia y acorde a procedimientos justos que aseguren la objetividad e imparcialidad según la constitución o la ley*"[13], habiendo agregado que "*la autoridad a cargo del proceso de destitución de un juez debe conducirse independiente e imparcialmente en el procedimiento establecido para el efecto y permitir el ejercicio del derecho de defensa . Ello es así toda vez que la libre remoción de jueces fomenta la duda objetiva del observador sobre la posibilidad efectiva de aquellos de decidir controversias concretas sin temor a represalias.*"[14]

18. En ese contexto de independencia del poder judicial como pieza esencial del debido proceso para la protección de los derechos, y como sustento manifestación esencial de orden democrática del principio de la separación de

---

[11] Corte IDH. Caso *Reverón Trujillo Vs. Venezuela*. Excepción Preliminar, Fondo, Reparaciones y Costas. Sentencia de 30 de junio de 2009. Serie C N° 197, párr. 72-73.

[12] *Principios Básicos relativos a la Independencia de la Judicatura*, Aprobados por Séptimo Congreso de las Naciones Unidas sobre Prevención del Delito y Tratamiento del Delincuente, celebrado en Milán (Italia) del 26 de agosto al 6 de septiembre de 1985.

[13] Corte IDH. Caso *Reverón Trujillo Vs. Venezuela*. Excepción Preliminar, Fondo, Reparaciones y Costas. Sentencia de 30 de junio de 2009. Serie C N° 197, párr. 77.

[14] Corte IDH. Caso *Reverón Trujillo Vs. Venezuela*. Excepción Preliminar, Fondo, Reparaciones y Costas. Sentencia de 30 de junio de 2009. Serie C N° 197, párr. 78.

poderes, éste no puede reducirse a ser un principio técnico de organización del Estado, desideologizado, como lo afirmó la Sala Constitucional del Tribunal Supremo de Venezuela en una sentencia N° 3098 del 13 de diciembre de 2004 (Caso: *Nulidad de artículos de la Ley Orgánica de la Justicia de Paz*), en la cual consideró que el principio "no es un principio ideológico, propio de la democracia liberal, sino un principio técnico del cual depende la vigencia de la seguridad jurídica como valor fundante del derecho."[15] Al contrario, dicho principio sí es y debe considerarse como un principio ideológico vinculado y esencial, precisamente de la democracia como régimen político, razón por la cual la propia *Carta Democrática Interamericana* lo declara como uno de sus elementos esenciales.

19. El tratamiento que el Tribunal Supremo de Justicia le comenzó a dar en la sentencia antes referida al principio de la separación de poderes, sin embargo, lo que muestra fue la ruta trazada para el progresivo deterioro de dicho principio en la práctica gubernamental de Venezuela, lo que por ejemplo se reflejó en otra sentencia de la misma Sala Constitucional del Tribunal Supremo de Venezuela, N° 1049 de 23 de julio de 2009,[16] den la cual el Supremo Tribunal de Venezuela se refirió al principio de la separación de poderes expresando que "*la llamada* división, distinción o separación de poderes fue, al igual que la teoría de los derechos fundamentales de libertad, un instrumento de la doctrina liberal del Estado mínimo," cuestionando así la validez de los principios más fundamentales del constitucionalismo democrático, señalando incluso que el principio de la separación de poderes no fue concebido como "un mero instrumento de organización de los órganos del Poder Público, sino un modo mediante el cual se pretendía asegurar que el Estado se mantuviera limitado a la protección de los intereses individualistas de la clase dirigente."[17]

20. Esta concepción distorsionada del principio de la separación de poderes como un supuesto instrumento al servicio de "la clase dirigente," y el desconocimiento del mismo como pilar fundamental de la democracia para posibilitar el control de poder y asegurar la libertad, permite comprender el progresivo deterioro del propio sistema democrático en Venezuela, particularmente por el control progresivo que otros poderes del Estado han ejercido sobre el Poder Judicial, lesionando su autonomía e independencia, y afectando su rol de garante de la Constitución y de los derechos humanos. Por ello, por ejemplo, la Comisión Interamericana de Derechos Humanos al destacar la gravedad del problema, en su *Informe Anual de 2009*, después de analizar la situación de los derechos humanos en Venezuela y el deterioro institucional que ha sufrido el país, apuntó que todo ello "*indica la ausencia de la debida separación e independencia entre las ramas del gobierno en Venezuela.*"[18]

---

[15] Sentencia N° 3098 de la Sala Constitucional (Caso: *nulidad artículos Ley Orgánica de la Justicia de Paz*) de 13-12-2004, en *Gaceta Oficial* N° 38.120 de 02-02-2005

[16] Véase en http://www.tsj.gov.ve/decisiones/scon/Julio/1049-23709-2009-04-2233. html

[17] Véase en http://www.tsj.gov.ve/decisiones/scon/Julio/1049-23709-2009-04-2233. html

[18] Véase IACHR, *2009 Annual Report*, para. 472, en http://www.cidh.oas.org/annualrep/2009eng/Chap.IV.f.eng.htm. El Presidente de la Comisión, Felipe

21. Esa situación general de deterioro del principio de la separación de poderes en Venezuela, es lo único que quizás pueda explicar que la Presidenta del Tribunal Supremo de Justicia de Venezuela, y de su Sala Constitucional, haya llegado a afirmar públicamente en diciembre de 2009, simplemente, que *"la división de poderes debilita al Estado,"* y que *"hay que reformarla."*[19] Y esa situación es también la que permite explicar que un año antes, en agosto de 2008, el entonces Presidente de la República Hugo Chávez Frías, llegara a decir, también públicamente, cuando justificó sus poderes para dictar legislación delegada mediante decretos leyes, muchos de los cuales se ha afirmado que fueron incluso dictados para implementar la reforma constitucional de 2007 que había sido rechazada por el pueblo en referendo de diciembre de 2007;[20] simplemente: *"Yo soy la Ley. Yo soy el Estado,"*[21] repitiendo así las mismas frases que ya había dicho en 2001, aún cuando con un pequeño giro -

González, dijo en abril de 2010: "Venezuela es una democracia que tiene graves limitaciones, porque la democracia implica el funcionamiento del principio de separación de poderes, y un Poder Judicial libre de factores políticos." Véase en Juan Francisco Alonso, "Últimas medidas judiciales certifican informe de la CIDH," en *El Universal*, Apr. 4, 2010. Available at http://universo.eluniversal.com/2010/04/04/pol_art_ultimas-medidas-jud_1815569.shtml.

[19] Véase en Juan Francisco Alonso, "La división de poderes debilita al estado. La presidenta del TSJ [Luisa Estela Morales] afirma que la Constitución hay que reformarla," *El Universal*, Caracas 5 de diciembre de 2009, en http://www.eluniversal.com/2009/12/05/pol_art_morales:-la-divisio_1683109.shtml. Véase la exposición completa de la presidenta del Tribunal Supremo en http://www.tsj.gov.ve/informacion/notasde prensa/notasdeprensa.asp?codigo=7342

[20] Esta es la apreciación que se deriva de lo expuesto por los profesores Lolymar Hernández Camargo, "Límites del poder ejecutivo en el ejercicio de la habilitación legislativa: Imposibilidad de establecer el contenido de la reforma constitucional rechazada vía habilitación legislativa," en *Revista de Derecho Público* 115 *(Estudios sobre los Decretos Leyes),* Editorial Jurídica Venezolana, Caracas 2008, pp. 51ff.; Jorge Kiriakidis, "Breves reflexiones en torno a los 26 Decretos-Ley de julio-agosto de 2008, y la consulta popular refrendaría de diciembre de 2007," in id., pp. 57ff.; José Vicente Haro García, "Los recientes intentos de reforma constitucional o de cómo se está tratando de establecer una dictadura socialista con apariencia de legalidad (A propósito del proyecto de reforma constitucional de 2007 y los 26 decretos leyes del 31 de julio de 2008 que tratan de imponerla)," in id., pp. 63ff.; Ana Cristina Nuñez Machado, "Los 26 nuevos Decretos-Leyes y los principios que regulan la intervención del Estado en la actividad económica de los particulares," in id., pp. 215-20; Aurilivi Linares Martínez, "Notas sobre el uso del poder de legislar por decreto por parte del Presidente venezolano," in id., pp. 79-89; Carlos Luis Carrillo Artiles, "La paradójica situación de los Decretos Leyes Orgánicos frente a la Ingeniería Constitucional de 1999," in id., pp. 93-100; Freddy J. Orlando S., "El "paquetazo," un conjunto de leyes que conculcan derechos y amparan injusticias," in id., pp. 101-104.

[21] Expresión del Presidente Hugo Chávez Frías, el 28 de agosto de 2008. Ver en Gustavo Coronel, *Las Armas de Coronel*, 15 de octubre de 2008: http://lasarmasdecoronel.blogspot.com/2008/10/yo-soy-la-leyyo-soy-el-estado.html

entonces dijo *"La Ley soy yo. El Estado soy yo"*[22]-, al referirse también en aquella oportunidad a la sanción inconsulta de otra serie de decretos leyes. Esas frases, como sabemos, se atribuyeron en 1661 a Luis XIV para calificar el gobierno absoluto de la Monarquía, cuando a la muerte del cardenal Mazarino, el Rey mismo asumió el gobierno sin nombrar un sustituto como ministro de Estado. Pero la verdad histórica parece ser que ni siquiera Luis XIV llegó realmente a expresar esas frases que buscaban sólo resumir su decisión de gobernar sin el apoyo de un primer ministro.[23] Por ello, leerlas como expresadas por un Jefe de Estado de nuestros tiempos, es suficiente para entender la trágica situación institucional de Venezuela, precisamente caracterizada por la ausencia de separación de poderes y de independencia y autonomía del Poder Judicial,[24] y, en consecuencia, de gobierno democrático en los términos de la *Carta Democrática Interamericana.*

II. LA INDEPENDENCIA Y AUTONOMÍA DE LOS JUECES EN EL TEXTO DE LA CONSTITUCIÓN VENEZOLANA DE 1999

22. Pero en contraste con esa realidad, de acuerdo con el texto formal de la Constitución venezolana de 1999 la misma podría considerarse, entre todas las constituciones latinoamericanas, como una de las que mayor énfasis hace, en forma expresa, en relación con los valores fundamentales y principios constitucionales democráticos que deben orientar la actuación de la sociedad, de los individuos y del "Estado social y democrático de derecho y de Justicia" como se lo califica el artículo 2 del texto constitucional. Sobre ellos, la propia Sala Constitucional del Tribunal Supremo de Justicia de Venezuela ha sido explícita en considerar que "esas declaratorias de propósitos tienen un indudable valor, tanto para los órganos del Estado, que deben orientarse por ellas, como para los jueces, en especial esta Sala como máxima tutora judicial de la constitucionalidad," de manera que ha considerado que "los diversos cometidos que el Estado asume son órdenes que deben ser ejecutadas" pues "de poco serviría un texto carente de vinculación para sus destinatarios: autoridades públicas y particulares."[25]

---

22 *Véase* en *El Universal,* Caracas 4-12-01, pp. 1,1 and 2,1. Es también lo único que puede explicar, que un Jefe de Estado en 2009 pueda calificar a "la democracia representativa, la división de poderes y el gobierno alternativo" como doctrinas que "envenenan la mente de las masas." *Véase* la reseña sobre "Hugo Chávez seeks to catch them young," *The Economist,* 22-28 Agosto 2009, p. 33.

23 Véase Yves Guchet, *Histoire Constitutionnelle Française (1789–1958),* Ed. Erasme, Paris 1990, p.8.

24 Véase el resumen de esta situación en Teodoro Petkoff, "Election and Political Power. Challenges for the Opposition", en *Revista. Harvard Review of Latin America,* David Rockefeller Center for Latin American Studies, Harvard University, Fall 2008, pp. 12.

25 Véase sentencia N° 1278 de 17 de Junio de 2005 (Aclaratoria de sentencia de interpretación de los artículos 156, 180 y 302 de la Constitución), en http://www.tsj.gov.ve/decisiones/scon/Junio/1278-170605-01-2306.htm .

23. Entre estos valores expresados en la Constitución de 1999 está la concepción del Estado como "Estado de Justicia" (artículo 2), respecto de lo cual la Sala Político Administrativa del Tribunal Supremo de Justicia, en sentencia N° 659 de 24 de marzo de 2000 (Caso: *Rosario Nouel vs. Consejo de la Judicatura y Comisión de Emergencia Judicial*) señaló que esa "nueva concepción de Estado de Justicia trae consigo no tan solo una transformación orgánica del sistema judicial (Artículos 253 y 254 de la Constitución)," sino también un cambio en la concepción del Poder Judicial como "el poder integrado y estabilizador del Estado, *ya que es el único que tiene competencia para controlar* y aún disolver al resto de los Poderes Públicos," lo que a juicio del Tribunal Supremo, hace del Estado, "un Estado Judicialista."[26] En definitiva, como lo observó la Sala Político Administrativa del mismo Tribunal Supremo de Justicia, en sentencia N° 949 de 26 de abril de 2000, cuando la Constitución califica al Estado:

> "como de Derecho y de Justicia y establece como valor superior de su ordenamiento jurídico a la Justicia y la preeminencia de los derechos fundamentales, no está haciendo más que resaltar que los órganos del Poder Público -y en especial el sistema judicial- deben inexorablemente hacer prelar una noción de justicia material por sobre las formas y tecnicismos, propios de una legalidad formal que ciertamente ha tenido que ceder frente a la nueva concepción de Estado."[27]

24. A los efectos de materializar el rol de la Justicia en el Estado, la Constitución de Venezuela, además, consideró al proceso como el instrumento fundamental para la realización de la justicia, que debe desarrollarse mediante leyes procesales que establezcan la simplificación, uniformidad y eficacia de los trámites, de manera que no se sacrifique la justicia por la omisión de formalidades no esenciales (art. 257). A los efectos de dicha realización de la justicia, la Constitución declaró que "el Poder Judicial es independiente" (art. 254), disponiendo principios tendientes a "garantizar la imparcialidad y la independencia en el ejercicio de sus funciones" (art. 256) de los magistrados, jueces y demás funcionarios integrantes del sistema de justicia (Art. 256). Esa independencia y autonomía de los jueces, significa, en definitiva, como lo definió la Ley del Código de Ética del Juez Venezolano de 2010, que en "su actuación sólo deben estar sujetos a la Constitución de la República y al ordenamiento jurídico," y que "sus decisiones, en la interpretación y aplicación de la ley y el derecho, sólo podrán ser revisadas por los órganos jurisdiccionales que tengan competencia, por vía de los recursos procesales, dentro de los límites del asunto sometido a su conocimiento y decisión," de manera incluso que los órganos con competencia disciplinaria sobre los jueces sólo "podrán

---

[26] Véase en *Revista de Derecho Público*, N° 81 (enero-marzo), Editorial Jurídica Venezolana, Caracas, 2000, p. 103 y 104.

[27] Véase en *Revista de Derecho Público*, N° 82, Editorial Jurídica Venezolana, Caracas, 2000, pp. 163 y ss.

examinar su idoneidad y excelencia, sin que ello constituya una intervención indebida en la actividad jurisdiccional" (art. 4).[28]

25. Específicamente, para garantizar la independencia y autonomía del Poder Judicial, aparte de atribuirle el gobierno y administración del Poder Judicial al Tribunal Supremo de Justicia que ejerce a través de una Dirección Ejecutiva de la Magistratura (Art. 267), la Constitución asegura que el ingreso a la carrera judicial solo puede realizarse mediante un proceso de selección pública, con participación ciudadana, estableciendo además el principio de su estabilidad judicial, al consagrar la inamovilidad de los jueces salvo cuando sea como consecuencia de sanciones disciplinarias que sólo pueden ser impuestas por jueces disciplinarios integrados en una Jurisdicción Disciplinaria Judicial (Arts. 255, 267).

26. Por tanto, en Venezuela, conforme a la Constitución, jueces sólo deberían ser quienes ingresen a la carrera judicial mediante concursos públicos que aseguren la idoneidad y excelencia de los participantes, quienes deben ser seleccionados por los jurados de los circuitos judiciales en la forma y condiciones que establezca la ley, asegurándose además "la participación ciudadana en el procedimiento de selección y designación de los jueces."[29] La finalidad de los concursos públicos, como lo dijo el Tribunal Supremo en sentencia Nº 2221 de 28 de noviembre de 2000, estriba "en la necesidad de que el Poder Judicial venezolano esté conformado, *en su totalidad* (jueces titulares y suplentes) por funcionarios de carrera, y de garantizar la idoneidad de quienes tienen la encomiable labor de administrar justicia;"[30] a cuyo efecto, precisamente conforme al mismo artículo 255 de la Constitución, se les garantiza su estabilidad de manera que sólo pueden ser removidos o suspendidos de sus cargos mediante los procedimientos expresamente previstos en la ley, a ser desarrollados por una Jurisdicción Disciplinaria Judicial, a cargo de jueces disciplinarios (art. 267).

---

[28] Véase la Ley del Código de Ética del Juez Venezolano y Jueza Venezolana en *Gaceta Oficial* Nº 39.494 de 24-8-2010. El Código derogó expresamente el Reglamento que regía el funcionamiento de la Comisión de Funcionamiento y reorganización del Poder Judicial. Los jueces del Tribunal Disciplinario Judicial y de la Corte Disciplinaria Judicial fueron nombrados por Actos Legislativos publicados en *Gaceta Oficial* Nº 39693 de 10-06-2011. Véase el "Acta de Constitución del Tribunal Disciplinario Judicial," de 28-06-2011, en *Gaceta Oficial* Nº 39.704 de 29-06-2011

[29] Sobre las Normas de Evaluación y Concursos de Oposición para el Ingreso y Permanencia en el Poder Judicial dictadas por la Comisión de Funcionamiento y Reestructuración del Sistema Judicial, convertida en Dirección Ejecutiva de la Magistratura (*Gaceta Oficial* Nº 36.910, de 14-03-2000), véase la sentencia de la Sala Constitucional del Tribunal Supremo Nº 1326 de 02-11-2000, en *Revista de Derecho Público*, Nº 84, Editorial Jurídica Venezolana, Caracas, 2000, pp. 111 y ss.

[30] Véase en *Revista de Derecho Público*, Nº 84, Editorial Jurídica Venezolana, Caracas, 2000, pp. 116 y ss.

27. Pero la realidad lamentablemente, es que catorce años después de aprobada la Constitución, podría decirse que ninguno de estos principios ha sido implementado en su totalidad en Venezuela y que pareciera que las previsiones constitucionales se hubiesen sancionado para no ser cumplidas, pareciendo que materialmente todos los órganos del Estado han contribuido a no cumplirlas, y a evitar que las mismas hayan podido haber llegado a tener, en algún momento, plena vigencia. Por ello, a partir de 1999, como lo apuntó el profesor Rafael Chavero Gazdik, "por la conveniencia de manejar discrecional y arbitrariamente el Poder Judicial es que se ha hecho innecesaria la aplicación de la normativa constitucional que obliga a consolidar la carrera judicial" y, al contrario, "el gobierno no ha hecho otra cosa que acabar con los cimientos del Poder Judicial, para así manejar a sus anchas, y sin contrapesos, el rumbo del país," agregando que durante los últimos dos lustros el resultado de la "reestructuración" judicial, es la existencia de "una judicatura sumisa y debilitada que permite la consolidación de la arbitrariedad."[31] De todo ello, como lo advierte el profesor Rafael Pérez Perdomo, resulta que "la revolución no sólo ha terminado con la independencia del Tribunal Supremo de Justicia y de los jueces" sino que "también ha destruido la dignidad de jueces y magistrados," en fin, "bajo la revolución, la reforma judicial se convirtió en una farsa."[32]

28. De lo anteriormente expuesto resulta, por tanto, que en Venezuela desde 1999, sólo escasísimos concursos públicos se efectuaron inicialmente para el ingreso a la carrera judicial; y los jueces fueron destituidos masivamente y sin garantía alguna al debido proceso por una Comisión *ad hoc* denominada Comisión de Funcionamiento y Reorganización del Poder Judicial[33] la cual, al margen de la Constitución, funcionó desde 1999 hasta 2011

---

[31] Véase Rafael J. Chavero Gazdik, *La Justicia Revolucionaria. Una década de Reestructuración (o Involución) Judicial en Venezuela*, Editorial Aequitas, Caracas 2011, pp. 85, 308.

[32] Véase Rafael Pérez Perdomo, *Justicia e Injusticias en Venezuela. Estudio de historia social del derecho*, Academia Nacional de la Historia, Caracas 2011, p. 268.

[33] La propia Sala Político-Administrativa del Tribunal Supremo de Justicia resolvió que la remoción de jueces temporales era una facultad discrecional de la Comisión de Funcionamiento y Reestructuración del Sistema Judicial, la cual adoptaba sus decisiones sin seguir procedimiento administrativo alguno. Véase Decisión N° 673 de 24-04-2008 (en http://www.tsj.gov.ve/decisiones/scon/Abril/673-240408-08-0009. htm) citada en la Decisión N° 1.939 del 18-12-2008, en http://www.tsj.gov.ve /decisiones/scon/Diciembre/1939-181208-2008-08-1572.html, p. 42). La Sala Constitucional ha establecido la misma posición en la Decisión N° 2414 del 20-12-2007 (en http://www.tsj.gov.ve/decisiones/scon/Diciembre/2414-201207-07-1417. htm) y Decisión N° 280 del 23-02-2007 (en http://www.tsj.gov.ve/decisio-nes/scon/Febre-ro/280-230207-05-1389.htm). Véase lo expresado por los representantes del profesor Brewer Carías sobre esta y otras sentencias en el *Escrito de Solicitudes, Argumentos y Pruebas*, 7 de julio de 2012, párr. 51 ss.

con el aval del Tribunal Supremo;[34] con lo cual la Judicatura se llenó de jueces temporales y provisorios, sin estabilidad alguna. La consecuencia de esa práctica política, es que la justicia en Venezuela ha estado y sigue en una permanente y anormal situación de transitoriedad o de emergencia, la cual aún continúa,[35] por la acción u omisión de los órganos del Estado.[36]

29. Ese proceso de control político sobre el Poder Judicial comenzó con las actuaciones de la Asamblea Nacional Constituyente en 1999, la cual declaró la "emergencia judicial," que no ha cesado hasta la fecha, y continuó durante los últimos catorce años con sucesivas normas constitucionales, legales y sub-legales imponiendo siempre un régimen transitorio, siendo la última actuación en el tiempo, después de la sanción de la Ley Orgánica del Tribunal Supremo de Justicia en 2010,[37] y de la Ley del Código de Ética del Juez ve-

---

[34]   La Comisión, además, como lo destacó la Comisión Interamericana en su *Informe de 2009*, en sus funciones no gozaba de independencia alguna, pues sus integrantes, designados por la Sala Constitucional, eran de su libre remoción. Véase *Annual Report 2009*, Par. 481, en http://www.cidh.org/annualrep/2009eng/Chap.IV.f.eng.htm.

[35]   Véase Rafael J. Chavero Gazdik, *La Justicia Revolucionaria. Una década de Reestructuración (o Involución) Judicial en Venezuela,* Editorial Aequitas, Caracas 2011, pp. 185 ss. En sentido similar, esta fue la apreciación de la Comisión Interamericana de Derechos Humanos en su Informe de 2008, al constatar que la Justicia en Venezuela desde 1999 hasta el presente ha permanecido en un "permanente estado de emergencia."Esa fue la apreciación en 2008 de la. Véase *Annual Report 2008* (OEA/Ser.L/V/II.134. Doc. 5 rev. 1. 25-02-2009), párr. 39

[36]   Véase lo que el propio profesor Brewer Carías ha expuesto sobre el tema durante los últimos años en sus trabajos: "La progresiva y sistemática demolición de la autonomía e independencia del Poder Judicial en Venezuela (1999-2004)," en *XXX Jornadas J.M Domínguez Escovar, Estado de Derecho, Administración de Justicia y Derechos Humanos*, Instituto de Estudios Jurídicos del Estado Lara, Barquisimeto 2005, pp. 33-174; Allan R. Brewer-Carías, "El constitucionalismo y la emergencia en Venezuela: entre la emergencia formal y la emergencia anormal del Poder Judicial," en Allan R. Brewer-Carías, *Estudios Sobre el Estado Constitucional (2005-2006),* Editorial Jurídica Venezolana, Caracas 2007, pp. 245-269; Allan R. Brewer-Carías "La justicia sometida al poder. La ausencia de independencia y autonomía de los jueces en Venezuela por la interminable emergencia del Poder Judicial (1999-2006)" en *Cuestiones Internacionales. Anuario Jurídico Villanueva 2007,* Centro Universitario Villanueva, Marcial Pons, Madrid 2007, pp. 25-57, *disponible* en www.allanbrewercarias.com, (Biblioteca Virtual, II.4. Artículos y Estudios N° 550, 2007) pp. 1-37. Véase también Allan R. Brewer-Carías, *Historia Constitucional de Venezuela*, Editorial Alfa, Tomo II, Caracas 2008, pp. 402-454; y "Sobre la ausencia de independencia y autonomía judicial en Venezuela, a los doce años de vigencia de la constitución de 1999 (O sobre la interminable transitoriedad que en fraude continuado a la voluntad popular y a las normas de la Constitución, ha impedido la vigencia de la garantía de la estabilidad de los jueces y el funcionamiento efectivo de una "jurisdicción disciplinaria judicial"), en *Independencia Judicial*, Colección Estado de Derecho, Tomo I, Academia de Ciencias Políticas y Sociales, Acceso a la Justicia, Fundación de Estudios de Derecho Administrativo (Funeda), Universidad Metropolitana (Unimet), Caracas 2012, pp. 9-10.

[37]   Véase en *Gaceta Oficial* N° 5.991 Extra. de 29-07-2010, y luego fue republicada, para corregir supuestos errores materiales, en *Gaceta Oficial* N° 39.483 de 9-08-

nezolano,[38] la inconstitucional reserva "transitoria" que se hizo a sí misma la Asamblea Nacional para el nombramiento de los "jueces" integrantes de los órganos de la Jurisdicción Disciplinaria Judicial, lo que constitucionalmente sólo podría corresponder al Tribunal Supremo, con lo cual "el control político de la judicatura será aún más directo."[39]

30. A algunos de los jueces temporales y provisionales[40] derivados de la emergencia judicial, sin embargo, luego se les "regularizó" un status de carrera judicial pero sin concurso público alguno, con lo cual aparentemente podría considerarse que gozarían de cierta estabilidad. Sin embargo, como ya en 2008 la Comisión Interamericana de Derechos Humanos lo advirtió en su *Informe Anual de 2008*, esta situación ha sido un "problema endémico" que ha expuesto a los jueces a su destitución discrecional,[41] a cuyo efecto la Comi-

---

2010. Véanse el estudio "Introducción general al régimen del Tribunal Supremo de Justicia" en Allan R. Brewer-Carías y Víctor Hernández Mendible, *Ley Orgánica del Tribunal Supremo de Justicia,* Caracas 2010.

[38] Véase la Ley del Código de Ética del Juez Venezolano y Jueza Venezolana en *Gaceta Oficial* N° 39.494 de 24-8-2010. El Código derogó expresamente el Reglamento que regía el funcionamiento de la Comisión de Funcionamiento y reorganización del Poder Judicial. Los jueces del Tribunal Disciplinario Judicial y de la Corte Disciplinaria Judicial fueron nombrados por Actos Legislativos publicados en *Gaceta Oficial* N° 39693 de 10-06-2011. Véase el "Acta de Constitución del Tribunal Disciplinario Judicial," de 28-06-2011, en *Gaceta Oficial* N° 39.704 de 29-06-2011.

[39] Véase Rafael J. Chavero Gazdik, *La Justicia Revolucionaria. Una década de Reestructuración (o Involución) Judicial en Venezuela*, Editorial Aequitas, Caracas 2011, p. 195.

[40] Un juez provisorio es un juez designado mediante un concurso público. Un juez temporal es un juez designado para cumplir una tarea específica o por un periodo específico de tiempo. En 2003, la Comisión Interamericana de Derechos Humanos indicó que había sido: "informada que sólo 250 jueces han sido designados por concurso de oposición de conformidad a la normativa constitucional. De un total de 1772 cargos de jueces en Venezuela, el Tribunal Supremo de Justicia reporta que solo 183 son titulares, 1331 son provisorios y 258 son temporales." *Reporte sobre la Situación de Derechos Humanos en Venezuela*; OAS/Ser.L/V/II.118. doc.4rev.2; 29-12-2003, parágrafo 174, *en* http://www.cidh.oas.org/countryrep/Venezuela2003eng/toc.htm. La Comisión también agregó que "un aspecto vinculado a la autonomía e independencia del Poder Judicial es el relativo al carácter provisorio de los jueces en el sistema judicial de Venezuela. Actualmente, la información proporcionada por las distintas fuentes indica que más del 80% de los jueces venezolanos son 'provisionales.'" *Id.*, par. 161. Véase sobre las cifras de los jueces temporales y provisionales hasta la fecha de presentación del *Escrito de Solicitudes, Argumentos y Pruebas*, 7 de julio de 2012, donde se menciona que de aproximadamente 570 nombramientos de jueces, de los cuales 291 (51%) son temporales, 137 (24%) son accidentales, 128 (22,5%) son provisorios, 14 (2,5%) son itinerantes y *ninguno* (0%) es titular," párr. 61.

[41] La Sala Político-Administrativa del Tribunal Supremo de Justicia ha resuelto que la remoción de jueces temporales es una facultad discrecional de la Comisión de Funcionamiento y Reestructuración del Sistema Judicial, la cual adopta sus decisiones sin seguir procedimiento administrativo alguno. Véase Decisión N° 00463-2007 del 20-03-2007; Decisión N° 00673-2008 del 24-04-2008 (citada en la Decisión N°

sión llamó la atención sobre el "permanente estado de emergencia al cual están sometidos los jueces."[42]

31. La llamada "Jurisdicción Disciplinaria Judicial" como se dijo, solo se conformó formalmente en Venezuela 2011, para asumir la función disciplinaria que durante doce años ejerció la mencionada Comisión *ad hoc* que al margen de la Constitución funcionó desde que la creó la Asamblea Nacional Constituyente en 1999, la cual, además de remover a los jueces en forma discrecional sin garantía alguna del debido proceso,[43] como lo destacó la misma Comisión Interamericana en su *Informe de 2009*, la misma no gozó de independencia, pues sus integrantes designados por la Sala Constitucional, eran de su libre remoción.[44]

32. En 2011, sin embargo, con la conformación de la "Jurisdicción Disciplinaria Judicial" que se creó en la Ley del Código de Ética del Juez, integrada por una Corte Disciplinaria Judicial y un Tribunal Disciplinario Judicial, a pesar de su denominación, sin embargo, nada en realidad cambió, pues conforme a una nueva Disposición Transitoria (Tercera) que se incorporó en la Ley del Código, dicha Jurisdicción tampoco goza efectivamente de autonomía e independencia algunas, siendo más bien un apéndice de la mayoría que controla políticamente la Asamblea Nacional. En realidad, lo que ocurrió con esta nueva legislación y en virtud de la interminable transitoriedad, no ha sido otra cosa que lograr, primero, cambiarle el nombre a la antigua Comisión de Funcionamiento y Reorganización del Poder Judicial, y segundo, hacerla depender ya no del Tribunal Supremo, sino de la Asamblea Nacional, es decir, someterla a mayor control político, y sometida a otro poder, el Legislativo.

33. Por último, hace apenas unos meses, la Sala Constitucional del Tribunal Supremo de Justicia, en sentencia No 516 de fecha 7 de mayo de 2013, suspendió de oficio los efectos de las normas del referido Código de Ética del Juez Venezolano que regulaban la aplicación de sus normas a los magistrados del Tribunal Supremo de Justicia, y que extendían el régimen jurídico aplicable a los jueces de carrera, "a los jueces temporales, ocasionales, accidentales y provisorios," entre las cuales estaban las normas relativas al ingreso y la estabilidad; suspensión de efectos con la que se negó a dichos jueces toda garantía que pudiera contribuir a asegurar su independencia y autonomía. En este último aspecto, específicamente, la Sala decidió así:

1.939 del 18-12-2008, p. 42). La Sala Constitucional ha establecido la misma posición en la Decisión N° 2414 del 20-12-2007 y Decisión N° 280 del 23-02-2007.

[42] Véase *Annual Report 2008* (OEA/Ser.L/V/II.134. Doc. 5 rev. 1. 25-02-2009), parágrafo 39

[43] Véase Tribunal Supremo de Justicia, Decisión N° 1.939 del 18 de diciembre de 2008 (Caso: *Gustavo Álvarez Arias et al.*), en *Revista de Derecho Público*, N° 116, Editorial Jurídica Venezolana, Caracas, 2008, pp. 89-106. También en http://www.tsj.gov.ve/decisiones/scon/Diciembre/1939-181208-2008-08-1572.html

[44] Véase *Annual Report 2009*, Par. 481, en http://www.cidh.org/annualrep/2009eng/Chap.IV.f.eng.htm.

"**SUSPENDE** de oficio, como medida cautelar innominada y hasta tanto se dicte sentencia definitiva en la presente causa, la referencia que hace el artículo 2 del Código de Ética del Juez Venezolano y la Jueza Venezolana a los jueces y juezas temporales, ocasionales, accidentales o provisorios y que permite la extensión a esta categoría de jueces y juezas del procedimiento disciplinario contemplado en los artículos 51 y siguientes del mencionado Código, por no tratarse de jueces o juezas que hayan ingresado a la carrera judicial, correspondiéndole a la Comisión Judicial la competencia para sancionarlos y excluirlos de la función jurisdiccional."[45]

34. Por último, consideramos que debe llamarse la atención de esta honorable Corte Interamericana, que con fecha 16 de junio de 2013, el Tribunal Supremo de Justicia anunció que el "ingeniero Argenis Chávez Frías, asumió a partir de hoy la Dirección Ejecutiva de la Magistratura (DEM), órgano auxiliar del Alto Juzgado del país que tiene como finalidad ejercer por delegación las funciones de dirección, gobierno, administración, inspección y vigilancia del Poder Judicial."[46] El Ingeniero Chávez, independientemente de que sea hermano del fallecido Presidente Hugo Chávez, es un conocido miembro del partido de Gobierno, Partido Socialista Unido de Venezuela, y fue hasta hace poco tiempo, miembro del Gabinete Ejecutivo como Ministro de Energía Eléctrica, de donde materialmente pasó, con este nombramiento, a dirigir, como se informó por el mismo Tribunal Supremo, la "Dirección Ejecutiva de la Magistratura (DEM), órgano auxiliar del Alto Juzgado del país que tiene como finalidad ejercer por delegación las funciones de dirección, gobierno, administración, inspección y vigilancia del Poder Judicial."[47] Es cierto que la Constitución no establece requisito específico alguno para ser Director Ejecutivo de la Magistratura, pero si el artículo 256 de dicho texto impone que "con la finalidad de garantizar la imparcialidad y la independencia en el ejercicio de sus funciones," los magistrados y jueces "desde la fecha de su nombramiento y hasta su egreso del cargo respectivo, no podrán, salvo el ejercicio del voto, llevar a cabo activismo político partidista," parecería elemental que el director del órgano de gobierno y administración del sistema judicial, deba cumplir con las mismas obligaciones.

35. El resultado de todo lo anterior, es que a pesar de lo que dispone formalmente la Constitución en Venezuela en materia de independencia y autonomía de los jueces, lamentablemente, sus normas han tenido poca aplicación y efectividad en la práctica, siendo la realidad derivada de la práctica política,

---

[45] Véase en http://www.tsj.gov.ve/decisiones/scon/Mayo/516-7513-2013-09-1038.html

[46] Véase la información en la Nota de Prensa del Tribunal Supremo de 16 de junio de 2013, en http://www.tsj.gov.ve/informacion/notasdeprensa/notasdeprensa.asp?codigo=11326

[47] Véase la información en la Nota de Prensa del Tribunal Supremo de 16 de junio de 2013, en http://www.tsj.gov.ve/informacion/notasdeprensa/notasdeprensa.asp?codigo=11326

que la justicia ha estado y sigue en una permanente y anormal situación de transitoriedad o de emergencia, la cual iniciada en 1999, catorce años después continúa, a pesar de la conformación de la "Jurisdicción Disciplinaria Judicial" en un Código de Ética algunas de cuyas normas incluso han sido suspendidas en su vigencia. De esa permanente e interminable transitoriedad, lo que ha resultado es un proceso también permanente y sistemático de déficit o carencia de plena autonomía e independencia del Poder Judicial, que ha sido llevado a cabo por los diversos órganos del Estado, incluido el propio Tribunal Supremo de Justicia,[48] con lo cual los valores de la Constitución en materia de justicia, no han pasado de ser sólo simples enunciados.

36. Ese proceso de control político sobre el Poder Judicial en Venezuela, puede decirse que comenzó, con las actuaciones de la Asamblea Nacional Constituyente en 1999 la cual declaró una "emergencia judicial" que no ha cesado hasta la fecha, siendo las últimas actuaciones en el tiempo, después de la sanción de la Ley Orgánica del Tribunal Supremo de Justicia en 2010[49] y de la Ley del Código de Ética del Juez venezolano, la inconstitucional reserva que se hizo a si misma la Asamblea Nacional para el nombramiento de los "jueces" integrantes de los órganos de la Jurisdicción Disciplinaria Judicial; la más recientemente, suspensión de la aplicabilidad de las normas de dicho Código que garantizan la imparcialidad e independencia de los jueces, a los jueces temporales y provisorios, y el nombramiento para dirigir el gobierno de los jueces a un ex Ministro miembro del Ejecutivo nacional, con definida militancia política. A continuación, nos permitimos ahondar en ese proceso de intervención e interferencia continua del Poder Judicial en Venezuela, que afecta el derecho del profesor Brewer Carías, al igual que de cualquier persona, a ser juzgado por jueces imparciales e independientes.

---

[48] Sobre el tema, respecto del cual se ha escrito mucho en Venezuela,.puede verse en particular, los trabajos de Rafael J. Chavero Gazdik, *La Justicia Revolucionaria. Una década de Reestructuración (o Involución) Judicial en Venezuela,* Editorial Aequitas, Caracas 2011; Véase Rafael Pérez Perdomo, *Justicia e Injusticias en Venezuela. Estudio de historia social del derecho,* Academia Nacional de la Historia, Caracas 2011; y los trabajos editados por la Asociación Civil Acceso a la Justicia, entre ellos, el libro *Independencia Judicial, Colección Estado de Derecho,* Tomo I, Academia de Ciencias Políticas y Sociales, Acceso a la Justicia, Fundación de Estudios de Derecho Administrativo (Funeda), Universidad Metropolitana (Unimet), Caracas 2012.

[49] Publicada en julio de ese año, reimpresa posteriormente en agosto y finalmente el 1 de octubre de 2010, cambiando por vía de reimpresión la redacción de algunas disposiciones luego de las elecciones del mes anterior, de los diputados al Poder Legislativo Nacional, para que mientras la Asamblea Nacional saliente se encontrase en funciones, pudiese designar a los magistrados del Tribunal Supremo de Justicia que tenían en período vencido y entre los que fueron nombrados varios de los propios diputados del partido de gobierno. Véanse los comentarios de Víctor Hernández Mendible, "Sobre la nueva reimpresión por 'supuestos errores' materiales de la LOTSJ" en la *Gaceta Oficial* N° 39.522, de 01-10-2010," y Antonio Silva Aranguren, "Tras el rastro del engaño, en la web de la Asamblea Nacional," publicados en *Revista de Derecho Público,* N° 124, Editorial Jurídica Venezolana, Caracas 2010, pp. 100-113.

III. LA INTERVENCIÓN DEL PODER JUDICIAL POR LA ASAMBLEA NACIONAL CONSTITUYENTE Y EL CONTROL POLÍTICO SOBRE EL TRIBUNAL SUPREMO DE JUSTICIA

37. La Asamblea Nacional Constituyente electa en julio de 1999, luego de intensos debates sobre la problemática del Poder Judicial y de su gobierno, al instalarse en agosto de ese mismo año se auto atribuyó el carácter de "poder constituyente originario" asumiendo potestades públicas por encima de la Constitución de 1961,[50] de cuya interpretación había surgido,[51] y entre ellas, la de intervenir todos los poderes públicos existentes, electos y constituidos unos meses antes,[52] en particular, el Poder Judicial, cuya autonomía e inde-

---

[50] La Asamblea asumió, en su Estatuto, un "poder constituyente originario."Véase en *Gaceta Constituyente (Diario de Debates), Agosto-Septiembre 1999*, Sesión de 07-08-1999, N° 4, p. 144. En el acto de instalación, el presidente de la Asamblea señaló que "la Asamblea Nacional Constituyente es originaria y soberana", en *Gaceta Constituyente (Diario de Debates), Agosto-Septiembre 1999,* Sesión de 03-08-1999, N° 1, p. 4. Véase el texto, además, en *Gaceta Oficial* N° 36.786 de 14-09-1999. Como ha señalado Lolymar Hernández Camargo, con la aprobación del Estatuto "quedó consumada la inobservancia a la voluntad popular que le había impuesto límites a la Asamblea Nacional Constituyente... Se auto proclamó como poder constituyente originario, absoluto e ilimitado, con lo cual el Estado perdió toda razón de ser, pues si se mancilló la voluntad popular y su manifestación normativa (la Constitución), no es posible calificar al Estado como de derecho ni menos aun democrático", en *La Teoría del Poder Constituyente, cit.,* p. 73. Véase la argumentación crítica sobre dicha intervención en *Gaceta Constituyente (Diario de Debates), Agosto-Septiembre 1999*, Sesión de 07-08-1999, N° 4, pp. 6 a 13

[51] Como ha señalado la profesora Lolymar Hernández Camargo, con la aprobación del Estatuto "quedó consumada la inobservancia a la voluntad popular que le había impuesto límites a la Asamblea Nacional Constituyente... Se auto proclamó como poder constituyente originario, absoluto e ilimitado, con lo cual el Estado perdió toda razón de ser, pues si se mancilló la voluntad popular y su manifestación normativa (la Constitución), no es posible calificar al Estado como de derecho ni menos aun democrático", en *La Teoría del Poder Constituyente. Un caso de estudio: el proceso constituyente venezolano de 1999,* Universidad Católica del Táchira, San Cristóbal 2000, p. 73.

[52] Véase Decreto mediante el cual se declara la *reorganización de todos los órganos del Poder Público*" de fecha 12 de agosto de 1999, en *Gaceta Oficial* N° 36.764 de 13-08-99; Decreto mediante el cual *se regulan las funciones del Poder Legislativo* de 25 de agosto de 1999, en *Gaceta Oficial* N° 36.772 de 25-08-1999. Sobre esto último, véase en *Gaceta Constituyente (Diario de Debates), Agosto-Septiembre 1999, cit.,* Sesión de 25-08-99, N° 13, pp. 12 a 13 y 27 a 30 y Sesión de 30-08-1999, N° 16, pp. 16 a 19. Con posterioridad, sin embargo, y con la intermediación de la Iglesia Católica, el 09-09-1999, la directiva de la Asamblea llegó a un acuerdo con la directiva del Congreso, con lo cual, de hecho, se dejó sin efecto el contenido del Decreto, siguiendo el Congreso funcionando conforme al régimen de la Constitución de 1961. Véase el texto del Acuerdo en *El Nacional*, Caracas 10-09-1999, p. D–4. Todos estos actos de la Asamblea Constituyente fueron impugnados ante la entonces ya completamente sometida Corte Suprema, la cual en otra altamente criticada decisión dictada el 14-10-1999 (Véase sentencia en el Caso: *Impugnación del Decreto de Regulación de las Funciones del Poder Legislativo*, en *Revista de Derecho Público*,

pendencia comenzó a ser sistemáticamente desconocida, suspendiendo de inmediato la estabilidad de los jueces y dando inicio a la "purga" generalizada del Poder Judicial.[53]

38. A tal efecto, el mismo día en el cual el Presidente Hugo Chávez tomó posesión de su cargo para el cual había sido electo conforme a las previsiones de la Constitución de 1961, el 2 de febrero de 1999, dictó un Decreto N° 3 para la realización de un referendo consultivo buscando que el pueblo se pronunciase "sobre la convocatoria de una Asamblea Nacional Constituyente" (Art. 1) que no estaba prevista en la Constitución de 1961 como un mecanismo de reforma constitucional; "con el propósito de transformar el Estado y crear un nuevo ordenamiento jurídico que permita el funcionamiento efectivo de una Democracia Social y Participativa" (primera pregunta del referéndum consultivo). Con dicho Decreto el Presidente buscaba que el pueblo lo autorizara para que fuera él mismo quien fijase "mediante un Acto de Gobierno [...], oída la opinión de los sectores políticos, sociales y económicos, las bases del proceso comicial en el cual se elegirán los integrantes de la Asamblea Nacional Constituyente" (Segunda pregunta del referéndum consultivo).[54] Con ello, el Presidente buscaba que mediante un referendo, el pueblo le delegara la potestad constituyente de establecer el "estatuto" de una Asamblea Constituyente no establecida en la Constitución de 1961, que proponía se eligiera.

39. Del contenido del Decreto de convocatoria, sin embargo, se evidenciaba que lo que se convocaba no era un referendo consultivo (que era lo único que autorizaba el artículo 181 de la Ley Orgánica del Sufragio y Participación Política que se había invocado como su base legal) de manera que de las preguntas lo que realmente se evidenciaban era que lo que se estaba convocando en realidad, era un referendo decisorio y autorizatorio no regulado ni previsto en dicha norma legal.[55] Además la convocatoria que se pretendía no era para que la Asamblea reformara la Constitución, sino para que asumiera un poder total y pudiera incluso sustituir a los poderes constituidos aún antes de la aprobación de una nueva Constitución, buscando delegar además en el Presidente de la República el poder soberano mismo de decidir el estatuto de la Constituyente. Esto vulneraba los principios más elementales del Estado de derecho y era incompatible con los valores supremos de una sociedad democrática.

N° 77-80, Editorial Jurídica Venezolana, Caracas 1999, pp. 111 y ss), avaló la constitucionalidad de los mismos reconociendo supuestos poderes supra-constitucionales de la Asamblea.

[53] Véase Rafael J. Chavero Gazdik, *La Justicia Revolucionaria. Una década de Reestructuración (o Involución) Judicial en Venezuela*, Editorial Aequitas, Caracas 2011, pp. 58, 59.

[54] Véase en *Gaceta Oficial* N° 36.634 de 02-02-99.

[55] Como lo señaló Ricardo Combellas, "Estamos hablando de un referendo consultivo, no de un referendo decisorio, cuya aprobación demanda necesariamente en Venezuela, tal como lo propuso con visión avanzada la Comisión Bicameral, una reforma constitucional" en *¿Qué es la Constituyente? Voz para el futuro de Venezuela*, COPRE, Caracas 1998.

40. Después de diversos conflictos y decisiones judiciales adoptadas por la antigua Corte Suprema de Justicia, incluso en relación con la pretendida naturaleza de la Asamblea Nacional Constituyente a ser electa "*como poder originario que recoge la soberanía popular*" como se había propuesto, y sobre lo cual en sentencia de 13 de abril de 1999,[56] dicha Corte Suprema ya había dispuesto que la Asamblea Constituyente a ser convocada, no significaba, "en modo alguno -por estar precisamente vinculada su estructuración al propio espíritu de la Constitución" de 1961- "la alteración de los principios fundamentales del Estado democrático de derecho;" el referendo consultivo se celebró el 25 de abril de 1999; habiéndose elegido el 25 de julio de 1999 la Asamblea Constituyente, integrada con una mayoría abrumadora de constituyentes propuestos por el Presidente Chávez.[57]

41. La Asamblea, conforme a lo resuelto por la Corte Suprema, debía estar sometida durante su funcionamiento a la Constitución de 1961 (la cual sólo podía perder vigencia cuando el pueblo se pronunciara, mediante posterior referendo aprobatorio sobre la nueva Constitución). Sin embargo, ello en la realidad no fue así, y fue la Asamblea Constituyente la que puso de lado la Constitución entonces vigente, desacatando además las órdenes judiciales emanadas de la Corte Suprema de Justicia, que establecía que no podía concebirse a la Asamblea Constituyente como titular del "poder constituyente originario" que el pueblo no le había conferido. Ello lo hizo la Asamblea Constituyente el mismo día de su instalación el 3 de agosto de 1999,[58] cuando aprobó su Estatuto de Funcionamiento en contra de la voluntad popular expresada en el referendo consultivo del 25 de abril de 1999, y se declaró a sí misma "*depositaria de la voluntad popular y expresión de su Soberanía con las atribuciones del Poder Originario para reorganizar el Estado Venezolano y crear un nuevo ordenamiento jurídico democrático.*"[59] La Asam-

---

56   Véase el texto de la sentencia de la Sala Político Administrativa de 18 de marzo de 1999 en *Revista de Derecho Público*, Nº 77-80, Editorial Jurídica Venezolana, Caracas 1999, pp. 85 y ss.

57   De un total de 131 constituyentes electos, 125 con el apoyo del Presidente Chávez, con lo que la "oposición" quedó formada por sólo 6 constituyentes electos como independientes. Cuatro electos en la circunscripción nacional (Allan R. Brewer-Carías, Alberto Franceschi, Claudio Fermín y Jorge Olavarría) y dos en las circunscripciones regionales (Antonio Di'Giampaolo y Virgilio Ávila Vivas).

58   En el acto de instalación, el discurso dado por quien venía de ser electo presidente de la Asamblea concluyó con estas frases "la Asamblea Nacional Constituyente es originaria y soberana", en *Gaceta Constituyente (Diario de Debates), Agosto-Septiembre 1999*, Sesión de 03-08-99, Nº 1, p. 4. Véase nuestro voto salvado respecto de la aprobación de dicho Estatuto por la Asamblea Constituyente, en Allan R. Brewer-Carías, *Debate Constituyente (Aportes a la Asamblea Nacional Constituyente)*, Fundación de Derecho Público, Editorial Jurídica Venezolana, Tomo I (8 agosto-8 septiembre 1999), Caracas 1999, pp. 15 a 39.

59   Véase *Gaceta Constituyente (Diario de Debates), Agosto-Septiembre 1999*, Sesión de 07-08-99, Nº 4, p. 151. Véase también nuestro voto salvado por razones de

blea, además, dispuso que "en uso de las atribuciones que le son inherentes, *podrá limitar o decidir la cesación de las actividades de las autoridades que conforman el Poder Público*" (artículo 1). Como consecuencia de ello, la Asamblea también resolvió que "todos los organismos del Poder Público *quedaban subordinados*" a la misma y, en consecuencia, que estaban en la obligación de *cumplir y hacer cumplir* los "actos jurídicos estatales" que emitiera (parágrafo primero, artículo 1°).

42. En esta forma, la Asamblea se auto atribuyó potestades públicas por encima tanto de la Constitución de 1961 como de las "normas constitucionales" contenidas en la expresión de la voluntad soberana del pueblo contenida en las "bases comiciales" votadas en el referendo de 25 de abril de 1999. En cuanto a las previsiones de la Constitución entonces vigente de 1961, por disposición de la propia Asamblea en su Estatuto de Funcionamiento, se dispuso que sólo se mantendrían en vigencia "en todo aquello que no colida o sea contrario con los actos jurídicos y demás decisiones de la Asamblea Nacional Constituyente" (art. 1, parágrafo segundo).[60] Con la asunción de este poder, la Asamblea había se dio a si misma una carta blanca para violar una Constitución que estaba vigente, y someter a todos los órganos del Poder Público constituido y electos, a estarle "subordinados," imponiéndoles la obligación de cumplir sus "actos jurídicos estatales." Esta ruptura del hilo constitucional luego se materializó mediante sucesivos actos constituyentes que la propia antigua Corte Suprema de Justicia, como juez constitucional, no supo controlar hasta que fue cesada, víctima de sus propios actos[61]. Entre dichos actos constituyentes dictados por la Asamblea Nacional Constituyente como "poder constituyente originario," al margen de la Constitución de 1961, se destacan:

43. En *primer lugar*, el "Decreto mediante el cual se declaró la *reorganización de todos los órganos del Poder Público*" de fecha 12 de agosto de

---

inconstitucionalidad respecto de la aprobación del Estatuto en *Gaceta Constituyente (Diario de Debates), Agosto-Septiembre 1999*, Sesión de 07-08-99, N° 4, pp. 6 a 13.

[60] Véase en *Gaceta* Constituyente *(Diario de Debates), Agosto-Septiembre 1999*, Sesión de 07-08-99, N° 4, p. 144. Véase el texto, además, en *Gaceta Oficial* N° 36.786 de 14-09-99. Como ha señalado Lolymar Hernández Camargo, con la aprobación del Estatuto "quedó consumada la inobservancia a la voluntad popular que le había impuesto límites a la Asamblea Nacional Constituyente... Se auto proclamó como poder constituyente originario, absoluto e ilimitado, con lo cual el Estado perdió toda razón de ser, pues si se mancilló la voluntad popular y su manifestación normativa (la Constitución), no es posible calificar al Estado como de derecho ni menos aun democrático", en *La Teoría del Poder Constituyente, cit.,* p. 73.

[61] Véase Víctor R. Hernández-Mendible, "La contribución del poder judicial a la desaparición de la Constitución, la Democracia y el Estado de Derecho," en *El Nuevo Derecho Constitucional Venezolano, IV Congreso de Derecho Constitucional en homenaje al Doctor Humberto J. Laroche*, Universidad Católica Andrés Bello, Caracas 2000, pp. 81-107.

1999,[62] para cuya emisión la Asamblea invocó que ejercía "el poder constituyente otorgado por este [el pueblo] mediante referendo..."; es decir, que ejercía un "poder constituyente" que le había otorgado el "poder constituyente" (pueblo) en el "referendo," lo cual no era cierto, por lo cual en realidad la Asamblea se fundamentó, para aprobar el Decreto, en "lo dispuesto en el artículo primero del Estatuto de esta Asamblea" mediante el cual se había conferido, a sí misma, dicho supuesto carácter de "poder constituyente originario."

44. En *segundo lugar*, el decreto de 19 de agosto de 1999 mediante el cual la Asamblea Nacional Constituyente resolvió declarar "al Poder Judicial en emergencia" (Art. 1°), creando una Comisión de Emergencia Judicial, que asumió el proceso de intervención de la Justicia,[63] lesionando la autonomía e independencia del Poder Judicial, suplantando los órganos regulares del gobierno y administración de la Justicia.[64] El Decreto tuvo la misma fundamentación que el anterior: "en ejercicio del poder constituyente originario" otorgado por el pueblo a la Asamblea mediante referendo, lo cual no era cierto, pues fue mediante el artículo 1° del Estatuto de Funcionamiento de la propia Asamblea y el artículo único del Decreto de la Asamblea que declaró la reorganización de todos los Poderes Públicos constituidos, con los cuales la Asamblea se había auto conferido dicho poder. Este proceso de intervención política del poder judicial incluso fue formalmente conocido por la Corte Suprema de Justicia, la cual, como juez constitucional, adoptó el 23 de agosto de 1999 un desafortunado Acuerdo,[65] en el cual "fijó posición" ante la intervención llegando a aceptarla mediante la designación de uno de sus propios magistrados como integrante de la Comisión de Emergencia Judicial nombrada por la Asamblea.

45. En *tercer lugar*, el "Decreto mediante el cual *se regulan las funciones del Poder Legislativo*"[66] dictado por la Asamblea el 25 de agosto de 1999, reformado cinco días después, el 30 de agosto de 1999[67]; arrogándose esta vez directa y abiertamente un "poder constituyente originario" que nadie le había otorgado, sino ella misma en su propio Estatuto de funcionamiento. Mediante este Decreto, la Asamblea, materialmente declaró la cesación de las Cámaras Legislativas (Senado y Cámara de Diputados), cuyos miembros ha-

---

62   *Gaceta Oficial* N° 36.764 de 13-08-99. Véase en Gaceta Constituyente (Diario de Debates), Agosto-Septiembre de 1999, *cit.*, Sesión de 12-08-99, N° 8, pp. 2 a 4.

63   *Gaceta Oficial* N° 36.772 de 25-08-99 reimpreso en *Gaceta Oficial* N° 36.782 de 08-09-99.

64   Véase en Allan R. Brewer-Carías, *Debate Constituyente,* Tomo I, *op. cit.,* p. 57 a 73; y en *Gaceta Constituyente (Diario de Debates), Agosto-Septiembre de 1999, cit,* Sesión de 18-08-99, N° 10, pp. 17 a 22. Véase el texto del Decreto en *Gaceta Oficial* N° 36.782 de 08-09-99.

65   Véanse nuestros comentarios sobre el Acuerdo en Lolymar Hernández Camargo, *La Teoría del Poder Constituyente, cit,* pp. 75 y ss.

66   *Gaceta Oficial* N° 36.772 de 25-08-99.

67   *Gaceta Oficial* N° 36.776 de 31-08-99.

bían sido electos unos meses antes, en noviembre de 1998, atribuyéndole además, inconstitucionalmente, la función legislativa del Estado a la Comisión Delegada del Congreso y a la propia Asamblea Constituyente.[68] En el Decreto de regulación del Poder Legislativo, la Asamblea también intervino y eliminó las Asambleas Legislativas de los Estados de la Federación, violando la Constitución y vulnerando la autonomía de aquellos, al disponer que las funciones de las mismas serían ejercidas por unas Comisiones Delegadas de cada una, regulando la forma de su integración (Art. 11); y además, revocando el mandato de los Diputados de las Asambleas que no integrasen las Comisiones delegadas respectivas (Art. 12), en desconocimiento que tales diputados fueron electos por el voto popular, universal, libre, directo y secreto expresado en octubre de 1998, que la referida Asamblea Constituyente decía representar.

46. Finalmente, en *cuarto lugar*, el Decreto del "Régimen de Transición del Poder Público,"[69] dictado el 22 de diciembre de 1999, dos días después de la "proclamación" de la nueva Constitución luego de haber sido aprobada por el pueblo, pero una semana antes de su entrada formal en vigencia, pues la publicación de la Constitución en *Gaceta Oficial* fue demorada hasta el 30 de diciembre de 1999,[70] mediante el cual la Asamblea modificó la propia Constitución (y su régimen transitorio) recién aprobada (15-12-1999), sin someter ese "acto constitucional" a la aprobación popular.

47. De todo ello, en particular, se destaca que en materia judicial, como se dijo, la Asamblea Nacional Constituyente declaró "al Poder Judicial en emergencia" (art. 1°),[71] creando una "Comisión de Emergencia Judicial," con la cual se inició en Venezuela el interminable proceso de intervención política del Poder Judicial,[72] y que asumió atribuciones incluso de evaluar hasta el

---

[68] Véase en *Gaceta Constituyente (Diario de Debates), Agosto-Septiembre 1999, cit.,* Sesión de 25-08-99, N° 13, pp. 12 a 13 y 27 a 30 y Sesión de 30-08-99, N° 16, pp. 16 a 19. Véase el texto del Decreto en *Gaceta Oficial* N° 36.772 de 26-08-99. Con posterioridad, sin embargo, y con la intermediación de la Iglesia Católica, el 9-9-99, la directiva de la Asamblea llegó a un acuerdo con la directiva del Congreso, con lo cual, de hecho, se dejó sin efecto el contenido del Decreto, siguiendo el Congreso funcionando conforme al régimen de la Constitución de 1961. Véase el texto del Acuerdo en *El Nacional,* Caracas 10-9-99, p. D-4.

[69] Véase en *Gaceta Oficial* N° 36.859 de 29-12-99.

[70] Véase en *Gaceta Constituyente (Diario de Debates), Noviembre 1999-Enero 2000, cit.,* Sesión de 22-12-99, N° 51, pp. 2 y ss. Véase *Gaceta Oficial* N° 36.859 de 29-12-99; y *Gaceta Oficial* N° 36.860 de 30-12-99.

[71] El 19 de agosto de 1999, la Asamblea Nacional Constituyente resolvió declarar "al Poder Judicial en emergencia," *Gaceta Oficial* N° 36.772 de 25-08-1999 reimpreso en *Gaceta Oficial* N° 36.782 de 08-09-1999. Véase en *Gaceta Constituyente (Diario de Debates), Agosto-Septiembre de 1999, cit.,* Sesión de 18-08-1999, N° 10, pp. 17 a 22. Véase el texto del Decreto en *Gaceta Oficial* N° 36.782 de 08-09-1999.

[72] *Gaceta Oficial* N° 36.772 de 25-08-1999 reimpreso en *Gaceta Oficial* N° 36.782 de 08-09-1999.

desempeño de la propia antigua Corte Suprema de Justicia (arts. 3.3 y 4), decidir sobre la destitución y suspensión de jueces y funcionarios judiciales, y sobre la designación de suplentes o conjueces para sustituir temporalmente a los jueces destituidos o suspendidos (art. 8).

48. La Emergencia Judicial declarada en agosto de 1999, supuestamente debía tener vigencia hasta que entrara en vigencia la nueva Constitución (art. 32), la cual en efecto, se sancionó en noviembre de 1999, se aprobó por el pueblo en referendo de 15 de diciembre de 1999, y se publicó el 30 de diciembre del mismo año 1999. Sin embargo, la situación de emergencia no cesó, y en la práctica continuó *sine die*, entre otras razones, fundamentalmente, por la decisión del Tribunal Supremo de Justicia de no asumir la organización de la Jurisdicción Disciplinaria Judicial como parte de su función de gobierno judicial conforme a las competencias que le asignó la nueva Constitución de 1999 (art. 267). El Tribunal Supremo, en cambio, aceptó y avaló la prórroga de la transitoriedad constitucional, renunciando incluso a ejercer la iniciativa legislativa en materia judicial conforme a las expresas competencias que le asignó la Constitución (Art. 204.4), prefiriendo incluso, que la Comisión de Funcionamiento y Reestructuración del Poder Judicial que se creó en el régimen transitorio constitucional dictado mediante el "Decreto de Régimen Transitorio del Poder Público"[73] de 22 de diciembre de 1999, y que sustituyó a la de "Emergencia," fuese la que dictase hasta la normativa pertinente del procedimiento de selección y designación de los jueces, sin garantizarse siquiera la participación ciudadana.[74]

49. Además, antes, debe recordarse que la Asamblea Nacional Constituyente, en 1999, también había dictado otro Decreto mediante el cual se le atribuyeron a la anterior Comisión de Emergencia Judicial, la cual en este decreto se precisó que supuestamente debía tener duración "hasta el 16 de diciembre del presente año" (1999), en forma completamente al margen de la Constitución, unas atribuciones para reglamentar el plan de evaluación de los jueces, determinar la permanencia o sustitución de los mismos y el régimen de selección y concursos (artículo único).[75]

50. En todo caso, fue con fundamento en el Decreto de la Emergencia Judicial que originó la intervención del Poder Judicial, con lo que se comenzó a realizar en Venezuela una verdadera "depuración" del Poder Judicial, me-

---

[73] Véase en *Gaceta Constituyente (Diario de Debates), Noviembre 1999-Enero 2000, cit.,* Sesión de 22-12-1999, N° 51, pp. 2 y ss. Véase *Gaceta Oficial* N° 36.859 de 29-12-1999; y *Gaceta Oficial* N° 36.860 de 30-12-1999.

[74] Véase las Normas de Evaluación y Concursos de Oposición para el Ingreso y Permanencia en el Poder Judicial dictadas por la Comisión de Funcionamiento y Reestructuración del Sistema Judicial de marzo de 2000. En *Gaceta Oficial* N° 36.910, de fecha 14 de marzo de 2000). Véase la sentencia de la Sala Constitucional del Tribunal Supremo N° 1326 de 02-11-2000, en *Revista de Derecho Público,* N° 84, Editorial Jurídica Venezolana, Caracas, 2000, pp. 111 y ss.

[75] *Gaceta Oficial* N° 36.832 de 18-11-1999.

diante la destitución y suspensión de centenares de jueces con precaria garantía al derecho a la defensa, para sustituirlos mediante la designación en forma indiscriminada por "nuevos" jueces suplentes e interinos, sin sistema alguno de selección, quedando dependientes del nuevo Poder político que los había designado.[76] Luego, con el tiempo, se procedió a transformarlos en jueces "titulares" sin concurso público alguno ni participación ciudadana. Con ello, el Poder Judicial en Venezuela quedó signado por la provisionalidad[77] y la temporalidad, convertida luego en "titularidad," con su inevitable secuela de dependencia respecto del nuevo Poder político, sin que se hubiera realizado concurso alguno para la selección de jueces.

51. Como antes se señaló, la antigua Corte Suprema de Justicia, por su parte, durante el proceso constituyente de intervención judicial, en fecha 23 de agosto de 1999, adoptó el mencionado Acuerdo[78] con el cual aceptó la violación de la propia autonomía del Supremo Tribunal, no sólo fijando posición ante el Decreto de Reorganización del Poder Judicial dictado por la Asamblea Nacional Constituyente, sin condenarlo; sino avalando la creación de una Comisión de Emergencia Judicial, llegando incluso a nombrar a uno de sus Magistrados como miembro de la misma. Con dicho Acuerdo, en definitiva, la Corte Suprema de Justicia decretó su propia extinción, como de hecho ocurrió sólo tres meses después, cuando la misma Asamblea Constituyente dictó el "Decreto de Régimen Transitorio del Poder Público"[79] el 22 de diciembre de 1999, mediante el cual la Corte fue eliminada, y los Magistrados del nuevo Tribunal Supremo de Justicia, aún sin haber entrado en vigencia la Constitución que fue publicada el 31 de diciembre, fueron designados. Con ello, la intervención constituyente del Poder Judicial también tocó al Tribunal Supremo, el cual desde 1999 fue objeto de interferencia habiéndose sometido desde el inicio a los designios de quienes han controlado el poder político desde el Poder Ejecutivo y la Asamblea Nacional.

52. En efecto, mediante el mencionado Decreto de Transición del Poder Público de 22 de diciembre de 1999, la Asamblea Nacional Constituyente organizó el nuevo Tribunal Supremo nombrando sus Magistrados en un

---

[76] Es lo que el profesor Chavero califica como "purga." Véase Rafael J. Chavero Gazdik, *La Justicia Revolucionaria. Una década de Reestructuración (o Involución) Judicial en Venezuela,* Editorial Aequitas, Caracas 2011, pp. 58, 59.

[77] Por ello, sólo dos años después del inicio del proceso de intervención, en agosto de 2001, los Magistrados del Tribunal Supremo de Justicia ya admitían que más del 90% de los jueces de la República eran provisionales. Véase *El Universal*, Caracas 15-08-2001, p. 1-4. En mayo de 2001 otros Magistrados del Tribunal Supremo reconocían el fracaso de la llamada "emergencia judicial". Véase *El Universal,* Caracas 30-05-2001, p. 1-4.

[78] Acuerdo de la Suprema de Justicia de 23-08-1999. Véanse los comentarios de Lolymar Hernández Camargo, *La Teoría del Poder Constituyente, cit.,* pp. 75 y ss.

[79] Véase en *Gaceta Constituyente (Diario de Debates), Noviembre 1999-Enero 2000, cit.,* Sesión de 22-12-1999, N° 51, pp. 2 y ss. Véase *Gaceta Oficial* N° 36.859 de 29-12-1999; y *Gaceta Oficial* N° 36.860 de 30-12-1999.

número de 20 (5 en la Sala Constitucional y 3 en cada una de las Salas: Político Administrativa, de Casación Civil, Penal, Electoral y Social), número que ni siquiera la Constitución había previsto pues ello se había dejado para ser establecido en la ley, sin cumplirse con las exigencias y condiciones para ser Magistrado establecidas en la nueva Constitución.[80] Con ello, el Tribunal resultó "transitoriamente" integrado casi completamente por personas sin mayor trayectoria en el Poder Judicial, pero militantes del partido de gobierno. El Decreto, además, como se dijo, transformó la Comisión de Emergencia Judicial que había creado la Asamblea Constituyente para intervenir el Poder Judicial, en una Comisión de Reorganización y Funcionamiento del Poder Judicial. En cuanto a la normativa "constitucional" del decreto, a pesar de no haber sido aprobada por el pueblo, por decisión del propio Tribunal Supremo creado en la misma, quedó inmune a toda posibilidad de control judicial, ya que dicho Tribunal consideró que no estaba sometida ni a la nueva (1999) ni a la vieja (1961) Constitución,[81] resultando de ello una especie de régimen "paraconstitucional" que pasó a formar parte del "bloque de la constitucionalidad," a pesar de que, cómo se dijo, no haber sido aprobado por el pueblo.[82]

53. Uno de los objetivos de ese régimen de transición constitucional no aprobado popularmente había sido precisamente la "creación" y el nombramiento de los propios Magistrados del Tribunal Supremo de Justicia por la Asamblea Constituyente sin autoridad alguna para ello que le hubiera sido conferida por el pueblo, y peor aún, sin cumplir las condiciones impuestas en la nueva Constitución para tales nombramientos, y sin garantizar el derecho ciudadano a participar en los mismos a través del Comité de Postulaciones Judiciales que conforme a la Constitución debía estar integrado sólo y exclusivamente por representantes de los "diversos sectores de la sociedad" (art. 270). Ese Comité, en la forma como fue concebido, puede decirse que nunca ha sido creado hasta el presente, habiendo sido las normas constitucionales sucesivamente distorsionadas por la Asamblea Nacional, con el silencio de la Sala Constitucional, al convertirlo de hecho en una "comisión parlamentaria" más, sujeta a la Asamblea Nacional.[83] Esto ocurrió en 2000, cuando la recién electa Asamblea Nacional, en lugar de sancionar la Ley Orgánica del Tribu-

---

[80] Véase Sentencia del Tribunal Supremo de Justicia en Sala Constitucional, N° 1562, Caso: *Defensoría del Pueblo contra la Ley Especial para la Ratificación o Designación de los Funcionarios y Funcionarias del Poder Ciudadano y Magistrados y Magistradas del Tribunal Supremo de Justicia,* de 12-12-2000, en *Revista de Derecho Público,* N° 84, Editorial Jurídica Venezolana, Caracas, 2000, p. 109.

[81] Véase sentencia N° 6 de fecha 27-01-2000, en *Revista de Derecho Público,* N° 81, Editorial Jurídica Venezolana, Caracas, 2000, pp. 81 ss.

[82] Véase sentencia de 28 de marzo de 2000 (*caso: Allan R. Brewer-Carías y otros),* en *Revista de Derecho Público,* N° 81, Editorial Jurídica Venezolana, Caracas, 2000, p. 86.

[83] Véase Allan R. Brewer-Carías, "La participación ciudadana en la designación de los titulares de los órganos no electos de los Poderes Públicos en Venezuela y sus vicisitudes políticas", en *Revista Iberoamericana de Derecho Público y Administrativo,* Año 5, N° 5-2005, San José, Costa Rica 2005, pp. 76-95.

nal Supremo para regular dicho Comité de Postulaciones Judiciales, lo que dictó fue una "Ley Especial para la Ratificación o Designación de los Funcionarios del Poder Ciudadano y Magistrados y Magistradas del Tribunal Supremo de Justicia para su Primer Periodo Constitucional."[84] En esta Ley, en lugar de crearse el Comité de Postulaciones Judiciales que exigía la nueva Constitución, se creó una Comisión Parlamentaria integrada con mayoría de diputados para escoger a los referidos funcionarios. La sociedad civil fue marginada, los titulares de los órganos de los Poderes Ciudadano (Fiscal General de la República, Defensor del Pueblo y Contralor General de la República) y Judicial fueron nombrados con la más absoluta discrecionalidad, y en particular, los Magistrados del Tribunal Supremo fueron designados sin que se atendieran algunos de los criterios objetivos que la Constitución establece como condición para ocupar dichos cargos. A través de esta legislación, se consolidó el control político del Ejecutivo a través del dominio de la Asamblea Nacional en relación con todos los Poderes Públicos. Esta violación constitucional fue en todo caso advertida desde el inicio, por lo que la Ley Especial fue impugnada ante el nuevo Tribunal Supremo por la Defensora del Pueblo, por razones de inconstitucionalidad, por violar el derecho a la participación política de los ciudadanos; acción que nunca fue decidida; y cuya introducción le costó a la persona que se desempeñaba como Defensora del Pueblo su permanencia en el cargo.

54. Lo sorprendente fue, sin embargo, que mediante una medida cautelar de amparo que había solicitado la misma Defensora del Pueblo, los Magistrados de la Sala Constitucional del Tribunal Supremo, en lugar de inhibirse de conocer del caso que los involucraba a ellos mismos, decidieron "en causa propia," resolviendo que la Constitución no les era aplicable a ellos, porque supuestamente no iban a ser "designados" sino que lo que iban era a ser "ratificados," burlándose así la Constitución. Dichos Magistrados, en efecto, adoptaron el punto de vista de que ellos podían ser "ratificados" en sus cargos de acuerdo con la Ley Especial sin cumplir las condiciones impuestas para los nombramientos en la Constitución, porque esta sólo regulaba el "nombramiento" de los Magistrados y no contemplaba normas relativas a su "ratificación," que era la que se aplicaría a los que estaban ocupando el cargo, y era la que se regulaba en el "Régimen de Transición de los Poderes Públicos" que la Sala consideraba que tenía rango constitucional.[85]

55. En esa forma se produjo el nombramiento y ratificación de los Magistrados del Tribunal Supremo de Justicia en 2000, con una integración con marcada influencia política, que lo tornó inefectivo en el control de la constitucionalidad de los actos ejecutivos.

---

[84] Véase *Gaceta Oficial* N° 37.077 del 14-11-2000.

[85] Véase Tribunal Supremo de Justicia, Sala Constitucional, Decisión del 12-12-2000 en *Revista de Derecho Público,* N° 84, Editorial Jurídica Venezolana, Caracas, 2000, p. 109.

IV. LA INTERMINABLE TRANSITORIEDAD CONSTITUCIONAL DEL RÉGIMEN DEL PODER JUDICIAL DESDE 2000 EN DESMEDRO DE LA INDEPENDENCIA Y AUTONOMÍA DE LOS JUECES

56. En todo caso, la Asamblea Nacional Constituyente, al sancionar la Constitución de 1999, eliminó el órgano con autonomía funcional que había sido creado en la Constitución de 1961 para el gobierno y administración del Poder Judicial, denominado "Consejo de la Judicatura," y en su lugar asignó dichas funciones al Tribunal Supremo de Justicia, para lo cual la Constitución dispuso, como antes se indicó, que el mismo tendría una Dirección Ejecutiva de la Magistratura (art. 267). En el texto de la Constitución, por otra parte, en la *Disposición Transitoria Cuarta,* solo se hizo mención a una "Comisión de Funcionamiento y Reestructuración del Sistema Judicial" única y exclusivamente para que desarrollase transitoriamente el "sistema de defensa pública" hasta que se dictase la ley respectiva.[86] Debe recordarse que para el momento de la aprobación mediante refrendo de la Constitución el 15 de diciembre de 1999, lo único que existía era la "Comisión de Emergencia Judicial" que había funcionado durante las sesiones de la Asamblea Nacional Constituyente. La Disposición Transitoria Cuarta del texto constitucional aprobado popularmente y que fue el publicado, por tanto, se refería a una inexistente, para ese momento, "Comisión de Funcionamiento y Reestructuración del Sistema Judicial."

57. En todo caso, esa incongruencia constitucional pronto tendría su razón de ser, lo cual se materializó días después del referendo aprobatorio de la Constitución, como se dijo, con la creación formal de la mencionada "Comisión de Funcionamiento y Reestructuración del Sistema Judicial," con atribuciones universales en materia judicial, en el régimen transitorio dictado por la Asamblea Nacional Constituyente y contenido en el "Decreto del Régimen de Transición del Poder Público" (art. 27) de 22 de diciembre de 1999.[87] En el mismo se dispuso que mientras el Tribunal Supremo organizaba la Dirección Ejecutiva de la Magistratura, el gobierno y administración del Poder Judicial, la inspección y vigilancia de los Tribunales, y todas las competencias que la legislación para ese momento vigente atribuían al antiguo Consejo de la Judicatura, serían ejercidas por una Comisión de Funcionamiento y Reestructuración del Sistema Judicial (art. 21) que entonces sustituyó a la Comisión de Emergencia Judicial.

---

[86]   Y en efecto, el Sistema Autónomo de la Defensa Pública fue creado por la Comisión de Funcionamiento y Reestructuración del Sistema Judicial, mediante Resolución N° 1.191 del 16 de junio de 2000, en *Gaceta Oficial* N° 37.024 del 29 de agosto de 2000. Conforme al artículo primero de la misma: *"Se crea el Sistema Autónomo de la Defensa Pública a los fines de garantizar el derecho a la defensa. Este sistema es un servicio dotado de autonomía funcional y administrativa y estará adscrito a la Comisión de Funcionamiento y Reestructuración del Sistema Judicial hasta tanto sancione la Ley Orgánica del Servicio de la Defensa Pública".*

[87]   Véase en *Gaceta Oficial* N° 36859 de 29-12-1999.

58. En esta forma, la Asamblea Nacional Constituyente, en una manera evidentemente contraria a la Constitución, le confiscó al propio Tribunal Supremo, cuyos miembros había designado en el mismo Decreto donde cesó a los antiguos magistrados de la anterior Corte Suprema, una de sus nuevas funciones, incluso para que no la pudiera ejercer después de que la nueva Constitución entrara en vigencia, atribuyéndosela a la "Comisión ad hoc" creada y designada por la propia Asamblea Nacional Constituyente, y no por el nuevo Tribunal Supremo; situación irregular que el propio Tribunal Supremo de Justicia luego aceptó resignadamente por más de un lustro, renunciando a ejercer sus competencias constitucionales.

59. Por otra parte, la disposición del artículo 23 del Decreto de Régimen de Transición de los Poderes Públicos de 22 de diciembre de 1999 –aún sin ser parte de la Constitución– se configuró como una verdadera "Disposición Transitoria Constitucional" que como tal debió haber sido incorporada en las Disposiciones Transitorias de la propia Constitución. Ello, sin embargo, como se dijo, no estaba en el proyecto sancionado por la Asamblea Constituyente (15 de Noviembre de 1999) ni en el aprobado popularmente, habiendo sido dictado por la Asamblea Constituyente en evidente usurpación de la voluntad popular (la del pueblo), disponiendo que la competencia disciplinaria judicial que conforme a la Constitución debía corresponder a los tribunales disciplinarios de conformidad con lo que se regula en el artículo 267 de la Constitución recién aprobada, sería en cambio ejercida por la referida Comisión de Funcionamiento y Reestructuración del Sistema Judicial, y no por los jueces. Dicho artículo 23 del Decreto, en todo caso, fue claro en disponer que esa transitoriedad, estaría "vigente *hasta* que la Asamblea Nacional *apruebe la legislación* que determine los *procesos y tribunales* disciplinarios." Ello sólo ocurrió doce años después, en 2011, con lo cual durante más de una década la Jurisdicción disciplinaria simplemente no existió; y si bien se creó en 2011, de nuevo transitoriamente se la hizo depender de la Asamblea Nacional en forma evidentemente inconstitucional.

60. Era evidente que conforme a la nueva Constitución, a partir de 1999 sólo los jueces podían ejercer la función disciplinaria judicial (art. 253), por lo que era totalmente ilegítimo y contrario a la garantía del debido proceso (art. 49), el que se atribuyeran funciones judiciales disciplinarias respecto de los jueces a una "Comisión" *ad hoc* como la mencionada, que no era siquiera un tribunal. Si se trataba de establecer, así fuera arbitrariamente, un régimen transitorio para la jurisdicción disciplinaria, las funciones judiciales que ello implicaba constitucionalmente, debieron atribuirse al menos a tribunales o jueces preexistentes, y no a una "Comisión" *ad hoc*, pues ello, además, violaba la garantía del debido proceso y del juez natural que la nueva Constitución regulaba expresamente (art. 49).

61. Con posterioridad al Decreto sobre Régimen Transitorio de diciembre de 1999 que creó la mencionada Comisión, la Asamblea Nacional Constituyente, como antes se indicó, incluso ya habiendo cesado sus funciones de redacción de la Constitución, dictó otros dos Decretos el 18 de enero de 2000

en relación con el Poder Judicial, también "en ejercicio del poder soberano constituyente originario", que fueron el relativo a la designación del "Inspector de Tribunales,"[88] y el relativo a la designación de los miembros de la Comisión de Funcionamiento y Reestructuración del Poder Judicial;[89] todo marginando al Tribunal Supremo de Justicia que supuestamente era quien tenía a su cargo el gobierno y administración del Poder Judicial. Como luego lo constataría la Sala Político Administrativa del Tribunal Supremo en la sentencia N° 1173 de 23 de mayo de 2000, correspondiendo al Tribunal Supremo "conforme a lo previsto en la Constitución de la República Bolivariana de Venezuela, la función de dirección, gobierno y administración del Poder Judicial, que antes tenía atribuida el Consejo de la Judicatura," mientras se establecía la Dirección Ejecutiva de la Magistratura, "la Asamblea Nacional Constituyente creó la Comisión de Funcionamiento y Reestructuración del Sistema Judicial, como órgano encargado de garantizar el buen funcionamiento del Poder Judicial, a los fines de establecer un nuevo Poder."[90]

62. La prolongación del régimen de transición constituyente, con la anuencia del Tribunal Supremo, hizo entonces nugatoria la aplicación de la exigencia de los concursos para la designación de los jueces, quedando la norma constitucional sólo como una buena intención. Incluso, sobre el tema, la propia Sala Político Administrativa del Tribunal Supremo, en sentencia N° 659 de 24 de marzo de 2000 (Caso: *Rosario Nouel*), llegó a justificar la "necesaria intervención del Poder judicial" argumentado que "para que ese poder (judicial) se adapte y cumpla con el rol que le asigna el nuevo texto constitucional, es necesario que quienes lo componen sean el resultado de un proceso público de evaluación y concurso, que no tan solo aseguren su idoneidad y excelencia, sino que garantice el conocimiento por parte de éstos de los principios y valores de la Constitución, a los efectos de evitar una ruptura entre Estado y Sociedad. En ese sentido el rol protagónico del pueblo consustanciado con la idea democrática, se materializa a través de su participación intensa en los procesos de selección y evaluación de los Jueces (Artículo 255 de la Constitución de la República Bolivariana de Venezuela)."[91] Por supuesto, textos como este no pasaron de ser pura retórica, habiendo llegado la sentencia a decir que:

> "...la participación ciudadana debe orientarse y manifestarse desde la selección de jurados en el inicio de los procesos de evaluación y concurso a través de la sociedad civil organizada; en la consulta sobre los aspirantes a ser jueces o juezas; en su presencia o intervención en los concursos públicos; así como en la selección definitiva del Juez y

---

[88] *Gaceta Oficial* N° 36.878 de 26-01-2000

[89] *Gaceta Oficial* N° 36.878 de 26-01-2000

[90] Véase en *Revista de Derecho Público*, N° 82, Editorial Jurídica Venezolana, Caracas, 2000, p. 160.

[91] Véase sentencia N° 659 de 24-03-2000 (Caso: *Rosario Nouel*), en *Revista de Derecho Público*, N° 81, Editorial Jurídica Venezolana, Caracas, 2000, p. 104.

en el control permanente que la sociedad debe hacer en relación a la conducta pública y privada, en la actuación del Juez como administrador de justicia, en su comportamiento profesional, académico y aún familiar" [92]

63. Nada de ello, ha ocurrido en Venezuela hasta la fecha (2013), y al contrario, si algo ha sido constante, ha sido la negativa sistemática a la posibilidad misma de la participación ciudadana en el proceso de elección de los jueces, derivada de un interminable régimen transitorio que la ha impedido. Y lo peor es que luego de esas declaraciones, la misma sentencia de la Sala Político Administrativa pasó a justificar *"la necesaria intervención de los Poderes Públicos a fin de la relegitimación de los mismos en el marco de un Proceso Constituyente"* señalando al no haber estado supuestamente garantizada en el anterior régimen legal y constitucional (de la Constitución de 1961) "la intervención y participación de los ciudadanos en los distintos procesos de selección y nombramiento de los jueces" se había supuestamente:

"producido una inconstitucionalidad sobrevenida, decayendo el objeto de los diferentes actos de nombramiento, por lo que se establece con las "Normas de Evaluación y Concurso de Oposición para el Ingreso y Permanencia en el Poder Judicial", de fecha 14 de febrero del año 2000, publicadas en *Gaceta Oficial* N° 36.899 de fecha 24 de febrero del mismo año, el desarrollo de procedimientos destinados a garantizar la credibilidad y legitimidad del sistema de justicia, por medio de controles sociales e institucionales sobre el comportamiento de los jueces, idoneidad que se hace indispensable para lograr su capacidad profesional e independencia."[93]

64. Por supuesto, nada de ello ocurrió y la intervención constituyente del Poder Judicial se prolongó mucho más allá de la transición constitucional supuestamente limitada, por lo que a pesar de la creación de la Dirección Ejecutiva de la Magistratura, la Comisión *ad hoc* de intervención siguió funcionando sin que se hubiese respondido el llamado "de atención" que la misma Sala Político Administrativa del Tribunal Supremo hizo en la sentencia N° 1173 de 23 de mayo de 2000, indicándole:

"a la Comisión de Funcionamiento y Reestructuración del Sistema Judicial, respecto del ejercicio de los importantes cometidos que le han sido impuestos, mientras se establece la Dirección Ejecutiva de la Magistratura, toda vez que de su oportuno ejercicio depende en gran medida la deseada reestructuración y relegitimación del Poder Judicial. En efecto, debe esta Sala advertir que resulta imperioso para el mantenimiento del Estado de Derecho, el libre acceso de los ciudadanos a los órganos de justicia consagrado en el artículo 26 de la Constitución de la República

---

[92] *Id.*

[93] *Id.*

Bolivariana de Venezuela y la vigencia de las instituciones y que el Poder Judicial pueda, en la práctica, cumplir con sus objetivos mediante la designación de los jueces y funcionarios necesarios para ello. En razón de ello, se deben tomar las medidas pertinentes a los fines de proveer de forma inmediata los cargos de Jueces en los Tribunales donde fueron suspendidos o destituidos Jueces durante la emergencia judicial, a los fines de garantizar el nuevo modelo de Estado, comprometido con una justicia proba, honesta, idónea, de calidad, donde se garantice a los ciudadanos, el acceso a la justicia y el obtener de los órganos encargados de la administración de justicia, una tutela judicial efectiva.[94]

65. Sin embargo, la realidad fue que la situación de absoluta transitoriedad y de inaplicación del texto constitucional se prolongó posteriormente por la omisión del mismo Tribunal Supremo en implementarlo, incluso a pesar de que el 2 de agosto de 2000, dictó la "Normativa Sobre la Dirección, Gobierno y Administración del Poder Judicial," con la cual se pretendía dar satisfacción al expreso mandato constitucional del artículo 267, supuestamente para "poner fin a la vigencia del régimen transitorio dictado por el Constituyente," lo cual sin embargo, no ocurrió.

66. En efecto, en el artículo 1° de la referida Normativa el Tribunal Supremo dispuso la creación de "la Dirección Ejecutiva de la Magistratura como órgano auxiliar del Tribunal Supremo de Justicia, con la finalidad de que ejerza por delegación las funciones de dirección, gobierno y administración del Poder Judicial." Esta Dirección Ejecutiva de la Magistratura se erigió entonces como un órgano del Tribunal Supremo en el ejercicio de sus atribuciones relativas a la dirección, gobierno y administración del Poder Judicial, es decir, se trató de un órgano que ejerce por delegación tales atribuciones que, se insiste, son propias de este Tribunal Supremo de Justicia. Pero en materia de jurisdicción disciplinaria de los jueces, en el artículo 30 de la misma Normativa, el Tribunal Supremo, sin justificación ni competencia algunas, y en fraude a la Constitución, prorrogó la existencia y funcionamiento de la Comisión de Funcionamiento y Reestructuración, que debía ser organizada en la forma que determinase el Tribunal Supremo de Justicia, la cual sólo tendría a su cargo, luego de la vigencia de la referida Normativa, "funciones disciplinarias mientras se dicta la legislación y se crean los correspondientes Tribunales Disciplinarios."

67. El Tribunal Supremo, así, renunció expresamente a ejercer una de sus funciones incluso en materia de dictar la normativa respecto del gobierno del Poder judicial, y tan fue así, que fue la propia "Comisión de Funcionamiento y Reestructuración del Sistema Judicial," la que, sin base constitucional o legal alguna, en noviembre de 2000 dictó la nueva "normativa" para la sanción y destitución de los jueces, contenida en el Reglamento de la Comisión y Fun-

---

[94]   Véase en *Revista de Derecho Público*, N° 82, Editorial Jurídica Venezolana, Caracas, 2000, p. 160.

cionamiento y Reestructuración del Sistema Judicial;[95] "normativa", con el cual procedió definitivamente a "depurar" el Poder Judicial de jueces no comprometido políticamente con el Gobierno. Lo insólito, es que dicho "reglamento" ni siquiera fue dictado por el propio Tribunal Supremo que, conforme a la Constitución, es el que tiene a su cargo el gobierno y administración del Poder Judicial, y ésta lo haya aceptado, avalando el funcionamiento de una inconstitucional Comisión, admitiendo no sólo que ésta dictase sus propias normas de funcionamiento, sino el régimen disciplinario de los jueces, es decir, el régimen sancionatorio y de destitución de los mismos.

68. De todo ello resultó que después de sancionada la Constitución, su artículo 267 que dispone (i) que la jurisdicción disciplinaria judicial estará a cargo de los tribunales disciplinarios; (ii) que el régimen disciplinario de los magistrados y jueces estará fundamentado en el *Código de Ética* del Juez Venezolano, que debía dictar la Asamblea Nacional; y (iii) que el procedimiento disciplinario debe ser público, oral y breve, conforme al debido proceso, no ha estado nunca en aplicación efectiva en Venezuela, ni siquiera a partir de 2011, cuando se ha pretendido ejecutar la norma constitucional con la creación de una Jurisdicción Disciplinaria sujeta a la Asamblea nacional.

69. Durante más de una década, la ausencia de desarrollo legislativo de la Constitución lo que hizo fue prolongar la transitoriedad constituyente, desconociéndose abiertamente la Constitución, lo que se desprende, incluso, de las propias decisiones del Tribunal Supremo. Así lo reconoció y avaló la Sala Plena en su sentencia N° 40 de 15 de noviembre de 2001, en la cual se detalla que el artículo 22 del Régimen de Transición del Poder Público de diciembre de 1999 había dispuesto que *mientras el Tribunal Supremo de Justicia no organizase a la Dirección Ejecutiva de la Magistratura* (prevista, en el artículo 267 constitucional), las competencias relativas a "inspección y vigilancia de los Tribunales" serían ejercidas por la "Comisión de Funcionamiento y Reestructuración del Sistema Judicial" que la Asamblea había establecido. Además, el artículo 29 del mismo Régimen estableció que la Inspectoría General de Tribunales -hasta ese entonces organizada y regida por las normas de la Ley Orgánica del Consejo de la Judicatura- sería un órgano auxiliar de la nombrada Comisión, en la inspección y vigilancia de los Tribunales de la República con facultades para la instrucción de los expedientes disciplinarios de los Jueces y demás funcionarios judiciales. Asimismo, dispuso dicha norma que el Inspector General de Tribunales y su suplente, serían designados por la Asamblea Nacional Constituyente, con carácter provisional hasta el funcionamiento efectivo de la Dirección Ejecutiva de la Magistratura.

70. Debe recordarse lo antes comentado, en el sentido de que la prolongación de la "emergencia judicial" en gran parte fue obra del propio Tribunal Supremo de Justicia. El 2 de agosto de 2000 el Tribunal Supremo de Justicia, actuando en acatamiento de lo ordenado en el artículo 267 de la Constitución, dictó la "Normativa Sobre la Dirección, Gobierno y Administración del Poder

---

[95]   Véase en *Gaceta Oficial* N° 37.080, de 17-11-2000

Judicial", con lo que se buscó, como lo afirmó el Supremo Tribunal en la sentencia N° 40, la parcial satisfacción de un expreso mandato constitucional (artículo 267), ya que la "emergencia" continuó en cuanto al régimen disciplinario de los jueces. La propia Sala Plena apuntó sobre la transitoriedad en la sentencia N° 40 de 2001, que el artículo 30 de la misma Normativa estableció que "la Comisión de Funcionamiento y Reestructuración organizada en la forma que lo determine el Tribunal Supremo de Justicia, sólo tendrá a su cargo [luego de la vigencia de esta Normativa] funciones disciplinarias mientras se dicta la legislación y se crean los correspondientes Tribunales Disciplinarios". Quedó así esa Comisión en el ejercicio de funciones transitorias en la materia antes indicada.[96]

71. La Sala Plena, además, estableció que mediante la norma contenida en el artículo 2 de la Normativa Sobre la Dirección, Gobierno y Administración del Poder Judicial se había creado la Comisión Judicial, como órgano del Tribunal Supremo de Justicia, "con la finalidad de que ejerza por delegación las funciones de control y supervisión de la Dirección Ejecutiva de la Magistratura y las demás previstas en esta normativa." Se trataba, dijo la Sala, "también en este caso de un órgano carente de atribuciones propias ya que su finalidad específica es ejercer, por delegación las atribuciones constitucionalmente asignadas al Tribunal Supremo de Justicia." Igualmente se refirió el Tribunal Supremo al artículo 22 de la misma Normativa que había creado a la Inspectoría General de Tribunales como "una unidad autónoma dirigida por el Inspector General de Tribunales y adscrita a la Comisión Judicial del Tribunal Supremo de Justicia," agregando que:

"Se inscribe así la Inspectoría General de Tribunales en el marco de la organización prevista, en desarrollo del Texto Constitucional, para el ejercicio de las funciones de este Supremo Tribunal relativas a la inspección y vigilancia de los Tribunales de la República. Se configura así este órgano, como un instrumento que, dotado de cierto grado de autonomía - cuyo alcance no es ilimitado, y debe, por ello, ser precisado por la Sala Plena de este Tribunal Supremo de Justicia- coadyuva en el ejercicio de tales funciones que son propias del Máximo Tribunal."[97]

72. Toda esta transitoriedad descrita en esta sentencia del Tribunal Supremo, en la cual se resume, en definitiva, cómo y porqué la garantía constitucional de la autonomía e independencia de los jueces consistente en que los mismos solo pueden ser removidos de sus cargos mediante procedimientos disciplinarios, llevados por jueces disciplinarios que formen parte de una Jurisdicción Disciplinaria Judicial, continuó posteriormente siendo inaplicada con el aval tanto de la Asamblea Nacional como del propio Tribunal Supremo. Incluso, la Sala Político-Administrativa del Tribunal Supremo de Justicia llegó a resolver que la remoción de jueces temporales era una *facultad discre-*

---

[96] Véase en *Revista de Derecho Público*, N° 85-88, Editorial Jurídica Venezolana, Caracas, 2001, pp. 159 y ss.

[97] *Id.*

cional de la Comisión de Funcionamiento y Reestructuración del Sistema Judicial, la cual podía adoptar sus decisiones sin seguir procedimiento administrativo alguno,[98] la cual, además de remover a los jueces en forma discrecional sin garantía alguna del debido proceso,[99] como antes se indicó y lo destacó la Comisión Interamericana de Derechos Humanos en su *Informe de 2009*, lo peor es que ella misma, no gozaba de independencia, pues sus integrantes eran de la libre remoción discrecional de la Sala Constitucional.[100]

73. Esa Comisión *ad hoc*, por tanto, literalmente "depuró" la judicatura de jueces que no estaban en línea con el gobierno nacional, como lo reconoció la propia Sala Constitucional,[101] removiendo discrecionalmente jueces que pudieran haber dictado decisiones que no complacieran al Poder Ejecutivo. Esto llevó a la misma Comisión Interamericana de Derechos Humanos a decir, en el *Informe Anual* de 2009, que "en Venezuela los jueces y fiscales no gozan de la garantía de permanencia en su cargo necesaria para asegurar su independencia en relación con los cambios de políticas gubernamentales."[102]

V. LA PROLONGACIÓN DE LA TRANSITORIEDAD CONSTITUCIONAL EN 2004, AL "PRORROGARSE" EL FUNCIONAMIENTO DE LA COMISIÓN AD HOC DE DISCIPLINA JUDICIAL, EN AUSENCIA DE LA JURISDICCIÓN DISCIPLINARIA

74. En mayo de 2004 se sancionó la entonces muy esperada Ley Orgánica del Tribunal Supremo de Justicia,[103] con la cual, lamentablemente, en contra

---

[98]   Véase Decisión N° 00463-2007 del 20-03-2007; Decisión N° 00673-2008 del 24-04-2008 (citada en la Decisión N° 1.939 del 18-12-2008, p. 42). La Sala Constitucional ha establecido la misma posición en la Decisión N° 2414 del 20-12-2007 y Decisión N° 280 del 23-02-2007.

[99]   Véase Tribunal Supremo de Justicia, Decisión N° 1.939 del 18-12-2008 (Caso: *Gustavo Álvarez Arias et al.*), en *Revista de Derecho Público*, N° 116, Editorial Jurídica Venezolana, Caracas, 2008, pp. 89-106. También en http://www.tsj.gov.ve/decisiones/scon/Diciembre/1939-181208-2008-08-1572.html

[100] Véase *Annual Report 2009*, parágrafo 481, en http://www.cidh.org/annualrep/2009 eng/Chap.IV.f.eng.htm.

[101] Decisión N° 1.939 de 18-12-2008 (Caso: *Abogados Gustavo Álvarez Arias y otros*), en la cual la Sala Constitucional decidió que una decisión de 05-08-2008 de la Corte Interamericana de Derechos Humanos es inejecutables en Venezuela (Caso: *Apitz Barbera y otros ["Corte Primera de lo Contencioso Administrativo"] vs. Venezuela [Corte IDH]*, Case: *Apitz Barbera y otros ["Corte Primera de lo Contencioso Administrativo"] vs. Venezuela*, Sentencia de 5 de agosto de 2008, Serie C, N° 182. Véase en *Revista de Derecho Público*, N° 116, Editorial Jurídica Venezolana, Caracas, 2008, pp. 89-106. También en http://www.tsj.gov.ve/decisiones/scon/Diciembre/1939-181208-2008-08-1572.html

[102] Véase *Informe Anual de 2009*, parágrafo 480, en http://www.cidh.oas.org/annualrep/2009eng/Chap.IV.f.eng.htm

[103] Véase en *Gaceta Oficial* N° 37942 de 20-05-2004. Véase sobre dicha Ley, véase Allan R. Brewer-Carías, *Ley Orgánica del Tribunal Supremo de Justicia. Procesos y*

de lo que se esperaban no sólo se aumentó y consolidó el control del mismo por parte del Poder Ejecutivo, sino que se aumentó la dependencia de los propios Magistrados, al haberse incluso regulado en forma inconstitucional la designación de magistrados por mayoría absoluta[104] y peor aún, la posibilidad de su remoción mediante la "anulación del nombramiento de los Magistrados," la cual podía adoptar la Asamblea Nacional por mayoría absoluta, en lugar de la mayoría calificada que exige la Constitución.[105]

75. Por otra parte, en la Ley Orgánica del Tribunal Supremo de Justicia de 2004, reiterando las inconstitucionalidades que ya habían ocurrido en 2000 con la llamada y ya comentada "Ley Especial para la Ratificación o Designación de los Funcionarios y Funcionarias del Poder Ciudadano y Magistrados y Magistradas del Tribunal Supremo de Justicia para el primer período constitucional," se produjo otra inconstitucional lesión a la independencia del Tribunal Supremo al burlarse la exigencia de la necesaria participación directa

---

procedimientos constitucionales y contencioso-administrativos, Editorial Jurídica Venezolana, Caracas 2004

[104] Burlando en esa forma el quórum calificado que deriva de la Constitución, para terminar de consolidar la politización del proceso de selección de los magistrados. Véase Rafael J. Chavero Gazdik, *La Justicia Revolucionaria. Una década de Reestructuración (o Involución) Judicial en Venezuela,* Editorial Aequitas, Caracas 2011, pp. 94, 96, 298.

[105] Esta inconstitucional potestad, por supuesto, fue ejercida en forma inmediata por la Asamblea Nacional, el 15 de junio de 2004, al aprobar un informe de una Comisión que investigaba la crisis en el Poder Judicial, en el cual se recomendó a "anular" el acto el nombramiento de quien para el momento era el Magistrado Vicepresidente del Tribunal Supremo, en razón de haber supuestamente "suministrado falsa información para el momento de la aceptación de su postulación para ser ratificado en ese cargo." Según la investigación parlamentaria, el Magistrado no habría tenido 15 años como profesor universitario titular, ni tampoco estudios de postgrado. Véase la información en *El Nacional*, Caracas, 16-06-2004, p. A-5. Debe precisarse que dicho Vicepresidente del Tribunal Supremo había sido precisamente el Magistrado Ponente en la sentencia de la Sala Plena Accidental de 14 de agosto de 2002, (Caso: *Antejuicio de mérito a oficiales de la Fuerza Armada Nacional*), que consideró que lo que había ocurrido en el país el 12 de abril de 2002 no había sido una crisis gubernamental debido al vacío de poder provocado por la renuncia del Presidente de la República, sentencia que había sido intensamente criticada por el Presidente de la República, y que dos años después, complacientemente sería anulada por la Sala Constitucional del Tribunal Supremo por motivos formales. El mencionado magistrado, incluso había sido protegido en su titularidad por una decisión de amparo adoptada por la Sala Constitucional con ocasión de una decisión anterior de la Asamblea Nacional contra el mismo el 3 de diciembre de 2002. Véase la información en *El Nacional*, Caracas, 18-06-2004, p. A-4. La Sala, sin embargo, en vista de la efectiva "remoción" del magistrado, muy "convenientemente" no extendió la protección constitucional de amparo que se la había otorgado, lo que originó efectivamente su "remoción" o la "revocación de su nombramiento". Véase además, Rafael J. Chavero Gazdik, *La Justicia Revolucionaria. Una década de Reestructuración (o Involución) Judicial en Venezuela,* Editorial Aequitas, Caracas 2011, pp. 160, 300, 255.

ciudadana en la designación de sus Magistrados mediante representantes de los diversos sectores de la sociedad integrados en un Comité de Postulaciones Judiciales (Art. 270).[106] Sin embargo, en la Ley Orgánica de 2004, ignorando la previsión constitucional se estableció en definitiva otro sistema de elección de Magistrados escapándose del control de los representantes de la sociedad civil, al integrarse el Comité de Postulaciones Judiciales, por once miembros principales, de los cuales cinco eran diputados a la Asamblea, y otros seis supuestamente de los "demás sectores de la sociedad," designados directamente por la Asamblea (Art. 13, párrafo 2°).

76. En efecto, la Ley Orgánica del Tribunal Supremo de Justicia de 2004 distorsionó las condiciones constitucionales para el nombramiento y remoción de los Magistrados, consolidando la conformación del Comité de Postulaciones Judiciales como la "comisión parlamentaria" antes referida, sujeta a la Asamblea Nacional, con lo que aseguró mayor dependencia del Tribunal Supremo del poder político.[107] Esta reforma, fue altamente criticada, al punto de que, incluso la Comisión Interamericana de Derechos Humanos en su *Informe Anual de 2004*, señaló que carecía "de las salvaguardas necesarias para impedir que otras ramas del Poder Público pudieran minar la independencia del Tribunal."[108]

77. Después de esa reforma, en todo caso, el proceso de postulación y designación de los Magistrados del Tribunal Supremo, a pesar de ser supuestamente de la exclusiva competencia del Poder Legislativo, fue completamente controlado por el Presidente de la República, dado su control político de la Asamblea tal y como lo reconoció públicamente el Presidente de la Comisión Parlamentaria para la selección de los Magistrados, al punto de afirmar en 2004, además, que "En el grupo de postulados no hay nadie que vaya actuar contra nosotros." Este diputado, en efecto dijo públicamente:

---

[106] Debe recordarse que esta reforma constitucional se adoptó como consecuencia de la crítica generalizada que se había formulado al sistema tradicional de designación de los Magistrados, tal como la establecía la Constitución de 1961, conforme a la cual el órgano legislativo tenía todo el poder discrecional para, mediante solo acuerdos entre los partidos políticos, efectuar dichas designaciones. El sistema constitucional adoptado, en consecuencia, por una parte, buscaba impedir que se pudieran formular postulaciones directamente para tales designaciones, ante la Asamblea Nacional; y por otra parte, buscaba asegurar que la Asamblea Nacional no pudiera designar para dichos cargos personas distintas a las postuladas por los Comités de Postulaciones

[107] Véase Rafael Pérez Perdomo, *Justicia e Injusticias en Venezuela. Estudio de historia social del derecho*, Academia Nacional de la Historia, Caracas 2011, p. 217; Rafael J. Chavero Gazdik, *La Justicia Revolucionaria. Una década de Reestructuración (o Involución) Judicial en Venezuela*, Editorial Aequitas, Caracas 2011, p. 93.

[108] Véase IACHR, 2004 *Annual Report* (Follow-Up Report on Compliance by the State of Venezuela with the Recommendations made by the IACHR in its Report on the Situation of Human Rights in Venezuela [2003]), parágrafo 174. En http://www.cidh.oas.org/annualrep/2004eng/chap.5b.htm

"Si bien los diputados tenemos la potestad de esta escogencia, el Presidente de la República fue consultado y su opinión fue tomada muy en cuenta." Añadió: "Vamos a estar claros, nosotros no nos vamos a meter autogoles. En la lista había gente de la oposición que cumplen con todos los requisitos. La oposición hubiera podido usarlos para llegar a un acuerdo en las últimas sesiones, pero no quisieron. Así que nosotros no lo vamos a hacer por ellos. En el grupo de postulados no hay nadie que vaya actuar contra nosotros."[109]

77. Este proceso de interferencia, incluso, como más adelante se explica, se repitió en 2010, al punto de que la Comisión Interamericana de derechos Humanos en su *Informe sobre Venezuela* de 2010, indicó que: "*los 49 magistrados elegidos (17 principales y 32 suplentes) serían simpatizantes del gobierno, incluyendo a dos nuevos magistrados que eran parlamentarios activos de la mayoría oficialista en la Asamblea Nacional.*"[110] Y ha sido esa configuración del Tribunal Supremo, altamente politizada y sujeta a los deseos del antiguo Presidente de la República, lo que permitió la completa eliminación de la autonomía del Poder Judicial, y por ende, de la separación de poderes, permitiendo al gobierno ejercer un control absoluto sobre el Tribunal y en particular, sobre su Sala Constitucional. Como lo ha destacado el profesor Rafael Chavero,

"al colarse la política en el Tribunal Supremo se generó, como lógica consecuencia, el resquebrajamiento de la autonomía de todo el poder judicial, pues [...] ahora el gobierno judicial ha quedado en mano de los magistrados del máximo tribunal, quienes se han encargado de desmontar todas las garantías de la carrera judicial, para así consolidar un sistema de terror que permite que todo se maneje con las influencias de las altas instancias judiciales y gubernamentales."[111]

79. Ello llegó al punto, por ejemplo, de que en algún caso en el cual el Tribunal dictó una sentencia "reformando" la Ley de Impuesto sobre la Ren-

---

[109] Véase *El Nacional*, Caracas, 13 de diciembre de 2004. La Comisión Interamericana de Derechos Humanos sugirió en su Informe a la Asamblea General de la OEA para 2004 que "*estas normas de la Ley Orgánica del Tribunal Supremo de Justicia habrían facilitado que el Poder Ejecutivo manipulara el proceso de elección de magistrados llevado a cabo durante 2004.*" Véase Comisión Interamericana de Derechos Humanos, *Informe sobre Venezuela 2004*, párrafo 180. Véase lo expresado por los representantes del profesor Brewer Carías en su *Escrito de Solicitudes, Argumentos y Pruebas*, 7 de julio de 2012, párr. 32.

[110] Véase IICHR, *Informe Anual 2010*, OEA/Ser.L/V/II. Doc. 5 corr. 1, 7-3-2011. Véase el Informe sobre Venezuela en: http://www.cidh.oas.org/annualrep/2010sp/CAP.IV. VENEZUELA.2010.FINAL.doc.

[111] Véase Rafael J. Chavero Gazdik, *La Justicia Revolucionaria. Una década de Reestructuración (o Involución) Judicial en Venezuela*, Editorial Aequitas, Caracas 2011, p. 301.

ta,[112] el Presidente de la República la criticó, pero no por su contenido, sino porque se hubiese dictado sin consultar previamente al "líder de la Revolución," advirtiendo a los tribunales que eso de decidir sin que se le consultaran los asuntos al Ejecutivo, podía considerarse "traición al Pueblo" o a "la Revolución."[113]

80. Y ha sido mediante el control ejercido sobre del Tribunal Supremo que el gobierno ha ejercido un control político sobre la universalidad de las instituciones judiciales,[114] con la cooperación de la largamente sobreviviente Comisión ad hoc de Funcionamiento y Reestructuración del Poder Judicial, legitimada hasta 2010 por el propio Tribunal Supremo de Justicia. Con ello, por supuesto, se hicieron completamente inaplicables las magníficas previsiones constitucionales que buscaban garantizar la independencia y autonomía de los jueces relativos al ingreso a la carrera judicial y a los juicios disciplinarios.

81. Pero en la materia específica de la estabilidad de los jueces y del régimen disciplinario, la Ley Orgánica del Tribunal Supremo de Justicia de 2004, en lugar de haber puesto fin a la transitoriedad constitucional que implicaba la ausencia de la Jurisdicción Disciplinaria, y el ejercicio de la misma por una Continuó ad hoc; al contrario, nuevamente prorrogó la transitoriedad al disponer en su Disposición Transitoria Única, párrafo 2, e), que:

"La Comisión de Funcionamiento y Reestructuración del Sistema Judicial sólo tendrá a su cargo funciones disciplinarias, *mientras se dicte la legislación y se crea la jurisdicción disciplinaria* y los correspondientes tribunales disciplinarios."

82. Con ello, el Legislador, de nuevo, decidió legislar para prorrogar una inconstitucional emergencia, que siguió durando *sine die*, mientras el propio legislador decidiera, en el futuro, llegar a legislar en la materia, lo que sólo hizo -aún cuando irregularmente- en 2010. Y todo ello, con la anuencia del

---

[112] Tribunal Supremo de Justicia, Sala Constitucional, Decisión N° 301 del 27 de febrero de 2007 (Caso: *Adriana Vigilanza y Carlos A. Vecchio*) (Exp. N° 01-2862) en *Gaceta Oficial* N° 38.635 del 1 de marzo de 2007.

[113] "Muchas veces llegan, viene el Gobierno Nacional Revolucionario y quiere tomar una decisión contra algo por ejemplo que tiene que ver o que tiene que pasar por decisiones judiciales y ellos empiezan a moverse en contrario a la sombra, y muchas veces logran neutralizar decisiones de la Revolución a través de un juez, o de un tribunal, o hasta en el mismísimo Tribunal Supremo de Justicia, a espaldas del líder de la Revolución, actuando por dentro contra la Revolución. Eso es, repito, traición al pueblo, traición a la Revolución" Discurso en el Primer Encuentro con Propulsores del Partido Socialista Unido de Venezuela desde el teatro Teresa Carreño, 24-03-2007, en http://www.minci.gob.ve/alocuciones/4/13788/primer_encuentro_con.html, p. 45.

[114] Véase Rafael Pérez Perdomo, *Justicia e Injusticias en Venezuela. Estudio de historia social del derecho*, Academia Nacional de la Historia, Caracas 2011, p. 277; Rafael J. Chavero Gazdik, *La Justicia Revolucionaria. Una década de Reestructuración (o Involución) Judicial en Venezuela*, Editorial Aequitas, Caracas 2011, pp. 70 ss, 72

propio Tribunal Supremo de Justicia, que avaló dicha prórroga en violación de la Constitución en materia del régimen disciplinario del Poder Judicial. El resultado fue que en 2004, la vigencia efectiva de la norma constitucional que exigía que "la jurisdicción disciplinaria judicial estará a cargo de los tribunales disciplinarios que determine la ley" (art. 267) de nuevo fue pospuesta, quedando sin cumplimiento alguno; y quedando los jueces sin garantía alguna de estabilidad, a la merced de una Comisión "no judicial" que continuó suspendiéndolos sin proceso, particularmente cuando dictaron decisiones que no era de la complacencia del Poder. Lamentablemente en esta materia, el "activismo judicial" de la Sala Constitucional (que la llevó, incluso, a juzgar de oficio la inconstitucionalidad de la omisión del Legislador, por ejemplo, al no haber sancionado en el tiempo requerido la Ley Orgánica del Poder Municipal[115]) nunca fue ejercida en su propia materia, la judicial, ni fue aplicada para tratar de obligar al legislador a dictar las leyes básicas para garantizar, precisamente, la autonomía e independencia del Poder Judicial, que el Tribunal Supremo de Justicia debía administrar y gobernar, mediante la garantía de estabilidad de los jueces.

VI. LA CONVERSIÓN DE JUECES TEMPORALES EN JUECES TITULARES SIN LOS CONCURSOS PÚBLICOS DE OPOSICIÓN PREVISTOS EN LA CONSTITUCIÓN

83. El resultado de la "depuración" del Poder Judicial efectuada por la Comisión ad hoc, que condujo a que el mismo resultara inevitablemente integrado, mayoritariamente, por jueces temporales y provisionales, cuya designación correspondió a la Comisión Judicial del Tribunal Supremo de Justicia nombrada en agosto de 2000, la cual comenzó a funcionar en paralelo con la Comisión *ad hoc* de Funcionamiento del poder Judicial, condujo a que para 2004, el Poder Judicial en Venezuela ya estaba integrado en más del 90% por dichos jueces temporales y provisionales y, por tanto, dependientes y vulnerables a las presiones del poder,[116] con lo cual había ya materialmente desaparecido todo vestigio de autonomía e independencia del Poder Judicial.

84. Sobre este problema de la administración de justicia en Venezuela, la Comisión Interamericana de Derechos Humanos ya desde mayo de 2002, había señalado lo siguiente:

"8. Otro aspecto vinculado a la autonomía e independencia del Poder Judicial es lo relativo al carácter provisorio de los jueces. La CIDH no desconoce que el problema de la provisionalidad de los jueces en Vene-

---

[115] Véase la sentencia N° 3118 de 06-10-2003 en *Revista de Derecho Público*, N° 93-96, Editorial Jurídica Venezolana, Caracas 2003. Véanse los comentarios en Allan R. Brewer-Carías, *La Constitución de 1999. Derecho Constitucional Venezolano*, Tomo II, *cit.*, pp. 970 y ss.

[116] Véase lo indicado en el Informe de Human Rights Watch *Manipulando el Estado de Derecho: Independencia del Poder Judicial amenazada en Venezuela*, junio de 2004, Vol. 16, N° 3 (B), p. 11, donde se habla incluso de los "jueces desechables".

zuela es de larga data. Según lo informado a la CIDH durante la visita, actualmente habría entre un 60% un 90% de jueces provisionales lo cual, a consideración de la CIDH, afecta la estabilidad, independencia y autonomía que debe regir a la judicatura. La Comisión expresa la importancia de que se inicie en Venezuela de manera inmediata y conforme a su legislación interna y las obligaciones internacionales derivadas de la Convención Americana, un proceso destinado a revertir la situación de provisionalidad de la mayoría de los jueces."[117]

85. Los concursos públicos para la designación de los jueces que se intentaron desarrollar en marzo de 2000, mediante una normativa que fue dictada, no por el Tribunal Supremo de Justicia, sino por la Comisión de Funcionamiento y Reestructuración del Sistema Judicial,[118] fueron suspendidos definitivamente poco tiempo después; y tanto la destitución de los jueces sin fórmula de juicio ni derecho a ser oídos, como la designación a dedo de sus sustitutos temporales, siguió siendo la regla en el funcionamiento del Poder Judicial.

86. Lo absurdo del régimen transitorio que eliminó todo el sistema de concurso para el ingreso a la carrera judicial que exige la Constitución, llegó

---

[117]   Véase "Comunicado de Prensa" de 10-05-2000, en *El Universal*, Caracas 11-5-2002. En el texto de las Observaciones Preliminares formuladas por la Comisión el día 10-05-2002, se ahondó en el tema de la provisionalidad de los jueces, indicando: 30. Otro aspecto vinculado a la autonomía e independencia del Poder Judicial es lo relativo al carácter provisorio de los jueces. Al respecto, luego de casi tres años de reorganización del Poder Judicial, un número significativo de los jueces tiene carácter provisorio, que oscila entre el 60 y el 90% según las distintas fuentes. Ello afecta la estabilidad, independencia y autonomía que debe regir a la judicatura. / 31. La Comisión no desconoce que el problema de la provisionalidad de los jueces precede en muchos años a la presente administración. Sin embargo, la Comisión ha sido informada que el problema de la provisionalidad de los jueces se ha profundizado y aumentado desde que el presente Gobierno inició un proceso de reestructuración judicial. El Presidente del Tribunal Supremo de Justicia informó a la CIDH sobre la marcha del proceso destinado a corregir dicha situación. / 32. El poder judicial ha sido establecido para asegurar el cumplimiento de las leyes y es indudablemente el órgano fundamental para la protección de los derechos humanos. En el sistema interamericano de derechos humanos, el funcionamiento adecuado del poder judicial es un elemento esencial para prevenir el abuso de poder por parte de otros órganos del Estado, y por ende, para la protección de los derechos humanos. Para que el poder judicial pueda servir de manera efectiva como órgano de control, garantía y protección de los derechos humanos, no sólo se requiere que éste exista de manera formal, sino que además el poder judicial debe ser independiente e imparcial. / 33. La Comisión expresa la importancia de que, de manera inmediata y conforme a la legislación interna y las obligaciones internacionales derivadas de la Convención Americana, se acelere el proceso destinado a revertir la situación de provisionalidad en que se encuentra un número significativo de jueces venezolanos. La necesidad de que la designación de jueces se realice con todas las garantías, no puede justificar que la situación de provisionalidad se mantenga por largos períodos.

[118]   Véase Normas de Evaluación y Concursos de Oposición para ingresos y permanencia en el Poder Judicial de 13-03-2000.

a su clímax con la sentencia de la Sala Constitucional del Tribunal Supremo de Justicia N° 1424 de 3 de mayo de 2005, dictada con ocasión de decidir un recurso de nulidad por inconstitucionalidad del artículo 6,23 de la Ley Orgánica del Tribunal Supremo de Justicia que atribuía a la Sala Político Administrativa del mismo Tribunal la competencia para designar los jueces de la jurisdicción contencioso administrativa, a los efectos de que como lo solicitaron los recurrentes, "en consecuencia se designe a los jueces de la jurisdicción contencioso-administrativa, a través de los procedimientos de concurso de oposición aplicado a las demás jurisdicciones del país, tal como lo prevé el mandato constitucional plasmado en el artículo 255 de la Constitución." En dicha sentencia, sin embargo, la Sala resolvió declarar *de oficio* una medida cautelar suspendiendo la aplicación de la norma impugnada, alegando como "peligro en la mora", "el riesgo de que la Sala Político-Administrativa, con apoyo en la Ley, haga designaciones durante la pendencia de este juicio las cuales, pese a que sean legales, podrían ser declaradas luego inconstitucionales, con nefastas consecuencias para todo el Sistema de Justicia"; por lo que entonces resolvió que durante "la tramitación de esta causa las designaciones a que se refiere la norma cuya suspensión provisional se acuerda se harán por la Comisión Judicial del Tribunal Supremo de Justicia, mediante el mismo procedimiento a través del cual se nombra el resto de los jueces de la República" es decir, sin concurso. En consecuencia, de una designación de jueces de la Jurisdicción Contencioso-Administrativa por el máximo tribunal de dicha Jurisdicción (la Sala Político Administrativa) con posibilidad de velar más adecuadamente por el nivel de los mismos, se pasó a la designación sin concurso de dichos jueces como se ha hecho con "el resto de los jueces de la República"; y todo ello, por decisión de la Sala Constitucional del Tribunal Supremo de Justicia.

87. Toda esta irregular conformación de la judicatura en Venezuela, por jueces provisorios y temporales, que fueron siendo designados sin concurso, en sustitución de todos los que habían sido destituidos o removidos sin garantía el debido proceso, el propio Tribunal Supremo buscó en convertirla en "regular," mediante la aprobación y entrada en vigencia desde septiembre de 2005, de una normativa con la cual se pretendió establecer ese proceso de "reconversión," regulando una inconstitucional transformación de dichos jueces provisorios en "jueces titulares," sin el concurso público de oposición que exige la Constitución. Como lo observó el profesor Rafael Chavero, luego de la "purga de jueces con años de servicio, luego de que se operó un sistema perverso de remociones discrecionales, se comenzó a otorgar titularidad a aquellos jueces que demostraron seguir las directrices de los órganos de gobierno del poder judicial."[119]

---

[119] Véase Rafael J. Chavero Gazdik, *La Justicia Revolucionaria. Una década de Reestructuración (o Involución) Judicial en Venezuela*, Editorial Aequitas, Caracas 2011, p. 304.

88. A los efectos de llevar a cabo esta violación de la Constitución, en efecto, el Tribunal Supremo de Justicia dictó unas "Normas de Evaluación y Concurso de oposición para el ingreso y ascenso de la carrera judicial" mediante Acuerdo de 6 de julio de 2005,[120] en las cuales, luego de regular muy detalladamente los concursos públicos para el nombramiento de jueces, suspende su aplicación durante un año (2005-2006) en unas Disposiciones Finales y Transitorias, en cuyo artículo 46 estableció una llamada "Regularización de la Titularidad de los Jueces Provisorios," a los efectos "de regular la situación de los Jueces no titulares."[121] Para ello, incluso antes de dictarse estas normas, la Sala Plena del Tribunal Supremo de Justicia en fecha 6 de abril de 2005, había aprobado "el proyecto de normas presentado por la Escuela Nacional de la Magistratura que incluye el Programa Especial para la Regularización de la Titularidad (PET), conformado por un Programa Académico de Capacitación, evaluación médica y psicológica, evaluación de desempeño, y el correspondiente examen de conocimiento, todo de acuerdo con lo previsto en la presente normativa." La referida norma del artículo 46 agregó que "El referido programa tendrá una vigencia de doce meses contados a partir de la aprobación por la Sala Plena del Tribunal Supremo de Justicia de las presentes normas". Con ello, se buscó titularizar a todos los jueces provisionales y transitorios, que para el momento de entrada en vigencia de las normas tuvieran solo más de tres meses en ejercicio de sus cargos,[122] de manera que la misma norma agregó además que solo "aquellos jueces que, para la fecha en que cese la vigencia de dicho Programa, mantengan la condición de Provisorios, Temporales o Accidentales, y no tengan al menos tres (3) meses en el ejercicio de sus funciones judiciales", serán los que deben "participar y aprobar el Programa de Formación Inicial (PFI) para obtener la titularidad."

89. En esta forma, el propio Tribunal Supremo, en evidente contrariedad a la Constitución, dispuso la conversión de los jueces temporales, provisorios y accidentales en "jueces titulares," sin cumplir con los concursos públicos de oposición establecidos en la Constitución, mediante un procedimiento que se desarrolló en las referidas Normas, basadas en una supuesta evaluación que se le hace a cada juez provisorio, individualmente considerado, al cual se le da

---

[120] Véase en *Gaceta Oficial* N° 38282 de 29-09-2005. Dicho Acuerdo, sin embargo, no derogó expresamente las Normas de Evaluación y Concursos de oposición para ingresos y permanencia en el Poder Judicial que había dictado la Comisión de Funcionamiento y reestructuración del Sistema Judicial en 2000.

[121] Sobre este programa de "regularización de la titularidad" de los jueces véase lo que indican los representantes del profesor Brewer-Carías, en el *Escrito de Solicitudes, Argumentos y Pruebas*, 7 de julio de 2012, párr. 77 ss.

[122] El artículo 47 de dichas normas transitorias, establece sobre la convocatoria a concurso, que "La Escuela Nacional de la Magistratura convocará a concurso sólo a aquellos jueces no titulares, con al menos tres (3) meses en el ejercicio de la función judicial para la fecha de inicio del Programa Académico de Capacitación. Tal convocatoria deberá cumplir con los requisitos de publicidad y fases establecidas en las presentes normas'.

un "curso de formación" de pocos días, y se le hace un examen, sin concurso público. Este proceso, que se ha realizado desde 2005, es lo que le permitió al Presidente del Tribunal Supremo de Justicia, anunciar públicamente en octubre de 2006, que "para diciembre de 2006, 90% de los jueces serán titulares,"[123] hecho que fue denunciado ante la Comisión Interamericana de Derechos Humanos como un nuevo atentado a la autonomía del Poder Judicial hecho en fraude a la Constitución.[124]

VII. LA "REGULARIZACIÓN" DE LA INEXISTENCIA DE LA JURISDICCIÓN DISCIPLINARIA JUDICIAL POR PARTE DE LA SALA CONSTITUCIONAL DEL TRIBUNAL SUPREMO EN 2005, Y LA DEFINITIVA SUMISIÓN DEL PODER JUDICIAL A CONTROL POLÍTICO

90. La intervención, debido a la "emergencia" permanente a la cual se sometió al Poder Judicial en Venezuela, que condujo a que las normas constitucionales no llegasen a aplicarse, por supuesto que a lo que más afectó fue a la estabilidad de los jueces dada la inexistencia de la jurisdicción disciplinaria judicial prevista en la Constitución.

91. El Legislador, por tanto, estuvo en mora tanto en cuanto a la creación de dicha Jurisdicción, como en cuanto a la sanción del régimen disciplinario de los magistrados y jueces que debía estar además fundamentado en el Código de Ética del Juez Venezolano que sólo llegó a ser dictado en 2010. Antes, sin embargo, en su lugar, como antes se dijo, la Asamblea Nacional lo que hizo fue dictar la Ley Orgánica del Tribunal Supremo de mayo de 2004 para prorrogar una vez más la emergencia, al disponerse en la Disposición Transitoria Única, párrafo 2, e) que la Comisión de Funcionamiento y Reestructuración del Sistema Judicial seguiría ejerciendo las funciones disciplinarias, "mientras se dicte la legislación y se crea la jurisdicción disciplinaria y los correspondientes tribunales disciplinarios." Es decir, como se dijo, el Legislador, de nuevo, había decidido legislar para prorrogar la transición en la materia y prorrogar una inconstitucional emergencia, que siguió durando *sine die*, mientras el propio legislador decidiera, en el futuro, si llegaba a legislar, lo que finalmente sólo hizo en 2010. Y todo ello, con la anuencia del propio Tribunal Supremo de Justicia, el cual avaló dicha prórroga y la violación de la Constitución en materia del régimen disciplinario del Poder judicial.

92. En esta materia, incluso, la propia Sala Constitucional del Tribunal Supremo, con ocasión de conocer de la inconstitucional omisión de la Asamblea Nacional al no haber enviado al Presidente de la República para su pro-

---

[123]   Véase en *El Universal*, Caracas 11-10-2006.

[124]   Véase la denuncia de Cofavic, Provea, Espacio Público, Centro de Derechos Humanos de la UCAB, Unión Afirmativa y otras organizaciones no gubernamentales ante la Comisión Interamericana de Derechos Humanos, en Washington. Véase en *El Universal*, Caracas, 20 de octubre de 2006.

mulgación una Ley del Código de Ética del Juez que se había sancionado en 2005, en lugar de censurar la omisión legislativa y exigirle a la Asamblea Nacional que remitiera para su promulgación tal Ley, lo que hizo fue, contradictoriamente, prorrogar la existencia de la mencionada Comisión de Funcionamiento y Reestructuración del Sistema Judicial, llegando incluso a "designar y remover" a sus integrantes, sustituyéndose, la Sala Constitucional, en el propio Tribunal Supremo de Justicia. En efecto, en la sentencia No. 1957 de mayo de 2005, dictada con el motivo indicado, la Sala resolvió:

"Observa la Sala, tal y como se indicó anteriormente, que la presente demanda se intentó con fundamento en la supuesta omisión en que incurrió la Asamblea Nacional, "por cuanto aún no han remitido la Ley sancionada el 16 de octubre de 2003 del Código de Ética del Juez o Jueza Venezolana' al Presidente de la República Bolivariana para que se proceda a su promulgación en la *Gaceta Oficial*."

93. Lo anterior trajo entre sus consecuencias, la continuidad en sus funciones de un órgano como la Comisión de Funcionamiento y Reestructuración del Sistema Judicial, el cual estaba destinado a regir durante un período de transición. En efecto, como se dijo, la Asamblea Nacional Constituyente había elaborado el "Régimen de Transición del Poder Público" de 22 de diciembre de 1999, en el cual se creó la Comisión de Funcionamiento y Reestructuración del Sistema Judicial en los siguientes términos:

"Artículo 28. Se crea la Comisión de Funcionamiento y Reestructuración del Sistema Judicial que será integrada por los ciudadanos que designe la asamblea nacional constituyente.

Las Designaciones que realice la Asamblea Nacional Constituyente lo serán hasta el funcionamiento efectivo de la Dirección Ejecutiva de la Magistratura, de los Tribunales Disciplinarios y del Sistema Autónomo de la Defensa Publica".[125]

94. Por su parte, el artículo 24 del Régimen Transitorio destacó igualmente la transitoriedad de la referida Comisión, al disponer lo siguiente:

"La competencia disciplinaria judicial que corresponda a los Tribunales disciplinarios de conformidad con el artículo 267 de la Constitución aprobada, será ejercida por la Comisión de Funcionamiento y Reestructuración Sistema Judicial de acuerdo con el presente régimen de transición y hasta que la Asamblea Nacional apruebe la legislación determine los procesos y tribunales disciplinarios".

95. En correspondencia con lo anterior, el Tribunal Supremo de Justicia, procedió a dictar la "Normativa sobre la Dirección, Gobierno y Administración del Poder Judicial," en cuyo capítulo correspondiente a las disposiciones finales y transitorias (artículo 30), dispuso que:

---

[125] Véase *Gaceta Oficial* número 36.920 del 28 de marzo de 2000.

"La Dirección Ejecutiva de la Magistratura iniciará su funcionamiento efectivo el día primero de septiembre del año dos mil.

(*Omissis*)

La Comisión de Funcionamiento y Reestructuración, **reorganizada en la forma que lo determine el Tribunal Supremo de Justicia**, sólo tendrá a su cargo funciones disciplinarias, mientras se dicta la legislación y se crean los correspondientes Tribunales Disciplinarios" (Resaltado de la Sala).[126]

96. Después de hacer las anteriores constataciones sobre previsiones normativas en la materia, la Sala, en lugar de velar por la corrección de la omisión legislativa, lo que hizo fue constatar que:

"Visto que conforme a la Normativa sobre la Dirección, Gobierno y Administración del Poder Judicial corresponde a este Tribunal Supremo de Justicia, la reorganización de la Comisión de Funcionamiento y Reestructuración y visto que conforme al Decreto del Régimen de Transición del Poder Público, las designaciones que realizó la Asamblea Nacional Constituyente de los integrantes de dicha Comisión fueron realizadas de manera temporal hasta el funcionamiento efectivo de la Dirección Ejecutiva de la Magistratura y la Comisión Judicial, lo que constituye un hecho notorio en la actualidad, y visto que hasta la presente fecha la Asamblea Nacional ha omitido culminar el proceso de formación del Código de Ética del Juez o Jueza Venezolana."

97. Y con base en ello, "a los fines de reorganizar el funcionamiento de la referida Comisión, según lo establecido en el artículo 267 de la Constitución de la República Bolivariana de Venezuela y artículo 30 de la Normativa sobre la Dirección, Gobierno y Administración del Poder Judicial", pura y simplemente procedió a ordenar la sustitución de los ciudadanos que se desempeñan como miembros integrantes de la citada Comisión por otros ciudadanos que procedió a designar. Es decir, la Sala Constitucional procedió a formalizar, aún más, la transitoriedad judicial y la inexistencia del régimen disciplinario judicial de los jueces.[127]

98. En la misma sentencia de la Sala Constitucional, N° 1793 de 19 de junio de 2005,[128] en la cual resolvió "suspender" la aplicación del Reglamento

---

[126] Véase *Gaceta Oficial* N° 37.014, de 15 de agosto de 2000.

[127] Véase las referencias a esta sentencia, en la sentencia N° 1793 de 19 de junio de 2005 de la misma Sala Constitucional, *Caso: Henrique Iribarren Monteverde, (acción de inconstitucionalidad por omisión contra la Asamblea Nacional*, en *Revista de Derecho Público,* N° 103, Editorial Jurídica venezolana, Caracas 2005, pp. 165 ss.

[128] Véase Caso: *Henrique Iribarren Monteverde, (acción de inconstitucionalidad por omisión contra la Asamblea Nacional*), en *Revista de Derecho Público*, N° 103, Editorial Jurídica Venezolana, Caracas 2005, pp. 165 ss.

que contiene el procedimiento disciplinario aplicable a los jueces y juezas en sede administrativa, por ser contrario a los postulados constitucionales, y procedió a facultar a la Comisión de Funcionamiento y Reestructuración del Sistema Judicial para modificar su Reglamento y adecuarlo a las disposiciones constitucionales, hasta tanto entre en vigencia la legislación correspondiente. En efecto, luego de la anterior sentencia, y teniendo en cuenta su contenido, la Sala Constitucional consideró a la referida Comisión, según su propia jurisprudencia, como "un órgano de rango constitucional, (*V.*, sent. N° 731/2005 del 5 de marzo, recaída en el caso *Marcos Ronald Marcano Cedeño*) [...] sujeto a un régimen de transitoriedad, habida cuenta que el sistema jurídico que debe regir su funcionamiento aún no ha entrado en vigencia" pues como "lo ha reconocido esta Sala en sentencia del 28 de marzo de 2000 Caso *Gonzalo Pérez Hernández y Luis Morales Parada*), cuando dispuso que las normas supraconstitucionales "*mantienen su vigencia, mas allá del mandato cumplido de la Asamblea Nacional Constituyente, hasta que los poderes constituidos, entre ellos la Asamblea Nacional, sean electos y empiecen a ejercer su competencia normadora conforme a la Constitución vigente.*" Y con base en ello, así como en el "Reglamento de la Comisión de Funcionamiento y Reestructuración del Sistema Judicial" dictado por la propia Comisión[129] y el la Disposición Derogatoria, Transitoria y Final, literal e) de la Ley Orgánica del Tribunal Supremo de Justicia de 2004, estimó en definitiva:

> "que la Comisión de Funcionamiento y Reestructuración del Sistema Judicial está facultada para conocer y decidir los procedimientos disciplinarios -que han de ser públicos, orales y breves- en contra de los jueces, hasta tanto se dicte la legislación y se creen los correspondientes Tribunales Disciplinarios, conforme al artículo 267 de la Constitución de la República Bolivariana de Venezuela y, el Régimen Disciplinario de los Jueces que se regirá por el Código de Ética del Juez Venezolano o Jueza Venezolana, el cual originó la presente acción de inconstitucionalidad contra omisión legislativa. [130]

99. Por otra parte, la Sala Constitucional consideró que normas del referido Reglamento eran contrarias a los artículo 257 y 267 de la Constitución, por lo cual "dado el vacío normativo existente sobre la materia, producto de la falta de adecuación de la legislación existente a los postulados constitucionales antes transcritos," procedió "de oficio" a suspender su aplicación. Sin embargo, "a fin de evitar la paralización de los procedimientos disciplinarios pendientes y los que haya lugar," la Sala Constitucional, con base en al artículo 336.7 de la Constitución que la autoriza a establecer los lineamientos para corregir la omisión, procedió a facultar:

---

[129]   Véase acto administrativo N° 155, del 28 de marzo de 2000, publicado en *Gaceta Oficial de la República Bolivariana de Venezuela* N° 36.925, del 4 de abril de 2000.

[130]   *Id.*

"a la Comisión de Funcionamiento y Reestructuración del Sistema Judicial para modificar su Reglamento y adecuarlo a las disposiciones constitucionales referidas supra; hasta tanto entre en vigencia la legislación correspondiente, y para cumplir con su cometido, podrá reorganizar su personal interno, designar el personal auxiliar que requiera y dictar su propio reglamento de funcionamiento, sin que ello colida con el Decreto del Régimen de Transición del Poder Público." [131]

100. La Sala Constitucional, así, en definitiva avaló la transitoriedad del régimen de ausencia de garantías a la estabilidad de los jueces, y en esta materia, como antes se dijo, no demostró activismo judicial alguno, y lejos de declarar la inconstitucionalidad de la omisión legislativa, lo que hizo fue asumir la dirección de la inconstitucional emergencia judicial, al haber primero removido a los miembros de la Comisión de Funcionamiento y Reorganización del Sistema Judicial y haber designado a los nuevos integrantes de dicho órgano interventor, y disponer la forma para que continuase la emergencia.

101. En esta materia, por tanto, como dijimos al inicio, el contraste entre la normativa constitucional, la realidad de la práctica política ha sido de flagrante desconocimiento de aquella: hay una serie de garantías constitucionales respecto de la autonomía e independencia del Poder Judicial que no han existido en la práctica, por la implantación de una anormal situación de "emergencia judicial" construida y gerenciada por la Asamblea Nacional y por el propio Tribunal Supremo de Justicia, órganos que han suspendido fácticamente la aplicación de la Constitución en lo que se refiere al régimen disciplinario de los jueces y, por tanto, en cuanto a la estabilidad de los mismos, sin lo cual no puede hablarse ni de autonomía ni de independencia judicial.

102. Uno de los casos emblemáticos que muestra esta irregular situación tuvo lugar en 2003, cuando la Corte Primera de lo Contencioso Administrativo dictó una medida cautelar suspendiendo la ejecución de un programa de contratación pública de médicos extranjeros sin licencia, para programas sociales de atención médica; medida que se dictó a solicitud del Colegio de Médicos de Caracas que alegaba discriminación contra los médicos licenciados en Venezuela.[132] La respuesta del Gobierno Nacional contra una simple medida cautelar de suspensión de efectos, además de anunciar públicamente que no sería acatada,[133] fue el allanamiento policial de la sede del tribunal; la destitución de todos sus Magistrados y la clausura del mismo por casi un año -11 meses-, y el insulto público proferido por el Presidente de la República

---

[131] *Id.*

[132] Véase Claudia Nikken, "El caso "*Barrio Adentro*": La Corte Primera de lo Contencioso Administrativo ante la Sala Constitucional del Tribunal Supremo de Justicia o el avocamiento como medio de amparo de derechos e intereses colectivos y difusos", en *Revista de Derecho Público*, N° 93-96, Editorial Jurídica Venezolana, Caracas, 2003, pp. 5 y ss.

[133] "Váyanse con su decisión no sé para donde, la cumplirán ustedes en su casa si quieren..." Exposición en el programa radial *Aló Presidente*, N° 161, 24-08-2004

contra los Magistrados destituidos.[134] El caso fue llevado ante esta honorable Corte Interamericana de Derechos Humanos, la cual dictó sentencia en agosto de 2008 condenando al Estado venezolano por la violación de las garantías judiciales de los Magistrados,[135] pero la respuesta de la Sala Constitucional del Tribunal Supremo a solicitud del Procurador General del gobierno, fue simplemente declarar que las decisiones de la Corte Interamericana son inejecutables en Venezuela, exhortando al Poder Ejecutivo a denunciar la Convención Americana sobre Derechos Humanos.[136] Tan simple como eso, mostrando la total subordinación de las instituciones judiciales respecto de las políticas, deseos y dictados del Presidente de la República.

103. Por ello, en la decisión sobre Cumplimiento adoptada por esta honorable Corte IDH en el caso *Apitz Barbera y otros vs. Venezuela*, de fecha 23 de noviembre de 2012, la misma resolvió que:

"el Estado no puede oponer como justificación de su incumplimiento una decisión de un tribunal interno, aun cuando sea el tribunal de más alta jerarquía en el ordenamiento jurídico nacional. Es más, la existencia de una decisión a nivel interno, como la sentencia del Tribunal Supremo, que considere que el Fallo emitido por la Corte Interamericana es inejecutable, desconoce los principios básicos de derecho internacional sobre los cuales se fundamenta la implementación de la Convención Americana (supra Considerandos 21 a 26). El incumplimiento manifiesto expresado por medio de la Sentencia del Tribunal Supremo de Justicia impide el efecto útil de la Convención y su aplicación en el caso concreto por su intérprete último. Del mismo modo, desconoce el principio de cosa juzgada internacional sobre una materia que ya ha sido decidida, y deja sin efecto y hace ilusorio el derecho al acceso a la justicia interamericana de las víctimas de violaciones de derechos humanos, lo cual perpetúa en el tiempo las violaciones de derechos humanos que fueron constatadas en la Sentencia. Por tanto, conforme al Derecho Internacional que ha sido democrática y soberanamente aceptado por el Estado venezolano (69), es

---

[134] Exposición pública el 20-09-2004. Véase la información en *El Nacional*, Caracas 05-11-2004, p. A2, donde el Presidente destituido de la Corte Primera señaló que: "La justicia venezolana vive un momento tenebroso, pues el tribunal que constituye un último resquicio de esperanza ha sido clausurado". Véase sobre este caso los comentarios de Véase Rafael J. Chavero Gazdik, *La Justicia Revolucionaria. Una década de Reestructuración (o Involución) Judicial en Venezuela*, Editorial Aequitas, Caracas 2011, p. 297

[135] Véase sentencia de la Corte Interamericana de 05-08-2008 Caso *Apitz Barbera y otros ("Corte Primera de lo Contencioso Administrativo") vs. Venezuela*, en www.corteidh.or.cr. Excepción Preliminar, Fondo, Reparaciones y Costas, Serie C N° 182;

[136] Véase sentencia de la Sala Constitucional, sentencia N° 1.939 de 18-12-2008 (Caso *Abogados Gustavo Álvarez Arias y otros*), en *Revista de Derecho Público*, N° 116, Editorial Jurídica Venezolana, Caracas, 2008, pp. 89-106. También en http://www.tsj.gov.ve/decisiones/scon/Diciembre/1939-181208-2008-08-1572.html

inaceptable, que una vez que la Corte Interamericana haya emitido una Sentencia, el derecho interno o sus autoridades pretendan dejarla sin efectos."[137]

104. Más recientemente tuvo lugar otro asombroso caso, que fue la detención policial arbitraria, en diciembre de 2009, de una juez penal (María Lourdes Afiuni Mora) por haber ordenado, conforme a sus atribuciones y siguiendo las recomendaciones del Grupo de Trabajo de las Naciones Unidas sobre Detenciones Arbitrarias, la excarcelación de un procesado por delitos financieros a los efectos de que fuese enjuiciado en libertad como lo garantiza la Constitución. El mismo día de la decisión, el Presidente de la Republica pidió públicamente la detención de la juez, exigiendo que se le aplicara la pena máxima de 30 años[138] establecida en Venezuela para crímenes horrendos y graves.[139]

105. La juez fue efectivamente detenida por la policía ese mismo día, y permaneció en detención hasta el día 18 de junio de 2013, cuando fue puesta en libertad condicional con prohibición de hablar y declarar sobre su caso,[140] es decir, por un período de 3 años y 6 meses, tiempo durante el cual se enfermó de cáncer y no se le dio la debida atención y además denunció que fue victima de violación en la cárcel donde estuvo recluida; sin que se haya iniciado juicio alguno contra ella. El mismo Grupo de Expertos de Naciones Unidas consideró estos hechos como "un golpe del Presidente Hugo Chávez contra la independencia de los jueces y abogados" solicitando la "inmediata liberación de la juez" concluyendo que "las represalias ejercidas sobre jueces y abogados por el ejercicio de sus funciones garantizadas constitucionalmente creando un clima de temor, solo sirve para minar el Estado de derecho y obstruir la justicia."[141]

---

[137] Véase Corte IDH. Caso *Apitz* Barbera *y Otros ("Corte Primera de lo Contencioso Administrativo") Vs. Venezuela*. Supervisión de Cumplimiento de Sentencia. Resolución de la Corte Interamericana de Derechos Humanos de 23 de noviembre de 2012, en http://www.corteidh.or.cr/docs/supervisiones/aptiz_23_11_12.pdf

[138] En un programa de televisión el Presidente de la República "ordenó" públicamente a la Fiscal General de la República a castigar en la forma más severa a la Juez Afiuni, a los efectos de disuadir decisiones similares por parte de otros jueces. Sugirió incluso que los abogados defensores en el caso habían incurrido en actos criminales al solicitar la excarcelación de su defendido, y la Fiscal general dio declaraciones públicas condenando a la Juez. Véase http://www.unionradio.net/Actualidad/#&& NewsId=35473

[139] Sobre este caso véase lo que destacan los representantes del profesor Brewer-Carías, en el *Escrito de Solicitudes, Argumentos y Pruebas*, 7 de julio de 2012, párr. 73 ss..

[140] Véase la información en http://noticiasvenezuela.org/2013/06/libertad-condicional-de-jueza-afiuni-no-es-suficiente/; y en http://www.noticiascentro.com/2013/libertad-a-medias-para-la-jueza-afiuni-y-simonoviscuando-la-tortura-sigue/

[141] Véase en at http://www.unog.ch/unog/website/ news_media.nsf/%28httpNewsByYear _en%29/93687E8429BD53A1C125768E00529DB6?OpenDocument&cntxt=B35C3& cookielang=fr . El 14-10-2010, el mismo Grupo de Trabajo de la ONU solicitó

106. Este caso fue especialmente destacado por la Comisión Interamericana de Derechos Humanos en su Informe sobre Democracia y Derechos Humanos en Venezuela de 2009,[142] en la siguiente forma:

> 297. También llama la atención de la Comisión la situación de la jueza 31° de Control del Área Metropolitana de Caracas, María Lourdes Afiuni Mora. Según se informó a la CIDH, el jueves 10 de diciembre de 2009 la jueza Afiuni, realizó audiencia preliminar en la causa seguida contra el ciudadano Eligio Cedeño, quien para el momento permanecía privado de libertad por más de 2 años, plazo máximo de detención preventiva contemplado en el Código Orgánico Procesal Penal. La detención de Eligio Cedeño fue declarada arbitraria por el Grupo de Trabajo sobre la Detención Arbitraria de Naciones Unidas el 1 de septiembre de 2009, citando violaciones al derecho a un juicio justo (258). En la mencionada audiencia, la jueza decidió sustituir la medida privativa de libertad contra Cedeño, por el juicio en libertad, acordando igualmente para éste (a) prohibición de salida del país (b) presentación ante el tribunal cada 15 días y (c) retención de su pasaporte. Horas más tarde, funcionarios de la Dirección de Servicios de Inteligencia y Prevención (DISIP) allanaron la sede del Tribunal 31° de Control, llevándose detenida a la jueza María Lourdes Afiuni Mora y a los alguaciles Rafael Rondón y Carlos Lotuffo.

> 298. Al día siguiente, en cadena nacional de radio y televisión, el Presidente de la República, Hugo Chávez, calificó a la jueza Afiuni de "bandida" y señaló: "Yo exijo dureza contra esa jueza; incluso le dije a la presidenta del Tribunal Supremo [de Justicia, Luisa Estela Morales], y le digo a la Asamblea Nacional: habrá que hacer una ley porque es mucho más grave un juez que libere a un bandido, que el bandido mismo. Es infinitamente muy grave para una República, para un país, que un asesino, porque pague, un juez lo libere. Es más grave que un asesinato, entonces habrá que meterle pena máxima a esta jueza y a los que hagan eso. Treinta años de prisión pido yo a nombre de la dignidad del país."(259). En el acto oficial transmitido en cadena nacional de radio y televisión se encontraban diversas personalidades, incluyendo a la Fiscal General de la República.

---

formalmente al Gobierno venezolano que la Juez fuese "sometida a un juicio apegado al debido proceso y bajo el derecho de la libertad provisional". Véase en *El Universal*, 14-10-2010, en http://www.eluniversal.com/2010/10/14/pol_ava_instancia-de-la-onu_14A4608051.shtml. Véase sobre este caso los comentarios de Véase Rafael J. Chavero Gazdik, *La Justicia Revolucionaria. Una década de Reestructuración (o Involución) Judicial en Venezuela*, Editorial Aequitas, Caracas 2011, pp. 199 ss.; 241 ss.

[142] Véase .OEA/Ser.L/V/II, Doc. 54, 30 diciembre 2009 (OEA documentos oficiales ; OEA/Ser.L) ISBN 978 ‑ 0 ‑ 8270 ‑ 5413 ‑ 4.

299. Un día más tarde, según información de la Fiscalía General de la República, "la ex funcionaria fue imputada, por el Ministerio Público, el 12 de diciembre, por la presunta comisión de los delitos de corrupción propia, abuso de autoridad, favorecimiento para la evasión y asociación para delinquir, previstos en la Ley Contra la Corrupción, el Código Penal y la Ley Orgánica Contra la Delincuencia Organizada". La orden de detención se habría librado con base en lo establecido en el Código Orgánico Procesal Penal que prohíbe a los jueces mantener contacto directo e indirecto con algunas de las partes, sin la presencia de todas. Se alega que la audiencia que se llevó a cabo el 10 de diciembre en la causa contra Eligio Cedeño se realizó sin la presencia del Ministerio Público pese a que los fiscales nacionales 50° y 73° habrían justificado ante la jueza su no comparecencia. (260)

300. En relación con estos hechos, el 17 de diciembre de 2009 la CIDH envió una solicitud de información al Estado. A su vez, tres Relatores de Naciones Unidas (261) expresaron su profunda preocupación por el arresto de la jueza Afiuni, al que describieron como "un golpe del Presidente Hugo Chávez a la independencia de magistrados y abogados en el país". Los Relatores de la ONU expresaron su preocupación por el hecho de que el Presidente Chávez haya instruido públicamente a la Fiscal General y al Presidente del Tribunal Supremo de Justicia para que castigaran a la jueza Afiuni con la pena máxima. En tal sentido, señalaron que "las represalias por ejercer funciones constitucionalmente garantizadas y la creación de un clima de temor en el poder judicial y en los abogados no sirve a otro propósito que el de socavar el estado de derecho y obstruir la justicia" (262)

301. Más allá de que destituciones como las reseñadas en los párrafos anteriores pudieran o no estar basadas en causales y procedimientos establecidos por la ley, el hecho de que se hayan producido de manera casi inmediata luego de que los magistrados adoptaran decisiones judiciales en casos con importante connotación política, sumado a que en las resoluciones que establecen la destitución no se establece con claridad las causas que motivan la decisión ni se hace referencia al procedimiento mediante el cual se adoptó la decisión, envía una fuerte señal a la sociedad y al resto de jueces de que el poder judicial no tiene la libertad de adoptar decisiones contrarias a los intereses del gobierno, pues de hacerlo los jueces corren el riesgo de ser removidos, sin más, de sus cargos.

258. Relator de la ONU para la independencia de los jueces y abogados. Comunicado de Prensa emitido el 30 de julio de 2009.

259. Audio del discurso disponible en: Prensa Web de la Radio Nacional de Venezuela. Gobierno Bolivariano de Venezuela. Ministerio del Poder Popular para la Comunicación e Información. Ministerio Público.

"Pido 30 años de prisión para la Jueza Afiuni". 11 de diciembre de 2009. Disponible en: HTUhttp://www.rnv.gov.ve/noticias/index.php?s=b7b 1132fb9cab29db08cf8c237df69da&act=ST&f=2&t=115304UTH

260. Ministerio Público. Nota de prensa: Ministerio Público Investiga Presuntas Amenazas contra Jueza Afiuni. 20 de diciembre de 2009. Disponible en: http://www.fiscalia.gov.ve/Prensa/A2009/prensa-diciembre 2009.asp.

261. Los relatores firmantes son el especialista en detención arbitraria, El Hadji Malick Sow; en la independencia de magistrados y abogados, Gabriela Carina Knaul de Albuquerque e Silva; y en la situación de los defensores de los derechos humanos, Margaret Sekaggya.

262. Organización de las Naciones Unidas. Centro de Noticias. Venezuela: Expertos de la ONU expresan alarma por arresto de jueza. 16 de diciembre de 2009. Disponible en: HTUhttp://www.un.org/spanish /News/fullstorynews.asp?newsID=17290&criteria1=Venezuela&criteria 2=DDHHUTH."

107. Y efectivamente, el hecho es que en Venezuela ningún juez ha podido ni puede adoptar una decisión que pueda afectar las políticas gubernamentales, los deseos del Presidente, los intereses del Estado o la voluntad de los funcionarios públicos, por lo que por ejemplo, la Jurisdicción Contencioso Administrativa ha dejado de tener efectividad e importancia,[143] siendo difícil que un juez llegue a tomar una decisión que afecte los intereses gubernamentales.[144] Por ello la Comisión Interamericana de Derechos Humanos después de describir con preocupación en su *Informe Anual de 2009* que en muchos casos, "los jueces son removidos inmediatamente después de adoptar decisiones judiciales en casos con impactos políticos importantes," concluyó seña-

---

[143] Véase Antonio Canova González, *La realidad del contencioso administrativo venezolano (Un llamado de atención frente a las desoladoras estadísticas de la Sala Político Administrativa en 2007 y primer semestre de 2008), cit.,* p. 14. Ha ocurrido, al decir de Rafael Chavero, un exterminio del contencioso administrativo. Véase Rafael J. Chavero Gazdik, *La Justicia Revolucionaria. Una década de Reestructuración (o Involución) Judicial en Venezuela,* Editorial Aequitas, Caracas 2011, pp. 212 ss. Lo mismo puede decirse sobre la acción de amparo, la cual ha perdido toda efectividad, como lo ha explicado Jorge Kiriakidis, *El amparo constitucional venezolano mitos y realidades,* Colección Justicia N° 1, Acceso a la Justicia, Academia de Ciencias Políticas y Sociales, Universidad Metropolitana, Caracas 2012

[144] Véase una relación detallada de los casos de jueces destituidos al dictar sentencias que han afectado los intereses gubernamentales en Rafael J. Chavero Gazdik, *La Justicia Revolucionaria. Una década de Reestructuración (o Involución) Judicial en Venezuela,* Editorial Aequitas, Caracas 2011, pp. 157-176. Véase también Rafael Pérez Perdomo, *Justicia e Injusticias en Venezuela. Estudio de historia social del derecho,* Academia Nacional de la Historia, Caracas 2011, p. 233.

lando que "la falta de independencia judicial y de autonomía en relación con el poder político es, en opinión de la Comisión el punto más débil de la democracia venezolana."[145]

108. Toda esta trágica situación del sometimiento del Poder Judicial al Poder Ejecutivo en Venezuela, quedó confirmada por boca de un Magistrado, ex presidente de la Sala de Casación Penal del Tribunal Supremo de Justicia, el Sr. Eladio Aponte Aponte, en confesión pública difundida el 18 de abril de 2012, después de haber ejercido funciones judiciales por más de 15 años, en declaraciones dadas a la periodista Verioska Velasco para una emisora de televisión de Miami, USA (SoiTV),[146] las cuales, además de ser en sí mismas repulsivas, revelan con extraordinaria crudeza la trágica situación del Poder Judicial en Venezuela, y la demolición, y más que eso, la pulverización del principio de la separación de poderes que se ha producido en el país bajo la vigencia de la Constitución de 1999, confesada por uno de sus artífices. Entre los diversos aspectos que trató el ex magistrado en su entrevista, tal como lo reseñan los representantes del profesor Brewer Carías en su *Escrito de Solicitudes, Argumentos y Pruebas*, de 7 de julio de 2012, cuyo texto nos permitimos seguir a continuación por ser extremadamente ilustrativos de la situación descrita,[147] se destacan sus confesiones públicas de irregularidades e incluso de lo que podría considerarse como delitos que habría cometido el declarante, relativas a sus propias conductas y actuaciones en relación con el funcionamiento del Poder Judicial. El Magistrado declarante -militar activo que formó parte del Poder Judicial durante 15 años, hasta ser separado de su cargo- comenzó la entrevista explicando su ascenso en la jerarquía judicial, desde Fiscal Militar hasta el Tribunal Supremo, para el cual fue promovido por el propio Presidente de la República. Ante las preguntas de la periodista sobre qué había hecho *"para lograr ese ascenso"* en el Tribunal Supremo, la respuesta fue que su **actuación fue muy pulcra y muy adaptada a los parámetros exigidos," significando ello (pulcra) que había sido "leal al gobierno," más "no a la Constitución."**

109. Esa lealtad fue, precisamente, la que explicó el Magistrado extensamente en la entrevista, en unos casos manifestada en acciones y en otros ca-

---

145 Véase en ICHR, *Annual Report 2009*, para 483. Véase http://www.cidh.oas.org/ annualrep/2009eng/Chap.IV.f.eng.htm. Véase una relación detallada de los Informes de organizaciones internacionales de protección de dereechos humanos sobre la situación del Poder Judicial en Venezuela, en Rafael J. Chavero Gazdik, *La Justicia Revolucionaria. Una década de Reestructuración (o Involución) Judicial en Venezuela*, Editorial Aequitas, Caracas 2011, pp. 123-150.

146 El texto de las declaraciones han sido leídas en la transcripción hecha por la estación de SolTV, publicada en *El Universal*, Caracas 18-4-2012, disponible en: http://www. eluniversal.com/nacional-y-politica/120418/historias-secretas-de-un-juez-en-venezuela

147 Véase la glosa de las confesiones del ex magistrado Aponte Aponte, conforme a lo expresado por los representantes del profesor Brewer-Carías, en el *Escrito de Solicitudes, Argumentos y Pruebas*, 7 de julio de 2012, párr. 87 ss., cuyo texto seguimos en los párrafos pertinentes de este *Amicus curiae*.

sos, en omisión. En cuanto a sus acciones, entre otros casos citó el conocido "caso Usón," que se originó por el enjuiciamiento de un general del ejército por el "delito" de haber explicado en forma pública el efecto que tiene el apuntar un lanzallamas hacia una celda de detenidos militares, quienes por tal hecho efectivamente fueron calcinados; caso del cual conoció esta honorable Corte IDH (Caso *Usón Ramírez vs. Venezuela*), y resolvió en sentencia de 20 de noviembre de 2009. El enjuiciamiento en Venezuela fue por vilipendio a las Fuerzas Armadas, y sobre ello, ante las preguntas de la periodista de si *"fue manipulado ese caso?* dijo que **"si había sido manipulado,"** para lo cual había recibido **"orden"** del Poder Ejecutivo para **"actuar diferente a lo que Fiscalía Militar hubiese actuado,"** indicándole **"que había que, que acusarlo o imputarlo,"** y que le hizo, porque **"recibía órdenes,"** pues era **"militar,"** de lo contrario, si no ejecutaba esas órdenes, **"quedaba afuera."** Otro caso que le planteó la periodista, fue el conocido caso *Simonovis*, quién había sido uno de los Comisarios de la Policía Metropolitana a cargo de la custodia de una multitudinaria manifestación de rechazo contra el presidente Chávez, desarrollada el 11 de abril de 2002, y que concluyó con la muerte de inermes manifestantes por parte de pistoleros que no fueron enjuiciados. Ante la condena de dicho Comisario a 30 años de prisión, sin que los pistoleros fueran siquiera procesados, y ante la pregunta de la periodista de si para él *"ahora existen presos políticos en Venezuela"* respondió afirmativamente agregando que **"Sí, hay gente que la orden es no soltarlos, principalmente los comisarios:'** casos en los cuales, dijo, **"La orden viene de la Presidencia para abajo; no nos caigamos en dudas, en Venezuela no se da puntada si no lo aprueba el presidente." Sobre ese caso, que implicaba ante la pregunta de si había recibido la** *"orden de no soltar a Simonovis,"* afirmó que la posición de la Sala Penal fue **"convalidar todo lo que venía hecho, eso, en pocas palabras, es aceptar que esos señores no podían salir pues, y que la justicia ahí, les dio la espalda."**

110A la pregunta directa de la periodista sobre *"cómo funciona el poder judicial en Venezuela actualmente,"* dijo lo siguiente que **"Yo formo parte del poder judicial, o formaba parte del poder judicial de una manera protagónica. Y quizás muchas de las cosas que suceden en el poder de ahorita, existieron bajo mi responsabilidad. Pero una vez que yo me vi que me midieron con la misma vara, y el mismo metro con el que se mide a los demás, dije: esto no es la justicia que se proclama, esta no es la justicia que debe ser, esta no es la justicia constitucional."** Es decir, fue sólo cuando el magistrado comenzó a sentir en carne propia el efecto de la misma **"justicia"** que él manejó, manipuló y mal aplicó, cuando comenzó a darse cuenta que esa **"no es la justicia que debe ser"** llegando a decir públicamente en otra respuesta a la periodista, simplemente, que: **"la justicia es una plastilina, digo plastilina porque se puede modelar, a favor o en contra."** Luego, al responder a la pregunta que le hizo la periodista sobre si alguna vez había recibido *"alguna llamada de algún funcionario público de cualquier estatus para solicitarle a usted algún tipo de manipulación en la justicia venezolana?"*, respondió, que **"Cierto. Desde el presidente para abajo."**

111. Otro caso que refirió el Magistrado Aponte Aponte fue la afirmación que recordó había dicho el Presidente Chávez sobre el caso de la jueza Afiuni, indicando que *"entonces habrá que meterle penas máximas a la jueza y a los que hagan eso. 30 años de prisión;"* caso que el magistrado calificó como un caso **"muy político y emblemático,"** sobre el cual incluso había hablado **"directamente"** con el Presidente, quien lo llamaba a él. Sobre esas llamadas directas recibidas del Presidente de la República para manipular la justicia, el mismo Magistrado se refirió a otros casos, entre ellos, uno también muy conocido relativo al enjuiciamiento de unos supuestos "paramilitares" que habían sido sorprendidos en Caracas, de manera que a la pregunta de la periodista, sobre *"que paso allí"* y porqué el Presidente *"lo llamó,"* respondió: **"Bueno para que condujera de una manera conveniente, hacia el gobierno, las investigaciones."** En cuanto a los "paramilitares" en sí, afirmó que él creía, a su manera de ver, **"que tales paramilitares yo dudaba sus procedencia porque eran muchachos imberbes, inexpertos, algunos no manipulaban armas, algunos no sabían por que estaban allí, y que por mera casualidad fueron detenidos los autobuses por una patrulla de la policía metropolitana y se subió el cause. Y cómo vinieron esos señores de Colombia? A qué los trajeron,"** respondiendo a la pregunta de si el caso había sido manipulado, que: **"Bueno, sacando las conclusiones yo no lo dudaría tanto."**

112. En otros casos referidos a temas de narcotráfico que involucraban a militares activos, el Magistrado Aponte confesó haber favorecido a un oficial subalterno, quien trasladaba un cargamento de droga en el país, que según dijo, lo "llevaba al batallón" donde estaba su superior, de manera que a la pregunta de la periodista al magistrado sobre *"cuál fue su participación en este caso y cómo lo favoreció,"* respondió: **"Lo favorecí dándole una medida cautelar, mas no se dejó en libertad,"** aclarando que para ello, a él lo habían llamado **"Desde la Presidencia de la República para abajo,"** agregando que **"En ese caso, me llamaron de la Presidencia de la República,"** precisamente **"uno de los secretarios o de los allegados de la Presidencia de la República."** Agregó luego: **"Sí. Me llamó el Ministro de la Defensa para ese entonces que era Baduel. Me llamó Rangel Silva. Me llamó Hugo Carvajal. Me llamó un Almirante... Aguirre creo. O sea que mucha gente abogó por ese señor."** Pero precisó al final que ese era **"el único caso que me acuerdo que yo haya favorecido a un narcotraficante;"** y que él le había dado **"la cautelar y la fiscalía no continuó investigando."**

113. Pero las referencias a las llamadas de funcionarios dando instrucciones a los jueces para decidir casos o para favorecer a determinadas personas no se quedaron en referencias a funcionarios del Poder Ejecutivo sino también de otros funcionarios, de manera que a la pregunta de la periodista sobre si *"aparte del presidente Hugo Chávez,"* recibía llamadas *"del Ministerio Público, de la Fiscalía, Luisa Ortega, Luisa Estela Morales,"* respondió **"De Luisa Ortega** [Fiscal General de la República] **sí, más de una llamada recibí. De Luisa Estela Morales** [Presidenta del Tribunal Supremo]**, infinida-**

des." Y a la pregunta de *"qué le decían?"* respondió que **"Cuándo se iba a imputar a alguna persona, cuándo se le iba a privar de libertad, cuándo se iban a hacer los allanamientos; para que yo organizara esa situación, y buscara al juez idóneo, para que se realizara tal acto,"** de manera que a la pregunta de si eso era *"Manipular un caso?* respondió*: "Sí, más de uno."* Y ante la pregunta de la periodista sobre por qué *"esa intromisión en el poder judicial?"*, el magistrado explicó con precisión, indicando que: **"Esa era la componenda que había a nivel de Presidenta de la Corte Suprema y Fiscal General de la República,"** precisando frente va la pregunta de si *"recibían dinero"* y si *"extorsionaban a clientes"* que **"Yo creo que sí extorsionaban principalmente en el caso de los banqueros."**

114. Luego de referirse a otros casos de actuación de "fiscales preferidos" de la Fiscalía General, que **"llamaban a los jueces y si no hacían lo que les pedía el fiscal"** eran despedidos, casos en los cuales, dijo, abogados organizados **"trabajan con las fiscalía. Están relacionados con la fiscalía,"** resultando que **"El fiscal actúa, y lo solicita al gobierno."** Sobre esos casos manipulados ante la pregunta de la periodista sobre *"qué caso recuerda que fue manipulado,"* el Magistrado respondió que "fueron bastantes." Aclarando sin embargo que "el único que me acuerdo fue un caso en Maracaibo de un diputado que le dicen Mazuco," explicando que **"el caso fue más o menos un caso que buscaron un preso, lo encapucharon, y lo pusieron como testigo para que dijera que este señor había sido el que dio la orden para que mataran al otro,"** respecto de lo cual la presidenta del Tribunal Supremo de Justicia le había solicitado *"precisamente. Avalar esa situación. Y al hombre se le pago dándole la libertad."*

115. Respecto de todas estas conductas ilegítimas, muchas de las cuales constituyen delito, y en cuya realización participó el magistrado Aponte, según su confesión pública, a la pregunta de la periodista de si reconocía *"el daño que le hizo al poder judicial venezolano,"* el magistrado Aponte respondió: **"Sí le digo, yo asumo mi responsabilidad y mi culpa y si es de pagar por ello, yo pago,"** precisando sobre la pregunta de *"Qué tan contaminado está ese poder en Venezuela?* que **"Yo creo que bastante, suficiente, y a todos los niveles; mucha manipulación, le dije, ahí no sale una decisión si no se consulta; últimamente, los tribunales penales antes de cualquier decisión tienen que consultarlo."**

116. Luego de leer todo esto, no es posible dudar firmemente de que las decisiones judiciales en Venezuela, cuando afectan intereses gubernamentales, o son dictadas por órdenes dadas por Ejecutivo nacional, o son previamente consultadas al mismo, con la consecuencia de que si un juez no atiende la orden o instrucción, o no consulta su decisión, es removido, como tantas veces ha ocurrido. De manera que ante una pregunta de la periodista en la cual le inquiría al Magistrado *"Cuando usted dice que usted fue manipulado, quiero que nos especifique mas cómo fue ese modus operandi,"* el Magistrado respondió: **"Lo que pasa es que a mí me pedían los favores y yo los ejecutaba. Y ay del juez que se negara a ejecutarlo,"** pues **"era removido del**

cargo," lo que ejecutaba "la Comisión Judicial. Pero fueron muchos," con su apoyo. Precisó, sin embargo, que "la orden no la daba yo directamente. La orden la daba también la Presidenta del Tribunal directamente. Muchas veces la orden la daban directamente los fiscales. Hay un fiscal de apellido Castillo, que ese llamó directamente a los jueces y llegaba hasta amenazarlos."

117. Y ante la pregunta que le formuló la periodista sobre si *"es cierto que en Venezuela las actuaciones procesales y las sentencias tienen costo,"* el magistrado respondió que **"En algunos casos sí"** que **"tal vez"** se compra la justicia con dinero, *precisando que* **"Sí, en algunos casos si lo han hecho."** Estas declaraciones de este ex magistrado, sin duda, evidencian la trágica realidad de que por más detalladas que sean las previsiones de la Constitución venezolana de 1999, particularmente sobre separación de poderes y en especial sobre la autonomía, la independencia, la idoneidad y la estabilidad de los jueces, las mismas no han pasado de ser letra muerta, resultando un Poder judicial que en la práctica no es ni autónomo ni independiente, y por ello, no hay, ni real separación de poderes, ni régimen democrático, el cual sólo puede existir en el marco de un régimen de control del poder. Por ello, sobre *la autonomía e independencia del poder judicial*, el ex Magistrado llegó a responder la pregunta de la periodista, diciendo simplemente, que **"eso es una falacia"** y explicó claramente por qué. Dijo: **"Y te voy a decir por qué. Todos los fines de semana principalmente los viernes en la mañana, hay una reunión en la Vice Presidencia Ejecutiva del país, donde se reúne el Vicepresidente, que es el que maneja la justicia en Venezuela, con la Presidenta del Tribunal Supremo, con la Fiscal General de la República, con el Presidente de la Asamblea Nacional, con la Procuradora General de la República, con la Contadora General de la República, y unas que otras veces va uno de los jefes de los cuerpos policiales. De ahí es donde sale la directriz de lo que va a ser la justicia. O sea, salen las líneas conductoras de la justicia en Venezuela."** Luego de este detalle de las reuniones con el Poder Ejecutivo para manejar la justicia, en las cuales se analizaban **"los casos que están pendientes, qué es lo que se va a hacer. O sea se daban la directrices de acuerdo al panorama político,"** precisó que él había acudido varias veces a las mismas, afirmando frente a la pregunta de que *"cómo queda la independencia de los poderes en Venezuela?,* con la respuesta de *"Yo creo que no hay tanta independencia."*

118. Esta insólita entrevista o confesión del magistrado terminó con la pregunta reiterada de la periodista, sobre si *"existe independencia de poderes en Venezuela,"* a lo cual respondió simplemente **"ninguna,"** **"Ni el poder judicial, ni el poder ejecutivo, ninguno de los poderes."** Estas declaraciones de quien hasta hace poco fue Presidente de la Sala de Casación Penal del Tribunal Supremo de Justicia, ponen en evidencia no sólo la manipulación de la justicia que ha existido en Venezuela en los últimos años, sino como hemos mencionado, el absoluto contraste entre la normativa constitucional y la realidad de la práctica política, particularmente en relación con las garantías cons-

tituionales respecto de la autonomía e independencia del Poder Judicial que no han existido en la práctica, afectando el régimen de ingreso y estabilidad de los jueces.

VIII. LA "REFORMA" DE LA LEY ORGÁNICA DEL TRIBUNAL SUPREMO DE JUSTICIA EN 2010, MEDIANTE SU ILEGÍTIMA "REPUBLICACIÓN" EN LA GACETA OFICIAL, PARA EL CONTROL TOTAL SOBRE EL TRIBUNAL SUPREMO

119. Ahora bien, en paralelo a lo que ocurría en la Judicatura, conforme a lo denunciado por el ex Magistrado Aponte Aponte, en 2010 se dictaron dos importantes leyes en materia judicial en Venezuela: por una parte, en mayo de ese año se sancionó la reforma de la Ley Orgánica del Tribunal Supremo de Justicia, corrigiéndose la sancionada en 2004;[148] y se dictó en agosto del mismo año la esperada "Ley del Código de Ética del Juez Venezolano y la Jueza Venezolana," que sin embargo, fue reformado casi de inmediato.[149] En la primera, desapareció la Disposición Transitoria que había prorrogado el funcionamiento de la Comisión de Funcionamiento y Reorganización del Poder Judicial, y en la segunda, al derogarse la Normativa que regulaba dicha Comisión, se sustituyó la misma por unos órganos disciplinarios judiciales denominados: Corte Disciplinaria Judicial y Tribunal Disciplinario Judicial.

120. En cuanto a la primera de dichas leyes, la que reguló al Tribunal Supremo, en sus normas se estableció en detalle el procedimiento a seguir para la selección y nombramiento de sus Magistrados, lo que debía ocurrir en los meses subsiguientes, y en particular, en 2011, dado los lapsos que fueron expresamente establecidos en sus normas. Sin embargo, en septiembre de 2010 se realizaron elecciones legislativas en Venezuela, en las cuales, a pesar de que los candidatos de oposición al gobierno obtuvieron la mayoría del voto popular, los candidatos del oficialismo, a pesar de que haber obtenido menos de la mitad del voto popular, por el diseño formal de la ley, terminaron controlando la mayoría de la Asamblea Nacional,[150] pero perdieron la mayoría calificada que desde 2005 habían mantenido en la misma, lo que a partir de enero de 2011 cuando se instalara la nueva Asamblea Nacional electa, impedía que con el solo voto de los diputados oficialistas se pudieran designar a los nuevos magistrados del Tribunal Supremo. Ello motivó que la Asamblea Nacional, para poder proceder de inmediato, en los meses finales de 2010, antes de que se instalase en enero de 2011 a nueva Asamblea electa, resolviera sin embargo hacer el nombramiento de nuevos Magistrados del Tribunal Supremo. Como la reforma de la Ley Orgánica del Tribunal Supremo que la Asam-

---

[148] La Ley Orgánica fue publicada en *Gaceta Oficial* N° 5.991 Extra. de 29-07-2010, y luego fue republicada, para corregir supuestos errores materiales, en *Gaceta Oficial* N° 39.483 de 9-08-2010.

[149] *Gaceta Oficial* N° 39.493 de fecha 23-8-2010.

[150] Véase en http://es.wikipedia.org/wiki/Elecciones_parlamentarias_de_Venezuela_de_2010.

blea había sancionado e incluso republicado unos meses antes en el mismo año 2010,[151] le impedía hacerlo pues de acuerdo al procedimiento de postulación que estableció la Ley, el nombramiento le correspondía a la nueva Asamblea Nacional que se debía instalar en enero de 2011, y por tanto, con la participación de los diputados de oposición, el mecanismo que se adoptó para efectuar los nombramientos fue la decisión tomada sólo cuatro días después de que se efectuara la elección de los nuevos diputados a la Asamblea, para realizar una "reforma" de la Ley Orgánica pero sin "reformarla" formalmente las vías regulares, mediante el extraño mecanismo de "reimpresión" del texto de la Ley en la *Gaceta Oficial*, por un supuesto error material de copia del texto legal.[152]

121. En efecto, el artículo 70 de la Ley Orgánica del Tribunal Supremo disponía que el plazo para presentar las candidaturas a Magistrados del Tribunal ante el Comité de Postulaciones Judiciales no debía ser *"menor de treinta días continuos,"* lo que implicaba que la Legislatura que concluía en diciembre de 2010 no podía alcanzar a hacer los nombramientos. Fue esa redacción de dicho artículo el que precisamente se cambió o "reformó" ilegítimamente gracias a un "Aviso" del Secretario de la Asamblea Nacional publicado en la *Gaceta Oficial*, en el cual indicó que en lugar de la palabra "menor" la palabra supuestamente correcta de la norma es la antónima, es decir, "mayor" en el sentido de que la norma debía decir lo contrario, que el plazo *"no será mayor de treinta días continuos."* En esta forma, con un cambio de palabras, de "menor" a "mayor," un plazo legal *mínimo* se convirtió en un plazo *máximo*, con la clara intención de reducir los plazos para recibir las postulaciones y proceder a la inmediata designación de los nuevos Magistrados, precisamente antes de que se instalara la nueva Asamblea Nacional en enero de 2011.[153] Y fue así, que con esa "reforma" legal, la Asamblea Nacional, integrada por diputados que ya para ese momento no representaban la voluntad mayoritaria del pueblo, procedió entonces a materializar el asalto final al Tribunal Supremo, y llenarlo de Magistrados miembros del partido político oficial y que, además, para el momento de su elección, incluso eran de los parlamentarios que estaban terminando su mandato por efecto de la

---

[151] Véase en *Gaceta Oficial* N° 39.522, de 01-10-2010.

[152] Véase *Gaceta Oficial* N° 39.522, de 01-10-2010. El proceder lo califican los representantes del profesor Brewer Carías, como "un ardid fraudulento." Véase *Escrito de Solicitudes, Argumentos y Pruebas*, 7 de julio de 2012, párr. 35.

[153] Véanse los comentarios de Víctor Hernández Mendible, "Sobre la nueva reimpresión por 'supuestos errores' materiales de la LOTSJ" en la *Gaceta Oficial* N° 39.522, de 01-10-2010," y Antonio Silva Aranguren, "Tras el rastro del engaño, en la web de la Asamblea Nacional," publicados en *Revista de Derecho Público*, N° 124, Editorial Jurídica Venezolana, Caracas 2010, pp. 100-113.

elección parlamentaria, y que por tanto, no cumplían con las condiciones para ser Magistrados que establece la Constitución.[154]

122. Como lo señaló la ex Magistrada de la antigua Corte Suprema de Justicia, profesora Hildegard Rondón de Sansó:

"El mayor de los riesgos que plantea para el Estado la desacertada actuación de la Asamblea Nacional en la reciente designación de los Magistrados del Tribunal Supremo de Justicia, no está solo en la carencia, en la mayoría de los designados de los requisitos constitucionales, sino el haber llevado a la cúspide del Poder Judicial la decisiva influencia de un sector del Poder Legislativo, ya que para diferentes Salas, fueron elegidos cinco parlamentarios." [155]

123. Destacó además la ex Magistrada Sansó que "todo un sector fundamental del poder del Estado, va a estar en manos de un pequeño grupo de sujetos que no son juristas, sino políticos de profesión, y a quienes corresponderá, entre otras funciones el control de los actos normativos;" agregando que "Lo más grave es que los designantes, ni un solo momento se percataron de que estaban nombrando a los jueces máximos del sistema jurídico venezolano que, como tales, tenían que ser los más aptos, y de reconocido prestigio como lo exige la Constitución."

124. Concluyó reconociendo entre "los graves errores" que incidieron sobre la elección, el hecho de:

"la configuración del Comité de Postulaciones Judiciales, al cual la Constitución creó como un organismo neutro, representante de los "diferentes sectores de la sociedad" (Art. 271), pero la Ley Orgánica del Tribunal Supremo de Justicia, lo convirtió en forma inconstitucional, en un apéndice del Poder Legislativo. La consecuencia de este grave error era inevitable: los electores eligieron a sus propios colegas, considerando que hacerlo era lo más natural de este mundo y, ejemplo de ello fueron los bochornosos aplausos con que se festejara cada nombramiento."[156]

125. Como puede apreciarse de todo lo anteriormente expuesto, después de cuatro décadas de práctica democrática que tuvo Venezuela entre 1959 y 1999, durante los últimos catorce años entre 1999 y 2013, en fraude continuo a la Constitución efectuado por la Asamblea Constituyente en 1999, por el Legislador y por el Tribunal Supremo de Justicia, guiados por el Poder Ejecutivo, a pesar de las excelentes normas constitucionales de las cuales dispone el país, se ha venido estructurando un Estado autoritario en contra de las

---

[154] Véase la reseña: "Mayoría del PSUV llevó a cinco de sus colegas y a la procuradora al TSJ," en *El Universal*, Caracas 8 de diciembre de 2010, disponible en: http://politica.eluniversal.com/2010/12/08/pol_art_an-excluyo-a-isaias_08A4828333.shtml.

[155] En Hildegard Rondón de Sansó, *"Obiter Dicta.* En torno a una elección," en *La Voce d'Italia*, Caracas 14-12-2010.

[156] Ídem.

mismas, que ha aniquilado toda posibilidad de control del ejercicio del poder y, en definitiva, el derecho mismo de los ciudadanos a la democracia, en contravención expresa, a partir de 2001, de la Carta Democrática Interamericana. Además, se ha venido implementando fraudulentamente una reforma constitucional rechazada mediante referendo popular el día 2 de diciembre de 2007, tanto mediante decretos leyes como los dictados en 2008, como mediante las leyes emanadas de la Asamblea Nacional, como las dictadas en diciembre de 2010 sobre el Poder Popular[157] y el Estado Comunal, en las cuales se ha regulado un Estado Socialista, en absoluto desconocimiento del artículo 2 de la Constitución, que establece entre los valores superiores del Estado social y democrático de Derecho, el pluralismo político; y un sistema económico comunista por el cual nadie ha votado en el país.[158]

126. En este contexto, por tanto, son evidentes las catastróficas consecuencias que para el Estado de derecho y para la democracia ha tenido la conducta del Tribunal Supremo de Justicia, es decir, del guardián de la Constitución que integrado masivamente por magistrados vinculados al partido de gobierno, con su acción y omisión, ha terminado contribuyendo al deterioro institucional que Venezuela ha sufrido. Ello se confirma, por ejemplo, con lo expresado en el discurso de apertura del Año Judicial el 5 de febrero de 2011 pronunciado, como Orador de Orden, por Magistrado de la Sala Electoral del Tribunal Supremo, Fernando Vargas, en el cual destacó que "el Poder Judicial venezolano está en el deber de dar su aporte para la eficaz ejecución, en el ámbito de su competencia, de la Política de Estado que adelanta el gobierno nacional" en el sentido de desarrollar "una acción deliberada y planificada para conducir un socialismo bolivariano y democrático," y que "la materialización del aporte que debe dar el Poder Judicial para colaborar con el desarrollo de una política socialista, conforme a la Constitución y la leyes, viene dado por la conducta profesional de jueces, secretarios, alguaciles y personal auxiliar," agregando que:

> "Así como en el pasado, bajo el imperio de las constituciones liberales que rigieron el llamado estado de derecho, la Corte de Casación, la Corte Federal y de Casación o la Corte Suprema de Justicia y demás tribunales, se consagraban a la defensa de las estructuras liberal-democráticas y combatían con sus sentencias a quienes pretendían subvertir ese orden en cualquiera de las competencias ya fuese penal, laboral o civil, de la misma manera este Tribunal Supremo de Justicia y el resto de los tribunales de la República, deben aplicar severamente

---

[157] Véase la obra *Leyes Orgánicas sobre el Poder Popular y el Estado Comunal (Los Consejos Comunales, las Comunas, la Sociedad Socialista y el Sistema Económico Comunal)*, Editorial Jurídica Venezolana, Caracas, 2011, pp. 9-182.

[158] En 2009, en efecto, se sancionó la Ley Orgánica de los Consejos de 2009 (*Gaceta Oficial* N° 39.335 de 28-12-2009) y en 2010, las Leyes Orgánicas del Poder Popular, de las Comunas, del Sistema Económico Comunal, de Planificación Pública y Comunal y de Contraloría Social (*Gaceta Oficial* N° 6.011 Extra. de 21-12-2010).

las leyes para sancionar conductas o reconducir causas que vayan en desmedro de la construcción del Socialismo Bolivariano y Democráti-co.[159]

127. Queda claro, por tanto, cual ha sido la razón del rol asumido por el Tribunal Supremo en Venezuela, como queda evidenciado de lo que hemos reseñado anteriormente, y que no es otra que, como lo anunció el Magistrado orador en la apertura del Año Judicial de 2011, la destrucción del "llamado estado de derecho" y "de las estructuras liberales-democráticas," con el objeto de la "construcción del Socialismo Bolivariano y Democrático."

IX. LA CREACIÓN MEDIANTE EL CÓDIGO DE ÉTICA DEL JUEZ VENEZOLANO, DE UNA "JURISDICCIÓN DISCIPLINARIA JUDICIAL" PERO SOMETIDA AL PODER POLÍTICO, CON JUECES DISCIPLINARIOS NOMBRADOS POR LA ASAMBLEA NACIONAL SIN TENER COMPETENCIA CONSTITUCIONAL PARA LELO

128. Ahora bien, en paralelo al asalto final perpetrado contra el Tribunal Supremo de Justicia, y después de que durante más de una década se hubiese logrado la "depuración" o "purga" del Poder Judicial, en el mismo año 2010, a pesar de que parecía que había llegado el momento de ejecutar formalmente el mandato constitucional en materia de organización definitiva de la Jurisdicción Disciplinaria Judicial, cesando a la Comisión ad hoc que se había utilizado para ejercer la función disciplinaria, lamentablemente ello no ocurrió. En efecto, como antes se dijo, en la reforma de la Ley Orgánica del Tribunal Supremo de Justicia de 2010 se había eliminado la Disposición Transitoria que disponía la sobrevivencia de la Comisión de Funcionamiento y Reestructuración del Sistema Judicial; y segundo, la Asamblea Nacional procedió a sancionar la Ley del Código de Ética del Juez Venezolano y la Jueza Venezolana,[160] derogando, finalmente, la vieja Ley Orgánica del Consejo de la Judicatura de 1998,[161] órgano que había desaparecido con la sanción de la Constitución de 1999; y derogando también, los artículos 38, 39, 40 de la vieja Ley de Carrera Judicial de 1998,[162] y los artículos 34, 35 y 36 de Ley Orgánica del Poder Judicial de 1998.[163]

129. Además, en la Disposición Derogatoria, también se derogó, *"salvo lo dispuesto en la Disposición Transitoria Tercera,* el Reglamento de la Comisión de Funcionamiento y Reestructuración del Sistema Judicial, publicado en

---

[159] Véase la Nota de Prensa oficial difundida por el Tribunal Supremo. Véase en http://www.tsj.gov.ve/informacion/notasdeprensa/notasdeprensa.asp?codigo=8239. Véase *Escrito de Solicitudes, Argumentos y Pruebas*, 7 de julio de 2012, párr. 37, 38.

[160] *Gaceta Oficial* N° 39.493 de 23-08-2010.

[161] *Gaceta Oficial* N° 36.534, de 08-09-1998.

[162] *Gaceta Oficial* N° 5.262, Extra. de 11-09-1998.

[163] *Gaceta Oficial* N° 5.262, Extra. de 11-09-1998.

la *Gaceta Oficial* de la República Bolivariana de Venezuela N° 38.317, de fecha 18 de noviembre de 2005." Parecía, con ello, que al fin se estaba iba a crear la esperada "Jurisdicción Disciplinaria Judicial" integrada por tribunales judiciales en el sistema judicial bajo la conducción del Tribunal Supremo de Justicia, por lo que se derogaba el reglamento de la Comisión ad hoc que sin ser un órgano judicial, había ejercido dicha "Jurisdicción." Pero la verdad es que no fue así, precisamente por lo dispuesto en la mencionada "Disposición Transitoria Tercera" de la Ley del Código de Ética del juez, en la cual se dispuso que:

> *"Tercera.* Hasta tanto se conformen los Colegios Electorales Judiciales para la elección de los jueces y juezas de la competencia disciplinaria judicial, la Asamblea Nacional procederá a designar los jueces y juezas y los respectivos suplentes del Tribunal Disciplinario Judicial y la Corte Disciplinaria Judicial, previa asesoría del Comité de Postulaciones Judiciales."

130. En realidad, a pesar de que con la reforma de la Ley Orgánica del Tribunal Supremo de Justicia de 2010 se había eliminado la Disposición Transitoria que disponía la sobrevivencia de la Comisión de Funcionamiento y Reestructuración del Sistema Judicial; con la sanción subsiguiente por la Asamblea Nacional de la Ley del Código de Ética del Juez Venezolano y la Jueza Venezolana,[164] lo que se hizo, en la práctica, fue cambiarle el nombre a la "Comisión de Funcionamiento y Reestructuración del Sistema Judicial" desdoblándola en dos, al crearse un "Tribunal Disciplinario Judicial" y una "Corte Disciplinaria Judicial" pero no integrada por jueces -que conforme a la Constitución sólo pueden ser designados por el Tribunal Supremo de Justicia (artículo 255) - sino por unos llamados "jueces disciplinarios" nombrados directamente en forma totalmente inconstitucional por la Asamblea Nacional, sin concurso público alguno y sin participación ciudadana alguna, violándose, por tanto, todas las disposiciones constitucionales relativas al Poder Judicial. Por tanto, de un órgano inconstitucional como la mencionada Comisión ad hoc se pasó a otro órgano también inconstitucionalmente constituido, controlado directamente por el poder político representado por la Asamblea Nacional.[165] Al analizarse las normas del Código de Ética del Juez Venezolano de 2010, por tanto, en lo que respecta a la Jurisdicción Disciplinaria Judicial, tiene que tenerse en cuenta el abismo que de nuevo hay entre la letra de las normas y la práctica.

131. En cuanto a la letra de las normas, en efecto, se constata que la Ley crea los "Tribunales disciplinarios" como los "órganos que en el ejercicio de la jurisdicción tienen la competencia disciplinaria sobre los jueces o juezas de la República," y que son el Tribunal Disciplinario Judicial y la Corte Disci-

---

[164] *Gaceta Oficial* N° 39.493 de 23-08-2010.

[165] Tal como lo destacan los representantes del profesor Brewer-Carías, en el *Escrito de Solicitudes, Argumentos y Pruebas*, 7 de julio de 2012, párr. 71.

plinaria Judicial, con competencia para conocer y aplicar en primera y segunda instancia, respectivamente, los procedimientos disciplinarios por infracción a los principios y deberes contenidos en el mencionado Código de Ética (art. 39). Tanto el Tribunal Disciplinario Judicial como la Corte Disciplinaria Judicial deben estar integrados cada uno por tres jueces principales y sus respectivos suplentes (Arts. 41 y 43), que deben cumplir con las condiciones indicadas en la ley (art. 44); y a ambos órganos la Ley le encomendó la tarea de dictar "su reglamento orgánico, funcional e interno" (art. 45). [166]

132. La Ley del Código, por otra parte, estableció todo un complejo procedimiento para la selección y nombramiento de los "jueces disciplinarios" tanto de la Corte como del Tribunal Disciplinarios, en la mejor de las tradiciones de leguaje floridos de las previsiones constitucionales y legales, consistente en lo siguiente:

1. Los aspirantes a jueces deben ser elegidos por los Colegios Electorales Judiciales con el asesoramiento del Comité de Postulaciones Judiciales al cual se refiere el artículo 270 de la Constitución de la República (art. 46).

2. A tal efecto, los Colegios Electorales Judiciales deben estar constituidos en cada estado y por el Distrito Capital por un representante del Poder Judicial, un representante del Ministerio Público, un representante de la Defensa Pública, un representante por los abogados autorizados para el ejercicio, así como por diez delegados de los Consejos Comunales "legalmente organizados por cada una de las entidades federales en ejercicio de la soberanía popular y de la democracia participativa y protagónica." Los Consejos Comunales en asamblea de ciudadanos deben proceder a elegir de su seno a un vocero que los representará para elegir a los delegados que integrarán al respectivo Colegio de cada estado, conforme al procedimiento que establezca el reglamento de la ley que lo rija (art.. 47). El Consejo Nacional Electoral es el órgano responsable de la organización, administración, dirección y vigilancia de todos los actos relativos a la elección de los delegados de los Consejos Comunales (art. 48).

3. El Comité de Postulaciones Judiciales es el órgano competente para recibir, seleccionar y postular los candidatos a jueces disciplinarios que deben ser elegidos por los Colegios Electorales Judiciales (Art. 48). A tal efecto, el Comité de Postulaciones Judiciales debe efectuar una preselección de los candidatos que cumplan con los requisitos exigidos para ser juez de la Jurisdicción Disciplinaria Judicial y debe proceder a elaborar la lista definitiva de los candidatos (art. 49). Los ciudadanos y las organizaciones comunitarias y sociales pueden ejercer fundadamente

---

[166] Dicho Reglamento se dictó en septiembre de 2011. Véase en *Gaceta Oficial* N° 39.750 del 05-09-2011.

objeciones ante el Comité de Postulaciones Judiciales sobre cualquiera de los postulados a ejercer los cargos de jueces de la Corte Disciplinaria Judicial y el Tribunal Disciplinario Judicial (Art. 49).

4. Los candidatos a jueces seleccionados por el Comité de Postulaciones Judiciales deben someterse a los Colegios Electorales Judiciales, a los que corresponde realizar la elección, debiendo dichos Colegios Electorales Judiciales notificar de la elección definitiva a la Asamblea Nacional (art. 49).

133. Todo este procedimiento complejo, sin embargo –y esta es la otra cara de la moneda– fue eliminado completamente, al incorporarse la mencionada Disposición Transitoria Tercera de la Ley conforme a la cual, "hasta tanto se conformen los Colegios Electorales Judiciales para la elección de los jueces de la competencia disciplinaria judicial," *se atribuye a la Asamblea Nacional,* en forma inconstitucional, la atribución de proceder "a designar los jueces y juezas y los respectivos suplentes del Tribunal Disciplinario Judicial y la Corte Disciplinaria Judicial, previa asesoría del Comité de Postulaciones Judiciales." Es decir, todo el detallado y complejo procedimiento previsto en la Ley ha sido letra muerta, y tan inaplicable que publicado el Código de Ética del Juez venezolano en agosto de 2010, ocho meses después, mediante Acto Legislativo de 9 junio de 2011,[167] la Asamblea Nacional designó a los referidos jueces de la Corte Disciplinaria Judicial y Tribunal Disciplinario Judicial, quienes habiéndose juramentado ante la propia Asamblea el 14 de junio de 2011, se constituyeron mediante Acta levantada el 28 de junio de 2011.[168]

134. La Disposición Transitoria Tercera antes mencionada de la Ley del Código de Ética del Juez venezolano, debe considerarse contraria a la Constitución, pues dispone el nombramiento de jueces por un órgano que conforme a la misma no puede tener esa competencia, violándose además el derecho constitucional a la participación ciudadana.[169] El artículo 255 de la Constitución, en efecto, dispone que "El nombramiento y juramento de los jueces o juezas corresponde al Tribunal Supremo de Justicia. La ley garantizará la participación ciudadana en el procedimiento de selección y designación de los jueces o juezas." Ni siquiera en forma transitoria esta disposición constitucional podría ser ignorada como ha ocurrido con la Ley del Código, razón por la

---

[167] *Gaceta Oficial* N° 39.693 de 10-06-2011.

[168] Véase el "Acta de Constitución del Tribunal Disciplinario Judicial," de 28-06-2011, en *Gaceta Oficial* N° 39.704 de 29-06-2011.

[169] Debe mencionarse incluso que el nombramiento de jueces y suplentes hecho por la Asamblea Nacional es tan "permanente" para la Corte Disciplinaria Judicial y Tribunal Disciplinario judicial, que en el Reglamento orgánico, funcional e interno de la Jurisdicción que dictaron en septiembre de 2011, se regula que "las faltas absolutas, temporales o accidentales de los jueces o juezas principales, serán cubiertas por el juez o jueza suplente, convocado según el *orden de designación de la Asamblea Nacional*" (art. 10) Véase en *Gaceta Oficial* N° 39.750 de 05-09-2011.

cual los nombramientos de los llamados "jueces" de la Corte Disciplinaria Judicial y Tribunal Disciplinario Judicial por un órgano distinto al Tribunal Supremo de Justicia, es decir por la Asamblea Nacional, son inconstitucionales, como también, por tanto, la auto "constitución" de dichos tribunales.

135. Por otra parte, siendo órganos dependientes de la Asamblea Nacional, que es el órgano político por excelencia del Estado, es difícil imaginar que esos "jueces disciplinarios" nombrados por ella, puedan ser realmente en sus funciones "independientes y autónomos, por lo que su actuación sólo debe estar sujeta a la Constitución de la República y al ordenamiento jurídico," y que además, puedan dar cumplimiento cabal a los "principios de la jurisdicción disciplinaria" a que se refiere el artículo 3 del Código, en el sentido de que deben garantizar "el debido proceso, así como los principios de legalidad, oralidad, publicidad, igualdad, imparcialidad, contradicción, economía procesal, eficacia, celeridad, proporcionalidad, adecuación, concentración, inmediación, idoneidad, excelencia e integridad."

136. La antigua Comisión de Funcionamiento y Reestructuración del Sistema Judicial, aún cuando no era un órgano o tribunal judicial, al menos tenía una adscripción al Tribunal Supremo de Justicia, y sus miembros habían incluso sido designados por la Sala Constitucional. Fue sin duda un instrumento para asegurar el control político sobre los jueces, pero organizado en forma indirecta. En cambio, ahora, con la última reforma legal de 2010, al disponerse que los jueces de las Corte Disciplinaria Judicial y del Tribunal Disciplinaria Judicial sean designados por la Asamblea Nacional, lo que se ha asegurado es un mayor control político directo sobre los jueces en el país. Por otra parte, el Tribunal Supremo de Justicia, con la reforma, ha perdido incluso en contra de lo establecido en la Constitución, el gobierno y administración de una de las Jurisdicciones de rango constitucional, como es la Jurisdicción Disciplinaria Judicial (Art. 267). Puede decirse, por tanto, que nada ha variado desde 1999 en esta materia, de manera que la estabilidad de los jueces, como garantía de su independencia y autonomía, sigue sin tener aplicación en el país.

X. UN ÚLTIMO OBSTÁCULO PARA TODO INTENTO DE GARANTIZAR LA INDEPENDENCIA DE LOS JUECES: LA SUSPENSIÓN JUDICIAL EN 2013 DE LA APLICACIÓN A LOS JUECES TEMPORALES Y PROVISORIOS DE LAS GARANTÍAS DE INGRESO Y REMOCIÓN ESTABLECIDAS EN EL CÓDIGO DE ÉTICA DE LOS JUECES

137. En cuanto se refiere a las normas sustantivas de la Ley del Código de Ética del Juez, a pesar de que en definitiva su aplicación esté en manos de "jueces disciplinarios" sometidos al control político de la Asamblea Nacional, el mismo contiene una serie de normas relativas al nombramiento de los jueces y a su estabilidad, tendientes a ejecutar en algo el espíritu de las normas constitucionales sobre ingreso y estabilidad de los jueces, que en virtud de que la mayoría de los mismos eran temporales y provisionales, se consideró que debían igualmente ser aplicables a los mismos. A tal efecto, el artículo 2 del Código de Ética estableció que:

"Artículo 2. El presente Código se aplicará a todos los jueces y todas las juezas dentro del territorio de la República Bolivariana de Venezuela. *Se entenderá por juez o jueza todo aquel ciudadano o ciudadana que haya sido investido o investida conforme a la ley, para actuar en nombre de la República en ejercicio de la jurisdicción de manera permanente, temporal, ocasional, accidental o provisoria.*"

138. Ahora bien, con ocasión de la impugnación de la Ley del Código de Ética del Juez mediante un recurso de nulidad por inconstitucionalidad interpuesto ante la Sala Constitucional del Tribunal Supremo en 2009, ésta, luego de desechar la solicitud de la recurrente de que suspendieran totalmente los efectos de todas las normas del Código, mediante sentencia N° 516 de 7 de mayo de 2013,[170] procedió a suspender *de oficio* algunas de dichas normas, y en particular, el mencionado artículo 2 del Código, en cuanto a la extensión que hizo de la aplicación de sus previsiones garantistas a los jueces temporales y provisionales.

139. Para fundamentar la decisión, la Sala Constitucional indicó, respecto de dicha norma que fija el ámbito subjetivo del Código, que la misma, a pesar de que:

"sin ninguna consideración adicional guarda consonancia con el orden constitucional; sin embargo, cuando se considera que el Código de Ética del Juez Venezolano y la Jueza Venezolana, además de fijar los referentes éticos con base en los cuales se ha de determinar la idoneidad y excelencia de un juez o una jueza para la función jurisdiccional, estatuye un régimen de inamovilidad propio de la carrera judicial; la extensión de este proceso disciplinario judicial a los jueces temporales, ocasionales, accidentales o provisorios para poder excluirlos de la función jurisdiccional, pese a que formalmente no han ingresado a la carrera judicial, pareciera colidir con el texto Constitucional."[171]

140. Consideró por tanto, la Sala Constitucional del Tribunal Supremo, conforme a su propia doctrina, que los jueces temporales y provisorios son esencialmente de libre nombramiento y remoción, por lo que constató que conforme al artículo 255 de la Constitución, el ingreso a la carrera judicial y el ascenso de los jueces "se debe hacer por concursos de oposición públicos que aseguren la idoneidad y excelencia de los participantes"; y que además, los jueces sólo pueden "ser removidos o suspendidos de sus cargos mediante los procedimientos expresamente previstos en la ley;" agregando que cuando dicha norma constitucional se refiere a que "*los*" jueces sólo podrán ser removidos o suspendidos mediante los procedimientos previstos en la ley," ello sólo:

"alude a aquellos jueces que han ingresado a la carrera judicial por haber realizado y ganado el concurso de oposición público, como lo exi-

---

[170]   Véase en http://www.tsj.gov.ve/decisiones/scon/Mayo/516-7513-2013-09-1038.html
[171]   *Idem.*

ge el encabezado del artículo; pues es dicho mecanismo el que hace presumir (de forma *iuris tantum*) la idoneidad y excelencia del juez o jueza; una presunción que es, efectivamente, desvirtuable mediante el proceso disciplinario judicial como parte de la validación constante y permanente de la idoneidad y excelencia; pero que se erige a su vez como una garantía de la inamovilidad propia de la carrera judicial." [172]

141. De ello dedujo la Sala Constitucional que aun cuando efectivamente el Código de Ética del Juez Venezolano "le es efectivamente aplicable a todos los jueces -indistintamente de su condición- como parámetro ético de la función jurisdiccional"; sin embargo, en cuanto al:

"procedimiento para la sanción que dicho Código contempla pareciera, salvo mejor apreciación en la definitiva, *no ser extensible a los Jueces y juezas temporales, ocasionales, accidentales o provisorios*, ya que dicho proceso es una garantía de la inamovilidad ínsita a la carrera judicial; y se obtiene la condición de juez o jueza de carrera si se gana el concurso de oposición público." [173]

142. Y por ello, supuestamente para "no contradecir el contenido normativo del artículo 255 de la Constitución," la Sala procedió a suspender cautelarmente, de oficio, mientras dure el presente juicio de nulidad de dicho Código,

"la referencia que hace el artículo 2 del Código de Ética del Juez Venezolano y la Jueza Venezolana a los *jueces y juezas temporales, ocasionales, accidentales o provisorios* y que permite la extensión, a esta categoría de jueces y juezas, del procedimiento disciplinario contemplado en los artículos 51 y siguientes del mencionado Código, por no tratarse de jueces o juezas que hayan ingresado a la carrera judicial, correspondiéndole a la Comisión Judicial la competencia para sancionarlos y excluirlos de la función jurisdiccional, visto que se trata de un órgano permanente, colegiado y delegado de la Sala Plena de este Tribunal Supremo de Justicia, al que compete coordinar las políticas, actividades y desempeño de la Dirección Ejecutiva de la Magistratura, la Escuela Nacional de la Magistratura y la Inspectoría General de Tribunal (ex: artículo 73 del Reglamento Interno del Tribunal Supremo de Justicia), así como someter a la consideración de la Sala Plena las políticas de reorganización del Poder Judicial y su normativa (artículo 79 *eiusdem*). Así se declara." [174]

143. Se eliminó así, en cuanto a la remoción de los jueces, cualquier tipo de intento de establecer alguna garantía para asegurar la estabilidad de los jueces temporales y provisionales. Pero también en cuanto al ingreso a la ju-

---

[172] *Idem.*

[173] *Idem*

[174] *Idem*

dicatura, respecto de jueces temporales o provisionales, la misma Sala Constitucional, en la sentencia, dispuso que en virtud de que el único aparte del artículo 16 del Código de Ética del Juez contempla que *"Antes de proceder a la designación o ingreso de cualquier funcionario o funcionaria se consultará en el Registro de Información Disciplinaria Judicial"* y "que cualquier ingreso o designación realizada al margen de dicha norma será nula"; considerando, "que es competencia de la Comisión Judicial, como órgano delegado de la Sala Plena del Tribunal Supremo de Justicia, la designación de los jueces y las juezas temporales, ocasionales, accidentales o provisorios; y tomando en cuenta que, al no desarrollar los términos en que se ha de verificar la consulta del Registro de Información Disciplinaria ni la naturaleza pública o privada de dicho Registro," entonces en virtud de que la norma de dicho artículo 16 "restringe la aludida competencia de la Comisión Judicial," la Sala Constitucional procedió también a suspender cautelarmente, hasta tanto se dicte sentencia en el presente juicio, "el único aparte del artículo 16 del Código de Ética del Juez Venezolano y la Jueza Venezolana. Así se decide." Con ello, quedaron incólumes los poderes de la Comisión Judicial del Tribunal Supremo para designar sin restricción de cualquier clase, a los jueces temporales y provisorios, sin garantía alguna de idoneidad, y por supuesto, sin concurso y consecuente estabilidad y garantía de autonomía e independencia en ejercicio de la función jurisdiccional.

XI. LOS JUECES TEMPORALES Y PROVISORIOS Y LA VIOLACIÓN DEL DERECHO A SER JUZGADO POR JUECES IMPARCIALES E INDEPENDIENTES GARANTIZADO EN EL ARTÍCULO 8 DE LA CONVENCIÓN AMERICANA SOBRE DERECHOS HUMANOS

144. Teniendo en cuenta todo lo antes analizado, en el caso *Allan Brewer Carías,* se observa entre los argumentos expresados por sus representantes en el *Escrito de Solicitudes, Argumentos y Pruebas* de 7 de julio de 2012, que los jueces y fiscales que han participado en el proceso judicial en su contra en Venezuela han sido todos jueces y fiscales **provisorios,**[175] es decir, en los términos de la Sala Constitucional venezolana, según lo aseveró en sentencia del 20 de diciembre de 2007, caso *Yolanda Vivas,* jueces que:

> "Carecen de estabilidad en el cargo, por lo que cualquier decisión en sentido contrario implica infringir el expreso mandato constitucional (artículo 255 de la Carta Magna), concediéndole a las designaciones sin concurso los mismos efectos que tienen aquellos derivados de la aprobación de severos exámenes para determinar la idoneidad de quienes administrarán justicia […].

> Lo que sí resulta indudable es que no tenía la condición de la jueza de carrera, y por tanto, no estaba amparada por estabilidad en el cargo."

---

[175]   Véase el *Escrito de Solicitudes, Argumentos y Pruebas*, 7 de julio de 2012, párr. 129 ss.; 234 a 297; 304 a 318.

145. Añadió la Sala Constitucional en dicha sentencia, con relación a los jueces provisorios, que:

"La Comisión Judicial ejerce, por delegación de la Sala Plena, la competencia para designar jueces provisorios y para dejar sin efectos su designación.

Se trata de una facultad eminentemente discrecional, que responde a la necesidad de garantizar la continuidad del servicio de la administración de justicia y la garantía ciudadana de acceso a la justicia […]

Los jueces y juezas provisorios designados discrecionalmente forman parte del Sistema Judicial, pero no a través del concurso de oposición, única vía constitucional prevista para ingresar a la carrera judicial. Por ello, no gozan de los beneficios que la carrera judicial confiere, entre ellos, la estabilidad en el ejercicio de sus funciones […]

Los actos por los cuales se deja sin efecto el nombramiento de los jueces provisorios designados por la Comisión Judicial no son actos disciplinarios, sino actos en ejercicio de su potestad discrecional.

Una decisión de esta índole no trata sobre la aplicación de una sanción originada por una falta, sino que se trata de un acto fundado en motivos de oportunidad."

146. Se observa, pues, que los jueces provisorios no son más que funcionarios de libre nombramiento y remoción. Como lo ha aseverado el profesor Rafael Chavero G.:

"…Con este modelo de justicia provisoria se han destituido centenares de jueces sin justificación legal, muchas veces por motivos personales y otras por razones de naturaleza política y hasta económica. Y es precisamente lo que ha evitado la consolidación de las normas constitucionales que regulan la forma de ingresar y salir del Poder Judicial, pues lógicamente los factores políticos prefieren mantener un sistema donde puedan manejarse con abierta discrecionalidad y hasta arbitrariedad."[176]

147. Esta honorable Corte IDH se ha pronunciado acerca de este sistema de justicia provisorio venezolano en casos anteriores, en los que en ejercicio de esta potestad discrecional se han destituido jueces por distintas razones. Así, en el caso de *Reverón Trujillo vs. Venezuela*, la Corte "*concluye que en Venezuela, desde agosto de 1999 hasta la actualidad, los jueces provisorios no tienen estabilidad en el cargo, son nombrados discrecionalmente y pueden*

---

[176] Véase Rafael Chavero G., *La Justicia Revolucionaria, Una década de Reestructuración (o Involución) Judicial en Venezuela*, Editorial Aequitas, Caracas 2011, p. 112.

ser removidos sin sujeción a ningún procedimiento preestablecido"[177]. Dicha decisión, se observa, se refiere a la situación entre 1999 y 2009, período que abarca el del proceso penal contra Brewer-Carías, que se inició en 2005.

148. La Corte, además, en su sentencia al caso *Chocrón Chocrón vs. Venezuela*, precisó que:

Esta Corte ha manifestado que la provisionalidad "debe estar sujeta a una condición resolutoria, tal como el cumplimiento de un plazo predeterminado o la celebración y conclusión de un concurso público de oposición y antecedentes que nombre al reemplazante del juez provisorio con carácter permanente". De esta manera, la garantía de la inamovilidad se traduce, en el ámbito de los jueces provisorios, en la exigencia de que ellos puedan disfrutar de todos los beneficios propios de la permanencia hasta tanto acaezca la condición resolutoria que ponga fin legal a su mandato.

Además, en el caso Reverón Trujillo la Corte señaló que la inamovilidad de los jueces provisorios está estrechamente ligada a la garantía contra presiones externas, toda vez que si los jueces provisorios no tienen la seguridad de permanencia durante un período determinado, serán vulnerables a presiones de diferentes sectores, principalmente de quienes tienen la facultad de decidir sobre destituciones o ascensos en el Poder Judicial.

Ahora bien, dado que no se puede igualar un concurso público de oposición a una revisión de credenciales ni se puede aseverar que la estabilidad que acompaña a un cargo permanente es igual a la que acompaña a un cargo provisorio que tiene condición resolutoria, esta Corte ha sostenido que los nombramientos provisionales deben constituir una situación de excepción y no la regla, ya que la extensión en el tiempo de la provisionalidad de los jueces o el hecho de que la mayoría de los jueces se encuentren en dicha situación, generan importantes obstáculos para la independencia judicial . De otra parte, el Tribunal ha precisado que para que el Poder Judicial cumpla con la función de garantizar la mayor idoneidad de sus integrantes, los nombramientos en provisionalidad no pueden prolongarse de manera indefinida, de tal forma que se conviertan en nombramientos permanentes. Ello es una nueva razón que explica que la provisionalidad sea admisible como excepción y no como regla general y que deba tener una duración limitada en el tiempo, en orden a ser compatible con el derecho de acceso a las funciones públicas en condiciones de igualdad.[178]

149. El corolario del análisis antedicho es claro: los jueces provisorios en Venezuela, por ser de libre nombramiento y remoción, carecen de inamovili-

---

[177] Véase Corte IDH. Caso *Reverón Trujillo Vs. Venezuela*. Excepción Preliminar, Fondo, Reparaciones y Costas. Sentencia de 30 de junio de 2009. Serie C N° 197, Párr. 106, en http://www.corteidh.or.cr/docs/casos/articulos/seriec_197_esp.pdf

[178] Véase Corte IDH. Caso *Chocrón Chocrón Vs. Venezuela*. Excepción Preliminar, Fondo, Reparaciones y Costas. Sentencia de 1 de julio de 2011. Serie C N° 227, párr. 105-107, en http://corteidh.or.cr/docs/casos/articulos/seriec_227_esp.pdf

dad y son propensos a ser víctimas de presiones externas, razón por la cual se puede concluir que no son independientes, tal como lo confiesa el ahora expresidente de la Sala de Casación Penal del Tribunal Supremo de Justicia, Eladio Aponte Aponte, en la entrevista de 2012, antes reseñada.

150. Partiendo de ello, y teniendo en cuenta el contenido del artículo 8 de la Convención Americana sobre Derechos Humanos, que determina el derecho de toda persona **a ser juzgado por un juez independiente e imparcial**, se debe concluir entonces que el juzgamiento de una persona por un juez provisorio en Venezuela, especialmente en un caso sensible políticamente como el presente, constituye una violación al mencionado artículo de la Convención.

151. Identificado que en Venezuela, el proceso llevado a cabo por un juez provisorio y un fiscal provisorio ("interino") es violatorio del artículo 8 de la Convención Americana sobre Derechos Humanos, se debe proceder a identificar cual es la consecuencia jurídica para casos de esta naturaleza. En los demás casos ventilados ante la Corte IDH en los cuales se ha cuestionado la independencia e imparcialidad de los jueces en Venezuela, como se ha dicho, la víctima ha sido un juez arbitrariamente destituido por el Estado Venezolano. Así se demuestra de los casos *Apitz y otros vs. Venezuela, Reverón Trujillo vs. Venezuela y Chocrón Chocrón vs. Venezuela.* En dichos casos, la reparación procedente, evidentemente, era la orden de restitución de dichos jueces a sus cargos, restableciendo así la situación jurídica infringida en su perjuicio. Se buscaba, así, revertir la arbitraria destitución precisamente causada ante su falta de inamovilidad por la influencia de presiones externas. No obstante, el presente caso resulta paradigmático en cuanto al juzgamiento de una persona humana por un juez carente de imparcialidad e independencia, lo cual evidentemente trae consigo la violación al artículo 8 de la Convención Americana, pero también, por razones lógicas, implica que no proceden las reparaciones realizadas en los otros casos antes aludidos en los que se trata la independencia e imparcialidad de la Judicatura.

152. Por ello, procede estudiar los distintos casos para identificar la posible consecuencia jurídica que debe fijar la Corte IDH en caso de determinar la violación a la garantía de ser juzgado por un juez independiente e imparcial.

153. Así, en su *Opinión Consultiva N° 16,* la Corte IDH determinó que las violaciones al derecho al debido proceso legal reconocido en la Convención Americana generan la responsabilidad del Estado y en consecuencia, la obligación del estado de reparar el daño causado. En este sentido, en dicha Opinión Consultiva, sobre el debido proceso y la garantía de la asistencia consular en procesos penales donde se pretende aplicar la pena de muerte, la Corte IDH expresó lo siguiente:

> Que la inobservancia del derecho a la información del detenido extranjero, reconocido en el artículo 36.1.b) de la Convención de Viena sobre Relaciones Consulares, afecta las garantías del debido proceso legal y, en estas circunstancias, la imposición de la pena de muerte constituye una violación del derecho a no ser privado de la vida "arbitrariamente",

en los términos de las disposiciones relevantes de los tratados de derechos humanos (v.g. Convención Americana sobre Derechos Humanos, artículo 4; Pacto Internacional de Derechos Civiles y Políticos, artículo 6), con las consecuencias jurídicas inherentes a una violación de esta naturaleza, es decir, las atinentes a la responsabilidad internacional del Estado y al deber de reparación.[179]

154. A tales efectos, se puede observar que la jurisprudencia de esta Corte IDH ha determinado que ante violaciones al artículo 8 de la Convención Americana sobre Derechos Humanos de naturaleza semejante, la consecuencia jurídica dispuesta por el tribunal ha sido **la *cesación de efectos* de los actos procesales inconvencionales.** Por ejemplo, en el caso de *Herrera Ulloa vs. Costa Rica*, se determinó la violación al artículo 8 de la Convención por la falta de existencia de un recurso eficaz para impugnar la sentencia penal dictada en su contra, y por ser dicha sentencia contraria al artículo 13 de la Convención, ordenándose al Estado *"dejar sin efecto, en todos sus extremos, la sentencia emitida el 12 de noviembre de 1999 por el Tribunal Penal del Primer Circuito Judicial de San José."*[180] En el mismo sentido, en el caso *Usón Ramírez vs. Venezuela*, ante el juzgamiento por un tribunal incompetente en perjuicio de Francisco Usón Ramírez, la Corte dispuso *"dejar sin efecto, en el plazo de un año, el proceso penal militar instruido en contra del señor Francisco Usón Ramírez por los hechos materia de la presente Sentencia."*[181]

155. El caso de *Usón Ramírez* es un caso nuclear para el estudio de la consecuencia jurídica a aplicar en este caso. En dicho caso, el General Usón Ramírez fue juzgado por un tribunal militar para conocer de su causa, a lo largo de todo el proceso. Si bien el vicio de dicho caso fue la incompetencia, por analogía es perfectamente extendible al caso de *Allan Brewer Carías*, pues la falta de independencia de un juez o un fiscal constituyen, al igual que la falta de competencia, vicios a la garantía del juez natural, consagrada en el artículo 8 de la Convención, generando la contrariedad a la Convención desde el inicio del proceso llevado a cabo en contra del imputado.

156. Debemos reiterar, tal como lo ha hecho el Comité de Derechos Humanos de la ONU, que la competencia, imparcialidad e independencia de un juez son los elementos constitutivos de la garantía del juez natural, prevista

---

[179]   Corte IDH. *El Derecho a la Información sobre la Asistencia Consular en el Marco de las Garantías del Debido Proceso Legal.* Opinión Consultiva OC-16/99 del 1 de octubre de 1999. Serie A N° 16, dispositivo 7, en http://www.corteidh.or.cr/docs/opiniones/seriea_16_esp.pdf .

[180]   Corte IDH Caso *Herrera Ulloa vs. Costa Rica*, Excepción Preliminar, Fondo, Reparaciones y Costas. Sentencia de 2 de julio de 2004. Serie C N° 107, párr. 188.g.1; 195; 207.4. Véase en http://www.corteidh.or.cr/docs/casos/articulos/seriec_107_esp.pdf

[181]   Corte IDH Caso *Usón Ramírez vs. Venezuela.* Excepción Preliminar, Fondo, Reparaciones y Costas. Sentencia de 20 de noviembre de 2009. Serie C N° 207, párr. 168 y 199.7. Véase en http://www.corteidh.or.cr/docs/casos/articulos/seriec_207_esp.pdf

en el artículo 14 del Pacto Internacional de Derechos Civiles y Políticos[182], equivalente al artículo 8 de la Convención Americana sobre Derechos Humanos. Como consecuencia de ello, debe llegarse a la conclusión de que la consecuencia jurídica propia para garantizar la restitución integral prevista en el artículo 63.1 de la Convención Americana sobre Derechos Humanos ante violaciones a la garantía de un juez natural (competente, independiente e imparcial) es **la cesación de efectos de todos los actos procesales llevados a cabo por el funcionario carente de competencia, independencia o imparcialidad.**

157. Esta conclusión fue expresamente recordada por el ex magistrado de la Corte IDH, Sergio García Ramírez, quien en un voto concurrente a una Opinión Consultiva emitida por esta Corte, *"la violación de aquél trae consigo las consecuencias que necesariamente produce una conducta ilícita de esas características: **nulidad y responsabilidad***" (Destacados y subrayados nuestros).[183]

158. Por lo tanto, de demostrarse la violación al artículo 8 de la Convención Americana sobre Derechos Humanos, por ser *Allan Brewer Carías,* una persona víctima de un juicio cuyo juez y cuyo fiscal instructor carecen de independencia e imparcialidad, la consecuencia jurídica aplicable debe ser la <u>nulidad</u> de todas las actuaciones realizadas por dicho juez, cesando así los efectos del proceso iniciado en su contra.

159. Como corolario de los razonamientos anteriores, procede concluir que, en Venezuela, los <u>**juicios llevados a cabo por jueces** *provisorios* **no garantizan el derecho a ser juzgado por jueces independientes e imparciales**</u>, contraviniendo los estándares internacionales que regulan la materia, interpretados a la luz del artículo 8 de la Convención Americana sobre Derechos Humanos, en virtud de que estos jueces carecen legalmente de la estabilidad y son particularmente susceptibles a presiones externas.

160. Como consecuencia de ello, procede **la nulidad de todas las actuaciones realizadas por el juez o fiscal falto de independencia o imparcialidad**, generando el cese de validez de dichas actuaciones, precisamente por la violación a la garantía del juez natural que acarrearía.

161. Quedo atento a cualquier solicitud de información o aclaratoria posterior, de ustedes, dejando así expuesta las razones que me llevan a intervenir como *Amicus Curiae* ante esta Corte Interamericana de Derechos Humanos.

En Asunción, Paraguay, el 2 de setiembre de 2013

Prof. Dr. Luis Enrique Chase Plate

---

[182] Comité de Derechos Humanos, *Observación General* N° 32, párrs. 19 y 21.

[183] Véase Corte IDH. *El Derecho a la* Información *sobre la Asistencia Consular en el Marco de las Garantías del Debido Proceso Legal.* Opinión Consultiva OC-16/99 del 1 de octubre de 1999. Serie A N° 16, en http://www.corteidh.or.cr/docs/opiniones/ seriea_16_esp.pdf

DÉCIMA PRIMERA PARTE:

AMICUS CURIAE PRESENTADO POR EL INSTITUTO DE DERECHOS HUMANOS DE LA INTERNATIONAL BAR ASSOCIATION'S HUMAN RIGHTS INSTITUTE DE 13 DE SEPTIEMBRE DE 2013

AMICUS CURIAE PRESENTADO A LA HONORABLE CORTE INTERAMERICANA DE DERECHOS HUMANOS POR EL INTERNATIONAL BAR ASSOCIATION'S HUMAN RIGHTS INSTITUTE [INSTITUTO DE DERECHOS HUMANOS DE LA ASOCIACIÓN INTERNACIONAL DE ABOGADOS]

en el caso de

Allan Brewer-Carías v Venezuela

El *Amicus*

1. Este *amicus curiae* está elaborado por el International Bar Association's Human Rights Institute [Instituto de Derechos Humanos de la Asociación Internacional de Abogados IBAHRI], de la Asociación Internacional de Abogados (IBA), basada en Londres, Reino Unido.

2. La IBA, establecida en 1947, es la organización mundial líder que agrupa a profesionales del derecho, colegios de abogados y gremios relacionados con el derecho. Sus miembros incluyen más de 50.000 abogados particulares y más de 200 colegios de abogados del mundo entero. Está conformada por dos divisiones –la División de Ejercicio del Derecho y la División de Intereses Públicos y Profesionales – cubren todas las áreas relacionadas con el ejercicio del derecho y los intereses profesionales. Además cuenta con una considerable experiencia brindando asistencia a la comunidad legal internacional.

3. La IBAHRI fue creada en el año 1995 bajo la presidencia honoraria de Nelson Mandela y el objetivo de su trabajo es promover y proteger los derechos humanos de las personas en el marco de un estado de derecho. La IBAHRI cree en la independencia del poder judicial como piedra angular del Estado del Estado de Derecho y trabaja para proteger los derechos y la capacidad de jueces y abogados, para que éstos puedan ejercer sus funciones libremente y sin interferencias indebidas. A fin de llevar adelante sus objetivos, la IBAHRI emprende toda una serie de proyectos destinados a desarrollar destrezas, actuar como grupo de interés para lograr el cambio y poner de relieve temas de interés internacional ante el público, los medios y la comunidad legal. Sus actividades medulares incluyen el entrenamiento para abogados y jueces; el desarrollo de capacidades con colegios de abogados y gremios relacionados con el derecho; misiones de investigación al más alto nivel; y la observación o monitoreo de juicios.

El objeto de este *Amicus*

4. Como esta honorable Corte Interamericana de Derechos Humanos ("Corte") indicó en *Kimel v Argentina*[1], los terceros pueden presentar sus opiniones ante la Corte, sobre aspectos de derecho que se ventilan ante la misma, a fin de ayudarla a resolver una controversia[2].

5. En los últimos tiempos, la IBAHRI ha estado preocupada en relación con la independencia del ejercicio de la profesión del derecho en la República Bolivariana de Venezuela ('Venezuela') y ha enviado cuatro delegaciones de alto nivel a visitar el país -en 1998, 2003, 2007 y 2011- con el fin de analizar la situación del estado de derecho y de la independencia de la profesión de la abogacía en Venezuela[3]. La última visita de la IBAHRI a Venezuela fue del 8 al 11 de febrero de 2011 y, como resultado, publicó su informe: "La Desconfianza en la Justicia: El caso Afiuni y la Independencia de la Judicatura Venezolana"[4].

6. La IBAHRI expresa su grave preocupación por el hecho de que la administración de justicia en Venezuela se ve amenazada por la falta de independencia de la judicatura, debido a varios factores, incluyendo la falta de implementación de normas internacionales y constitucionales relativas a la independencia del Poder Judicial, así como por el incumplimiento del Código de Ética Judicial, la existencia de parámetros adecuados para la designación y remoción de jueces, el régimen de 'jueces provisorios' y la falta de garantías de independencia y seguridad en relación a su cargo que enfrentan dichos jueces[5]. También expresa grave preocupación por la injerencia del Ejecutivo en el ejercicio independiente de la profesión del derecho y hace un llamado al Gobierno de Venezuela para que garantice el derecho de los abogados a ejercer de manera independiente y libre, según las normas internacionales, incluyendo los Principios Básicos de la ONU sobre la Función de los Abogados[6].

---

[1] Corte IDH, Caso *Kimel v Argentina*, Sentencia sobre Fondo, Reparaciones y Costas, (Ser. C, N° 177), 2 de mayo de 2008, esa Corte observó que "[...] los *amici curiai* tienen un importante valor para el fortalecimiento del Sistema Interamericano de Derechos Humanos, a través de reflexiones aportadas por miembros de la sociedad, que contribuyen al debate y amplían los elementos de juicio con que cuenta la Corte". (párr. 16)

[2] *Id.*

[3] IBAHRI, *Informe Introductorio sobre la Administración de Justicia en Perú y Venezuela, (1999); Venezuela: un informe sobre la situación del sistema de justicia,* (2003); *Venezuela: La Justicia en entredicho,* (2007); *La Desconfianza en la Justicia: El caso Afiuni y la Independencia de la Judicatura Venezolana* (2011); disponible en: http://www.ibanet.org/Human_Rights_Institute/Work_by_regions/Americas/Venezuela .aspx

[4] IBAHRI, *La Desconfianza en la Justicia: El caso Afiuni y la Independencia de la Judicatura Venezolana,* (abril, 2011) http://www.ibanet.org/Article/Detail.aspx? ArticleUid=e9089cc9-33d9-4377-bc4a-510747df4d17

[5] *Ibíd.* p. 6

[6] *Ibíd.* p. 12

7. El caso del Sr. Allan Brewer Carías (ABC) tiene que ver con los derechos de los abogados, cuya independencia es fundamental para garantizar respeto y protección de los derechos humanos en las Américas. Tal como ha indicado esta Corte, '[e]n una sociedad democrática los derechos y libertades inherentes a la persona, sus garantías y el Estado de Derecho constituyen una tríada, cada uno de cuyos componentes se define, completa y adquiere sentido en función de los otros'[7]. Por ende, sólo es posible fomentar una cultura de respeto a los derechos humanos y su protección cuando se protege efectivamente la administración equitativa de la justicia, donde los abogados juegan un rol fundamental.

8. En ese sentido, por medio del presente escrito, la IBAHRI presenta este escrito ante esa honorable Corte Interamericana con el fin de invitarla aprovechar esta oportunidad para profundizar y desarrollar sobre la independencia de los abogados en el Sistema Interamericano para la Protección de los Derechos Humanos ('Sistema').

9. Dada la importancia del desarrollo de la jurisprudencia de esta Corte, la presentación de este escrito busca contribuir al fortalecimiento del Sistema, suministrando información pertinente respecto a las normas internacionales para la protección de la independencia de los abogados, específicamente los Principios Básicos de la ONU sobre la Función de los Abogados, los Principios Generales de la IBA sobre la Profesión del Derecho y las Normas de la IBA para la Independencia de la Profesión del Derecho, en tanto que resultan relevantes para los hechos de este caso.

El caso de *Allan Brewer Carías*

10. El profesor Allan Brewer Carías (ABC) es un jurista, académico e intelectual venezolano de renombre nacional e internacional, también ha sido Senador, Ministro, y Miembro de la Asamblea Nacional Constituyente de 1999. Durante la crisis política de abril de 2002, el Sr. Pedro Carmona Estanga, uno de los líderes del grupo de protesta civil, anunció el establecimiento de un 'gobierno democrático de transición', presidido por él mismo, que derivó en la disolución de los poderes públicos y otras medidas, quebrantando el orden constitucional. En ese contexto, el Sr. Estanga solicitó la opinión legal de ABC en su carácter de experto en derecho constitucional. Luego, ABC fue trasladado a una base militar, cuyo nombre es 'Fuerte Tiuna', donde se le mostró el borrador de un decreto que había redactado otra persona. Finalmente, ABC dio su opinión sobre el borrador del decreto al Sr. Estanga, por teléfono, indicándole que el texto estudiado era inconstitucional. Sin embargo, a pesar de ello el decreto fue promulgado y su flagrante inconstitucionalidad causó el quebrantamiento del orden constitucional durante 48 horas aproximadamente. Posteriormente, las diversas reacciones políticas y militares trajeron como consecuencia la reinstalación de Hugo Chávez Frías como Presi-

---

[7] Corte IDH, *Opinión Consultiva OC-8/87, El Hábeas Corpus en Estados de Excepción* (30 de enero de 1987), párrafo 26

dente de la República. En los días siguientes, varios periodistas especularon sobre el tema, atribuyendo la autoría del polémico decreto a ABC.

11. Subsiguientemente, la Asamblea Nacional creó una *Comisión* Parlamentaria para la investigación de los acontecimientos de *abril de 2002*, donde ABC fue acusado, en ausencia, de conspirar en un golpe de estado. En mayo de 2002, basándose en gran medida en reportajes contradictorios de los medios, fue abierta una investigación penal contra ABC y otros tres expertos constitucionalistas por supuestamente haber conspirado para cambiar la Constitución. Con el tiempo, ABC fue acusado y posteriormente imputado por conspirar para cambiar la Constitución y por redactar el decreto, conocido como el 'Decreto Carmona'.

12. En enero de 2005, inició el juicio contra ABC y su acusación se formalizó en octubre de 2005. En junio de 2006, se dicta una medida privativa de libertad durante el juicio, supuestamente por considerar que representaba un peligro de fuga. Como ABC para ese momento residía en Nueva York dedicándose a sus actividades académicas, las autoridades venezolanas solicitaron a la INTERPOL dictar una orden internacional de detención en su contra. En junio de 2007, la INTERPOL determinó que la orden de detención tenía motivaciones políticas y eliminó la solicitud de sus registros.

13. En diciembre de 2007, el Presidente de la República dicta el Decreto 5790 mediante el cual dispuso una amnistía general a todos los que habían participado en los eventos de abril de 2002. Sin embargo, el proceso penal contra ABC siguió adelante y la medida para su detención preventiva continúa en vigor. En el año 2011, el pasaporte de ABC fue revocado por el consulado de Venezuela en Nueva York, ciudad donde reside actualmente, consulado que, además, no le ha permitido inscribirse para ejercer su derecho ciudadano a votar.

Cuestiones Legales

14. Este caso le brinda a esta honorable Corte la oportunidad de ahondar sobre la norma relativa a la independencia de los abogados en el Sistema Interamericano. A continuación, este *amicus* pasará a considerar las normas internacionales relativas a la independencia de los abogados, específicamente los Principios Básicos de la ONU sobre la Función de los Abogados, los Principios Generales de la IBA sobre la Profesión del Derecho y las Normas de la IBA para la Independencia de la Profesión del Derecho, y su aplicación al proceso penal instituido en contra ABC por cumplir sus deberes profesionales y ofrecer una opinión jurídica independiente.

15. Junto a jueces y fiscales independientes e imparciales, los abogados constituyen el tercer pilar fundamental para mantener el Estado de Derecho en una sociedad democrática y garantizar la protección efectiva de los derechos humanos. Tal como se establece en el noveno párrafo del preámbulo de los Principios Básicos sobre la Función de los Abogados, que fueron adoptados por el Octavo Congreso de las Naciones Unidas sobre Prevención del Delito y Tratamiento del Delincuente en 1990:

"[...] la protección apropiada de los derechos humanos y las libertades fundamentales que toda persona puede invocar, ya sean económicos, sociales y culturales o civiles y políticos, requiere que todas las personas tengan acceso efectivo a servicios jurídicos prestados por una abogacía independiente"[8].

16. Así mismo, los Principios Generales sobre la Profesión del Derecho de la IBA, adoptados el 20 de septiembre de 2006, establecen que:

"Un abogado debe mantener, y se le debe conceder protección a, su independencia de manera de permitir que pueda brindarle a sus clientes una recomendación imparcial"[9].

17. Adicionalmente, las Normas de la IBA para la Independencia de la Profesión del Derecho, adoptadas en 1990, establecen en el primer y segundo párrafo del preámbulo que:

"La independencia de la profesión del derecho constituye una garantía esencial para la promoción y protección de los derechos humanos y es necesaria para que exista un acceso efectivo y adecuado a los servicios legales:

Un sistema equitativo de administración de justicia, que garantice la independencia de los abogados en el cumplimiento de sus deberes profesionales, sin ninguna restricción, presión, o injerencia indebida, ya sea directa o indirecta, es imperativo para el establecimiento y el mantenimiento del estado de derecho"[10].

18. A fin de garantizar el ejercicio libre e independiente de la labor de los abogados, el Principio 16 de los Principios Básicos de la ONU dispone que los Gobiernos deben garantizar que los abogados: 'a) *puedan desempeñar todas sus funciones profesionales sin intimidaciones, obstáculos, acosos o interferencias indebidas'* y que 'c) *no sufran ni estén expuestos a persecuciones o sanciones administrativas, económicas o de otra índole a raíz de cualquier medida que hayan adoptado de conformidad con las obligaciones, reglas y normas éticas que se reconocen a su profesión*'[11]. De manera similar,

---

[8]   Octavo Congreso de las Naciones Unidas sobre Prevención del Delito y Tratamiento del Delincuente, *Principios Básicos sobre la Función de los Abogados*, La Habana, (27 de agosto al 7 de septiembre de 1990), ONU Doc. A/CONF.144/28/Rev.1 en 118 (1990), considerado noveno.

[9]   IBA, *Principios Generales sobre la Profesión del Derecho* (20 de septiembre de 2006), Principio 1, disponible en: http://www.ibanet.org/About_the_IBA/IBA_resolutions.aspx (versión en inglés).

[10]   IBA, *Estándares de Independencia para la Profesión del Derecho* (1990), disponibles en: http://www.ibanet.org/About_theIBA/IBA_resolutions.aspx (versión en inglés).

[11]   Ver *supra,* nota 8, principio 16.

las Normas de la IBA para la Independencia de la Profesión del Derecho establecen:

"6. Sujeto a las reglas, normas y ética establecidas en su profesión, al desempeñar sus deberes el abogado debe actuar en todo momento con libertad, en forma diligente y sin miedo, en concordancia con los intereses legítimos de su cliente y sin ninguna inhibición o presión por parte de las autoridades o el público"[12].

19. Otra norma importante en este sentido está contemplada en el Principio 18, sobre la función de los Abogados, de las Naciones Unidas, según la cual a "los abogados no se les debe identificar con sus clientes ni con las causas de sus clientes como consecuencia del desempeño de sus funciones"[13]. El hecho de identificar a un abogado con la causa de su cliente, por que así se perciba o por cualquier otra causa, es un motivo común para perseguirlos en el mundo entero. Diversos Relatores Especiales sobre la independencia de jueces y abogados han tratado este asunto con frecuencia. Recientemente, el Relator Especial de la ONU sobre la independencia de jueces y abogados han tratado este asunto con frecuencia. Recientemente, el Relator Especial de la ONU comentó con preocupación 'la identificación indebida del abogado con sus clientes o las causas de sus clientes'[14], indicando que ello no está en línea con las normas internacionales, especialmente con los Principios Básicos de la ONU. En 1998, el Relator Especial afirmó, de manera específica que '[i]dentificar a los abogados con las causas de sus clientes, a menos de que haya pruebas en ese sentido, podría interpretarse como una intimidación y hostigamiento a los abogados interesados'[15].

20. Adicionalmente, las Normas de la IBA para la Independencia de la Profesión del Derecho, establecen que:

"7. El abogado no debe ser identificado, ni por las autoridades ni por el público, con el cliente o la causa del cliente, independientemente de cuan popular o impopular pueda ser.

8. Ningún abogado puede quedar sujeto a, o ser amenazado con, sanciones penales, civiles, administrativas, económicas, o cualquier otra sanción o acoso, por motivo de haber asesorado o representado legítimamente a un cliente o la causa de un cliente"[16].

---

[12] Ver *supra* nota 10.

[13] Ver *supra,* nota 8, principio 18.

[14] Relator Especial sobre la Independencia de los jueces y abogados, Observaciones Preliminares: Visita a Turquía, Ankara (10-14 Octubre de 2011).

[15] Relator Especial sobre la independencia de los jueces y abogados, *Informe sobre la Cuestión de los Derechos Humanos de todas las personas sometidas a cualquier forma de detención o prisión*, UN doc. E/CN.4/1998/39, párrafo 179 (Conclusiones).

[16] Ver *supra,* nota 10.

La IBAHRI ha expresado públicamente, en varias ocasiones, su preocupación respecto a la capacidad que tiene la judicatura venezolana para operar en forma independiente del ejecutivo[17] y observa que en este caso se han presentado sólidas pruebas para concluir que el proceso penal interpuesto contra ABC tiene motivaciones políticas. Por ejemplo, una declaración jurada del Sr. Pedro Carmona, otorgada en Bogotá el 25 de febrero de 2006, afirma que ABC no fue el autor del Decreto, que le solicitó al Profesor ABC su opinión jurídica como experto constitucionalista y que ABC había simplemente expresado su opinión jurídica. Más aún, el 1 de junio de 2007, la Comisión de Control de Registros de la INTERPOL concluyó que la acción solicitada contra ABC era predominantemente política.

De conformidad con las normas internacionales antes mencionadas, resulta esencial que la independencia de la profesión del derecho no solamente se garantice en el ejercicio de sus funciones profesionales, sino también que sus causas no se confundan con las de sus clientes, porque así se perciba o por cualquier otra causa. Interponer un proceso penal contra ABC por cumplir sus deberes profesionales, al emitir una opinión jurídica independiente, claramente esta violación de estas normas y la IBAHRI respetuosamente recomienda a esa honorable Corte que las tome en cuenta al decidir sobre el sometimiento en curso.

Fecha: 13 septiembre 2013

Firma:

Baroness Helena Kennedy QC   Sternford Moyo

Copresidenta del IBAHRI   Copresidente del IBAHRI

International Bar Association's Human Rights Institute (IBAHRI)

International Bar Association

4th floor, 10 St Bride Street

London EC4A 4AD

United Kingdom

Tel: +44 (0)20 7842 0090

Fax: +44 (0)20 7842 0091

www. ibanet. org

---

[17]   Ver *supra* nota 3

DÉCIMA SEGUNDA PARTE:

AMICUS CURIAE PRESENTADO POR HUMBERTO PRADO SIFONTES, COORDINADOR NACIONAL DE LA COMISIÓN DE DERECHOS HUMANOS DE LA FEDERACIÓN DE COLEGIOS DE ABOGADOS DE VENEZUELA, FIRMADO POR MIEMBROS DE LAS COMISIONES REGIONALES DE LOS ESTADOS AMAZONAS, ANZOÁTEGUI, ARAGUA APURE, BARINAS, BOLÍVAR, CARABOBO, COJEDES, DISTRITO CAPITAL, FALCÓN, GUÁRICO, LARA, MÉRIDA, MIRANDA, MONAGAS, NUEVA ESPARTA, PORTUGUESA, ZULIA, DE 30 DE AGOSTO DE 2013.

Presidente y demás Jueces de la Corte Interamericana de Derechos Humanos

Presente.-

Ref: *Amicus Curiae*

Caso Allan Brewer Carías vs. Venezuela

Quienes suscriben, Humberto Prado Sifontes, abogado venezolano, en carácter de Coordinador Nacional de la Comisión de Derechos Humanos de la Federación de Colegios de Abogados de Venezuela y los miembros de las Comisiones Regionales, de conformidad con lo previsto en el artículo 40 del Reglamento de la Corte Interamericana de Derechos Humanos (en lo adelante, Corte IDH), a continuación se presenta escrito actuando como *Amicus Curiae* para el caso contencioso llevado ante esta Corte IDH de Allan Brewer Carías vs. Venezuela.

La Comisión Nacional de Derechos Humanos es una asociación de abogados, miembros de las Comisiones de Derechos Humanos de los distintos Colegios de Abogados de Venezuela. Su objeto es promover, amparar y vigilar que el Estado cumpla con el texto constitucional y los Tratados Internacionales sobre Derechos Humanos suscritos y ratificados por la República Bolivariana de Venezuela.

En el presente caso, el *Amicus Curiae* se referirá a: 1. Los Estándares Internacionales sobre la Independencia de los Jueces; y 2. los Estándares Internacionales sobre la Independencia de los Abogados y su aplicación al presente caso, vistos los hechos planteados ante esta Corte. A tales efectos, exponemos:

INTRODUCCIÓN

El caso Allan Brewer Carías vs. Venezuela, versa sobre las violaciones a los derechos humanos de dicho abogado venezolano de las que ha sido víctima durante los procesos penales iniciados en su contra ante fiscales interinos y jueces provisorios venezolanos, imputándole y acusándole por el delito de "conspiración para cambiar violentamente la Constitución" por su supuesta participación en los hechos acaecidos en Venezuela en abril de 2002. Las principales violaciones en este caso recaen sobre las garantías judiciales y a la protección judicial, de conformidad con los artículos 8 y 25 de la Convención Americana sobre Derechos Humanos y la jurisprudencia de esta honorable Corte IDH.

Allan Brewer Carías es un reputado jurista venezolano, miembro de la Asamblea Nacional Constituyente que elaboró la Constitución Venezolana vigente de 1999, reconocido profesor de Derecho Público en pre y post-grado en universidades venezolanas, europeas y de los Estados Unidos de América, y es individuo de número de la Academia de Ciencias Políticas y Sociales de Venezuela, de la cual fue su Presidente. Ha sido un importante crítico de leyes y sentencias así como de las distintas políticas del gobierno que se inició en 1999 y de otros gobiernos anteriores, por considerar muchas de ellas contrarias a Derecho, a la Democracia y a la Constitución misma.

En ese contexto, contra Allan Brewer Carías se inició un proceso penal por su supuesta participación en el golpe de Estado ocurrido el 12 de abril de 2002, en base a su supuesta participación en la preparación del decreto de constitución de un gobierno de transición, ya que tal intervención -afirmó el Estado- era un "hecho público y comunicacional". Su participación en estos eventos, según consta en los documentos llevados en el juicio ante los tribunales nacionales, al igual que de los documentos que constan en la jurisdicción internacional, se limitó a la emisión de una opinión jurídica sobre la inconstitucionalidad de una serie de actos que serían llevados a cabo a raíz del lamentable hecho ocurrido, momento en el que el profesor Brewer las declaró contrarias a la Constitución y a la Carta Democrática Interamericana.

Según los planteamientos esgrimidos por la víctima en sus escritos ante la Corte IDH, la persecución penal iniciada en su contra se debe no sólo al ejercicio de su profesión de abogacía y haber expresado su opinión legal sobre el mencionado decreto, sino por haber expresado públicamente su opinión crítica al gobierno, al afirmar que éste había violado la Carta Democrática Interamericana, y comentar sobre el contenido de la norma constitucional que regula la desobediencia civil en Venezuela; considerando la persecución como una violación a la Convención Americana sobre Derechos Humanos.

El presente caso le permite a esta Corte IDH desarrollar su jurisprudencia sobre la garantía a ser juzgado por un juez y acusado por un fiscal imparcial e independiente, no desde la óptica del juez como víctima, como ya lo ha hecho este tribunal en otras oportunidades[1], sino desde la dimensión de la persona acusada como sujeto y la consecuencia de la violación al derecho a ser juzgado por un juez que no cumple con dichos requisitos.

Asimismo, consideramos que es una oportunidad importante para que esta Corte IDH desarrolle progresiva y favorablemente los estándares sobre la independencia de los Abogados a la luz de la Convención Americana sobre Derechos Humanos, a los fines de precisar estos criterios tan importantes para el ejercicio de la abogacía en las Américas.

Por ello, invitamos a esta Corte a que, en su sentencia del presente caso, desarrolle dichos estándares, teniendo en cuenta los siguientes planteamientos.

1. El juzgamiento de una persona por un juez no independiente ni imparcial. Consecuencias.

La independencia e imparcialidad de los jueces y fiscales que procesan a las personas es una de las garantías fundamentales más importantes para la existencia de un debido proceso legal, como ya ha sido debidamente reconocido por varios sistemas de protección internacional de derechos humanos, como sucede con el artículo 8 de la Convención Americana sobre Derechos Humanos que reconoce el derecho de toda persona a ser juzgado por un juez imparcial e independiente.

En este sentido, procedemos a continuación a hacer una breve revisión de los estándares desarrollados tanto por los órganos del Sistema Interamericano de Derechos Humanos como del Sistema Universal de Protección de Derechos Humanos, para luego analizar las consecuencias que derivan del juzgamiento de una persona por funcionarios judiciales que no son ni imparciales ni independientes.

A. Los estándares desarrollados por los órganos del Sistema Interamericano y el Sistema Universal de Protección de los derechos humanos

Los estándares sobre la independencia e imparcialidad de los jueces y fiscales han sido desarrollados por el Sistema Universal de Protección de los Derechos Humanos, en concreto, en sus Principios básicos relativos a la independencia de la judicatura, que reconocen, en su primer artículo, "La independencia de la judicatura será garantizada por el Estado y proclamada por la Constitución o la legislación del país. Todas las instituciones gubernamenta-

---

[1]   Corte IDH. Caso del *Tribunal Constitucional Vs. Perú*. Fondo, Reparaciones y Costas. Sentencia de 31 de enero de 2001. Serie C N° 71; Corte IDH. Caso *Apitz Barbera y otros ("Corte Primera de lo Contencioso Administrativo") Vs. Venezuela*. Excepción Preliminar, Fondo, Reparaciones y Costas. Sentencia de 5 de agosto de 2008. Serie C N° 182; Corte IDH. Caso *Reverón Trujillo Vs. Venezuela*. Excepción Preliminar, Fondo, Reparaciones y Costas. Sentencia de 30 de junio de 2009. Serie C N° 197; Corte IDH. Caso *Chocrón Chocrón Vs. Venezuela*. Excepción Preliminar, Fondo, Reparaciones y Costas. Sentencia de 1 de julio de 2011. Serie C N° 227

les y de otra índole respetarán y acatarán la independencia de la judicatura"[2], y desarrollan lo relacionado a las garantías de la independencia del juez: su proceso de nombramiento, su estabilidad y la garantía contra presiones externas.

Justamente, con base en estos principios, a la luz del artículo 8 de la Convención Americana sobre Derechos Humanos, esta Corte IDH, en sus importantes casos *Tribunal Constitución vs. Perú, Apitz y otros vs. Venezuela, Reverón Trujillo vs. Venezuela y Chocrón Chocrón vs. Venezuela*[3], ha desarrollado la garantía de independencia e imparcialidad de los jueces, sus elementos y su importancia para una sociedad democrática. Se observa que el análisis que ha realizado la Corte IDH en esos casos se ha hecho siempre desde la óptica de la garantía del juez a su independencia funcional. No obstante, el asunto de Allan Brewer Carías se refiere al caso en el cual es la persona juzgada la víctima de un proceso judicial llevado a cabo por un juez que no es independiente ni imparcial, y dirigido además por un fiscal que no cuenta con dichas garantías.

Refiriéndose a la garantía de independencia e imparcialidad de los jueces, la Corte IDH ha aseverado que,

> 68. El principio de independencia judicial constituye uno de los pilares básicos de las garantías del debido proceso, motivo por el cual debe ser respetado en todas las áreas del procedimiento y ante todas las instancias procesales en que se decide sobre los derechos de la persona. La Corte ha considerado que el principio de independencia judicial resulta indispensable para la protección de los derechos fundamentales, por lo que su alcance debe garantizarse inclusive, en situaciones especiales, como lo es el estado de excepción[4].

Partiendo de ello, la Corte IDH ha analizado las características de la independencia de la judicatura como derecho contenido en la Convención Americana sobre Derechos Humanos, señalando como elementos constitutivos "un

---

[2] Principios Básicos relativos a la Independencia de la Judicatura, Aprobados por Séptimo Congreso de las Naciones Unidas sobre Prevención del Delito y Tratamiento del Delincuente, celebrado en Milán (Italia) del 26 de agosto al 6 de septiembre de 1985.

[3] Corte IDH. Caso del *Tribunal Constitucional Vs. Perú*. Fondo, Reparaciones y Costas. Sentencia de 31 de enero de 2001. Serie C N° 71; Corte IDH. Caso *Apitz Barbera y otros ("Corte Primera de lo Contencioso Administrativo") Vs. Venezuela*. Excepción Preliminar, Fondo, Reparaciones y Costas. Sentencia de 5 de agosto de 2008. Serie C N° 182; Corte IDH. Caso *Reverón Trujillo Vs. Venezuela*. Excepción Preliminar, Fondo, Reparaciones y Costas. Sentencia de 30 de junio de 2009. Serie C N° 197; Corte IDH. Caso *Chocrón Chocrón Vs. Venezuela*. Excepción Preliminar, Fondo, Reparaciones y Costas. Sentencia de 1 de julio de 2011. Serie C N° 227

[4] Corte IDH. Caso *Reverón Trujillo Vs. Venezuela*. Excepción Preliminar, Fondo, Reparaciones y Costas. Sentencia de 30 de junio de 2009. Serie C N° 197, párr. 68.

adecuado proceso de nombramiento, la inamovilidad en el cargo y la garantía contra presiones externas"[5].

En cuanto al proceso de nombramiento, la jurisprudencia de la Corte IDH, evocando criterios del Sistema Universal de Protección de Derechos Humanos, asevera que debe garantizarse un proceso de nombramiento de jueces que garantice igualdad de oportunidades entre los candidatos, utilizando preponderantemente criterios de mérito personal del juez, calificación, integridad, capacidad y eficiencia, y que asegure la objetividad y la razonabilidad[6].

Por su parte, al analizar la garantía de estabilidad (o inamovilidad) de los jueces, se asumen los estándares desarrollados en los Principios básicos relativos a la independencia de la judicatura relacionados al tema, donde se dispone que "[s]e garantizará la inamovilidad de los jueces, tanto de los nombrados mediante decisión administrativa como de los elegidos, hasta que cumplan la edad para la jubilación forzosa o expire el período para el que hayan sido nombrados o elegidos, cuando existan normas al respecto"[7]. La inamovilidad de los jueces encuentra límite en la responsabilidad disciplinaria de conformidad con la misma declaración de Principios, reconociendo, de conformidad con los principios 17 y siguientes, que podrían ser separados del cargo los jueces por incurrir en responsabilidad disciplinaria debidamente tramitada con las garantías de un debido proceso legal ante los órganos legalmente previstos para ello "por incapacidad o comportamiento que les inhabilite para seguir desempeñando sus funciones".

La Corte IDH, siguiendo el criterio del Comité de Derechos Humanos, al respecto de la inamovilidad, ha añadido que "los jueces sólo pueden ser removidos por faltas de disciplina graves o incompetencia y acorde a procedimientos justos que aseguren la objetividad e imparcialidad según la constitución o la ley"[8], **añadiendo que** "la autoridad a cargo del proceso de destitución de un juez debe conducirse independiente e imparcialmente en el procedimiento establecido para el efecto y permitir el ejercicio del derecho de defensa. Ello es así toda vez que la libre remoción de jueces fomenta la duda objetiva del observador sobre la posibilidad efectiva de aquellos de decidir controversias concretas sin temor a represalias"[9].

---

[5]   Corte IDH. Caso *Reverón Trujillo Vs. Venezuela*. Excepción Preliminar, Fondo, Reparaciones y Costas. Sentencia de 30 de junio de 2009. Serie C N° 197, párr. 70.

[6]   Corte IDH. Caso *Reverón Trujillo Vs. Venezuela*. Excepción Preliminar, Fondo, Reparaciones y Costas. Sentencia de 30 de junio de 2009. Serie C N° 197, párr. 72-73.

[7]   Principios Básicos relativos a la Independencia de la Judicatura, Aprobados por Séptimo Congreso de las Naciones Unidas sobre Prevención del Delito y Tratamiento del Delincuente, celebrado en Milán (Italia) del 26 de agosto al 6 de septiembre de 1985.

[8]   Corte IDH. Caso *Reverón Trujillo Vs. Venezuela*. Excepción Preliminar, Fondo, Reparaciones y Costas. Sentencia de 30 de junio de 2009. Serie C N° 197, párr. 77.

[9]   Corte IDH. Caso *Reverón Trujillo Vs. Venezuela*. Excepción Preliminar, Fondo, Reparaciones y Costas. Sentencia de 30 de junio de 2009. Serie C N° 197, párr. 78.

Finalmente, en cuanto a la garantía frente a "presiones externas", los Principios Básicos relativos a la Independencia de la Judicatura prevén, en su cuarto principio, que "no se efectuarán intromisiones indebidas o injustificadas en el proceso judicial, ni se someterán a revisión las decisiones judiciales de los tribunales"[10], **postura reiterada por la Corte IDH en su jurisprudencia[11].**

De tal forma, la violación a cualquiera de estas garantías constituye una transgresión al deber del Estado de garantizar un Poder Judicial independiente, y como consecuencia, quien sea juzgado por un juez no independiente o imparcial será víctima de una violación al artículo 8 de la Convención Americana sobre Derechos Humanos.

B. Los Jueces *Provisorios* y su falta de independencia e imparcialidad

En el caso de Allan Brewer Carías, se observa entre sus argumentos que los jueces y fiscales que han participado en su proceso judicial han sido todos jueces y fiscales provisorios, es decir, en los términos de la Sala Constitucional venezolana, según lo aseveró en sentencia del 20 de diciembre de 2007, caso Yolanda Vivas:

> Carecen de estabilidad en el cargo, por lo que cualquier decisión en sentido contrario implica infringir el expreso mandato constitucional (artículo 255 de la Carta Magna), concediéndole a las designaciones sin concurso los mismos efectos que tienen aquellos derivados de la aprobación de severos exámenes para determinar la idoneidad de quienes administrarán justicia.
>
> (...)
>
> Lo que sí resulta indudable es que no tenía la condición de la jueza de carrera, y por tanto, no estaba amparada por estabilidad en el cargo.

Añadió la Sala Constitucional en dicha sentencia, con relación a los jueces provisorios, que:

> "La Comisión Judicial ejerce, por delegación de la Sala Plena, la competencia para designar jueces provisorio y para dejar sin efectos su designación.
>
> Se trata de una facultad eminentemente discrecional, que responde a la necesidad de garantizar la continuidad del servicio de la administración de justicia y la garantía ciudadana de acceso a la justicia (...)

---

[10] Principios Básicos relativos a la Independencia de la Judicatura, Aprobados por Séptimo Congreso de las Naciones Unidas sobre Prevención del Delito y Tratamiento del Delincuente, celebrado en Milán (Italia) del 26 de agosto al 6 de septiembre de 1985.

[11] Corte IDH. Caso *Reverón Trujillo Vs. Venezuela*. Excepción Preliminar, Fondo, Reparaciones y Costas. Sentencia de 30 de junio de 2009. Serie C N° 197, párr. 80.

Los jueces y juezas provisorios designados discrecionalmente forman parte del Sistema Judicial, pero no a través del concurso de oposición, única vía constitucional prevista para ingresar a la carrera judicial. Por ello, no gozan de los beneficios que la carrera judicial confiere, entre ellos, la estabilidad en el ejercicio de sus funciones (...)

Los actos por los cuales se deja sin efecto el nombramiento de los jueces provisorios designados por la Comisión Judicial no son actos disciplinarios, sino actos en ejercicio de su potestad discrecional.

Una decisión de esta índole no trata sobre la aplicación de una sanción originada por una falta, sino que se trata de un acto fundado en motivos de oportunidad.

Se observa, pues, que los jueces provisorios no son más que funcionarios de libre nombramiento y remoción. Como lo ha aseverado la doctrina:

[c]on este modelo de justicia provisoria se han destituido centenares de jueces sin justificación legal, muchas veces por motivos personales y otras por razones de naturaleza política y hasta económica. Y es precisamente lo que ha evitado la consolidación de las normas constitucionales que regulan la forma de ingresar y salir del Poder Judicial, pues lógicamente los factores políticos prefieren mantener un sistema donde puedan manejarse con abierta discrecionalidad y hasta arbitrariedad.[12]

Esta Corte IDH se ha pronunciado acerca de este sistema de justicia provisorio venezolano en casos anteriores, en los que en ejercicio de esta potestad discrecional se han destituido jueces por distintas razones. Así, en el caso de *Reverón Trujillo vs. Venezuela*, la Corte "concluye que en Venezuela, desde agosto de 1999 hasta la actualidad, los jueces provisorios no tienen estabilidad en el cargo, son nombrados discrecionalmente y pueden ser removidos sin sujeción a ningún procedimiento preestablecido"[13]. La Corte, en su sentencia al caso *Chocrón Chocrón vs. Venezuela*, precisó que:

Esta Corte ha manifestado que la provisionalidad "debe estar sujeta a una condición resolutoria, tal como el cumplimiento de un plazo predeterminado o la celebración y conclusión de un concurso público de oposición y antecedentes que nombre al reemplazante del juez provisorio con carácter permanente". De esta manera, la garantía de la inamovilidad se traduce, en el ámbito de los jueces provisorios, en la exigencia de que ellos puedan disfrutar de todos los beneficios propios de la permanencia hasta tanto acaezca la condición resolutoria que ponga fin legal a su mandato.

---

[12]   CHAVERO, R. (2011), *La Justicia Revolucionaria*. Editorial Aequitas, p. 112.

[13]   Corte IDH. Caso *Reverón Trujillo Vs. Venezuela*. Excepción Preliminar, Fondo, Reparaciones y Costas. Sentencia de 30 de junio de 2009. Serie C N° 197, Párr. 106

Además, en el caso Reverón Trujillo la Corte señaló que la inamovilidad de los jueces provisorios está estrechamente ligada a la garantía contra presiones externas, toda vez que si los jueces provisorios no tienen la seguridad de permanencia durante un período determinado, serán vulnerables a presiones de diferentes sectores, principalmente de quienes tienen la facultad de decidir sobre destituciones o ascensos en el Poder Judicial.

Ahora bien, dado que no se puede igualar un concurso público de oposición a una revisión de credenciales ni se puede aseverar que la estabilidad que acompaña a un cargo permanente es igual a la que acompaña a un cargo provisorio que tiene condición resolutoria, esta Corte ha sostenido que los nombramientos provisionales deben constituir una situación de excepción y no la regla, ya que la extensión en el tiempo de la provisionalidad de los jueces o el hecho de que la mayoría de los jueces se encuentren en dicha situación, generan importantes obstáculos para la independencia judicial . De otra parte, el Tribunal ha precisado que para que el Poder Judicial cumpla con la función de garantizar la mayor idoneidad de sus integrantes, los nombramientos en provisionalidad no pueden prolongarse de manera indefinida, de tal forma que se conviertan en nombramientos permanentes. Ello es una nueva razón que explica que la provisionalidad sea admisible como excepción y no como regla general y que deba tener una duración limitada en el tiempo, en orden a ser compatible con el derecho de acceso a las funciones públicas en condiciones de igualdad.[14]

El corolario del análisis antedicho es claro: los jueces provisorios en Venezuela, por ser de libre nombramiento y remoción, carecen de inamovilidad y son propensos a ser víctimas de presiones externas, razón por la cual se puede concluir que no son independientes.

Partiendo de ello, y teniendo en cuenta el contenido del artículo 8 de la Convención Americana sobre Derechos Humanos, que determina el derecho de toda persona **a ser juzgado por un juez independiente e imparcial**, se debe concluir entonces que el juzgamiento de una persona por un juez provisorio en Venezuela, especialmente en un caso sensible políticamente como el presente, constituye una violación al mencionado artículo de la Convención.

C. Las Consecuencias derivadas del juzgamiento por un juez que carece de independencia e imparcialidad, El caso de *Allan Brewer Carías*

Identificado que en Venezuela, el proceso llevado a cabo por un juez provisorio y un fiscal provisorio ("interino") es violatorio del artículo 8 de la Convención Americana sobre Derechos Humanos, se debe proceder a identificar cual es la consecuencia jurídica para casos de esta naturaleza.

---

[14]   Corte IDH. Caso *Chocrón Chocrón Vs. Venezuela*. Excepción Preliminar, Fondo, Reparaciones y Costas. Sentencia de 1 de julio de 2011. Serie C N° 227, párr. 105-107

En los demás casos ventilados ante la Corte IDH en los cuales se ha cuestionado la independencia e imparcialidad de los jueces en Venezuela, como se ha dicho, la víctima ha sido un juez arbitrariamente destituido por el Estado Venezolano. Así se demuestra de los casos *Apitz y otros vs. Venezuela, Reverón Trujillo vs. Venezuela* y *Chocrón Chocron vs. Venezuela*. En dicho casos, la reparación procedente, evidentemente, era la orden de restitución de dichos jueces a sus cargos, restableciendo así la situación jurídica infringida en su perjuicio. Se buscaba, así, revertir la arbitraria destitución precisamente causada ante su falta de inamovilidad por la influencia de presiones externas.

No obstante, el presente caso resulta paradigmático en cuanto al juzgamiento de una persona humana por un juez carente de imparcialidad e independencia, lo cual evidentemente trae consigo la violación al artículo 8 de la Convención Americana, pero también, por razones lógicas, no proceden las reparaciones realizadas en los otros casos antes aludidos en los que se trata la independencia e imparcialidad de la Judicatura.

Por ello, procede estudiar los distintos casos para identificar la posible consecuencia jurídica que debe fijar la Corte IDH en caso de determinar la violación a la garantía de ser juzgado por un juez independiente e imparcial.

En su Opinión Consultiva N° 16, la Corte IDH determinó que las violaciones al derecho al debido proceso legal reconocido en la Convención Americana generan la responsabilidad del Estado y en consecuencia, la obligación del estado de reparar el daño causado. En este sentido, en dicha Opinión Consultiva, sobre el debido proceso y la garantía de la asistencia consular en procesos penales donde se pretende aplicar la pena de muerte, la Corte IDH expresó lo siguiente:

> Que la inobservancia del derecho a la información del detenido extranjero, reconocido en el artículo 36.1.b) de la Convención de Viena sobre Relaciones Consulares, afecta las garantías del debido proceso legal y, en estas circunstancias, la imposición de la pena de muerte constituye una violación del derecho a no ser privado de la vida "arbitrariamente", en los términos de las disposiciones relevantes de los tratados de derechos humanos (*v.g.* Convención Americana sobre Derechos Humanos, artículo 4; Pacto Internacional de Derechos Civiles y Políticos, artículo 6), con las consecuencias jurídicas inherentes a una violación de esta naturaleza, es decir, las atinentes a la responsabilidad internacional del Estado y al deber de reparación.[15]

A tales efectos, se puede observar que la jurisprudencia de esta Corte IDH ha determinado que ante violaciones al artículo 8 de la Convención Americana sobre Derechos Humanos de naturaleza semejante, la consecuencia jurídica dispuesta por el tribunal ha sido **la cesación de efectos de los actos procesales inconvencionales.**

---

[15]   Corte IDH. El Derecho a la Información sobre la Asistencia Consular en el Marco de las Garantías del Debido Proceso Legal. Opinión Consultiva OC-16/99 del 1 de octubre de 1999. Serie A N° 16, dispositivo 7.

Por ejemplo, en el caso de Herrera Ulloa vs. Costa Rica, se determinó la violación al artículo 8 de la Convención por la falta de existencia de un recurso eficaz para impugnar la sentencia penal dictada en su contra, y por ser dicha sentencia contraria al artículo 13 de la Convención, ordenándose "**dejar sin efecto, en todos sus extremos, la sentencia emitida el 12 de noviembre de 1999 por el Tribunal Penal del Primer Circuito Judicial de San José". En el mismo sentido, en el caso Usón Ramírez vs. Venezuela,** ante el juzgamiento por un tribunal incompetente en perjuicio de Francisco Usón Ramírez, la Corte dispuso "dejar sin efecto, en el plazo de un año, el proceso penal militar instruido en contra del señor Francisco Usón Ramírez por los hechos materia de la presente Sentencia".

El caso de Usón Ramírez es un caso nuclear para el estudio de la consecuencia jurídica a aplicar en este caso. En dicho caso, el General Usón Ramírez fue juzgado por un tribunal militar para conocer de su causa, a lo largo de todo el proceso. Si bien el vicio de dicho caso fue la incompetencia, por analogía es perfectamente extendible al caso de Allan Brewer Carías, pues la falta de independencia de un juez o un fiscal constituyen, al igual que la falta de competencia, vicios a la garantía del juez natural, consagrada en el artículo 8 de la Convención, generando la contrariedad a la Convención desde el inicio del proceso llevado a cabo en contra del imputado.

Debemos reiterar, tal como lo ha hecho el Comité de Derechos Humanos de la ONU, que la competencia, imparcialidad e independencia de un juez son los elementos constitutivos de la garantía del juez natural, prevista en el artículo 14 del Pacto Internacional de Derechos Civiles y Políticos[16], equivalente al artículo 8 de la Convención Americana sobre Derechos Humanos. Como consecuencia de ello, debe llegarse a la conclusión de que la consecuencia jurídica propia para garantizar la restitución integral prevista en el artículo 63.1 de la Convención Americana sobre Derechos Humanos ante violaciones a la garantía de un juez natural (competente, independiente e imparcial) **es la cesación de efectos de todos los actos procesales llevados a cabo por el funcionario carente de competencia, independencia o imparcialidad.**

Esta conclusión fue expresamente recordada por el ex magistrado de la Corte IDH, Sergio García Ramírez, quien en un voto concurrente a una Opinión Consultiva emitida por esta Corte, "la violación de aquél trae consigo las consecuencias que necesariamente produce una conducta ilícita de esas características: **nulidad y responsabilidad" (Destacados y subrayados nuestros)[17].**

Por lo tanto, de demostrarse la violación al artículo 8 de la Convención Americana sobre Derechos Humanos, por ser Allan Brewer Carías, una persona víctima de un juicio cuyo juez y cuyo fiscal instructor carecen de inde-

---

[16]   Comité de Derechos Humanos, Observación General N° 32, párrs. 19 y 21.

[17]   Corte IDH. El Derecho a la Información sobre la Asistencia Consular en el Marco de las Garantías del Debido Proceso Legal. Opinión Consultiva OC-16/99 del 1 de octubre de 1999. Serie A N° 16

pendencia e imparcialidad, la consecuencia jurídica aplicable debe ser la **nulidad** de todas las actuaciones realizadas por dicho juez, cesando así los efectos del proceso iniciado en su contra.

2. Desarrollo de los estándares internacionales sobre la independencia de los abogados

En líneas generales, no son muchos los textos legales ni la jurisprudencia que han desarrollado el derecho humano a la garantía de la Independencia de la profesión legal y en concreto los abogados. En este sentido, en primer lugar, procederemos a realizar un análisis de los distintos textos donde se analizan los estándares de estos derechos en los distintos sistemas de protección de los Derechos Humanos, al igual que aquellos elaborados por otras organizaciones de protección de derechos humanos, especialmente, en la protección de la Independencia e Imparcialidad de los juristas en el ejercicio de su profesión.

Las conclusiones obtenidas del punto anterior serán luego utilizadas para implementarlas en el marco de las normas del Sistema Interamericano de Derechos Humanos, para con ello arribar a la conclusión de que la independencia e imparcialidad de los abogados se ve mermada ante la posibilidad de sancionar criminalmente a un abogado por la emisión de una opinión jurídica.

A. Pautas elaboradas por el Sistema Universal de Protección de Derechos Humanos

Los órganos de protección de derechos humanos propios del Sistema Universal de Protección de Derechos Humanos han desarrollado una serie de estándares sobre la independencia de los abogados como parte de la garantía de una tutela judicial efectiva. El documento principal que ha desarrollado dichas garantías es el conjunto de **Principios Básicos sobre la Función de los Abogados, que desarrolla el derecho de las personas a tener acceso a un abogado para amparar y defender sus derechos. En dicho documento, el principio N° 16 prevé que los Estados** "deben asegurar que los abogados (a) puedan desempeñar todas sus funciones profesionales sin intimidaciones, obstáculos, acosos o interferencias indebidas; (b) puedan viajar y comunicarse libremente con sus clientes tanto dentro de su país como en el exterior; (c) y no sufran ni estén expuestos a persecuciones o sanciones administrativas, económicas o de otra índole a raíz de cualquier medida que hayan adoptado de conformidad con las obligaciones, reglas y normas éticas que se reconocen a su profesión" **(Destacados y Subrayados Añadidos)**[18].

En concordancia con lo antedicho, el Principio N° 20 de dicho texto **normativo dispone que** "[l]os abogados gozarán de inmunidad civil y penal por las declaraciones que hagan de buena fe, por escrito o en los alegatos ora-

---

[18]   Principios Básicos sobre la Función de los Abogados, Aprobados por el Octavo Congreso de las Naciones Unidas sobre Prevención del Delito y Tratamiento del Delincuente, celebrado en La Habana (Cuba) del 27 de agosto al 7 de septiembre de 1990.

les, o bien al comparecer como profesionales ante un tribunal judicial, otro tribunal u órgano jurídico o administrativo"[19].

Al interpretar el mencionado conjunto de principios, se ha aseverado que: "[i]dentificar a los abogados con las causas de sus clientes, a menos de que haya pruebas en ese sentido, podría interpretarse como intimidación y hostigamiento de los abogados interesado' y había puesto de relieve que cuando haya pruebas de que los abogados se identifican con las causas de sus clientes, corresponde al Gobierno remitir las denuncias al órgano disciplinario de la profesión jurídica que corresponda" (Destacados y Subrayados añadidos)[20].

En el mismo sentido, Leandro Despouy, **Relator** Especial para la Independencia de la Judicatura, en 2003, manifestó en su informe a la extinta Comisión de Derechos Humanos de la ONU que:

> El Relator Especial hace suyo el punto de vista expresado por el Sr. Singhvi en 1985 (E/CN.4/Sub.2/1985/18/Add.1 a 6, párr. 81): "Los deberes del jurado y el asesor y los del abogado son muy distintos, pero su independencia requiere igualmente que no haya injerencias del poder ejecutivo o legislativo, e incluso del judicial, así como de otras entidades [...]. Los jurados y los asesores, igual que los jueces, tienen la obligación de ser imparciales e independientes. No se puede pedir, sin embargo, que un abogado sea imparcial en la forma en que deben serlo los jueces, jurados o asesores, pero sí tiene que estar libre de toda presión o intromisión exterior. Su deber es representar a sus clientes y a los asuntos de éstos, defendiendo sus derechos e intereses legítimos, y en el ejercicio de ese deber tiene que ser independiente para los litigantes puedan confiar en los abogados que los representan y para que los abogados, como clase, tengan la capacidad de resistir presiones e injerencias."[21]

Finalmente, **el Proyecto de Declaración Universal sobre la Independencia de la Judicatura**, promovida por las Naciones Unidas, encabezada por L.M. Singhvi, aprobada por el Consejo de Derechos Económicos y Sociales y la Comisión de Derechos Humanos en 1989, Sesión 45, dispone expresamente, en su principio N° 85, que ningún abogado podrá ser objeto o ser

---

[19]   Principios Básicos sobre la Función de los Abogados, Aprobados por el Octavo Congreso de las Naciones Unidas sobre Prevención del Delito y Tratamiento del Delincuente, celebrado en La Habana (Cuba) del 27 de agosto al 7 de septiembre de 1990.

[20]   Nota del Secretario General, Independencia de los Magistrados y Abogados, Sexagésimo Cuarto Período de Sesiones, 28 de julio de 2009.

[21]   Informe del Relator Especial sobre la independencia de los magistrados y abogados, Sr. Leandro Despouy, LOS DERECHOS CIVILES Y POLÍTICOS, EN PARTICULAR LAS CUESTIONES RELACIONADAS CON: LA INDEPENDENCIA DEL PODER JUDICIAL, LA ADMINISTRACIÓN DE JUSTICIA, LA IMPUNIDAD, 60° Período de Sesiones de la Comisión de Derechos Humanos, 31 de diciembre de 2003, Párr. 48.

amenazado con sanciones penales, civiles, administrativas, económicas o de cualquier índole, por haber asesorado o asistido a un cliente o por haber representado a un cliente[22].

B. Desarrollo realizado por otros Sistemas Regionales de Protección de Derechos Humanos

Los órganos pertenecientes a los sistemas de protección de Derechos Humanos regionales, también han desarrollado, aunque someramente, lo relacionado con la independencia de los abogados en los términos desarrollados por los órganos de las Naciones Unidas.

La Comisión Africana de Derechos Humanos y de los Pueblos desarrolló los **Principios y Estándares sobre el Derecho a un Juicio Justo y a la Asistencia Legal en África**, donde disponen bajo el punto G, sobre la Independencia de los Abogados, la obligación de los Estados de garantizar que los abogados no sufran, ni sean amenazados, con una imputación penal o cualquier otro tipo de sanción administrativa, económica o de otra índole por cualquier acción tomada en el ejercicio de sus deberes, estándares, y éticas profesionales reconocidas[23]. Reconoce dicho texto normativo, además, el derecho a la inmunidad civil y penal por las afirmaciones relevantes que realicen de buena fe, por escrito o en los alegatos orales, o bien al comparecer como profesionales ante un tribunal judicial, otro tribunal u órgano jurídico o administrativo; adoptando así textualmente la obligación prevista en la Declaración de Principios sobre la función de los abogados de las Naciones Unidas.

Además, el **Consejo de Europa**, a través de una Recomendación del Comité de Ministros, reafirmó el contenido de las normas de Naciones Unidas antes aludidas, y además, dispuso expresamente que los abogados no deben ser sujetos o amenazados de sanciones o presiones cuando actúen de acuerdo a los estándares internacionales[24].

C. Estándares internacionales desarrollados por otras reputadas organizaciones no gubernamentales

Aunado a lo anterior, otras prestigiosas organizaciones internacionales han desarrollado el tema de los estándares de independencia de los abogados como garantía de los derechos humanos de las personas en el acceso a la justicia y la protección judicial.

---

[22] Draft Universal Declaration on the Independence of Justice, párr. 85, disponible en: http://www.cristidanilet.ro/docs/Shingvi%20Declaration.pdf

[23] Comisión Africana de Derechos Humanos y de los Pueblos, Principios y Estándares sobre el Derecho a un Juicio Justo y a la Asistencia Legal en África, Párr. G.3., disponible en: http://www.achpr.org/instruments/fair-trial/

[24] Recomendación N° R. 2000 (21) del Comité de Ministros sobre la libertad en el ejercicio de la profesión de abogado, Párr. I.4, disponible en: https://wcd.coe.int/com.instranet.InstraServlet?command=com.instranet.CmdBlobGet&InstranetImage=533749&SecMode=1&DocId=370286&Usage=2

Principalmente, la Comisión Internacional de Juristas desarrolló los **Principios Internacionales sobre la Independencia y Responsabilidad de Jueces, Abogados y Fiscales**, interpretando el cúmulo de normas internacionales para destacar no sólo las garantías de independencia antes desarrolladas en este escrito, sino además para resaltar que no pueden preverse medidas de ninguna naturaleza contra un abogado por la sola razón de representar a un cliente determinado o por emitir cierta declaración ante un tribunal[25]".

Así mismo, el **International Bar Association** (Colegio Internacional de Abogados) igualmente desarrolló sus propios principios sobre la Independencia de la Profesión Jurídica (adoptados en 1990), donde expresamente se dispuso, en sus principios N° 7 y 8, que no debe identificarse al abogado con el cliente o su causa, independientemente de su aceptación; y que no debe amenazarse con una sanción, o sancionarse a un abogado penal, civil, administrativa o económicamente por su asesoría o representación a un cliente o su causa[26].

D. Las escasas excepciones en el Derecho Comparado

Son pocas las excepciones que se pueden contener a las reglas antedichas en el Derecho Comparado.

Por ejemplo, en el caso Estados Unidos de América vs. Joseph Alstötter, et. Al., ante los Tribunales de Nürenmberg, con posterioridad a la Segunda Guerra Mundial, se previó como excepción al principio de inmunidad judicial de los abogados que los mismos sean, en sí mismos, independientes e imparciales, y actúen en nombre de una justicia imparcial, siendo que una contradicción tan grave con esos principios enervaba la mencionada garantía[27]. Por lo tanto, si los juristas no ejercen su función de forma independiente, no podrían invocar la inmunidad frente a las sanciones penales o de otra naturaleza.

En otro caso, esta vez de la Corte Suprema de Justicia de Estados Unidos, se excluye la inmunidad del abogado en aquellos supuestos en los cuales sea el mismo cliente quien demande posteriormente a su abogado por mala praxis, incluyendo en estos casos responsabilidad distinta a aquella disciplinaria administrada por los Colegios de Abogados[28]. El mismo criterio fue adoptado recientemente por la Corte Suprema de Nueza Zelanda[29]. No obstante,

---

[25] Comisión Internacional de Juristas, Principios Internacionales sobre la Independencia y Responsabilidad de Jueces, Abogados y Fiscales, pp. 68 y ss.

[26] International Bar Association, IBA Standards for the Independence of the Legal Profession, 1990, disponibles en: www.ibanet.org%2FDocument%2FDefault.aspx%3FDocumentUid%3Df68bbba5-fd1f-426f-9aa5-48d26b5e72e7&ei=JzxKUZf0FZ CG9gTC8YGQAQ&usg=AFQjCNEsKZyP3BGPoNEjCMxZqEJ-n3qJ4Q&bvm=bv.44011176, d.eWU

[27] The United States of America vs. Joseph Altstotter, et al. - Nuremberg, 3 T.W.C. 1 (1948), 6 L.R.T.W.C. 1 (1948), 14 Ann. Dig. 278 (1948).

[28] Corte Suprema de Justicia, Ferri v. Ackerman, 444 U.S. 193 (1979)

[29] Corte Suprema de Nueva Zelanda, Chamberlains vs. Lai, [2007] Part 4 Case 12 [NZSC].

consideramos que sentencias de esta naturaleza en efecto transgreden los principios internacionales de independencia del abogado, por generar presiones externas a los mismos en el ejercicio de sus funciones de buena fe.

E. El Análisis de la criminalización de la opinión jurídica del abogado Allan Brewer Carías a la luz de la Convención Americana sobre Derechos Humanos

Partiendo de los estándares internacionales desarrollados en el capítulo anterior, debemos tener en cuenta que los mismos son plenamente invocables ante esta Corte IDH, por la interpretación de los artículos 8, 13 y 29.b de la Convención Americana sobre Derechos Humanos.

El artículo 29.b de la Convención Americana sobre Derechos Humanos dispone como regla que no puede limitar la interpretación de dicho tratado "el goce y ejercicio de cualquier derecho o libertad que pueda estar reconocido de acuerdo con las leyes de cualquiera de los Estados Partes o de acuerdo con otra convención en que sea parte uno de dichos Estados". Esta consagración del principio pro-*homine* obliga, pues, a interpretar el texto de la Convención Americana a la luz de los demás instrumentos internacionales, incluyendo los textos del Sistema Universal de Derechos Humanos, al igual que tomar en cuenta incluso los demás estándares reconocidos por los demás órganos de protección de derechos humanos.

En este sentido, la protección del abogado frente a la criminalización de la asistencia o representación de un cliente se encuentra enmarcada en los artículos 8 y 13 de la Convención Americana sobre Derechos Humanos, a saber, las garantías judiciales y el derecho a la libertad de expresión.

En primer lugar, la protección a la independencia de los abogados se desprende del artículo 8 de la Convención Americana sobre Derechos Humanos, que reconoce el derecho a la defensa entre una de sus garantías, y en concreto, la garantía de tener la posibilidad de "ser asistido por un defensor de su elección". En este sentido, dicho artículo debe ser interpretado a la luz de los Principios Básicos sobre la Función del Abogado y los demás documentos jurídicos antes referidos, pues forman parte del corpus iuris del Derecho Internacional, y como consecuencia, permiten identificar el alcance de la norma jurídica contenida en el artículo 8 de la Convención[30].

La Corte IDH, en cuanto a la independencia de los jueces, ha dispuesto que:

> …los jueces, a diferencia de los demás funcionarios públicos, cuentan con garantías debido a la independencia necesaria del Poder Judicial, lo cual la Corte ha entendido como "esencial para el ejercicio de la función judicial". Al respecto, el Tribunal reiteró que uno de los objetivos principales que tiene la separación de los poderes públicos es la garantía de la

---

[30] Corte IDH. Caso de los *"Niños de la Calle" (Villagrán Morales y otros) Vs. Guatemala*. Fondo. Sentencia de de noviembre de 1999. Serie C N° 63, Párr. 194.

independencia de los jueces. El objetivo de la protección radica en evitar que el sistema judicial en general y sus integrantes en particular se vean sometidos a posibles restricciones indebidas en el ejercicio de su función por parte de órganos ajenos al Poder Judicial o incluso por parte de aquellos magistrados que ejercen funciones de revisión o apelación.

Conforme a la jurisprudencia de esta Corte y del Tribunal Europeo, así como de conformidad con los Principios Básicos de las Naciones Unidas relativos a la independencia de la judicatura (en adelante "Principios Básicos"), las siguientes garantías se derivan de la independencia judicial: un adecuado proceso de nombramiento, la inamovilidad en el cargo y la garantía contra presiones externas.[31]

Así como los jueces mantienen entonces una serie de garantías especiales para poder ejercer su cargo, los abogados igualmente deben gozar de algunas para asegurar su independencia y, como consecuencia, poder ejercer sus funciones como asesores y representantes de los derechos de sus clientes sin ser sancionados a causa de ello. Son necesarias dichas garantías, pues precisamente buscan asegurar la posibilidad de que los derechos y las garantías jurisdiccionales de las personas sean plenamente ejercidas a través de un abogado que pueda llevar a cabo sus labores sin temores a represalias por defender a un cliente o a su causa.

Por esto mismo, a la luz de los Principios N° 16, 18 y 20 de los Principios Básicos sobre la Función de los Jueces, previamente citados, **existe una obligación positiva de garantizarle a los abogados que "a) puedan desempeñar todas sus funciones profesionales sin intimidaciones, obstáculos, acosos o interferencias indebidas; b) puedan viajar y comunicarse libremente con sus clientes tanto dentro de su país como en el exterior; y c) no sufran ni estén expuestos a persecuciones o sanciones administrativas, económicas o de otra índole a raíz de cualquier medida que hayan adoptado de conformidad con las obligaciones, reglas y normas éticas que se reconocen a su profesión"**, reconociéndoles además **inmunidad civil, penal, administrativa, económica o de cualquier otra naturaleza** ante las consecuencias derivadas del libre ejercicio de su profesión.

Al contrario, de no garantizarse la independencia de los abogados en los términos antedichos, se conformaría un obstáculo ilegítimo en el ejercicio del derecho a la defensa de las personas y por ende una violación del artículo 8 de la Convención, pues indirectamente se estaría permitiendo la imposición de obstáculos a los abogados que buscan procurar el derecho a la defensa de sus clientes en aquellos casos sobre los cuales podría existir alguna represalia posterior.

El Informe del Relator Leandro Despouy, presentado **ante la Comisión de Derechos Humanos, previó al respecto que** "[n]o se puede pedir, sin

---

[31]   Corte IDH. Caso *Chocrón Chocrón Vs. Venezuela.* Excepción Preliminar, Fondo, Reparaciones y Costas. Sentencia de 1 de julio de 2011. Serie C N° 227, párr. 97-98.

embargo, que un abogado sea imparcial en la forma en que deben serlo los jueces, jurados o asesores, pero sí tiene que estar libre de toda presión o intromisión exterior. Su deber es representar a sus clientes y a los asuntos de éstos, defendiendo sus derechos e intereses legítimos, y en el ejercicio de ese deber tiene que ser independiente para que los litigantes puedan confiar en los abogados que los representan y para que los abogados, como clase, tengan la capacidad de resistir presiones e injerencias[32].

Partiendo de lo anterior, entre las garantías primordiales sobre la independencia de los abogados, tuteladas por la Convención Americana sobre Derechos Humanos, teniendo en cuenta los Principios Básicos sobre la Función del Abogado, y además considerando los Principios sobre el Derecho a un Juicio Justo y a la Asistencia Jurídica de África, se encuentran (1) la garantía frente a presiones externas, y (2) la inmunidad civil, penal, administrativa, económica o de cualquier otra índole de los abogados.

Como se puede apreciar, la garantía frente a presiones externas ha sido debidamente desarrollada en cuanto a la independencia de los jueces, y dichos estándares son aplicables al presente caso. En ese sentido, la Corte IDH ha previsto que dicha garantía implica que los jueces deben tomar sus decisiones "sin restricción alguna y sin influencias, alicientes, presiones, amenazas o intromisiones indebidas, sean directas o indirectas, de cualesquiera sectores o por cualquier motivo"[33]. Teniendo en cuenta dicho planteamiento, la garantía frente a presiones externas de los abogados encuentra su mejor desarrollo en el Principio N° 16 de los Principios Básicos, reconociendo que el Estado debe asegurar que no existan obstáculos, ni directos ni indirectos, que constituyan influencias, alicientes, presiones, amenazas o intromisiones indebidas en la función del abogado, independientemente de la fuente de que provengan, o de la razón de dicha influencia.

La garantía de inmunidad jurisdiccional, por su parte, **encuentra su asidero en el Principio N° 20 de los Principios Básicos sobre la Función de los Abogados, al prever dicha inmunidad** "por las declaraciones que hagan de buena fe, por escrito o en los alegatos orales, o bien al comparecer como profesionales ante un tribunal judicial, otro tribunal u órgano jurídico o administrativo".

Ahora bien, esta inmunidad que se le brinda a los abogados en el ejercicio de su profesión legal, encuentra su excepción en la responsabilidad disciplinaria de los abogados, por la cual a través de los Colegios de Abogados o a

---

[32] Informe del Relator Especial sobre la independencia de los magistrados y abogados, Sr. Leandro Despouy, LOS DERECHOS CIVILES Y POLÍTICOS, EN PARTICULAR LAS CUESTIONES RELACIONADAS CON: LA INDEPENDENCIA DEL PODER JUDICIAL, LA ADMINISTRACIÓN DE JUSTICIA, LA IMPUNIDAD, 60° Período de Sesiones de la Comisión de Derechos Humanos, 31 de diciembre de 2003, Párr. 48.

[33] Corte IDH. Caso *Chocrón Chocrón Vs. Venezuela*. Excepción Preliminar, Fondo, Reparaciones y Costas. Sentencia de 1 de julio de 2011. Serie C N° 227, párr. 100.

través de la legislación, se debe proveer de un proceso con las debidas garantías judiciales por los incumplimientos previstos en un Código de Conducta Profesional, de conformidad con los Principios 26, 27, 28 y 29 de los Principios Básicos sobre la Función de los abogados[34].

En segundo lugar, la protección a la independencia de los abogados por la manifestación de sus opiniones jurídicas también cuenta con respaldo internacional en el artículo 13 de la Convención Americana sobre Derechos Humanos, que protege el derecho a la libertad de expresión, el cual prevé:

> Toda persona tiene derecho a la libertad de pensamiento y de expresión. Este derecho comprende la libertad de buscar, recibir y difundir informaciones e ideas de toda índole, sin consideración de fronteras, ya sea oralmente, por escrito o en forma impresa o artística, o por cualquier otro procedimiento de su elección.

> El ejercicio del derecho previsto en el inciso precedente no puede estar sujeto a previa censura sino a responsabilidades ulteriores, las que deben estar expresamente fijadas por la ley y ser necesarias para asegurar:

> a) el respeto a los derechos o a la reputación de los demás, o

> b) la protección de la seguridad nacional, el orden público o la salud o la moral públicas.

> No se puede restringir el derecho de expresión por vías o medios indirectos, tales como el abuso de controles oficiales o particulares de papel para periódicos, de frecuencias radioeléctricas, o de enseres y aparatos usados en la difusión de información o por cualesquiera otros medios encaminados a impedir la comunicación y la circulación de ideas y opiniones.

---

[34] 26. La legislación o la profesión jurídica, por conducto de sus correspondientes órganos, establecerán códigos de conducta profesional para los abogados, de conformidad con la legislación y las costumbres del país y las reglas y normas internacionales reconocidas.

Las acusaciones o reclamaciones contra los abogados en relación con su actuación profesional se tramitarán rápida e imparcialmente mediante procedimientos apropiados. Los abogados tendrán derecho a una audiencia justa, incluido el derecho a recibir la asistencia de un abogado de su elección.

Las actuaciones disciplinarias contra abogados se sustanciarán ante un comité disciplinario imparcial establecido por la profesión jurídica, ante un organismo independiente establecido por la ley o ante un tribunal judicial, y serán objeto de revisión judicial independiente.

Todo procedimiento para la adopción de medidas disciplinarias se regirá por el código de conducta profesional y otras reglas y normas éticas reconocidas a la profesión, y tendrá presentes estos principios.

Al respecto, esta Corte IDH ha dispuesto, sobre la libertad de expresión, que:

30. El artículo 13 señala que la libertad de pensamiento y expresión "comprende la libertad de buscar, recibir y difundir informaciones e ideas de toda índole..." Esos términos establecen literalmente que quienes están bajo la protección de la Convención tienen no sólo el derecho y la libertad de expresar su propio pensamiento, sino también el derecho y la libertad de buscar, recibir y difundir informaciones e ideas de toda índole. Por tanto, cuando se restringe ilegalmente la libertad de expresión de un individuo, no sólo es el derecho de ese individuo el que está siendo violado, sino también el derecho de todos a "recibir" informaciones e ideas, de donde resulta que el derecho protegido por el artículo 13 tiene un alcance y un carácter especiales. Se ponen así de manifiesto las dos dimensiones de la libertad de expresión. En efecto, ésta requiere, por un lado, que nadie sea arbitrariamente menoscabado o impedido de manifestar su propio pensamiento y representa, por tanto, un derecho de cada individuo; pero implica también, por otro lado, un derecho colectivo a recibir cualquier información y a conocer la expresión del pensamiento ajeno.

31. En su dimensión individual, la libertad de expresión no se agota en el reconocimiento teórico del derecho a hablar o escribir, sino que comprende además, inseparablemente, el derecho a utilizar cualquier medio apropiado para difundir el pensamiento y hacerlo llegar al mayor número de destinatarios. Cuando la Convención proclama que la libertad de pensamiento y expresión comprende el derecho de difundir informaciones e ideas "por cualquier... procedimiento", está subrayando que la expresión y la difusión del pensamiento y de la información son indivisibles, de modo que una restricción de las posibilidades de divulgación representa directamente, y en la misma medida, un límite al derecho de expresarse libremente.[35]

En este sentido, es claro que la manifestación de una opinión jurídica consiste la manifestación de información y opinión, razón por la cual su contenido se encuentra además expresamente protegido por el artículo 13 de la Convención Americana sobre Derechos Humanos, y por lo tanto, cualquier regulación a dicho derecho está sometida a aquellos fines legítimos, necesarios y proporcionales que atienden a un bien jurídico protegido por la Convención en el artículo 13.2 *ejusdem*.

Ahora bien, la criminalización de los abogados por razón de sus opiniones jurídicas manifestadas constituye **censura previa indirecta y una sanción ilegítima**, por la cual se intimida a los abogados, restringiéndoles su libertad

---

[35] Corte IDH. La Colegiación Obligatoria de Periodistas (Arts. 13 y 29 Convención Americana sobre Derechos Humanos). Opinión Consultiva OC-5/85 del 13 de noviembre de 1985. Serie A N° 5, párr. 30 y 31.

profesional de sus opiniones jurídicas. Esto, por lo tanto, no sólo merma la independencia del abogado, sino además constituye una presión directa sobre el contenido de la opinión jurídica ya manifestada que afecta el contenido esencial de la profesión de los abogados.

Desarrollando lo anterior, esta Corte IDH ha determinado **que cualquier restricción a la libertad de expresión debe atender a los siguientes criterios:** "1) deben estar expresamente fijadas por la ley; 2) deben estar destinadas a proteger ya sea los derechos o la reputación de los demás, o la protección de la seguridad nacional, el orden público o la salud o moral pública; y 3) deben ser necesarias en una sociedad democrática"[36].

En virtud de la protección especial otorgada por el Principio N° 20 de los Principios Básicos sobre la Función de los Abogados, que otorga inmunidad a los abogados por sus pronunciamientos y opiniones manifestadas en el ejercicio de sus funciones, este tipo de discurso también encuentra una especial protección por la libertad de expresión, debiendo distinguirse éste de cualquier otro tipo de manifestación pública.

Más aún, analizando el caso en concreto, la opinión jurídica en un abogado en el marco del contexto venezolano, consideramos igualmente, que es de suma relevancia, precisamente en el marco de la protección especial que tienen dichos tipos de discursos ya reconocidos por la Corte IDH[37].

Debemos recordar que según la jurisprudencia de esta misma Corte, "el Derecho Penal es el medio más restrictivo y severo para establecer responsabilidades respecto de una conducta ilícita. La tipificación amplia de delitos de calumnia e injurias puede resultar contraria al principio de intervención mínima y de última ratio del derecho penal. En una sociedad democrática el poder punitivo sólo se ejerce en la medida estrictamente necesaria para proteger los bienes jurídicos fundamentales de los ataques más graves que los dañen o pongan en peligro. Lo contrario conduciría al ejercicio abusivo del poder punitivo del Estado"[38].

Como demuestran los hechos de este caso, según los planteamientos esgrimidos por la víctima en sus escritos ante la Corte IDH, el Estado venezolano criminalizó una opinión jurídica que le fue solicitada al Profesor Brewer-Carías, como él mismo lo ha dicho; opinión en la cual, por cierto, Brewer-Carías expresó sus dudas sobre la constitucionalidad del decreto que se le sometió a su consideración, y que sin duda había sido previamente redactado dentro de un contexto conflictivo. Esa mera opinión jurídica no lo puede convertir en cómplice o participe de conspiración alguna, pues los hechos del caso demuestran que no tuvo ninguna vinculación personal con los involucrados, limitándose su actuación como abogado a haber dado su opinión legal.

---

[36] Corte IDH. Caso *Herrera Ulloa Vs. Costa Rica*. Excepciones Preliminares, Fondo, Reparaciones y Costas. Sentencia de 2 de julio de 2004. Serie C N° 107, párr. 120.

[37] Corte IDH. Caso *Herrera Ulloa Vs. Costa Rica*. Excepciones Preliminares, Fondo, Reparaciones y Costas. Sentencia de 2 de julio de 2004. Serie C N° 107, párr. 125.

[38] Corte IDH. Caso *Kimel Vs. Argentina*. Fondo, Reparaciones y Costas. Sentencia de 2 de mayo de 2008 Serie C N° 177, párr. 76.

Sencillamente, el profesor Brewer-Carías fue consultado como abogado sobre una situación constitucional, dentro de un contexto conflictivo, pero de igual manera éste actuó siempre dentro del marco del ejercicio de su profesión y en su condición de experto en materias de derecho público.

En todo caso, ni siquiera el hecho de de que alguien hubiese redactado un texto como abogado, que no fue el caso del profesor Brewer, no podría constituir delito, ya que se trataría de un trabajo jurídico, así luego ello resultase en un acto inconstitucional. Menos aún puede, por tanto, criminalizarse la actuación del Dr. Brewer Carías por el haber expresado como abogado críticas y cuestionamientos legales al decreto que le fuera consultado.

Por lo tanto, una interpretación cónsona con el corpus iuris de Derecho Internacional con relación a la libertad de expresión permite concluir que existe una prohibición absoluta a la criminalización de los abogados por la emisión de sus opiniones jurídicas, pues serían innecesarias y desproporcionadas en la atención a los fines previstos en una sociedad democrática.

CONCLUSIONES

Como corolario de los razonamientos anteriores, procede concluir que, en Venezuela, los **juicios llevados a cabo por jueces provisorios no garantizan el derecho a ser juzgado por jueces independientes e imparciales**, contraviniendo los estándares internacionales que regulan la materia, interpretados a la luz del artículo 8 de la Convención Americana sobre Derechos Humanos, en virtud de que estos jueces carecen legalmente de la estabilidad y son particularmente susceptibles a presiones externas.

Como consecuencia de ello, procede **la nulidad de todas las actuaciones realizadas por el juez o fiscal falto de independencia o imparcialidad**, generando el cese de validez de dichas actuaciones, precisamente por la violación a la garantía del juez natural que acarrearía.

Además, debe rescatarse la importancia de la **prohibición de la criminalización de los abogados por la emisión de sus opiniones jurídicas**, de conformidad con los artículos 8 y 13 de la Convención Americana sobre Derechos Humanos, sumado a los estándares internacionales desarrollados por los demás Sistemas de Protección de Derechos Humanos que conforman este *corpus juris* de Derecho Internacional.

La criminalización de los abogados por la emisión de sus opiniones jurídicas constituye una transgresión a las garantías del artículo 8 de la Convención Americana sobre Derechos Humanos, pues, en el marco del derecho a la defensa, existe una obligación de los Estados de garantizar que dicha defensa sea independiente, la cual debe ser procurada, entre otras, a través de la inmunidad penal de los abogados por el ejercicio de su profesión.

Igualmente, la criminalización de los abogados por la emisión de sus opiniones jurídicas constituye una transgresión al artículo 13 de la Convención Americana sobre Derechos Humanos, teniendo en cuenta que la manifestación de una opinión jurídica a un cliente es una forma de expresión especialmente protegida por el Derecho Internacional, razón por la cual la criminalización de la misma constituye una restricción innecesaria y desproporcionada que no atiende a los fines de una sociedad democrática.

Quedando atentos a cualquier solicitud de información o aclaratoria posterior, quedamos de ustedes.

En Caracas, a los treinta días del mes de agosto de 2013.

Humberto Prado Sifontes

DÉCIMA TERCERA PARTE:

AMICUS CURIAE PRESENTADO POR ASSOCIATION OF THE BAR OF THE CITY OF NEW YORK SOBRE LA SITUACIÓN DEL PODER JUDICIAL Y EL DERECHO A UN JUICIO JUSTO, DE 30 DE AGOSTO DE 2013

BRIEF DE LA ASSOCIATION OF THE BAR OF THE CITY OF NEW YORK EN CALIDAD DE AMICUS CURIAE EN APOYO AL DEMANDANTE ALLAN BREWER-CARÍAS

La Association of the Bar of the City of New York ("ABCNY" [Colegio de Abogados de Nueva York]), en calidad de *Amicus Curiae*, presenta este resumen, con el fin de exhortar a la Corte para que apruebe la solicitud de la Comisión Interamericana de Derechos Humanos ("CIDH" o "la Comisión") para declarar a la República Bolivariana de Venezuela ("Venezuela", el "Estado" o el "gobierno") como responsable de la violación del Artículo 8 de la Convención Americana sobre Derechos Humanos (en adelante, la "Convención Americana" o "Convención"), y para ordenar a Venezuela que proporcione una reparación jurídica a Allan Brewer-Carías.

Declaración Preliminar

La ABCNY ha sido el principal colegio de abogados internacional desde su fundación en 1870. Sus miembros *incluyen* más *de* 23.000 abogados y académicos de los Estados Unidos y otros 50 países más. La ABCNY se encuentra en la Ciudad de Nueva York, un centro internacional de negocios y diplomacia. Desde hace mucho tiempo, la ABCNY se ha comprometido a promover el estado de derecho y poderes judiciales independientes y efectivos en todo el mundo.

La ABCNY pide a esta Corte reforzar el estado de derecho y la independencia del poder judicial venezolano, declarando en este *caso* que Venezuela no puede privar a una persona del derecho al debido proceso subvirtiendo la independencia y la imparcialidad del poder judicial.

Por más de una década, el sistema judicial de Venezuela ha consistido principalmente de fiscales y jueces provisionales que son designados a voluntad del gobierno y son removibles de sus cargos a discreción del mismo gobierno, sin las protecciones de permanencia o ninguna muestra de falta de ética u otra causa. Las características de provisionalidad del sistema de justicia venezolano dejan a los miembros del poder judicial indebidamente expuestos a intolerables presiones externas, que incluye especialmente presión de parte de la rama ejecutiva del gobierno. Esta dominación ejecutiva del poder judicial amenaza seriamente los derechos humanos y civiles de todos los venezolanos. El patrón de conducta mediante el cual el gobierno de Venezuela ha venido socavando el estado de derecho y la independencia del poder judicial en Venezuela ha sido bien documentado por organizaciones internacionales independientes. Aunque este patrón comenzó bajo el liderazgo del fallecido Presidente Hugo Chávez, parece continuar sin tregua bajo la presidencia del nuevo Mandatario, Nicolás Maduro, el autoproclamado "hijo de Chávez". Véase pp. 6-7, infra.

El Sr. Brewer-Carías es un prominente jurista venezolano, especialista en derecho constitucional y ex funcionario electo en el gobierno venezolano. Ha tenido una distinguida carrera en el servicio público, habiendo ejercido como senador, ministro y miembro de la Asamblea Nacional Constituyente en 1999. Asimismo, se le reconoce como un prominente disidente, criticando el régimen de Chávez por considerarlo antidemocrático. En 2005, fue acusado formalmente y está enfrentando actualmente un enjuiciamiento penal por su presunta participación en el golpe de estado acaecido en abril de 2002, que temporalmente removió de la presidencia de Venezuela a Hugo Chávez. El Sr. Brewer-Carías ha negado públicamente su participación en el golpe y ha presentado una demanda ante la CIDH, alegando múltiples violaciones de sus derechos de acuerdo con la Convención.

Los procedimientos incoados contra el Sr. Brewer-Carías han sido conducidos casi de manera exclusiva por jueces y fiscales temporales que carecen de estabilidad, independencia e imparcialidad. Al menos cuatro fiscales interinos estuvieron a cargo de la investigación que eventualmente dio lugar a su acusación. Aún más sorprendente, varios de los jueces que emitieron sentencias favorables a favor del Sr. Brewer-Carías durante la investigación y tras su acusación fueron reemplazados sumariamente después de aquellas decisiones, convirtiendo los procedimientos contra él en una parodia de justicia. El control ejercido por el gobierno sobre el poder judicial venezolano ha privado al Sr. Brewer-Carías del debido proceso lo que equivale a una clara violación del Artículo 8 de la Convención.

Este caso exige que la CIDH actúe con firmeza, no sólo porque representa un ejemplo particularmente grave de persecución por motivos políticos, sino por tratarse de un patrón continuo y pernicioso de abuso de derechos humanos que se comete por parte del gobierno de Venezuela. El caso demuestra lo fácil que puede ser socavar un poder judicial, que no se encuentra debidamente aislado de las presiones políticas, existentes tras la búsqueda de enjuiciamientos por motivos políticos. Además, demuestra cómo las decisiones dictadas por un poder judicial sesgado socava los valores de una sociedad democrática y amenaza el estado de derecho. Esta Corte ha encontrado de manera previa y consistente que en Venezuela la remoción injustificada y la inestabilidad inherente de jueces y fiscales provisionales viola los Artículos 8 y 25 de la Convención.[1] Dada la clara motivación política detrás del enjuicia-

---

[1]   Véase, por ejemplo, *Apitz Barbera vs. Venezuela*, Excepciones Preliminares, Fondo, Reparaciones y Costos, Sentencia, Corte IDH (ser. C) N° 24 (5 agosto de 2008); *Reverón Trujillo vs. Venezuela*, Excepciones Preliminares, Fondo, Reparaciones y Costos, Sentencia, Corte IDH (ser. C) N° 197 (30 de junio de 2009).

miento del Sr. Brewer-Carías y la negación de su derecho al debido proceso, esta Corte debería encontrar que la falla de Venezuela en garantizarle al Sr. Brewer-Carías acceso a un poder judicial imparcial e independiente viola los Artículos 8 y 25 de la Convención.

Declaración de interés

La ABCNY alienta los esfuerzos para promover regímenes jurídicos que permitan preservar de forma efectiva el estado de derecho y de ese modo se pueda proteger con mayor firmeza los derechos humanos. Con este resumen, la ABCNY espera asistir a la Corte describiendo la manera en la que una decisión que atienda la demanda del Sr. Brewer-Carías fortalecería el estado de derecho y protegería los derechos humanos en general.

Para la ABCNY la demanda del Sr. Brewer-Carías se trata de una preocupación particular y no simplemente porque se trate de un estimado jurista internacional que ha hecho considerables contribuciones académicas y educativas en todas las Américas. Más bien, parece que el Sr. Brewer-Carías está siendo enjuiciado por el gobierno de Venezuela por su intento de proveer asesoría jurídica relacionada con cuestiones constitucionales fundamentales a un gobierno de transición. La ABCNY considera que la protección del acceso al asesoramiento legal a todos los actores en una sociedad civil, que incluye la libertad que tienen los abogados de brindar asesoramiento sin el miedo a represalias, es imperativo para el estado de derecho y la administración imparcial de la justicia.

De hecho, la promoción internacional del estado de derecho y de la administración imparcial de justicia ha sido parte de la misión de la ABCNY. Esta asociación fue fundada por abogados que se reunieron para proteger la independencia del poder judicial y la integridad de la profesión jurídica en New York de las fuerzas poderosas que trataban de convertir a los jueces y abogados en una extensión del aparato político. La ABCNY es una organización puramente voluntaria, independiente y no partidista que existe únicamente para servir al interés público. Como resultado, los informes y análisis jurídicos de la ABCNY han disfrutado por largo tiempo de un alto nivel de credibilidad entre los políticos.

Exposición de hechos

El siguiente resumen de hechos tiene como base una revisión del historial de Venezuela en materia de derechos humanos, tal como ha sido documentado por organizaciones internacionales independientes y el expediente de este caso.

I. ANTECEDENTES: LA "REFORMA" DEL PODER JUDICIAL EN VENEZUELA

Las acciones de Venezuela en contra del Sr. Brewer-Carías se comprenden mejor como una manifestación del proceso de politización del poder judicial que se inició con la elección del Presidente Chávez y la adopción de una nueva constitución en 1999. Para ese momento, el poder judicial en Venezuela era ampliamente considerado como corrupto.[2] Sin embargo, en lugar de remediar las deficiencias evidentes, el esfuerzo de "reforma" iniciado por el régimen de Chávez fue empleado para hacer que el poder judicial estuviera políticamente subordinado, permitiendo de este modo que el gobierno operara esencialmente sin estar limitado por el estado de derecho. Este proceso ha sido documentado por respetables organizaciones[3] internacionales no gubernamentales y ha sido reconocido por esta Corte en casos anteriores.[4]

Poco después de la adopción de la Constitución de 1999, el gobierno de Venezuela instituyó un sistema judicial compuesto principalmente de jueces temporales y provisionales.[5] Esto fue presentado como una medida transitoria necesaria para abordar lo que era percibido como corrupción judicial generalizada y se suponía que iba a permanecer vigente hasta que se realizaran los concursos de oposición formales para designar a los jueces permanentes. Sin embargo, hasta la fecha no se ha realizado ningún concurso de oposición formal abierto. En cambio, la falta de estabilidad de los jueces temporales y provisionales ha sido usada como causal de remoción, sin proceso legal o causa justificada, a menudo después de que estos jueces dictaminan en contra del gobierno en casos de alto perfil político.[6] Entretanto, los jueces temporales que demuestran su aparente lealtad al régimen dictando decisiones favorables

---

[2] El poder judicial pre-Chávez ha sido descrito como un sistema en el cual "la justicia a menudo había estado en venta al mejor postor", plagada de "tráfico de influencias, interferencia política y, sobre todo, corrupción". Human Rights Watch, A Decade Under Chávez, Political Intolerance and Lost Opportunities for Advancing Human Rights in Venezuela (Una Década de Chávez: Intolerancia política y oportunidades perdidas para el progreso de los derechos humanos en Venezuela.) en 40 (septiembre de 2008) [en adelante, "Informe de 2008 de la HRW"]. 3

[3] Véase id.; Human Rights Watch, Rigging the Rule of Law: Judicial Independence Under Siege in Venezuela (Manipulación del Estado de Derecho: Independencia del Poder Judicial amenazada en Venezuela) (junio de 2004) [en adelante, "Informe de 2004 de la HRW"]; Comisión Interamericana de Derechos Humanos, Democracia y Derechos Humanos en Venezuela (diciembre de 2009) [en adelante "Informe de 2009 de CIDH"]; Comisión Interamericana de Derechos Humanos, Informe de la Situación de los Derechos Humanos en Venezuela, OEA/Ser. L/V/II. 118, doc. 4 (29 de diciembre de 2003) [en adelante, "Informe de 2003 de HRW"]; Oficina del Alto Comisionado de las Naciones Unidas sobre Derechos Humanos, Preocupante la situación de la justicia en Venezuela, artículo de prensa (julio de 2009), disponible en http://wvvw.ohchr.org/EN/NewsEvents/Pages/DisplayNews.aspx?NewsID=7567&LangID=S.

[4] Véase, por ejemplo, *Apitz Barbera vs. Venezuela*, Corte IDH (ser. C) N° 24 ¶¶26-40, 54-67 (5 de agosto 2008).

[5] Los jueces provisionales conservan sus puestos hasta que se realice un concurso público para seleccionar a un juez permanente; los jueces temporales son designados para cubrir vacantes temporales, como las que surgen cuando un juez en ejercicio toma el permiso por maternidad/paternidad o enfermedad.

[6] Informe de 2009 de CIDH, supra nota 3, en 71-75, ¶¶ 285-301 (se citan casos en los que jueces son removidos de forma arbitraria sólo días antes de emitir dictámenes considerados como desventajosos a los intereses del gobierno).

al gobierno han sido promovidos a puestos fijos sin pasar por el proceso de concurso de oposición abierto obligatorio.[7] El resultado final es un poder judicial dependiente que sirve a discreción de la rama ejecutiva y un gobierno que puede violar los más básicos derechos humanos y civiles sin la preocupación de tener que rendir cuentas a la rama judicial.

De hecho, el gobierno de Venezuela ha estado involucrado en numerosas violaciones de derechos humanos y civiles, tales como el cierre de una estación de televisión y varias estaciones radiales que fueron críticas de sus acciones;[8] la confiscación de frecuencias de televisión de un canal de noticias porque su línea editorial contenía un "tono político";[9] despido y colocación de sus opositores políticos en una lista negra;[10] negación del acceso a programas sociales con base en las inclinaciones políticas[11] promulgación de leyes de censura y uso de las leyes para enjuiciar a periodistas por presuntamente insultar a funcionarios públicos;[12] interferencia con las elecciones de sindicatos;[13] sometimiento de los defensores de derechos humanos, líderes opositores y manifestantes a investigaciones penales y hostigamiento sobre la base de acusaciones infundadas;[14] y uso de manera indebida de la maquinaria del estado en campañas electorales.[15]

Después de la muerte del Presidente Chávez a comienzos de este año y la subsecuente elección de Nicolás Maduro como nuevo presidente de Venezuela, la dominación de la rama del poder ejecutivo sobre la rama del poder judicial parece continuar sin tregua. Esto quizá no debe sorprender, dado que el Sr. Maduro, quien ejercía el cargo de vicepresidente bajo la presidencia de Chávez, es considerado como su "heredero político escogido", y se ha proclamado a sí mismo como "el hijo de Chávez."[16] De hecho, la victoria electo-

---

[7]   *Id.* en 55-56, ¶¶ 213-16 (explica que el procedimiento de designación "otorga estabilidad de permanencia en el cargo a quienes fueron inicialmente nombrados con absoluta discrecionalidad").

[8]   Informe de 2008 de HRW, supra nota 5, en 60-61, 110-117; Informe de 2009 de CIDH, supra nota 6, en 129-35.

[9]   Informe de 2008 de HRW, supra nota 5, en 117-19.

[10]   Id. en 2, 15-27; Informe de 2009 de CIDH, supra nota 6, en 23-29.

[11]   Informe de 2008 de HRW, supra nota 5, en 2; Informe de 2009 de CIDH, supra nota 6, en 23-29.

[12]   Informe de 2008 de HRW, supra nota 5, en 75-102; Informe de 2009 de CIDH, supra nota 6, en 90-97.

[13]   Informe de 2008 de HRW, supra nota 5, en 152-73; Informe de 2009 de CIDH, supra nota 6, en 275-86.

[14]   Informe de 2008 de HRW, supra nota 5, en 204-10; Informe de 2009 de CIDH, supra nota 6, en 158-77.

[15]   Informe de 2009 de CIDH, supra nota 6, en 11-17.

[16]   William Neuman, "Caos político en Venezuela, tras pelea legislativa y marchas de la oposición", New York Times, 1 de mayo de 2013, disponible en: http://www.nytimes.com/2013/05/02/world/americas/rival-marches-after-legislativebrawl-

ral por un estrecho margen del Presidente Maduro ha sido ampliamente acreditada, al menos en parte, a un sistema judicial lleno de fieles a Chávez.[17] Por consiguiente, las violaciones de los derechos humanos han continuado ocurriendo en la era post-Chávez y como ha notado la Comisión, Venezuela aún "ignora las peticiones, decisiones, recomendaciones y órdenes de los dos organismos que componen el sistema interamericano de derechos humanos".[18] Una permanente falta de independencia continúa impidiendo que los tribunales venezolanos actúen como un contrapeso al poder ejecutivo, dejando a la sociedad civil sin recurso para hacer respetar los derechos humanos y civiles más básicos.

II. ENJUICIAMIENTO DEL SR. BREWER-CARÍAS SIN EL DEBIDO PROCESO

El caso en contra del Sr. Brewer-Carías viene de su presunta participación en una tentativa de golpe de estado que tuvo lugar en abril de 2002, después de las protestas en contra del gobierno de Chávez. El 11 de abril de 2002, los comandantes de las Fuerzas Armadas repudiaron públicamente la autoridad del Presidente Chávez e informaron al público que Chávez había presentado la renuncia. El 12 de abril de 2002, se formó un gobierno de transición con el líder de la oposición, Pedro Carmona ("Carmona"), quien se instaló como Presidente. Ese mismo día, Carmona solicitó al Sr. Brewer-Carías una opinión legal sobre el borrador de un decreto constitucional (el "Decreto Carmona"). El Sr. Brewer- Carías desaconsejó el decreto, opinando que la disolución de las instituciones protegidas por la constitución venezolana se desviaba del constitucionalismo democrático y violaba la Carta Democrática Interamericana.[19] Contrario a la opinión del Sr. Brewer-Carías, el Sr. Carmona ordenó

---

in-venezuela.html?ref=venezuela; William Neuman, "Hasta en la muerte, Chávez es una poderosa presencia", New York Times, 8 de abril de 2013, disponible en: http://www.nytimes.com/2013/04/09/world/americas/even-in-death-chavezdominates venezuelas-presidential-race.html?ref=venezuela.

[17] William Neuman, "Venezuela Gives Chávez Protégé Narrow Victory" ("Venezuela da al protegido de Chávez una victoria por estrecho margen"), New York Times, 14 de abril de 2013, disponible en http://www.nytimes.com/2013/04/15/world/americas/venezuelans-vote-for-successor-to-chavez.html?ref=venezuela.

[18] Articulo de prensa, Comisión Interamericana de Derechos Humanos, CIDH deplora asesinato en Venezuela de décimo miembro de la familia Barrios, un beneficiario de las medidas provisionales (29 de mayo de 2013), disponible en http://www.oas.org/en/iachr/media_center/PReleases/2013/038.asp ("May 29,2013 IACHR Press Release").

[19] Representantes de Venezuela firmaron la Carta Democrática Interamericana el 11 de septiembre de 2011 en Lima, Perú. La Carta reafirma el compromiso de los estados miembros de la Organización de Estados Americanos a tener gobiernos erigidos sobre valores democráticos y a reflejar el compromiso colectivo de aquellos estados para mantener y fortalecer el sistema democrático en las Américas. ORGANIZACIÓN DE ESTADOS AMERICANOS, http://www.oas.org/en/ democratic-charter/ (última visita el 5 de julio de 2013).

la disolución del gobierno de Chávez y el establecimiento de un gobierno de transición.[20] El golpe resultó un fracaso, sin embargo y al día siguiente, el 13 de abril de 2002 el Presidente Chávez fue restituido como Presidente.[21]

La especulación de los medios concerniente a la participación del Sr. Brewer-Carías en la tentativa de golpe de estado y su supuesta autoría del Decreto Carmona comenzó poco después.[22] La Asamblea Nacional, la rama legislativa de Venezuela, creó una Comisión Parlamentaria Especial ("Comisión Especial") para investigar los eventos en torno al golpe, incluyendo el levantamiento político, la notificación de renuncia del Presidente Chávez y la instalación temporal de un gobierno de transición ("los eventos de abril de 2002").[23] En Julio de 2002, después de múltiples audiencias (a las cuales el Sr. Brewer-Carías no fue citado y a las cuales no asistió), la Comisión Especial emitió un informe mencionando al Sr. Brewer-Carías como entre los responsables de los eventos de abril de 2002 y pidió a la Fiscalía que abriera una investigación penal.[24] El informe de la Comisión Especial concluyó que los señalados habían "actuado de manera activa y coordinada en la conspiración y el golpe de estado" y que "la participación del Sr. Brewer-Carías en la planificación y ejecución del golpe había sido demostrada".[25] La Comisión Especial no presentó evidencia de la participación del Sr. Brewer-Carías y en cambio declaró expresamente que la supuesta autoría del Sr. Brewer-Carías del decreto Carmona era un "hecho aceptado públicamente".

La subsiguiente investigación penal del gobierno sobre el papel del Sr. Brewer-Carías en los eventos de abril de 2002 duró desde 2002 hasta 2005 y fue conducida por al menos cuatro fiscales interinos durante este tiempo.[26] El primer fiscal interino entrevistó al Sr. Brewer-Carías el 3 de julio de 2002 (con la presentación voluntaria del Sr. Brewer-Carías) y también le tomó el testimonio a un testigo que declaró que el Sr. Brewer-Carías no fue el autor del Decreto Carmona.[27] En un plazo de seis semanas de haber tomado este testimonio, el fiscal fue reemplazado. Otros dos fiscales interinos fueron subsecuentemente designados y reemplazados antes de que el gobierno nombrara como Fiscal interina sexta especial del estado a Luisa Ortega Díaz para que se encargara del caso del Sr. Brewer-Carías.[28] La fiscal Díaz emitió una acusa-

---

[20] *Brewer-Carías vs. Venezuela*, Caso 12.724, CIDH, Informe N° 171/11, ¶87 ¶ (3 de noviembre de 2011), http://www.cidh.org, disponible en http://www.oas.org/en/iachr/decisions/court/12.724FondoEng.pdf. [en adelante, "Informe de Fondo"].

[21] Informe de Fondo ¶ 88.

[22] *Id.* ¶ 90.

[23] *Id.* ¶ 92.

[24] *Id.*

[25] *Id.*

[26] *Id.* ¶ 94.

[27] *Id.*

[28] *Id.*

ción en contra del Sr. Brewer-Carías en fecha 27 de enero de 2005, acusándo-lo de "cometer el crimen de conspiración para cambiar violentamente la Constitución", relacionando su presunta participación con el Decreto Carmona, un cargo punible de acuerdo con el Artículo 144.2 del Código Penal de Venezuela.[29] Poco después, la fiscal Díaz fue promovida a Fiscal General de Venezuela. El Sr. Brewer-Carías salió de Venezuela para aceptar un puesto como profesor adjunto en la Facultad de Derecho de la Universidad de Columbia poco antes de esta acusación emitida en mayo de 2006. El permanece en New York hasta la fecha, imposibilitado de regresar a Venezuela por miedo a ser arrestado.[30]

Después de la acusación, el caso del Sr. Brewer-Carías progresó dentro de un sistema judicial compuesto de jueces designados a través de un proceso opaco, carentes de estabilidad de permanencia y que eran removibles sin causa o explicación por parte del gobierno. Esta inestabilidad permitió que varios de los jueces que presidieron sobre esta materia fueran removidos del tribunal después de acciones que resultaran favorables al Sr. Brewer-Carías o insuficientemente favorables para el gobierno. Por ejemplo, el 3 de febrero de 2005, un panel entero de jueces de apelación fue suspendido poco después de votar para la anulación de la orden de prohibición que le exigía al Sr. Brewer-Carías permanecer en Venezuela.[31] De manera similar, la jueza temporal Josefina Gómez Sosa, jueza del tribunal de distrito quien dictaminó la orden de prohibición, fue suspendida por "no proporcionar los motivos suficientes para la misma prohibición".[32] Posteriormente, tras la negativa de la Fiscal provisional sexta para cumplir con una orden de dar a la defensa acceso total a los expedientes del caso, el Juez temporal Manuel Bognanno registró una denuncia con un Fiscal Superior del Ministerio Público relacionada con la "acción obstruccionista".[33] En lugar de investigar esta aparente conducta impropia, el gobierno respondió despidiendo al Juez Bognanno dos días después de que presentara la denuncia.[34] El caso en contra de Brewer-Carías permanecía en

---

[29] Código Penal de Venezuela, Artículo 144 ("Serán castigados con presidio de doce a veinticuatro años: Los que, sin el objeto de cambiar la forma política republicana que se ha dado la Nación, conspiren o se alcen para cambiar violentamente la Constitución de la República Bolivariana de Venezuela".).

[30] En junio de 2006, un juez de Venezuela emitió una orden de detención y la remitió a INTERPOL. Después de la investigación, la INTERPOL concluyó que los procesos que subyacen a la orden tenían una motivación política, y anuló la orden de detención. Informe de Fondo ¶ 116.

[31] Brewer-Carías vs. Venezuela, Caso 12.724, Comisión Interamericana de Derechos Humanos, Informe N° 171/11, ¶ 126 (3 de noviembre de 2011), http://www.cidh.org, disponible en http://www.oas.org/en/iachr/decisions/court/12.724FondoEng.pdf.

[32] *Id.*

[33] *Id.* ¶¶ 146-147.

[34] *Id.*

su etapa preliminar y los jueces provisionales asignados al caso habían sido reemplazados en varias ocasiones adicionales.[35]

En enero de 2008, el equipo defensor del Sr. Brewer-Carías solicitó la desestimación del caso conforme a un decreto de amnistía emitido por el Presidente Chávez. La corte del distrito negó esta solicitud ese mismo mes y la Corte de Apelaciones ratificó la sentencia en abril de 2008. Como consecuencia, el caso Brewer-Carías sigue estando pendiente ante el tribunal de distrito.

III. LA COMISIÓN INTERAMERICANA CONSIDERA QUE VENEZUELA VIOLÓ LOS DERECHOS DEL SR. BREWER-CARÍAS SEGÚN LO PREVISTO EN EL ARTÍCULO 8 Y 25 DE LA CONVENCIÓN AMERICANA

El 24 de enero de 2007, el Sr. Brewer Carías presentó este caso ante la CIDH.[36] El 3 de noviembre de 2011, la Comisión emitió su Informe de Fondo y llegó a la conclusión de que Venezuela violó los derechos del Sr. Brewer Carías a un juicio justo y a un recurso judicial efectivo, como se ha establecido en los Artículos 8 y 25 de la Convención.[37] La Comisión recomendó que Venezuela adopte medidas que establezcan los criterios y garantías para el nombramiento, la permanencia y la remoción de jueces y fiscales que sigan las normas establecidas en la Convención.[38] La Comisión recomendó, además, que Venezuela adopte las medidas necesarias para garantizar que el juicio contra el Sr. Brewer Carías, en caso de que se mantenga, se realice de conformidad con las normas de la Convención.[39] El 7 de marzo de 2012, la Comisión presentó el caso ante la Corte. Venezuela aún no ha presentado una respuesta.

Argumento

El Artículo 8 de la Convención otorga a cada persona el derecho a una audición, con las debidas garantías del proceso, ante un tribunal competente, independiente e imparcial, previamente establecido por la ley, para la determinación de sus derechos y obligaciones.[40] De igual forma, el Artículo 25 de la Convención establece el derecho de toda persona a un recurso sencillo y oportuno, o a cualquier otro recurso efectivo, ante una corte o tribunal competente para obtener protección contra actos que violen sus derechos fundamen-

---

[35] *Brewer-Carías vs. Venezuela*, Caso 12.724, CIDH, Resumen Ejecutivo de la Denuncia, ¶ 44.

[36] *Id.* ¶ 1.

[37] *Id.* ¶ 166.

[38] *Id.* ¶ 167.

[39] Brewer-Carías vs. Venezuela, Caso 12.724, CIDH, Informe N° 171/11, ¶ 167 (3 de noviembre de 2011), http://www.cidh.org, disponible en http://www.oas.org/en/iachr/decisions/court/12.724FondoEng.pdf.

[40] Organización de los Estados Americanos, Convención Americana sobre Derechos Humanos, 22 de noviembre de 1969, O.A.S.T.S. N° 36,1144 U.N.T.S. 123, Art. 8(1). [En adelante, la "Convención Americana sobre Derechos Humanos"].

tales reconocidos por la constitución o las leyes del estado en cuestión, o por la Convención, aun cuando tal violación sea cometida por personas que actúen en el ejercicio de sus funciones oficiales.[41] La denegación de Venezuela del derecho del Sr. Brewer-Carías a ser juzgado por un tribunal independiente e imparcial es una violación de los Artículos 8 y 25.

IV. VENEZUELA TIENE EL DEBER DE GARANTIZAR EL DERE-CHO A UN JUICIO POR UN PODER JUDICIAL INDEPEN-DIENTE E IMPARCIAL EN VIRTUD DE LA CONVENCIÓN AMERICANA SOBRE DERECHOS HUMANOS

Venezuela tiene la obligación de proteger los derechos humanos de sus ciudadanos, inclusive garantizar el derecho de toda persona a ser juzgado por un tribunal independiente e imparcial, conforme a lo establecido en el Artículo 8 (1) de la Convención.[42] Esta Corte ha subrayado en repetidas ocasiones la importancia de un poder judicial independiente en una sociedad democrática.[43] En Reverón Trujillo vs. Venezuela, la Corte explicó que: "[e]l principio de la independencia del poder judicial constituye uno de los pilares básicos de las garantías del debido proceso", de modo tal que su "ámbito de aplicación debe garantizarse incluso en situaciones especiales, como el estado de emergencia."[44] Del mismo modo, en Apitz Barbera vs. Venezuela, la Corte explicó que: "[e]l propósito de esta protección consiste en evitar que el sistema de justicia en general y sus miembros en particular estén sometidos a posibles limitaciones indebidas en el ejercicio de sus funciones, por parte de entidades ajenas al Poder Judicial o incluso por los jueces con funciones de revisión o apelación".[45] De acuerdo con los Principios Básicos de las Naciones Unidas sobre la independencia del Poder Judicial, la Corte, en el Tribunal Constitucional vs. Perú, llegó a la conclusión de que un poder judicial independiente requiere un proceso adecuado de nombramiento, un período fijo en los cargos sin remoción injustificada o voluntaria, y el aislamiento de las presiones externas.[46]

---

[41] Convención Americana sobre Derechos Humanos, supra nota 40, en Art. 25(1).

[42] *Id.* en Art. 8(1).

[43] Véase, por ejemplo, *Reverón Trujillo vs. Venezuela*, Excepciones Preliminares, Fondo, Reparaciones y Costos, Sentencia, Corte IDH (ser. C) N° 197, ¶ 68 (30 de junio de 2009); *Apitz-Barbera vs. Venezuela*, Excepciones Preliminares, Fondo, Reparaciones y Costos, Sentencia, Corte IDH (ser. C) N° 182, ¶ 55 (5 agosto de 2008).

[44] *Reverón Trujillo*, ¶ 68.

[45] *Apitz-Barbera*, ¶ 55

[46] *Tribunal Constitucional vs. Perú*, Fondo, Reparaciones y Costos, Sentencia, Corte IDH (ser. C) N° 71 ¶ 75 (31 de enero de 2001); véase también *Reverón Trujillo vs. Venezuela*, ¶ 68 (con la conclusión de que todos los jueces deben tener "permanencia en el cargo").

El hecho de que el Estado utiliza jueces provisionales no le permite eludir las garantías necesarias para asegurar la independencia judicial, dado que estas garantías deberán aplicarse independientemente de si los nombramientos son de carácter permanente o provisional.[47] Como la Corte lo explicó en Apitz Barbera vs. Venezuela, "Los Estados están obligados a garantizar que los jueces provisionales sean independientes y, por lo tanto, se les debe garantizar algún tipo de estabilidad y permanencia en el cargo, de forma que ser provisionales no signifique que serán removidos de manera discrecional del cargo".[48] Además, aunque los jueces provisionales aparentemente tienen derecho a las mismas garantías que los jueces permanentes, la Corte ha reconocido que un sistema judicial que está compuesto por un alto porcentaje de jueces provisionales en sí y de por sí atenta gravemente contra el derecho del ciudadano a la justicia y el derecho del juez a la estabilidad en su cargo,[49] dado que los jueces provisionales pueden ser removidos más fácilmente al momento de tomar decisiones que sean adversas a las posiciones del gobierno.[50] Venezuela tiene el deber, por lo tanto, de garantizar la estabilidad de los jueces y fiscales, independientemente de que los nombramientos sean temporales o permanentes, "ya que el propósito de tal estabilidad es proteger la función del propio poder judicial, y, a través del mismo, proteger los derechos humanos de manera integral".[51] De hecho, la historia ha demostrado repetidamente que, en los casos en que una nación desconoce los principios básicos de la independencia del poder judicial, muy pronto se suman la desaparición de la justicia, los derechos humanos y las libertades fundamentales.

Los infames juicios soviéticos de la Purga de finales de la década de 1930 son un ejemplo clásico de la burla a la justicia perpetrada por un poder judicial controlado por el gobierno. De manera similar, los ciudadanos de Camboya, Haití, El Salvador y Ruanda han sufrido bajo los regímenes de dirigentes militares o dictatoriales marcados por la violencia y la corrupción.[52] Sin los controles de un sistema judicial independiente, a los ciudadanos bajo estos regímenes se les niega un juicio justo y los derechos a un debido proceso y estos ciudadanos han sido sometidos a condenas de penas de prisión indefini-

---

[47] *Apitz-Barbera*, ¶ 43; véase también *Chocrón Chocrón vs. Venezuela*, Aplicación a la Comisión Interamericana de Derechos Humanos, Corte IDH (ser. C) N° 12.556, ¶ 73 (25 de noviembre de 2009).

[48] *Apitz Barbera*, ¶ 43.

[49] Informe de 2003 de CIDH, supra nota 6, ¶ 159.

[50] Informe sobre la Democracia y los Derechos Humanos en Venezuela, CIDH, OEA/Ser.L/V/II.doc 54 ¶ 253 (2009) [en adelante, "Informe de 2009 de CIDH"].

[51] Brewer-Carías vs. Venezuela, Caso 12.724, CIDH, Informe N° 171/11, ¶ 141 (3 de noviembre de 2011), http://www.cidh.org, disponible en http://www.oas.org/en/iachr/decisions/court/12.724FondoEng.pdf.

[52] Véase Departamento de Información Pública de las Naciones Unidas, Independencia del Poder Judicial: Una prioridad en el ámbito de los Derechos Humanos, DPI/1837/HR (agosto de 1996) (resumen de los esfuerzos de reforma judicial en Camboya, Haití, El Salvador y Ruanda).

da, y peor.[53] Más recientemente, la corrosión de la independencia del poder judicial en Irán ha conducido a un sistema en el que los individuos son detenidos sin orden judicial, torturados para obtener confesiones bajo coacción, y se les ha negado el acceso a los abogados. Las personas detenidas en este sistema judicial enfrentan la condena, tortura o ejecución, a menudo en secreto, sin recibir ni siquiera las garantías mínimas del debido proceso.[54]

También la historia ha demostrado que restablecer la independencia de un poder judicial anteriormente bajo el control del gobierno puede traer importantes beneficios para la sociedad. Por ejemplo, como resultado de casi dos décadas bajo el liderazgo dictatorial de Augusto Pinochet, el sistema judicial de Chile funcionaba básicamente como una rama de la Presidencia.[55] Tras su retorno a la democracia en 1990, Chile introdujo muchas reformas destinadas a lograr la independencia judicial, incluida la privación a los tribunales de los amplios poderes, en gran medida sin restricciones, otorgados bajo la dirección de Pinochet, y ofreció programas de capacitación para los jueces, fiscales y defensores públicos, e introdujo grandes cambios legislativos importantes en el sistema de justicia penal.[56] Las reformas de Chile han mejorado enormemente la eficiencia, transparencia y administración justa de la justicia.[57] Además, un estudio reciente de Chile reveló que estas reformas han afectado positivamente tanto la situación de los derechos humanos como el desarrollo económico mediante la reducción del porcentaje de personas enviadas a prisión antes de la condena, a menudo con falsos cargos, y la creciente actividad económica de la región.[58] Por lo tanto, el valor de la independencia del poder judicial no se limita a los derechos humanos individuales, sino que afecta a la sociedad en su totalidad.

V. VENEZUELA VIOLÓ LOS DERECHOS DEL SR. BREWER-CARÍAS EN VIRTUD DEL ARTÍCULO 8 DE QUE LOS CARGOS EN SU CONTRA SEAN ESCUCHADOS POR UN PODER JUDICIAL INDEPENDIENTE E IMPARCIAL

La gran dependencia de Venezuela de jueces y fiscales provisionales y la falta de procesos adecuados de nombramiento y permanencia en el cargo de

---

[53] *Id.*

[54] Secretaría General de las Naciones Unidas, Situación de los derechos humanos en la República Islámica de Irán. Nota de la Secretaría General, ¶¶ 14-56, Doc. NN. UU. A/67/369 (13 de septiembre de 2012).

[55] Peter DeShazo y Juan Enrique Vargas, Reforma Judicial en América Latina: Una evaluación, Programa de las Américas del CSIS (septiembre de 2006) en 4-5, disponible en http://siteresources.worldbank.org/INTLAWJUSTINST/Resources/0609_latin_judicial_reform.pdf.

[56] *Id.* en 5-6.

[57] *Id.* en 6.

[58] Lydia Brashear Tiede, Legal reform and Good Governance: Assessing Rights and Economic Development in Chile, 43 J.L. & POL. 237, 258-59 (2012).

los jueces, junto con su vergonzosa y descarada política de remoción de cualquier juez que se atreva a aplicar la ley cuando no beneficia la posición del gobierno, ha dado lugar a un poder judicial que claramente no tiene ni la más mínima característica de independencia y es altamente susceptible a las presiones externas. Estas características han servido para privar al Sr. Brewer-Carías de su derecho a ser juzgado por un tribunal independiente e imparcial, como lo exige el derecho internacional y el Artículo 8 de la Convención.

Esta Corte ya ha señalado que, dada la reestructuración de Venezuela de su poder judicial de 1999, la rama judicial ha incluido un alto porcentaje de jueces provisionales. Un informe de 2003 de la Comisión determinó que más del 80% de los jueces del país son provisionales.[59] En 2005, el año en el que el Sr. Brewer-Carías fue acusado, casi el 82% de los jueces eran nombrados de manera provisional.[60] Tanto la CIDH como la Corte Interamericana han llegado a la conclusión de que los jueces y fiscales provisionales en Venezuela no gozan de las garantías necesarias para asegurar la independencia del poder judicial, incluida una garantía contra las presiones externas, especialmente de los otros poderes del estado. De hecho, los jueces y fiscales provisionales de Venezuela han sido frecuentemente destituidos de sus cargos después de tomar decisiones que no son bien recibidas por el gobierno.[61] Por otra parte, la CIDH ha llegado a la conclusión de que Venezuela ha regularizado un sistema de nombramiento que socava aún más la independencia del poder judicial, dado que los jueces son nombrados de forma discrecional, en lugar de un concurso de oposición abierto.[62] Esta práctica también viola la Constitución de la República Bolivariana de Venezuela, que exige un proceso formal de suspensión y disciplina de los jueces y concursos de oposición abiertos para su nombramiento.[63]

Un estudio reciente por parte de Consorcio Desarrollo y Justicia ("CDJ"), una organización venezolana no gubernamental afiliada a la Organización de los Estados Americanos, destaca la sumisión del poder judicial venezolano a otros poderes del gobierno. Tras realizar encuestas anónimas con setenta y

---

[59]   Informe de 2003 de CIDH, supra nota 6, ¶ 161.

[60]   Informe Anual, CIDH, OEA/Ser.L/V/II.1234 doc. 5 rev. 1, Peter DeShazo ¶ 292 (2005).

[61]   Ver Informe de 2009 de CIDH, supra nota 65, ¶¶ 285-301 (resumen de las remociones por razones políticas de jueces en Venezuela); Informe de 2003 de CIDH, ¶ 161 (que señala la remoción de varios jueces con sospecha de que dictaban sentencias contra los intereses del gobierno).

[62]   *Id.* ¶¶ 189-228.

[63]   Constitución de la República Bolivariana de Venezuela. 1999, sec. 6, art. 255 ("El ingreso a la carrera judicial y el ascenso de los jueces o juezas se hará por concurso de oposición públicos que aseguren la idoneidad y excelencia de los o las participantes... La ley garantizará la participación ciudadana en el procedimiento de selección y designación de los jueces y juezas... Los jueces o juezas sólo podrán ser removidos o removidas o suspendidos o suspendidas de sus cargos mediante los procedimientos expresamente previstos en la ley".)

seis jueces, CDJ encontró que menos del ocho por ciento de los jueces encuestados considera que el poder judicial es totalmente independiente.[64] Setenta y siete por ciento consideró que su autonomía era limitada. Cincuenta y seis por ciento consideró que ciertas decisiones judiciales eran indebidamente influidas por el poder legislativo, mientras que cuarenta y tres por ciento consideró que las decisiones eran indebidamente influidas por el poder ejecutivo. Sólo 12% cree que las decisiones judiciales se realizaron exclusivamente en conformidad con la ley. El sesenta y cinco por ciento no tenía confianza en el proceso de nombramiento y determinación de la permanencia en el cargo a los jueces, y 82% por ciento no tenía confianza en el proceso de aplicación de medidas disciplinarias y suspensión de los jueces.[65]

Los efectos de que Venezuela no asegure la independencia de su sistema judicial se ponen de manifiesto en el caso del Sr. Brewer-Carías. En primer lugar, la investigación y el enjuiciamiento del Sr. Brewer-Carías han estado en gran parte en manos de jueces y fiscales provisionales. Por lo menos, cuatro fiscales provisionales estuvieron involucrados en la investigación de los hechos relativos a los eventos de abril de 2002, y cinco jueces temporales supervisaron la investigación y los procedimientos penales preliminares.[66] Cada uno de estos jueces y fiscales parecen haber sido nombrados en virtud de un proceso discrecional, en lugar de un concurso de oposición abierto.

En segundo lugar, es evidente que los nombramientos provisionales se han utilizado para controlar el progreso y los resultados del enjuiciamiento del Sr. Brewer-Carías, dado que muchos jueces interinos han sido removidos del caso después de dictar decisiones que no son bien recibidas por el gobierno o los fiscales interinos. Por ejemplo, los jueces de apelación que votaron para anular la orden que impide a los acusados relacionados con el Decreto Carmona salir del país fueron suspendidos de sus funciones.[67] El juez temporal de la corte de distrito que dictó la orden también fue suspendido por no dictar una decisión que no podía ser impugnada.[68] Del mismo modo, el juez que ordenó al fiscal permitir el acceso completo de la defensa a los expedientes del caso, como normalmente lo exige la ley venezolana, fue suspendido después de emitir una denuncia ante la Fiscalía Superior del Ministerio Público con relación a la "acción obstruccionista" del fiscal.[69] Estas remociones sis-

---

[64] Juan Francisco Alonso, Sólo 7% de los jueces creen que justicia es totalmente autónoma, El Universal (20 de diciembre de 2009), disponible en http://opinion.eluniversal.com/2009/12/20/pol_art_solo-7-de-los-juece_1702345.shtml

[65] Juan Francisco Alonso, 80% de jueces no confían en métodos para sancionarlos, El Universal (21 de diciembre de 2009), disponible en http://opinion.eluniversal.com/2009/12/21/pol_art_80-de-jueces-no-con_174275.shtml

[66] *Brewer-Carías vs. Venezuela*, Caso 12.724, CIDH, Informe N° 171/11, ¶ 125 (noviembre 3 de 2011), disponible en http://www.oas.org/en/iachr/decisions/court/12.724FondoEng.pdf; *Brewer-Carías vs. Venezuela*, Caso 12.724, CIDH, Resumen Ejecutivo de la Denuncia, ¶ 66.

[67] *Id.* ¶ 126.

[68] *Id.*

[69] Id. ¶¶ 146-147.

temáticas envían un claro mensaje a otros jueces y fiscales provisionales de que la estabilidad del cargo está directamente relacionado con el cumplimiento de la agenda del gobierno. En un sistema en el que los jueces y fiscales no pueden cumplir con sus deberes con objetividad sin temor de ser removidos o despedidos, las personas procesadas dentro de este sistema no tienen manera de recibir un juicio justo.

En resumen, los hechos demuestran que la amenaza planteada por los jueces y fiscales interinos a la independencia del poder judicial venezolano se ha puesto plenamente de manifiesto en el caso del Sr. Brewer-Carías, que ha sido manipulado desde sus comienzos por la incorrecta influencia del gobierno. Por consiguiente, esta Corte debería determinar que el hecho de que Venezuela no protege el derecho del Sr. Brewer-Carías a ser juzgado por un poder judicial imparcial e independiente constituye una violación del Artículo 8 de la Convención.

VI. VENEZUELA TAMBIÉN HA INCUMPLIDO CON SUS OBLIGACIONES EN VIRTUD DEL ARTÍCULO 25 POR NEGAR AL SR. BREWER-CARÍAS EL ACCESO A UN RECURSO JUDICIAL EFECTIVO

Las violaciones por parte de Venezuela de los derechos del Sr. Brewer-Carías conformes al Artículo 8 de la Convención también constituyen una violación del Artículo 25. Como se señaló anteriormente, el Artículo 25 de la Convención otorga el derecho a un recurso efectivo ante una corte competente para obtener protección contra actos que violen derechos fundamentales reconocidos por las leyes nacionales y conforme a la Convención.[70] Esta Corte ha explicado que el derecho a un recurso efectivo en virtud del Artículo 25 implica más que el mero derecho formal de demanda ante una corte o tribunal cuando dicha solicitud sería inútil. De hecho, la falta de independencia del poder judicial y la imparcialidad pueden por sí mismos constituir la denegación de acceso a las cortes.[71] Los hechos en este caso indican que, para el Sr. Brewer-Carías, no existe una protección judicial efectiva e importante, en la medida en que el poder judicial esté bajo el control indebido de los demás poderes del gobierno. En consecuencia, la falta de independencia del poder judicial en Venezuela violó los derechos del Sr. Brewer-Carías en virtud del Artículo 25, así como el Artículo 8 de la Convención.

---

[70] Convención Americana sobre Derechos Humanos, supra nota 40, en Art. 25.

[71] Garantías Judiciales en Estados de Emergencia, (Art. 27 (2), 25 y 8, Convención Americana sobre Derechos Humanos), Opinión Consultiva OC-9/87, Corte IDH (ser. A) N° 9, ¶ 27 (6 de octubre de 1987). Véase también *Aguado Alfaro vs. Perú*, Excepciones Preliminares, Fondo, Reparaciones y Costos, Sentencia, Corte IDH (ser. C) N° 158, ¶ 125 (24 de noviembre de 2006); Caso de la *Comunidad Indígena Yakye Axa vs. Paraguay*, Sentencia, Corte IDH (ser. C) N° 125, ¶¶ 61 (17 de julio de 2005); *Cinco Pensionistas vs. Perú*, Fondo, Reparaciones y Costos, Sentencia, Corte IDH (ser. C) N° 98, ¶ 136 (28 de febrero de 2003).

CONCLUSIÓN

Por las razones anteriores, la ABCNY, en calidad de *amicus curiae*, respetuosamente apoya la demanda del Sr. Brewer-Carías e insta a la Corte a que determine que Venezuela violó los Artículos 8 y 25 de la Convención por enjuiciar al Sr. Brewer-Carías sin asegurar el derecho a un tribunal independiente e imparcial.

Respetuosamente,

30 de agosto de 2013   THE ASSOCIATION OF THE BAR OF THE CITY OF NEW YORK

Por el Comité de Asuntos Interamericanos

Asesoría jurídica:

MAYER BROWN LLP

1675 Broadway   Werner F. Ahlers

New York, New York 10019 42 West 44th Street

United States of America   New York, New York 10036

(212) 506 2500United States of America

(212)382-6600

Andrew L. Frey

Allison Levine Stillman *Amicus Curiae*

Tiasha Palikovic Gretta L. Walters

DÉCIMA CUARTA PARTE:

AMICUS CURIAE PRESENTADO POR PRESENTADO POR LOS PROFESORES PABLO ÁNGEL GUTIÉRREZ COLANTUONO Y HENRY RAFAEL HENRÍQUEZ MACHADO SOBRE VIOLACIÓN AL DEBIDO PROCESO Y AL DERECHO AL JUEZ IMPARCIAL E INDEPENDIENTE DE 2 DE SEPTIEMBRE DE 2013

Señores

Presidente y demás Jueces de la Corte Interamericana de Derechos Humanos

Ref. Caso 12.724 Allan R. Brewer Carías v. Venezuela

Escrito de *Amicus cuariae*

Los suscritos, Pablo Ángel Gutiérrez Colantuono -drpablogutierrez@ gmail.com- y Henrry Rafael Henríquez Machado –estudiohenriquezmachado abg@gmail.com-, el primero ciudadano argentino, mayor de edad, hábil en derecho, con domicilio en la ciudad de Neuquén, Provincia de Neuquén, Patagonia Argentina, Titular del D.N.I. 20436550 e inscripto a la Matricula de abogado 934 , profesor en Derecho Administrativo en distintas universidades argentinas y latinoamericanas; el segundo de nacionalidad venezolana, mayor de edad, hábil en derecho con domicilio en la ciudad de Valencia, estado Carabobo, República Bolivariana de Venezuela, titular de la cédula de identidad venezolana V-7.120.250, abogado en ejercicio inscrito en el Instituto de Previsión Social del Abogado (INPREABOGADO) bajo el N° 54.817, profesor en diversas universidades venezolana, actuando en nuestro propio nombre y como *amicus curiae*, figura prevista en los artículos 2.3, 28 y 44 del Reglamento de la Corte Interamericana de Derechos Humanos (en lo sucesivo y a los efectos de este escrito CIDFH), presentamos nuestra opinión para que sea tomada en cuenta en el caso de la referencia.

1. CONSIDERACIONES PREVIAS

El caso en referencia versa sobre las violaciones a los derechos humanos de las que ha sido objeto Allan Brewer-Carías por parte de República Bolivariana de Venezuela. El ciudadano venezolano ha sido víctima de violación a sus derechos humanos durante los procesos penales iniciados en su contra ante fiscales interinos y jueces provisorios venezolanos, imputándole y acusándole por el delito de "conspiración para cambiar violentamente la Constitución" por su supuesta participación en hechos acaecidos en Venezuela durante el mes de abril de 2002. Recayendo las principales violaciones en este caso sobre las garantías judiciales y la protección judicial, de conformidad con los artículos 8 y 25 de la Convención Americana sobre Derechos Humanos y la jurisprudencia de esta honorable CIDH y como es de suponer en todo el orden interno de la República Bolivariana de Venezuela, violentándose los artículos 2, 19, 20, 21.1, 25 26 y 27 de la Carta Fundamental venezolana.

Allan Randolph Brewer-Carías es respetado profesor del Derecho Administrativo en Venezuela, profesor titular de la Universidad Central de Venezuela, jurista venezolano, miembro de la Asamblea Nacional Constituyente que elaboró la Constitución venezolana vigente desde 1999, profesor de Derecho Público en pre y post-grado en universidades venezolanas, europeas y de los Estados Unidos de América, e individuo de número de la Academia de Ciencias Políticas y Sociales de Venezuela, de la cual fue su Presidente. Ha sido crítico de leyes y sentencias así como de las distintas políticas del gobierno venezolano que se inició en 1999 y de otros gobiernos anteriores, por considerar que muchas de ellas han sido contrarias a Derecho, a la democracia y a la Constitución venezolana.

En ese contexto, contra Allan Randolph Brewer-Carías se inició un proceso penal por su supuesta participación en el golpe de Estado ocurrido el 12 de abril de 2002, acusándosele de participación en la preparación del decreto de constitución de un gobierno de transición, ya que tal intervención –afirmó el Estado Venezolano- era un "hecho público y comunicacional".

Su participación en estos eventos, según consta en los documentos llevados en el juicio ante los tribunales de su país, al igual que en los documentos que constan en la jurisdicción internacional, se limitó a la emisión de una opinión jurídica sobre la inconstitucionalidad de una serie de actos que serían llevados a cabo a raíz del lamentable golpe de Estado, momento en el que el profesor Brewer-Carías declaró éstos contrarios a la Constitución y a la Carta Democrática Interamericana.

De acuerdo a los planteamientos presentados por la víctima en sus escritos ante la CIDH, la persecución penal iniciada en su contra se debe no sólo al ejercicio de su profesión de abogacía y haber expresado su opinión legal sobre el mencionado decreto, sino por haber expresado públicamente su opinión crítica al gobierno, al afirmar que éste había incurrido en violaciones a preceptos de la Carta Democrática Interamericana, y comentar sobre el contenido de la norma constitucional que regula la desobediencia civil en Venezuela, considerándose su persecución como una violación a la Convención Americana sobre Derechos Humanos.

La Constitución venezolana de 1999 garantiza en el artículo 57 el derecho a toda persona a "...expresar libremente sus pensamientos, sus ideas u opiniones, de viva voz, por escrito o mediante cualquier otra forma de expresión...", es así como los profesores universitarios en multiplicidad de ocasiones somos requeridos para pronunciarnos sobre tema de nuestro dominio, en el caso del profesor Brewer Carías, tal solicitud de opinión era entendible, debido no sólo a su pertinencia como profesor de Derecho Administrativo y como constitucionalista, sino además por haber formado parte de la asamblea nacional Constituyente que dio origen a la Constitución vigente en la República Bolivariana de Venezuela. Es también un derecho constitucionalmente consagrado en la Constitución venezolana de 1999 el derecho a participar libremente en los asuntos públicos, tal y como está señalado en el artículo 62 *eiusdem*.

La acusación por el delito de conspiración para alterar violentamente el orden constitucional parte de un avieso falso supuesto, sobre todo tratándose de un hombre quien no solo ha sido constituyente y promotor de salidas constituyentes y de diálogo en momentos de dificultades históricas atravesadas por Venezuela, sino forjador, por medio de sus obras y la redacción de inagotables proyectos legislativos, del régimen de libertades y profundización de la democracia que rige en la misma, con estabilidad, al menos hasta 1999.

El presente caso le permite a la CIDH desarrollar su jurisprudencia sobre la garantía a ser juzgado por un juez y acusado por un fiscal imparcial e independiente, no desde la óptica del juez como víctima, como ya lo ha hecho este tribunal en otras oportunidades, sino desde la dimensión de la persona acusada como sujeto y la consecuencia de la violación al derecho a ser juzgado por un juez que no cumple con dichos requisitos. Asimismo, consideramos que es una oportunidad importante para que la CIDH desarrolle progresiva y favorablemente los estándares sobre la independencia de los abogados a la luz de la Convención Americana sobre Derechos Humanos, a los fines de precisar estos criterios tan importantes para el ejercicio de la abogacía en las Américas.

Por ello, en nuestra condición de terceros, y coincidiendo en nuestra condición de profesores de Derecho Público, presentamos ante esta Corte, nuestra propuesta a ser considerada en la resolución del caso en referencia.

2. *AMICUS CURIAE*

2.1. Imparcialidad

2.1.1. Fundamentos de la garantía

Junto a las directivas de juridicidad del obrar estatal e igualdad de los ciudadanos ante la ley, los sistemas jurídicos modernos receptan una técnica precisa pensada para el aseguramiento de las libertades individuales. Esa técnica consiste en garantizar que la aplicación de ese ordenamiento impersonal e igualitario cuyo dictado corresponde al legislador sea efectuada por un sujeto que asegure la independencia necesaria para operar como fiel intérprete de tales directivas. Se impone así la idea fundamental de un tercero imparcial ajeno al conflicto jurídico como investido de la facultad para su resolución.

La noción reside en la preservación de la autonomía y libertad del individuo, que no sólo no puede ser obligado a realizar lo que la ley no le exige, sino que tampoco puede ser afectado en su esfera de vida por la simple voluntad de los demás ciudadanos (sea basada en criterios morales, religiosos, económicos o de cualquier otra especie), sino solamente por la decisión aplicativa de una norma general efectuada por un tercero apoderado por el ordenamiento jurídico, como producto de un debate previo en que ambas partes hayan podido exponer con igualdad de oportunidades sus defensas.

Tal modulación –de orden prácticamente universal- permite sostener a la interpretación uniforme del derecho como el objetivo final de la imparcialidad. Esa uniformidad viene exigida por el principio de igualdad sobre el cual descansa la idea misma de juridicidad. La precondición del derecho moderno, que es su objetividad como expresión de igualdad entre las personas, reposa necesariamente en la ecuanimidad de su interpretación.

Interesa enfatizar, de esa manera, que la imparcialidad es una garantía instrumental de la juridicidad –de la objetividad del derecho- pues su propósito esencial consiste en asegurar que el operador jurídico con facultad para dirimir conflictos recurra a las razones del derecho estatal y no a motivaciones de otra índole. Para el juez la única razón de las decisiones es el orden jurídico. El fin último de la imparcialidad no es garantizar la independencia frente a otros órganos –ello es instrumental- sino frente a las razones externas al derecho. Justamente para evitar que el aplicador recurra a razones diferentes de las jurídicas se exige su independencia tanto de las partes como de los otros órganos.

Sobre esos pilares se encuentra asentado el marco normal de las relaciones jurídicamente igualitarias entre los individuos que produce como componente esencial de la paz jurídica el principio de interdicción de la defensa privada y el consiguiente monopolio estatal de la fuerza legítima. Se entiende que los ciudadanos no pueden atacar por sí mismos la esfera de derechos de sus pares asegurada por el ordenamiento jurídico, desprendiéndose de tal noción el rasgo de heterotutela al que se ven constreñidos los integrantes de la sociedad para dirimir sus intereses cuando entran en colisión.[1] En un Estado de Derecho los conflictos entre ciudadanos -o entre éstos y el Estado- no pueden ser dirimidos con base en vínculos de fuerza, sino a partir de relaciones de argumentación racional que pretenden asegurarse por procedimientos de diálogo. El ejemplo paradigmático de esta estructura de diálogo no es otro que el "proceso", normado por los diversos artículos de las constituciones latinoamericanas – entre ellos el 18 de la Constitución argentina – y que luce desagregado en el artículo 8 de la Convención Americana, que queda caracterizado por el intercambio ordenado de argumentaciones entre las partes contendientes que pretenden lograr la persuasión de un sujeto que se mantiene ajeno al conflicto y cuyo rol es particularizar para la resolución del caso las pautas del ordenamiento jurídico en su conjunto.

La exigencia de resolución de los conflictos por medio de un tercero imparcial hace, entonces, a la base racional del Estado de Derecho. La imparcialidad es la segunda garantía –luego de la sujeción del Estado a la ley democrática- de protección de los derechos, pues no alcanza con establecer esa

---

[1] Repárese, en tal sentido, en la propia conceptualización del "caso judicial" efectuada inveteradamente por la Corte Suprema Federal Argentina en punto a que "tales causas son aquellas en las que se persigue en concreto la determinación de derechos debatidos entre partes adversas, cuya titularidad alegan quienes los demandan" (CSJN, *Villanueva*, 1882, *Fallos,* 24:248; *Ferrocarril Gran Oeste Argentino y Buenos Aires al Pacífico*, 1907, *Fallos,* 107:179; *Bravo*, 1911, *Fallos,* 115:163; *Lorenzo*, 1985, *Fallos,* 307:2384; *González Bergez*, 1990, *Fallos,* 313:588, *Luján*, 2007, C. 305. XLIII, entre tantos otros).

subordinación. Para que la aplicación del derecho se produzca de forma igualitaria y objetiva el sujeto con capacidad de decisión no debe tener un posicionamiento previo frente al caso, y más aún debe carecer de todo interés personal en su resultado, en el sentido que *la eventual solución a la que se arribe no modifique en nada su estatus jurídico o fáctico,* por cuanto todo interés propio lo apartaría, precisamente, de la posibilidad de interpretar ecuánimemente la ley.

Es precisamente la carencia de imparcialidad por parte del sistema judicial venezolano que da lugar a este escrito, en el entendido que al ciudadano Allan Randolph Brewer-Carías se le han vulnerado sus derechos humanos, toda vez que los procesos penales iniciados en su contra se realizaron por y ante fiscales interinos y jueces provisorios venezolanos, antes los que se le acusó del delito de "conspiración para cambiar violentamente la Constitución" por sus supuesta participación en hechos acaecidos en Venezuela el 12 de abril de 2002.

La imparcialidad demanda que aquel sujeto que dirime un conflicto no posea un posicionamiento previo frente al mismo, y más aún que carezca de todo interés personal y mucho menos corporativo o subalterno en su resultado, en el sentido en que la eventual solución a la que se arribe no modifique en nada su estatus jurídico o fáctico.

La función del juez está encaminada al interés de terceros –las partes– para alcanzar una decisión justa, que beneficiará no solo a las partes sino que generará seguridad jurídica, garantizará la convivencia ciudadana e impondrá en los ciudadanos la certeza de la igualdad ante la Ley.

Resulta determinante comprender que la imparcialidad implica que el ordenamiento jurídico es el único criterio del juicio, que éste no se guía por ningún otro interés que el de hacer valer el derecho.

La aplicación de la garantía de la imparcialidad es un mecanismo político de orden sustancial: la idea de mandato o fiducia, conforme a la cual, los poderes públicos actúan sólo en el marco de la ley, pues es ella la que expresa la voluntad del titular del poder estatal: el pueblo. Los órganos estatales, actúan por definición en beneficio de un tercero al que deben rendir cuentas de la temporal administración de sus intereses y por ende resulta incorrecto postular que tengan fines propios. Si esto es así, no podemos admitir que al momento de resolver un diferendo con el ciudadano el Poder Judicial persiga finalidades diversas de aquella y por ende la irrelevancia del resultado perfecciona la plena vigencia de las premisas de la imparcialidad.

La garantía de la imparcialidad se lesiona cuando los operadores de justicia, fiscales, jueces, magistrados, etc., ven subsumida la gestión de sus competencias en intereses que no preconizan la juridicidad de sus actuaciones, estamos en presencia entonces ante bajos estándares de independencia de los jueces y fiscales, en tanto, interinos y provisorios que no garantizan la estabilidad que tales funcionarios deben tener para ejercer libre y sin coacción de naturaleza alguna las funciones que es competen.

La separación de poderes y en especial la autonomía, la independencia, la idoneidad y la estabilidad de los jueces, en conclusión, la operatividad del sistema de pesos y contrapesos son garantías necesarias para que las decisiones judiciales sean además de válidas legítimas, y es en este sentido donde encontramos profundas grietas que restan legitimidad a las acusaciones en contra del profesor Allan Randolph Brewer Carías, toda vez que no es posible la imputación penal por expresar libremente sus opiniones, en este caso, técnicas, y peor aún, cuando las mismas lo que hicieron fue reforzar el sentido del Constituyente, del cual, él formó parte.

Así como los jueces mantienen entonces una serie de garantías especiales para poder ejercer su cargo, los abogados igualmente deben gozar de algunas para asegurar su independencia y, como consecuencia, poder ejercer sus funciones como asesores y representantes de los derechos de sus clientes sin ser sancionados a causa de ello. Son necesarias dichas garantías, pues precisamente buscan asegurar la posibilidad de que los derechos y las garantías jurisdiccionales de las personas sean plenamente ejercidas a través de un abogado que pueda llevar a cabo sus labores sin temores a represalias por defender a un cliente o a su causa. Afectar los derechos humanos de un abogado es afectar indirectamente los derechos humanos de su defendido, ya que el abogado no podrá ejercer debidamente su profesión que es exteriorización de la garantía del debido proceso.

Por esto mismo, a la luz de los Principios Nº 16, 18 y 20 de los Principios Básicos sobre la Función de los Jueces existe una obligación positiva de garantizarle a los abogados que *"a) puedan desempeñar todas sus funciones profesionales sin intimidaciones, obstáculos, acosos o interferencias indebidas; b) puedan viajar y comunicarse libremente con sus clientes tanto dentro de su país como en el exterior; y c) no sufran ni estén expuestos a persecuciones o sanciones administrativas, económicas o de otra índole a raíz de cualquier medida que hayan adoptado de conformidad con las obligaciones, reglas y normas éticas que se reconocen a su profesión"*, reconociéndoles además inmunidad civil, penal, administrativa, económica o de cualquier otra naturaleza ante las consecuencias derivadas del libre ejercicio de su profesión.

Al contrario, de no garantizarse la independencia de los abogados en los términos antedichos, se conformaría un obstáculo ilegítimo en el ejercicio del derecho a la defensa de las personas y por ende una violación del artículo 8 de la Convención, pues indirectamente se estaría permitiendo la imposición de obstáculos a los abogados que buscan procurar el derecho a la defensa de sus clientes en aquellos casos sobre los cuales podría existir alguna represalia posterior.

El Informe del Relator Leandro Despouy, presentado ante la Comisión de Derechos Humanos, previó al respecto que *"no se puede pedir, sin embargo, que un abogado sea imparcial en la forma en que deben serlo los jueces, jurados o asesores, pero sí tiene que estar libre de toda presión o intromisión exterior. Su deber es representar a sus clientes y a los asuntos de éstos, defendiendo sus derechos e intereses legítimos, y en el ejercicio de ese deber tiene que ser independiente para que los litigantes puedan confiar en los abogados que los representan y para que los abogados, como clase, tengan la capacidad de resistir presiones e injerencias"[2].*

Partiendo de lo anterior, entre las garantías primordiales sobre la independencia de los abogados, se encuentran (1) la garantía frente a presiones externas, y (2) la inmunidad civil, penal, administrativa, económica o de cualquier otra índole de los abogados.

Como se puede apreciar, la garantía frente a presiones externas ha sido debidamente desarrollada en cuanto a la independencia de los jueces, y dichos estándares son aplicables al presente caso. En ese sentido, la CIDH ha previsto que dicha garantía implica que los jueces deben tomar sus decisiones *"sin restricción alguna y sin influencias, alicientes, presiones, amenazas o intromisiones indebidas, sean directas o indirectas, de cualesquiera sectores o por cualquier motivo"[3].* Teniendo en cuenta dicho planteamiento, la garantía frente a presiones externas de los abogados encuentra su mejor desarrollo en el Principio N° 16 de los Principios Básicos, reconociendo que el Estado debe asegurar que no existan obstáculos, ni directos ni indirectos, que constituyan influencias, alicientes, presiones, amenazas o intromisiones indebidas en la función del abogado, independientemente de la fuente de que provengan, o de la razón de dicha influencia.

La garantía de inmunidad jurisdiccional, por su parte, encuentra su asidero en el Principio N° 20 de los Principios[4] Básicos sobre la Función de los Abogados, al prever dicha inmunidad *"por las declaraciones que hagan de buena fe, por escrito o en los alegatos orales, o bien al comparecer como profesionales ante un tribunal judicial, otro tribunal u órgano jurídico o administrativo".*

Ahora bien, esta inmunidad que se brinda a los abogados en el ejercicio de su profesión legal, encuentra su excepción en la responsabilidad disciplinaria de los abogados, por la cual a través de los Colegios de Abogados o a través de la legislación, se debe proveer de un proceso con las debidas garantías judiciales por los incumplimientos previstos en un Código de Conducta Profe-

---

[2]   Informe del Relator Especial sobre la independencia de los magistrados y abogados, Sr. Leandro Despouy, LOS DERECHOS CIVILES Y POLÍTICOS, EN PARTICULAR LAS CUESTIONES RELACIONADAS CON: LA INDEPENDENCIA DEL PODER JUDICIAL, LA ADMINISTRACIÓN DE JUSTICIA, LA IMPUNIDAD, 60° Período de Sesiones de la Comisión de Derechos Humanos, 31 de diciembre de 2003,, Párr. 48.

[3]   Corte IDH. Caso *Chocrón Chocrón Vs. Venezuela.* Excepción Preliminar, Fondo, Reparaciones y Costas. Sentencia de 1 de julio de 2011. Serie C N° 227, párr. 100.

[4]   La Asamblea General de Naciones Unidas adoptó los Principios Básicos en su resolución 'Los Derechos Humanos en la Administración de Justicia', la cual fue adoptada simultáneamente y sin someterse a votación el 18 Diciembre de 1990 en la sesión del Tercer Comité así como en la sesión plenaria de la Asamblea General.

sional, de conformidad con los Principios 26, 27, 28 y 29 de los Principios Básicos sobre la Función de los Abogados[5].

En segundo lugar, la protección a la independencia de los abogados por la manifestación de sus opiniones jurídicas también cuenta con respaldo internacional en el artículo 13 de la Convención Americana sobre Derechos Humanos, que protege el derecho a la libertad de expresión, el cual prevé:

> "1. Toda persona tiene derecho a la libertad de pensamiento y de expresión. Este derecho comprende la libertad de buscar, recibir y difundir informaciones e ideas de toda índole, sin consideración de fronteras, ya sea oralmente, por escrito o en forma impresa o artística, o por cualquier otro procedimiento de su elección.
>
> 2. El ejercicio del derecho previsto en el inciso precedente no puede estar sujeto a previa censura sino a responsabilidades ulteriores, las que deben estar expresamente fijadas por la ley y ser necesarias para asegurar:
>
> a) el respeto a los derechos o a la reputación de los demás, o
>
> b) la protección de la seguridad nacional, el orden público o la salud o la moral públicas.
>
> 3. No se puede restringir el derecho de expresión por vías o medios indirectos, tales como el abuso de controles oficiales o particulares de papel para periódicos, de frecuencias radioeléctricas, o de enseres y aparatos usados en la difusión de información o por cualesquiera otros medios encaminados a impedir la comunicación y la circulación de ideas y opiniones."

Al respecto, la CIDH ha dispuesto, sobre la libertad de expresión, que:

---

[5] 26. La legislación o la profesión jurídica, por conducto de sus correspondientes órganos, establecerán códigos de conducta profesional para los abogados, de conformidad con la legislación y las costumbres del país y las reglas y normas internacionales reconocidas.

27. Las acusaciones o reclamaciones contra los abogados en relación con su actuación profesional se tramitarán rápida e imparcialmente mediante procedimientos apropiados. Los abogados tendrán derecho a una audiencia justa, incluido el derecho a recibir la asistencia de un abogado de su elección.

28. Las actuaciones disciplinarias contra abogados se sustanciarán ante un comité disciplinario imparcial establecido por la profesión jurídica, ante un organismo independiente establecido por la ley o ante un tribunal judicial, y serán objeto de revisión judicial independiente.

29. Todo procedimiento para la adopción de medidas disciplinarias se regirá por el código de conducta profesional y otras reglas y normas éticas reconocidas a la profesión, y tendrá presentes estos principios.

"30. El artículo 13 señala que la libertad de pensamiento y expresión "comprende la libertad de buscar, recibir y difundir informaciones e ideas de toda índole..." Esos términos establecen literalmente que quienes están bajo la protección de la Convención tienen no sólo el derecho y la libertad de expresar su propio pensamiento, sino también el derecho y la libertad de buscar, recibir y difundir informaciones e ideas de toda índole. Por tanto, cuando se restringe ilegalmente la libertad de expresión de un individuo, no sólo es el derecho de ese individuo el que está siendo violado, sino también el derecho de todos a "recibir" informaciones e ideas, de donde resulta que el derecho protegido por el artículo 13 tiene un alcance y un carácter especiales. Se ponen así de manifiesto las dos dimensiones de la libertad de expresión. En efecto, ésta requiere, por un lado, que nadie sea arbitrariamente menoscabado o impedido de manifestar su propio pensamiento y representa, por tanto, un derecho de cada individuo; pero implica también, por otro lado, un derecho colectivo a recibir cualquier información y a conocer la expresión del pensamiento ajeno.

31. En su dimensión individual, la libertad de expresión no se agota en el reconocimiento teórico del derecho a hablar o escribir, sino que comprende además, inseparablemente, el derecho a utilizar cualquier medio apropiado para difundir el pensamiento y hacerlo llegar al mayor número de destinatarios. Cuando la Convención proclama que la libertad de pensamiento y expresión comprende el derecho de difundir informaciones e ideas "por cualquier... procedimiento", está subrayando que la expresión y la difusión del pensamiento y de la información son indivisibles, de modo que una restricción de las posibilidades de divulgación representa directamente, y en la misma medida, un límite al derecho de expresarse libremente."[6]

En este sentido, es claro que una opinión jurídica es una manifestación de información y opinión, razón por la cual su contenido se encuentra además expresamente protegido por el artículo 13 de la Convención Americana sobre Derechos Humanos, y por lo tanto, cualquier regulación a dicho derecho está sometida a aquellos fines legítimos, necesarios y proporcionales que atienden a un bien jurídico protegido por la Convención en el artículo 13.2.

Ahora bien, la criminalización de los abogados por razón de sus opiniones jurídicas manifestadas constituye censura previa indirecta y una sanción ilegítima, por la cual se intimida a los abogados, restringiéndoles su libertad profesional de sus opiniones jurídicas. Esto, por lo tanto, no sólo merma la independencia del abogado, sino además constituye una presión directa sobre el contenido de la opinión jurídica ya manifestada que afecta el contenido esen-

---

[6] Corte IDH. La Colegiación Obligatoria de Periodistas (Arts. 13 y 29 Convención Americana sobre Derechos Humanos). Opinión Consultiva OC-5/85 del 13 de noviembre de 1985. Serie A N° 5, párr. 30 y 31.

cial de la profesión de los abogados. Esta es la dimensión que quizás mas importe en el presente caso, de cómo afectando el libre y responsable ejercicio profesional se genera una afectación del derecho a la debida defensa de quién es patrocinado por dicho letrado, o bien ya el asunto que es despacho bajo el formato de dictamen.

Desarrollando lo anterior, la CIDH ha determinado que cualquier restricción a la libertad de expresión debe atender a los siguientes criterios: "*1) deben estar expresamente fijadas por la ley; 2) deben estar destinadas a proteger ya sea los derechos o la reputación de los demás, o la protección de la seguridad nacional, el orden público o la salud o moral pública; y 3) deben ser necesarias en una sociedad democrática*"[7].

En virtud de la protección especial otorgada por el Principio N° 20 de los Principios Básicos sobre la Función de los Abogados, que otorga inmunidad a los abogados por sus pronunciamientos y opiniones manifestadas en el ejercicio de sus funciones, este tipo de discurso también encuentra una especial protección por la libertad de expresión, debiendo distinguirse éste de cualquier otro tipo de manifestación pública.

Más aún, analizando el caso en concreto, la opinión jurídica en un abogado en el marco del contexto venezolano, consideramos igualmente, es de suma relevancia en el marco de la protección especial que tienen dichos tipos de discursos ya reconocidos por la CIDH[8].

Debemos recordar que según la jurisprudencia de la CIDH, "*el Derecho Penal es el medio más restrictivo y severo para establecer responsabilidades respecto de una conducta ilícita. La tipificación amplia de delitos de calumnia e injurias puede resultar contraria al principio de intervención mínima y de última ratio del derecho penal. En una sociedad democrática el poder punitivo sólo se ejerce en la medida estrictamente necesaria para proteger los bienes jurídicos fundamentales de los ataques más graves que los dañen o pongan en peligro. Lo contrario conduciría al ejercicio abusivo del poder punitivo del Estado*"[9].

Como demuestran los hechos de este caso, según los planteamientos esgrimidos por la víctima en sus escritos ante la CIDH, el Estado venezolano criminalizó una opinión jurídica que le fue solicitada al Profesor Brewer-Carías, como él mismo lo ha dicho; opinión en la cual, por cierto, Brewer-Carías expresó sus dudas sobre la constitucionalidad del decreto que se le sometió a su consideración, y que sin duda había sido previamente redactado dentro de un contexto conflictivo. Esa mera opinión jurídica no lo puede convertir en cómplice o participe de conspiración alguna, pues los hechos del

---

[7]   Corte IDH. Caso *Herrera Ulloa Vs. Costa Rica*. Excepciones Preliminares, Fondo, Reparaciones y Costas. Sentencia de 2 de julio de 2004. Serie C N° 107, párr. 120.

[8]   Corte IDH. Caso *Herrera Ulloa Vs. Costa Rica*., cit. párr. 125.

[9]   Corte IDH. Caso *Kimel Vs. Argentina*. Fondo, Reparaciones y Costas. Sentencia de 2 de mayo de 2008 Serie C N° 177, párr. 76.

caso demuestran que no tuvo ninguna vinculación personal con los involucrados, limitándose su actuación como abogado a haber dado su opinión legal.

Simplemente, el profesor Brewer-Carías fue consultado como abogado sobre una situación constitucional, dentro de un contexto conflictivo, actuando dentro del marco del ejercicio de su profesión y en su condición de experto en materia de derecho público.

No puede haber pugna entre intereses políticos y el ordenamiento jurídico, ello es inaceptable, el ordenamiento jurídico es objetivo y en consecuencia, autónomo. Ante la postulación del ciudadano no hay defensa, sino resolución conforme a derecho.

2.1.2. Alcances de la garantía

Los contornos actuales de la garantía de la imparcialidad, recibidos tanto por la Corte Interamericana[10] como distintas Cortes Constitucionales latinoamericanas, provienen de la construcción efectuada por la Corte Europea a partir de diferentes criterios que reseñaremos.

Si bien el contenido de la garantía de imparcialidad viene dado por la elaboración de la Corte Europea que ha sido seguida por la Corte Interamericana: En Europa se ve a la imparcialidad como una garantía impostergable del recaudo de plenitud del control judicial.

En el sistema americano el apego por la imparcialidad es aun mayor, ya que como es sabido nuestra Corte regional tiene dicho no solamente que las garantías del artículo 8 de la Convención son exigibles frente a todo acto estatal de determinación de derechos y obligaciones, sino –más específicamente- que "cuando la Convención se refiere al derecho de toda persona a ser oída por un juez o tribunal competente para la determinación de sus derechos, esta expresión se refiere a cualquier autoridad pública, sea administrativa, legislativa o judicial, que a través de sus resoluciones determine derechos y obligaciones de las personas",[11] de resultas de lo cual "toda persona sujeta a juicio de cualquier naturaleza ante un órgano del Estado deberá contar con la garantía de que dicho órgano sea competente, independiente e imparcial y actúe en los términos del procedimiento legalmente previsto para el conocimiento y la resolución del caso que se le somete".[12]

Así el tribunal americano exige la imparcialidad para la sustanciación de todo procedimiento en el cual se determinen derechos y obligaciones de la

---

[10] Corte IDH, *Herrera Ulloa*, cit., párrafo 170.

[11] Corte IDH, *Caso del Tribunal Constitucional*, párrafo 71.

[12] Corte IDH, *Caso del Tribunal Constitucional*, párrafo 77; *Herrera Ulloa*, cit., párrafo 169. Para mayor ilustración se puede consultar la obra *Administración Pública, Juridicidad y Derechos Humanos*, Abeledo Perrot, Bs.As, 2009, de la autoria de Pablo Gutiérrez Colantuono –con la colaboración de Juan Justo–. Allí se estudia extensamente la aplicación de las garantías principalmente del artículo 8vo del PSJCR a los ámbitos administrativos y extrajudiciales en materia de determinación de derechos y obligaciones.

persona, incluyendo aun en tal exigencia al procedimiento administrativo. Nótese, en tal sentido, que por vía de una opinión consultiva el tribunal definió que el concepto del debido proceso legal que debe primar tanto en los procedimientos judiciales como administrativos "abarca las reglas correspondientes a juez natural -competente, independiente e imparcial-, doble instancia, presunción de inocencia, contradicción y audiencia y defensa".[13]

2.1.3. Dimensiones subjetiva y objetiva

La exigencia de imparcialidad encierra dos aspectos.[14] Por un lado, es preciso que el órgano sea subjetivamente imparcial, es decir, que la persona que lo encarna no tome partido en ningún sentido ni tenga prejuicios, para lo cual se tendrá en cuenta el comportamiento y las convicciones del juez en un caso determinado, presumiéndose la imparcialidad personal salvo prueba en contrario. Por otro lado, el órgano debe ser objetivamente imparcial, es decir, debe ofrecer garantías suficientes para descartar a este respecto cualquier duda legítima.[15]

La noción de imparcialidad subjetiva no ofrece mayores dudas: se procura evitar la ausencia de prejuicios personales, en tanto se estima que ellos pueden apartar al aplicador de la recta interpretación del derecho.

La imparcialidad objetiva presenta otros matices, pues alude a la ausencia de un temor fundado, referencia que pareciera apartarnos de la idea de objetividad para ingresar en factores anímicos de quien es parte en el trámite. En realidad lo que esta categoría procura es erigir al liso y llano temor -noción que se acerca más a la idea de verosimilitud que a la plena prueba del planteo- como interés merecedor de protección, en tanto se encuentre respaldado en elementos tangibles y no en la mera declamación del afectado. Nos hallamos, de ese modo, ante una mayor flexibilidad probatoria: no se debe acreditar la efectiva parcialidad sino el temor fundado sobre aquella, derivado de hechos objetivos. Hechos objetivos éstos que están configurados ante la criminalización de la asistencia o representación de un cliente que se encuentra enmarcada en los artículos 8 y 13 de la Convención Americana sobre Derechos Humanos, a saber, las garantías judiciales y el derecho a la libertad de expresión, que como se ha afirmado anteriormente están plenamente garantizados

---

[13] Corte IDH, OC-17/02, punto resolutivo N° 10.

[14] ONU, Comité de Derechos Humanos, Observación General N° 32, párrafo 21.

[15] SSTEDH, *Piersack v. Bélgica*, 1 de octubre de 1982, párrafo 30; *De Cubber v. Bélgica*, 26 de octubre de 1984, párrafo 24; *Hauschildt v. Dinamarca*, 24 de mayo de 1989, párrafo 46; *Langborger v. Suecia*, 22 de junio de 1989, párrafo 32; *Ferrantelli y Santangelo v. Italia*, 7 de agosto de 1996, párrafo 56; *Tierce y Otros v. San Marino*, 25 de julio de 2000, párrafo 75; *Steck-risch y Otros v. Liechtenstein*, 19 de mayo de 2005, párrafo 38; *Ekeberg y Otros v. Noruega*, 31 de Julio de 2007, párrafo 31; *Lindon, Otchakovsky-Laurens y July v. Francia*, 22 de octubre de 2007, párrafo 75; *Dorozhko y Pozharskiy v. Estonia*, 24 de abril de 2008, párrafo 50; *Elezi v. Alemania*, 12 de junio de 2008, párrafo 43; *Daktaras v. Lituania*, 10 de octubre de 2000, párrafo 30.

en la Constitución venezolana de 1999, pero de escasa o nula aplicación interna en el caso del profesor Allan Randolph Brewer Carías.

La razón para admitir esa flexibilidad probatoria aludida, finca en reconocer un papel decisivo a la percepción y confianza del ciudadano en las instituciones que tienen a su cargo la aplicación del derecho, a un punto tal que esa confianza pasa a ser el interés sustancial protegido autónomamente a través de la imparcialidad objetiva. Dicho de otro modo, *por medio de la imparcialidad objetiva no se protege la imparcialidad, sino la confianza del público en esa imparcialidad.* Naturalmente, frente a ese objetivo las apariencias son determinantes[16] y por ende cuando exista una razón legítima para temer sobre la falta de imparcialidad el funcionario debe apartarse, pues lo que está en juego es la confianza que las instituciones deben inspirar en el público en una sociedad democrática.[17]

En esa tarea de preservar las apariencias todas las instituciones quedan expuestas. Aun las cuestiones de organización interna pasan a tener relevancia, no pudiendo derivarse de la dinámica de las relaciones interorgánicas temores fundados de la población sobre la imparcialidad de esos órganos.[18]

Como puede observarse, dado que la confianza resulta merecedora de protección autónoma y ella se ve lesionada ante la sola sospecha o temor, alcanza con probar el mismo fundadamente, aun cuando no se corrobore la parcialidad. Al no protegerse con este criterio la imparcialidad *per se* sino la confianza de la población, el abordaje objetivo ofrece el camino más laxo para la aplicación de esta garantía y no es casual, entonces, que en la mayoría de sus precedentes la Corte Europea no haya encontrado lesionada la imparcialidad subjetiva[19] pero sí fundado el temor expresado por los ciudadanos, extendiendo los alcances de la garantía a planos especialmente relevantes en el seno, por ejemplo, de la Administración.

Aclaremos, en consonancia con la amplitud reconocida a esta garantía, que una interpretación restrictiva en relación al principio de imparcialidad es vista por el tribunal como incompatible con el objeto y propósito del artículo 6.1 del Convenio, teniendo en cuenta el lugar prominente que el derecho a un proceso equitativo posee en una sociedad democrática.[20]

La Corte Interamericana ha reafirmado los conceptos desarrollados en Europa con un énfasis destacable. En efecto, en nuestro continente "la imparcialidad del tribunal implica que sus integrantes no tengan un interés directo, una

---

[16]   Plasmada en la máxima conforme la cual "justice must not only be done, it must also be seen to be done".

[17]   SSTEDH, *Piersack*, cit., párrafo 30; *Delcourt*, cit., párrafo 31; *De Cubber*, cit., párrafo 26.

[18]   STEDH, *Piersack*, cit., párrafo 30.

[19]   Un supuesto interesante de violación a la imparcialidad subjetiva se dio en el caso *Driza* (STEDH, *Driza v. Albania*, 13 de noviembre de 2007, párrafo 78).

[20]   STEDH, *De Cubber*, cit., párrafo 30.

posición tomada, una preferencia por alguna de las partes y que no se encuentren involucrados en la controversia" y por lo tanto "el juez o tribunal debe separarse de una causa sometida a su conocimiento cuando exista algún motivo o duda que vaya en desmedro de la integridad del tribunal como un órgano imparcial. En aras de salvaguardar la administración de justicia se debe asegurar que el juez se encuentre libre de todo prejuicio y que no exista temor alguno que ponga en duda el ejercicio de las funciones jurisdiccionales".[21]

2.1.4. Imparcialidad e independencia

Si bien la Corte Europea no ha acertado en formular una distinción precisa entre imparcialidad e independencia, se entiende por esta última a la presencia de garantías que protejan al juez de presiones o condicionamientos frente al Poder Ejecutivo y las partes. Este concepto, estrechamente vinculado con los recaudos de la imparcialidad objetiva, hace que en la mayoría de los supuestos la Corte analice a la independencia e imparcialidad en forma conjunta. Pese a esa confusión de la jurisprudencia, el factor distintivo de la independencia reside en la ausencia de condicionamientos de un órgano estatal por otro órgano estatal, mientras que la imparcialidad alude a la relación del juzgador con las partes del diferendo.[22]

Si para el control de la imparcialidad objetiva lo decisivo es constatar que el temor expresado por el requirente pueda considerarse objetivamente fundado,[23] para verificar si un cuerpo puede ser considerado independiente debe atenderse, entre otros, a los siguientes factores: a) modo de designación de sus miembros; b) plazo de duración de cargo; c) existencia de garantías contra presiones externas y; d) apariencia de independencia.[24]

Vistos los antecedentes de la República de Venezuela, *caso Apitz y otros* y el de la *jueza María Lourdes Afiuni*, nos preocupa sobremanera la incapacidad del sistema venezolano de proveer de jueces independientes e imparciales que decidan sin tomar en cuenta las presiones que el Poder Ejecutivo pueda realizar sobre ellos, lo que de momento, parece difícil, habida cuenta la provisor edad de la mayoría de los jueces que integran el sistema judicial venezolano, lo que se hace más patente con la designación de fiscales interinos parta sustanciar estos caos.

El caso del profesor Allan Randolph Brewer Carías nos parece absolutamente preocupante ya no exclusivamente como violación de los derechos

---

[21] Corte IDH, *Palamara Iribarne*, párrafos 146 y 147.

[22] Corte IDH, *Apitz Barbera y Otros ("Corte Primera de lo Contencioso Administrativo") v. Venezuela.* Excepción preliminar, Fondo, Reparaciones y Costas. 5 de agosto de 2008, párrafos 55 y 56.

[23] SSTEDH, *Nortier*, cit., párrafo 33.

[24] SSTEDH, *Campbell y Fell v. Reino Unido*, 28 de junio de 1984, párrafo 78; *Incal v. Turquía*, 9 de junio de 1998, párrafo 65; *Gerger v. Turquía*, 8 de julio de 1999, párrafo 60; *Mc Gonnell v. Reino Unido*, 8 de febrero de 2000, párrafo 48; *Findlay v. Reino Unido*, 25 de febrero de 1997, párrafo 73.

constitucionales a un ciudadano del continente americano, lo que de suyo, es gravísimo, sino como mensaje que se envía a los Poderes Públicos del continente, que no es otro que la imposición de un estado de Discrecionalidad Total en el que se genere un proceso de refundición de los poderes que tiende a la eliminación del principio de Separación de los Poderes Públicos preconizado por Locke, Hobbes, Rousseau y Montesquieu, tal y como fue afirmado por la entonces presidenta del Tribunal Supremo de Justicia de Venezuela Dra. Luisa estela Morales de Lamuño, quien el 5 de diciembre de 2009, declaró: "...*No podemos seguir pensando en una división de poderes porque eso es un principio que debilita al Estado...*" (El Universal, Caracas Venezuela. 5/12/2009)

2.2. Debido proceso

La noción de debido proceso adjetivo, integrada tradicionalmente por los derechos a ser oído, ofrecer y producir prueba y obtener una decisión fundada, se ve enriquecida por la incorporación de diferentes reglas de indudable valor práctico que, en su conjunto, integran el concepto de proceso equitativo perfilado principalmente en Europa y tomado por la Corte de nuestro continente para la concreción de ciertos aspectos del artículo 8 de la Convención.

Según la CIDH, para que exista debido proceso legal es preciso que la persona pueda hacer valer sus derechos y defender sus intereses en forma efectiva y en condiciones de igualdad procesal con otros justiciables.[25] Esa idea se complementa en la jurisprudencia europea con una concepción amplia del proceso equitativo, categoría que resulta de la combinación de los diferentes elementos que el artículo 6.1 del Convenio establece. Así, se ha expuesto que el efecto de esa norma es, entre otros, ubicar al tribunal en el deber de llevar a cabo un examen adecuado de las presentaciones, argumentos y pruebas presentados por las partes, sin prejuzgar acerca de si ellos son relevantes para su decisión.[26]

Un examen comparativo de la interpretación dada a los artículos 8 de la Convención Americana y 6 de la europea permite reconocer como componentes esenciales del debido proceso a la *igualdad de armas*, el *principio de contradicción*, el *plazo razonable* y la *debida fundamentación*.

2.2.1. Igualdad de armas

El principio de igualdad de armas requiere que se brinde a cada parte una oportunidad razonable de exponer su posición en condiciones que no la ubiquen en una *sustancial desventaja frente a su oponente,*[27] demandando la

---

[25] Corte IDH, OC-16/99, cit., párrafos 117 y 119; OC-17/02, párrafos 97 y 115; *Hilaire, Constantine y Benjamin y Otros*, párrafo 146.

[26] SSTEDH, *Van de Hurk*, cit., párrafo 59;*Grădinar v. Moldavia*, 8 de abril de 2008, párrafo 107.

[27] SSTEDH, *Dombo Beheer B.V. v. Países Bajos*, 27 de octubre de 1993, párrafo 33; *Beer v. Austria*, 6 de febrero de 2001, párrafo 17; *Moser v. Austria*, 21 de septiembre de 2006, párrafo 86; *Grozdanoski v. Ex República Yugoslava de Macedonia*, 31 de

existencia de un *adecuado equilibrio* entre las partes.[28] Ello implica el deber de conceder a cada contendiente la oportunidad no sólo de tomar conocimiento sino también de pronunciarse o formular alegaciones respecto de las postulaciones efectuadas o de la prueba invocada por la contraria,[29] noción que – como veremos- adquiere autonomía jurídica en el principio de contradicción. Este abordaje es de gran importancia pues impide a la autoridad encargada de la sustanciación del trámite, acotar el marco de discusión o prueba del mismo sobre la base de elementos de índole formal que denoten la adopción de una postura previa a la resolución final.

Frente al deber de evitar la existencia de toda condición que ubique a una de las partes en una sustancial desventaja respecto de la otra, las apariencias juegan también aquí un papel fundamental.[30] Al igual que en el caso de la imparcialidad, lo que está en juego es la confianza de los litigantes en el funcionamiento de las instituciones. Esa confianza se basa, precisamente, en asumir que aquellos gozarán de la oportunidad de expresar sus puntos de vista,[31] con lo cual la indefensión o el trato desigual en el trámite no sólo implican lesión al debido proceso, sino que conspiran contra una creencia de la ciudadanía en las instituciones que debe ser enfáticamente preservada, no sólo garantizando efectivamente la igualdad de armas sino aparentándolo. Pese a la importancia de las apariencias, el punto de vista de los involucrados no es en sí mismo decisivo, pues del mismo modo que con la imparcialidad objetiva, las dudas de los individuos en relación con la justicia de los procedimientos deben ser objetivamente justificadas en elementos tangibles.[32]

Es importante tener en cuenta que el derecho de conocer y comentar toda la prueba o las alegaciones realizadas no se limita a las originadas en la contraparte, sino que se extiende a las que provienen de cualquier persona que intervenga en el proceso *con posibilidades de influir en la decisión*.[33] Ello comprende a los procuradores, asesores, peritos, *amicus curiae*, y cualquier

---

mayo de 2007, párrafo 36; *Nikoghosyan y Melkonyan v. Armenia*, 6 de diciembre de 2007, párrafo 37; *Nideröst-Huber*, cit., párrafo 23.

[28] En el precedente *Ankerl* se puntualizó que ese equilibrio es exigible en todo tipo de procesos, aplicándose también en aquellos supuestos de contraposición entre intereses privados, y requiriendo que se brinde a la parte la posibilidad de plantear tanto su postura como su prueba en condiciones que no impliquen una sustancial desventaja con la contraria (STEDH, *Ankerl v. Suiza*, 23 de octubre de 1996, párrafo 38).

[29] SSTEDH, *Barberà, Messegué y Jabardo v. España*, 6 de diciembre de 1988, párrafo 68.

[30] SSTEDH, *Demicoli v. Malta*, 27 de agosto de 1991, párrafo 40;

[31] SSTEDH, *Acquaviva*, párrafo 66.

[32] SSTEDH, *Kraska, cit.*, párrafo 32.

[33] SSTEDH, *McMichael v. Reino Unido*, 24 de febrero de 1995, párrafo 80; *Lanz v. Austria*, 31 de enero de 2002, párrafo 57; *Bulut v. Austria*, 22 de febrero de 1996, párrafo 47.

otro funcionario o persona que tenga esa aptitud. El factor determinante en estos supuestos consiste en que el funcionario con autoridad para emitir opiniones o dictámenes que influyan en la decisión del tribunal puede transformarse –de acuerdo con el contenido de aquellos- en el "aliado" o el "oponente" de la parte,[34] por lo cual se considera vulnerada esta garantía si no se otorga la oportunidad de contra argumentar tales exposiciones. Dicho de otro modo, cuando un funcionario sugiere acoger o rechazar un planteo deja de ser neutral desde el punto de vista del litigante y ese solo hecho hace exigible la posibilidad de expedirse sobre sus dichos.

En el plano de los sistemas universales de protección de Naciones Unidas este principio se conoce como igualdad de medios procesales, y asegura que las partes de un procedimiento sean tratadas sin discriminación alguna. Esa igualdad de medios conlleva que todas las partes deban gozar de los mismos derechos en materia de procedimiento, salvo que la ley prevea distinciones y éstas puedan justificarse con causas objetivas y razonables, sin que comporten ninguna desventaja efectiva u otra injusticia para el particular. Paralelamente, también requiere este principio que se otorgue a cada parte la oportunidad de oponerse a todos los argumentos y pruebas presentados por la contraria.[35]

Como puede observarse, el amplio alcance de la igualdad de armas como reaseguro de un proceso con las debidas garantías es por demás destacable y demanda una conducta activa de la autoridad que sustancia el trámite, quien debe informar y facilitar al interesado acerca de la posibilidad y alcance del ejercicio de este derecho.[36]

En el plano americano también se ha recurrido a esta noción, aunque desde un lugar especialmente valioso que la enfoca bajo el prisma de las *obligaciones positivas del Estado*.

La CIDH ha perfilado a la igualdad de armas como aquel principio que obliga al Estado a introducir en las diferentes facetas del proceso las *medidas compensatorias de la desigualdad real* que pueda existir entre las partes. El concepto no se limita, de este modo, al deber de no *generar* desigualdades sustanciales entre los oponentes, sino de *resolver las existentes* como producto de factores económicos, sociales o de cualquier otra índole.

La igualdad de armas tiene, así, en el ámbito americano la función de imponer el establecimiento de factores de corrección que favorezcan la igualación de quienes son desiguales por otros motivos, y permitan alcanzar solu-

---

[34] SSTEDH, *Kress*, cit., párrafo 81.

[35] ONU, Comité de Derechos Humanos, Observación General N° 32, *cit.*, párrafos 8 y 13.

[36] SSTEDH, *Yakovlev v. Rusia*, 15 de marzo de 2005, párrafo 21; *Groshev v. Rusia*, 20 de octubre de 2005, párrafo 29.

ciones justas tanto en la relación material como en la procesal.[37] Ese propósito se ha delineado a partir de cuatro directivas:[38]

a) Para que exista debido proceso legal la persona debe contar con la posibilidad de hacer valer sus derechos y defender sus intereses en forma efectiva y en condiciones de igualdad procesal con su oponente y con otros ciudadanos en general. La igualdad debe predicarse, de esta forma, no sólo del vínculo inter-partes, sino también de la posición de aquellas frente a los terceros en general.

b) Para poder hablar de verdaderas garantías, la persona cuyo derecho se encuentra bajo consideración debe tener a su disposición herramientas procedimentales que sirvan –en la práctica- para proteger, asegurar o hacer valer la titularidad o el ejercicio del derecho.

c) En función de lo anterior, para alcanzar sus objetivos el proceso estatal debe reconocer y resolver los factores de desigualdad real de aquellas personas cuyos derechos u obligaciones se encuentran sujetos a la decisión de la autoridad pública. Es así como se atiende el principio de igualdad ante la ley y a la correlativa prohibición de discriminación.

d) La forma de cumplir con el mandato de resolución de esas desigualdades y evitar con ello un supuesto de discriminación por omisión, consiste en la adopción de medidas de compensación que contribuyan a reducir o eliminar los obstáculos y deficiencias que impidan o reduzcan la defensa eficaz de los propios intereses. Si no existen esos medios de compensación, ampliamente reconocidos en diversas vertientes del procedimiento, no podrá decirse que quienes se encuentran en desventaja se benefician de un debido proceso legal en condiciones de igualdad con quienes no afrontan esos obstáculos.

Al analizar o diseñar normas procedimentales debemos dar cuenta de estos elementos, verificando si aquellas establecen medidas compensatorias o correctivas de la desigualdad real inherente, por ejemplo, a la relación entre el ciudadano y el Estado. Contrariamente a esa directiva, en muchos casos vemos que las prerrogativas de la Administración denotan un propósito inverso a la idea de compensación. En general se dota al Estado de mayores ventajas procedimentales pese a que inicialmente es dable pensar que quien se encuentra en posición de desventaja es el ciudadano. Ejemplo de ello es la autotutela declarativa y ejecutoria,[39] los privilegios de indemandabilidad directa y los exiguos plazos de caducidad -elementos que se controlan de oficio antes de analizar el derecho vulnerado-, la imposibilidad de ejecutar directamente las sentencias, entre otras muestras de "prerrogativas exorbitantes". El disímil

---

[37] Corte IDH, OC-18/03, voto razonado concurrente del juez García Ramírez, párrafos 18 y ss.

[38] Corte IDH, OC-16/99, párrafos 117-119.

[39] CIDH, Informe N° 110/00, Caso 11.800, *César Cabrejos Bernuy – Perú*, 4 de diciembre de 2000, párrafo 39.

abanico de oportunidades procedimentales que se brinda al Estado en comparación con las otorgadas al ciudadano como rasgo usual en nuestros sistemas es pasible de reparos desde la perspectiva de la igualdad de armas, pues en muchos casos la tendencia consiste en introducir mecanismos jurídicos tendientes a *asegurar la desigualdad real del ciudadano frente al Estado, o bien, de ubicarlo en una sustancial desventaja en relación a su oponente.* Existe por cierto un justificativo común a este fenómeno, que es el riesgo de un Estado mal defendido, pero ése es un problema que no se soluciona dotándolo de más privilegios, sino controlando a los funcionarios y exigiendo la idoneidad necesaria para cada cargo en la función pública.

El principio de igualdad de armas compuesto a partir de los aportes europeo y americano demanda, sucintamente, que se otorgue al interesado una oportunidad real de exponer su posición en condiciones que no lo ubiquen en una sustancial desventaja frente a quien se opone a su pretensión; en ese propósito las normas y actos de procedimiento deben prever medidas de compensación de la desigualdad real que contribuyan a reducir o eliminar los obstáculos y deficiencias que impidan o disminuyan la defensa eficaz de los derechos. Esta regla veda por vía de principio el reconocimiento de mayores ventajas procesales a favor de quien viene sosteniendo la acusación penal.

2.2.2. Contradicción

Este principio, también conocido como procedimiento adversarial, se encuentra indisolublemente ligado a la igualdad de armas y refiere –en el marco de aquella- a la posibilidad específica del interesado no solamente de recabar y exponer las pruebas necesarias para el éxito de sus peticiones, sino también de conocer y expedirse sobre toda prueba aportada u observación efectuada con miras a influir en la decisión del caso.[40]

La Corte Interamericana, por su parte, entiende que el *principio de contradicción* es un requisito que tiende a lograr el mayor equilibrio entre las partes, enfatizando la necesidad de su respeto en materia de ofrecimiento, producción y control de la prueba y formulación de alegaciones, recurriendo –en definitiva- a la conceptualización construida por el tribunal europeo.[41]

El artículo 6.1 de la Convención consagra el derecho de ser oído públicamente como uno de los componentes del proceso equitativo, imponiendo –además- que la sentencia deba ser pronunciada públicamente. Por su parte, el artículo 8 de la Convención Americana establece expresamente estas dos variantes al aludir al proceso penal en su apartado 5°. Dado que las previsiones de los apartados 2° a 5° se aplican a toda la gama de procesos abarcados por el apartado 1°, en tanto aquellas *integran el concepto de debidas garantías* exigidas en el mismo, la publicidad del proceso también rige en todo tipo de procedimiento.

---

[40] SSTEDH, *Mantovanelli v. Francia*, 18 de marzo de 1997, párrafo 33; *Yvon v. Francia*, 24 de abril de 2003, párrafo 31.

[41] Corte IDH, OC-17/02, párrafos 132 y 133. CSJN, *Amodio*, 2007, *Fallos*, 330:2658, voto en disidencia de los jueces Lorenzetti y Zaffaroni, cons. 11.

El derecho a ser oído en forma pública es además otro componente del debido proceso si se atiende a su inserción dentro del más amplio principio de máxima divulgación. El carácter público de los procedimientos protege a las personas de un ejercicio secreto del poder sin control de la opinión pública, lo cual no sólo contribuye a preservar la confianza de la población en sus instituciones, sino que funciona como un reaseguro del debido proceso, en tanto la visibilidad del poder es uno de los principales medios de prevenir su abuso.[42]

La importancia de la publicidad del proceso reside, como podemos ver, en erigirse como un instrumento para asegurar un juicio justo, una garantía contra la arbitrariedad y desde tal prisma integrar, sin lugar a dudas, un lugar prominente dentro de las debidas garantías exigidas por el artículo 8 de la Convención Americana. La fiscalización de la actuación de todo órgano estatal y en especial de los jueces por parte del público, así como la transparencia en la sustanciación de los trámites, se nos presentan como un necesario complemento de la restantes garantías tendientes a asegurar un proceso equitativo.

Se ha desarrollado ampliamente en Europa el derecho a contar al menos con una audiencia oral -a la que puedan concurrir terceros- frente a la autoridad encargada de resolver la disputa,[43] extremo que tiende a garantizar el control social del trámite y con ello el debido proceso. La exigibilidad de al menos una audiencia oral de acceso público es clara, y no puede sustituirse por otra forma de publicidad. La excepción a tal regla deberá ser acreditada por el Estado, demostrando la presencia de circunstancias excepcionales que justifiquen dispensar de tal audiencia.[44]

De manera que el carácter público de los procedimientos involucra en Europa dos aspectos: a) *audiencias públicas genuinas*, lo que significa que ellas se lleven ante el funcionario encargado de dictar resolución o sentencia, sustanciándose realmente las pruebas y argumentos en juego y no limitándose a dar por reproducido un trámite escrito[45] y, b) *pronunciamiento público de la sentencia*.[46]

El acceso público a la audiencia es esencial, pues la publicidad sería ilusoria si el sistema legal interno permitiera llevar adelante audiencias formalmente públicas que no son realmente accesibles para la ciudadanía, por ejemplo, por razones de tiempo o ubicación.[47] Es fundamental, entonces, para corroborar el cumplimiento de esta exigencia que los terceros puedan obtener información sobre la fecha y lugar de la audiencia y que el espacio de la mis-

---

[42] STEDH, *Lamanna v. Austria*, 10 de julio de 2001, párrafo 30.

[43] STEDH, *Stefanelli v. San Marino*, 8 de febrero de 2000, párrafo 20.

[44] STEDH, *Stallinger y Kuso v. Austria*, 23 de abril de 1997, párrafo 51; *Valová, Slezák y Slezák v. Eslovaquia*, 1 de junio de 2004, párrafo 63.

[45] STEDH, *Barberà*, párrafo 89.

[46] SSTEDH, *Sutter v. Suiza*, 22 de febrero de 1984, párrafo 27; *Axen v. Alemania*, 8 de diciembre de 1983 párrafo 28.

[47] SSTEDH, *Riepan v. Austria*, 14 de noviembre de 2000, párrafos 29-31.

ma sea de fácil accesibilidad. Ello en muchos casos se logra simplemente con que se lleve a cabo en la sede ordinaria del organismo, pero demanda – cuando esto no ocurre- que el funcionario a cargo deba poner en marcha medidas compensatorias encaminadas a garantizar que el público y la prensa conozcan adecuadamente su lugar y cuenten con efectivo acceso a aquella.[48]

Frente a la rigurosa interpretación de la exigencia de audiencia oral, el pronunciamiento público de las sentencias ha sido matizado por el tribunal europeo, entendiendo que ese requisito debe ser interpretado con algún grado de flexibilidad. Así, aun cuando la redacción del artículo 6.1 daría a entender que la sentencia debe leerse en público, otros medios para difundir el pronunciamiento pueden admitirse. Sin embargo, en tanto el objetivo de la publicidad del trámite no se limita a garantizar el conocimiento de las partes, sino asegurar su control público mediante el acceso de terceros al mismo, debe entenderse que la simple notificación escrita a las partes, o el condicionamiento de su acceso a la acreditación de un interés legítimo no satisfacen este recaudo, en tanto ello supone no reconocer una "accesibilidad general" a esas resoluciones. Por el contrario, debe contarse con mecanismos que garanticen el conocimiento de la resolución por el público, sea mediante boletines, reportes o modalidades similares.

En efecto, si pretendemos que el concepto de escrutinio público que subyace en esta garantía sea una realidad, no es posible admitir un acceso restringido a las resoluciones, tal como sucede en aquellos supuestos en que se exige la demostración de un interés que es valorado discrecionalmente por los funcionarios para poder estar al tanto de las mismas. Precisamente, el conocimiento público de las decisiones no puede ser garantizado si se limita ese conocimiento a un círculo restringido de personas.

---

[48] Vale puntualizar que la Corte Europea considera a esta garantía como renunciable, postulando que ni la letra ni el espíritu del artículo 6.1 impiden a las personas resignar libremente, sea expresa o tácitamente, el derecho a la publicidad del trámite, siempre y cuando tal renuncia sea hecha de modo inequívoco y no afecte algún interés público. En esos supuestos, y a fin de valorar la existencia de una renuncia tácita configurada por el hecho de no peticionar expresamente la realización de la audiencia, la Corte considera elementos relevantes de juicio a la ausencia de un interés público gravitante involucrado en el caso, al carácter técnico del mismo y – por último- a las exigencias de eficiencia y economía en la sustanciación de los trámites, especialmente en el marco del plazo razonable (SSTEDH, *Schuler-Zgraggen*, cit., párrafo 58; *Håkansson y Sturesson v. Suecia*, 21 de febrero de 1990, párrafo 66; *Deweer v. Bélgica*, cit., párrafo 49). Para la Corte la parte debe pedir la audiencia "si la considera importante"; en caso contrario hay renuncia. Sin embargo, es relevante tener en cuenta que para apreciar ese supuesto es necesario que el régimen legal interno o bien la práctica del departamento involucrado reconozcan la posibilidad de peticionar eficazmente la audiencia, pues si ella se encuentra prohibida o no se reconoce en la práctica no podemos hablar de renuncia (SSTEDH, *Zumbtobel*, párrafo 33; *Pauger v. Austria*, 21 de septiembre de 1993, párrafo 60; *Werner*, párrafo 47).

Al igual que con las restantes garantías y en tanto se procura dotarlas de eficacia jurídica a través de su ejercicio en forma previa a la adopción de la decisión, la falta de realización de la audiencia no resulta subsanable, como tampoco lo es –al menos en nuestro continente- la vulneración de la imparcialidad, la igualdad de armas o cualquier otra regla de esta índole.

Debemos concluir que el derecho a la publicidad del trámite es una de las debidas garantías aplicables al procedimiento administrativo a la luz del artículo 8 del Pacto de San José de Costa Rica y del principio de máxima divulgación del artículo 13 de dicho tratado, comprendiendo dos aspectos diferenciales: a) una o más audiencias de acceso público en las que se sustancie genuinamente el caso, es decir, en las que se ventilen los elementos fácticos y jurídicos necesarios para su resolución y b) acceso público a la resolución del trámite. Esto implica que las administraciones deben garantizar su concreción antes de resolver, bajo pena de nulidad.

3. CONCLUSIÓN Y PETITORIO

Por todo lo antes expresado, y siendo evidente, en fuerza de los hechos y razonamientos precisados, que en Venezuela ha ocurrido un copamiento político e ideológico del proceso judicial llevado a cabo en el caso contra el Profesor Allan Randolph Brewer Carías; reconocida la intervención gubernamental en actos del Poder Judicial; enervado como ha sido, mediante acción concertada de los Poderes Ejecutivo y Judicial, el derecho humano a la tutela judicial internacional constitucionalmente reconocido, tal y como lo ha expuesto la Sala Constitucional del Tribunal Supremo de Justicia y como se desprende de la denuncia de la Convención Interamericana de Derechos Humanos; ordenada desde el mismo Tribunal Supremo de Justicia la persecución de la disidencia política e ideológica, siendo palmarios los casos ocurridos hasta el presente, *verbigratia*, Apitz y otros y María Lourdes Afiuni; y encontrándose la actividad judicial en el presente caso en una situación de abierto irrespeto a las garantías esenciales protegidas trasnacionalmente por el Pacto de San José de Costa Rica; no cabe duda que Venezuela no ha respetado con su accionar lesivo de los deberes internacionales impuestos por la Convención Americana de Derechos Humanos y de cuyos artículos hemos dado reseña suficiente.

De modo que, disponiendo sucesivamente el Preámbulo, el artículo 29 y el artículos 32.1 de la Convención Americana de Derechos Humanos, que los derechos que tutela sólo se realizan efectivamente "dentro del cuadro de las instituciones democráticas", cabe concluir que en Venezuela resulta imposible y es manifiesta la imposibilidad de una garantía efectiva de los derechos a todos los derechos humanos reconocidos en la citada Convención, en lo particular, a los derechos a la libertad personal (artículo 7), a las garantías judiciales (artículo 8), a la legalidad (artículo 9), a la circulación y residencia (artículo 22), y a la protección judicial (artículo 25), los cuales de conjunto le han sido violados por el Estado denunciado al profesor Allan Randolph Brewer Carías.

En razón de este *Amicus curiae*, los suscritos nos permitimos, invitar respetuosamente a la Corte Interamericana de Derechos Humanos a que en la consideración de los alegatos presentados por los representantes del profesor Allan Randolph Brewer Carías en su causa contra la República Bolivariana de Venezuela, tenga presente como elemento de convicción plena la postura contumaz de ésta ante el Sistema Interamericano de Derechos Humanos, en lo particular ante la misma Corte, al decidir su Gobierno, bajo recomendación y con anuencia del Tribunal Supremo de Justicia, la denuncia – en abierta violación del artículo 31 de la Constitución de 1999 – de la Convención Americana de Derechos Humanos.

Solicitamos entonces se establezca la responsabilidad internacional de Venezuela por la violación genérica de los mandatos de los artículos 1.1 y 2 del Pacto de San José de Costa Rica en dimensión de las garantías específicas del artículo 8vo y 25 de dicho Pacto.

Pablo Ángel Gutiérrez Colantuono,

Henry Rafael Henríquez Machado.

En la fecha de su presentación vía email, en la ciudad del Neuquén, Provincia del Neuquén, Patagonia Argentina. (2 de septiembre de 2013).

DÉCIMA QUINTA PARTE:

AMICUS CURIAE PRESENTADO POR EL DR. ASDRÚBAL AGUIAR EN REPRESENTACIÓN DEL *OBSERVATORIO IBEROAMERICANO DE LA DEMOCRACIA* DE 2 DE SEPTIEMBRE DE 2013

ASDRÚBAL AGUIAR ARANGUREN, como Presidente del Comité Ejecutivo del **Observatorio Iberoamericano de la Democracia,** asociación civil constituida el 1ro. de diciembre de 2006 en la ciudad de Buenos Aires, cuya actuación como tal personería jurídica quedó autorizada el 27 de junio de 2007 por la Inspección General de Justicia del Ministerio de Justicia y Derechos Humanos de la República Argentina mediante Resolución IGJ N° 000468, y en lo personal, ante la Corte nos presentamos y decimos:

DE LA PERSONERÍA DEL OBSERVATORIO Y SU OBJETO ESTATUTARIO

El Observatorio Iberoamericano de la Democracia es una asociación civil sin fines de lucro, cuya presidencia la ejerce quien suscribe, a tenor de la copia de los estatutos que se acompañan, anexos A y B; y en el carácter indicado, por el presente solicitamos se acepte la intervención con el carácter de *Amicus Curiae* del Observatorio Iberoamericano de la Democracia y la de quien lo representa.

I. DEL OBSERVATORIO

El Observatorio Iberoamericano de la Democracia, de acuerdo a sus estatutos, tiene por objeto "principal, vigilar y controlar desde la sociedad civil y en sede de la opinión pública los procesos y experiencias democráticos; reflexionar sobre las vías y medios que permitan la instalación donde la democracia no exista o se haya deteriorado, o favorecer su sostenimiento y defensa allí donde se haya instalado; y, al efecto, reforzar la solidaridad iberoamericana e internacional en su favor y del funcionamiento del Estado de Derecho como el respeto y la garantía de los derechos humanos,...". Y en tal orden, sin perjuicio de todas las tareas que son inherentes a su objeto, tiene como específica prestar "su asesoría a las personas, colectividades, grupos o instituciones interesadas en la promoción y fortalecimiento de la democracia y la vigencia de los derechos humanos, proponiendo soluciones, medidas o iniciativas que modifiquen las tendencias hacia el deterioro de los estándares democráticos, o que contribuyan a su fortalecimiento; informando sobre la conformidad o no de situaciones específicas con las normas internacionales en vigor y obligatorias en todos o cada uno de los países iberoamericanos; ...".

II. DE LA EXPERTICIA DEL REPRESENTANTE

En 1970 me recibo como Abogado en la Universidad Central de Venezuela y seguidamente, en 1972, obtengo el Diploma de Especialización en Comercio Internacional en la Libera Universitá Internazionale degli Studi Sociali, LUISS (Roma), el Certificado de la Sesión Externa para profesores de Derecho internacional y diplomáticos de la Academia de Derecho Internacional de La Haya, el título de Magister Scientiarum en Derecho de la Integración Económica (UCV, 1976) y el de doctor en Derecho, mención *summa cum laude,* en Universidad Católica Andrés Bello de Caracas(1996).

Desde 1974 ejerzo la docencia universitaria en las áreas de pregrado y postgrado, enseñando Derecho internacional en sus diversas especialidades (Derecho internacional público general, Derecho internacional económico y de la integración, Derecho del comercio internacional, Derecho internacional penal, y Derecho internacional de los derechos humanos), en prestigiosas universidades y centros de educación superior de Venezuela y del extranjero. Desde 1976 hasta el presente soy Profesor Ordinario de la Facultad de Derecho de Derecho de la Universidad Católica Andrés Bello. En dicha Casa de Estudios alcanzo la máxima categoría de Profesor Titular por ascenso, mediante tesis y jurados, y llego a desempeñarme como Jefe de la Cátedra de Derecho Internacional Público II. Hoy enseño como Profesor Visitante de la Maestría en Magistratura de la Universidad de Buenos Aires y como Profesor Titular Extraordinario del Doctorado en Derecho de la Universidad del Salvador, teniendo a mi cargo la asignatura "Responsabilidad internacional del Estado por violaciones de derechos humanos".

Soy autor de 18 libros, siendo pertinente mencionar los siguientes: *Memoria, verdad y justicia: Derechos humanos transversales de la democracia* (Editorial Jurídica Venezolana, 2012); *Los derechos humanos en la Convención Americana* (Universidad Católica Andrés Bello, 2010); *El derecho a la democracia* (Editorial Jurídica Venezolana, 2008); *Código de Derecho Internacional* (Universidad Católica Andrés Bello, 2009); *Derechos humanos y responsabilidad internacional del Estado* (Editorial Monteávila Latinoamericana, Caracas, 1997); *La protección internacional de los derechos del hombre* (Academia de Ciencias Políticas y Sociales, 1987).

He sido electo Miembro de la Academia Internacional de Derecho Comparado de La Haya, Académico de Número de la Academia Científica y de Cultura Iberoamericana, Académico correspondiente de las Academias Nacionales de Ciencias Morales y Políticas y de Derecho y Ciencias Sociales de Buenos Aires, y Miembro correspondiente de las Asociaciones Nacionales argentinas de Derecho Comparado y de Derecho Constitucional.

Hasta 1994 fui Juez de la Corte Interamericana de Derechos Humanos, electo por unanimidad de los Estados miembros de la OEA que son partes de la Convención Americana de Derechos Humanos. Y al cesar en dichas funciones he actuado como Agente del Estado de Venezuela ante la Comisión y la Corte Interamericanas de Derechos Humanos, y también como representante ante el Sistema Interamericano de víctimas de violación de derechos humanos.

Actualmente, además de Presidente del Comité Ejecutivo del Observatorio Iberoamericano de la Democracia, soy Presidente de la Comisión Legal y miembro del Comité Ejecutivo y de la Junta de Directores de la Sociedad Interamericana de Prensa. Asimismo, soy columnista de opinión en distintos medios impresos nacionales y extranjeros, Consejero Editorial del diario El Universal de Caracas, miembro de la Junta Directiva del diario El Impulso de Barquisimeto (Venezuela), y Consejero Editorial del Diario Las Américas (Miami, Florida).

Entre distintas condecoraciones oficiales, nacionales y extranjeras, he recibido el Gran Premio Chapultepec 2009 de la Sociedad Interamericana de Prensa por mis aportes a la defensa de la democracia y la libertad de prensa en el Continente. Y la Universidad Católica Andrés Bello, a su vez, me ha hecho acreedor a sus Medallas de Honor en Primera, Segunda y Tercera Clases, al Mérito Docente por 25 años de servicio, y la Orden Andrés Bello por mi trayectoria académica y de investigador.

III. DE LA VÍCTIMA EN EL PRESENTE CASO

El caso bajo conocimiento de la Corte hace relación con el profesor Allan Randolph Brewer Carías, venezolano, catedrático de Derecho Público y Constitucional, una de las más calificadas referencias en el campo de su especialidad a nivel mundial, además de forjador y cabeza de la escuela iuspublicista de su patria, invariablemente comprometida con la defensa de la democracia, el Estado de Derecho y la vigencia efectiva de los derechos humanos, quien actualmente vive exilado en los Estados Unidos de América.

Sus representantes ante este Tribunal han expuesto con pertinencia, por lo mismo, que el Profesor Brewer es: "una persona de la más alta jerarquía intelectual y de irreprochable trayectoria democrática, que ha sido perseguida a través de la utilización abyecta de un sistema de justicia penal carente de toda independencia respecto de los requerimientos del poder ejecutivo. Esa persecución se ha traducido en su enjuiciamiento al margen del más elemental respeto al debido proceso, en la orden de su privación de libertad y de aprehensión, y en un forzado exilio en el que vive desde hace más de seis años. En su persona, se ha pretendido castigar y escarmentar la disidencia contra el régimen político venezolano." (Párr. 28 del escrito de 7 de julio de 2012).

Los profesores de Derecho Público de Venezuela y miembros del Foro Iberoamericano de Derecho Administrativo han ajustado y dado cuenta, asimismo, que "una vez que le comunicaron la imputación, el profesor Brewer confirmó que se le había requerido como abogado y especialista en derecho constitucional una opinión jurídica, la cual fue contraria al decreto que se pretendía aprobar durante la crisis política derivada de la renuncia del Presidente de la República de Venezuela en abril de 2002. Es decir, aconsejó que esa no era la vía que precisaba el país"; hecho del cual deja testimonio público y para la historia el peticionario de dicha opinión -Pedro Carmona Estanga- quien, antes por el contrario, sobre las circunstancias que viviera Venezuela para dicho momento, opta por una alternativa diferente. Pero sus adversarios políticos, no sólo aquéllos transformados en sus victimarios formales de actualidad, quienes quizás no le perdonan sus múltiples y reconocidos méritos, se ensañaron contra él poniendo en marcha un proceso penal en el que las pruebas más sólidas son informaciones y especulaciones de periódicos.

La acusación por el delito de conspiración para alterar violentamente el orden constitucional parte así de un avieso falso supuesto, sobre todo tratándose de un hombre quien no solo ha sido constituyente y promotor de salidas constituyentes y de diálogo en momentos de dificultades históricas atravesadas por Venezuela, sino forjador, por medio de sus obras y la redacción de inagotables proyectos legislativos, del régimen de libertades y profundización de la democracia que rige en la misma, con estabilidad, cuando menos hasta 1999.

Como lo afirman los Profesores de Derecho Públicos venezolanos, quienes se han sumado a la defensa del maestro, además, "sembrar la duda sobre la honorabilidad de un jurista de la talla de Allan Brewer es algo... que contraría los fundamentos de un sistema avanzado de libertades...." y "el atentado jurídico contra Brewer... si no se rectifica puede abrir una grieta profunda en los cimientos de un sistema político en el que debería ser más nítida la separación de los poderes", como en Venezuela.

El profesor Brewer, integrante y directivo que ha sido de las más prestigiosas instituciones, academias y foros relacionadas con el Estado de Derecho y la democracia, es igualmente miembro del Observatorio Iberoamericano de la Democracia; dado lo cual, como aporte leal a la Corte que ha de conocer y decidir sobre su caso, hacemos constar de seguidas los elementos de juicio que explican la razón de la impune persecución de la que ha sido víctima, a saber, la ausencia total de autonomía e independencia del Poder Judicial en la República Bolivariana de Venezuela.

IV. EL *AMICUS CURIAE*

El deterioro del Estado de Derecho y de la separación de poderes tiene en Venezuela denominadores comunes concretos que los ilustran de manera suficiente, a saber y que a la vez retrotraen a la afirmación del entonces Presidente de la República, Teniente Coronel Hugo Rafael Chávez Frías, victimario del profesor Allan R. Brewer Carías, dicha ante el Congreso Internacional de Derecho Agrario, en noviembre de 2004: *"La ley soy yo, el Estado soy yo"*; con lo cual, se ponen de relieve tanto la crisis profunda que aún hoy sufre el Estado de Derecho en Venezuela como la evidente la ausencia de separación entre sus poderes públicos, lo que se suyo impide a cualquier ciudadano perseguido por razones políticas o económicas, obtener las garantías de un debido proceso judicial o tutela judicial efectiva.

a) *El secuestro de los poderes constituidos*

La vigente Constitución de 1999 es sancionada y firmada por la Asamblea Nacional Constituyente el 19 de noviembre de 1999 y luego aprobada por el pueblo, mediante referéndum, con el voto afirmativo del 72% sobre el 42% de los electores quienes acuden a las urnas. La abstención se sitúa, al momento, en 57.7%. No obstante, la Asamblea Constituyente, a pesar de haber cumplido con su cometido continúa en ejercicio, arrogándose el carácter de "poder constituyente originario" que le fuera negado por la extinta Corte Suprema de Justicia (Sentencias del 19 de enero, 18 de marzo, y 13 de abril de 1999) y por las mismas bases del referendo consultivo constituyente realizado el 24 de abril de 1999.

Así, el 22 de diciembre de 1999, una semana antes de que la nueva Constitución adquiera su publicidad, lo que ocurre con la *Gaceta Oficial* de 30 de diciembre de 1999 (*GO* N° 36.860), la citada Asamblea dicta un decreto sobre el Régimen de Transición del Poder Público. Con él hace cesar en sus funciones, por acto propio, al Congreso de la República electo durante la misma jornada comicial que, a finales de 1998, designa a Hugo Chávez Frías como nuevo Presidente de Venezuela. Otro tanto dispone con las Asambleas Legislativas de todos los Estados, y con los titulares de los distintos poderes públicos (Fiscalía General de la República, Contraloría General de la República, Consejo Nacional Electoral), entre éstos todos los magistrados de la Corte Suprema de Justicia en ejercicio, cuyos períodos no se han vencido para el momento.

Seguidamente y en consecuencia, la Asamblea Constituyente designa *motu propio* a los titulares provisorios de los poderes públicos viejos y nacientes. En defecto del Congreso establece una Comisión Legislativa Nacional integrada por Diputados nombrados sin mediar una elección popular; designa a los titulares provisionales del Tribunal Supremo de Justicia y de la Defensoría del Pueblo, órganos creados por la Constitución de 1999 y a pesar del acusado argumento sobre la pendencia de su efectividad; y ocupa, además, con titulares interinos próximos al régimen y de su libre escogencia, la Fiscalía y la Contraloría Generales de la República y el Consejo Nacional Electoral.

Más tarde, el 8 de septiembre de 1999, dicha Constituyente designa una Comisión de Emergencia del Poder Judicial que remueve, sin fórmula de juicio, a todos los jueces de la República, e incorpora en su lugar a jueces provisorios. Todavía en la actualidad, casi el 80 % de los jueces venezolanos se encuentra en la señalada situación de provisionalidad, con mengua evidente de sus autonomías.

b) *Justicia provisoria y legitimación de la dictadura constituyente*

El 26 de enero de 2000, la Sala Constitucional del Tribunal Supremo de Justicia, decidiendo en causa propia declara improcedente la acción de inconstitucionalidad ejercida contra el acto mediante el cual la Asamblea Nacional Constituyente nombra, el 23 de diciembre de 1999, a los Magistrados del Tribunal Supremo de Justicia, a los directivos del Consejo Nacional Electoral y a los miembros del "Congresillo" o Comisión Legislativa Nacional que sustituye provisionalmente al Congreso de la República electo en 1998 y objeto de clausura a raíz de la aprobación de la nueva Constitución.

Mediante la indicada sentencia, los magistrados "provisorios" de la Sala Constitucional en estreno predican "la no sujeción de este poder [el de la Asamblea Nacional Constituyente] al texto constitucional vigente para la época", es decir, la Constitución de 1961. Pero al hacerlo así desvirtúan, por razones e intereses obvios, el claro contenido y los alcances del *dictum* emanado del pleno de la antigua Corte Suprema de Justicia a cuyo tenor la "soberanía popular se convierte, a través de la ... Constituyente, ..., [en] mecanismo jurídico de producción originaria del nuevo régimen constitucional..." (14 de octubre de 1999).

En efecto, la Asamblea Nacional Constituyente, antes que productora –como en efecto lo era- de un nuevo régimen constitucional que a todo evento debe someter al pueblo para su aprobación mediante referéndum, según lo ya dicho, asume por sí y para sí, en plenitud, por obra de la referida "justicia provisoria" que ella misma crea, la encarnación de la soberanía popular y del Estado venezolanos.

Aún así, más luego, el 31 de mayo de 2.000, la Defensora Provisoria del Pueblo, Dilia Parra, solicita de la Sala Constitucional Provisoria del Tribunal Supremo de Justicia impida, por vía de amparo, la juramentación de los miembros igualmente provisorios del Consejo Nacional Electoral designados por la llamada Comisión Legislativa Nacional. Dicha Comisión Legislativa ha realizado tales nombramientos fuera de las previsiones de la Constitución de 1999 ya en vigor para la fecha.

La Sala Constitucional, en fallo del 30 de junio de 2.000 redactado por el Juez Jesús Eduardo Cabrera Romero, declara, sin embargo, que la citada Comisión Legislativa –dado su origen supraconstitucional, al haber sido nombrada por la Constituyente– "no tendría que ceñirse a las disposiciones de la Constitución de la República Bolivariana de Venezuela", siempre y cuando las designaciones fuesen "provisionales". Jueces provisorios y supraconstitucionales

c) *Justicia provisoria y supraconstitucional*

Bajo el imperio de la Constitución de 1999, la Asamblea Nacional –que mediante elección popular sustituye al antiguo Congreso de la República electo el año anterior, en 1998, pero luego sustituido por un "Congresillo" nombrado a dedo por la Asamblea Constituyente- aprueba una Ley Especial para la Ratificación y Designación de los Funcionarios y Funcionarias del Poder Ciudadano y Magistrados del Tribunal Supremo de Justicia para su Primer Período Constitucional (14 de noviembre de 2000). Dicha ley, sin embargo, pone de lado y disminuye los mecanismos de participación ciudadana o de la sociedad civil dispuestos por la misma Constitución para las designaciones mencionadas.

La Defensora provisoria del Pueblo, Dilia Parra, demanda la nulidad por inconstitucionalidad de dicha legislación y sitúa en sus extremos la gravedad de tal decisión legislativa al prevenir al Supremo Tribunal acerca del "riesgo de que se materialice una lesión de carácter definitivo a las Instituciones Democráticas producto de la designación de las autoridades que las conforman sin el debido acatamiento y en evidente contravención del procedimiento establecido en nuestra Constitución".

Empero, el 12 de diciembre de 2000, la Sala Constitucional del TSJ con ponencia del Juez Jesús Eduardo Cabrera Romero, admite la demanda para su posterior decisión en cuanto al fondo. Sin embargo, en decisión paralela del mismo día, que declara sin lugar la solicitud de amparo anexa a la citada demanda de nulidad y cuyo objeto es obtener la suspensión provisoria de los efectos de la indicada Ley Especial, los magistrados "provisorios" de la Sala

Constitucional optan por pronunciarse sobre sus propios destinos como jueces supremos. Y al efecto, avanzando parcialmente sobre el fondo de una materia cuyo conocimiento ha sido postergado, deciden declarar en causa propia la no exigencia -para sus "ratificaciones" respectivas como miembros del Tribunal Supremo– de los requisitos constitucionales que deben cumplir quienes aspiren ser magistrados de tan Alto Tribunal.

d) *Tribunal Supremo de la revolución*

Habiéndose producido más tarde una división de criterios y de votos en el Tribunal Supremo de Justicia, a propósito del juzgamiento de los militares participantes en los sucesos del 11 de abril de 2002, que el Presidente de la República, Hugo Chávez Frías, interpreta como un golpe de Estado militar en su contra –sin haber mediado el uso del estado de sitio o la violencia armada, salvo declaraciones de uno u otro tenor a través de los medios de radio y televisión- y que el TSJ, por mayoría simple y al efecto, califica como vacío de poder, la Asamblea Nacional, mediante una mayoría simple de diputados, todos militantes del Gobierno, procede a la reforma de la Ley Orgánica del Tribunal Supremo de Justicia e incrementa en número de doce (12) los magistrados del mismo. Ello, a pesar de que la Constitución indica que las leyes orgánicas sólo puede dictarse mediante el voto de una mayoría calificada del parlamento.

Acto seguido, dicho parlamento, el 13 de diciembre de 2004 designa por igual mayoría simple a los nuevos jueces supremos, dentro de los cuales es designado como Presidente del TSJ a Omar Mora Díaz, quien, en su primer encuentro con la prensa declara lo siguiente: "No merece ser juez quien vio por televisión a un señor dando un golpe y mañana lo suelta bajo el artilugio de que aquí sólo hubo un vacío de poder, los militares golpistas actuaron preñados de buenas intenciones y el Presidente no estuvo preso, sino custodiado".

El magistrado Mora, a lo dicho agrega seguidamente que "Vamos a remover a aquellos jueces que no cumplan con la Constitución y los deberes inherentes del cargo. Porque no puede ser que un juez actúe en nombre de la Constitución y luego la viole. No merece ser juez quien, actuando en nombre del principio de soberanía popular, se convierta en golpista. Ese juez hay que removerlo como sea." [El Universal].

Luego, a la misma prensa le señala, apreciando la gestión del Presidente de la República que "Éste es un proceso de cambios que podríamos decir que es revolucionario si asumimos como revolución un cambio profundo en toda la estructura del Estado... El liderazgo del presidente Chávez ha sido factor fundamental en este proceso de transformación..." [El Nacional, 5 de febrero de 2005].

En su encuentro con los periodistas del día siguiente se confiesa "revolucionario de por vida" y "de izquierda hasta la muerte", a cuyo efecto el diálogo respectivo tiene lugar en los términos siguientes: "–Cuando discutíamos en el TSJ parecía que estuviéramos en la Asamblea Nacional, donde se dio un debate político y había dos tesis: una sobre golpe de Estado y otra sobre vacío de poder que respaldaba la oposición. Once magistrados (dos suplentes entre ellos) apoyaron esta última. ¿Es por eso que usted dijo en rueda de prensa que no merecen ser jueces quienes hablaron de vacío de poder?– Yo digo que no puede ser que un juez que actúe en nombre de la soberanía popular viole la Constitución. ¿Y los magistrados que votaron a favor del fallo del 140802 violaron la Constitución? –En mi opinión sí. ¿Usted dijo que no merecen ser jueces quienes hablaron de vacío de poder? – Eso es correcto." [El Universal, 7 de febrero de 2005].

e) *Sistema de Justicia politizado y bajo control gubernamental*

La separación de los poderes y su sostenimiento escrupuloso es crucial para la afirmación de la libertad y la garantía de los derechos humanos, que son los cometidos sustantivos del Estado de Justicia. Esta perspectiva encuentra un fuerte arraigo nominal en la Constitución vigente. No obstante ello, el Presidente de la República firma el ejecútese de la Ley del Sistema de Justicia, sancionada el 7 de abril de 2009 y publicada en la Gaceta Oficial el 1° de octubre siguiente, cuyos artículos disponen un giro integral y cambio– léase un golpe de gracia –en los cimientos anotados del Estado democrático y social de Derecho y de Justicia, tal y como lo entiende en lo dogmático y en lo orgánico el constituyente patrio.

En lo particular, la ley establece un "sistema de justicia" que se organiza al margen del ordenamiento de los poderes públicos fijado por la Constitución. Junta a varios poderes para que incidan de conjunto sobre la actuación de los tribunales. Y le da vida a un Poder Popular constitucionalmente inexistente, a partir del cual se instaura la "justicia popular" en todos los ámbitos de la actividad jurisdiccional, penal, civil, militar, administrativo, comercial, laboral, constitucional, etc. Todavía más, la "justicia alternativa" –arbitrajes, conciliaciones, justicia de paz– que nace bajo impulso y control de la sociedad civil a objeto de resolver conflictos que pueden encontrar mejor curso fuera de los tribunales ordinarios o en defecto de éstos, dada la lentitud y heteronomía de su gestión, pasa a manos del Estado.

La ley dice proponerse garantizar el "derecho humano a la justicia" (artículo 5) y "asegurar el disfrute y ejercicio de los derechos humanos" dentro del Sistema de Justicia (Artículo 1). Sin embargo, así como el Sistema de Justicia, según la ley, lo integran "el Tribunal Supremo de Justicia y demás tribunales…, el Ministerio Público, la Defensoría Pública, los órganos de investigación penal, los auxiliares, los funcionarios de justicia, el sistema penitenciario, los medios alternativos de justicia, los ciudadanos que participan en la administración de justicia, los abogados en ejercicio" (artículo 2), a la par el gobierno de la política judicial queda sujeto a un colegiado, la Comisión Nacional del Sistema de Justicia, que integran distintos poderes del Estado, entre estos el propio Gobierno y cuya presidencia, eventualmente, la puede ejercer el Ministro del Interior y de Justicia (artículo 9), a título de Coordinador.

Según la novísima ley la "garantía" de la justicia ha lugar a través del Sistema de Justicia, mediante la aplicación de distintos criterios, entre estos, su realización "sin formalismos y reposiciones inútiles" y dentro de un contexto en el que no se sacrifique la misma "por la omisión de formalismos innecesarios" (artículo 4). El Estado de Justicia, según la ley, se concreta en la idea de la justicia popular (artículo 3, inciso 4); la que propicia la "participación protagónica del pueblo" tanto en el gobierno judicial y "a través de los Consejos Comunales y demás formas de organización" de un inédito Poder Popular (artículo 7, inciso 1) que a la sazón controla el Jefe del Estado, como en su intervención organizada, directa y personal "en los procesos judiciales" (artículo 7, inciso 3).

Toda persona, según la Ley del Sistema de Justicia, tiene derecho a participar de manera organizada [colectiva], directa y personal en cualquier causa de que conozcan los tribunales; sea o no de su incumbencia, afecte o no a sus derechos individuales, colectivos o difusos. E incluso, para la tutela de éstos derechos colectivos o difusos, cualquiera puede acceder a los órganos del Sistema de Justicia.

La participación popular en la formación de las políticas y en el control de la gestión del Sistema de Justicia en Venezuela, a tenor de la ley desborda la modalidad de la justicia integrada por jurados o escabinos (artículo 8, inciso 2), para situarse en un punto en el que la figura de los Consejos Comunales – mecanismos de organización política del pueblo– tiene poder determinante para participar en el proceso de selección y designación de los jueces (artículo 24, incisos 3 y 4, y artículo 26, inciso 5), controlar sus funciones y decisiones denunciándolos de ser el caso y participando en los juicios disciplinarios a que se vean sometidos éstos (artículo 26, inciso 3).

Lo que es más grave, todos los jueces, funcionarios y demás empleados del Sistema de Justicia quedan obligados, por ley, a participar políticamente. De allí el compromiso de éstos "con las transformaciones sociales, la lucha contra la exclusión social y la consolidación del Estado Democrático y Social de Derecho y de Justicia".

Los efectos de lo anterior cabía esperarlos. La Presidente del Tribunal Supremo de Justicia, Luisa Estela Morales, aboga por la revisión del principio de división de los poderes públicos dado que el mismo "debilita al Estado": *"No podemos seguir pensando en una división de poderes porque eso es un principio que debilita al Estado", son sus precisas palabras, a cuyo efecto arguye un sofisma: "una cosa es la separación de poderes y otra es la división"*, para luego ajustar que el Estado es uno, y el poder también [EFE, 12 de julio de 2009].

Y seguidamente, una vez como la juez penal María Lourdes Afiuni, decide que el banquero Eligio Cedeño – de reconocida y sobrevenida enemistad con el Presidente de la República – debe ser juzgado en libertad, a lo cual, en lo inmediato, el propio Presidente llama "bandido" al señalado Cedeño y públicamente le pide a la Fiscal General de la República, titular del Ministerio Público, investigar lo ocurrido, afirma, al efecto, que la jueza "tiene que pagar con todo el rigor de la ley lo que ha hecho". El juicio de valor del mismo Presidente y la voluntad interventora de la Justicia por el Presidente de la República son palmarios: *"Yo exijo dureza contra esa jueza incluso le dije a la presidenta del Tribunal Supremo de Justicia, Luisa Estela Morales, y le digo a la Asamblea Nacional, habrá que hacer una ley porque es mucho más grave un juez que libere a un bandido, que el bandido mismo"* [RNV, 11 de diciembre de 2009

   f) *Desconocimiento de la protección supranacional del derecho al debido proceso y a la tutela judicial efectiva, y sujeción del Estado de Derecho y de la Administración de Justicia a los postulados políticos de la revolución.*

La Constitución de 1999 asegura, en su artículo 31, el derecho de toda persona, "en los términos establecidos por los tratados... sobre derechos humanos ratificados por la República, a dirigir peticiones o quejas ante los organismos internacionales creados para tales fines, con el objeto de solicitar el amparo a sus derechos humanos". Aún así, en cuanto a tales recursos y a sus posibilidades reales de ejercicio para la protección y garantía de los derechos humanos, el Tribunal Supremo de Justicia de Venezuela, en Sala Constitucional, mediante Sentencia 1.013 de 12 de junio de 2001, hace constar:

   "Que [sus] decisiones... no están sometidas a ninguna revisión por parte de instancias internacionales, porque ellas constituyen ejercicio pleno de [la] soberanía y se dictan conforme a[l] ordenamiento jurídico [interno]"; y que, además, "...los tratados, pactos o convenciones relativos a los derechos humanos, suscritos y ratificados por Venezuela, ..., tienen jerarquía constitucional y por tanto su interpretación jurídica corresponde a la Sala Constitucional de[l] Alto Tribunal".

Luego, dicha Sala Constitucional confirma esta orientación en su Sentencia 1.942 de 15 de junio de 2003, a cuyo tenor:

   "Si un organismo internacional, aceptado legalmente por la República, amparara a alguien violando derechos humanos de grupos o personas dentro del país, tal decisión tendría que ser rechazada aunque emane de organismos internacionales protectores de los derechos humanos. Es posible que si la República así actúa, se haga acreedora de sanciones internacionales, pero no por ello los amparos o los fallos que dictaran estos organismos se ejecutarán en el país, si ellos resultan violatorios de la Constitución de la República y los derechos que ella garantiza. [*omissis*]. La Sala considera que, por encima del Tribunal Supremo de Justicia y a los efectos del artículo 7 constitucional, no existe órgano jurisdiccional alguno, a menos que la Constitución o la ley así lo señale, y que aun en este último supuesto, la decisión que se contradiga con las normas constitucionales venezolanas, carece de aplicación en el país, y así se declara".

A modo de profundización, la misma Sala Constitucional, en su Sentencia 1.939 de 18 de diciembre de 2008, dictada a propósito del fallo dictado por la Corte Interamericana de Derechos Humanos que a su vez declara responsable por hecho internacionalmente ilícito al Estado de Venezuela, por la decisión de destituir a distintos jueces de la jurisdicción administrativa interna al margen de la normativa convencional interamericana (*Caso Apitz y otros*) y con violación del derecho al debido proceso y a la tutela judicial efectiva, consagra en su beneficio una suerte de potestad unilateral para declarar el carácter ejecutable o no de las decisiones judiciales internacionales dentro del orden interno venezolano. Y extrema su consideración al punto de recomendarle al Poder Ejecutivo la denuncia de la Convención Americana de Derechos Humanos, por considerar que de sus normas, las únicas constitucionalmente reconocibles son las que consagran derechos humanos más favorables pero no aquéllas de carácter adjetivo que confieren autoridad a la Comisión y a la Corte Interamericanas de Derechos Humanos para interpretar y aplicar con carácter vinculante para el Estado las mismas normas de la Convención señalada. Y a objeto de sostener que las sentencias internacionales, para ser válidas y ejecutables dentro del Derecho nacional deben responder a "un estándar mínimo de adecuación del fallo al orden constitucional interno", hace suya, *mutatis mutandi*, la decisión similar que expidió, durante la dictadura peruana del presidente Alberto Fujimori, la Sala Plena del Consejo Supremo Militar del Perú, a propósito de otra sentencia dictada por la Corte Interamericana (*Caso Castillo Petruzzi y otros*):

> "[E]l poder judicial "es autónomo y en el ejercicio de sus funciones sus miembros no dependen de ninguna autoridad administrativa"...; ...pretenden desconocer la Constitución política del Perú y sujetarla a la Convención Americana de Derechos Humanos en la interpretación que los jueces de dicha Corte [Interamericana de Derechos Humanos] efectúan ad-libitum en esa sentencia; ...el fallo cuestionado, dictado por el Tribunal Supremo Militar Especial adquirió la fuerza de cosa juzgada "no pudiendo por lo tanto ser materia de un nuevo juzgamiento por constituir una infracción al precepto constitucional"; ... "en el hipotético caso que la sentencia dictada por la Corte Interamericana fuera ejecutada en los términos y condiciones que contiene, existiría un imposible jurídico para darle cumplimiento bajo las exigencias impuestas por dicha jurisdicción supranacional", pues "sería requisito ineludible que previamente fuera modificada la Constitución" y ..."la acepción y ejecución de la sentencia de la Corte [Interamericana] en este tema podría en grave riesgo la seguridad interna de la República".

Lo relevante, en todo caso, es que luego de que el 5 de agosto de 2008, cuando la Corte Interamericana de Derechos Humanos declara internacionalmente responsable por el citado *Caso Apitz Barbera*, en virtud de haber procedido, con violación abierta de los derechos al debido proceso y a la tutela judicial efectiva, a la destitución –previo allanamiento del tribunal por la policía política [23 de septiembre de 2003]– de varios magistrados de la Corte Primera de lo Contencioso Administrativo, a quienes protesta públicamente el Presidente de la República, Hugo Chávez Frías, por haber decidido suspender el ejercicio profesional de 100 médicos enviados a Venezuela por el Gobierno de Cuba, visto que no pueden ejercer legalmente tal profesión en el país sin previa reválida de sus títulos académicos. El presidente, en efecto, declara públicamente lo siguiente: ***El pueblo venezolano no le va a hacer caso a*** *esa decisión inconstitucional (...). Yo no les digo lo que me provoca a la Corte esta, a los tres magistrados que no deben ser magistrados –porque hay dos votos salvados- porque estamos ante un país, pero se dice el pueblo: Váyanse con su decisión no se pa' donde. La cumplirán ustedes en su casa si quieren (...). No van a frenar el plan y llegaron 140 médicos más que van al municipio Sucre. (...) Hay mucha tela que cortar en el poder judicial desde el TSJ hacia abajo"* [*Programa radial Aló Presidente, N° 161, 24 de agosto de 2003*]. Y su ministra de Salud, a la vez, añade que: 'el Gobierno desconocerá esta decisión porque antepone intereses particulares a los del pueblo" [*El Universal, 25 de agosto de 2003*].

Según la Sala Constitucional de Venezuela, por consiguiente:

> "[L]a ejecución de la sentencia de la Corte Interamericana de Derechos Humanos del 5 de agosto de 2008, afectaría principios y valores esenciales del ordenamiento constitucional de la República Bolivariana de Venezuela y pudiera conllevar a un caos institucional en el marco del sistema de justicia, al pretender modificar la autonomía del Poder Judicial constitucionalmente previsto y el sistema disciplinario instaurado legislativamente…[y] pretende desconocer la firmeza de las decisiones de destitución que recayeron sobre los ex jueces de la Corte Contencioso Administrativa"; [dado lo cual se] declara inejecutable el fallo de la Corte Interamericana de Derechos Humanos".

Con su última dicta y para el Tribunal Supremo de Justicia, por consiguiente, la única posibilidad de acatamiento a los postulados de la Convención Americana de Derechos Humanos y de los pronunciamientos de sus órganos –la Comisión y la Corte– ha lugar en la medida en que éstos se adecuen a los postulados superiores de propio ordenamiento interno; todo lo cual resulta de las enseñanzas que la Sala Constitucional toma de fallos anteriores suyos (*1.077/2000 y 1.309/2001*) que en síntesis dicen así:

> "El derecho es una teoría normativa puesta al servicio de la política que subyace tras el proyecto axiológico de la Constitución… y la interpretación debe comprometerse… con la mejor teoría política que subyace tras el sistema que se interpreta o se integra y con la moralidad institucional que le sirve de base axiológica… [L]os estándares para dirimir el conflicto entre los principios y las normas deben ser compatibles con el proyecto político de la Constitución… y no deben afectar la vigencia de dicho proyecto con elecciones interpretativas ideológicas que privilegien los derechos individuales a ultranza o que acojan la primacía del orden jurídico internacional sobre el derecho nacional en detrimento de la soberanía del Estado".

g) *El secuestro de la actividad legislativa, fundamento de la actividad judicial*

Era de esperar que lo que arranca con el proceso constituyente de 1999 luego se replicase en el ámbito legislativo, cuyas actuaciones son en la práctica el fundamento de la actuación de los jueces en Venezuela. La trayectoria ominosa es larga, que basta con ilustrar su última escala, con la cual fenece a cabalidad el Estado de Derecho y la democracia, desde finales de 2010, sin que para lo sucesivo se den espacio para su adecuada reconstitución.

Luego de la victoria electoral opositora (52%) del 26 de septiembre de 2010, que en lo sucesivo le impide al Presidente de la República ejercer su control absoluto sobre la Asamblea Nacional, en vísperas de instalarse la nueva con su variada y plural conformación, aquél le exige al parlamento precedente aprobar sobre la marcha –en cosa de pocos días y obviando los procedimientos constitucionales para la formación de las leyes– todo el conjunto de normas que afirmen el modelo socialista marxista –Estado comunal– que define su propuesta política y económica. Y no satisfecho con ello, les solicita le otorguen una habilitación por diez y ocho meses –luego de fenecido el mandato de los diputados habilitantes y más allá– que le permita legislar por vía de decretos presidenciales en las distintas áreas de la competencia nacional hasta concluir con su propósito de reforma por vía de leyes de las bases constitucionales y democráticas de Venezuela.

Cabe observar que, planteada por el mismo Presidente una reforma a la Constitución de 1999, para variar el modelo constitucional consagrado y establecer otro de inspiración socialista –copia de la Constitución de Cuba de 1976– la misma fue rechazada mediante referéndum popular en 2007; luego de lo cual, el Presidente y su Asamblea –hasta el momento indicado de la aceleración– han venido dictando leyes que realicen, por vía infra constitucional, los objetivos de la reforma rechazada.

- EL "PAQUETE" DE LEYES SOCIALISTAS

El conjunto de leyes –suerte de corsé legislativo socialista- aprobadas, durante el mes de diciembre de 2010 por la declinante Asamblea, todas a una cierran el círculo del control totalitario sobre Venezuela y bajo la égida de un modelo socialista marxista que sirve de excusa para el sostenimiento de otra dictadura militar como las de la primera mitad del siglo XX.

Ellas, según lo antes indicado, quedan coronadas con la habilitación al Presidente de la República para que legisle (Ley que autoriza al Presidente de la República para dictar decretos con rango, valor y fuerza de ley en las materias que se delegan, 17 de diciembre) en defecto de la Asamblea Nacional naciente, por un lapso de diez y ocho meses.

Son sancionadas de manera expedita, sin espacio siquiera para los tiempos mínimos de discusión que imponen los reglamentos parlamentarios, la Ley de Emergencia para Terrenos Urbanos y Viviendas (30 de noviembre), la Ley de Ciencia, Tecnología e Innovación (8 de diciembre), la Ley Orgánica del Poder Popular (9 de diciembre), la Ley Orgánica de Contraloría Social (10 de diciembre), la Ley Orgánica de Planificación Pública y Popular (13 de diciembre), la Ley Orgánica de Comunas (13 de diciembre), la Ley de Protección de la Soberanía Política y Autodeterminación (13 de diciembre), la Ley Orgánica del Sistema Económico Comunal (14 de diciembre), la Ley Orgánica de Telecomunicaciones (20 de diciembre), la Ley de Partidos Políticos y Manifestaciones Públicas (21 de diciembre), la Ley de Regularización de los

Períodos Constitucionales y Legales de los Poderes Públicos Estadales y Municipales (21 de diciembre), la Ley de Bancos y otras Instituciones Financieras (21 de diciembre), la Ley Orgánica de la Contraloría General de la República y el Sistema Nacional de Control Fiscal (21 de diciembre), la reforma de la Ley Orgánica del Poder Público Municipal (21 de diciembre),la Ley de Responsabilidad Social de Radio, Televisión y Medios Electrónicos (22 de diciembre), la Ley de Educación Universitaria (22 de diciembre), la Ley de Transferencia de Competencias y Servicios de los Estados y Municipios al Poder Popular (1ª. Discusión, 22 de diciembre), la Ley de los Consejos Estadales de Planificación y Coordinación de Políticas Públicas (28 de diciembre).

- Valoración del golpe constitucional desde el Estado

El paquete legislativo socialista, de conjunto y en resumen, crea un ordenamiento constitucional paralelo en Venezuela, por vía legislativa. Le pone término al régimen republicano que conocemos desde nuestra fecha inaugural, a la vez que sujeta, en el ejercicio de sus derechos fundamentales (al desarrollo de la personalidad y a la educación, a la libertad de pensamiento y de expresión, a la asociación política) a quienes pretendan disentir del modelo de Estado comunal naciente.

El juicio preciso de Allan R. Brewer Carías es suficiente al respecto:

"La Constitución de 1999, actualmente vigente, constituyó a Venezuela como un **Estado Democrático y Social de Derecho y de Justicia**, "que propugna como valores superiores de su ordenamiento jurídico y de su actuación, la vida, la libertad, la justicia, la igualdad, la solidaridad, la democracia, la responsabilidad social y, en general, la preeminencia de los derechos humanos, la ética y el pluralismo político" (art. 2), organizando a la República como "un **Estado federal descentralizado**" que "se rige por los principios de integridad territorial, cooperación, solidaridad, concurrencia y corresponsabilidad" (art. 4).

Ese es el Estado Constitucional en Venezuela: un **Estado Federal descentralizado, Democrático y Social de Derecho y de Justicia,** montado sobre un sistema de distribución vertical del Poder Público en tres niveles territoriales, entre el Poder Nacional, el Poder de los Estados y el Poder Municipal (art. 136), cada uno debiendo tener siempre un gobierno de carácter "electivo, descentralizado, alternativo, responsable, pluralista y de mandatos revocables," tal como lo exige el artículo 6 de la Constitución.

No es posible, por tanto, constitucionalmente hablando, crear por ley instancias políticas que vacíen de competencias a los órganos del Estado (la República, los Estados, los Municipios y demás entidades locales) y menos aún establecerlos con funciones políticas sin que se asegure su carácter electivo mediante la elección de representantes del pueblo a través de sufragio universal, directo y secreto; sin que se asegure su autonomía política propia del carácter descentralizado; y sin que se garantice su carácter pluralista, en el sentido de que no pueden estar vinculados a una ideología determinada como es el Socialismo.

Este modelo de Estado Constitucional se intentó cambiar mediante una Reforma Constitucional sancionada por la Asamblea Nacional en noviembre de 2007, con el objeto de establecer un Estado Socialista, Centralizado, Militarista y Policial denominado Estado del Poder Popular o Estado Comunal, la cual sin embargo, una vez sometida a consulta popular, fue rechazada por el pueblo el 7 de diciembre de 2007.

Sin embargo, en burla a la voluntad popular y en fraude a la Constitución, desde antes de que se efectuara dicho referendo, la Asamblea Nacional en abierta violación a la Constitución comenzó a desmantelar el Estado Constitucional para sustituirlo por un Estado Socialista mediante la estructuración *paralela* de un Estado del Poder Popular o Estado Comunal, a través de la sanción de la Ley de los Consejos Comunales de 2006,5 reformada posteriormente y elevada al rango de ley orgánica en 2009.

Posteriormente, el empeño por implantar en Venezuela un Estado Socialista fue rechazado de nuevo con ocasión de las elecciones legislativas efectuadas el 26 de septiembre de 2010, las cuales fueron planteadas por el Presidente de la República y la mayoría oficialista de la propia Asamblea Nacional, quienes hicieron una masiva campaña a favor de sus candidatos, como un "plebiscito" respecto al propio Presidente, su actuación y sus políticas socialistas ya previamente rechazadas por el pueblo en 2007, "plebiscito" que el Presidente de la República y su partido perdieron abrumadoramente pues la mayoría del país votó en contra de las mismas.

Sin embargo, al haber perdido el Presidente y su partido el control absoluto que ejercían sobre la Asamblea Nacional, lo que en el futuro les impedía imponer a su antojo la legislación que quisieran, antes de que los nuevos diputados electos a la Asamblea pudieran tomar posesión de sus cargos en enero de 2011, en diciembre de 2010, atropelladamente y de nuevo en fraude a la voluntad popular y a la Constitución, la deslegitimada Asamblea Nacional precedente procedió a la sanción de un conjunto de Leyes Orgánicas mediante las cuales se ha terminado de definir, al margen de la Constitución, el marco normativo de un nuevo Estado, *paralelo al Estado Constitucional*, que no es otra cosa que un Estado Socialista, Centralizado, Militarista y Policial denominado "Estado Comunal."

Cabe preguntarse, aun así y al margen del evidente golpe que le propina el Estado a la Constitución de un modo integral, si acaso una legislatura declinante, formalmente competente para el dictado de las leyes, puede hacerlo en línea contraria a las convicciones políticas y sociales dominantes en la población e incluso, en la hipótesis de representar a la mayoría ¿acaso le es permitido decidir sobre la existencia del mismo sistema político democrático que le permite pronunciarse y decidir sobre lo indicado?

No es coherente y consistente, cuando menos y por lo mismo, que pronunciándose por dos veces la soberanía popular en contra del modelo socialista marxista que impulsan el mismo presidente y su Asamblea, primero con la pretendida reforma constitucional de 2007 y luego a propósito de las elecciones parlamentarias del 26 de septiembre último, cuando el 52% de la población rechaza las razones que arguye el primer mandatario – primer actor electoral – para sostener las candidaturas de sus diputados, pretendan éstos desconocerla ahora.

En la democracia, entendida como un sistema integral que apunta a la realización de los derechos fundamentales de la persona humana y su garantía mediante el Estado de Derecho y que se realiza mediante la participación plural de la sociedad mediante el voto y la alternancia de los gobiernos, es imposible que el recurso electoral – la legitimidad de origen – se afirme para dar al traste con los elementos esenciales de aquella y de su legitimidad de desempeño. En pocas palabras, como lo recuerda Norberto Bobbio, las mayorías en la democracia tienen como límite a la misma democracia y su existencia, es decir, no pueden decidir posponer los derechos de las minorías, impedirle a éstas transformarse en mayorías, menos socavar con sus decisiones al mismo sistema que les permite decidir y renovar regularmente a sus representantes.

En el caso de las leyes sancionadas por la Asamblea Nacional moribunda, en diciembre de 2010, resultan ellas todavía más absurdas, meros productos de una conducta dictatorial a la vez que aristocrática –el gendarme decide junto a unos pocos- cuanto que, el fundamento y la teleología de ellas es, justamente, la idea de la democracia absoluta u oclocracia, donde el pueblo, más allá de los órganos de mediación y de representación, detenta permanentemente la soberanía. Y tal soberanía se manifiesta contraria, el pasado 26 de septiembre, al quehacer de una Asamblea que actúa con absoluta ilegitimidad al legislar como lo hace y más allá del ordenamiento constitucional vigente. Dada la naturaleza del debate planteado a la hora de la elección, los diputados oficialistas en ejercicio, luego de realizada la elección, en suma, quedan desapoderados desde el propia día en que nace una correlación política distinta en el país.

En suma, el "paquete socialista" desmantela aceleradamente –dado el revés popular del Presidente y de su Asamblea declinante- el conjunto de los derechos y garantías que consagra la Constitución en vigor, la cual surge, como cabe recordarlo, de una mascarada democrática en 1999, que hoy deja de ser tal para mostrarse como lo que es, una dictadura a secas.

- HABILITACIÓN PARA LA DICTADURA

Consideración aparte merece la decisión de la Asamblea Nacional del 17 de diciembre, por la que habilita al Presidente de la República –mediante Ley que le autoriza para dictar decretos con rango, valor y fuerza de ley- a fin de que legisle durante diez y ocho meses en defecto de la Asamblea Nacional electa por el pueblo el 26 de septiembre y se instala a inicios de enero de 2011; con lo cual se configura un verdadero golpe del Estado, que cuenta con precedentes históricos nada dignos.

La pregunta al respecto es obligante. ¿Puede una asamblea legislativa hipotecar con su decisión y más allá de tiempo de su apoderamiento las competencias plenas y la voluntad de la asamblea que le sucede, en el marco de la democracia? En otras palabras, aparte de la consideración sobre el efecto negativo de las leyes socialistas dictadas en diciembre sobre el orden constitucional en su conjunto y de cualquier otra ley ordinaria que puede haber dictado la Asamblea declinante, puede ella legislar a futuro y más allá de su mandato temporal?

El Secretario General de la Organización de los Estados Americanos, José Miguel Insulza, es preciso cuando, a raíz del dictado de la mencionada Ley Habilitante, reacciona y dice, en nombre de la comunidad hemisférica, que la misma es "completamente contraria" a la Carta Democrática Interamericana. A lo que agrega: "Lo preocupante en este caso es que los parlamentarios que se fueron limitaron las facultades del poder legislativo –naciente– por 18 meses. Creo que eso no es un mecanismo válido en democracia", concluye.

Cabe observar, a todo evento, que la Ley Habilitante en cuestión nada tienen que ver con la modalidad de las habilitaciones extraordinarias conferidas a los Presidentes democráticos; que les permite legislar en condiciones de "emergencia" sobre aspectos extraordinarios de carácter económico y social, y les facilitan salvar al país de una crisis inminente y de modo expedito, pero que mal les permite legislar sobre los aspectos dogmáticos u orgánicos de la constitucionalidad, menos reformar la Constitución por vías subrepticias.

Esta vez, por el contrario, se le abren generosas puertas al traslado hacia manos del Presidente, en condiciones de normalidad institucional, de las competencias legislativas ordinarias de la Asamblea Nacional, fracturándose el principio sacramental de la separación de los poderes públicos que es exigencia ineludible del Estado de Derecho y garantía de una democracia real, ganada por la transparencia y el celoso respeto a los derechos humanos.

Además, la situación de marras adquiere visos de mayor gravedad, dado que, al margen de la ortodoxia constitucional nadie puede entender cómo, durante los últimos doce años y hasta hoy, el presidente Chávez, quien domina a la Asamblea durante dicho tiempo como para hacer aprobar leyes "revolucionarias" a su gusto y discreción, decide asumir para sí los poderes de ésta repetidamente.

Dentro del nuevo contexto en curso, pues, la idea de las instituciones democráticas son un comodín declinante en espera del sucedáneo modelo: la Revolución Socialista. Es un obstáculo que ha de ser eliminado hasta alcanzar lo que en juicio del propio Chávez es el predicado ideal: el establecimiento de una de relación de dominio -telúrica y hasta mágica- suya, sin mediaciones institucionales ni representaciones inconvenientes, con el pueblo, que ha de fraguar como tal en él, su líder y conductor.

Nada distinto de lo anterior –y es lo que cabe observar- ocurre con el modelo constitucional cubano que inspira a la acción de Chávez, como bien lo explica la jurista Martha Prieto Valdés: "Nuestro diseño político –señala- se organiza sobre la base de la unidad de poder o unidad de acción política; se aparta de la clásica tríada montesquiana (sic), así como del sistema del "chek and balance" que los padres fundadores del texto norteamericano idearon, y de otras pluralidades de poderes instituidos" [como ocurre en la democracia que conocemos los venezolanos y que disfrutan la mayoría de los países del Continente].

De tal forma que, al lector menos prevenido de la Constitución comunista de Cuba le es fácil constatar que si bien existe una suerte de parlamento denominado Asamblea Nacional de Poder Popular, próximo al nuestro –monocolor y sirviente- y con la igual calificación que Chávez se apresura darle, además, a sus Ministros, llamándolos Ministros del Poder Popular, por otra parte dicha Asamblea sólo se reúne accidentalmente. Durante su receso legisla por su cuenta y en su nombre el Presidente del Consejo de Estado. "No existe el rejuego político partidista entre los diputados, o entre éstos y el Gobierno", precisa Prieto Valdés.

El 22 de diciembre pasado, por lo mismo, la Asamblea Nacional, que hipoteca las competencias de su sucesora a partir de enero de 2011 y ejerciendo un mandato más allá del tiempo que le corresponde, se ocupa, además, de atar a la última de manos, mediante el dictado de una Reforma Parcial de su Reglamento Interior y de Debates.

A tenor de dicho reglamento, se le reducen a los diputados el tiempo de intervención ante el cuerpo legislativo a la par que se les obliga a desarrollar un inexistente e inconstitucional "parlamentarismo social de calle" (artículo 26). Para sesionar la Asamblea fuera de su sede permanente, basta la decisión de la Junta Directiva y no, como es lo normal, de la mayoritaria de los parlamentarios. Se impide la elección individual por cada diputado de la elección de los miembros de la Directiva (artículo 7), quienes han de ser postulados como parte de una plancha, evitándose las candidaturas individuales. El contacto de los parlamentarios con sus electores se ajusta en el Reglamento para disponer la relación de éstos con todos los ciudadanos y con las instancias del sistema del Estado comunal en cierne, a fin de que rindan sus cuentas con apego al programa político que les vincula; no tanto para conocer de las exigencias cotidianas de éstos y *ex novo* (artículo 13, 2 y 3). Se les elimina a los diputados su derecho a la asociación en grupos parlamentarios (artículo 17, 4 del anterior Reglamento), y los cinco minutos de intervención para debatir sobre el orden del día, le son reducidos a dos, y las mociones del caso no pueden traer a colación el tratamiento de temas distintos a los fijados previamente por la directiva de la Asamblea (artículo 26 y 105, 6), entre otros.

Y no huelga ajustar, finalmente, que dado el límite temporal a que se encuentra sujeta toda legislatura en una democracia, que es objeto por lo mismo de renovación periódica por exigencias de la misma democracia y de su principio de alternabilidad, la Asamblea Nacional de Venezuela carece de potestad para decidir más allá del mandato que la apodera y otorgar, como lo hace, una ley habilitante al Presidente de la República por un lapso de tiempo que desborda a la propia autoridad de los parlamentarios que la integran..

Cabe precisar que lo indicado en nada cuestiona la vigencia temporal de las leyes ordinarias y más allá del tiempo de duración de la legislatura que las adopta, visto que los elementos espaciales, temporales, materiales y personales de aquéllas, unas vez concretados y hechos públicos, se colocan con vida propia en la sociedad, como realidades externas al Estado y sus poderes, hasta tanto sean derogadas o modificadas por las legislaturas sucedáneas.

En el caso de las leyes habilitantes la realidad legislativa no cristaliza, queda en suspenso, hasta tanto el órgano habilitado –en nuestro caso el Presidente de la República– decide legislar por decreto; lo que puede hacer sólo hasta el momento mismo de la duración del mandato de los diputados quienes transfieren sus potestades al órgano habilitado, no más allá. Hacerlo equivale a tanto como a la posibilidad extrema de que los diputados de una legislatura determinada extiendan su mandato mediante acto propio, fuera del tiempo constitucional previsto y a contrapelo de la voluntad popular, condicionando la actuación de los diputados quienes les sucedan en sus mandatos.

Lo antes dicho mejor se entiende a la luz de una disposición cuyo espíritu contemplan las normas constitucionales de los artículos 205 y 210, y que mejor precisa una vieja disposición contenida en el artículo 84 de la Constitución de 1931, que previene acerca de la prohibición de encadenamiento –hacia el futuro– de la actividad legislativa: "Los proyectos que quedaren pendientes en cualquiera de las Cámaras, al fin de las sesiones, no podrán volver a discutirse sino mediante nueva presentación en las sesiones del año siguiente o de los posteriores, y entonces deberán sufrir las mismas discusiones que si fueran nuevos".

El mismo principio de la temporalidad del mandato legislativo, que impide la hipoteca de las legislaturas sucesivas – dada la misma temporalidad y la naturaleza del mandato que reciben los legisladores – lo pone de manifiesto, a manera de ejemplo, la Constitución de Colombia, que en su artículo 162 e incluso en su mayor amplitud, dispone que: "Los proyectos de ley que no hubieren completado su trámite en una legislatura,..., continuarán su trámite en la siguiente, en el estado en que se encuentren, [pero] ningún proyecto podrá ser considerado en más de dos legislaturas".

h) La orden del Tribunal Supremo de Justicia para perseguir a la disidencia

A propósito de la apertura del Año Judicial 2011, en sesión solemne que cada año convoca el Tribunal Supremo de Justicia y a la que asisten la mayoría de los jueces superiores y de instancia de Venezuela, la Sala Plena del Alto Tribunal, quien ejerce la dirección del Poder Judicial, designa como su orador de orden al magistrado Fernando Vegas Torrealba, hoy Presidente de la Sala Electoral y Vicepresidente del citado Supremo.

El mismo es aplaudido de manera entusiasta por los ministros del Presidente Chávez allí presentes y por una mayoría de sus colegas jueces. Sus palabras son precisas en cuanto a la sujeción que le deben – éstos - al modelo socialista y en defecto de las libertades y derechos que pregona la democracia, según su clásico modelo. Y explica y justifica, hasta la saciedad, que los tribunales criminalicen toda actividad y discriminen a toda persona cuando los comportamientos que las aten vulneren los cánones de la nueva religión política dominante.

Afirma Vegas, el 5 de febrero, lo siguiente:

"Así como en el pasado, bajo el imperio de las constituciones liberales que rigieron el llamado estado de derecho, la Corte de Casación, la Corte Federal y de Casación o la Corte Suprema de Justicia y demás tribunales, se consagraban a la defensa de las estructuras liberal-democráticas y combatían con sus sentencias a quienes pretendían subvertir ese orden en cualquiera de las competencias ya fuese penal, laboral o civil, de la misma manera este Tribunal Supremo de Justicia y el resto de los tribunales de la República, deben aplicar severamente las leyes para sancionar conductas o reconducir causas que vayan en desmedro de la construcción del Socialismo Bolivariano y Democrático".

Y agrega:

"Entendemos que éste es el meollo de la revolución bolivariana; que, con el concurso de todos, debe promover los cambios sociales requeridos, bajo el liderazgo de nuestro comandante presidente y una vanguardia cada vez más esclarecida, para proporcionar al pueblo venezolano la mayor suma de felicidad posible".

No huelga observar, en defecto de lo dicho por el magistrado Vegas, que la Justicia en democracia y bajo la égida del Estado de Derecho, para ser virtuosa rechaza los adjetivos. Por lo demás, lo dicho por éste, quien, como lo reseña la prensa nacional, no deja de rendirle sumisión al Presidente de la República, abona suficientemente a favor de la tesis que proclama el fin del Estado democrático de Derecho y sus garantías en Venezuela.

Tanto que, al nomás comenzar el 2012, en circunstancia igual, otro de sus colegas, magistrado supremo, en nombre sus pares, aboga por el Estado total, apoyándose en las tesis del arquitecto jurídico del nazismo, Carl Schmitt.

i) La muerte moral de la República, a manos de la Justicia

Lo que es más grave y desdoroso, seguidamente a lo anterior, el Poder Moral y la Asamblea Nacional —en medio de la reyerta interna que ocurre dentro del Estado y el gobierno, provocada por la enfermedad sobrevenida del Primer Mandatario Hugo Chávez Frías y la incógnita acerca de su eventual sucesión política— destituyen al Presidente de la Sala Penal del Tribunal Supremo de Justicia, el Coronel Eladio Aponte Aponte, cabeza y contralor de la justicia penal venezolana hasta entonces y casi desde los inicios de la llamada Revolución Bolivariana.

Éste, desnudando con cinismo inenarrable el colapso moral que sufre la República hacia el mes de abril, confiesa —asumiendo que vivirá momentos aciagos y que acepta— haber usado a los jueces bajo su mando para perseguir a los adversarios del gobierno, condenar a inocentes mediante testigos forjados, y perdonar a narcotraficantes vinculados a las más altas esferas oficial y militar. Y revela, además, la colusión semanal y sostenida entre las titulares del Supremo Tribunal y del Ministerio Público con la Vicepresidencia de la República, para ordenar la justicia según el dictado presidencial y atender a las necesidades políticas de la revolución.

En declaraciones dadas a SOI TV, emisora de televisión sita en Miami y en entrevista que le realiza la periodista Verioska Velasco, el Coronel y Presidente de la Sala Penal del Tribunal Supremo de Justicia citado, confiesa de manera clara, precisa, e inteligible, sus violaciones flagrantes a la Constitución y las leyes, y de suyo a las normas tanto de la Convención Americana de Derechos Humanos (artículos 1, 2, 7, 8, 9, 24 y 25) como de la Carta Democrática Interamericana (artículos 2, 3, 4, 7 y 8) relacionadas con la obligación de respeto y garantía de los mismos derechos humanos; la libertad personal; las garantías judiciales; el principio de legalidad; la igualdad ante la ley; la protección judicial; en fin, la autonomía e independencia del Poder Judicial.

Se trata, según su propia confesión, de hechos en los que incurre administrando justicia y gobernando a los jueces de la jurisdicción penal; en activa colusión con las autoridades de la Fiscalía General de la República (durante las gestiones de Julián Isaías Rodríguez Díaz y Luisa Ortega Díaz, actual titular del Ministerio Público), del Tribunal Supremo de Justicia (de su hasta fecha reciente y todavía magistrada suprema, Luisa Estela Morales) y el mismo Presidente de la República, Hugo Rafael Chávez Frías, quien antes de fallecer el presente año, desde el mismo año precedente impone como su sucesor a Nicolás Maduro Moros, Canciller y Vicepresidente.

La versión digital de las declaraciones en cuestión constantes en la web http://www.soitv.com/tag/eladio-aponte-aponte/, revelan con extraordinaria crudeza la trágica situación histórica del Poder Judicial de Venezuela a partir de 1999, y la demolición, y más que eso, la pulverización del principio de la separación de poderes que se ha producido en el país durante la presidencia Chávez Frías y el gobierno de la Justicia penal por el magistrado Aponte Aponte, cuyas estructuras aún permanecen bajo control de su sucesor, Nicolás Maduro Moros, instalado ilegítimamente en el poder bajo facilitación del mismo Tribunal Supremo de Justicia.

El Magistrado declarante, militar activo, forma parte del Poder Judicial durante 15 años, hasta su reciente separación del alto cargo judicial que ejerce y a raíz de la crisis institucional y política que provoca la detención del célebre narcotraficante venezolano, Walid Makled, quien acepta —es un hecho notorio comunicacional— ser empresario al servicio del gobierno revolucionario y con estrechos vínculos con sus más elevadas esferas de las Fuerzas Armadas, el gobierno y los demás poderes del Estado.

El magistrado Eladio Aponte Aponte explica, ante la periodista quien lo entrevista, su ascenso en la jerarquía judicial, desde Fiscal General Militar hasta magistrado del Tribunal Supremo, promovido por el propio Comandante en Jefe y Presidente de la República, Hugo Chávez Frías.

Ante la pregunta de la periodista (Verioska Velasco):

¿Qué hizo usted para lograr ese ascenso luego en el TSJ? ¿Cuál fue ese caso emblemático que usted considera que hizo que usted llegara hasta la Presidencia de la TSJ?

- Magistrado: Yo creo que mi actuación fue muy pulcra y muy adaptada a los parámetros exigidos. Aparte del currículum que tengo.

- Periodista*: ¿Cuando usted habla de pulcra, significa leal al presidente?*

- Magistrado: Sí, leal al gobierno.

- Periodista*: ¿Más no leal a lo que establece la Constitución?*

- Magistrado: Tienes razón, es cierto.

Quiere decir lo anterior, entonces, que para ascender en el Poder Judicial este Magistrado, hasta ayer cabeza de la justicia penal venezolana simplemente confiesa que lo único que se necesita en Venezuela es ser leal al gobierno; pero no a lo que establecen la Constitución y las leyes. Y dicha lealtad es, precisamente, la que él detalla y explica extensamente en la entrevista, en unos casos manifestada en acciones y en otros casos en omisiones.

En cuanto a sus acciones, entre otros casos cita el conocido "Caso Usón ", sentenciado por la Corte Interamericana de Derechos Humanos (Sentencia de 20 de noviembre de 2009, Excepción preliminar, fondo, reparaciones y costas) y que se origina con el enjuiciamiento del general del ejército y ex ministro de hacienda por el "delito" de haber explicado de forma pública el efecto que tiene apuntar un lanzallamas hacia una celda de detenidos militares, quienes por tal hecho efectivamente mueren quemados en Venezuela. El enjuiciamiento es por vilipendio a las Fuerzas Armadas.

- Periodista*: ¿Fue manipulado ese caso?*

- Magistrado: Si fue manipulado ese caso.

- Periodista*: ¿Usted recibió alguna orden Presidencial, o alguna orden del Ejecutivo para actuar diferente a lo que Fiscalía Militar hubiese actuado?*

- Magistrado: Sí

- Periodista*: ¿Que le dijeron?*

- Magistrado: Bueno que... que había que, que acusarlo o imputarlo.

753

- **Periodista**: *¿Porqué lo hizo? ¿Porqué usted lo hizo??*

- **Magistrado: Recibía órdenes.**

- **Periodista**: *¿Que pasa si usted no ejecutaba esas órdenes?*

- **Magistrado: Quedaba afuera.**

- **Periodista**: *¿Eso fue lo único que lo motivó a usted a seguir esas órdenes?*

- **Magistrado: Si! Yo soy militar, o era militar de carrera.**

En otras palabras, de acuerdo con lo explicado a la opinión pública por el Magistrado, simplemente la justicia se imparte en Venezuela conforme a las órdenes que se reciban, no conforme a lo que diga y mande la ley. De manera que la autonomía del Poder Judicial, que implica que los jueces sólo están sometidos a la Constitución y a la ley, en Venezuela no se aplica. Sólo vale y sirve, para impartir justicia, la lealtad al gobierno y el cumplimiento de las órdenes que se reciben del mismo.

Todo ello lo ratifica el Magistrado al referirse a otro caso judicial, también muy conocido y sabido por la comunidad internacional y su opinión pública, el Caso de los Comisarios (Simonovis y otros) directivos la Policía Metropolitana de Caracas, que tiene a su cargo la custodia de la multitudinaria manifestación de rechazo contra el presidente Chávez, desarrollada el 11 de abril de 2002 y que concluye con la ejecución de inermes manifestantes -20 muertos y unos 80 heridos de bala- por parte de pistoleros del gobierno; luego acusados por el fiscal Danilo Anderson –también asesinado- y absueltos por la justicia penal que gobierna y administra el magistrado Aponte Aponte.

Dichos policías –quienes protegen a los manifestantes- son condenados a 30 años de prisión por delitos que no cometieron y por razones eminentemente políticas.

- **Periodista**: *¿Ahora existen presos políticos en Venezuela?*

- **Magistrado: Sí, hay gente que la orden es no soltarlos, principalmente los comisarios.**

- **Periodista**: *¿Quién da la orden y cual es la orden y de que..?*

- **Magistrado: La orden viene de la Presidencia para abajo; no nos caigamos en dudas, en Venezuela no se da puntada si no lo aprueba el presidente.**

- **Periodista**: *¿Usted recibió orden de no soltar a Simonovis? ... Simonovis, los policías del 11 de abril, ¿cual fue la orden, dígame?*

- Magistrado: ¿Cual fue la posición de la Sala Penal?, convalidar todo lo que venía hecho, eso, en pocas palabras, es aceptar que esos señores no podían salir pues, y que la justicia ahí, les dio la espalda. Entonces que le diría yo a los familiares, tengan fé y luchen por lo que creen que merecen y tienen que luchar.

La lealtad al gobierno, más no a la Constitución o a las leyes la confiesa impúdicamente el Magistrado entrevistado, quien peca además de omisiones judiciales. Y así se refiere al publicitado vínculo del gobierno de Venezuela con las FARC de Colombia.

- Periodista*: ¿Alguna vez ha tenido relación o conocimiento de la relación directa entre el Gobierno Central con las FARC en Colombia?*

- Magistrado: Llegó el momento en que las instrucciones que nosotros recibíamos, principalmente con la fiscalía militar: todos esos señores, ni los viéramos.

El Magistrado, hasta el momento de ser destituido por la Asamblea Nacional y luego de ejercer a lo largo de su vida como militar y judicial, y sobre todo al desempeñarse como protagonista de la justicia penal durante la presidencia de Chávez, por lo visto no se había dado cuenta del efecto devastador que tiene su conducta en relación con el Poder Judicial, y aparentemente, es sólo ahora, cuando a él mismo se le acusa por "hechos comunicacionales" de un hecho que dice no haber cometido –su vínculo con Makled– que finalmente entiende la gravedad de su comportamiento. A la pregunta directa de la periodista:

- Periodista*: ¿Cómo funciona el poder judicial en Venezuela actualmente?*

- Magistrado: Yo formo parte del poder judicial, o formaba parte del poder judicial de una manera protagónica. Y quizás muchas de las cosas que suceden en el poder de ahorita, existieron bajo mi responsabilidad. Pero una vez que yo me vi que me midieron con la misma vara, y el mismo metro con el que mide a los demás, dije: esto no es la justicia que se proclama, esta no es la justicia que debe ser, esta no es la justicia constitucional.

En suma, sólo cuando el magistrado comienza a sentir en carne propia el efecto de la misma "justicia" que él tanto manejó, manipuló y mal aplicó –como en el caso que me afecta- bajo instrucciones presidenciales, es cuando se da cuenta tardíamente que "esa no es la justicia que se proclama"; llegando a decir:

- Magistrado: ...la justicia no vale... la justicia es una plastilina, digo plastilina porque se puede modelar, a favor o en contra"..."

Cabe agregar, como dato anecdótico, que dos años atrás, por ejemplo, el magistrado Aponte Aponte es el orador de orden en el acto de inauguración del año judicial en el Estado Barinas, cuyo Gobernador, Sr. Adán Chávez Frías, hermano del Presidente de la República, le condecora, le rinde homenaje y reconocimiento públicos.

De modo que, la periodista de nuevo lo interpela:

¿Alguna vez había recibido alguna llamada de algún funcionario público de cualquier estatus para solicitarle a usted algún tipo de manipulación en la justicia venezolana?

- Magistrado: Cierto. Desde el presidente para abajo.

Se refiere el magistrado en su respuesta a que en una ocasión el presidente Chávez habría dicho: "entonces habrá que meterle penas máximas a la jueza y a los que hagan eso. 30 años de prisión", refiriéndose sin duda al conocido caso de la jueza Afiumi, al que califica como un caso **"muy político y emblemático"**.

Y la periodista vuelve a interpelarlo:

Por lo menos en el caso del Presidente de la República que usted menciona, ¿hablaba directamente con usted el Presidente?

- Magistrado: Directamente.

- Periodista: *¿Lo llamaba a usted?*

- Magistrado: A mí.

Sobre estas llamadas directas recibidas del Presidente de la República para manipular la justicia, el mismo Magistrado se refiere seguidamente a otros casos, entre ellos uno también muy conocido, relativo al enjuiciamiento de unos supuestos "paramilitares" sorprendidos en Caracas (¡no en la frontera con Colombia, sino en Caracas!), que no eran más que unos ingenuos jóvenes campesinos que ni siquiera sabían donde estaban.

A la pregunta de la periodista, sobre

¿Que pasó allí? ¿Por qué lo llamó?," [se refiere al Presidente]

- Magistrado: Bueno para que condujera de una manera conveniente, hacia el gobierno, las investigaciones.

- Periodista: *¿Exactamente cuál fue la solicitud del Presidente?*

- Magistrado: Mira yo creo, a mi manera de ver, de que tales paramilitares yo dudaba sus procedencias porque eran muchachos imberbes, inexpertos, algunos no manipulaban armas, algunos no sabían por que estaban allí, y que por mera casualidad fueron detenidos los autobuses por una patrulla de la Policía Metropolitana....

- Periodista: *¿O sea que el caso fue montado?*

- Magistrado: Bueno, sacando las conclusiones yo no lo dudaría tanto.

Posteriormente, en la misma línea de las llamadas presidenciales para el tratamiento de casos judiciales, el Magistrado Aponte Aponte narra otro caso; esta vez vinculado al narcotráfico, aclarando que ese es el único caso en el cual él -dice– ha "favorecido al narcotráfico." El caso, que en si mismo es un delito, se refiere a un oficial subalterno (del Comandante Pedro José Magino Belichi), quien traslada un cargamento de drogas en el país, que, según dice, lo "llevaba al batallón" donde estaba su superior.

- Periodista: *¿Cuál fue su participación en este caso? ¿Cómo lo favoreció?*

- Magistrado: Lo favorecí dándole una medida cautelar, mas no se dejó en libertad.

- Periodista: *¿Quién le mandó a usted a que hiciera eso? ¿O fue algo propio?*

- Magistrado: No, a mí me llamaron. Desde la Presidencia de la República para abajo.

- Periodista: *Ajá, ¿pero en ese caso?*

- Magistrado: En ese caso. Me llamaron de la Presidencia de la República.

- Periodista: *¿Quién de la Presidencia de la República?*

- Magistrado: Fue uno de los secretarios o de los allegados de la Presidencia de la República. Creo que Morales (se refiere a oficial secretario del Presidente).

- Periodista: *¿O sea usted está diciendo que uno de los allegados del Presidente de la República, de Hugo Chávez, lo llamó a usted para que usted favoreciera a un narcotraficante a una presunta actuación de narcotráfico?*

- Magistrado: Si. Me llamó el Ministro de la Defensa para ese entonces que era Baduel. Me llamó Rangel Silva. Me llamó Hugo Carvajal. Me llamó un Almirante... Aguirre, creo. O sea que mucha gente abogó por ese señor.

- Periodista: *¿No recuerda exactamente ese caso?*

- **Magistrado: Lo que me acuerdo es que devuelve la droga y tuvo que pernotar una noche en un cuartel y ahí fue donde se descubrió la droga.**

- **Periodista:** *¿La droga durmió en un cuartel venezolano de la Guardia?*

- **Magistrado: … No, creo que del Ejercito.**

- **Periodista:** *¿Y esto era un decomiso?*

- **Magistrado: No era ningún decomiso. Venía.**

- **Periodista:** *¿O sea la droga estaba pasando y se resguarda dentro de un cuartel del ejército venezolano?*

- **Magistrado: Sí es cierto.**

- **Periodista:** *¿No era decomiso, sino que era utilizado para guardar la droga que pasa hacia donde? ¿Y de donde viene esa droga?*

- **Magistrado: Esa droga viene de Colombia, eso fue por Carora. Eso venia del Sur.**

- **Periodista:** *¿Durmió allí y luego iba para donde?*

- **Magistrado: Iba hacia el centro. Hacia el centro del país.**

- **Verioska:** *¿Y usted dio esa medida cautelar para favorecer a ese señor?*

- **Magistrado: Sí. Ese es el único caso que me acuerdo que yo haya favorecido a un narcotraficante.**

- **Periodista:** *¿Sabían que tenía droga metida en el cuartel del ejército?*

- **Magistrado: ¡Si! ¿No lo iban a saber? Parece ser que este Magino fue Edecán de la mamá del Presidente, y había ese vinculo.**

- **Periodista:** *¿Y se logró demostrar que ese señor había colocado droga y que iba a trasladarla?*

- **Magistrado: Yo le di la cautelar y la fiscalía no continuó investigando. Incluso me recuerdo que al favorecido se le sobreseyó sobre el caso posteriormente.**

Las referencias a las llamadas de funcionarios dando instrucciones a los jueces para decidir casos o para favorecer a determinadas personas no se quedan entonces en referencias a funcionarios del Poder Ejecutivo sino también, según el Magistrado, que bien conoce el funcionamiento de la justicia y participó activamente en su manipulación, venían de la Fiscalía General de la República, es decir, del Ministerio Público.

- **Periodista**: *¿Aparte del presidente Hugo Chávez? Como era su relación con otros funcionarios públicos? Por lo menos en el caso del ministerio público, de la fiscalía, Luisa Ortega, Luisa Estela Morales, también usted recibía llamadas telefónicas de ellos para que interviniese en alguna decisión?*

- **Magistrado: De Luisa Ortega [Fiscal General de la República] sí, más de una llamada recibí. De Luisa Estela Morales, infinidades.**

- **Periodista**: *¿Que le decían?*

- **Magistrado: [que] ¿Cuándo se iba a imputar a alguna persona? ¿Cuándo se le iba a privar de libertad? ¿Cuándo se iban a hacer los allanamientos? para que yo organizara esa situación, y buscara al juez idóneo, para que se realizara tal acto.**

- **Periodista**: *Es decir, ¿manipular un caso?*

- **Magistrado: Si, más de uno.**

Y ante la pregunta de la periodista sobre por qué "*¿esa intromisión en el poder judicial?*" Aponte Aponte se explica con precisión:

- **Magistrado: Esa era la componenda que había a nivel de Presidenta de la Corte Suprema y Fiscal General de la República.**

- **Periodista**: *Pero ¿recibían dinero? ¿Extorsionaban a clientes? ¿Que sabe usted?*

- **Magistrado: Yo creo que sí extorsionaban principalmente en el caso de los banqueros...**

Y agregó algo más al referirse a las combinaciones entre ambos órganos del Poder Público, pues a la pregunta de la periodista sobre si había un grupo de "*fiscales preferidos*" de la Fiscalía General, responde:

- **Magistrado: Si, cierto que había un grupo preferido. Y son esos, los que llamaban a los jueces. Creo que el Castillo, Mejía, llamaban a los jueces y si no hacían lo que les pedía el fiscal: voy a hacer que te boten. Te expulsan.**

Y a la pregunta de sobre la existencia de una *"supuesta banda [llamada] de los enanos, dentro del poder judicial,"* asiente Aponte Aponte.

- Magistrado: Bueno sí, incluso hasta ahorita recientemente los llamados enanos, que todo el mundo sabe quienes son, trabajan con las fiscalía. Están relacionados con la fiscalía.

- Periodista: *Como funciona eso?*

- Magistrado: Bueno tendrán su mecanismo. El fiscal actúa, y lo solicita al gobierno.

Sobre los casos manipulados ante la pregunta de la periodista sobre *¿qué caso recuerda que fue manipulado?* contesta el Magistrado que "fueron bastantes". Aclarando, sin embargo, que "el único que me acuerdo fue un caso en Maracaibo de un diputado que le dicen Mazuco".

- Periodista: *¿Cómo fue ese caso?*

- Magistrado: Bueno el caso fue más o menos un caso que buscaron un preso, lo encapucharon, y lo pusieron como testigo para que dijera que este señor había sido el que dio la orden para que mataran al otro.

- Periodista: *¿Y que le habría solicitado la presidenta del Tribunal Supremo de Justicia?*

- Magistrado: Bueno eso precisamente. Avalar esa situación. Y al hombre se le pago dándole la libertad.

Respecto de todas estos delitos contra la Administración de Justicia, y en cuya realización participa el magistrado Aponte Aponte, según su confesión pública, a la pregunta de la periodista de si reconocía *"el daño que le hizo al poder judicial venezolano,"* responde categóricamente.

- Magistrado: Si, le digo, yo asumo mi responsabilidad y mi culpa y si es de pagar por ello yo pago.

- Periodista: *Así como usted, ¿qué tan contaminado está ese poder en Venezuela?*

- Magistrado: Yo creo que bastante, suficiente, y a todos los niveles; mucha manipulación, le dije, ahí no sale una decisión si no se consulta; últimamente, los tribunales penales antes de cualquier decisión tienen que consultarlo.

De modo que, por más desprestigiado que pueda calificarse al declarante ahora, pues que se le señala de vínculos con el narcotráfico; y tanto como se puede argumentar que esta vez declara desde el extranjero bajo presión de la DEA (*Drug Enforcement Administration*) de los Estados Unidos, lo veraz es que más allá de los señalamientos personales que hace y le cabe probar al magistrado Aponte Aponte, queda claro y fuera de toda duda que hasta hace pocos días y durante largos años fue la cabeza de la justicia penal venezolana. Su testimonio, por ende, es autorizado y revelador en su propia cabeza, en lo relativo a las decisiones judiciales que en Venezuela son dictadas por órdenes y bajo instrucciones dadas por Ejecutivo nacional y contando con su intervención, o le son previamente consultadas, con la consecuencia de que si un juez no atiende la orden o instrucción respectiva, o no consulta su decisión, es removido, como tantas veces ocurre y le consta al Sistema Interamericano de Protección de Derechos Humanos (Caso *Apitz Barbera y otros vs. Venezuela*, Sentencia de 5 de agosto de 2008; Caso *Chocrón Chocrón vs. Venezuela*, Sentencia de 1 de julio de 2011).

- **Periodista**: *Cuando usted dice que usted fue manipulado, quiero que nos especifique más ¿cómo fue ese modus operandi?*

- **Magistrado**: ... **Lo que pasa es que a mí me pedían los favores y yo los ejecutaba. Y ¡ay del juez que se negara a ejecutarlo!**

- **Periodista**: *¿Qué le pasaba al juez que no le hiciera caso?*

- **Magistrado**: **Era removido del cargo.**

- **Verioska**: *¿A cuantos jueces removió del cargo?*

- **Magistrado**: **Bueno yo no. Eso lo hacía la Comisión Judicial. Pero fueron muchos.**

- **Periodista**: *¿Usted apoyo a más de uno para que fuese removido de su cargo?*

- **Magistrado**: **Si lo apoyé.**

- **Periodista**: *¿Porqué?*

- **Magistrado**: **Porque soy parte de la Comisión Judicial.**

- **Periodista**: *Pero ¿por qué los removían? ¿Simplemente por no seguir su orden?*

- **Magistrado**: **No solamente la orden, porque la orden no la daba yo directamente. La orden la daba también la Presidenta del Tribunal [Supremo de Justicia] directamente. Muchas veces la orden la daban directamente los fiscales. Hay un fiscal de apellido Castillo, que ese llamó directamente a los jueces y llegaba hasta amenazarlos.**

- Periodista: *¿Es cierto que en Venezuela las actuaciones procesales y las sentencias tienen costo?*

- Magistrado: En algunos casos si.

- Periodista: *¿Se puede comprar la justicia en Venezuela entonces con dinero?*

- Magistrado: Tal vez.

- Periodista: *¿A que se refiere con tal vez?*

- Magistrado: Si, en algunos casos sí lo han hecho...

La separación de poderes y en especial la autonomía, la independencia, la idoneidad y la estabilidad de los jueces, en conclusión, son letra muerta; a pesar de lo que consagran la Constitución y las leyes venezolanas el Poder judicial en dicho país no es ni autónomo ni independiente, y por ello, no hay, ni real separación de poderes, ni régimen democrático, que sólo puede existir en el marco de un régimen de control del poder.

Sobre la autonomía e independencia del poder judicial mismo, respondiendo una pregunta de la periodista, el magistrado llega a decir simplemente, que **"eso es una falacia"**.

- Magistrado: ...Y te voy a decir por qué. Todos los fines de semana principalmente los viernes en la mañana, hay una reunión en la Vice Presidencia Ejecutiva del país, donde se reúne el Vicepresidente, que es el que maneja la justicia en Venezuela, con la Presidenta del Tribunal Supremo, con la Fiscal General de la República, con el Presidente de la Asamblea Nacional, con la Procuradora General de la República, con la Contralora General de la República, y unas que otras veces va uno de los jefes de los cuerpos policiales. De ahí es donde sale la directriz de lo que va a ser la justicia. O sea, salen las líneas conductoras de la justicia en Venezuela.

- Periodista: *¿Usted acudió a una de esas reuniones?*

- Magistrado: A varias acudí yo. ...

- Periodista: *¿Cómo queda la independencia de los poderes en Venezuela?*

- Magistrado: Yo creo que no hay tanta independencia.

- Periodista: *¿Qué se habla en esas reuniones?*

- Magistrado: Bueno de cuáles son los casos que están pendientes, qué es lo que se va a hacer. O sea se daban las directrices de acuerdo al panorama político.

La insólita entrevista o confesión dada por el Magistrado Aponte Aponte, , concluye con la pregunta reiterada de la periodista acerca de si ¿existe independencia de poderes en Venezuela?

- Magistrado: ninguna.

- Periodista: *El poder judicial en Venezuela*

- Magistrado: Ni el poder judicial, ni el poder ejecutivo, ningunos de los poderes.

Ante la confesión pública y notoria de sus delitos por el Coronel y magistrado judicial Aponte Aponte, coludido según ésta con los demás poderes del Estado venezolano para perseguir a los llamados adversarios o "enemigos" de la revolución que conduce el Teniente Coronel y Presidente de la República, Hugo Rafael Chávez Frías, la reacción no se hace esperar. Pero ocurre lo insólito y revelador de la postración moral que aqueja al Estado venezolano.

La Fiscal General de la República, Luisa Ortega Díaz, opta por anunciar el 20 de abril pasado, sin previa mediación judicial, que pide a la Organización de Policía Internacional [INTERPOL] incluir en su base de datos un alerta roja contra el mencionado ex Juez Supremo (http://www.noticias24.com/venezuela/noticia/103375/ministerio-publico-solicito-a-interpol-emision-de-alerta-roja-contra-eladio-aponte-aponte/ comment-page-4/).

Pero acto seguido, de modo contradictorio con lo anterior y en muestra de la colusión citada y la degradación institucional que acusa Venezuela, e incluso con violación de las normas sustantivas y adjetivas penales que rigen su actuación, informa al país, el siguiente 26 de abril, que "no iniciará investigación alguna en relación con las declaraciones dadas por el ex magistrado Eladio Aponte Aponte" (http://www.el-nacional.com/noticia/32758/16/Ortega-Diaz-Declaraciones-de-Aponte-no-son-suficientes-para-investigar.html).

j) *El golpe de enero por el Tribunal Supremo de Justicia*

Desde la isla de Cuba, como consta de la prensa nacional venezolana y la internacional, atendiéndose a la voluntad testamentaria del hoy fallecido mandatario, expresada el 8 de diciembre, se organiza luego su sucesión; en proceso que comparten y del que hacen cómplices los aliados de éste en América Latina. A la mejor manera del Bolívar de Chuquisaca, Chávez designa como heredero a Nicolás Maduro Moros, ciudadano de origen colombiano, formado durante su juventud en la Escuela de Formación Política de La Habana y a quien la Cuba de los Castro conoce mucho antes que a su causante.

763

No tiene relevancia, en suma, que éste, Maduro, se haya sometido a un escrutinio electoral el pasado 14 de abril de 2013, en elecciones cuestionadas por la oposición democrática, por el Instituto de Altos Estudios Europeos, la Red Internacional de Universidades para la Paz, y hasta por el mismo Centro Carter. Poco importa, asimismo, que el acompañante internacional de la logia instalada en UNASUR afirme la pulcritud de unos comicios en las que el sucesor designado apenas logra separarse de su contendor, el joven gobernador del Estado Miranda, Henrique Capriles, por un 1% de votos.

Lo que cabe tener presente es que la ilegitimidad del nuevo gobernante venezolano proviene de los dos últimos golpes que le asesta a la Constitución de 1999 el señalado Tribunal Supremo de Justicia.

Llegado el 10 de enero de 2013, el presidente Chávez – moribundo según unos, fallecido en La Habana a finales del año según otros – no acude al acto de su juramentación para el nuevo período constitucional. La Sala Constitucional, en sentencia del día anterior, se encarga de decir que éste no requiere de juramento y puede prestarlo cuando a su arbitrio lo decida. Y agrega que al gobierno cuyo mandato fenece ese día de un modo fatal, según la Constitución, no obstante y por encima de ésta lo beneficia el principio de la continuidad administrativa. El Vicepresidente, Maduro Moros, por ende, sigue siendo tal y en tal calidad puede ejercer como Encargado de la Presidencia de la República.

No requiere Chávez, según lo indica la sentencia de marras, jurar como presidente electo; pues desde antes y para lo sucesivo es presidente. Seguirá siéndolo sin jurar, o jurando lealtad constitucional cuando lo considere posible, a su arbitrio, afirman los jueces supremos.

He aquí, pues, el primer mensaje – ser y no ser a la vez - que dejan para la historia nuestros jueces supremos, arrodillados, reescribiendo la Constitución: "Hasta la presente fecha, el presidente Hugo Rafael Chávez Frías se ha ausentado del territorio nacional, por razones de salud, durante lapsos superiores a "cinco días consecutivos". No debe considerarse que la ausencia del territorio de la República configure automáticamente una falta temporal en los términos del artículo 234 de la Constitución de la República Bolivariana de Venezuela, sin que así lo dispusiere expresamente el Jefe de Estado mediante decreto especialmente redactado para tal fin".

Luego, esos mismos jueces, obviando que es la Constitución y sólo ella la que fija y determina la ocurrencia de las causales de una falta absoluta del Presidente (muerte, renuncia, destitución, incapacidad) y sobre cómo proveer al respecto o acerca de sus ausencias temporales, que son hechos objetivos sin más, optan por agregar de modo insólito otra causal, en términos negativos, para decir lo que es, con todo respeto, una verdadera insensatez jurídica, otro galimatías: "A diferencia de lo que disponían los artículos 186 y 187 de la Constitución de 1961, que ordenaban que en caso de existir un desfase entre el inicio del período constitucional y la toma de posesión, el Presidente saliente debía entregar el mandato al Presidente del Congreso... la Carta de 1999 eliminó expresamente tal previsión, lo cual impide que el término del mandato pueda ser considerado una falta absoluta...".

El despropósito judicial queda en evidencia. Varía la naturaleza de la re-elección presidencial y muda en un simple mecanismo administrativo de ejercicio del cargo o para el ejercicio del cargo; desvirtuándosela como institución del derecho político y como derecho político del funcionario que ejerce un cargo electivo, a fin de postularse como candidato para un nuevo período o mandato.

Si acaso fuese posible tal absurdo, como lo declara bien ante el país el ex magistrado supremo Román J. Duque Corredor, la reelección de Chávez ocurrida el 7 de octubre de 2012 fue un simple plebiscito según los actuales jueces supremos. Ellos insisten y declaran, por lo mismo, que: "a pesar de que el 10 de enero próximo se inicia un nuevo período constitucional, no es necesaria una nueva toma de posesión en relación al Presidente Hugo Rafael Chávez Frías, en su condición de Presidente reelecto, en virtud de no existir interrupción en el ejercicio del cargo"... "En consecuencia, el Poder Ejecutivo (constituido por el Presidente, el Vicepresidente, los Ministros y demás órganos y funcionarios de la Administración) seguirá ejerciendo cabalmente sus funciones con fundamento en el principio de la continuidad administrativa".

Por si fuese poco, dando a entender algo distinto de lo que dispone la Constitución, a saber, que llegado el día de la juramentación y no pudiendo hacerlo el Presidente electo ante la Asamblea - acaso por no encontrarse reunida o tener problemas para su instalación - puede éste hacerlo ante el Tribunal Supremo de Justicia, la sentencia consuma su golpe desde el Estado o una mutación constitucional en los términos siguientes: "La juramentación del Presidente reelecto puede ser efectuada en una oportunidad posterior al 10 de enero de 2013 ante el Tribunal Supremo de Justicia, de no poder realizarse dicho día ante la Asamblea Nacional, de conformidad con lo previsto en el artículo 231 de la Carta Magna. Dicho Acto será fijado por el Tribunal Supremo de Justicia, una vez que exista constancia del cese de los motivos sobrevenidos que hayan impedido la juramentación"; es decir, cuando lo indique el propio gobernante.

Atrás queda, en síntesis y por decisión de la manida Sala del Tribunal Supremo, la regla constitucional cuya interpretación meridiana indica que en la república los mandatos fenecen fatalmente y ante el vacío probable, mientras se resuelve, asume provisionalmente el titular de otro órgano de la soberanía popular, en el caso el Presidente de la Asamblea Nacional, hoy el teniente Diosdado Cabello.

El Supremo, por lo demás, cierra la alternativa constitucional que le obliga designar una junta médica competente para determinar –antes de concluido el período constitucional *in comento*– sobre la ausencia absoluta o no del presidente en ejercicio, o luego la del presidente re-electo. Los jueces, en suma y a rajatabla hacen valer el testamento político del moribundo soldado de la traición, quien tiene por albaceas a los hermanos Castro.

El orden de facto que nace el 10 de enero último en Venezuela, es así constitucionalmente irreconocible. Es la negación de los valores éticos de la democracia y de la propia república que imaginamos los venezolanos en 1811 y nos dimos a partir de 1830, en defecto de una monarquía despótica. El cinismo de los albaceas testamentarios no encuentra límite: "El presidente de Venezuela, Hugo Chávez, sigue respirando asistido a través de una cánula traqueal, pero esto no impide que dicte órdenes de gobierno por escrito", agrega el propio Maduro ante el país el 24 de febrero.

Llegado el 12 de marzo e iniciado el día 10 de enero el nuevo período constitucional sin juramentación del Presidente electo, luego fallecido; a pesar de que el artículo 233 de la Constitución dispone que ante la falta absoluta de éste "mientras se elige y toma posesión el nuevo Presidente..." se encargará de la Presidencia de la República el Presidente de la Asamblea Nacional; pero admitiendo la irregularidad constitucional del principio de continuidad administrativa del gobierno, Maduro en calidad de vicepresidente de un presidente que ya no es ni existe y quien mal le ha podido renovar su condición de tal, pasa a ejercer la "encargaduría" presidencial como Vicepresidente. Sin embargo, para no atentar contra la voluntad del testador, la Sala Constitucional hace mutar de nuevo a las normas fundamentales de la República.

Así las cosas, bajo una ilegítima prórroga de su mandato como Vicepresidente, violatoria de los principios republicanos, Maduro, en calidad de encargado presidencial se presenta luego como candidato a las elecciones. Otra vez la magistratura judicial sirviente dicta ese otro fallo, el precedente 8 de marzo, a pedido y de conveniencia, donde declara que el Vicepresidente Maduro deja de ser lo que es y es –sutilmente– ya no "encargado de la Presidencia" sino "Presidente" Encargado de la República. Es anulado, en los hechos, el artículo 229 constitucional a cuyo tenor "no podrá ser elegido Presidente... quien esté en ejercicio del cargo de Vicepresidente Ejecutivo..., en el día de su postulación o en cualquier momento entre esta fecha y la de su elección".

Nicolás Maduro Moros, así las cosas, pasa a ejercer de facto el poder en Venezuela y lo sostendrá *sine die* -con todo lo que ello implica en cuanto al uso y abuso de los recursos del poder- para hacerse elegir de forma inconstitucional y ostentando la doble cualidad de Presidente en ejercicio y a la par candidato presidencial.

No huelga se repita, como síntesis, las premisas constitucionales del caso, a saber, la primera, que no llega a ejecutarse y a cuyo tenor, según el artículo 233 constitucional, "si la falta absoluta (del Presidente) se produce durante los dos últimos años del período... el Vicepresidente... asumirá la Presidencia de la República hasta completar dicho período" y lo hace, en la hipótesis que no se realiza, como gobernante a cabalidad; y la segunda, la que acontece finalmente, a cuyo tenor "si la falta absoluta del Presidente...se produce durante los primeros cuatro años del período constitucional, se procederá a una nueva elección (y)...mientras se elige y toma posesión el nuevo Presidente..., se encargará de la Presidencia de la República el Vicepresidente"; quien al efecto y por lo mismo no deja de ser lo que es, Vicepresidente encargado de la Presidencia, según el mismo artículo citado.

Maduro, en fin, por obra de esa otra sentencia de la indignidad, dictada el día 12 de marzo próximo pasado y que al efecto asume a nuestro texto constitucional como un vestido *pret-a-porter*, es, desde entonces y no sólo ahora, cuestionada su elección, un gobernante ilegítimo en un país sin evidente separación de poderes, capaz de asegurarle los derechos al debido proceso y a la tutela judicial efectiva a sus ciudadanos, menos aún a quienes, como el profesor Allan R. Brewer Carías, caen dentro de la categoría de "enemigos de la revolución" y sus autoridades.

V. LA OPINIÓN DE LA COMUNIDAD INTERNACIONAL

El Estado de Derecho y la separación e independencia de los poderes en Venezuela ha sido objeto de un cuidadoso seguimiento por parte de la comunidad internacional intergubernamental y las ONG's de mayor prestigio, cuyos estudios son coincidentes en el deterioro grave que ha sufrido dicho estándar de la democracia, de una manera progresiva y sostenida.

a) *Informes de la Comisión Interamericana de Derechos Humanos*
Informe 2002

"La nueva Constitución contiene una serie de normas... innovadoras... Sin perjuicio de estos significativos avances constitucionales, la Comisión nota que el texto constitucional también incluye diversos elementos que pueden dificultar la vigencia efectiva del Estado de Derecho... Asimismo, la Constitución ha suprimido algunas disposiciones constitucionales importantes para el Estado de Derecho, como son el control parlamentario de los ascensos militares, la disposición que establecía el carácter no deliberante y apolítico de la Fuerza Armada y la prohibición de que la autoridad militar y la civil puedan ejercerse simultáneamente... Los avances y retrocesos constitucionales introducidos en la nueva Constitución se ven reflejados en la realidad cotidiana venezolana. El engranaje constitucional no prevé, en supuestos importantes, mecanismos de pesos y contrapesos como forma de controlar el ejercicio del poder público y garantizar la vigencia de los derechos humanos... Un aspecto importante desde el punto de vista constitucional, que causa preocupación a la Comisión en tanto debilita la plena vigencia de la Constitución, es lo que se ha llamado "régimen transitorio"... Si bien, en todo proceso constituyente se suele adoptar este régimen de transición, en el caso de Venezuela este régimen avanzó más allá de la normal y debida temporalidad, e incluyó directrices de contenido legislativo que escapan a la naturaleza de un régimen transitorio. La información recibida indica que el régimen transitorio llevó, por ejemplo, a la no aplicación de los mecanismos previstos en la Constitución para la designación de los magistrados del Tribunal Supremo de Justicia, el Defensor del Pueblo, el Fiscal General y el Contralor General de la República... La falta de vigencia plena de la Constitución, aunada a la diversidad de textos constitucionales oficiales, crea una inseguridad jurídica que dificulta la plena consolidación del Estado de Derecho.

"Como consecuencia de no haberse seguido los procedimientos constitucionales para la elección de dichos funcionarios, se ha designado a funcionarios que no gozan de la independencia necesaria… Las reformas constitucionales introducidas en la forma de elección de estas autoridades no fueron utilizadas en este caso. Esas normas eran precisamente las que buscaban limitar injerencias indebidas, asegurar mayor independencia e imparcialidad y permitir que diversas voces de la sociedad sean escuchadas en la elección de tan altas autoridades… La Comisión se encuentra preocupada por la posible falta de independencia y autonomía de los otros poderes respecto al Poder Ejecutivo, pues indicarían que el equilibrio de poderes y la posibilidad de controlar los abusos de poder que debe caracterizar un Estado de Derecho estarían seriamente debilitados. Al respecto, la CIDH debe señalar que la separación e independencia de los poderes es un elemento esencial de la democracia, de conformidad con el artículo 3 de la Carta Democrática Interamericana.

"Luego de casi tres años de reorganización del Poder Judicial, un número significativo de los jueces tiene carácter provisorio, que oscila entre el 60 y el 90% según las distintas fuentes. Ello afecta la estabilidad, independencia y autonomía que debe regir a la judicatura".

Informe 2003

"Desde el año 1999 la CIDH se ha pronunciado a través de distintos mecanismos sobre la situación del Estado de Derecho en Venezuela… El presente informe identificó las debilidades del Estado de Derecho en Venezuela y se concentró prioritariamente en el análisis de los factores y causas que inciden negativamente en la crisis institucional que afecta al país provocando el deterioro del Estado de Derecho.

"La Comisión recuerda que en la investigación, determinación de responsabilidades y castigo a los responsables por el mencionado atentado contra la institucionalidad democrática [el 11 de abril de 2002], el Estado venezolano está llamado a dar ejemplo de imparcialidad y de respeto a los derechos humanos, lo que implica, entre otros aspectos, el pleno respeto a las garantías judiciales y demás derechos y garantías de las personas investigadas por tales hechos. La CIDH continuará observando con especial atención el desarrollo de estos procesos y su cumplimiento con las normas que consagran garantías judiciales en la Convención Americana sobre Derechos Humanos.

"Asimismo, la Comisión ha observado, como se ha establecido a lo largo de este informe, que durante el período comprendido entre marzo del 2002 y el primer trimestre del año en curso hubo más de 40 personas muertas y aproximadamente 750 heridas como resultado de actividades de protesta callejera. La extrema polarización política y los consecuentes hechos de violencia que se verifican periódicamente entre manifestantes de distintos sectores evidencian la progresiva intolerancia política en el país.

"Por su parte, dentro de los signos de fragilidad institucional que se observan se pueden mencionar la falta de aplicación íntegra de la nueva Constitución, la percepción de la falta de independencia de los poderes del Estado, la creciente concentración de poder en el Ejecutivo Nacional, la impune actuación de los grupos civiles armados y de los grupos de exterminio, la tendencia a la confrontación y descalificación de la oposición política tradicional por parte del Gobierno, los constantes ataques contra periodistas y medios de comunicación, la tendencia hacia una militarización de la administración pública mediante el rol cada vez más protagónico de las Fuerzas Armadas, …

"Respecto de la provisionalidad de los jueces, la Comisión ha sido informada que sólo 250 jueces han sido designados por concurso de oposición de conformidad a la normativa constitucional. De un total de 1772 cargos de jueces en Venezuela, el Tribunal Supremo de Justicia reporta que sólo 183 son titulares, 1331 son provisorios y 258 son temporales. Esto significa que el 84 % de los magistrados continúan siendo jueces provisorios o temporales y carecen de estabilidad laboral. Por su parte, el Tribunal Supremo ordenó suspender la realización de los concursos de oposición de los jueces, hasta que sea incrementada la lista de jurados que se encargará de examinar a los participantes… La CIDH considera que la provisionalidad de la mayoría de los jueces en Venezuela afecta su estabilidad en el cargo que constituye una condición necesaria para asegurar la independencia del Poder Judicial.

"Otro aspecto que preocupa a la Comisión en cuanto a las garantías relativas a la independencia e imparcialidad del poder judicial venezolano se refiere a la falta de aplicación de los mecanismos establecidos por la nueva Constitución para la elección de sus máximas autoridades. Al respecto, la Comisión considera que al no haberse aplicado los procedimientos establecidos por la Constitución como garantías establecidas en el derecho interno para asegurar la independencia de los miembros del Poder Judicial, se cuestiona la legitimidad institucional de este poder y se debilita al Estado de Derecho. Es prioritario y fundamental proceder al nombramiento de las autoridades máximas del Poder Judicial de conformidad a lo que establece el texto constitucional adoptando la normativa interna para tal finalidad.

"Al respecto, la Comisión reitera lo que señalara anteriormente al concluir su vista in loco, en el sentido de que la falta de vigencia plena de la Constitución crea una inseguridad jurídica que dificulta la plena consolidación del Estado de Derecho. En tal virtud, la Comisión considera perentorio que se adopten las leyes orgánicas como medio idóneo para establecer los mecanismos previstos en la Constitución de la República Bolivariana de Venezuela, para la selección de los magistrados del Tribunal Supremo de Justicia, así como del Defensor del Pueblo, del Fiscal General de la República y del Contralor General de la República.

Informe 2006

"En primer lugar, la Comisión considera pertinente hacer mención a un hecho que generó crítica a nivel interno sobre la independencia e imparcialidad del poder judicial. La Comisión recibió información en virtud de la cual un número de jueces, incluidos algunos de la jurisdicción contencioso administrativa, vestidos de toga en la inauguración del actual año judicial el 26 de enero de 2006, habrían gritado consignas a favor del Presidente de la República. Aunque estos hechos no constituyen muestras irrefutables de parcialidad o dependencia de los jueces en Venezuela, la Comisión considera que más allá de las inclinaciones políticas de cada juez en su calidad de ciudadano y la expresión legítima de las mismas, la institución del poder judicial y sus funcionarios en el ejercicio de las atribuciones correspondientes, no pueden ser identificados con un proyecto político específico, bien sea del gobierno de turno o de la oposición, pues en tal caso se pondría en tela de juicio su independencia.

"La Comisión ha observado que la situación de provisionalidad continúa afectando especialmente a las Cortes Primera y Segunda en lo Contencioso Administrativo. Según la información disponible, los miembros actuales de ambas Cortes tienen actualmente el carácter de temporales. Tal como se mencionó en el Informe Anual del año 2005, la Comisión estima altamente problemático que tribunales que deben controlar judicialmente importantes actos del Poder Ejecutivo y en particular del gobierno, lleven varios años sin contar con jueces titulares que tengan plenamente garantizada su estabilidad en el cargo".

Informe 2009

"La CIDH mira con especial preocupación la cantidad de jueces que son designados sin que medie un concurso público de oposición, y que en consecuencia son de libre remoción, lo que los vuelve vulnerables a presiones indebidas al momento de emitir sus decisiones. Según se estableció en el presente Informe, más de la mitad de los jueces en Venezuela no goza de estabilidad alguna en su cargo, lo que permite que sean removidos al momento de tomar decisiones que afecten los intereses del gobierno. También resulta preocupante que, sin que medie un concurso público que incluya a candidatos externos al poder judicial, se esté regularizando la titularidad de varios de los jueces que fueron inicialmente designados de manera discrecional.

Además, la CIDH ha identificado que existen normas que permiten un alto grado de subjetividad al juzgar la conducta de los jueces y que, en virtud de dichas normas, y a veces incluso sin fundamento legal alguno, órganos disciplinarios excepcionales que no ofrecen garantías de imparcialidad, como la Comisión de Funcionamiento y Reestructuración del Sistema Judicial, han resuelto la revocación de la designación de cientos de jueces sin que medie un procedimiento adecuado. Todo lo anterior constituye una constante amenaza a la independencia del poder judicial venezolano, y en consecuencia ha debilitado uno de los pilares del Estado de Derecho. La Comisión advierte que el Estado de Derecho y la democracia en Venezuela no podrán consolidarse mientras no exista un poder judicial independiente y capaz de investigar debidamente las violaciones a los derechos humanos.

"La Comisión considera que la falta de independencia y autonomía del poder judicial frente al poder político constituye uno de los puntos más débiles de la democracia venezolana, situación que conspira gravemente contra el libre ejercicio de los derechos humanos en Venezuela. A juicio de la Comisión, es esa falta de independencia la que ha permitido que en Venezuela se utilice el poder punitivo del Estado para criminalizar a los defensores de derechos humanos, judicializar la protesta social pacífica y perseguir penalmente a los disidentes políticos".

b) *Informes de Human Rights Watch*

Informe Manipulando el Estado de Derecho [Human Rights Watch, junio 2004]

"Desde el año pasado, el Presidente Chávez y sus aliados han venido adoptando medidas para asumir el control del Poder Judicial, erosionando la separación de poderes y la independencia del sistema judicial, a través de medios que violan los principios fundamentales de la Constitución venezolana y el derecho internacional de los derechos humanos.

"La más flagrante de estas medidas es una ley aprobada el mes pasado que amplía el número de miembros del Tribunal Supremo de Justicia de 20 a 32 magistrados. La Asamblea Nacional designará por mayoría simple a los nuevos magistrados. Con la nueva Ley Orgánica del Tribunal Supremo de Justicia (LOTSJ), la coalición gobernante podrá usar su escasa mayoría en la Asamblea para obtener una mayoría abrumadora de magistraturas en el Tribunal Supremo. También tendrá potestad para anular las designaciones de magistrados actualmente en ejercicio. En definitiva, esta Ley le permitirá al gobierno y a su coalición en la Asamblea Nacional copar y purgar el control del Tribunal Supremo.

"La toma política del Tribunal Supremo agravará la falta de independencia judicial que ya han exteriorizado algunas medidas adoptadas por el propio Tribunal. El Tribunal Supremo, que tiene el control administrativo del sistema judicial, ha suspendido un programa que habría reducido el gran número de jueces sin estabilidad en el cargo, ha despedido a jueces que han decidido controvertidos casos políticos y ha permitido el cierre del segundo máximo tribunal de justicia contencioso administrativa del país al no resolver los recursos legales presentados por sus magistrados destituidos. Privar a los jueces del derecho a la estabilidad en el cargo y permitir que sean destituidos sumariamente o que se les impida ejercer las garantías procesales del debido proceso y del derecho a la defensa, viola los principios fundamentales de la Constitución venezolana y del derecho internacional de los derechos humanos".

Informe anual de 2012

"El debilitamiento del sistema de controles democráticos durante el gobierno del Presidente Hugo Chávez ha contribuido a que la situación de los derechos humanos en el país sea precaria. Debido a la **ausencia de control judicial**, el gobierno ha violado sistemáticamente el derecho de libertad de expresión, la libertad sindical de los trabajadores y la capacidad de las organizaciones de derechos humanos de defender derechos básicos.

"Semanas antes de que asumiera la nueva Asamblea Nacional –con una importante proporción de representantes de la oposición– en enero de 2011, los partidarios de Chávez en el parlamento adoptaron una serie de leyes que ampliaron la capacidad del gobierno de cercenar derechos.

(*Omissis*).

"En 2004, Chávez y sus aliados en el poder legislativo implementaron un **copamiento político del Tribunal Supremo de Justicia, a través de la designación de partidarios del gobierno en el Tribunal** y la adopción de nuevas medidas que permitieron destituir a magistrados.

"En diciembre de 2010, los legisladores salientes del partido político de Chávez modificaron los plazos legales para poder realizar nombramientos antes de dejar el cargo, y **designaron así a 9 magistrados permanentes y 32 suplentes de la confianza política del gobierno**.

"En 2011, la Presidenta del Tribunal Supremo de Justicia Luisa Estella Morales declaró que **las leyes en Venezuela "responden a un fin ideológico"**, mientras que el Magistrado Fernando Torre Alba (*sic*) señaló que los tribunales "deben... sancionar conductas o reconducir causas que vayan en desmedro de la construcción del socialismo bolivariano".

VI. EPILOGO NECESARIO

A manera de cierre del presente *amicus curiae*, el Observatorio Iberoamericano de la Democracia se permite invitar respetuosamente a la Corte Interamericana de Derechos Humanos, a que en la consideración de los alegatos presentados por los representantes del profesor Allan R. Brewer Carías en su causa contra la República Bolivariana de Venezuela, tenga presente como elemento de convicción plena la postura contumaz de ésta ante el Sistema

Interamericano de Derechos Humanos, en lo particular ante la misma Corte, al decidir su Gobierno, bajo recomendación y con anuencia del Tribunal Supremo de Justicia, la denuncia –en abierta violación del artículo 31 de la Constitución de 1999– de la Convención Americana de Derechos Humanos. Asdrúbal Aguiar

ÍNDICE

LIBRO TERCERO

AMICUS CURIAE PRESENTADOS ANTE LA CORTE INTERAMERICANA DE DERECHOS HUMANOS JULIO- SEPTIEMBRE 2013

PRIMERA PARTE:

AMICUS CURIAE PRESENTADO POR EL PROFESOR RUBÉN HERNÁNDEZ VALLE EN REPRESENTACIÓN DEL INSTITUTO COSTARRICENSE DE DERECHO CONSTITUCIONAL SOBRE EL DERECHO A LA PRESUNCIÓN DE INOCENCIA Y SU VIOLACIÓN POR EL ESTADO DE 17 DE JULIO DE 2013

TERCERA PARTE:

AMICUS CURIAE PRESENTADO POR LA DRA. AMIRA ESQUIVEL,
EXDIRECTORA DE DERECHOS HUMANOS DEL MINISTERIO DE
RELACIONES EXTERIORES DE CHILE SOBRE LA GARANTÍA DEL
DEBIDO PROCESO, DE 21 DE AGOSTO DE 2013

CUARTA PARTE:

AMICUS CURIAE PRESENTADO POR EL CATEDRÁTICO DE DERE-
CHO ADMINISTRATIVO LUCIANO PAREJO ALFONSO, MIEMBRO
DE LA ASOCIACIÓN INTERNACIONAL DE DERECHO ADMINIS-
TRATIVO, SOBRE INDEPENDENCIA JUDICIAL Y DERECHO A UN
JUEZ IMPARCIAL DE 21 DE AGOSTO DE 2013

QUINTA PARTE:

AMICUS CURIAE PRESENTADO POR EL GRUPO DE PROFESORES
DE DERECHO PÚBLICO DE VENEZUELA SOBRE LA VIOLACIÓN AL
DERECHO AL JUEZ INDEPENDIENTE E IMPARCIAL Y AL DERECHO
A LA PROTECCIÓN JUDICIAL DE 26 DE AGOSTO DE 2013... 319

SECCIÓN PRIMERA:

LOS JUECES TEMPORALES Y PROVISORIOS Y LA VIOLACIÓN DEL
DERECHO DEL PROFESOR ALLAN BREWER CARÍAS A SER
JUZGADO POR JUECES IMPARCIALES E INDEPENDIENTES
GARANTIZADO EN EL ARTÍCULO 8 DE LA CONVENCIÓN
AMERICANA SOBRE DERECHOS HUMANOS

SECCIÓN SEGUNDA:
SOBRE LA VIOLACIÓN DEL DERECHO A LA PROTECCIÓN JUDICIAL

SEXTA PARTE:
AMICUS CURIAE PRESENTADO POR THE NETHERLANDS INSTITUTE OF HUMAN RIGHT SOBRE EL DERECHO A UN JUICIO JUSTO, LA LIBERTAD DE EXPRESIÓN Y EL LIBRE EJERCICIO DE LA ABOGACÍA DE 21 DE AGOSTO DE 2013

DÉCIMA TERCERA PARTE:

AMICUS CURIAE PRESENTADO POR ASSOCIATION OF THE BAR OF THE CITY OF NEW YORK SOBRE LA SITUACIÓN DEL PODER JUDICIAL Y EL DERECHO A UN JUICIO JUSTO, DE 30 DE AGOSTO DE 2013